U0864585

衡阳市人民政府主办
衡阳市地方志编纂委员会办公室编

衡陽年鑑

2018

（总第25卷）

方志出版社
Publishing House of Local Records

图书在版编目（CIP）数据

衡阳年鉴.2018/衡阳市地方志编纂委员会办公室编.—北京：方志出版社，2018.12
ISBN 978-7-5144-3451-4

Ⅰ.①衡… Ⅱ.①衡… Ⅲ.①衡阳—2018—年鉴
Ⅳ.①Z526.43

中国版本图书馆CIP数据核字（2018）第272287号

衡阳年鉴（2018）

编　　者：衡阳市地方志编纂委员会办公室
责任编辑：顾　洁

出 版 人：冀祥德
出 版 者：方志出版社
　　地址　北京市朝阳区潘家园东里9号（国家方志馆4层）
　　邮编　100021
　　网址　http：//www.fzph.org
发　　行：方志出版社发行中心
　　电话（010）67110500
经　　销：各地新华书店
印　　刷：衡阳顺地印务有限公司

开　　本：889×1194　1/16
印　　张：50.5
字　　数：1334千字
版　　次：2018年12月第1版　2018年12月第1次印刷
印　　数：0001～2000册

ISBN 978-7-5144-3451-4　定价：320.00元

·版权所有　翻印必究·

《衡阳年鉴》编辑委员会

名誉主任　郑建新　中共衡阳市委书记、市人大常委会主任

邓群策　中共衡阳市委副书记、市人民政府市长

廖　健　中共衡阳市委副书记、市委党校（衡阳行政学院、市社会主义学院）校长（院长）、市委统战部部长

廖炎秋　政协衡阳市委员会主席、党组书记

段志刚　衡阳市人大常委会党组副书记、副主任

主　　任　曾艳阳　中共衡阳市委常委、市人民政府常务副市长

副 主 任　邓小林　衡阳市人民政府秘书长、办公室主任

委　　员　杨伟东　衡阳市地方志编纂委员会办公室主任

张韶晖　中共衡阳市委常务副秘书长

龙雪一　衡阳市人大常委会秘书长、办公室主任

彭丽堂　衡阳市人民政府副秘书长

夏平平　政协衡阳市委员会秘书长、办公室主任

许望成　衡阳警备区政治工作处处长

王东文　中共衡阳市纪律检查委员会副书记、市监察委员会副主任

雷雨时　中共衡阳市委组织部副部长

王郦君　中共衡阳市委宣传部常务副部长

陈群洲　中共衡阳市委统战部常务副部长

汤守春　中共衡阳市委政法委员会常务副书记

雷高飞　衡阳市发展和改革委员会主任

胡花云　衡阳市经济和信息化委员会主任

黄建军　衡阳市商务和粮食局局长

秦振衡　衡阳市财政局局长

刘兴中　衡阳市住房和城乡建设局局长

刘诗真　衡阳市农业委员会（市委农村工作办公室）主任

程少平　衡阳市教育局局长

罗春耀	衡阳市科学技术局局长
蒋勋伟	衡阳市文体广电新闻出版局（版权局）局长
周小风	衡阳市民政局局长
陈　森	政协衡阳市委员会副主席、衡阳市统计局局长
谭春兰	衡阳市档案局局长
谢　虹	中共衡阳市委党史研究室主任
蒋宏来	中共衡阳市委保密办公室（市保密局）主任（局长）
李　军	中共衡南县委副书记、县人民政府县长
孙鹏伟	中共衡阳县委副书记、县人民政府县长
蒋　青	中共衡山县委副书记、县人民政府县长
徐志毅	中共衡东县委副书记、县人民政府县长
胡果雄	中共祁东县委副书记、县人民政府县长
吴乐胜	中共常宁市委副书记、市人民政府市长
李向阳	中共耒阳市委副书记、市人民政府市长
王　燕	中共南岳区委副书记、区人民政府区长
何子君	中共雁峰区委副书记、区人民政府区长
刘　浪	中共石鼓区委副书记、区人民政府区长
刘桢干	中共珠晖区委副书记、区人民政府区长
袁谷平	中共蒸湘区委副书记、区人民政府区长
肖　泓	衡阳市地方志编纂委员会办公室副主任
张艳辉	衡阳市地方志编纂委员会办公室副主任

《衡阳年鉴》编辑部

主　　编　杨伟东

副 主 编　肖　泓（执行）　张艳辉

编　　辑　李旭东（执行）　郭　琦（执行）　熊　雯（执行）

陈　俊　曾士青　周嘉晖　申沁生　贺　静　王郁翩翩

编　　务　胡东捷　陈怡静

《衡阳年鉴》2018年卷主要撰稿人

（按姓氏笔画顺序排列）

市直单位　丁　茵　王　帆　王　亮　王　超　王　滢　王　磊　王　翔

王　瑶　王平伟　王军云　王芳军　王继斌　文杨晓　文新华

文爱菊　邓石成　尹建恒　尹晔华　石卓越　卢　霞　田海洋

申沁生　冯　栋　宁　彦　匡　俊　朱　弘　朱明生　朱思妍

朱珍晶　任新宇　全惠群　刘　均　刘　林　刘　蓓　刘　斌

刘　辉　刘　源　刘　璐　刘小云　刘良平　刘美龄　刘珍珍

刘振国　刘雪芬　刘清华　刘敏佳　刘蔚玮　刘辉辉　刘超英

刘雅琪　许　钧　许丽莎　阳　方　阳建斌　孙　柱　孙腾飞

杜卫国　杨　倩　杨祚唐　杨绪进　李　刚　李　宁　李　乐

李　政　李　沛　李　君　李　慧　李小强　李文杰　李文涛

李文翔　李冬初　李兴隆　李旭东　李国为　李建桦　李育广

李育建　李顺立　李艳凤　李海兵　李爱成　李铭中　严海山
肖冬平　肖恒兵　肖振兴　肖梦良　旷碧峰　吴辉君　何　厅
何　雄　何少吉　何宏伟　何晓钦　邱云鹏　谷仍贤　邹　琰
邹学韬　沈骏辉　张　剑　张　银　张子良　张金华　张重晖
张新宇　陈　思　陈　科　陈　艳　陈　静　陈　霄　陈　黎
陈安华　陈洪任　陈跃英　陈智慧　陈静雯　武经霖　林冬梅
范　明　欧阳召君　易　芳　易宣传　罗　玟　罗　钊　罗　彦
罗　辉　罗建军　罗素如　罗歆宏　罗惠译　周　艺　周　雪
周　鑫　周才政　周立平　周乐天　周叶华　周仲辉　周志超
周明秋　周智毅　胡　耀　胡革立　赵　俊　段　钊　段　斌
段光辉　段安圭　段海文　贺小松　秦　军　袁　燕　徐佳琳
殷秀成　郭　娟　高　莹　高启涵　高尚海　高福生　高鹏志
唐　笑　唐　玮　唐　薇　唐小红　唐诗皓　唐定雄　唐楚雄
凌正华　涂闻卿　宾金琳　黄　俊　黄　鹏　康　乐　彭　迪
彭　涛　彭巧玲　彭年春　彭隽华　蒋　燕　蒋　鹏　蒋素娟
湛玉平　顾文岚　游　洋　曾向璟　曾诗玉　曾虹静　曾静静
谢水长　谢志纯　雷　恒　蔡　杰　蔡小志　詹建平　管雪丽
廖芬良　谭　浩　谭　娟　谭　媛　谭建林　谭勇超　谭盛成
谭艳红　谭美纯　樊倩荣　颜娟华　戴佳兵　魏　英

县市区　刘　珺　刘兴元　旷智恺　罗　旻　罗红宇　周　婷　周融冰
段云席　胡　祎　胡英武　胡青燕　胡雪峰　贺文君　莫辉俊
夏　楚　徐文成　徐峥乾　曹启文　彭同山　曾文仲　颜知明

编辑说明

一、《衡阳年鉴》是由衡阳市人民政府主办、衡阳市地方志编纂委员会办公室编辑的地方综合年鉴，系统记述衡阳市上一年度自然、政治、经济、文化、社会等方面的情况，是具有权威性、综合性、信息性、史料性、实用性的资料文献、工具书。于 1994 年创刊，每年一卷，本卷是第 25 卷本。

二、《衡阳年鉴（2018）》以马克思列宁主义、毛泽东思想、邓小平理论、“三个代表”重要思想、科学发展观、习近平新时代中国特色社会主义思想为指导，坚持辩证唯物主义和历史唯物主义的立场、观点和方法，全面、系统、真实地记载 2017 年全市经济社会发展情况和发展特点，突出经济建设和改革开放的新情况。全书共 34 个类目，依次是：特载、大事记、衡阳概况、中国共产党衡阳市委员会、衡阳市人民代表大会、衡阳市人民政府、中国人民政治协商会议衡阳市委员会、中共衡阳市纪律检查委员会、民主党派·工商联、人民团体和社会组织、军事、法治、综合经济与管理、农村经济、工业经济、园区经济与区域开发、政府投融资平台、城建城管、国土资源与环境保护、交通·邮政·通信、商贸服务业、旅游业、财政·税务、金融业、科学技术与科技服务、教育、文化、新闻出版广电、体育、卫生和计划生育、社会福利与社会保障、县市区概况、人物、经济社会主要统计数据。

三、《衡阳年鉴（2018）》所用稿件由市直机关、县（市）区政府及国省驻衡阳单位撰写，并经有关单位领导审核。全市国民经济和社会发展的数据以统计公报为准，其他数据由各部门提供。

四、《衡阳年鉴（2018）》刊登的市、市直机关、县（市）区及国省驻衡阳单位、市属大型企业领导人名录（不含非领导职务人员），原则上收录到 2017 年 12 月底止，范围为行政正、副职和党内专职正、副职，以及纪委书记（纪检组长）、工会主席。

五、《衡阳年鉴（2018）》采用分类编辑法，以类目编纂下设分目、条目，以条目为主体。类目、分目用不同字号、字体区别，条目标题用黑体字加【　】表示。

努力把衡阳建设成为名副其实的省域副中心城市！

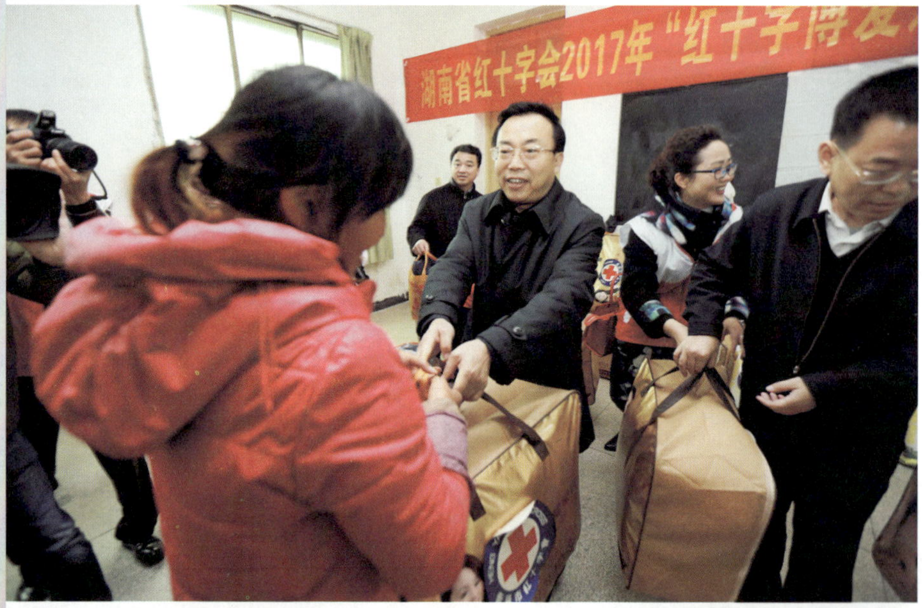

上图：2017年1月11日，中共湖南省委副书记乌兰（左三）在衡阳县西渡镇小海村走访慰问困难群众（罗盟/摄影）

中图：2017年1月11日，湖南省副省长向力力（图中）到衡阳市珠晖区东阳渡镇新田村，向贫困群众发放棉被、棉衣、大米、食用油、春节大礼包等慰问物资（彭斌/摄影）

下图：2017年3月28日，中共湖南省委常委、省委统战部部长黄兰香（图中）率调研组到衡阳调研新的社会阶层人士统战工作和民族宗教工作（罗盟/摄影）

上图：2017年4月12日，中共湖南省委常委、省国资委党委书记胡衡华（图右）到华菱衡钢调研（罗盟/摄影）

中图：2017年4月19日，中共湖南省委常委、常务副省长陈向群（图右）到衡阳五矿铜业（湖南）有限公司督查环保工作（彭斌/摄影）

下图：2017年4月21日，中共湖南省委常委、省委宣传部部长蔡振红（右三）到耒阳调研文化建设工作（耒阳市政府办/供图）

上图：2017年5月9日，中央环保督察组进驻衡阳开展环境保护督察，压实环境保护责任（罗盟/摄影）

下图：2017年5月18日，全国政协常委、全国政协人口资源环境委员会主任、中国林业产业联合会会长、国家林业局原局长贾治邦（图中）到衡阳调研油茶产业发展情况（罗盟/摄影）

上图：2017年5月19日，湖南省副省长张剑飞（左二）到富士康鸿富锦精密工业（衡阳）有限公司、衡阳富泰宏精密工业有限公司了解企业产品创新、市场开拓及扩大生产等情况（彭斌/摄影）

中图：2017年6月7日，中共湖南省委常委、省委政法委书记、省公安厅厅长黄关春（图中）率队深入衡阳督察雁峰区雁峰街道社戒社康工作（肖友良/摄影）

下图：2017年8月12日，中共湖南省委常委、省委组织部部长王少峰（前排左二）到衡阳调研信访和城市基层党建工作（罗盟/摄影）

2017年8月13日上午，中共湖南省委副书记、省长许达哲（图中）到衡阳考察衡山科学城建设（罗盟/摄影）

2017年8月13日下午，中共湖南省委副书记、省长许达哲（左五）到耒阳调研产业园区建设，强调要全力推进供给侧结构性改革和转型升级，狠抓实体经济，办好民生实事（梁春根/摄影）

上图：2017年8月31日，湖南省副省长何报翔（图中）到衡阳调研开放崛起及全域旅游发展情况（彭斌/摄影）

中图：2017年9月14日，中共湖南省委副书记乌兰（右二）到衡阳调研油茶产业发展及产业扶贫情况（罗盟/摄影）

下图：2017年10月11日，湖南省副省长杨光荣（图中）到衡阳调研安全生产工作（彭斌/摄影）

上图：2017年10月17日，湖南省副省长隋忠诚（图中）到常宁市湖南大三湘油茶科技有限公司调研产业扶贫工作（彭斌/摄影）

中图：2017年11月16日，湖南省政协主席李薇薇（左三）到常宁市调研油茶产业（常宁市政府办/供图）

下图：2017年11月21日，中共湖南省委常委、常务副省长、省副总河长、湘江河长陈向群（左二）出席在衡阳召开的2017年湘江第一次省级河长会议并巡查湘江衡阳段（罗盟/摄影）

2017年11月21日，中共中央组织部副部长齐玉（右三）参观耒阳市党史陈列馆（耒阳市政府办/供图）

2017年12月2日，文化部部长雒树刚（图中）到衡阳县王船山故居——湘西草堂视察，中共湖南省委副书记、省长许达哲陪同到衡阳调研（罗盟/摄影）

左上图：2017年1月4日，政协衡阳市第十二届委员会第一次会议在衡阳市政府会议中心开幕，廖炎秋代表十一届市政协常委会作工作报告（肖友良/摄影）

上中图：2017年1月8日，政协衡阳市第十二届委员会第一次会议举行第二次大会，廖炎秋当选政协衡阳市第十二届委员会主席，张亮、谢明芳、许云生、黄保锦、汪维、肖吉顺、谢肃当选政协衡阳市第十二届委员会副主席，夏平平当选政协衡阳市第十二届委员会秘书长 （肖友良/摄影）

右上图：2017年1月8日，新当选的政协衡阳市第十二届委员会常务委员会组成人员合影（肖友良/摄影）

下图：2017年1月4日，政协衡阳市第十二届委员会第一次会议全体委员合影（肖友良/摄影）

左上图：2017年1月5日，衡阳市第十五届人民代表大会第一次会议在市政府会议中心开幕（肖友良/摄影）

上中图：2017年1月5日，衡阳市市长周海兵在市第十五届人民代表大会第一次会议上代表市人民政府作《政府工作报告》（肖友良/摄影）

右上图：2017年1月8日，中共衡阳市委书记周农在市十五届人大一次会议第三次全体会议上再次当选市人大常委会主任，段志刚、李鹏飞、晏华衡、伍清明、谭敦龙、侯明星、邹致和、李艳丽当选市人大常委会副主任，龙雪一当选市人大常委会秘书长。图为新当选的市人大常委会正副主任向宪法宣誓（肖友良/摄影）

下图：2017年1月5日，衡阳市第十五届人民代表大会第一次会议全体代表合影（肖友良/摄影）

2017年1月12日，根据中央和中共湖南省委部署要求，中共衡阳市委常委会用一整天时间召开2016年度民主生活会（罗盟/摄影）

2017年1月22日，中共衡阳市委十一

2017年2月15日，衡阳市公安工作会议召开（罗盟/摄影）

2017年2月16日，衡阳市村（社区）

体（扩大）会议召开（罗盟/摄影）

2017年2月9日，“2017 · 春在统战”衡阳市党外人士新春联谊会举行（彭斌/摄影）

换届选举工作动员会召开（罗盟/摄影）

2017年2月24日，衡阳市人民政府召开2017年第一次全体会议暨廉政工作会议（彭斌/摄影）

市委政法工作会议
1

全 市 宣

一枝一叶总关情

3

4

2

5

6

①2017年2月28日，中共衡阳市委政法工作会议召开（罗盟/摄影）

②2017年3月1日，全国首家以雕塑形式展示廉政文化和廉吏风采的园区——衡阳廉政文化雕塑园开园（刘爱成/摄影）

③2017年3月3日，衡阳市宣传部长会议召开（罗盟/摄影）

④2017年4月1日，衡阳市禁毒工作会议召开（罗盟/摄影）

⑤2017年5月3日，中共衡阳市委县级巡察工作现场推进会召开（罗盟/摄影）

⑥2017年5月19日，中共衡阳市委政协工作会议召开（罗盟/摄影）

左图：2017年6月19日，衡阳市召开全市领导干部大会。中共衡阳市委书记、市人大常委会主任周农主持会议。会上，受中共湖南省委委托，省委组织部常务副部长胡伯俊宣布省委关于衡阳市政府主要领导同志职务调整的决定：郑建新任中共衡阳市委委员、常委、副书记，提名为衡阳市人民政府市长候选人（彭斌/摄影）

右上图：郑建新发表履职讲话（彭斌/摄影）

右中图：胡伯俊（图右）、周农（图中）、郑建新（图左）步入会场（彭斌/摄影）

右下图：与会人员翘首以待郑建新到衡阳履新（彭斌/摄影）

白润民
刘诗真

郑建新

1

4

①2017年6月29日，衡阳市第十五届人民代表大会常务委员会第三次会议召开，会议决定任命郑建新为衡阳市人民政府副市长，并决定其为代理市长（彭斌/摄影）

②2017年6月30日，中共衡阳市委副书记、市人民政府代市长郑建新就学习贯彻中共十八届六中全会精神给市政府办直属机关党委全体党员讲党课（彭斌/摄影）

③2017年6月30日，衡阳市庆祝中国共产党成立96周年大会在市政府会议中心举行（罗盟/摄影）

2

3

5

6

④2017年7月26日，衡阳市第十五届人民代表大会第二次会议选举郑建新为衡阳市人民政府市长。图为新当选的衡阳市人民政府市长郑建新庄严宣读誓词 （彭斌/摄影）

⑤2017年7月26日，中共衡阳市委书记 、市人大常委会主任周农主持市级领导及各部门各单位负责人集中收看政论专题片《将改革进行到底》（罗盟/摄影）

⑥2017年8月25日，中共衡阳市委书记 、市人大常委会主任、衡阳警备区党委第一书记周农在党管武装工作会议上作述职报告（罗盟/摄影）

①2017年9月1日，衡阳市县处级领导班子思想政治建设座谈会召开（罗盟/摄影）
②2017年9月25日，衡阳市工会第十九次代表大会召开（罗盟/摄影）
③2017年9月26日，衡阳市典型案例通报暨警示教育大会召开（罗盟/摄影）

2

3

5

④2017年10月10日，中共衡阳市委议军会暨人武部党委第一书记党管武装工作述职大会召开（罗盟/摄影）

⑤2017年10月11日，衡阳市珠晖区商业城党支部办公场地虽然条件简陋，但这个支部在倡导诚信经营、调解各类纠纷、弘扬公益事业等方面发挥着重要作用，成为珠晖区商业城一千多商户信赖的中坚，被亲切称为“走廊党支部”（罗盟/摄影）

2017年10月28日，衡阳市传达学习贯彻党的十九大精神大会召开（罗盟/摄影）

2017年11月1日，中共衡阳市委书记
彻党的十九大精神（罗盟/摄影）

2017年12月8日，中共衡阳市第十一届委员会第四次全体会议召开（罗盟/摄影）

2017年12月18日，衡阳市深化国家

常委会主任周农到南华大学传达学习贯

2017年11月15日，中共衡阳市委书记、市人大常委会主任周农在衡阳市领导干部学习贯彻党的十九大精神集中轮训班开班式带领全体与会人员面对党旗重温入党誓词（罗盟/摄影）

革试点工作座谈会召开 （罗盟/摄影）

2017年12月27日，衡阳市县市区及市直行业系统党工委书记抓基层党建述职评议会议召开（罗盟/摄影）

①2017年1月3日，中共衡阳市委经济工作会议召开（罗盟/摄影）

②2017年1月10日，南岳机场开通衡阳直飞海口的航线（王翟/摄影）

③2017年2月4日，中共衡阳市委书记、市人大常委会主任周农到白沙洲工业园区调研工业企业复工复产情况，现场体验摩拜单车（罗盟/摄影）

④2017年2月19日，衡东县县长徐志毅到新塘镇潭泊村胜任果蔬种植有限公司，通过阿里巴巴、“衡东味道”等电商平台当起“推销员”，让滞销的西兰花变成了“俏货”（彭斌/摄影）

作 会 议
1

海南航空 Hainan Airlines
長安銀行
CHANG'AN BANK
热烈庆祝衡阳—海口航线顺利通航
2

增强防火安全意识
3

4

1

2

3

4

5

6

①2017年2月27日，衡阳市环境保护和安全生产工作电视电话会议召开（罗盟/摄影）

②2017年2月28日，衡阳市重点项目建设交办会召开，发布和交办了2017年全市第一批重点项目（罗盟/摄影）

③2017年4月1日，中共衡阳市委农村工作会议召开（罗盟/摄影）

④2017年4月13日，衡阳市工商联女企业家商会2016年度表彰会暨2017年工作会议在南岳召开（肖友良/摄影）

⑤2017年4月13日，为把陆家新区建成衡阳市高新区新地标、新名片，柿江河两岸的建设全面开工（罗盟/摄影）

⑥2017年5月4日，晶珠广场前坪提质改造工程全面完工，广场前坪停车位、绿化带、人行道整齐划一，大楼墙体焕然一新（罗盟/摄影）

①2017年5月8日，衡阳市第一条过江隧道——二环东路合江套湘江隧道南线进度过半。图为巨型盾构机正在作业，技术人员一丝不苟地测量（罗盟/摄影）

②2017年5月18日，衡阳市举行油茶产业发展座谈会暨对话衡阳油茶主题活动（罗盟/摄影）

③2017年5月24日，衡阳市经济形势分析暨重点项目建设调度会召开（罗盟/摄影）

④2017年5月25日，中共衡阳市委书记、市人大常委会主任周农到祁东县调研易地扶贫搬迁安置房建设（罗盟/摄影）

⑤2017年7月5日，中共衡阳市委副书记、市人民政府代市长郑建新到衡阳县界牌镇将军村调研精准扶贫工作（彭斌/摄影）

⑥2017年6月6日，白沙洲工业园内的衡阳合力工业车辆有限公司卡号为B97903的叉车开进检车区，标志这里已形成年产1万台特种工业车辆的生产能力（彭斌/摄影）

⑦2017年7月4日，五矿铜业（湖南）有限公司自主研发的SKS炼铜法项目达到一年处理含铜、金、银、硫物料55万吨的先进水平。图为企业出装槽作业现场（彭斌/摄影）

1

2

3

4

7

5

①2017年7月13日，中共衡阳市委副书记、市人民政府代市长郑建新到华菱汽车调研年产1万台重卡及7万套车桥项目（彭斌/摄影）

②2017年7月14日，衡阳市创建全国文明城市工作推进会召开（罗盟/摄影）

③2017年7月21日，衡阳市科技创新大会暨市科协第十次全市代表大会开幕（罗盟/摄影）

④2017年7月21日，中共衡阳市委副书记、市人民政府代市长郑建新到来雁新城调研（彭斌/摄影）

⑤2017年8月30日，中共衡阳市委副书记、市人民政府市长郑建新到滨江新区调研（彭斌/摄影）

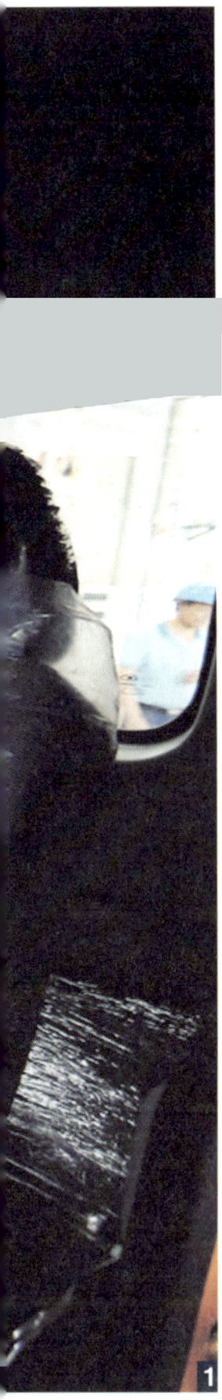
1

4

5

2

3

2

①2017年7月31日上午，中共衡阳市委副书记、市人民政府市长郑建新在比亚迪集团董事局主席兼总裁王传福陪同下考察深圳比亚迪股份有限公司（彭斌/摄影）

②2017年7月31日下午，中共衡阳市委副书记、市人民政府市长郑建新与比亚迪集团董事局主席兼总裁王传福商定：双方在“云轨”建设、新能源汽车推广应用、相关产业提档升级等方面开展合作（彭斌/摄影）

③2017年7月31日晚，衡阳市深圳招商企业家座谈会在深圳举行（彭斌/摄影）

④2017年8月5日，中共衡阳市委副书记、市人民政府市长郑建新，市委常委、市委组织部部长陈竞赴新疆鄯善县，考察援疆项目建设进展情况（彭斌/摄影）

⑤2017年9月8日，衡阳市·中核集团白沙绿岛军民融合产业发展座谈会召开，中共衡阳市委书记、市人大常委会主任周农向中核集团党组书记、董事长王寿君赠送象征荣誉市民的中核家园“金钥匙”（罗盟/摄影）

①2017年8月2日，衡阳市耕地占补平衡暨保障性住房工作约谈会召开（彭斌/摄影）

②2017年9月19日，衡阳市政府2017年第11次常务会议召开，专题研究城市轨道交通线网规划及轨道交通示范线、产业园建设工作（彭斌/摄影）

③2017年9月23日，衡阳县樟木乡九渡村塘湾组种粮大户李小明驾驶拖拉机运送收获的稻谷（刘爱成/摄影）

④2017年9月26日，衡阳市第八届农博会在高新区开幕（王翟/摄影）

⑤2017年9月26日，比亚迪（衡阳）轨道交通智能制造产业园项目奠基仪式在衡阳松木经济开发区举行（罗盟/摄影）

⑥2017年9月27日，衡阳市经济社会创新发展智库成立大会院士合影（肖友良/摄影）

比亚迪（衡阳）轨道交通智能制造产业园
BYD (Hengyang) rail traffic intelligent manufacturing Industrial Park
奠基仪式
Foundation laying ceremony
2017·9·26
比亚迪（衡阳）轨道交通智能制造产业园项目
奠基
二〇一七年九月二十六日

5

衡阳市经济社会创新发展智库成立大会合影
2017.9.27

6

①2017年9月28日，以“自信 · 创新 · 发展”为主题的2017衡州经济发展论坛开幕式暨主题论坛活动在衡阳市广电中心演播大厅举行（王翟/摄影）

②湖南省政协党组副书记、常务副主席戴道晋及来自全国各地的专家学者、商会代表、企业家和实业界人士参加此次开幕式（肖友良/摄影）

③国务院发展研究中心企业研究所副所长、研究员张文魁在开幕式上围绕“‘双创’激发城市发展活力”作专题演讲（肖友良/摄影）

④湘南首家科技成果转化平台启用（肖友良/摄影）

2

1

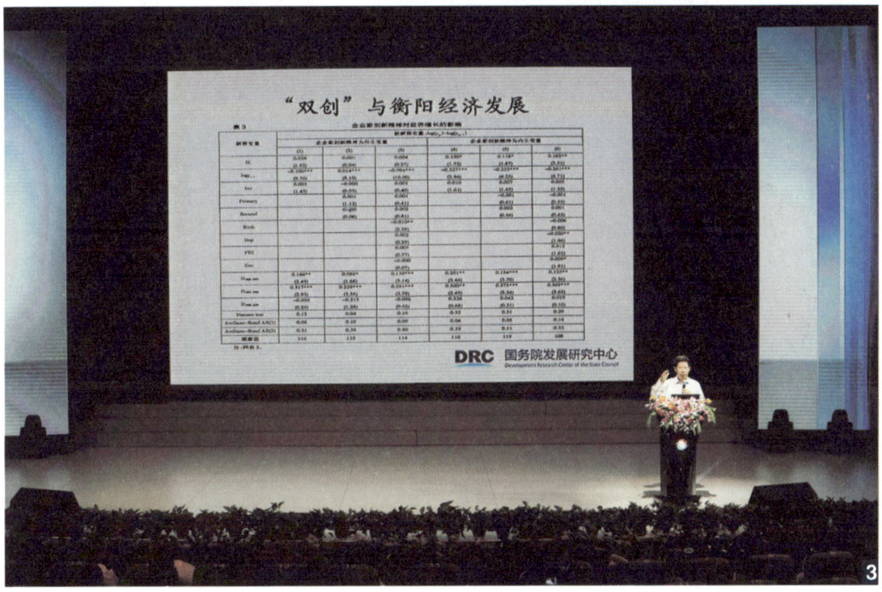

3

4

2017年9月17日，船山西路延伸线如期建成并无缝对接船山西路，让衡阳市中心城区与衡阳县西渡快速连通（罗盟/摄影）

2017年10月1日，衡阳华耀城五金建材、糖酒副食、南北干货、酒店用品区盛大开业，成为落地衡阳首个投资过百亿元的服务业标志性项目（罗盟/摄影）

2017年10月11日，衡州大道
阻”（罗盟/摄影）

2017年9月26日，衡阳东洲岛项目正在加速推进，船山书院的三栋古建和船山讲堂、陈列馆主体基本完成（罗盟/摄影）

通车，既加快城区“西扩”也破解了三塘“肠梗

2017年10月12日，衡阳市高新区共对10条道路实施“硬改绿”(人行道建花坛)，受到市民一致好评（王翟/摄影）

2017年湘江第一次省级河长会议
湖南·衡阳
2017. 11. 21

1

2

五矿有色

衡阳市城市建设投资有限公司

4

旅游示
彭玉明

①2017年11月21日，2017年湘江第一次省级河长会议在衡阳市召开 （罗盟/摄影）

②2017年11月23日，中共衡阳市委书记、市人大常委会主任周农会见香港建滔化工集团董事会主席张国荣（罗盟/摄影）

③2017年11月29日，五矿有色控股铜铅锌产业基地在常宁市水口山工业园开工（罗盟/摄影）

④2017年12月6日，衡阳市城市建设投资有限公司在高新区揭牌 （彭斌/摄影）

⑤2017年12月10日，衡阳旅游示范线云轨试验段耒水大桥举行开工仪式，中共衡阳市委副书记、市人民政府市长郑建新宣布项目开工 （彭斌/摄影）

1

2

3

4

①2017年12月12日，湖南云锦集团股份有限公司旗下的衡阳天锦纺织有限公司正在加紧生产“天锦”牌精梳纯棉、涤棉系列产品，以供应南非、东南亚等国际市场（彭斌/摄影）

②2017年12月19日，由原衡阳绝缘材料二厂整体改制的衡阳星鑫航天新材料有限公司更名为湖南星鑫航天新材料股份有限公司挂牌新三板（彭斌/摄影）

③2017年12月23日，白沙洲工业园内的湖南特达液压有限公司又一台环卫垃圾压缩成套设备生产出厂（彭斌/摄影）

④2017年12月23日，白沙洲工业园内的南岳电控（衡阳）工业技术有限公司装配总成车间工人正仔细调试产品，其生产的高压喷油泵主要为一汽、东风、重汽、福田等汽车集团及玉柴、潍柴等全国各大骨干柴油机厂配套 （彭斌/摄影）

⑤2017年12月10日， 大量人工及机械日夜加班，争取平安夜前让市民看到中山南路提质改造后的新面貌（肖友良/摄影）

⑥2017年12月25日，衡阳市白沙啤酒广场正式开放（彭斌/摄影）

⑦2017年12月28日，衡阳市委经济工作会议召开（罗盟/摄影）

衡阳市2017年"连卡福杯"
元旦环城赛跑
HENG YANG 2017'LANKAFUL BEI'
YUAN DAN HUAN CHENG SAI PAO
LanKaFul
中信银行
NIKE
SECRET 22

2

主办单位：
承办单位：

①2017年1月1日上午，迎着新年的曙光，衡阳市2017年“连卡福杯”元旦环城赛跑开跑，数千市民以快乐、科学、低碳的方式，迎接2017年的到来（王翟/摄影）

②2017年1月11日晚，2017首届“最 · 高新”文化艺术节在高新区衡州剧场开幕（彭斌/摄影）

③2017年1月16日，衡阳市蒸湘区呆鹰岭镇联合衡阳市文联开展文化下乡送春联活动，图为书法家们在社区书写春联（彭斌/摄影）

④耒阳敖山庙会每年会举行3次大的活动，分别是农历正月初二游船，二月十九观音菩萨生日拜章，五月廿三敖王生日唱戏。图为2017年2月8日敖山庙会人山人海的“游船”现场（梁春根/摄影）

⑤2017年2月10日，南岳庙会传灯纳福仪式如约而至，游园灯会让游人流连忘返（王翟/摄影）

1

2

3

①2017年2月13日，衡阳市高新区蒸水小学学生在“爱莲堂”前接受国学教育，以此开启新学期第一课（彭斌/摄影）

②2017年2月16日，衡阳市福利院舞蹈教师对学生进行一对一授课（肖友良/摄影）

③2017年2月20日，衡阳市公共自行车租赁项目一期运行已有年余，公共自行车受到年轻人热捧（王翟/摄影）

④2017年2月26日，衡阳县第六届油菜花节在该县库宗桥镇华山村开幕（罗盟/摄影）

⑤2017年3月25日，衡东县育新小学组织学生到洣水国家湿地公园采风（彭斌/摄影）

⑥2017年3月25日，衡阳乡村生态旅游节暨珠晖“四美”茶山旅游文化节在金甲古镇举行（罗盟/摄影）

①2017年3月14日，由著名演员段奕宏、江一燕、杜源等领衔主演的院线电影《暴雪将至》在衡阳宣布开机。这是在衡阳拍摄的第一部院线电影（彭斌/摄影）

②2017年3月25日，由湖南尚峰体育文化传媒有限公司主办、衡阳雁城宾馆冠名、衡阳日报社协办的“雁城宾馆杯”武林风之勇士的荣耀——崛起世界职业搏击黄金联赛在衡阳举办（罗盟/摄影）

③2017年3月29日，来自湖南各地及广东、广西、北京的百余文人雅士奔赴衡阳石鼓书院，举行“春天奔涌而至”吟诵同题新诗旧词活动（刘爱成/摄影）

④2017年4月11日，衡阳县渣江镇在彭玉麟故居举办《彭玉麟访广东》《彭玉麟访苏州》皮影、渔鼓展演（彭斌/摄影）

⑤2017年4月15日，2017中华茶祖节 · 南岳头班春茶开采活动在南岳衡山景区“十里茶乡”举行（彭斌/摄影）

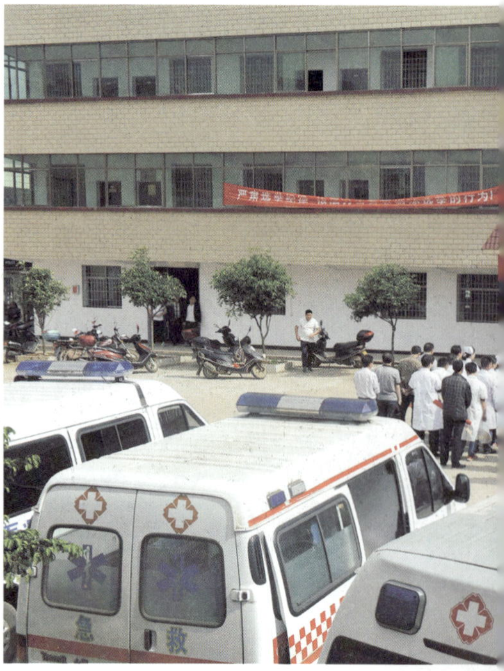

①2017年4月21日，2017“光影·纵横”衡阳时装周在衡阳连卡福商业广场启幕（罗盟/摄影）

②2017年4月26日，夺得《中国诗词大会》亚军的衡阳才子彭敏，回家乡参加衡阳市第九届全民阅读推广活动启动仪式（刘爱成/摄影）

③2017年5月4日，2017中华茶祖节·南岳祭茶大典在南岳大庙举行（彭斌/摄影）

④2017年5月4日，耒阳市政协医卫界委员走进长坪乡免费送医药到偏僻农村（梁春根/摄影）

⑤2017年5月4日，衡阳市第六中学举行以“感恩、自强、责任”为主题的高三成人礼仪式活动（肖友良/摄影）

⑥2017年5月13日，“连卡福”杯2017年全国蹦床锦标赛暨第十三届全运会蹦床预赛在衡阳开赛（刘爱成/摄影）

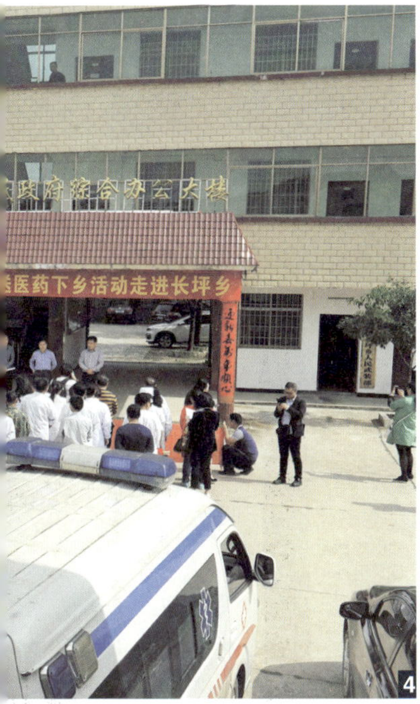

4

5

6

1

①2017年5月21日晚上，湖南本土原创话剧《成功只因一路有你——喜宴》巡演在衡阳广电演播大厅进行（彭斌/摄影）

②2017年5月23日，中国当代著名作家、文化部原部长王蒙作客衡阳市石鼓书院大讲坛·国学讲座，主讲《文化与自信》（王翟/摄影）

③2017年6月1日，中共衡阳市委书记、市人大常委会主任周农在“六一”儿童节看望慰问祝融小学师生（罗盟/摄影）

④2017年6月1日，衡阳市珠晖区冶金小学举行庆六一表演活动（彭斌/摄影）

⑤2017年6月19日，衡阳市艺术学校举行“我们的青春”汇报演出，以提高学生的表演能力和舞台经验（刘爱成/摄影）

⑥2017年7月5日，衡阳市中小学2017年“中华经典诵读”启动仪式暨展演活动在雁峰区环城南路小学拉开帷幕（王翟/摄影）

⑦2017年5月5日，全省青少年科技创新大赛在衡阳市八中启动（罗盟/摄影）

⑧2017年7月20日，衡阳市科技创新大会高新区启迪之星路演中心VR技术吸引了众多的体验者 （彭斌/摄影）

2

3

4

5

6

7

8

제10회 한·중청소년스포츠
第10回 韓·中青少年SPORTS
WELCOME CEREMONY
期間:2017. 7. 26(수) 18:00 主催:大韓體育會 主管:蔚山廣域市, 蔚山廣域市體育會 재정후원:

4

1

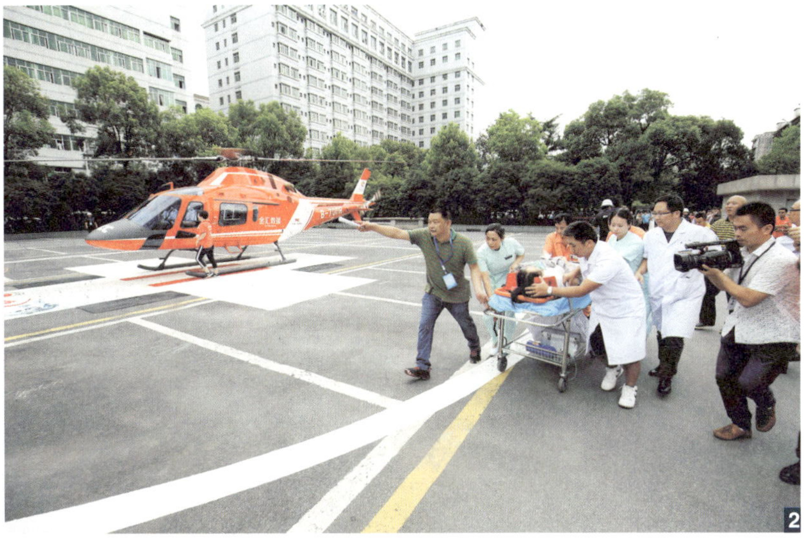
2

3

5

①2017年7月25日至31日，为期7天的第十届中韩青少年体育交流活动在韩国蔚山广域市举行，来自湖南衡阳市的中学生们与韩国蔚山广域市的中学生进行了篮球、乒乓球、羽毛球3个运动项目的联合训练、比赛和文化交流（刘爱成/摄影）

②2017年8月16日上午，一架橘红色的专业医疗救援直升机降落在南华大学附属第一医院外科楼前的停机坪，标志湘南首家空中医疗救援基地正式落户衡阳（罗盟/摄影）

③2017年8月14日，“相聚南岳 棋乐无穷”2017年全国象棋儿童赛暨“中国体育彩票”全国象棋青少年活动在衡阳市南岳区举办（南岳区政府办/供图）

④2017年8月17日，众多游客到号称衡阳地区最好玩的溯溪路线——南岳区光明村卧虎潭滑水戏水（罗盟/摄影）

⑤2017年8月19日，“醉美水帘洞，青春丽人行”摄影活动在南岳水帘洞景区举办，来自全国各地的50位摄影师冒着炎炎烈日，用手中的相机记录水帘洞的美丽（彭斌/摄影）

4

1

2

3

5

6

①2017年8月28日（农历七月初七）是中国传统七夕节，19对爱侣在南岳衡山举行“山盟之约汉式集体婚礼”（罗盟/摄影）

②2017年9月20日，衡东县第四届土菜文化旅游节开幕（彭斌/摄影）

③2017年9月20日晚，“喜迎十九大，建设新衡阳”2017年“欢乐潇湘”全省文艺汇演决赛衡阳市专场在衡阳市广电中心精彩上演（王翟/摄影）

④2017年9月21日，衡阳·雁峰“金钟杯”首届公路自行车赛暨捷安特自行车嘉年华活动在南湖公园开赛（雁峰区政府办/供图）

⑤2017年9月22日是“世界无车日”，衡阳市举办“绿色交通，共享出行”绿色出行活动（王翟/摄影）

⑥2017年9月26日，衡阳市非遗戏曲进校园活动在石鼓区演武坪小学拉开序幕（王翟/摄影）

衡阳工业博物馆
HENGYANG INDUSTRY MUSEUM
1

《湖南乡镇简志·衡阳市卷》
省级评议会
二零一七年十月十九日
2

电影《一代

社“掌上衡阳”衡阳师范学院记者站授牌暨新闻采写
掌上衡阳
4

优秀团队
二中品牌
输送大学运动员名单

5

3

6

①2017年9月29日，湖南首家工业主题博物馆——衡阳工业博物馆在衡山科学城正式开馆（肖友良/摄影）

②2017年10月19日，《湖南乡镇简志·衡阳市卷》省级评议会在衡阳市召开（肖友良/摄影）

③2017年10月31日，电影《一代女魂唐群英》在衡山县新桥镇唐群英故居正式开机拍摄（罗盟/摄影）

④2017年11月1日，衡阳日报社“掌上衡阳”衡阳师范学院记者站授牌仪式举行（彭斌/摄影）

⑤2017年11月7日，全国听障教育2017年年会暨作文教学研讨会在衡阳市特殊教育学校召开（彭斌/摄影）

⑥2017年11月2日至8日，第十届中韩青少年体育交流大会(第二阶段)在衡阳市举行。图为中韩青少年男子篮球队在衡阳市二中同场训练交流（刘爱成/摄影）

①2017年11月22日，中国流动科技馆湖南衡阳站巡展活动启动仪式在衡南县明德小学举行　（王翟/摄影）

②2017年11月24日，首届湖南工业版画精品展在衡阳市衡山科学城展出（刘书影/摄影）

③2017年11月24日，衡阳市珠晖区第四届“区长杯”校园足球联赛开赛（彭斌/摄影）

④2017年12月4日，2017—2018赛季CBA俱乐部预备队比赛（衡阳赛区）在衡阳市体育中心开赛（罗盟/摄影）

⑤2017年12月19日，南岳水帘洞景区“飞拉达”攀岩推出的“勇敢者的游戏”活动（肖友良/摄影）

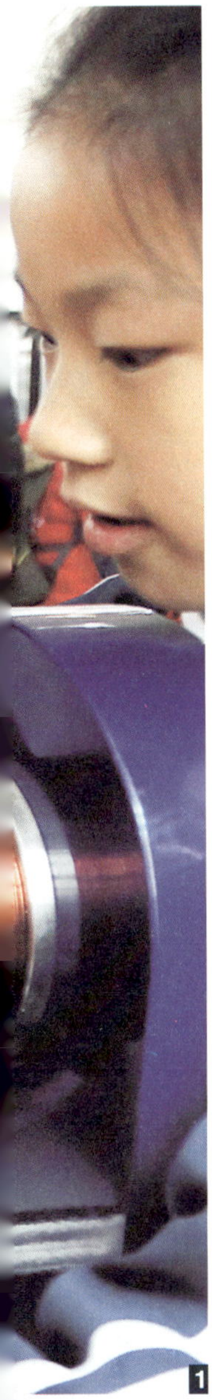
1

3

4

2

5

①随着年关的到来，衡阳家家户户都忙着打“鱼丸子”。图为2017年1月16日，一衡阳市民正在鱼丸店购买鱼丸（刘爱成/摄影）

②同是春运人，不在回家路。2017年1月24日，为确保旅客温暖回家，广州铁路公安局衡阳铁路公安处民警桂伟（右二）在衡阳火车站站台执勤（刘爱成/摄影）

③2017年2月8日，衡阳一市民在莲湖广场“公益招聘会”查找了解招工信息（彭斌/摄影）

2

3

6

④2017年2月10日，衡阳县井头镇大云山林场67岁护林员王学东迷失山林，衡邵两地警方和居民展开大搜救（彭斌/摄影）

⑤2017年3月20日，正值中国二十四节气的春分，衡东草市举行“赶分社”活动，依时做好农具、耕牛、种籽的准备（刘爱成/摄影）

⑥2017年4月19日，衡阳市奇石文化博物馆放生一只乌龟（肖友良/摄影）

2017年，衡阳市各城区通过“三清三建”对社区进行清垃圾、清管线、清违建；建路、建绿、建园，让社区焕发新面貌。图为正在改造中的雁峰区雁峰街道余德堂社区（2017年4月19日， 肖友良/摄影）

①2017年5月4日晚，衡阳市举行“不忘初心跟党走”庆祝五四青年节活动（罗盟/摄影）

②2017年5月27日，衡阳市雁峰区厉家冲社区举办了一场别开生面的“端午粽子香，邻里情更深”包粽子比赛（肖友良/摄影）

③2017年5月30日，耒阳市水东江新和社区第二届新新龙舟赛比赛前举行祭祀龙船活动（梁春根/摄影）

④2017年5月30日，衡阳市珠晖区2017年端午节龙舟赛在耒水上举行（罗盟/摄影）

1

2

3

4

1

2

3

①2017年7月2日，常宁城区发生内涝，衡阳市消防支队从全市范围内调集救援力量50人及部分抗洪装备支援常宁，紧急救援转移群众800余人（罗盟/摄影）

②2017年7月3日，雁峰区湘江村一组成了城区抗洪的主战场，空军某部300名官兵、衡阳警备区30名官兵，以及衡阳市民兵应急营170名民兵共500余人，在4个作业面同时推进，抓紧时间加固堤坝、修筑子堤（彭斌/摄影）

③2017年7月4日，中共衡阳市委书记、市人大常委会主任周农赶赴衡山县防汛一线督查防汛抗灾工作（罗盟/摄影）

④2017年8月24日，由衡阳市委统战部、农工党衡阳市委主办，衡阳爱尔眼科医院承办的“同心社会服务实践基地揭牌暨关爱交警活动启动仪式”举行（彭斌/摄影）

⑤2017年9月19日，衡阳市举行“迎接十九大忠诚保平安”誓师暨“雁城铁拳”跨区域反恐演练（罗盟/摄影）

⑥2017年10月25日，衡阳市“关注消防·平安你我”119消防安全宣传月活动正式启动，图为市民参与火灾现场VR体验（王翟/摄影）

1

2

3

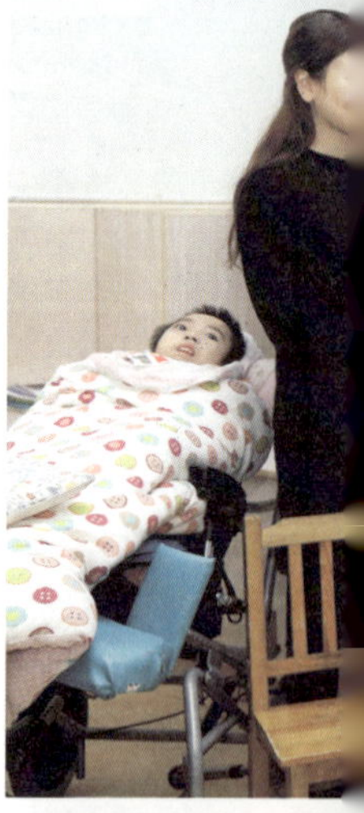

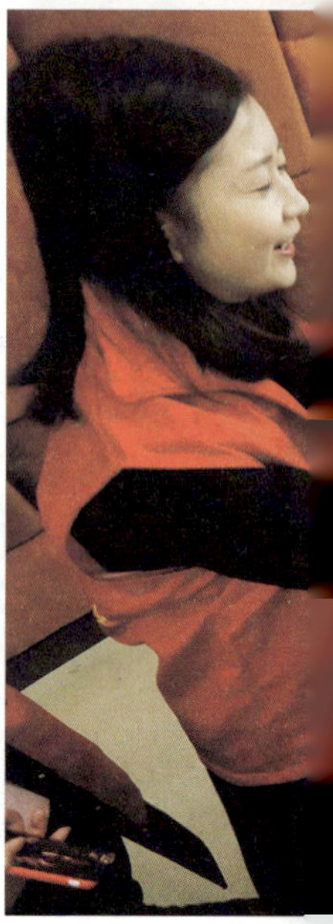

①2017年10月26日，在重阳节即将到来之际，中共衡阳市委副书记、市人民政府市长郑建新到雁峰区福利院看望百岁老人李远娥（彭斌/摄影）

②2017年11月4日，衡阳市世纪星幼儿园亲子运动会在渝景湾小学举行（肖友良/摄影）

③2017年11月20日，在北京受到表彰的第六届全国道德模范匡兵、温绮华夫妇载誉回到家乡耒阳（耒阳市政府办/供图）

④2017年11月29，全省儿童福利机构专业服务调研会在在衡阳举行，要求把全省儿童服务对象延伸至困境儿童（肖友良/摄影）

⑤2017年12月3日，中国道教协会副会长、湖南省道教协会会长黄至安道长升为南岳衡山道院方丈，这是湖南省道教界有史以来的第一次方丈升座（南岳区政府办/供图）

⑥2017年12月4日，为迎接第32个“国际志愿者日”，衡阳市蒸湘区心理辅导站志愿者与孩子们一起游戏（王翟/摄影）

⑦2017年12月24日，平安夜，衡阳市对相关路段实行交通限行管制，市民理性过“洋节”（彭斌/摄影）

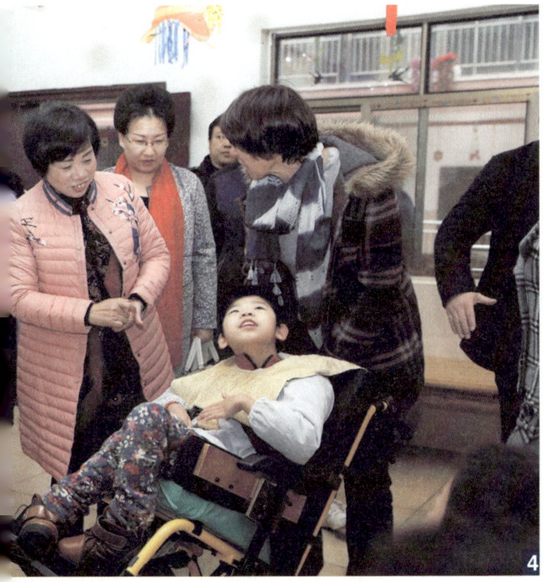

4

5

6

7

塔山瑶乡雾凇（2017年2月8日，罗盟/摄影）

南岳雾凇（2017年2月10日，肖友良/摄影）

左图：金甲岭现”千树万树梨花开“美景（2017年3月26日，罗盟/摄影）
右上图：“金甲采梨乐”（2017年7月19日，彭斌/摄影）
右下图：“金甲采梨乐”（2017年7月23日，罗盟/摄影）

上图：南岳云雾茶种植基地（2017年4月15日，彭斌/摄影）
右上图：塔山山岚茶种植基地（2017年8月11日，常宁市史志办/供图）
右下图：衡山县现代皇茶产业园（2017年9月4日，彭斌/摄影）

南岳黄庭观（2017年4月23日，彭斌/摄影）

加高后的雁峰寺（2017年6月23日，肖友良/摄影）

雁峰寺
觀音殿

左上图：被洪水包围的石鼓书院（2017年6月26日，彭斌/摄影）
左下图：蒸水涨水（2017年7月2日，彭斌/摄影）
右图：被洪水淹没的东洲岛（2017年7月3日，彭斌/摄影）

左上图：衡阳晨雾（2017年4月13日，彭斌/摄影）
左下图：衡阳晨雾（2017年11月27日，彭斌/摄影）
右图：南岳云海（2017年9月14日，刘晓飞/摄影）

左上图：来雁塔日出（2017年7月26日，刘晓飞/摄影）
上中图：雁城晚霞（2017年6月9日，彭斌/摄影）
右上图：永济圩之夜（2017年8月14日，梁春根/摄影）
下图：日落柏坊（2017年9月17日，阳利华/摄影）

左图：2017年，衡阳市对城区的岳屏公园、西湖公园、莲湖广场、青少年宫、陆家新屋、平湖公园、生态公园7个项目进行黑臭水体综合整治，图为新提质改造完成的陆家新屋吸引了大量市民前来游玩（2017年2月13日，王翟/摄影）

右上图：2017年，衡阳市对城区的岳屏公园、西湖公园、莲湖广场、青少年宫、陆家新屋、平湖公园、生态公园7个项目进行黑臭水体综合整治，图为整治后的平湖公园项目景观（2017年12月16日，罗盟/摄影）

右下图：2017年，衡阳市对城区的岳屏公园、西湖公园、莲湖广场、青少年宫、陆家新屋、平湖公园、生态公园7个项目进行黑臭水体综合整治，图为整治后的青少年宫项目景观（2017年12月31日，阳利华/摄影）

衡南县

HENG NAN XIAN

县委书记　杨洪峰

县 长　李 军

①衡南县重点项目集中开工暨中科光电产业园项目奠基典礼

②衡阳梦东方旅游项目在衡南县云集镇车江片区金盘村开工奠基

③中国交通运输协会授予衡南县“中国物流之乡”牌匾

④衡南县举办千人拔河比赛

2017年7月11日，中共衡阳市委书记、市人大常委会主任周农到衡南县考察大三湘油茶基地

2017年12月28日，中共衡阳市委副书记、市人民政府市长郑建新到衡南县调研重点工程建设

衡阳市人大常委会党组副书记、副主任段志刚到衡南县谭子山镇杨湖村植树

2017年，全县实现地区生产总值349.89亿元，增长8.2%。实现农业总产值119.44亿元，增长3.8%。实现工业增加值112.70亿元，增长6.6%；其中规模以上工业实现增加值63.68亿元，增长7.0%。完成社会固定资产投资260.0亿元，增长18.4%，占全市固定资产投资比重为9.9%。国内首条“鲜榨茶油”工艺线湖南大三湘茶油股份有限公司正式试机启动。总投资100亿元的衡阳梦东方旅游项目在云集镇车江片区金盘村正式开工，三塘镇、宝盖镇分别获得全省美丽乡镇、特色旅游小镇称号。17个重点项目在衡南县云集工业园集中开工，总投资达45亿元，涵盖电子行业、高端装备制造、医药医疗行业及民生保障、基础设施等多个领域。完成一般公共完成一般公共预算收入15.60亿元，金融机构各项存款余额完成271.24亿元，增长17.7%。完成社会消费品零售总额111.10亿元，增长10.7%，占全市社会消费品零售总额比重为8.9%。旅游总收入24.11亿元，增长28.0%。实现外贸进出口总额1.44亿元，增长13.1%。各项社会保险参保人数180万人次，城镇登记失业率为3.06%。全县万元工业增加值能耗下降4.37%，万元GDP能耗下降5.02%，亿元GDP生产安全事故死亡率0.02。年内，综治工作被评为省市先进，脱贫攻坚工作在省考核综合考评中由二类县市落后行列晋升到较好行列。被中国交通运输 协会授予“中国物流之乡”称号，岐山森林公园成功晋升国家级森林公园。

衡阳县

HENG YANG XIAN

2017年5月22日，中共衡阳市委书记 、市人大常委会主任周农，市委副书记邓群策在衡阳县井头镇调研时看望困难群众

2017年2月26日，主题为“船山故里有才华”衡阳第六届油菜花节暨湖湘名人生态文化旅游节在衡阳县库宗桥镇华山村广场开幕

2017年1月19日，衡阳县2017年第一批16个重点项目集
委、市人民政府常务副市长廖健出席签约仪式

2017年8月25日，衡阳县西渡火车站其配套设施项目开工

10月12日，中共衡阳市委副书记 、 市人民政府市长郑建新到衡阳县
业角山米业调研

共衡阳市委常

2017年4月18日，衡阳县10个城市基础设施建设项目集中开工

2017年9月27日，“衡州经济发展论坛”衡阳县重点项目集中开工建设

2017年12月29日，衡阳县界牌工业园PPP项目开工

2017年，全县实现地区生产总值355亿元，是1978年的178倍；人均地区生产总值提高到32779元，是1978年的157倍。完成一般公共预算收入14.2亿元，是1978年的73倍。完成固定资产投资298.6亿元，是1978年的898倍。实现社会消费品零售总额103.5亿元，是1978年的95倍。截至2017年，衡阳县城镇居民人均可支配收入达到30674元，农村居民人均可支配收入达到16190元，分别是1978年的59倍和190倍。产业结构不断优化。三次产业结构比由1978年的67.87∶17.24∶14.89调整为2017年的20.0∶35.7∶44.3。特别是近10年（2007年—2017年），全县累计实施重点项目建设1682个，项目总投资3262亿元，累计完成固定资产投资1333亿元。2017年，县城获评“全国卫生县城”和“省级园林县城”，通过了“全国文明县城”测评验收。该县还创建了洪市镇、金兰镇、关市镇、界牌镇、渣江镇等一批国家、省、市级重点镇和特色镇。启动了曲兰船山文化小镇、库宗桥乡村旅游示范小镇等特色小镇的规划和建设，一批文化古镇、旅游小镇已具雏形。

衡山县

HENG SHAN XIAN

县委书记　尹培国

县 长　蒋 青

衡山县萱洲国家湿地公园

衡山省级高新技术产业园区综合大楼

衡山县开云新区客户服务中心

衡山县黄花

2017年6月2日，中共衡阳市委书记、市人大常委会主任周农到衡山县贫困程度较深的白果镇、岭坡乡，检查脱贫攻坚工作

2017年9月4日，中共衡阳市委副书记、市人民政府市长郑建新到衡山县现代皇茶产业园调研精准脱贫工作

2017年9月15日，衡山县举行“喜迎十九大、建设新衡山”群众文艺汇演，并对13户“文明好家风”家庭授牌颁奖

衡山县委、县政府对2017年“十佳人民满意公仆”“十佳岗位明星”“十佳村(社区)党组织书记”进行表彰

2017年，衡山县地区生产总值167.22亿元，增长8.6%；完成一般公共预算收入9.29亿元，税占比69.43%，提高9个百分点，财税收入质量大幅提升；完成固定资产投资110亿元，增长18%；实现社会消费品零售总额33.3亿元，增长10.8%；城乡居民可支配收入分别为30537元、19078元，分别增长8.4%、7.9%。规模以上工业增加值增长8.4%，新增规模工业企业12家。高新技术企业发展到11家，工业园区通过省级高新技术产业园评审。新增种粮大户170户，发展农业产业化龙头企业4家，新注册农民专业合作社44家、家庭农场36家，休闲农业企业发展到60家。新发展市场主体1858户，新增外贸“破零倍增”企业共3家。工业园区通过省级高新技术产业园评审，新引进项目8个，十大工业项目集中开工。63家企业单位获得金融机构贷款13.77亿元。争取国省预算内资金8760万元。四大投融资公司融资16.8亿元。全面小康实现程度达92%。新增城镇就业2544人，农村劳动力转移就业2500人，下岗失业人员再就业1109人，发放创业担保贷款1994万元。改造城市棚户区1064套，改造农村危房408户。获批国家田园综合体试点县，获全国“平安农机”示范县称号，白果镇获评全国文明村镇，江东乡获评全国群众体育先进单位。顺利通过省级卫生县城复审，成功创建全省现代教育技术实验县，衡山黄鸡获批全省农业特色产业“一县一特”项目。

衡东县

HENG DONG XIAN

县委书记　吴伟生

县 长　徐志毅

湖南衡东洣水国家湿地公园

衡东武家山国家森林公园

衡东县黄贡椒又获丰收

衡东县洣江生态园开园

衡东县第四届土菜文化节火炬传递

2017年3月2日，中共衡阳市委书记 、市人大常委会主任周农，市委常委 、市纪委书记包昌林，市委常委 、市委秘书长张贺文一行到衡东县吴集镇大势塘村调研村（社区）“两委”换届工作

2017年10月13日，中共衡阳市委副书记 、 市人民政府市长郑建新到衡东县湖南机油泵股份有限公司调研

2017年，全县完成地区生产总值293.76亿元，增长8.7%。三次产业结构比为15.41：34.28：50.31。财政总收入12.76亿元，增长9.7%；其中地方一般预算收入8.16亿元。完成固定资产投资179.57亿元，增长18.1%；社会消费品零售总额99.08亿元，增长10.7%；城镇居民人均可支配收入30569元，增长8.4%；农村居民人均可支配收入18314元，增长7.8%。三次产业构成比优化为15.70:34.35:49.95，第三产业占比提升3.65个百分点。全年完成规模工业总产值205亿元，同比增长18%；全县工业经济运行考核获全省先进。全年实现农业总产值83.37亿元，增长3.2%。粮食总产超40.25万吨，增长0.6%，被评为全省粮食生产优秀县。成功举办第四届土菜文化旅游节，推动餐饮、旅游等产业加快发展。全年共接待国内外游客360.51万人次，实现旅游综合收入27.14亿元。成功举办首届“房交会”，有效去除了房地产库存。全年共签约引进项目97个，合同引资额192亿元。成功创建省级文明县城。白莲镇马房村获评第五届全国文明村，新塘镇潭泊村成功创建省级美丽乡村示范村，荣桓镇南湾村被评为全省“最美文化传统村落”。衡东洣水国家湿地公园试点通过国家验收。大浦镇中心卫生院获评全国百佳乡镇卫生院，安全生产年度考核名列全市第二。

祁东县

QI DONG XIAN

县委书记　杜登峰

县　长　胡果雄

① 四明山国家森林公园成功挂牌为国家AAA景区

②建设中的衡祁快速干线祁东段

③易地扶贫搬迁：祁东县马杜桥乡马杜桥村集中安置点

④祁东县灵官镇枣园村搭建全县唯一一家农产品村内电商平台

中共衡阳市委书记、市人大常委会主任周农到祁东县调研

中共衡阳市委副书记、市人民政府市长郑建新，市委常委、市人民政府常务副市长廖健一行到祁东县调研

中共衡阳市委副书记邓群策到祁东县调研

祁东县对慈善爱心企业进行表彰

2017年，全县实现地区生产总值296.36亿元，增长8.9%，增速位列七县市第一；一般公共预算收入11.48亿元，增长3.3%，增速位列七县市第一；规模工业增加值90.79亿元，增长8.5%，增速位列七县市第三；完成固定资产投资184.51亿元，增长18.2%，增速位列七县市第三；社会消费品零售总额达116.69亿元，增长10.4%；三次产业结构调整优化为23.1:33.4:43.5；城乡居民人均可支配收入分别是24556元、13005元，分别增长8.2%、8.5%；金融机构存、贷款余额分别达到312.2亿元、94.34亿元，分别增长8.9%、21.3%。截至2017年年底，累计26899户97768人完成脱贫退出，55个贫困村全部脱贫出列，综合贫困发生率降为1%，2018年4月成功实现脱贫摘帽。成功申报“中国黄花菜之乡”，祁东黄花菜获评“全省十大农产品区域公用品牌”。获评全国大情报县级示范点、国家级出口食品农产品质量安全示范区、国家农村一二三产业融合发展试点示范县、“四好农村路”省级示范县、全省社会保障兜底脱贫先进单位、全市“十九大安保维稳工作优秀集体”等荣誉。县城空气质量排全市第二、全省十九，四明山国家森林公园获评“AAA”级景区。

常宁市

CHANG NING SHI

市委书记　刘达祥

市　长　吴乐胜

西岭油茶种植基地

常宁城市夜景璀璨

塔山茶园绽芳吐翠

铜铅锌产业基地项目施工现场

罗桥樱花园山花烂漫

2017年2月9日，中共衡阳市委书记、市人大常委会主任周农一行到常宁市塔山瑶族乡狮园村调研扶贫政策落实情况

2017年7月4日，中共衡阳市委副书记、市人民政府代市长郑建新到常宁市看望“7·2”洪灾受困群众

湘南纺织产业基地（牛仔小镇）签约

2017年，常宁市完成地区生产总值330.96亿元，增长8.7%；完成固定资产投资215.34亿元，增长20.3%；完成财政总收入14.3亿元，税收收入占一般公共预算收入72.3%，较2016年提高17个百分点。金融机构存贷款余额284.44亿元、132.88亿元，分别增长14.7%、26.9%。城乡居民人均可支配收入为29773元、15333元，分别增长8.3%、8.9%。新增规模工业企业12家，总数达82家；规模工业总产值258.99亿元，增长31.7%；规模工业增加值增长9%。加快两大“千亿产业链”建设，引进五矿有色控股，投资100亿元建设全国一流的铜铅锌产业基地；引进广州增城牛仔服饰全产业链，投资100多亿元建设湘南纺织产业基地。引进泛亚绿洲铜杆、德邦牧业等项目，工业加快集群化、循环化发展。全年农林牧渔业实现总产值88.82亿元，增长3.5%。新造油茶林1366.67公顷，低产林改造3400公顷，年产茶油1.13万吨，成为全国首个通过森林经营认证（CFCC）的县市；新建有机茶园3421公顷，跻身全国百强重点产茶县。获评国家农产品质量安全县、全省粮食生产优秀县。脱贫攻坚完成“25个贫困村脱贫退出、10927名贫困人口脱贫、3500人易地搬迁、2193户贫困户危房改造”等年度目标，产业扶贫等工作在全省推介。全民医保、基本养老、最低生活保障实现城乡全覆盖，低保与扶贫标准实现“两线合一”。义务教育均衡发展通过国检，新增城区学位近2000个。

耒阳市

LEI YANG SHI

2017年7月12日，中共衡阳市委书记 、市人大常委会主任周农在衡阳市委常委、耒阳市委书记罗琼的陪同下调研耒阳市扶贫产业项目建设情况

2017年2月18日，北京耒阳商会成立

2017年5月14日，耒阳市举行经济

2017年4月18日，耒阳市举行部分重点项目集中开工仪式

2017年9月29日，

2017年7月24日，中共衡阳市委副书记、市人民政府代市长郑建新到耒阳督导检查楠木山煤矿掘进工作面安全生产情况

2017年10月30日，耒阳市召开传达学习中共十九大精神大会

村垃圾收集转运系统一体化试运营项目在小水镇启动

耒阳市全年完成GDP452.1亿元，同比增长5.1%；完成财政总收入22.17亿元。其中税收收入15.32亿元，增加1.62亿元，增长11.84%，税占比由2016年的50.43%提高到69.09%；完成全社会固定资产投资总额411.52亿元，增长15.2%；三次产业结构比由16.1∶37.6∶46.3调整为17.04∶36.03∶46.93；城乡居民人均可支配收入分别达31858.48元、18770.79元、增长8.2%、7.5%。全年民生支出34.23亿元，占财政总支出的73.36%；投入扶贫资金12970万元，17个贫困村摘帽出列，12169名贫困对象脱贫；农村低保标准与国家扶贫标准实现“两线合一”，创新实施“一元民生保险”，为全市所有户籍人口购买民生保险；推进水体、大气、土壤污染防治和农村环境综合整治，圆满完成减排任务。全面推行企业“三证合一”“五证合一”“一照一码”、个体工商户“两证合一”登记制度，启用电子营业执照，激发“双创”活力，各类市场主体达34460户；综合行政执法、农房抵押贷款两项国字号改革试点创造“耒阳经验”，被评为衡阳市“十佳改革创新项目”，在中央、省级媒体报道推介。

南岳区

NAN YUE QU

区委书记　曾建华

区　长　王　燕

①南岳景区“十里茶乡”别具特色的茶山祭祀仪式和高山茶园风光

②南岳“山盟”之旅全新线路浪漫首发

③南岳全民健身环城跑活动开跑

④南岳红星村建成骑行主题村落

⑤游客体验“第三卫生间”

2017年2月18日，中共衡阳市委书记、市人大常委会主任周农到南岳调研

2017年8月29日，中共衡阳市委副书记、市人民政府市长郑建新到南岳调研

中国社会扶贫网南岳子网上线暨“旅游扶贫、你我同行”活动启动仪式

2017年，南岳区完成地区生产总值40.69亿元，同比增长8.8%；接待游客1003.08万人次，同比增长14.6%；实现旅游总收入80.32亿元，同比增长15.0%；实现社会消费品零售总额26.95亿元，同比增长10.9%；完成公共财政收入6.79亿元，同比增长0.1%。实施重点项目25个，累计完成投资25.5亿元。财税和投融资体制、“放管服”等9大类22项改革进展顺利。社会综合治理管理创新、旅游供给侧结构性改革、纪检监察体制改革等经验分别被国家、省、市层面推介和报道；旅游管理体制改革取得重大进展，创新建立“1+4”旅游综合管理工作机制和“1+5”旅游规划体系。民生支出占财政总支出的比重达70%以上，10项重点民生实事全面完成，城乡居民人均可支配收入保持衡阳市第一，计划生育工作获湖南省先进；建档立卡贫困人口全部脱贫、两个省级贫困村退出，贫困发生率降至2%以下，全面小康总体实现程度达到88.6%。

南岳区荣获“国家级旅游业改革创新先行区”“中国寿茶文化之乡”“国家免费孕前优生健康检查项目全国第十次室间质评活动总成绩优秀县市区”“湖南省旅游产业发展十佳县”等称号，南岳区委政法委获评“2013-2016年度全国社会治安综合治理先进集体”。

雁峰区

YAN FENG QU

2017年3月7日，中共衡阳市委书记、市人大常委会主任周农到衡拖农机制造公司调研，探索老国企转型升级新路径

2017年5月15日，雁峰区委书记周玉军接待群众来访

2017年5月21日，雁峰区区长何子君与客商签约德国风情小镇项目

启迪古汉集团衡阳中药有限

2017年8月8日，中共衡阳市委副书记 、 市人民政府市长郑建新，市委常委、市委政法委书记邓柯一行到衡阳恒飞电缆有限责任公司调研

东洲岛

廻雁阁与接龙塔

南湖公园

主精生产线

燕京啤酒（衡阳）有限公司易拉罐产品生产线

2017年，雁峰区共实现地区生产总值163.37亿元，同比增长8%；完成财税总收入17.63亿元（税占比为97.19%），其中共享税收16.83亿元，同比增长12.99%；完成全社会固定资产投资142.38亿元，同比增长7.4%；规模以上工业增加值增长5.2%；完成社会消费品零售总额122.3亿元，增长10.7%。小康总体实现程度为92.74%。雁峰区一直是衡阳工业发展的重点区域，白沙洲工业园、综合保税区、衡山科学城、雁峰工业集聚区在此集聚，输变电装备、电线电缆、汽车（农机）零部件、食品和医药等产业形成集群。雁峰是衡阳规模工业最多的城区，区内坐落有特变电工、启迪古汉、金杯电工、恒飞电缆、燕京啤酒等65家规模以上工业企业。其中，“古汉”“金杯”“恒飞”获中国驰名商标，特变电工曾多次获国家科技进步奖一等奖、国家科技进步奖特等奖。近年来，雁峰区连续多年被湖南省委、省政府评为推进新型工业化先进区，并成为衡阳市唯一成功申报“湖南省科技成果转移转化示范区”的地区。

石鼓区

SHI GU QU

区委书记　唐浩然

区　长　刘　浪

①中共石鼓区委2017年经济工作会议
②石鼓新貌
③“角山牛　犇天下”美食年货节
④长丰大道延伸线跨蒸水大桥建成通车，为连接高新、石鼓两区再添重要通道
⑤衡阳最大高速公路收费站石鼓收费站互通正式建成

2017年5月23日，著名作家、文化部原部长王蒙在中共衡阳市委书记、市人大常委会主任周农和市委常委、市委宣传部长刘丽华的陪同下，到衡阳参观石鼓书院

2017年10月20日，中共衡阳市委副书记、市人民政府市长郑建新到石鼓书院调研

2017年7月13日，石鼓区委书记唐浩然调研中油金鸿界牌瓷厂项目

2017年5月31日，石鼓区区长刘浪慰问小朋友

石鼓区因石鼓书院而得名。朱陵洞、爱莲阁、青草桥、来雁塔等名胜古迹洒落其间。曾国藩、彭玉麟据此练兵，成就湘军。诸葛亮、毛泽东等名人足迹传为佳话。石鼓是文化名区。千年学府石鼓书院，得宋太宗赵光义御笔赐名，居宋代四大书院之首，韩愈、朱熹、周敦颐、王船山等先辈先贤，曾在此登台传道、著书立说，奠定了衡阳文脉，丰富了湖湘文化。石鼓是商贸旺区。历来商贾如云，酒肆林立，人流如织，商贸繁荣。近年来，王一、共创、君玲等本土企业在这里脱颖而出，华源、中湘、万居等专业市场在这里辐射湘南，步步高、崇盛国际中心、中亿汽贸城、华耀城等商业巨头在这里抢滩登陆，共同打造“湘南地区最具活力的商贸文化中心”。石鼓是宜居新区。湘江、蒸水、耒水三江在境内汇流，堪称风水宝地。衡阳古八景石鼓独享四景，实属锦绣江山。莲湖广场、石鼓广场、西湖公园、虎形山公园成为城市天然氧吧，来雁新城将成为衡阳最美核心江景，境内山川秀美，鸟语花香，风光旖旎，成为居家休闲新领地。2017年，辖1个乡、7个街道（含金源街道）、16个行政村、30个社区，总面积112平方公里，总人口24.31万（常住人口22.3万）。地区生产总值159.10亿元；全年财政总收入23.84亿元，全年民生支出10.31亿元；全年社会消费品零售总额121.11亿元；全区森林覆盖率28.14%，城镇建成区绿化覆盖率40.69%；各级各类学校35所，各类幼儿园（含民办）47所；全区医疗卫生机构185所，拥有床位3673张；全区固定资产投资155.87亿元；城镇居民人均可支配收入33751元，农村居民人均可支配收入19143元。

珠晖区

ZHU HUI QU

2017年3月10日，中共衡阳市委书记、市人大常委会主任周农到珠晖区茶山坳镇调研旅游特色小城镇建设以及乡村旅游文化节筹备工作

衡州大道

粤汉码头铁路货站

湘江东岸风光带

湖南省湘衡盐化有限责任公司全景

2017年7月10日，中共衡阳市委副书记、市人民政府代市长郑建新到衡阳运输机械有限公司调研

茶山梅园

金甲梨园

2017年，珠晖区以打造“一体两翼”，建设“五个珠晖”为目标，坚持稳中求进工作总基调，贯彻落实新发展理念，全区经济运行态势良好，各项社会事业取得新的进步，人民生活品质进一步提高，区域综合实力进一步增强。2017年实现地区生产总值（GDP)258.90亿元，比2016年增长8.1%（可比价增速，下同）。分产业看，第一产业实现增加值10.19亿元，增长3.8%；第二产业实现增加值132.58亿元，增长5.0%；第三产业实现增加值116.13亿元，增长12.3%。第一、第二和第三产业分别拉动GDP增长0.2、2.7和5.2个百分点，三次产业对GDP贡献率分别为1.9%、33.6%和64.5%。三次产业结构调整为3.9：51.2：44.9。GDP总量在全市的占比为8.3%。2017年完成农林牧渔业增加值10.36亿元，增长3.9%，农林牧渔服务业增加值0.17亿元，增长14.7%。2017年完成全社会固定资产投资204.58亿元，增长9.2%，占衡阳市固定资产投资比重为7.8%。2017年完成房地产开发投资11.56亿元，增长67.4%，占固定资产投资总额的5.7%。全区商品房销售面积64.10万平方米，增长297.2%；商品房销售额32.36亿元，增长357.6%。2017年完成社会消费品零售总额138.51亿元，增长10.6%，占衡阳社会消费品零售总额比重为11.1%。2017年全区内外资招商项目（企业）26个，实际使用外商直接投资5919万美元，同比增12.2%，实际到位省外境内资金23.12亿元，同比增长12.7%。全区城镇居民人均可支配收入32673元，增长9.1%，高于衡阳市平均水平1372元。农村居民人均可支配收入19092元，增长9.2%，高于衡阳市平均水平2241元。

蒸湘区

ZHENG XIANG QU

2017年1月24日，中共衡阳市委书记 、市人大常委会主任周农到蒸湘区雨母山镇走访慰问困难群众

杨柳汽贸城已建成湘南地区最具规模 、最上档次的品牌汽车销售市场

衡阳市奇石文化博物馆

蒸湘区政府大楼

2017年12月4日，中共衡阳市委副书记、市人民政府市长郑建新到蒸湘区调研商业网点建设情况

蒸水夕照

雨母飞霞

2017年，蒸湘区辖2镇4个街道办事处（雨母山镇、呆鹰岭镇，蒸湘、红湘、华兴、联合街道办事处），土地面积101.86平方千米，耕地面积2.2千公顷，年末常住总人口32万人，增长1.7%，其中城镇人口29.25万人，农村人口2.75万人，城镇化率为91.4%。蒸湘区获评全国“六五”普法先进区。蒸湘区红湘街道获评第四届全国未成年人思想道德建设工作先进单位。蒸湘区雨母山风景区获评全国人文生态旅游基地。蒸湘区蒸湘街道社区卫生服务中心、联合街道社区卫生服务中心均获评全国优质社区服务中心。

2017年，蒸湘区实现地区生产总值（不含衡阳市高新区，下同）208亿元，比2016年增长8.6%。第一产业增加值5.03亿元，增长3.5%；第二产业增加值102.70亿元，增长5.4%；第三产业增加值100.26亿元，增长12.5%。三次产业结构比为2.42：49.38：48.2。全年一般公共预算收入21.51亿元，同口径增长1.3%，，一般公共预算支出11.15亿元，增长15.8%。实现农林牧渔总产值8.09亿元，增长3.7%；实现农林牧渔业增加值5.11亿元，增长3.6%。实现工业增加值91.77亿元，增长5.5%，其中规模以上工业增加值增长5.7%。2017年社会消费品零售总额118.89亿元，增长10.9%。全年进出口总额10112万元，下降39.6%；其中出口10075万元，下降39.9%。实际利用外商直接投资4677万美元，增长5.0%。全年共接待游客475.81万人次，实现旅游总收入53.07亿元，分别比2016年增加17.71万人次，和26.49亿元。2017年完成固定资产投资（不含农户）200.79亿元，增长8.1%。全面完成湖南省、衡阳市下达的8大项11件重点民生实事工作任务，涉及农村危房改造、安全饮水、移民搬迁、农村公路建设、就业、住房、养老、治安、卫生、法律援助等方面，各级共投入资金4776万元。其中移民搬迁、新增城镇就业、新增养老服务床位、孕产妇产前免费筛查、法律援助等5项超额完成全年目标任务。

衡阳国家高新技术产业开发区

HENG YANG GUO JIA GAO XIN JI SHU CHAN YE KAI FA QU

2017年1月24日，中共衡阳市委书记 、市人大常委会主任周农到高新区香江百货光辉店调研春节物资供应保障情况

2017年7月14日，中共衡阳市委副书记、市人民政府代市长郑建新到园区企业——湖南镭目科技有限公司衡阳总部调研

总部基地效果图

创业中心效果图

高新区鸟瞰图

陆家新区夜景效果图

2017年，衡阳国家高新技术产业开发区以“创新驱动”推动园区“转型升级”，制定完善“1+6”政策体系，着力提升园区科技创新能力，并取得良好成绩。实现地区生产总值同比增长8.5%；实现一般预算收入同比增长6.0%，增幅居衡阳市第二，实缴入库税收同比增长8.32%，超额完成年度目标任务；全年服务业企业营业收入同比增长32%，超过全年目标任务1倍，新增“四上”企业30个，是全年目标任务的3倍：实现社会消费品零售总额同比增长10.7%。2017年签约项目17个，到位资金35亿元，引进保利集团、中建一局集团、阳光金控等世界500强和中国500强企业6家，投资额在5亿元以上的大项目11个。实现固定资产投资同比增长14.6%，其中产业投资占比为83.8%，均超额完成市里下达任务。全年新建成面积1.66平方千米，超额完成1.5平方千米目标任务。年内，实施市重点项目36个，投资总规模263.3亿元，超额完成全年投资目标任务，其中万恒茶文化广场一期、市政提质改造等9个项目已经竣工；创新创业中心、新兴金融中心等26个项目完成年度投资任务；虚拟大学城、衡阳市第二工人文化宫、万和商业服务中心等项目正在抓紧施工。园区平台公司高新投全年实际到位资金为22.2亿元，超额完成15亿元融资任务。

湖南衡阳松木经济开发区

HU NAN HENG YANG SONG MU JING JI KAI FA QU

2017年2月4日，中共衡阳市委书记、市人大常委会主任周农到松木经开区调研金化科技有限公司新投产生产线试产情况

比亚迪（衡阳）轨道交通智能制造产业园项目奠基现场

湖南衡阳建滔化工有限公司

衡阳港松木港区

2017年9月29日，中共衡阳市委副书记、市人民政府市长郑建新，衡阳市委副书记邓群策参加松木经开区十大工业项目集中开工仪式

南恒光化工有限公司

中民筑友科技（衡阳）有限公司

阳电科电源有限公司

衡阳瑞达电源有限公司

松木经开区创业中心

湖南衡阳松木经济开发区规划控制面积54.66平方千米，行政区划面积23.95平方千米。是全国第七批省级开发区、第一批国家循环化改造示范试点园区，也是国家高技术产业基地、湖南省信息化和工业化融合试验区。盐卤资源是经开区最大的优势，辖区内已探明的岩盐资源储量达140亿吨，芒硝可利用资源储量达4.4亿吨，是长江以南最大的岩盐、芒硝资源基地。交通区位较为优越。从松木互通可直接上衡大高速，周边10公里范围内有3个高速互通（松木、珠晖、石鼓）；衡邵怀铁路途经经开区，并在区内设立火车站；拥有一个千吨级码头——衡阳港松木港区（共3个千吨级泊位），能充分发挥湘江“黄金水道”的作用。配套设施日益完善。已建成主干道路48千米，北片“四纵五横”、南片“三纵三横”的主干路网已经形成；创新创业园已建成31.89万平方米标准厂房，在建和拟建标准厂房50多万平方米，配套建设46.5万平方米安置房、18.05万平方米公租房和5万平方米廉租房；水厂、污水处理厂、变电站、天然气调压站、电镀中心等配套设施一应俱全。经开区最大的特色就是循环经济，初步形成企业内部、企业之间、产业之间、园区与外界之间的四重循环经济模式。经开区循环化改造示范试点已顺利通过国家发改委、财政部终期验收。

衡阳市白沙洲工业园区

HENG YANG SHI BAI SHA ZHOU GONG YE YUAN QU

2017年12月20日，中共衡阳市委书记、市人大常委会主任周农，衡阳市委副书记邓群策到白沙洲工业园区调研

白沙洲工业园区办公楼

衡阳合力工业车辆有限公司

富士康在园区投资项目—鸿富锦精密工业（衡阳）有限公司

南岳生物

2017年8月18日，中共衡阳市委副书记 、 市人民政府市长郑建新到白沙洲工业园区调研

衡阳综合保税区

司

湖南新融创科技有限公司

白沙洲工业园集聚156个法人单位，其中规上工业企业38家，高新技术企业11家，外向型经济企业10家。2017，园区按照创建“中国制造2025”试点城市示范园区，以及市委、市政府工业经济植优补短、打造省域副中心城市的要求，瞄准全面建设现代制造业基地，全力提升实体经济竞争力这一目标，在强化6大支柱产业补链、建链、强链基础上，重点围绕打造亚马逊中国制造中心、全国精密模具示范园、综保区开放型经济平台、军民融合产业园、新能源汽车制造等5大板块精准发力。实现规模工业总产值167.5亿元、规模工业增加值49.4亿元、固定资产投资54亿元，同比分别增长39.4%、10.3%、22.2%；实现进出口额225.7亿元，同比增长112.8%，占衡阳市总量的75%；实现加工贸易额205.28亿元，同比增长110%，占衡阳市总量的95%；实现税收5.76亿元，同比增长36.17%；高新技术产业增加值48.4亿，高新技术产值占比96.2%；实现专利技术63件；签约项目总投资244.13亿元；实现一般公共预算收入19.58亿元；实现融资33亿元，新增国有资产30亿元，达到170亿元，负债率下降7.33%。园区规上工业总产值、规模工业增加值、进出口额、加工贸易额、固定资产投资、销售收入6个指标增速衡阳市第一，进出口额、加工贸易额、用工量3个指标总量衡阳市第一，特别是进出口额增速湖南省第一、总量湖南省第二，加工贸易额总量及增速湖南省第一。富士康2017年实现产值121.37亿元、进出口额203.95亿元，分别增长67.71%、110.84%，进出口额居湖南省第一。

衡阳市衡山科学城

HENG YANG SHI HENG SHAN KE XUE CHENG

2017年8月13日，中共湖南省委副书记、省长许达哲到衡山科学城调研园区创新发展和产业升级工作

2017年10月11日，湖南省副
调研科技创新中心和衡阳工业博物

2017年12月13日，湖南省人大常委会副主任、省总工会主席刘莲玉到衡山科学城就工会深化改革和产业园区建设情况进行调研

2017年7月21日，衡阳市科技
全市科技创新的前沿阵地，备受关
常委会主任周农强调将科学城打造

衡阳市衡山科学城投资开发有限公司
荣获2016度衡阳市重点工程建设目标管理
先进单位
衡阳市人民政府
二〇一七年二月

2016年度全市招商引资工作
先进单位
衡阳市商务和粮食局
二〇一七年三月

2017年9月28日，衡州经济发展论坛之“衡阳科技成果交易会”在衡山科
城举行

到衡山科学城参观

2017年11月15日，湖南省副省长何报翔到衡山科学城调研园区衡盈电子、锐诺威科技等企业

开，衡山科学城作为
阳市委书记、市人大
新发展示范园区

2017年9月29日，湖南首家工业主题博物馆——衡阳工业博物馆在衡山科学城正式开馆

2017年9月28日，衡州经济发展论坛之“军民融合产业发展与新材料、新能源、新产业专题论坛”在衡山科学城举行

2017年，衡山科学城围绕“建设全省先进、全国一流的科技创新园区”的目标，奋力抓好招商引资、扎实推进项目建设，园区骨架拉开，得到快速发展。2017年底，衡山科学城通过由国家发改、国土、住建三部委组织的《关于开展开发区复核的通知》复核，成功获批湖南省第一批军民融合产业示范基地，衡阳市政府下文成立衡山科学城管委会。至2017年年底，累计签约入驻企业51家，具有生产能力和总部研发能力的企业21家，落地投产企业近20家，基本形成新材料、光电子信息、智能制造三大产业集群雏形。与北京大学、清华大学、国防科大等高校，与航天科工集团二院207所、中国载人航天等科研院所建立了紧密合作关系，建立了桑谷医用智能装备工程中心、北航微纳复合材料重点实验室。成功申报两个院士工作站，科技成果交易中心、工程实验中心落地、运行效果良好，火凤凰科创网上线运行。联合白沙绿岛军民融合产业园，通过自主申报、市级审核、省级评估及公示等环节，成功获评湖南省第一批军民融合产业示范基地。与中国航天员科研训练中心、湖南工学院联合创建人因工程与工业安全实验室，下设行为安全与绩效研究、人机交互设计与优化、个体防护与生命保障技术等多个研究室。

衡阳仲裁委员会

HENG YANG ZHONG CAI WEI YUAN HUI

衡阳仲裁委员会根据《中华人民共和国仲裁法》的规定于1996年组建，并经湖南省司法厅审核登记。秘书处为常设办事机构，目前另设有分支（办事）机构。衡阳仲裁委员会的宗旨是公正、及时地仲裁民商事纠纷，保护当事人的合法权益，维护社会的公平、正义和经济秩序，保障社会主义市场经济的健康发展。衡阳仲裁委员会根据双方当事人的仲裁协议，包括合同中订立的仲裁条款和以其他书面方式在纠纷发生前或者纠纷发生后达成的请求仲裁协议，仲裁平等主体的公民、法人和其他组织之间的合同纠纷和其他财产权益纠纷案件。近五年来，衡阳仲裁委员会共受理仲裁案件3600件，年均受理案件突破600件，年均争议标的达到4亿元。2017年，受案标的突破14亿元，超出湘南其他三个市仲裁委标的总和，审理终结案件达到85%；被人民法院撤销的案件不到2%，接待咨询案件人数2.5万人次，年均4000多人次；调解、和解结案数达70%以上，审结案件自动履行率达80%以上，仲裁事业呈现良好的发展势头。

2018年3月2日，衡阳仲裁委员会换届大会在市政府一楼会议室举行。会议确定了新一届衡阳仲裁委员会组成人员，市委常委、常务副市长廖健担任第五届衡阳仲裁委员会主任。丁卫平等157人被聘任为衡阳仲裁委员会第五届仲裁员，仲裁员年龄结构进一步年轻化、学历层次进一步提升、专业化程度更高。衡阳仲裁委员会实现了和谐换届，平稳交接，这也标志着衡阳仲裁委员会进入了又一个新的里程碑，仲裁事业将迈向一个新的征程！新组建的第五届衡阳仲裁委员会，以自信、沉稳、坚实、有力的脚步走过充满生机和活力的一段岁月，为衡阳经济社会发展留下了浓墨重彩的一笔。

地址：衡阳市高新技术产业开发区解放大道14号中央名城11楼

立案咨询：0734-2880116

组织优势

从第五届衡阳仲裁委员会领导班子来看，16位组成人员均为法学研究、法律服务、经济管理等方面的专家学者和专业人士。组织有力、专业过硬的领导班子，为衡阳仲裁工作提供了坚强的组织保障。

第五届衡阳仲裁委员会组成人员：

主　任：廖　健　市委常委、常务副市长（湖南大学法学博士）

副主任：杨安定　市政府法制办主任（湘潭大学法律硕士）

曾　静　市人大内司委主任（湖南师范大学法学硕士）

谭和平　衡阳师范学院法学院院长、教授（湖南师范大学法学博士）

彭峥嵘　市政府法制办副主任（中国人民大学文学学士、湖南大学法律硕士）

委　员：邹顺初　市发改委总经济师（中南财经政法大学财政金融学士）

吴志强　市住房城乡建设局副局长（南华大学项目管理硕士、高级工程师）

王　清　市工商局副局长（中央党校法律本科）

熊　鹰　市司法局副局长、耒阳市副市长（挂职）（湘潭大学法律硕士）

李　立　市金融办副主任（江西财经大学经济学学士）

李宏雪　市工商联副主席、市总商会副会长（中央党校法律本科）

李国生　市贸促会副会长（湖南大学经济管理学士、经济师）

朱志勇　特变电工衡阳变压器有限公司副总经理（湖北大学法学学士、湖南大学EMBA）

肖启斌　湖南居安律师事务所主任（湖南师范大学经济专业、经济师、律师、新闻工作者）

蔡熙中　湖南天戈律师事务所主任（国防科技大学法律专业研究生、湖南省律师协会副会长）

龙双华　湖南湘华律师事务所主任（西南政法大学法学学士）

制度优势

仲裁具有“程序简便、公正快捷、专家断案、一裁终局，与诉讼具有同等法律效力”的制度优势。仲裁所具有的快捷性、灵活性和经济性的特点，仲裁所体现出的充分尊重当事人意愿的仲裁原则，以及仲裁法对独任仲裁员仲裁和书面审理的肯定，实质上都包含了简化仲裁程序的精神。

程序简便，公正快捷

仲裁有开庭审理和书面审理两种形式。绝大部分的仲裁案件采用开庭审理的形式。《仲裁法》第三十九条规定：“仲裁应当开庭进行。当事人协议不开庭的，仲裁庭可以根据仲裁申请书、答辩书以及其他材料作出裁决。”这就是说，除了开庭审理外，还有当事人协议不开庭的审理方式，即习惯上所称的书面审理。

根据《衡阳仲裁委员会仲裁规则》的相关规定，仲裁裁决应当在仲裁庭组成后二个月或四个月内作出。有特殊情况需要延长的，由独任仲裁员或首席仲裁员报经本会主任批准，可以适当延长。

专家断案，一裁终局

根据《仲裁法》的规定，仲裁实行一裁终局制度，仲裁裁决一经仲裁机构作出即发生法律效力，它与人民法院作出的生效判决、裁定或调解书具有同等的法律效力，并以国家强制力保障执行。

《仲裁法》规定，如果一方当事人不履行生效的仲裁裁决书，另一方可以依照民事诉讼法的规定申请人民法院强制执行。

专业优势

新一届衡阳仲裁委员会高度重视仲裁员队伍建设，着力打造一支经验丰富、务实专业、品格高尚、勤勉敬业的仲裁员队伍，为确保仲裁案件质量与效率提供了专业保障。

衡阳仲裁委员会拥有一支由法律、金融、建设、经贸、科技等专业领域的专家学者组成的仲裁员队伍和一个精干、高效的秘书处。新聘任的157名仲裁员中，有50人具有相关专业硕士学位，9人具有博士学位。受聘的仲裁员全部符合《仲裁法》规定的“三八两高”要求，即从事仲裁工作满八年；从事律师工作满八年；曾任审判员满八年；从事法律研究、教学工作并具有高级职称的；具有法律知识、从事经济贸易等专业工作并具有高级职称或者具有同等专业水平的。

湖南省地质测绘院

HU NAN HENG DI ZHI CE HUI YUAN

IFLY D6六轴电动多旋翼多镜头无人飞机

全数字摄影测量采集系统（航天远景）

SIR-4000地质雷达

参加局登山比赛

迴雁峰下，湘江之滨。湖南省地质测绘院坐落于美丽的湖南名城——衡阳市，该院成立于1958年5月，隶属于湖南省地勘局，为该局测绘产业中的骨干核心单位，国家首批甲级测绘资格获证单位，国家测绘学会团体会员单位，全国软件正版化工作示范单位，湖南省文明单位，湖南省科技咨询甲级单位，档案工作规范化管理省特级单位，ISO9001国际质量管理体系、职业健康安全管理体系和环境管理体系认证单位。

该院集测绘地理信息、工程勘察、土地规划、地灾防治、装潢印刷、科研开发为一体，各类管理和科技人员荟萃。是具有摄影测量与遥感；地理信息系统工程；工程测量；不动产测绘；地图制图；测绘航空摄影；土地规划；工程勘察；地灾治理；印刷等资质的综合性大型专业测绘单位。

团员青年拓展训练

测绘法宣传活动

青年演讲比赛

参加中国长沙2018年大数据空间信息应用博览会

参加衡阳市测绘法知识竞赛

职代会表彰先进工作者

从严治党专题党课

新党员宣誓

党员志愿者服务队

多年来，该院始终坚持“以市场为导向、以科技为依托、以质量为生命”的经营理念参与市场竞争，推行“质量第一、用户至上”的经营方针，全面强化质量管理，建立了一整套完善的质量监管和服务体系，在业内树立了良好的品牌形象，业务分布全国20多个省、市、自治区，并参与我国支援非洲项目的测绘技术服务。经过几代测绘人的不懈努力，近十年来，全院共有54个测绘工程、43项科技成果分别获得国家或省部级优秀勘测工程奖、优质产品奖和科技进步奖。

“用心创造价值，真心赢得客户”。测绘院将一如既往的不懈努力，创造美好，服务社会，续写新的辉煌。

衡阳市地方志编纂委员会办公室

衡阳市地方志编纂委员会办公室组织年轻编辑到耒阳市大市镇紫丰村明星小学送教下乡

衡阳市地方志编纂委员会办公室是衡阳市人民政府主管（本区域）地方志编修的工作部门。其主要职责有九项：（一）负责制定市级修志规划，指导县（市）区志和市直专业志的编纂工作；（二）负责市志总纂及其出版发行工作；（三）负责《衡阳年鉴》的编辑、出版和发行工作、指导县（市）区年鉴的编辑工作；（四）组织志稿评议工作；（五）根据需要编辑地情丛书和各项资料汇编，为社会各界提供服务；（六）负责修志队伍建设和专门人才培养工作，提高修志人员业务水平；（七）组织整理和点校旧志；（八）组织开发利用地方志资源；（九）承办市人民政府交办的其他事项。

根据上述职责，市地方志编纂委员会办公室下设4个内设机构，分别是政秘科、方志科（对外保留《衡阳市志》总编室、《衡阳地方史资料》编辑部的牌子）、年鉴科（对外保留衡阳市人民政府《衡阳年鉴》编辑部的牌子）、资料科（对外保留衡阳市方志馆的牌子）。全办共有编制16名，其中主任1名、副主任2名、副处级纪检员1名、正科级领导职数4名、副科级领导职数4名。近年来，在省地方志编纂委员会的悉心指导下，在市委、市政府的正确领导和市人大、市政协的大力支持下，全办以续修地方志为主线，全面推进史志、年鉴、地方史料“三大品牌”发展，积极打造抢救保护古籍文献、服务地方经济社会发展、宣传地方志工作“三个平台”建设，全市地方志工作保持了蓬勃发展的良好势头。自2000年启动第二轮市县两级修志工作以来，已出版8部县市区志；《衡阳市志（1978~2008）》《湖南乡镇简志·衡阳市卷》已顺利出版发行。与此同时，出版发行《衡阳年鉴》25卷、专业志行业志88部，编辑出版《衡阳地方史资料》7辑，以及《明·嘉靖衡州府志校注》《衡阳旧志名宦录》《衡阳古代清官能吏选记》一大批新旧志书、专业年鉴、地方人物录等地方志系列丛书。衡阳市方志馆与党史陈列馆、博物馆“三馆”合建方案也已获得市委、市政府批准。衡阳市的地方志工作获得了上级部门的肯定与表彰，首部《衡阳市志》被评为全省一等奖，《衡阳年鉴》先后有2卷获全国优秀奖、4卷获全省一等奖，耒阳市志办、衡阳市志办先后被评为全国地方志系统先进集体。

稿约

《衡阳地方史资料》由衡阳市人民政府主管，衡阳市地方志编纂委员会办公室主办。2013年创刊，每年编纂1~2辑，系内部资料，免费向社会各界赠阅。

《衡阳地方史资料》通过征集衡阳境内自然、政治、经济、文化和社会的历史与现状的资料性文献，记述衡阳的过去和现在，为衡阳当下和未来的发展提供历史参照，以起到地方志“存史、资政、教化”的作用。

稿件要求内容真实，资料翔实，秉笔直书，文字流畅。来稿一经刊用，即致稿酬。

衡阳

地方史资料

地址：湖南省衡阳市先锋路98号衡阳市志办《衡阳地方史资料》编辑部
邮编：421001
电话：0734-8259919
传真：0734-8143228
电邮：hynj8226327@126.com
联系人：周嘉晖　申沁生

衡陽年鑑

当年之积　来年之鉴

今人可用　后人可考

《衡阳年鉴》是由衡阳市人民政府主办，衡阳市地方志编纂委员会办公室承编出版的地方综合年鉴，是全面、系统、翔实地载录衡阳市自然、政治、经济、文化和社会等方面基本面貌和发展情况的年度资料性工具书；创刊于1994年，尔后逐年出版，一年一鉴，国内外公开发行。至2018年，《衡阳年鉴》共出刊25卷，为传承文明、资政育人、服务社会、宣传衡阳发挥积极作用。

地址：湖南省衡阳市先锋路98号衡阳市志办《衡阳年鉴》编辑部

邮编：421001

电话：0734-8226327

传真：0734-8143228

电邮：hynj8226327@126.com

联系人：李旭东　郭　琦　熊　雯

衡陽年鑑

目　录

特　　载

郑建新　政府工作报告——在衡阳市第十五届人民代表大会第三次会议上 ……………（ 3 ）

大 事 记

2017 年 1—12 月大事记 …………………………（ 15 ）

衡阳概况

自然地理 ……………………………………（ 39 ）
位置与面积 ………………………………（ 39 ）
地形地貌 …………………………………（ 39 ）
动物资源 …………………………………（ 39 ）
植物资源 …………………………………（ 39 ）
土地资源 …………………………………（ 39 ）
矿产资源 …………………………………（ 40 ）
地质遗迹资源 ……………………………（ 42 ）
气候 ………………………………………（ 44 ）
水文概况 …………………………………（ 45 ）
水资源调查 ………………………………（ 46 ）
国民经济和社会发展 ………………………（ 47 ）
概况 ………………………………………（ 47 ）
图 1：2013—2017 年衡阳市地区生产总值及其增长速度示意图 …………（ 47 ）
农业 ………………………………………（ 47 ）
表 1：2017 年主要农产品产量及其增长速度 ……………………………（ 48 ）
工业和建筑业 ……………………………（ 48 ）
图 2：2013—2017 年衡阳市规模以上工业增加值增长速度示意图 ………（ 48 ）
表 2：2017 年衡阳市规模以上工业主要产品产量及其增长速度 …………（ 48 ）
固定资产投资 ……………………………（ 49 ）
国内贸易和物价 …………………………（ 49 ）
图 3：2013—2017 年衡阳市固定资产投资及其增长速度示意图 …………（ 49 ）
表 3：2017 年衡阳市分产业投资额及其增长速度 …………………………（ 50 ）
图 4：2013—2017 年衡阳市社会消费品零售总额及其增长速度示意图 ……（ 50 ）
表 4：2017 年衡阳市社会消费品零售额及其增长速度 ……………………（ 50 ）
对外经济和旅游 …………………………（ 51 ）
交通和邮电 ………………………………（ 51 ）
图 5：2013—2017 年衡阳市居民消费价格指数（CPI）示意图……………（ 51 ）
图 6：2013—2017 年衡阳市一般公共预算收入及其增长速度示间图 ……（ 51 ）
财政、金融和保险 ………………………（ 51 ）
教育和科学技术 …………………………（ 52 ）
表 5：2017 年衡阳市各级学校招生、在校及毕业生人数及其增长速度 …（ 52 ）
文化、卫生和体育 ………………………（ 53 ）
资源、环境和安全生产 …………………（ 53 ）
人口、人民生活和社会保障 ……………（ 53 ）
表 6：2017 年衡阳市人口及其变动情况 ……………………………………（ 54 ）
表 7：2017 年衡阳市城镇人口增减情况 ……………………………………（ 54 ）

市、市直机关、国省驻衡单位及市属大型企业
领导人名录 ……………………………… (56)

中国共产党衡阳市委员会

重要会议 ………………………………………… (77)
中共衡阳市第十一届委员会第三次全体
（扩大）会议 ………………………… (77)
中共衡阳市第十一届委员会第四次全体会议
……………………………………………… (77)
2017 年 1 月 22 日市委常委会议 ……… (78)
2017 年 2 月 10 日市委常委会议 ……… (78)
2017 年 2 月 16 日市委常委会议 ……… (79)
2017 年 3 月 20 日市委常委会议 ……… (80)
2017 年 4 月 7 日市委常委会议 ………… (81)
2017 年 4 月 27 日市委常委会议 ……… (82)
2017 年 5 月 22 日市委常委会议 ……… (82)
2017 年 6 月 28 日市委常委会议 ……… (83)
2017 年 7 月 7 日市委常委会议 ………… (84)
2017 年 7 月 20 日市委常委会议 ……… (84)
2017 年 8 月 11 日市委常委会议 ……… (85)
2017 年 8 月 25 日市委常委会议 ……… (85)
2017 年 9 月 13 日市委常委会议 ……… (86)
2017 年 9 月 21 日市委常委会议 ……… (87)
2017 年 10 月 12 日市委常委会议 ……… (88)
2017 年 10 月 27 日市委常委会议 ……… (88)
2017 年 11 月 3 日市委常委会议 ……… (89)
2017 年 12 月 6 日市委常委会议 ……… (90)
2017 年 12 月 25 日市委常委会议 ……… (90)
2017 年 1 月 3 日市委经济工作会议 …… (91)
衡阳市全市领导干部大会 ……………… (91)
衡阳市传达学习中共十九大精神大会
……………………………………………… (91)
衡阳市领导干部学习贯彻中共十九大精神
集中轮训班开班式 …………………… (92)
2017 年 12 月 28 日市委经济工作会议
……………………………………………… (93)
办公室工作 ……………………………………… (93)
概况 ……………………………………… (93)
参谋服务 ………………………………… (93)
综合协调 ………………………………… (94)
“两学一做”常态化制度化建设 ……… (95)
作风建设 ………………………………… (95)
扶贫帮困 ………………………………… (95)
组织工作 ………………………………………… (95)
学习宣传贯彻中共十九大精神 ………… (95)
“两学一做”学习教育常态化制度化 … (95)
全面从严治党 …………………………… (96)
抓党建促脱贫攻坚 ……………………… (96)
领导班子和干部队伍建设 ……………… (96)
干部教育工作 …………………………… (96)
干部监督工作 …………………………… (96)
实施人才强市工作 ……………………… (97)
基层组织建设 …………………………… (97)
“两新”组织党建工作 ………………… (97)
党代表联络工作 ………………………… (97)
党员教育工作 …………………………… (97)
易晓军获全国“优秀农民大学生”称号
……………………………………………… (98)
全市组织部长会议召开 ………………… (98)
全市村（社区）“两委”换届监督指导工作
会议召开 …………………………… (98)
罗立人等 36 人获省优秀农民大学生称号
……………………………………………… (99)
衡阳市委组织部获全省湖南省“两学一做”
微视频·微动漫创作竞赛活动优秀组织奖
……………………………………………… (99)
衡阳市首个党性教育基地在夏明翰故居举行
授牌仪式 …………………………… (99)
宣传工作 ………………………………………… (99)
概况 ……………………………………… (99)
中共十九大精神和习近平总书记系列重要

讲话精神的学习宣传贯彻 ……………（100）
宣传推介工作 ……………………………（100）
文化产业发展 ……………………………（101）
社会风尚培育 ……………………………（101）
党建工作 …………………………………（101）
全市宣传部长会议召开 …………………（102）
蔡振红到衡阳调研宣传思想文化工作
……………………………………………（103）
市委宣传部被授予“五个一工程”“组织工作奖” ……………………………（103）
统一战线工作 …………………………（104）
概况 ………………………………………（104）
多党合作事业 ……………………………（105）
党外知识分子及新的社会阶层人士统战工作 ………………………………（105）
经济统战工作 ……………………………（105）
民族宗教工作 ……………………………（105）
海外统战工作 ……………………………（105）
党外代表人士队伍建设 …………………（105）
组织部、统战部两部联席第一次会议召开
……………………………………………（105）
全市统战部长会议召开 …………………（106）
中央统战部推介统战工作“衡阳做法”
……………………………………………（106）
黄兰香到衡阳开展调研 …………………（106）
全省市州党委统战部研究室主任会议在衡阳召开 …………………………（106）
“大爱暖衡州”统一战线资助千名寒门学子圆梦校园大型公益行动 …………（106）
全市统战工作务虚会召开 ………………（107）
香港衡阳联谊会成立 ……………………（107）
全市新的社会阶层人士统战工作会议召开
……………………………………………（107）
对台工作 ………………………………（107）
对台工作会议 ……………………………（107）
衡台经贸交流合作 ………………………（108）
对台交流交往 ……………………………（108）
涉台宣传教育 ……………………………（109）
涉台事务管理 ……………………………（109）
精准扶贫工作 ……………………………（110）
改革工作 ………………………………（110）
概况 ………………………………………（110）
重点改革工作 ……………………………（110）
特色改革项目 ……………………………（111）
改革创新突破 ……………………………（111）
市委全面深化改革领导小组第十五次会议召开 ……………………………（111）
政策研究工作 …………………………（112）
概况 ………………………………………（112）
文稿材料工作 ……………………………（112）
调查研究工作 ……………………………（112）
政研平台建设 ……………………………（112）
“政研讲堂”建设 ………………………（113）
扶贫帮困 …………………………………（113）
党史研究工作 …………………………（113）
概况 ………………………………………（113）
党史育人工作 ……………………………（113）
党史资政工作 ……………………………（114）
档案工作 ………………………………（114）
概况 ………………………………………（114）
档案教育培训 ……………………………（114）
档案行政执法 ……………………………（114）
国际档案日宣传活动 ……………………（114）
档案查阅利用服务 ………………………（114）
档案信息化建设 …………………………（115）
档案学会工作 ……………………………（115）
老干部工作 ……………………………（115）
政治思想工作 ……………………………（115）
离退休党工委工作 ………………………（115）
老干部活动品牌 …………………………（115）
老干部服务工作 …………………………（116）
全市老干部工作“双先”表彰暨老干部工作、

关心下一代工作会议召开 …………… (116)
衡阳市老干部（老年）大学建校三十周年成果汇报会暨文艺汇演 ……………… (116)
衡阳市委离退休干部工作委员会成立暨第一次全体会议召开 …………………… (117)
杨晓喻一行到衡阳督查调研老干部工作 …………………………………………… (117)
全国老年教育专题研讨会在衡阳召开 …………………………………………… (118)
崔永平到衡阳开展老干部工作及离退休干部党建工作专题调研 ……………… (118)
衡阳市老干部（老年）大学首届钢琴比赛落幕 ……………………………… (119)
机关党建工作 ………………………………… (119)
“机关党建”创新活动 ………………… (119)
机关党建活动专题系列活动 …………… (119)
党员教育管理 …………………………… (120)
机关基层党建 …………………………… (120)
机关作风建设 …………………………… (120)
市直机关党的工作会暨“机关党旗红，建设‘五个新衡阳’在行动”主题实践活动动员会 ………………………………… (120)
机构编制工作 ………………………………… (121)
概况 ……………………………………… (121)
机构编制管理 …………………………… (122)
党校工作 ……………………………………… (122)
概况 ……………………………………… (122)
教学教改 ………………………………… (123)
主业主课 ………………………………… (123)
科研调研 ………………………………… (123)
扶贫攻坚 ………………………………… (124)
讲师团工作 …………………………………… (124)
概况 ……………………………………… (124)
市委理论学习中心组学习 ……………… (124)
理论宣讲 ………………………………… (124)
理论研究 ………………………………… (125)
扶贫帮困 ………………………………… (125)
网络信息工作 ………………………………… (125)
概况 ……………………………………… (125)
机构改革 ………………………………… (126)
宣传工作 ………………………………… (126)
应急管理 ………………………………… (126)
网络安全 ………………………………… (127)
综合工作 ………………………………… (127)

衡阳市人民代表大会

重要会议 ……………………………………… (131)
市第十五届人民代表大会第一次会议 ………………………………………… (131)
市第十五届人民代表大会第二次会议 ………………………………………… (132)
市十五届人大常委会第一次会议 ……… (132)
市十五届人大常委会第二次会议 ……… (132)
市十五届人大常委会第三次会议 ……… (133)
市十五届人大常委会第四次会议 ……… (133)
市十五届人大常委会第五次会议 ……… (133)
市十五届人大常委会第六次会议 ……… (134)
市十五届人大常委会第七次会议 ……… (134)
市十五届人大常委会第八次会议 ……… (134)
市十五届人大常委会举行第四次主任会议 ……………………………………… (134)
市十五届人大常委会举行第九次主任会议 ……………………………………… (135)
履职工作 ……………………………………… (135)
概况 ……………………………………… (135)
助推经济建设 …………………………… (135)
植优补短成效 …………………………… (136)
美丽衡阳建设 …………………………… (136)
民生福祉改善 …………………………… (136)
执法检查 ………………………………… (136)
司法监督 ………………………………… (137)

立法工作 …………………………………（137）
普法工作 …………………………………（137）
代表培训 …………………………………（137）
脱贫攻坚“五个一”行动 ………………（137）
代表议案建议办理 ………………………（137）
代表履职载体建设 ………………………（138）
思想政治建设 ……………………………（138）
规章制度建设 ……………………………（138）
县乡人大工作和建设 ……………………（138）
全市人大系统“三学三争”专题培训班
开班 ………………………………………（138）
衡阳首部地方性法规正式施行 …………（139）
全市人大系统党风廉政建设和反腐败工作
会议召开 …………………………………（139）
全市人大法制工作会议召开 ……………（140）

衡阳市人民政府

重要会议 ………………………………………（143）
市政府 2017 年第一次全体会议暨廉政工作
会议召开 …………………………………（143）
市政府 2017 年第一次常务会议…………（143）
市政府 2017 年第二次常务会议…………（144）
市政府 2017 年第三次常务会议…………（144）
市政府 2017 年第四次常务会议…………（145）
市政府 2017 年第五次常务会议…………（145）
市政府 2017 年第六次常务会议…………（146）
市政府 2017 年第七次常务会议…………（146）
市政府 2017 年第八次常务会议…………（147）
市政府 2017 年第九次常务会议…………（148）
市政府 2017 年第十次常务会议…………（148）
市政府 2017 年第十一次常务会议………（149）
市政府 2017 年第十二次常务会议………（149）
市政府 2017 年第十三次常务会议………（149）
市政府 2017 年第十四次常务会议………（150）
2017 年全市第一批重点项目交办会召开
…………………………………………（151）
全市经济形势分析暨重点项目建设调度会
召开 ………………………………………（151）
办公室工作 ……………………………………（152）
概况 ………………………………………（152）
调查研究 …………………………………（152）
文稿服务 …………………………………（152）
督查督办 …………………………………（152）
综合协调 …………………………………（152）
文会办理 …………………………………（153）
议案提案办理 ……………………………（153）
服务民生 …………………………………（153）
应急管理 …………………………………（153）
后勤保障 …………………………………（153）
信访维稳 …………………………………（153）
政务服务工作 …………………………………（153）
概况 ………………………………………（153）
“互联网+政务服务” ……………………（154）
政务公开 …………………………………（154）
创新服务形式 ……………………………（154）
完善服务平台 ……………………………（155）
国家工商总局商标局衡阳商标受理窗口
启用 ………………………………………（155）
2017 年衡阳市政务公开工作培训会召开
…………………………………………（156）
衡阳市全市政务服务事项梳理及互联网+
监督数据库建设培训会召开 …………（156）
地方金融工作 …………………………………（156）
概况 ………………………………………（156）
服务实体经济 ……………………………（156）
推进改革创新 ……………………………（157）
防范金融风险 ……………………………（157）
衡阳市金融信用信息服务中心建设暨衡阳
社会信用体系建设工作调度会召开
…………………………………………（158）
全市银行机构风险管理培训暨金融扶贫工作

会议召开 …………………………………（158）

信访工作 …………………………………（158）

概况 …………………………………（158）

专项调度 …………………………………（159）

办信处理 …………………………………（159）

积案攻坚 …………………………………（159）

特护工作 …………………………………（159）

脱贫攻坚 …………………………………（160）

省委信访督查组调研衡阳市信访工作 …………………………………（160）

外事侨务港澳工作 …………………………………（160）

概况 …………………………………（160）

衡阳市归侨侨眷迎春座谈会召开 ………（161）

市侨联七届六次全委会议召开 …………（161）

民族宗教工作 …………………………………（161）

概况 …………………………………（161）

全市宗教工作会议召开 …………………（162）

黄兰香到衡阳调研宗教工作 ……………（162）

黄至安晋升为南岳衡山道院方丈 ………（163）

衡阳市伊斯兰教协会成立 ………………（163）

地方志工作 …………………………………（163）

概况 …………………………………（163）

《石鼓年鉴（2017）》编纂工作动员大会召开 …………………………………（164）

石鼓区史志办举办《石鼓年鉴（2017）》编纂业务培训 …………………………（165）

《衡阳地方史资料》第六辑出版发行 …（165）

牵头组织编写《衡阳工业博物馆展陈文本》 …………………………………（165）

《湖南乡镇简志·衡阳市卷》省级评议会在衡阳召开 …………………………（165）

《衡阳年鉴（2017）》公开出版发行 …（166）

电子政务工作 …………………………………（166）

概况 …………………………………（166）

数字衡阳 …………………………………（166）

“12345”政府服务热线 ………………（166）

政府网站建管 …………………………（167）

电子政务内网 …………………………（167）

政府信息公开 …………………………（167）

“互联网+政务服务” …………………（167）

衡阳市党政门户网站获评为全省优秀政府网站 …………………………………（168）

衡阳市获2017全国“12345”政府服务热线峰会先锋奖 …………………………（168）

无线电管理工作 …………………………（168）

概况 …………………………………（168）

公共安全监管 …………………………（169）

宣传和执法检查 ………………………（169）

基础设施建设 …………………………（169）

驻北京办事处工作 ………………………（169）

概况 …………………………………（169）

公共服务 …………………………………（170）

驻广州（深圳）办事处工作 ……………（170）

概况 …………………………………（170）

驻长沙办事处工作 ………………………（171）

概况 …………………………………（171）

中国人民政治协商会议衡阳市委员会

重要会议 …………………………………（175）

政协衡阳市第十二届委员会第一次会议 …………………………………（175）

政协衡阳市第十二届委员会常务委员会第一次会议 ……………………………（176）

政协衡阳市第十二届委员会常务委员会第二次会议 ……………………………（176）

政协衡阳市第十二届委员会常务委员会第三次会议 ……………………………（177）

政协衡阳市第十二届委员会常务委员会第四次会议 ……………………………（177）

政协衡阳市第十二届委员会常务委员会第五次会议 ……………………………（177）

政协衡阳市第十二届委员会常务委员会第六次会议 …… (177)
政协衡阳市第十二届委员会常务委员会第七次会议 …… (177)
政协衡阳市第十二届委员会常务委员会第八次会议 …… (177)
衡阳市委政协工作会议召开 …… (177)
履职工作 …… (177)
概况 …… (177)
政治协商 …… (177)
提案工作 …… (179)
社情民意 …… (179)
民主监督 …… (179)
建言献策 …… (180)
扶贫帮困 …… (181)
2017 衡州经济发展论坛 …… (181)
衡阳市经济社会创新发展智库 …… (181)
市政协开展"风眼看南岳"活动 …… (181)

中共衡阳市纪律检查委员会

纪检监察 …… (185)
概况 …… (185)
监督工作 …… (186)
执纪问责 …… (187)
廉政教育 …… (187)
执纪队伍建设 …… (188)
市委反腐败协调工作会议召开 …… (188)
衡阳廉政文化雕塑园开园 …… (188)
27 家市纪委派驻纪检组揭牌成立 …… (189)
巡视巡查 …… (189)
概况 …… (189)
机构建设 …… (189)
巡察情况 …… (189)
成果运用 …… (190)
巡视联络 …… (190)
体制机制 …… (190)
衡阳市委县级巡察工作现场推进会召开 …… (190)
2017 年市委首轮巡察进驻 6 个市直单位 …… (190)
宁延令一行到衡阳开展巡视工作专题调研 …… (191)
2017 年市委第二轮巡察进驻 6 个市直单位 …… (191)

民主党派·工商联

中国国民党革命委员会衡阳市委员会 …… (195)
概况 …… (195)
中国民主同盟衡阳市委员会 …… (196)
概况 …… (196)
党员本职业绩 …… (198)
对外宣传 …… (198)
理论研究和课题调研 …… (198)
中国民主建国会衡阳市委员会 …… (198)
概况 …… (198)
中国民主促进会衡阳市委员会 …… (200)
概况 …… (200)
岳云基地升格提质改造工作 …… (202)
会员工作业绩 …… (202)
对外宣传 …… (202)
学习交流 …… (202)
中国农工民主党衡阳市委员会 …… (202)
概况 …… (202)
思想建设 …… (202)
参政议政 …… (203)
民主监督 …… (204)
服务社会 …… (204)
中国致公党衡阳市委员会 …… (204)
概况 …… (204)
九三学社衡阳市委员会 …… (206)

概况 …… (206)
衡阳市工商业联合会 …… (208)
概况 …… (208)
“雁商进高校”系列培训活动 …… (209)
“送给残疾人一个温馨的家”爱心助残活动举行 …… (209)

人民团体和社会组织

衡阳市总工会 …… (213)
概况 …… (213)
衡阳市举办庆祝“五一”国际劳动节暨“衡州工匠”展示会 …… (214)
衡阳市工会第十九次代表大会开幕 …… (214)
刘莲玉到衡阳调研工会工作 …… (214)
中国共产主义青年团衡阳市委员会 …… (214)
概况 …… (214)
共青团衡阳市第十九届四次全委（扩大）会议召开 …… (216)
衡阳市举行五四青年节庆祝活动 …… (217)
衡阳市妇女联合会 …… (217)
概况 …… (217)
妇女“两癌”防治 …… (217)
妇女就业创业扶持 …… (218)
家庭教育活动 …… (218)
妇女儿童权益保护 …… (218)
衡阳市妇联第十四届六次执委（扩大）会议召开 …… (218)
“纪念唐群英研讨会”在衡山县举办 …… (219)
省妇联主席姜欣到衡阳调研 …… (219)
2017年市女干部培训班开班 …… (219)
衡阳市归国华侨联合会 …… (219)
服务经济 …… (219)
服务民生 …… (219)
参政议政 …… (220)
公益事业 …… (220)
维护侨益 …… (221)
衡阳市侨联召开七届六次全委会议 …… (221)
华侨权益保护座谈会召开 …… (221)
“亲情中华”夏令营首次走进衡阳 …… (221)
王文军荣获国家科学技术进步二等奖 …… (221)
衡阳市社会科学界联合会 …… (221)
社科研究工作 …… (221)
社科普及工作 …… (222)
国学宣传工作 …… (222)
衡阳市文学艺术界联合会 …… (222)
概况 …… (222)
文艺创作工作 …… (222)
“五个一工程”文艺精品创作 …… (222)
开展名家文化公益讲座 …… (223)
协会换届工作 …… (223)
“美丽湖南·三湘巨变”美术精品展 …… (223)
“最·高新”文化艺术节开幕 …… (223)
“放歌旅游日”交响音乐晚会 …… (223)
第二届香江艺术周举行 …… (223)
“衡阳市书法名家进社区送春联”活动举行 …… (223)
市文艺人才“五十工程”第二批扶持项目启动 …… (223)
彭敏揽下“中国诗词大会”亚军 …… (223)
祁东曲协获评全国“先进” …… (223)
在衡阳取景拍摄的电影《暴雪将至》斩获两项大奖 …… (224)
衡阳市文艺创作工作座谈会召开 …… (224)
张卫当选中国公安文联理事 …… (224)

军　事

警备工作 …… (227)
思想政治工作 …… (227)
军队调整改革 …… (227)

战备训练工作 …………………………… (227)
国防动员工作 …………………………… (227)
基层建设工作 …………………………… (228)
安全稳定工作 …………………………… (228)
后勤保障工作 …………………………… (228)
党管武装工作 …………………………… (228)
后勤保障预备役 …………………………… (229)
思想政治建设 …………………………… (229)
战备训练 …………………………… (229)
安全管理 …………………………… (229)
后装建设 …………………………… (230)
武警工作 …………………………… (230)
概况 …………………………… (230)
“强军标兵”颁奖晚会召开 …………… (230)
2017 新兵烈士陵园重温入党誓言 ……… (231)
消防工作 …………………………… (231)
概况 …………………………… (231)
消防安全责任落实 …………………… (231)
消防安全管理网络构建 ………………… (231)
消防安全隐患治理 …………………… (213)
消防安全意识提升 …………………… (232)
加强消防救援能力练兵 ………………… (232)
人民防空 …………………………… (232)
概况 …………………………… (232)
衡阳市开展 2017 防灾减灾日宣传教育活动 …………………………… (232)
郭光文调研虎形山人防公园应急避难场所建设 …………………………… (232)

法　　治

政法委及综治工作 …………………………… (235)
社会治安综合治理领导责任制落实 …… (235)
安保维稳 …………………………… (235)
治安防控 …………………………… (235)
专项督查 …………………………… (235)
法治政府建设 …………………………… (235)
立法工作 …………………………… (235)
依法行政指导监督工作 ………………… (236)
规范性文件管理工作 …………………… (236)
法律顾问工作 …………………………… (236)
政府合同审查工作 …………………… (237)
行政复议应诉工作 …………………… (237)
法制宣传培训工作 …………………… (237)
公安 …………………………… (237)
概况 …………………………… (237)
维稳安保 …………………………… (238)
深化打黑除恶 …………………………… (238)
攻坚恶性案件 …………………………… (238)
严打侵财犯罪 …………………………… (238)
惩治毒品犯罪 …………………………… (238)
惩治经济犯罪 …………………………… (239)
强化重点整治 …………………………… (239)
治安侦查办案 …………………………… (239)
扫黄禁赌行动 …………………………… (239)
惩治食药环犯罪 …………………………… (239)
人口与出入境管理 …………………… (240)
治爆缉枪 …………………………… (240)
加强特业管理 …………………………… (240)
烟花爆竹限放 …………………………… (240)
交通安全管理 …………………………… (240)
消防安全管理 …………………………… (240)
监所安全管理 …………………………… (241)
雪亮工程建设 …………………………… (241)
执法规范化建设 …………………………… (241)
检察 …………………………… (241)
概况 …………………………… (241)
依法惩治刑事犯罪 …………………… (242)
强化法律监督 …………………………… (242)
查办和预防职务犯罪 ………………… (243)
从严治检 …………………………… (243)
法院 …………………………… (244)

概况 …………………………………………（244）
刑事犯罪惩治 …………………………………（244）
民商事纠纷化解 ………………………………（244）
行政争议案件审判 ……………………………（244）
加强案件执行力度 ……………………………（244）
司法改革推进 …………………………………（244）
诉讼服务 ………………………………………（245）
司法公开 ………………………………………（245）
庭外调解 ………………………………………（245）
司法行政 …………………………………………（245）
概况 …………………………………………（245）
法治衡阳建设 …………………………………（246）
公共法律服务体系建设 ………………………（246）
监管安全工作 …………………………………（246）
人民调解工作 …………………………………（246）
法律服务工作 …………………………………（246）
司法行政改革 …………………………………（246）
衡阳市 2017 年司法行政工作会议召开 ……………………………………………（247）
“12348”热线平台升级改造完成 ………（247）
谷湘平获评 2016 年度全省最具影响力十大法治人物 …………………………………（247）
黄关春一行调研指导社区戒毒康复工作 ……………………………………………（247）
湖南协创律师事务所成立 ……………………（248）
防范和处理邪教 ………………………………（248）
防控惩治 ………………………………………（248）
教育转化 ………………………………………（248）
“无邪教创建” ……………………………（248）
警示教育 ………………………………………（248）

综合经济与管理

发展与改革 ……………………………………（253）
宏观经济管理 …………………………………（253）
项目建设 ………………………………………（253）
争取资金项目 …………………………………（253）
推进综合改革 …………………………………（254）
加强生态文明建设 ……………………………（254）
保障改善民生 …………………………………（254）
国有资产监督管理 ……………………………（254）
国资监管 ………………………………………（254）
国企改革 ………………………………………（255）
央企省企对接 …………………………………（255）
改制维稳 ………………………………………（255）
公共资源交易管理 ……………………………（255）
概况 …………………………………………（255）
全市公共资源交易管理委员会扩大会议召开 ……………………………………………（256）
审计 ………………………………………………（256）
概况 …………………………………………（256）
审计监督 ………………………………………（256）
审计成效 ………………………………………（257）
海关 ………………………………………………（257）
概况 …………………………………………（257）
综合治税 ………………………………………（257）
查缉走私 ………………………………………（257）
压缩通关时间 …………………………………（258）
经济责任审计 …………………………………（258）
2 月进出口总额增速创近 18 个月新高 ……………………………………………（258）
出入境检验检疫 ………………………………（258）
概况 …………………………………………（258）
原产地业务 ……………………………………（258）
促进国家级出口食品农产品质量安全示范区建设 …………………………………（258）
动植物疫情疫病防控 …………………………（259）
加强外来有害生物监测 ………………………（259）
质量安全监管 …………………………………（259）
助推特色产品出口“破零倍增” ………（259）
促进贸易便利化 ………………………………（259）
扶持重点企业发展 ……………………………（260）

扶贫工作 ……………………………… (260)
信息宣传 ……………………………… (260)
出入境检验检疫费于 2017 年 4 月起停征 ……………………………… (260)
工商行政管理 ……………………………… (260)
商事制度改革 ……………………………… (260)
实施品牌战略 ……………………………… (260)
扶持小微企业 ……………………………… (260)
抓好消费维权 ……………………………… (261)
市场日常监管 ……………………………… (261)
虚假违法广告整治 ……………………………… (261)
红盾护农 ……………………………… (261)
打击传销规范直销 ……………………………… (261)
查处取缔无照经营专项整治 ……………………………… (261)
加大网络监管力度 ……………………………… (261)
加强合同市场监管 ……………………………… (261)
强化质量维权 ……………………………… (261)
质量技术监督管理 ……………………………… (261)
“质量强市”与名牌战略 ……………………………… (261)
标准化战略 ……………………………… (262)
认证认可监管 ……………………………… (262)
商品条码和行政审批 ……………………………… (262)
计量工作 ……………………………… (262)
检验检测能力 ……………………………… (262)
产品质量监督抽查 ……………………………… (263)
特种设备安全监管 ……………………………… (263)
重点产品专项整治 ……………………………… (263)
执法打假 ……………………………… (263)
依法行政 ……………………………… (263)
质监为民工程 ……………………………… (264)
全市企业标准管理制度改革盛大启动 ……………………………… (264)
市计量测试中心负责起草的两个地方计量标准获评审通过 ……………………………… (264)
湖南省质监局局长欧阳彪到衡阳督查特种设备安全工作 ……………………………… (264)
食品药品监督管理 ……………………………… (264)
日常监管 ……………………………… (264)
专项整治 ……………………………… (265)
违法行为惩治 ……………………………… (265)
推进社会共治 ……………………………… (265)
安全生产监督管理 ……………………………… (265)
安全生产大检查 ……………………………… (265)
重大事故隐患治理“一单四制”制度 ……………………………… (266)
淘汰落后产能 ……………………………… (266)
重点行业监管 ……………………………… (266)
行政执法三项制度试点工作 ……………………………… (266)
安全生产宣教培训 ……………………………… (266)
安全生产月活动 ……………………………… (267)
衡阳市环境保护和安全生产工作电视电话会议召开 ……………………………… (267)
煤矿安全监察 ……………………………… (267)
预防性技术监察 ……………………………… (267)
耒阳市小煤矿暗访活动 ……………………………… (267)
周农深入耒阳市检查煤矿安全生产工作 ……………………………… (268)
统计 ……………………………… (268)
概况 ……………………………… (268)
经济指标统计 ……………………………… (268)
统计改革 ……………………………… (268)
依法治统 ……………………………… (269)
完成重大普查调查任务 ……………………………… (269)
国家统计局衡阳调查队 ……………………………… (270)
主要畜禽监测调查 ……………………………… (270)
居民消费价格指数调查 ……………………………… (270)
粮食产量监测调查 ……………………………… (270)
城乡居民收支调查 ……………………………… (270)
服务领导决策 ……………………………… (270)
其他专项调查 ……………………………… (271)
对外宣传 ……………………………… (271)
普法学法依法治统 ……………………………… (271)

农村经济

概述 …… (275)
概况 …… (275)
衡阳市脱贫攻坚工作 …… (276)
衡阳启动第三次全国农普入户调查 …… (276)
中共衡阳市委农村工作会议召开 …… (276)
“三品一标”产品认证与管理 …… (277)
新型农民培训工作 …… (277)
衡阳启动“三湘农产品质量安全行” …… (277)
衡阳市首届手工制茶技能大赛举办 …… (277)
黄其萍到衡阳调研农产品出口工作 …… (277)
防汛救灾补损工作 …… (277)
衡阳市“灭除外来入侵物种”经验全国推广 …… (278)
东盟友人考察衡阳市农村电商市农村电商 …… (278)
中国工程院院士方智远到衡阳调研特色农业 …… (278)
衡阳第八届农产品博览会开幕 …… (278)
衡阳市首个贫困户独立产权光伏发电站发电并网 …… (278)
农业综合开发 …… (279)
概况 …… (279)
农业基础设施建设 …… (279)
特色产业打造 …… (279)
项目争取和监管 …… (279)
对外宣传 …… (279)
农村合作经济管理 …… (279)
农村集体组织三资管理 …… (279)
土地流转管理服务机制 …… (280)
惠农强农政策落实监管 …… (280)
促进农村经济加快发展 …… (281)
构建现代农业经营体系 …… (281)
农民负担专项治理工作 …… (281)
农村集体产权制度改革试点 …… (282)
种植业 …… (282)
概况 …… (282)
畜牧水产业 …… (282)
概况 …… (282)
产业转型升级 …… (283)
养殖污染防治 …… (283)
动物疫病防控 …… (283)
畜禽水产品质量安全监管 …… (283)
养殖业精准扶贫 …… (283)
畜禽屠宰监管 …… (284)
渔政执法监管 …… (284)
农业机械管理 …… (284)
概况 …… (284)
农机补贴 …… (284)
机械化作业水平提升 …… (284)
合作组织培育 …… (285)
安全监理 …… (285)
农业科学研究 …… (285)
科技工作 …… (285)
科技服务 …… (286)
项目建设 …… (287)
成果转化 …… (287)
学术交流 …… (287)
科研管理 …… (288)
蔬菜品种研发 …… (288)
概况 …… (288)
蔬菜新品种选育 …… (288)
蔬菜新技术的研究、引进与示范 …… (289)
食用菌研究 …… (289)
蔬菜植物保护和蔬菜绿色防控研究 …… (290)
组织培养研究试验 …… (290)
蔬菜种子质量监管 …… (290)
科技服务 …… (290)
红壤研究 …… (290)
主要科研任务 …… (290)

试验、监测和数据采集 …………………… (291)
科技成果贡献 ………………………………… (291)
国内外学术交流与宣传 …………………… (291)
林业 ……………………………………………… (291)
概况 …………………………………………… (291)
推进植树造林 ………………………………… (292)
推进湘江流域退耕还林 …………………… (292)
大力开展义务植树 ………………………… (292)
发展油茶产业 ………………………………… (293)
搭建油茶企业融资平台 …………………… (293)
水利 ……………………………………………… (293)
项目投资建设 ………………………………… (293)
防汛抗旱减灾 ………………………………… (293)
河长制全面推行 …………………………… (293)
精准扶贫 ……………………………………… (293)
移民安置 ………………………………………… (294)
后扶工作 ……………………………………… (294)
避险解困工作 ………………………………… (294)
脱贫攻坚工作 ………………………………… (294)
库区建设工作 ………………………………… (294)
资金监管工作 ………………………………… (294)

工业经济

总类 ……………………………………………… (299)
概况 …………………………………………… (299)
工业经济形势 ………………………………… (299)
园区建设 ……………………………………… (299)
“中国制造 2025”试点示范城市建设 … (299)
企业服务 ……………………………………… (300)
信息化建设 …………………………………… (300)
项目建设 ……………………………………… (300)
衡东工业经济运行考核获全省先进单位 ……………………………………………… (300)
14 家企业入驻耒阳创新创业园 ………… (301)
中央党校博士陈建奇到衡阳工业经济专题讲座 ……………………………………… (301)
2017 年衡阳市重点项目集中开工仪式举行 ……………………………………………… (301)
衡阳市 2017 年第一批重点项目交办…… (302)
衡南县 17 个重点项目举行开工仪式 … (302)
金书波调研衡阳市制造业和中小企业发展情况 ……………………………………… (302)
全市补齐工业经济短板专项工作评议动员会召开 ……………………………………… (303)
周农率衡阳市代表团前往北京开展招商引资活动 ……………………………………… (303)
郑建新到白沙洲工业园调研工业经济发展工作 ……………………………………… (303)
邓群策主持召开全市工业经济形势分析会 ……………………………………………… (303)
市经信委对全市 38 家重点新材料企业进行调研 ……………………………………… (304)
衡阳市规模工业发展情况 ………………… (304)
郑建新到燕京啤酒（衡阳）有限公司和特变电工衡阳变压器有限公司调研工业经济运行情况 …………………… (304)
振兴实体经济“3311”工程计划 …………… (304)
概况 …………………………………………… (304)
有色金属产业集群 ………………………… (304)
概况 …………………………………………… (304)
何录春会见五矿有色控股有限公司总经理黄国平一行 …………………… (305)
周农调研常宁水口山有色金属产业千亿级园区 …………………………………… (305)
陈向群现场调度五矿有色金属控股铜铅锌产业基地项目建设 …………………… (305)
张大方到耒阳和常宁调研有色金属固体废弃物循环利用产业 …………………… (305)
郑建新考察水口山金铜综合回收产业升级技术改造项目 ……………………… (306)
全国首张有色行业新排污许可证在衡阳

核发 …………………………………… (306)
五矿有色金属控股有限公司铜铅锌产业基地项目环境影响评价通过省环境保护厅审批 …………………………………… (306)
廖炎秋专题调度常宁市铜铅锌产业基地项目 …………………………………… (306)
何文波、张剑飞一行调研常宁市水口山经济开发区 …………………………………… (307)
五矿有色控股铜铅锌产业基地项目与香港泛亚绿洲集团铜杆项目在常宁开工 …… (307)
军民融合产业集群 …………………………………… (307)
概况 …………………………………… (307)
南华大学与澳大利亚国立大学核聚变能源技术展开交流合作 ……………………… (308)
周农调研衡阳市军工企业发展及生产经营情况 …………………………………… (308)
王寿君一行到衡阳考察军民融合产业 …………………………………… (308)
先进制造业集群 …………………………………… (309)
概况 …………………………………… (309)
中科光电子产业园合同签约仪式举行 …………………………………… (309)
王少峰调研南岳电控和特变电工项目建设 …………………………………… (309)
周农在香港会见建滔化工集团董事局主席张国荣 …………………………… (309)
衡阳建衡实业年产5万吨高效净水剂生产项目开工建设 ………………………… (310)
郑建新到新疆特变电工股份有限公司考察、对接项目 ……………………………… (310)
特变电工衡阳变压器有限公司三项科研成果获市科学技术奖一等奖 ………… (310)
特变电工衡阳变压器有限公司自主研制的SFP-750000/750发电机变压器入选2017年度湖南省首台（套）重大技术装备产品 …………………………………… (310)
特变电工衡阳变压器有限公司研制的世界首台柔性直流输电的耦合电抗器各项技术性能指标达到国际领先水平 ……………… (310)
永清环保垃圾焚烧发电厂运营情况 …… (310)
郑建新专题调研湘衡盐化 ……………… (311)
比亚迪（衡阳）轨道交通智能制造产业园项目举行奠基仪式 ……………………… (311)
湖南大合新材料有限公司单晶半导体材料项目举行点火投产仪式 ……………… (311)
任新钢等到衡阳调研化工企业生产情况 …………………………………… (312)
特变电工衡阳变压器有限公司11项新产品通过国家级鉴定 ……………………… (312)
周农会见香港建滔化工集团董事会主席张国荣一行 ……………………………… (312)
传统优势产业 …………………………………… (312)
周农到衡拖农机制造有限公司调研国企转型升级工作 ……………………………… (312)
段志刚调研启迪古汉集团衡阳中药有限公司4亿支口服液技改及配套工程项目 …… (312)
胡衡华到衡阳调研华菱衡钢无缝钢管生产 …………………………………… (313)
张剑飞专题调研华菱衡钢推进供给侧结构性改革工作 ……………………………… (313)
衡山新金龙纸业有限公司揭牌 ………… (314)
大唐华银电力股份有限公司耒阳分公司举办“清洁能源，点亮未来”为主题的第十一届企业开放日活动 …………………… (314)
郑建新前往湖南天雁机械有限责任公司和衡阳天锦纺织有限公司调研 ………… (314)
燕京啤酒连续16年全省产销第一 …… (314)
工业企业改制 …………………………………… (315)
概况 …………………………………… (315)
产业转型 …………………………………… (315)
企业服务 …………………………………… (315)
扶贫帮困 …………………………………… (316)

安全维稳 ……………………………… (316)
2017 衡州论坛暨衡阳工业博物馆筹备工作 ……………………………… (316)

园区经济与区域开发

衡阳国家高新技术产业开发区 ……………… (321)
概况 ……………………………… (321)
科研创造 ……………………………… (321)
项目建设 ……………………………… (321)
区域建设 ……………………………… (321)
产业升级 ……………………………… (321)
城建提质 ……………………………… (321)
陆家新屋获评“省爱国主义教育基地”称号 ……………………………… (322)
高新区联合办税大厅“实名办税”信息采集窗口开通 ……………………………… (322)
高新区召开环境保护和安全生产工作大会 ……………………………… (322)
高新区召开食品药品安全工作会议 …… (322)
保利地产集团副总经理胡在新到高新区考察 ……………………………… (322)
衡阳市白沙洲工业园区 ……………………… (323)
概况 ……………………………… (323)
招商引资 ……………………………… (324)
项目建设 ……………………………… (324)
综保区被列入全市开放型经济重点实施计划 ……………………………… (324)
军民融合产业 ……………………………… (324)
湘梦·智谷举行开业暨签约仪式 ……… (324)
周农调研衡阳综合保税区 ……………… (325)
衡阳市知识产权宣传周活动启动 ……… (325)
湖南衡阳松木经济开发区 ………………… (325)
概况 ……………………………… (325)
项目建设 ……………………………… (325)
产业升级 ……………………………… (326)
安全生产 ……………………………… (326)
环境保护 ……………………………… (326)
社会风险防范 ……………………………… (326)
民生建设 ……………………………… (326)
松木经开区召开经济工作会议 ………… (326)
松木经开区发行首支公司债券 ………… (327)
衡南云集经济开发区 ………………………… (327)
概况 ……………………………… (327)
项目建设 ……………………………… (327)
招商引资 ……………………………… (327)
服务企业 ……………………………… (327)
衡阳西渡高新技术产业园区 ……………… (328)
概况 ……………………………… (328)
招商引资 ……………………………… (328)
项目建设 ……………………………… (328)
核心片建设 ……………………………… (328)
征地拆迁 ……………………………… (328)
融资情况 ……………………………… (328)
衡山经济开发区 ……………………………… (328)
概况 ……………………………… (328)
规划面积、产业定位 ……………………… (329)
招商引资 ……………………………… (329)
征地拆迁 ……………………………… (329)
新开工项目 ……………………………… (329)
新竣工投产项目 ……………………………… (329)
新增高新技术企业 ……………………… (329)
融资情况 ……………………………… (329)
新增名牌产品 ……………………………… (329)
建设投资开发 ……………………………… (329)
重点工业企业选介 ……………………… (330)
衡东经济开发区 ……………………………… (331)
概况 ……………………………… (331)
招商引资 ……………………………… (331)
配套提质 ……………………………… (331)
综治维稳 ……………………………… (331)
环境保护 ……………………………… (332)

上海圆通蛟龙投资发展集团有限公司一行到衡东经开区圆通湘南总部基地项目考察 ……（332）
祁东经济开发区 ……（332）
概况 ……（332）
项目建设 ……（332）
征地拆迁 ……（332）
招商引资 ……（332）
企业服务 ……（333）
投融资服务 ……（333）
综治管理 ……（333）
十大重点项目在归阳工业园集中开工 ……（333）
常宁水口山经济开发区 ……（333）
概况 ……（333）
项目建设 ……（333）
配套设施 ……（333）
招商引资 ……（334）
征地拆迁 ……（334）
调区扩区 ……（334）
香港泛亚绿洲集团铜杆连铸连轧生产装置建设项目落户 ……（334）
耒阳经济开发区 ……（334）
概况 ……（334）
招商引资 ……（335）
工业项目建设 ……（335）
环保督查 ……（335）
用地管理 ……（335）
规划管理 ……（335）
投资环境优化 ……（335）
融资情况 ……（336）

政府投融资平台

衡阳市城市建设开发总公司 ……（339）
概况 ……（339）
“中房·美丽白沙”项目 ……（339）
资产经营 ……（339）
扶贫攻坚 ……（339）
衡阳市城市建设投资有限公司 ……（340）
概况 ……（340）
项目建设 ……（340）
资产经营 ……（340）
衡阳弘湘国有投资（控股）集团有限公司 ……（340）
概况 ……（340）
融资引资 ……（340）
企业改制 ……（340）
产业投资 ……（340）
项目建设 ……（340）
资产管理 ……（341）
衡阳市交通建设投资有限公司 ……（341）
概况 ……（341）
资产增值 ……（341）
项目投资 ……（342）
队伍建设 ……（342）
精准扶贫 ……（342）
衡阳市湘江水利投资开发有限公司 ……（342）
概况 ……（342）
项目建设 ……（342）
资产经营 ……（342）
文旅项目 ……（342）
扶贫攻坚 ……（343）
衡阳市水务投资集团有限公司 ……（343）
概况 ……（343）
企业管理 ……（343）
产业经营 ……（343）
市政供水管网建设与改造 ……（343）
衡阳市湘江流域治理来雁新城建设投资有限公司 ……（343）
概况 ……（343）
区域规划 ……（344）

项目建设 ……………………………………（344）
征拆腾地 ……………………………………（344）
融资招商 ……………………………………（344）
来雁片区文旅项目专题研讨交流会 ……（344）
衡阳市滨江新区投资有限公司 …………（345）
概况 …………………………………………（345）
公司集体系统学习 PPP 项目融资和土木
工程技术课程 ……………………………（346）
衡阳首支棚户区改造企业债券发行 ……（346）
三家全国知名产业布局专业策划公司参与
滨江新区项目竞标 ………………………（346）
衡山科学城投资开发有限公司 …………（346）
概况 …………………………………………（346）
区划调整 ……………………………………（346）
招商引资 ……………………………………（346）
项目建设 ……………………………………（347）
征地拆迁 ……………………………………（347）
财税融资 ……………………………………（347）
科创平台 ……………………………………（347）
衡山科学城签约入驻企业达 29 家 ……（347）
衡山科学城红树林一期正式启用 ………（348）
衡山科学城 2017 新能源新材料（军民融合）
专题招商推介会举行 ……………………（348）
衡山科学城 2017 入驻企业座谈会召开
……………………………………………（348）
哈工大机器人项目落户衡山科学城 ……（348）
衡阳工业博物馆开馆 ……………………（349）
衡山科学城召开的“2017 衡州经济发展论坛”
之科技成果交易会 ………………………（349）
首届湖南工业版画精品展在衡阳工业博物馆
举行开幕式 ………………………………（349）
衡阳市高新投资有限公司 ………………（350）
概况 …………………………………………（350）
项目建设 ……………………………………（350）
资产管理 ……………………………………（350）
融资工作 ……………………………………（350）
平台建设 ……………………………………（350）
衡阳高新南粤基金管理有限公司举行揭牌
仪式 ………………………………………（351）
雁鸣溪风光带主体工程量基本完成 ……（351）
高新南粤基金与社会资本战略合作签约仪式
暨基金拟投项目启动大会举行 …………（351）
衡阳市发展投资集团有限公司 …………（351）
概况 …………………………………………（351）
何录春到市发展投调研智能物流项目建设
……………………………………………（352）
天星资本总裁王骏一行到访市发展投探讨
产业与金融合作 …………………………（353）
湘投集团到市发展投洽谈合作 …………（353）
衡阳市松木投资集团有限公司 …………（353）
概况 …………………………………………（353）
融资工作 ……………………………………（353）
项目建设 ……………………………………（353）
土地收储 ……………………………………（354）
精准扶贫 ……………………………………（354）
衡阳白沙洲开发建设投资有限公司 ……（354）
概况 …………………………………………（354）
项目建设 ……………………………………（354）
转型发展 ……………………………………（355）
精准扶贫 ……………………………………（355）

城建城管

城乡规划 …………………………………（359）
概况 …………………………………………（359）
总规修编 ……………………………………（360）
控规编制 ……………………………………（360）
专项专业规划 ………………………………（360）
乡镇规划 ……………………………………（360）
重大项目规划 ………………………………（360）
重点项目规划 ………………………………（360）
重大项目建设 ………………………………（360）

《衡阳市城市总体规划（2006—2020年）获国务院正式批准 …… (361)
衡阳市召开市城乡规划汇报会 …… (361)
住房和城乡建设 …… (362)
概况 …… (362)
城乡面貌 …… (362)
房地产市场调控 …… (362)
建筑业发展 …… (363)
基础设施改造 …… (363)
征拆处置 …… (363)
质监安全 …… (363)
物业管理规范发展 …… (364)
绿色住建 …… (364)
万达路新建工程开工 …… (364)
珠晖区茶山坳镇入围全国第二批特色小镇 …… (364)
住建部考查组到衡阳考查国家园林城市创建工作 …… (365)
衡阳市创建国家园林城市座谈交流会召开 …… (365)
珠晖区茶山坳镇金甲岭村获国家级“美丽乡村示范村”称号 …… (366)
住房公积金管理 …… (366)
概况 …… (366)
公积金使用 …… (366)
风险管控 …… (366)
信息化建设 …… (367)
脱贫攻坚 …… (367)
衡阳市住房公积金政策调整 …… (367)
城市管理行政执法 …… (368)
概况 …… (368)
城市治理 …… (368)
国家园林城市创建 …… (368)
城市管护 …… (369)
项目建设 …… (369)
扶贫攻坚 …… (370)
衡阳市城市管理委员会召开第十七次会议 …… (370)
供电 …… (370)
概况 …… (370)
安全生产 …… (370)
电网发展 …… (371)
营销服务 …… (371)
改革创新 …… (371)
争优创先 …… (371)
衡阳市厂务公开职代会经验交流会暨企业民主管理手册赠书仪式举行 …… (371)
供水 …… (372)
概况 …… (372)
供气 …… (372)
概况 …… (372)
市场开发 …… (372)
安检管理 …… (373)
用气分析 …… (373)
缴费方式创新 …… (373)
基础设施建设 …… (373)
运行管理 …… (374)

国土资源与环境保护

国土资源管理 …… (377)
优化服务 …… (377)
资源保护 …… (377)
测绘信息 …… (377)
国土市场规范 …… (378)
依法行政 …… (378)
不动产登记制度改革 …… (378)
行政执法三项制度改革 …… (379)
拆迁安置改革 …… (379)
环境保护 …… (379)
概况 …… (379)
中央环保督察问题整改 …… (379)

水污染防治 …………………………………（379）
大气污染防治 ………………………………（379）
土壤污染防治 ………………………………（379）
自然生态保护 ………………………………（380）
辐射固废监管 ………………………………（380）
环境监管执法 ………………………………（380）
环境应急及信访件办理 ……………………（380）
环保体制改革 ………………………………（380）
环境管理 ……………………………………（380）
第二次全国污染源普查 ……………………（381）
环保基础保障能力建设 ……………………（381）
环境宣传 ……………………………………（381）

交通·邮政·通信

交通总类 ………………………………………（385）
项目建设 ……………………………………（385）
交通运输保障水平 …………………………（385）
交通扶贫 ……………………………………（385）
交通行业监管 ………………………………（385）
安全生产 ……………………………………（385）
公路管理 ………………………………………（386）
公路建设 ……………………………………（386）
公路养护 ……………………………………（386）
超限运输 ……………………………………（386）
行业治理 ……………………………………（386）
文明形象 ……………………………………（387）
铁路 ……………………………………………（387）
广铁集团衡阳车务段 ………………………（387）
衡阳北站 ……………………………………（387）
衡阳站 ………………………………………（387）
高铁衡阳东站 ………………………………（388）
水运 ……………………………………………（388）
概况 …………………………………………（388）
水上交通安全 ………………………………（388）
船检规范 ……………………………………（389）
运输市场监管 ………………………………（389）
宣传工作 ……………………………………（389）
设施建设 ……………………………………（389）
“隐患清零”行动 …………………………（389）
“打非治违”行动 …………………………（389）
视频监管 ……………………………………（389）
汛期管控 ……………………………………（389）
专项清理 ……………………………………（390）
民用航空 ………………………………………（390）
概况 …………………………………………（390）
运输生产 ……………………………………（390）
安全管理 ……………………………………（390）
服务质量 ……………………………………（390）
邮政 ……………………………………………（390）
概况 …………………………………………（390）
提升城乡末端服务能力 ……………………（390）
加强规划引领与政策落实 …………………（391）
持续开展多种形式的安全检查 ……………（391）
强化联动机制运行 …………………………（391）
强化邮政行业应急能力 ……………………（391）
中国电信股份有限公司衡阳分公司 …………（391）
概况 …………………………………………（391）
“电信普遍服务试点项目”工作 …………（392）
业务发展 ……………………………………（392）
“光网城市、宽带中国”项目 ……………（392）
网络建设 ……………………………………（392）
市政改造建设 ………………………………（392）
通信保障 ……………………………………（392）
中国移动通信集团湖南有限公司衡阳分公司 ……………………………………………（392）
网络建设 ……………………………………（392）
业务发展 ……………………………………（393）
客户服务 ……………………………………（393）
内部管理 ……………………………………（393）
服务社会 ……………………………………（393）
中国联通网络通信集团有限公司衡阳市分公司

…………………………………………（393）
概况 ……………………………………（393）
客户服务 ………………………………（393）
网络建设 ………………………………（394）

商贸服务业

概述 ……………………………………（397）
“开放强市”战略 ……………………（397）
“流通旺市”战略 ……………………（397）
省商务厅副厅长周越一行到衡阳调研
…………………………………………（397）
“港洽周”衡阳引资近300亿元 ………（398）
衡阳市商粮局率外贸企业参加第十八届中国国际食品和饮料展览会 ………………（398）
“营口—珠海—衡阳”北粮南运海铁大通道正式开通 ……………………………（398）
肖彬到衡阳督查商贸领域安全生产工作
…………………………………………（399）
罗双锋一行到衡阳市督导调研开放型经济
…………………………………………（399）
第八届湘商大会暨第五届湘南投洽会衡阳引资148.6亿元 ……………………（399）
贸易促进 ………………………………（399）
招商引资 ………………………………（399）
展会活动 ………………………………（399）
会员活动 ………………………………（400）
业务培训 ………………………………（400）
走访调研 ………………………………（400）
业务管理 ………………………………（400）
市贸促会组织衡山科学城等单位参加2017年度美中（华中）商务峰会 …………（400）
市贸促会组织企业参加第六届广州国际食品食材展暨世界食品广州展 ……………（401）
商企改制 ………………………………（401）
信访工作 ………………………………（401）
安全生产工作 …………………………（401）
文明创建工作 …………………………（401）
党建工作 ………………………………（401）
粮食收储 ………………………………（402）
概况 ……………………………………（402）
粮食购销 ………………………………（402）
储备粮管理 ……………………………（402）
粮食质量安全工作 ……………………（402）
争取专项资金 …………………………（402）
军粮供应管理 …………………………（402）
供销合作 ………………………………（402）
概况 ……………………………………（402）
2017年衡阳市供销合作社工作会议召开
…………………………………………（403）
湖南省深化供销社改革小组到衡阳调研
…………………………………………（403）
石油销售 ………………………………（403）
资源供应 ………………………………（403）
经营服务 ………………………………（404）
网络建设 ………………………………（404）
规范管理 ………………………………（405）
“探索智慧能源”主题公众开放日活动举行
…………………………………………（405）
烟草专卖 ………………………………（405）
概况 ……………………………………（405）
市场监管工作 …………………………（405）
烟叶生产工作 …………………………（405）
服务地方经济发展 ……………………（405）
改革创新工作 …………………………（405）
衡阳烟草联合市消委开展“3·15”系列活动
…………………………………………（406）
全市烟叶大田管理现场会召开 ………（406）
首届“青年思想论坛”举办 …………（406）
2017年全市烟叶收购工作会 …………（406）
电子商务 ………………………………（406）
概况 ……………………………………（406）

衡阳跨境电商产业园正式开园 …………（407）
衡阳首家汽车电商平台上线运营 ………（407）
衡阳市召开电商扶贫调度会 ……………（407）
现代物流 ………………………………………（407）
湘南物流中心落户珠晖区 ………………（407）
圆通湘南总部落户衡东 …………………（407）
衡南获评“中国物流之乡” ……………（407）
华耀城冷库仓储物流及型材仓库项目动工 …………………………………………（407）
服务业 …………………………………………（408）
概况 …………………………………………（408）

旅游业

总类 ……………………………………………（413）
概况 …………………………………………（413）
2017年春节黄金周旅游收入再创新高 …………………………………………（414）
国家民委一行赴衡阳考察特色小镇建设 …………………………………………（414）
衡阳市全域旅游工作会议召开 …………（414）
洪清华到衡阳作南岳全域旅游发展研究报告会 ………………………………（414）
中青旅投资团队一行考察衡南旅游项目 …………………………………………（414）
衡阳端午假期旅游创收5.4亿 …………（415）
国家统计局总经济师盛来运到南岳衡山考察 …………………………………………（415）
衡阳旅游示范线云轨试验段耒水大桥开工建设 ……………………………………（415）
香港旅游业议会原理事、荣誉博士蔡百泰一行到衡阳考察 ………………………（415）
旅游点（区）建设 ……………………………（415）
南岳成功入围第二批国家级旅游业改革创新先行区 ……………………………（415）
衡阳梦东方旅游项目正式开工 …………（415）
旅游市场开发 …………………………………（415）
中国国旅3月26日正式入驻衡阳………（416）
珠晖区在“港洽周”签下111亿旅游项目大单 ………………………………………（416）
中青旅集团到衡阳对接旅游战略合作 …………………………………………（416）
南岳启动旅游营销“企业百计划” ……（416）
衡阳市赴俄罗斯、德国进行旅游宣传促销 …………………………………………（416）
衡阳市赴英国、爱尔兰开展旅游促销活动 …………………………………………（416）
南岳衡山旅游推介会在武汉举办 ………（416）
旅游行业管理 …………………………………（417）
南岳区全域旅游导服人员培训班正式开班 …………………………………………（417）
衡阳市举办旅游饭店服务技能大赛 ……（417）

财政·税务

财政 ……………………………………………（421）
概况 …………………………………………（421）
收入征管 ……………………………………（421）
实体经济 ……………………………………（421）
支出优化 ……………………………………（421）
财政改革 ……………………………………（422）
国有资产管理 ………………………………（422）
提高资金效益 ………………………………（422）
国家税务 ………………………………………（423）
概况 …………………………………………（423）
国税收入 ……………………………………（423）
税收改革 ……………………………………（423）
税收征管 ……………………………………（423）
纳税服务 ……………………………………（423）
队伍建设 ……………………………………（424）
推行“实名办税”制 ………………………（424）
税收宣传活动 ………………………………（424）

地方税务 …………………………………… (424)
概况 …………………………………… (424)
组织收入 ………………………………… (424)
税收征管 ………………………………… (424)
税收执法 ………………………………… (425)
纳税服务 ………………………………… (425)

金融业

总类 ……………………………………… (429)
概况 …………………………………… (429)
服务实体经济 ……………………………… (429)
金融改革创新 ……………………………… (429)
金融风险防控 ……………………………… (429)
中国人民银行衡阳市中心支行 ……………… (430)
概况 …………………………………… (430)
贯彻稳健中性货币政策 …………………… (430)
践行普惠金融服务理念 …………………… (430)
强化金融重点领域管控 …………………… (431)
中国银行业监督管理委员会衡阳监管分局 …… (431)
概况 …………………………………… (431)
金融监管 ………………………………… (431)
金融乱象整治 ……………………………… (432)
经营行为规范 ……………………………… (432)
金融风险防范 ……………………………… (432)
服务经济发展 ……………………………… (433)
推进银行改革 ……………………………… (433)
衡阳市银行业监督管理工作会议召开 …………………………………… (433)
扶贫攻坚 ………………………………… (434)
中国农业发展银行衡阳市分行 ……………… (434)
概况 …………………………………… (434)
服务发展 ………………………………… (434)
风险防控 ………………………………… (435)
脱贫攻坚 ………………………………… (435)
市人民政府与农发行湖南省分行战略合作协议签约仪式暨农发行衡阳市分行银企对接会举行 ……………………… (435)
中国工商银行股份有限公司衡阳分行 ……… (436)
概况 …………………………………… (436)
存贷业务 ………………………………… (436)
业务营销 ………………………………… (436)
资产质量 ………………………………… (436)
经营效益 ………………………………… (436)
渠道建设 ………………………………… (436)
工行衡阳分行与12家企业举行现场签约仪式 …………………………………… (436)
中国农业银行股份有限公司衡阳分行 ……… (437)
概况 …………………………………… (437)
资产结构 ………………………………… (437)
“三农”业务 ……………………………… (437)
基础管理 ………………………………… (437)
风险防控 ………………………………… (437)
衡阳市举办2017年“植优补短”政银企对接会之高新区·农业银行衡阳分行专场 …………………………………… (437)
衡阳农行获“全省农行系统先进行”称号 …………………………………… (437)
中国建设银行股份有限公司衡阳市分行 …… (438)
概况 …………………………………… (438)
个人客户 ………………………………… (438)
对公客户 ………………………………… (438)
重点主营业务 ……………………………… (438)
个人产品营销 ……………………………… (439)
住房金融业务 ……………………………… (439)
电卡业务 ………………………………… (439)
县域支行业务 ……………………………… (439)
新系统应用 ……………………………… (439)
内部管理机制 ……………………………… (439)
建设银行衡阳分行与市工商联签署战略合作协议 ……………………………… (440)
中国银行股份有限公司衡阳分行 …………… (440)

概况 …… (440)
资金组织 …… (440)
不良资产管控 …… (440)
信贷结构调整 …… (440)
战略产品拓展 …… (441)
风险管理防控 …… (441)
交通银行股份有限公司衡阳分行 …… (441)
概况 …… (441)
重点项目发展 …… (442)
服务实体经济 …… (442)
便民工程 …… (442)
风险防控 …… (442)
政银企对接会之交通银行衡阳分行专场举办 …… (442)
交通银行连卡福联名信用卡举行首发仪式 …… (443)
湖南省农村信用社联合社衡阳办事处 …… (443)
衡阳市农信社 2017 年工作会议召开 …… (443)
衡州农商银行各项存款超额完成 …… (443)
陈伟林调研扶贫帮困工作 …… (443)
中国邮政储蓄银行股份有限公司衡阳市分行 …… (443)
概况 …… (443)
个金业务 …… (444)
公司业务 …… (444)
零售业务 …… (444)
资产管理 …… (444)
合规管理 …… (444)
基础工作 …… (444)
华融湘江银行股份有限公司衡阳分行 …… (445)
概况 …… (445)
华融湘江银行衡阳分行财富管理中心开业运营 …… (445)
中国民生银行股份有限公司衡阳分行 …… (445)
概况 …… (445)
存款业务 …… (445)
业务储备 …… (446)
优化考核 …… (446)
合规经营 …… (446)
中信银行股份有限公司衡阳分行 …… (446)
概况 …… (446)
人员机构 …… (446)
业务发展 …… (446)
结构优化 …… (446)
服务发展 …… (446)
中国光大银行股份有限公司衡阳分行 …… (447)
概况 …… (447)
中国广发银行股份有限公司衡阳分行 …… (447)
概况 …… (447)
扶贫帮困 …… (447)
浦发银行股份有限公司衡阳分行 …… (447)
概况 …… (447)
重要活动 …… (447)
长沙银行股份有限公司衡阳分行 …… (448)
概况 …… (448)
经营模式探索 …… (448)
政银企对接会长沙银行专场举办 …… (448)
长沙银行衡阳分行与市国税局、地税局举行“银税互动”合作签约仪式 …… (449)
中国人民财产保险股份有限公司衡阳市分公司 …… (449)
概况 …… (449)
中国人寿保险股份有限公司衡阳分公司 …… (450)
概况 …… (450)
万联证券有限责任公司衡阳证券营业部 …… (450)
概况 …… (450)
方正证券股份有限公司衡阳证券营业部 …… (450)
概况 …… (450)

科学技术与科技服务

总类 …… (453)

概述 …………………………………………（453）
特变电工两省重点新产品项目通过验收
…………………………………………（453）
知识产权宣传周 ……………………………（454）
“港洽周”科技项目签约 ……………………（454）
第三届大学生中华老字号创意创新创业大赛
宣讲会暨湖南省衡阳市创新创业活动
…………………………………………（454）
建立通信电子产品及动力电池生产基地
…………………………………………（454）
第三届大学生中华老字号创意创新创业
大赛湖南赛区 ……………………………（454）
省知识产权局调研衡阳园区知识产权保护
工作 ………………………………………（454）
衡阳市科技成果交易会 ……………………（454）
衡阳“金种子”入列省级众创空间 ……（454）
湖南省双创科技信息企业推广应用服务项目
中期评估会 ………………………………（455）
清华大学工程物理系科研产业化基地落户
衡山科学城 ………………………………（455）
知识产权 …………………………………………（455）
概况 …………………………………………（455）
知识产权宣传周活动 ………………………（455）
高新区创省级知识产权保护示范园区
…………………………………………（455）
科协工作 …………………………………………（455）
“三型”组织建设 …………………………（455）
学会工作 ……………………………………（455）
队伍建设 ……………………………………（456）
院士专家工作站 ……………………………（456）
举办企业创新方法（TRIZ）培训 ………（456）
科技信息企业推广应用 ……………………（456）
全民科学素质行动 …………………………（456）
科普活动 ……………………………………（456）
青少年科技 …………………………………（457）
市科技馆免费开放 …………………………（457）
科普信息化建设和宣传工作 ……………（457）
政协科协界别工作 ………………………（457）
“科技助力精准扶贫工程”科技服务需求
项目征集 ………………………………（457）
获奖成果 ……………………………………（457）
战略合作框架协议 ………………………（458）
防震减灾 …………………………………………（458）
概况 …………………………………………（458）
衡阳市防震减灾工作领导小组调整 ……（458）
科普基地建设 ……………………………（458）
项目成果 ……………………………………（458）
地震台站建设 ……………………………（458）
监测预报 ……………………………………（458）
“十三五”规划 ……………………………（458）
震害防御 ……………………………………（458）
地震应急 ……………………………………（459）
科普宣传 ……………………………………（459）
依法行政 ……………………………………（459）
地震监测点选址及布点工作 ……………（459）
水文 …………………………………………（459）
概况 …………………………………………（459）
水文情报预报 ……………………………（460）
水环境水资源 ……………………………（460）
水文科技服务 ……………………………（461）
维修建设工作 ……………………………（461）
信息管理 ……………………………………（461）
学习培训 ……………………………………（461）
气象服务 …………………………………………（461）
概况 …………………………………………（461）
气象综合业务 ……………………………（461）
气象装备保障 ……………………………（462）
预报预警服务 ……………………………（462）
气象科技服务 ……………………………（462）
森林火险气象、旱情气象 ………………（462）
气象科研工作 ……………………………（463）
气象科普宣传 ……………………………（463）

气象依法行政 …………………………… (463)

教　　育

基础教育 …………………………………… (467)
小学概况 ………………………………… (467)
中学概况 ………………………………… (467)
省示范性高中定向招生 ………………… (467)
推进标准化学校创建工作 ……………… (468)
市一中举行首届国际教育展 …………… (468)
新增 32 所国家级足球特色学校 ……… (468)
衡阳市八中 A-LEVEL 国际课程官方授权课程中心暨考试中心挂牌成立 ……… (468)
2017 年城区小学生招生 ……………… (468)
2017 年城区中招录取分数线 ………… (469)
全面加强中小学德育工作 ……………… (469)
开展城乡校校结对帮扶工作 …………… (470)
都司街小学获评全省“平安校园” …… (470)
教育部专家组到衡阳复核学生体质抽测工作 …………………………………… (470)
逸夫中学设立“麒强班” ……………… (470)
市八中与美国圣约翰预备高中签约交流 …………………………………………… (470)
石鼓区与衡东县开展结对帮扶 ………… (470)
衡州小学获批省中小学校创客教育示范基地 ……………………………………… (470)
星源学校与北京德华盛合作办学 ……… (470)
幼教概况 ………………………………… (470)
推进学前教育持续健康发展 …………… (471)
全市幼儿园举行首届保育员专业技能竞赛 ………………………………………… (471)
特殊教育概况 …………………………… (471)
特殊教育持续健康发展 ………………… (471)
全国听障教育 2017 年年会暨作文教学研讨会 …………………………………… (472)
60 余家单位及企业特校助残 ………… (472)
职业和成人教育 ………………………… (472)
中职教育概况 …………………………… (472)
办学规模实现新增长 …………………… (472)
组织教学检查 …………………………… (472)
教育科研工作 …………………………… (473)
招生工作 ………………………………… (473)
衡阳市中职教师职能大赛 ……………… (473)
开展校企合作教育改革 ………………… (473)
开展社区教育活动 ……………………… (473)
社区教育课题研究 ……………………… (474)
扩展社区教育阵地 ……………………… (474)
民办教育 ………………………………… (474)
概况 ……………………………………… (474)
李友志率省人大调研组到衡阳调研民办教育 ……………………………………… (474)
提高民办学校办学水平 ………………… (474)
衡阳市首次举办民办学校教师专场招聘会 ………………………………………… (474)
雁栖湖成龙成章学校足球队进入全国六强 ………………………………………… (475)
衡阳市启动民办教育机构年度办学情况和质量检查评价 ………………………… (475)
高等教育 ………………………………… (475)
基本情况 ………………………………… (475)
湖南财工院入选国家“百千万交流计划” ………………………………………… (475)
衡阳四所高校新增 9 个本科专业 ……… (475)
南华大学与澳国立大学开展交流合作 ………………………………………… (475)
湖南财工职院模具设计与制造专业获批教育部示范专业 ……………………… (475)
“湖南省院士专家工作站”落户衡阳师院 ………………………………………… (476)
湖南工学院与湖南省建筑科学研究院共建全日制工程硕士研究生联合培养基地 ………………………………………… (476)

市中心医院经评审成环境生物职院附属医院 ……（476）
湖南高铁职院助力泰国培训高铁人才 ……（476）
414 家单位到衡阳师范学院招聘 ……（476）
近 300 家用人单位来湖南工学院招聘 ……（476）
80 余家企业到衡阳技师学院招聘 ……（476）
湖南财工院试点“现代学徒制” ……（476）
衡阳技师学院启动首届技能文化节 ……（476）
大学生中华老字号创意创新创业大赛 ……（476）
“衡阳师范学院记者站”成立 ……（477）
“掌上衡阳”衡阳技师学院记者站成立 ……（477）
拓宽大学生就业渠道 ……（477）
引导大学生自主创业 ……（477）
完善就业服务 ……（477）
师资队伍 ……（478）
教师培训 ……（478）
市教育局启动“衡阳名师”主题宣传活动 ……（478）
教师补充工作 ……（478）
强化名师工程建设 ……（478）
衡阳市第三届“名师论坛”开讲 ……（479）
衡阳举行第 33 个教师节颁奖盛典 ……（479）
湖南高铁职院泰国教师研修班 ……（479）
教师普通话水平省级抽测 ……（479）
经费保障 ……（479）
财政投入力度 ……（479）
加强局直单位的经费和财务监管 ……（479）
全力推进“互联网+监督”民生项目资金数据录入工作 ……（479）
开展消除大班额计划 ……（479）
改善薄弱学校办学条件 ……（480）
强化全市高中和市城区初中招生计划管理 ……（480）
启动幼儿师范专科学校和两个教育基地建设工作 ……（480）
推进义务教育标准化教学点建设工作 ……（480）
教育审计工作 ……（480）
教育行政 ……（480）
2017 年全市教育工作 ……（480）
市教育局发出“晒课”征集令 ……（481）
衡阳市出台《衡阳市中小学（中职学校）违规招生行为责任追究办法》 ……（481）
市人大领导赴市教育局督办代表建议办理工作 ……（481）
省考试院到衡阳调研学考工作 ……（481）
衡阳市召开 2017 年基础教育质量工作、期末结束工作及 2018 年春季教材教辅征订工作会议 ……（481）
综合纪要 ……（482）
“中斗云教育”入驻衡阳 ……（482）
首个“未成年人法治教育基地”挂牌 ……（482）
2017 年全市 5 万余学生参加高考 ……（482）
全市 17.9 万余考生参加中考 ……（482）
衡阳市城区初中招生方案 ……（483）
衡阳市启动 2017 年爱心送考公益活动 ……（483）
市领导分赴各考点巡考 ……（484）
2017 年城区中招录取分数线 ……（484）
衡阳市首家教育信息化团队落户衡东 ……（484）
全市“农村儿童之家”建设定下“硬指标” ……（484）
省人大调研组到衡阳调研《条例》贯彻落实情况 ……（484）
衡阳市举行“大爱暖衡州”大型公益活动 ……（484）

八校获评首批“诚信文化教育基地” …… (484)
首届湖南文创设计大赛 …………………… (485)
衡南首家公益教育基金 …………………… (485)
违规征订教辅材料专项整治调度会 …… (485)
纵深推进县域义务教育均衡发展 ……… (485)
省教育督导评估组考核衡阳4县区教育工作 …………………………………… (485)
衡阳市两校获首届全国文明校园申报资格 ………………………………………… (485)
衡阳市推出“慈善进校园·情暖回家路”公益活动 ……………………………… (485)
推进“三通工程”建设与应用 ………… (486)
网络信息安全保障工作 ………………… (486)
教改教研 ………………………………………… (486)
衡阳师院成立“习近平新时代中国特色社会主义思想研究与传播中心” ………… (486)
教师培训基地培训能力研修班 ………… (486)
国家艺术基金人才培养项目在衡阳启动 ………………………………………… (486)
湖南省第三届师范生教学技能竞赛在衡阳师院举行 ……………………………… (486)
百名高中数学骨干教师开班研修 ……… (487)
市级小学语文教师专项培训开班 ……… (487)
首届凤凰数字媒体特色班 ……………… (487)
中小学生体质监测进校园 ……………… (487)
湖南财工院将建“工业机器人应用人才培养中心” …………………………… (487)
衡阳市举办少年儿童科学教育体验活动 ………………………………………… (487)
市教科院举行初中物理教学研讨会 …… (487)
部分成果业绩 …………………………………… (488)
全国大学生室内设计竞赛 ……………… (488)
师院教师论文入登国际顶级学术期刊 ………………………………………… (488)
高铁学院获全国技能大赛一等奖 ……… (488)
湖南财工院全国财会技能大赛夺冠 …… (488)
衡阳三学生获评全国“最美” ………… (488)
衡阳市连续5年获“全民终身学习活动周优秀组织奖” ………………………… (488)
衡阳学子“三人组”摘取全国青年科普创新实验暨作品大赛总决赛冠军 …… (488)
市一中两学子全国大赛获一金一银 …… (488)
衡阳少年“温网”夺冠 ………………… (488)
成章小学雁峰校区一老师“晒课”获教育部“优课” ……………………………… (488)
市博雅学校教师教学比赛获全国一等奖 ………………………………………… (488)
市八中国防教育在教育部获奖 ………… (489)
下横街小学获福摩杯“舞动中国·排舞联赛”多项大奖 ……………………………… (489)
核工业卫校两学生全国技能竞赛获佳绩 ………………………………………… (489)
全国青少年“五好小公民”大赛落下帷幕 ………………………………………… (489)
第38届省青少年科技创新大赛衡阳市获7个一等奖 ………………………………… (489)
衡钢小学获全省校园武术段位比赛一等奖 ………………………………………… (489)
湖南高铁职院获“省志愿服务碧桂丹心奖” ………………………………………… (489)
职教竞赛成果丰硕 ……………………… (489)

文　化

文化事业 ……………………………………… (493)
概况 …………………………………… (493)
公共文化服务体系建设 ……………… (493)
文艺精品创作 ………………………… (493)
文化遗产保护 ………………………… (493)
市场监管、产业发展 ………………… (494)
省运筹备工作 ………………………… (494)
高新区首届文化艺术节 ……………… (494)

南岳古镇南街万寿宫古戏台重新开台 …… (495)
耒阳原创作品获奖 …… (495)
衡东全民读书月活动 …… (495)
《一代女魂唐群英》开拍 …… (495)
文化执法 …… (495)
概况 …… (495)
文化市场监管 …… (495)
查办大案要案 …… (495)
开展文化市场安全检查 …… (496)
提升文化执法能力素质 …… (496)
创文工作 …… (496)
文博工作 …… (496)
项目建设 …… (496)
基础工作 …… (497)
遗址公园建设工作 …… (497)
名镇名村保护工作 …… (497)
开展古建筑、老字号调查工作 …… (497)
考古调勘 …… (497)
博物馆事业 …… (497)
文物安全 …… (497)
文物保护宣传 …… (498)
衡阳市文物解说微视频大赛 …… (498)
艺术教育 …… (498)
概况 …… (498)
专业建设成果 …… (498)
基础建设成效 …… (499)

新闻出版广电

报业发展 …… (503)
概况 …… (503)
新闻报道 …… (503)
广告收入 …… (503)
衡阳日报社开通全国地市报首个淘宝直播室 …… (503)
“衡阳学习网”开通 …… (503)
新闻出版界别委员工作室揭牌 …… (503)
“豹眼视频”获“年度最具价值品牌” …… (503)
衡阳日报社入驻人民日报全国党媒公共平台 …… (504)
图书发行 …… (504)
时政读物发行 …… (504)
全民阅读推广 …… (504)
门店形象 …… (504)
24 小时自助图书馆 …… (504)
广播电视 …… (504)
概况 …… (504)
新闻宣传 …… (505)
活动宣传 …… (505)
外宣创优 …… (505)
事业、产业全面发展 …… (505)
电视调频发射 …… (505)
概况 …… (505)
保障十九大安全播出 …… (506)
中心工作 …… (506)
全面推进铁塔重建 …… (506)

体　育

群众体育 …… (509)
元旦环城赛跑 …… (509)
衡阳市平湖篮球联赛 …… (509)
驻衡阳高校教职工气排球赛 …… (509)
衡南县首届农民运动会暨千人拔河比赛 …… (509)
湘江马拉松赛 …… (509)
2017 年健康中国（湖南·衡阳）行暨第 14 个“世界献血者日”公益跑步活动 …… (509)
石鼓区原创广场舞大赛 …… (509)

全民健身日 ……………………………… (509)
衡阳·雁峰2017年“金钟杯”公路自行车赛暨捷安特自行车嘉年华 ……………… (510)
市直机关第十届职工运动会 …………… (510)
“绿色交通·共享出行”衡阳市2017年“922绿色出行”活动 ……………… (510)
珠晖区第三届“区长杯”校园足球比赛 ……………………………………… (510)
衡阳市马拉松跑团茶山坳欢乐跑 ……… (510)
衡东县首届武林大会 …………………… (511)
竞技体育 ……………………………………… (511)
市政府常务会专题研究体育工作 ……… (511)
湖南省2017年青少年足球锦标赛举行 ……………………………………… (511)
青年足球教练“梦之队”组建 ………… (511)
第十二届体育舞蹈锦标赛举行 ………… (511)
全国蹦床锦标赛暨第十三届全运会蹦床预赛在衡阳举行 ……………………………… (511)
2016—2017年衡阳市足球协会足球联赛颁奖典礼暨2017年“我爱足球”中国足球民间争霸赛衡阳赛区启动仪式 …………… (512)
省第十三届运动会筹备工作 …………… (512)
衡阳市第二届青少年校园足球联赛举行 ……………………………………… (512)
第十届中韩青少年体育交流活动 ……… (512)
全省军休人员气排球比赛在衡阳举行 ……………………………………… (513)
衡阳市文体广新局获省体育系统气排球比赛一等奖 ……………………………… (513)
2017—2018赛季CBA俱乐部预备队比赛（衡阳赛区）开幕式举行 …………… (513)
衡阳合胜舞队获香港赛区预选展演二等奖 ……………………………………… (513)
基础设施建设 ………………………………… (513)
平湖公园提质改造工程 ………………… (513)
市运动场馆建设推进会召开 …………… (513)

卫生和计划生育

卫生和计划生育 ……………………………… (517)
概况 ……………………………………… (517)
医药卫生体制改革工作 ………………… (517)
计划生育服务管理工作 ………………… (517)
公共卫生服务工作 ……………………… (518)
医疗服务管理工作 ……………………… (518)
健康扶贫 ………………………………… (518)
卫计综合监督执法工作 ………………… (518)
规划信息工作 …………………………… (519)
全面启动春季重大动物疫病防控工作 ……………………………………… (519)
计生特困家庭扶助大幅提标 …………… (519)
儿童预防接种宣传活动 ………………… (519)
衡阳县县城评为“国家卫生县城” …… (519)
衡阳市医疗纠纷调解机构揭牌 ………… (519)

社会福利与社会保障

人力资源和社会保障 ………………………… (523)
概况 ……………………………………… (523)
衡阳市首次海员、海乘招聘会召开 …… (524)
衡阳务工人员竞聘澳门五星级酒店 …… (524)
民政工作 ……………………………………… (524)
社会救助体系确立 ……………………… (524)
防灾减灾救灾工作 ……………………… (524)
村居“两委”换届 ……………………… (524)
城乡社区建设 …………………………… (525)
社会福利及老龄事业 …………………… (525)
优抚安置军休工作 ……………………… (525)
社会组织管理 …………………………… (525)
地名普查工作 …………………………… (526)
慈善福彩工作 …………………………… (526)
殡葬改革 ………………………………… (526)

社会事务工作 …………………………… (526)
衡阳市民政工作会议召开 ………………… (527)
邓磊率检查组到衡阳检查民政重点工作 ………………………………………… (527)
衡阳市两户家庭入选全国“最美家庭” ………………………………………… (527)
2017年“慈善一日捐”活动…………… (528)
表8：衡阳市2017年度慈善排行榜（项目榜单） …………………… (528)
表9：衡阳市2017年度慈善排行榜（部分企业榜单） ……………… (529)
表10：衡阳市2017年度慈善排行榜（部分个人榜单） …………… (530)
专题研究部署灾后重建工作 …………… (530)
残疾人事业 ………………………………… (530)
残疾人康复工作 ………………………… (530)
残疾人教育就业工作 …………………… (530)
残疾人维权信访工作 …………………… (531)
残疾人文体工作 ………………………… (531)
组织保障 ………………………………… (532)
精准扶贫 ………………………………… (532)
红十字会活动 ……………………………… (533)
概况 ……………………………………… (533)
红十字博爱送万家活动举行 …………… (534)
“5·8”红十字博爱周纪念宣传活动举行 ………………………………………… (534)

县市区概况

衡南县 ……………………………………… (539)
地理、区划与人口 ……………………… (539)
经济总量 ………………………………… (539)
农业 ……………………………………… (539)
工业 ……………………………………… (539)
固定资产投资 …………………………… (539)
招商引资 ………………………………… (539)
建筑业 …………………………………… (539)
国内贸易 ………………………………… (539)
交通和旅游 ……………………………… (540)
财政、金融与保险业 …………………… (540)
教育和科学技术 ………………………… (540)
文化、卫生与体育事业 ………………… (540)
人民生活与社会保障 …………………… (540)
资源、环境和安全生产 ………………… (540)
衡南县17个重点项目集中开工总投资达45亿元 ……………………………… (540)
衡南县被授予“中国物流之乡”称号 ………………………………………… (541)
衡南县首家律师事务所成立 …………… (541)
衡南县农特产品“走出国门” ………… (541)
衡阳梦东方旅游项目总投资100亿元 … (541)
岐山森林公园成功晋升国家级 ………… (541)
衡南武术扬威澳门国际武术节 ………… (541)
国内首条“鲜榨茶油”工艺在湖南大三湘试机启动 …………………………… (541)
衡南打造湖南“玫瑰之乡” …………… (541)
存在的主要问题 ………………………… (542)
县委、人大、政府、政协领导名录 ………………………………………… (542)
县行政企事业单位负责人名录 ………… (542)
衡阳县 ……………………………………… (544)
区划与人口 ……………………………… (544)
经济总量 ………………………………… (544)
农业 ……………………………………… (544)
工业 ……………………………………… (544)
国内贸易与对外经济 …………………… (544)
固定资产投资 …………………………… (544)
运输、邮电与通信业 …………………… (544)
科技、教育与文化事业 ………………… (544)
人民就业与社会保障 …………………… (545)
衡阳县获评全国卫生县城 ……………… (545)
中国流动科技馆衡阳县巡展活动启动

…………………………………………（545）
首个世界500强企业产业项目签约落户衡阳县 ……………………………………（545）
存在的主要问题 ……………………………（545）
县委、人大、政府、政协领导名录 ……（545）
县行政企事业单位负责人名录 …………（546）
衡山县 ……………………………………（547）
地理、区划与人口 …………………………（547）
经济总量 ……………………………………（548）
农业 …………………………………………（548）
工业 …………………………………………（548）
固定资产投资与重点民生实事项目建设 …………………………………………（548）
招商引资 ……………………………………（548）
建筑业 ………………………………………（548）
国内贸易与对外经济 ………………………（548）
运输、邮电与通信业 ………………………（548）
财政、金融与保险业 ………………………（549）
科技、教育与文化事业 ……………………（549）
卫生与体育事业 ……………………………（549）
旅游业 ………………………………………（549）
城乡建设 ……………………………………（549）
环境与安全生产 ……………………………（549）
人民生活与社会保障 ………………………（550）
衡山县获批国家田园综合体试点 ………（550）
衡山黄鸡获批全省农业特色产业“一县一特”项目 ………………………………（550）
衡山县白果镇获评全国文明村镇 ………（550）
存在的主要问题 ……………………………（550）
县委、人大、政府、政协领导名录 ……（550）
县行政企事业单位负责人名录 …………（551）
衡东县 ……………………………………（552）
地理、区划与人口 …………………………（552）
经济总量 ……………………………………（552）
农业 …………………………………………（552）
工业 …………………………………………（552）
固定资产投资与项目建设 ………………（552）
招商引资 ……………………………………（552）
建筑业 ………………………………………（553）
国内贸易与对外经济 ………………………（553）
财政、金融与保险业 ………………………（553）
科技、教育与文化事业 ……………………（553）
卫生与体育事业 ……………………………（553）
旅游业 ………………………………………（553）
交通邮电 ……………………………………（553）
城乡建设 ……………………………………（554）
环境与安全生产 ……………………………（554）
人民生活与社会保障 ………………………（554）
衡东县获“省级文明城市” ……………（554）
衡东县举办第四届土菜文化旅游节 ……（555）
白莲镇马房村获评第五届全国文明村 …………………………………………（555）
衡东县举行罗荣桓元帅诞辰115周年纪念活动 ……………………………………（555）
全国首个农村淘宝衡东服务中心上线 …………………………………………（555）
县委、人大、政府、政协领导名录 ……（555）
县行政企事业单位负责人名录 …………（555）
祁东县 ……………………………………（557）
地理、区划与人口 …………………………（557）
经济总量 ……………………………………（558）
农业 …………………………………………（558）
工业 …………………………………………（558）
固定资产投资 ………………………………（558）
建筑业 ………………………………………（558）
国内贸易和物价 ……………………………（558）
对外经济和旅游 ……………………………（558）
运输、邮电与通信业 ………………………（559）
财政、金融与保险业 ………………………（559）
教育、科技与文化事业 ……………………（559）
卫生与体育事业 ……………………………（559）
城乡建设 ……………………………………（559）

环境与安全生产 …………………………（559）
人民生活与社会保障 ……………………（560）
乒乓球世界冠军樊振东回乡 ……………（560）
祁东县曲艺家协会获评中国曲协“先进基层曲协组织” ……………………………（560）
体育文化公园建成开放 …………………（560）
县人民医院加盟省人民医院集团 ………（560）
衡阳师范学院祁东附属中学建成开学 ……………………………………………（560）
县委、人大、政府、政协领导名录 ……（560）
县行政企事业单位负责人名录 …………（561）
常宁市 …………………………………………（562）
地理、区划与人口 ………………………（562）
经济总量 …………………………………（562）
农业 ………………………………………（563）
工业和建筑业 ……………………………（563）
固定资产投资 ……………………………（563）
贸易和旅游 ………………………………（563）
交通和邮电 ………………………………（564）
财政与金融 ………………………………（564）
教育和科技 ………………………………（564）
文化、卫生和体育 ………………………（564）
城建、环保和安全 ………………………（565）
人口、人民生活和社会保障 ……………（565）
中国五矿·水口山铜铅锌综合基地项目正式签约 ……………………………（566）
市委、人大、政府、政协领导名录 ……（566）
市行政企事业单位负责人名录 …………（566）
耒阳市 …………………………………………（568）
概况 ………………………………………（568）
经济总量 …………………………………（568）
农业 ………………………………………（568）
工业和建筑业 ……………………………（569）
固定资产投资 ……………………………（569）
国内贸易和物价 …………………………（569）
对外经济和旅游 …………………………（569）
交通和邮电 ………………………………（569）
财政、金融和保险 ………………………（569）
教育和科学技术 …………………………（569）
文化、卫生和体育 ………………………（570）
城市建设、环境和安全生产 ……………（570）
人民生活和社会保障 ……………………（570）
社会事业成效 ……………………………（570）
存在的问题 ………………………………（571）
市委、人大、政府、政协领导名录 ……（571）
市行政企事业单位负责人名录 …………（571）
南岳区 …………………………………………（573）
地理、区划与人口 ………………………（573）
经济总量 …………………………………（574）
旅游业 ……………………………………（574）
农业 ………………………………………（574）
工业与建筑业 ……………………………（574）
固定资产投资与项目建设 ………………（574）
财政与金融 ………………………………（574）
城景乡建设 ………………………………（575）
科技、教育与文化事业 …………………（575）
卫生与体育事业 …………………………（575）
环境资源与安全生产 ……………………（575）
居民生活与社会保障 ……………………（575）
成功入选国家级旅游业改革创新先行区 ……………………………………………（576）
南岳区委政法委获评“2013—2016 年度全国社会治安综合治理先进集体” ……………………………………………（576）
南岳核心景区扫码入园改造项目正式上线试运行 …………………………………（576）
《南岳衡山志》列入全国名山志文化工程 ……………………………………………（576）
存在的问题 ………………………………（576）
区委、人大、政府、政协领导名录 ……（576）
区行政企事业单位负责人名录 …………（577）
雁峰区 …………………………………………（578）

地理、区划与人口 …………………………（578）
经济总量 ……………………………………（578）
农业 …………………………………………（578）
工业和建筑业 ………………………………（579）
固定资产投资 ………………………………（579）
国内贸易 ……………………………………（579）
对外经济 ……………………………………（579）
财政 …………………………………………（579）
教育和卫生 …………………………………（579）
人民生活和社会保障 ………………………（580）
环境和安全生产 ……………………………（580）
贺朝阳家庭被评为2017年全国“最美家庭” ……………………………………………（580）
湖南保利与雁峰区签订150亿投资协议 ……………………………………………（580）
衡阳首届公路自行车赛在雁峰区激情启幕 ……………………………………………（580）
湖南省科技成果转移转化示范区落户雁峰区 ……………………………………………（580）
船山书院文化节筹备工作座谈会在雁峰区召开 …………………………………………（581）
幸福社区获评“湖南省最美志愿服务社区” ……………………………………………（581）
区委、人大、政府、政协领导名录 ……（581）
区行政企事业单位负责人名录 …………（581）
石鼓区 ……………………………………（582）
地理、区划 …………………………………（582）
全区生产总值 ………………………………（582）
农业 …………………………………………（582）
工业和建筑业 ………………………………（582）
固定资产投资 ………………………………（583）
内外贸易 ……………………………………（583）
交通和旅游 …………………………………（583）
教育文化 ……………………………………（583）
卫生和公共服务 ……………………………（583）
人口、人民生活和社会保障 ……………（584）
区委、人大、政府、政协领导名录 ……（584）
区行政企事业单位负责人名录 …………（584）
珠晖区 ……………………………………（585）
地理区划与人口 ……………………………（585）
经济总量 ……………………………………（585）
农业 …………………………………………（585）
工业和建筑业 ………………………………（585）
固定资产投资 ………………………………（586）
商贸、旅游和招商引资 …………………（586）
教育、科技 …………………………………（586）
文化、体育和卫生 …………………………（586）
人民生活与安全生产 ……………………（586）
人口、就业与社会保障 …………………（586）
珠晖区“爱心复明”活动为65名残疾人免费手术 ……………………………………（587）
区委、人大、政府、政协领导名录 ……（587）
区行政企事业单位负责人名录 …………（587）
蒸湘区 ……………………………………（588）
概况 …………………………………………（588）
经济总量 ……………………………………（588）
农业 …………………………………………（589）
林业 …………………………………………（589）
农村土地确权登记颁证工作 ……………（589）
工业 …………………………………………（589）
项目建设 ……………………………………（589）
城乡统筹 ……………………………………（589）
就业保障 ……………………………………（590）
民生工程 ……………………………………（590）
乡村旅游 ……………………………………（590）
脱贫攻坚 ……………………………………（590）
衡阳美年大健康（健康产业）项目落户蒸湘区 ……………………………………（591）
蒸湘区开展“12·5国际志愿者日”志愿服务活动 ……………………………………（591）
区委、人大、政府、政协领导名录 ……（591）
区行政企事业单位负责人名录 …………（591）

人　物

中共衡阳市第十一届委员会常务委员会委员 ……（595）
周　农 ……（595）
周海兵 ……（595）
郑建新 ……（595）
邓群策 ……（596）
罗东海 ……（596）
包昌林 ……（597）
刘丽华 ……（597）
邓　柯 ……（598）
何录春 ……（598）
张贺文 ……（599）
章　彰 ……（599）
贺小坤 ……（599）
陈　竞 ……（600）
廖　健 ……（600）
罗　琼 ……（601）
衡阳市第十五届人民代表大会常务委员会主任、副主任 ……（601）
周　农 ……（601）
段志刚 ……（601）
李鹏飞 ……（602）
晏华衡 ……（602）
伍清明 ……（603）
谭敦龙 ……（603）
侯明星 ……（603）
邹致和 ……（604）
李艳丽 ……（604）
衡阳市第十五届人民政府市长、副市长 ……（605）
周海兵 ……（605）
郑建新 ……（605）
何录春 ……（605）
章　彰 ……（605）
廖　健 ……（605）
胡志文 ……（605）
刘正兴 ……（605）
龚学余 ……（606）
周玉梅 ……（606）
杨龙金 ……（606）
彭玉明 ……（607）
衡阳市政协第十二届委员会主席、副主席 ……（607）
廖炎秋 ……（607）
张　亮 ……（608）
谢明芳 ……（608）
许云生 ……（608）
黄保锦 ……（609）
汪　维 ……（609）
肖吉顺 ……（610）
谢　肃 ……（610）
衡阳市中级法院院长 ……（611）
张经伟 ……（611）
衡阳市人民检察院检察长 ……（611）
刘孙承 ……（611）

经济社会主要统计数据

表 11：2017 年国、省、市主要指标及市占全省的比重统计一览表 ……（615）
表 12：2017 年分县区生产总值一览表 ……（616）
表 13：近五年以来衡阳市主要经济指标完成情况统计一览表 ……（617）
表 14：2017 年衡阳市总户数和总人口一览表 ……（618）
表 15：2017 年衡阳市农林牧渔业总产值一览表 ……（618）
表 16：2017 年衡阳市规模以上工业企业单位

数及总产值一览表 ……………………（619）
表 17：2017 年衡阳市固定资产投资完成额统计表 ……………………（619）
表 18：2017 年衡阳市社会消费品零售总额统计表 ……………………（620）
表 19：2017 年衡阳市财政收入与金融收入统计一览表 ……………………（621）
表 19-1：财政收入 ……………………（621）
表 19-2：分县市区财政收入 ……………………（621）
表 19-3：财政支出 ……………………（622）
表 20：2017 年衡阳市金融机构本外币存贷款余额一览表 ……………………（623）
表 21：2017 年衡阳市保险业务情况一览表 ……………………（624）
表 22：2017 年衡阳市价格指数一览表 ……………………（625）
表 23：2017 年衡阳市各县市区主要经济指标在全省排位情况一览表 ……………………（626）
表 23-1：生产总值 ……………………（626）
表 23-2：第一产业 ……………………（626）
表 23-3：第二产业 ……………………（627）
表 23-4：第三产业 ……………………（627）
表 23-5：规模工业增加值 ……………………（628）
表 23-6：固定资产投资 ……………………（628）
表 23-7：社会消费品零售总额 ……………………（629）
表 23-8：农村居民人均可支配收入 ……（629）
表 23-9：城镇居民人均可支配收入 ……（630）

Contents

Special Publication

Zhengjianxin Government Work Report ………… (3)

Annual Events

Major Events of Hengyang in 2017 ……………… (15)

Basic Facts & Information of Hengyang

Physical Geography ……………………………… (39)
National Economic and Social Development …… (47)
Leaders of the City, the Departments Directly Under the Municipal Government, the Hengyang Offices of National and Provincial Units and the Municipal Large Enterprises ……………………… (56)

Hengyang Municipal Committee of the Communist Party of China

Important Meetings ……………………………… (77)
Office Work ……………………………………… (93)
Organization Work ……………………………… (95)
Propaganda Work ………………………………… (99)
United Front Work ……………………………… (104)
Taiwan Affairs …………………………………… (107)
Reform Work ……………………………………… (110)
Policy Research …………………………………… (112)
Party History Research ………………………… (113)
Archival Work …………………………………… (114)
Veteran Cadre Work ……………………………… (115)
Party Building …………………………………… (119)
Public Sector Reform …………………………… (121)
Party School Work ……………………………… (122)
Work of Lecturer Group ………………………… (124)
Cyberspace Affairs ……………………………… (125)

Hengyang Municipal People's Congress

Important Sessions ……………………………… (131)
Perform Duties …………………………………… (135)

Hengyang Municipal People's Government

Important Meetings ……………………………… (143)
Office Work ……………………………………… (152)
Administrative services ………………………… (153)
Local financial Work …………………………… (156)
Pubic Complaints and Proposals ……………… (158)
Foreign Affairs, Overseas Chinese Affairs and Hong Kong and Macao Affairs ……………… (160)
Ethnic and Religious Affairs …………………… (161)
Local Chronicles ………………………………… (163)
E-government Affairs …………………………… (166)
Radio Regulation ………………………………… (168)
Liaison Office in Beijing ……………………… (169)

Liaison Office in Guangzhou(Shenzhen) ········· (170)
Liaison Office in Changsha ·························· (171)

Hengyang Municipal Committee of the Chinese People's Political Consultative Conference

Important Sessions ································· (175)
Perform Duties ····································· (177)

Hengyang Municipal Commission for Discipline Inspection of the Commumist Party of China

Disciplinary Inspection and Supervision ··········· (185)
Patrol Inspection ··································· (189)

Democratic Parties & Federation of Industry and Commerce

Hengyang Municipal Committee of the Revolutionary Committee of the Chinese Kuomingtang ········ (195)
Hengyang Municipal Committee of China Democratic League ·· (196)
Hengyang Municipal Committee of China Demacratic National Construction Association ··············· (198)
Hengyang Municipal Committee of China Association for Promoting Democracy ······················ (200)
Hengyang Municipal Committee of Chinese Peasants and Workers Democratic Party ················· (202)
Hengyang Municipal Committee of Zhigong Party ·· (204)
Hengyang Municipal Committee of Jiusan Society ·· (206)
Federation of Industry and Commerce of Hengyang ·· (208)

People's Organizations and Social Organizations

Hengyang Federation of Trade Unions ·· (213)
Hengyang Municipal Committee of the Communist Youth League of China ························ (214)
Hengyang Municipal Women's Federation ········ (217)
Federation of Returned Overseas Chinese of Hengyang ·· (219)
Hengyang Federation of Social Science Associations ·· (221)
Hengyang Federation of Literary and Art Circles ·· (222)

Military Affairs

Guard Work ··· (227)
Logistical Support Reserve Duty ··················· (229)
People's Armed Police ····························· (230)
Fire Control Work ································· (231)
Civil Air Defense ································· (232)

Rule of Law

Municipal Political and Legal Affairs Committee and Comprehensive Governance ····················· (235)
Construction of Government under Law ··········· (235)
Public Security ····································· (237)
Procuratorial work ································· (241)
Courts ·· (244)
Judicial Administration ···························· (245)
Defending Against Heresy ························· (248)

Comprehensive Economy and Management

Development and Reform ·························· (253)

Supervision and Management of State-owned Assets ······ (254)
Administration of Public Resource Transaction ······ (255)
Auditing ······ (256)
Customs ······ (257)
Entry and Exit Inspection and Quarantine ······ (258)
Administration for Industry and Commerce ······ (260)
Supervision and Administration of Quality and Technology ······ (261)
Food and Drug Administration ······ (264)
Supervision and Administration of Work Safety ······ (265)
Coal Mine Safety Supervision ······ (267)
Statistics ······ (268)
Hengyang Investigation Team of National Bureau of Statistics ······ (270)

Rural Economy

Overview ······ (275)
Comprehensive Agricultural Development ······ (279)
Management of Rural Cooperative Economy ······ (279)
Planting Industry ······ (282)
Animal Husbandry and Aquaculture ······ (282)
Agricultural Machinery Management ······ (284)
Agricultural Science Research ······ (285)
Development of Vegetable Varieties ······ (288)
Study of Red Earth ······ (290)
Forestry ······ (291)
Water Conservancy ······ (293)
Resettlement of Inhabitant ······ (294)

Industrial Economy

Generalities ······ (299)
The "3311" Project of the Revitalization of the Real Economy ······ (304)
Non-Ferrous Metals Industry Clusters ······ (304)
Military-Civilian Integration Industry Clusters ······ (307)
Advanced Manufacturing Industry Cluster ······ (309)
Traditional Dominant Industries ······ (312)
Restructuring of Industrial Enterprises ······ (315)

Park Economy and Regional Development

Hengyang National High-Tech Industrial Development Zone ······ (321)
Hengyang Baishazhou Industrial Park ······ (323)
Hunan Hengyang Songmu Economic Development Zone ······ (325)
Hengnan Yunji Economic Development Zone ······ (327)
Hengyang Xidu High-Tech Industrial Development Zone ······ (328)
Hengshan Economic Development Zone ······ (328)
Hengdong Economic Development Zone ······ (331)
Qidong Economic Development Zone ······ (332)
Changning Shuikoushan Economic Development Zone ······ (333)
Leiyang Economic Development Zone ······ (334)

Government Platform for Investment and Financing

Hengyang City Construction and Development Corporation ······ (339)
Hengyang City Construction Investment Co., Ltd ······ (340)
Hengyang Hongxiang State-Owned Investment (Holding) Group Co., Ltd ······ (340)

Hengyang Transportation Construction Investment Co., Ltd ······ (341)
Hengyang Xiangjiang Water Resources Investment Development Co., Ltd ······ (342)
Hengyang Water Investment Group Co., Ltd ······ (343)
Hengyang Xiangjiang River Watershed Management Laiyan Xincheng Construction Investment Co., Ltd ······ (343)
Hengyang Binjiang New Area Investment Co., Ltd ······ (345)
Hengshan Science City Investment and Development Co., Ltd ······ (346)
Hengyang High-Tech Industrial Development Zone investment Co., Ltd ······ (350)
Hengyang Development Investment Group Co., Ltd ······ (351)
Hengyang Songmu Investment Group Co., Ltd ······ (353)
Hengyang Baishazhou Development and Construction Investment Co., Ltd ······ (354)

Urban Construction and Management

Urban and Rural Planning ······ (359)
Housing and Urban-Rural Development ······ (362)
Housing Provident Fund Management ······ (366)
Urban Administration ······ (368)
Power Supply ······ (370)
Water Supply ······ (372)
Gas Supply ······ (372)

Land and Resources and Environmental Protection

Administration of Land and Resources ······ (377)
Environmental Protection ······ (379)

Transportation, Postal Service and Communications

Transportation ······ (385)
Highway Management ······ (386)
Railway ······ (387)
Water Transportation ······ (388)
Civil Aviation ······ (390)
Postal Service ······ (390)
Hengyang Branch of China Telecom Co., Ltd ······ (391)
Hengyang Branch of Hunan China Mobile Communications Group Co., Ltd ······ (392)
Hengyang Branch of China United Network Communications Group Co., Ltd ······ (393)

Commerce and Service Industry

Overview ······ (397)
Trade Promotion ······ (399)
Restructuring of Commercial Enterprises ······ (401)
Grain Purchase and Reserve ······ (402)
Supply and Marketing Cooperative ······ (402)
Petroleum Marketing ······ (403)
Tobacco Monopoly ······ (405)
E-commerce ······ (406)
Modern Logistics ······ (407)
Service Industry ······ (408)

Tourism

Generalities ······ (413)
Construction of Tourist Spots (Areas) ······ (415)
Development of Tourism Market ······ (415)
Tourism Industry Management ······ (417)

Finance and Taxation

Finance ………………………………………… (421)
National Taxation ……………………………… (423)
Local Taxation ………………………………… (424)

Financial Industry

Generalities ……………………………………… (429)
Hengyang Central Branch of the People's Bank of China ……………………………………… (430)
China Banking Regulatory Commission Hengyang Regulatory Bureau …………………………… (431)
Hengyang Branch of Agricultural Development Bank of China ……………………………………… (434)
Hengyang Branch of Industrial and Commercial Bank of China ……………………………………… (436)
Hengyang Branch of Agricultural Bank of China ……………………………………………… (437)
Hengyang Branch of China Construction Bank ……………………………………………… (438)
Hengyang Branch of Bank of China …………… (440)
Hengyang Branch of Bank of Communications ……………………………………………… (441)
Hengyang Office of Hunan Rural Credit Cooperatives ……………………………………………… (443)
Hengyang Branch of Post Savings Bank of China ……………………………………………… (443)
Hengyang Branch of Huarong Xiangjiang Bank ……………………………………………… (445)
Hengyang Branch of China Minsheng Bank Co., Ltd ……………………………………………… (445)
Hengyang Branch of China Citic Bank ………… (446)
Hengyang Branch of China Everbright Bank Co., Ltd ……………………………………………… (447)
Hengyang Branch of China Guangfa Bank Co., Ltd ……………………………………………… (447)
Hengyang Branch of Pudong Development Bank Co., Ltd ……………………………………………… (447)
Hengyang Branch of Changsha Bank Co., Ltd ……………………………………………… (448)
Hengyang Branch of the People's Insurance Company of China ……………………………………… (449)
Hengyang Branch of China Life Insurance Co., Ltd ……………………………………………… (450)
Hengyang Securities Business Department of Wanlian Securities Co., Ltd ……………………………… (450)
Hengyang Securities Business Department of Founder Securities Co., Ltd ……………………………… (450)

Science and Technology Services

Generalities ……………………………………… (453)
Intellectual Property Rights …………………… (455)
Work of Association for Science and Technology ……………………………………………… (455)
Seismic Prevention and Disaster Mitigation …… (458)
Hydrology ………………………………………… (460)
Meteorological Service ………………………… (461)

Education

Elementary Education ………………………… (467)
Vocational and Adult Education ……………… (472)
Non-government Funded Education …………… (474)
Higher Education ……………………………… (475)
Teaching Staff …………………………………… (478)
Fund Guarantee ………………………………… (479)
Educational Administration …………………… (480)
Comprehensive Summary ……………………… (482)
Educational Reform and Research …………… (486)

Part of the Award-Winning Achievements ········· (487)

Culture

Cultural Undertakings ········· (493)
Cultural Law Enforcement ········· (495)
Cultural Relics and Museums ········· (496)
Art Education ········· (498)

Press and Publication&Radio, Film and Television

Newspaper business development ········· (503)
Book Distribution ········· (504)
Radio and Television ········· (504)
TV FM Launches ········· (505)

Sports

Mass sports ········· (509)
Competitive sports ········· (511)
Infrastructure construction ········· (513)

Health and Family Planning

Health and Family Planning ········· (517)

Social Welfare and Social Security

Human Resources and Social Security ········· (523)
Civil Affairs ········· (524)
Handicapped Services ········· (530)
Red Cross Activities ········· (533)

County and City District overview

Hengnan County ········· (539)
Hengyang County ········· (544)
Hengshan County ········· (547)
Hengdong County ········· (552)
Qidong County ········· (557)
Changning City ········· (562)
Leiyang City ········· (568)
Nanyue District ········· (573)
Yanfeng District ········· (578)
Shigu District ········· (582)
Zhuhui District ········· (585)
Zhengxiang District ········· (588)

Figures

Members of the Standing Committee of the 11th Hengyang Municipal Committee of the Communist Party of China ········· (595)
Director and Deputy Director of the 15th Standing Committee of Hengyang Municipal People's Congress ········· (601)
Mayor and Deputy Mayor of the 15th Hengyang Municipal People's Government ········· (604)
Chairman and Vice-chairman of the 12th Hengyang Municipal Committee of Chinese People's Political Consultative Conference ········· (604)
Dean of Hengyang Intermediate Court ········· (610)
Chief Prosecutor of Hengyang Municipal People's Procuratorate ········· (610)

Major Economic and Social Statistics

特　载

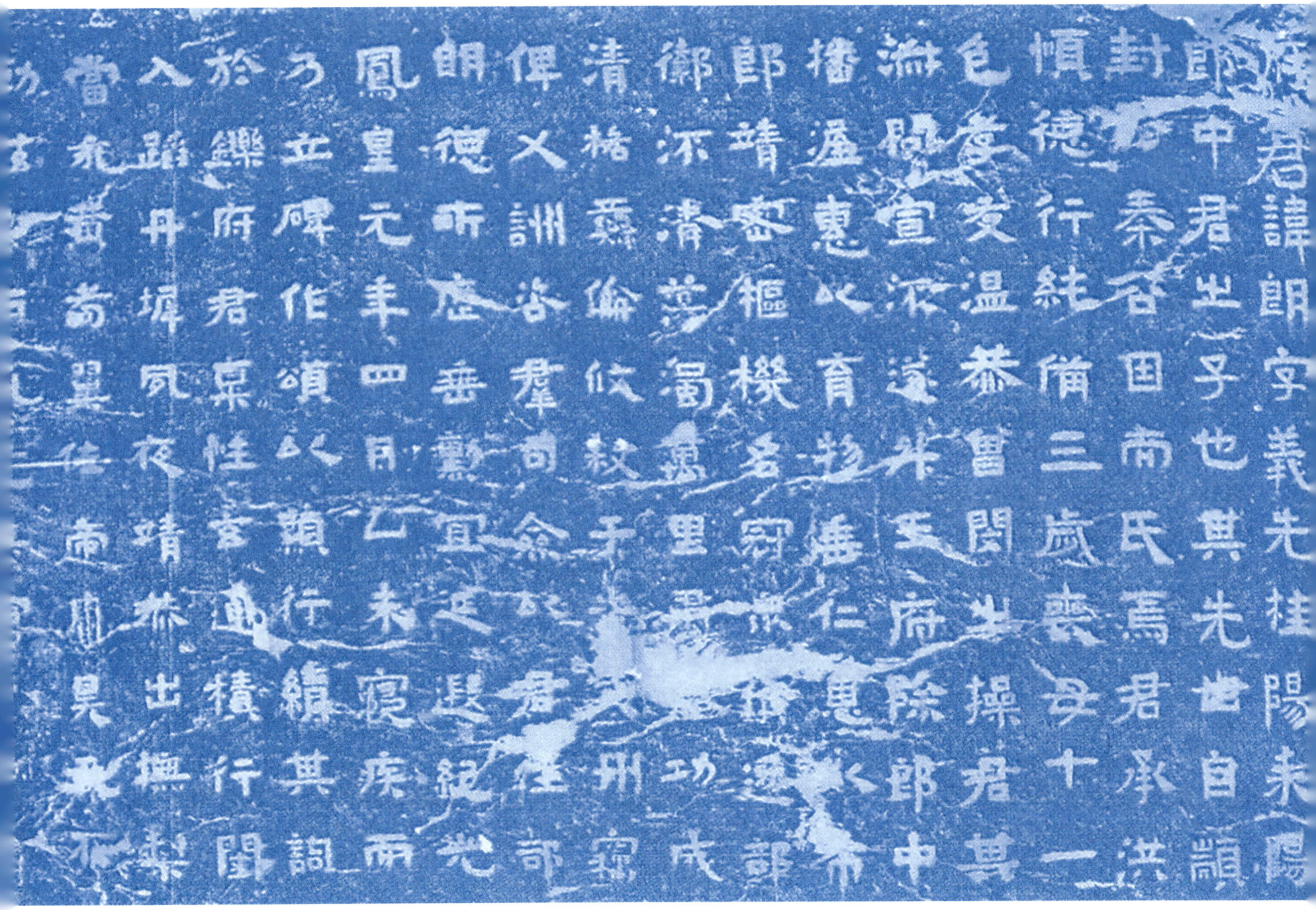

政府工作报告

——在衡阳市第十五届人民代表大会第三次会议上

(2018年1月8日)

衡阳市人民政府市长　郑建新

一、2017年工作回顾

2017年，面对经济下行压力和特大洪灾双重考验，市政府高举习近平新时代中国特色社会主义思想伟大旗帜，紧紧围绕迎接学习宣传贯彻党的十九大这条主线，在省委、省政府及市委的坚强领导下，在市人大、市政协的监督支持下，团结和带领全市人民，坚持稳中求进工作总基调，攻坚克难，砥砺前行，实现了新一届政府的良好开局。

——巩固了经济平稳增长的好局面。地区生产总值突破3000亿元，达3193亿元（预计数，下同），同比增长8.5%；完成一般公共预算收入252.01亿元，同口径增长8.2%；规模工业增加值增长6.8%；固定资产投资增长14.3%；社会消费品零售总额增长11%；经济发展保持稳中有进、稳中向好的良好态势。财政总收入税占比、地方收入税占比分别达71.6%、55.9%，分别提高13.6个、12.9个百分点，108家入库税收过1000万元的企业实现税收翻番；推进高质量发展迈出坚实步伐。

——营造了积极干事创业的好氛围。纵深推进全面从严治党，健全容错纠错机制、推进正向激励、强化跟踪问效，综合施策治懒政、防怠政，提振了党员干部精气神，打响了政治生态“翻身仗”。广大党员干部尤其是领导干部积极主动作为、狠抓推进落实，干事创业的信心与勇气倍增，凝聚力、向心力和战斗力不断增强。

——引进了一批支撑发展的好项目。成功获批“中国制造2025”试点示范城市，扎实推进振兴实体经济“3311”工程计划、工业原地倍增计划。白沙绿岛军民融合产业园、水口山铜铅锌产业基地、比亚迪（衡阳）轨道交通智能制造产业园等一批支撑长远发展的战略项目次第落户，军民融合、有色金属、先进制造三大千亿级产业集群渐成雏形。

——树牢了勇于创新开放自信的好形象。被国务院明确为湘南地区中心城市；文明城市创建扎实推进，年度测评成绩大幅提升，成功创建国家园林城市；衡阳国家农业科技园区通过验收；成功举办2017衡州经济发展论坛，成立经济社会创新发展智库；衡阳的知名度、美誉度大幅提升。南岳机场航线达14条，旅客吞吐量突破47万人次，为建设湘中南地区航空枢纽奠定了坚实基础。着力构建亲清新型政商关系，严厉打击“官痞”“地痞”，助商、安商、富商的发展环境明显优化。

——办成了一批惠及广大人民群众的好实事。财政民生支出占一般公共预算支出比重达71.6%。11项15件重点民生实事任务圆满完成；脱贫攻坚成效显著，170个贫困村出列，9万多贫困人口脱贫，祁东县即将脱贫摘帽；城市黑臭水体得到有效整治；城市“六乱”大排查、大清理、大整改活动扎实开展，拆除“两违”建筑23.6万平方米；中心城区社区“三清三建”工作全面完成，新一轮提质升级工作扎实推进；市107国道绕城公路桥梁车辆通行费停止征收；改革发展成果惠及更多群众。

——夺取了抗洪救灾的全面胜利。以大无畏的气概迎战特大洪涝灾害，科学研判，精准施策，干群同心，军民同力，妥善转移安置群众5.62万余人，救助受灾困难群众3.9万人次。在湘江干流衡阳段全线超保证水位的情况下，实现了不垮一库、不溃一堤的防汛目标。

一年来，我们主要做了以下工作：

（一）突出植优补短，发展韧性明显增强。县域经济实力不断增强。七县市固定资产投资占全市比重达63.3%，提高1.2个百分点；衡南荣获“中国物流之乡”称号，祁东获评国家出口食品农产品质量安全示范区，常宁入选国家农产品质量安全县。农业品牌建设成效明显，“十百千万”现代农业发展工程大力推进，新增农产品“三品一标”75个。油茶产业快速发展，新造、新垦复油茶林面积分别达9.3万亩、19.87万亩，大三湘、中联、神农等企业不断壮大。工业经济活力不断迸发。重点产业发展壮大，六大重点产业完成工业总产值1247亿元，增长20%。工业投资活力增强，成功设立产业投资基金，高新南粤基金资产管理规模达37亿元，工业投资和工业技改投资分别增长16.1%、26%。绿色制造体系建设加快推进，单位工业增加值能耗下降4.5%。园区建设发展提速提质，基础设施建设累计投入91.76亿元，新增标准厂房96.88万平方米。旅游潜力不断发掘。全域旅游迈出坚实步伐，梦东方、汇景雁湖生态文旅小镇、天子山火文化公园、东洲岛、云鹫峰等重点项目加速推进，丽波国际酒店建成营业。新增AAA级景区3个。岐山森林公园获评国家森林公园，南岳区获评国家重点生态功能区、国家级旅游业改革创新先行区。“厕所革命”三年行动计划共改扩建旅游厕所298座。全省首家工业主题博物馆建成开馆，工业旅游实现历史突破。乡村休闲旅游亮点纷呈，茶山坳镇入选全国美丽宜居小镇、全国特色小镇，曲兰镇获评全国经典文化小镇，雨母山景区获评全国人文生态旅游基地。接待国内外游客4800万人次，实现旅游总收入340亿元，分别增长15%、24%。

（二）突出改革开放，新生动能加快培育。供给侧结构性改革全面推进。去产能、去库存、去杠杆、降成本成效明显，“地条钢”生产企业全部关停，退出煤炭落后产能51万吨，处置完成国有僵尸企业5家；市属国有公司改革深入推进，债务风险整体可控；减税降费政策全面落实，累计为企业减负35亿元以上。农业供给侧结构性改革扎实推进，农村土地确权率达97.2%，耕地流转率居全省第一；粮食总产量稳定在330万吨以上；新型农业生产经营体系不断完善，新认定市级以上农业产业化龙头企业298家。关键领域改革步伐坚定。行政执法三项制度改革试点工作有序开展，耒阳综合行政执法体制改革经验在全省推介。不动产统一登记改革加快推进，地下车位发证进展顺利。国库集中支付电子化管理改革不断深化，预决算公开全面推行。公立医院综合改革深入推进，分级诊疗制度逐步建立。国资国企改革持续深化，“三供一业”分离移交有序推进。金融服务实体经济有力有效，市金融信用信息服务中心注册企业近6000家，撮合贷款逾130亿元；农信社银行化改革全面完成，村镇银行基本实现县域全覆盖。信用信息共享交换平台顺利建成。12家企业进入省重点上市后备资源库。商事、城管执法、生态文明等领域改革稳步推进。创新创业活力不断激发。大众创业、万众创新深入开展，新增创业主体2.7万个，市场主体达24.2万户。创建国家级博士后工作站2个、国家重点实验室1家，院士专家工作站达13家，专利申请量和授权量连续5年增长20%以上。湘南首个科技成果交易平台“火凤凰”成功开启，省级油茶产业技术创新战略联盟顺利落户，三叶中小企业创业基地获批国家小型微型企业创业创新示范基地，衡东获批国家返乡创业试点县。新业态、新模式不断涌现，新增高新技术企业51家，高新技术产业增加值增长16.8%。市留学生创业园和启迪之星企业孵化器入驻创新型企业217家。电子商务蓬勃发展，年交易额达130亿元。开放型经济水平显著提升。综合保税区稳健运行，衡阳跨境电商产业园投入运营，新开辟北粮南运通道2条。招商选资成效明显，实际利用外资12.5亿美元、内资380亿元。对外贸易实现历史性突破，40家企业外贸业绩破零，21家外贸企业实现业绩倍增，外贸进出口总额达283亿元，加工贸易总额居全省第一，富士康进出口总额居全省单体企业第一；对外经济合作遍及全球140多个国家和地区。

（三）突出城乡统筹，区域发展更加协调。区位优势日益凸显。西南云大城镇群纳入省城镇群产城融合综合试点。区域性物流贸易中心加快建设，衡缘、铁路口岸、白沙洲等物流园建设稳步推进。大浦通用机场建设进展顺利。怀邵衡铁路、瓦松铁路专用线、湘江二级航道二期工程、二环东路、东三环等项目加快建设，对外大畅通、对内大循环的综合交通运输体系更加完善。城市品位不断提升。新一轮城市总体规划、土地总体规划修编全面启动。滨江新区、来雁新城、陆家新区等新区建设有序推进。老城区雨污分流、道路提质改造项目全面完成，城区路网及配套设施不断完善。城市建成区实现旱厕清零。市餐厨废弃物资源化利用和无害化处理中心建成投产，县级以上城镇生活污水处理率达92.8%，城市生活垃圾处理率达100%。“三江六岸”生态绿地建设扎实推进，城市建成区绿化覆盖率达40.99%。城市管理更加精细。电动车上牌管理工作全面启动，交通秩序整治有力有效。中心城区社区“两化两体系”建设基本完成。城市停车设施不断完善。社区网格化管理工作机制进一步健全。餐饮油烟、垃圾焚烧等管理不断加强。县城管理提质升级，衡阳县获评国家卫生县城。城乡环境大幅改善。湘江保护和治理第二个“三年行动计划”扎实推进，河长制稳步实施，重点流域水污染治理成效明显，24个考核断面水质年均值达到Ⅱ类标准，县级以上集中式饮用水水源地水质达标率达100%。重点乡镇污水处理厂建设扎实推进。蓝天保卫战取得阶段性成效，城区空气质量优良率达79.2%。土壤污染状况详查全面完成，污染场地修复稳步实施。农村环境综合整治实现全覆盖，37个美丽乡村示范村建设、580个村农村环境综合整治任务全面完成。

（四）突出坚守底线，民生福祉大幅提升。人民生活水平持续改善。城乡居民人均可支配收入分别增长8.5%、7.9%。开工建设城市棚户区23739套，改造农村危房8565户。提质改造农村公路976.42公里，建制村客运班线通达率达98.7%。解决12.21万贫困人口和27.98万非贫困人口的饮水难问题。新建成农村综合服务平台238个。社会保障体系不断健全。新增城镇就业5.94万人，新增农村劳动力转移就业4.6万人，城镇登记失业率控制在4.1%左右。五大险种参保基本实现全覆盖，企业退休人员养老金实现“十三连调”。机关事业单位退休人员养老金实现社会化发放。农村低保标准和扶贫标准实现“两线合一”，城镇居民医保与农村合作医疗合并工作如期完成，全民参保登记、社会保障兜底脱贫等工作经验在全省推广。各项社会事业协调发展。353所标准化学校创建任务圆满完成，市八中、环城南路小学获评首届全国文明校园，“全面改薄”惠及52.97万名学生，成功承办全国听障教育年会。基层医疗卫生服务体系不断健全，居民电子健康档案建档率达90.6%，计划生育工作稳步推进。公共文化服务体系不断完善，新闻出版、广播影视、文学艺术繁荣发展，耒阳、衡阳县荣获“中华诗词之乡”荣誉称号。成功承办2017年全国蹦床锦标赛暨第十三届全运会预选赛，实现我市承办国家A级赛事“零”的突破；圆满举办第十届中韩体育文化交流活动。工会、共青团、妇联、残联、气象、水文、移民、农开、民族、宗教、外事、侨务、港澳台、海关、检验检疫、文化市场综合执法、质监、畜牧水产、供销、地震等各项工作协调共进。底线工作基础全面夯实。环境保护方面，中央环保督察交办的512.5件信访件全部办结；生态保护红线划定工作顺利完成，南岳衡山国家级自然保护区内17家采矿企业全部停产关闭；永久基本农田保护率提升33个百分点；创新开展“四级联动”义务植树，完成造林30.56万亩，退耕还林还湿1640.34亩，全市森林覆盖率达47.6%。安全生产方面，“一单四制”制度有效落实，重点行业领域安全生产工作全面加强，森林防火成效明显，安全形势稳定向好。社会稳定方面，“平安行动”“畅安行动”“禁毒风暴”等工作扎实有效，十九大安保维稳任务圆满完成，南岳安保模式被公安部推介；中央和省交办的57件及市本级406件信访积案全面清零；防范和处置非法集资工作扎实开展，金融安全区创建稳步推进，守住了不发生区域性金融风险的底线。

（五）突出自身建设，政府形象不断优化。法治政府建设深入推进。第二部地方性法规《衡阳市城市市容和环境卫生管理条例》即将施行。政府合同管理、法律顾问、行政决策合法性审查等制度不断健全，依法行政水平明显提高。普法工作深入开展。行政执法指导案例制度基本建立。市县两级公共法律服务中心全面建成。依法完成2761个村（居）委会换届选举。珠晖区获评全国法治先进区。自觉接受人大及其常委会的法律监督和工作监督、政协的民主监督以及社会各界的监督，充分采纳各民主党派、工商联和无党派人士意见、建议，办理市人大代表议案1件、建议405件，办理市政协委员提案564件。行政效能持续提升。“两集中、两整合、两公开”改革深入推进，审批环节精简率达63.5%。“互联网+政务服务”正式启动，行政许可标准化全面推行，项目建设全程代办服务进一步优化。“数字衡阳”稳步推进，“12345”政府服务热线综合排名进入全国前

30强。廉政建设不断加强。市政府系统实现派驻纪检机构全覆盖，“两学一做”学习教育常态化制度化成果不断巩固，党员干部作风持续改进。机构编制得到严控严管。财政监管、审计监督不断强化，风险防控、财政管理水平明显提高，市属国有企业资本运营、国有土地出让、招投标等领域监管全面加强。

国防动员和后备力量建设质量提高。优抚安置和民兵预备役建设得到加强，人防融合建设“衡阳模式”在全国推广，国防动员年度任务全面完成，军队有偿服务全面停止，军民融合发展呈现新局面。

在肯定成绩的同时，我们更要清醒地看到问题和不足：一是经济发展质量不优、效益不高、不平衡不充分等问题依然突出，实体经济面临不少困难，植优补短工作任重道远，制约经济社会发展的体制性、结构性矛盾并未根本解决。二是财政收支平衡难度加大，县域财政增收后劲不足，降低非税收入比重压力不小，脱贫攻坚、就学、就医、社会保障等民生领域还有大量工作要做。三是政府自身建设有待加强，办事效率不高、投资环境不优的状况仍未根本改变，部分公职人员不愿为、不敢为、不善为甚至乱作为现象还不同程度存在。对此，我们一定高度重视、认真研究、大力改进。

二、2018年主要任务

2018年是贯彻党的十九大精神的开局之年，是改革开放40周年，是全面建成小康社会、打赢脱贫攻坚战的关键一年，也是产业项目建设年。做好2018年政府各项工作意义重大、影响深远，必须深化认识、把握重点、加压奋进。

2018年政府工作的总体要求是：全面贯彻党的十九大精神，以习近平新时代中国特色社会主义思想为指导，认真落实中央、省委、市委决策部署，坚持稳中求进工作总基调，坚持新发展理念，紧扣社会主要矛盾变化，按照高质量发展的要求，以推进供给侧结构性改革为主线，深入实施创新引领开放崛起战略，统筹做好稳增长、促改革、调结构、惠民生、防风险各项工作，坚持一张好的蓝图干到底，着力打造现代产业强市、文化旅游名城、幸福和谐家园，推动经济社会持续健康发展，加快建设“五个新衡阳”、决胜全面建成小康社会。

2018年全市经济社会发展主要预期目标是：地区生产总值增长8%以上、争取达到8.5%，一般公共预算收入增长5%左右，固定资产投资增长14%左右，社会消费品零售总额增长11%左右，进出口总额增长20%左右，规模工业增加值增长7.5%左右，全体居民人均可支配收入增长8.5%左右，全面完成省里下达的节能减排、安全生产等约束性指标任务。

围绕以上目标，要重点做好以下工作：

（一）加快建设制造强市，着力振兴实体经济

全面落实振兴实体经济“3311”工程计划。加快白沙绿岛军民融合产业园建设，打造产城融合工业新城。抓好水口山铜铅锌产业基地建设，重点发展壮大铜铅锌、有色循环、铜压延等产业。抓好比亚迪（衡阳）轨道交通智能制造产业园建设，统筹推进盐卤化工及精细化工、新材料、新能源产业发展。充实上市企业后备资源库，支持南岳电控、恒飞电缆、恒生制药、金则利等优势企业上市。全力推动衡山科学城新技术、新产业、新平台、新业态发展，引导南华大学与衡山科学城共建大学科技园，打造全国一流的科技研发创新和成果交易中心。完善综合保税区大通道、大通关、大平台建设，培育服务贸易新业态，力争纳入湖南省自贸区申报范围。

着力发展先进制造业。加快“中国制造2025”试点示范城市建设，推进衡阳由工业大市向工业强市跨越。围绕先进制造产业建链补链强链，加快建滔电子信息产业园、富士康精密模具产业园和亚马逊中国制造基地等重点项目建设，打造优势产业集群。实施智能制造工程，依托特变电工、华菱衡钢、湖南机油泵、湖南天雁、南岳生物等重点企业开展智能制造示范，建设一批智能工厂。全面推进工业强基工程，着力破解我市制造业关键基础材料、核心基础零部件、先进基础工艺和产业技术基础瓶颈。优化工业经济结构，着力发展新一代信息技术、新材料、生物医药及高性能医疗器械、轨道交通、精密模具和机器人等新兴产业。全面实施绿色制造工程，引导传统产业加大技改投资，构建绿色制造体系。

做大做强工业园区。集中力量推进市高新区、白沙洲工业园、松木经开区提质发展。引导市直园区产业链条向县域延伸、配套企业落户县域园区，有序将部分重大项目布局到蒸湘南路、船山西路、衡祁干线

两侧，实现县域园区和市直园区共建互补，加快产城融合步伐。大力推进园区体制改革，理顺园区体制机制，推动管理重心下移，扩大园区经济管理权限；创新推行灵活的用人制度、薪酬制度和激励制约机制。加快推进园区“多规合一”，着力促进总规、城规、土规、林规和园区产业发展规划统筹协调。

（二）全面深化改革开放，积极培育发展新动能

深化供给侧结构性改革。大力破除无效供给，积极稳妥、依法依规处置“僵尸企业”，持续化解过剩产能；巩固“地条钢”生产企业、落后小煤矿、烟花爆竹行业等关停退出成果，防止死灰复燃。坚持房子是用来住的、不是用来炒的定位，加快建立多主体供应、多渠道保障、租购并举的住房制度；鼓励农业转移人口等新市民到市区和县城购房租房；有序解决房地产历史遗留问题；促进房地产市场平稳健康发展。深化要素市场化配置改革，进一步打好减税、降费、降低要素成本等“组合拳”，继续清理涉企收费，降低企业用能及物流成本，促进实体经济降本增效。深化农业供给侧结构性改革，扎实推进林权和农村不动产登记工作，抓好常宁全国农村集体产权制度整县推进改革试点；加快农村集体产权制度改革，全面完成农村土地确权登记工作；深入推进粮食收储制度改革；壮大新型农业经营主体，健全农业社会化服务体系。

加快关键领域改革。深化金融体制改革，积极发展股权融资、私募基金、企业债券等直接融资；加快组建市金融控股公司，不断完善市金融信用信息服务中心功能，提升金融服务实体经济的能力。深化投融资体制改革，健全投融资公司绩效考核制度，鼓励投融资公司支持产业发展；在污水处理、垃圾收集、城市地下综合管廊、黑臭水体整治、旅游交通等基础设施建设领域大力推行 PPP 模式。完成驻衡中央、省属企业“三供一业”分离移交，推动国有企业完善现代企业制度，做强做优做大国有资本。深化商事制度改革，放宽服务业准入限制，完善市场监管体制。探索建立城建领域重大项目联席会议制度。全市域推进综合行政执法体制改革。深化医药卫生体制改革，抓好公立医院改革。完成环保监测监察执法机构垂直管理体制改革。完善统计体制，增强统计服务功能，做好第四次经济普查工作。加快户籍制度改革。进一步理顺市区两级管理体制，赋予城区更大自主权。深化财政评审体制改革，探索建立重点项目联合评审制度。完善征拆奖惩机制。统筹推进省直管县、经济发达镇行政管理、审计管理、防灾减灾、生态文明等体制改革。

加快建设国家创新型城市。实施科技强市战略。重点围绕高端装备制造、新材料、核产业、生物医药等领域开展核心关键技术攻关，培育一批具有创新能力的排头兵企业，提高产业核心竞争力。抓实高新企业培育认定。支持市高新区围绕创建国家创新型特色园区，打造总部经济区、现代产业核心区、国家级产城融合示范区。支持校地、校企共建工程技术研究中心、重点实验室、院士专家工作站等研发平台；支持蒸湘区双创园区易创空间发展，鼓励市留学生创业园、启迪之星企业孵化器等申报国家级众创空间、孵化器。创新人才工作体制机制，实施创新人才集聚工程，加大财政对人才发展的投入，引进和培养一批科技创新领军人才。加强知识产权保护，提高科技成果转换和利用水平。

着力打造内陆开放高地。全面落实《衡阳市促进招商引资工作的若干措施》，对接世界 500 强、中国 500 强和民营 500 强企业，深入开展“引老乡、回故乡、建设衡阳新家乡”活动，引进一批带动支撑衡阳长远发展的产业项目。大力发展加工贸易。着力培育外贸企业，扶植一批有自主知识产权、自主出口品牌的大型外贸集团和中小型外贸企业，优化外贸产品结构，提高出口产品的附加值和竞争力。鼓励企业“走出去”，支持特变电工、五矿铜业、华菱衡钢、瑞达电源等企业在境外设立营销网络，参与国际产能合作。放大临铁、临港、临空优势，高效运行“五定班列”“无水港”等开放平台；力争南岳机场新增航线 15 条以上，申报建设航空口岸，打造湘中南地区航空枢纽。积极申办国内外大型会议、论坛、会展，发展同发达国家或先进地区友好城市关系。

（三）落实乡村振兴战略，推动区域协调发展

发展现代农业。落实粮食安全行政首长责任制，实施优质粮食工程。加快推进农产品加工业发展，力争农副产品加工业总产值增长 15%以上。启动全国性农产品交易展示中心建设。支持发展“一县一业”“一乡一品”，逐产业打造 1～2 个拳头品牌。大力建

设油茶、茶叶、黄花菜等优质农副产品主产区和供应基地，支持大三湘、中联、神农等企业强化精深加工，培育衡阳油茶全国知名农产品区域公用品牌，打造全国油茶第一强市；提升“南岳（衡山）云雾茶”“祁东黄花菜”等区域公用品牌价值。支持角山米业、金雁米业、绿海粮油等龙头企业做大做强，力争新增农产品“三品”50个以上、地理标志产品2个以上。发展“农业+休闲旅游”“农业+电商”等新业态，促进一二三产业融合发展。坚持质量兴农、绿色兴农，狠抓农产品质量安全，推进农产品质量安全示范县市建设。加强中低产田改造、高标准农田建设，推进沟渠塘坝清淤，抓好重点水利基础设施建设。提升农业机械化和农业装备水平，加大农业科技应用推广及新型职业农民培育力度，完善农业保险制度，建立健全农业防灾减灾体系，不断夯实现代农业发展基础。

做强县域经济。坚持宜农则农、宜工则工、宜游则游，支持各县市分别打造1~2个具有鲜明特色的主导产业。借鉴先进地区发展经验，科学制定园区发展规划，完善配套设施及管理服务，引导项目向县域园区集中，打造一批产城融合、产业链完整的现代产业园区。加快西渡高新区、界牌陶瓷工业园、归阳工业园、耒阳经开区等县域园区建设。实施县城建设攻坚行动，加快县城扩容提质，细化县城功能分区，完善城镇水、电、路、讯等基础设施和环卫、绿化等配套设施。推进全省产城融合城镇群综合试点。支持各县市抓好1~2个特色集镇建设，打造一批工业强镇、农业重镇、商贸旺镇、旅游名镇，增强对农业转移人口的吸引力。

加大美丽乡村建设力度。科学制定乡村振兴战略规划。加快茶山坳、雨母山、横江、萱洲等美丽乡村示范片建设。有序推进田园综合体建设，打造蒸湘南路、船山西路美丽乡村示范廊道，完成省下达的37个美丽乡村示范村、340个人居环境示范村创建任务。加大农村危房改造、“空心房”整治、农村电网改造升级、农村道路提质改造、乡村亮化等工作力度。加强乡镇饮用水水源保护。深入推进农村环境综合整治，扎实开展秸秆禁烧和垃圾清运专项行动，打好农村面源污染防治攻坚战。推进农村“厕所革命”，全面整治农村村容村貌。严格村民建房管理。强化村庄规划编制，实现城区、县城周边的村发展规划全覆盖。探索农村集体经济发展新途径，增强村集体组织服务功能。健全自治、法治、德治相结合的乡村治理体系。

坚决打好脱贫攻坚战。巩固前期脱贫成果，保证现行标准下的脱贫质量，瞄准特定贫困群众精准帮扶，向深度贫困地区聚焦发力。落实“六个精准”要求，力争108个村出列、7万人以上脱贫、10824人易地扶贫搬迁、贫困村居民人均可支配收入增长10%以上。注重扶贫和扶志、扶智、扶技、扶艺相结合，激发贫困人口内生动力。深入实施就业扶贫工程，增加农村公路养护、乡村卫生保洁、护林员等公益性岗位，拓展困难群众就业渠道。落实十大扶贫举措，按照“四跟四走”思路，强化油茶种植、畜禽养殖等产业扶贫。扎实推进农村“四类对象”危房改造。确保符合政策规定的贫困人口全部纳入农村低保范围。对已脱贫对象开展“回头看、回头查、回头帮”，实行攻坚期内脱贫不脱政策。实施贫困村基础设施建设三年行动计划，加强脱贫攻坚自然村通水泥（沥青）路建设，确保所有贫困村全部通电、通路、通电视、通宽带。

（四）积极对接市场需求，深度挖掘消费潜力

加速发展全域旅游。加快南岳衡山旅游经济圈建设，力争南岳区成功创建国家全域旅游示范区，擦亮以南岳为龙头、多个旅游综合体与美丽乡村生活体验相匹配的全域旅游品牌。深化“引客入衡”工程，全年接待国内外游客、旅游总收入分别增长15%、24%以上。挖掘衡阳旅游资源和文化底蕴，抓好石鼓书院提质改造，加快梦东方、东洲岛、草桥文化风情街、汇景雁湖生态文旅小镇等项目建设，推进红色旅游教育基地建设，新创AAAA级景区1个以上、AAA级景区2个以上。支持各县市对接南岳打造精品旅游景区和线路，鼓励有条件的县市区举办旅游节会活动。深入推进“互联网+旅游”，大力发展美丽乡村生活体验游，促进线上推广与线下管理融合发展。引入顶级旅游策划公司，强化全域旅游营销推广，加大在央视等国内一流媒体的旅游推介力度。完善“吃住行游购娱康养学”旅游产业链条，推介“衡东土菜”“南岳素菜”等特色产品。深化旅游“厕所革命”，完善道路、游客服务中心等配套设施。规范旅游市

场，整治景区秩序，提升旅游服务。

推进服务业发展壮大。做强现代物流业，加快唯品会、衡缘、铁路口岸、白沙洲、圆通速递湘南总部基地等物流园建设，大力引进和培育第三方物流企业，支持品牌快递企业在衡建立区域转运中心。围绕高端装备制造、汽车零部件、生物医药、盐卤化工以及钢管材加工等领域，培育研发设计服务产业。积极发展多层次金融产业，优化金融生态环境，吸引各类金融机构来衡设立分支机构，打造金融集聚区，提升金融供给质量。着力推进电子商务、健康养老、全民健身等现代服务业发展，提升供给质量。加快建设衡阳国际会展中心、衡阳国际吉利汽车文化城，着力发展总部经济、汽车后市场等新兴业态。

推进消费提质升级。围绕华耀城、崇盛国际、万达广场、连卡福等城市综合体，积极培育消费新热点。积极引导企业增品种、提品质、创品牌，培育具有鲜明特色、较高品质、较强竞争力的“雁字号”产品。大力推进品质消费、个性化消费、服务消费、信用消费、信息消费，支持和引导共享经济健康快速有序发展。积极拓宽农村消费市场，打通城乡供需渠道，以农村电商为发展基础，推动农产品线上营销与线下流通融合发展。着力改善消费环境，保护消费者权益，让老百姓便捷消费、放心消费。

（五）做大做优中心城区，努力打造省域副中心城市

拓展城市发展空间。抓好新一轮城市总体规划修编，推进中心城区区划调整。加大来雁新城、滨江新区、酃湖高铁新城、陆家新区、南湖生态新城等新区开发力度。完善蒸水以北片区基础设施。高位推动衡山科学城、梦东方、雨母山片区融合发展。推进107国道改造，全面建成二环路，开工建设北三环；加快湘江二级航道二期工程、大浦通用机场、祁东归阳千吨级码头建设，启动湘江衡阳至永州三级航道改扩建，扎实推进湘桂线衡阳段改线工程前期工作，力争怀邵衡铁路衡阳段主线、瓦松铁路专用线建成通车；加快衡阳—祁东等快速干线、常祁高速公路及国省干线公路建设。

提升城市建管水平。坚持精美建设、精致管理，扎实开展“城市双修”工作，建设海绵城市、管廊城市、智慧城市，构建城市防洪防涝、山洪地质灾害防御体系。基本完成中心城区主次干道提质改造；打通城市断头路，科学设置单行线，逐步实现城市道路“微循环”；加快城市停车设施及智能停车平台建设，着力解决城市“停车难”问题。提质建设城市供水及能源通道。加强城市二次供水设施建设及管理，确保城市供水安全。加快城区污水治理，全面封堵湘江、蒸水城区段排污口，完成角山、松木、酃湖污水处理厂建设及城市黑臭水体治理任务。加大旧城改造力度，合理处置D级危房，扎实推进农贸市场标准化改造，积极打造中心城区社区“三清三建”升级版。加大重大违法建设处置力度，完成城市建成区违法建设“五年清零”行动目标任务。抓好高铁衡阳东站、衡阳火车站和学校、医院周边环境整治。持续推进殡葬改革，巩固和扩大中心城区烟花爆竹限放成果。加快城市生活垃圾焚烧发电厂二期、城乡生活垃圾收运体系、动物园异地搬迁等项目建设。推进“三江六岸”滨水区域规划建设管理，加快雁栖湖公园、酃湖公园建设，提质改造南郊公园。

提高城市文明程度。锲而不舍创建全国文明城市，抓好国家卫生城市、全国交通管理模范城市、国家环境保护模范城市、全国社会治安综合治理先进城市、全国双拥模范城市等单项城市荣誉品牌的创建。大力宣传党的十九大精神和社会主义核心价值观，广泛宣传各级各类道德模范“身边雷锋·衡阳好人”的典型事迹，弘扬正能量，传播真善美。加强社会公德、职业道德、家庭美德、个人品德建设。倡导移风易俗、树立文明新风，开展星级文明社区、文明村镇、文明单位、文明校园、文明家庭评选表彰活动。坚持创建为民、创建惠民，开展丰富多彩的市民素质教育活动，引导广大市民树立文明观念、争当文明公民、展示文明形象。

（六）践行绿色发展理念，建设生态优美新衡阳

推进绿色循环低碳发展。深入推进节能减排，加快碳排放交易市场建设，创新排污权交易制度，抓好排污许可证核发工作。大力发展绿色环保产业，加快住宅产业化发展，建立健全绿色低碳循环发展经济体系。落实最严格的水资源管理制度，推进农业水价综合改革，打造节水型城市。推动国家级循环化改造示范园区建设，严格工业园区项目建设生态环境监管。规范工业固体废物特别是危险废物管理，提高工业固

体废物利用率。调整运输结构，提升铁路货运、清洁能源货运能力。鼓励绿色出行，推进公共交通设施建设，加大新能源公交推广力度，完善充电桩等基础设施，加强公共自行车租赁系统管理。

着力打好环境治理战役。深入实施“水十条”，扎实推进湘江保护和治理第二个“三年行动计划”，启动实施“一江四水”净水行动，抓好退耕还林还湿。全面推行河长制，完成禁养区畜禽规模养殖场搬迁、关闭和适养区标准化改造，加快推进畜禽养殖废弃物处理和资源化利用；加强饮用水水源保护，确保13个县级以上饮用水水源地水质达标率稳定为100%，湘江干流考核断面水质年均值稳定在Ⅱ类标准以上。推行环境治理PPP模式，探索区域环境综合治理托管服务。加强集镇“五乱”治理，按照“一乡（镇）一策”全面推进乡镇污水处理设施建设。持续深化大气污染防治，全面淘汰城区10蒸吨及以下燃煤锅炉，加大建筑工地、道路扬尘和餐饮油烟整治力度，严格开展机动车环保检测，力争城区空气优良天数达300天以上。全面实施“土十条”，扎实推进土壤污染场地和耕地污染治理修复，加大对水松、大浦等重点地区重金属污染土壤的治理和修复力度。

加强生态建设和环境保护。牢固树立“绿水青山就是金山银山”发展理念，建立健全生态文明建设目标评价考核与环境联合执法工作机制。加快国家级生态文明先行示范区建设。加强自然保护区特别是南岳衡山国家级自然保护区监督管理，有序推进保护区范围和功能区划纠错调规。加快耒水、横江、洣水、幸福河等湿地公园建设。落实耕地保护制度，提升耕地质量。严守生态保护红线，严格执行主体功能区制度。开展第二次全市污染源普查工作。开征环境保护税。推进森林城市建设，实施生态功能优化行动，统筹山水林田湖草系统治理，启动大规模国土绿化行动，推进“裸露山地”造林绿化、矿区复绿等工作，抓好独立工矿区改造搬迁、采煤沉陷区综合治理，力争森林覆盖率达48.2%。

（七）传承弘扬优秀文化，着力打造历史文化名城

传承历史文明。发掘并弘扬火文化、书院文化、红色文化、抗战文化、大雁文化等优秀传统文化。启动历史文化街区整治工程，加大文化遗产、历史建筑的保护和修缮力度，完成来雁塔、珠晖塔、接龙塔、申公馆、彭玉麟墓庐、邺侯书院、三甲种工校等文物保护单位修缮工程，推动酃县故城、衡州窑、云集窑、张家山公园、水口山工人运动纪念馆等建设。完成历史文化名城保护规划编制工作。完成市博物馆新馆、湘南学联纪念馆展厅选址，发展非国有博物馆。实施传统戏曲和传统工艺振兴计划。启动纪念王船山诞辰400周年系列活动筹备工作。办好南岳庙会、界牌火灯节、泉湖二月八等优秀民俗文化节会活动，重点谋划南岳衡山民俗文化生态保护区建设。加强历史文化村镇和传统村落保护。

发展文化事业。完善公共文化服务体系，提高公共文化服务保障能力，促进基本公共文化服务标准化、均等化。深入实施文化惠民工程，加强基层文化服务中心建设，巩固“村村响”“户户通”“送戏送电影下乡”成果。创建第二批省级公共文化服务体系建设示范区。推进全民阅读，合理布局建设24小时自助图书馆，建设“书香雁城”。加强文化、新闻出版、广播影视等市场监管，深入开展“扫黄打非”，不断净化文化市场环境。加快市图书馆、市科技馆、市影剧艺术中心、市青少年活动中心等项目建设。

壮大文化产业。扩大“石鼓书院大讲坛”影响，争取开拍《衡阳保卫战》电影，不断推出优秀文艺作品。壮大新闻出版、广播影视等传统文化产业，发展新型文化业态。大力发展“文化+”，繁荣文化创意产业，加快天子山火文化公园、船山书院文旅开发、茶山坳运动休闲特色小镇、渣江玉麟文化古镇、新市古镇等建设。实施“一县一品”“一乡一韵”区域特色文化建设工程。

（八）提高保障和改善民生水平，增进民生福祉

优先发展教育事业。推动城乡义务教育一体化发展，高度重视农村义务教育，保障进城务工人员子女平等接受义务教育；基本消除超大班额，完成义务教育标准化学校和教学点建设任务。着力解决中小学生课外负担重等问题。制定并实施第三期学前教育行动计划，加快建设公办幼儿园，发展普惠性幼儿园。集中力量办好华新实验中学、市九中、市铁一中三所公办中学，加快市十七中迁建、市七中搬迁，支持各县市建设高质量公办中学，缓解“择校热”问题。逐步普及高中阶段教育。大力发展职业教育，推进市职业教育产教融合基地和市示范性综合实践基地建设，力争衡阳幼师、耒阳师范、市艺术学校合并升格为高等专科学校。支持在衡高校建设一流大学和一流学科，加快南华大学新校区建设。完成“全面改薄”任务。稳步发展特殊教育。支持和规范社会力量兴办教育。培养高素质教师队伍，倡导全社会尊师重教。建设学习型社会，提高市民素质。

积极稳就业促增收。提供全方位公共就业服务，加强劳动保障平台建设，多渠道推进高校毕业生、农村转移劳动力、退役军人等重点群体充分就业、自主创业。深入推进创业带动就业，加强创业孵化基地建设。全面落实更加积极的就业政策，加大援企稳岗力度，确保城镇登记失业率控制在4.5%以内。继续实施“雁归兴衡”行动计划。加大高技能人才队伍建设力度，树立“技能就业”的良好导向，年内培训技能人才1000名以上，培训贫困家庭“两后生”500人以上，吸引在衡大中专院校毕业生在衡阳就业发展、安家落户。

完善社会保障体系。继续抓好“五险统征”改革。推进企业社保制度改革，落实各项社保政策。建立市内异地就医结算平台。健全社会救助体系，提高城乡低保标准和月人均救助水平，落实重大疾病医疗救助和临时救助制度。发展社会福利和慈善事业，健全农村留守老人、妇女、儿童关爱保护体系。完善住房保障体系及棚户区改造工作机制，完成年度棚户区改造任务；加快公租房配套工程建设，确保需交付使用的公租房达到分配入住条件。

提高全民健康水平。推进健康衡阳建设，整合医疗资源力量，打造湘南区域性医疗中心和康养基地。加强基层医疗卫生服务体系建设。组建家庭医生团队，完善家庭医生签约服务。健全分级诊疗制度，延伸医联体内涵。积极应对人口老龄化，鼓励社会资金进入城乡养老领域，健全居家养老和社区养老服务网络。完善医疗纠纷调解机制，依法严惩涉医犯罪和“医闹”行为。落实全面两孩等国家生育政策，深化计划生育服务管理改革，加快市妇幼保健院新院建设，提升妇幼健康服务能力。广泛开展全民健身运动。积极发展竞技体育。高水平办好省十三运会和省第十届残运会。

着力防范金融和政府性债务风险。加强对薄弱环节和担保、小贷、民间中介等融资机构的全流程监管，坚决打击非法集资、金融诈骗等违法违规金融活动，积极化解民间融资风险、金融机构不良风险，不断优化金融生态环境，着力打造金融安全区，坚决守住不发生区域性金融风险的底线。摸清政府性债务尤其是隐形债务底子，严格控制增量，逐步消化存量。加强社会信用体系建设，健全守信激励、失信惩戒机制。

加强和创新社会治理。完成“雪亮工程”建设，完善社会治安立体化、现代化防控体系，深入推进“平安行动”“畅安行动”“禁毒风暴”“扫黑除恶”等专项行动；全面推行网格化服务管理、电动车登记管理，着力打造“平安衡阳”“法治衡阳”升级版。落实信访工作责任制，开展信访法治建设年活动，促进信访工作回归群众工作本源和法治轨道。加强食品药品监管。落实安全生产责任制、“三个责任清单”，抓好重点行业领域专项整治，坚决遏制较大以上生产安全事故。加强防灾救灾减灾能力建设，基本消除重大地质灾害隐患，完善应急管理体系，提高突发事件防控处置能力。依法管理民族宗教事务和场所，持续开展民族团结进步创建“六进”工作。统筹发展其他社会事业，确保社会大局和谐稳定。

强化国防和后备力量建设。推进军民融合深度发展，开展全民国防教育和“双拥”共建活动，认真落实军转安置任务，支持国防军队改革，扎实抓好国防动员、军事设施保护、民兵预备役、武警、人防等工作。

三、努力建设人民满意的服务型政府

打铁必须自身硬。进入新时代，开启新征程，必须坚定不移加强政府自身建设，打造务实、高效、诚信、廉洁的服务型政府。

（一）坚持不忘初心，增强科学发展本领。牢固树立“四个意识”，自觉把习近平新时代中国特色社会主义思想贯穿到改革发展稳定各个领域。始终牢记根本宗旨，大兴调查研究之风，全心全意为群众办实事、解难事，不断满足人民群众日益增长的美好生活需要。切实强化担当意识，提高应对各种复杂矛盾、风险隐患的能力，对改革发展中的各种挑战、人民群众关切的重大问题，敢于知难而进、迎难而上、克难而行，坚决把中央、省、市决策部署落实到行动上、体现在工作上、彰显于业绩上。

（二）树牢法治思维，增强依法行政本领。加强和改进政府立法工作。在政府系统普遍建立法律顾问、公职律师制度。完善法治政府建设考评体系。加大普法工作力度。加快公共法律服务体系建设，支持和帮助企业依法妥善处理各类纠纷。自觉接受人大及其常委会的法律监督、工作监督和政协的民主监督，认真办理人大代表议案、建议和政协委员提案。严守法定权限和程序，发挥决策咨询机构和智库的作用，推进依法决策、科学决策、民主决策。严格、规范、公正、文明执法，全面落实行政执法三项制度，依法维护人民群众合法权益。

（三）提高行政效能，增强狠抓落实本领。进一步加强行政效能监察和审计监督，健全重大决策部署执行情况督促检查和专项督查制度，着力提高政府执行力。科学调整绩效考核指标和办法，强化考核结果的运用。深化"放管服"改革，持续推进"两集中、两整合、两公开"改革，加强审批服务标准化建设。扎实开展"最多跑一次"改革，不断提高政府办事效率。依托全市电子政务云平台，全面推行"互联网+政务服务"，强力推进政府信息资源共享和数据利用，提升"12345"政府服务热线服务质量。清理、督办、整改招商引资违约失信问题。着力整治行政不作为、慢作为、乱作为行为。完善干部考核评价机制，健全容错纠错和正向激励机制，为干部大胆创新探索撑腰鼓劲。

（四）恪守廉政底线，增强拒腐防变本领。认真落实全面从严治党主体责任和"一岗双责"，深入推进政府系统党风廉政建设和反腐败斗争。积极稳妥推进监察体制改革。完善财政资金支出、工程项目招投标等领域制度建设，不断提升财政资金的使用效益和水平。严禁领导干部和国家公职人员参与涉矿涉砂涉房地产等非法入股、地下经营等活动。坚持以上率下，扎实开展"不忘初心、牢记使命"主题教育，驰而不息抓好作风建设，坚决防止"四风"问题反弹回潮。着力构建亲清新型政商关系，规范部门入园、入企检查视察行为，切实减轻企业负担；持续严厉打击"官痞""地痞"，对妨碍司法公正、阻碍项目建设行为保持"零容忍"，为一切市场主体创造公开、公平、公正、可预期的发展环境。

大事记

1月

1日

▲ 2017年“连卡福杯”元旦环城赛跑开跑，本次环城赛跑的主题为“新衡阳，新希望”，活动分为长跑、徒步、自行车骑行、轮滑四个大组，共有来自社会各界5千余名运动爱好者参与。

▲ 全市各县（市）区同时举行第三次全国农业普查启动仪式，1.4万余名普查指导员、普查员开始在全市范围内开展入户调查。

3日

▲ 市委经济工作会议召开。

4日

▲ 政协衡阳市第十二届委员会第一次会议开幕。

▲ 纪念彭玉麟诞辰200周年展览开展仪式在市博物馆举行，共展出关于彭玉麟的104件作品。

5日

▲ 衡阳市第十五届人民代表大会第一次会议开幕。

6日

▲ 衡阳市第7批、27名援疆干部人才完成任务回到衡阳。

8日

▲ 单价过万的衡阳第一高楼、湘江金融CBD——金钟国际金融中心开盘。

11日

▲ 2017首届“最·高新”文化艺术节开幕式在高新区衡州剧场举行。

▲ 衡阳市举行海口至衡阳首航仪式暨海南省衡商座谈会。

12日

▲ 市纪委召开常委（扩大）会议，传达学习十八届中央纪委七次全会和十一届省纪委二次全会精神。

▲ 2016年度市直机关基层党组织书记党建述职测评大会举行。

13日

▲ 生态壹号美术馆开馆暨衡阳历代名家书画作品展在高新区生态公园举行。

▲ 衡阳市2017年春运道路交通安全工作启动仪式在中心汽车站举行。

14日

▲ 中共湖南省委副书记乌兰出席省十二届人大七次会议衡阳代表团会议，与代表一起审查省政府工作报告，听取代表的意见建议。

15日

▲ 角山乡2017“角山牛、天下”全牛盛宴暨生态美食年货节在角山乡旭东村香樟苑生态农场启幕，吸引千余游客参加。

16日

▲ 省委副书记、省长许达哲到省十二届人大七次会议衡阳代表团，听取代表的意见建议。

17日

▲ 省委宣传部“这里是湖南”微信公众号公布2016湖南微信创作大赛结果揭晓，衡阳阳洪立创作的H5作品——《南岳之巅——祝融峰》获特等奖，系本次大赛仅有的两名特等奖之一。

18日

▲ 衡阳市召开全市民族宗教界迎春座谈会。

▲ 湖南大三湘茶油股份有限公司联合6家单位共同申报的“油料功能脂质高效制备关键技术与产品创制”项目成果获国家科技进步二等奖。

19日

▲ 省十二届人大七次会议在长沙闭幕。会议上，衡阳代表团73名省人大代表共提交99件建议、批评和意见。

20日

▲ “卫士之光”——首届“雁城警星”颁奖典礼在衡阳广电影视中心举行，10名“雁城警星”和5名提名奖获得者受到表彰。

22日

▲ 中国共产党衡阳市第十一届委员会第三次全体（扩大）会议召开。全会传达学习省人大、政协“两会”精神。

▲ 市十一届纪委第二次全体会议召开。

▲ 衡阳跨境电商产业园正式开园。

1月26日至2月4日

▲ 市城区共出动3879人次，依法取缔查处无证经营烟花爆竹231起，治安拘留3人。城区没有发生因烟花爆竹引发的火灾事故、死伤急救报告，确保春节期间安全。

28日

▲ 市美术馆举办“经典回眸——2017衡阳市美术书法作品年度展”。

是月

▲ 衡山县申报的萱洲国家森林公园通过评审，正式获批。

▲ 衡阳市三家企业（单位）获得“2015年度全国千户百强家庭服务企业（单位）”，即衡阳市辣妹子家政公司、祁东英

子家政服务部、雁峰区岳屏敬老院（夕阳红公寓）。

▲ 衡阳市共有30个基层执法单位被授予“2016—2018年全省依法办事示范窗口单位”称号，涉及20个部门（行业）。

2月

4日

▲ 国务院正式批准《衡阳市城市总体规划（2006—2020年）》，将衡阳城市性质定位为“湘南地区中心城市”。

6日

▲ 南岳古镇南街万寿宫古戏台重新开台。

8日

▲ “感动中国2016年度人物”颁奖典礼在央视播出，衡山县贺家乡大学生村官秦玥飞入选。

9日

▲ 市委书记、市人大常委会主任周农前往常宁市塔山瑶族乡调研脱贫攻坚工作。

10日

▲ 衡阳市首次“新春杯”足球邀请赛在平湖公园足球场举行。

13日

▲ 市政府召开2017年衡阳市湘江保护和治理第二个“三年行动计划”工作会议。

14日

▲ 全市县处级领导干部学习贯彻党的十八届六中全会精神集中轮训班在市委党校开班。

15日

▲ 省政协副主席、省文联主席欧阳斌一行到衡阳市，就市文联各项工作的开展情况进行调研。

16日

▲ 全市村（社区）“两委”换届选举工作动员会召开，标志衡阳市村（社区）“两委”换届选举工作全面启动。

17日

▲ 衡阳市召开市金融信用信息服务中心建设暨衡阳社会信用体系建设工作调度会。

18日

▲ 衡阳县公安局刑侦大队党支部被评为全国“‘两学一做’优秀基层党组织”。中央电视台新闻联播以“衡阳县刑侦大队·忠诚担当保平安”为题进行报道。

▲ 历时8天的2017年湖南省青少年（女子甲组）足球锦标赛在南华大学落下帷幕，衡阳女队夺得冠军。

21日

▲ 全市领导干部学习贯彻党的十八届六中全会精神专题培训班第二期开班式在市委党校举行

▲ 截至当日，为期40天的全市2017年“民工春运”工作完成。共组织输出农民工10449人，安排专车送农民工412台次，代买车票996张，接送农民工20余万人，为3646名农民工追回被拖欠工资总额达3758.3万元，确保春运期间农民工流动安全有序，合法权益得到有效维护。

22日

▲ 全市信访工作会议召开。

23日

▲ 衡阳市邀请中央党校博士陈建奇到衡阳作“衡阳工业经济优势、短板及对策”专题讲座。

24日

▲ 在2017年全国室内田径锦标赛南京站中，衡阳籍运动员董斌以17.12米的成绩获得男子三级跳远冠军。

26日

▲ 衡阳市市直机关公车制度改革取消车辆第三场专场拍卖会举行，100辆公车拍出98辆，评估价197.84万元，成交价429.2万元，溢价231.36万元，溢价率117%。

▲ 衡阳县第六届油菜花节开幕，衡阳日报社“掌上衡阳”客户端全程直播开幕式，在线播放达9万次，创下“掌上衡阳”开启直播栏目后的最高观看纪录。

27日

▲ 湖南省2016届文明城市、文明村镇、文明行业、文明单位、文明标兵单位名单公示，衡阳市有1个县城、8个村镇、36个单位、8个单位，分别入选省级文明县城、文明村镇、文明行业、文明单位、文明标兵单位。

▲ 当日上午，全市30个重点项目集中开工，计划总投资达159.43亿元；下午，全市重点项目建设交办会召开，发布和交办2017年全市第一批重点项目。

▲ 历经5个多月的改造，衡阳市首个旅游码头——柴埠门旅游码头完成施工，市民可通过其登上旅游观光客轮，环游湘江。

是月

▲ 衡阳人易晓军获得全国“优秀农民大学生”称号。

▲ 湖南省教育厅正式下发《关于公布2015—2016学年度省示范性普通高中督导评估结果的通知》，25所学校获评优秀，另有15所学校被约谈和通报。衡阳

市市一中、市八中和耒阳市一中获评优秀等次学校。

▲ 2016年度全国“最美中学生”“最美中职生”寻访活动落幕。衡阳市有三位学生获评全国“最美”。他们分别是获评“全国最美中学生”的市一中学生宋维曦、市八中学生许迪文，获评“全国最美中职生”的耒阳师范学校学生曾慧娟。

▲ 衡南县油茶优势特色农业产业园项目顺利通过专家评审。这是衡阳市第三次申报成功的省农业综合开发优势特色农业产业园项目，也是全省唯一一个连续三年获得优势特色农业产业园项目的市（州）。

▲ 衡阳保卫战纪念馆——陆家新屋获评“湖南省爱国主义教育基地”。

3月

1日

▲ 衡阳市第一部地方性法规——《衡阳市南岳区综合管理条例》正式施行。

▲ 万达路新建工程开工，工期4个月。

▲ 2017旅游企业（项目）融资会议召开，专门为相关企业（项目）推介衡阳市金融信用信息服务中心，并为其与金融机构牵线搭桥。

2日

▲ 市委书记、市人大常委会主任周农到衡东县吴集镇杨梓坪村、大势塘村，调研村“两委”换届情况。

3日

▲ 全市宣传部长会议召开。

▲ 全市统战部长会议召开。

▲ 中央文明办发布2017年“中国好人榜”2月榜单，共有105位助人为乐、见义勇为、诚实守信、敬业奉献、孝老爱亲的身边好人上榜。其中，衡阳市创业者符小青，当选为“诚实守信好人”。

6日

▲ 全市全面推行河长制工作会议召开。

7日

▲ 经各市州及省文明委成员单位层层推荐、网上投票、群众评议和专家评审，“湖南好人”于2月评选正式揭榜，共有34位基层好人入选，衡阳市有两人上榜。其中，常宁市新河镇农民雷建勋当选为“孝老爱亲”好人、衡南县车江镇水电装修工王若军当选为“见义勇为”好人。

▲ 衡阳市2016年度“慈善一日捐”表彰暨慈善排行榜发布晚会举行。

10日

▲ “梅麟奇缘”纪念彭玉麟诞辰200周年暨第五届衡阳市花鸟画展在石鼓区美术馆开展，共有74幅作品参展。

12日

▲ 南岳衡山景区“我在寿岳有棵树”活动正式启动，倡导绿色、环保公益理念，动员社会广泛力量建设秀美山川。这是南岳衡山国家级自然保护区内的古树名木首次接受“认养”。

13日

▲ 当日是衡阳市城区电动车集中摸底登记首日。截至当日下午5时，城区共2500辆电动车完成上牌登记。

▲ “2016湖南旅游行业口碑榜”正式公布，南岳衡山景区成功获评“2016年度好评旅游景区（点）”。

14日

▲ 由演员段奕宏、江一燕、杜源等领衔主演的院线电影《暴雪将至》在衡阳宣布开机。这是在衡阳拍摄的第一部院线电影。

▲ 衡东县率先在全市全面推行“三级河长制”。

15日

▲ 全市首次知名商标授牌暨品牌战略座谈会召开。衡阳市拥有中国驰名商标15件、省著名商标138件、湖南名牌产品68个、地理标志7件。

▲ 衡阳市出台《衡阳市物业服务企业信用评价管理暂行办法》（以下简称《办法》），以资信管理来代替资质管理，至此，全市物业企业将实行信用等级考核，表现不好的将会直接被拉入“黑名单”，连续两年获“D”将退出市场。

16日

▲ 祁东县获全省粮食生产标兵县。

17日

▲ 中南大学原校长、中国工程院院士黄伯云，国家制造强国建设战略咨询委员会专家、中国工程院制造业研究室主任屈贤明率“中国制造2025”试点示范城市专家评估组到衡阳，对衡阳市纳入长株潭“中国制造2025”试点示范城市群的工作进行评估。

18 日

▲ 广东省衡阳商会第二届一次会员大会暨衡阳市投资环境推介会在广州举行，衡阳耒阳籍企业家、原广铁集团副总经理陈章连当选会长。

19 日

▲ “中国好风光——乡韵衡东”全国摄影大展采风创作活动在洣水河畔启幕。

20 日

▲ 自 2016 年市总工会开启全市第八轮“芙蓉杯”竞赛活动以来，全市涌现市级“芙蓉标兵岗”15 个、“芙蓉百岗明星”17 人。1 个班组和 2 名女职工分获“全国五一巾帼标兵岗”“全国五一巾帼标兵”“省五一劳动奖章”荣誉称号。

21 日

▲ 全市人大系统党风廉政建设和反腐败工作会议召开，下发《衡阳市人大常委会党组关于落实党风廉政建设和反腐败工作责任分工的实施办法》。

22 日

▲ 2017 衡南乡村生态旅游春季赏花之车江桃花节在该县车江片区铁市村启幕。

▲ 南华大学附二医院“掌上医院”APP 正式开通运行，患者注册开通南华大学附二医院“掌上医院”，即可完成预约挂号缴费、查看排队情况、手机支付药费、查询检验报告、手机缴纳住院费等功能。

23 日

▲ 2017 中国·衡阳第二届乡村生态旅游节暨珠晖“四美”茶山旅游文化节开幕。

▲ 全市防汛会商会议召开。

25 日

▲ 湘南地区 2017 届师范类毕业生暨衡阳师院 2017 届毕业生供需见面会举行，来自省内外的 414 家单位进场揽才，提供就业岗位超 1.4 万个。其中，教育类的岗位近万个，非教育类的岗位 4800 余个。

▲ 为期近两个月的衡阳市 2017 年“春风行动”结束。活动期间，全市共举办专场招聘会 71 场，帮助返乡农民工等各类求职人员 8.4 万人次达成就业意向。

28—29 日

▲ 省委常委、省委统战部部长黄兰香率调研组到衡阳，前往重点寺庙道观、“黑土麦田”公益组织、学校，以及非公企业调研。

29 日

▲ 2017 年，衡阳市“我们的节日·清明”暨未成年人“我的中国梦·清明祭英烈”主题教育活动在烈士陵园举行。

▲ 国家文物局局长刘玉珠到衡阳调研文物工作。

▲ “锦绣潇湘伟人故里，湖南如此多娇”湖南旅游推介会于郑州召开。在活动现场，南岳衡山景区“湖南寻根祈福之旅”成功入选湖南旅游精品线路。

30 日

▲ 启迪之星（衡阳）首次 CEO 特训营——100%目标达成活动成功举办。

▲ 南华大学附二医院肝胆脾胰科完成衡阳地区第一例 B 超引导下经皮肝肿瘤（肝癌）微波消融术。

31 日

▲ 全省全面建成小康社会推进工作电视电话会议在长沙举行。衡阳市雁峰区、珠晖区、石鼓区为全面建成小康社会达标单位。珠晖区代表衡阳市在会上作典型发言。

3 月 31 日至 4 月 1 日

▲ 全省国家湿地公园试点建设迎检验收培训班在衡山县开班，湖南衡山萱洲湿地公园保护经验被全省推介。

▲ 衡阳县公安局金溪派出所所长张志华获全国“情满万家·派出所好民警”荣誉。

是月

▲ 市物流商会、广州衡阳物流商会举行年会，并与珠晖区签约，共建湘南物流中心。该项目首期工程投资 3 亿元，占地 50 亩，入驻物流企业约 1000 家。

▲ 衡阳市全面启动春季重大动物疫病防控工作。

▲ 国家发改委第二批返乡创业的国家级试点正式公布，衡阳县入选。

▲ 衡南县被授予“中国物流之乡”称号。

▲ 省发展和改革委员会印发《湖南省“十三五”人口发展规划》。“规划”提出，要形成“四大特色人口集聚带”，衡阳被列入京广高铁人口集聚带。

▲ 省财政厅近日公布全省第四批政府和社会资本合作示范项目。衡阳 5 个项目入选，投资额达 34.55 亿元。衡阳入选的 5 个项目分别为：衡阳市松亭（城西）污水处理厂 PPP 项目，投资 7.33 亿元；茶山坳特色小镇建设

PPP 项目，投资 3.09 亿元；江东中医院整体搬迁及“颐养天年”医养结合养老康复中心 PPP 项目，投资 11.03 亿元；耒阳五公仙洞旅游风景区 PPP 项目，投资 10.06 亿元；耒阳市农村饮水安全新建及巩固提升工程项目，投资 3.04 亿元。

▲ 国务院正式批准《衡阳市城市总体规划（2006—2020 年）（2017 年修订）》，明确“衡阳是湘南地区中心城市”。到 2020 年，中心城区常住人口控制在 170 万人以内，城市建设用地控制在 161.5 平方千米以内。

4 月

1 日

▲ 衡阳市举行第 26 个全国税收宣传月活动，百名志愿者以骑行的方式，倡导“诚信税收 · 文明雁城”。

▲ 衡阳市启动湖南省第 36 届“爱鸟周”宣传活动。

▲“高新区 2017 年春风行动招聘会”在太阳广场举行，其中被征地农民成为求职主力军。

5 日

▲《新华每日电讯》以“湖南衡阳打响政治生态‘翻身仗’”为题，在 5 版头条位置用大篇幅推介衡阳重构政治生态。

9 日

▲“衡山科学城股权组合投资招商管理新模式”项目通过湖南省委深改组开展的“管理创新奖”评审，成为湖南省“管理创新奖”十佳项目之一。

10 日

▲ 衡阳市召开突出环境问题整治推进会。

11 日

▲ 中央电视台戏曲与音乐频道《一鸣惊人》栏目《梦想微剧场》2017 年第二季现场表演和录制工作结束。耒阳市文化馆原创民歌剧《竹娘》和荒诞花鼓音乐剧《刘海爷爷进社区》获得“团体银奖”。

12 日

▲ 省委常委、省国资委党委书记胡衡华到衡阳，前往华菱衡钢调研。

▲ 省人大常委会调研队到衡阳，就国家固体废物污染环境防治法（简称固废法）和环保法在衡阳的贯彻落实情况、衡阳环境质量现状和环保目标完成情况等开展调研，并就湖南省实施固废法办法（草案）征求意见和建议。

▲ 新疆鄯善工业园与衡阳松木经济开发区签订友好合作框架协议，协定在资源、信息、招商等方面展开合作。

15 日

▲ 2017 中华茶祖节 · 南岳茶文化节活动在南岳衡山景区启幕。

▲ 第九届衡阳市“书香雁城 · 文化衡阳”全民阅读推广活动在市广电中心举行启动仪式。

16 日

▲ 2017 潇湘少年榜创文大赛决赛衡阳赛区比赛在衡阳市 47 个考点举行，7000 余名中小学生赶考，大赛选出 500 余名全省一等奖，这是湖南省历年来规模最大的一次创文大赛。

19 日

▲ 省委常委、常务副省长陈向群就推进五矿有色金属控股铜铅锌产业基地项目建设相关问题到衡阳现场办公。

▲ 市人大常委会和湖南大学课题组在衡阳社召开“衡阳建设省域副中心城市”座谈会。

▲ 衡阳市召开全市无证无照经营综合治理工作会议，会议要求，确保全市经营户亮照经营率达 95% 以上，无证无照经营户数控制在 4% 以内。

19—20 日

▲ 省政协副主席张大方前往耒阳市和常宁市，就“加快发展湖南省有色金属固体废弃物循环利用产业”进行调研。

20 日

▲ 省委常委、省委组织部部长王少峰到衡阳，前往企业车间、基层社区调研。

20—21 日

▲ 省政协副主席袁新华一行到衡阳开展“优化非公经济发展法治环境”专题调研。

▲ 衡阳市 2017 年“跨境引领 · 互利共赢”政银企融资对接座谈会召开。

21 日

▲ 省委常委、省委宣传部部长蔡振红到衡阳考察宣传思想文化工作。

▲ 全国部分省市惩治外流贩毒警务协作座谈会在祁东县召开，湖南、湖北、广东、广西、贵州、云南六省区联手整治外流贩毒。

▲ 中国计生协“生育关怀携手行——计生困难家庭发展生产致富”项目培训班暨经验交流会

在耒阳市召开。

22 日

▲ 2017 年衡阳市第十二届体育舞蹈锦标赛暨城市邀请赛在市体育馆举行，来自北京、上海、广州、深圳等全国 25 个城市、59 支代表队、近 1800 名运动员展开角逐。

24 日

▲ “港洽周”衡阳市招商专场——衡阳市投资环境（衡阳综合保税区专题招商）推介会暨重大项目签约仪式在深圳举行，现场签约 37 个重大项目，总投资额 256.96 亿元，总引资额 256.46 亿元。

▲ 第十三届全国见义勇为英雄模范表彰大会在北京人民大会堂召开。耒阳籍在校大学生曹承全获“全国见义勇为模范”称号。

▲ 世界五百强企业中建集团下属香港上市公司——中建兴业集团有限公司与珠晖区正式签约，双方就酃县故城遗址保护建设及文化旅游综合开发项目建设达成共识，中建兴业集团有限公司拟投资 100 亿元，对酃县故城遗址保护建设及文化旅游进行综合开发。

24—25 日

▲ 市委书记、市人大常委会主任周农在香港会见建滔化工集团董事局主席张国荣和天洋控股集团董事局主席周政。

▲ 国家林业局湿地保护管理中心验收评估专家组一行到衡东县，对衡东洣水国家湿地公园试点建设进行验收评估。

25 日

▲ 市人民检察院驻市公安局检察联络室正式挂牌成立，这是全省首家驻市级公安机关的检察联络室。

▲ 市委书记、市人大常委会主任周农率衡阳市代表团在香港参加湖南省举办的省政府与香港工商界知名人士恳谈会及重大项目签约仪式。在此次 2017 “港洽周”上，衡阳市共推出 132 个项目，共现场签约项目 42 个，总投资额 296.94 亿元，总引资额 292.44 亿元。

27 日

▲ 衡阳市庆祝“五一”国际劳动节暨“衡州工匠”展示会在市广电中心举行，会议表彰一批全市各行各业、各条战线涌现出来的先进劳动者和先进劳动集体。

▲ 湖南省 2016 年度最严格水资源管理考核（衡阳市）意见反馈会召开，省考核组对衡阳的工作给予肯定。

▲ 衡钢职工医院正式更名为衡阳市中医医院南院。

27—28 日

▲ 省人大常委会副主任李友志率省人大调研组到衡阳，就衡阳市民办教育事业发展、制定出台湖南省贯彻民办教育促进法实施细则、衡阳市计划生育特殊家庭特别是失独家庭扶助关怀工作进行调研。

是月

▲ 上海市湖南常宁商会正式成立，首批 170 余家企业入会。

▲ 2016 年度中国地市报新闻摄影作品评选结果揭晓，衡阳日报社 8 幅作品获奖。

▲ 湖南财工院首个现代学徒制班——“智云现代学徒制班”正式开班。这是湖南财工院与湖南智云能源科技有限公司共同开展的现代学徒制试点项目。

▲ 市委统战部、市工商联、市旅游外侨民宗局等部门联合举办异地衡阳商会恳亲会，来自安徽省湖南商会、泉州市湖南商会、福州市湖南商会、广东湘籍企业家商会以及北京、上海等市 30 余家衡阳商会负责人参加。这是衡阳市连续 3 年举办类似活动。

▲ 南华大学与澳大利亚国立大学近日在堪培拉签署谅解备忘录，拟在核聚变能源技术等方面展开深度交流与合作。

▲ 中国教育国际交流协会公布“高端技能型、应用型人才联合培养百千万交流计划”2017 年度中方项目院校的遴选结果，湖南财经工业职业技术学院成功入选，是湖南省唯一入选的高职院校。

▲ 国家级服务业标准化试点项目考核专家组通过对衡阳衡钢鸿华物流有限公司物流服务标准化的综合验收，至此，衡阳市拥有湖南省首家物流服务标准化企业。

▲ 中国成人教育协会公布“2016 年全民终身学习活动周先进单位”名单，衡阳市再次获“全民终身学习活动周优秀组织奖”。这是衡阳市连续 5 年获得该项荣誉。

5 月

2 日

▲ 市残疾人孵化基地、高新

区残疾人日间照料中心、青峰社区老年人日间照料中心三家机构正式在高新区华兴街道青峰社区老年人服务中心揭牌运营。这是衡阳市首家以社区为依托、集老年人和残疾人日间照料、托养、康复、就业（残疾人）等为一体的综合性服务机构。

3日

▲ 市委书记、市人大常委会主任周农率队前往各城区，对中央环保督察组交办的问题线索以及衡阳市排查出来的环保突出问题进行现场督查。

▲ 市委首次县级巡察工作现场推进会在衡东县召开。

4日

▲ 2017年“湖南好人”于4月评选正式揭榜，共有31人入选。其中，衡阳市有两人上榜，南岳区樟树桥村村民李梅英、蒸湘区国税局干部周启当选为“助人为乐”好人。

5日

▲ 第38届湖南省青少年科技创新大赛在衡阳市八中开幕，来自全省14个市州的400名青少年选手、2200名观摩代表参加。

▲ 2017年中华茶祖节·南岳茶文化节——祭茶大典在南岳大庙举行。

6日

▲“和美雨母·与爱同行”衡阳市第三届市民徒步大会暨蒸湘区美丽乡村生态旅游节在雨母山风景区举行。

7日

▲ 工业和信息化部原党组成员金书波率队到衡阳，调研制造业和中小企业发展情况。

8日

▲ 市人民检察院驻市环境保护局检察室正式挂牌成立。这是全省首个由市（州）级检察院向环保局派驻的检察室。

9日

▲ 市人民检察院联合石鼓区人民检察院在市田家炳实验中学成立衡阳市首个“未成年人法治教育基地”。

10日

▲ 省人大常委会副主任陈君文率队到衡阳，前往衡南县调研该县人大常委会开展预算联网监督工作，并就《关于预算审查前听取人大代表和社会各界意见建议的若干规定（草案）》征求市县人大的意见建议。

▲ 衡东县第四届土菜文化旅游节之“洣江枇杷熟了”开园仪式在衡东县高湖镇洣江生态园举行。

13日

▲ 2017年全国蹦床锦标赛暨第十三届全运会蹦床预赛在市体育中心启幕，来自全国的13支代表队、200余名运动员参加，比赛为期3天。

▲ 2017年全国蹦床锦标赛暨第十三届全运会蹦床预赛女子团体和男子团体决赛在衡阳落幕。其中，山西代表队和广东代表队分获男子团体和女子团体决赛金牌。

17日

▲ 全国政协常委、全国政协人口资源环境委员会主任、中国林业产业联合会会长贾治邦到衡阳调研油茶产业发展情况。

▲ 湖南农业大学国家新农村发展研究院与衡山县紫冠生态农业有限公司联合组建的“衡山冬枣特色产业基地”正式挂牌。

▲ 省政府法制办到衡阳市督导行政执法三项制度试点工作。

17—19日

▲ 雁峰区人民法院公开开庭审理被告人莫某等15人涉嫌组织考试作弊罪一案。本案系组织考试作弊入刑后湖南法院审理的首起组织考试作弊案。

18日

▲ 衡阳油茶产业发展座谈会举行油茶产业扶贫暨银企签约仪式。

19日

▲ 市委书记、市人大常委会主任周农主持召开各县（市）区委书记座谈会，学习传达省委书记杜家毫，省委副书记、省长许达哲等省领导在全省市州委书记座谈会上的讲话精神。

▲ 第十一届制造业与物流业联动发展年会在衡阳举行，中国交通运输协会授予衡南县“中国物流之乡”牌匾。

20日

▲ 住建部专家到衡阳，指导衡阳市创建国家园林城市工作。

23日

▲ 中国当代著名作家、文化部原部长王蒙作客石鼓书院大讲坛·国学讲座，主讲《文化与自信》。

24日

▲ 2017年全国“最美家庭”揭晓会在北京人民大会堂召开。其中，湖南省30户家庭当选全国“最美家庭”，衡阳市衡东县洣水镇廖先悟家庭、雁峰区贺朝阳家

庭上榜。

▲ 市人大常委会召开全市环境状况和环境保护目标完成情况专题调研集中汇报会暨“衡阳环保世纪行”活动动员会。

25 日

▲ 市委书记、市人大常委会主任周农前往祁东县地处偏远、全市贫困人口最多的步云桥镇和全市最贫困的乡镇之一凤歧坪乡调研脱贫攻坚工作。

▲ 衡阳市举办创建全国文明城市网上资料申报培训会。来自全市 69 家相关单位，共计 80 余人参加此次培训会。

27 日

▲ 2017 年衡阳市“我们的节日·端午”朗诵会暨“鼓舞衡东”锣鼓大赛在衡东洣江广场举行。

▲ 石鼓区成立全省首支金融打非宣传志愿者服务队。

30 日

▲ 珠晖区东阳渡镇的双水湾休闲文化园举办首届龙舟赛，当地 500 余名村民参与，数千位游客进园观赛助威。

31 日

▲ 由省纪委副书记汤军任组长的省委、省政府脱贫攻坚督查组到衡阳，对衡阳市脱贫攻坚工作进行专项督查。

▲ 市政府召开全市突出环境问题信访件整改落实和重点企业复工复产督查督办工作部署会。

是月

▲ 祁东县选派 55 名贫困村“第一书记”集体进村就职。

▲ 工信部正式批复衡阳纳入长株潭“中国制造 2025”试点示范城市群。

▲ 公安部组织的“我心中的警察英雄”网络推选活动结果揭晓，市公安局雁峰分局广场派出所副所长吉湘林被授予特别奖。

▲ 国家旅游局 12 家金融机构发布《2017 年全国优选旅游项目名录》，湖南 28 个旅游项目入选，其中衡阳有 2 个，分别为罗荣桓故里旅游区、衡山西游洞天旅游区。

6 月

2 日

▲ 省人大常委会副主任、民进湖南省委主委谢勇前往南岳区、衡山县，对民进全国会史教育岳云基地改造情况进行专题调研。

▲ 纪念唐群英逝世 80 周年研讨会在衡山县召开。

5—6 日

▲ 衡阳市迎来 2017 年入汛后最强一次降雨过程，其中最大点降雨量在衡山县贺家乡，为 102 毫米。

8 日

▲“欢乐潇湘·幸福衡阳”“大美衡阳·我们的节日”衡阳文化遗产宣传周启动仪式暨神韵飘香衡阳市优秀“非遗”剧（节）目专场展演在莲湖广场举行。

▲ 衡阳市举办“衡阳记忆·兰台颂歌——档案与文明同行”大型文艺会演。

▲ 湖南主要畜禽监测调查工作现场经验交流会议在衡阳召开。衡阳市主要畜禽监测调查工作经验得到国家统计局肯定，在全国、全省推广。

9 日

▲ 手机版“12345”——“掌上衡阳”客户端网络问政平台正式上线。

▲“欢乐潇湘·幸福衡阳”暨“喜迎十九大·建设新衡阳”2017 衡阳市新人新歌大赛在市广电中心落幕。

▲“首届中国报业版权大会”在北京召开。衡阳日报社获“2016—2017 中国报业版权工作先进单位”称号。

▲ 衡阳市在湘江东岸汽车码头举行“四大家鱼”人工增殖放流活动，970 万尾优质鱼苗被投放于湘江。

10 日

▲ 由省禁毒委主办，省禁毒办、衡阳市禁毒委承办的“禁毒之声——唱享健康”主题活动在衡州小学演播厅举行。

11 日

▲ 珠晖区在全市率先启动精准健康扶贫家庭医生签约项目。

▲ 衡阳市建筑工程高支模脚手架坍塌事故应急演练暨 2017 年“安全生产月”活动启动仪式在来雁新城松梅改造安置房工程施工现场举行。

13 日

▲ 国家旅游局公示第二批国家级旅游业改革创新先行区名单，南岳区入围该“国字号”名单，并与平江县一起成为湖南省首批入选国家级旅游业改革创新先行区单位。

▲ 以有竹隆佐为团长的日本德岛县群众体育代表团一行 80 余人到南岳区进行友好交流访问。

14 日

▲ 湖南盐业股份公司衡阳市分公司（简称衡阳盐业）与中国邮政集团公司衡阳市分公司（简称衡阳邮政）签署战略合作协议，加强融合发展。

15 日

▲ 市中心汽车站将全面实行长途客运实名制管理。

▲ 2017 年度“好声音讲坛‘讲话精神’进基层”百姓微宣讲大赛决赛举行，衡阳县柏灿璨以 95.2 分的成绩夺冠。

15—16 日

▲ 市委书记、市人大常委会主任周农率衡阳市党政代表团赴湘西自治州花垣县开展对口帮扶工作，落实对口帮扶承诺，推动两地交流合作。湘西州委书记叶红专一同参加。

16 日

▲ 中国石化湖南衡阳石油分公司举行主题为“探秘智慧能源”的公众开放日活动。

17 日

▲ “中国曲艺之乡”祁东县举行“文化和自然遗产日”主题宣传活动。

19 日

▲ 全市领导干部大会召开。受省委委托，省委组织部常务副部长胡伯俊宣布省委关于衡阳市政府主要领导同志职务调整的决定：郑建新任衡阳市委委员、常委、副书记，提名为政府市长候选人；周海兵任省交通运输厅厅长、党组书记，不再担任衡阳市委副书记、市长职务。郑建新发表履职讲话。

▲ 合江套湘江隧道累计掘进 635.1 米，穿过最低点，完成南线隧道下坡段掘进施工并顺利完成盾构机的“抬头”动作，开始向南线盾构段上坡段继续掘进。

20 日

▲ 南岳召开全域旅游推进会并举行万人签名活动，

▲ 衡阳市地方税务局全面推行“三项制度”（行政执法公示制度、执法全过程记录制度、重大执法决定法制审核制度）试点工作会议召开。

21—22 日

▲ 市委书记、市人大常委会主任周农率衡阳市代表团赴北京对接央企，开展招商引资活动。周农先后会见中核集团公司董事长、党组书记王寿君，中油金鸿能源投资股份有限公司董事长陈义和，中国五矿集团公司总经理、党组副书记兼中冶集团董事长、党委书记国文清，实地考察三家央企并与企业高管座谈。

21—24 日

▲ 市委书记、市人大常委会主任周农率衡阳市代表团进京，参加“落实‘一带一路’高峰论坛精神，央企入湘对接暨衡阳市投资推介会”。签约重点项目 23 个，总投资额 727 亿元人民币。

22—23 日

▲ 市委书记、市人大常委会主任周农在北京参加央企入湘对接暨衡阳投资推介会活动期间，先后会见中国建筑一局（集团）有限公司董事长罗世威、中国健康产业基金管理公司董事长梁雨、广通汽车制造股份有限公司董事长徐际华、银泰股份有限公司董事长、总裁程少良。

23 日

▲ 衡阳市召开 2017 年年轻干部挂职锻炼工作会议。

▲ 湖南省互联网消费教育活动“进商厦”启动仪式在莲湖广场举行。

26 日

▲ “禁毒之声——畅享健康之万人诵读禁毒三字经”主题活动在衡州小学举行。

27 日

▲ 省发改委调研组赴衡阳市调研供给侧结构性改革工作，并召开省委全面深化改革中期督察汇报会。

28 日

▲ 衡东县正式公布乡镇政府权力清单，成为衡阳市首个公布实施“乡镇权力清单”管理的县（市）区级政府。

29 日

▲ 省委副书记乌兰到衡阳，前往衡山县调研“两学一做”学习教育，为开云镇山竹村广大基层党员讲党课。

▲ 副省长张剑飞到衡阳，专题调研华菱衡钢推进供给侧结构性改革工作。

▲ 市十五届人大常委会举行第三次会议。会议接受周海兵辞去市人民政府市长职务、何录春辞去副市长职务的请求，决定任命郑建新为市人民政府副市长，并决定其为代理市长。会议还决定任命彭玉明为市人民政府副市长。

▲ 2017 年全国食品安全宣传周（衡阳）活动在衡阳县启动。

29—30 日

▲ 省政协副主席胡旭晟就

“优化非公经济发展法治环境”主题前往常宁市视察，调研澳门殷理基湖南公司在衡阳油茶产业发展相关情况。

30日

▲ 2017年衡阳市“小升初”船山实验中学和成章实验中学微机派位举行，全市9680名小学毕业生参与派位。

▲ 衡阳市庆祝中国共产党成立96周年大会在市政府会议中心举行。

是月

▲ 衡阳县种植金槐3733公顷，成为湖南省面积最大、最集中、品质最好的金槐种植基地。

▲ “营口—珠海—衡阳”北粮南运海铁大通道正式开通运行。

▲ 衡阳市着力加快现代农业产业园建设，推进三次产业融合发展。截至本月，全市获得省级认定的综合产业园10个、特色产业园27个，已累计完成投资58.9亿元，建设核心区5.36公顷。

▲ 衡阳师范学院功能金属材料院士专家工作站被确定为“湖南省院士专家工作站”。

▲ 中华全国妇女联合会对维护妇女儿童权益的先进单位和先进集体予以表彰，市司法局获全国维护妇女儿童权益先进集体称号。

7月

1日

▲ 自本日起，衡阳市失业保险金标准相应调整、提高，市本级及“五区”为1088元/月；“五县二市”为961元/月。

2日

▲ 市委、市政府召开迎战湘江超保证水位紧急调度视频会议，决定从7月2日22时至7月4日24时，各县（市）区、相关部门主要负责人全部上堤指挥、带头巡查。

3日

▲ 副省长向力力前往衡阳市防汛抗灾一线检查指导工作。

4日

▲ 1时13分，湘江洪峰通过衡阳。据监测，洪峰过境时，湘江衡阳站水位58.86米，超警戒水位2.36米，超保证水位0.86米，流量16100立方米每秒。据统计，截至7月4日22时，6月24日以来的强降雨造成全市12个县（市）区3个工业园区185个乡镇（街道）受灾，受灾人数74.7878万人，紧急转移38891人，需紧急生活救助24166人，需过渡性救助1980人。全市种植业累计受灾面积79.06万公顷，成灾面积6.75万公顷，绝收面积2.5万公顷，农房倒塌1952间，农房严重损坏1661间；自6月22日以来，全市共发生或出现地质灾害灾（险）情共429起；水利设施直接经济损失2.8005亿元，全市总直接经济损失16.49亿元。

6日

▲ 衡阳市召开非煤矿山整顿整治工作推进会。

▲ 市政协新闻出版界别委员工作室在衡阳日报社正式揭牌，“委员帮帮帮”网上服务平台同时启动。

7日

▲ 市委全面深化改革领导小组第十五次会议召开。

8日

▲ 衡阳市经济学会2017年年会在衡阳技师学院召开，主题为“衡阳市区域中心城市建设、工业4.0与地方经济”。

11日

▲ 市纪委派驻机构全覆盖工作会议召开，27家市纪委派驻纪检组揭牌成立。

▲ 衡山科学城2017新能源新材料（军民融合）专题招商推介会在衡山科学城举行。

12日

▲ 市教育局中招办对全市城区11649名初三毕业生进行网上录取，现场8036人顺利升入普通高中。

▲ 国家工商总局商标局衡阳商标受理窗口正式启用。

13日

▲ 湖南省贯彻落实国家禁毒委系列会议精神暨缉毒执法工作现场推进会在衡阳市举行。

14日

▲ 市十五届人大常委会第四次会议首次审议衡阳市第二部地方性法规——《衡阳市城市市容和环境卫生管理条例（草案）》。

▲ 市农委联合市蔬菜研究所将1600公斤蔬菜救灾储备种子送到城区各蔬菜基地，并对农户进行改种技术指导，帮助受灾蔬菜基地开展灾后生产自救。

▲ 衡阳县被全国爱卫会正式命名为“国家卫生县城”。

15日

▲ 中国·衡山2017（第四

届）乡村生态旅游节暨第四届白果黑提旅游文化节在衡山县白果镇开幕。

18 日

▲ 全市文明餐桌行动推进会召开。

▲ 市政府召开安全生产警示约谈会，4 家单位企业因安全生产问题被约谈。

19 日

▲ 市道德模范巡讲活动启动仪式暨雁峰区专场活动启动。

▲ 湖南吉百安电子科技有限公司开始试生产，成为衡山科学城首家试产的北斗技术电子企业。

20 日

▲ 市科协第十次全市代表大会开幕。

▲ 继桑谷配药医疗机器人落户衡山科学城后，肺癌靶向电磁导航医疗机器人项目在衡山科学城正式签约。

21 日

▲ 全市科技创新大会召开。

23 日

▲“2017 中国·衡阳乡村生态旅游节暨相约珠晖采梨乐”系列活动在珠晖区茶山坳镇堰头村金甲梨园启幕。

24 日

▲ 建军 90 周年暨“双带双促”先进典型表彰大会在衡阳警备区召开。

25 日

▲ 湖南省现实题材美术创作工程美术精品展在衡阳巡展在市博物馆举办。

▲ 322 名第六届全国道德模范候选人开始公示，耒阳市公安局民警匡兵与未婚妻温琦华上榜。

▲ 第十届中韩青少年体育交流活动（第一阶段）在韩国蔚山广域市举行，衡阳市组织以市委常委、市委宣传部部长刘丽华任团长的 75 人体育代表团，参加在韩国举行的体育文化交流活动。

26 日

▲ 衡阳市组织领导干部集中收看政论专题片《将改革进行到底》。

▲ 市委副书记、新当选的市政府市长郑建新在市十五届人大二次会议闭幕式上发表履职感言。

▲ 大唐华银电力股份有限公司耒阳分公司举办以“清洁能源，点亮未来”为主题的第十一届企业开放日活动。

27 日

▲ 武警衡阳市支队召开深入推进练兵备战暨正规化建设现场会。

▲ 衡阳市召开 2017 年早稻收购工作会，传达全省早稻收购工作会议精神，分析粮食购销形势，部署全市 2017 年的早稻收购工作。

▲ 住建部发布《关于拟公布第二批全国特色小镇名单的公示》，拟将全国 276 个镇被认定为第二批全国特色小镇，其中衡阳市珠晖区茶山坳镇入围。

28 日

▲ 市委副书记、市长郑建新会见中国 PPP 基金总经理刘隆文，湖南航天管理局党委委员、副局长宋卫武，航天凯天环保科技股份有限公司总裁叶明强一行，双方就 PPP 项目合作事宜进行深入交流。

▲ 市公安局特巡警支队、武警衡阳市支队联合进行城市武装巡逻，衡阳市第一台“剑齿虎”多功能装甲防暴车首次上岗。

▲“欢乐潇湘·大美南岳”2017 南岳全域旅游文化节暨群众文艺汇演决赛在松麓街开场。

是月

▲ 2016 年度中国城市党报新闻（副刊）奖评选揭晓，衡阳日报社选送的作品有 20 件获奖，其中一等奖 3 件、二等奖 4 件、三等奖 10 件。由衡阳日报社与衡阳市城建档案馆联合出品的《衡阳老地名的故事》被评为新闻名专栏，为全省唯一获奖专栏。

▲ 由农业部、全国农学会、省、市农委组织的全国外来入侵物种“福寿螺”灭除工作现场会议在衡南县举行，来自全国农业系统的专家学者参观学习“衡阳经验”。

▲ 市重点工业项目——衡阳建衡实业年产 5 万吨高效净水剂生产项目开工建设。

▲ 衡阳市对农村低保清理和社会保障兜底脱贫认定工作再次复核。截至本月，全市农村低保对象由 28.3 万人下降到 15.4 万人。

▲ 2000 辆摩拜单车投入衡阳市场，衡阳是摩拜在湖南进驻的第三个城市。

▲ 市纪委派驻机构全覆盖工作会议召开，27 家市纪委派驻纪检组揭牌成立，实现对 77 家市一级党和国家机关派驻全覆盖。

▲ 深圳壹车族商业管理有限公司衡阳分公司——聚诚车行落户高新区芙蓉路 24 号，开启衡阳小汽车“以租代购”新模式。

8月

1日

▲ 市委书记、市人大常委会主任周农主持市委中心组（扩大）集中学习，专题传达学习习近平总书记在省部级主要领导干部专题研讨班开班式上的重要讲话精神。

2日

▲ 省科技厅率专家组对衡阳国家农业科技园区创建工作进行验收，并给出“现场考察优秀”的评价。

▲ 衡阳市召开行政执法三项制度推进会暨2017年法治政府建设工作会议。

3日

▲ 北京第三届大学生中华老字号创意创新创业大赛全国总决赛，南华大学、湖南高铁职业学院的“礼好衡阳”“多功能铁路轨底坡速测仪”两项目获大赛一等奖，南华大学的“蔚来文化”项目获大赛三等奖。市科技创新创业服务中心获“最佳组织”奖。

4日

▲ 全市重点建设战线“职工喜迎十九大，劳动创造新衡阳”劳动和技能竞赛在富士康衡阳蔡伦科技园启动，省总工会副主席周乐红等出席活动。

4—5日

▲ 市委副书记、市长郑建新率市党政代表团赴新疆维吾尔自治区鄯善县，考察对口援疆工作。

5日

▲ 中国·衡山2017第四届乡村旅游节在岭坡乡朝圣村开幕，上万名游客前往赏荷。

8日

▲ 市委书记、市人大常委会主任周农前往雨母山镇，调研景区及美丽乡村建设。

▲ 市高新区邀园区26家企业召开“发展工业地产推进会”。

9日

▲ 省第十三届运动会暨省第十届残疾人运动会衡阳筹备委员会召开第一次会议。

▲ 2017年“我爱足球”中国足球民间争霸赛衡阳赛区复赛，在市体育中心7号足球公园开幕。

10日

▲ 位于衡南县云集镇车江片区金盘村的衡阳梦东方旅游重点项目举行开工奠基仪式。

▲ 市司法局联合市编办召开全市公证机构体制改革推进会。

11日

▲“文明城市创建，非公企业在行动”——“关爱环卫工，炎热送清凉”活动启动仪式在太阳广场举行，2200份防暑降温物品被分送到4个城区的环卫工人手中。

▲ 全省市州科协服务企业创新工作推进会暨2017年湖南省科技信息企业推广应用服务项目中期评估会在衡阳举行。

12日

▲ 省委常委、省委组织部部长王少峰到衡阳调研信访工作和城市基层党建工作。

13—14日

▲ 省委副书记、省长许达哲到衡阳，先后前往常宁市、雁峰区、高新区、珠晖区、耒阳市，调研园区建设、环境保护、军民融合发展及安全生产等各项工作。

14日

▲ 中共中央政治局常委、全国人大常委会委员长张德江一行到湖南检查工作路过衡阳并视察警卫工作。

14—15日

▲ 全市脱贫攻坚工作现场推进会在衡阳县召开。

14—18日

▲ 第32届全国青少年科技创新大赛在杭州举行。衡阳市一个创新项目获得“优秀创意奖”，这是衡阳市首次在该大赛的创意项目中获得全国奖项。

15日

▲ 市委书记、市人大常委会主任周农先后前往高新区建筑工地、雁峰区岳屏广场、珠晖区粤汉街道丰收农贸市场、石鼓区青山街道、蒸湘区红湘街道联合新村社区，考察全国文明城市创建工作。

▲ 衡阳市召开全市文艺创作工作座谈会。

16日

▲ 市政府召开社区“三清三建”现场推进会。

▲ 市政协历届委员联谊会第一次会员大会暨成立大会召开。

▲ 中国创伤救治联盟、上海金汇通用航空股份有限公司分别与南华大学附属第一医院签订项目协议并进行“衡阳创伤救治中心基地”“直升机医疗救援保障单位基地医院”的授牌，这标志着湘南首家空中医疗救援基地正式落户衡阳。

▲ 衡东第四届土菜文化旅游节新闻发布会在长沙举行。

▲ 衡阳公安监管由“看守管理型”向“学习教育型”转型改

革研讨会暨戒毒网络大电影《花儿的故事》开机仪式，在市第一强制隔离戒毒所举行。

▲ 常宁市廉政教育剧本《“九总”辞官》在帝煌大酒店正式演出，系全国首创运用非物质文化遗产曲艺——“瑶族谈笑”为载体，利用瑶族语言和常宁地方方言等制作的一部廉政教育话剧。

17 日

▲ 衡阳市召开维护医疗秩序创建“平安医院”工作推进会。

▲ 市慈善工作协调小组扩大会议召开，2017 年“慈善一日捐”活动启动。

18 日

▲ 王一集团组织开展“慈善一日捐”活动，公司全体员工共捐出爱心款 5.3 万余元。这是王一集团连续三年开展“慈善一日捐”活动。

▲ 全市自然保护区环保突出问题整改工作调度会在衡阳县界牌镇召开。

▲ 耒阳市蔡伦竹海旅游发展有限公司与湖南嘉景国际旅行社、郴州假期旅行社达成战略合作协议并授牌。

▲“衡东乡村旅游季”暨“三樟黄贡椒节”在衡东县三樟镇油麻田黄贡椒采摘园开启，上万游客前往采摘、购买、品尝黄贡椒。

21 日

▲ 市委书记、市人大常委会主任周农前往松木经开区调研。

▲ 衡阳市利用“湖南非税移动缴费”平台，开通湖南财经工业职业技术学院、湖南高速铁路职业技术学院、衡阳技师学院三所市属高校微信缴学杂费功能。

▲ 衡东县第四届土菜文化旅游节圣火采集仪式在南岳祝融峰景区举行。

▲ 国务院安委办安全生产大检查衡阳汇报会召开。

▲ 衡阳市首次举办信用贷款银企签约会。

22—23 日

▲ 省民政厅检查组到衡阳检查衡阳市民政重点工作。

22—24 日

▲ 省农委督查组到衡阳专项督查衡阳市畜禽无害化处理工作。

23 日

▲ 衡阳对接沪商入湘投资联盟暨招商推介会举行。

▲ 2017 年“放飞梦想·香江给力”慈善助学活动在王一集团香江艺术馆举行，现场的 50 名寒门学子代表每人领取助学金 3000 元，此次活动共资助全市 100 名寒门学子。

24 日

▲ 全市推进行政许可标准化会议召开。

▲ 由民建衡阳市委和衡州监狱共同开展的“为了花朵的微笑·大爱暖衡州”联合帮扶公益活动启动仪式在衡州监狱举行，20 名衡州监狱服刑人员的子女受到帮扶。

▲ 全市健康扶贫工作现场推进会在祁东县召开。

24—25 日

▲ 省委信访督查组前往衡阳县、衡东县督查督办衡阳市信访工作。

25 日

▲ 本日是全国第一个“残疾预防日”，衡阳市举办以“推进残疾预防，建设健康中国”为主题的宣传教育活动。

▲ 衡阳工业博物馆展陈方案最终评审会召开。

26 日

▲ 雁峰区政府与世界 500 强企业——保利集团签订战略合作协议，标志着总投资 150 亿元的南湖生态新城项目落户该区南湖公园片区。

▲ 2017 衡阳·雁峰“金钟杯”首届公路自行车赛暨捷安特自行车嘉年华活动在雁峰区南湖公园开幕。

27 日

▲ 中国·衡山 2017 年（第四届）乡村生态旅游节暨“梦幻西游记·浪漫花果山”主题活动在衡山县白果镇花果山景区开幕。上万名游客前往花果山景区观景。

28 日

▲ 市委副书记、市长郑建新赴衡阳县，就安全生产进行暗访督查。

29 日

▲ 省高级人民法院二审开庭审理一宗行政诉讼案，二审上诉人（一审被告）衡阳市人民政府高度重视此案开庭审理，市委副书记、市长郑建新专门委托分管该项工作的副市长彭玉明出庭应诉。这是 2015 年《行政诉讼法》修订后正式实施以来，衡阳市首次出现市级领导出庭应诉同类诉讼案件。

▲ 衡阳市“植优补短”政银企对接会第十场——湖南省农村

信用社联合社衡阳办事处专场顺利举办，辖内9家行社为45家企业签约授信17.07亿元。这是2017年来签约企业最多、签约金额最高的一次银企对接会。

30日

▲ 市政协召开“优化非公经济发展法治环境”专题协商会议。

▲ 衡阳市召开住建领域环保督查整改落实暨耕地占补平衡工作调度会。

▲ 中国农业科学院蔬菜花卉研究所原所长、研究员、中国工程院院士方智远率中国农业科学院蔬菜花卉研究所副所长、研究员张友军、湖南省农科院蔬菜研究所所长、研究员马艳青到衡阳调研“发展特色农业”情况。

▲“‘数字衡阳’市县一体化建设南岳项目”通过专家验收。

▲ 市政府办会同市委宣传部邀请衡阳市宣传、文化、文物、规划、在衡高校等相关部门负责人和一批本土文史研究者召开座谈会，探讨衡阳市历史文化研究和利用方略。

31日

▲ 全市脱贫攻坚常态化联点督查培训班在市委党校开班。

▲“欢乐潇湘·幸福衡阳”“喜迎十九大·建设新衡阳”大型群众文艺汇演复赛在衡阳广电中心启幕，共有16个具有衡阳地方特色的优秀群众文艺节目，最终13个精彩节目进入湖南省决赛。

8月31日—9月1日

▲ 副省长何报翔到衡阳，调研衡阳市开放崛起及全域旅游基地建设工作。

是月

▲ 衡阳市罗立人等36名学员获“湖南省优秀农民大学生”称号。2005—2016年，衡阳市已培养农民大学生8318人。

▲ 湖南省“两学一做”微视频·微动漫创作竞赛活动评选结果揭晓，衡阳市委组织部获全省唯一一个优秀组织奖。

▲ 市建衡实业和长沙理工大学合作完成的科研项目《年产20万吨铝盐产品节能减排提质增效技术产业化》获市科技进步一等奖。

▲ 省文明办考察组到衡阳对申报第一届全国“文明校园”的环城南路小学和市八中进行实地考察。

▲ 衡阳市的中央储备粮衡阳直属库新库区（本库点）等25个早稻最低收购价指定收储点正式开仓，启动2017年的早稻最低收购价收购工作。

▲ 衡阳市全面实施企业产品和服务标准自我声明公开制度，实施20余年的企业产品标准“备案制”宣告终结。

▲ 市公安局环食药犯罪侦查支队与珠晖分局联合破获衡阳市首例特大非法处置医疗废物污染环境案。现场查缴各类医疗废物混合物14吨，捣毁非法生产处置窝点2个，5名犯罪嫌疑人被采取刑事强制措施，4人被行政拘留，涉案价值达100余万元。

9月

1日

▲ 市委书记、市人大常委会主任周农先后前往常宁市、衡南县，开展中央环保督察组反馈问题整改工作督查。

▲ 市委副书记、市长郑建新与蓝思科技董事长周群飞、总经理郑俊龙及京武集团董事长谢鹏程举行会谈，就深圳市京武投资（集团）有限公司与蓝思科技股份有限公司共同开发南岳旅游项目相关问题进行磋商。

3日

▲ 在第十三届全运会男子三级跳远决赛中，衡阳籍选手董斌以17.23米的成绩夺冠。这是此次全运会田径项目首块金牌，也是12年以来，近三届全运会中衡阳籍选手获得的第一枚金牌。

4日

▲ 全市脱贫攻坚工作调度会召开。

▲ 中国（衡阳）跨境电商人才培养教育论坛在衡阳师院开讲。

5日

▲ 衡阳市创建全国文明城市工作调度会召开。

6日

▲ 市直机关第十届职工运动会开幕式在市体育中心篮球馆举行。来自市直各单位的78支参赛队伍，3400余名运动员参赛。

▲ 衡阳市2017年“全国科普日”暨中国流动科技馆第二轮全国巡展湖南省活动正式启动。

▲ 湖南水利工程电子招投标系统正式在市公共资源交易中心启动。成为衡阳市水利工程同时也是工程建设类全程电子化交易第一单。

6—7日

▲ 全市人大代表扶贫工作基地现场推进会在常宁市召开。截

至本日，全市已建立人大代表扶贫工作基地100个，辐射带动贫困户8531户共30653人走上脱贫之路。

6—8日

▲ 中核集团党组书记、董事长王寿君率考察团到衡阳，先后前往白沙洲工业园、白沙绿岛军民融合产业园、市中心医院新院、二七二铀业、宏华公司、南华大学实地调研，考察衡阳市军民融合深度发展、产学研合作，以及投资等情况。

7日

▲ “欢乐潇湘，和美蒸湘”暨“喜迎十九大，共创文明城”群众文艺会演总决赛在市广电中心上演。

8—10日

▲ 香港东区筲箕湾柴湾社团领袖交流团一行到衡阳访问交流。中央政府驻港联络办港岛工作部部长吴仰伟等出席交流活动。

9日

▲ 省市文艺工作者召开《衡岳作家群研究》作品鉴会，该书系衡阳师范学院文学院团队历时八年创作而成。

10日

▲ 湖南省道教协会第一届玄门讲经比赛暨2017届南岳坤道学院大专班开学典礼在南岳坤道学院举行，来自全省各地州市道教协会推荐的15名道长参加讲经比赛。

▲ 形成于20世纪末的“江东农贸市场”被彻底拆除清场关停。

12日

▲ 市委副书记、市长郑建新专题调度全市爱卫工作暨迎省级卫生城市复审工作。

▲ 衡阳市2017年“质量月”活动启动仪式暨质量管理知识讲座在市质监局举行。

12—13日

▲ 国际议题“机构在老年大学发展中的作用”专题研讨会在衡阳市召开。全国政协委员、中国老年大学协会会长、《求是》杂志原总编张晓林，广州市政协原主席、中国老年大学协会副会长林元和，省政协原副主席、省老年大学协会会长游碧竹等出席会议。

13日

▲ 由中建一局承建的合江套湘江隧道盾构南线顺利贯通。

13—14日

▲ 省委副书记乌兰率到衡阳，先后前往耒阳市、常宁市、衡南县调研衡阳市油茶产业发展及产业扶贫情况。

15日

▲ 住建部考查组到衡阳，对衡阳市创建国家园林城市进行实地考查。

16日

▲ 深圳市衡阳商会第二届会员大会暨建设美丽新衡阳招商引资动员会在深圳市举行。

19日

▲ 在衡阳市举行的“植优补短”政银企对接会上，交通银行衡阳分行与衡阳县、珠晖区签订“教育系统提质改造之大班额项目”，与特变电工衡阳变压器有限公司签订“供应链融资项目”，为3个项目授信逾10亿元。

19—21日

▲ 在湘西吉首举行的第八届中国（湖南省）旅游商品博览会上，衡南县旅游交通运输局送评的“福莲串珠”，经过省级旅游商品专家评审组评选，获得金奖，打破衡阳市连续多年在省旅博会“零金奖”纪录。

20日

▲ 本日起，全市省际市际客运班线的经营者或者其委托的售票单位、起讫点和中途停靠站点客运站全面实行实名制。

▲ 衡东县举行第四届土菜文化旅游节开幕式。本届土菜文化旅游节主题为“弘扬土菜文化，畅游灵秀衡东”，共有衡东土菜“十佳”原料生产基地命名等18个子活动。省人大常委会原副主任陈叔红宣布开幕，市委书记、市人大常委会主任周农出席开幕式。

▲ 衡东县第四届土菜文化旅游节招商引资签约仪式现场12个项目集中签约，总投资额达18.65亿元。

21日

▲ “湖南省科技成果转移转化示范区”项目签约仪式在雁峰区举行，雁峰区政府分别与湖南省科学技术信息研究所、衡山科学城以及衡变公司、金杯电工、恒飞电缆签订合作协议。

22日

▲ 衡南县电商公共服务中心开园暨湖南军粮集团衡南应急保障基地挂牌成立大会举行。

23日

▲ 中铁九局七公司衡阳项目部承建的滨江新区工程耒水北路16米框构桥顺利顶进完成。

25日

▲ 全国水稻病虫害绿色防控

暨双减增效技术研讨与现场会、全国水稻农药肥料减量增效技术观摩培训会在衡阳召开。

▲ 在南京举办的第三届“i创杯”互联网创新创业大赛总决赛落下帷幕。高新区启迪之星（衡阳）入孵企业“农民伯伯”获大赛三等奖，是湖南省唯一获奖项目。

26日

▲ 比亚迪（衡阳）轨道交通智能制造产业园项目奠基仪式在松木经开区举行。

▲ 中国衡阳第八届农产品博览会开幕，10月4日结束。

27日

▲“2017中国衡阳房地产交易展示会”在太阳广场启幕。

▲ 衡阳市经济社会创新发展智库成立大会召开。

▲ 全市新的社会阶层代表人士座谈会召开。

▲ 海军信息化专家委员会主任、军事专家尹卓少将应邀到衡阳技师学院，为全校师生作《我国周边安全形势与南海问题》主题报告会。

▲ 衡阳县西渡高新技术产业园区总投资达7.6亿元的5个项目同时开工建设。

28日

▲ 市委副书记、市长郑建新会见中国光电线缆商会会长、香港泛亚绿洲集团董事长姚贻德一行。

▲“2017衡州经济发展论坛”举行“衡阳互联网与新经济、新业态、新生活”专题论坛。国务院发展研究中心研究员、国企改革研究首席专家、企业研究所副所长张文魁应邀作主题为《“双创”与衡阳经济发展》的演讲。

▲ 孔子诞辰2568周年纪念日，雁栖湖成龙成章学校举办“开笔破蒙，人生始立”2017年秋季开笔礼暨新生家长会。

29日

▲“2017衡州经济发展论坛”之“招商引资·招才引智·项目签约”活动举行，共签约项目71个，总投资796.18亿元，总引资779.18亿元。当天，重点项目集中开工仪式分别在高新区与松木经开区举行。市委书记、市人大常委会主任周农宣布同祺生物科技园、远大住工、衡盈电子等30个项目开工。市委副书记、市长郑建新宣布建滔石墨烯智能地暖等10个工业项目集中开工。

▲ 湖南省第一座工业博物馆——衡阳工业博物馆正式开馆。

▲ 衡阳万达广场开业。系万达集团在全国开业的第219个商业广场，总投资超20亿元。

▲ 市公安局交警支队在松木经开区举行联勤联动处置涉危涉客交通事故大演练。

30日

▲ 全国第四个“烈士纪念日”。市委书记、市人大常委会主任周农，市委副书记、市长郑建新等市领导，与衡阳市社会各界干部群众代表以及烈士家属代表一起到市烈士陵园，向衡阳革命烈士纪念碑敬献花篮，参观烈士陈列馆。

▲ 2017年全市抗洪救灾总结大会召开。

▲ 白俄罗斯共和国莫吉廖夫州博布鲁伊斯克市市长、执行委员会主席斯图特涅夫·亚历山大率队到衡阳考察。

是月

▲ 衡阳市2018年度城乡居民基本医疗保险参保缴费工作正式启动，个人缴费标准由2017年度的150元/人提高到180元/人，参保缴费期原则上为2017年8月1日至2017年12月31日。

▲ 住房城乡建设部正式公布全国第二批276个特色小镇名单，湖南省共有11个乡镇入选，珠晖区茶山坳镇上榜，成为衡阳市唯一获此荣誉的乡镇。

▲ 全国高新技术企业认定管理工作领导小组办公室公示湖南省2017年第一批拟认定高新技术企业名单，衡阳市共有38家企业被列入认定名单。

▲ 2017年“湖南最可爱的乡村教师”评选揭晓。衡阳市常宁市塔山瑶族乡瑶族中心小学彭林富上榜，耒阳市雅江学校李春梅获“湖南最可爱的乡村教师”提名奖。

▲ 衡阳市公安局联合衡阳县公安局破获省督“2017－410”特大运输贩卖毒品案。

▲ 衡阳市蒸湘区长湖乡松亭村的一宗国有建设用地使用权在市公共资源交易中心网上交易平台上，以182万元/亩的价格开拍，经过94分钟、247轮激烈竞价成功拍出，最终成交价格为362.4万元/亩，总价款30079万元，高出起始价款近一倍，创造衡阳新“地王”。

▲ 中央环保督察期间交办的512.5件信访件中，衡阳市办结率为100%、整改完成率为89.8%。

▲ 住建部等五部委公布2017年改善农村人居环境示范村名单，全国有99个村公布入选为美丽乡村示范村，珠晖区茶山坳镇金甲岭村是衡阳市唯一一个入选的村庄。

▲ 湖南省2017年科技创新平台与人才专项重点实验室和工程技术研究中心组建立项名单公布，衡阳市2个实验室和2个研究中心获立项建设。

▲ 在益阳市举行的2017“舞动中国——排舞/广场舞联赛（湖南赛区）暨湖南省第八届全民健身节”上，石鼓区下横街小学《嗨，男孩女孩》获省一等奖。

▲ 衡阳首个高端智库——“衡阳市经济社会创新发展智库”成立，聘请全国各地62名院士、专家为衡阳经济发展出谋划策。

10月

8—9日

▲ 全市乡镇（街道）党（工）委书记脱贫攻坚培训班在市委党校开课。

9日

▲ 衡阳市举办全市高层建筑灭火救援实战演练。

10日

▲ 2017年市委议军会暨人武部党委第一书记党管武装工作述职大会在衡阳警备区召开。

11日

▲ 副省长杨光荣到衡阳，督查安全生产和住建相关工作。

12日

▲ 市委书记、市人大常委会主任周农主持召开市委全面深化改革领导小组第十六次会议。

13日

▲ 由比亚迪股份有限公司和市政府联合举办的比亚迪“云轨”及新能源汽车展示会在太阳广场启幕。

16日

▲ 全市第一次总河长会议召开。

17日

▲ 市纪委举行派驻（出）机构执纪审查安全工作专题培训会。

19日

▲《湖南乡镇简志・衡阳市卷》省级评议会举行。

21日

▲ 衡阳市2017年企业创新方法专题培训在市科技馆举办。

▲“欢乐回娘家，衡台一家亲”座谈会举办，来自台湾各个（县）市的40名台胞及其家人应邀参加。

25日

▲ 市政府举行衡阳南岳机场新航线推介会。

26日

▲“文明蒸阳・星光璀璨”2017年衡阳市“中华经典诵读”主题活动在衡阳县夏明翰文化宫举行。

27日

▲“幸福花开・十九大精神润衡州”系列活动在蒸湘区立新二社区开幕。

▲ 2017年衡阳市“全民终身学习活动周”在高新区衡州小学启动。

▲ 南岳天子山传奇镇祝融剧场签约启动仪式在南岳区举行。

▲ 2017年衡阳市“我们的节日・重阳”主题活动暨“和谐衡山・大美衡阳”重阳文艺演出活动在衡山县剧院举行。

27—28日

▲ 全国复杂桥梁与隧道工程创新技术交流暨越江桥隧项目观摩会在衡阳举行。中国工程院院士、湖南大学教授陈政清等400名全国建筑行业桥梁隧道技术专家与会。

28日

▲ 中共衡阳市委召开传达学习中共十九大精神大会。

▲《地理研究》创刊35周年学术盛典暨“观点与争鸣”发展研讨会（第三届南岳论坛）在衡阳举行，来自全国各地的地理学术界专家学者200余人与会。

31日

▲ 住房和城乡建设部公布2017年国家园林城市名单，衡阳市被命名为国家园林城市。

▲ 由市委宣传部、市广播电视台与湖南银星文化传播有限公司联合摄制的电影《一代女魂唐群英》在衡山县唐群英故居正式开机拍摄。

▲ 衡阳市召开以PPP模式交流为主题的“植优补短”政银企对接会暨中信集团协同会议。

▲ 衡阳市首个社区慈善工作站在石鼓区雁栖湖社区挂牌成立。

是月

▲“2017全国‘12345’政府服务热线峰会”在北京召开。衡阳市“12345”政府服务热线获“先锋”奖，总体排名进入全国城市前30强。

▲ 祁东县获“黄花菜、酥脆枣、西兰花”出口食品农产品质

量安全示范区称号。

▲ 常宁市人民政府与香港泛亚绿洲集团就年产 25 万吨铜杆连铸连轧生产装置建设项目落户水口山经济开发区。

▲ 工信部发布第三批国家创业创新示范基地名单，授予衡阳市三叶中小企业创业基地等 103 个基地“示范基地”称号。本次国家创业创新示范基地湖南省仅 4 家，“三叶”是衡阳市唯一一家。

▲ 2017 年湖南省众创空间拟认定单位的名单公示，衡阳中关村金种子创业谷入列。

11 月

1 日

▲ 副省长向力力到衡阳，督查中央环保督察问题整改工作。

▲ 衡阳一家信用等级 A 级的化工企业生产的硫酸锌出口至乌克兰，经由中国电子检验检疫主干系统（e-CIQ）自动校验，顺利实施电子审单快速放行。

▲“掌上衡阳”首个校园记者站——“衡阳师范学院记者站”正式成立。

2 日

▲ 衡阳首个贫困户独立产权光伏发电站在衡南县三塘镇南铺村谢培桂家中发电并网成功。

▲ 2017 年第十届中韩青少年体育交流大会（第二阶段）在衡阳市启幕，韩国代表团 70 余人抵达衡阳。

3 日

▲ 衡阳市电动车登记上牌管理新闻发布会在市公安局举行，决定从 11 月 9 日开始，正式对电动车（时速 20 千米以上的二轮电动车）集中登记上牌，至 12 月 31 日结束。集中登记上牌结束后，新电动车将由各销售网点实行带牌销售。

▲ 在衡阳取景拍摄的电影《暴雪将至》在第 30 届东京国际电影节上获最佳艺术贡献奖。这是在衡阳拍摄的第一部院线电影。

▲ 石鼓区牛角巷社区获得“全国书香社区”称号，为衡阳市唯一获此荣誉的社区。

4 日

▲ 市青少年宫举办“童心绘祖国·放飞中国梦”大型集体绘画才艺展示活动。

▲ 中南大学建筑与艺术学院书法硕士研究生兼职导师聘用仪式暨《民国衡阳书画》座谈会在衡阳市生态壹号美术馆举行，市文联主席林乐伦被聘为书法硕士研究生兼职导师。

6 日

▲ 第十届中韩青少年体育交流活动（第二阶段）正式开赛。

7 日

▲“南方高铁杯”第三届全国职业院校高速铁路精测精调技能大赛在湖南高速铁路职业技术学院开幕。

8 日

▲ 市人大常委会党组副书记、副主任段志刚率市直有关部门负责人前往松木经开区，专题调度香港建滔集团在衡阳投资的四大项目，推进松木经开区千亿产业园区建设。

9 日

▲ 市委副书记邓群策调研铁一中和市九中迁建工作。

11 日

▲ 湖南省普通高校第三届师范生教学技能竞赛在衡阳师范学院开赛，来自全省 23 所高校的 133 名选手参加。

13 日

▲ 省工商联主席张健一行到衡阳考察调研。

▲ 国家艺术基金“历史文化名村名镇保护规划创意设计人才培养项目”在衡阳师范学院启动。

14 日

▲ 三湘农产品质量安全行座谈会在衡阳市举行。省人大常委会副主任陈君文等出席座谈会。

▲ 市政协主席廖炎秋前往松木经开区调度比亚迪（衡阳）轨道交通智能制造产业园项目建设。

▲ 市委常委、常务副市长、湘江河衡阳段河长廖健率领相关部门负责人乘坐海事巡航船，沿湘江流域仔细查看各河段的水资源保护、水污染治理、水生态修复现状，督查各河段河长制落实情况。

14—15 日

▲“建红色阵地、讲红色故事、传红色基因”党史宣教联络工作现场会在耒阳市召开。

15 日

▲ 省人大常委会党组书记、副主任韩永文到衡阳调研环保工作。

15—16 日

▲ 副省长何报翔率队到衡阳，督查稳增长工作。

▲ 省政协主席李微微先后到耒阳市、常宁市调研油茶产业发展。

16 日

▲ 市委常委会议研究部署衡阳市监察体制改革有关工作。

17 日

▲“中国移动互联网与传媒融合风云榜”的颁奖环节上，衡阳日报社的视频直播品牌“豹眼视频”获“年度最具价值品牌”。

▲ 由中国教育学会特殊教育分会主办的全国听障教育 2017 年年会暨作文教学研讨会在衡阳开幕，500 余名全国教育专家及特殊教育学校教学骨干就如何提高特殊教育教学水平进行探讨。

▲ 衡阳中瑞麟置业集团有限公司在项目所在地中亿汽贸城举办慈善一日捐。北京中瑞麟集团监事长王竞仪带领公司员工捐款，捐款共计 36.6 万元，是衡阳市 2017 年度“慈善一日捐”到本日为止金额最高的一次性捐款。

▲ 在全国精神文明建设表彰会上，蒸湘区红湘街道登上中国文明网“第四届全国未成年人思想道德建设工作先进单位”光荣榜，是湖南省唯一获此荣誉的乡镇街道级单位。

▲“2017 年衡阳市企业创新方法暨科技信息推广应用”培训班在白沙洲工业园举办。

18 日

▲ 湖南大三湘茶油股份有限公司“鲜榨茶油”工艺线正式试机启动，标志着大三湘突破茶油三大传统加工瓶颈，“鲜榨茶油”达到行业领先。

19 日

▲“翼腾杯”2017 年湖南省体育系统“相聚雁城·健康快乐”气排球比赛在市体育中心落幕。

▲“尚善蒸阳·助残扶弱”湖南省残疾人福利基金会衡阳县代表处成立暨爱心捐赠文艺晚会在衡阳县夏明翰文化宫上演，国家一级演员李光羲、著名节目主持人阚丽君等 5 位艺术家应邀义演并受聘担任该县助残爱心大使。

21 日

▲ 2017 年湘江第一次省级河长会议在衡阳市召开。省委常委、常务副省长陈向群等出席会议。

▲ 全市“诚信文化教育进校园”主题活动在南华大学启动。

▲ 衡阳籍女科学家彭玲载入世界科学史册。当天，法国科学院 2017 年度颁奖典礼在巴黎举行，凭借在生物化学研究领域取得的突出成果，在法国从事科研工作的彭玲获“昂里·拉贝博士夫妇奖”，成为首位获此荣誉的中国科学家。

21—22 日

▲ 第八届湘商大会暨第五届湘南投洽会在郴州举行。市委副书记、市长郑建新率团出席并介绍衡阳承接产业转移示范区建设情况。

22 日

▲ 2017 年衡阳市部分全国、省、市人大代表集中考察活动启动。

23 日

▲ 市委书记、市人大常委会主任周农会见香港建滔化工集团董事会主席张国荣一行。

▲ 衡阳市首家病死畜禽无害化处理中心在耒阳市试生产成功。这是全省第一家采用新理念规划建设生产的处理中心。

24 日

▲“张学友·衡阳个人经典演唱会”在市体育中心举办。

▲ 市政协主席廖炎秋率队到常宁市水口山，专题调度铜铅锌产业基地项目开工筹备事宜。

▲“人民日报全国党媒公共平台签约入驻仪式（第二批）暨全国党媒十九大融合报道精品 100”在江苏无锡举行。衡阳日报社与人民日报社成功签约，成为首批入驻的地市级党报。

27 日

▲ 全市经济形势分析暨重点项目建设调度会召开。

▲ 中国工程院官网公布两年一度的中国工程院院士增选结果：衡阳县曲兰镇界西村走出的邹学校增选为院士。

▲ 中国工程院 2017 年当选院士名单发布，在 67 位新当选的院士中，耒阳人邓铭江当选中国工程院土木、水利与建筑工程学部院士。

29 日

▲ 拟投资超过 100 亿元的五矿有色控股铜铅锌产业基地项目与总投资 10.2 亿元的香港泛亚绿洲集团铜杆项目，在常宁水口山经济开发区开工。

▲ 中国五矿集团公司董事长何文波、副省长张剑飞一同前往常宁水口山经济开发区调研，察看五矿有色控股铜铅锌产业基地项目建设情况以及水口山金铜项目的建设发展情况。

▲ 祁东农商银行开业，标志着衡阳市农信社改制全面完成。

30 日

▲ 2017 年度国、省、市政协

委员集中视察动员大会召开。

▲ 省十二届人大常委会第三十三次会议审查批准六部地方性法规，《衡阳市城市市容和环境卫生管理条例》是其中之一，该条例是衡阳市第二部地方性法规。

▲ 全省跨省异地就医住院费用直接结算业务培训班（第二期）在衡阳开班。

是月

▲ 中央文明办公布第六届全国道德模范及提名奖获得者名单——58 人当选全国道德模范、256 人获全国道德模范提名奖。其中，耒阳“最美夫妇”——匡兵、温琦华夫妇当选全国道德模范。

▲ 衡阳市通过确权颁证、培育主体、规范平台三大举措，有力推进农村土地承包经营权流转。截至本月，农村土地流转面积达 34.90 万公顷，占全市农村土地面积的 30.68%；其中耕地流转 5.05 万公顷，占全市家庭承包耕地总面积的 57.7%。

▲ “三湘风纪”推出“最美三湘廉政文化教育基地”展播评选，衡阳廉政文化雕塑园入围。

▲ 市三叶中小企业创业基地获国家企业创业创新示范基地荣誉。

▲ 中国文明网公布第一届全国文明校园名单，衡阳市两所学校上榜。分别是衡阳市第八中学、雁峰区环城南路小学。

▲ 中央文明委公布第六届全国见义勇为道德模范名单，耒阳市公安局泗门洲派出所民警匡兵、温琦华成为湖南省唯一的代表。

▲ 中国供销·常宁农副产品批发市场展示中心正式开放，这是继中国五矿后，又一家央企——中国供销农产品批发市场控股有限公司入驻常宁。该项目总投资 14 亿元，全面投入运营后，年交易额预计突破 30 亿元。

12 月

1 日

▲ 贵州省铜仁市委副书记、市委政法委书记张涛率市委考察组到衡阳，考察交流工业、旅游产业发展情况。

▲ 市政协主席廖炎秋率部分在衡国、省、市政协委员集中考察南岳衡山国家级自然保护区建设管理情况。

2 日

▲ 省委副书记、省长许达哲前往衡阳市祁东县、衡阳县调研脱贫攻坚等工作。

3 日

▲ “道化天下·德在人间”南岳衡山道院方丈升座庆典活动在南岳衡山道院举行。全国政协委员、中国道教协会副会长、省道教协会会长黄至安晋升为南岳衡山道院方丈。

4 日

▲ 2017—2018 赛季 CBA 俱乐部预备队比赛（衡阳赛区）开幕式在市体育中心举行。

7 日

▲ 衡阳市召开第 100 次规委（扩大）会议。

▲ 副省长杨光荣率省直相关部门负责人一行前往耒阳市调研综合行政执法体制改革工作。

8 日

▲ 中共衡阳市第十一届委员会第四次全体会议召开。

8—10 日

▲ “2017 年度湖南省关爱抗战老兵工作交流会”暨衡阳市浙江商会关爱抗战老兵“暖冬行动”启动仪式在衡阳市举行。

10 日

▲ 香港衡阳联谊会成立大会在香港举行，香港各界衡阳籍人士和省内兄弟市州联谊会代表近 400 人参加会议。

11 日

▲ 中国流动科技馆湖南衡阳衡东站巡展活动启动。

12 日

▲ “雁回游子归，启迪全球汇”——湖南海归创新创业领袖峰会在高新区启迪之星（衡阳）举行。

12—13 日

▲ 省人大常委会副主任、省总工会主席刘莲玉到衡阳调研工会工作。

17 日

▲ 衡阳市首个农业合作社领域衡阳市麒麟生态农业专业合作社联合社在衡南县柞市镇湾洞桥村揭牌。

18 日

▲ 泰国职教委员会国际合作局局长苏特普·肯桑提亚率泰国职业院校校长访问团到衡阳，在湖南高铁职业技术学院进行交流访问。

21 日

▲ 全市新的社会阶层人士统战工作会议召开。

▲《衡阳年鉴（2017）》由方志出版社公开出版发行。

22 日

▲ 200 台先导快线共享汽车

在衡阳市区20多个服务网点正式“上线”，标志着衡阳市驶入共享汽车时代。

▲ 湖南省食品药品稽查综合工作湘南片区会议在衡阳市召开，永州、郴州、衡阳三市食药监局签订湘南片区稽查合作协议。

▲ 由高校、科研机构和规模以上企业组成的湖南省油茶产业技术创新战略联盟在衡阳市正式成立。

25日

▲ 市反恐办在高新区步步高广场举行《中华人民共和国反恐怖主义法》宣传周活动启动仪式。

▲ 全省科协系统深化改革工作现场交流推进会在衡阳召开。

28日

▲ 市委经济工作会议召开。

29日

▲ 估算总投资23.22亿元的省重大产业项目——衡阳县界牌陶瓷工业园基础设施建设及园区配套工程整体开发PPP项目开工。

▲ 十九大精神进林场暨“走进衡阳山水·摄尽森林美景”全国摄影展启动仪式在岣嵝峰国家森林公园举行，来自全市150余名摄影爱好者参加。

30日

▲ 湖南首条民营企业营运铁路——衡缘物流铁路专用线正式开通。

31日

▲ “道德之光·璀璨衡阳”——衡阳市第四届道德模范暨“身边雷锋·衡阳好人”颁奖典礼举行，40位衡阳道德方面的先进典型上台接受表彰。

▲ 全国13个大中城市惩治侵财、毒品犯罪警务协作座谈会在耒阳市召开。

是月

▲ 市邮政管理局依据《中华人民共和国反恐怖主义法》第85条规定，对耒阳市韵达快递有限公司处以10万元罚款，对公司负责人张某莲处以1万元罚款。这是《中华人民共和国反恐怖主义法》2016年1月1日实施以来，衡阳市反恐办督导成员单位开出的首张10万元“反恐罚单”。

▲ 全省2017年度市州及县（市）区安全生产、计划生育、综合治理工作考核评估中，石鼓区三项工作均获评优秀（先进）。

▲ 市林业局完成的“紫色页岩切坡喷播绿化模式研究”项目科技成果，通过湖南省林学会组织的专家评价。

▲ 截至月底，衡阳市有47633名女性享受城市低保、14783名女性享受农村最低生活保障，有4185名孤儿按机构养育和社会散居分别给予不低于1000元/月和600元/月的生活保障。

▲ 衡阳县、耒阳市被评为全省粮食生产标兵县，衡南县、衡东县、常宁市被评为全省粮食生产先进县。

▲ 衡阳日报社印刷厂获得全省报纸印刷质量一等奖。

▲ 衡阳市被省委、省政府授予2017年度安全生产工作优秀单位，在全省14个市州考核中得分排名第一。

▲ 省委宣传部、省文化厅和省总工会联合公布湖南2017年“欢乐潇湘”群众文艺会演获奖名单。其中衡山民俗花灯调《一塘清水一塘莲》和舞蹈《蔡纸汉歌》获得一等奖。

▲ 2017年，衡东县县域经济基本竞争力进入全省20强，被列为第三批返乡创业国家级试点县。

（李　政）

衡阳概况

自然地理

【位置与面积】 衡阳，古为三苗故地，称衡州，有“寰中佳丽”之誉。相传“雁不过衡阳”，故衡阳城亦被称之为“雁城”。衡阳市位于湖南省中南部，湘江中游。地处北纬 26°07′05″～27°28′24″，东径 110°32′16″～113°16′32″。东邻株洲、攸县、安仁，南界永兴、桂阳，西接冷水滩、祁阳、东安、邵阳、邵东，北靠双峰、湘潭。南北长 150 千米，东西宽 173 千米，总面积 15310 平方千米，占全省土地总面积的 7.23%，在全省各市、州中，面积位居第 7 位。

【地形地貌】 衡阳市处于湖南省凹形面的轴带部分，四周山、丘围绕，为古老宕层形成断续环带的岭脊山地，东部为罗霄山余脉天光山、四方山、园明坳，南部为南岭余脉塔山、大义山、天门仙、景峰坳，西部为越城岭的延伸熊罴岭、四明山、腾云岭，西北部、北部为大云山、九峰山和南岳衡山；中部主体大面积分布白垩系和下第三系红层的红色丘陵台地，使衡阳地区的地貌轮廓成为一个以衡阳市为中心、南高北低，向东北方向稍有延伸的类椭圆形盆地。境内最高点为衡山祝融峰，海拔 1289.8 米；最低点为衡东的彭陂港，海拔只有 39.2 米。整个地形比降为 7.9‰。地貌类型以冈丘为主，山地占总面积的 21%，丘陵占 27%，冈地占 27%，平原占 21%，水面占 4%。

【动物资源】 已知衡阳市有兽类和鸟类 200 余种，其中兽类 30 种，鸟类 17 目、40 科、170 种以上。国家一级保护动物有云豹、白鹳、河麂（车獐）、中华秋沙鸭。国家二级动物有穿山甲、虎纹蛙、水獭、大灵猫、小灵猫、果子狸、水鹿、斑羚、麌麝、鸳鸯。猛禽类有草峭、猫头鹰、褐林峭、短耳峭、大庐、红脚隼、白鹇、峭鸮、白冠长尾雉、红腹角雉、大鲵等。省重点保护动物有白鹭、环颈雉、竹鸡、白骨顶、珠颈斑鸠、华南虎、山斑鸠、苍鹭、牛背鹭、颅鹚、中华竹鼠、银星竹鼠、狐、青鼬、豹猫、蛇、蟾蛙 30 余种。

【植物资源】 全市有木本植物 99 科、342 属、1047 种。国家一级保护珍稀树种有银杏、金钱树、摇钱树、水松伯乐树（钟萼本）、绒毛皂荚、香果树等。国家二级珍贵树种有篦子三尖杉、杜仲、榉木、闽楠、红豆杉、厚朴等。国家三级保护树种有黄枝油杉、柔毛油杉，凹叶厚朴、桢楠青檀、银鹊树、青钱柳、香榧、金叶、白兰花、湖南石楮、瑶山梭罗等。速生优良树种有杉树、马尾松、楮、栲、栎类、青冈、枫香橡木、木荷、刺楸等 20 科、120 种。引进树种主要有湿地松、火炬松、柳杉、油松、黄山杉、华山松、水杉、池杉、落地杉、光皮桦、桤木、意大利杨等。经济林名特优自选、自繁、自育树种有楠竹、油茶；檀桥板栗、祁东无核香柚、衡山九龙李、苹果李、光皮枣、白果等。

【土地资源】 衡阳市所辖土地总面积为 1.53 万平方千米，计 1529923.97 公顷。其中耕地面积 39.15 万公顷，主要分布在湘江谷地平原及耒水、洣水、蒸水、舂陵水等湘江一级支流两岸，地势平坦、土壤肥沃、灌溉便利，有利于建设高产、稳产农田；在紫色砂页岩丘岗地区的岗间谷地、丘间谷地的耕地，土壤中富含磷、钾，自然生产力也较高。按照耕地质量等级评估，全市一等耕地占 62%，二等耕地占 25%，三等耕地仅占 13%。林地面积 71.48 万公顷，主要分布在南岳衡山以及市境周边的九峰山、四明山、大云山、天光山、大义山、塔山、五峰山、天门山、四方山等山地一带。园地、牧草地面积分别为 3.48 万公顷和 7.4 万公顷，数量少，分布散。城镇村及工矿用地面积 12.74 万公顷，交通运输用地面积 2.59 万公顷，水域及水利设施用地面积 11.40 万公顷，其他土地面积 4.69 万公顷。按三大类分，全市农用土地 125.98 万公顷，建设用地 15.01 万公顷，未利用土地面积 12.00 万公顷。土地利用类型结构有三个突出的基本特点：（1）土地利用类型结构以林、耕地为主。全市农业用地、建设用地和未利用土地的结构是 82.35 ∶ 9.81 ∶ 7.84，反映衡阳市自然条件和区位比较优越，开发历史悠久，以及工农业生产和交通运输发达的特点。林地面积占 46.72%，是全市土地利用比值最高的类型；耕地面积占25.59%，其比例居土地利用类型的第二位，而水田面积又占耕地面积的83.67%，是以水田为主的耕地类型。林、耕地面积占到全市土地总面积的72.31%。（2）类型齐全，数量不丰。全市土地资源8大一级类型俱全，44个二级类型基本齐全，山、丘、冈、平兼有，以冈、丘为主，冈、丘面积约占全市土地总面积的56.8%。全市人均拥有土地量仅为0.020公顷，为全国人均0.095公顷（既1.125亩）的25%，为全省人均量的63%，人均拥有耕地面积仅0.05公顷，即0.75亩，属土地资源数量极不丰富的地区之一。（3）地域差异明显，类型结构不够均衡，全市土地利用各类型的总量和结构呈现出极大的地域差异，且主要地类林地、耕地和建设用地的分布相对集中连片。位于衡阳盆地中部冈、平地区，包括蒸湘、石鼓、雁峰、珠晖4个城区面积51830.58公顷，占全市土地总面积的3.39%。本区地势平坦开阔，交通发达，城镇村居民点及工矿、商贸、文教卫等机关企事业单位的比例大，水域、园地用地面积较多，土地利用效益高于其他土地利用区，但“三废”污染较为严重。东北部丘、冈区，包括衡东、衡山两县，面积286168.99公顷，占全市土地总面积的18.70%，地形以丘岗为主，水域面积比例较大，是建设商品粮、优质水果和水产养殖基地的理想之地。南岳山地区，面积17927.78公顷，仅占全市土地总面积的1.17%，地形以山地为主，占81.67%，林业、旅游业用地比例居全市各区之首，土地利用效益高，保护生态环境和人文景观、开发旅游资源任务繁重，前景广阔；但耕地、水域面积比重甚微。西南地区，包括祁东县和常宁、耒阳市，面积为656717.02公顷，占全市土地总面积的42.92%，该地区地形组合结构较为均衡，山、丘、岗、平比例均在20%以上，林、牧产值比例较高，矿产资源丰富，城镇村居民点及工矿用地比例大，工业污染严重，待复垦土地面积大，难利用土地多。中北部丘岗区，包括衡南、衡阳两县，面积为517279.60公顷，占全市土地总面积的33.81%，紫色砂页岩广布是本区的突出特点，而耕地面积尤其是水田面积多、比重大，又是该区的主要优势，是全市重要农业区，是建设商品粮基地的主产区。

【矿产资源】 衡阳市地处华夏系第二沉降带平（江）—衡（阳）凹陷带，位于阳明山—塔山东西向隆起带北缘、祁阳弧形构造南缘，著名的衡阳红色盆地位居本区中部，区内地层发育齐全，构造运动强烈，岩浆活动频繁，矿产极为丰富，是湖南省著名的“有色金属之乡”和“非金属之乡”。截至2000年年底，已发现矿产地500余处（不包括砖瓦用黏土、采石场、采砂场377处）、矿产66种，占湖南省已发现的141种矿产的46.8%。其中探明资源储量的51种，占湖南省已探明资源储量101种矿产的50.5%；在已发现的66种矿产中，已纳入矿产资源储量表的有40种。全市矿产总资源储量1275723万吨，矿产资源潜在价值3511多亿元。在全省37种主要矿产资源中，衡阳市有29种，占78.38%；在对国民经济发展有重要意义的15种大宗支柱性矿产中，衡阳市有10种，能源、有色、黑色及非金属矿产为全市四大优势矿产。主要有煤、石煤、铁、锰、钒、铅、锌、钨、铜、锡、金、银、铍、铌、钽、钼、铀、砷、硼、汞、钴、锑、硫铁、高岭土、石膏、岩盐、钙芒硝、重晶石、萤石、钾长石、钠长石、硅灰石、滑石、大理石、常宁玉、花岗岩、石灰石38种。

固体燃料矿产：以煤为主，已发现矿床17处、矿点13处，为湘南地区重要的产煤区。烟煤、无烟煤累计探明储量50796万吨，截至2000年年底，保有资源储量441018万吨，居全省第三位，主要分布在耒阳、常宁两市，祁东、衡东等县亦有少量分布。煤炭资源储量的90%集中在耒阳白沙、永耒、马水和常宁斗岭、盐湖矿区。全市含煤地层3个，其中龙潭组为主要含煤地层，众多工业矿床产于龙潭煤系；测水煤系和下侏罗纪煤系含煤较差，多不构成工业矿床，仅常宁武房有小型煤矿分布。石煤是水泥生产和民用的重要辅助能源。衡阳市石煤资源已发现矿产地2处，由于工作程度低，暂列为矿点，分布在衡阳礼梓和衡南永兴。

黑色金属：黑色金属矿产有

铁、锰、钒矿，主要为铁矿，次为锰矿，发现铁矿床7处，其中大型1处、小型6处，资源总储量37097万吨，主要分布于祁东县，常宁、耒阳、衡山等县（市）亦有少量分布。祁东铁矿为全省规模最大的铁矿，属沉积变质铁矿床，品位偏低，选矿难度较大，2003年开始开发利用。锰矿资源主要分布于耒阳、常宁两市，共发现矿产地15处，其中小型矿床2处，其余均为矿点；锰矿产于二迭系当冲组，经风化淋滤次生富集局部形成矿床，但极少构成工业矿床，已探明耒阳春陵水和仁义圩锰矿，资源总储量43.5万吨。钒矿资源主要分布在衡阳礼梓和衡南永兴，与石煤共生，远景储量大。

有色金属矿产：衡阳市素以“有色金属之乡”著称，矿床规模大、种类多，具有巨大经济价值，是湖南省重要的有色金属矿产基地，已探明有铜、铅、锌、钨、锡和钴、铋、锑、汞9种；已知矿床（点）132处，其中大型矿床4处、中型矿床10处、小型矿床95处，此外尚有大量矿化点分布各地。区内已知铜矿产地52处，其中单一小型铜矿床9处、共生小型铜矿床2处、伴生铜矿床7处、矿点33处，资源总储量256317吨，居全省第三位，主要分布于常宁和衡南，衡东亦有少量分布。沉积型铜矿床以车江铜矿为代表；同生沉积后期再造型铜矿以常宁大坪铜矿为代表，并有大里矿点、矿化点分布；高—中温热液—接触交代矽卡岩型铜矿床以麻石岭及大义山岩体东侧通天岭、杨柳塘等众多矿化点为代表，矿体赋存于岩体外接触带矽卡岩中；常宁铜鼓塘和衡南谭子山、龙秀桥、金鸡岭铜矿床属中低温热液充填型铜矿。衡阳市铜矿以硫化铜为主，铜品位一般在0.7%~3.8%，共生矿产占57.14%，单一矿产占42.96%。铅锌矿产地44处，其中大型矿床1处、中型4处、小型8处、伴生矿床3处、矿点28处。到2003年年底止，全市已探明铅资源储量629600吨、锌资源储量778900吨，居全省第二位。铅锌矿床主要分布在常宁市，其次在衡东、祁东县，主要矿区有水口山矿田、东岗山矿田和清水塘矿田。铅锌矿石绝大部分是硫化铅锌矿石，矿产组合以共生矿产为主，其次为伴生矿产，综合利用组分多，主要为铜、银、金、锡、铋、锗等。水口山矿田老鸦巢、鸭公塘、康家湾铅锌矿属中温、中高温热液交代型铅锌矿床，规模较大，是大型多金属矿床，占全市铅锌资源总储量的61.17%；东岗山、清水塘、双溪铅锌矿属中温热液充填型脉状铅锌矿床，受断裂构造控制，矿体形态复杂，品位较高，矿床规模小—中型；低温热液充填。矽卡岩。伴生铅锌矿床也有分布。钨矿产地26处，其中大型矿床1处、中型2处、小型7处、矿点16处，已探明资源储量187700吨，居全省第二位。钨矿主要分布在衡南县，其次在衡东县、常宁市；成因类型为高温热液石英脉型；矿石类型主要为黑钨矿，占52.61%，次为白钨矿，占47.63%。钨矿伴生组分丰富，综合回收利用良好，主要回收铜、铋、钼。锡矿产地23处，其中中型矿床6处、小型9处、伴生矿床2处、矿点6处。按成因可分为原生锡矿和砂锡矿床两类，累计探明资源储量172929吨，居全省第二位，主要分布于常宁大义山岩体及其周边地区，衡东、衡山等地也有少量分布。钼、铋未构成独立工业矿床，以伴生矿产赋存于矽卡岩多金属矿床中。汞矿产地有4处，衡东县石峡汞矿探明汞金属量63吨，与金共生，伴生砷，属低温热液型汞矿床。衡东吴集钴土矿系湖南省仅有的2处独立工业矿床之一，已探明资源储量341吨。此外，衡东县潭泊钴土矿远景较大，区内钴矿床均为风化淋滤型次生富集矿床。全市已知锑矿产地8处，分布于耒阳、衡阳、祁东和衡东，资源储量29422吨，属中低温热液矿床。

稀有分散元素矿产：稀有分散元素矿产有铌、钽、锗、镓、铟、铊、锆、镉、硒、碲、铍等11种，除铌、钽、锆、铍呈共生或独立矿产分布外，其余均呈伴生矿分布于水口山和东岗山矿田，均可随主矿产综合回收；水口山矿田锗矿和铊矿是全省唯一上省储量表的锗矿和铊矿。稀有分散元素矿产资源储量位居全省首位。

放射性矿产：主要为铀矿，已知矿产地5处，其中独立矿床2处、伴生矿床3处，独立铀矿床分布于衡东大浦和衡山罗渡。衡东大浦铀矿于20世纪60年代初开发，用作原子核能，中国第一颗原子弹主铀即取于此。

贵金属矿产：主要有黄金、白银，资源较丰富，矿产类型多，分布较集中，已知金矿产地19处，其中大型共生矿床2处（即常宁康家湾铅锌金银矿、常宁市仙人岩金矿）、独立矿床1处、伴生矿床2处、矿点14处，累计探明资源储量73.70吨，居全省第一位。区内金矿均为岩金，主要分布在常宁市，衡山、衡东、衡南、祁东、衡阳等地亦有大量金矿点分布，多处含金品位甚高，资源前景看好；已探明银矿6处，其中大型1处（常宁康家湾铅锌金银矿）、中型2处、小型3处，资源储量1363.1吨，居全省第一位。

非金属矿产：种类齐全、储量大，多种矿产位居全省乃至全国首位，已探明的主要有钠长石、钾长石、高岭土、石膏、大理石、石灰石、石英砂岩、硅石灰、黏土、泥岩、滑石、岩盐、钙芒硝、硼、重晶石、砷、萤石、磷、花岗岩等；按工业用途，可分为化工原料矿产、冶金辅助原料矿产、建筑材料及其他非金属矿产。已知矿床（点）53处，其中大型矿床13处、中型矿床6处、小型矿床17处，形成在全省乃至全国具有广泛影响的非金属矿产基地。化工非金属矿产已探明储量的矿种有硫铁矿、钙芒硝、岩盐、重晶石、砷、硼6种，累计探明矿产地22处，其中大型矿床9处、中型6处、小型4处；岩盐、钙芒硝矿是江南迄今发现最大的岩盐、钙芒硝矿床，矿区面积大约60平方千米，矿层累计厚度100~150米，全市岩盐远景储量达124亿吨，钙芒硝远景储量达100亿吨；硼矿资源储量仅次于辽宁和青海省，为江南唯一的硼矿产区，由三个中型矿床组成，累计探明资源储量75.6万吨；硫铁矿主要分布在常宁市水口山矿田，耒阳上堡有少量分布，呈共生、伴生矿床出现，累计探明资源储量3630.3万吨。建筑材料及其他非金属矿产已探明矿产资源储量的矿种有硅灰石、钠长石、钾长石、石膏、高岭土、滑石、紫砂陶土、大理石、水泥用泥岩及黏土、水泥用灰岩、玄武岩12种。衡山马迹钠长石矿为全国独有的特大型钠长石矿床，资源储量占全省的97.4%；常宁硅灰石矿为全省独有，由水底下和张家冲两个大型矿床组成，累计探明资源储量363.7万吨，居全国第二位；高岭土矿床主要分布于衡阳、衡山县和耒阳、常宁市，计有大型矿床2处、小型矿床8处，累计探明资源储量2284.2吨，居全省第二位，其中耒阳集贤片状高岭土矿床规模大、质量优良，矿石可选性好，矿层埋藏浅，水文地质及工程地质条件简单；石膏、钾长石、紫砂陶土、水泥灰岩、水泥泥岩及黏土等多种非金属矿产，储量在全省均占有一定的位次，并具有较大的开发前景。冶金辅助原料已探明资源储量的矿种有萤石、白石、耐火黏土3种，萤石为衡阳市重要冶金辅助原料，分布于衡南和衡东，由2处大型矿床和1处中型矿床组成，累计探明资源储量481.28万吨，居全省第三位。

特种矿产：有宝石、矿泉水、地下热水和重质碳酸钙。宝石类包括绿柱石、水晶、红柱石、金刚石等。玉石类包括常宁玉和衡南冠市玛瑙。重质碳酸钙矿产地1处，由于工作程度低，列为矿点，分布于常宁张家坪大义山岩体北部外接触带。矿泉水资源丰富，共有24处，其中符合医疗矿泉水标准的12处，符合饮用矿泉水标准的16处，符合工业矿泉水标准的3处，各县（市）均有分布。从1991年起，先后有衡阳县船山、耒阳市汤泉、衡阳市营盘山等矿泉水，经省级及国家级矿泉水技术评审鉴定，陆续投资建设开采。地下热水资源主要分布于衡阳、衡东、祁东县和常宁、耒阳市境内，共12个点（区），均属低温热水，其中常宁大坪、衡东杨桥和耒阳东湖温度稍高，东湖温泉开发利用已初具规模，其他暂未开发利用。

【地质遗迹资源】 地质遗迹是指在地球演化的漫长地质历史时期，由于各种内外动力地质作用，形成发展并遗留下来的珍贵的、不可再生的地质自然遗产，包括有重要观赏价值的地质地貌景观和具有重大研究价值的地质剖面、古生物化石等。具有重要观赏价值的地质遗迹也是宝贵的旅游资源，为开发旅游事业起着重要的基础作用。衡阳市有重要地质遗迹点22处，其中地形地貌景观4处、岩溶洞穴15处（目前已调查的）、地层剖面及古生物化石3处。

地形地貌景观。（1）南岳风景名胜区，位于南岳花岗岩体的北体，总面积181平方千米，区内为典型的花岗岩地貌，山势总体呈东陡西缓走势，可划分为①花岗岩中低山峰林地貌。在南岳岩体中部120平方千米范围内，有48座海拔500米以上的高峰，组成一个长20千米、宽约6千米的北北东向的峰林地貌景观地带，主峰祝融峰海拔为1289.8米，切割深度一般为300~700米，最大1000米，呈中高周低之势，该带具有山坡陡、山顶圆、山脊较宽的特征。②花岗岩低山——残丘地貌。在500米标高以下，至南岳镇附近100米标高之间，环绕着花岗岩中低山峰林地貌景观带分布；上部因水系及地形切割而形成垂直于前述峰林地带长轴方向的一排排山脊和沟谷，具坡陡、谷深的特征；下部则因长期剥蚀、侵蚀而形成馒头状残丘，风化壳较厚，一般达15米~30米。③花岗岩球状风化景观。具有典型的花岗岩球状风化特征，造就南岳岩体中的各种奇特地貌景观。(2) 天堂山风景区，包括天堂山森林公园、天堂湖、庙前风景区等数十个景点，总面积415平方千米；区内海拔800米以上的山峰51座，其中1000米以上的16座，天堂山主峰海拔1264米；区内水系发育，呈树枝状分布，河谷横断面呈“V”形，纵剖面呈阶梯状下降，在下降地段造成跌水，形成瀑布。地形地貌往北依次为①浅变质砂页岩低山陡坡侵蚀构造地形地貌。切割深度为350~500米，坡角为30~50度。②构造侵蚀溶蚀地形地貌。海拔200~688米，相对高差100~400米；山脉受构造线控制，常见呈微斜之平台、石芽、石峰、漏斗、落水洞、洼地、溶洞、暗河等微地貌。③剥蚀堆积地形地貌。一般海拔150米~300米，相对高差30~100米，山坡坡角为10~20度，呈馒头状零星分布，水系不发育，且呈树枝状，常见溶沟、溶槽、石芽等。总体大致可分为五级夷平面，反映早三叠世末以来至第四纪前的五次间歇性地壳抬升的遗迹，保留部分地史发展的基本框架。(3) 岣嵝峰国家森林公园：位于衡阳县境内，总面积2067公顷，地处南岳花岗岩体及外接触带，南岳72峰中的岣嵝、白石、嫘祖等五峰则处园中，主要地貌为浅变质岩中——低山侵蚀构造地形地貌景观与碎屑岩丘陵构造剥蚀地貌景观。①浅变质岩中——低山侵蚀构造地形地貌。由元古界冷家溪群及板溪群砂岩地形形成，海拔标高500~951米，主峰岣嵝峰951米；相对高差一般为400米，最大为700米，坡角为30度，最大可达50度，山尖、脊窄、坡度大、山脊常在平面图呈锯齿状。②碎屑岩丘陵构造剥蚀地貌。位于中、低山侵蚀构造地貌周围，海拔200~500米，相对高差100~200米；坡度5~20度，冲沟发育宽阔，地势较平缓。(4) 大义山区：大义山花岗岩体位于常宁市和郴州市桂阳县境内，岩体长38千米、宽约8千米，呈北北西方向展布，最高峰为桂阳境内的泗洲山，海拔1428米；桂阳与常宁交界处的狮子岭海拔1088米，乃著名的“大义山式构造”所在地；地形地貌奇特，种类齐全，集浅变质砂页岩中—低山陡坡侵蚀构造地形地貌、花岗岩中—低山陡坡侵蚀构造地形地貌、构造侵蚀溶蚀地形地貌及侵蚀堆积地形地貌于一体。大义山花岗岩体山顶浑圆，浅变质砂页岩侵蚀构造山脉受构造线控制，山顶尖、山脊窄、脊线呈锯齿状；大义山区地表水系发育，呈树枝状分布，沟谷横断面呈“V”形；纵剖面呈阶梯下降，地表水常流，在阶梯下降地段形成瀑布，构造侵蚀地形地貌分布于大义山岩体周围，石芽、石峰、漏斗、落水洞、洼地、溶洞、暗河等微观地貌随处可见。

岩溶洞穴。①衡南县花桥溶洞群：位于衡南县花桥镇龙溪水库东西两侧，地层为上泥盆统余田桥组及锡矿山组灰岩，其中豹泉洞与狮子洞为顺层落水洞，顺层面及裂隙面延伸（深）大于200米，宽0.8米~5米，高1米~5米，支洞、叉洞频频出现，洞中石笋、石钟乳、石柱、石幔等千姿百态；麦元洞为顺层和裂隙生成之近水平的地下河出口洞，顺近南北方向延伸200米后为水所淹，无法进入，其洞身较大，水流量3000立方米/日左右，另有川口洞等小溶洞。②衡东县石峡—锡岩冲—夏浦岩溶洞穴带：位于金觉峰背斜的东翼、北部转折端及西翼，从东翼的石峡直至夏浦，全长17千米，包括2条地下暗河及锡岩仙洞、敏各冲洞、夏浦风洞、石峡下湾洞等数10个岩溶洞穴。溶洞带包括充水溶洞和无水溶洞，均产于中泥盆统棋子桥组地层中下部。锡仙岩洞位于该岩溶洞穴带中部，已开发约800米，洞口位于锡岩村的瓦子坪，海拔141米，该洞由三个重叠的溶洞组成，上洞长600米，中洞长1100米以上，下洞可进深度150米左右，其余被水所淹；主洞走向为北北东，基本沿顺裂隙带延伸，三层相互贯通，洞身有大有小、有宽有窄，呈串珠状；洞中岩溶景观齐全，有石笋、石钟乳、石芽、石柱、石幔、石磴、石塔、石盘等，晶莹剔透，大小不一，形态各异，具有极高的观赏价值；溶洞堆积物及石柱之形态对于喜山期构造、人类活动史等均具极大的研究价值。③常宁庙前岩溶裸露区及岩溶洞穴群：地层为上泥盆统锡矿山组下部，灰岩已经大义山岩体的热接触变质而形成大理岩，走向北北西；岩溶裸露区位于庙前海己湾，面积33.33余公顷，属构造侵蚀地形地貌，区内石芽广布，奇石遍地；岩溶洞穴包括金龙洞、古龙洞、紫云洞、财神洞4个大洞。财神洞全长6千米，面积达数十公顷，溶洞沿地层走向及裂隙延伸，方向各异，互相交叉重叠，主体走向近南北，最底层为地下河；洞中石笋、石柱、石幔十分发育，景观奇特。常宁板桥鸡公塘岩溶洞穴群。包括1平方千米的石林区及具有一定规模的浆衣洞、大井岩洞、半仙洞、猴子岩等洞穴，地层为中泥盆统棋子桥组，属构造侵蚀溶蚀地形地貌。除前述外，祁东县燕子岩洞、步云桥金龙洞、耒阳东湖溶洞群及余庆枫林寺等溶洞，尚待开发。

地层剖面及古生物化石：①祁东县双家口中奥陶统剖面。祁东县双家口组笔石相页岩沉积以栅笔石和直笔石为主，双家口笔石的发现，使得中国含笔石的地层得以和英国的卡拉通克阶可对比。祁东县双家口中奥陶统剖面可分为城步组、双家口组、百马冲组。衡南县向阳桥上白垩统戴家坪组和东塘组剖面。该剖面中的戴家坪组岩性组合具有显著特征，轮藻化石极为丰富，其组合是华南晚白垩世的典型；东塘组厚度较大，以盛产古脊椎动物——恐龙蛋化石为特征。②衡东县允秀公祠第三系古新统至始新统霞流市组和始新统栗木坪组。自1933—1986年，不少单位和学者对衡阳盆地的第三系进行不断研究，最后确定第三系古新统至始新统的霞流市组和始新统的栗木坪组。霞流市组为原北京地质学院等单位1960年所创建，创名地点为衡东县霞流市。该组为衡阳盆地岩盐工业矿体所在地层，故具有典型的找矿意义。栗木坪组为石油队1970年所创建，创名地点为衡东县栗木坪，产轮藻、介形类和古脊椎动物化石。该组为研究衡阳盆地古地史、古气候、古生物有特殊意义。

【气候】 2017年气温继续维持历史较高水平。2017年冬季气温对年气温偏高影响十分明显，夏季气温接近历史同期，较2016年明显下降。年高温日数仍偏多，与2016年度比较，高温强度减弱，持续时间缩短，未出现40℃以上高温。在冬季，低海拔区也未出现低温冻害和固态降水。全年降水接近常年，主要降水集中在5—7月（43.2%），雨季初日提前，结束时间不明朗，洪涝灾害集中在6、7月，常宁洪涝灾害相对较严重。年日照数维持在偏低水平，年风速持续减小。6月气候较特殊，其气温偏低，降水及暴雨日偏多，日照偏少在历史同期排序均靠前。年内主要灾害是暴雨洪涝，高温、春寒、倒春寒、连阴雨、五月低温、大风、雷电均有出现，但强度弱，影响相对较小。农业方面，光、温、雨水等要素基本满足作物生长需求，7—8降水时空分布均匀，未出现干旱，为2017年粮食大丰收奠定坚实基础。（1）气温显著偏高。2017年衡阳平均气温19.0℃，较历年偏高0.9℃，与2016年基本持平，气候评价显著偏高。2017年气温距平数较2016年略有上升，受全球气候变暖影响，气温在一段时间内仍维持较高水平。气温空间变化总体呈南高北低特点，衡阳市由于人口密度大，热岛效应明显，为高值中心（19.3℃），衡东气温较低（18.7℃）。衡阳各区域气温均为正距平，总体有西高东低特点。其中衡阳市、祁东、常宁、耒阳异常偏高、其他区域显著偏高。2017年气温历史排序第五位，就各区域而言，衡阳市排序靠前（第三），其次是衡东、耒阳（第四），衡南、祁东、常宁第六。（2）降水正常。2017年衡阳平均降水1308.0毫米，较历年偏少3.2%，较2016年偏少4.9%，气候评价正常。2017年衡阳降水空间分布为南多北少、东多西少。衡阳南部年降水量在1500毫米左右，北部在1500毫米以下。降水量最多的是常宁（1537.3毫米），衡阳县最少（1052.1毫米）。距平统计显示，三站正距平，六站负距平。常宁偏多最明显（10.3%），偏少最多的是衡阳县（-17.0%）。各区域降水评价正常。南岳山2017年降水2364.9毫米，较历年偏多14.9%，较2016年偏多16.6%。（3）日照正常。2017年衡阳日照为1380.4小时，较历年偏少6.8%，较2016年偏少1.7%。对衡阳日照空间分布分析，有东多西少特点。衡东日照最多（1536.2小时），祁东最少（1166.4小时）。日照距分析与日照时数分布状况基本一致，全市大部分区域日照为负距平，其中祁东（-23.6%）、衡阳市（-13.8%）日照达气候偏少标准，其他区域在正常范围，其中有衡东（0.2%）、耒阳（3.2%）南岳山（2.3%）日照为正距平。

（4）风速略有减弱。2017年风向以偏北风为主，北向风（N、NNW、NNE）累计出现频率为36.2%，其次是南向风（S、SSW、SSE）为17.0%，东向风（E、ENE、ESE）频率最少为6.6%。从单个风向频率分析，N风出现频率最多（14.3%），其次是NNE风（11.6%），全年E风出现频率最少（1.5%）。与2016年比较，有9个方位风向频率减少，其中NE风减少最多（-2.1%），在风向频率增多的7个方位中，S、SSW风频增幅较多（1.5%）。2017年静风频率为6.9%，较2016年增多0.4%。2017年平均风速1.8米/秒，较2016年偏少0.1米/秒。在各区域中，耒阳年风速较2016年减少最多（-0.3米/秒），祁东与上年度持平，其他区域偏少0.1m/s。就各方位风速而言，绝大部分与2016年持平或偏小0.1—0.2米/秒，仅W向风速偏大0.1米/秒。

（陈　涛）

【水文概况】 2017年，全市年降水量在1030.0毫米~1782.0毫米之间，最大为常宁市洋泉雨量站，最小为衡南县神山头雨量站。全市年平均降水量为1293.2毫米，比历年平均值1339.9毫米偏少3.48%，比2016年的1323.0毫米偏少2.2%，属平水偏枯年景。各县（市、区）年平均降水量最多的是常宁市为1527.7毫米，最少的是衡阳县为1164.4毫米，衡东县为1345.1毫米，耒阳市为1268.0毫米，衡阳市城区为1220.3毫米，衡山县为1368.2毫米，南岳区为1394.2毫米，衡南县为1273.4毫米，祁东县为1196.7毫米。全市降水日数在125天~176天之间，平均约为144天，较2016年的155天偏少11天。2017年汛期（4—9月），衡阳市平均降雨747.9毫米，较历年同期均值838.4毫米偏少10.8%。空间分布上，南岳区累计平均降雨889.5毫米为最大，较历年同期均值978.1毫米偏少9.1%，其次为衡山县累计平均降雨858.4毫米，较历年同期均值946.4偏少9.3%，衡东县累计平均降雨845.5毫米，较历年同期均值842.3毫米偏多0.4%；衡阳县、市区、耒阳市面平均降雨分别为623.9毫米、657.8毫米、663.7毫米，较历年同期均值偏少24.8%、16.9%、22.6%。时间分布上，全市主要的降雨过程基本上集中在6月下旬至7月初，其中6月累计平均降雨303.4毫米，较历年同期均值偏多65.6%，占整个汛期降雨的40.6%。4月、5月、8月、9月降雨相对偏少，其中4月累计平均降雨85.2毫米，5月累计平均降雨为132.7毫米，8月累计平均降雨77.9毫米，9月累计平均降雨18毫米，较历年同期均值分别偏少46.3%、29.8%、37.2%、72.6%。7月中旬开始，降雨持续偏少，至8月上旬，旱情初露头脚，至8月中旬，各县市区全部出现中度干旱，9月下旬局部地区出现严重干旱。由于前期的降雨较多，各水库塘坝基本蓄满，并未出现严重的农业干旱和饮水困难。因降雨时空分布不均，全市出现近10年来最大洪水过程，共有11站次超警戒水位，其中湘江归阳段出现超历史洪水，衡阳至衡山段出现超保证水位洪水，洣水、蒸水、舂陵水分别出现超警戒水位，耒水没有超警戒水位。汛期衡阳市雨水情主要特点是：一是降雨天数较多，强度不大，时空分布不均匀。二是洪水次数较多，洪水量大，出现了流域性的大洪水。主要洪水过程：（1）受降雨和上游来水影响，6月29日13时，湘江干流归阳站出现洪峰水位46.7米，超警戒水位1.2米，洪峰流量

8290立方米/秒。6月29日21时，湘江干流衡山站出现洪峰水位51.26米，超警戒水位2.26米，洪峰流量15500立方米/秒。6月29日19时，湘江干流衡阳站出现洪峰水位56.49米，差警戒水位0.01米，洪峰流量11800立方米/秒。6月29日16时，一级支流洣水衡东站出现洪峰水位52.52米，超警戒水位2.02米，洪峰流量4180立方米/秒。月29日6时，一级支流蒸水神山头站出现洪峰水位96.37米，超警戒水位0.37米，洪峰流量2330立方米/秒。6月26日6时，耒水耒阳站出现洪峰水位77.21米，距警戒水位差0.29米，洪峰流量2330立方米/秒。为该站今年最高水位。(2) 湘水干流归阳水文站7月3日13时30分出现洪峰水位50.23米，超历史实测最高洪水(49.52米) 0.71米，洪峰流量15400秒立米，超警时长77小时。湘水干流衡阳水文站于7月4日1时13分出现洪峰水位48.86米，超保证水位0.86米，历史实测水位排位第9，洪峰流量16100秒立米，超警时长74.5小时。湘水干流衡山水文站7月4日4时出现洪峰水位52.50米，超保证水位1.00米，洪峰流量17900秒立米，超警时长87小时。一级支流蒸水神山头水文站7月2日14时出现洪峰水位96.34米，洪峰流量970秒立米，超警时长19小时。一级支流洣水衡东水文站出现7月3日14时出现洪峰水位51.79米，洪峰流量2250秒立米，超警时长64.5小时。（段安圭）

【水资源调查】 水量方面，2017年全市自产地表天然径流量为116.6亿立方米，比历年平均值109.4亿立方米偏多6.59%，比2017年的108.0亿立方米偏多8.0%，其中市区（雁峰、石鼓、蒸湘、珠晖四区）为3.66亿立方米、衡阳县为15.62亿立方米、衡南县为19.38亿立方米、常宁市为18.94亿立方米、耒阳市为22.99亿立方米、衡东县为14.39亿立方米、衡山县为9.02亿立方米、南岳区为1.79亿立方米、祁东县为10.83亿立方米。全市农田灌溉用水18.8660亿立方米、林牧渔畜用水1.2735亿立方米、工业用水7.0849亿立方米、城镇公共用水1.2989亿立方米、城镇居民生活用水1.9209亿立方米、农村居民生活用水1.1817亿立方米、生态环境用水0.1306亿立方米，总用水量为31.76亿立方米，其中地下水用水量为2.1621亿立方米。市境内湘江干流及四大支流实测年径流总量：湘江干流归阳水文站为245.1亿立方米、衡阳水文站为408.8亿立方米、衡山水文站为545.0亿立方米，蒸水神山头水文站为13.61亿立方米，耒水耒阳水文站93.25亿立方米，洣水衡东水文站为84.22亿立方米，舂陵水欧阳海水文站（河道）32.47亿立方米，（河道加渠道）35.76亿立方米。根据湖南省水环境监测中心衡阳分中心对全市各主要河流53个水质监测断面水环境监测资料，依据《地表水环境质量标准》（GB 3838－2002）进行评价，市境内湘江干流归阳、横塘冲、赵家湾、大洲、瑶塘湾、衡南县水厂、云集村、文昌、衡阳、南大桥、大浦、茭河口、石湾水厂、石湾、三樟、衡山、站门前、金峰村、合江套、周家湾20个监测点水环境类别为Ⅱ类水，松柏1个监测点为Ⅲ类水；蒸水洪市镇、石门坎、花果山3个监测点水环境类别为Ⅱ类水，英陂、蒸水河口、神山头、金兰4个监测点水环境类别为Ⅲ类水；耒水耒阳、向阳、茶市3个监测点为Ⅱ类水，耒水河口、沙头大桥、鄙湖、白渔潭4个监测点水环境类别为Ⅲ类水；洣水谢家屋场、渡头坪、衡东、洣水河口4个监测点水环境类别为Ⅱ类水；宜水常宁水厂、洋泉水库、宜水河口3个监测点水环境类别为Ⅱ类水；涓水和平村为Ⅱ类水；祁水砖塘为Ⅱ类水；舂陵水荫田为Ⅱ类水，欧阳海、白沙、舂陵水河口3个监测点水环境类别为Ⅲ类水；曹口堰水库为Ⅱ类水；石门水库为Ⅱ类水；红旗水库为Ⅱ类水；兴隆水库、华严湖水库2个监测点水环境类别为Ⅱ类水。监测评价项目为水温、pH值、电导率、溶解氧及溶解氧饱和度、高锰酸盐指数、氨氮、六价铬、汞、砷、镉、铅、铜、锌、氟化物、挥发酚、氰化物、总磷、粪大肠菌群、石油类、悬浮物、五日生化需氧量、总硬度、氯离子、硫酸根、总碱度、矿化度、碳酸根、重碳酸根、钾、钠、钙、镁等。（段安圭）

国民经济和社会发展

【概况】 2017年，全市实现地区生产总值3132.48亿元，按可比价计算，增长8.5%。其中，第一产业实现增加值441.38亿元，增长3.5%；第二产业实现增加值1211.13亿元，增长6.2%；第三产业实现增加值1479.97亿元，增长12.5%。按常住人口计算，人均地区生产总值43233元，增长9.5%。

全市三次产业结构为14.1∶38.7∶47.2。规模以上服务业实现营业收入176.01亿元，比2016年增长26.7%；实现利润总额13.61亿元，增长6.0%。第三产业比重比2016年提高3.9个百分点；工业增加值占地区生产总值的比重为32.7%，比2016年下降3个百分点；高新技术产业增加值占地区生产总值的比重为14.0%，比2016年提高0.7个百分点；非公有制经济增加值1978.67亿元，增长8.6%，占地区生产总值的比重为63.2%，比2016年提高0.6个百分点。第一、二、三产业对经济增长的贡献率分别为6.0%、31.0%和63.0%，第三产业贡献率比2016年提高4.3个百分点。

全市新增城镇就业5.95万人，失业人员再就业3.01万人，就业困难对象再就业0.89万人，新增农村劳动力转移就业4.72万人，新增贫困劳动力转移就业4960人，城镇登记失业率控制在3.8%左右，创业带动就业4.01万人。完成贫困家庭两后生培训516人。全市累计发放创业担保贷款4.38亿元，完成年任务的151%。

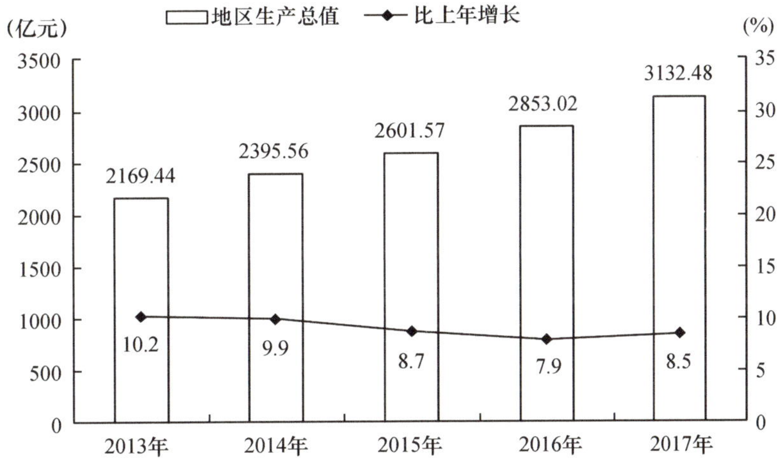

图1 2013—2017年衡阳市地区生产总值及其增长速度示意图

【农业】 全市农林牧渔业总产值725.77亿元，增长3.8%。其中，农业产值322.58亿元，增长2.8%；林业产值48.42亿元，增长5.0%；牧业产值280.8亿元，增长4.0%；渔业产值51.25亿元，增长4.6%；农林牧渔服务业产值22.71亿元，增长13.0%。农作物总播种面积1010.55千公顷，增长0.2%；粮食作物播种面积571.83千公顷，下降0.1%；油料种植面积222千公顷，增长0.5%；蔬菜种植面积117.69千公顷，增长2.6%。粮食总产量331.12万吨，增长0.1%。出栏肉猪938.50万头，减少0.7%；年出售和自宰的肉用牛14.41万头，下降0.4%；年出售和自宰用羊65.74万头，下降0.9%；出笼家禽11103.46万羽，增长1.5%；水产品产量30.49万吨，增长3.1%。

2017 年主要农产品产量及其增长速度

表 1

产品名称	计量单位	产量	比上年增长（%）	产品名称	计量单位	产量	比上年增长（%）
粮食	万吨	331.12	0.1	出栏肉猪	万吨	938.50	-0.7
油料	万吨	36.87	2.5	生猪存栏	万吨	529.21	-0.1
蔬菜	万吨	387.37	3.0	肉类总产量	万吨	90.66	-0.1
豆类	万吨	5.12	4.2	禽蛋	万吨	24.04	1.0
水产品	万吨	30.49	3.1				

全市农民合作社 5402 个，增长 16.1%；农民合作社成员 216820 人，增长 1.8%；家庭农场 3509 个，增长 14.1%；耕地流转面积 18.38 万公顷，增长 0.7%。年末农业机械总动力 601.5 万千瓦，增长 2.9%。

【工业和建筑业】 全市规模工业增加值累计增长 6.8%。在规模工业中，轻工业增长 8.8%；重工业增长 5.8%。规模工业的六大重点行业中，电气机械及器材制造业增长 4.6%；化学原料及化学制品制造业增长 12.8%；黑色金属冶炼及压延业增长 12.7%；有色金属冶炼及压延加工业下降 4.2%；煤炭开采和洗选业下降 9.0%；非金属矿物制品业增长 0.2%。年末，全市规模工业企业达到 1073 家。

全市规模工业实现产销率 99.2%，比 2016 年上升 0.5 个百分点。主要工业产品产量有升有降。其中：饲料产量 92.66 万吨，下降 14.0%；水泥 900.05 万吨，增长 1.0%；钢材 125.29 万吨，增长 20.0%；变压器 7094.18 万千伏安，下降 13.0%；十种有色金属 41.35 万吨，增长 6.0%；原盐 223.45 万吨，增长 5.0%；机制纸及纸板 20.54 万吨，下降 8.0%。

全市规模工业中，高加工度工业增加值累计增长 10.9%，高技术产业增加值累计增长 22.7%，分别较 2016 年同期上升 3.7 个和 3.4 个百分点。六大高耗能产业增长得到有效控制，全年增长 3.4%，较 2016 年下降 1.8 个百分点。

全市建筑业总产值 539.56 亿元，增长 11.8%；全市建筑业增加值 186.54 亿元，增长 12.9%。房屋建筑施工面积 2903.62 万平方米，增长 2.5%；房屋建筑竣工面积 1528.48 万平方米，增长 13.6%。

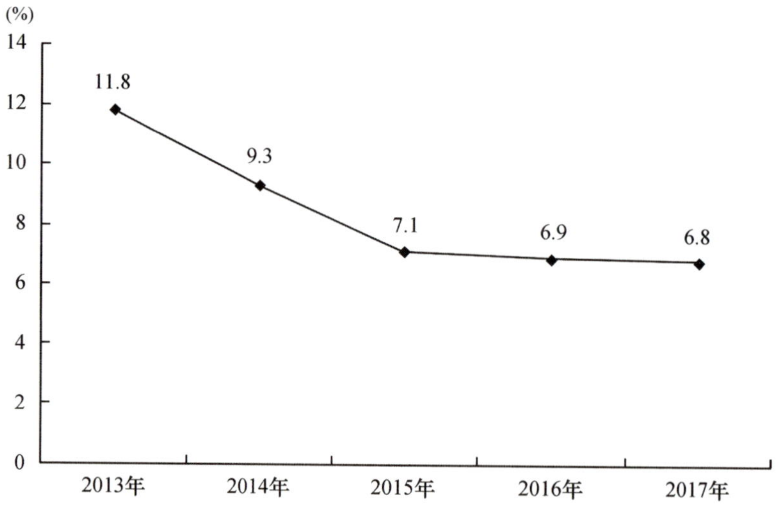

图 2　2013—2017 年衡阳市规模以上工业增加值增长速度示意图

2017 年衡阳市规模以上工业主要产品产量及其增长速度

表 2

产品名称	计量单位	产量	增长（%）	产品名称	计量单位	产量	增长（%）
饲料	万吨	92. 66	-14. 0	十种有色金属	万吨	41. 35	6. 0
水泥	万吨	900. 05	1. 0	原盐	万吨	223. 45	5. 0
钢材	万吨	125. 29	20. 0	机制纸及纸板	万吨	20. 54	-8. 0
变压器	万千伏安	7094. 18	-13. 0				

【固定资产投资】 全市固定资产投资（不含农户）2615. 85 亿元，增长 14. 6%。其中，城镇和非农户固定资产投资 2441. 91 亿元，增长 14. 6%；国有投资 926. 52 亿元，增长 7. 6%。年内，新开工项目个数 3707 个，增长 8. 9%。

全市工业固定资产投资 934. 80 亿元，增长 14. 9%，占固定资产投资的比重为 35. 7%。工业技术改造投资 493. 19 亿元，增长 19. 4%。制造业投资 784. 74 亿元，增长 15. 2%；电力、燃气及水的生产供应业投资 91. 56 亿元，增长 21. 1%。全市基础设施投资 654. 39 亿元，增长 11. 8%。其中，交通运输、水利设施、民生、卫生和社会工作投资分别增长 14. 3%、11. 6%、19. 1% 和 4. 1%。全市施工项目共 5211 个，本年投产项目 4217 个。亿元以上项目 512 个，完成投资 829. 28 亿元，占全部投资的比重为 31. 7%。民间投资 1606. 22 亿元，增长 21. 3%。

全市房地产投资完成 173. 94 亿元，增长 15. 3%。商品房销售面积 581. 89 万平方米，增长 14. 8%。

【国内贸易和物价】 全市社会消费品零售总额 1248. 38 亿元，增长 10. 7%。在限额以上批发零售企业零售额中，金银珠宝类增长 18. 8%，家用电器和音像器材类增长 14. 4%，通信器材类增长 16. 9%，文化办公用品类增长 16. 1%，汽车类增长 19. 2%。

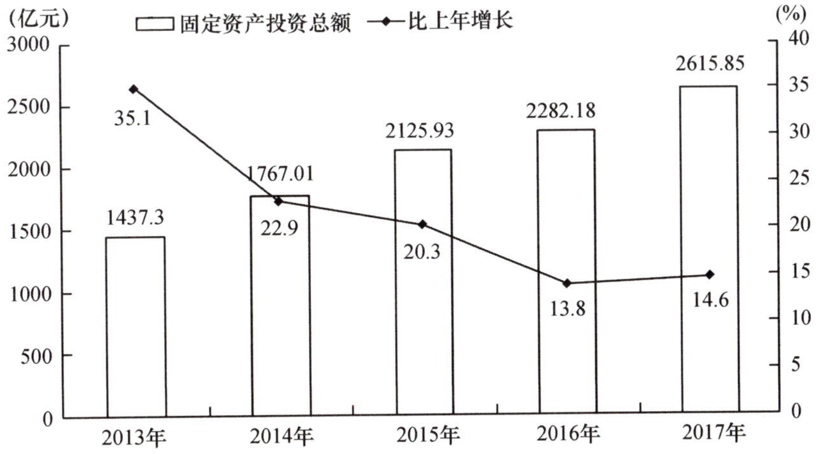

图 3 2013—2017 年衡阳市固定资产投资及其增长速度示意图

2017 年衡阳市分产业投资额及其增长速度

表 3

指标	投资额（亿元）	增速（%）	指标	投资额（亿元）	增速（%）
固定资产投资（不含双户）	2615.85	14.5	住宿和餐饮业	23.55	-23.9
第一产业	177.49	47.5	金融业	6.40	-5.5
第二产业	990.45	33.4	房地产业	360.15	18.2
其中：采矿业	58.50	3.5	租赁和商务服务业	93.40	39.3
制造业	784.74	15.2	科学研究和技术服务业	22.00	-12.6
电力、热力的生产和供应业	39.92	2.0	水利、环境和公共设备管理业	396.18	11.6
建筑业	62.84	-19.9	居民服务、修理和其他服务业	20.90	39.9
第三产业	1447.92	13.7	教育	56.54	-10.3
其中：交通运输、仓储和邮政业	193.10	14.3	卫生和社会工作	31.52	4.1
信息传输、软件和信息技术服务业	17.46	13.0	文化、体育和娱乐业	32.93	25.1
批发和零售业	83.96	3.2	公共管理、社会保障和社会组织	18.62	26.7

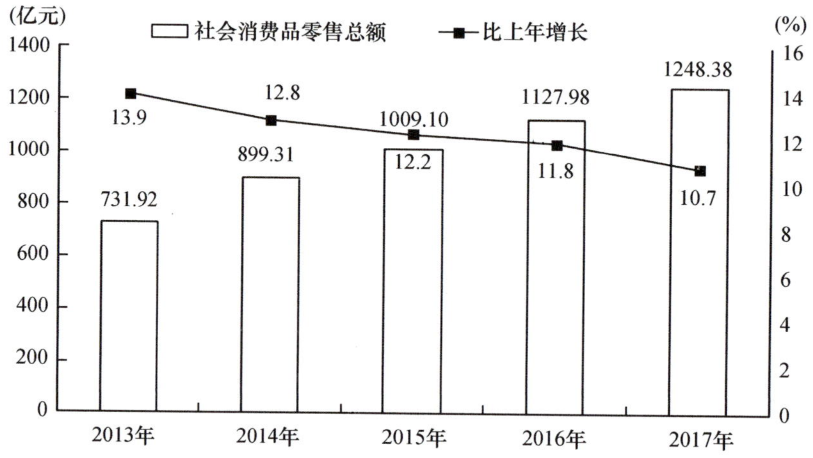

图 4　2013—2017 年衡阳市社会消费品零售总额及其增长速度示意图

2017 年衡阳市社会消费品零售额及其增长速度

表 4

指标	零售额（亿元）	比上年增长（%）	指标	零售额（亿元）	比上年增长（%）
社会消费品零售总额	1248.38	10.7	体育、娱乐用品类	0.6	4.0
按经营地分			书报杂志类	1.6	-6.2
其中：城镇	1124.55	10.4	电子出版物及音像制品类	0.1	-36.5
乡村	123.83	13.2	家用电器和音像器材类	46.3	14.4
限额以上法人批发和零售业商品零售额	374.1	15.9	中西药品类	9.4	23.0
其中：粮油、食品类	31.3	19.5	文化办公用品类	8.9	16.1
饮料类	7.6	28.4	家具类	7.3	20.2
烟酒类	14.5	25.9	通信器材类	6.1	16.9
服装、鞋帽、针纺织品类	24.7	16.0	煤炭及制品类	0.6	1.8
化妆品类	3.2	24.2	石油及制品类	53.2	6.9
金银珠宝类	3.7	18.8	建筑及装潢材料类	5.3	26.5
日用品类	8.9	24.5	机电产品及设备类	4.2	22.8
五金、电料类	11.1	-9.2	汽车类	121.0	19.2

全年居民消费价格比2016年上涨1.4%。分类别看，食品烟酒价格下降1.3%，衣着上涨2.3%，居住上涨1.2%，生活用品及服务上涨0.4%，交通和通信上涨1.8%，教育文化和娱乐上涨0.5%，医疗保健上涨14.5%，其他用品和服务上涨0.4%。

【对外经济和旅游】 全市进出口总额302.73亿元，增长69.8%。其中，出口额168.19亿元，增长57.1%；进口额134.54亿元，增长88.9%。对外贸易中，加工贸易进出口总额216.30亿元，增长70.2%。其中，出口额128.90亿元，增长61.1%；进口额87.40亿元，增长85.5%。

全市引进内资项目575个，增长11.2%，实际到位内资391.32亿元，增长16.4%。实际利用外资12.83亿美元，增长12.0%。

全市实现国内外旅游总收入568.05亿元，接待国内外游客6201.63万人次。其中，国内游客6197.15万人次，国外游客4.48万人次。年末，全市共有等级景区24个。

【交通和邮电】 全市民用车辆有量达到92.14万辆，增长23.4%，其中民用汽车为48.30万辆，增长17.7%，民用私人轿车达到23.12万辆，增长21.8%。公水路客货运换算周转量372.89亿吨公里，增长7.6%，货物周转量367.01亿吨公里，增长7.8%。其中，公路货物周转量达328.06亿吨公里，增长8.1%；水运货物周转量38.95亿吨公里，增长5.7%；旅客周转量58.85亿人公里，下降3.4%。南岳机场航班起降4962架次，增长36.2%；旅客吞吐量47.05万人次，增长51.0%；出港客座率77.2%，提高4个百分点。全市公路线路年末里程2.11万公里，增长0.4%，其中高速公路668公里。

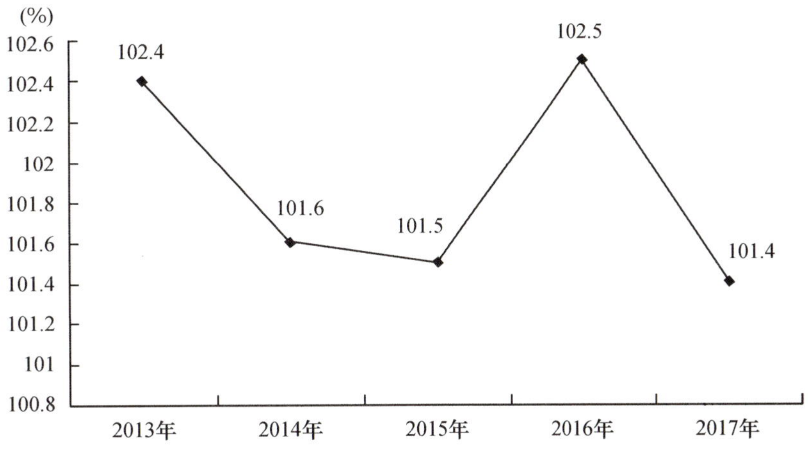

图5　2013—2017年衡阳市居民消费价格指数（CPI）示意图

全市邮电业务总量（按不变价计算）87.08亿元，增长68.0%，其中邮政业务、电信业务总量分别为12.40亿元和74.68亿元，分别增长24.8%和78.7%。年末，有固定电话用户76.13万户，增长3.7%。移动电话用户533.12万户，增长11.7%。年末，有互联网宽带用户数114.71万户，增长11.7%。

【财政、金融和保险】 全市一般公共预算收入252.01亿元，下降9.3%。地方收入162.41亿元，下降19.2%。其中，税收收入90.74亿元，增长7.8%；非税收入71.67亿元，下降38.6%。上划中央收入72.07亿元，增长16.4%；上划省级收入17.53亿

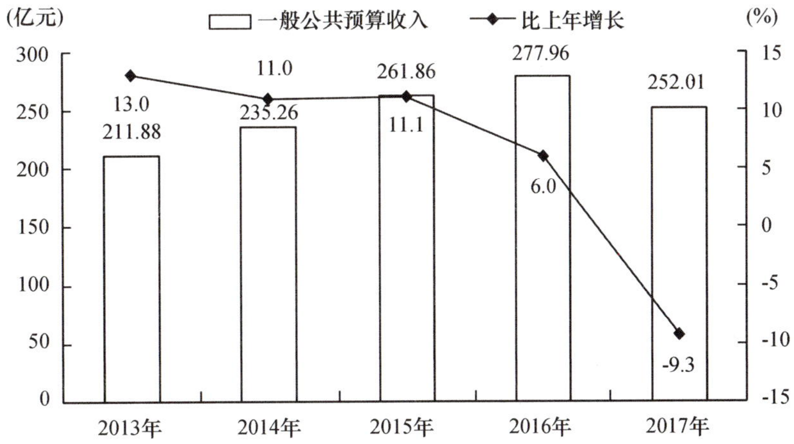

图6　2013—2017年衡阳市一般公共预算收入及其增长速度示间图

元，增长16.0%。全市一般公共预算支出527.93亿元，下降2.1%。其中，社会保障和就业支出97.80亿元，增长21.2%；教育支出89.57亿元，增长2.2%；医疗卫生与计划生育支出58.97亿元，增长5.5%；城乡社区支出56.84亿元，下降24.3%。

年末，全市金融机构本外币各项存款余额3589.78亿元，增长9.3%。其中，住户存款2321.03亿元，增长8.7%；非金融企业存款771.84亿元，增长14.3%；广义政府存款488.53亿元，增长5.5%；非银行金融机构存款6.54亿元，下降9.8%。金融机构本外币各项贷款余额1908.55亿元，增长14.0%。其中，短期贷款为457.74亿元，增长10.9%；中长期贷款1084.23亿元，增长22.9%。年末，银行主要金融机构不良贷款余额56.91亿元，增长15.6%，不良贷款比率3.44%，上升0.06个百分点。

全市证券公司营业部31家，比2016年年末增加7家，证券交易额4380.46亿元，下降13.7%。

全市保险保费收入达86.43亿元，增长15.7%。其中，财产险保险保费收入25.62亿元，增长10.8%；人身险收入60.81亿元，增长17.9%。全年各项赔付支出32.31亿元，增长13.9%。其中，财产险赔款支出14.82亿元，增长23.3%；人身险赔款支出17.48亿元，增长7.0%。

【教育和科学技术】 全市共完成325所学校和81个教学点的标准化学校创建任务。全面改薄工作实际支出资金86783万元，开工面积453745平方米，竣工面积485028平方米，完成设备采购17434万元。用于城市义务教育基础设施建设的经费共20618.60万元，教育费附加支出16118.20万元，其中用于义务教育资金10348.60万元。全市社会捐资助学9708人次，总金额1249.84万元。立项省卓越职业学校1所，省示范性特色专业群2个，生产性实习实训基地1个。全市学前三年入园率86.3%，2017年认定普惠性民办园842所，其中新增普惠性民办幼儿园69所，2017年，公办幼儿园和普惠性民办幼儿园总数占全市幼儿园总数的73.2%。

2017年衡阳市各级学校招生、在校及毕业生人数及其增长速度

表5

指标	招生人数		在校人数		毕业人数	
	绝对数（万人）	增长（%）	绝对数（万人）	增长（%）	绝对数（万人）	增长（%）
研究生教育	0.13	9.2	0.38	6.9	0.10	0.0
高等教育	5.17	-4.7	15.53	0.1	5.09	9.7
中等职业教育	2.85	-1.0	8.07	5.1	2.81	27.7
普通高中	5.02	3.3	14.33	3.6	4.17	7.5
初中学校	9.07	-1.6	27.32	-2.1	9.46	-4.7
普通小学	9.63	-4.6	57.13	0.3	9.02	-0.9
特殊教育	0.02	-50.0	0.18	28.6	0.02	100.0

说明：含技师学院

全年完成高新技术产业增加值437亿元，增长13.7%。专利申请量5087件。新增省级重点实验室2家，省级工程技术研究中心2家，组织实施市级工程技术研究中心申报认定工作，认定衡阳市含砷废渣资源综合利用工程技术研究中心等3家市级工程技术研究中心。衡阳中关村金种子创业谷认定为省级众创空间，耒阳市经济开发建设投资集团有限公司认定为省级科技企业孵化器。湘南首家科技成果交易平台火凤凰宣告上线。组建衡阳市省级油茶产业技术创新战略联盟。筹建衡阳市茶叶技术研究院。衡阳师范学院“功能金属有机材料”院士专家工作站成功申报省级院士专家工作站。

全市共有法定计量检定机构8个，特种设备检验机构7个。工业产品定期抽查合格率93.1%。发放工业产品生产许可证71张，发放食品相关产品生产许可证27张，强制检定计量器具16.7万台件。帮扶和培育22家质量管理先进、产品质量稳定的企业争创湖南名牌产品，筛选和帮扶8家企业申报市长质量奖。测绘部门提供基础地理信息数据成果31500幅，提供各种航摄成果1800片。

【文化、卫生和体育】 年末，全市拥有各类艺术表演团体11个，群众艺术馆、文化馆13个，公共图书馆14个，博物馆、纪念馆16个。全市国家级非物质文化遗产保护项目6个，省级21个。常宁市中田村、衡东县荣桓镇、衡阳县曲兰镇、耒阳市大河滩村入选首批湖南省经典文化村镇。优秀民俗文化节庆——“南岳庙会”活动盛况空前，三上央视；全国第一个文化和自然遗产日——“大美衡阳·我们的节日”衡阳文化遗产宣传周活动有声有色；“非遗戏剧进校园”展演（示）60场次。

全市有广播电台9座，中、短波广播发射台和转播台23座，广播综合人口覆盖率99.83%。电视台9座，电视综合人口覆盖率99.84%。有线电视用户77万户，放映农村公益电影5.87万场。出版各类报纸5种、期刊7种，期刊出版量0.566亿册。全年新闻出版业销售收入0.558亿元，全年新闻出版业利润总额0.055亿元。年末，全市共有档案馆14个，开放各类档案119万卷（件）。

全市拥有各类卫生机构5252个，其中医院、卫生院363个，妇幼保健院（所、站）13个。卫生技术人员4.1万人，其中执业医师和执业助理医师1.8万人，注册护士1.6万人。医院、卫生院床位4.19万张。拥有乡镇卫生院236个，床位数1.31万张，全市疾病预防控制中心13个，全市疾病预防控制中心（防疫站）卫生技术人员0.08万人。

全市拥有体育场地15469个，其中体育馆23座。运动场1671个，游泳池60个，各种训练房839个。年内，新建成156个行政村的农民体育健身工程任务。首次成功承办国家A级赛事——2017全国蹦床锦标赛暨第十三届全运会预选赛；圆满举办第十届中韩青少年体育交流活动。CBA预备队比赛聚集国内男篮10个顶级俱乐部、7支强队，为市民奉上21场精彩赛事；“梦东方”杯元旦环城赛跑包含市领导倡议、万人签名、董斌领跑等系列活动，是60年来规模最大、影响最广的一次赛跑活动。

【资源、环境和安全生产】 全年平均年降水量1293毫米，总用水量30.41亿立方米，人均用水量422立方米，总体水质状况满足Ⅲ类标准的断面比例为100%。

全年发现的矿产69种，探明资源储量的矿种有57种，其中能源矿产4种，金属矿产29种，非金属矿产23种，水气矿产1种。实施地质勘查项目41个，实施资源危机矿山找矿项目1个。

全市环境质量总体保持稳定，城市空气质量优良天数288天，优良率78.9%，空气污染综合指数为4.67，PM10、PM2.5年平均浓度分别为70微克/立方米和49微克/立方米，比2016年分别下降7.9%和5.8%。地表水达标率99.4%，饮用水源达标率100%，主要污染物化学需氧量、氨氮、二氧化硫、氮氧化物排放量同比2016年分别削减3.22%、2.75%、3.05%、5.61%。

全市共发生生产安全事故73起，死亡55人，同比分别下降52.6%和42.11%。亿元GDP生产安全事故死亡率0.0176；工矿商贸企业十万人生产事故死亡率0.41；道路交通万车事故死亡率1.8；煤矿百万吨事故死亡率0。

【人口、人民生活和社会保障】 全年出生人口10.53万人，出生率12.76‰；死亡率6.36‰；人口自然增长率6.40‰；出生人口性别比为108.6。

全市常住人口720.53万人，其中，城镇人口377.99万人，城镇化率52.46%，比2016年年末提高1.39个百分点。全市0~14岁人口为137.94万人，占总人口的19.14%；15~59岁人口为455.06万人，占总人口的63.16%；60岁及以上人口为127.53万人，占总人口的17.70%。与上年比，全市0~14岁人口比重减少0.23个百分点，60岁及以上人口比重增加0.63个百分点。

2017 年衡阳市人口及其变动情况

表 6

			甲	衡阳市	市辖区	珠晖区	雁峰区	石鼓区	蒸湘区	南岳区	衡阳县	衡南县	衡山县	衡东县	祁东县	耒阳市	常宁市
年末总户数（户）			1	2465040	372226	103032	72341	76003	101128	19722	373695	339608	126641	213978	356513	392827	289552
年末总人口	合　计		2	8002173	1012116	287384	190458	199439	275203	59632	1244203	1097617	449775	757655	1058950	1420888	960969
	城镇人口		3	2433664	738245	202480	152648	143101	210297	29719	249635	197739	79428	134772	354284	417581	261980
	乡村人口		4	5568509	273871	84904	37810	56338	64906	29913	994568	899878	370347	622883	704666	1003307	698989
	性别	男	5	4198717	508020	144598	95141	99335	139043	29903	657462	580939	233338	392406	561261	751283	514008
		女	6	3803456	504096	142786	95317	100104	136160	29729	586741	516678	216437	365249	497689	669605	446961
	年龄	0~17 岁	7	1935058	203158	52804	34867	37995	63575	13917	295067	261420	103542	180974	256422	384747	249728
		18~34 岁	8	1831875	207467	56359	36942	40455	59904	13807	295464	267730	104410	178792	244543	317456	216013
		35~59 岁	9	2826394	398500	111730	76566	79448	108470	22286	431976	373492	160342	265418	361550	497336	337780
		60 岁及以上	10	1408846	202991	66491	42083	41541	43254	9622	221696	194975	81481	132471	196435	221349	157448
本年度人口变动	出生	合计	11	89590	13961	3377	2309	2433	4913	929	13208	12254	5284	8272	11138	15180	10293
		男	12	48461	7443	1748	1192	1316	2670	517	7199	6652	2819	4511	5959	8199	5679
		女	13	41129	6581	1629	1117	1117	2243	412	6009	5602	2465	3761	5197	6981	4614
	死亡	合计	14	133070	15081	5173	3289	3188	3037	394	19367	17252	8282	14629	20096	21794	16569
		男	15	75480	8783	3032	1863	1853	1798	237	10935	9983	4532	8388	11315	12359	9185
		女	16	57590	6298	2141	1426	1335	1239	157	8432	7269	3750	6241	8781	9435	7384
	迁入	省内迁入	17	24580	15419	1761	2267	1841	9045	505	1551	2472	672	662	1239	1433	1132
		省外迁入	18	11340	2331	472	323	604	826	106	1457	1472	425	675	1459	1813	1708
	迁出	迁往省内	19	31481	6502	1522	1270	1119	2246	315	4629	4752	1803	2279	3734	4574	3208
		迁往省外	20	32136	6567	1866	1520	1160	1868	153	4794	3818	1309	2109	4680	5572	3287

2017 年衡阳市城镇人口增减情况

表 7

				甲	衡阳市	市辖区	珠晖区	雁峰区	石鼓区	蒸湘区	南岳区	衡阳县	衡南县	衡山县	衡东县	祁东县	耒阳市	常宁市
年末城镇人口数				1	2433664	738245	202480	152648	143101	210297	29719	249635	197739	79428	134772	354284	417581	261980
增加情况	合计			2	373909	37676	10319	5234	5025	14431	2667	111308	39475	8372	61128	5979	92252	17719
	出生			3	29454	9459	2039	1633	1420	3841	526	2953	2385	1037	1090	4108	5202	3220
	退出现役			4	466	260	30	52	49	124	5	40	13	6	7	13	82	45
	港澳台人员和华侨回内地（回国）定居及外国人、无国籍人入籍			5	1	1	0	0	0	1	0	0	0	0	0	0	0	0
	城镇人口迁入	省内迁入		6	10152	7437	720	1104	798	4469	346	369	570	166	127	517	593	373
		省外迁入		7	3073	1259	247	216	179	583	34	260	286	77	91	405	403	292
	农业转移人口落户城镇	小计		8	324306	16884	6896	2029	1231	5037	1691	106966	35657	6950	59630	822	84576	12821
		来自地区	本市（地）	9	315912	12080	4389	1554	619	3916	1602	106526	34938	6821	59445	305	83723	12047
			本省外市（地）	10	4476	3253	2234	253	167	563	36	140	339	59	60	99	344	182
			外省	11	3918	1551	273	222	445	558	53	300	380	70	125	418	509	565
		增加原因	大中专院校招生	12	75	62	29	1	3	29	0	1	3	2	0	5	0	2
			录(聘) 用	13	320	200	26	49	43	63	19	13	35	9	11	25	12	15
			务工经商	14	0	0	0	0	0	0	0	0	0	0	0	0	0	0
			投资(创业)	15	22	0	0	0	0	0	0	2	5	5	1	7	0	2
			购(租) 房	16	6816	5996	486	769	509	4017	215	106	188	35	49	175	182	85

续表 7

				甲	衡阳市	市辖区	珠晖区	雁峰区	石鼓区	蒸湘区	南岳区	衡阳县	衡南县	衡山县	衡东县	祁东县	耒阳市	常宁市
增加情况	农业转移人口落户城镇	增加原因	投靠亲属	17	4599	2301	572	457	308	826	138	326	391	169	101	540	395	376
			移民搬迁	18	134	48	40	0	4	4	0	19	19	0	1	20	0	27
			城中村改造	19	31371	850	850	0	0	0	0	0	11950	0	0	0	17610	961
			城乡属性调整	20	216430	6647	4700	666	0	0	1281	106312	10607	6705	39383	0	37737	9039
			其他	21	64539	780	193	87	364	98	38	187	12459	25	20084	50	28640	2314
	其他			22	6457	2376	387	200	1348	376	65	720	564	136	183	114	1396	968
减少情况	合计			23	57712	19765	5686	4943	3634	4454	1048	5639	4490	1563	1953	9440	8392	6470
	死亡			24	32934	11872	3834	3207	2379	2179	273	3038	2150	1100	1140	4963	5227	3444
	服现役			25	394	144	58	14	16	53	3	47	43	12	9	42	58	39
	赴港澳台和国外定居及加入外国籍			26	422	307	43	217	34	12	1	19	16	2	0	36	22	20
	城镇人口迁出			27	17274	6538	1716	1307	1071	1727	717	1926	1530	401	747	2203	2391	1538
	其他			28	6688	904	35	198	134	483	54	609	751	48	57	2196	694	1429

备注：一、在“农业转移人口落户城镇”中，农村籍大中专院校毕业生 238 人，在城镇就业和居住五年以上的农业转移人口 526 人，举家迁徙的农业转移人口 3895 人，农村籍退出现役人员 66 人。二、在“城镇人口迁入”和“农业转移人口落户城镇”中，具有专业技术职称的 15 人，具有技能等级的 17 人

全市城镇居民人均可支配收入 31300 元，增长 8.5%。城镇居民人均消费支出 21740 元，其中食品烟酒支出 6536 元、居住支出 3429 元、医疗保健支出 1263 元、教育文化娱乐支出 6162 元。城镇居民家庭恩格尔系数为 30.1%。

全市农村居民人均可支配收入 16851 元，增长 8.0%。其中工资性收入 8143 元、经营净收入 4707 元、转移净收入 3818 元。农村居民人均消费支出 11763 元，其中食品烟酒支出 3872 元、居住支出 2586 元、医疗保健支出 969 元。农村居民家庭恩格尔系数为 32.9%。

全市五大社会保险总参保人数达到 1388.51 万人次，基本实现参保全覆盖，其中参加城镇职工养老保险、新型农村养老保险、城镇基本医疗保险、失业保险、工伤保险和生育保险分别达到 85.26 万人、381.25 万人、736.35 万人、60.00 万人、60.60 万人和 39.78 万人。全年征缴基金 135.80 亿元，发放各项社保待遇 177.28 亿元。

全市城镇和农村最低生活保障惠及城镇居民、农村居民 6.52 万人和 12.68 万人，发放城镇和农村最低生活保障经费 2.99 亿元和 2.98 亿元。

全年销售社会福利彩票 5.65 亿元，筹集社会福利资金 1.59 亿元。

市、市直机关、国省驻衡单位及市属大型企业领导人名录

（截至2017年12月31日）

中共衡阳市委员会

书　　记　周　农
副 书 记　周海兵(2017.05调离)
　　　　　郑建新(2017.06任)
　　　　　邓群策
常　　委　罗东海(2017.10免)
　　　　　包昌林
　　　　　刘丽华(女)
　　　　　邓　柯
　　　　　何录春(2017.05调离)
　　　　　张贺文(2017.12调离)
　　　　　章　彰(挂职)
　　　　　贺小坤　陈　竞
　　　　　廖　健(2017.05任)
　　　　　罗　琼(女,2017.11任)
市人大常委会原副主任　刘运定
秘 书 长　张贺文(2017.12调离)
副秘书长　熊超群(2017.04任)
　　　　　张韶辉　王湘淮
　　　　　伍尤平　邹　锟
　　　　　尹立鑫(2017.02任)

衡阳市人大常委会

主　　任　周　农
副主任副书记　段志刚(2017.01任)
副 主 任　李鹏飞(2017.01任)
　　　　　晏华衡　伍清明
　　　　　谭敦龙(2017.01任)
　　　　　侯明星(2017.01任)
　　　　　邹致和(2017.01任)
　　　　　李艳丽(女,2017.01任)
党组成员　王旭明　康　强
　　　　　周晓云
原副主任　苏　营
秘 书 长　龙雪一(2017.01任)
副秘书长　唐振湘　张新华
　　　　　罗国清　李光伟
　　　　　陶朝晖(女,挂职)

衡阳市人民政府

市　　长　周海兵(2017.05调离)
　　　　　郑建新(2017.07任)
副 市 长　何录春(常务,2017.05调离)
　　　　　廖　健(常务,2017.07任)
　　　　　章　彰(挂职)
　　　　　胡志文(2017.01任)
　　　　　刘正兴
　　　　　龚学余(2017.01任)
　　　　　周玉梅(女,2017.01任)
　　　　　杨龙金(2017.01任)
　　　　　彭玉明(2017.06任)
原副市长　胡水龙　唐文峰
秘 书 长　邓小林
副秘书长　颜东程　胡深源
　　　　　罗卫华　李传思(兼)
　　　　　肖春林　刘定安
　　　　　李育全　张少华
　　　　　彭丽堂

政协衡阳市委员会

主　　席　廖炎秋
副主席副书记　张　亮
副 主 席　谢明芳(女)
　　　　　许云生　黄保锦
　　　　　汪　维(2017.01任)
　　　　　肖吉顺(2017.01任)
　　　　　谢　肃(2017.01任)
副书记原副主席　李　平
原副主席　马俭平(女)
秘 书 长　夏平平(2017.01任)
副秘书长　谢昭亿　王平云
　　　　　贺回乐
　　　　　李康杏(挂职)
　　　　　王　平

衡阳警备司令区

司 令 员　贺小坤
政治委员　王信民
副司令员　宋玉清
战备建设处处长　谭盾钢
动员处处长　邹志华
政治工作处处长　许望成
保障处处长　欧阳石林

衡阳预备役后勤保障旅

旅　　长　王喜滨
副 旅 长　雷文忠
政治部主任　全建平
副参谋长　彭勇栋

中共衡阳市纪律检查委员会

书　　记　包昌林

副书记
监察局局长
预防腐败局局长　王东文(2017.04任)
副书记　卜茂平　张军
常委　陈辉芝　龙亚春
刘志宏　孙艳平(女)
罗名志
正处级纪检监察员　张志波
监察局副局长　贺公民

中共衡阳市委巡察工作联络组办公室
(市委巡视工作联络组办公室)

主任　龙祝元(2017.04任)
副主任　王剑(2017.04任)
巡察组组长　颜昌正(2017.04任)
康国雄(2017.04任)
刘晓军(2017.04任)
阳丽红(女,2017.04任)
邓昌旺(2017.04任)
巡察组副组长　全昌盛(2017.07任)
封常清(2017.09任)
张长国(2017.09任)
许太华(2017.09任)
谭晓华(2017.09任)

衡阳市中级人民法院

院长　张经纬
副院长　李来清　阳小云
陈龙飞　匡彬文(女)
政治部主任　王如铁
派驻纪检组长　朱祥云(2017.07任)
党组成员　任志恒　曹亚民
罗小韩

衡阳市人民检察院

检察长　刘孙承
副检察长　费旭东(常务)
彭生宝　曹文恒
罗洵(女)
龙仕达
派驻纪检组长　欧阳强(2017.07任)
政治部主任　张知义
党组成员　曾建军　曾志平
贺安凡

市委工作部门

市委办公室
主任　张贺文(2017.12调离)
副主任　黄伟　张斌
派驻纪检组长　钟斌(2017.07任)

市委全面深化改革领导小组办公室
主任　张贺文(2017.12调离)
专职副主任　侯健康
廖文基(2017.09任)

市委组织部
部长　陈竞(2017.01任)
副部长　雷雨时　胡小宁
封哲夫
陈国辉(2017.04任)
蒋云新(兼,2017.04任)
派驻纪检组长　段海明(2017.07任)
原副部长　黄荣葆
正处级组织员　刘胜利

市委宣传部
部长　刘丽华(女)
副部长　王郦君(常务)
吕正平　谭崇恩
派驻纪检组长　刘文静(女,2017.07任)

市委统一战线工作部
部长　邓群策(2017.11任)
副部长　陈群洲
张永英(女)
胡新武(2017.09任,兼)
许卫(女,2017.09任)
派驻纪检组长　吴小燕(女,2017.07任)

市委政法委员会
书记　邓柯
常务副书记　汤守春(2017.04任)
副书记　罗光耀(2017.04任)
孙团才　刘云宝
政治部主任　曾小成
派驻纪检组长　刘学配(2017.07任)

市委政策研究室
主任　周宏辉
原副处级纪检员　周晓明(2017.07任)
副主任　邹舸　朱松泉

市委直属机关工作委员会
书记　谢柯
副书记　黄晓慧　白少友
王军波(2017.09任)
工会主席工委委员　廖青(女)
市纪委派驻纪工委书记　廖激扬

市委机构编制委员会办公室
主任　廖秋文
副主任　陆亚利
李晓红(女)

市委防范和处理邪教问题领导小组办公室
主任　胡征星
副主任　宋景星　资永古

市信访局（市委群众工作部）
局　　长　罗卫华
副 局 长　唐昌平　张位德
　　　　　陈晓春
　　　　　唐　峰（2017.04任）
　　　　　尹腾芳（2017.11任）

市委党校（市行政学院、市社会主义学院）
校　　长　邓群策
常务副校长　尹同君
副 校 长　李诗衡　李保民
　　　　　欧正国　蒋受安
教 育 长　唐云涛（女）

市委直属单位

市委老干部局
局　　长　蒋云新（2017.04任）
副 局 长　卢　蔚（女）
　　　　　王绍良
市关工委秘书长　刘文娟（女）

市档案局
局　　长　谭春兰（女）
副 局 长　王山诚
　　　　　贺春兰（女）
　　　　　邓江基

市委党史研究室
主　　任　谢　虹（女，2017.04任）
副 主 任　谢志成　蒋全鑫
原 主 任　周美好

市委讲师团
主　　任　成新平
副 主 任　洪明星　肖振军

市委台湾工作领导小组办公室
主　　任　李瑞荣
副 主 任　周　强　龙旗胜

市委政法委员会维稳一室
主　　任　刘利民

市委政法委员会维稳二室
主　　任　尹　钢（2017.09任）

市综合治理办公室
主　　任　罗光耀（兼，2017.04任）
副 主 任　唐　晨
　　　　　黄增林（2017.09任）

衡阳日报社
社　　长　肖立建（2017.04任）
总 编 辑　林新华
副 社 长　刘虹梅（女）
　　　　　黄魁斌　周卫国
纪委书记　邓湘源
工会主席　陈文进

市委网络安全和信息化领导小组办公室
（市互联网信息办公室）
主　　任　王永华（2017.09任）
副 主 任　李淑玉（女，2017.09任）
　　　　　陈军政（2017.11任）

市委部门管理机构

市委督查室
主　　任　孔维政
副 主 任　彭绍清　刘秩坤

市委保密办（市保密局）
主　　任　蒋宏来
副 主 任　王加福

市委机要局
局　　长　王发贵
副 局 长　刘少荣
总工程师　文建华

市专用通信局
局　　长　邓克谋（2017.09任）

市委非公经济和社会组织委员会
专职副书记　陆志宏（2017.09任）

市委基层党工作领导小组办公室
主　　任　阳明升（2017.09任）

市事业单位登记管理局
局　　长　范秋平

市老干部活动中心
主　　任　黄　雄
书　　记　李湖平

市文明办公室
主　　任　罗东云

市委、市政府新闻办公室
主　　任　王卫全

市纪委工作部门

办公室
主　　任　齐文川

组织部
部　　长　周立友（2017.04任）

宣传部
部　　长　肖湘东（2017.04任）

党风政风监督室
主　　任　万　科

信访室
主　　任　张晓辉

案件监督管理室
主　　任　廖尚清

第一纪检监察室
主　　任　蒋现良(2017.04任)

第二纪检监察室
主　　任　吴明伟

第三纪检监察室
主　　任　谭刚山

第四纪检监察室
主　　任　宋宁生

第五纪检监察室
主　　任　刘伯辉(2017.04任)

第六纪检监察室
主　　任　周　明(2017.09任)

案件审理室
主　　任　许亚春(女)

纪检监督干部监督室
主　　任　彭　华

预防腐败室
主　　任　宁俊祺(2017.04任)

信息技术保障室
主　　任　谢振华(2017.07任)

调研法规室
主　　任　管品申(2017.09任)

机关党委
专职副书记　刘　颖(女,2017.07任)

市人大专门委员会

内务司法委员会
主任委员　曾　静
副主任委员　李祥云

财政经济委员会
主任委员　何旭明
副主任委员　周天庆

教育科学文化卫生委员会
主任委员　贺熙欢(2017.01任)
副主任委员　罗　晖(2017.01任)

农业与农村委员会
主任委员　王美志
副主任委员　易　彬(女)
委员提名人选　王惟武(2017.01任)

城乡建设与环境保护委员会
主任委员　卢劲松
副主任委员　彭有贵

市人大常委会工作部门

办公室
主　　任　龙雪一(2017.01任)

驻市人大机关纪检组
组　　长　周其钢(2017.07任)

预算工作委员会
主　　任　何旭明(兼)
副主任　谭丽霞(女)

法制工作委员会
主任委员　廖桂元
副主任委员　肖新平

选举任免联络工作委员会
主　　任　郁晓初
副主任　杨应辉

研究室
主　　任　谢慧斌
副主任　江　勇

信访办公室
主　　任　曾小军

市人民政府工作部门

市人民政府办公室
主　　任　邓小林
副主任　彭　红(女)
　　　　梁刚龙　周　强
　　　　周湘晖
派驻纪检组长　蒋小利(2017.07任)
协助纪检组组长工作　罗新华(女,2017.07任)

市发展和改革委员会
主　　任　雷高飞
副主任　奉小明　李　旭
　　　　杨云祥　万韩建
　　　　肖军阳　李定慧
总经济师　邹顺初
党组成员市优化办主任　邹庆华
派驻纪检组长　何　光(2017.07任)

市经济和信息化委员会
主　　任　胡花云
副主任　张兴二　刘梓恒
　　　　彭振霖　万克俭
　　　　周子超　任福荣
工会主席　李笃清

市教育局

局　　长　程少平(2017.04任)

副 局 长　马建新　罗胜利
彭天文　马俭平(女)
谭小华

市教育考试院院长　李智平

工会主席　宋腾飞

主任督学　肖智亮

派驻纪检组长　李青山(2017.07任)

市科学技术局(知识产权局)

局　　长　罗春耀

副 局 长　刘启静　周卿文
罗菲菲(女)

工会主席　黄长生

市公安局

局　　长　胡志文(2017.04任)

副 局 长　肖海波(常务,2017.09任)
何恒芹　钟正军
李　衡　吴　起
谢先进

派驻纪检组长　谢少珍(2017.07任)

市民政局

局　　长　周小凤(女)

副 局 长　冯国旺　尹晓洪
金姗姗(女)
吴　斌

派驻纪检组长　刘庆凡(2017.07任)

市城市管理行政执法局

局　　长　谢茂文

纪检组组长　贺银生

副 局 长　谭长青　席晓平
邓建华　汪楚纯

总工程师　陈建颖

市司法局

局　　长　魏中发

副 局 长　单永泉　匡　华
熊　鹰

政治部主任　谭满林

工会主席　唐宏伟

市财政局

局　　长　秦振衡

副 局 长　何小平　刘　军
奉伍元(2017.09任)
陈安平

总会计师　龙海鹰

市农开办主任　谢树连

工会主席　王集文

派驻纪检组长　邓国军(2017.09任)

原纪检组组长　文小荣

市人力资源和社会保障局

局　　长　曾祥月

副 局 长　石献忠　张晓平
曾崇伟　郭建中

总会计师　王志刚

工会主席　胡小麦(女)

派驻纪检组长　匡春风(2017.07任)

市国土资源局

局　　长　廖义智

副 局 长　阳秋桂　黄光辉

副局长总工程师　傅中良

总规划师　李兴国

总会计师　龚国清

工会主席　蒋远翔

派驻纪检组长　曾庆虎(2017.07任)

执法监察支队队长　彭德庆

市住房和城乡建设局

局　　长　刘兴中(2017.04任)

副 局 长　谢　肃　曾良贵
蒋文龙　唐学清
李佐军　唐修华
吴志强　段菊生

总工程师　张云球

市房地产产权处处长　李逢丁

派驻纪检组长　贺根定(2017.07任)

市交通运输局

局　　长　吴旭东(2017.04任)

副 局 长　张洁成　罗端林

副局长总工程师　李贞生

工会主席　冯赤军

市公路管理局局长　肖仁贵

总会计师副局长　欧阳巍巍(女)

派驻纪检组长　万荣禄(2017.07任)

市农业委员会(市委农村工作办公室)

主　　任　刘诗真(2017.04任)

副 主 任　曾向国　胡高明
肖章平　颜桥生
邱　宁　卢正世
彭素云(女)
胡荣华　罗金华

总农艺师　曾金国

工会主席　赵爱民

派驻纪检组长　喻金平(2017.07任)

协助纪检组组长工作　黄舜梅(2017.07任)

市水利局

局　　长　岳　健

总工程师　高银生

副局长 文昌荣 肖志华
刘吉林 李朝华
工会主席 刘安平

市林业局
局长 陈骏
副局长 刘九江 曹敏慧
工会主席 周德湘
总工程师 梁瑞军
总会计师 陈伟

市商务和粮食局
局长 黄建军
总会计师 许任明
副局长 刘克春 王凌志
程治纲 张柏君
陈书贵
康新生(女)
赵芳(女)
史子发
工会主席 王春华
党委委员 罗宏华
口岸办主任 王兴斌

市文体广电新闻出版局(市版权局)
局长 蒋勋伟
副局长 易鸿斌 肖芳葵
李新祥 吴水根
张衡安 刘晓文
曾臻
党委委员 邹和平(2017.07任)
派驻纪检组长 唐彦(2017.07任)

市卫生和计划生育委员会
主任 邹爱民
副主任 陈兰林 邓玉生
胡晓明 刘枚武
谢福生 谭绪平
欧阳琴(女)
陈忠明 刘景友
计生协会常务副会长 袁金宏
工会主席 谢笃菊(女)
派驻纪检组长 吕曙光(2017.07任)

市审计局
局长 傅萍(2017.04任)
副局长 廖义伟 邱文
李康杏(2017.04任)
工会主席 周紫娟(女)
党组成员 许常礼(2017.07任)
总审计师 李焕勇
市领导干部经济责任审计中心主任 段小军(2017.07任)

市环境保护局
局长 刘晓利
副局长 蒋宏伟 郭石军
唐小平 曹运才
总工程师 鲁骥
工会主席 刘环建
派驻纪检组长 江秀秋(女,2017.07任)

市统计局
书记 李晓霞
局长 陈森
副局长 谢明菊 李尔平
罗理义
总统计师 刘霖

市城乡规划局
局长 陈添喜
副局长 杨承友 侯跃泽
汤绍锋
总规划师 杨劲松
工会主席 龙瑞祥

派驻纪检组长 刘文(2017.07任)

市安全生产监督管理局(市煤炭管理局)
局长 胡小刚
副局长 邹炜 曹书厚
欧阳早香
吉仕统 丁佳生
胡振业(女)
总工程师 何辅韩
派驻纪检组长 吴刚(2017.07任)

市食品药品监督管理局(市食品安全委员会办公室)
书记 唐时明(2017.04任)
局长 江红(女,2017.04任)
副局长 李柯俭 谭艳林
武亚明(女)
彭桂华
工会主席 尹建生

市旅游外侨民宗局(港澳事务办公室)
书记 宁资理(2017.04任)
局长 向前
副局长 沈骏明 晋敦琦
周大可 夏建平
王文华 李欣
许荣华
党组成员 高文英(女,2017.07任)

市工商行政管理局
局长 蒋云良
副局长 冯建伟 罗云学
王清(女)
谢卫华 周新春
派驻纪检组长 褚启虎(2017.07任)

市质量技术监督局
局　　长　夏日新
副 局 长　万新华　阳永庚
　　　　　肖亚明
　　　　　王健生(2017.11任)
总工程师　王　凯(2017.09任)

市人民政府法制办公室
主　　任　杨安定
副 主 任　肖精华　彭峥嵘
　　　　　曹卫清　蒋文彬

市人民政府金融工作办公室
主　　任　刘乔华(2017.04任)
副 主 任　刘国华
　　　　　李　立(2017.09任)
　　　　　郭文波

市人民防空办公室(市民防局)
主　　任　刘检元
副 主 任　王召大　刘和平
　　　　　邓　伟
总工程师　宋登飞

市政府直属特设机构

市政府国有资产资产监督管理委员会
主　　任　白润民
副 主 任　彭少波　李柏林
　　　　　贺宏光
总经济师　张晓冬
派　　驻
纪检组长　屈苏权(2017.07任)
协助纪检组
组长工作　曾　芳(女,2017.07任)

市政府直属事业机构

市供销合作总社
理事会主任　宋贫农
监事会主任　文运芝

副 主 任　王继松　向　明
　　　　　董晓波
监 事 会
副 主 任　唐建国(2017.09任)

市委、市政府接待处
处　　长　龚志桂
副 处 长　赵　华(女)
　　　　　刘春晖　黄耀武
原副处长　朱方群

市地方志编纂委员会办公室
主　　任　杨伟东
副 主 任　肖　泓
　　　　　张艳辉(女,2017.09任)

市移民开发局
局　　长　贺礼霁
副 局 长　周高生　刘志斌
　　　　　刘春贵　刘红旗
总工程师　刘良启

市公共资源交易中心
主　　任　邹学铭
副 主 任　周轻装　万潜平
　　　　　周洪亮

市工业企业改制服务办公室
主　　任　阳文华
书　　记　李朝晖(女)
副 主 任　邓启明　唐小忠
　　　　　向　为　尹小平
　　　　　陈书伟　刘小平
　　　　　陈中文　温妙莲(女)
　　　　　蒋仕高　洪庆涛
　　　　　雷福生
副 主 任
工会主席　王宏威

市商业企业改制服务办公室
主　　任　易长春

书　　记　肖　俊
副 主 任
工会主席　凌巍峰
副 主 任　刘文革　段秋生

部门归口管理事业单位

市电子政务管理办公室
主　　任　陶小平
副 主 任　陈列忠　金洪亮
　　　　　周晓勇
纪检组长　金长河

市公路管理局
局　　长　肖仁贵
总工程师　仇斌正
副 局 长　李兴志　胡庆保
　　　　　郑晓宏　邹　宏
纪委书记　肖华宝
工会主席　唐玉铭

市农业机械管理局
局　　长　贺卫红(2017.04任)
纪委书记　陈金华
副 局 长　王　斌
　　　　　周　文(2017.09任)
　　　　　唐东明

市畜牧水产局
局　　长　张永亮
副 局 长　邓中华　周笃春
　　　　　盛衡清　肖小清
　　　　　陈　晔
工会主席　陈建云
总畜牧师　贺晓霞
总水产师　段夙成
纪委书记　陈　倩(女,2017.07任)

市广播电视台
台　　长　邹斌初
总会计师　蒋乐念

副台长 朱锡君 何志勇 蒋清 邹仲奇
工会主席 陈娟(女)
广播电台台长 唐西湖

市农业综合开发办公室
主任 谢树连
副主任 周志刚 贺四清 肖绍甘 刘旭
纪检组长 黄柏青

市文化市场综合执法局
局长 刘小平
副局长 唐能平 王友良 沈登成 谢建军
纪检组长 曾剑鸣

市政府直属管理部门

市政务服务中心
主任 戴新贤
副主任 贺治国 谭晓林 凌北辰 杨正明

市住房公积金管理中心
主任 宋京生
书记 刘建
副主任 李文喜 花明 肖华生 贺水源
总会计师 陈黎(女)

衡阳弘湘(国有投资控股)集团公司
董事长 张力沛
总经理 张雨民
监事会主席 袁铁军
副书记、工会主席 曾康
副总经理 蒋永忠 周名扬
派驻纪检组长 阳丽萍(女)
财务总监 龙玮(女)

市城市建设开发总公司
总经理 陈卫
副总经理 李任保 任邵江 王集
纪委书记 宋为忠
总会计师 刘琳琳

市城市建设投资有限公司
董事长 秦方进
主持公司经理工作 田奇(女)
监事会主席 李育和
副总经理 龙武星 周宗宝
总工程师 钟爱军
财务总监 欧剑菲
工会主席 王立新
派驻纪检组长 魏玉华

市水务投资集团有限公司
董事长 郑湘山
总经理 唐仲民
副总经理 曹祥生 周铁牛 魏晓然
财务总监 陈生满
工会主席 张自钢
派驻纪检组长 任诗文(2017.05任)

市交通建设投资有限公司
董事长 陈探宇
主持公司经理工作 周正雄
副总经理 尹茂苏 胡琼峰
工会主席 陈新骥
派驻纪检组长 谢一荣(2017.12任)

市湘江水利投资开发有限公司
董事长 唐夏元
总经理 庞华
副总经理 王海燕(女) 刘建平
财务总监 尹快平
派驻纪检组长 戴孝明(2017.07任)

市湘江流域治理来雁新城建设投资有限公司
董事长 蒋水文
主持公司经理工作 唐学石
监事会主席 于吉林
副董事长 刘革生(2017.04任)
副总经理 彭晓峰 王元军 胡凡(女)
工会主席 肖功雨
财务总监 雷金城
派驻纪检组长 谢湘云(女)

市滨江新区投资有限公司
董事长 肖斌
主持公司经理工作 白一峰
监事会主席 刘贵生
副总经理 李锦明(常务) 魏谷生
总工程师 郑小帅
工会主席 曹丹(女)
财务总监 刘韶
派驻纪检组长 丁平正

市发展投资集团有限公司
董事长 刘波
总经理 李明
监事会主任 王大宏
副总经理 刘红粒 易维(2017.04任)
财务总监 高旭光
工会主席 王琴(女)

派驻纪检组长 杨国亮(2017.09任)

衡阳高新投资有限公司
总经理 朱章全
监事会主席 龙建民
副总经理 肖兵 张重晖
总工程师 江芯
财务总监 李朝晖
工会主席 贺军

湖南衡阳松木经济开发区投资有限公司
总经理 袁万谋
监事会主席 刘小平
副总经理 曹亮塔
财务总监 黄艳(女)
总工程师 工会主席 熊南恒

市白沙洲开发建设投资有限公司
总经理 陈建华
监事会主席 刘德灿
副总经理 李宇柱 邹红华 邓红宇
工会主席 罗仁田

市农业科学研究所
所长 朱捷
副所长 罗柳青 李建仁
总农艺师 黄益国
工会主席 陈友平

市政府派出机构

衡阳高新技术产业开发区管理委员会
工委书记 林喜洋
主任 欧杏
副主任 罗仁元 杨为群 李勇 胡海平

派驻纪工委书记 王小勤

衡阳松木经济开发区管理委员会
主任 雷华
副主任 陈新龙 周建国 廖德萍(女) 李晓林(2017.09任)
派驻纪工委书记 王晓园

市白沙洲工业园区管理委员会
主持园区工作 林喜洋
衡阳综合税区管理委员会主任 尹生文
副主任 刘向阳 张金华
工会主席 刘林生

衡阳综合保税区管理委员会
主任 尹生文
工委副书记 纪工委书记 刘璋

衡山科学城管理委员会筹备组(衡山科学城协调领导小组办公室)
组长 谭建华(2017.02任)
副组长 王韬(2017.02任) 胡仲敏(2017.02任) 刘国庆(2017.02任) 许和平(2017.02任)

衡山科学城投资开发有限公司
董事长 王韬
副总经理 刘国庆 尹小亮(2017.09任) 吴颖
工会主席 贺志文
总工程师 何小巧(女,2017.09任)
派驻纪检组长 胡文电(2017.09任)

财务总监 叶善锦(2017.09任)

市政府驻北京办事处
主任 周明秋(2017.04任)
副主任 刘启宏(2017.04任)

市政府驻广州(深圳)办事处
主任 唐志军
副主任 刘安华

市政府驻长沙办事处
主任 陈洪任

市政协工作机构

办公室
主任 夏平平(2017.01任)
派驻纪检组长 邹生华(2017.07任)
原纪检组长 乐慧华

提案和委员联络工作委员会
主任 傅小林
副主任 周胜 谭晓余

经济委员会
主任 易晔
副主任 罗湘衡

人口资源环境委员会
主任 徐云会
副主任 肖志喜

教科文卫体委员会
主任 左琼颖
副主任 贺喜洋

社会和法制委员会
主任 陈文杰

文史学习和港澳台侨外事委员会
主　　任　万春生
副 主 任　李文康

政策研究室
主　　任　陈　侃
副 主 任　麻小平

工商联、民主党派

市工商联合会
主　　席　谢明芳(女)
书　　记　胡新武(2017.09任)
副 主 席　吕国荣　凌均梅(女)
　　　　　吴高兴　李宏雪

中国国民党革命委员会市委员会
主任委员　谢　肃(兼)
专职副主任委员　郭露薇(女)
兼职副主任委员　刘文华　文祥锋

中国民主同盟市委员会
主任委员　谢　宏(兼)
专职副主任委员　颜娟华(女)
兼职副主任委员　廖可兵　陆秀艳(女)
　　　　　马汉钦

中国民主建国会市委员会
主任委员　李鹏飞(兼)
专职副主任委员　刘　冰(女)
兼职副主任委员　陶朝晖(女)
　　　　　谢　炜　廖洪军

中国民主促进会市委员会
主任委员　陈　森(兼)
专职副主任委员　廖　晟
兼职副主任委员　曾海燕(女)
　　　　　赵桂芝(女)
　　　　　周湖北

中国农工民主党市委员会
主任委员　许云生(兼)
专职副主任委员　陈其芳(女)
兼职副主任委员　谢文彪　夏建平
　　　　　雷雨激

中国致公党市委员会
主任委员　江　红(女,兼)
专职副主任委员　曾小蕙(女)
兼职副主任委员　唐小平
　　　　　匡彬文(女)
　　　　　邓春华

九三学社市委员会
主任委员　龚学余(兼)
主持工作　何华榕
兼职副主任委员　唐林生
　　　　　彭素云(女)
　　　　　谭建辉

群众团体

市总工会
主　　席　谭敦龙(兼,2017.04任)
书　　记　单绪平(2017.04任)
副 主 席　彭建元
　　　　　李诗文(2017.07任)
　　　　　蒋孝仲
女工委主任　刘彦香(女)
经费审查委员会主任　谭志平

共青团市委
书　　记　刘　英(女)
副 书 记　范苏媛(女)
　　　　　邓明君
　　　　　戴诗庭(女,2017.07任)
青少年宫主任　蒋新星

市妇女联合会
主　　席　周红玲(女)
副 主 席　资　艳(女)
　　　　　聂玉萍(女)
　　　　　龙　华(女)

市科学技术协会
主　　席　邹树梁(兼)
书　　记　杨　辉(女)
副 主 席　谢雅萍(女,2017.07任)
　　　　　刘　欣(2017.07任)

市社会科学界联合会
主　　席　王柏青
副 主 席　李岳平　邹燕娇(女)

市文学艺术联合会
主　　席　林乐伦
副 主 席　周厚君

市归国华侨联合会
主　　席　李　玲(女)
书　　记　张永英(女)
副 主 席　徐志明　胡仲敏
　　　　　戴毅明(兼)
　　　　　王文军(兼)
　　　　　谢云鸿(女,兼)

市残疾人联合会
理 事 长　刘红丹
副理事长　曾东华　张桂生
　　　　　张含英(女)

中国国际贸易促进会衡阳市支会（中国国际商会衡阳商会）
会　　长　魏　岩
副 会 长　廖雄燕（女）
　　　　　邹可成（2017.04任）
　　　　　李国生（2017.07任）

双重领导、以省厅（局）为主管理的机构

市国家税务局
局　　长　李立平
副 局 长　刘小明　陈洪贵
　　　　　罗　捷　钟志荣
纪检组长　李济民
总经济师　李　炜
总会计师　张沙丽

市地方税务局
局　　长　陈云丽（女）
副 局 长　张位喜　黄湘衡
　　　　　唐建华
总经济师　佘南涛
纪检组长　张　琳（女）
行业工会主任　唐振辉

衡阳海关
关　　长　戴勇
缉私分局局长　刘自力
副 关 长　张　振　陈贤贵

衡阳出入境检验检疫局
局　　长　蒋晓明　李术明

中国人民银行衡阳市中心支行
行　　长　杜　文
副 行 长　陈海彦　曾　辉
　　　　　廖景风
纪委书记　罗惠照
工会主任　陈伟群

中国银行业监督管理委员会衡阳监管分局
局　　长　王剑星
副 局 长　曾拓绿　罗安宝
纪委书记　李积才

中国农业发展银行衡阳市分行
行　　长　陈晓明
副 行 长　蒋春林　陈良东
副 行 长
工会主任　何　舟（女，2017.05任）

市气象局
局　　长　谭湘民
副 局 长　刘从省　黄　峰
纪检组长
工会主席　肖　健（女）

市邮政局管理局
局　　长　彭　立
副 局 长　文湘安

国家统计局衡阳调查队
副 队 长　魏冬伍
　　　　　何　宁
纪检组长　吕柏林

衡阳水文水资源勘测局
局　　长　黎　华
副 书 记　段安圭
副 局 长
总工程师　李明胜
工会主席　洪自强
副 局 长　杨跃卫

市烟草专卖局
副 局 长　秦江顺（主持工作）
　　　　　熊海韬
副 经 理　刘兰芬　罗维斌
纪检组长　蔡　喆

国网湖南省电力公司衡阳供电分公司
总 经 理　谢运来
党委书记　熊　巨
副总经理　陈孜孜　刘光良
　　　　　田国元
纪委书记
工会主席　陈庆祯
总工程师　尹建国
总会计师　郭宜刚

武警、消防、司法机构

武警湖南省总队衡阳市支队
支 队 长　夏　伟
政治委员　李志华

市公安消防支队
支 队 长　邓　波
政　　委　刘兴强
副支队长　朱建鹏　廖亚峰
副 政 委　曾智安
司令部参谋长　谢上军
政治处主任　李　鹏
后勤处处长　杨谷东
防火处处长　颜学光

市华新地区检察院
检 察 长　黄龙庆
副 书 记　杨晓春
纪检组长　范　明
政治处主任　杨期华
副检察长　陈顶生

耒阳上堡地区检察院
检 察 长　董谢云
副 书 记　陈文新
政治处主任　李　俊

纪检组长　陈　炜

衡州监狱
监狱长　冯加业
政委　侯德康
副政委　彭智勇
副监狱长　常振军　戴金定
刘　衡　王斌绪
纪委书记　赵靖华
政治处主任　周春艳(女)

市强制隔离戒毒所
所长　屈国原
政委　李孝连
副所长　钟剑勇　刘卫民
唐承利
纪委书记　蒋丽芳(女)
政治部主任　唐　恒

部门内设副处级机构

省无线电管理委员会办公室衡阳管理处
主任　李逢各

市中级人民法院执行局
局长　罗小韩
政委　阳泉江
市中级人民法院司法警察支队
支队长　王波涛(2017.09任)
政委　张兴德

市人民检察院检查委员会
专职委员　曾志平
左才轩　李波林

市人民检察院公诉局
局长　宾湘锡

市公安警令部
主任　蒋　璞(2017.09任)
政委　周志敏(2017.09任)

市警官培训中心
主任　成立伟
党总支书记　欧召荣

市公安局警务保障处
处长　何致远(2017.09任)
政委　张修衡(2017.09任)

市公安局法制支队暨直属分局
队长　李久扬(2017.09任)
政委　王　立(2017.09任)

市公安局国内安全保卫支队
支队长　曾郴生
政委　农　勇

市公安局刑事侦察支队
支队长　颜海波
政委　段政文

市公安局治安支队
支队长　沈华国
政委　肖良彪

市公安局交警支队
支队长　唐耀兵
政委　何　湛

市公安局特巡警支队
支队长　周志清
政委　方雨平(2017.09任)

市公安局经济犯罪侦察支队
支队长　谭志锋
政委　钟天视

市公安局禁毒支队
支队长　张爱国
政委　左文华(2017.09任)

市公安局警务督察支队
支队长　许中伟(2017.09任)
政委　李育衡(女,2017.09任)

市公安局监所管理支队
支队长　贺启航(2017.09任)
政委　周才军(2017.09任)

市公安局网监与行动技术支队
支队长　刘小龙
政委　肖　波

市公安局人口与出入境管理支队
支队长　宁　杰(女)
政委　王桂芳

市公安局警卫处
处长　杨君伟(2017.09任)
政委　陈　皓(2017.09任)

市综合执法警察支队
支队长　吴洪均(2017.09任)
政委　欧建雄(2017.09任)

市公安局环境与食品药品犯罪侦查支队
队长　唐宏晖

市公安局雁峰分局
局长　陈俊华
政委　谭　璇

市公安局石鼓分局
局长　朱建社
政委　刘国良(2017.09任)

市公安局珠晖分局
局　　长　何玉竹
政　　委　李绍力

市公安局蒸湘分局
局　　长　吴小平
政　　委　胡国平

市公安局八角塘分局
局　　长　徐海生
政　　委　高　宇(2017.09任)

市第三产业办公室
主　　任　曹永福

市成本调查队
队　　长　曾怀民

市价格监督检查局
局　　长　刘益民
党总支书记　肖启明(女)

市政府重点工程建设办公室
主　　任　曾广庆

市投资咨询中心(国家投资项目评审中心)
主　　任　伍守国

市教育考试院
院　　长　李智平

市地震局
局　　长　何黎明

市老龄办公室
主　　任　张巧营

市社会救助管理处
处　　长　陈楚颖

市军队离退休干部管理办公室
主　　任　江石初

市民间组织管理局
局　　长　倪强华

市军供站
站　　长　谢才生

市依法治市办公室
副 主 任　旷文政

市公证处
主　　任　刘慧明

市非税收入征收管理局
局　　长　孙　浩(2017.09任)

市国库集中支付核算中心
主　　任　李玉芳

市机关事务服务中心
主　　任　姚　玮(2017.09任)

市军转干部安置工作领导小组办公室
主　　任　邹　泓

市劳动保障监察支队
支 队 长　彭庆衡
政　　委　刘　昱

市公务员局
局　　长　岳　红

市外国专家局
局　　长　周丽萍(女)

市人力资源服务中心
主　　任　全建国(2017.09任)

党支部书记　李金华

市社会养老保险处
处　　长　陈　军

市劳动就业服务处
处　　长　曹　云(2017.09任)

市机关事业单位社保处
处　　长　邓　芸(女,2017.09任)

市医疗保险基金管理中心
主　　任　张建华
副 主 任　刘晓辉(女)

市社会保险基金征缴处
处　　长　屈安群

市工伤保险基金管理中心
主　　任　王大展(2017.09任)

市干部培训中心
主　　任　王上元

市劳动人事争议仲裁院
院　　长　濮龙文(2017.09任)
原 院 长　田开华

市国土资源执法监察支队
支 队 长　彭德庆
政　　委　罗　卫

市土地储备中心
主　　任　唐　中
党支部书记　黄新良

市土地开发整理中心
主　　任
党支部书记　成旭东

市不动产登记中心
主　　任　刘福云

市国有土地房屋征收管理办公室
主　　任　蒋小兵

市房产产权监理处
处　　长　李逢丁
书　　记　梁　建

市市政工程公司
总 经 理　欧阳中意

市城市道路建设总公司
总 经 理　贺善达
书　　记　鲁晓强

市建设工程质量监督站
原 书 记　王时雄

市道路运输管理处
处　　长
书　　记　刘俊华(2017.09任)
原 书 记　宋世文

市交通工程质监处
处　　长　贺宇顺
书　　记　廖运华

市地方海事局
局　　长　庚文斌(2017.09任)

市烟叶生产管理办公室
主　　任　罗颂军

市能源办公室
主　　任　谢文辉

市现代农业示范园管理委员会(衡阳国家农业科技园区管理委员会)
主　　任　余冬豹(2017.09任)

市农村经营服务站
站　　长　肖文平(2017.09任)

市农民素质教育管理办公室(市农广校)
主　　任　邹友明

市农业行政执法支队
队　　长　梁长城
政　　委　林金桥

市蔬菜办公室研究所
所　　长　唐可兰(2017.09任)
原 所 长　旷碧峰

市扶贫开发办公室
专职副主任　范忠满(2017.04任)

市防汛抗旱指挥部办公室
主　　任　康志毅

市城市防洪管理处
处　　长　罗共产

市森林公安分局
局　　长　秦洪伟
政　　委　彭彰学

市口岸管理办公室
主　　任　王兴斌(2017.09任)

市场管理处
主　　任　张万林

市商务和粮食综合执法支队
支 队 长　陈福生(2017.09任)
政　　委　胡小林(2017.09任)

市粮食储备处
处　　长　罗宏华

市投资促进事务局
局　　长　唐儒玲(2017.09任)

市文物局
局　　长　吴建波

市全民健身服务中心
主　　任　张慧君(2017.09任)

市计生协会
常务副会长　袁金宏
办公室主任　刘小兵(女)

市红十字会
专职副会长　尹向阳

市疾病预防控制中心
主　　任　陈秋生
书　　记　陈康明

市卫计执法局
局　　长　谢培岳

市领导干部经济责任审计中心
主　　任　仇寿海(2017.09任)

市固定资产投资审计中心
主　　任　彭云生

市环境监察支队
支 队 长　杨承书
政　　委　段华斌

市环境监测站
站　　长　彭　放

市城调队
队　　长　刘贤君

市规划设计院
院　　长　龙青云
党总支书记　刘　彬

市安全生产执法支队长
支 队 长　陈　林(2017.09任)

市食品安全委员会办公室
专职副主任　尹建生

市食品药品检验检测中心
主　　任　傅黎春(女)
党总支书记　杨学军

市人防指挥信息保障中心
主　　任　苏惠翔

衡阳广播电台
台　　长　唐西湖

衡阳电视台
台　　长　肖　雄

衡阳有线电视台
台　　长　蒋玉成

市广播电视传输网络中心
主　　任　李远彪

市城管执法支队
队　　长　李文华
政　　委　李　凯

市环卫处
处　　长　李晓斌
书　　记　屈　路

市园林管理局
局　　长　王荣华

大中专院校

南华大学
书　　记　王汉青
校　　长　张灼华
副 书 记　阳小华
副 校 长　刘升学　唐振平
　　　　　姜志胜　陈国民
　　　　　何旭娟(女)
　　　　　雷小勇
纪委书记　熊哲琰

衡阳师范学院
书　　记　刘沛林
院　　长　皮修平
副 书 记
工会主席　刘福江
副 院 长　张登玉　李玲玲(女)
　　　　　聂东明　郑全华
　　　　　陈　敏
纪委书记　唐国华

湖南工学院
书　　记　谢国保
院　　长　罗建华
副 书 记　张　平
副 院 长　刘俊学　陈世平
　　　　　曹执令　崔晓利(女)
　　　　　胡　穗
纪委书记　刘龙昌

湖南环境生物职业技术学院
书　　记　苏　立
院　　长　左家哺
副 书 记　李友华
副 院 长　雷小生　屈中正
　　　　　雷巍峨(女)
　　　　　刘振湘　梁忠厚
纪委书记　周凌云

湖南财经工业职业技术学院
书　　记　高楚云
副 院 长　戴　旻　戴前虎
　　　　　邓昌大
　　　　　胡智清(2017.12任)
副 书 记　赵　琼(女,2017.12任)
纪委书记　戴芝芬(2017.12任)
党委委员　李后生

湖南高速铁路职业技术学院
书　　记　刘一华
院　　长　陈春泉
副 书 记　陈志刚(2017.12任)
副 院 长　曹　毅　粟　清
　　　　　赵宏旭　李　岚(女)
　　　　　姚方元(2017.12任)
纪委书记　钟震坤(2017.12任)
党委委员　王晨旭(2017.12任)
　　　　　朱卫彬(女,2017.12任)

衡阳技师学院
书　　记　何东球
院　　长　邱家才
副 书 记　刘金春(2017.08任)
副 院 长　刘忠贤(2017.08任)
　　　　　陈千甲
　　　　　陈石义(2017.08任)
　　　　　廖与飞(2017.08任)
　　　　　成朝阳(2017.08任)
纪委书记　杨　红(女,2017.08任)
党委委员　肖　芳(女,2017.08任)

市职业中等专业学校
校　　长　黄建国
书　　记　刘秀文
副 校 长　王大生　王乃千
　　　　　胡　燕(女)

工会主席　周理德

市广播电视大学

书　记　马建新(兼)

校　长　萧　烽

副校长　龙永葆　阳　年

　　　　陆秀艳(女)

　　　　肖海源

纪委书记　刘　智

工会主席　刘　燕(女)

耒阳师范学校

书　记　杨安季

副校长　段春华　何继明

工会主席　王新科

纪委书记　匡祯训

衡阳师范学校

校　长　杨　旭

书　记　张淑芝

纪委书记　邓国华

副校长　刘益民　吴荣昌

　　　　林祥春

　　　　曹　巍(2017.11任)

市教育考试院

院　长　李智平

市第一中学

校　长　李仲辉

书　记　罗光伟

市第二中学

校　长
书　记　彭书敏

市第六中学

校　长　贺仁忠

书　记　文思源

原校长　罗柏林

市第八中学

校　长　龚彩福

书　记　熊晓民

衡铁一中

校　长　李进杰

书　记　谭卓伟

市第二十六中学

校　长　宁中平

书　记　熊益华

衡钢中学

校　长　谭欣荣

书　记　黄子芳

市艺术学校

校　长　刘树明

党总支书记　刘爱成

市商业技工学校

副调研员　田　勇

市体育运动学校(十九中)

校　长　王延晖

书　记　张利民

金融、保险经营机构

中国工商银行股份有限公司衡阳分行

行　长　李　勇

副行长　刘晓云　滕小莉

　　　　王军宪(2017.10任)

纪委书记　谭　见

中国农业银行股份有限公司衡阳市分行

行　长　伍小荣

副书记
纪委书记　胡庆华

副行长　秦舰军(2017.07任)

　　　　尚　前　杜志坚

中国建设银行股份有限公司衡阳市分行

行　长
纪委书记　尹向东

工会主任
副行长　龚激光

副行长　赖　俊　胡　旻

　　　　郭顺英　阳晓莲

中国银行股份有限公司衡阳分行

行　长　吴宇光(2017.11任)

副行长　陈志云(2017.01任)

　　　　胡继红(2017.02任)

　　　　游　健(2017.11任)

交通银行股份有限公司衡阳分行

行　长　聂玉辉

副行长　唐　砚　李晓斌

　　　　周　旭

湖南省农村信用联社衡阳办事处

主　任　陈伟林

副主任
纪检组长　孙小平

副主任　常　力

中国邮政储蓄银行股份有限公司衡阳市分行

行　长　王仕明

副行长　何中意　潘清山

　　　　龙华梁

华融湘江银行股份有限公司衡阳分行

行　长　王衡锋

副行长　李达希　黄建国

纪委书记
行长助理
风险总监
工会主席　吴　枫

行长助理　蒋蔚洁
授信审批官　黄建华

中国民生银行股份有限公司衡阳分行
行　　长　左　浩
副 行 长　孙曙光　吕小云

中信银行股份有限公司衡阳分行
行　　长　彭娇强
副 行 长　黄亚克　王晓红
行长助理　熊丰龙

中国光大银行股份有限公司衡阳分行
行　　长　钟文辉
副 行 长　刘宇帆
行长助理　肖功策　李小平
办公室主任　邓　坤

广东发展银行股份有限公司衡阳分行
副 行 长　罗文军(主持工作)
行长助理　王建强　李　蕾

中国人民财产保险股份有限公司衡阳市分行
总 经 理　赵智国
副总经理
工会主席　陶新华
副总经理
纪委书记　何朝晖
副总经理　刘数一　左齐团
高级主管　罗红东　谭光明

中国人寿保险股份有限公司衡阳分公司
总 经 理　刘　辉
副总经理
纪委书记　宇卫国
副总经理　李慧明　洪新生

廖　凯　谭晓东

万联证券有限责任公司衡阳证券营业部
总 经 理　朱　亮

方正证券衡阳船山大道证券营业部
总 经 理　赵晓群

卫生事业机构

南华大学第一附属医院
院　　长　彭秀达
书　　记　刘江华
副 院 长　李志高　唐惠芳
　　　　　唐小卿
纪委书记　宁曼荣

南华大学第二附属医院
书　　记　罗志刚
院　　长　曹仁贤
副 院 长　颜亚平　赵立新
　　　　　周玉生　肖美美
纪委书记　刘安元

南华大学附属南华医院
院　　长　汤永红
书　　记　田　英
副 院 长　邹　伟　陈泰祥
　　　　　廖勇仕　付元秀
　　　　　刘鸣江

核工业卫生学校
书　　记
院　　长　马嫦英
纪委书记　刘应兰

中国人民解放军第169医院
院　　长　郭立新
政　　委　吴贻勇

副 院 长　李中秋　熊金华

市中心医院
院　　长　申惠龙(2017.04任)
书　　记　肖友儒(2017.04任)
副 院 长
总会计师　罗晓波
副 院 长　刘小平　邹建军
　　　　　刘志伟(2017.09任)
　　　　　李珍发(2017.09任)
　　　　　蒋峥嵘(2017.09任)
工会主席　周素英(女,2017.09任)
纪委书记　李主慧(2017.09任)

市中医医院
院　　长　王诚喜
书　　记　龙双才
副 院 长　徐基平　钟新林
　　　　　罗国生
工会主席　匡　肇
纪委书记　董秋萍(女)

市第四人民医院
院　　长　洪卫国(2017.09任)

市中心血站
站　　长　曹晓娟(女)
书　　记　唐先绪

市计生协会办公室
主　　任　刘小兵(女)

市红十字会
专职副会长　尹向阳

市疾病预防控制中心
主　　任　陈秋生
书　　记　陈康明

市卫计划执法局
局　　长　谢培岳

市妇幼保健院
院　　长　傅友生(2017.09任)
书　　记　唐业华(2017.09任)
原 书 记　许萩琰(女)

市第一人民医院
院　　长　黄志坚(2017.09任)
书　　记　雷　文(2017.09任)

市第三人民医院
院　　长　刘忠毅(2017.09任)
书　　记　全金龙(2017.09任)

重点驻衡国省属企事业单位

中国电信股份有限公司衡阳分公司
总 经 理　周小玩
副总经理　方　胜　康　劲
　　　　　彭　勇

中国移动通信集团湖南有限公司衡阳分公司
总 经 理　胡思贤
纪委书记
副总经理　张炼金
副总经理　胡　滨　肖必胜

中国联合网络通信有限公司衡阳市分公司
总 经 理　伍文亮
纪检组长　刘方平
副总经理　李志武　高亚红
　　　　　费良春

中国石化股份有限公司衡阳石油分公司
经　　理　龙志俏
书　　记
纪委书记　谢　华
副 经 理　曾　建

湖南新华书店有限责任公司衡阳市分公司
总 经 理　陈志辉
副总经理　梁继辉　邹亿平
　　　　　马建春

南岳电视调频发射台
台　　长　李少春
副 台 长　李向军　张沐兴
　　　　　刘源西
纪委书记　刘承彰
总工程师　黄安民

市属大型企业

南岳电控（衡阳）工业技术有限公司
董 事 长　樊　江
总 经 理
书　　记　周志全
常　　务
副总经理　龙美彪
副 书 记
副总经理　邹凡丁
纪委书记
工会主席　徐庆收
副总经理　欧阳玲湘
　　　　　谭天诚　胡文祥
营销总监　谭爱平
技术总监　黄民备
生产总监　李运升

市公共交通有限公司
总 经 理　邓世鹏
常　　务
副总经理　陈传胜
工会主席　王爱民
监事会主席　傅翔燕(女)
副总经理　戴林峰　廖文君
　　　　　刘晓林　凌铁民

紫光古汉集团有限公司
董事、总裁　但　铭
副董事长
书　　记　陈风华
董　　事
副 总 裁　刘炳兴
副 总 裁
董事会秘书　曹定兴
副 总 裁　唐　婷(女)
财务总监　袁瑞芝
监 事 长　颜克标(2017.06任)
监　　事　宋毓涛
副 书 记　张孝柏
纪委书记　周华佗
董事长助理　徐　建
副总工程师　伍新滨(女)
　　　　　刘　映
工会主席　谢卫华(女)

衡阳市天然气有限责任公司
总 经 理　乌　林
常　　务
副总经理　刘国辉(2017.08任)
副总经理　全玉生
　　　　　周少华(2017.08任)
财务总监　岳　娜
总工程师　唐雄志(2017.08任)
安全总监　张广海(2017.08任)

中国共产党衡阳市委员会

重要会议

【中共衡阳市第十一届委员会第三次全体（扩大）会议】 2017年1月22日，中国共产党衡阳市第十一届委员会第三次全体（扩大）会议召开。全会传达学习省人大、政协“两会”精神。市委书记、市人大常委会主任周农代表市委常委会作工作报告。全会确定衡阳市出席中共十九大代表候选人初步人选。市委副书记、市长周海兵主持会议。周农代表市委常委会向全会作工作报告。周农指出，2016年，市委在统筹推进各项工作的同时，深入学习宣传贯彻党的十八届五中、六中全会精神；完成市县乡领导班子换届选举工作；扎实开展“两学一做”学习教育；成功举办衡州经济发展论坛。周农指出，2016年，市委统筹推进“五位一体”总体布局和协调推进“四个全面”战略布局，在保持经济持续健康发展、深入推进全面深化改革、发展社会民主政治、加强思想宣传文化工作、加大保障和改善民生力度、着力维护社会稳定、推进生态文明建设、推进全面从严治党方面做大量卓有成效的工作。周农强调，2017年，市委常委会着力推动全面从严治党向纵深发展，建设政治清明新衡阳；推进全面深化改革，促进经济平稳健康发展，突出抓好“三去一降一补”任务落实，集中力量补齐“三块短板”，做好招商引资、项目建设等工作，振兴实体经济，挖掘城乡内需潜力；不断增进民生福祉，切实维护社会稳定，突出抓好攻坚脱贫，坚决遏制重特大安全生产事故发生，着力提高社会综治水平；坚定不移推进党风廉政建设，着力营造干事创业的浓厚氛围，以越往后越严的态度抓好干部作风建设，充分调动干部的积极性、主动性、创造性；从严从实加强市委常委班子自身建设，切实当好六个表率。周农强调，各级各部门要统筹做好当前各项工作。要抓好省人大、政协“两会”精神的学习贯彻，加强经济运行调度，关心困难群众生活，切实维护社会安全稳定。会上，市政协主席廖炎秋传达省政协十一届五次会议基本情况和主要精神；市人大常委会党组副书记、副主任段志刚传达省十二届人大七次会议基本情况和主要精神。全会听取市委常委、市委组织部部长陈竞关于衡阳市出席中共十九大代表候选人初步人选推荐提名工作的有关情况说明，并确定候选人初步人选。

（李爱成）

【中共衡阳市第十一届委员会第四次全体会议】 2017年12月8日，中共衡阳市第十一届委员会第四次全体会议召开。全会高举习近平新时代中国特色社会主义思想伟大旗帜，深入学习贯彻中共十九大精神，听取和讨论市委常委会工作报告，审议通过《中共衡阳市委关于深入学习贯彻中共十九大精神 加快建设“五个新衡阳”的意见》。市委书记、市人大常委会主任周农受市委常委会委托向全会报告工作并发表讲话。市委副书记、市长郑建新出席全会并就《意见（讨论稿）》作起草说明。全会由市委常委会主持。周农、郑建新、邓群策、廖炎秋、段志刚、包昌林、刘丽华、邓柯、贺小坤、陈竞、廖健、罗琼在主席台就座。出席全会的市委委员54人，市委候补委员10人。全会肯定一年来市委常委会的工作。2017年以来，市委常委会在党中央、省委的坚强领导下，团结带领全市广大干部群众，深入学习贯彻习近平新时代中国特色社会主义思想，着力推动经济持续平稳健康发展，积极稳妥推进全面深化改革，持续加强社会主义民主政治建设，切实加强宣传思想文化工作，大力推进生态文明建设，加强和保障改善民生工作，着力维护社会和谐稳定，坚定不移推动全面从严治党向纵深发展；重点抓迎接、学习、宣传、贯彻中共十九大，启动实施振兴实体经济“3311”工程计划，完成村（社区）“两委”换届选举工作，创新举办第二届“衡州经济发展论坛”，扎实抓好中央环保督察和脱贫攻坚突出问题大排查、大诊断、大整改工作，全力以赴打好抗洪救灾攻坚战等大事，全市经济、政治、文化、社会、生态文明建设和党的建设取得新的明显进步。全会指出，把党的政治建设摆在首位，是中共十九大的重大理论创新，要坚决把政治建设摆在首位，自觉维护以习近平同志为核心的党中央权威和集中统一领导。要深刻理解政治建设的统领地位，旗帜鲜明讲政治。要准确把握政治建设的核心要义，突出抓好“四个必须”和“两个根本”。要全面贯彻政治建设的实践要求，练就过硬的政治能力和政治定力。全会强调，要结合实际深入学习贯彻中共十九大精神，奋力开创衡阳发展新局面。要以“3311”工程计划为核心，大力发展实体经济。以供给侧结构性改革为主线，纵深推进全面深化改革。以农业现代化为抓手，着力促进乡村振兴。以防范化解重大风险为先导，全力维护社会大局和谐稳定，把规范地方政府举债行为、防范和化解债务风险工作抓紧抓好，把解决农民工工资问题作为一件大事来抓。以脱贫攻坚为关键，不断提高保障和改善民生水平。以污染防治为重点，统筹抓好生态文明建设。全会要求，着力抓好各项任务的落实，把党建设得更加坚强有力。要学好用好《习近平谈治国理政》，谋划开展好“不忘初心、牢记使命”主题教育，持续加大思想建党的力度。要贯彻落实好中央八项规定精神，贯彻执行好《中国共产党党务公开条例（试行）》，进一步加强党委工作制度建设，切实加大制度执行的力度。要着力深化政治巡察，积极稳妥推进监察体制改革，强化日常监督管理，不断加大健全和完善监督体系的力度。全会强调，当前正是冲刺全年目标任务的紧要关头，要结合贯彻中共十九大精神，统筹抓好各项工作任务，突出抓好经济运行调度，迎检考核，市人大、政协“两会”筹备，民生稳定等当前工作，谋划好2018年的工作。全会期间，还就市委常委会工作报告与《意见》进行分组讨论。全会审议通过该《意见》。不是市委委员、市委候补委员的在职市级领导，市委、市政府副秘书长，市纪委常委，市直有关单位党员主要负责人列席会议。

（李爱成）

【2017年1月22日市委常委会议】

2017年1月20日，衡阳市委书记、市人大常委会主任周农主持召开市委常委会议，传达学习省人大、政协“两会”精神；传达学习十八届中央纪委第七次全会、省十一届纪委二次全会精神并研究衡阳市贯彻落实意见及建议；研究市委十一届三次全会相关工作；审议《关于在县处级领导干部中开展党的十八届六中全会精神集中轮训实施方案》。市领导周海兵、邓群策、廖炎秋、段志刚、罗东海、包昌林、刘丽华、邓柯、张贺文、章彰、陈竞参加会议，市领导胡志文、汪维、张经伟、刘孙承列席会议有关议程。会议传达学习省“两会”精神。会议强调，要深刻领会省“两会”精神，把思想和行动统一到省“两会”的部署和要求上来，把力量凝聚到完成省“两会”提出的目标任务上来，把学习宣传贯彻省“两会”精神转化为建设富饶美丽新湖南和“五个新衡阳”的强大动力。要联系实际抓落实，以省“两会”精神为指引，抓好植优补短、项目建设、保障民生，从严治党等各项工作，全力以赴加快发展。要扎实抓好当前各项工作。会议传达学习十八届中纪委七次全会、省十一届纪委二次全会精神，研究衡阳市贯彻落实意见及建议，同意在近期召开市十一届纪委二次全会。会议要求，要认真学习领会中央纪委、省纪委全会精神，特别是习近平总书记的重要讲话精神，进一步增强全面从严治党的信心和决心，坚定不移把党风廉政建设和反腐败斗争引向深入。要大力推进衡阳市全面从严治党向纵深发展，确保全面从严治党不断取得新成效。要认真总结衡阳市市县乡同步换届的成功经验，确保2017年村支“两委”换届圆满成功、风清气正。会议原则同意《市委十一届三次全会会议方案》和市委十一届三次全会工作报告的内容。会议要求，认真做好衡阳市出席党的十九大代表候选人的推选工作，通过全会的召开，进一步深入学习省“两会”的重要精神，回顾总结市委过去一年的工作，研究部署2017年市委的重点工作任务。会议审议并原则同意《关于在县处级领导干部中开展党的十八届六中全会精神集中轮训的实施方案》。决定于2017年2月中旬至3月底，按照干部管理权限，对全市约2000名市委管理的县处级领导干部进行轮训，轮训分七期举行。会议要求，认真抓好集中轮训的组织实施，确保紧扣主题、严肃认真、细致周密，确保轮训取得实实在在的效果。会议还研究其他事项。

（曾诗玉）

【2017年2月10日市委常委会议】

2017年2月10日，衡阳市委书记、市人大常委会主任周农主持召开市委常委会议。研究部署市委常委班子2016年度民主生活会整改方案、村（社区）“两委”换届选举等工作。市领导周海兵、邓群策、段志刚、罗东海、刘丽华、邓柯、张贺文、章彰、贺小坤、陈竞出席会议。市领导邹致和、廖健、胡志文、周玉梅、杨龙金、谢明芳、汪维、刘孙承、尹同君，老领导彭辉列席会议。会议审议并原则通过《市委常委班子2016年度民主生活会整改方案》。方案列出共7大类、43个问题，提出125条整改措施。会议强调，要高度重视整改，切实把问题整改作为一项严肃的政治任务来落实，作为推动全面从严治党向纵深发展的一项重要部署来推进，作为加强常委班子自身建设的一个重要抓手来对待。要坚决落实责任，确保整改效果。每一个问题和每一项整改举措都要问题到人、具体到事、剖析根源、建章立制、常抓不懈，要用实实在在的整改成效取信于民。会议传达学习全省村（社区）“两委”换届选举工作视频会议精神，并原则通过衡阳市《村（社区）“两委”换届选举工作实施方案》。会议强调，这次换届选举具有要求严、任务重、风险点多、时间紧四个突出特点，务必高度重视。这次选举共包含全市2244个村、485个社区以及36个按管理处或管区运行的村级组织，所有选举工作要在2017年6月底前完成。务必要把握政策，要强化宣传培训、要严格依法按程序办事，充分发扬民主。务必要选优配强，做到坚持标准、扩大视野、优化结构。务必严肃法纪，教育防范为先，强化监督查处，打好组合拳。务必加强领导，强化县乡党委的主体责任，严格签订责任状。会议传达学习全国、全省宣传部长会议精神，并强调全市宣传文化战线要把牢方向导向，要坚持正确的政治方向、舆论导向、价值取向。要抓好重点工作，抓好习近平总书记系列重要讲话精神的学习、宣传、贯彻，抓好理论学习和舆论引导，加大正面宣传力度，奋力创建全国文明城市，有效管控社会舆情，善于做好网络舆情工作。要加强自身队伍建设，努力培养一支政治强、业务精、作风正的宣传思想干部队伍。会议传达学习全国、全省统战部长会议精神，并强调全市统战工作要紧扣中心任务，充分发挥统一战线资源优势，引导统战成员在扩大招商引资、振兴衡阳经济等方面发挥作用。要突出工作重点，抓好新的社会阶层人士统战工作，运用好党外知识分子联谊会等平台载体，抓好宗教界代表人士队伍的教育管理，高度重视非公经济的引擎动力和非公人士的引领示范作用，更加细致地做好党外代表人士培养工作。要创新工作方法，充分发扬民主。加强自身建设，更加严格地抓好统战干部队伍建设。会议听取衡阳市禁毒工作情况汇报等，要求抓好领导责任，加强考核监督；要加大宣传力度，提高禁毒宣传教育的覆盖面、感染力和实效性，形成浓厚的禁毒舆论氛围；要严厉惩处毒品犯罪，形成震慑效应，在切断毒源上下重拳；要加大戒毒管控力度，加强戒毒场所管理，真正起到强制戒毒的效果；加大对党员干部吸毒的严肃处理；强化禁毒机构自身建设。会议还研究其他事项。（曾诗玉）

【2017年2月16日市委常委会议】
2017年2月16日，衡阳市委书记、市人大常委会主任周农主持召开市委常委会议，听取全市综治、计生、安全生产工作考评情况汇报；传达学习全省组织部长会议精神并研究衡阳市贯彻落实意见；传达学习全国、全省政法工作会议精神并研究衡阳市贯彻落实意见；听取信访工作情况、环保工作情况汇报。市领导周海兵、邓群策、段志刚、罗东海、包昌林、刘丽华、邓柯、何录春、张贺文、章彰、陈竞出席。廖健、胡志文、刘正兴、龚学余、杨龙金、汪维、张经伟、尹同君列席会议相关议程。会议听取全市综治、计生、安全生产工作考评情况汇报，原则同意“三项工作”的考评结果。会议指出，“三项工作”非常重要，各级各部门务必引起高度重视，2017年要进一步完善考核办法，以考核、奖励等有效手段推动“三项工作”不断取得新的进步。会议传达学习全省组织部长会议精神，并研究衡阳市贯彻落实意见，同意对全市组工干部进行轮训。会议要求，要着力推进全面从严治党向纵深发展、向基层延伸，层层压实责任；要深入推进“两学一做”学习教育常态化制度化；要扎实抓好十九大代表选举和村（社区）“两委”换届工

作；要始终坚持抓基层打基础，全面提升基层党建工作水平；要加强换届后的领导班子建设和人才队伍建设；要从严从实加强组织系统自身建设。会议传达学习全国、全省政法工作会议精神，并研究衡阳市贯彻落实意见。会议强调，全市政法工作要以习近平总书记系列重要讲话精神为指引，主动适应新形势新变化，把政法工作提高到新水平，确保全市社会大局和谐稳定；要增强政法工作改革创新能力，努力打造平安湖南建设的衡阳样本；要加强和改善党对政法工作的领导，切实把全面从严治党的要求贯彻到政法系统党的建设各方面、全过程。会议听取信访工作情况汇报。原则同意出台信访工作“一岗双责”和“联点包片”责任制，同意下发衡阳市《加强基层信访工作的意见》和《信访工作责任制实施细则》，同意开展《信访工作责任制实施办法》的落实情况专项督查。会议要求，要强化政治担当，压实工作责任，整治突出问题，推进制度改革，努力维护社会大局和谐稳定。会议听取环保工作情况汇报。会议指出，环保是重要的民生工作，要进一步提升思想认识，牢固树立五大发展理念，努力建设生态优美的新衡阳；要进一步抓实重点工作，不断巩固生态修复和环境治理的成果；要进一步强化工作保障，构建大环保工作格局，让各级各部门真正把环保责任扛在肩上、抓在手上、落实到行动上。（李　政）

【2017年3月20日市委常委会议】

2017年3月20日，衡阳市委书记、市人大常委会主任周农主持召开市委常委会议，传达学习全国人大、政协“两会”精神；传达学习中央巡视工作动员部署会议精神及研究衡阳市巡察工作；审议科级干部报告个人有关重大事项试点工作方案；传达学习中央、省委农村工作会议和全国、全省扶贫开发工作会议精神及研究衡阳市贯彻落实意见；审议《中共衡阳市委全面深化改革领导小组2017年工作要点（审议稿）》及《关于调整市委全面深化改革领导小组成员及各专项小组成员建议名单》。市领导邓群策、廖炎秋、段志刚、罗东海、包昌林、刘丽华、邓柯、张贺文、陈竞参加会议；全体在职的副市级以上领导干部列席会议。会议传达学习全国人大、政协“两会”精神。指出这次全国“两会”是在迎接党的十九大胜利召开的关键时期召开的一次重要会议，意义重大、举世瞩目。要准确领会和把握全国“两会”的精神实质，深刻领会习近平总书记在参加党员负责人会、政协联组会、代表团讨论审议等多个场合发表的一系列重要讲话；深刻领会把握2016年党和国家事业发展取得的重大成就；深刻领会把握2017年经济社会发展的总体思路和重点任务；深刻领会把握加强民主法治建设的新任务、新要求。要切实以“两会”精神指导和推动衡阳加快发展，坚定不移地推进全面从严治党向纵深发展；坚定不移地做好“植优补短”工作；坚定不移地推进供给侧结构性改革；坚定不移地贯彻以人民为中心的发展思想；坚定不移地加强民主法治建设。要认真抓好全国“两会”精神的传达学习贯彻，将其作为当前一项重要的政治任务，切实把思想和行动统一到全国“两会”的重要精神上来，统一到省委的安排部署上来，结合实际抓好贯彻落实，以全面从严治党、经济社会发展、社会和谐稳定的新成效，迎接党的十九大胜利召开。会议传达学习中央巡视工作动员部署会议精神及研究衡阳市巡察工作。会议强调要深入领会中央和省委关于巡视巡察工作的重要指示精神，抓紧建立完善衡阳市巡察工作机制，认真组织好2017年第一轮巡察工作，不断提升发现问题的质量。会议听取全国、全省领导干部报告个人有关事项“两项法规”培训班的主要精神，审议科级干部报告个人有关重大事项试点工作方案，要求深刻认识“两项法规”出台的重大意义，从严抓好“两项法规”的学习宣传和贯彻落实，积极稳妥推进科级领导干部报告个人有关事项试点工作，加强对基层领导干部的监督。会议传达学习中央、省委农村工作会议和全国、全省扶贫开发工作会议精神及研究衡阳市贯彻落实意见。会议认为，2016年全市脱贫攻坚力度加大，农业结构逐步优化，项目建设成效显著，农村环境明显改观，综合改革稳步推进，农业农村工作成绩值得肯定。会议要求，要深刻领会中央、省委农村工作会议精神，深入推进农业供给侧结构性改革，着力调结构、提质量、强创新、扩规模、增效益。要以强烈的责任感打赢脱贫攻坚战，进一步提高认识，坚持问题导向，强化责任担当，加强考核调度，让各级扶贫办和工作队成为脱贫攻坚的“精锐部队”。要切实加强对农业农村工作的领导，继续深化农村综合改革，加大农村扶贫开发力度，加强农村基层组织建设。会议审议并原则通过《中共衡阳市委全面深化改革领导小组2017年工作要点》和《关于调整市委全面深化改革领导小组成员及各专项小组成员建议名单》。会议强调，要明确改革方向，进一步找准改革方向和着力点，对标中央、省委的改革部署，坚持以人民为中心的发展思想，通过改革让群众有实实在在的获得感。要突出改革重点，既要不折不扣贯彻落实好中央出台的“四梁八柱”性重大改革，又要突出抓好植优补短、振兴实体经济等契合衡阳实际的改革事项；要强化责任落实，进一步凝聚改革共识，积蓄改革潜能。（李　政）

【2017年4月7日市委常委会议】

2017年4月7日，衡阳市委书记、市人大常委会主任周农主持召开市委常委会议。会议传达学习《中国共产党工作机关条例（试行）》；听取省委政协工作会议精神及研究衡阳市贯彻落实意见情况汇报；审议《关于从严管理党员干部的十项措施（审议稿）》；听取省第十三届运动会及省第十届残疾人运动会筹备工作情况汇报；传达学习湖南省军区党委扩大会议精神。市领导廖炎秋、段志刚、罗东海、包昌林、邓柯、张贺文、章彰、贺小坤、陈竞出席会议。市领导李艳丽、龚学余、肖吉顺，衡阳警备区副政委欧阳大力列席会议有关议程。会议指出，《中国共产党工作机关条例（试行）》（以下简称《条例》）是继《中国共产党党组工作条例（试行）》《中国共产党地方委员会工作条例》后，加强党组织制度建设的又一重要成果。充分体现以习近平为核心的党中央推进全面从严治党、制度治党、依规治党的坚定决心。全市各级党委和党的工作机关要从讲政治、讲大局、讲纪律的高度，准确把握《条例》精神实质，不断提高做好党的工作机关工作的能力水平。要以《条例》为总依据、总遵循，不断推动党的路线方针政策和中央重大决策部署落地生根。要坚持精简、高效的原则，全面清理规范党的工作机关的设立、领导机构、决策形式和工作规则，科学编制衡阳市党的工作机关职能配置等相关规定。建立有效的督查、评估机制，适时就《条例》执行情况进行专项检查，坚决维护制度刚性，推动《条例》落到实处。会议强调，传达贯彻好省委政协工作会议精神是全市各级党委和政协组织当前一项重要政治任务。要从党和国家事业全局的高度，深刻认识和加强人民政协工作的重要意义；要着眼为改革发展全局凝心聚力，推动衡阳市政协工作创新发展；要加强和改善党对政协工作的领导，全面提高领导政协工作的水平。会议同意近期召开市委政协工作会议。会议审议并原则通过《关于从严管理党员干部的十项措施》。会议强调，要充分认识重要意义，出台从严管理党员干部“十项措施”是贯彻落实党的十八届六中全会精神的重要体现，是推进衡阳市全面从严治党向纵深发展、向基层延伸的重要抓手，是加强党员干部监督管理的创新成果；要准确把握精神实质，“十项措施”直指当前衡阳市干部队伍中存在的问题和陋习，是一套“组合拳”；要认真组织实施、及时总结经验，各相关单位要根据文件要求和职能，出台操作性更强的实施办法，确保“十项措施”掷地有声、落地生根，努力探索全面从严治党向纵深发展的衡阳经验。会议指出，省十三运会和省十届残运会由衡阳市承办，是一项光荣任务。要高度重视，以“五个一流”为总目标，努力把省十三运会办成湖南历史上最好的一届省运会，办成国内一流的省级大型综合性体育盛会；要抓住重点，加快场馆建设，加紧做好备战训练，高水准做好策划和宣传；要加强组织、人才、经费保障。会议强调，要进一步深化国防和军队改革共识，坚决听从党中央指挥，把支持改革作为义不容辞的责任；要进一步依法有效履行使命，坚定不移抓好党管武装工作，切实夯实衡阳市国防后备力量建设基础；要进一步发挥牵头协调职能，让军地效益互利双赢，加强国防观念培训，深度推进军民融合大发展，着力提高参建参治效益。

（李　政）

【2017年4月27日市委常委会议】

2017年4月27日，衡阳市委书记、市人大常委会主任周农主持召开市委常委（扩大）会议，专题研究环保督察配合工作。周农强调，全市上下要深入学习习近平总书记关于环保工作的重要讲话精神，将思想和行动统一到中央、省、市的决策部署上来，做好环保督察配合工作，打好空气污染、污水、土壤治理战役和工业园区环保攻坚战。市领导邓群策、罗东海、包昌林、刘丽华、邓柯、何录春、贺小坤、陈竞参加会议；市领导伍清明、廖健、胡志文、刘正兴、周玉梅、胡水龙、李平列席会议。会议传达中央第六环保督察组督察湖南工作动员会领导讲话精神，观看环保问题暗访督察专题片。会议指出，这次环保督察，重点是督察各级党委、政府贯彻落实国家环境保护决策部署、解决突出环境问题、落实环境保护主体责任情况。面对这次“环境大考”，全市上下要深入学习习近平总书记关于环保工作的重要讲话精神，将思想和行动高度统一到习近平总书记的重要讲话精神上来，统一到省委、省政府关于配合做好环保督察的决定部署上来，统一到市委、市政府关于配合做好环保督察工作的安排上来，将各项工作一项一项抓好落实。会议强调，做好环保督察配合工作，抓好环境突出问题整改，是当前和今后一个时期的重大政治任务。要突出抓好问题整改，重点盯住中央高度关注、群众反映强烈、社会影响恶劣的突出环境问题及其处理情况；重点检查环境质量呈现恶化趋势的区域流域及整治情况；重点督办人民群众反映的身边环境问题立行立改情况。各级各部门要挂图作战，迅速建立任务清单、责任清单、时限清单，即知即改、立行立改，逐条落实、限时整改。要打好空气污染治理战役，重点整治好工业企业的废烟、废气排放，城区重点要加强建筑工地管理和渣土运输管理，解决好渣土扬尘问题；加强餐饮油烟管控；加强垃圾焚烧整治，切实提高空气质量优良率。要打好污水治理战役，以推进湘江流域治理第二个三年行动计划为总揽，大力整治污水直排问题，加大饮用水源保护力度，加大黑臭水体治理力度，抓好农村面源污染治理，全面关停禁养区内畜牧养殖场。要打好土壤污染治理战役，重点解决垃圾填埋问题、重金属污染问题。要打好工业园区环保攻坚战役，加大环境违法行为整治力度，严格执行环评验收标准，对存在严重问题的企业，该停产整顿的一律停产整顿，该取缔关停的一律取缔关停，该立案的一律立案查处。会议还强调，要加强组织领导，确保顺利通过中央环保督察。要紧急行动起来，加强工作调度，做到每天一调度，每周一小结；要加强宣传，营造氛围，一方面要抓好新闻宣传，另一方面要加强信息报送；要强化问责，传导压力，实行四个一律，即：因准备工作不充分造成重大不良影响的一律严厉问责；因人员不在岗造成重大失误的一律严厉问责；因出现重大恶性事件造成重大不良影响的一律严厉问责；因整改不到位造成重大不良影响的一律严厉问责。（李　政）

【2017年5月22日市委常委会议】

2017年5月22日，衡阳市委书记、市人大常委会主任周农主持召开市委常委会议。会议传达学习省党代表会议及市州委书记座谈会精神；听取脱贫攻坚工作、环保工作和关于贯彻落实中央、省委推进“两学一做”学习教育常态化制度化工作有关情况汇报；审议《2017年全市基层党建工作重点任务》及《市委书记2016年度抓基层党建工作述职评议后续整改工作方案》。市领导邓群策、段志刚、罗东海、包昌林、邓柯、张贺文、章彰、贺小坤、陈竞出席会议。市领导伍清明、廖健、刘正兴、周玉梅、杨龙金、刘孙承列席会议有关议程。会议传达学习省党代表会议及市州委书记座谈会精神。会议要求，全市各级各部门要进一步把思想和行动统一到省委、省政府的决策部署上来，贯彻落实好省党代表会议精神，为党的十九大召开营造良好氛围。要进一步加强思想政治建设和意识形态工作，切实抓好宣传舆论工作，进一步提振全市干部群众的精神。要贯彻落实好市州委书记座谈会精神，全面抓好脱贫攻坚、环保督察、信访维稳、村（社区）“两委”换届、安全生产、“两学一做”和农村基层党建、巡视整改、防汛抗旱等当前重点工作。会议指出，当前衡阳市脱贫攻坚工作存在一些突出问题，关键是精准、资金、帮扶和干部作风四个方面的问题。会议强调，要保持头脑清醒，认清当前衡阳市脱贫攻坚形势的严峻性和紧迫性；要认真学习省委书记、省人大常委会主任杜家毫、省委副书记、省长许达哲的重要讲话精神，按照省委、省政府的要求，提高认识，统一思想，落实责任；要加强领导，狠抓落实，抓住衡阳市脱贫攻坚工作存在的五大主要矛盾，抓好当前全市脱贫攻坚工作整改，以优异的成绩迎接中央、省委的督查。会议要求，要切实转变干部工作作风，以较真促认真，以碰硬求过硬，以上率下，层层压实责任和作风；要全面启动追责问责工作，动员千遍不如问责一次；要进一步强化组织领导和工作保障。会议听取环保工作情况汇报。会议强调，既要充分肯定成绩，也要高度重视问题，充分认识到衡阳市环境问题突出，整治任务依然艰巨；要继续抓好环保督办件的整改和成果巩固，不断提升人民群众的满意度；要切实转变发展理念，着力形成环境保护和治理的长效机制；要落实环保工作责任，努力构建大环保工作格局。会议听取关于贯彻落实中央、省委推进"两学一做"学习教育常态化制度化工作有关情况汇报。会议强调，要把思想政治建设摆在首位，抓住领导干部这个关键少数，始终坚持问题导向，充分激发基层党组织活力，压紧压实管党治党责任，确保衡阳市"两学一做"常态化制度化取得实效。会议原则同意《2017年全市基层党建工作重点任务》及《市委书记2016年度抓基层党建工作述职评议后续整改工作方案》。会议强调，要充分认识基层党建工作的重要性；认真落实基层党建的重点任务，深入推进"两学一做"学习教育，抓好村（社区）"两委"换届、党建促脱贫攻坚、城市基层党建工作，统筹推进各领域基层党建工作，强化基层基础保障；要全面推进述职评议的问题整改，确保评议问题全面按时整改到位。

（李　政）

【2017年6月28日市委常委会议】

2017年6月28日，市委书记、市人大常委会主任周农主持召开市委常委会议。会议听取全市防汛工作汇报；听取全市目标管理绩效考核和小康考评工作情况汇报；听取全市政法工作有关情况汇报；传达学习中央、全省对台工作会议精神并研究衡阳市贯彻落实情况。市委副书记郑建新出席会议。会议通报全市雨情、汛情，传达贯彻中央和省委、省政府关于防汛抗灾的系列重要指示精神。6月24日18时以来，衡阳市迎来2017年以来最强一轮集中降雨，全市已启动防汛四级应急响应。会议要求，要层层压实防汛工作责任，随时做好防汛抗灾应急准备；要盯住重点，突出抓好山洪地质灾害防御、水库和尾矿库防守、城市防洪和堤防、人员密集区域等防汛重点工作，做到专人24小时盯守；要加强督促检查，对防汛期间工作不力、擅离职守的严肃追责问责；要迅速启动救灾工作，确保受灾群众及时得到救助，确保全市平安度汛。会议听取全市目标管理绩效考核和小康考评工作情况汇报。会议强调，要高度重视，认真抓好目标管理绩效考核和小康考评工作，确保2017年衡阳市在全省的考核中创先争优；要全面对标，尽快出台2017年全市的整体考核方案，与省里绩效考核指标体系全面对标，与市委、市政府的中心工作全面对标，与基层实际全面对标；要奖惩兑现，充分调动干部的积极性，推动全市形成浓厚的干事创业氛围。会议听取全市政法工作有关情况汇报，充分肯定2017年以来全市政法机关的工作。会议指出，全市政法机关在平安建设、法治建设和队伍建设等方面取得良好成效。会议强调，要全力抓好政法工作，进一步增强紧迫感和责任感，推进社会治理创新，推进司法体制改革，强化维稳安保工作，打造过硬的政法队伍，加强党对政法工作的领导；要坚决做好反邪教工作；要坚持不懈地抓好信访维稳工作，为党的十九大胜利召开营造安全稳定的社会环境。会议传达学习中央和全省对台工作会议精神，并听取相关工作情况汇报。会议强调，全市各级各部门要准确把握中央关于台海形势的分析判断，全面贯彻、落实中央、全省对台工作会议精神，坚决反对和遏制"台独"，力争对台工作取得新突破。会议还研究其他事项。市领导邓群策、廖炎秋、段志刚、罗东海、包昌林、邓柯、张贺文、章彰、贺小坤、陈竞、廖健出席会议。市领导胡志文、刘正兴、龚学余、周玉梅、杨龙金、刘孙

承及驻衡省直有关机构负责人列席会议有关议程。（李　政）

【2017 年 7 月 7 日市委常委会议】

2017 年 7 月 7 日，衡阳市委书记、市人大常委会主任周农主持召开市委常委会，传达学习全省防汛抗灾视频会议精神，安排部署全市防汛救灾及灾后重建工作；听取市十五届人大二次会议有关情况汇报。市领导郑建新、邓群策、段志刚、罗东海、包昌林、邓柯、张贺文、章彰、贺小坤、陈竞、廖健出席会议；市领导邹致和、胡志文、龚学余、周玉梅、彭玉明列席会议。会议传达学习全省防汛抗灾视频会议精神，安排部署全市防汛救灾及灾后重建工作。会议要求，全市上下要深入学习贯彻省委省政府关于防汛抗灾和灾后重建工作的指示精神，切实增强大局意识和全局观念，继续发扬不怕困难、不怕疲劳、连续作战的顽强作风，加强组织领导和巡查调度，扎实做好灾后重建工作。会议充分肯定衡阳市前阶段防汛抗灾工作取得显著成效。会议指出，市委市政府从入汛开始，就强调要立足“防大汛、抢大险、救大灾”，做好提前研判和部署，牢牢掌握工作主动权；坚持领导带头，层层压实防汛抗灾责任，紧盯重点部位，做好全力抢险处险，科学抗灾重建，努力把灾害损失降到最低。在肯定成绩的同时，要高度重视前一阶段防汛抗灾中暴露出来的问题，举一反三、认真整改，为今后的防汛抗灾工作打好基础。会议强调，要继续努力，全力夺取2017 年防汛抗灾全面胜利。要高度重视防汛抗灾后续工作、受灾群众安置工作、卫生防疫和食品安全、灾后恢复生产、责任落实等工作，进一步弘扬抗洪精神，坚持一手抓防汛抗灾，一手抓经济社会发展，万众一心夺取防汛抗灾全面胜利。会议听取市十五届人大二次会议有关情况汇报，同意在本月底召开市十五届人大二次会议。会议要求，全市上下要高度统一认识，精心组织会议，确保大会取得圆满成功。会议强调，要依法搞好选举，选好市人民政府市长。市人大常委会要科学制定选举办法，市纪委要加强会风会纪监督，通过市人大代表投出的满满的选票，让新当选的市长感到满满的信心、责任和动力，让衡阳收获满满的正能量，让衡阳人民收获满满的幸福。会议还研究其他事项。（李　政）

【2017 年 7 月 20 日市委常委会议】

2017 年 7 月 20 日，衡阳市委书记、市人大常委会主任周农主持召开市委常委会议。会议传达学习习近平总书记重要批示精神，研究部署进一步做好全市防汛抗灾救灾工作；传达学习省委十一届三次全体会议等会议精神；听取 2017 年全市第二批重点项目计划编制情况的汇报。市领导郑建新、邓群策、段志刚、罗东海、包昌林、刘丽华、邓柯、张贺文、章彰、贺小坤、陈竞、廖健出席会议，胡志文、刘正兴、龚学余、杨龙金、彭玉明、汪维、李辉列席会议相关议程。会议传达学习习近平总书记关于防汛抗灾救灾工作的重要批示精神，以及省委办公厅、省政府办公厅下发的《关于学习贯彻习近平总书记重要批示精神进一步做好防汛抗灾救灾工作的通知》（以下简称《通知》）。会议要求，全市各级各部门特别是防汛抗灾救灾工作成员单位要认真学习、深刻领会习近平总书记的重要指示，掌握精神要义，把思想和行动统一到习近平总书记的重要指示精神上来，统一到省委、省政府、市委、市政府的部署要求上来，把习近平总书记的重要指示作为指导全市做好下阶段防汛抗灾救灾工作的根本方针，按照《通知》的五点要求，确保每项工作都有具体方案、有落实措施，市防指要逐项逐条建立任务清单、责任清单，切实做到任务上肩，责任到人；要扎实抓好当前防汛抗灾救灾重点工作，一手抓防汛抗旱、一手抓恢复重建，同时严防涝旱急转，科学调度水库、骨干山塘等蓄水设施水位，抓紧修复水毁水利工程，增强工程防汛抗旱能力；要持续推进责任落实，奋力夺取防汛抗灾救灾工作的全面胜利。会议传达学习全国金融工作会议、省委十一届三次全会及全省领导干部会议的主要精神。会议强调，全国金融工作会议和省委全会、全省领导干部会议是中央和湖南省在党的十九大前召开的十分重要的会议。全市各级各部门要认真学习领会贯彻相关会议的精神，全力推进创新引领、开放崛起战略在衡阳落细落实，努力将衡阳市打造成为全省创新驱动的新引擎和开放型经济发展的新高地；

要切实抓好当前金融发展和稳定工作，全力加快经济社会发展，为建设富饶美丽幸福新湖南做出衡阳市应有的贡献，以优异成绩迎接党的十九大胜利召开。会议听取2017年全市第二批重点项目计划编制情况的汇报。会议要求，对上半年项目和投资的情况，各板块领导小组、各县（市）区、市直各部门要认真组织一次回头看，找准差距，找准问题，有针对性采取措施，加快推进项目建设。各级各部门要有强烈的问题意识和担当精神，主动帮助项目业主单位完善手续，全力优化经济发展环境。（李　政）

【2017年8月11日市委常委会议】

2017年8月11日，衡阳市委书记、市人大常委会主任周农主持召开市委常委会议。传达学习习近平总书记、李克强总理关于防灾减灾工作的重要批示、市州领导班子建设工作座谈会精神，研究脱贫攻坚工作、计生工作，听取中央环保督察组反馈意见有关情况汇报。市领导郑建新、邓群策、廖炎秋、段志刚、罗东海、包昌林、刘丽华、邓柯、张贺文、章彰、陈竞、廖健出席会议；市人大、市政府、市政协领导班子成员，市老领导彭辉列席会议有关议程。会议传达习近平总书记、李克强总理关于防灾减灾工作的重要批示，要求全市进一步强化防灾减灾意识，加强气象预警和地质监测，切实提高防灾减灾救灾能力，继续做好防汛抗旱以及灾后重建各项工作，确保人民生命财产安全。会议传达学习市州领导班子建设工作座谈会精神，并要求认真抓好贯彻落实。要突出领导班子思想政治建设，把旗帜鲜明地讲政治摆在首位，把讲政治的要求贯彻落实到全面从严治党和各项事业发展中。要进一步加强全市各级领导班子建设，不断优化班子结构，提高班子专业化能力，统筹抓好后备干部队伍建设。要牢固树立正确的政绩观，全力抓好当前各项工作，以迎接党的十九大为主题主线，确保衡阳市全年各项目标进位争先。会议传达习近平总书记在深度贫困地区脱贫攻坚座谈会上的重要讲话精神，以及全省脱贫攻坚巡查整改工作会议精神。同时，要求要坚决迅速贯彻落实好中央、省委关于精准脱贫的系列重要指示精神，坚持不懈地推动脱贫攻坚突出问题整改，确保做到“问题不查清不放过、整改不到位不放过、成效不明显不放过、群众不满意不放过”。要坚定不移地完成脱贫攻坚目标任务，圆满完成2017年“进位争先、争创一流”的目标，完成“祁东县脱贫摘帽、全市169个贫困村出列、8.4万贫困人口脱贫”的任务。要坚强有力保障脱贫工作扎实推进。作为衡阳市唯一省级贫困县，祁东县要更加突出责任落实，更加突出精准施策，认真开展脱贫攻坚“回头看”，更加突出抓党建促脱贫，坚决打赢脱贫攻坚这场输不起的硬仗。会议听取中央环保督察组反馈意见有关情况汇报。截至年底，中央督察组向衡阳市交办的制订整改方案的128件信访件尚有67件正在整改中，省政府交办的51个问题尚有16件正在整改中，整治任务依然十分艰巨。会议要求，要高度统一思想、提升政治站位，切实增强环境保护的紧迫感和责任感。要坚决抓好突出问题的全面整改，确保在规定时限内高质量完成整改。要牢固树立五大发展理念，形成生态文明建设长效机制，坚定不移地建设生态优美的新衡阳。会议研究人口计生工作。2017年来，衡阳市全面两孩政策稳步实施，计生服务管理不断优化，同时也存在违法生育呈反弹趋势，基层基础性工作参差不齐等问题。会议要求，提高对人口计生工作的思想认识，明确衡阳市人口计生工作“省考”保类进位的总体目标，把握好宣传引导、依法行政、优化服务管理、基层基础工作夯实等工作重点，全面落实工作责任，确保全面完成2017年各项目标任务。会议还研究其他事项。

（李　政）

【2017年8月25日市委常委会议】

2017年8月25日，衡阳市委书记、市人大常委会主任周农主持召开市委常委会议，听取衡州经济发展论坛、衡阳市经济社会创新发展智库筹建及项目集中开工相关工作情况汇报；研究安全生产工作；听取全市开放型经济、十九大安保维稳工作情况汇报。市领导郑建新、邓群策、廖炎秋、段志刚、罗东海、包昌林、刘丽华、邓柯、张贺文、贺小坤、陈竞、廖健参加会议；市领导胡志文、刘正兴、龚学余、周玉梅、杨龙金、张亮、谢明芳列席会议。

会议听取衡州经济发展论坛、衡阳市经济社会创新发展智库筹建及项目集中开工相关工作情况汇报。会议指出，2017年的论坛筹备从5月12日正式启动以来，领导非常重视，推进比较有力，亮点比较突出，各项筹备工作扎实有序推进。下阶段全市上下要进一步统一思想、提升认识，切实增强办好论坛与智库的责任感和紧迫感。要进一步突出重点、打造亮点，全力以赴加快论坛筹备和智库筹建速度，论坛筹备工作要正确处理好“三大关系”，力争做到“七个高”，即：高层次邀请主讲嘉宾、院士和重要客商；高水平筹备好开幕式、专题论坛和具体活动；高效率做好招商引资和项目集中开工落地等重点工作；高标准整治好市容环境；高质量搞好会务住宿安排和接待服务；高水准搞好安全保卫；高声势做好宣传报道。要进一步加强领导、强化保障，确保论坛办出新特色和新水平，以精细的工作，让嘉宾真正感受到宾至如归。会议研究安全生产工作。传达省委书记、省人大常委会主任杜家亳在省安监局调研座谈时的讲话精神。会议强调安全生产工作重于泰山，一定要强化红线意识，坚守底线思维，努力把安全生产抓紧抓实，确保安全生产形势稳定向好。全市上下要认真学习贯彻杜家亳书记的讲话精神，切实提高政治站位，增强抓好安全生产的责任感和使命感；要切实抓好隐患排查整改，坚决防范重特大安全事故的发生；要深入推进专项整治，依法严格查处各类违法违规行为；要着力夯实安全生产基层基础，全面压紧压实责任，为党的十九大胜利召开营造安全稳定的社会环境。会议听取全市开放型经济工作情况汇报。会议要求，各级各部门要大力解放思想，强化开放意识，坚定不移地实施开放崛起战略，努力争创开放新优势，抢占发展先机；要注重招大引强，提升招商质量，建好开放平台，打造开放高地，加快推进“中国制造2025”试点示范城市建设，加强国家级湘南承接产业转移示范区建设，构建企业主体、市场导向、政府推动、产学研一体结合的开放型创新体系。要强化政策支持，理顺体制机制，健全考核评价体系，真正达到以考核促开放，以考核促发展的目的。会议听取十九大安保维稳工作情况汇报。会议强调，全市上下要切实增强安保维稳工作的紧迫感和责任感，抓住关键环节，从严、从实、从细抓好安保维稳各项工作的落实。要始终坚持把维护政治安全置于首位，牢牢绷紧反恐怖斗争这根弦，深入开展矛盾风险排查化解管控工作，扎实做好信访工作，确保全市“四个不发生”“六个严防”目标顺利实现。要严格落实责任，全力以赴打赢党的十九大安保维稳这场硬战，确保各项工作措施落到实处、取得实效。会议还研究其他事项。

（李　政）

【2017年9月13日市委常委会议】　2017年9月13日，衡阳市委书记、市人大常委会主任周农主持召开市委常委会议。会议传达学习中央政治局常委、中央纪律检查委员会书记王岐山，中央政治局委员、中央书记处书记、中央组织部部长赵乐际在湘调研和在巡察工作座谈会上的重要讲话精神并研究衡阳市贯彻落实意见；传达学习市州委书记视频会议精神；听取市委巡察工作情况汇报；传达学习全省基层党建工作重点任务推进会、全省城市基层党建工作经验交流座谈会精神并研究衡阳市贯彻落实意见；听取新的社会阶层人士统战工作情况汇报。市领导郑建新、段志刚、罗东海、包昌林、刘丽华、邓柯、张贺文、章彰、贺小坤、陈竞、廖健出席会议；全体在家副市级以上领导列席会议有关议程。会议指出，王岐山的讲话深刻阐述习近平总书记“7·26”重要讲话的重大意义，对提高政治站位、加强巡视巡察、推进全面从严治党等提出明确要求。赵乐际在讲话中重点强调如何把巡视巡察监督同促进领导班子、干部队伍建设有机结合起来。全市各级各部门要认真学习领会王岐山、赵乐际视察湖南的讲话精神，坚决把思想行动统一到中央决策部署上来。要切实提高政治站位和政治觉悟，坚决扛牢抓实加强巡视巡察的政治责任。要以昂扬奋进的精神状态和山清水秀的政治生态迎接党的十九大胜利召开，要继续巩固和深化衡阳市全面从严治党取得的良好成绩，深入推动“两学一做”学习教育常态化、制度化，坚决有力推进全面从严治党向纵深发展、向基层延伸。会议强调，全省市州委书记视频会议，是省委

在党的十九大即将召开前举行的一次十分重要的会议。全市各级各部门，特别是各级领导干部要认真组织学习、领会贯彻落实会议精神。要切实做好衡阳市网络安全和信息化工作，深入推动“创新引领 开放崛起”战略在衡阳落地见效，确保衡阳市经济社会平稳健康发展，要扎实抓好领导班子和干部队伍建设。会议强调，要高度重视巡察，巡视巡察是党内监督的战略安排，全市各级党委、党组务必继续在思想上保持高度重视，切实增强“四个意识”，担负起巡察责任；要突出巡察重点，坚持政治挂帅，把巡察的利剑直插基层，把巡察纪律聚焦到执行“六大纪律”特别是政治纪律、组织纪律等方面的问题上来；要强化结果运用，促进问题解决；要建强巡察队伍。会议强调，要高度重视基层党建工作，各级各部门务必进一步增强做好基层党建工作的紧迫感，把抓好党建作为最大政绩，真正把管党治党责任扛在肩上。要狠抓重点任务落实落地，要抓“两学一做”学习教育常态化制度化，抓基层支部“五化”建设，抓党建促脱贫攻坚工作，抓城市基层党建，抓十九大精神学习宣传贯彻。要着力破解基层党建难点问题，要突破农村基层服务平台建设、村干部管理、村级集体经济发展、人才市场流动党员管理的难题，突破城市基层信息化建设的水平。会议原则同意推进农村综合服务平台项目建设。会议指出，新的社会阶层作为统一战线中一支重要新生力量，是2017年衡阳市统一战线工作的一个重点。会议强调，要强化政治引导，筑牢思想基础，要开展形式多样的思想政治工作，增强新的社会阶层的政治认同和政治责任感。要健全工作网络，创新活动载体；要加大政治安排，引导有序参与；要发挥专业优势，激发服务热情，让新的社会阶层成为助推“五个新衡阳”建设的重要力量。会议原则同意印发《关于衡阳市新的社会阶层人士统战工作联席会议制度的通知》，召开全市新的社会阶层人士统战工作会议。

（李　政）

【2017年9月21日市委常委会议】

2017年9月21日，衡阳市委书记、市人大常委会主任周农主持召开市委常委会议。会议传达学习全省抗洪救灾总结会议精神并研究衡阳市贯彻落实意见；审议《衡阳市轨道交通线网规划》、轨道制式和试验线方案；听取全市工会工作及市工会换届工作情况汇报。市领导郑建新、邓群策、廖炎秋、罗东海、包昌林、刘丽华、邓柯、章彰、陈竞、廖健出席会议。市领导谭敦龙、刘正兴、彭玉明列席会议有关议程。会议传达学习全省抗洪救灾总结会议精神，同意召开衡阳市抗洪救灾总结大会。会议指出，2017年汛期，湖南省发生历史罕见的特大汛情灾情，在党中央、国务院的坚强领导下，全省上下团结一致、奋起抗灾，取得抗洪救灾的决定性胜利。与全省一样，2017年汛期，衡阳市也遭遇湘江干流和主要支流超长时间强降雨和近十年来最大洪峰。面对严峻灾情，市委、市政府团结带领全市人民沉着应对、奋勇拼搏，打一场抗洪救灾的“衡阳保卫战”，确保全市未垮一库一坝，没有出现人员伤亡事故，为全省抗洪救灾全面胜利做出重要贡献。会议强调，开好衡阳市抗洪救灾总结大会，有利于激发全市上下以不屈不挠的抗洪精神投入到经济社会发展各项建设中去。要总结好经验，宣传好典型，组织好会议，努力把抗洪精神转化为加快“五个新衡阳”建设的强大动力。要抢抓秋冬水利工程建设的有利时机，加快推动灾后重建和水利设施建设。要及时将衡阳市贯彻落实情况以及灾后重建和恢复生产情况上报省委、省政府。会议审议《衡阳市轨道交通线网规划》、轨道制式和试验线方案。会议指出，发展轨道交通关系到衡阳市经济发展、城市建设和千家万户群众的生活，既是经济项目，又是民生项目，意义十分重大。会议充分肯定前阶段衡阳市推动轨道交通建设所做各项前期工作，原则同意市政府与企业合作，在城区修建一条单轨试验线，真正方便群众出行，促进城市发展。会议强调，要认真研究并做好城区轨道交通整体规划，科学选择轨道交通的制式；在线路的设置上要方便群众出行；要注意把城市重要交通枢纽、商贸圈及重要旅游景区连接起来，把主城区周边人口密集城镇连接起来；单轨试验线的建设一定要科学论证，坚持多种方案比对，综合考虑多种影响因素。对发展轨道交通，全市上下要高度统一思想，强化组织保障，形成强大合力，加快项目推进。会议听取全市工会工作及市工会换届工作情况汇报。会议强调，要充分肯定过去五年全市工会工作取得的成绩。要始终把握工会工作的正确方向，带领职工群众坚定不移跟党走，把工人群众最广泛地团结在党的周围。要全面发挥工会组织的职能作用，团结带领广大职工投身经济建设主战场，以满腔热情为职工办实事解难事。要认真抓好工会组织换届工作。会议同意近期召开市工会第十九次代表大会。会议还研究其他事项。

（李　政）

【2017 年 10 月 12 日市委常委会议】 2017 年 10 月 12 日，衡阳市委书记、市人大常委会主任周农主持召开市委常委会议。会议传达学习全省巡视巡察工作电视电话会议精神并研究衡阳市贯彻落实意见；听取关于迎接省党风廉政建设责任制检查考核工作情况汇报；传达学习全省人大政府政协换届人事工作座谈会精神并研究衡阳市贯彻落实意见。市领导郑建新、邓群策、廖炎秋、段志刚、包昌林、刘丽华、邓柯、张贺文、章彰、贺小坤、陈竞出席会议；市领导邹致和、张亮列席会议有关议程。会议强调，全市各级各部门要深刻认识巡视巡察工作重要意义，从政治上认真考量巡视巡察工作，把讲政治的要求贯彻落实到巡视巡察始终，全力支持和积极配合巡视巡察工作。要充分发挥巡察“利剑”作用，把政治巡察放在首位，坚持问题导向，用好巡察结果，落实巡察工作全覆盖。要压实巡察工作政治责任，各级党委书记是第一责任人，要做到责任明确、行动对标、领导有力。会议指出，省委对衡阳市党风廉政建设责任制检查考核，是对全市落实“两个责任”情况的一次全面“体检”。会议强调，全市上下要切实引起高度重视，始终把党风廉政建设和反腐败工作作为关系全局的大事来抓，切实履行好责任主体的职责。要认真做好考核准备，市纪委要统筹做好迎检考核工作，其他各有关单位和部门要积极主动配合。要扎实开展对县（市）区的检查考核。会议强调，省人大政府政协领导班子换届，是在迎接党的十九大胜利召开和学习贯彻落实十九大精神的重要时间节点进行的一次换届。全市各级各部门一定要提高政治站位，增强政治自觉，将思想和行动统一到省人大政府政协换届人事工作座谈会精神上来。要进一步加强人选的审查把关，把政治标准放在首位，把结构合理优化，把联审评价抓实抓到位。要进一步坚持依法办事，严格履行各项程序。要进一步严肃工作纪律，严守中央和省委明确的“五个不准”、市委明确的“九个不”纪律要求，认真抓好衡阳市《关于在省人大政府政协换届人事工作中进一步严肃纪律的通知》的执行落实。要进一步强化组织领导，市委成立省人大代表、省政协委员推荐提名和选举协商工作领导小组。严格按照省委的要求和时间节点推进各项工作，确保换届选举风清气正，圆满完成。

（李　政）

【2017 年 10 月 27 日市委常委会议】 2017 年 10 月 27 日，衡阳市委书记、市人大常委会主任周农召开市委常委（扩大）会议，传达学习党的十九大精神，研究衡阳市学习宣传和贯彻落实工作。市委副书记、市长郑建新，市委副书记邓群策，市政协主席廖炎秋参加会议。会议认为，中国共产党第十九次全国代表大会是在全面建成小康社会决胜阶段、中国特色社会主义进入新时代的关键时期召开的一次十分重要的大会，是一次举旗定向、把舵领航、继往开来的大会，是一次发扬民主、求真务实、凝心聚力的大会。会议传达学习党的十九大报告的主要内容和精神、党章修正案的主要内容、中央纪委工作报告的主要内容、湖南代表团讨论情况、十九届一中全会主要精神、十八届七中全会主要精神、湖南省传达学习党的十九大精神大会主要精神等内容。会上全体市委常委会议成员围绕学习贯彻十九大精神进行讨论发言。大家表示党的十九大报告让人深受鼓舞、倍感振奋、非常激动，感想良多。大家认为，办好中国的事情，关键在党。实践充分证明，中国共产党能够带领人民进行伟大的社会革命，也能够进行伟大的自我革命，是一个能带领中国人民战胜一切困难和风险，不断从胜利走向胜利的党。大家表示，习近平新时代中国特色社会主义思想，是引领伟大复兴的“定海神针”。

习近平新时代中国特色社会主义思想这一理论体系，有力彰显我们党的伟大创造力。开放自信的党最有力量，我们党以开放透明的新风，展现大国大党从容自信、海纳百川的气度胸襟。同时，全面从严治党必须始终在路上，党要团结带领人民进行伟大斗争、推进伟大事业、实现伟大梦想，必须毫不动摇坚持和完善党的领导，毫不动摇把党建设得更加坚强有力。新时代需要新担当，作为一名党员就要在党的十九大精神的指引下，以永不懈怠的精神状态和一往无前的奋斗姿态，把党和人民的事业推向前进。会议要求，下阶段全市上下要认真学习宣传贯彻党的十九大精神，全面准确把握大会精神实质，用大会精神统一思想、凝聚共识，真正做到把大会精神内化于心，外化于行，转化为推动全市改革发展的强大动力。要认真抓好传达学习，第一时间把十九大精神传达到党员干部、落实到基层一线，扎实抓好“两学一做”学习教育常态化制度化和“不忘初心、牢记使命”主题教育活动，引导全市广大党员干部群众把思想统一到十九大精神上来，把力量凝聚到实现十九大确定的各项目标任务上来。要迅速掀起宣传热潮，广泛深入开展十九大精神主题宣传宣讲活动，充分利用和发挥电视、报纸、广播、网络等媒体的优势和特色，大力推动十九大精神进机关、进企业、进农村、进校园、进社区，推动习近平新时代中国特色社会主义思想入脑入心、家喻户晓。要以十九大精神推动实际工作，以习近平新时代中国特色社会主义思想为统领，对标大会提出的各项任务要求，研究制定贯彻措施，把十九大精神融入各项具体工作中，真正把学习贯彻的成效体现到坚定维护核心、强化理论武装、推动改革发展、全面从严治党上来，切实把学习贯彻十九大精神与做好当前工作紧密结合起来，着力促进经济平稳健康发展、坚决完成年度脱贫攻坚任务、精心做好保障和改善民生工作、维护社会和谐稳定，确保完成全年目标任务。会议审议并原则通过《中共衡阳市委关于认真学习宣传贯彻党的十九大精神的通知》。市领导段志刚、包昌林、刘丽华、邓柯、章彰、贺小坤、陈竞及全体在家的副市级以上领导干部参加会议。

（李　政）

【2017 年 11 月 3 日市委常委会议】

2017 年 11 月 3 日，衡阳市委书记、市人大常委会主任周农主持召开市委常委会议。会议审议《关于党的十九大精神学习宣传方案》《衡阳市领导干部学习贯彻党的十九大精神集中轮训工作实施方案》；审议《关于成立工作专班加快推进重大项目行动方案》《工业“3311”发展战略工程实施方案》；研究全面推行河长制工作；听取检察机关提起公益诉讼工作的情况汇报。市领导郑建新、邓群策、廖炎秋、段志刚、包昌林、刘丽华、邓柯、张贺文、章彰、贺小坤、陈竞、廖健出席会议。市领导李鹏飞、晏华衡、侯明星、邹致和、彭玉明、刘孙承、唐文峰、尹同君列席会议有关议程。会议审议并原则同意《衡阳市关于党的十九大精神学习宣传方案》和《衡阳市领导干部学习贯彻党的十九大精神集中轮训工作实施方案》。决定近期在市委党校对全市所有县处级以上领导干部进行集中轮训，重点学习党的十九大报告和新修订的党章。会议强调，学习宣传贯彻党的十九大精神是当前和今后一个时期全市首要的政治任务。要提高政治站位，各级领导干部要充分发挥引领示范作用，先学一步、学深一层，带领全市广大党员干部群众学在深处、干在实处；要精心组织安排，以“宣传十九大、建设新衡阳”为主题，采取多种宣传形式，让广大干部群众听得懂、学得会、理解好。要突出领导干部这个关键少数，精心组织轮训、科学设置课程、严格培训纪律；要落实工作责任，全市各级各部门各单位都要结合自身工作实际，把十九大精神贯彻到本职工作中去，让十九大精神真正在衡阳各行各业落地生根、见到实效。会议原则同意《关于成立工作专班加快推进重大项目行动方案》和《工业“3311”发展战略工程实施方案》。会议强调，全市各级各部门要站在以实际行动贯彻落实党的十九大精神的政治高度，站在建设现代化经济体系和振兴实体经济的战略高度，切实把思想和行动统一到市委、市政府的决策部署上来，齐心协力、坚定不移推进重大项目和重大产业布局落实落地；要高效率、高质量推进。重大项目要全面落实一个项目、一名领导、一套班子、一抓到底的工作推进机制；要强化责任和保障，确保市委、市政府的决策部署不折不扣落实、取得实实在在的成果。会议指出，全面推行河长制是中央部署的一项重大改革，是一项重要的政治任务。要深刻把握河长制的重大意义，深入推进生态优美新衡阳建设；要全面完成河长制的主要工作任务，确保省委、省政府2017年下发的《关于全面推行河长制的实施意见》所明确的六个方面主要任务全面落到实处；要严格落实河长制工作责任。会议强调，要正确认识公益诉讼，依法履行公益诉讼，支持保障公益诉讼。全市各级检察机关要坚持公益诉讼制度的政治性、政策性和法律性，牢牢抓住"公益"这个核心，把规范司法行为贯穿于公益诉讼工作始终。会议还研究其他事项。

（李　政）

【2017年12月6日市委常委会议】 2017年12月6日，衡阳市委书记、市人大常委会主任周农主持召开市委常委会议，研究市委十一届四次全会有关工作。市领导郑建新、邓群策、廖炎秋、段志刚、包昌林、刘丽华、邓柯、章彰、贺小坤、陈竞、廖健、罗琼出席会议。市领导胡志文、刘孙承、尹同君列席会议。会议听取市委十一届四次全会方案（讨论稿），以及《中共衡阳市委关于深入学习贯彻党的十九大精神，加快建设"五个新衡阳"的意见（讨论稿）》（以下简称《意见（讨论稿）》）《市委常委会工作报告（审议稿）》（以下简称《报告（审议稿）》）的起草说明。会议原则同意市委十一届四次全会会议方案，同意在12月8日召开市委十一届四次会议，原则同意《意见（讨论稿）》，要求作进一步修改完善后拿出《意见（草案）》，提交市委全会审议；原则同意《报告（审议稿）》，并要求作进一步修改完善。会议指出，开好市委十一届四次全会，既是中央、省委的要求，也是岁末年初一项重要工作，对于全市上下深入贯彻落实党的十九大精神，全面完成年度各项目标任务，提前谋划好未来年各项工作，都具有十分重要的意义。会议要求，要抓紧修改和完善《意见》和《报告》。《意见》要在全面贯彻落实党的十九大和省委全会精神的基础上，充分体现中央和省委省政府对衡阳工作提出的要求，充分体现市党代会作出的决策部署，充分体现坚定不移推进全面从严治党、重构山清水秀政治生态的决心，注重结合衡阳实际情况，以当前正在抓的工作为重点，力求提出的政策措施务实管用切实可行，推动党的十九大精神和省委省政府及市委、市政府作出的各项决策部署落实落地；《报告》要按照中央精简会议、改进文风的要求，突出重点、提出亮点、突出特色，实事求是地总结过去一年市委常委会的工作，全面深刻分析存在的问题，鼓舞全市朝着圆满完成全年任务的目标奋力冲刺。会议强调，全市上下要高度重视，切实把认识和行动统一到市委决策部署上来，扎实抓好全会各项筹备工作。各相关部门要通力协作、全力配合，确保大会开出氛围、开出效果。

（李　政）

【2017年12月25日市委常委会议】 2017年12月25日，市委书记、市人大常委会主任周农主持召开市委常委会会议，传达学习中央、省委经济工作会议精神及研究衡阳市贯彻落实意见，审议有关工作报告。市委副书记、市长郑建新出席会议。会议传达学习中央、省委经济工作会议精神，研究衡阳市贯彻落实意见，听取2018年"产业项目建设年"行动方案和2018年第一批重大产业、重点工程项目计划及PPP项目清单编制情况的汇报，审议并原则同意市委经济工作会议方案，定于12月28日召开市委经济工作会议。会议强调，要深入学习贯彻习近平新时代中国特色社会主义经济思想，自觉把思想和行动统一到党中央的决策部署上来。全市各级各部门要认真学习、深刻领会中央经济工作会议精神，特别是深刻理解把握习近平新时代中国特色社会主义经济思想的核心要义和丰富内涵，充分认识推动高质量发展是当前和今后一个时期确定发展思路、制定经济政策、实施宏观调控的根本要求，始终坚持新发展理念、坚持稳中求进工作总基调、坚持以供给侧结构性改革为主线，自觉把思想和行动统一到党中央的决策部署上来，把习近平新时代中国特色社会主义经济思想作为做好经济工作的总纲总遵循，贯穿于经济

工作全过程、各领域，更好地指导经济工作、引领经济发展。要深入学习贯彻省委经济工作会议精神，准确把握2018年工作重点，深刻领会、科学研判、准确把握，紧密结合衡阳实际，找准工作新坐标，牢牢把握经济工作主动权。要深刻认识衡阳经济发展的新变化，坚定做好衡阳市经济工作的信心和决心。要认真谋划好2018年经济工作，推动衡阳市经济实现高质量发展。要坚持和改善党对经济工作的领导。要统筹抓好岁末年初各项工作，认真抓好经济运行调度，围绕全面完成年度目标，做好2017年各项扫尾工作，确保实现圆满收官，做好元旦春节的民生工作和“不忘初心、牢记使命”主题教育活动的准备工作，精心筹备市人大政协“两会”，扎实有效做好监察体制改革试点工作，抓好脱贫攻坚考核工作。会议审议市人大、政协“两会”有关工作报告，要求相关单位进一步修改完善，按法定程序提交市“两会”审议。会议还研究其他事项。市领导邓群策、廖炎秋、段志刚、包昌林、刘丽华、邓柯、贺小坤、陈竞、廖健、罗琼出席会议。市领导胡志文、刘正兴、周玉梅、彭玉明，市中级人民法院院长张经伟，市人民检察院检察长刘孙承列席会议有关议程。（李　政）

【2017年1月3日市委经济工作会议】 2017年1月3日，市委经济工作会议召开，会议贯彻落实中央、省委经济工作会议精神，总结2016年经济工作，分析当前经济形势，部署2017年经济工作，动员全市上下认清形势、坚定信心，加快建设“五个新衡阳”，提出2017年衡阳市要实现地区生产总值增长8.5%左右，一般公共预算收入增长7%左右的预期目标。市委书记、市人大常委会主任周农出席会议并发表讲话。会议由市委副书记、市长周海兵主持。2016年，全市上下应对严峻复杂的经济形势和前所未有的下行压力，实现“十三五”良好开局。全年实现地区生产总值同比增长7.8%左右，固定资产投资增长13.5%左右，规模工业增加值增长6.8%左右，社会消费品零售总额增长11.7%左右，一般公共预算收入增长6.03%，主要经济指标增长稳定性明显增强。会议指出，做好2017年经济工作的总要求是：深入贯彻中共十八大和十八届三中、四中、五中、六中全会精神，认真落实中央、省委经济工作会议和省、市党代会精神，统筹推进“五位一体”总体布局和协调推进“四个全面”战略布局，坚持稳中求进工作总基调，牢固树立和贯彻落实新发展理念，适应把握引领经济发展新常态，坚持以提高发展质量和效益为中心，以推进供给侧结构性改革为主线，以补齐县域经济、工业经济、旅游经济短板为突破口，以项目建设为抓手，全面做好稳增长、促改革、调结构、惠民生、防风险各项工作，促进经济平稳健康发展和社会和谐稳定。会议提出2017年衡阳市经济社会的发展目标：地区生产总值增长8.5%左右，一般公共预算收入增长7%左右，规模工业增加值增长7.5%左右，固定资产投资增长14%左右，社会消费品零售总额增长12%左右，进出口总额增长8.5%左右，全体居民人均可支配收入增长8.5%左右，全面完成省下达的节能减排、安全生产等约束性指标。市领导邓群策、廖炎秋、谢宏治、段志刚、罗东海、包昌林、刘丽华、邓柯、何录春、张贺文、章彰、贺小坤、陈竞及所有在职副市级以上领导，曾担任过正市级实职的老领导出席会议。（李爱成）

【衡阳市全市领导干部大会】 2017年6月19日，市委书记、市人大常委会主任周农主持召开全市领导干部大会。受省委委托，省委组织部常务副部长胡伯俊宣布省委关于衡阳市政府主要领导同志职务调整的决定：郑建新同志任衡阳市委委员、常委、副书记，提名为政府市长候选人；周海兵任省交通运输厅厅长、党组书记，不再担任衡阳市委副书记、市长职务。郑建新发表履职讲话。全体在职市级领导，省、市属高等院校党政主要负责人，县（市）区党委、政府主要负责人，市纪委、市委组织部领导班子成员，市委巡察组组长，市直正处级机关企事业单位主要负责人，市人大、市政协委室主要负责人，国、省驻衡单位主要负责人参加会议。（李爱成）

【衡阳市传达学习中共十九大精神大会】 2017年10月28日，市委召开传达学习中共十九大精神大会。中共十九大代表、市委书记、市人大常委会主任周农在会上传达中共十九大精神。市委副书记邓群策主持大会。市领导廖炎秋、段志刚、包昌林、刘丽华、邓柯、贺小坤、陈竞及全体在衡阳的副市级以上领导，正厅级老领导等出席大会。中共十九大代表甘军华参加会议。周农强调，要充分认识中共十九大召开的重要意义，用中共十九大精神统一思想行动。要引导广大党员干部群众进一步提高对维护习近平总书记核心地位重要性的认识，牢固树立“四个意识”，切实把维护核心作为最大的政治，坚定向习近平总书记看齐，对党绝对忠诚，坚决在政治立场、政治方向、政治原则、政治道路上同以习近平同志为核心的党中央保持高度一致，坚决维护党中央权威和集中统一领导。周农要求，要在深学细悟上下功夫，用习近平新时代中国特色社会主义思想武装头脑。要认认真真、原原本本地组织学习十九大报告及有关文件精神，学深悟透习近平新时代中国特色社会主义思想，牢牢掌握这一改造主观世界和客观世界的强大思想武器。要迅速掀起宣传热潮，确保中共十九大精神深入人心。要在全市营造学习贯彻十九大精神的浓厚氛围，根据不同对象、不同群体的需求，采取人民群众喜闻乐见的形式，大力推动中共十九大精神进企业、进农村、进机关、进校园、进社区、进军营、进网站，推动习近平新时代中国特色社会主义思想入心入脑、家喻户晓。要以实际行动抓好贯彻落实，务必使中共十九大精神在衡阳落地生根。要把学习贯彻习近平新时代中国特色社会主义思想与“贯彻发展新理念、转型升级补短板”讨论活动结合起来。要全面落实习近平总书记对湖南提出的“三个着力”要求，全面践行以人民为中心的发展思想，着力解决好发展不平衡不充分问题，推动更高质量、更有效率、更加公平、更可持续的发展。要持之以恒推进党的建设，始终坚持党的领导。要把学习贯彻十九大精神与做好当前工作紧密结合起来，确保完成全年目标任务。要狠抓经济运行调度，大力推进项目建设，深入推进振兴实体经济“3311”工程计划，紧盯已签约的招商引资项目，确保早日落地见效。要狠抓脱贫攻坚和农业农村工作。要狠抓保障和改善民生工作。要狠抓维护社会和谐稳定工作。要及早谋划各项工作，按照十九大的新要求认真谋划好2018年工作乃至更长一个时期的发展，牢牢把握工作主动权。

（李爱成）

【衡阳市领导干部学习贯彻中共十九大精神集中轮训班开班式】

2017年11月15日，衡阳市领导干部学习贯彻中共十九大精神集中轮训班在市委党校开班，对全市所有县处级以上领导干部进行为期一个月的集中轮训。市委书记、市人大常委会主任周农出席开班式并作主题讲话，强调要不忘初心、紧跟核心，用习近平新时代中国特色社会主义思想武装头脑、校准行动，持续掀起学习宣传贯彻中共十九大精神热潮，不断把学习贯彻中共十九大精神引向深入。市委副书记、市长郑建新主持开班式。周农强调，学习本领是领导干部的第一本领，要始终保持学习的激情与韧劲，切实增强学习宣传贯彻中共十九大精神的自觉性和坚定性。要领会意义自觉学、突出重点聚焦学、注重方法深入学，不忘初心，牢记使命，持续掀起学习宣传贯彻中共十九大精神热潮。周农强调，习近平新时代中国特色社会主义思想是中共十九大精神的“纲”和“魂”，全市广大党员干部要检视初心，紧跟核心，用习近平新时代中国特色社会主义思想武装头脑、校准行动。要准确把握习近平新时代中国特色社会主义思想的时代背景、主要特征、历史影响，习近平新时代中国特色社会主义思想是在我国发展所处历史方位发生重大变化时产生的，呈现出当代中国马克思主义的鲜明理论特色，具有重大而深远的政治意义、理论意义、实践意义和世界意义。周农强调，要践行初心，担当责任，切实推动中共十九大精神在衡阳落地生根、开花结果。要对标新时代的目标任务，落实新发展理念，把学习贯彻的成效体现到推动改革发展上，把发展经济的着力点放在实体经济上，把创新作为引领发展的第一动力，把开放作为拓展发展空间的关键举措，把乡村振兴战略作为解决“三农”问题的钥匙。要践行以人民为中心的发展思想，不断满足人民日益增长的美好生活需要，把学习贯彻的成效体现到保障和改善民生上。要全面加强党的领导，推进从严治党向纵深发展，把学习贯彻成效体现到营造良好的政治生态上。郑建新要求，要深学细悟、学以致用、以上率下，推动十九大精神在衡阳落地生根、开花结果。市领导邓群策、廖炎秋、段志刚、包昌林、刘丽华、邓柯、张贺文、章彰、陈竞、廖健、罗琼，以及全体在衡阳副市级以上领导参加。

（李爱成）

【2017年12月28日市委经济工作会议】 2017年12月28日，市委经济工作会议召开，会议全面贯彻落实中共十九大和中央、省委经济工作会议精神，总结2017年经济工作，部署2018年经济工作。市委书记、市人大常委会主任周农强调，推动高质量发展，是当前和今后一个时期确定发展思路、制定经济政策、实施宏观调控的根本要求，要紧紧围绕高质量发展这个根本要求精准发力，确定2018年经济发展的主要目标和指标体系。市委副书记、市长郑建新出席并讲话。会议指出，做好2018年经济工作总的要求是：全面贯彻中共十九大精神，以习近平新时代中国特色社会主义思想为指导，加强党对经济工作的领导，坚持稳中求进工作总基调，坚持新发展理念，紧扣社会主要矛盾变化，按照高质量发展的要求，统筹推进“五位一体”总体布局和协调推进“四个全面”战略布局，坚持以推进供给侧结构性改革为主线，以发展产业、振兴实体、转型升级为中心，深入实施创新引领开放崛起战略，扎实推进“三个着力”，突出打好“三大攻坚战”，加快补齐“三块短板”，大力实施振兴实体经济“3311”工程计划，统筹做好稳增长、促改革、调结构、惠民生、防风险各项工作，促进经济社会持续健康发展，推动“五个新衡阳”建设取得新的更大的成效。2018年经济发展主要预期目标为：地区生产总值增长8%、力争8.5%，一般公共预算收入增长5%左右，固定资产投资增长14%左右，社会消费品零售总额增长11%左右，进出口总额增长20%左右，规模工业增加值增长7.5%以上，全体居民人均可支配收入增长8.5%左右。市委副书记、市委统战部部长邓群策主持会议。市领导廖炎秋、段志刚、包昌林、刘丽华、邓柯、贺小坤、陈竞、廖健、罗琼及所有在职副市级以上领导，驻衡高校主要负责人出席会议。

（李爱成）

办公室工作

【概况】 执行重大事项报告制度，向省委报送重大工作专报20余篇，报送数量和质量位居湖南省前列，及时、全面地反映衡阳市贯彻落实中央、省委重大决策部署情况。坚持和完善秘书长（主任）办公会议制度，对全办重大决策、重要人事任免、重大项目安排等做到集体研究、科学决策、依法决策。特别是在市委机关工程项目建设、职工津补贴清理和规范发放、公车改革后人员安置和车辆处置、组建市专用通信局、干部调整任用等重大事项决策中做到集体商议、民主决策。市委常委、市委秘书长带头落实“四个亲自”，先后听取、专题研究党风廉政建设和纪检工作5次，作出批示8次，办班子成员全年共研究部署有关工作40余次。年初制定出台《2017年市委办领导班子成员党风廉政建设工作责任分解表》，将工作任务细化分解为9大类、21小项。坚持教育在先、预防在先，全年共开展党风廉政教育及警示教育4次。从严执纪问责，协助省市专案组查处原市委书记张文雄案。接收问题线索7条，查清并及时回复市委原常委楼门面使用相关信访案情况，严肃查处后勤处干部酒驾案，协助纪检组对原《衡阳通讯》案有关违纪人员进行处理。（雷　恒）

【参谋服务】 综合文稿方面。全年共起草、整理各类讲话稿150余篇、80多万字，起草各类会议材料、汇报材料70多个、60余万字；整理衡委纪要、市委常委会纪要、常委办公会议纪要等40余个，大力推动市委深入学习宣传贯彻十九大精神、振兴实体经济“3311”工程计划、深化植优补短等重大决策部署形成，专题编发《领导参阅·书记专报》10余篇。全年在《人民日报》《湖南日报》等国省刊物，以及人民网、共产党新闻网等主流网站投稿刊发《“亲”则两利“清”则两安》《建设政治清明新衡阳》等一批理论文章。相关工作被省级以上刊物单篇刊发8篇，积极推介组织部远教站点“四加六代”模式，被评为“衡阳市十佳改革创新项目”，并成功入选全国第四届基层党建创新案例优秀案例。调查研究方面。在全市党办系统持续开展“深入基层、调研献策”活动。联合市委政研室精选出版《优秀调研报告文集》，其中市本级形成调研报告120篇，县（市）区600余篇。在充分调研的基础上，联合组织部门制定出台党建促脱贫攻坚九项措施，探索形成“党建+产业发展”“党建+项目建设”等扶贫新模式。联合金融办对衡阳市县域金融生态进行深入调研，形成《2017年衡阳市县域金融生态评估报告》，提出改善优化金融生态对策和措施。信息工作方面。全年共采用各地各部门信息2883条，上报《衡阳信息》563条；被省委办公厅信息处单条采用46条，综合采用540条，累计质量系数1903；采编《今日动态》247期、《要情汇报》66期、《党的十九大特护期信息专刊》32期、《要情汇报》（专报）4期，以微信、短信形式向市委领导报告紧急信息1200余次，获得省、市党委等领导批示80余次。督查工作方面。加大督促检查力度，组织专项督查42批次，下发《督查通报》8期，并结合专人暗访、媒体跟进等手段跟踪问效，及时向省委督查室和市委主要领导报送《督查专报》29期，推动党委、政府重点工作的落实。扣住要点抓督查，全年共办理领导批示件377件，其中中央、省委领导批示27件，市委主要领导批示307件，市委其他领导批示43件，得到市委主要领导肯定性批示12件。办理人民网“地方领导留言板”网民留言20件，脱贫攻坚大督查群众举报来电来信8件。认真抓好提案、建议办理，全部实现办结满意率100%。结合绩效抓督查，建立“1+2”考核模式（即综合绩效考核+全面小康考评+植优补短考评），推动省委、省政府和市委、市政府重大决策部署贯彻落实。组织召开全市绩效考核及全面小康推进工作会议2次，下发季度重点工作进展情况通报3期、绩效指标整改落实督办函30余件，推动全市年度目标任务的实现。着眼小康抓督查，市全面小康办突出短板指标提升，强化统计监测，加强日常调度，夯实基础、精准施策，2017年全市全面小康综合实现程度突破90%的关口。

（雷　恒）

【综合协调】 全年共承办全市性会议90余次、领导外出调研等公务活动200余起。2017年，先后参与中央政治局常委、全国人大常委会委员长张德江，文化部部长雒树刚和省委书记、省人大常委会主任杜家毫，省委副书记、省长许达哲等30余批次中央和省领导到衡阳调研接待工作，牵头承办湖南省青少年科技创新大赛、2017年湘江第一次省级河长会议、湖南省油茶企业负责人现场座谈会等省内现场会，均获得上级好评。办文工作方面。全年以市委、市政府，市委办、市政府办联合发出公文514个，起草文稿90余个。全市报送省委备案的规范性文件49个，没有出现违法违规或迟报漏报现象。严格执行下备文件台账登记制度，共收到各县（市）区委、市委各部办委报备的党内规范性文件129件，经审查，对符合报备要求的61件规范性文件予以备案，对政策性较强的13件规范性文件分别向相关市直单位书面征求意见，对无须报备的14件文件予以退回，对23件不符合备案要求的规范性文件予以退回修改重报。上级文件收发方面，共收发中央、国务院、省委、省政府纸质文件468件12862份，其中明件2611份，密件10251份；通过电子公文传输系统收发文件300件、16539份，按照保密相关规定，清理销毁文件1.2万余份。《衡阳通讯》积极发挥宣传主阵地作用，办刊质量和水平进一步提升。深化改革方面。深入推进供给侧结构性改革，构建“1+4+3+X”的政策体系。创新金融体制改革，成立金融信用信息服务中心，撮合贷款近130亿元。加快农村体制改革，大力实施“十百千万”工程，出台加快油茶产业发展的九条意见，努力打造“中国油茶第一市”。全面深化依法治市改革，出台《关于落实司法责任制改革的实施办法（试行）》，推进一批有深度的改革。国企国资改革、“三供一业”等重点任务受到省委、省政府表扬。创新开展改革创新“双十佳”评选活动，评选出9个改革创新人物和11个改革创新项目，形成支持改革、投身改革、崇尚改革的良好氛围。年初确定的100项全面深化改革任务中，除5项因上位政策未启动，2项因政策调整暂缓实施以外，其他按时序进度要求基本完成。机要保密方面。机要密码工作坚决落实24小时值班制度，坚持节假日和重大活动期间领导带班的双人值班制度，电报签收及办理做到第一时间签收、第一时间登记、第一时间办理，全年收发明电报共4374份，收发密电共4698份，无一件误办、压办、漏办，实现“绝对安全、绝对畅通”。对所有县（市）区的密码设备及相关配件一项项进行核查，确保所有密码设备及相关配件均按要求登记在册、专人专柜保管。全面加强对涉密信息系统的监管，市直各单位及军工企业所有涉密计算机纳入监控范围，不断增强全市涉密计算机的防护能力。开展机要保密工作自查自纠，筑牢机要保密防线，坚决防止泄密事件发生。应急管理方面。全年来共接听各类电话9000余次，办理落实省委总值班室、省委秘书处、省委常委办交办事项，办理市委领导来电事项80余次，下发会议活动通知526个。全年共接报各类突发事件和预警性突发事件20余起，均按领导指示及时通报给相关单位，要求他们按领导的指示采取措施，及时处置，未出过差错。

（雷　恒）

【“两学一做”常态化制度化建设】　以“两学一做”学习教育常态化制度化为主要载体，学习贯彻习近平总书记系列重要讲话精神，特别是关于全面从严治党的有关论述。广泛开展“机关党旗红、建设‘五个新衡阳’在行动”“读书乐、乐读书”等活动。邀请市纪委、市保密局等专家开展廉政教育、保密知识讲座。组织观看《打铁还需自身硬》《绝不饶恕》等廉政电影。充分借助《衡阳通讯》、机关党员读书室、网络学院、廉政微信、学法用法网站等多种平台开展学习教育。

（雷　恒）

【作风建设】　全面落实中央、省市关于作风建设的各项规定，巩固党的群众路线教育实践活动和“三严三实”专题教育成果，持之以恒纠正新“四风”，坚决防止“文山会海”反弹回潮，给办文“瘦身”，给办会提效，切实改进会风，打造会议活动精品。2017年全市性文件、会议分别比2016年同期精减12%以上。严控“三公经费”，认真履行《党政机关厉行节约反对浪费条例》等各项新规，严格规范预算和支出，三公经费递减15%。　（雷　恒）

【扶贫帮困】　全办干部全体动员、全部参与，分成8个对口帮扶工作组，每组由一名班子成员带队，对口帮扶2～3户贫困户。立足新联村自身资源禀赋，从办公经费中拿出10万元启动资金，筹措资金50万元，支持村里筹建一个香菇、木耳产业扶贫生产基地，为贫困户人均增收800元从上，解决就业岗位15个以上。为新联村争取到3.5千米农村道路改造指标。积极联系南岳生物制药有限公司与该村长期建立帮扶关系，探索成立扶贫帮困基金，全年筹措扶贫帮困基金6000余元。全年共争取支持该村基础设施和公资源建设共计45余万元，直接用于贫困户身上的产业扶贫资金40000余元，各种慰问金、慰问物质20000余元，争取民政、教育补助30000余元，帮助争取社会爱心企业帮扶资金20000余元。

（雷　恒）

组织工作

【学习宣传贯彻中共十九大精神】把学习宣传贯彻中共十九大精神作为一项重大政治任务抓紧抓实。“七一”期间，在全市选树宣传一批基层党组织和党员干部先进典型，为中共十九大胜利召开营造健康和谐的氛围。专门下发《关于在全市基层党组织和广大共产党员中认真开展学习贯彻中共十九大精神活动的通知》，组织指导各级党组织以收看开幕式、上党课、设板报、知识抢答等方式，推动十九大精神进农村、进机关、进校园、进社区、进企业、进网站。在全省率先开展县处级领导干部学习贯彻中共十九大精神集中轮训，共举办培训班七期，培训2000余人，推进习近平新时代中国特色社会主义思想入脑入心、落地生根。　（陈　思）

【“两学一做”学习教育常态化制度化】　持续深化和巩固“两学一做”学习教育成果，推进“两学一做”学习教育常态化制度化。一是坚持高位推动。市委常委会多次就学习教育进行部署和调度，市委书记带头参加市委办机关一支部主题党日活动，带头交纳党费，参加扶贫爱心捐款，在支部讲授“两学一做”专题党课。市委副书记、市长和其他市级领导带头深入联系点上党课，开展慰问老党员和困难党员等活动。二是深化教育成效。建立党性教育“三员”制度，选聘2万名党性教育报告员、劝导员、监督员，为基层党员讲述400余堂党课。开展“岗位作贡献、合格见行动、共建新衡阳”主题实践活动，全市各级党组织和党员充分发挥先锋模范作用。三是注重常态长效。出台“两学一做”学习教育常态化制度化系列文件，推动基层党支部组织生活制度有效落实，把主题党日、“三会一课”纪实管理、党员积分管理、“双述双评”等工作落实到支部，党内政治生活的质量和水平明显提高。

（陈　思）

【全面从严治党】　落实管党治党责任，按照市委建设“政治清明新衡阳”的要求，研究出台干部谈心谈话、干部定期健康检查、干部实绩档案和廉政档案、领导干部上门家访、组织生活专项检查等10项重要制度措施，推动全面从严治党向纵深发展、向基层延伸。全市各级领导干部开展谈心谈话11000余次，市直机关事业单位公职人员健康检查实现全覆盖。在全省率先试行科级干部报告个人有关事项工作，对市纪委、市委组织部、市发改委、市人社局、市财政局、市教育局等10个单位共684名正科实职干部实行重点监督，延伸从严治党的触角，得到省委组织部的肯定。

（陈　思）

【抓党建促脱贫攻坚】　注重把抓脱贫攻坚同加强基层组织建设有机结合，努力把基层党组织建设成带领群众脱贫致富的坚强战斗堡垒。向全市322个贫困村选派1825名第一书记、4351名工作队员、345名优秀科技特派员，市本级下派8名金融人才，并将38名新考录选调生全部安排到脱贫攻坚重点乡镇工作，贫困地区的“造血”功能明显增强。研究出台《衡阳市驻村扶贫工作队管理办法》，对驻村扶贫工作队员从严管理，共召回调整工作队员37名。牵头制定组织部门发挥职能作用促脱贫攻坚九项措施，探索实施“党建+产业发展”“党建+项目建设”等多种扶贫模式，工作经验被《中国组织人事报》推介。层层召开脱贫攻坚专题组织生活会，评选表彰10个优秀驻村后盾单位和40名优秀扶贫干部，在扶贫一线识别培养使用干部的导向更加鲜明。专门召开全市抓党建促脱贫攻坚工作督查讲评会，查找突出问题，强化整改措施，推动各项工作落实落地。（陈　思）

【领导班子和干部队伍建设】　全年共调整干部11批、487人次，一批年纪轻、素质高、口碑好的干部充实到领导班子中。完成衡阳技师学院和湖南高速铁路职业技术学院党委换届工作。做好15名全国人大代表推荐人选、96名省人大代表和省政协委员预备人选推荐提名相关工作，切实防止“带病提名”。认真开展优秀年轻干部调研、县（市）区领导班子运行及思想政治建设情况调研，为领导班子和干部队伍建设积累第一手资料。择优选派88名年轻干部到省直部门、市直部门、乡镇（街道）及银行金融机构挂职锻炼，选派22名领导干部及专业技术人才参与援疆工作，接收安置17名团职军转干部，择优考录公务员（含参公管理人员）523名、选调生38名。（陈　思）

【干部教育工作】　先后举办县域经济、金融管理等培训班28期，累计培训各级党员干部4680人，累计完成中央、省委调训任务45期、191人。分7批对全市2000余名市管领导干部进行十八届六中全会精神集中轮训。在全省率先出台《衡阳市干部学习培训学分制考核管理办法》，培训中党性教育课时比例占1/3以上，增加党性教育闭卷考试，考试合格者方可结业。确定夏明翰故居和罗荣桓故居为市级党性教育基地，先后组织1280名党员干部前往基地现场接受教育，党性观念和宗旨意识明显增强。（陈　思）

【干部监督工作】　实行倒逼刚性消超，累计消化超职数配备干部2918人，受到省委组织部的表扬。共对市管领导干部提醒谈话3人次、函询176人次、诫勉26人次，咬耳扯袖、红脸出汗成为常态。共受理干部选任预审71批、4391人，暂缓任用3人。抓好领导干部个人有关事项报告工作，共抽查市管领导干部678人，对20人开展财产合法性验证。对65个市直单位开展干部选拔任用工作“一报告两评议”，共评议干部669人。开展选人用人集中倒查，查实“带病提拔”对象2人，追责处理11人。开展因私出国（境）专项清理，全市登记备案人数22000人，移交组织人事部门保管证件9687个，处理违规违纪干部221人。（陈　思）

【实施人才强市战略】　研究制订《关于深化人才发展体制机制改革的实施意见》，充分激发人才创新创业活力。围绕补齐县域经济、工业经济、旅游经济“三块短板”，引进高层次人才14人，其中中国工程院院士1名，湖南农业大学、省建筑设计院高层次专业技术人才3名。实施重点人才支持计划，遴选企业科技创新创业人才团队10个，教学名师、衡阳名医等各类人才163名，确定享受市政府特殊津贴人员49人，落实人才支持资金220万元。积极对接国家、省重大人才工程，3人成功入选国家“万人计划”，4人入选省“百人计划”及湖湘人才支持计划，人才服务和促进发展的作用日益凸显。（陈　思）

【基层组织建设】　一是抓严抓实村（社区）两委换届。强化党对换届选举工作的领导，推行“五包一驻”责任制及全程纪实做法，严把新进人员素质关，全市2761个村（社区）圆满完成“两委”换届工作，共选出村（社区）“两委”干部15221名，其中致富能人超过60%，换届经验被《湖南日报》及其内参推介，成为衡阳历史上最规范、最彻底、最平稳的一次村（社区）“两委”换届。二是压实党建工作责任。从严落实末位悬谈、问题台账、交叉检查等七项制度，把工作要求落实到基层。开展全市基层党建工作半年交叉督查，并召开工作讲评会表扬先进、鞭策后进。组织县（市）区、乡镇（街道）党（工）委书记党建述职以及村（社区）党组织书记“双述双评”工作，全面考评党建履责情况。三是夯实党建工作基础。集中整顿软弱涣散村党组织232个，处理问责村组干部91人。打造城市社区“先锋家园”平台，工作经验被《中国组织人事报》推介。推进社区“两化两体系”建设，128个中心城区社区验收合格。推进村级综合服务平台建设，新建平台238个。推动村级集体经济发展壮大，全市安排农业产业化专项扶持资金1700万元，为每个贫困村安排发展集体经济引导资金5万元。稳步提高基层工作经费保障标准，村级运转经费平均达到16万元以上，中心城区社区平均达到40万元以上。新增财政投入1.2亿元，实现村干部基本报酬翻番。同时，五区村党组织书记基本报酬按照2016年度当地农民人均可支配收入2倍标准全面落实；五区社区干部年均收入按照2016年度当地职工平均工资1~1.4倍全面落实。

（陈　思）

【“两新”组织党建工作】　市县两级依托组织部全部成立“两新”工委，在县（市）区综合党委和市直部门增设38个科级领导职数，实现“两新”党建工作有机构管、有专人抓。开展“大排查、大整顿、大组建、大提升”专项行动，全市新建非公党组织83个、社会组织党组织132个，“两新”组织党组织覆盖率双双超过80%，党组织总数、覆盖率和2017年净增数均排在全省第一方阵。以党建带群建，全市“两新”组织共新建工会1287个、团组织558个，选派党建指导员1167名。加强基础保障和阵地建设，全市10个省级以上园区党群活动服务中心基本建成并陆续投入使用。

（陈　思）

【党代表联络工作】　做好中共十九大代表选举相关工作，2名中共十九大代表候选人初步人选成功当选。甘军华的先进事迹被中国文明网、湖南新闻网等媒体推介，雁峰区苏眼井社区工作经验被《湖南卫视》报道。探索推行市党代表履职积分管理办法，有力推动党代表履职尽责。办理市第十一次党代会提案87件，回复满意率为100%。开展“三联一帮”活动，502名省市党代表走访社区，帮助群众解决生产生活难题830个，党群干群关系进一步融洽。

（陈　思）

【党员教育工作】　大力实施远程教育“十进延伸工程”，全市在乡镇（街道）、村（社区）、机关、学校、医院、“两新”组织等累计建成远教站点（远教影院）

2594个、远教电商495个、远教广场355个，工作经验被共产党员网、《中国组织人事报》等媒体推介。大力推行远教站点“四加六代”模式，被评为“衡阳市十佳改革创新项目”，并成功入选全国第四届基层党建创新案例优秀案例。全面实施“农民大学生培养计划”，专本科合格率均居全省第一，常宁市农民大学生易晓军获全国“优秀农民大学生”称号。1935名农民大学生进入“两委”班子，1600余人列为村级后备干部。农民大学生培养工作先后受到国家开放大学和省委组织部的高度肯定，工作经验被《光明日报》《湖南日报》等11家主流媒体大力推介。抓实“一网一云”测试推广工作，全市有18.5万名党员完成登录，累计参学2115.9万人次，稳居全省前列。对衡阳党建网进行全方位优化升级，日均访问量明显增加。

（陈　思）

【易晓军获全国“优秀农民大学生”称号】 2016年年初，全国优秀农民大学生评选活动结束，衡阳人易晓军获得全国“优秀农民大学生”称号。湖南省此次仅有2人获此荣誉。易晓军为常宁市新河镇高朋村村委会主任，衡阳市“农民大学生培养计划”2014级农村行政管理专业大专学员。易晓军高中毕业后，看到家乡的落后面貌，放弃城市生活回到新河镇高朋村，成立渔业专业合作社，发展养殖生态绿色脆鲩鱼产业。2014年，易晓军担任高朋村村主任，带领村里120户村民致富，为贫困户提供资金和技术上的支持，受到群众好评。此次评选活动，经过一个月的网络投票和专家评议，全国电大系统共有15人获得“优秀农民大学生”称号。

（李　君）

【全市组织部长会议召开】 2017年2月24日，全市组织部长会议召开。会议学习贯彻全国、全省组织部长会议精神，安排部署2017年衡阳市党的建设和组织工作，推动全面从严治党向纵深发展。市委书记、市人大常委会主任周农出席会议并讲话，强调要牢固树立“四个意识”，突出重点工作，全面落实管党治党责任，从严管理干部，以党的建设和组织工作的新成效为建设“五个新衡阳”提供坚强保障。周农指出，政治性是组织工作的第一属性，组织工作就是政治工作。要牢固树立“四个意识”，把讲政治体现在党的建设和组织工作全过程。组织部门必须在增强“四个意识”上作出表率；坚持全面从严，组织工作要自觉服务大局；突出问题导向，不断深化党的建设和组织工作。周农强调，要突出工作重点，在建设“五个新衡阳”中展示担当作为。深入推进“两学一做”学习教育常态化制度化；要严肃党内政治生活，着力营造良好政治生态，抓好《准则》落实落地，教育引导干部严守政治纪律和政治规矩，用好组织生活这个经常性手段，加强党内政治文化建设；树立正确选人用人导向，着力加强高素质干部队伍建设，坚持党管干部原则，完善鼓励干事创业的选人用人机制，从严加强干部队伍经常性管理监督；创新人才工作体制机制，让人才成为补齐短板、推动转型发展的重要支撑；抓好基层党建，推动全面从严治党向基层延伸，从严抓好村（社区）“两委”换届选举，统筹抓好各领域基层党建工作，扩大党建工作覆盖面，持续做好抓党建促脱贫攻坚工作。周农要求，要坚持党要管党、从严治党，全面落实管党治党责任。要对照习近平总书记的治党“三问”，牢固树立“抓好党建是本职、抓不好党建是失职、不抓党建是渎职”的责任意识。各级党委（党组）要增强管党治党主体意识，把抓好党建作为最大政绩；领导干部要切实履行党建工作责任，党委（党组）书记要切实履行党建工作第一责任人的责任；组织部门要从严从实加强自身建设，管干部、严治吏，组织部门自身更应该严起来，真正把组织部门打造成模范部门，把组工干部队伍锻造成过硬队伍。市委副书记邓群策主持会议并强调，要抓好落实强化实效。要提高站位抓落实，精准务实抓落实，履责担当抓落实，强化自身抓落实。市委常委、市委组织部部长陈竞作工作报告。

（李　君）

【全市村（社区）“两委”换届监督指导工作会议召开】 2017年2月24日，全市村（社区）“两委”换届监督指导工作会议召开。市委常委、市委组织部部长陈竞对监督指导组提出五点要求：提高认识明确任务、熟悉业务把准政策、精准指导严格把关、敢抓敢管铁腕执纪、严以律己树好形象。市委对全市2280个村（社区）“两委”换届工作高度重视，市委常委会议决定向12个县（市）区全部派出监督指导组驻县指导。陈竞强调，监督指导组成员要坚持先学一步、深学一层、钻透一点，吃透换届精神、掌握政策法规、知晓换届纪律、熟悉换届流程，绝不能当“门外汉”、绝不能瞎指挥。监督指导组要把好政策关、程序关、信访关和舆论关。要睁大眼睛、拉长耳朵，对换届选举违规违纪问题尤其是利用宗派、宗教和黑恶势力干扰和破坏选举的违法犯罪行为果断出手，露头就打，坚决依法严厉惩处，确保以铁的纪律和规矩匡正换届选举风气。陈竞要求，监督指导组要严格遵守政治纪律、组织纪律、工作纪律、保密纪律、生活纪律、廉洁纪律，处处以身作则，树立廉洁守纪、求真务实、公平公正的良好形象。会上，市民政局负责人宣读《衡阳市村（社区）换届选举工作领导小组〈关于向县（市）区（园区）选派村（社区）党组织和村（居）民委员会换届选举工作监督指导组的通知〉》，各监督指导组组长递交责任状。（李　君）

【罗立人等36人获省优秀农民大学生称号】 2017年8月初，湖南省优秀农民大学生评选结果揭晓，衡阳市罗立人等36名学员获“湖南省优秀农民大学生”称号。2005—2016年，衡阳市已培养农民大学生8318人。此次评选活动，是省电大落实省委组织部关于推进“农民大学生培养计划”的实际举措，面向2008年以来已毕业和2017年毕业的农民大学生评选，全省共表彰优秀学员200名，优秀管理者20名。根据省电大制定的评选条件，衡阳市对评选范围内的学员进行摸底，在2015年全市已经表彰的优秀学员中选拔一批，在近三年报读的优秀学员中推荐一批，共推荐40名学员参加省里评选。在一同揭晓的“农民大学生培养计划”优秀教学管理工作者评选结果中，衡阳市电大彭振宇、蔡余生获得“优秀教学管理工作者”称号。（李　君）

【衡阳市委组织部获全省湖南省“两学一做”微视频·微动漫创作竞赛活动优秀组织奖】 2017年8月初，湖南省“两学一做”微视频·微动漫创作竞赛活动评选结果揭晓，衡阳市委组织部获得全省唯一一个优秀组织奖。此次竞赛活动由省委组织部党员教育中心主办，旨在进一步助推全省“两学一做”学习教育深入开展，引导党员在任何岗位、任何地方、任何时候、任何情况下都铭记党员身份，积极为党工作，立足岗位履职尽责、创先争优。2016年10月以来，全省共有14个市州和5个省直系统参赛，共评选出优秀组织奖1个，获奖作品68部。其中，一等奖5部、二等奖10部、三等奖15部、优秀奖38部。活动开展以来，衡阳市委组织部收到各地各单位报送优秀视频作品170部，选送109部作品报省里参赛。经省委组织部评审，衡阳市共有23部作品获奖，占获奖总数的34%。其中，一等奖1部、二等奖4部、三等奖3部、优秀奖15部。（李　君）

【衡阳市首个党性教育基地在夏明翰故居举行授牌仪式】 2017年10月23日上午，衡阳市首个党性教育基地在夏明翰故居举行授牌仪式，市委常委、市委组织部部长陈竞为基地授牌。市领导尹同君参加授牌仪式。夏明翰故居位于衡阳县洪市镇明翰村，2011年被中宣部列为第四批全国爱国主义教育基地。为充分发挥夏明翰故居的党性教育功能，不断增强党性教育的感染力，市委决定将夏明翰故居列为衡阳市党性教育基地。来自市委组织部、市委党校、衡阳县的党员代表们参加授牌仪式。陈竞指出，建立党性教育基地是加强党性教育的重要举措，更是加强衡阳市干部教育培训工作的需要。陈竞要求，要以此次基地建设为契机，更好地推进夏明翰故居党性教育基地的规范化建设，要让广大干部来这里接受思想洗礼，不断纯洁党性，让干部既能感动“一阵子”，更能受用“一辈子”。陈竞强调，要继续完善基地基础建设，进行科学有效的管理。（李　君）

宣传工作

【概况】 2017年，全市宣传思想文化工作紧紧围绕迎接和学习宣传贯彻十九大这一主线，以落实党委（党组）意识形态工作责任制为抓手，以构建“大宣传”格局为重点，按照“讲好衡阳故事，发出好声音，汇聚正能量，提振精气神”的工作思路，各项工作取得较好成效。纪录片《铁骨丹心彭玉麟》等四部作品获省“五个一工程”奖，获奖数量名列全省第二；幸福社区获评全国“扫黄打非”示范点，衡阳图书城获“中国最美新华书店”“全国百佳文化地标”两项荣誉称号。衡山县白果镇、市八中、市人民检察院等一批单位获评全国文明村镇（校园、单位），红湘街道获“全国未成年人思想道德建设工作先进单位”，匡兵、温琦华夫妇获评第六届“全国道德模范”，为湖南省本届唯一获此荣誉者，得到中共中央总书记习近平和湖南省委书记杜家毫接见。（蒋素娟）

【中共十九大精神和习近平总书记系列重要讲话精神的学习宣传贯彻】 一是落实首要政治任务。中共十九大召开前，组织市直媒体开设《砥砺奋进的五年》《喜迎十九大》专栏专题报道，充分展示全市十八大以来经济社会发展所取得的巨大成就及经验，为十九大胜利召开营造浓厚的氛围。会中，集中报道全市人民聚焦十九大的鲜活场面和热烈反响，转发转载央视和新华社有关十九大主题报告和修改《党章》等大会主要精神和深度解读。会后，通过提前谋划，精心打造“幸福花开·十九大精神润衡州”系列品牌活动，活动包括机关篇、社区篇、农村篇，通过理论宣传、文艺宣传与便民服务相结合，用群众喜闻乐见的形式开展宣传，增加宣传十九大的趣味性、互动性、广泛性，深受广大群众欢迎。省委《要情汇编》给予充分肯定，人民网以视频形式进行大力推介。截至2017年年底，各县（市）区积极跟进，已举办各类活动2000多场，吸引100万余人次参加，真正使党的十九大精神入脑入心。省委《要情内参》予以重点推介，人民网组团采访并专题报道。二是舞好理论学习龙头。制定党委（党组）中心组《学习规则》，在全市推广“中心组学习巡听”制度并定期开展督查，全年市委中心组集中学习13次，共15天，参学率95%以上。市委学习中心组（扩大）第4次集中学习邀请全国知名专家张志安、王勇平、祝华新等讲授新闻舆论相关知识，副市级以上领导干部，各县（市）区委书记、宣传部长及市直单位主要负责人、新闻发言人等500余人参加培训，规模之大规格之高开全省先河。此外，全年以“理润衡州”品牌为统揽，在全市开展“好声音讲坛——讲话精神进基层”百姓微宣讲比赛、“社会主义‘有点潮’”主题征文等活动，获全省“微宣讲”竞赛第一名。三是严守意识形态关口。提请市委研究，各级党委层层签订责任状，出台《加强意识形态领域情况分析研判工作方案》《落实党委（党组）意识形态工作责任制操作流程》等系列文件，进一步织密意识形态工作的“制度笼子”。多次召开意识形态研判会，及时发现意识形态领域风险点，建立健全社科理论类论坛登记备案审批制、新闻稿件三审制、新媒体内容巡查制度等一系列制度，确保新闻舆论、文化文艺、论坛讲座等工作的导向正确。围绕群众关注的重点热点问题，组织各类新闻发布会30余场次。开展“清源”“护苗”等专项行动，查处违规经营场所87家，立案查处75起。开展网络空间治理专项行动，举报不良信息45389条，清理属地政治类有害信息16条、谣言虚假信息17条、低俗庸俗信息11条、网站违规采编8条，约谈相关网站、账号负责人27人次，关闭严重违规网站6家，确保意识形态工作平稳平安。

（蒋素娟）

【宣传推介工作】 立体传播故事，放大正面声音。组织“全面从严治党、建设湘南中心城市、振兴实体经济‘3311’工程、抗洪救灾、衡州经济发展论坛、脱贫攻坚、环保督查、文明创建”等主题新闻宣传20多场次，外宣发稿总量12000多篇，为2016年的5倍多。一是联动机制日益完善。建立横向到边、纵向到底的宣传信息员工作群，将新闻触角延伸到乡镇、村、社区等基层单位，加强市县乡三级联动；通过定期召开政情舆情分析会、重大新闻策划会、政媒座谈会等联席会议，市直部门、宣传系统和市直媒体参与宣传的主动性大大提高；在全省率先举办四大家领导全部参加的高规格新闻舆论培训班，向社会公布市县两级新闻发言人。二是媒体融合深入推进。

媒体融合进一步加强，衡阳发布获评全省最具影响力政务微博，衡阳新闻网APP“新衡阳”跻身全国15强。“长裙姐姐”王青平见义勇为的优秀事迹在本地网络平台传播后，《中青报》《湖南日报》相继同步跟进，最终登上央视荧屏，人民网、光明网、新华网等各大网站相继转载，形成爆炸式的宣传效应。三是互动传播渐入佳境。推进内宣外宣一体化，对市内重大宣传题材同步向外推送，对中央、省级以上主流媒体发布的重要稿件第一时间在市级各媒体进行“二次传播”，南华附二医院一场感动新年的生死“器”约、含泪捐献三岁儿子器官的“爱心护士”刘花、登上中央台“朗读者”栏目的“感动中国人物”秦玥飞等一批好故事经市内媒体深度挖掘，央媒、省媒纷纷转载报道，实现新闻宣传的“叠加效应”。新华社3赴衡阳采访，内参推出《湖南衡阳：打响政治生态翻身仗》，《人民日报》头版“新时代·新气象·新作为”专栏报道推出《湖南衡阳：拧紧发条净党风》，人民网“小城故事多”专栏报道推出《衡州绵延千年情雁城飞舞新气象》，《湖南日报》头版头条推出《衡阳，由沉寂到迸发》、湖南卫视推出20分钟的《日新衡阳》等系列重头报道，为衡阳树立政通人和、风清气正的良好形象。（陆　璐）

【文化产业发展】 坚定中华文化自信，弘扬中华优秀传统文化，打造文化强市，推进文化事业产业发展。一是创精品，彰显衡阳特色。创作歌剧《一塘清水一塘莲》等一批本土文艺精品，电影《一代女魂唐群英》杀青，小歌剧《瑶寨情》等4个项目获国家艺术基金扶持；协助在衡阳取景拍摄的电影《暴雪将至》入围第30届东京国际电影节，获“最佳艺术奖”“最佳男演员奖”。二是办文化，丰富群众生活。广泛开展“欢乐潇湘·幸福衡阳”群众文艺汇演，《蔡纸汉歌》等10个节目在全省决赛中获奖。市区、常宁等地24小时自助图书馆开馆，全民阅读推广活动火热开展。全国蹦床锦标赛暨第十三届全运会蹦床预赛、CBA预备队比赛、全国象棋儿童赛等一批国字号赛事以及第十届中韩青少年体育交流活动在衡成功举办，对外文化交流进一步拓展。三是强产业，增强文化实力。船山书院文旅开发项目获中央文化产业发展专项资金850万元资助。衡阳新闻网、衡阳日报社等9个项目获省文产专项资金扶持。（蒋素娟）

【社会风尚培育】 “核心价值观是一个民族赖以维系的精神纽带”，不断加大宣传培育践行力度，推动社会主义核心价值观入脑入心，培育良好社会风尚。一是以优秀传统文化涵养人。持续开展“船山故里·国学飘香”系列活动1000多场次，吸引王蒙、江英等文化名家作客“石鼓书院大讲坛·国学讲座”，中国诗词大会亚军彭敏参与“才高八斗”全民国学知识电视争霸赛，再掀衡阳国学热。充分利用“我们的节日”主题活动，开展中华传统文化教育，各县（市）区积极参与，办出节日特色和当地特色，获得省文明办高度肯定。二是以先进典型事迹感化人。持续开展道德模范暨“身边雷锋·衡阳好人”培育、评选、宣传活动，4人当选“中国好人”，21人入选“湖南好人榜”，持续开展道德模范暨“身边雷锋·衡阳好人”培育、评选、宣传活动，涌现出“长裙姐姐”王青平、“最美保安”熊衡露、“爱心护士”刘花、“救人博士”李春生等一大批衡阳好人，三是以文明创建活动引领人。大力培育践行社会主义核心价值观，着力开展“相约文明”市民学习教育暨“两有两为”活动，市民素质显著提升，104个社区“三清三建”全部完工，城市基础设施不断完善，市容市貌日新月异，创建全国文明城市排名大幅前移，从2015年的83位跃升到2017年的37位。全市注册志愿者超过70万，注册志愿者团队达2001个，衡阳成为名副其实的志愿服务之城。（蒋素娟）

【党建工作】 落实全面从严治党要求，坚持党管宣传、党管干部、党管媒体原则，树牢“四个意识”，坚定“四个自信”，夯实宣传思想文化的基础基层工作。一是强化决策落实。认真贯彻中央、省、市的各项重大决策部署，牵头履行党委意识形态责任制、查堵政治性有害出版物、查处重大非法出版案件，市文化执法局获评全国“查处侵权盗版案件”有功集体，查办的“湖南金钟置业投资集团有限公司擅自从事营业性演出活动案”获评全国文化市场重大案件，全国“扫黄打非”办重点督办的“11·3”案结案。全年市委常委会3次专题研究宣传思想工作，市委书记、市长亲自指导市直宣传战线单位工作，召开全市宣传部长会议、衡阳市创建全国文明城市工作推进会等大型会议，认真完成上级领导和市委市政府领导的批示精神，承办衡州经济发展论坛、“两会”期间的文艺演出工作。积极回复、认真办理人大议案、政协提案，办复率、满意率均为100%。二是加强队伍建设。争取市委市政府解决人才、编制、经费等制约广电、报社多年的发展瓶颈问题；顺利完成网信办机构升格；新组建未成年人思想道德建设科和志愿服务工作科，增设信息中心（衡阳文明网）；设机关党委专职副书记一名专抓党建工作。大力开展“两学一做”学习教育，全年集中学习43次，部机关干部在线教育合格率、普法学习完成率、普法考试合格率均为100%，全年机关干部职工在市级以上刊物发表文章200余篇。完善公务用车、财务报账、公务接待、干部职工请销假、工作保密等制度10余项，各项工作开展科学有序，宣传部未发生上访情况，未发生一起有不良影响的突发事件。三是切实转变作风。严格落实部机关党风廉政建设“一岗双责”，大力支持市纪委驻市委宣传部纪检组的设立和相关工作。开展“纠四风”专项整治活动，组织机关党员干部学习《准则》《条例》，观看《迷失》警示教育片，到廉政文化园接受廉政教育，未发生违纪违规现象。多次组织干部职工赴祁东县深宫夏村、雁峰区山林村、耒阳市长坪乡开展精准扶贫、联点督查等工作。在祁东县深宫夏村开展精准扶贫中，为贫困户送去慰问金和慰问物资，帮助解决村民出行难、看病难、发展产业难、建设村级养老院等具体困难，多方筹措资金100多万元用于扶贫和新农村建设，密切党群干群关系，树立党政机关的良好形象。（蒋素娟）

【全市宣传部长会议召开】

2017年3月3日，全市宣传部长会议召开。会议学习贯彻全国、全省宣传部长会议精神，总结2016年工作，安排部署2017年宣传思想工作。市委书记、市人大常委会主任周农出席会议并讲话，强调要突出坚持和发展中国特色社会主义、实现中华民族伟大复兴中国梦这个主题，突出迎接、宣传、贯彻党的十九大这条主线，突出服务建设“五个新衡阳”这个主旋律，提振精气神，汇聚正能量。会上，周农肯定一年来衡阳市的宣传思想工作，指出2016年全市宣传思想战线围绕中心、服务大局，推动党的理论创新成果深入人心；结合“五个新衡阳”建设、换届选举、植优补短等中心工作打好一系列重大宣传战役，为全市改革发展营造团结奋进的舆论环境；开展群众喜闻乐见的系列文化活动，丰富人民群众的精神文化生活；深入推进文明创建工作，衡阳市在全国文明城市创建测评中位置明显前移，过去一年全市宣传思想文化工作成绩可圈可点。周农强调，要提高思想认识，深刻把握宣传思想工作面临的新形势和新要求。宣传工作无小事。要深刻认识做好宣传思想工作的极端重要性，无论是贯彻落实中央、省委决策部署精神，还是主动适应和科学应对复杂形势，还是加快建设“五个新衡阳”，都需要我们进一步加强和改进宣传思想工作。周农要求，要明确主攻方向，认真抓好今年宣传思想工作重点任务。要加强思想理论建设，把迎接、宣传、贯彻党的十九大作为一项重要政治任务，深化对习近平总书记系列重要讲话精神的学习研究宣传。要牢牢把握舆论导向，提高舆论引导能力，密切跟踪舆情动态，及时回应群众关切。要争创全国文明城市，一鼓作气、坚持到底，力争最好效果，不断提升城市文明程度。要推动文化繁荣发展，坚持以人民为中心的创作导向，引导支持文艺工作者创作一批富有衡阳特色、具有较高水准的精品力作。要做好意识形态安全工作，对错误的思想观点要敢于亮剑，坚持原则。周农强调，要强化组织领导，为做好新形势下全市宣传思想工作提供有力保障。要加强党对宣传工作的领导，坚持守好底线、守土尽责。要着力构建大宣传格局，严肃新闻宣传工作纪律，抓好宣传思想队伍建设，全面提升从业人员职业素养和专业水平。市委常委、市委宣传部部长刘丽华作工作报告，并安排部署今年宣传思想的重点工作。市委常委、市委秘书长张贺文主持会议。市政府副市长龚学余宣读表彰决定。市领导李鹏飞、许云生出席会议。3日下午，全市宣传部长会议举行座谈会。市委常委、市委宣传部部长刘丽华出席会议并作总结发言。会议首先传达学习全国、全省宣传部长会议精神。各县（市）区宣传部长，市直单位宣传战线各单位主要负责人围绕怎样做好2017年工作发言。刘丽华在听取大家发言后，用“认识到位、重点突出、举措务实”给予评价。刘丽华要求，下一步要把工作落到位，一项一项抓落实，一项一项出结果，不能虎头蛇尾；要把工作做出彩，让人看到衡阳的“身影”，听到衡阳的“声音”，记住衡阳的“容貌”。（李　君）

【蔡振红到衡阳调研宣传思想文化工作】 2017年4月21日，中共湖南省委常委、省委宣传部部长到衡阳调研宣传思想文化工作。蔡振红强调，衡阳是全省文化大市，历史文化底蕴深厚，宣传思想文化工作拥有很重要的位置，希望在“文化强省”推进过程中贡献更多力量和智慧。市委书记、市人大常委会主任周农参加考察并主持座谈会。当天，蔡振红一行先后考察蔡伦纪念园、纸博物馆、培兰斋、农耕博物馆、陆家新屋、衡阳日报社新媒体中心、衡阳图书城等地。座谈会上，蔡振红听取衡阳市宣传思想文化工作情况汇报，并给予充分肯定。蔡振红指出，衡阳是全省文化大市，历史文化底蕴深厚，书院文化、船山文化、农耕文化、造纸文化、红色文化、抗战文化、宗教文化等影响深远，衡阳图书城、衡阳日报社新媒体中心建设令人印象深刻，在传承优秀传统文化、文化惠民工作等方面卓有成效。蔡振红强调，要把迎接中共十九大召开作为今年宣传思想文化工作的主线，总揽统筹全年的工作。要根据中央、省委的部署要求，结合衡阳实际，充分做好十八大以来的成就和典型宣传，为中共十九大胜利召开营造良好的氛围。要高度重视网上宣传和舆情引导，坚持一手抓正面引导，一手抓阵地管理。要加强媒体融合发展，增加媒体融合度，适应不同的传播方式，扩大影响力，提高工作效率。要继续抓好全国文明城市创建，通过大力抓、坚持抓、一把手抓，不断提升市民文明素质、规范市民文明行为、营造城市文明氛围。周农表示，衡阳将迅速传达学习和落实中央、省委相关会议精神，全力做好宣传思想文化各项工作，努力再上新台阶。全市宣传战线各级各单位要进一步完善工作措施，牢牢抓住迎接、宣传中共十九大召开这根主线，搞好衡阳市的宣传思想文化工作，突出建设“五个新衡阳”主题，讲好衡阳故事，凝聚正能量，提振精气神。要进一步加强和改善党的领导，提升衡阳市宣传思想文化工作水平。坚决落实意识形态工作党委的主体责任，党委书记的第一责任，及时研究解决衡阳宣传思想文化工作的具体问题，加强宣传队伍建设省委宣传部常务副部长李发美，省委宣传部部务会成员、省政府新闻办副主任肖君华参加考察；市委常委、市委宣传部部长刘丽华参加视察并汇报衡阳市宣传思想文化工作情况，副市长龚学余出席会议。

（李　君）

【市委宣传部被授予“五个一工程”“组织工作奖”】 2017年11月30日，全省召开文艺界学习贯彻党的十九大精神座谈会，会上表彰一批湖南省第十三届精神文明建设“五个一工程”组织工作先进单位和获奖作品。市委宣传部获“组织工作奖”，另有4件作品获优秀作品奖：由市文体广电新闻出版局选送，陈蔷作词、作曲的歌曲《梦的翅膀》；由石鼓区委宣传部选送，金沙作词，廖卫华作曲的歌曲《大雁飞翔》，由市广播电视台选送的广播剧《黑土云天》、电视纪录片《铁骨丹心彭玉麟》获“优秀作品奖”。湖南省“五个一工程”奖每三年评选一次。本次参评作品共分为戏剧、电影（含动画电影）、电视剧（含电视动画片、电视纪录片）、广播剧、歌曲、图书（文学类图书，含长篇小说、报告文学和纪实文学；通俗理论读物；少儿读物）等6个门类。评选范围是2014年4月16日至2017年4月15日间首次播映、上映、出版的作品。经过前期广泛宣传发动，周密部署安排，衡阳市共收集各县（市）区及各市直文艺生产单位报送的作品30多件，最终报送13件作品到全省参评。经过激烈竞逐，衡阳市4件作品获奖，获奖情况仅次于长沙，名列全省第二。

（李　君）

统一战线工作

【概况】 2017年，市委统战部紧扣全市发展大局，组织全市统一战线学习贯彻中共十九大精神，贯彻落实统一战线重大决策部署，协调推进统一战线各领域工作，充分发挥优势，主动彰显作为，各项工作取得显著成效。

一、学习宣传贯彻中共十九大精神。年初，把学习宣传贯彻中共十九大精神作为2017年全市统一战线的首要政治任务和重点中心工作及早安排部署。中共十九大召开后，第一时间制订学习宣传贯彻实施方案，有计划、多层次组织各级统战干部、统战系统单位、党外代表人士等在10天内先后7次开展各类学习宣讲、交流讨论和教育实践活动。印制发放学习手册，在衡阳统战网、衡阳统战微信等平台开辟宣传专栏，组织统一战线广大成员积极开展宣传讨论和议政建言，共收集各类宣传稿件100余篇，建言献策30余条，充分展示统一战线良好政治风尚和浓厚学习氛围。

二、全面贯彻落实统一战线重大决策部署。一是进一步加强党对统战工作的领导。以市委统战工作领导小组名义约谈贯彻落实统一战线重大决策部署整改不到位的4个县（市）区委书记，严格落实“四个纳入”和“四个带头”，推动市委将统战工作纳入重要议事日程，年初召开专题会议，常委会研究部署全市统战工作，时隔10年再次召开全市高校统战工作会议；市委书记周农出席全市统战部长会议和全市宗教工作会议，在《人民日报》上发表《“亲则两利，清则两安”》有关非公经济发展署名文章，带头抓统战工作。市长郑建新带头参加统一战线重大活动。9月，市委统战工作领导小组牵头组织开展全市贯彻落实重大决策部署情况“回头看”暨基层统战工作专项调研，全面调度和督促检查全市统一战线工作，切实抓好统一战线重大决策的落实生根。二是不断完善统战工作体制机制。成立全市宗教工作领导小组、市委对台工作领导小组，在全国首创统战公安、统战国安等联席会议制度，建立健全《组织部、统战部“六个共同”工作机制》，良好运行统战宣传两部联席会议制度，党报《衡阳日报》每年不少于5个专版专栏宣传统战工作，党刊《衡阳通讯》在8月版连篇刊载宣传统战政策、统战活动，党委统一领导，统战部门牵头协调，有关方面各负其责的大统战工作格局更加稳固。三是全面夯实基层统战工作基础。切实聚焦和加强基层统战工作，年初精心组织开展全市统一战线“走访调研月”活动，准确掌握基层统战工作情况。与编办联合下发《关于规范县（市）区委统战部内设机构及人员编制的通知》，明确县市（含南岳区）党委统战部不少于9人、统一设置4个内设机构，城区党委统战部编制不少于5人、统一设置2个内设机构，县（市）区设立党外知识分子工作办公室，为统战部管理副科级事业单位；督促指导各县（市）区初步建立完善三级宗教工作网络和两级责任制，普遍安排乡镇统战工作专项经费2万~4万元并列入年度财政预算，全面扎牢统战工作基层基础。

三、做好凝聚党外人士工作。一是发挥智力优势，积极建言献策。会同市委政研室拟定《2017年党外人士经济社会发展调研参考选题》，组织全市党外人士紧扣植优补短、供给侧结构性改革、脱贫攻坚、生态环境保护等领域48个重大课题开展调查研究。民建市委的《关于着力打造以精细农业为特色的优质农副产品供应基地的建议》被省委书记杜家毫批示。二是发挥资源优势，助力扶贫救灾。集中统一战线资源力量参与脱贫攻坚，组织统战干部开展一对一联点帮扶，资助衡南县谭子山镇高杨村贫困村民慰问金及生活生产物资17万余元；成功举办全市统一战线“大爱暖衡州”大型公益活动，募集资金1415.29万元，资助3735名寒门学子。召开全市统一战线脱贫攻坚工作座谈会，起草《关于支持各民主党派市委开展脱贫攻坚民主监督工作的实施方案》，组织各民主党派分别对口7个县市开展脱贫攻坚民主监督，民革衡阳市委、民建衡阳市委、民进衡阳市委、农工党衡阳市委、九三学社市委关于脱贫攻坚民主监督的调研报告受到市委书记周农批示。组织督查组赴衡山县岭坡乡开展脱贫攻坚工作专项督查。中央统战部网站及三湘统战微信公众号刊发《实例！参与精准扶贫衡阳统一战线出招》推荐衡阳做法；号召组织全市统一战线参与抗洪救灾，共投入2.29万人次，捐助物资607.22万元，捐款561.02万元。三是发挥品牌优势，全力服务发展。巩固和深化“四同创建”等统战工作亮点品牌，新增两个省级同心乡村，截至2017年年底，全市共创建9个省级示范点，28个市级示范点。推进“曙光行动”“归侨之春”义工协会、民革星光爱心会、民建融达慈善基金会、宗教慈善周等社会公益服务品牌活动，推动统战文化基地建设工作，引导广大成员在经济社会发展中建功立业、彰显作为。2017年，衡阳市委统战部《完善机制制度构建大统战格局》《黑土麦田：开启助力精准扶贫的“海归模式”》2项成果获全省实践创新成果奖；衡南县宝盖镇示范片同心乡村、衡山县福田铺乡白云示范片同心乡村被授予省级同心乡村，衡南、祁东、常宁县委统战部被评为全省统一战线脱贫攻坚先进集体；统战信息工作进入全国30强，多项理论调研成果在全省获奖，宗教工作荣立全国宗教系统三等功，统战成员、南华大学附一医院王文军等人获国家科技进步二等奖。

（贺小松）

【多党合作事业】 落实年度政党协商计划，组织有关单位向党外代表人士通报党风廉政建设、反腐败工作以及法检工作情况，不断健全联谊交友、民主监督和特约人员制度，组织党外代表人士重走长征路开展暑期谈心活动。

（贺小松）

【党外知识分子及新的社会阶层人士统战工作】 摸清资源底数，建立健全党外知识分子数据库。市委统战部成立新的社会阶层人士工作科，主持召开新的社会阶层代表人士座谈会，召开全市新的社会阶层人士工作会议；起草并推动市委下发《关于加强新的社会阶层人士统战工作的实施方案》。

（贺小松）

【经济统战工作】 持续推进以“守法诚信，坚定信心”为重点的理想信念教育实践活动。组织2017年异地衡阳商会恳亲会等活动，在2017衡州经济发展论坛中组织举办“迎老乡、回故乡、建家乡”专题论坛，签约招商引资项目65个，总引资额达到423亿元。

（贺小松）

【民族宗教工作】 贯彻落实中央和省委关于宗教工作决策部署，规范做好少数民族服务管理工作，推动成立市伊斯兰教协会，积极协调相关部门防范抵御境外相关宗教渗透活动，狠抓省委、省政府领导交办任务整改落实。

（贺小松）

【海外统战工作】 注重做好衡籍在台湾有影响人士工作，邓群策赴台拜访刘兆玄、龙应台等，配合开展“湘台学子黄埔情缘行”。成立香港衡阳联谊会，组织与香港、台湾基层社团组织14批、500余人次深入交流。利用衡阳历史文化资源，加强与海外年轻一代的联谊。

（贺小松）

【党外代表人士队伍建设】 组织50名党外代表人士在市社院举办为期一个月的培训班，推动6名党外科级干部上挂下派，着力提升换届后党外代表人士政治素质和履职能力。在省工商联换届期间和省人大代表和省政协委员人选以及市青联委员推荐中，对所有的非公有制经济人士人选进行综合评价。对党外人士分6大类分别建立数据库，实行分类管理。推动特约人员工作，切实加大党外人士民主监督的力度。

（贺小松）

【组织部和统战部两部联席第一次会议召开】 2017年2月20日，市委组织部、市委统战部召开两部联席会议第一次会议。市委常委、组织部部长陈竞出席会议，两部联席会议的全体成员参加会议，会议邀请市委编办负责人和相关参加。会议讨论通过《市委组织部、市委统战部联席会议制度》，围绕党外干部发现、培养、使用、管理等有关问题进行研究和讨论，并达成一致意见。会议还就市委常委会和市委统战工作领导小组第一次会议议定的关于进一步规范县（市）区委统战部内设机构、人员编制问题和市委统战部新增内设科室问题进行研究。市编办相关负责介绍衡阳截至2017年年底编制的整体现状、存在的问题以及相关政策要求，对如何解决统战部门人员编制问题提出意见建议。

（贺小松）

【全市统战部长会议召开】 2017年3月3日下午，全市统战部长会议召开。市委书记、市人大常委会主任周农强调，要深入推进党中央关于统一战线决策部署的贯彻落实，把统战工作提高到一个新水平，为建设“五个新衡阳”凝聚智慧和力量。2016年，全市统一战线多项工作取得突破性进展：着力抓贯彻落实，全力推动统一战线重大决策部署落地生根；着力抓换届选举，严格确保党外代表人士合理安排使用；着力抓团结引导，充分凝聚统一战线助力发展的强大力量；着力抓重点领域，扎实推进统战工作创新发展；着力抓自身建设，全面夯实统一战线科学发展基础。周农要求，要紧紧围绕建设“五个新衡阳”，发挥统一战线的独特优势。做好2017年的统战工作，要认真贯彻落实中央、省委统战工作会议精神，以为党的十九大召开营造良好氛围为主线，以“凝心聚力十三五·建功五个新衡阳”活动为抓手，充分发挥统一战线的作用，最大限度地凝聚人心、凝聚智慧、凝聚力量。要突出加强思想政治引导，服务经济社会发展，维护社会和谐稳定。周农强调，要认真落实全面从严治党向纵深发展的要求，不断提升统战工作科学化水平。要按照党的十八届六中全会精神要求，推动全面从严治党深度融入统战工作各方面，深入贯彻落实党中央关于统战工作的各项重大决策部署。要全面压实党管统战的主体责任，着力构建大统战工作格局，建设一支政治上坚定、业务上精通、作风上过硬的统战干部队伍。市委常委、市委秘书长张贺文主持会议。市领导李鹏飞、廖健、肖吉顺出席会议。

（罗歆宏）

【中央统战部推介统战工作“衡阳做法”】 2017年3月28日，中央统战部以《引领、聚能、推进，衡阳统战这么做》为题，在官网《统战微信》栏目图文并茂推介衡阳市统战工作做法。2017年以来，中央统战部第三次介绍衡阳经验。

（罗歆宏）

【黄兰香到衡阳开展调研】 2017年3月28—29日，中共湖南省委常委、省委统战部部长黄兰香到衡阳开展调研。省委统战部副部长龙建湘，省民宗委党组书记、主任徐克勤参加调研。黄兰香一行考察南岳重点寺庙道观，走访看望宗教界代表人士，主持召开宗教界代表人士座谈会。黄兰香对衡阳市、南岳区宗教工作给予肯定。黄兰香强调，要深入学习贯彻全国、全省宗教工作会议精神特别是习近平总书记重要讲话精神，全面贯彻党的宗教信仰自由政策，依法管理宗教事务，坚持独立自主自办原则，积极引导宗教与社会主义社会相适应。要努力构建积极健康的宗教关系，自觉维护宗教和顺社会和谐的大局。要集中解决一些宗教领域突出问题，切实提高对宗教事务管理的法治化能力和水平。随后，黄兰香一行考察民进全国会史教育湖南岳云基地、高科技创新型非公企业衡山县佳诚新材料有限公司。

（贺小松）

【全省市州党委统战部研究室主任会议在衡阳召开】 2017年4月21日，全省市州党委统战部研究室主任会议暨基层统战工作研讨会在衡阳市召开，省委统战部副部长、省统战理论研究会会长陈潇充分肯定衡阳统战工作经验。近年来，衡阳市统战理论调研突出抓好力量组织、科学选题、调度推进、实践运用四个重点环节，以理论创新推动实践创新，以统战大调研促进工作大提升。与会人员就2017年开展统战调研工作的思路和举措，调研选题、课题研究进展情况，加强基层统战工作进行研讨交流。陈潇指出，要把握选题定题原则，研究对象在内容上做到高层关注和基层关心上下齐聚焦，在价值上做到理论价值和实践价值两者至少居其一，在本质上做到创新空间和创新条件同时都具备；要加强和改进工作，在介入管理上提升水平，在转化应用上凸显优势，在创新激励上形成导向，走出一条专业化、常态化、品牌化的研究之路；要抓好责任落实，统战部门要发挥主导作用，研究会要发挥协调作用，研究基地要发挥骨干作用，专家组要发挥咨询作用，共同推进理论研究多出成果。（罗歆宏）

【“大爱暖衡州”统一战线资助千名寒门学子圆梦校园大型公益行动】 2017年9月5日，由中共衡阳市委统战部主办，湖南融达慈善基金会协办，各县（市）区委统战部，市台办、市侨联、市工商联、市旅游外侨民宗局，各民主党派市委、市党外知识分子联谊会承办的2017“大爱暖衡州”统一战线资助千名寒门学子圆梦校园大型公益行动在衡州小学举行。市委统战工作领导小组成员单位的负责人，市委统战部全体班子成员，市直统战系统单位负责人，各民主党派市委主要负责人及党派成员，高新区、衡州小学和南岳佛教协会的有关领导以及无党派人士代表，爱心人士代表和受助学生代表等600多人出席活动。“大爱暖衡州”捐资助学行动由中共衡阳市委统战部发起，得到全市各级各部门的大力支持和广大统战成员的积极响应，在2个多月时间内募集资金1415.29万元，帮助3735名学子圆读书梦、大学梦。（贺小松）

【全市统战工作务虚会召开】2017年12月1日，全市统战工作务虚会召开，学习贯彻党的十九大精神，进一步推进县级大统战工作格局建设，认真谋划2018年统战工作。市委副书记、市委统战部部长邓群策强调，要紧紧围绕贯彻落实党的十九大精神这条主线，为推进新时代中国特色社会主义事业发展、为建设“五个新衡阳”凝心聚力。会上，市直有关单位负责人和县（市）区统战部部长总结2017年并谋划2018年的统战工作，就如何做好各自的统战工作、加快构建县级大统战工作格局、服务全市经济社会发展提出意见和建议。邓群策肯定全市统一战线前段的工作成绩。邓群策要求，当前要重点抓好六大工作：着力推进多党合作；着力抓好以新的社会阶层人士为重点的党外知识分子工作；着力服务非公经济人士健康成长和非公企业健康发展；着力维护民族宗教和谐稳定；着力凝聚港澳台海外人心力量；坚决落实全面从严治党政治责任。要着力优化大统战工作格局，充分调动各方力量共同做好统战工作，要优化多党合作建言献策平台，优化非公经济“两个健康”的引导服务平台，建立新的社会阶层人士引导服务平台，建立港澳台海外聚力平台。以新气象新作为，创造无愧于新时代的统战工作新业绩。市领导谢明芳参加会议。

（罗歆宏）

【香港衡阳联谊会成立】2017年12月10日，香港衡阳联谊会在香港港岛香格里拉酒店举行成立大会，香港各界衡阳籍人士和兄弟市州联谊会代表近400人参加会议。市委副书记、市委统战部部长邓群策，市政协主席廖炎秋应邀到会祝贺。香港中联办深圳办事处副主任、巡视员郭正林，三湘集团有限公司董事长刘胜辉，省委统战部联络处副处长梁良，市政协秘书长夏平平，市委统战部副部长、市侨联党组书记张永英及市委统战部相关人员出席活动。大会选举产生联谊会第一届会领导班子，谢程和周爱华分别担任会长和执行会长，聘请蓝思科技董事长、香港湖南联谊总会会长周群飞，三湘集团有限公司董事长刘胜辉等6人为名誉会长。邓群策和廖炎秋分别为当选的班子成员授牌。

（贺小松）

【全市新的社会阶层人士统战工作会议召开】2017年12月21日，全市新的社会阶层人士统战工作会议在市委一号楼召开。市委副书记、市委统战部部长邓群策出席会议，副市长周玉梅主持会议。会议深入学习贯彻党的十九大精神，认真落实全国、全省新的社会阶层人士统战工作会议精神和市委要求，研究部署全市新的社会阶层人士统战工作，推动全市新的社会阶层人士统战工作全面深入发展。邓群策指出，新的社会阶层人士工作是全党的一项重要工作，新的社会阶层人士统战工作是新的社会阶层人士工作的重要方面，是党和国家全局工作的重要组成部分。邓群策强调，全市各级党委和职能部门要以习近平新时代中国特色社会主义思想为指引，自觉提高政治站位，充分认识做好新的社会阶层人士统战工作的基础性和战略性，深刻把握新时代对这项工作的崭新要求，全面落实好中央、省委、市委关于新的社会阶层人士统战工作的决策部署。（贺小松）

对台工作

【对台工作会议】2017年3月21日，全省对台工作会议召开，会后，衡阳市台办机关认真组织学习会议精神。2017年6月28日，市委召开常委会议，专题学习传达会议精神，听取市台办关于全省对台工作会议精神汇报，认真研究全市对台工作。会议要求以促进衡台经贸交流合作为重点，科学规划，全面对接，努力推进全市对台工作开创新局面。2017年7月20日，市委召开对台工作会议，中共衡阳市委副书记邓群策在会议上作重要讲话。

（张新宇）

【衡台经贸交流合作】 2017年衡台经贸合作稳中有进，1—11月，全市新批台资项目2个，与2016年同比基本持平；新增合同台资额3000万美元，同比下降8.2%（未含增资扩股数据）。新增的项目都在珠晖区。在衡阳台资企业增资扩股和新批项目加速落地成为2017年对台经贸合作新亮点。富士康在衡阳发展良好，摩拜单车、精密模具、电子书等市场趋旺，新增投资3.2亿元，新建4栋标准化厂房，逐渐把模具研发、加工生产线迁入衡阳，打造成全国精密模具示范园和亚马逊中国制造中心。全年进出口总额13亿美元，鸿富锦精密工业有限公司进出口额全省排名第一。云鹭峰风景区项目、“卡纳湖谷”项目一期、荣诚鞋业二期改造、咏胜农场、百万樱花园、衡东台湾物流园、祁东台湾工业园等一批大项目大企业建设进展顺利，在衡台资企业已发展成为衡阳工业经济增长“生力军”。围绕扎实推进衡台经贸合作，重点开展三个方面工作。一是力促2016年签订的台资项目协议成果落实。对2016年签订的协议合同、合作意向贴紧跟进，一项一项抓落实。如：云鹭峰风景区项目是由衡阳市台办于2016年11月牵线搭桥引进，总投资6亿元人民币，分三期实施建设。2016年12月15日，签订框架协议。2017年3月2日，正式签约；6月初，开工建设；10月，一期开园营业。二是大力度高位推动衡台经贸合作。市委常委会要求，要把衡台经贸合作作为全市开放型经济重中之重来抓。中共衡阳市委书记周农、衡阳市人民政府市长郑建新、中共衡阳市委副书记邓群策、副市长廖健、周玉梅等市领导深入台湾工业园、台资企业调查研究现场办公。亲自会见、接待重点台商，洽谈合作，推动台商到衡阳投资；2017年5月8日至14日，中共衡阳市委副书记邓群策率团赴台参访考察鸿海集团、东元集团、台湾区电子电机同业公会等知名企业和协会，并与台东县政府官员交流，推介衡阳，表达加快推动衡台经贸合作的真心实意，吸引一大批台商到衡阳交流考察。2017年衡阳市台办成功接待台湾中华中小企业领袖协会、台湾青年联合会、台湾工业总会、台湾电电公会理监事会等企业、协会团组共计20批次、300余人；组织指导各县（市）区台办及相关部门赴长三角、珠三角等台资集中地区联系台协、拜会台商、对接项目，邀请有实力、有产业转移意向的台资企业负责人到衡阳考察。2017年3月5日，衡阳市台办主任李瑞荣率班子成员及相关科室负责人前往昆山市，开展招商活动。与昆山市台商投资企业协会常务副会长黄健忠、副会长郭怡秀以及台湾区电机电子工业同业公会驻苏州代表处主任孙景莉进行座谈交流，达成合作意向。指导衡南县、祁东县、珠晖区、衡阳台湾工业园等县（市）区及园区组织小分队分别赴上海、沈阳、东莞、苏州等地开展对台招商活动，取得明显成效。三是切实优化台商投资环境。结合市委及市直工委开展的“机关党旗红，建设五个新衡阳在行动”主题实践活动、“党员在身边，服务走在前”主题党日活动，全市台办系统深入开展台资企业大走访、困难问题大排查活动，按照有什么困难就尽最大努力解决什么困难的要求，积极向党委政府反映和建议，争取相关部门支持配合，共为台资企业解决招工、融资、征地拆迁、用电等各方面困难和问题50余起，获得台商的好评。

（张新宇）

【对台交流交往】 2017年，衡台交流交往顺利开展。全市赴台交流团组共17批、253人次（其中厅级领导1人，处级领导23人），与2016年同期相比，减少17.6%、17.8%。交流内容涉及经济、科技、农业、教育、书画、旅游、体育等方面，一批具有衡阳优势和特色的项目相继赴台交流，各界别、各行业、各领域交流深入推进，与台湾中下层民众、青少年学生交流活动增多。此外，有4个县（市）区党政领导率团赴台开展交流，取得很好成效；向国台办、省台办申报重点交流项目2个，获批2个；围绕湘台亲情交流，成功承办湖南省第六届“欢喜回娘家·湘台一家亲”陆配返乡参访活动；邀请台湾青年联合会、台湾中华中小企业领袖协会、台湾工业总会、台湾电电公会理监事会等到衡阳市参访交流；接待“湘台学子黄埔情缘行”参访团、台湾玉山协会农业学术参访团等一大批到衡阳交流团组，保持与在台衡籍人士的良好互动。各县（市）区特色交流活动广泛开展。通过交流加强与台湾各界的联系，促进两岸乡亲的感情联络。为推动衡台双向交流交往有序开展，主要开展以下三个方面的工作。一是争取省台办的支持指导取得新成果。2017年，衡阳市首次举办陆配返乡交流活动，得到国台办和省台办的高度重视，国台办交流局副局长王振宇、省台办交流交往处处长李瑾瑾等亲临衡阳指导，活动取得圆满成功。二是积极申报“海峡两岸交流基地”，夯实衡台交流平台。2017年，市台办多次向市委、市政府分管领导及省台办领导汇报拟将衡阳抗战纪念城、陆家新屋、南岳忠烈祠、磨镜台（何氏别墅）等抗战遗址打捆申报为湖南省“海峡两岸交流基地”这一构想，得到肯定。市直相关部门积极配合，在申请报批和争取上级支持等各方面鼎力相助，申报工作进展顺利。三是加强配合市委组织部对因私或因公赴台规范管理，确保衡台交流健康发展。积极支持和鼓励全市各地、各部门赴台开展有质量、有实效的交流，在严格把关的基础上，市台办加强对赴台团组的行前教育工作，加大对赴台行为的防范督查等措施，有效地避免可能影响涉台稳定的各种隐患。

（张新宇）

【涉台宣传教育】 衡台媒体合作深入开展。全年，共接待及邀请台湾媒体到衡阳采访的记者3批20人次。一是利用各种媒体，大力开展对台入岛宣传。向旅台同胞宣传大美衡阳、衡阳美食、衡阳民俗。加深旅台同胞，特别是新生代同胞对家乡认知。同时借助各种媒体平台，积极做好对台宣传信息工作。向《湘台连线》《湘台炫》《台湾工作通讯》《中国台湾网》《华夏经纬网》《湖南对台工作》等媒体，投稿100余篇。《华夏经纬网衡阳视窗》网站发稿86篇，访问人数1000余人次。二是积极做好与台胞面对面宣传工作。台胞回衡阳探亲、旅游、经商考察，市台办派专人陪同参观、现场考察、座谈等形式，向他们介绍衡阳经济社会发展情况，让其感受近年来家乡发生的可喜变化，并赠送宣传资料2000余本。三是加强与台湾新闻媒体联系合作，打造对台宣传精品。突出地方特色，选择衡阳市人文历史、古迹名胜、地方特色艺术等台胞喜闻乐见的宣传题材，积极组写稿件，制作宣传品，在台湾媒体刊登播出，或向台胞赠送。组织反映衡阳历史文化和旅游资源的宣传稿件40篇，先后在《台商》、台湾版《湖南文献》等刊物、媒体发表。四是涉台教育广泛开展。全市各地累计举办台湾形势教育报告会30多场次，听众6000多人次。利用座谈会、联谊会等，对台胞台属潜移默化地进行涉台教育。利用衡阳对台工作网站，开展涉台教育，开辟对台工作、台海形势、涉台事务、招商引资等宣传专栏，设立涉台政策和知识专栏，开通热线电话，解答有关咨询。做好两刊杂志的征订工作，使干部群众及时解上级有关对台工作的指示精神，解对台工作的最新进展，共征订100余份，进一步扩大涉台宣传教育覆盖面。

（张新宇）

【涉台事务管理】 在市委、市政府领导的高度重视和各县（市）区及市直相关部门的支持配合下，投诉协调和涉台维稳工作保持平稳态势。截至2017年年底，全市各级台办受理台胞、台属信访案件70件，结案率86%；受理涉台案件15起，其中刑事案件1起，民事案件3起，求助案件11起，结案率83%。为加大涉台重点案件调处力度，经市委对台工作领导小组同意，向有关市直单位及县市政府集中交办3个重点问题和案件，理顺涉台投诉协调工作机制。严格执行《涉台信访条例》，依法依规开展台商权益保护案件、重点案件调处工作，引导涉法涉诉案件回归司法渠道。2017年中共十九大前夕，根据省台办要求，市涉台突发事件处理工作协调小组各负其责对各领域、行业的涉台信访案件进行大排查，注重把矛盾纠纷化解在萌芽状态，减少信访转投诉案件，及时有效地化解矛盾，全市没有出现涉台群访、越级上访事件。避免涉台突发事件对两岸关系的冲击和影响，确保衡阳、中国台湾两地人员往来、各项交流和经贸活动的顺利进行，维护对台工作大局和衡阳社会治安的稳定。（张新宇）

【精准扶贫工作】 2017年，3位市台办领导以及各科室负责人和机关支部先后10批次赴帮扶村开展帮扶工作，对全村30户贫困户建档立卡，每位办领导和科室负责人及支部成员都明确结对帮扶对象，包干到人。根据每个对象的不同情况，制定不同的帮扶措施，做到“一户一策”，使帮扶有针对性、实效性，确保贫困户在一定的时间内真正地实现脱贫。给全村900多户每户配备垃圾桶，修建垃圾池，解决村民垃圾乱丢乱放的问题，村里的环境卫生状况焕然一新；购置路灯30盏，对进村的主干道和学校附近路段都安装路灯，便利村民晚上出行；与村、镇一道去市县争取支持，改造进村咽喉路段，已取得交通部门立项；针对村民家中因病致贫、小孩上学、找工、种子、农药化肥、危房改造、异地搬迁等问题和困难，一方面通过相关政策予以解决。另一方面，通过协调镇村两级予以帮助，对贫困户免种子费、免学费，联系村里种烟大户予以优先用工。（张新宇）

改革工作

【概况】 2017年，市委改革办全面深化改革考核保持在全省第一方阵。

一是完善领导推进机制。结合衡阳实际，探索形成“两规则一细则、三办法一程序一制度”为基本框架的改革工作工作制度体系。即《市委全面深化改革领导小组工作规则》《市委全面深化改革领导小组专项小组工作规则》和《市委全面深化改革领导小组办公室工作细则》，《统筹推进全面深化改革动态管理办法》《全面深化改革第三方评估办法》《全面深化改革督察办法》《改革事项上报程序》和《改革办联络员制度》。

二是完善调研调度机制。建立关键少数亲自领衔机制，书记、市长各领衔5项重大改革事项，亲自谋划改革思路、亲自带队调查研究、亲自推动改革落实。年内，深改组6次研究部署全面深化改革工作，研究审议13个改革方案，听取改革方面汇报30余次。市委改革办强化调查研究、动态监测、方案内评、第三方评估等推进制度运用，共召开4次主任（扩大）会议和37次专题会、座谈会、调研会。各专项小组、县（市）区深改组召开专项小组会、领导小组会、专题会、调度会100余次，保持较高频次的集中调度、重点协调。全市改革系统形成整体推进、持续用力、久久为功的工作格局。

三是完善督察督办机制。建立改革督察专员库，采用“一次一授权”“一事一安排”方式开展督察活动。构建市级、市委改革办、专项小组和县（市）区四个层面的督察体系，先后开展试点专项督察、中期督察、全面督察26次，实现改革督察横向到边、纵向到底。全面实施交办、督办、约谈“三级提醒”制度，用交办函交办深改组会议审定、市领导批示的改革事项，用督办函督办进度滞后、问题突出的改革任务，用约谈函约谈整改对不重视、不作为的改革牵头部门负责人，合计发出交办函15次、督办函5次。

四是完善宣传引导机制。在全省首创开展改革创新“双十佳”评选活动，最终评选出9个改革创新人物和11个改革创新项目，举行成果汇报会。《人民日报》《湖南日报》等中央、省级主流媒体多次发表衡阳市改革署名文章，先后200余次专题报道衡阳市重大改革推进情况。市级媒体开辟“全面深化改革进行时”“补短板、促发展”等专栏，先后90余次刊发改革专题报道。（罗　辉）

【重点改革工作】 2017年，一批改革走在全国、全省前列。“植优补短”改革成效凸显，纳入长株潭衡“中国制造2025”试点示范城市群。“放管服”改革促市场主体井喷，达23.9万户。国企国资改革、“三供一业”等重点任务，受到省委、省政府表扬。衡山科学城运用股权招商引资新模式，引进高新技术企业48家，“湘南硅谷”地位日益凸显。成立衡阳市经济社会创新发展智库，建立13个院士工作站，开启湘南首个科技成果交易平台，增强发展信心。农信社银行化改革全面完成。湖南白沙绿岛军民融合产业园区被列入省“十三五”规划，

纳入省政府与中核集团的战略合作框架协议。（罗 辉）

【特色改革项目】 2017年，一批改革形成自身特色。紧盯生态环保、脱贫攻坚等硬骨头，用改革的方法使其软化，取得阶段性成果。以建设“生态优美”新衡阳为突破口，着力解决环境突出问题，城区空气质量优良率达84.2%，全市森林覆盖率达47.6%。衡阳县曲兰镇湘西村获评全国生态文化村。珠晖区茶山坳特色小镇建设获全国重点镇、全国美丽宜居乡镇、湖南省十大魅力乡镇。脱贫攻坚推行“五查十看八转变”工作法，各级扶贫投入达到23.7亿元，增长196%，市本级财政预算安排专项扶贫资金达5000万元，增长150%，贫困群众满意度显著提升。实施城市建设与管理“三清三建”家门口工程改革，切实解决老城区基础设施建设滞后和环境脏乱差等问题。农贸市场改革顺利进行，城区样板市场已通过考核验收并投入使用。远教站点“四加六代”模式被评为全国基层党建创新案例，农民大学生培养工作经验被多家央媒推介。衡阳县农村警务改革新模式被省公安厅推介，石鼓区现代警务机制改革形成品牌。（罗 辉）

【改革创新突破】 2017年，一批改革取得创新突破。靠试点探索改革路径，以重点突破带动全局，形成总体效应。老工业基地转型升级系统性改革试点正式启动，国家生态文明先行示范区建设深入推进。便民服务中心列入省公安厅第一批试点单位。衡阳市被确定为全国行政“三项制度”试点市。祁东县新型城镇化试点工作全面完成，达到省定目标，全国农村产业融合发展试点示范县工作取得阶段性成效。耒阳市打造农房抵押贷款全国试点的“耒阳模式”，将60余支执法队伍整合，探索综合行政执法体制改革试点工作。常宁市被确定为第二批全国农村集体产权制度改革试点市，水口山经开区国家级循环化改造试点、农村集体产权制度改革试点全面完成。衡南县成功创建首批省级现代公共文化服务体系示范区。衡山县萱洲国家湿地公园试点，农村一、二、三产业融合发展试点，田园综合体试点成效明显。衡东县被评为省供销社综合改革示范县，县级巡察“六步工作法”得到省推介。衡阳县被确定为全国基层政务公开标准化规范化试点县，建立“3+2+1”的医疗联合体，省公立医院改革示范试点县工作有序推进。南岳区被列入首批“国家全域旅游示范区”和“国家级旅游业改革创新先行区”创建单位，旅游年综合收入增加22.6%。雁峰区在全省率先完成政府购买社区矫正试点工作。石鼓区被确定为市重大行政执法法制审核试点单位。（罗 辉）

【市委全面深化改革领导小组第十五次会议召开】 2017年7月7日，市委书记、市人大常委会主任周农主持召开市委全面深化改革领导小组第十五次会议。会议传达学习中共中央总书记习近平关于全面深化改革工作的重要讲话和近期中央、省委深改组会议精神，听取衡阳市贯彻落实会议精神意见的汇报；会议传达学习湖南省科技奖励暨创新奖励大会精神，听取衡阳市贯彻落实会议精神意见的汇报，审议《关于加快实施创新引领发展战略建设科技强市的意见》；会议审议并原则同意《衡阳市推行行政执法公示制度、执法全过程记录制度、重大执法决定法制审核制度试点实施方案》。市委副书记、代市长郑建新，市委副书记邓群策出席会议。会议强调，要加快推进重点领域改革，牢牢抓住重点，以重点突破撬动改革全局。要紧扣衡阳实际，统筹推进县域经济、工业经济、旅游经济三项“植优补短”改革，以“三去一降一补”为突破口，推进供给侧结构性改革，推进农业供给侧结构性改革和放管服改革，扩大和落实县市区和工业园区经济管理权限；要健全生态环境治理和保护制度，建立健全脱贫攻坚可持续发展的长效机制，创新军民融合发展体制机制，推进衡山科学城发展“飞地经济”试点改革等；要加大改革督察力度，善于盯住关键，解决改革难题，推介改革典型，严格追责问责。会议审议并原则同意《关于加快实施创新引领发展战略建设科技强市的意见》。会议强调，要把创新摆在发展全局的核心位置，加快创建国家创新型城市，推动以科技创新为核心的全面创新；要抓住科技创新这个“牛鼻子”，大力实施“四大工程”，加快建设科技强市；要紧密对接“中国制造2025”和“互联网+”战略，在输变电、汽车零部件、电子信息、生物医药等领域实施一批重大科技专项，突破一批关键性技术，推动产业转型升级；要加强科技创新平台建设，推进科技园区建设体制升级，建立健全科技成果转化激励机制，着力营造创新创业良好生态环境。会议要求，各级各部门要高度重视开展行政执法三项制度试点工作，严格按照衡阳市试点实施方案的相关内容和时间节点要求，紧密联系实际、认真组织实施；要稳妥推进三项制度改革试点的重点工作，确保衡阳市试点工作取得成功。市领导段志刚、罗东海、包昌林、邓柯、张贺文、章彰、贺小坤、陈竞、廖健、胡志文、龚学余、周玉梅、彭玉明、刘孙承出席。（罗歆宏）

政策研究工作

【概况】 2017年，市委政策研究室按照“研究高地、工作高参、写作高手”的定位，履行着为市委参政设谋的重要职能。2017年，全年共起草领导讲话、重要文件、署名文章、调研报告等200余篇、158万字，开展调研活动15次、形成调研报告15篇，刊发《政研参考》21期，其中《调查研究月专刊》2期，国家和省级刊物发表文章6篇。（武经霖）

【文稿材料工作】 2017年，围绕学习宣传贯彻党的十九大精神，起草全市传达学习党的十九大精神大会、全市领导干部学习贯彻党的十九大精神集中轮训班等讲话材料；围绕促进经济社会发展，起草市委经济工作会议报告、市委十一届三次、四次全体（扩大）会议、4个季度全市经济形势分析暨重点项目建设调度会等讲话材料；围绕推进全面从严治党，起草市纪委二次全会、市委巡察工作推进会、全市县处级领导班子思想政治建设座谈会等讲话材料；围绕改善社会民生，起草全市脱贫攻坚工作再动员大会、全市环境保护暨安全生产工作会等讲话材料。撰写多篇领导署名文章。其中，《“亲”则两利“清”则两安》刊发于《人民日报》，《建设政治清明新衡阳》刊发于《中国纪检监察报》上，《让以人民为中心的发展思想落地生根》《坚定不移全面从严治党，建设政治清明新衡阳》刊发于《湖南日报》上，《强化领导、严明纪律，坚决打赢换届选举翻身仗》刊发《人民之友》上，《善于发挥政协的独特优势和作用》刊发于《湘声报》等，市委政策研究室的署名文章已形成“品牌效应”，深受各级领导和干部群众一致好评。2017年以来，新华社、《人民日报》、中央电视台、中国新闻社、《湖南日报》、湖南卫视等央媒、省媒多次到衡阳采访，全室全力配合支持做好文字服务工作，展示衡阳形象、发出衡阳声音。（武经霖）

【调查研究工作】 组织实施市县乡三级换届选举工作情况、村（社区）两委换届选举、精准帮扶工业、老金溪商会扶贫帮困、市属投融资公司等重大课题调研15次，大部分调研成果进入领导决策。在全市大兴调查研究之风，完成“调查研究月”县处级领导干部调研报告评选活动，共收集各县（市）区和市直单位调研报告129篇，评选表彰优秀调研报告55篇，编印《2017年衡阳市“调查研究月”优秀调研报告文集》，市委书记周农亲自作序。（武经霖）

【政研平台建设】 着力抓好政策解读、政研参考和政研网站三大政策研究平台。政策解读在求深、求精上下功夫，坚持学深学透党的十九大报告，认真梳理国省出台的各项政策，积极为振兴实体经济“3311”工程计划、脱贫攻坚、乡村振兴战略等献计献策。圆满完成衡阳市政策科学研究会党支部换届工作。《政研参考》在求新、求实上下功夫，重点刊发重大政策解读、重要理论文章和重要经验推介，可读性、参考性和针对性更强，市委主要领导多次在重要会议予以表扬，市委常委、耒阳市委书记罗琼对《发展特色农林畜牧业的做法与思考》作出重要批示。衡阳政研网在求量、求活上下功夫，网站内容更加丰富，政研特色更加明显，访问量和含金量同步提升，社会影响力和美誉度不断加大，已经成为全市政研工作者学习交流的重要渠道、全市公务员考试的学习园地和调研报告写作的示范网站。（武经霖）

【"政研讲堂"建设】 集中力量打造好"政研讲堂"平台，每月第二个星期五定期开讲，全室轮流上台主讲，做到"人人上讲台，个个将讲党课"，讲课主题涉及政策理论、经济社会、党的建设、国学文学、写作知识等，全年共举行"政研讲堂"讲课活动7次，14人上台主讲发言。室主任周宏辉带头讲一堂专题党课，从政研工作实际出发，勉励大家做"有魂之人、有梦之人、有识之人、有心之人、有德之人"。2017年，还特别增加写作业务的讲课内容，副主任邹舸等先后主讲《关于做好调查研究的几点思考》《怎样写好理论文章》《如何改进文风》《谈谈经验材料的写作》等。"政研讲堂"已成为全室"传播知识、交流心得、分享成果、锻炼能力"的重要平台，其做法得到市直工委的肯定和推介。 （武经霖）

【扶贫帮困】 成立由室主任周宏辉任组长的精准扶贫领导小组，全体干部职工分成8组结对帮扶高碧村的8户贫困户。开展结对帮扶"六个一"活动，先后10次组织联村工作队到结对帮扶贫困户家中走访慰问，按照"一户一策"详细制订脱贫工作计划。全年累计筹集扶贫资金6万多元，其中爱心捐赠6300元。截至2017年年底，有6户贫困户新建和改造翻新住房，8户贫困户都基本实现脱贫，正在按程序办理贫困户退出手续。 （武经霖）

党史研究工作

【概况】 2017年，市委党史研究室继2014年、2015年、2016年后，再次被评为"全省党史工作先进单位"。2017年，市委党史研究室在党史征编和党史理论研究等方面重点突破。一是党史著作高标准突破。《中国共产党衡阳历史》第三卷历时形成基本初稿。《中共衡阳市委执政纪事（2017年卷）》征编成书，可读、可鉴、可藏，是珍贵的党史著作。二是专题研究高效率完成。撰写上报的《衡阳市深化改革，砥砺奋进》《石鼓区商贸服务业的"四重境"》《湘江边崛起的魅力新城——衡南县新县城建设发展10周年纪实》分别入选省委党史研究室征编的《湖南改革开放实录》《"四个全面"看湖南——从党的十八大到十九大》《新时期湖南城市建设专辑》。三是理论研究高水平推进。室主任谢虹撰写的《浅析衡阳对口扶持花垣县的实践及启示》入选"湖南革命老区贡献与精准扶贫"学术研讨会。撰写的《浅析南方三年游击战争胜利的原因》入选"纪念南方三年游击战争胜利暨新四军组建80周年理论研讨会"优秀论文。副主任谢志成撰写的《罗荣桓政治工作生动实践的历史作用及时代价值》入选《纪念罗荣桓诞辰115周年座谈会文集》。（刘清华）

【党史育人工作】 2017年，市委党史研究室把开展"建红色阵地、讲红色故事、传红色基因"作为迎接十九大、贯彻十九大，以史铸魂、以史育人的主打产品，切实抓紧抓好抓出成效。一是建红色阵地育人。《中共衡阳党史网》成为宣传党史、交流工作的重要平台。衡阳党史陈列馆建设得到市委、市政府的高度重视。罗荣桓元帅铜像广场浅浮雕完成，谢维俊烈士故居全新修复，桐梓山工农游击队旧址、中共清潭地下支部等党史场馆加快建设。全市已形成"网站、刊物、场馆、微信"多形态、立体化的育人阵地。二是讲红色故事育人。在《衡阳通讯》开辟"党史纵横"宣传专栏，以新闻的视角、用百姓的语言，以讲故事的形式，介绍衡阳的重大党史事件、重要党史人物、重大革命遗址，2017年刊出的《严守政治规矩的罗荣桓》《毛泽东在衡阳的红色印记》《伍中豪五次力挺毛泽东》《朱德在耒阳的44天》《叶剑英在南岳游干班广播火种》《周恩来四次来衡指导抗日》《耿飚：从水口山走出的国防部长》等文稿，成为党员干部学习党史的"教科书"、以史补钙的"营养剂"。另外，还在《衡阳日报》上开辟专版，推出"红色印迹——纪念中国共产党建党96周年特别策划"系列报道，推出"建军大业中的衡阳篇章"四个篇章，以纪念建党96周年、建军90周年，育人效果十分明显。三是传红色基因育人。与市委组织部、市委宣传部联合下文，倡导1.3万余名党员群众观看党史故事片《冲锋号》、文献纪录片《没有共产党就没有新中国》。下发通知，号召各级党组织在“七一”“八一”等期间，组织党员群众参观罗荣桓、夏明翰、毛泽建、谢维俊等红色故居和耒阳培兰斋、湘南学联等党史场馆，接受党史教育。衡南、耒阳、衡山、南岳等地将党史知识纳入党校常设课程。（刘清华）

【党史资政工作】 一是为改革献计。征编《衡阳市国有工业企业改革发展经验教训》《辉煌岁月——衡阳国有工业印记》两本书，系统回顾和总结衡阳工业企业改革改制的烽火岁月、主要成就、成功经验和历史教训，为衡阳工业改革发展提供决策参考和历史滋养。二是为发展资政。启动《新时期衡阳城市建设回忆录》的征编。截至2017年年底，收录有价值、有见地的回忆文稿50余篇。衡东县出版的《魅力衡东》画册、雁峰区征编的《雁峰名片》成为党史宣传名片和对外交流的窗口。三是为文化助力。参加衡阳抗战纪念城、衡阳工业博物馆的筹建工作，着力做好史料征集、文稿会审、陈列布展等工作。

（刘清华）

档案工作

【概况】 2017年，全市档案系统创新思路、主动出击、积极作为，各项工作取得显著的成绩，2017年度被评为“全省档案系统优秀单位”“衡阳市综合治理工作先进单位”“衡阳市优秀基层党支部”“全市宣传思想工作先进单位”。2017年，衡阳市档案局持续加强档案资源建设，做好档案征集接收工作。一是严抓常规接收移交工作。接收原市劳教所等涉改单位档案18400余卷；接收改制企业档案12400余卷（册）。二是狠抓特色档案的征集、征购工作。开展衡阳保卫战档案资料、非遗档案、援疆干部和人才档案、衡阳地方历史文化档案、衡阳民国银行档案、家训家规档案征集工作，共征集到老兵口述档案、老兵手模等珍贵档案资料1500余卷（件）。三是现行文件收集工作。共收集现行文件1325件，资料21册。档案馆规范化建设方面。完善功能性用房配置、规范密集架全宗标识、设计订制密级卷标签卡，检查更换消防安全设备等。强化对重点、珍贵档案的保护和分级管理，完成特藏室建设项目。档案业务监督指导方面。指导全市机关、企事业单位常态化的立卷归档和档案室规范化管理评估；完成市华新开发区祥光社区和衡南县响鼓岭村档案管理示范点建设任务；对市本级重点建设项目档案工作加强跟踪联系，做好备案指导和监督指导工作。

（周　艺）

【档案教育培训】 举办2017年度档案业务培训班，各县（市）区档案局局长、业务股长，市直机关、企事业单位、社会团体、国省属单位档案员近300人参加培训，邀请省内多位档案工作专家授课。衡南县、衡山县、常宁市、珠晖区、雁峰区、蒸湘区分别开展业务培训，全市各级档案工作者的业务素质得到有效提升。（周　艺）

【档案行政执法】 为全面了解档案法律法规的贯彻落实情况，由市委督查室牵头，对全市60家市直单位和12个县（市）区档案局开展行政执法督查。各县（市）区档案局年内均开展年度执法检查，规范执法程序，加大执法力度，有效促进档案工作的持续健康发展。（周　艺）

【国际档案日宣传活动】 2017年6月8日，由市委宣传部主办，衡阳市档案局承办，各县（市）区档案局协办的“衡阳记忆·兰台颂歌——档案与文明同行”大型文艺会演在市广电中心上演，国家档案局原副局长刘国能，省档案局局长胡振荣，省委宣传部副部长、省文明办主任刘进能、市委常委、秘书长张贺文、宣传部部长刘丽华等出席并观看演出。此次文艺会演用档案来解读衡阳的历史变迁，再现衡阳砥砺前行的历史。（周　艺）

【档案查阅利用服务】 2017年，共接待查阅1200余人次，调卷17000多卷（件）。馆藏档案目录已基本完成数字化，查阅手段逐步由纯手工向信息化检索转变。档案编研成果不断出新，2017年重新修订出版《城市解放纪实·衡阳卷》，完成《2006—2015年衡阳市大事记》《衡阳民国银行实录（初稿）》编辑工作。组织开展全市优秀档案编研成果评选和“家庭建档与文明创建”征文活

动，倡导全面提升档案开发深度，挖掘档案利用价值。（周　艺）

【档案信息化建设】 档案信息化建设二期项目2017年共完成数字化加工录入条目8.1万条，扫描131.3万页，已通过检查验收。完成民国银行档案数字化扫描1.2万页，完成国家重点档案（馆藏民国档案）目录著录5万条。（周　艺）

【档案学会工作】 完成学会换届选举工作，选举产生第六届档案学会理事会，开展档案学术交流、咨询服务、宣传普及活动，发挥学会的桥梁纽带、组织协调作用。2017年学会工作在全市学会评比中获二等奖。（周　艺）

老干部工作

【政治思想工作】 利用主题党日活动，组织全市5万多名离退休干部党员收听收看十九大精神解读，发放《老干部政治学习读本》1000余册。发动全市3万多名离退休干部网宣员通过网络深入宣传党的十九大精神。指导各地各部门结合各自实际认真组织离退休干部党员学习贯彻十九大精神。举办全市副市级以上离退休干部党的十九大精神专题培训班和“两学一做”主题党课，培训离退休干部党员共800余人次。市关爱艺术团及老干部（老年）大学深入机关、企业、街道、学校开展宣讲活动，在全市老干部工作系统掀起学习宣传贯彻十九大精神热潮。（何宏伟）

【离退休党工委工作】 推进市县两级全面建立离退休干部工委，全面配齐离退休干部工委专职副书记，市本级增设市委离退休干部工委办公室。开展示范离退休干部党支部创建活动，创建11个全市示范性离退休干部党支部、4个全省示范性离退休干部党支部。落实支部主题党日、“三会一课”纪实管理、党员积分管理和支部书记“双述双评”等四项制度。将离退休干部党建工作全面纳入县（市）区绩效考核和县（市）区党委书记党建述职考核范畴，推行县（市）区离退休干部党工委书记述职评议的制度，试点城镇社区离退休干部拓展型党支部以及探索离退休干部党组织怎样围绕中心、服务社会的经验获全省推介。加大离退休干部党建工作经费保障力度，积极争取市财政增列离退休干部党建经费2000万元进预算。为将离退休干部党建各项工作落到实处，市委督查室进行专题督办并下发督查通报，全面落实离退休干部党支部负责人600～800元工作补贴、离退休干部党费返还不低于80%。（何宏伟）

【老干部活动品牌】 开展“点赞新变化、助力新衡阳、喜迎十九大”活动，召开各类座谈会50余场次，收集建言110条，市委常委班子2017年度民主生活会老干部提建设性意见25条，参与座谈离退休干部达1000余人次，联合衡阳广播电视大学开展“喜迎十九大·颂歌献给党”合唱比赛，互动人数超过25万人次，累计网络投票数超过94667人次，选送的节目《旗帜颂》喜获全省一等奖。推进全市老干部活动场所建设，市老干部（老年）大学设施设备和规模影响都位居全国地级市前列。市老干部（老年）大学开办教学班157个，招收学员1.6万人次，线上线下同步参加活动人次突破20万，圆满举办衡阳老干部（老年）大学成立30周年成果汇报会系列活动，首次高质量承办全国老年教育研讨会并获首批全国示范性老年大学、全国老年教育宣传工作先进单位。7个县（市）和南岳区全部相继成功创建省级示范性老年大学。衡南县在已有2处老干部集中学习、活动场所的基础上，投资210余万元将县原林业局6层1080平方米的办公楼改造成县老干活动中心市区分中心。雁峰区投入近150万元将建筑面积近1000平方米的原区政务中心改造成老年大学。蒸湘区财政投入1000多万元在区家属房新建一栋两层楼共3500平方米的设施齐全、设备先进的老年大学。创新办好“雁城老友”，全年共推送各类老干部工作动态类、调研类信息共计88期、288篇。在“三大正能量系列活动”中尤其是“金秋助贫”系列践行活动中，全市745个离退休干部党支部和55773名离退休干部党员积极献计献策，助力脱贫攻坚，市关工委、市老年大学、市老科协等老年社会组织落实帮扶资金2000万元，受益人员10多万。市关工委开展的青少年体质检测、普通话之星大赛、梦想读书会等“关爱之光”系列活动，深受广大师生和社会赞誉，参与活动人次达60余万，活动品牌影响力不断扩大。

（何宏伟）

【老干部服务工作】 落实离退休干部阅读文件、听报告、参加重要会议、组织就近就地参观学习等制度，健全与离退休干部经常性沟通交流的工作机制，新增设阅文点4个，举办3次市级老情况通报会、2次培训会、2次组织市级老领导对衡南县、珠晖区、衡山科学城和衡阳工业博物馆等重大建设项目进行视察。在进一步健全完善离休干部“三个机制”的同时，协同有关部门，零延误、零差错落实离休干部工资及补助2500多万元。离退休干部医疗保障力度得到加强，开展离休干部和副市级以上退休干部健康体检400多例，在五家老干部就医定点医院全部设立老干科，高标准、高规格建立老干部（老年）周转病房，老干部就医服务按“三优先、两免费”即优先看病、住院，优先缴费，优先取药；免费挂号、免费接送（市内住院），完善老干部24小时住院绿色通道。按照关于转发《中共中央组织部、财政部、人力资源社会保障部关于提高生活长期完全不能自理的离休干部护理费标准的通知》的通知文件要求，全面完成生活长期完全不能自理的离休干部护理费提标工作。春节前夕对51名特殊困难离休干部及遗孀进行重点帮扶。2017年，市直161名困难企（事）业单位离休干部生活补助、绩效工资及无固定收入配偶遗孀生活补助等项目的发放等，通过专户管理、多人审核、层层把关，确保不错发、不漏发、不迟发。实行与老干部结对服务制度，常态化开展“五上门”走访慰问老干部活动，每年重阳、元旦和春节期间，局机关工作人员对老干部做到逐人逐户走访看望，主动为老排忧解难，取得“慰问一人、温暖一户、带动一片”的社会效应，受到广大老尤其是困难企业单位老的高度称赞。全年一共看望慰问老干部1436人次，接待来人来访117批、368人次，息访21人次，帮助老干部解决实际问题161个，获全市信访工作先进单位。全面推行政府购买家政服务，积极运用市场力量落实个性化孝老致恭服务，有效解决400多名“双高期”老干部居家养老等困难。

（何宏伟）

【全市老干部工作“双先”表彰暨老干部工作、关心下一代工作会议召开】 2017年4月25日，全市老干部工作“双先”表彰暨老干部工作、关心下一代工作会议在市老干部活动中心召开。市委副书记邓群策强调，要深化思想认识，切实增强做好老干部工作和关心下一代工作的政治责任感和历史使命感。邓群策代表市委向各位老领导、老干部表示崇高的敬意，向全市广大老干部工作者和关心下一代工作者致以亲切的问候，并对过去一年全市老干部工作和关心下一代工作取得的成绩给予充分肯定。邓群策指出，老干部是为党和人民事业增添正能量的重要资源，下一代是祖国的未来、民族的希望，要以更高的站位深化思想认识，做好老干部工作和关心下一代工作。邓群策强调，各级部门要以强烈的责任感做好老干部工作，加强“两项建设”，引导老干部增添正能量，提升老干部服务管理水平，推动老干部工作实现转型发展、再创新局面。各级关工委要以深情的关爱助推青少年成长，抓好主题教育、开展关爱帮扶、优化成长环境，切实当好党委、政府培养教育青少年的参谋和助手。全市各级党委政府要加强领导、整合力量、建强自身，以坚强的领导保障老干部工作和关心下一代工作的开展，为建设“五个新衡阳”做出更大的贡献。市委常委、市委组织部部长陈竞主持会议，要求相关部门及时传达学习会议精神，结合实际研究落实措施，广泛学习宣传全国全省全市老干部工作“双先”典型的先进事迹，进一步在全市营造关心、尊重老干部，重视支持老干部工作、关心下一代工作的良好氛围。老领导、市关工委主任谢宏治作工作报告。市领导谢明芳、康强，老领导单保重、王芳富、刘运发、陆胜民参加会议。

（刘　辉）

【衡阳市老干部（老年）大学建校三十周年成果汇报会暨文艺汇演】 2017年6月20日，衡阳市老干部（老年）大学建校三十周年成果汇报会暨文艺汇演举行。市委副书记郑建新指出，要在全社会营造尊老敬老的良好氛围，做好对老领导、老干部的服务工作。市委副书记邓群策出席活动。的汇报会举行“全国示范老年大学”授牌仪式，衡阳市老干部(老年)大学成为全省第一批、湘南地区唯一获此殊荣的老年大学。自1987年创建以来，该校走出一条成功的办学之路，从最初的2个班、173名学员，发展到拥有23个专业，55门课程、153个教学班、7500余名在校注册学员的规范性老年教育机构，还与夕阳红公寓、雁南监狱合作开办分校和教学点，开设街道、社区等校外辅导站100多个，年辅导校外学员3万余人。随后举行的文艺汇演分为寻梦、忆梦和追梦三大篇章。舞蹈《盛世欢歌》、合唱《旗帜颂》、诗朗诵《让生命如火如炬》、民乐合奏《战马奔腾》、戏曲《南腔北调》以及太极拳表演、风采秀、模特秀等精彩节目，展示老年大学的教育教学成果，以及衡阳市老领导、老干部、老同志的良好精神风貌。郑建新向衡阳市老干部（老年）大学建校三十周年表示祝贺。郑建新指出，老领导、老干部为国家建设、衡阳发展付出诸多心血，是党和国家的宝贵财富，要在全社会营造尊老敬老的良好氛围。郑建新表示，要向老领导、老干部虚心请教，请大家对市委、市政府的工作多提宝贵建议。要做好对老领导、老干部的服务工作，完善老年大学、老干活动中心的基础条件，保障好老领导、老干部的待遇。邓群策指出，要增加做好老年教育工作的光荣感、使命感和责任感，用心用情做好相关工作，努力把衡阳市老年大学办得更有特色、更有活力。通过办实事、解难题，帮助老同志实现老有所学、老有所乐、老有所为。演出结束后，郑建新、邓群策还慰问演出人员，并参观老年大学书画展和教育教学工作。（刘　辉）

【衡阳市委离退休干部工作委员会成立暨第一次全体会议召开】 2017年7月21日，市委离退休干部工作委员会成立暨第一次全体会议召开。市委常委、市委组织部部长陈竞宣布市委离退休干部工委正式成立。陈竞强调，做好新形势下离退休干部党建工作要提高站位，务实有为，以扎实有效的举措确保工委的功能作用得到充分发挥。会议任命蒋云新同志为市委离退休干部工作委员会书记（兼）。2016年以来，衡阳市多措并举，不断加强和创新离退休干部“两项建设”，深入开展“两学一做”学习教育，对全市5.3万名离退休干部党员“两学一做”学习教育工作进行分类指导、协调推进。全面落实离退休干部政治待遇，通过推行多种服务方式，为市直部分离退休干部有效解决居家养老方面的问题。同时，大力开展一个协会联系一个贫困村、一个支部重点帮扶一户特困村民等正能量活动。陈竞强调，做好新形势下离退休干部党建工作要提高站位，充分认识建立离退休干部工委的重大意义；要务实有为，切实发挥好离退休干部工委的积极作用；要主动作为，以扎实有效的举措确保工委的功能作用得到充分发挥；要强化保障，形成离退休干部工委工作的强大合力，进一步夯实责任，加强宣传，推动衡阳市离退休干部党建工作再上新台阶。

（刘　辉）

【杨晓喻一行到衡阳督查调研老干部工作】 2017年8月15—16日，省委离退休干部工委委员、省国资委党委委员、副主任杨晓喻带队到衡阳市督查调研中办发〔2016〕3号、湘办发〔2016〕21号、湘办〔2017〕32号和湘老干〔2017〕33号等文件的学习宣传贯彻落实情况，离退休干部“两学一做”学习教育常态化制度化工作情况，以及“点赞新变化、助力新湖南、喜迎十九大”正能量主题活动开展情况。市委常委、市委组织部部长陈竞参加调研。调研组一行先后前往衡阳县曲兰镇离退休干部党支部、市老干部(老年)大学、市卫计委老干第一支部开展调研，查看学习、活动场地和有关资料，并与党支部书记、老同志亲切交谈，详细解党支部建设和老党员学习、活动、生活情况以及目前存在的困难。调研座谈会上，市委离退休干部工委书记、市委组织部副部长、市委老干部局长蒋云新作全面工作汇报，市委离退休干部工委副书记刘文娟主持。离退休干部党支部书记代表、涉老组织代表、工委委员代表以及县市区委党工委负责人代表分别汇报工作开展情况和下阶段工作打算。杨晓喻在讲话中高度评价衡阳市的老干部工作。杨晓瑜指出，近年来，衡阳各级党委、政府对老干部工作高看一眼、厚爱一层，各级老干部工作部门对中央、省委相关文件精神的贯彻落实坚决有力，离退休干部的满意度不断提升，呈现领导高度重视、部门全力配合、工作扎实有效、亮点精彩纷呈的特点。对下一步的工作，杨晓瑜强调五点要求。一是提高站位，进一步把中共中央总书记习近平“7·26”重要讲话精神学习好。要采取多种形式，积极组织引导广大离退休干部和老干部工作者学习重要讲话精神，切实把思想和行动统一到讲话精神上来，为中共十九大胜利召开奠定坚实的思想基础。二是深化主题，进一步把“点赞新变化、助力新湖南、喜迎十九大”正能量活动开展好。要积极引导离退休干部在体验和参与美好生活中更多地点赞鼓劲、建言献策，为改革发展汇聚强大正能量。三是突出重点，进一步把中央、省委系列文件精神落实好。要按规定落实好离退休干部相关党建经费，不断提高保障水平。四是健全机制，进一步把离退休干部党组织建设好。要牢固树立抓党建工作就是抓老干部工作，抓好老干部工作就要着实抓好党建工作的理念。要在工委体制机制建设、四个文件贯彻落实和示范离退休干部党支部创建活动上下功夫。五是用心用情，进一步把离退休干部的困难解决好。要落实好离休干部住院时医药费由单位垫付、出院后30个工作日内予以报销的规定；要帮助离退休干部解决好日常生活的具体困难和问题；要办好老干部活动中心、老干部（老年）大学，扩大办学规模，坚持线上线下相结合，切实解决好老干部（老年）大学一座难求的问题，让老同志有更多的组织归属感、生活获得感和精神幸福感。

（刘　辉）

【全国老年教育专题研讨会在衡阳召开】 2017年9月12日至13日，全国老年教育专题研讨会在衡阳召开。来自全国各省、市老年教育专家和代表围绕“机构在老年大学发展中的作用”这一国际议题展开详细研讨。全国政协委员、中国老年大学协会会长、《求是》杂志原总编张晓林，广州市政协原主席、中国老年大学协会副会长林元和，湖南省政协原副主席、省老年大学协会会长游碧竹，衡阳市委常委、组织部长陈竞出席会议。全国老年教育专题研讨会在湖南省衡阳市召开，是中国老年大学协会多方考虑并经多方考察后最终确定的。湖南省衡阳市老干部（老年）大学作为全国示范性老年大学，在校园建设、教学管理、教育研究等方面亮点纷呈。2017年11月，以“机构在老年大学发展中的作用”为主题的国际学术研讨会将在哥伦比亚召开。此次在衡阳市召开的全国老年教育专题研讨会，即是中国相关专家学者对其进行先行研究，是为赴哥伦比亚参会的代表团提供理论素材和发言思路。陈竞指出，开展老年教育专题研讨，是跟上老年人口发展变化的现实需要，是对接国际前沿理论的时代要求，是实现“积极老龄化”的重要途径。衡阳市老年教育要广纳真知灼见，广聚学术资源，努力开创新思路、拓展新途径，不断丰富老年教育的实践特色、地方特色和时代特色，以更多更好的老年教育工作成果，向中共十九大献礼。研讨会期间，与会代表还深入衡阳老年教育论坛与教师和学员代表进行交流和探讨，并到石鼓书院和陆家新屋参观，对衡阳在老年教育取得的成绩给予肯定。（刘　辉）

【崔永平到衡阳开展老干部工作及离退休干部党建工作专题调研】

2017年12月13日，省委组织部副部长、老干部局局长、离退休干部党工委书记崔永平一行到衡阳开展老干部工作及离退休干部党建工作专题调研。市委常委、组织部长陈竞陪同调研并主持专题调研座谈会。崔永平一行先后前往衡阳县教育局、西渡镇明翰社区、耒阳市疾控中心、耒阳市离退休干部教育基地（培兰斋）等场所，详细了解离退休干部党组织建设情况、老干部学习活动开展情况，先后召开两次座谈会，和各级离退休干部代表和老干部工作者对离退休干部党建工作进行深入、细致的交流和探讨。崔永平对衡阳的老干部工作尤其是离退休干部党建工作给予肯定。崔永平强调，下阶段，全省各级老干部工作部门要把学习、宣传、贯彻党的十九大精神作为头等政治任务。要多形式抓好学习，根据老干部的实际情况，通过送学上门、专题辅导、座谈交流等形式，突出主题，采取老同志喜闻乐见，乐于接受的方式，认真组织老干部、老党员学习好、领会好中共十九大报告中的新思想、新观点、新论断、新要求。要多方式抓好宣传，充分利用各种媒体、墙报，开辟专栏，详细解读好、宣传好党的十九大精神。要结合中办发〔2016〕3号、湘办〔2017〕32号等文件精神、结合基层党组织标准化建设、结合所在单位老干部工作实际、结合为党的事业增添正能量活动，切实突出离退休干部工作党建特色，着力加强离退休干部政治建设、思想建设、组织建设，把中共十九大精神落实到工作的方方面面，全力以赴做好离退休干部工作。最后，市委常委、组织部长陈竞就如何贯彻落实好崔永平的要求进行强调。第一，要把学习宣传贯彻中共十九大精神进一步推向深入。要进一步创造条件，把十九大精神融入到老年大学的教学课程，融入到老干部的文体活动，切实把老同志的思想和行动统一到习近平新时代中国特色社会主义思想上来，汇聚成全面建成小康的强大力量。第二，要用十九大精神引领老干部工作迈上新台阶。中共十九大报告强调，要“认真做好老干部工作”。全市各级党委、各级老干部工作部门要深刻领会，牢牢把握为党和人民的事业增添正能量的价值取向，积极鼓励老干部发挥余热，推动形成广大老干部真诚爱党护党、真心服务大局的良好局面。第三，要认真落实十九大关于党的建设的新要求，扎实抓好老干部党建工作。要按照十九大对党的建设作出的新部署、新要求，坚定不移推进全面从严治党，切实提升老干部党建工作水平。要注重政治引领，组织开展好“不忘初心、牢记使命”主题教育，加强对离退休干部党员的教育管理，引导他们始终做到“离休不离岗、退休不褪色”。要加强组织建设，选好配强支部书记，加强支部书记的教育培训，打造过硬的“头雁”队伍。创新离退休干部党组织设置方式，建立党内互助帮扶机制，让老干部在政治上有荣誉感，组织上有归属感，生活上有幸福感。市委组织部副部长、老干部局局长、离退休干部党工委书记蒋云新，市关工委秘书长、离退休干部党工委专职副书记刘文娟，市委组织部、市委老干部局相关科室负责人参加调研。（刘　辉）

【衡阳市老干部（老年）大学首届钢琴比赛落幕】 2017年12月14日，衡阳市老干部（老年）大学“宣传十九大·点赞新衡阳”首届钢琴比赛在华新院一楼多功能厅举行。此次比赛全校两个校区8个班有21名学员报名参赛。陈小平获得一等奖，黄俊敏、廖洪英获得二等奖，田金华、仇晓丹、曹艳萍获得三等奖。

（刘　辉）

机关党建工作

【“机关党建”创新活动】 2017年，市直属机关工委（以下简称市直工委）实现机关党建与市委中心工作、与单位业务工作相融合、相促进。2017年，市直工委精心设计“机关党旗红，建设‘五个新衡阳’在行动”主题实践活动，以此统领机关党的各项工作。活动以“比学习，看党性修养”“比品性，看道德素质”“比业绩，看责任担当”“比作风，看整体形象”的“四比四看”为主要内容。此做法在《湖南日报》《新湖南》等省级媒体上刊载，同时，被中央组织部的共产党员网报道，并作为基层党建经验向全国介绍。这是近20年来，衡阳市直工委工作经验首次在中央核心部门媒体推介。

（刘蔚玮）

【机关党建活动专题系列活动】 推进“两学一做”学习教育常态化、制度化，坚持以主题来凝聚力量、以活动来推动工作，做到一月一主题、月月有创新。3月，组织机关党员学雷锋活动，党员义工红遍雁城；4月，组织开展“机关党员进社区”活动，98支党员服务队27日在太阳广场集中参加启动仪式后，全部下沉社区开展服务；5月，开展“党员干部脱贫攻坚见行动”专题活动，督促指导600余个基层党组织召开专题组织生活会，对27个驻村帮扶单位和59个联村帮扶单位进行督查，督查情况及时上报市委，有效传导工作压力；6月，开展“讲文明树新风知识抢答赛”，28支市直机关队伍踊跃参赛；7月，举办“真情颂党恩”献礼建党96周年诵读活动，收到原创作品80余件，活动深得省直工委、市委领导及机关党员好评，激发党员爱党爱国、干事创业热情；8月，举办市直机关十运会，78支队伍、3400余名运动员参赛，参赛人员、比赛项目和比赛规模都创历届之最；9月，开展文明城市创建，督促各市直单位开展“交通劝导”“包路段”等活动，为创建全国文明城市贡献力量；10月，以“爱我衡阳、建设衡阳”为主题，组织市直机关干部职工参观衡阳工业博物馆；11月，开展党建工作迎省检，市直机关成绩优良；12月，开展市直单位党组（党委）书记述职评议，10个市直单位党组（党委）书记口头述职，并接受领导点评和现场测评，进一步压实“一把手”党建工作责任。通过开展一系列主题活动，丰富机关党建内涵，创新机关党建载体，增强机关党建吸引力，机关党组织的凝聚力、战斗力明显增强，党员先锋模范作用进一步发挥。

（刘蔚玮）

【党员教育管理】 党员学习教育方面。紧密结合当前形势和社会热点，以党性教育为重点，组织党员集中观看《永远在路上》《理想信念高于天》等教育片400余场次，进一步筑牢党员理想信念根基。着力抓实党的十九大精神学习，已组织开展十九大精神集中宣讲20余场次，600余个基层党组织也通过多种方式进行专题学习，促进十九大精神入脑入心。党员管理方面。针对市直机关党组织和党员活动组织难、现实表现评价难、服务群众量化难等问题，在全省创新推行机关党组织和党员个人“双积分”管理。将“三会一课”、党费收缴管理、党组织换届、志愿服务等党建日常工作全面量化，按照“即时积分、按月汇总、定期检查、年终考核”的形式，由党组织和党员个人对照标准进行计分，积分结果作为党组织和党员考核的重要依据。这是市直工委在机关党组织和党员个人教育管理上的重大创新，省直工委对我们“双积分”管理充分肯定，评为全省机关党建重点研究一等奖，同时被省直工委作为14个市州唯一一个亮点工作向中直工委推介。

（刘蔚玮）

【机关基层党建】 持续推进机关党建“灯下黑”问题专项整治，坚持问题导向，以支部为单位建立问题清单、责任清单、评估清单三个清单，查摆问题420多个。一是为解决组织生活不严的问题，把党组织生活开展情况纳入机关党建年度目标管理考核内容，全委分5个小组，全程参与指导60余个党支部按照“一会五评”的形式召开“两学一做”专题组织生活会。二是为解决支部书记履职能力不足的问题，2017年7月24日至8月13日，组织99个市直单位183名党务干部分3批在上海交通大学开展机关党务干部履职能力提升培训。三是为解决机关党组织换届不及时、发展党员不规范的问题，2017年加大指导和培训力度，共批复新成立的机关党组织11个，指导25个机关一级党组织按期换届，对34个市直单位的机关党务干部调整进行审核把关；全年市直机关新发展党员90名，对其中8名新党员进行严格考察，于4月和11月分别组织开展入党积极分子培训和发展对象培训。四是为解决党费收缴与管理使用不规范的问题，开展2008—2016年党费清缴工作，督促市直机关共清缴党费142万；下发《市直机关清理收缴的留存党费使用安排方案》，将清缴的党费全部安排用于脱贫攻坚、帮扶困难党员群众和党员教育培训，其中用于脱贫攻坚和结对帮扶资金81万元。五是抓好市直机关文明创建工作，对34家申报单位进行指导和严格考核。

（刘蔚玮）

【机关作风建设】 以强化执纪监督促进机关作风持续好转。持续加大对市直机关科以下干部违法违纪案件查办力度，对违纪腐败现象发现一起、查处一起。2017年，全委独立立案查办案件4起，审理案件9起，督办指导协审案件22起，抽派骨干人员参与市纪委查办案件2起，给予39名违纪人员相应的党纪处分（其中党内警告22人，党内严重警告6人，撤销党内职务1人，留党察看3人，开除党籍7人），并对市纪委交办的5例违纪案件进行独立审理。（刘蔚玮）

【市直机关党的工作会暨“机关党旗红，建设‘五个新衡阳’在行动”主题实践活动动员会】 2017年3月20日，2017年市直机关党的工作会暨“机关党旗红，建设‘五个新衡阳’在行动”主题实践活动动员会召开。市委常委、市委秘书长张贺文强调，市直机关各级党组织要在落实管党治党责任、加强自身建设上当好表率，不断创新机关党建工作的新理念、新思路，促进机关干部作风大提高。市直机关各级党组织要把解决好机关“灯下黑”问题作为首要任务，要深入推进“两学一做”学习教育常态化制度化，要在落实管党治党责任、加强自身建设上当好表率，不断创新机关党建工作的新理念、新思路，提高机关党建工作科学水平，促进机关干部作风大提高。

（刘　辉）

机构编制工作

【概况】　2017年，全市机构编制工作围绕中心、服务大局，致力推进行政审批制度改革、重点领域改革和强化机构编制管理，夯实部门自身建设，积极适应机构编制工作新常态，各项工作取得新成绩、开创新局面。

一、简政放权工作。围绕激发市场活力和社会创造力，一是开展权力清单动态调整。全年共调整下放行政职权69项，涉及4个部门6种职权类型（涉及行政许可1项、行政处罚44项、行政检查2项、行政强制16项、行政确认3项、其他行政权力3项）。督促县（市）区和市直部门制定具体措施及办法，认真承接落实2016年以来国务院取消下放的行政审批事项，确保取消、下放事项及时落实到位。二是推进行政许可标准化建设。8月下旬，召开行政许可标准化建设工作启动会，采取以会代训、举办专题培训班、邀请省质监局专家现场授课等方式，提升部门对标准化工作的认识；会同市质监局、市政务中心出台相关工作方案，督促市直部门加快推进服务流程和服务指南编制工作，确保整个工作在2017年年底全面完成；全面开展全市行政许可事项目录库与全省目录库的比对工作，为全省行政许可事项统一编码奠定基础。三是开展公共服务事项和中介服务事项清理。8月以来，市编办会同相关部门印发工作方案，启动公共服务事项清理和中介服务事项清理工作，旨在解决政务管理服务中证明材料过多过滥和“奇葩证明”“重复证明”“循环证明”等突出问题，为启动减证便民专项行动奠定坚实的基础。四是稳妥扩展综合行政执法体制改革试点。

二、重点领域改革。全年，市编办在优化政府职能，强化体制机制建设方面，抓统筹、出大招，打好一系列重点领域改革“组合拳”。一是做好纪检派驻和监察体制改革。严格按中央、省的文件精神，认真做好改革预案，印发《关于市纪委派驻监督全覆盖所涉市直单位机构编制调整事项的通知》《关于市深化监察体制改革机构编制调整事项的通知》，在省规定的时限内圆满完成改革任务。二是扎实推进城市执法体制改革。根据湘发〔2016〕30号文件精神，拟定《衡阳市深入推进城市执法体制改革改进城市管理工作实施方案（草案）》，对执法职责、机构设置及市、区两级城管部门的职责进行明确界定，就如何提升城市管理和综合执法能力提出初步意见。三是完成市、县公证体制改革。根据省政府办公厅《关于加快推进全省公证机构体制改革的意见》，市编办及时召开公证机构体制改革推进会，在9月底前圆满完成公证体制改革任务。四是认真做好市属国有公司“三定”工作。根据市政府的安排，相继对市属11家国有公司的工作范围、人员规模、投资规模、融资现状及在建项目数等情况进行摸底，按《中华人民共和国公司法》等有关法律法规，科学拟定各公司的经营范围、内设机构和人员规模控制方案，并及时送交市直相关部门会审，已按程序报市领导审签办文。五是启动“两区一园一城”体制调整。为理顺市高新开发区、综保区、白沙洲工业园及衡山科学城体制，市编办会同市直相关部门赴外地学习考察，形成《济南成都调研园区体制机制的情况汇报》《市直工业园区（综合保税区）体制机制改革实施方案》和《关于市直“两区一园一城”机构调整的通知（送审稿）》。六是积极深化事业单位改革。根据中发〔2011〕5号和省委办公厅省政府办公厅《关于从事生产经营活动事业单位改革的实施意见》精神，对市直部分事业单位进行撤并和经费形式规范理顺；研究确定市直和县（市）区生产经营类事业单位改革的时间表、线路图，形成《关于衡阳市从事生产经营活动事业单位改革工作方案》，拟订住建系统生产经营类事业单位改革方案报省待批。

三、登记管理工作。一是法人年报公示和法人公示信息抽查工作继续向好。发挥“衡阳事业单位登记管理网”作用，创新性在网上开展登记业务培训和指导，市直事业单位法人年度报告书合格率达98%以上；开展第二轮法人公示信息抽查工作，对被检单位擅自加挂牌子、机构编制方案执行不到位、印章及财务管理不规范等问题及时整改。二是中文域名注册和党政机关事业单位网站审核挂标管理工作成效显著。市直党政机关事业单位中文域名注册覆盖率达114%，县（市）区党政机关事业单位中文域名整体注册覆盖率达100%，其中：常宁市、耒阳市、衡阳县、南岳区、石鼓区、珠晖区等县（市）区的注册率均超过105%。全市域名注册数从年初的2664个，增加到5535个，增幅达107%，实现中文域名注册和党政机关网站“挂标”双覆盖。三是事业单位诚信体系建设着力推进。事业单位“多证合一”改革步伐加快，新版事业单位法人证书全面启用，“多证合一”取得实质性成效；信用数据共享交换平台建设及数据传送工作成效明显，全年累计向市信用信息共享交换平台传送信息万余条。

（何少吉）

【机构编制管理】 一是从严核定全市公办中小学教职工编制。根据《湖南省机构编制委员会办公室湖南省教育厅湖南财政厅关于做好统一全省城乡中小学教职工编制标准工作的通知》精神，由市编办主导，联合市教育局、市财政局下发《关于全市中小学教职工编制核定工作方案》，科学核定全市公办中小学教职工编制。二是稳步推进市直事业单位消超工作。为在2017年年底前完成消超任务，市编办积极作为，在控制编制总量情况下，冻结超编单位新增人员，开展系统内调剂盘活编制资源；对未定编的单位，根据其承担工作任务和实际工作情况予以重新定编；对改革人员未分流到位的，督促主管部门尽快调整到位；对因接收政策性安置人员造成超编的，通过适当追加政策性安置人员事业编制和系统内调剂编制或调整人员方式，逐步完成消超任务。到2017年年底前，市直20多个事业单位全部完成消超任务。三是加大控编减编工作力度。以服务地方经济发展为中心，以“三个突出”为抓手，即：突出“控”，最大程度严控总量；突出“减”，最大程度减少刚性需求；突出“调”，最大程度满足关键环节的用编，营造控编减编新格局。截至2017年年底，全市党政群机关行政编制在编人员比2016年同期减少234人；政法专项编制在编人员比2016年减少147人；事业编制在编人员比2016年减少1914人，实现财政供养人员“只减不增”。为盘活现有编制资源，将国有林场改革后上收节余的603名事业编制进行再调剂、再分配，在一定程度上解决部分县（市）区事业编制严重不足、超编严重的问题。四是抓好实名制管理软件提档升级。2017年8月下旬，分3天、5批次对县（市）区编办和市直机关事业单位操作员进行业务培训，印制《机构编制综合管理平台操作使用手册》；组织专门工作力量，将市、县机关事业单位的历史沿革、机构编制方案等文件进行全面梳理、扫描，与在编人员电子相片一并录入机构编制实名制数据库，充实机构编制电子台账，实现机构编制综合管理平台的提档升级，市、县单位全部实行在线办理人员出入编手续。五是进一步抓实县（市）区机构编制事项。一是为启动经济发达镇行政管理体制改革，摸清全市各乡镇建成区常住人口数、常住人口城镇化率、公共财政收入等指标数据，为经济发达镇行政管理体制改革工作打好基础。二是及时完善县（市）区及乡镇扶贫工作机构，充实县、乡扶贫工作力量，为衡阳市打赢脱贫攻坚战提供强有力的体制机制保障。三是对县（市）区统战部、政法委等内设机构进行规范设置。

（何少吉）

党校工作

【概况】 2017年，市委党校坚持党校姓党，切实聚焦主业主课，全力抓好干部培训，主要从以下几个方面抓实工作、提升业绩、推进事业。

一、干部培训。抓好轮训调训。坚持培训立校，充分发挥干部教育主渠道主阵地作用。举办干部轮训。全市市管领导干部学习贯彻中共十八届六中全会精神和中共十九大精神大轮训，全市近两千名县处级干部参加“高标准、严要求、全覆盖”的集中轮训。探索分类培训。办好主体班的同时突出专题培训，举办组工干部业务培训班、女干部班、投融资高管班等。开展异地教学。组织县干班和中青班分别在清华大学和兰德培训中心青岛基地进行异地教学。

二、纪律和廉政建设。严格落实全面从严治党主体责任，依法治校，民主决策，财务开支、建设改造、干部任用、职称评定、评先评优等严格按程序运作，公务接待、公车管理严格按制度执行。全年举办廉政专题讲座及相关党课 8 次，邀请市纪委领导作廉政报告 4 次，组织学习廉政文件 10 余次，举办专题宣传栏 4 期。干部职工自觉遵守党纪党规，学校被评为全市廉政文化建设先进单位，尹同君获全市廉政文化优秀书法作品奖（行书类唯一奖项）。

三、新农村建设。安排专人入驻衡山县萱洲河社区，筹措资金近 10 万支持社区服务中心建设及道路硬化、水塘清淤、安装路灯等。同时，围绕乡村振兴战略，学校成立相关课题组，借助全市社科理论界和部分实际部门有生力量，开展专题调研攻关，已推出“小康庄园建设”这一阶段性研究成果。

四、文明创建工作。根据创建全国文明城市分解任务，在教学内容上突出习近平总书记系列重要讲话精神和社会主义核心价值观课程安排。在获评“全市文明单位”“省级文明单位”基础上，努力提升创建成效，通过“省级文明单位”复查。组织全校干部职工经常性开展各项志愿服务活动；邀请清华大学、孔庙国子监、省委党校等单位学者到衡阳讲座，组织本校老师参加“石鼓大讲坛”；建设书香校园，在教师和学员中定期举办读书会，鼓励读经典读原著；参加市直机关职工运动会获得多个单项奖、团体道德风尚奖。（王　帆）

【教学教改】 优化教学管理。坚持以老带新、新课试讲、课件评比、质量评估等常规管理，课堂教学质量考评优良率达 99%。在全市实施精品课、师资班及教学比赛。更新教学内容。持续开展需求调研，及时更新教学专题。全年共开设教学专题 70 个，其中新专题 33 个，更新率达 47%。创新教学方法。深入探索项目制教学，组织学员对教学专题开展调研讨论，形成调研报告，实现教研咨一体化项目化。（王　帆）

【主业主课】 坚持“红色熔炉”定位，突出党的理论教育和党性教育主业主课地位。坚持“三个到位”。即教学时间到位、教学内容到位、教材使用到位，每个班次都设置“党性教育单元”，党的理论教育和党性教育占总课时 75%，党性教育课占 25%。强化党性锻炼。把党性教育贯穿于教学管理全过程，着力提高学员的政治觉悟和政治能力，永葆共产党人政治本色。特别是通过从严管理学员，狠抓学风建设，狠抓党性锻炼考评。注重培训实效。充分挖掘罗荣桓、夏明翰等衡阳本土红色人文资源，在主体班开展党性教育学员论坛；围绕“建设政治清明新衡阳的关键因素”等主题深化项目教学，举办电视大讨论和班级间辩论赛；注重用中华优秀传统文化升华党性修养。（王　帆）

【科研调研】 坚持科研兴校，推进“红色智库”建设。明确聚焦点。习近平新时代中国特色社会主义思想、“四个全面”战略部署、“五大发展理念”“建设富饶美丽幸福新湖南”“建设五个新衡阳”，成为科研聚焦点。增强积极性。全年申报省级规划课题 4 个，结项 2 个；申报省党校课题 7 个，立项 3 个，结项 3 个；申报市社科规划基金课 11 个，项目立项 9 个，结项 5 个，承担中央党校国家社科基金重点项目子课题一项；公开发表的国家级论文 20 篇、省级论 19 篇；年内，公开出版专著 1 部。提升影响力。编辑《智库咨要》供市领导及相关单位参阅。其中，第 2 期《反思衡阳破坏选举案和李亿龙严重违纪案》前一年度得到市委主要领导肯定，又在全市党风廉政建设论文竞赛中获特等奖；第 3 期是市委委托课题，市委在此基础上推出《鼓励干事创业、纠错容错的实施办法》；第 4 期关于加强城区信息化管理的调研成果获衡阳市领导干部调研论文一等奖；第 6 期推出衡阳立足湘南区域中心城市向省域副中心城市迈进的研究成果。

（王　帆）

【扶贫攻坚】　联点村是衡东县吴集镇德圳村。在狠抓贫困户思想转变的前提下，2017年继续采用“公司+农户”模式支持贫困户种植罗汉果69亩多；先后筹集扶贫资金15万多元，帮助解决种苗、种植技术等难题；学校、公司、农户三方签订购销合同。常务副校长尹同君出面帮助协调3个基础设施项目立项，为贫困户曾凡英家筹资3万余元用于危房改造。扶贫效果比较明显，联点村当年有8户贫困户脱贫，尚剩5户。

（王　帆）

讲师团工作

【概况】　2017年，市委讲师团全年共组织市委中心组集中学习13次，编印《党委中心组学习参阅》4期2万份；宣讲党的理论政策183场次；举办2期理论骨干培训班，培训理论骨干486人；完成1项省级重大科研课题、1项市级调研课题；1人次获全省“学而习讲坛”微宣讲比赛二等奖，4人次获中共十九大精神理论研讨三等奖；在省级以上媒体发表17篇理论文章，被省委宣传部评为“全省理论宣讲先进集体”（全省排名第二），连续第15年被评为“全省讲师团系统争先创优先进单位”（全省排名第二），被评为全市“六五普法”依法治理先进单位。

（凌正华）

【市委理论学习中心组学习】　一是高标准、超额度完成全年的学习任务。全年共完成13次、26天的中心组学习，超额完成上级规定任务，每次中心组学习参学率均达90%以上，先后邀请9位高层领导和专家学者到衡阳作高水平的辅导授课。二是高效率、超能量改进学习的方式方法。在组织学习的过程中，改进方式方法，形成“四个结合”的学习模式，即“集中学习与个人自学相结合、中心发言与集体研讨相结合、中心组成员授课与专家辅导相结合、专题辅导与专题调研相结合”等科学的组织方式方法，增强学习效果。三是高速度、超常规提供优质的学习资料。2017年，围绕“创新发展”“绿色发展”“中共十九大精神”、“习近平新时代中国特色社会主义思想”等专题，先后编印4期《党委中心组学习参阅》，配发至全市每位中心组成员，为全市各级中心组成员搭建一个理论学习交流的平台。同时，根据每次学习专题，及时为每名中心组成员配发《党委中心组学习参考》《震撼世界的中国》《全面从严治党案例选编》《习近平的七年知青岁月》《习近平讲故事》《学习金句》《摆脱贫困》《党的十九大报告学习辅导百问》《十九大党章修正案学习问答》《习近平谈治国理政第二卷》等21本学习辅导用书。

（凌正华）

【理论宣讲】　2017年，采用灵活多样的理论宣讲方式方法，形成大宣讲、专题宣讲和微宣讲相辅相成、互为补充的“三位一体”浸入式宣讲模式，被省委宣传部评为“全省理论宣讲先进集体”。一是开展大宣讲。根据中央、省委和市委的统一部署，先后围绕“中共十八届六中全会”“砥砺奋进的五年”“中共十九大精神”三个主题，在全市范围内开展大宣讲活动。为迎接、学习、贯彻党的十九大营造良好的理论氛围，促进十九大精神在衡阳“落地生根”。二是开展专题宣讲。年初，制定下发《全市副处以上单位2017年度党委中心组理论专题学习安排意见》（以下简称《意见》），明确2017年全市各级中心组理论学习的主要任务。全年，根据《意见》部署，先后围绕“习近平总书记治国理政新理念新思想新战略”“两学一做制度化常态化”“创新引领经济转型升级”“社会主义核心价值观”“习近平新时代中国特色社会主义思想”“党的十九大召开的时代背景和重大意义”“新时代新战略新举措”“新时代的新使命——‘四个伟大’”“推进全面从严治党向纵深发展”等专题在全市广泛深入地开展专题宣讲。三是开展微宣讲。2017年以来，市委讲师团的党员干部们发挥“轻装骑兵”的优势，深入乡镇、街道、社区、农村、企业、厂矿和学校，开展浸入式的“百姓微宣讲”活动57场次，变“书本语言”为“群众语言”，全方位多角度分层次解读党的创新理论，让老百姓听得懂记得住用得上。市委讲师团教研科副科长廖朝华参加全省学而习讲坛“中国共产党的自信从哪里来”微宣讲比赛获得二等奖，并在全省各地作巡回宣讲。协调接待省委讲师团微宣讲队员在衡阳、耒阳站点的微宣讲活动。全年共宣讲党的理论183场次，受众3.9万人，深受广大党员干部和群众的欢迎，为建设“五个新衡阳”凝聚强大的正能量。

（凌正华）

【理论研究】 一是完成一项省级重点科研课题。对省哲学社会科学基金资助重点项目“‘四个全面’战略布局的重大意义”进行合力攻关，在理论研究上取得重大成果，科研论文成功通过省级科研成果鉴定。在整个项目实施过程中，产生系列研究成果。除项目26000字整体研究论文外，共发表9篇理论文章，作为阶段性研究成果：论文的主体部分《“四个全面”战略布局的重大意义》发表在《湖南日报》2017年6月28日11版上，全文24600余字分4个版面在《衡阳日报》陆续刊发；论文创新重点部分《全面从严治党必须全面从严治家》发表在《湖南日报》2016年11月21日6版上；《“四个全面”，引领民族复兴的战略布局》发表在《学习导刊》2016年第3期上；《“四个全面”开辟马克思主义中国化新境界》发表在《学习导刊》2017年第2期上；《“四个全面”打造出中国共产党治国理政的升级版》发表在《学习导刊》2017年第3期上。这些论文被多家网站、杂志转载，在社会产生较大反响。二是完成一项市级调研课题。全团围绕“当前社会老龄化进程加速，养老问题突出”社会重大课题，以“变‘夕阳产业’为‘朝阳事业’——对衡阳农村养老问题的调查与思考”为主题开展调研，前往全市12个县（市）区作两个半月的调查，形成近万字的长篇调研报告，为解决衡阳市乃至全省、全国的社会养老问题进行前沿性的探索与研究。三是党的创新理论研究。围绕党的十九大精神扎实开展理论研究，讲师团主任成新平撰写的《以人民为中心：共产党人永恒的价值底色》发表在2017年10月24日的《湖南日报》上，并在中央人民广播电台播出，被央广网、人民论坛网、搜狐网、齐鲁网等全国多家媒体转载，他撰写的《不必“衣锦”再还乡》刊登《人民日报》上，被人民网、光明网转载；他撰写的《干部家访体现严管厚爱》《开展微宣讲，传递正能量》《“四个全面”开辟马克思主义中国化新境界》《城镇化如何记住“乡愁”》先后在《湖南日报》、《学习导刊》、人民论坛网上发表；他撰写的30多万字的理论专著《草根心语》即将由光明日报出版社出版。在全省讲师团系统党的十九大精神理论征文评比中，讲师团有4篇论文获得三等奖，占全省获奖人数的1/6。综合科长凌正华撰写的《浅谈“四个伟大”的重大意义》发表在《学习导刊》2017年第6期上，教研科副科长廖朝华撰写的《党的力量从人民群众中来》发表在《学习导刊》2017年第4期上。四是市委讲师团编撰的青少年“爱祖国爱学习爱劳动”的思想教育读本《奠定成功的基石》一书约20多万字，集思想理论性与趣味性于一体，印发到全市大、中、专院校，为提高学生们的思想品德和文明素质做出贡献。（凌正华）

【扶贫帮困】 2017年以来，按照上级要求，研究部署扶贫工作。多次召开会议研究扶贫工作，成立扶贫工作领导小组，主任成新平任组长，制订精准扶贫方案，3名处级干部、3名科级干部分别与南岳区南岳镇樟树桥村8户贫困家庭结成“一帮一”的“帮扶对子”，先后16次前往扶贫点开展扶贫工作，到贫困户家中进行走访慰问，帮助指导脱贫行动，并着眼长远，重视扶志扶智，及时跟踪解脱贫进展，并根据贫困户家中的实际情况完善和修改脱贫计划。（凌正华）

网络信息工作

【概况】 2017年，市委网信办贯彻《中华人民共和国网络安全法》，全面落实党委（党组）网络意识形态责任制、网络安全责任制，切实履行统筹协调、参谋服务、舆情管控三大职能，坚持一手抓扬正、一手抓控负，力扫“两案”给衡阳形象带来的“雾霾”影响，网络空间主旋律高昂、正能量充沛，网络负面舆情持续沉降，总体平稳、有序、可控，网络空间持续清朗，网络治理安全无虞。2017年，市委网信办在省委网信办年度综合考核中获满分，获全市宣传思想工作先进单

位、维护稳定工作先进单位、食品安全工作优秀单位。（王继斌）

【机构改革】 一是顶层设计方面。2017年2月10日，十一届市委第20次常委会会议决定，调整市委网络安全与信息化领导小组成员。2月27日，市委办、市政府办发出《关于调整议事协调机构组成人员名单的通知》：市网络安全和信息化领导小组，周农任组长，周海兵、邓群策、刘丽华任副组长，领导小组办公室设在市网管办。二是机构调整方面。2月10日，十一届市委第20次常委会会议决定，市网信办升格为正处级单位。6月1日，省编办批复同意设立中共衡阳市委网络安全和信息化领导小组办公室，加挂衡阳市互联网信息办公室牌子，列入衡阳市委工作机构序列，正处级，核定主任、副主任职数各1名。8月17日，市编办批复同意设立中共衡阳市委网络安全和信息化领导小组办公室，加挂衡阳市互联网信息办公室牌子，列入衡阳市委工作机构序列，正处级，核定主任、副主任职数各1名。（王继斌）

【宣传工作】 阵地建设方面。3月3日，中国衡阳新闻网的移动客户端“新衡阳”正式上线运行。9月25日，红网衡阳站、时刻新闻衡阳频道举行上线仪式，标志着红网正式扎根衡阳，雁城又添主流舆论阵地。至此，衡阳市有中国衡阳新闻网、衡阳全搜索网、衡阳广电网、红网衡阳站、掌上衡阳客户端、新衡阳客户端、时刻新闻衡阳频道等属地主要新闻网站（客户端、分站、频道）和12家县（市）区级新闻网站。政务发布方面。“衡阳发布”微博粉丝近40万，2017年共发布3000余条信息，总阅读量达2000万次，被转发近万次，网友留言1.1万余条，点赞2万余次，获“2017年度湖南省十大党政新闻发布微博”。“衡阳发布”微信公众号共发布236期、931篇图文，总阅读数突破80万次，被转发3万余次，微信传播指数WCI为571.02，传播指数和影响力超过全国85%的公众号，获“2017年度政务发布创新奖”。指导各地各部门打造网络政务发布矩阵，衡阳市获得“2017年度政务微博城市竞争力奖”。主题宣传方面。中共十九大召开前，会同腾讯网、红网衡阳站策划“喜迎十九大·奋进新衡阳”大型宣传活动；十九大闭幕后，深入推进“中共十九大精神进网络”活动，指导属地新闻网站打造“走进新时代·建设新衡阳”“学习贯彻十九大精神·衡阳进行时”“幸福花开·十九大精神润衡州”专题专栏和党的十九大精神有奖在线答题（H5技术）等特色栏目。围绕市委、市政府中心工作开展主题宣传。2017衡州经济发展论坛召开期间，邀请新华网、人民网等中央、省级网络媒体主力记者到衡阳采访报道，发出《建设湘南区域中心城市 期待雁南归》《衡州经济论坛签约项目71个投资超700亿元》《衡州经济论坛开幕专家院士为衡阳经济把脉开方》《感受新衡阳的崛起力量》等重要新闻、评论20余条。11月，邀请人民网副总编辑一行到衡阳进行为期6天的深入采访报道，在人民网首页头条推出《湖南衡阳：衡州绵延千年情，雁城飞舞新气象》长篇通讯，并挂首页头条2天，开创衡阳在人民网首页头条上稿的先河。舆论引导方面。以文明创建为抓手，力荐衡阳好人好事，衡阳以“道德沃土”育“好人群体”“好人现象”引发“好人效应”系列报道和评论登陆新华网、人民网、央广网、中新网等中央级主流网站。7月，《男童遇车祸“长裙姐姐”狂奔救人》系列报道及评论文章“霸屏”央媒。加强力量建设，做到平时有声音、关键时刻有影响。《你中网络谣言的套路吗?》《衡阳需要什么样的正能量文艺作品》《长裙姐姐，不是一个人在战斗》《一股新衡阳的崛起力量》《衡阳创建文明城市再出发》等评论文章在衡阳重大事件中引领舆论导向、引发网友热议，产生积极向上的正面影响。6—7月全市防汛抗灾期间，启动互联网二级响应，严密关注和防范涉汛情险情灾情疫情相关谣言和虚假图文、短视频传播；动员属地网络媒体坚守抗洪一线，通过直播、图片、视频、快讯等形式进行生动报道，让真相跑赢谣言，打破“大灾面前有大谣”的传播怪圈。（王继斌）

【应急管理】 舆情管控方面。修订完善《衡阳市网络舆情处置工作应急预案》，采取全天候严密监控，全方位分析研判等举措，成功应对处置衡阳H7N9禽流感疫情、老兵群体“医闹”、珠晖区精神病患者伤人等系列重大敏感突发舆情，确保网络舆情不发酵，网络谣言不传播，地方形象少受损。配合完成中央第六环境保护督察组进驻湖南省开展环境保护督察相关工作。信息报送方面。严格落实24小时值班制度，做到第一时间发现、第一时间报告、第一时间处置，掌握工作主动权。建立健全纵向到底、横向到边的信息共享机制。在全省率先推出舆情信息上报制度，被省委网信办创新应用、全省推广。在电视台、报纸、网站、政务微信上公布举报电话、专用邮箱，广泛动员全市网民积极参与网络举报。全年共报送各类信息109766条。参谋服务方面。全年向市委、市政府、市委宣传部主要领导编辑报送《涉衡舆情》45期、《十九大特护专刊》30期、环保专报13期、扶贫专报2期，其中28期舆情得到各级领导批示，为领导决策提供参考。参与国、省、市三级人大代表、政协委员资源摸底人选、提名人选网上相关情况审查，共审查相关人选321人，建议对1人进行进一步甄别。社会工作方面。做好新媒体从业人员和网络意见人士统战工作，召开4次自媒体人士座谈会。指导成立市网络信息协会、市网络作家协会。加强互联网行业党建工作，6月28日，组织属地部分互联网企业代表赴罗荣桓纪念馆开展主题党日活动。加强与网民互动，办结红网“问政湖南”栏目之书记、市长信箱留言42条。服务保障党的十九大方面。立足于“两个安全、三个不发生”，即：确保网络基础设施安全、确保网络信息内容安全，确保不发生影响特别大的网络舆情事件、确保不发生因网络舆情引发的群体性事件、确保不发生性质恶劣的网络安全事件。以市委办、市政府办名义印发《衡阳市服务保障十九大工作方案》。从县（市）区抽调12名业务骨干进驻市委网信办集中值班，实行24小时双岗值班制。按照“有事报事、无事报平安”原则，市县两级坚持每日排查舆情隐患、每周评估舆情风险。迅速果断处置一系列突发、敏感事件网上舆情。（王继斌）

【网络安全】 一是学习法律法规。6月1日，市委宣传部、市委网信办、市公安局联合举办衡阳市《中华人民共和国网络安全法》集中宣传周活动。副市长、市公安局党委书记、局长胡志文出席启动仪式并讲话。组织互联网从业人员集中学习《中华人民共和国网络安全法》和《互联网信息服务管理规定》《互联网新闻信息服务单位内容管理从业人员管理办法》；在全市主要新闻网站开展依法办网、文明办网公开承诺活动。二是检查基础设施。联合市公安局网技支队，以党政机关、重要行业、国有企事业单位、大型信息技术和互联网企业为重点保卫目标，以国家关键信息基础设施为重点保卫对象，在全市范围内开展重要信息系统使用单位网络安全检查。督促3家单位就抽查中发现的漏洞及时整改修复到位。十九大召开前，着重对市电子政务办43家网站站群和属地84家网站进行安全漏洞远程扫描检测，发现并协助9个行政事业单位将托管在境外的网站服务器全部归回境内。联合电信对属地备案的454家网站进行全面核查，清理出61家信息不全、被植入赌博等有害信息的网站，已采取全部关停措施。三是净化网络空间。开展净化网上舆论环境专项整治、扫黄打非、惩处侵权假冒、整治虚假违法广告等专项行动。举报不良信息45389条，其中有害信息21139条；查删信息143条，工作走在全省前列。市县两级公安、网信联动，及时惩处处理各地塑料大米、棉花肉松饼、和尚偷肾、雁峰区虚假涉恐信息等系列网络谣言。四是依法管网治网。全年约谈网站、账号主体负责人27人次，关闭“耒阳社区”“耒阳在线”微信公众号，取缔中国法治网常宁联络处。督促祁东、雁峰区对辖区2家内容低俗网站负责人进行约谈并关闭网站，报请关闭严重违规网站6家。（王继斌）

【综合工作】 保密工作。严格按照市委机要室的规定，配备专门的档案室，档案工作专人负责、机密文件专人保管，档案室配备传输机密文件的专用电脑，并配置防盗窗、防盗门、机密文件柜、保险箱等，未发生泄密事件。干部工作方面。2017年，按市委组织部要求做好干部人事档案专项审核，对干部的“三年一历”进行认定。主任王永华参加全市县处级干部集中轮训；副主任李淑玉参加市委党校中青年干部培训班学习，担任班级宣传委员，被评为优秀学员，结业论文被评为优秀结业论文。干部在线教育、普法考试通过率100%。王继斌获衡阳市维稳先进个人、全市食品药品安全工作先进个人、全市“扫黄打非”工作先进个人和全市对上对外宣传先进个人。文明创建方面。扎实开展文明单位创建工作；成立市委网信办志愿服务队，在编人员志愿者注册率达100%。机关干部王继斌先后被评为第三届向上向善湖南好青年（诚实守信类）、2017年全国向上向善好青年（诚实守信好青年）、2017年湖南省最美志愿者。积极参与创建全国文明城市各项工作；先后选派3名同志到市创建办帮助工作。（王继斌）

衡阳市人民代表大会

重要会议

【市第十五届人民代表大会第一次会议】 2017年1月5日，衡阳市第十五届人民代表大会第一次会议在市政府会议中重开幕。大会主席团常务主席周农、周海兵、邓群策、谢宏治、段志刚、李鹏飞、晏华衡、伍清明、谭敦龙、侯明星、邹致和、李艳丽、龙雪一担任大会执行主席，周农主持会议。省委派驻衡阳市“两会”现场督导组组长、省纪委常委王前良到会指导。市党政军领导廖炎秋、罗东海、包昌林、刘丽华、邓柯、何录春、张贺文、章彰、贺小坤、陈竟出席。市长周海兵代表市人民政府作《政府工作报告》。会上，与会代表表决通过大会选举办法。

1月6日，市十五届人大一次会议举行第二次全体会议。市委书记、市人大常委会主任周农，市委副书记、市长周海兵出席会议。会议由大会主席团常务主席、执行主席晏华衡主持。市人大常委会党组书记、常务副主任谢宏治受市人大常委会委托，向大会作市人大常委会工作报告。谢宏治说，过去的四年，是衡阳市人大常委会历史上极不平凡、极具挑战的四年，是负重前行、浴火重生的四年，是经受考验、收获成果的四年。四年来，市人大常委会在中共衡阳市委的正确领导下，认真履行宪法和法律赋予的职责，在地方立法、依法监督、重大事项决定、重要人事任免、代表工作和自身建设等方面做大量卓有成效的工作，共举行常委会会议34次、主任会议50次，听取和审议工作报告42个，开展执法检查10次、专题询问2次、专项工作评议2次，依法任免国家机关工作人员386人次，作出决议决定23个，出台地方性法规1部，提出审议意见38份，为推进全市经济社会发展和民主法治建设做出积极贡献。谢宏治指出，今后五年，是衡阳市全面建成小康社会的决胜阶段，是加快产业转型升级的黄金时期，是重构政治生态、重塑良好形象的紧要关头，也是人大工作迎难而进、奋发有为的关键时期。市人大常委会工作的总体要求是：高举中国特色社会主义伟大旗帜，以马克思列宁主义、毛泽东思想、邓小平理论、“三个代表”重要思想、科学发展观为指导，深入贯彻习近平总书记系列重要讲话精神，在中共衡阳市委的正确领导下，认真贯彻落实市第十一次党代会精神，按照“五位一体”总体布局和“四个全面”战略布局，牢固树立和贯彻落实创新、协调、绿色、开放、共享发展理念，坚持党的领导、人民当家作主、依法治国有机统一，紧紧围绕全市工作大局，依法履职，主动作为，充分发挥地方国家权力机关作用，为建设经济繁荣、百姓富裕、生态优美、社会和谐、政治清明的新衡阳而努力奋斗。谢宏治强调五个方面的重点工作：牢固树立“四个意识”，确保人大工作正确的政治方向；认真贯彻市第十一次党代会精神，为建设“五个新衡阳”凝心聚力；积极顺应发展形势，认真行使各项法定职权；不断创新代表工作，充分发挥代表主体作用；切实加强自身建设，努力提高人大机关工作水平。市中级人民法院院长张经伟、市人民检察院检察长刘孙承分别作市中级人民法院工作报告和市人民检察院工作报告。

1月8日，市十五届人大一次会议举行第三次全体会议，市委副书记、大会执行主席邓群策主持会议。选举产生市十五届人大常委会主任、副主任，市人民政府市长、副市长和市中级人民法院院长、市人民检察院检察长。周农当选市十五届人大常委会主任。周海兵当选市人民政府市长。段志刚、李鹏飞、晏华衡、伍清明、谭敦龙、侯明星、邹致和、李艳丽（女）当选市十五届人大常委会副主任。何录春、廖健、胡志文、刘正兴、龚学余、周玉梅（女）、杨龙金当选市人民政府副市长。张经伟当选市中级人民法院院长。选举的市人民检察院检察长须经省人大常委会批准后公布。

1月9日，市十五届人大一次会议举行第四次全体会议，选举产生市十五届人大常委会秘书长、委员。市委书记、市人大常委会主任周农，省委督导组组长、省纪委常委王前良，市委副书记、市长周海兵出席。市人大常委会副主任、大会执行主席伍清明主持会议。龙雪一当选市十五届人大常委会秘书长。卜茂平、邓明君、龙华、卢劲松、吕正平、伍尤平、刘红日、刘新华、汤守春、李萍、何华榕、何旭明、张秋声、陈其芳、郁晓初、欧阳大力、罗志刚、单绪平、封哲夫、胡仲敏、胡新武、贺熙欢、郭露璐、蒋云新、曾静、曾小蕙、廖晟、廖桂元、谭丽霞、谭黎军、颜娟华当选市十五届人大常委会委员。

1月10日，市十五届人大一次会议闭幕。市委书记、市人大常委会主任周农在闭幕大会上发表讲话。省委督导组组长、省纪委常委王前良到会指导。市委副书记、市长周海兵发表履职感言。担任大会执行主席的主席团常务主席周农、周海兵、邓群策、谢宏治、段志刚、李鹏飞、晏华衡、伍清明、谭敦龙、侯明星、邹致和、李艳丽、龙雪一在主席台前排就座。段志刚主持会议。大会表决通过关于设立市十五届人大专门委员会的决定；表决通过市十五届人大各专门委员会主任委员、副主任委员、委员名单；表决通过市十五届人大一次会议关于《政府工作报告》《衡阳市2016年国民经济和社会发展计划执行情况与2017年计划草案的报告》《衡阳市2016年全市及市本级预算执行情况与2017年全市及市本级预算草案的报告》《衡阳市人民代表大会常务委员会工作报告》《衡阳市中级人民法院工作报告》《衡阳市人民检察院工作报告》的决议。（李俊青）

【市第十五届人民代表大会第二次会议】 2017年7月26日上午，衡阳市第十五届人民代表大会第二次会议在市政府会议中心开幕。大会主席团常务主席周农、段志刚、李鹏飞、晏华衡、伍清明、谭敦龙、侯明星、邹致和、李艳丽、龙雪一担任大会执行主席，周农主持会议。会上，与会代表表决通过大会补选办法。7月26日下午，市十五届人大二次会议举行第二次全体会议，市委书记、市人大常委会主任周农出席会议。经过大会投票选举，郑建新满票当选市人民政府市长。大会由大会执行主席邓群策主持。计票结果显示，发出选票507张，收回选票507张，无效票0张，赞成票507张。大会主持人邓群策宣布大会选举结果：郑建新当选为市人民政府市长。随后，市长当选人郑建新向宪法宣誓。担任本次大会执行主席的还有段志刚、李慧星、苏营、王旭明、康强、卜茂平、尹培国、龙华（女）、卢劲松、吕正平、伍尤平、刘健、刘达祥、谭黎军、黎家能、颜娟华（女）。随后，召开闭幕大会。市委书记、市人大常委会主任周农在闭幕大会上发表重要讲话。市委副书记、市长郑建新发表履职感言。担任大会执行主席的主席团常务主席周农、段志刚、李鹏飞、晏华衡、伍清明、谭敦龙、侯明星、邹致和、李艳丽、龙雪一在主席台前排就座。段志刚主持会议。（李俊青）

【市十五届人大常委会第一次会议】 2017年2月17日，市十五届人大常委会举行第一次会议。会议审议并通过市人大常委会2017年工作要点，补齐县域经济、工业经济、旅游经济短板工作评议方案，“三学三争”主题实践活动的意见，市十五届人大常委会代表资格审查委员会组成人员名单。2017年，市人大常委会将切实抓好立法工作，审议出台衡阳市第二部地方性法规——《衡阳市城市市容和环境卫生管理条例》；完善决定重大事项制度，督促市人民政府及相关部门及时报告有关重大事项；组织对《中华人民共和国著作权法》等法律法规的实施情况开展执法检查，督促相关法律法规在衡阳市得到贯彻落实；将依照监督法的有关规定，对补齐县域经济、工业经济、旅游经济短板等工作进行专项评议；建立人大选举和人大常委会任命人员报告履职情况制度，并接受常委会组成人员的满意度测评。2017年，市人大常委会将深入开展“三学三争”主题实践活动，号召和组织各级人大代表和人大机关干部职工学系列讲话，争当坚定信念的表率；学党章党规，争当遵规守纪的表率；学宪法法律，争当为民履职的表率。（孙　柱）

【市十五届人大常委会第二次会议】 2017年4月20日至21日，市十五届人大常委会举行第二次会议。会议审议有关人事任免事项，决定任命33名市人民政府工作部门负责人。市人大常委会工作部门1名拟任人员、市人民政府工作部门33名拟任人员分别到会作任前表态发言，市人大常委会组成人员就加快发展、补齐短板、兜底脱贫、预防腐败、幼儿教育、电梯安全、环境保护、惩治毒品犯罪等人民群众关心的热点难点问题进行询问，拟任人员现场作出回答，常委会组成人员经过认真审议和电子表决，通过对拟任人员的任命，周农向通过任命的同志颁发任命书，新任命的人员进行向宪法宣誓活动。会议还听取和审议市人民政府关于衡阳市城区规划2016年实施情况和2017年计划情况、全市禁毒工作情况、全市动物防疫工作情况的报告。会议审议通过《关于在全市开展第七个五年法治宣传教育的决议（草案）》，市人大常委会组成人员守则，组成人员联系人大代表方案，对拟任国家机关工作人员进行法律知识考试办法，评选表彰市人大代表履职先进个人、优秀调研报告、优秀议案和建议的办法，办理市人大代表建议、批评和意见的办法。

（孙　柱）

【市十五届人大常委会第三次会议】 2017年6月29日，市十五届人大常委会举行第三次会议。会议接受周海兵辞去市人民政府市长职务、何录春辞去副市长职务的请求，决定任命郑建新为市人民政府副市长，并决定其为代理市长。会议还决定任命彭玉明为市人民政府副市长。会议听取和审议市人民政府关于2016年度市本级财政预算执行及其他财政收支情况的审计工作报告。会议充分肯定市人民政府和市审计局付出的努力。对审计发现的问题，会议要求，市人民政府责成相关部门认真查找和分析问题产生的原因，进一步完善体制机制，避免屡审屡犯的现象发生。同时要严格责任追究，加强跟踪监督，确保指出问题整改到位，并将整改情况向市人大常委会报告。会议听取和审议市人民政府关于2016年度全市及市本级财政决算草案的报告、关于2017年市本级财政预算调整方案（草案）的报告，并决定批准2016年市本级财政决算和2017年市本级财政预算调整方案。会议要求，市人民政府及其相关部门要进一步完善预决算编制，提高预算编制的准确性、科学性；严格预算收支管理，及时、足额征收应征的预算收入，优化财政支出结构，切实保障和改善民生；加强财政资金监管，提高资金使用效益；加强政府债务管理，严控债务风险；加强财源培植，加大财税征管力度，提高收入质量，确保圆满完成全年收入任务。会议听取和审议市人民政府关于农村环境综合整治工作情况的报告、关于2016年环境状况和环境保护目标完成情况的报告。会议要求市人民政府及其相关部门加快推进绿色发展、切实落实环保责任、加强环境污染治理、强化环保能力建设。会议还决定，2017年7月26日召开市十五届人大二次会议。（孙　柱）

【市十五届人大常委会第四次会议】 2017年7月14日上午，市十五届人大常委会举行第四次会议。会议审议市人民政府关于《衡阳市城市市容和环境卫生管理条例（草案）》（以下简称《条例（草案）》）的议案。会上，各位组成人员对法规草案进行认真审议，坚持从实际出发和问题导向，提出许多建议。会议要求，市人大常委会法工委要根据本次常委会的审议意见，深入调查研究，广泛听取意见，对《条例（草案）》进一步作出修改和完善，为第二次审议打好基础。会议还审议衡阳市第十五届人民代表大会第二次会议议程（草案）、补选办法（草案）、主席团和秘书长名单（草案），通过列席人员名单。会议还审议通过市人大常委会代表资格审查委员会关于异动和补选的市十五届人大代表的代表资格审查报告，确认周玉军等8人的市十五届人大代表资格有效，确定衡阳市第十五届人民代表大会实有代表524名。

（孙　柱）

【市十五届人大常委会第五次会议】 2017年8月31日，市十五届人大常委会举行第五次会议。会议听取和审议市人民政府关于衡阳市2017年上半年国民经济和社会发展计划执行情况的报告、2017年上半年全市及市本级财政预算执行情况的报告。会议充分肯定衡阳市2017年上半年计划、预算工作所取得的成绩，也指出存在的问题，提出一些建议。会议指出，2017年上半年，市政府在执行年度国民经济和社会发展计划方面取得良好成效。主要预期目标基本完成，部分经济指标实现突破，植优补短战略扎实推进，经济增长质量有所提升，社会各项事业统筹发展，人民群众的获得感明显增强。上半年衡阳市财政预算执行比较好，完成预期目标，为全市经济社会平稳健康发展做出积极贡献。会议强调，做好下半年财政预算工作要千方百计培植财源，想方设法加强财税征管，更加合理优化支出结构，不断深化财政体制改革，形成新的经济增长点。会议听取和审议市人大常委会执法检查组关于《中华人民共和国著作权法》《湖南省农村扶贫开发条例》《湖南省实施〈中华人民共和国城乡规划法〉办法》执法检查情况的报告。会议审议《衡阳市城市市容和环境卫生管理条例》（草案二次审议稿），对条例作出进一步的修改和完善。会议还传达全省加强县乡人大工作和建设推进会暨湖南省人大工作先进个人表彰大会精神，要求全市各级人大组织加强思想武装，建设党性过硬的政治机关；夯实组织基础，建设胜任职责的工作机关；严格工作作风，建设人民满意的代表机关。（孙　柱）

【市十五届人大常委会第六次会议】 2017年10月30日至31日，市十五届人大常委会举行第六次会议。会议对补齐县域经济短板、补齐工业经济短板、补齐旅游经济短板工作进行专项评议，会上，市农委、市经信委、市旅游外侨民宗局负责人分别报告相关工作开展情况，市人大常委会三个评议组组长分别作评议报告，部分常委会委员、人大代表、专家作评议发言，市人大常委会组成人员在认真评议的基础上对三项工作开展情况进行满意度测评，经过投票表决，测评结果均为满意。会议还对《衡阳市城市市容和环境卫生管理条例（草案）》（以下简称《条例》草案）进行第三次审议，表决通过该《条例（草案）》，报省人大常委会审批后颁布实施。会议还听取和审议市人民政府《关于大力发展全域旅游，补齐旅游经济短板的议案》办理情况的报告。（孙　柱）

【市十五届人大常委会第七次会议】 2017年11月28日，市十五届人大常委会举行第七次会议。会议审议《关于提请任免贺军等同志职务的议案》，通过有关人事任免；会议审议并通过市人大常委会关于加强市人民检察院法律监督工作的办法（草案）、市十五届人大三次会议议程（草案），市人大常委会关于召开市十五届人大三次会议的决定（草案）；会议还听取和审议市十五届人大一次会议以来代表建议、批评和意见办理和督办工作情况的报告（草案）。会议指出，认真办理代表建议，是“一府两院”接受权力机关监督的法定职责和义务。要高度重视这项工作，不仅要看是否在法定期限内答复代表，更要看代表提出的问题是否得到有效解决。各承办单位要及时对代表建议办理工作开展“回头看”，对因政策原因或客观条件限制不能办理的要向代表说明情况和原因。代表对答复意见不满意的，要重新办理、重新答复。会议强调，要充分肯定办理成效。市十五届人大一次会议以来，各承办单位高度重视代表建议办理工作，主动加强与人大代表沟通联系，提高办理质量和效果，解决一批关系经济社会发展和人民群众切身利益的问题。（孙　柱）

【市十五届人大常委会第八次会议】 2017年12月26日，市十五届人大常委会举行第八次会议。会议听取和审议市人民政府关于衡阳市2017年国民经济和社会发展计划执行情况与2018年计划草案的报告、全市及市本级2017年财政预算执行情况与2018年全市及市本级财政预算草案的报告、2016年市本级预算执行和其他财政收支审计查出问题整改情况的报告以及各整改单位的整改报告，并现场对8个单位的整改情况进行满意度测评，各单位均通过满意度测评。会议审议衡阳市第十五届人民代表大会第三次会议主席团和秘书长名单（草案）、选举办法（草案），关于2017年在衡全国人大代表和部分省、市人大代表集中视察的情况报告（书面），市人大常委会工作报告（草案），市人大常委会代表资格审查委员会关于异动和补选的市十五届人大代表的代表资格审查报告（草案），确认市第十五届人民代表大会实有代表525名。会议还审定市十五届人大三次会议列席人员名单，市人大常委会关于评选表彰2017年度代表优秀议案和建议及承办先进单位的决定、关于表彰全市人大代表扶贫工作基地建设先进单位和先进个人的决定。（孙　柱）

【市十五届人大常委会举行第四次主任会议】 2017年7月11日，衡阳市十五届人大常委会举行第四次主任会议，市人大常委会党组副书记、副主任段志刚出席会议并讲话。会议审议衡阳市第十五届人民代表大会第二次会议议程（草案）、会前工作日程安排、会议日程（草案）、补选办法（草案）、主席团和秘书长名单（草案）、列席人员名单（草案）。审定衡阳市第十五届人民代表大会第二次会议筹备工作方案（草案）、邀请在主席台就座人员名单（草案）。会议决定，7 月 14 日举行市十五届人大常委会第四次会议。段志刚指出，全省、全市上下都很关注市十五届人大二次会议，要高度统一思想，充分认识开好本次大会的重大意义。这是一项政治任务，也是建设政治清明新衡阳的“大考”，要跟省委、市委保持高度一致，认真依法履职。要精心做好准备，完善方案，确保完成大会各项任务。要特别强调纪律，讲政治、听指挥、守规矩、严要求，干好本职工作，展示人大形象，确保本次大会圆满成功。市人大常委会副主任李鹏飞、晏华衡、伍清明、谭敦龙、侯明星、邹致和、李艳丽，秘书长龙雪一出席。（李俊青）

【市十五届人大常委会举行第九次主任会议】 2017 年 12 月 15 日，市十五届人大常委会举行第九次主任会议，市人大常委会党组副书记、副主任段志刚主持会议并讲话。会议听取市人民政府关于衡阳市 2017 年国民经济和社会发展计划执行情况与 2018 年计划草案的报告、关于全市及市本级 2017 年财政预算执行情况与 2018 年全市及市本级财政预算草案的报告、关于 2016 年市本级预算执行和其他财政收支审计查出问题整改情况的报告以及各整改单位的整改报告、关于撤乡并村中公共资产管理和处置情况的报告、市人大常委会法工委关于《衡阳市城市市容环境卫生管理条例》有关情况的汇报、关于 2018 年立法计划的报告。会议审议衡阳市第十五届人民代表大会第三次会议主席团和秘书长名单（草案）、列席人员名单（草案）、选举办法（草案）、市人大常委会关于 2017 年在衡全国人大代表和部分省、市人大代表集中视察情况的报告（草案）、关于评选表彰 2017 年度代表优秀议案和建议及承办先进单位的决定（草案）、关于表彰全市人大代表扶贫工作基地建设先进单位和先进个人的决定（草案）、常委会工作报告（讨论稿）、2018 年工作要点（讨论稿）等。会议决定 12 月下旬举行市十五届人大常委会第八次会议，并将上述有关报告和草案提请此次会议审议。市人大常委会副主任晏华衡、伍清明、谭敦龙、侯明星、邹致和、李艳丽，秘书长龙雪一出席会议。（李俊青）

履职工作

【概况】 2017 年，衡阳市人大常委会在中共衡阳市委的坚强领导下，按照“新班子要有新气象、新形象、新要求、新局面”的要求，认真贯彻落实省委、市委的重大决策部署，履行宪法和法律赋予的职责，围绕中心，服务大局，抓住热点，突出重点，形成特点，打造亮点，始终做到与党同向、与民同心、与时俱进，顺利完成各项工作任务。一是牢固树立“四个意识”，始终确保人大工作正确政治方向。认真学习习近平新时代中国特色社会主义思想，全面贯彻市委决策部署，依法实现省委市委人事安排。二是奋力做到“四个促进”，积极顺应人民对美好生活的向往。促进经济稳中向好、植优补短见成效、美丽衡阳建设、民生福祉改善。三是围绕“四大目标”，扎实推进法治衡阳建设。完善立法机制，坚持科学立法；强化执法检查，推进严格执法；创新司法监督，促进公正司法；加大普法力度，引导全民守法。四是突出抓好“四项工作”，充分发挥人大代表主体作用。认真抓好代表培训、脱贫攻坚“五个一”行动、代表议案建议办理、代表履职载体建设等工作。五是切实加强“四个建设”，着力提高人大机关服务保障水平。切实加强思想政治建设、党风廉政建设、规章制度建设、县乡人大工作和建设。（孙　柱）

【助推经济建设】 适应经济发展新常态，加强监督调研，促进经济持续健康发展。认真听取和审议国民经济和社会发展计划执行情况报告，围绕稳增长、促改革、调结构、惠民生、防风险各项工作，提出意见和建议。认真听取和审议预算执行情况报告、决算报告，审查批准市本级决算，作出《关于批准 2017 年市本级财政预算调整方案的决议》，提升财政收入质量。认真听取和审议审计工作报告、审计整改工作报告以及8个单位对审计反映问题整改情况的报告，督促整改落实。认真听取和审议平台公司债务和融资情况，督促提高资金使用效率，防控金融风险。组建26人的预算咨询专家库队伍，着力提高预算监督水平。组织代表集中视察振兴实体经济“3311”工程计划项目建设情况，推动实体经济企稳向好。（孙　柱）

【植优补短成效】　植优补短是市委着力补齐县域经济、工业经济、旅游经济短板的重大战略部署。常委会认真组织开展补齐县域经济、工业经济、旅游经济短板工作专项评议，分3个评议调研组，通过现场察看、问卷调查、明察暗访、召开座谈会等形式，深入调研，找准症结。评议过程中，始终坚持问题导向，针对县域经济存在的农业产业化程度不高、土地流转难、金融等部门支持农业力度不大，工业经济存在的工业总量偏小、产业结构不优、园区发展不快，旅游经济存在的龙头带动效果不好、规划引领作用不强、宣传营销力度不大等问题，提出可行的意见和建议，并注重成果运用，跟踪督促整改。市人民政府高度重视，制定具体的整改措施，全市植优补短氛围更加浓厚，效果更加明显。（孙　柱）

【美丽衡阳建设】　常委会坚持绿色发展理念，认真听取和审议环境保护工作报告，推进环境污染治理，对8个饮用水源水质不达标的乡镇，逐一现场督办，提出整改要求，督促限期达标，确保群众喝上干净水。认真组织开展“环保世纪行”活动，现场察看湘江、蒸水、耒水排污口封堵、饮用水源保护、污水处理、黑臭水体治理、畜禽养殖污染防治等情况，组织新闻媒体采访报道，制作环保专题片，推动建设天蓝地绿水清的美丽衡阳。加大中央环保督察问题整改督办力度，多次深入县（市）区和水口山有色集团公司等单位现场督办，促使中央环保督察交办问题及时整改到位。采取随机抽样的方式，深入衡山县、常宁市、珠晖区，调研9个村环境综合整治工作，推动完善措施，建设美丽乡村。（孙　柱）

【民生福祉改善】　人民利益大于天。常委会始终关注民生问题，强化监督手段，跟踪整改效果，保障和促进民生福祉不断改善，全市财政民生支出共394.66亿元，占财政总支出的71.6%，提高1.4个百分点。前往衡南县、衡东县、祁东县，对动物防疫工作进行调研，促进畜牧产业健康发展。前往祁东县、常宁市、耒阳市、雁峰区等地，对禁毒工作开展调研，推动解决涉毒人员收押难问题，把各项禁毒措施落到实处。认真听取和审议《反家庭暴力法》实施情况的报告，促进家庭和谐幸福。认真听取和审议撤乡并村中公共资产管理和处置情况的报告，推动村级集体资产规范管理和处置。持续开展“三湘农民健康行”“民族团结进步行动”和“三湘农产品质量安全行”专项活动，督促各级政府抓好乡镇卫生院、村卫生室建设，促进少数民族地区加快发展，推动市、县、乡、村四级农产品质量安全监控体系建设，全省“三湘农产品质量安全行”座谈会在衡阳市召开，衡阳作典型发言。（孙　柱）

【执法检查】　把加强执法检查摆在突出位置，组织对《湖南省农村扶贫开发条例》《湖南省实施〈城乡规划法〉办法》《中华人民共和国著作权法》3部法律法规的实施情况开展执法检查，督促相关法律法规在衡阳市全面贯彻落实。组成3个执法检查小组，深入12个县（市）区24个贫困村，实地随机抽样检查《湖南省农村扶贫开发条例》实施情况，重点检查扶贫开发政策和责任落实情况、扶贫开发项目和资金管理情况，提出培植扶贫产业、激发内生动力、拓宽融资渠道等审议意见，促进扶贫工作更加扎实有效。组织开展《湖南省实施〈城乡规划法〉办法》实施情况执法检查，听取和审议城市规划工作报告，提出增强规划法律意识、加大规划执法力度、加快安置房建设等审议意见。市人民政府专题召开安置房建设和控违拆违工作会议，城区控违拆违力度持续加大，违法建设“五年清零行动”强力推进，市民居住环境得到改善。抽查著作权法在衡南县、衡东县、耒阳市、珠晖区的实施情况，切实维护著作权人合法权益。（孙　柱）

【司法监督】 适应司法体制改革的新形势，创新监督手段，加强司法监督，促进公正司法。狠抓法官、检察官执法信息档案建设，将执法信息档案作为“两院”法律职务任免的重要依据，任免前逐一查阅拟任法律职务人员执法信息档案，对存在问题记录拟任职人员，问题轻微的由常委会领导对其进行谈话提醒，问题严重的不予提请任命。衡东县、石鼓区、蒸湘区人大常委会率先建立法官、检察官执法信息档案。《人民代表报》推介衡阳市建设执法信息档案、加强司法监督的探索。出台《衡阳市人大常委会关于加强市人民检察院法律监督工作的办法》，做强做实人大的司法监督和检察机关的法律监督，充分发挥“两个监督”的合力，推进建设公平正义的法治环境。

（孙　柱）

【立法工作】 坚持以良法促发展、保善治，围绕中心工作，聚焦社会热点，着眼民生民情，从改革发展稳定的实际需要出发，按轻重缓急统筹立法工作，立符合衡阳市实际的法，立人民群众拥护的法。建立健全立法工作机制，设立16个基层立法联系点，聘任51名立法咨询专家，立法工作更加接地气、察民情。收集立法建议项目14个，在广泛征求意见的基础上，依法制定《衡阳市城市市容和环境卫生管理条例》，该条例拟于2018年3月1日施行。积极参与省人大立法调研活动，提出修改建议30余条。认真做好规范性文件备案审查工作，全年共审查市人民政府和县（市）区人大常委会报送的规范性文件43件，有效维护法制统一。

（孙　柱）

【普法工作】 开展“国家宪法日”活动，通过宪法宣传展板、宪法知识竞赛等形式加强宪法宣传教育，增强广大市民的宪法意识。作出《关于在全市公民中开展法治宣传教育第七个五年规划的决议》，加大全民普法力度，引导市民遵法学法守法用法。加强对《衡阳市南岳区综合管理条例》的宣传普及，让衡阳市首部地方性法规家喻户晓，增强市民爱护名山、文明旅游的法制意识。带着感情和责任做好信访工作，对群众反映强烈的信访事项，加强跟踪督办，全年共受理群众来信来访3059件次，全部依程序按规定进行处理，督促问题得到较好解决。

（孙　柱）

【代表培训】 常委会把代表培训作为一项重要工作来抓，分批次、多层次对国、省、市、县、乡人大代表进行集中系统轮训。组织市人大常委会组成人员和各县（市）区人大常委会主任到清华大学学习，增强理论素养，提高业务素质；举办2期市人大代表培训班，邀请全国人大常委会专家来衡阳进行人大知识讲座；指导县（市）区人大常委会开展县乡两级代表培训，衡山县、耒阳市、南岳区、雁峰区、珠晖区人大常委会培训工作扎实推进，全市县乡两级人大共举办培训班350余场次，培训代表1.3万余人次。

（孙　柱）

【脱贫攻坚“五个一”行动】 在全市人大系统深入开展人大代表为民履职脱贫攻坚“五个一”行动，组织一百余名企业家代表联村、一千余名领导干部代表包户、一千余名专业技术人员代表解难、一万余名农民代表结对、一千余名人大工作者帮困。13195名国、省、市、县、乡人大代表结合本职工作，发挥自身优势，采取各种形式，为脱贫攻坚出实招、献实力。创建112个代表扶贫工作基地，利用“公司+农户”“合作社+农户”等模式，辐射带动8591户、30893人脱贫致富。为充分发挥代表扶贫基地的桥头堡作用，组织代表现场观摩衡南县、祁东县、常宁市9个代表扶贫基地建设，学习经验、全面推进。表彰5个代表扶贫基地建设先进单位、7个优胜单位、36名先进个人，形成众志成城打赢脱贫攻坚战的强大合力。《中国人大》杂志、省委《工作情况交流》推介衡阳市发挥代表作用、助力脱贫攻坚的具体做法，《湖南日报》、湖南卫视、湖南经视、人民网、凤凰网等20余家媒体相继进行报道，彰显衡阳市各级人大代表心系群众、勇于担当的为民情怀。

（孙　柱）

【代表议案建议办理】 常委会创新代表议案建议督办方式，增强代表议案建议办理实效。将督办《关于大力发展全域旅游，补齐旅游经济短板的议案》与开展补齐旅游经济短板工作专项评议结合起来，一同部署、一同推进，组织各县（市）区人大常委会专题督办，邀请议案领衔代表和常委会委员参加督办。常委会将9月、10月定为代表建议督办月，筛选10件事关民生的建议，由主任会议成员牵头、人大各专门委员会对口重点督办。各承办单位以高度的责任感，认真办理代表建议，解决一批人民群众关心的突出问题。《关于大力发展全域旅游，补齐旅游经济短板的议案》被评为代表优秀议案，18件建议被评为代表优秀建议，市教育局、市财政局、市住房和城乡建设局、市城市管理行政执法局等15个单位被评为建议承办先进单位。刘青珍代表提出的《关于取消衡阳市进城收费的建议》，引起市人民政府的高度重视，市人民政府决定，从2018年1月1日起，取消衡阳市贷款建设城市路桥车辆通行费。（孙　柱）

【代表履职载体建设】 健全完善代表联系群众工作机制，畅通代表联系群众渠道，衡南县、衡阳县、祁东县、常宁市、蒸湘区人大常委会注重发挥代表联系群众工作站作用，为群众办实事、解难事。2017年，市、县、乡三级代表联系群众工作站共接待群众2.2万余人次，收集意见建议3900余条，帮助解决问题2100余个。深入开展“6·25”为民服务日活动，组织“送教育、科技、医疗、农业技术下乡村”、走访慰问困难群众等活动，密切代表与群众的血肉联系。加大表彰宣传力度，激发代表履职热情，表彰18名市人大代表履职先进个人及15篇优秀调研报告，在《衡阳日报》、衡阳电视台和“掌上衡阳”中推出“代表履职手记”专栏，连续一个月集中报道20名代表为民履职的优秀事迹，以身边人、身边事激励广大代表，引导代表争当为民履职的表率。（孙　柱）

【思想政治建设】 深入推进“两学一做”学习教育常态化制度化，在全市人大系统认真开展“三学三争”主题实践活动，学习习近平新时代中国特色社会主义思想，争当坚定信念的表率；学习党章党规，争当遵规守纪的表率；学习宪法法律，争当为民履职的表率。开展党章党规知识竞赛活动，参观夏明翰故居、廉政文化园，加强党性锻炼，坚定理想信念。开展社区志愿活动，创建文明单位，举办文明礼仪知识、道德教育等讲座，提高文明素质，加强道德修养。（孙　柱）

【规章制度建设】 把握新形势对人大工作提出的新要求，出台《预算审查咨询专家库管理办法》《年度立法计划编制规则》等制度，修订《市人大常委会组成人员守则》《办理市人大代表建议、批评和意见的办法》等制度，做到依法行权、规范用权；坚持用制度管人管事，全面梳理完善人大机关现有制度，进一步规范政治学习、公务活动、内勤管理等工作，努力提高常委会工作的科学化、制度化、规范化水平。（孙　柱）

【县乡人大工作和建设】 前往12个县（市）区和部分乡镇，督查调研县乡人大工作和建设，针对存在的困难和问题，专题研究、制定对策，把调研成果转化为加强县乡人大工作和建设的思路和举措。各县（市）区党委高度重视县乡人大工作和建设，健全工作保障机制，支持人大依法履职行权，中央、省委、市委有关政策规定得到较好落实，常委会组成人员专职比例进一步提高，人大机关机构设置进一步规范，乡级人大人员配置进一步加强，全市县乡人大工作和建设得到省人大常委会肯定。（孙　柱）

【全市人大系统“三学三争”专题培训班开班】 2017年2月24日，全市人大系统“三学三争”专题培训班开班。市委书记、市人大常委会主任周农在动员讲话中强调，进一步增强“四个意识”，正确把握人大工作的新要求和新任务，自觉践行“三学三争”，打造务实、廉洁、高效的人大机关，塑造为民、务实、担当的人大代表新形象。人大工作的政治性、法律性和专业性很强。2016年，衡阳市市县乡三级人大换届后，许多人大代表和人大干部都是“新兵”，急需提高依法履职的能力和水平。在两天的培训中，200余名学员们重点学习习近平总书记系列重要讲话精神、立法知识、为民履职以及《宪法》《监督法》《预算法》等知识，省人大相关专门委员会的负责人和市委党校的专家应邀授课。周农强调，要不断加强和改进党对人大工作的领导，始终坚持人大工作正确政治方向，始终坚持“维护核心、围绕中心、凝聚人心”，始终做到“与党同向、与民同心、与时俱进”，始终遵循“为人民利益代言、为衡阳发展行权、为公平正义履职”，把党的领导贯穿于人大依法履职全过程、落实到人大工作各方面。周农强调，要把握人大工作的政治性，旗帜鲜明“维护核心”。提高政治站位，切实增强“四个意识”。提高政治觉悟，自觉坚持党的领导。提高政治能力，为实现党的决策部署保驾护航；要凸显人大工作的全局性，坚定不移“围绕中心”。要为改革创新排除干扰，坚定不移地助推植优补短工作，坚决守住民生、生态两条底线。要坚持人大工作的人民性，锲而不舍“凝聚人心”；要紧紧围绕建设“五个新衡阳”依法履职，注重质量抓立法，增强实效搞监督，着眼大局作决定，坚持原则行任免，创新载体促履职；要深入推进“两学一做”学习教育常态化制度化，扎实开展“学系列讲话，争当坚定信念的表率；学党章党规，争当遵规守纪的表率；学宪法法律，争当为民履职的表率”为主要内容的“三学三争”主题实践活动，全面加强人大自身建设，打造务实、廉洁、高效的人大机关，塑造为民、务实、担当的人大代表新形象。市委副书记邓群策主持开班式。市人大常委会党组副书记、副主任段志刚，市人大常委会副主任李鹏飞、晏华衡、伍清明、谭敦龙、侯明星、邹致和、李艳丽，市领导苏萱、康强、周晓云出席开班式。（李俊青）

【衡阳首部地方性法规正式施行】 2017年3月1日起，衡阳市第一部地方性法规——《衡阳市南岳区综合管理条例》（简称《条例》）正式施行。2月28日，南岳区举行《条例》施行仪式，市人大常委会党组副书记、副主任段志刚出席会议并讲话。《条例》是衡阳市获得地方立法权后制定的第一部地方性法规。《条例》已由市十四届人大常委会第三十一次会议于2016年10月28日审议通过，已于2016年12月2日经省十二届人大常委会第二十六次会议审查批准。市十四届人大常委会于2016年12月22日发布公告，将《条例》予以公布，自2017年3月1日起施行。段志刚指出，《条例》的施行，是衡阳市立法史上、南岳区发展史上一个具有里程碑意义的重大历史时刻，对推进全市民主法治建设、建设法治衡阳具有重大意义，对加强南岳综合管理、推进南岳加快发展、发展全市全域旅游将产生深远影响。段志刚强调，法律的生命力在于实施，法律的权威也在于实施。要认真抓好《条例》的实施，规范南岳管理，破解制约南岳发展问题，树立南岳良好形象，推动南岳旅游产业发展，促进补齐全市旅游经济短板，推动“五个新衡阳”加快建设。当天，段志刚一行到南岳区牌坊广场、南街古戏台、游客服务中心、寿岳广场等宣传点，察看《条例》宣传情况。市人大常委会副主任伍清明、李艳丽出席活动。（李俊青）

【全市人大系统党风廉政建设和反腐败工作会议召开】 2017年3月21日，全市人大系统党风廉政建设和反腐败工作会议召开，下发《衡阳市人大常委会党组关于落实党风廉政建设和反腐败工作责任分工的实施办法》（简称《办法》）。市委书记、市人大常委会主任周农对市人大常委会党组落实党风廉政建设责任制作出批示。周农强调，要以刮骨疗毒的勇气、抓铁有痕的精神，切实推进全市人大系统党风廉政建设和反腐败工作，重构政治生态，重塑人大形象，努力强化全体人大工作者的“四个意识”，推动全面从严治党向纵深发展，推动全市人大工作开创新局面。市人大常委会党组副书记、副主任段志刚主持会议并讲话。市委常委、市纪委书记包昌林出席会议并讲话。周农充分肯定《办法》很好、很有创意。周农指出，衡阳破坏选举案产生的原因很多，但很重要的原因是因为过去的全市各级人大机关落实党风廉政建设责任制工作不力，措施不硬，效果不好，部分人大工作者和一些人大代表的法纪意识不强，对自身要求不严。因此，人大系统加强党风廉政建设和反腐败工作十分重要、十分迫切。新的人大领导班子切实加强党风廉政建设和反腐败工作的新举措很好、很有必要。周农希望全市各级人大常委会党组要认真贯彻落实中央、省委和市委关于党风廉政建设和反腐败工作决策部署和要求，认真落实党风廉政建设责任制，加强廉政教育，完善工作制度，强化监督措施，从严要求全体人大工作者，从严管理全市各级人大代表，做到警钟长鸣。段志刚强调，要以学习教育为基础，进一步提高政治站位，做政治上的明白人。市人大常委会党组将以《办法》为依据，全面落实党风廉政建设“两个责任”，推进管党治党向纵深发展。全市人大系统要以“两案”反思为抓手，进一步加强自身建设，全面从严治党，从严管理干部，打造有正气、有活力、有作为的人大机关。就贯彻落实好此会议精神，段志刚要求，全市人大系统要深刻领会，做到真管真严。要完善举措，做到敢管敢严。要明确责任，做到长管长严。包昌林指出，全市人大系统要站在“四个全面”“三个统一”“五个新衡阳”的高度，统一思想，深化认识，明确任务，精准发力，不断增强责任感和使命感，进一步加强机关自身建设。同时要校准信念“指南针”，把好用权“方向盘”，擦亮监督“探照灯”，系牢廉洁“安全带”，争当对党忠诚、严以用权、敢于担当、修身自律的表率，全面推进党风廉政建设。市人大常委会副主任李鹏飞、晏华衡、伍清明、谭敦龙、侯明星、邹致和，市领导李慧星、康强、周晓云参加会议。会上，市人大常委会秘书长龙雪一就推进全市人大系统党风廉政建设和反腐败斗争作工作报告。市人大各委室负责人会后递交2017年度党风廉政建设和反腐败工作任务责任书。（李俊青）

【全市人大法制工作会议召开】

2017年4月19日，全市人大法制工作会议召开。从会上决定，衡阳市2017年计划出台第二部地方性法规——《衡阳市城市市容和环境卫生管理条例》。截至当前，该法规文本的起草工作已进入收尾阶段。市人大常委会副主任李艳丽出席会议并讲话。2017年围绕制定该部法规，市人大法制委、市人大常委会法工委将认真开展相关立法调研和法规草案的起草、修改、审议等工作。同时，建立健全立法工作机制。已提请市十五届人大常委会举行第二次主任会议审议通过市人大常委会年度立法计划编制规则、立法咨询专家库制度和立法工作基层联系点制度等。会上，各县（市）区人大、人大法制工作机构的负责人广泛交流工作经验，探讨新形势新任务下的人大法制工作的新思路，并就做好人大法制工作提出一些意见和建议。省人大法工委备案审查处负责人讲授规范性文件备案审查工作知识。李艳丽指出，人大法制工作是一项崭新的工作，要科学界定工作职责，积极做好地方立法工作，继续抓好备案审查工作，尽快建立基层立法联系点，共同努力为建设“法治衡阳”做出应有的贡献。

（李俊青）

衡阳市人民政府

重要会议

【市政府2017年第一次全体会议暨廉政工作会议召开】 2017年2月24日，市政府召开2017年第一次全体会议暨廉政工作会议。会议通报2016年《政府工作报告》落实情况和2017年《政府工作报告》重点工作任务分解情况，表彰2016年市政府系统办理人大建议、政协提案工作先进单位，各县（市）区及市直部门递交2017年工作责任状。周海兵向市直单位主要负责人交办2017年人大建议和政协提案办理任务。周海兵指出，《政府工作报告》确定的目标任务是市政府对全市人民的庄重承诺，各级各部门要按照市委、市政府的安排部署，明确任务要求，提振精神状态，撸起袖子真抓实干，确保完成全年各项目标任务。要着力保持经济平稳健康发展，在振兴工业经济、增强县域实力、推进全域旅游等方面下功夫；要全面推进供给侧结构性改革，全面落实“三去一降一补”改革任务，全面推进农业供给侧结构性改革，深化重点领域改革；要持之以恒抓好重点项目建设，既要强力推进项目，又要积极引进项目，还要精心包装项目；要坚持共享理念抓实民生工作，促进城乡统筹发展，切实改善保障民生，扎实推进脱贫攻坚；要一以贯之守住四条工作底线，抓好安全生产、环境保护、社会稳定、风险防控工作。周海兵要求，要以对人民高度负责的态度，办好人大建议和政协提案。要深化认识，落实办理责任，实现沟通率100%、办复率100%，代表、委员满意度100%；要强化措施，提升办理质效，通过加强调查研究、加强协调配合、加强跟踪督办，确保人大建议、政协提案办理“件件有着落”；要举一反三，创新体制机制，通过办理一件建议提案，解决一批类似问题，推动一个方面工作，扩大人大建议、政协提案办理工作的经济效益和社会效益。周海兵强调，要深入推进政府系统党风廉政建设。要严守政治规矩，严肃党内政治生活，要严明纪律规矩要求、遵守政治生活规范、切实发挥表率作用。要严守廉政规矩，不断纯洁政治生态，要狠抓正风肃纪，推动作风转变；完善监管机制，铲除腐败土壤；自觉接受监督，抓好防微杜渐。要严守工作规矩，全面推进依法行政，要健全依法决策机制、深化行政执法体制改革、严格规范公正文明执法。周海兵表示，要以抓铁有痕的精神，抓好当前各项工作，确保实现一季度“开门红”。要细化落实重点任务，加强项目联点服务，全力抓好春耕生产，确保大局和谐稳定。市领导何录春、章彰、廖健、胡志文、周玉梅、张亮、李辉、胡水龙、唐文峰，市政府秘书长邓小林参加会议。 （刘清平）

【市政府2017年第一次常务会议】 2017年1月10日，衡阳市委副书记、市长周海兵主持召开衡阳市政府2017年第一次常务会议，通报新一届衡阳市政府领导成员工作分工相关情况。会议指出，新一届市政府领导当前要落实好“三个确保”：一是确保平稳移交。市政府领导班子成员大多数为新成员，要做好新老班子成员工作移交，立即开展工作，不能因为班子变动影响工作正常开展；二是确保任务完成。要对照2016年年初确定的工作目标，查漏补缺，加快冲刺，确保各项工作圆满完成；三是确保安全稳定。要全面开展安全生产大检查，分系统分行业分战线开展安全生产谈心谈话，时刻绷紧安全生产这根弦，确保不发生重大安全事故，确保社会大局稳定。会议要求，新一届衡阳市政府要同心协力推动衡阳发展。衡阳市政府班子要同心协力，忠于事业，敢于担当，主动作为，不断增强班子的凝聚力和战斗力，共同把衡阳的事情做好；衡阳市政府分管领导与所分管部门要同心协力，心往一处想，劲往一处使，形成工作合力，推动各行各业争先创优；衡阳市相关部门要同心协力，积极配合，务实工作，增强部门执行力，确保政令畅通，圆满完成各项目标任务。会议强调，新一届市政府要清正廉洁。市政府领导要带头贯彻落实中央、省、市关于党风廉洁建设的各项规定，以身作则，严于律己，扎扎实实做事，清清白白做人。要始终保持惩治腐败的高压态势，进一步建立健全廉洁风险防控体系，增强拒腐防变的自觉性，打造高效、廉洁政府。衡阳市领导何录春、章彰、李艳丽、廖健、胡志文、刘正兴、龚学余、周玉梅、杨龙金、汪维、李辉、胡水龙、唐文峰，省属单位驻衡阳负责人李传思，市政府秘书长邓小林参加会议。

（曾诗玉）

【市政府 2017 年第二次常务会议】2017 年 1 月 20 日，衡阳市长周海兵主持召开市政府 2017 年第 2 次常务会议，研究春节期间相关工作及衡阳南岳机场发展等工作。会议指出，全市各级各部门要高度重视，全体动员，把做好春节期间各项保障和服务工作一项一项落到实处，确保全市人民过一个欢乐祥和的春节。要把安全生产放在各项工作的首位，时刻绷紧安全生产这根弦，各级各部门领导要带队检查安全生产工作，及时发现问题，督促整改问题，确保不发生安全生产事故。要抓好公共安全，科学组织大型集会活动，确保井然有序；要强化消防安全，消除隐患，确保不发生火灾事故；要严格食品安全管理，加强市场监管，确保群众吃上放心食品；要做好森林防火工作，加大宣传和监管力度，维护生态安全；要加强疫情管控，采取断然措施，全力阻击禽流感等重大动物疫病；要妥善处置信访问题，确保农民工工资发放到位，维护社会大局稳定。要加强值班值守，各级各部门要安排专人值班，领导要带头值班，密切关注社会动态，做好应急预案。会议要求，相关部门要增强责任感，强化调度，确保春节各类供应保障到位。要对供水、供电、供气及各类物资供应澄清底子，查漏补缺，加强组织协调，确保供应充足，满足市民过节需求；要细化工作措施，落实工作责任，全力做好春运工作，既要保证安全，又要确保畅通，为老百姓出行创造便利快捷条件。会议强调，各级各部门要加强合作，努力营造欢乐祥和的节日氛围。要开展多种群众文化活动，丰富群众节日生活；要加大宣传力度，提高市民安全意识，确保市民安全过节；要搞好市政基础设施建设，做到路平、沟通、灯亮，提升城市品位和形象；要加强卫生整治，为市民提供一个干净整洁的节日环境。会议表示，南岳机场航线开辟既要立足于市民出行方便，更要立足于全市经济社会发展。要加强与航空公司的沟通和合作，积极开辟新航线，提升机场的知名度和影响力。会议认为，城市公交涉及广大人民群众的出行安全和便利，是一项重要的民生工作。提升公交形象是政府义不容辞的责任，也是城市一道亮丽的移动名片。市相关部门要结合实际，抓紧时间，做好收购民营公交和线路经营权等相关工作，进一步优化结构和线路，不断提升公交运行质量，满足广大人民群众出行需求。会议还研究其他事项。市领导何录春、章彰、贺小坤、廖健、胡志文、刘正兴、龚学余、周玉梅、杨龙金、李辉、唐文峰，驻衡阳省属单位负责人李传思，市政府秘书长邓小林参加会议。

（曾诗玉）

【市政府 2017 年第三次常务会议】2 月 16 日，衡阳市委副书记、市长周海兵主持召开市政府 2017 年第 3 次常务会议，研究部署《政府工作报告》重点工作责任分解以及环保、审计、信访等工作。会议指出，落实 2017 年《政府工作报告》重点工作责任分解，是兑现政府对全市人民的庄严承诺，也是指引全年工作的指挥棒。各级各部门要进一步深化认识，加强领导，强化责任，密切配合，齐心协力打好“整体战”；要明确工作目标，细化责任清单，及时安排部署，定期检查调度，确保不折不扣完成好各自任务，向全市人民交上一份满意的答卷。会议指出，2016 年，衡阳生态环境质量得到持续改善，环境保护工作取得明显成效。2017 年，衡阳迎接中央环保督查，要继续落实“党政同责、一岗双责”要求，健全环境保护工作责任制和考核评价制度；要继续明确目标，对照督查的重点内容，全面自查自纠，列出问题清单，逐一整改落实，形成长效机制，全面做好各项迎检准备工作。会议要求，要紧紧围绕全省审计工作会议精神，结合衡阳实际，在推动重大政策措施落实、防范经济运行风险、提高财政资金使用绩效、促进政府自身建设上发挥好职能作用。同时，要加大整改问责、审计移送力度，促进反腐倡廉，要突出国有土地出让和国有资产审计，以审计倒逼各项制度完善，推动政府各部门提高施政能力和服务水平。会议指出，2017 年是党的十九大召开之年，是重塑政治清明新衡阳的关键之年，信访工作面临更多挑战，要认清形势，主动作为，聚焦基层基础和突出问题，积极减存量、控增量、防变量，主动抓源头、促化解、提效能，为党的十九大召开营造良好环境，确保衡阳大局和谐稳定。会议研究关于全市“十三五”交通公路项目“市统贷、县分还”融资方案。会议指出，“市统贷、县分还”融资方案是保障衡阳市国省干线及农村路网建设资金的有力举措，将加快完善市、县交通路网建设，提振县域经济，改善城乡面貌，促进融城发展。要进一步完善方案，出台科学的实施办法和操作规程，控制风险，降低成本，合力推进统贷工作。会议认为，整合城乡居民医保制度是全面深化改革的一项重要工作。各级各部门要增强工作的责任感和紧迫感，进一步完善《实施细则》，加快推进各项工作。县（市）区政府主要领导要挂帅、分管领导具体抓，把握工作要求，细化工作任务，确保按照时间节点完成各项工作。

【市政府 2017 年第四次常务会议】
2017 年 2 月 27 日，衡阳市委副书记、市长周海兵主持召开市政府 2017 年第 4 次常务会议，研究省第十三届运动会筹备、中小微企业信用贷款及金融机构考核、关爱农村留守儿童和帮扶困境儿童、教育综合改革、政府合同管理及党政机关建立法律顾问制度等工作。会议指出，要通过实施《衡阳市金融机构中小微企业贷款信用风险补偿管理办法（试行）》，促进实体经济发展，支持中小微企业发展。要搭建好平台，及时发布企业信息，架起金融机构与企业互动的桥梁，破解企业融资难题，化解金融机构金融风险，调动金融机构为全市经济发展服务的积极性。要进一步完善《衡阳市银行业金融机构考核办法》和《衡阳市保险业金融机构及行业协会考核办法》，及时通报考核结果，建立激励机制，强化考核结果运用，提升金融机构服务水平。（曾诗玉）

【市政府 2017 年第五次常务会议】
2017 年 3 月 25 日，衡阳市委副书记、市长周海兵主持召开市政府 2017 年第 5 次常务会议，研究农村电网改造升级、水利、计划生育特殊困难家庭扶助、电动车管理及社会治理网格化管理、禁毒、推进政务公开等工作。会议指出，各级各部门要秉承民本情怀，抓住国家、省高度重视农村电网改造的机遇，进一步统一认识，压实责任，攻坚克难，按照“环境最优、进度最快、质量最好”的要求，确保全市农村电网改造工作走在全省前列。各县（市）要把农村电网改造作为“政府一号工程”来抓，主要领导挂帅，加强与电力部门对接，提前谋划实施，形成你追我赶的工作态势；要明确奖补政策，强化服务，充分调动各级各部门的工作积极性；要加强督查考核，将任务分解到每周、每个村，实行一周一考核、一月一通报。会议听取关于全面推行河长制、防汛抗旱和农村饮水安全巩固提升工作情况的汇报。会议要求，要按照时间节点建立市、县、乡、村四级河长制体系，共同保护生态、保护河流、保护家园；各级河长要明确责任和任务，排查、整改所负责河段存在的问题，形成齐抓共管的良好局面。会议要求，各级各部门要高度重视防汛抗灾工作，全面做好防大汛、抗大灾的各项准备，当前要把防御山洪地质灾害放在首位，加强值班值守，抓好预报预警，确保人民群众生命财产安全。会议指出，要整体规划、分步实施，采取多种供水形式解决农村饮水问题，确保完成农村饮水安全巩固提升。会议同意提高全市失独家庭扶助金、伤残扶助金标准。会议强调，开展计划生育特殊困难家庭扶助，是践行党的群众路线，保护和改善民生的重要举措，各级各部门要迅速摸清底子，积极筹措资金，做细做实工作，将扶助金按标准发放到位，提升计划生育特殊困难家庭的发展能力和幸福指数。会议研究城区电动车编号登记管理、建立社会治理网格化管理体系和禁毒相关工作。会议认为，城区电动车实行编号登记管理，是解决交通有序运行、降低道路安全事故的有效措施，必须加快推进。相关部门要认真研究细节问题，建立长效管理机制；要加强宣传发动，做到家喻户晓，争取市民主动配合；要把电动车管理与人口管理、社区治安管理结合起来，充分发挥社区的作用。会议表示，要按照上级要求，建好市网格化管理中心、市综治（信息）中心、市基础防控中心，强化社会治理和社区基层治理；要充实社区警务力量，民警要下沉社区，辅警要配备到位，社区工作人员要兼职网格管理员；要加强社区监控设施建设，以信息化、智能化的手段科学管理社区；要适当提高社区民警、辅警的待遇，调动他们的工作积极性。会议强调，要认真落实上级禁毒会议精神，充分认清全市禁毒形势，采取行之有效的措施，加强相关设施建设，从严惩治毒品犯罪，强化禁毒宣传。会议审议通过《关于全面推进政务公开工作的实施意见》，要求相关部门认真落实，进一步增强政府的公信力、执行力，保障人民群众的知情权、参与权、表达权和监督权。衡阳市领导章彰、贺小坤、廖健、胡志文、刘正兴、龚学余、周玉梅、杨龙金、李辉、胡水龙、唐文峰，市政府秘书长邓小林参加会议。（曾诗玉）

【市政府2017年第六次常务会议】
2017年4月22日，衡阳市委副书记、市长周海兵主持召开市政府2017年第6次常务会议，研究脱贫攻坚、工业经济“植优补短”及园区发展、科技创新、县（市）区及园区金融工作考核、驻衡中央和省属企业“三供一业”分离移交等工作。会议强调，党中央、国务院和省委、省政府高度重视脱贫攻坚工作，全市各级各部门要落实责任，真抓实干，加快问题整改，全力打赢脱贫攻坚战。要进一步精准识贫，对符合条件的人群按照标准和程序应纳尽纳；要按照“两不愁三保障”的要求，抓好各项重点工作，使贫困户真脱贫，增强脱贫攻坚的实效性；要一户一策，增强脱贫攻坚的针对性，脱贫方案要张榜公布，挂图作战，发动机关干部联农户、企业联村，形成脱贫攻坚的强大合力；要强化资金项目监管，搞好项目招投标，用好用活用足资金；要加强驻村工作队的管理，工作队要吃、住在村，与贫困户打成一片，激发群众参与脱贫攻坚的积极性，市相关部门要不定期、不定点地对工作队抽查，表扬先进，鞭策后进，实现脱贫攻坚工作平衡推进。会议讨论通过《关于进一步加快工业园区发展的意见》《工业经济“植优补短”专项考核办法》等文件。会议认为，园区是工业经济“植优补短”的主战场、主力军，发展工业就要发展园区、发展重点产业，园区发展主要看新增企业数量和企业生产效益，新招商项目必须进园区。要科学设计园区考核指标，将工业经济发展压力传导到各县（市）区、各工业园区，激活园区发展机制，运用好考核结果，形成园区你追我赶的良好发展态势。会议原则通过《关于加快实施创新驱动发展战略建设科技强市的意见》。会议表示，要正确理解创新驱动的含义，把科技创新摆在更加突出的位置。科技创新要与工业发展紧密结合起来，以企业为主体，以产业为支撑，突出优势产业，实行产学研相结合，加强技术研发和攻关，实现关键技术的突破，掌握行业话语权，打造全国领先企业。会议通过《衡阳市县（市）区（园区）金融工作考核办法（试行）》，要求各县（市）区正确认识和对待考核，对照考核办法制订工作方案，分解任务，深化金融改革，提升金融工作水平。会议指出，做好驻衡中央、省属企业“三供一业”分离移交工作，是推进供给侧结构性改革的重要内容。各县（市）区要主动担责，帮助企业解困，促进区域经济发展。要明确负责领导和单位，制订工作方案，协调推进工作；要加强与上级部门的对接和沟通，争取更多的政策和资金支持；要分解责任，落实责任，全力维护企业稳定和社会稳定；要强化考核，将工作纳入市政府对各县（市）区绩效考核范畴，加快工作进度，确保按期完成工作任务。衡阳市领导何录春、章彰、贺小坤、胡志文、刘正兴、龚学余、周玉梅、杨龙金、李辉、唐文峰参加会议。

（曾诗玉）

【市政府2017年第七次常务会议】
2017年5月20日，受衡阳市委副书记、市长周海兵委托，衡阳市委常委、常务副市长何录春主持召开衡阳市政府2017年第7次常务会议，听取全市1至4月经济运行、精准扶贫工作汇报，研究出台行政执法和市容、卫生等相关文件，研究新一轮城市总体规划编制、安全生产、推进"中国制造2025"试点示范城市建设等工作。会议指出，要认真研判当前经济发展形势，辩证分析问题，既要看到差距，不要盲目乐观，又要看到成绩，增强信心，全力冲刺"双过半"。要围绕年初定下的目标，自加压力，确保6月底全面完成上半年各项任务目标，确保各项指标均在全省排名靠前。

各级各部门要以项目为抓手，稳增长、扩投资、促发展；要抓复产、增效益，调动一切力量把环保督查、安全生产存在的问题整改到位；要加大招商，确保新增企业为全市经济增长提供坚强支撑。会议要求，要举全市之力，打好脱贫攻坚战。各级各部门要带着责任和感情，深入扶贫第一线，整合资源资金，按照"五个一批"的要求，精准施策，多做群众看得见、摸得着的事，加强扶贫资金监管和扶贫队伍建设，做好结对帮扶工作，实现精准脱贫。会议认为，推行行政执法公示制度、执法全过程记录制度、重大执法决定法制审核制度，是全面依法治国在衡阳的具体实践，是中央深改组在衡阳试点，是衡阳建设法治型政府的迫切需要。衡阳是全国在湖南省的唯一试点城市，各级各部门要高度重视试点工作，成立试点工作办，抓好各项保障工作，确保试点工作有序推进。要广泛征求群众对改进环境卫生工作的意见和建议，进一步完善城市市容和环境卫生管理相关文件，坚持以问题为导向，立行立改。会议原则同意启动新一轮城市总体规划编制工作，要求相关部门广泛调查研究，邀请专家学者到衡阳实地考察，提出建设性意见和建议；新一轮总规编制结合衡阳城市特色，注重山、水、绿地、运动场地等各方面的融合，以国际化的视野和水准，打造城市名片。会议强调，安全生产必须警钟长鸣，要根据国、省要求，尽快建立安全生产领导、部门和企业三个"责任清单"；要充实乡镇安监力量，强化乡镇安全生产培训，夯实安全生产基层基础；要全力支持市、县两级安监部门有效开展行政执法工作。会议指出，要珍惜衡阳获批“中国制造 2025”试点示范城市并纳入长株潭试点示范城市群的机会，实现衡阳工业发展的大突破。各级各部门要高度重视，高位推动"中国制造 2025 示范城市"试点建设工作，尽快制订工作方案，明确努力方向；要真抓实干，用真金白银推动项目建设，扩大工业投资；要瞄准有基础、有潜力、有市场竞争力的行业和企业，进行重点突破、重点扶持。衡阳市领导章彰、贺小坤、廖健、刘正兴、周玉梅、杨龙金、李辉、胡水龙，衡阳市政府秘书长邓小林参加会议。（曾诗玉）

【市政府 2017 年第八次常务会议】2017 年 7 月 6 日，衡阳市委副书记、代市长郑建新主持召开衡阳市政府 2017 年第 8 次常务会议，研究“一号议案”办理、推进 PPP 项目建设、地方金融监管和企业上市、行政执法“三项制度”建设、农村低保提标、化解医疗纠纷等工作。会议指出，优质、高效办理人大代表议案、建议是政府及政府组成部门的重要职责和法定义务。要以办理《关于大力发展全域旅游，补齐旅游经济短板的议案》为契机，充分挖掘衡阳丰富的旅游资源、深厚的文化底蕴，进一步明确旅游定位，着力解决好吃、住、行、游、购、娱六要素存在的问题，推动全市旅游业上台阶、上水平。要邀请专家团队强化顶层设计、高位谋划布局，加快景区景点建设和保护，加强具有地方特色的旅游商品开发；要积极搭建平台，加强多形式宣传，开展旅游专题招商，引进战略合作者；要强化对旅游经济“植优补短”行动的督导落实。会议认为，实施政府和社会资本合作项目（简称 PPP）是规范项目运营机制、缓解财政投入压力、畅通社会资本投资渠道的有效办法。各级各部门要主动作为，建立 PPP 项目库，实行动态管理、分批推进；要科学论证、认真甄别项目，审慎选择社会资本方，确保项目依法依规有序推进。会议要求，依托衡阳市金融信用信息服务中心监管平台，进一步夯实金融监管基础，加强动态实时监管，严厉惩治非法集资，防范区域性金融风险；相关部门要围绕工业经济“植优补短”行动，认真落实政策，积极培育上市资源，建立拟上市企业后备资源库，建立上市公司、拟上市企业联席会议制度，帮助企业解决各类困难，为企业上市加油鼓劲。会议强调，衡阳要以全国推行行政执法“三项制度”试点为契机，加快启动行政执法监督平台建设，确定试点部门，抓紧实施行政执法公示制度、执法全过程记录制度、重大执法决定法制审核制度，严格依法依规办事，重塑衡阳政治生态，努力建设政治清明的新衡阳。会议同意衡阳市 2017 年农村低保标准提高至 260 元/月，相关部门要认真落实政策，确保按期发放到位，帮助贫困户精准脱贫。会议指出，建立医疗纠纷第三方调解机制是依法妥善处置和化解医疗纠纷的有效办法，相关部门要各负其责、通力合作，坚持以人民为中心，把矛盾化解在萌芽状态，维护群众的合法权益，维护正常的医疗秩序，确保社会大局稳定。衡阳市领导廖健、章彰、贺小坤、胡志文、刘正兴、龚学余、周玉梅、杨龙金、彭玉明、李辉、胡水龙、唐文峰，市政府秘书长邓小林参加会议。

（曾诗玉）

【市政府2017年第九次常务会议】

2017年8月10日，衡阳市市长郑建新主持召开衡阳市人民政府2017年第9次常务会议，研究中央环保督察反馈意见整改、土壤污染防治、开放型经济和招商引资等工作。会议指出，党中央、国务院和省委、省政府高度重视环保工作，全市各级各部门要站在讲政治、讲大局的高度，自觉践行“绿水青山就是金山银山”理念，扛起生态文明建设的重任，下定决心，坚定信心，依法依规加快环保问题整改。要加强环境监管，扎实推进重点区域、重点行业、重点企业污染治理，真正做到对问题不查清不放过、整改不到位不放过、责任不落实不放过、群众不满意不放过；要坚持绵绵用力、久久为功，持续推进湘江保护与治理“一号重点工程”，做好沿江两岸的规模化畜禽养殖退养工作；要落实工作责任，加强沟通联系，强化督查督办，加强生态保护和修复，持续改善生态环境质量。会议强调，全市上下要认真贯彻国务院《土壤污染防治行动计划》要求，牢固树立创新、协调、绿色、开放、共享的新发展理念，坚持预防为主、保护优先、风险管控，紧盯重点区域、重点行业和重点污染物，实行分类别、分用途、分阶段治理，促进土壤资源永续利用。要开展土壤污染调查，加大土壤污染执法力度，实施农用地分类管理，健全建设用地准入管理制度，强化未污染土壤保护，致力于污染源监管，全面管控土壤环境风险及隐患。会议原则通过《衡阳市促进招商引资工作的若干政策措施》《2017年衡阳市招商引资工作实绩考核办法》。会议要求认真研究上级相关政策、法规，抢抓政策机遇，抢占政策红利，鼓励社会各界广泛开展招商活动，吸引更多企业到衡阳投资兴业；完善招商引资年度考核机制，充分调动各县（市）区和市直部门、园区招商引资的积极性和主动性；进一步加大宣传力度，扩大衡阳的知名度，提升衡阳的美誉度，让更多客商知晓衡阳、解衡阳、投资衡阳。会议还研究其他事项。市领导廖健、章彰、龚学余、周玉梅、杨龙金、彭玉明、唐文峰，市政府秘书长邓小林参加会议。

（曾诗玉）

【市政府2017年第十次常务会议】

2017年9月5日，衡阳市委副书记、市长郑建新主持召开衡阳市政府2017年第10次常务会议，研究安全生产、农村综合服务平台建设、保安服务公司脱钩改制、市本级财政预算执行和其他财政收支情况审计整改等工作。会议传达学习湖南省委书记、省人大常委会主任杜家毫在省安监局调研座谈时的重要讲话精神，听取全市安全生产工作情况汇报。会议指出，要坚决贯彻落实党中央、国务院和省委、省政府的决策部署，全面深入推进安全生产大检查、重大事故隐患治理“一单四制”落实落地，确保全市安全生产形势持续稳定向好。会议强调，各级政府要认真履行属地管理责任，实现辖区安全生产检查全覆盖；市直相关部门要加强对本行业安全生产的全面检查，对发现的问题和隐患实行联合执法、集中整治，坚决遏制重特大事故发生，为党的十九大胜利召开营造安全稳定环境。会议认为，农村综合服务平台建设是基层党建的重点任务，是促进农村经济发展的有效举措，要坚持“拿来主义”，认真学习外地先进经验，结合衡阳实际，如期完成农村综合服务平台建设任务。要根据现有村的人口规模和发展现状，科学分类、控制面积、分步建设。已建好平台的村要合理布局功能，充分发挥平台作用。原已建好村部且面积达标的村，在合村后要充分利用原有村部，只可加固房屋、添加设施，但不得再行新建；无场所的村要选择中心地带建设农村综合服务平台。要确定新的管理模式和筹资模式，以县（市）区为单位自筹自建，由投融资公司统一规划设计、统一招投标、统一施工标准、统一质量监管，采取财政投入、整合项目资金、市场运作等多种方式解决资金问题。会议充分肯定市保安服务公司近年来的发展和成绩，原则同意市保安服务公司脱钩改制。会议要求依法依规完成产权转让，办理相关手续。抓紧制订工作方案，限定时间完成既定目标任务；进一步摸清家底，清产核资，防止国有资产流失；积极、稳妥加快改制进程，确保公平、公正，确保安置有序、到位，确保社会大局稳定。会议听取2016年度市本级财政预算执行和其他财政收支情况的审计整改工作汇报。会议要求，各相关部门要在规定时间内将问题整改到位，坚决不留尾巴、不搞变通；要以审计整改为契机，进一步加强财经法纪教育，完善相关制度措施，不断规范财政收支工作。市领导廖健、章彰、贺小坤、胡志文、刘正兴，市政府秘书长邓小林参加会议。

（曾诗玉）

【市政府2017年第十一次常务会议】 2017年9月21日，衡阳市委副书记、市长郑建新主持召开市政府2017年第11次常务会议，专题研究城市轨道交通线网规划及轨道交通示范线、产业园建设工作。市领导廖健、章彰、胡志文、刘正兴、龚学余、周玉梅、彭玉明、李辉，市政府秘书长邓小林参加会议。会议指出，城市轨道交通是公益性基础设施，更是传统意义上的大城市标志，对于扩大有效投资、发展关联产业、提质交通供给、优化城市布局具有深远而重要的意义。目前衡阳已具备建设发展轨道交通的基础，要抢抓机遇、顺势而为，加快推进城市轨道交通项目建设。会议要求，全市各级各部门要发扬时不我待的精神，增强工作的紧迫感和责任感，加紧推进各项具体工作。要按照一次规划、分步建设的原则，围绕重点区域、重点部位，科学、细致规划线网；加强与合作方的沟通对接，采用PPP模式推进项目建设，加快示范线的建设和申报工作；细致做好轨道交通产业园项目开工相关准备工作。会议强调，全市各级各部门要为轨道交通建设营造良好的发展氛围、形成强大的工作合力。进一步优化政务服务，按照“两集中、两整合、两公开”要求，为项目建设开辟绿色通道，简化办事程序；进一步做好宣传工作，让群众知晓、支持轨道交通项目建设。

（曾诗玉）

【市政府2017年第十二次常务会议】 2017年11月3日，衡阳市委副书记、市长郑建新主持召开市政府2017年第12次常务会议，研究设立产业投资基金、油茶产业发展、工业“3311”发展战略、推进重点项目建设、全面推行河长制等工作。会议指出，设立产业投资基金有利于整合财政专项资金，引导带动更多社会资本进入产业投资领域，以更大的力度支持企业发展壮大，加速推动经济转型升级。要按照“政府引导、市场运作、科学决策、防范风险”的原则，依法依规加强基金管理，按照市场化运作要求做好“募、投、管、退”工作，促进实体经济持续健康发展。会议原则同意出台《关于做大做强衡阳市油茶产业的九条意见》。会议认为，油茶是衡阳打造农业品牌最具实力的产业，也是促进农民增收致富的重要途径，具有良好的经济效益、生态效益和社会效益。全市上下要围绕打造“中国油茶第一市”目标，从资金投入、平台搭建、科技创新方面不断夯实产业发展基础，成立专门机构加强组织领导，推进油茶产业扶贫工作，不断丰富以油茶为载体的各类主题活动，让衡阳油茶引领中国、走向世界。会议原则通过《工业“3311”战略发展工程实施方案》。会议要求各级各部门以推进衡阳“中国制造2025”试点示范城市建设为契机，在大力实施工业原地倍增计划、做大做强现有企业和产业的基础上，加快园区建设发展，不断完善和延伸产业链条，推动衡阳由工业大市向工业强市转变。会议指出，项目建设事关经济社会发展全局，必须成立由市级领导牵头的项目推进工作专班，扎实推进重大项目建设，让更多的项目早落地、早投产、早见效。会议强调，要认真学习贯彻党的十九大精神，全面推进河长制工作，圆满完成年度目标任务，为子孙后代留下一江清水，守住天蓝、水净、地绿的生态环境，让全市人民有更多的获得感、幸福感、安全感。衡阳市领导廖健、章彰、贺小坤、胡志文、龚学余、杨龙金、彭玉明、胡水龙、唐文峰，市政府秘书长邓小林参加会议。

（曾诗玉）

【市政府2017年第十三次常务会议】 2017年12月5日，衡阳市委副书记、市长郑建新主持召开市政府2017年第13次常务会议，审议并原则通过市十五届人大三次会议《政府工作报告（讨论稿）》，研究食品安全、学前教育、慈善、信用体系建设等工作。市领导廖健、章彰、贺小坤、胡志文、刘正兴、周玉梅、杨龙金、彭玉明、唐文峰，市慈善总会会长蒋勋功，市政府秘书长邓小林参加会议。会议指出，市政府向市人民代表大会报告工作，是一项法定的重要职责，也是政府接受人民监督的重要形式。《政府工作报告》作为展示过去工作和科学谋划未来的重要文件，意义重大、影响深远。起草小组要认真吸收会议精神，广泛征求意见建议，对《政府工作报告》作进一步的修改与完善，使之成为更加有高度、有深度、有温度的报告，成为全市各级各部门工作的指南。会议还审议并原则通过《关于衡阳市2017年国民经济和社会发展计划执行情况与2018年计划（草案）的报告（讨论稿）》《关于衡阳市2017年全市及市本级预算执行情况与2018年全市及市本级预算（草案）的报告（讨论稿）》。会议原则通过《衡阳市生态保护红线划定方案（送审稿）》。会议认为，生态保护红线是保障和维护国家生态安全的底线和生命线，对于增强生态支撑能力、助推经济社会可持续发展具有重要的意义。要将生态保护红线划定与城市总体规划、产业发展规划编制有机结合起来，科学论证，精准划定。要严格执行，确保生态保护红线划定的严肃性，为全市生态保护与建设、自然资源有序开发和产业合理布局提供重要支撑，为建设“五个新衡阳”奠定生态基础。会议表示，食品安全工作是重要的民生工作和底线工作。各级各部门要以习近平新时代中国特色社会主义思想为指引，认真贯彻落实省委、省政府防风险的要求及市委、市政府城市建设和管理的理念，进一步加大投入、补齐短板、创新思路，抓细抓实食品安全工作，守住不发生较大以上食品安全事故的底线。会议原则通过《衡阳市人民政府关于进一步加快推进学前教育发展的实施意见》。会议强调，学前教育是国民教育体系的重要组成部分，办好学前教育，关系广大儿童的健康成长，关系千家万户的切身利益，关系国家和民族的未来。要切实优化学前教育布局，加快建设公办幼儿园，加强城镇小区配套幼儿园建设，加强学前教育师资力量培养和学前教育机构管理，确保儿童安全、健康成长。会议认为，做好慈善工作是城市文明的重要标志，各级各部门和社会各界要积极参与，为推动衡阳慈善事业发展增光添彩；慈善机构要进一步建立健全制度，规范运作，多渠道开展慈善救助，助推全市形成乐善好施的良好风尚。会议还研究守信联合激励和失信联合惩戒制度建设有关工作。（曾诗玉）

【市政府2017年第十四次常务会议】 2017年12月26日，衡阳市市长郑建新主持召开市政府2017年第14次常务会议，研究部署安全生产、城市公共交通、消防、取消城区高速城通费等工作。会议指出，2017年以来，全市各级各部门牢固树立安全发展理念，强化安全红线意识，深化隐患排查治理，严格安全生产执法，有效遏制较大及以上生产安全事故发生，安全生产工作年度考核排名全省第一，成绩应予充分肯定。会议要求，当前及今后一段时期，全市各级各部门要持续绷紧安全生产之弦，以认真负责的态度和求真务实的作风，推进省委、省政府《关于推进安全生产领域改革发展的实施意见》在衡阳落地生根，抓好交通运输、煤矿、非煤矿山、烟花爆竹、危险化学品、消防、森林防火、建筑施工等重点领域以及岁末年初、重大节日等重要节点安全生产各项工作，全力维护人民群众生命财产安全。会议审议并原则同意《关于深化改革推进出租汽车行业健康发展的实施意见》《衡阳市私人小客车合乘管理规定（暂行）》和《衡阳市网络预约出租汽车经营服务管理实施细则（暂行）》。会议要求，加强文件精神的解读，运用通俗易懂的方式加大宣传力度；严格按照文件要求抓好贯彻落实，更好地满足人民群众日益增长的出行需求。会议强调，消防工作事关人民群众生命财产安全，全市各级各部门要站在讲政治、讲大局的角度高度重视、全力支持，切实加强消防基础设施建设，确保满足消防工作需要；要加强消防宣传教育，经常性开展消防演练，提升市民应对突发性火灾的能力和水平。会议强调，取消城区高速城通费回应人民群众的关注热点、符合全市人民的根本利益，是一项惠民利民的民心工程。要加强与省直对口部门的沟通衔接，把好事做实做细做到位，确保平稳过渡、衔接有序。会议决定，从2018年1月1日起，衡阳正式取消城区高速城通费。会议指出，衡阳征地拆迁工作任务重、压力大，必须以时不我待的紧迫感，采取扎实有效的工作举措破解征拆难题，为全市项目建设保驾护航。全市各级各部门务必进一步统一思想，加强协同配合，认真学习借鉴外地成功经验，加快完善工作机制，切实做好城区集体土地征拆工作。会议要求，科学运用PPP模式，以县为单位统筹推进全市污水处理设施和垃圾处理设施建设，加快垃圾焚烧发电厂建设步伐。会议还研究其他事项。衡阳市领导廖健、胡志文、刘正兴、龚学余、周玉梅，市政府秘书长邓小林出席会议。

（曾诗玉）

【2017年全市第一批重点项目交办会召开】 2017年2月28日，全市重点项目交办会召开，会上发布和交办2017年全市第一批重点项目。根据会议发布，全市第一批计划实施的重点项目共435个，总投资4223亿元，年度计划投资913.3亿元。其中，新建项目158个，总投资953.8亿元，年度计划投资277亿元；续建项目277个，总投资3269.2亿元，年度计划投资636.3亿元；年内计划投产项目155个。周农指出，2017年是衡阳市重塑形象的转折之年、加快发展的振兴之年、补齐短板的攻坚之年。全年各项目标任务能否顺利完成，关键靠实际行动，重点靠项目建设。在全市开展“项目推进年”活动是市委、市政府的一项重大决策部署，各级各部门要高度重视，精心组织，举全市之力切实抓好项目建设。要明确目标任务，强化项目建设责任落实；要抓实关键环节，促进项目建设提质提速；要强化要素保障，破解项目建设瓶颈问题；要加大招商力度，增强项目建设发展后劲；要加大督查考核，确保项目建设顺利推进。周农强调，要把全面从严治党要求落实到项目建设上，为项目建设营造良好氛围。推进全面从严治党向纵深发展，既是中央的统一要求，也是衡阳市的现实需要。项目建设作为全市的中心工作，必须坚定不移地贯彻全面从严治党要求，要在项目建设中检验干部作风，在项目建设中防范廉政风险，在项目建设中优化发展环境。市委常委、常务副市长何录春总结2016年全市重点项目建设落实情况，并就2017年全市第一批重点项目建设交办情况作说明。市委常委、市委秘书长张贺文主持会议。市领导廖炎秋、段志刚、罗东海、包昌林、刘丽华、邓柯、章彰、贺小坤、陈竞及全体在衡阳副市级以上领导出席会议。

（刘清平）

【全市经济形势分析暨重点项目建设调度会召开】 2017年5月24日，全市经济形势分析暨重点项目建设调度会召开。会议总结2017年以来全市经济运行情况，分析当前经济形势，安排部署下阶段工作。市委书记、市人大常委会主任周农出席会议并讲话。周农强调，要围绕全年目标任务，坚持稳中求进工作总基调，深入推进植优补短战略，统筹做好稳增长、促改革、调结构、惠民生、防风险各项工作，确保经济社会发展时间任务“双过半”。2017年一季度，全市地区生产总值增长7.0%，较去年同期提高0.5个百分点。1—4月，一般公共预算收入增长7.2%；固定资产投资增长14.1%，分别高于全国、全省5.2、1.9个百分点，位列全省第三。周农强调，要科学研判经济形势，增强做好经济工作的信心和决心。周农指出，2017年以来经济运行的总体情况是开局平稳，稳中有进，困难不少，预期向好。“稳”体现在经济运行总体平稳，项目建设平稳推进，社会大局保持稳定，民生福祉稳步提升；“进”体现在结构质量持续优化，植优补短初见成效，新兴动能加速成长，改革开放深入推进。“难”体现在部分经济指标增速不快，投资增长压力加大，工业经济增长乏力，财政增收依然困难；“好”体现在宏观形势总体向好，利好政策持续发力，有利条件非常难得。既要肯定工作成绩，又要清醒认识问题，既要看到困难和挑战，更要看到机遇和优势。必须坚定信心，迎难而上，化困难挑战为前进动力，变利好条件为现实优势。周农强调，下阶段要围绕全年目标任务，坚持稳中求进工作总基调，深入推进植优补短战略，统筹做好稳增长、促改革、调结构、惠民生、防风险各项工作，确保经济社会发展时间任务“双过半”。要深入推进植优补短，加强工作调度，解决实际问题，突出精准施策；要着力振兴实体经济抓好企业精准帮扶，要引导产业集群发展，加快推进园区建设；要加快推进项目建设，加大项目推进力度，强化项目服务保障，突出抓好PPP项目，做好项目包装策划；要加大招商引资力度，完善招商政策，压实招商责任，创新招商方式，务求招商实效；要深化重点领域改革，统筹推进各项重点改革，大力落实“三去一降一补”任务，大力推进农业供给侧结构性改革。要抓好重点民生工作，要坚决打赢脱贫攻坚战。周农强调，下阶段的扶贫脱贫工作要实现由扶村向扶户转变、由走访慰问向为贫困户稳定增收转变、由单一扶贫向全面脱贫转变、由领导联点向全覆盖转变、由贫困户“要我脱贫”向“我要脱贫”转变、由蜻蜓点水式帮扶向驻村帮扶转变、由年底督查向全年不定期督查转变、由一般性任务向一把手工程转变，以优异的成绩向中央和省委交上一份满意答卷。要抓好环境保护工作；抓好防汛抗灾工作；推进文明城市创建；统筹抓好民生实事；守住安全生产底线；抓好信访维稳工作。周农要求，要把全面从严治党要求落实到经济社会发展全过程，不断提高领导经济发展的能力和水平。要从严管理、切实关心干部，鼓励干事创业；要优化发展环境，增强发展活力；要加强督查调度，狠抓工作落实，要进一步强化责任意识，进一步大兴实干之风，进一步加强督查调度。市委副书记邓群策主持会议。市领导段志刚、罗东海、包昌林、刘丽华、邓柯、张贺文、章彰、贺小坤出席会议。市委常委、常务副市长廖健作情况汇报。全体在职副市级以上领导出席会议。 （刘清平）

办公室工作

【概况】 2017年，市政府办公室全市改革发展稳定大局，理清思路谋发展，凝心聚力破难题，圆满完成工作任务，为全市经济社会持续健康发展、加快建设“五个新衡阳”做出贡献。

（王军云）

【调查研究】 围绕创新引领开放崛起战略、全市重点工作和社会普遍关注的热点难点问题，先后组织开展脱贫攻坚、油茶产业、行政综合执法、农业产业化、空港经济、园区发展等10余场专题调研，形成一批调研成果得到市政府主要领导的高度肯定及详细批示，其中《对耒阳市综合行政执法体制改革的调查与思考》被省里刊发交流；加大对上级政策的研究力度，全年编发政务通报5期、政务参阅6期、衡阳政报12期，为科学决策提供有见地、可操作性的意见、建议。

（王军云）

【文稿服务】 全年，共完成市政府领导各类讲话稿300余篇、重要汇报材料40余篇、各类主持词和致辞70余篇，撰写常务会议纪要14期，市长办公会议纪要13期。完成2017年市《政府工作报告》、经济形势分析会讲话等系列重要会议材料，开全国地市先河编写《衡阳市〈政府工作报告〉延伸解读》图解本。

（王军云）

【督查督办】 全年共组织或参与各类督查87次，配合国务院大督查、中央环保督察、省政府综合督查、精准扶贫督查等各类督查11次，下发督查通知32期、交办通知86期、市长批示（指示）交办单121期、督办函115件，呈报《督查专报》39期、《市长批示（指示）落实情况》78期，编发《督查通报》24期，获得市长肯定性批示34次。督查工作经验被国务院推介，国务院办公厅《督查工作信息》（第77期）公开表扬衡阳市督查工作，全国政府系统督查室主任会议上衡阳市作《大力推行“四个一”真督严查抓落实》典型经验发言。市政府督查室获2017年全省督查工作优秀单位。 （王军云）

【综合协调】 加强综合协调，注重与湖南省政府办公厅的联系衔接，及时解省里最新工作动态；加强和改进信息报送，全年共75条信息被省政府办公厅采用、12条被国务院办公厅采用；加强与市委、人大、政协以及各市直部门之间工作的沟通协调，确保政令畅通，为市政府领导决策提供超前服务。 （王军云）

【文会办理】 2017年，以市政府或市政府办名义发文数量精简10.6%，实现零差错、零失误。严格执行会议审批制度，努力做到少开会、开短会，让市政府领导腾出更多精力抓发展、促落实；全年组织的各类会议均实现零差错。

（王军云）

【议案提案办理】 2017年，收到湖南省十二届人大七次会议以来代表建议1件，湖南省政协十一届五次会议提案5件；共承办市十五届人大一次会议以来代表议案1件、建议405件，市十二届政协一次会议提案564件，均按要求进行书面答复，沟通率、办复率均达100%。为高位推动人大代表议案、建议办理，积极向市政府领导汇报，得到高度重视。2017年，市政府先后2次召开政府常务会议和多个专题会议，研究一号议案以及涉及建议中的财政、金融、环保、城管等内容，有效推动相关工作的开展。

（王军云）

【服务民生】 2017年，市政府办注重做好民生实事的办理，围绕省、市下达的重点民生实事工作指标，健全工作机制，坚持一月一调度、一月一通报，全年共召开重点民生实事相关工作调度会议3次，开展重点民生实事专项督查6次，全部完成或超额完成省、市下达的11大项共15个实事指标任务，得到省考核办的高度肯定。（王军云）

【应急管理】 全年，市政府办做好应急值守，围绕“打基础、重规范、求创新”的要求，修订完善各类应急预案，部署指导各县（市）区及市水利、气象、安监、交警、高支队、消防等部门举行应急演练20余次，成功处置衡东县燃气槽车泄漏、衡东县水上突发事件等重大安全隐患事故，加强抗洪救灾应急值守、督查督办、信息报送等相关工作。（王军云）

【后勤保障】 加强财务收支管理，严格财务纪律，认真开展财务审计，切实加强财务监管力度。严格执行公务接待规定和标准，圆满完成上级领导及兄弟市州政府领导到衡阳市考察学习接待工作。认真做好后勤服务，保证机关水、电畅通，保证办公用品正常供应。加强公务用车管理，规范用车行为，为市政府领导和机关公务用车提供安全、高效、优质的服务。（王军云）

【信访维稳】 在全市办公室系统率先提出“人人接访、个个解难”理念，积极推行“1+1+2”日常接访处访机制，构建全员接访大格局，出台《衡阳市政府机关大院信访应急处置工作预案》，畅通信访信息渠道，协助做好国省“两会”“一带一路”峰会、建党周年庆典、党的十九大等重要节点信访维稳工作。全年共接待5人以上的群众集访达572起，共14889人次，没有出现一例矛盾激化情况，连续11年被评为全市信访工作先进单位，综治维稳工作得到市委、市政府高度肯定。

（王军云）

政务服务工作

【概况】 衡阳市政务服务中心成立于2002年6月，为正处级事业单位，2015年10月迁入新址，是市委、市政府为加快服务型政府建设而设立的，集行政审批、公共服务、效能监察、信息公开等功能于一体的综合性服务平台。中心建筑面积2.2万平方米，共设置服务窗口328个，分为商事登记、社会管理、投资建设、不动产登记、中小企业服务五大服务区域，进驻单位52个，可受理、办理460项审批服务事项和水、电、气、通信等公共服务事项，其中行政许可事项201项。2017年，衡阳市政务服务中心始终坚持便民利民、公开公正、依法行政的原则，紧扣“简政放权”这一行政审批制度改革核心要义，创新推行“两集中、两整合、两公开”改革，不断提升政务服务的质量和水平。一是政务服务有位置。市委、市政府主要领导强化对政务公开工作的顶层设计和高位推动，政务公开标准化建设扎实推进，行政审批、财政预决算、民生领域等重点领域的政府信息全面开展。平台建设方面，场地面积由1300平方米增加到22000平方米，增加15.9倍；进驻事项由原来的173项增加到494项，增长1.9倍，进驻部门由30个增加到52个，增长73.3%，与企业和群众密切相关的行政审批、公共服务部门及事项实现全进驻；在全省市级政务中心层面，衡阳市政务服务中心进驻职能最全，场地面积最大，进驻部门最多。二是简政放权有成效。在审批环节、审批时限上做“减法”。积极推行进驻事项分类管理模式，即将进驻事项分为即办件、一审一核件、承诺件三种类型，规定即办件1个环节1个工作日办结、一审一核件2个环节3个工作日办结、承诺件3个环节10个工作日办结（个别承诺件有特别法律要求的除外），审批环节总数从2070个精简到755个，精简率63.53%；承诺时限从法定的8280个总工作日减少到1546个总工作日，提速率81.33%。三是办事效率有提升。推行“两集中、两整合、两公开”改革，成立项目建设代办服务中心，实行“一个窗口进出，一枚公章受理”。在原来审批时限185天基础上，实行并联审批，非政府投资项目审批时间压缩至47个工作日，提速率74.6%，政府投资项目审批时间压缩至60个工作日，提速率67.6%。（田海洋）

【“互联网+政务服务”】 推进“互联网+政务服务”工作，政务服务效能进一步提高，政务服务工作步入高效快车道。1. 深化改革，项目落地步入快车道。衡阳市建设领域行政审批制度改革推行以来，市政务中心成立项目建设代办服务中心，实行“一个窗口进出、一枚公章受理”，推行统一受理、并联审批、联合验收，限时办结，建设项目审批周期大幅压缩，审批效率明显提升，企业办事更加便捷，改革红利进一步释放，得到项目业主的肯定。2017年，共受理报建项目280个，办结各类审批事项1140项，项目建设审批提速70%，项目业主满意率99%。2. 标准化管理，行政审批步入快车道。“中心”按照“规范、提速、便民”的要求，为460项进驻事项编制流程清单，明确程序、申请材料、办理期限、地点等43个详细的要素，让办事群众一目了然。同时，按照省政府要求推行行政许可标准化，通过大幅度精简审批环节，压缩审批时限，进一步提高审批速度，审批承诺时限从法定的8280个总工作日减少到1546个总工作日，提速率81.33%，行政审批环节总数从2070个精简到755个，精简率63.53%。3. 信息共享，网上政务服务步入快车道。市政务服务中心积极开展“互联网+政务服务工作”，打通信息孤岛，搭建网上政务服务平台，大幅提升政务服务智慧化水平，让企业和群众办事更方便、更快捷、更有效率。2017年，“投资项目报建”网络审批平台正式上线，企业与群众可以通过手机端、电脑网页实现网上申报。（田海洋）

【政务公开】 2017年，全市政务公开工作制订下发《衡阳市2017年政务公开工作要点》，指导推进全市政务公开政务服务工作，拓展政府信息公开范围，规范政府信息公开内容和形式，让权力在阳光下运行。1. 丰富形式，提高政务公开覆盖率。为让办事群众和企业更加解公开的内容和条件，不断丰富政务公开形式，以窗口、网站、宣传栏等为载体平台，通过会议、文件、办事指南、告知单等方式，灵活多样，广泛布点，有效提高政务公开的覆盖率。同时加强门户网站的建设和管理，将门户网站打造成及时、准确、公开透明的政府信息发布平台。2. 畅通渠道，提高政务公开参与度。畅通申请渠道，在政府信息公开平台中，进一步完善依申请公开专栏功能，健全申请指南、在线申请、依申请公开统计结果、依申请公开流程、收费标准、投诉等栏目，并充实栏目信息。2017年，全年共受理依申请公开89件（网上受理75件，书面受理14件），全部依法办结；通过党政门户网信息公开直报系统公开政府信息281536条，其中市直部门27683条。3. 强化管理，提高政务公开实效力。一是培训学习，10月19日举办全市政务公开政务服务业务培训和技术指导，提高系统人员的业务能力。二是督促整改，重点围绕加强信息内容规范、落实通过新闻发布公开重点领域信息、规范政策解读、依法办理依申请公开等，以“问题整改任务责任清单”模式重点推进，2016年政务公开第三方评估反馈的问题都得到较好地解决。三是考核问责，落实省政务公开办检查反馈整改的内容，加强责任追究制度落实。（田海洋）

【创新服务形式】 一是推行“互联网+政务服务”。“互联网+政务服务”工作，是国务院及省政府、市政府安排的2017年度的重点工作。按照省政府、市政府统一部署，建成全省统一入口、整体联动、部门协同、数据互通、一网办理、高效便捷的“互联网+政务服务”平台，构建实体政务大厅、网上办事大厅、移动客户端、自助终端等多种形式相结合、相统一的政务服务体系。全年，衡阳市已开展“一库”建立，积极打通信息孤岛，搭建网上政务服务平台，争取早日实现以统一身份认证系统和电子证照库为基础的“一号”申请，以分类设置综合服务窗口和网上统一申报窗口为平台的“一窗”受理，以网上虚拟大厅、实体服务大厅为支撑的“一网”通办，大幅提升政务服务智慧化水平，让企业和群众办事更方便、更快捷、更有效率。二是建立网上服务平台。市政务中心在建设实体平台的同时，加强网上政务服务大厅建设，打造衡阳政务服务升级版。网上政务服务大厅具备网上申报、网上审批、网上查询等功能，办事群众足不出户就可解和申报与生活息息相关的行政审批及服务事项。开通政务中心网站、微博和微信，通过多种渠道为企业和群众提供高效、便捷服务。三是推行全程代办服务。借鉴兄弟城市先进经验的基础上，强力推行建设领域行政审批“两整合、两公开”改革，为项目建设提供全程保姆式免费代办服务，通过实行“一个窗口进出，一枚公章受理”，部门审批时间大幅压缩，非政府投资项目审批时间压缩至47个工作日，提速率达74.6%，政府投资项目审批时间压缩至60个工作日，提速率达67.6%。2017年，共受理报建项目280个，办结各类审批事项1140项，优质便捷的代办服务得到项目业主的肯定。

（田海洋）

【完善服务平台】 强化各部门向市政务服务中心窗口授权到位，发挥政务中心的集约优势，打造综合性服务平台。1. 推行集成管理，努力实现“一站式”服务。2017年，市政务中心新增入驻单位2个，新增进驻事项3项，累计进驻部门52个，设置窗口270个，进驻人员361人，方便企业及群众集中办理。同时，各相关部门“一把手”签订行政审批授权书，向常驻窗口办公的“首席代表”充分授权，切实将服务群众“最后一公里”缩短为“零距离”，有效提高审批速度与办事效率。2017年，市政务服务中心共办理行政许可和服务事项21.4万件，承诺时限内办结率达100%，群众满意率达99.9%。2. 完善服务载体，致力提供“品牌化”服务。优化场地布局和窗口设置。2017年10月，“中心”把设在二楼的不动产登记中心整体搬迁至一楼集中统一办理业务。完善大厅取号机、查询屏、服务台等功能性服务，打造政务服务中心智能大厅系统，通过资源优化和系统融合，对大厅结构、系统、服务和管理四个基本要素进行最优组合。同时，引入高标准物业管理团队，在引导、安保、保洁等方面达到星级酒店水平，让办事企业和群众享受到星级服务。3. 强化制度建设，全面推行“规范化”服务。完善首席代表制、并联审批制、首问责任制、限时办结制、一次性告知制等一系列规章制度，同时，制定阳光服务、微笑服务标准，引入第三方评价机制，对服务情况进行跟踪与回访，重点回访办事效率、办事态度等情况，对评价不达标的人员及时通知相关部门进行教育指导，提升政务服务规范化水平。4. 狠抓作风纪律，实行“严肃化”管理。推行窗口绩效考核办法，强化窗口纪律管理。每日安排专人对窗口进行巡视，严查作风问题，发现一起，查处一起，对性质严重的纪律作风问题，进行通报批评，甚至约谈部门领导建议调离岗位。2017年，市政服务中心共处理投诉建议140件，投诉率较2016年大幅度减少，投诉办结率100%，群众满意率99%。

（田海洋）

【国家工商总局商标局衡阳商标受理窗口启用】 2017年6月20日，设立在衡阳市政务中心的国家工商总局商标局衡阳商标受理窗口正式启用。衡阳商标受理窗口接受自然人、法人和其他组织的商标注册申请文件，进行形式审查和受理工作；开展商标注册相关事宜咨询工作；负责商标受理文件寄发，并接收和发放商标局下发的各类文书。衡阳商标受理窗口的设立，可缩短申请人（企业）的时间成本，减少商标申请成本支出；为企业提供“一对一”的商标注册、咨询服务和品牌战略指导，及时解决商标注册过程中的疑难问题，缩短商标申请形式审查时间，为企业赢得更多商机；将辐射带动民众提高商标意识，提升企业商标注册、运用、保护和管理能力，增强全社会的知识产权保护意识；将进一步优化投资环境，促进大众创业、万众创新，更好地发挥商标战略在促进衡阳区域经济发展中的重要作用。（李铭中）

【2017 年衡阳市政务公开工作培训会召开】 2017 年 10 月 19 日，衡阳市电子政务管理办公室、衡阳市政务服务中心在市华新大酒店组织县（市）区政务服务中心政务公开分管负责人、联络员；县（市）区电子政务办分管政府网站或信息公开的负责人、联络员；市直部门负责网站或信息公开的联络员进行政务公开政务服务培训班。通过此次培训会，调动各级各部门分管领导及工作人员的积极性，领导重视，工作人员熟练掌握政务公开工作业务知识、技能。全面推进“五公开”，推动简政放权、放管结合、优化服务改革，激发市场活力和社会创造力，打造法治政府、创新政府、廉洁政府和服务型政府。

（田海洋）

【衡阳市全市政务服务事项梳理及互联网+监督数据库建设培训会召开】 2017 年 11 月 13 日，衡阳市编办、衡阳市电子政务管理办公室，衡阳市政务服务中心在市财政局 6 楼多功能会议室联合举办全市政务服务事项梳理及互联网+监督数据库建设培训会。从两个方面阐述本次培训会的重要性，一是从讲政治的角度强调推进“互联网+政务服务”及“互联网+监督”是 2017 年全省的重点工作之一，也是省委省政府对各地市州绩效考核重要内容，要求各参会单位高度重视；二是从讲责任心的角度强调政务事项梳理及互联网+监督数据库建设调研工作任务重时间紧，要求各单位认真对待，将填报的资料按时保质提交给相应的审核部门。（田海洋）

地方金融工作

【概况】 2017 年，衡阳市金融业实现增加值 97.77 亿元，增长 7.7%，金融业增加值占 GDP、三产比重分别为 3.12%、6.6%。截至 2017 年 12 月末，全市银行各项存款、贷款余额分别为 3589.78 亿元、1908.55 亿元，同比分别增长 9.33%、13.99%，较年初分别新增 306.35 亿元、234.27 亿元，存、贷款余额均全省第二，存贷比为 53.2%，较年初增加 2.18 个百分点；保险业保费收入 89.9 亿元，同比增长 20.32%，保费规模全省第三。全市保险深度为 2.87%，保险密度为 1248 元/人，同比分别提高 0.25 个百分点、223 元/人；证券期货交易总额 4059.31 亿元，全省第二，月末本市股民股票市值 260.79 亿元；融资担保公司在保余额 50.85 亿元，全省第三；小贷公司贷款余额 17.79 亿元，小贷公司贷款余额、公司数量全省第二。（黄　俊）

【服务实体经济】 一是制定一套政策。推动制定“一办法三考核”系列政策文件，即《中小微企业信用风险补偿管理办法》《银行业金融机构考核办法（试行）》《保险业金融机构考核办法（试行）》《县（市）区（园区）金融工作考核办法（试行）》4 个文件，政策主要导向是引导金融机构回归本源，为服务实体经济发展营造良好的金融环境。对银行、保险、县（市）区按季度进行考核并召开点评会进行情况通报，持续传导压力，有力推动金融工作落实。二是建立一个机制。贯彻落实市委、市政府关于开展“一业一策、一企一策”的金融服务要求，市金融办牵头组织，每月由一家银行根据自身特色承办“植优补短”政银企对接活动，形成“一月一银企对接”的常态化政银企交流机制。全年活动已成功举办 12 场，共对接项目和企业 135 个，对接金额 466.17 亿元，已落实金额 139.14 亿元。三是搭建一个平台。为缓解中小微企业融资难题，在全省首创金融信用信息服务中心，作为全市金融基础信息数据库，归集工商登记的 21 万多户工商主体的各类金融信息。该中心具有信用信息查询、地方金融监管、综合金融服务三大功能，利用大数据为企业增信，在线上提供综合融资服务。截至 12 月 31 日，已汇集中行、建行等 10 家市级银行和湖南资管、民生租赁、南粤基金等 20 多家非银行金融机构，5463 家企业注册，撮合贷款逾 131.2 亿元。四是实施一个计划。结合工业“3311”发展战略工程，建立全市企业上市工作联席会议，出台并实施《推进企业上市三年行动计划》。开展上市后备资源走访摸底工作，进一步夯实后备资源库，全市有上市后备资源企业50家，其中3年内首发上市重点企业4家、挂牌上市辅导型企业9家、挂牌上市成长型企业37家。2017年，有12家企业进入省重点上市后备资源库。首次组织重点拟上市后备企业赴上交所学习培训。协助南岳电控申报省直接融资补助150万元，指导南岳电控接受中国证监会现场核查。2017年，企业通过上市再融资、企业债、信托、私募股权等方式直接融资287.14亿元，同比增长108.9%。五是引进一批机构。兴业银行衡阳分行于1月11日开业运营。平安银行衡阳分行（筹）正在网点选址。长沙银行衡阳分行在常宁市和珠晖区新设两个网点。引进宁乡农商行、大兴安岭农商行分别在衡东、祁东发起设立村镇银行。还引进华泰人寿、英大泰和财险2家保险机构以及广州、世纪、招商、万和、银河、联讯6家证券公司，增加金融的有效供给。六是助力一个攻坚。召开全市金融扶贫推进工作会议，出台《衡阳市金融扶贫工作方案》，在全市推广祁东县“立信、用信、增信”信用扶贫模式。编辑金融扶贫简报14期。金融助力脱贫攻坚考核任务均提前超额完成。截至2017年12月末，全市扶贫小额信贷投放金额达5.43亿元，完成全年任务的120.73%。“扶贫特惠保”贫困人口覆盖率达100%，实现建档立卡贫困户家庭综合保障保险全覆盖。（黄　俊）

【推进改革创新】 1. 推动出台《关于加快金融业改革发展的实施意见》，明确40条改革措施、80项改革任务，为全市金融业改革发展明确努力方向。2. 11月29日，祁东农商行挂牌开业，标志着衡阳市农信社银行化改革工作全面完成，正式告别“农信社”时代。3. 继衡阳金融服务“三农”综合产权抵押贷款被《人民日报》头版推介后，耒阳市被国务院批准为农民住房财产权抵押贷款全国59个、湖南省3个试点县（市）之一，在全省首发农民住房财产权抵押贷款，让农户的“产权”变成“活钱”。截至2017年年末，共有4家涉农银行机构参与农村农民住房财产权抵押贷款试点，累计发放农民住房财产权抵押贷款484笔、金额1.6亿元。4. 依托大数据征信信息，组织金融机构与市金融信用信息服务中心合作，探索在“线上”对诚信企业发放信用贷款的服务模式。该模式以企业信用作为还款保证，无须抵押担保，通过平台“线上”申请能顺利获得贷款，首批17家诚信中小微企业已获得信用贷款4880万元，有效解决企业无抵押、无担保的融资需求。5. 市金融办与市委组织部联合在清华大学举办金融业务专题培训班，各县（市）区金融分管领导、市直有关部门、投融资公司、重点企业负责人参加培训。实施政银人才“双向挂职”制度，从市级银行机构选派8名金融人才到县（市）区挂职，加上前期省委组织部下派的4个干部，实现全市12个县（市）区金融干部挂职全覆盖。12月初，又从全市机关事业单位选派26名干部到16家银行机构挂职锻炼，挂职时间为1年，培育、储备本土金融人才。（黄　俊）

【防范金融风险】 1. 市金融办起草的《关于加强和改进地方金融机构及民间融资机构监督管理的实施意见》，已经市政府常务会议审议通过。该意见对融资担保、小贷、民间融资中介等地方金融的有关监管规定进行明确，为地方金融监管提供有效依据。2. 推进金融安全区创建活动，优化县域金融生态环境。截至2017年年底有市级金融安全区创建达标单位4个，省级金融安全区创建达标单位1个（耒阳），衡南县正在申报省级金融安全区创建达标单位，衡阳县、祁东县正在申报市级金融安全区创建达标单位。通过现场检查和非现场监管系统，加强融资担保、小贷行业日常监管，做好公司股权、高管等事项变更审核及备案服务工作。进一步规范民营担保公司民间融资担保业务，减少增量风险，逐步化解存量风险。对小贷行业进行分类评级，有7家小贷公司被省里核定评为A级，占参评公司总数的28%，数量较2016年新增1家。协助14家小贷公司申报获得全省小贷公司风险补偿专项资金共188.24万元。3. 开展金融风险防范工作，守住不发生区域性系统性金融风险的底线。市处非办认真做好制度完善、专项宣传、信访维稳等防范和处置非法集资工作。联合有关部门开展处非宣传“百日会战”、5月宣传月等专项宣传教育活动，各县（市）区也按要求开展形式各样、内容丰富的宣传活动，取得良好效果。出台修订后的《非法集资举报奖励暂行办法》，完成非法集资专项整治、非法集资广告清理、国企涉非风险排查等专项活动工作，及时发现处置一批非法集资风险隐患。2017年度全省防范和处置非法集资工作综治考核中衡阳市排名第二，处非工作得到省相关管理部门的肯定。（黄　俊）

【衡阳市金融信用信息服务中心建设暨衡阳社会信用体系建设工作调度会召开】 2017年2月17日，衡阳市召开市金融信用信息服务中心建设暨衡阳社会信用体系建设工作调度会。会议透露，衡阳市将力争在5年内，建成国家社会信用体系建设示范城市。市委常委、常务副市长何录春出席会议并讲话，市委常委、副市长章彰主持会议。衡阳市社会信用体系建设领导小组成员单位由原来34家已扩至43家。依托“数字衡阳”，建成衡阳市信用信息数据库、信用衡阳网和信用信息共享交换平台。2016年11月，衡阳市开通信用衡阳微信APP，实现掌上信用查询；政务中心信用查询窗口顺利开通。截至2017年2月10日，19家成员单位实现数据报送，全市“双公示”数据总量达3.8亿条，59%的单位实现数据共享。市金融信用信息服务中心自2016年12月试运营以来，截至2017年年底，已有5家银行入驻平台，32家企业注册，撮合26笔贷款，金额达3586万元。何录春肯定衡阳社会信用体系建设和衡阳市金融信用信息服务中心建设取得的成效，他要求各职能部门全力支持市金融信用信息服务中心建设，在机构编制、信息采集、端口开放权限等方面给予支持和配合，促使其发挥实实在在的作用，力争在5年内将衡阳市建成国家社会信用体系建设示范城市。（李铭中）

【全市银行机构风险管理培训暨金融扶贫工作会议召开】 2017年4月28日，全市银行机构风险管理培训暨金融扶贫工作会议召开。市委常委、副市长章彰指出，在今后对银行、保险等金融机构的季度目标考核中，金融扶贫将是一项重要内容，会按照相关要求落实奖惩。本次培训邀请银行风险管理方面的专家罗平先生授课，他从监管部门贷款分类和银行内部评价体系、贷款损失准备金制度和资本管理等方面进行阐述，为银行风险管理工作提供指导和参考。截至2017年3月底，全市扶贫小额信用贷款新增6321户，金额1.5亿元，完成年度投放计划的31.25%。全市农信社（农商行）系统已发放小额信用贷款10122户，累计金额3.95亿元。针对贫困户资金需求特点，金融机构积极借助“分贷统还”“公司+农户”“金融+产业”等创新模式，提高扶贫小额信贷资金的使用效率，探索开展“保险+订单农业”“农业保险+扶贫小额信贷保证保险+保险资金运用”等保险服务扶贫攻坚模式，推进金融精准扶贫。章彰要求，银行要不断提高控风险、管风险、防风险的能力和水平，同时提升对金融扶贫的认识，重点做好结对帮扶；坚持产业扶贫思路实现“造血扶贫”；实行“一户一策”定制精准扶贫措施；加强诚信教育，为金融扶贫创造良好的信用环境。

（李铭中）

信访工作

【概况】 2017年，市信访局以“信访责任落实年”为主线，开展“信访积案清零百日攻坚”“信访问题源头治理”“规范信访秩序”等专项行动，有效维护中共十九大等重大特护期的和谐稳定，实现“三降三升两好转”的工作目标（即信访总量下降，网上信访量上升；赴省进京信访量下降，基层化解信访问题量上升；信访积案存量下降，群众满意率上升；信访形势和信访秩序持续好转），在全省信访工作目标管理考核中得分第一，被评为全省信访工作先进市，市信访局被评为全市综治工作先进单位。局长罗卫华在全国第八次信访工作会议上被评为全国优秀信访局长，衡阳信访今日头条号发稿量位居湖南省第一、全国第二，《人民信访》长篇刊发衡阳市经验，是湖南省唯一被推介的市州，受到国务院副秘书长、国家信访局局长舒晓琴，省委书记杜家毫，省长许达哲和省委常委、组织部部长王少峰等领导的肯定。2017年，市信访局业务工作进位创优。综合信息工作排名全省第一，《人民信访》推介衡阳经验，新湖南连续报道衡阳市“我在基层做信访”先进典型，衡阳信访今日头条发稿量进入全国第二、全省第一；办信工作全省第一，全年办理群众来信4708件；网信工作位居全省第三，办理网上来信9979件次，网信占比50.1%，信访部门及时受理率99.7%，责任部门及时受理率92.5%，按期办结率99%，群众对信访部门满意率99%，群众对责任部门满意率96.6%，网信参评率82.6%；信访积案清零位居全省第一，除中央、省交办的57件积案全部依法办结外，自行交办督办406件积案，在全省会议上作经验介绍；在京非访治理位居全省第二，是全省2017年度进京非访唯一下降的市（州）；信访问题源头治理位居全省第二，党建引领信访工作的探索得到全国关注。由于工作措施得力，效果明显，中央和省委十九大督导组以及省委常委、组织部部长王少峰，省委副秘书长、编办主任魏旋君，省政府副秘书长、信访局局长许忠建等领导先后到衡阳视察信访工作，张家界、益阳、郴州、娄底等市州多次到衡阳参观学习。（刘良平）

【专项调度】 2017年，市委常委会议4次、政府常务会3次研究信访工作，市委书记周农5次召开信访工作办公会、市长郑建新两次听取信访工作汇报，书记、市长联名致信县（市）区党政主要领导，多次就信访问题作出批示指示。市委、市政府制定出台《关于进一步强化市级党政领导联系督办信访工作机制的通知》《关于调整市信访联席会议组成人员及成员单位的通知》等长效性文件，并先后就全国“两会”“一带一路”峰会、十九大等特护期的信访维稳工作制订具体方案，签订责任书，落实具体责任和措施。市信访联席会议共召开全市性会议11次，市委副书记邓群策，市委常委、政法委书记邓柯，市人大常委会副主任谭敦龙，副市长、公安局局长胡志文每到特护期，亲临一线部署、指导、调度、讲评工作。其他市领导按照一岗双责和联点包片的原则，联系县（市）区和分管领域督办信访工作、包案处理重大信访事项。十九大特护期间，市党政领导均到联点县（市）区和分管部门督导信访工作2次以上。市联席办（市信访局）全年编发简报67期，联合市纪委、市委督查室、市政府督查室、市十九大安保指挥部办公室开展专项督查4次，下发专项通报和业务通报16期，对10个基层单位进行挂牌督办。全市共追究在信访工作中履职不力的干部99人，其中县处级干部5人，多人受到党内严重警告处分。从2014年以来，市信访工作改革一直处于全省前列。2014、2015年被评为全省先进，其中2017考核位居全省第一。（刘良平）

【办信处理】 定期组织排查化解。全年共排查矛盾隐患1.16万件，化解矛盾纠纷1.048万件，化解率为90.34%。加强信息预警。全年编发预警信息218条，确保矛盾问题化解在萌芽状态。源头治理的强化，带来全市越级上访量的明显下降。2017年，全市共接待处理信访事项21234件次，其中来信4708件、来访6547件、网上信件9979件，全部依法及时办理。全年进京非访94人次，同比下降3%，是采用新统计口径以来全省唯一下降的市州；赴省访1578人次，同比下降8.4%；到市访1.78万人次，同比下降12.1%。（刘良平）

【积案攻坚】 全年办理中央、省交办积案89件（甄别合并后为57件），省委书记、省长交办件67件，100%依法依规办结，且特护期当事人100%稳定；市本级排查交办积案406件，办结379件，办结率为93%；各县（市）区和单位梳理交办989件，办结764件，办结率为77%。

（刘良平）

【特护工作】 全年做好国、省、市“两会”、“一带一路”峰会、金砖国家厦门峰会、“6·4”“七一”“八一”“十一”、党的十九大，以及中央、省巡视组驻衡阳巡视、“衡州经济论坛”、中央环保督查组驻衡阳督查、新疆挂职干部在衡阳培训等15个特护期的接访劝返工作。特别是党的十九大特护期，史上时间最长、要求最严、标准最高，信访局采取市县领导联点督办、值班接访、安保指挥部联合会商、多部门联合督办、基层值班值守、驻京驻长加强接访劝返等措施，实现会议期间“零非访”“零登记”。

（刘良平）

【脱贫攻坚】　根据市委市政府扶贫攻坚工作会议的精神，结合工作实际，组织干部真正下沉到村、帮扶到户，扎实开展相关工作，对衡南县咸塘镇欧阳村联村扶贫工作取得一定实效。一是帮助23户贫困户加入衡南县广林公司，委托帮扶入股分红；二是协调4户危房贫困户实施异地搬迁，建成新居；三是在9月开学前，对5户贫困户家庭组织助学，为其发放助学金4000元；四是结合春耕秋种时节，先后组织2次入户走访，对23户贫困户发放生产生活扶助金2万余元；五是结合一户一策的实际，资助5000元帮助1户贫困户治病，资助1.3万元帮助3户贫困户维修房屋，资助8000元帮助2户贫困户进行产业发展；六是与用人单位、企业的沟通联系，协助1人有智力残疾的贫困户就业，解决其生活问题，提高经济收入；七是为23户贫困户发放产业扶助金4.6万元，全年共为贫困户投入帮扶资金10万余元，为提高贫困群众生产生活水平发挥重要的作用，取得明显的社会效益；八是组织欧阳村村、组干部进行中共十九大精神宣讲、重温入党誓词等活动，为村、组干部赠送十九大精神辅导书籍资料，组织帮扶干部到贫困户家逐户宣讲党的十九大精神。

（刘良平）

【省委信访督查组调研衡阳市信访工作】　2017年8月24至25日，省委信访督查组前往衡阳县、衡东县督查督办衡阳市信访工作，充分肯定衡阳市信访工作“思路清、办法多、措施硬、效果好”。市委副书记邓群策介绍衡阳市信访工作情况，强调全市将认真落实督查组意见，以更大力度、更强措施、更实作风，切实抓好信访维稳工作。省委信访督查组组长、省国土资源厅副厅长金勇章率队督查，市委常委、市委政法委书记邓柯主持会议并讲话。邓群策指出，衡阳市委、市政府深入贯彻落实习近平关于信访工作的重要指示精神，坚决扛牢信访主体责任；紧扣重点环节，推动信访突出问题依法解决；夯实基层基础，从源头上预防和减少信访问题；强化工作保障，创新方式方法，有效提升信访工作水平。2017年以来，全市受理初信初访问题4258件，按期办结率达97%，群众满意率达91%。金勇章肯定衡阳信访工作思路清、办法多、措施硬、效果好，希望衡阳再接再厉，明确信访工作重点任务；统筹协调，形成沟通顺畅、反应迅速、合力攻坚的工作格局；补齐短板，压实各级党政机关主体责任，为党的十九大召开营造和谐稳定的社会环境。邓柯表示，衡阳须提升政治站位，严格工作措施，严肃工作纪律，把信访问题和矛盾化解在萌芽状态，切实规范工作秩序和信访秩序。副市长、市公安局局长胡志文出席会议。

（高鹏志）

外事侨务港澳工作

【概况】　一是把好进出国（境）审批关。2017年来，共办理审批因公出国团组47批、102人次，审批因公出境团组21批、58人次。审批邀请外国人到湘41批、75人次。为镭目科技有限责任公司、特变电工衡阳变压器有限公司等企业审批申请APEC商务旅行卡2批、53人次。二是拓展友城交往渠道。巩固现有5对友好城市关系；接待白俄罗斯共和国莫吉廖夫州博布鲁伊斯克市市长率队的代表团到衡阳；11月，将邀请并接待菲律宾黎牙实比市市长率队团组来访。三是惠民扶侨扎实有效。协助处理马来西亚快艇翻沉、非洲吉布提籍女士遭家庭暴力、衡阳人李欣恒在巴基斯坦遭遇绑架等3起事件。处理侨务信访信件90余份，接待来访80余次，向困难归侨侨眷发放慰问金6万余元，为100余名困难的归侨侨眷免费体检，培训下岗、失业归侨侨眷50余人，安排近30人就业。在柬埔寨、越南建立海外侨务服务站，外派8名教师赴泰国、菲律宾、印度尼西亚等国任教。四是深化港澳交流合作。先后6批次组团参加港澳交流、考察和“港洽周”等活动，香港伟盈集团等近10个民间团体（政府组织）先后到衡阳访问。广泛宣传衡阳人文环境，努力为港澳资企业营造良好的投资环境。港洽周活动取得显著成效；在衡注册登记的港澳资企业共87家，

规模在4000万美金以上的50余家。推进衡阳与香港两地青年交流活动。（湛玉平）

【衡阳市归侨侨眷迎春座谈会召开】 2017年1月17日，全市归侨侨眷迎春座谈会召开，副市长廖健为归侨侨眷送上新春祝福和慰问。2016年，衡阳市向国、省侨办申请侨务项目资金64万元，市侨资企业腾跃编制厂也被授予全省首家侨务扶贫示范基地，全年培训困难归侨侨眷60人，提供就业岗位15个，精准脱贫3人；建立衡阳籍海外华侨华人微信群，联系入群的华侨华人有80多人，全年先后接待衡阳籍海外侨胞7批次近40人；首次向泰国外派2名教师实施华文教育；在周边国家建立海外侨务服务站工作进展顺利，柬埔寨的海外侨务服务站进入工作状态。2017年，计划建立5个海外侨务服务站，争取在欧美国家建立1家可开展实际内容的服务站；择时举办衡阳籍华人华侨回乡恳亲大会，让海外游子感受到家乡热情，同时通过侨务窗口推介衡阳。廖健在座谈会上要求，全市侨务港澳部门要把团结广大侨胞、侨眷、港澳同胞及海外侨胞作为工作的重中之重，增强责任感和使命感，多为侨界群众做好事、办实事、解难事；要做好以侨引商、以侨引资、以侨引智、以侨促贸等工作，为建设“五个新衡阳”做出更大贡献。同时，他希望各位归侨、侨眷、港澳同胞及侨资企业的朋友们一如既往地关心家乡、宣传家乡，希望海外侨胞支持家乡、投资家乡，为拓展自身的事业、推动衡阳的发展作出更大的贡献。（高鹏志）

【市侨联七届六次全委会议召开】 2017年3月23日，市侨联七届六次全委会议召开。会议提出，市侨联将紧扣群团和侨联改革的新要求、新部署，进一步凝心聚力、发挥侨力，带领全市广大归侨侨眷助力“五个新衡阳”建设。2016年，市侨联围绕中心，服务大局，发挥优势，在服务经济、海内外联谊、参政议政、维护侨益等方面做大量工作。2017年，市侨联围绕国家“一带一路”战略，积极引导侨资企业走出去，并为招商引资、招贤引智牵线搭桥，聚焦新侨创新创业遇到的侨情，切实帮助新侨落实政策。依托“亲情中华·魅力湖南”侨联文化交流的品牌效应，体现衡阳特点和发展成就，增强侨界同心同向同行的文化自信和文化认同。继续实施“千侨帮千户”精准扶贫工程，帮助困难侨界群众脱贫致富、提升发展能力。争取上级及海外侨捐资金和项目，做大做强“侨爱心工程”等。会议充分肯定全市各级侨联2016年的工作。会议指出，要牢牢把握正确方向，广泛凝聚政治共识。充分发挥独特优势，全面彰显侨界作为。推进侨联改革，构建坚实战斗堡垒。全市各级侨联要广泛凝聚侨心、汇集侨智、发挥侨力、维护侨益，为服务改革发展稳定大局贡献智慧和力量。（高鹏志）

民族宗教工作

【概况】 贯彻落实国、省民族宗教工作指示精神，确保团结稳定，为迎接党的十九大召开营造良好环境。一是深化民族团结进步创建活动。成立全市民族宗教工作领导小组，建立服务管理工作网络。建立健全外来少数民族人员档案，加强服务管理，提升少数民族群众的归属感。审核民族考生85名。深化开展“民族团结进步宣传月”活动，申报衡阳技师学院、石鼓区青山街道西湖二村社区、常宁市塔山乡塔山中学评选全省民族团结进步示范单位。发挥市级民族团结进步教育基地阵地作用。发挥少数民族服务工作站作用，促进民族关系融洽。二是助推少数民族地区经济发展。向省民宗委申报争取资金44万元，助推塔山瑶族乡特色村镇、狮园村有机茶基地和塔山瑶族乡文化平台建设。三是深化宗教领域安全隐患排查。贯彻落实全国全省宗教组织召开全市宗教工作会议，完善民族宗教工作三级网络建设，加强民族宗教工作力量。细致开展民间信仰摸底调研和试点推行工作。狠抓宗教领域安全隐患排查，对非法寺庙、非法露天造像、非法聚会点进行清理排查和整改，协调解决宗教界内部以及与外界存在的一些矛盾纠纷，严肃查处非法宗教现象。引导宗教界服务社会，南岳佛教协会资助16名贫困学子到广东省旅游职业技术学校就学。2017年，全市宗教界慈善捐款达100余万元。

（湛玉平）

【全市宗教工作会议召开】 2017年3月7日，全市宗教工作会议召开。会议传达学习全国、全省宗教工作会议精神，分析衡阳市宗教工作面临的形势，对全市宗教工作进行安排部署。市委书记、市人大常委会主任周农出席会议并讲话，强调要深入学习贯彻全国、全省宗教工作会议精神，准确把握衡阳市宗教工作的基本形势，进一步完善宗教工作机制，切实加强党对宗教工作的组织领导。周农强调，要深入学习贯彻全国、全省宗教工作会议精神，切实把思想行动统一到中央和省委的决策部署上来。要认真学习贯彻中央和省委宗教工作会议精神特别是中共中央总书记习近平的系列讲话精神，全市上下务必进一步统一思想，提高认识，深刻理解宗教工作在党和国家工作全局中的特殊重要性，自觉用中国特色社会主义宗教理论来武装头脑，推动工作，真正把思想和行动统一到中央和省委的决策部署上来，以高度的政治责任感和历史使命感，扎实做好衡阳市宗教工作，努力构建积极健康的宗教关系。周农强调，要准确把握衡阳市宗教工作的基本形势，切实增强做好宗教工作的紧迫感。要突出工作重点，依法加强对宗教事务的管理。要牢固树立宗教工作法治思维，积极探索解决新问题的新举措、新对策，提高依法管理宗教事务的能力和水平；要牢牢把握宗教工作主动权，着力整治解决衡阳市宗教领域存在的突出问题。要注重发挥宗教团体的桥梁纽带作用，切实加强宗教团体自身建设。周农要求，进一步完善宗教工作机制，切实加强党对宗教工作的组织领导。各级党委、政府要履行好宗教工作的主体责任，不断提高做好新形势下宗教工作的能力和水平。要切实加强基层宗教工作和干部队伍建设，夯实基层基础，不断提高处理复杂宗教问题的能力。要形成部门配合、齐抓共管的工作协调机制，共同维护全市社会和谐、宗教和睦的良好局面。与会人员还围绕如何学习贯彻会议精神，加强和改进新形势下衡阳市宗教工作进行深入讨论。市领导邓群策、廖炎秋、段志刚、包昌林、邓柯、张贺文、章彰、贺小坤、陈竞、邹致和、廖健、周玉梅出席。（高鹏志）

【黄兰香到衡阳调研宗教工作】 2017年3月28日至29日，省委常委、省委统战部部长黄兰香率调研组到衡阳，前往重点寺庙道观、“黑土麦田”公益组织、学校，以及非公企业调研。黄兰香强调，必须牢牢坚持党的宗教工作基本方针，切实维护宗教和顺社会和谐稳定。市委书记、市人大常委会主任周农参加调研。3月28日至29日，黄兰香一行考察南岳重点寺庙道观，走访看望宗教界代表人士。29日上午，黄兰香主持召开宗教界代表人士座谈会。衡阳市汇报市、区统战工作和宗教工作情况，省市区有关宗教团体负责人分别发言，谈论对全国、全省宗教工作会议精神的学习落实体会，围绕加强宗教团体和人才队伍建设等问题提出建议。黄兰香首先对衡阳市及南岳区宗教工作给予充分肯定，指出衡阳各级党委政府落实全国、全省宗教工作会议精神积极主动，教风创建扎实有力，宗教团体和宗教代表人士队伍建设不断加强，宗教活动场所的管理更加严格。黄兰香强调，要深入学习贯彻全国、全省宗教工作会议精神特别是习近平总书记重要讲话精神，全面贯彻党的宗教信仰自由政策，依法管理宗教事务，坚持独立自主自办原则，积极引导宗教与社会主义社会相适应。要努力构建积极健康的宗教关系，自觉维护宗教和顺、社会和谐的大局。要集中解决一些宗教领域突出问题，切实提高对宗教事务管理的法治化能力和水平。黄兰香要求各级党委政府要进一步加强对宗教工作的领导，提高政治站位，完善体制机制，加强宗教干部培养，切实做好新形势下宗教工作。29日下午，黄兰香前往衡山县福田铺乡白云村，调研“黑土麦田”公益组织。该公益项目是由大学生村官秦玥飞牵头发起的，与各级政府合作，招募优秀毕业生到国家级贫困县从事精准扶贫。“祝愿你们在农村这片广阔天地找到实现梦想的舞台，实现人生价值。”黄兰香希望创客们发挥聪明才智，为农村精准脱贫注入内生动力，带动更多的年轻朋友参与到这项事业中来。黄兰香表示，各级统战部门将竭尽所能为他们做好服务工作。29日下午，黄兰香一行还先后深入民进全国会史教育湖南岳云中学基地，以及衡山县经开区高科技创新型非公企业佳诚新材调研。省委统战部副部长龙建湘、省民宗委主任徐克勤参加调研。副市长廖健等参加调研。（高鹏志）

【黄至安晋升为南岳衡山道院方丈】 2017年12月3日，“道化天下·德在人间”南岳衡山道院方丈升座庆典活动在南岳衡山道院举行。国家宗教事务局一司副司长李寒颖，全国政协民宗委办公室宗教处处长张昕，中国道教协会会长李光富，省委统战部副部长龙建湘，省民宗委副主任邓文华，市委副书记、市委统战部部长邓群策，副市长周玉梅以及400多位嘉宾和宗教界人士共同见证全国政协委员、中国道教协会副会长、省道教协会会长黄至安晋升为南岳衡山道院方丈。这是湖南省道教界有史以来第一次举行方丈升座活动。近年来，南岳道教在黄至安的带领下，筹资恢复宫观庙宇，开办全国第一所坤道学院，先后举办第七届国际道教学术研讨会、第二届国际道教论坛等一系列大型道教文化活动，参与助学、扶贫、救灾等社会公益事业，奉献爱心和弘扬社会正能量，在爱国爱教、人才培育、弘法利生、慈悲济世、服务旅游等方面做大量卓有成效的工作，受到教内教外的广泛赞誉。在道教界，方丈享有崇高地位。此次黄至安晋升为南岳衡山道院方丈，系中华人民共和国成立以来全国道教界第四位方丈。龙建湘指出，全省道教界和信教群众要深入学习贯彻党的十九大精神，以习近平新时代中国特色社会主义思想为引领，始终高举爱国爱教的旗帜，坚持正信正行，不断加强自身建设，努力树立新时代湖南道教界的良好风范，深入挖掘道教文化中促进社会和谐、时代进步、健康文明的精髓，与时俱进推进宗教中国化，与社会主义社会相适应，为建设富饶美丽幸福新湖南、实现中华民族伟大复兴中国梦作出新的更大贡献。此次“道化天下·德在人间”南岳衡山道院方丈升座庆典活动还举办《老子道德经》书法展、方丈说法、“道化天下·德在人间”专场文艺晚会等系列活动。（高鹏志）

【衡阳市伊斯兰教协会成立】 2017年12月26日，衡阳市伊斯兰教协会成立暨第一次代表大会召开。省民宗委三处副处长周建新，省伊斯兰教协会会长张光耀，衡阳市委统战部副部长、市工商联党组书记胡新武，衡阳市旅游外侨民宗局局长向前应邀出席会议并讲话。省委统战部民宗处调研员陈胜、衡阳市旅游外侨民宗局副局长周大可，衡阳市各宗教团体主要负责人、兄弟市州伊斯兰教协会负责人出席会议。会议审议通过《衡阳市伊斯兰教协会章程（修正案）》《衡阳市伊斯兰教协会第一次代表大会（常务委员会）选举办法（草案）》；选举衡阳市伊斯兰教协会第一届委员会委员。同时，召开衡阳市伊斯兰教协会委员会议，选举产生常务委员；召开衡阳市伊斯兰教协会常务委员会议，选举产生会长、副会长、秘书长和监事。阎庆平当选为会长。（贺小松）

地方志工作

【概况】 2017年，衡阳市地方志编纂委员会办公室在湖南省地方志编纂委员会的指导下，在衡阳市委、市政府的正确领导下，学习贯彻中共十九大精神，结合工作实际，全面贯彻落实国务院《地方志工作条例》《湖南省实施〈地方志工作条例〉办法》及《全国地方志事业发展规划纲要（2015—2020年）》湖南省人民政府办公厅《关于进一步加强地方志工作的意见》，坚持依法治志，狠抓志书质量的提高，注重开发利用方志资源，落实年度目标管理绩效考核指标和工作任务，达到预期目标。

一、加快推进二轮修志进度。截至2017年年底，衡阳市本级二轮志书及衡阳县、衡山县、祁东县、耒阳市、常宁市、南岳区、雁峰区7个县市区志先后出版发行。《衡阳市蒸湘区志》通过终审验收，提交方志出版社出版。2017年，衡南县、石鼓区、珠晖区都落实修志专项经费，成立县区志编写班子，石鼓区二轮志书编目已经区委常委会、区政府常务会审议通过；人员力量较薄弱的衡南县、珠晖区聘请的专职修志人员也已到位，年内完成志书的编目设置，计划2017年初召开动员大会，全面启动二轮志编修工作；衡东县在加紧收集资料的同时，不断完善编目。

二、推进全市综合年鉴编辑出版工作。《衡阳年鉴（2017）》125.5万字，彩色专版104个，于2017年12月由方志出版社出版发行，至此，《衡阳年鉴》已连续出刊24卷。2017年《石鼓年鉴》创办，加上《耒阳年鉴》《常宁年鉴》《南岳年鉴》《衡山年鉴》《雁峰年鉴》，共6部县市区年鉴实现一年一鉴，《衡阳县年鉴》《衡东年鉴》《祁东年鉴》做到两年或多年一鉴。

三、《衡阳地方史资料》编修工作。《衡阳地方史资料》自2013年创刊，已先后出版6辑，每辑印刷3000册，采取免费赠阅的形式与社会各界分享。于2017年8月出版的第六辑共32万字、图片120余张，除常规栏目外，本辑专设“城事”“文献”等特色栏目，“城事”重点记录衡阳旧城与往事、衡阳最早的火车站与飞机场及衡阳城内风貌的变迁；“文献”中的两篇重量级文章来自于清代衡阳旧志，重在保存太平天国与衡阳相关史料、衡阳氏族迁徙源流资料。本辑开篇收录三篇特稿，记录衡阳三个方面的特色地情：禹王碑、龙石山石斛、火文化。

四、《湖南乡镇简志·衡阳市卷》评议、修改工作。衡阳市乡镇简志编修工作自2015年启动以来进展顺利，2015年年底，12个县市区全部完成初稿编写任务，经过逐一评议、修改、验收，2017年6月完成志稿总纂，并于10月19日在雁城宾馆召开《湖南乡镇简志·衡阳市卷》省级评议大会。市长郑建新非常关注《湖南乡镇简志·衡阳市卷》编纂工作，在审阅志稿评审稿后，前后两次进行批示，对编纂工作给予肯定，并提出操作性强的修改意见。省级评议会后市县两级编修人员充分吸收与会领导和专家提出的修改意见，用两个多月时间对志稿认真修改、仔细打磨，提高志稿质量。衡山县、衡东县、衡阳县、石鼓区、雁峰区及常宁市还出版乡镇简志单行本。

五、开发利用方志资源，服务经济社会发展。一是在衡阳工业博物馆筹建过程中，市志办担任文案编写组牵头单位，为工业博物馆的筹建提供近千万字的文字资料和数百张有价值的历史图照，并组织精干力量加班加点反复修改，高质量地完成展陈文案的编写工作，为衡阳工业博物馆如期建成开馆做出突出贡献。二是负责湖南省地方志编纂委员会《文献与人物》2017年第二期（总第19期）“东晋才子罗含”专题策划，组织编写研究罗含生平及思想方面稿件6篇，较好地宣传罗含和耒阳。由全办编撰、线装书局出版的《衡阳古代清官能吏选记》一书，被该社列为全国新华书店公开征订书目，较好地宣传衡阳，推进“五个新衡阳”建设。三是发挥地方志工作优势，助推文明城市创建和扶贫攻坚工作。为衡阳申报国家历史文化名城提供文字资料800万字；在《衡阳年鉴（2017）》为南岳区双田村免费编纂两个彩版，用于宣介推广该村特色产品，帮助村民脱贫。四是积极开展衡阳历史文化研究，注重培养修志人员的业务能力，鼓励开展形式多样的历史文化研究，办干部职工撰写的《地方史资料征集编纂的点线面——衡阳地方史征编工作初探》一文获得2017年“湘志杯”论文评选二等奖。五是进一步加大资料室开放力度，积极改善藏书环境、努力丰富馆藏，全年接待社会各界查阅资料人员百余人次，为衡阳市委陈列室、衡阳工业博物馆筹建及珠晖区特色蔬菜品种开发等工作提供大量文献资料。（申沁生）

【《石鼓年鉴（2017）》编纂工作动员大会召开】 2017年7月14日，为全面、系统、准确反映2016年度石鼓区政治、经济、文化、社会、生态等各方面的建设成就，该区启动《石鼓年鉴（2017）》编纂工作。《石鼓年鉴（2017）》年鉴编纂工作动员大会的召开，是贯彻落实《地方志工作条例》和《全国地方志事业发展纲要（2015—2020年）》的重要举措，也是宣传石鼓、加强石鼓区精神文明建设的重要社会文化工程，同时也为下一步启动第二轮区志编修打下扎实基础。这是石鼓区历史上第一次编纂综合年鉴，并按一年一鉴目标实行。为做好编纂出版工作，石鼓区成立高规格编纂委员会，实行区委领导、政府主持、部门实施的工作机制，明确2017年编纂工作记述范围、体例和篇目设置、提交资料内容、条目编写要求、年鉴装帧要求、工作步骤。“年鉴既是对本单位、本部门年度工作的如实记述，也是珍贵的历史资料，有着重要的存史、资政、育人的功能。”会议要求，全区各级各部门要牢固树立精品意识，发扬铁肩担道义的精神，坚持“编鉴为用”，增强年鉴的信息量和实用性，使《石鼓年鉴》成为集资料性、科学性、著述性、可读性于一体的精品佳作，务必于2018年4月底前出版发行《石鼓年鉴（2017）》。区委常委、区委办主任郑建芳主持会议，区委常委、常务副区长曾梦龙作动员报告，市志办主任杨伟东作指导讲话，区政协副主席李在定、市志办副主任肖泓等出席会议。（李旭东）

【石鼓区史志办举办《石鼓年鉴（2017）》编纂业务培训】 2017年7月20日，为全面提高《石鼓年鉴》编纂质量，提升服务经济社会发展水平，石鼓区史志办举办《石鼓年鉴（2017）》编纂业务培训会。此次培训邀请市地方志编纂委员会办公室年鉴科李旭东担任主讲，从年鉴的基本知识、年鉴内容条目化及编写要领、条目撰写问题分析及案例等方面作专题辅导讲座。各乡街、区直机关各单位、市属驻区各单位、各人民团体撰稿人员及《石鼓年鉴》编辑部工作人员等70余人参加。（李旭东）

【《衡阳地方史资料》第六辑出版发行】 2017年8月，《衡阳地方史资料》第六辑出版。全书共计32万字、图片120余张。分“特稿”“文献”“人物”“史话”“往事”“城事”6个部分，共收录稿件28篇。其中，“城事”“文献”栏目为新设的特色栏目。“城事”部分重点记录衡阳旧城与往事、衡阳最早的火车站与飞机场及衡阳城内风貌的变迁；“文献”部分根据清代衡阳旧志以及各类史籍资料，对太平天国与衡阳相关史料、衡阳氏族迁徙源流资料进行全面梳理和考证，可为相关课题研究提供助益。“特载”部分着重收录关于衡阳特色地情方面的三篇文章：《禹王碑惊现衡山》《耒阳龙石山石斛研究及开发意义》《火文化　衡阳得天独厚的名片》。三篇特稿文章立足衡阳本土实际，内容和观点多系首次深入挖掘和系统整理，对于助推衡阳全域文化旅游、特色产业发展、历史文化名城创建工作有借鉴和参考价值。（李旭东）

【牵头组织编写《衡阳工业博物馆展陈文本》】 2017年9月，由市志办牵头组织编写的衡阳工业博物馆文案展陈文本通过市级、省级评审。2017年5月，为加快推进湖南省首个工业博物馆——衡阳市工业博物馆的筹备建设，衡阳市委、市政府成立衡阳工业博物关文案展陈编辑组。文案展陈组编辑人员主要由市志办、市经信委、市国资委、市工改办、市科技局、衡山科学城、市委党史研究室、市统计局、市档案局、市文物局组成。其职责主要有两项，一是负责《工业史纲》的编制、清单目录的梳理，牵头文献资料的收集、整理、起草、编印；二是做好与文案编写部门、布展制作部门的沟通、协作，将《工业史纲》转换成展陈内容及展陈设计文本。展陈大纲由衡山科学城委托的乙方单位——衡阳市大河文化传播有限公司根据《工业史纲》编成。市志办担任文案展陈编写组牵头单位，市志办主任杨伟东任文案展陈编写组组长，市志办年鉴科李旭东、方志科申沁生任编辑组成员，前后历时5个月，为衡阳工业博物馆的筹建提供近千万字的文字资料和数百张有价值的历史图照，高质量完成展陈文案的编写工作，整个展陈大纲的初稿近2万字，大纲四级目录约1万字，另有25万字的展陈设计文本。（李旭东）

【《湖南乡镇简志·衡阳市卷》省级评议会在衡阳召开】 2017年10月19日，《湖南乡镇简志·衡阳市卷》省级评议会在衡阳市雁城宾馆召开。出席评议大会的人员主要有湖南省地方志编纂委员会领导；中共衡阳市委、市人大常委会、市人民政府、市政协领导及相关负责人；衡阳市及周边市州地方志办公室领导及专家；衡阳市地方志编纂委员会组成单位分管修志工作负责人；衡阳市各县市区人民政府分管修志工作副县市区长；各县市区地方志办公室（史志办公室）负责人及乡镇简志主笔；衡阳市有关地情专家及市委办公室、市政府办公室、市地方志办公室和《衡阳年鉴》编辑部、《衡阳地方史资料》编辑部工作人员。会议主要按开幕式和评议大会两个环节进行。开幕式上，中共衡阳市委常委、市人民政府常务副市长廖健作乡镇简志编纂情况介绍，湖南省地方志编纂委员会党组成员、副主任邓建平作重要讲话。廖健首先向全体参会人员介绍《湖南乡镇简志·衡阳市卷》编修的总体情况。其次阐述该部志稿编修的三个特点，即秉笔直书，存真求实；紧贴时代，突出特色；“三评三审”，确保质量。廖健强调各方要以此次评议大会为契机，攻坚克难，抓紧修改、完善，确保于2017年底前完成《湖南乡镇简志·衡阳市卷》编修印刷工作，从思想认识、组织领导、相关保障方面提出更高要求，力求将《湖南乡镇简志·衡阳市卷》编修成一部佳志、良志，更好地服务于全市物质文明、政治文明、精神文明和生态文明建设，助力“五个新衡阳”建设。邓建平充分肯定衡阳市地方志编修取得的成果，衡阳市地方志编修工作整体基础好、扎实有力，为《湖南乡镇简志·衡阳市卷》编辑、审核、校对和出版工作提供坚定保障。希望衡阳地方志工作者按照志稿的总体编纂要求进行精细化编修，加强对各乡镇地情的深入细致挖掘，将该部志书打造为一部精品力作。大会评议环节阶段，首先是衡阳市六个友邻市州地方志专家及衡阳市相关县市区志办（史志办）代表依次发表评议意见。其次，湖南省地方志编纂委员会市县志工作指导处作综合评议发言。再次，衡阳市人民政府副秘书长彭丽堂发表讲话，强调衡阳市地方志工作者要坚持质量意识，努力打造精品佳志；坚持统筹协调，全面完成修志任务；坚持修志为用，服务经济社会发展。期望在省志委、各兄弟市州地方志部门及各位专家的关心支持下，在全市地方志工作者的辛勤付出下，争取志稿早日高标准、高质量付梓出版印刷。最后，湖南省地方志编纂委员会市县志工作指导处处长隆清华作会议总结发言。对于衡阳市各级党委政府的大力支持、地方志部门修志编鉴人员的倾力奉献，隆清华代表湖南省地方志编纂委员会表示感谢，并希望衡阳市方志工作者要进一步增强责任感和使命感，直笔著信史，彰善引风气，推出更多的精品佳作，努力开创衡阳地方志事业发展的新篇章。（李旭东）

【《衡阳年鉴（2017）》公开出版发行】 2016年12月，《衡阳年鉴（2017）》由方志出版社公开出版发行。全书共125.5万字，彩色专版104个。《衡阳年鉴（2017）》为衡阳市委、衡阳市人民政府组织编纂的年度大型资料性工具书，全书内容丰富全面，客观、真实地记叙衡阳2016年自然、政治、经济、文化、社会等方面新变化、新成就，着重反映各行各业年度大事、要事、新事、特事，体现年度特点和衡阳特色。该书对于服务地方经济社会等方面的发展有参考借鉴意义，可为社会各界解衡阳市2016年发展情况提供各方面信息。同时对于保存和积累地方历史文献资料，具备重要的存史价值。为彰显地方特色，《衡阳年鉴（2017）》在内容选取上强化对服务群众生产生活的民生信息的选录和编辑，力求增强本书的实用性和可读性。为提高年鉴的整体质量，突出社会效益，《衡阳年鉴（2017）》对彩色专版进行全新改版，主要以公益彩版为主，采取向摄影家协会和本土知名摄影师等有针对性定向约稿的做法，在图片质量、内容甄选、专栏推介、人物特写、社会百态、风俗名物等方面更具特色，更加丰富，突出衡阳特点，更加注重社会效益。（李旭东）

电子政务工作

【概况】 2017年，衡阳市电子政务办在电子政务工作方面取得显著成效，完成各项既定目标任务。主要工作继续位列湖南省第一方阵，“互联网+政务服务”能力进入全国前20强，“12345”政府服务热线综合排名进入全国前30强，政府信息公开、政府门户网站被省政府评为优秀。电子政务办被评为市二星级文明单位。

（周乐天）

【数字衡阳】 “数字衡阳”是衡阳市提升信息化水平、推动经济社会发展、保障改善民生的重要工程。2017年，在“数字衡阳”一期“1+4”的基础上，启动数字环保一期建设，项目进入试运行阶段。截至年底，“数字衡阳”平台运行整体情况良好，系统平台正常率、外场设施在线率均处于行业较高水平。（周乐天）

【“12345”政府服务热线】 市“12345”政府服务热线现已整合“12342”（监察）、“12369”（环保)、"12318"(文化市场执法)、"12328"(交通)、"12319"(城管)、"12385"(残联)、"12338"(妇女维权)以及"12350"(安全生产)等8条部门热线，与"110" "120"对接联动。2017年，热线共计接打市民来电总量达303277次，工单综合办结率为99.76%，市民满意率达99.03%，在"2017年全国"12345"政府服务热线峰会"上，衡阳市"12345"政府服务热线获"先锋"奖，综合排名进入全国30强。同时，按照"一城一平台"原则，衡南县、衡山县、衡东县、祁东县、常宁市、南岳区6个县(市)区本级"12345"热线平台已开通运行，并与市级平台实现对接，其他县(市)热线平台也在加快筹建之中。 (周乐天)

【政府网站建管】 按照2017年工作计划，42家市直部门政府网站已全部完成集约化建设，全市累计210家政府网站整合并永久下线，减幅达90.9%。衡东县、南岳区、常宁市、衡山县已完成本级门户网站平台向市党政门户网站平台上移，县直部门和乡镇不再新建网站。同时，完成市党政门户网站改版，共发布各类政务信息超过12万余条，为网民提供丰富的公共服务信息、全面的政策解读和便捷的查询服务。

(周乐天)

【电子政务内网】 一方面有序推进电子政务内网(涉密域)建设。另一方面，继续加强党政内部工作专网(原电子政务内网)运维管理。确保党政内部工作专网零故障运行，2017年，市委、市政府及市直部门使用党政内部工作专网电子公文系统发文9292个，接收省委、省政府公文9488个，向省委省政府报送公文3546个。

(周乐天)

【政府信息公开】 一是加大政府信息公开力度。2017年，全市在各级政府网站、部门网站主动公开相关信息达到100万条以上；共收到依申请公开信件207件，均依法依规按时回复。政策解读方面：做好规范性文件解读和图解，市委常委会议和市政府常务会议图解等政策解读工作，同时做好国省重要政策解读信息转载。回应关切方面：在衡阳市政务公开工作要点专栏政务参与设置回应社会关切栏目，并设置新闻发布会、热点问题回应及突发事件处置3个子栏目，2017年，发布新闻发布会14期，书记、市长信箱信件按时回复691件，全市重大突发事件紧急处理的舆情信息14条。二是全面公开"三清单一目录"。要求市直有关部门每年对本部门三清单一目录权力清单进行梳理，并及时更新相应子栏目数据。指导县(市)区统一设置政务公开工作要点专栏目，要求县(市)区直部门对权力清单进行梳理，定期对内容进行更新。三是全面公开政府权力运行流程。由市编办、市法制办及市发改委牵头，分别组织市直相关部门对权力清单、责任清单及外商投资准入管理目录及核准的投资项目目录进行全面梳理，由电子政务办负责提供技术支撑，对"三清单一目录"建立直报系统，该系统已经搭建完成，整体运行情况良好。四是全面公布权力、责任清单。按照省、市的安排部署，2017年，通过衡阳市政府工作部门权力清单发布平台公开发布权力清单3072件，发布责任清单1784条。 (周乐天)

【"互联网+政务服务"】 一是开展基础工作。第一，开展全市行政权力清单梳理及政务服务事项标准化工作。2017年8月，组织相关单位重新梳理全市行政权力清单；10月，完成清单编制工作。2017年10月中旬，启动全市政务服务事项(行政许可和公共服务事项)标准化工作，按照省统一标准梳理12个县(市)区及36个市直行政部门政务服务事项的目录清单及实施清单，并于12月10日前完成全省"互联网+政务服务"一体化平台数据填报及市级平台数据更新。第二，开展全市信息化基本现状调研。2017年10月，组织开展政务部门信息化现状调研工作，包括政务信息系统应用部署情况、数据存储位置、数据对接方式、前置交换和终端采集设备等基本情况，同时要求自查清理"僵尸"业务系统。第三，开展信息资源目录梳理。2017年11月开始，梳理各行政部门的政务信息资源目录，填报共享交换信息项，落实资源需求，包括各部门的电子证照存量、增量情况和电子印章采模。第四，开展全市数据库调研。2017年11月完成"互联网+监督"218项民生资金目录梳理及省级平台填报。二是起草相关规范性文件。一方面，在充分调研、摸清需求的基础上，确定《衡阳市“互联网+政务服务”建设项目一期技术方案》初稿。另一方面，根据衡阳市现状编写《衡阳市“互联网+政务服务”工作推进实施方案（征求意见稿）》、《衡阳市政务信息资源共享管理办法（征求意见稿）》。三是积极推进试点建设。为探索并实现“让数据多跑路，群众少跑腿”目标，2017年9月，围绕“法人办事”，以投资项目报建审批业务为突破口，对衡阳市网上政务服务系统“并联审批”功能进行优化完善，在市政务服务中心下属代办中心进行试点应用，相关系统对接正在有序开展中，其中市规划局、市国土局正在进行系统对接。2017年11月，围绕“自然人办事”，推出“不动产注册登记”业务网上预约及预受理功能试点应用，12月推出“住房公积金提取”网上预约及预受理功能试点应用。（周乐天）

【衡阳市党政门户网站获评为全省优秀政府网站】 2017年第一季度，省政府办公厅通报2016年度全省政务公开和政府网站工作考核评估结果，衡阳市党政门户网站总分位居各市州第二，被评为全省优秀政府网站。衡山县、常宁市、南岳区、雁峰区、珠晖区5个县（市）区进入全省优秀县（市）区政府网站行列。市委、市政府历来高度重视政府网站建设工作，特别是2015年国务院开展第一次全国政府网站普查工作以来，全市狠抓政府网站集约化建设，关停、整合政府网站139家，完成42家市直部门政府网站集约化建设，县（市）区政府门户网站正在分批向市党政门户网站平台上移。2016年，市党政门户网站加强信息发布、解读回应、办事服务、互动交流等信息内容建设，共发布各类政务信息10万余条，开展在线问政30期，建设5个一体化展示的重点办事服务专题，更新服务类信息近千条。（匡　俊）

【衡阳市获2017全国“12345”政府服务热线峰会先锋奖】 2017年年底，2017全国12345政府服务热线峰会”在北京召开。衡阳市“12345”政府服务热线获“先锋”奖，总体排名进入全国城市前30强。2017年上半年，第三方评估平台对国内31个省、自治区及直辖市的334家12345热线的服务质量进行监测评估，监测从接通情况和服务水平两方面对热线服务质量进行测评。截至2017年10月，衡阳市“12345”政府服务热线共接听市民来电227979个，日均842个，较2016年同期来电量相比增长4.24%；形成有效工单141723件，综合办结率达99.08%，转交91家成员单位办理34762件，较2016年同期增长48.65%；按时办结率达98.45%，群众满意率达98.92%。（匡　俊）

无线电管理工作

【概况】 2017年，在市政府办的领导下，市无线电管理委员会办公室全力优化电磁环境，维护空中电波秩序。一是对辖区内的移动通信台站进行清理核查工作。7—9月，对辖区内1560多个移动通信台站进行清理核查，对每个基站的经纬度、设备型号等技术参数进行认真核对，做到人、机见面，并将核查后的台站技术资料登记存档，录入数据库。并为新建基站办理台站执照。二是惩处“黑广播”和“伪基站”，进行干扰排查，维护正常通信秩序。为维护航空、铁路的通信安全，确保公众通信畅通，于2017年在耒阳对1起“伪基站”进行坚决快速取缔，进行干扰排查4起，3月15—24日，南岳机场航班在130.475兆赫频点受到非法干扰，工作人员在衡阳与邵阳交界航线上进行监测排查，干扰信号于24日14时消失；7月3日，移动公司一基站受到干扰，经查为一金融咨询投资公司私装信号屏蔽器所致；7月8日，一卫星地球探测业务受到干扰，技术人员经过10多天排查，后干扰自行消失；9月19日，衡东移动信号出现大范围干扰，经查，为该公司内部配置失误所致。三是坚持和完善监测月报告制度。首先是制订完整的监测计划。为有计划、有系统地分析信号，摸清本地的电磁环境状况，制定完整的监测计划，对223～235兆赫、351～400兆赫、450～470兆赫、470～510兆赫、821～825兆赫、866～870兆赫、915～917兆赫、917～920兆赫、920～925兆赫、925～930兆赫、1447～1467兆赫、1785～1850兆赫频段进行重点监测，全年累计监测时间为9662小时。其次是建立日常监测档案，将年度月度监测计划，监测日志和监测情况小结等按照日、月、年的顺序进行整理汇总。此外还加强对重点台站、重点地区、重点频段的监听监测。不断完善频率监测样本数据库，为干扰排查、清查非法台站提供技术支持，为重点业务、重点区域的电磁环境状况及变化情况提供宝贵资料。四是进行电磁环境测试和基站设备年检，为服务单位提供技术保障。2017 年，对衡阳移动、联通及电信公司新建基站进行电磁环境测试，为他们新建基站的站址选定提供依据。五是开展频谱使用评估工作。3 月起，对全市 5 个区、5 个县、2 个市主城区进行移动监测，出动移动监测车 20 多台次，人员 40 余人次，行程 1200 多千米，取得测试数据 133G，完成无线电频谱使用评估数据采集任务，对公众移动通信系统的频谱利用效率进行评估，准确掌握各频段频率的使用效率，提高无线电管理的精细化、科学化水平。（肖冬平）

【公共安全监管】 一是加强“两会”期间的监测监控，保障“两会”通信安全。首先，与市广播电视局进行沟通协调，防止非法安装卫星电视干扰器；其次，与人防、公安、铁路通信车间等部门进行沟通协调，解专用频率的使用情况，并对专用频率进行保护性监测；再次是召集移动、联通、电信等通信运营企业负责人召开专题会议，商讨对策，确保正常的公众通信；最后是组织技术力量对本辖区内的航空无线电专用频率进行专项监测，确保航空无线电频率的使用安全。二是加强高考期间无线电监控、监听工作，维护正常的考试秩序。高考前期，根据市政府的统一部署，管理处与市教育局招考处、市公安局国安支队成立联合工作组，6 月 4—6 日，工作小组人员深入到全市五县五区二市各考点进行实地调查，对各考点周边电磁环境进行全面监测解，并对各考点的屏蔽设备进行效果测试，避免对其他通信造成干扰。高考期间，安排技术人员带移动监测车及便携设备到各县（市）区考点进行巡查，确保考试有序进行。三是加强对各类公共考试的无线电保障工作。2017 年，完成市公积金管理中心招聘考试、市公务员招录考试、全省高等教育自学考试、卫生专业资格考试、二级建造师资格考试、全国护士执业资格考试、会国会计专业技术初级资格考试、全国计算机技术与软件专业技术资格考试、司法考试等 19 项巡考任务。协助省无委办对全国公务员考试进行监测保障。四是加强对南岳机场、大浦机场、武广高铁的无线电保障工作。为保障南岳机场的航行顺利，定期对机场周边电磁环境进行测试，对机场所有的多种不同业务、不同用途、不同频率的通信导航台站的电磁环境进行测试，对机场所使用的民用航空专用频率内出现的信号进行连续监测和分析，保障机场的着陆、信标、通信等频率能正常安全使用。对大浦机场和武广高铁沿线的电磁环境定期进行测试，保障通信安全畅通。（肖冬平）

【宣传和执法检查】 为将无线电管理的法律法规等制度向广播电视局、三大通信营运公司及广大的对讲机用户宣讲清楚，专门成立执法小组。3 月，召集各县、市、区广电部门负责人和市移动、联通、电信公司的负责人就新出台的无线电管理条例的相关内容进行座谈、学习。对讲机用户，执法小组多次深入到厂矿、宾馆、物业管理等场所，面对面地向公众宣传、解释有关政策和规定。建立健全单位行政执法公示制度、监督制度、岗位执法责任制和行政执法责任追究制度，2 月，对 1 起“伪基站进行查处；4 月，祁东县广播电台更换设备，功率严重超标，及时下达《责令整改通知书》；7 月，完成 2017 年广电系统频率占用费的征缴任务。10 月，以新修订的无线电管理条例为主，结合一些法律法规知识，组织一次宣传活动。（肖冬平）

【基础设施建设】 为提高基础设施保障水平，在原有技术设备的基础上，向市里争取支持，购置一套移动监测站和一台携带便携设备的车辆，为保障全市的无线电监测任务提供坚强保障。

（肖冬平）

驻北京办事处工作

【概况】 2017 年，衡阳市人民政府驻北京办事处（以下简称驻京办）在市委、市政府的坚强领导下，履行经济协作、联络协调、驻京维稳、资产管理等职能，较好完成各项工作任务。

一、项目对接方面。加强与国家相关部委、央企和大型民营企业的联络协调和项目跟踪，为衡阳市在北京争取资金，引进项目做好服务。落实“一带一路”高峰论坛精神，推进“五个新衡阳”建设。6月21—25日，市委书记、市人大常委会主任周农率衡阳市代表团赴北京对接央企，开展引央企入湘入衡对接活动。驻京办在嘉宾邀请、拜会走访企业领导、后勤保障等环节开展服务工作，全程承办，过程无差错，得到市领导的认可。6月21—22日，此次央企入湘对接会期间，衡阳市相关领导拜访央企、国企、知名民企、上市公司等20余家，宣传衡阳，达成共识，洽谈一批好项目大项目。为促进项目落地，周农先后拜访中核集团公司董事长、党组书记王寿君，中油金鸿能源投资股份有限公司董事长陈义和，中国五矿集团公司总经理、党组副书记兼中冶集团董事长、党委书记国文清，实地考察3家央企并与企业高管座谈。23日上午，“央企入湘对接暨衡阳市投资推介会”在北京举行，作为湖南此次落实“一带一路”高峰论坛精神湖南与央企合作对接会的分会场，共邀请客商190位，就驻京办邀请117人，涵盖京津冀商圈；共签约项目23个，总投资额达727亿元人民币，其中天洋集团总投资100多亿元的梦东方——中南国际旅游度假区项目是经驻京办最早引荐衔接，推介服务多年，促成项目落地。3—7月，衡阳市委常委、市长周海兵利用在党校学习的业余时间开展政务和招商工作，驻京办全程做好保障工作。配合市直和县（市）区领导在京开展公务活动。珠晖区城乡建设投资有限公司因融资需要，需退出政府平台管理，因退出平台的资料在银监会系统窗口关闭前未及时报送进去，市驻京办联络协调国家银监会慎审局、信科部申请开窗补报，保障珠晖区的基础设施建设和民生工程。此次补开窗口在银监会尚属首次。参加北京市省市驻京机构商务协会第十一届重点项目推介会，重点推荐衡阳企业家谢森创立的沃康茶业、刘钧贻创立的北京资源亿家集团。配合市委市政府，为衡阳市创建“园林城市”牵线搭桥，联系联络住建部，确保创建工作顺利完成。

二、公务接待方面。配合“2017衡州经济发展论坛”筹备工作委员会开展各类工作，负责联系对接在京的专家院士、企业家、行业知名人士，确保论坛的顺利召开。市政协为筹备论坛和筹建衡阳市高端智库多次到北京对接专家院士和知名企业家，驻京办积极做好联络对接和服务工作，由驻京办单独走访或陪同政协走访的智库专家院士达48人次，获得论坛工作委员会颁发的“先进单位”的荣誉证书。5月下旬，陪同市政协赴天津衡阳商会开展调研活动。10月下旬，周农赴京参加党的十九大，驻京办全程进行保障服务。全年共接待市级领导54批、71人次、县（处）级领导88批、408人次。

三、宣传推介方面。围绕市委、市政府中心工作，发挥跨越两地、连接上下的独特优势和桥梁纽带作用，服务发展大局，铺路搭桥，宣传推介以南岳旅游为龙头的衡阳全域旅游概念，力推和争取申报衡阳市特色小镇——茶山坳盐浴项目。（周明秋）

【公共服务】 指导北京衡阳企业商会、天津衡阳商会、石家庄衡阳商会、耒阳北京商会规范运作、健康发展，为衡阳企业在京津冀发展搭建平台；指导和帮助常宁北京商会、祁东北京商会开展筹备工作。2017年10月，北京常宁商会正式挂牌成立，会员单位100余家。12月11日，湖南青年企业家协会在湖南大厦举行成立大会，驻京办组织衡阳青年企业家积极参加，并协助筹备协会成立，为搭建衡阳创业青年交流平台开展服务。4月26日，组织衡阳团员青年参加团工委举办的“我的北京故事报告会”主题活动和“纪念五四运动98周年”活动；谢金花（兼省驻京团工委委员）被湖南省驻京团工委授予“优秀团干”荣誉。（周明秋）

驻广州（深圳）办事处工作

【概况】 2017年，衡阳市人民政府驻广州（深圳）办事处（以下简称办事处）强化内部管理，拓展外部关系，重视基地建设，宣传衡阳形象，架通衡阳、广东两地资讯桥梁，服务衡阳经济社会发展，各项工作有序完成。

一、招商资源推介方面。为衡阳市委、市政府及各县

（市）区来广东省招商引资做好联络、前期安排及后期跟踪工作。全年共接待大型重要团队7次（往广东4次，返衡阳3次），其他赴粤人员约60~70人次。

二、政商资源联络方面。在广州市协作办联络处的具体指导下，加强与广州社会各个层面的联系，包含政府、企业和个人。2017年，参加广州市协作办组织的各项活动，为两地的经济合作开展协调工作。为衡阳市委、市政府招商引资积极工作，将衡阳市的好资源、好项目推荐给广东企业家，全年接待到广东招商引资、联络走访60~70人次；带领、陪同各级商会、企业家到衡阳参观考察，全年接待40~50人次。

三、广东衡阳商会换届选举。2017年，为协助广东衡阳商会换届，驻广州（深圳）办事处办联络广东地区有名的衡阳籍企业家，并邀请市政府、市政协领导出面，助推广东衡阳商会换届选举。新一届商会选出后，办事处领导陪同新一届商会会长、常务副会长等几十人次前往衡阳参观考察，且在衡阳市高新开发区、衡阳县、耒阳市签订合同投资。（陈安华）

驻长沙办事处工作

【概况】 2017年，衡阳市人民政府驻长沙办事处政务联络、接待服务、招商引资、信访维稳、等各项工作都取得较好的成绩，完成各项工作任务。

一、政务服务方面。全年多次陪同市委书记周农、市长郑建新、常务副市长廖健以及市直单位领导在省城长沙与相关部门衔接工作，并按照统一部署安排，做好洽谈后的协调服务工作，为推动全市经济社会发展项目建设做出应有的贡献。一是服务衡阳市经济社会发展。参与衡阳市重大项目的联络协调，推动重大项目落户衡阳；与五矿、中建、中铁、建工集团、新天地集团、华菱集团等大型央企和省内知名企业建立广泛联系，开展洽谈对接，对外宣传推介衡阳。全程跟踪服务五矿集团与衡阳合作投资建设的水口山金铜项目和瓦松铁路等大型项目，使该些项目建设顺利落地。为市党政代表团赴新疆考察提供优质服务。二是推进衡阳与省直机关部门政务对接。高质量完成市领导交办的各项政务联络服务工作，经常陪同市领导和市直部门领导到对口的省发改委、人社厅、统计局、审计厅、财政厅、地税局、扶贫办等单位联络联系工作。2017年年初，为市党政代表团到各省直机关部门走访和联系工作提供全程跟踪服务，服务精准到位。2017的扶贫工作受到各级党委、政府的空前重视，驻长办为市领导到相关部门接洽扶贫工作提供细致入微的服务。努力做好向省里争取项目资金和为衡阳城市建设提供融资配套服务。利用省城平台，及时捕捉信息，力促中央和省级项目、资金向衡阳倾斜。加强与省内金融单位的联系强度和密度，与坐落在省会长沙的金融单位积极对接，努力为衡阳市的城市建设和社会经济发展中关于融资的方面做好穿针引线、牵线搭桥工作。

二、招商引资方面。一是加强经济意识，打好招商引资基础。及时掌握省内经济动态，调动一切有利资源，与省发改委、商务厅等单位建立长期联络关系，开拓央企驻湘机构和省内知名企业交流渠道，密切关注政策走向、企业意向和相关需求，及时联系、交流、反馈，为衡阳市在省会争资跑项、招引客商打下基础。二是强化商会工作指导力度。先后多次参加衡阳商会组织的各种形式会议，组织并参与“老红军讲党课”活动，就商会的活动开展、组织建设、发展路线等方面做具体指导。为衡商投资回报家乡的几个重点项目开展联络协调工作，促使项目建设顺利进行，激发衡商投资回报家乡的热情。三是配合市招商部门开展对外联络招商服务。为市商务局到长沙联系工作和宣传推介提供联络协调服务，在做好现有项目联系工作的基础上，以推介会为契机，加强城市形象宣传，推介衡阳优秀的经济发展环境，力促更多的项目和资金落户衡阳。四是以优质服务为衡阳打造城市名片。在为白俄罗斯博布鲁伊斯克市市长斯图特涅夫·亚历山大和中国电科总经理刘然红等人提供服务的过程中，大力推介衡阳经济环境和城市文化，受到服务对象的高度评价，为成功打造属于衡阳的城市名片贡献自己的力量。

三、服务接待方面。全年接待衡阳市到长沙办事的市级领导、市直部门人员以及外地经长沙赴衡阳的领导和客商共计1900余人/次，接待工作得到市领导和市直部门、县（市）区的好评。

（陈洪任）

中国人民政治协商会议
衡阳市委员会

重要会议

【政协衡阳市第十二届委员会第一次会议】 2017年1月4日，政协衡阳市第十二届委员会第一次会议在市政府会议中心举行第一次大会（开幕会）。担任大会开幕式执行主席的是：廖炎秋、李平、谢明芳、汪维。李平主持会议。受市政协第十一届委员会常务委员会委托，市政协十二届一次会议主席团常务主席、第十一届市政协主席廖炎秋在会上作《政协衡阳市第十一届委员会常务委员会工作报告》（以下简称《报告》）。《报告》回顾过去的四年工作。2012—2016年，在中共十八大和中共中央总书记习近平系列重要讲话精神的正确指引下，在中共衡阳市委的正确领导下，全市广大干部群众顽强拼搏，力克时艰，各项事业取得新成效，衡阳发展迈上新台阶。过去的四年，也是衡阳市人民政协事业开拓进取、蓬勃发展的四年，是奋发有为、务实创新的四年。四年来，市政协牢牢把握团结民主主题，紧紧围绕全市工作大局，认真履行政治协商、民主监督、参政议政职能，广泛凝聚智慧服务科学发展，充分发挥优势助推民生改善，积极协调关系促进社会和谐，有力推动衡阳“四个全面”建设进程，树立“有为政协”的良好形象。廖炎秋从围绕中心，服务大局，忠实履行政协职能；发挥优势，凝心聚力，促进社会和谐和民生改善；提升素质，搭建平台，激发委员履职活力；与时俱进，开拓创新，加强和改进自身建设四个方面回顾过去四年的工作。并总结第十一届市政协的工作体会和经验，即必须坚持党的领导，必须坚持围绕中心、服务大局，必须坚持多党合作制度和突出团结民主主题，必须坚持把实现、维护、发展最广大人民群众的根本利益作为政协工作的出发点和落脚点，必须坚持把发挥委员主体作用作为活跃政协工作、提高履职成效的关键举措，必须坚持把加强自身建设作为履职尽责的重要基础。廖炎秋指出，今后五年，是衡阳市全面建成小康社会的决胜阶段，是加快产业转型升级的黄金时期，也是重构政治生态、重塑良好形象的紧要关头。人民政协承担的责任重大，肩负的使命光荣，履职的前景广阔。市政协要重点抓好六个方面的工作：一是强化学习引导，巩固共同思想政治基础；二是为建设“五个新衡阳”，谱写好富饶美丽幸福新湖南的衡阳篇章献计出力；三是充分发挥协商民主重要渠道作用；四是着力提高民主监督组织化程度；五是突出团结民主，为衡阳发展稳定汇聚强大正能量；六是提升机关的服务和保障水平。廖炎秋强调，要夯实履职基础，提升履职实效。要充分发挥委员的主体作用，政协委员要增强履职意识，提升履职能力，拓宽履职平台，加强履职管理；要充分发挥专委会的基础性作用，专委会工作要“有板有眼”“有规有矩”“有情有义”“有滋有味”“有为有位”。要进一步加强和改进调查研究工作，真正使政协的各项履职活动更加契合中心工作，更加符合决策需要，更加体现人民心声。受市政协第十一届委员会常务委员会委托，第十一届市政协副主席肖长贵向大会报告市政协第十一届委员会常务委员会四年来的提案工作情况。四年来，市政协共收到提案2203件，立案2108件；截至2016年11月底，立案提案全部办复。其中，已解决的946件，列入计划承诺解决的1032件，因条件所限不能解决的或留作参考的130件。另外，市政协还收到提案办理反馈意见1933件。其中，反馈满意的1846件，反馈基本满意的75件。

1月8日，市政协十二届一次会议举行第二次大会。担任本次大会执行主席的是：许云生、黄保锦、夏平平。黄保锦主持会议。大会首先通过市政协十二届一次会议《选举办法》，通过总监票人、监票人名单，指定总计票人、计票人。9时，选举正式开始，委员们认真填写选票。本次大会共发选票439套，收回439套，选举有效。10时36分，大会宣布选举结果：廖炎秋当选为政协衡阳市第十二届委员会主席，张亮、谢明芳、许云生、黄保锦、汪维、肖吉顺、谢肃当选为政协衡阳市第十二届委员会副主席，夏平平当选为政协衡阳市第十二届委员会秘书长，81人当选为政协衡阳市第十二届委员会常务委员。

1月9日，在完成大会各项任务后，政协衡阳市第十二届委员会第一次会议举行第三次大会

(闭幕会)。担任大会闭幕式执行主席的是张亮、肖吉顺、谢肃。张亮主持会议。本次会议应到委员 444 人,实到 441 人,符合《政协章程》和相关规定人数。会议通过政协衡阳市第十二届委员会第一次会议提案审查委员会关于市政协十二届一次会议提案审查情况的报告;通过政协衡阳市第十二届委员会第一次会议政治决议及其他各项决议。市委书记周农发表重要讲话,市委副书记、市长郑建新出席闭幕会,市政协主席廖炎秋主持会议。周农代表市委对大会的圆满成功表示热烈祝贺,并就做好新形势下政协工作提出四点要求:要把坚持和加强党的领导贯穿政协工作始终。全市各级政协组织和广大政协委员要深入学习贯彻中共十九大精神,牢固树立政治意识、大局意识、核心意识、看齐意识,更加主动地聚焦党委决策部署,确保党的路线方针政策和决策部署在政协工作中得到全面贯彻落实。要把服务改革发展大局贯穿政协工作始终。各级政协组织和广大政协委员要把工作重点放在事关衡阳经济社会发展重大问题的研究上,围绕高质量发展这个根本要求,多建睿智之言,多献务实之策,多尽落实之力;要发挥好政协代表性强、联系面广、包容性强的特点,加强与各团体、各民族、各阶层和各界人士的沟通联系,为全市招商引资、招才引智牵线搭桥、鼓劲加力;要充分发挥政协团结统战作用,最大限度调动一切积极因素,为推动衡阳改革发展汇聚强大力量。要把增进民生福祉贯穿政协工作始终。各级政协组织和政协委员要经常深入基层,倾听群众呼声,体察群众疾苦;要把群众关切作为调研、提案、视察等工作的第一选择,从全局立场、操作层面提出切实可行的措施建议,推动改革发展成果更多更好地惠及人民群众;要发挥好各级政协委员工作室的作用,进一步建立健全联系群众、服务群众的工作机制,使政协真正成为反映民情、体现民意、集中民智的重要渠道。要把提高履职能力贯穿政协工作始终。各级政协组织和政协委员要主动适应新时代中国特色社会主义的发展要求,大力推进自身建设。全体政协委员要切实增强委员意识,珍惜委员荣誉,牢记委员责任,维护委员形象,切实发挥好示范带头作用,努力在建设“五个新衡阳”的生动实践中展现更大作为。周农强调,人民政协事业是党的事业的重要组成部分,人民政协工作是党的工作的重要组成部分。市委将进一步加强和改善对政协工作的领导,进一步推进政治协商、民主监督、参政议政制度化、规范化、程序化,一如既往地支持政协按章履职、发挥作用。各级党委、政府要把政协工作摆在重要位置,推动人民政协事业不断向前发展。廖炎秋希望各位委员切实做到“四个特别”:要特别认真地学习。通过认真学习党的十九大精神和习近平新时代中国特色社会主义思想、市“两会”精神以及履职知识,更好地提高政治站位、提升能力水平。要特别热心地宣传。通过广泛宣传党的十九大精神、市“两会”精神以及衡阳的发展潜力,进一步统一思想、坚定信心、汇聚力量,增强衡阳人民的自豪感,提振衡阳发展的精气神。要特别负责地履职。紧紧围绕事关衡阳发展的重大问题和人民群众关注的现实问题,尤其要围绕振兴实体经济“3311”工程计划,扎实履行政协各项职能,展示政协担当、体现政协作为。要特别努力地工作。始终保持勤勉敬业的作风,努力做扎实干事的模范、创新创业的模范、推动发展的模范,以实际行动为政协事业增光添彩。　　(周智毅)

【政协衡阳市第十二届委员会常务委员会第一次会议】 2017 年 1 月 8 日上午召开。会议的主要议题是:审议《市政协十二届一次会议政治决议(草案)》;审议《市政协十二届一次会议关于政协衡阳市第十一届委员会常务委员会工作报告的决议(草案)》;审议《市政协十二届一次会议关于政协衡阳市第十一届委员会常务委员会提案工作报告的决议(草案)》。　　(周智毅)

【政协衡阳市第十二届委员会常务委员会第二次会议】 2017 年 1 月 8 日下午召开。会议的主要议题是:听取各组审议大会各项决议(草案)的情况汇报;听取大会秘书处《关于小组协商讨论情况的综合汇报》;审议政协衡阳市第十二届委员会第一次会议提案审查委员会关于市政协十二届一次会议提案审查情况的报告(草

案）。（周智毅）

【政协衡阳市第十二届委员会常务委员会第三次会议】 2017 年 4 月 7 日召开。会议的主要议题是：传达学习全国政协十二届五次会议和省委政协工作会议精神；协商《关于任命政协衡阳市第十二届委员会办公室主任、副秘书长的决定（草案）》；协商《关于任命政协衡阳市第十二届委员会各专门委员会主任、副主任的决定（草案）》。（周智毅）

【政协衡阳市第十二届委员会常务委员会第四次会议】 2017 年 6 月 29 日召开。会议的主要议题是：传达学习市委政协工作会议精神；对市国土资源局工作进行民主评议。（周智毅）

【政协衡阳市第十二届委员会常务委员会第五次会议】 2017 年 7 月 26 日召开。会议的主要议题是：协商重要人事工作。（周智毅）

【政协衡阳市第十二届委员会常务委员会第六次会议】 2017 年 11 月 16 日召开。会议的主要议题是：民主评议市民政局提案办理工作；民主评议市国土资源局整改；学习贯彻党的十九大精神。（周智毅）

【政协衡阳市第十二届委员会常务委员会第七次会议】 2017 年 12 月 4 日召开。会议的主要议题是：审议《关于召开政协衡阳市第十二届委员会第二次会议的决定（草案）》；审议《政协衡阳市第十二届委员会第二次会议议程（草案）》；审议《政协衡阳市第十二届委员会第二次会议日程（草案）》；协商《政协衡阳市第十二届委员会常务委员会工作报告报告人名单（草案）》；协商《政协衡阳市第十二届委员会常务委员会关于十二届一次会议以来提案工作情况的报告报告人名单（草案）》；审议《政协衡阳市第十二届委员会第二次会议筹备工作方案（草案）》。（周智毅）

【政协衡阳市第十二届委员会常务委员会第八次会议】 2017 年 12 月 27 日召开。会议的主要议题是：审议《关于免去陈军等同志政协委员资格的决定（草案）》；审议《关于增补邓政等同志为政协委员的决定（草案）》；协商《市政协十二届二次会议执行主席和执行主席分组名单（草案）》；协商《市政协十二届二次会议开幕会主席台就座人员名单（草案）》；协商《市政协十二届二次会议委员小组召集人名单（草案）》；协商《市政协十二届二次会议列席人员名单（草案）》；协商《市政协十二届二次会议特别邀请列席有关会议人员名单（草案）》；协商《市政协十二届二次会议秘书长、副秘书长名单（草案）》；审议《政协衡阳市第十二届委员会常务委员会工作报告（草案）》；审议《政协衡阳市第十二届委员会常务委员会关于十二届一次会议以来提案工作情况的报告（草案）》。（周智毅）

【衡阳市委政协工作会议】 2017 年 5 月 19 日，衡阳市委政协工作会议召开。市委书记、市人大常委会主任周农出席会议并讲话。周农强调，要切实把习近平总书记系列重要讲话精神特别是关于政协工作的重要论述作为推动全市政协事业发展的根本思想遵循和行动指南，切实加强和改进党对政协工作的领导，充分发挥人民政协的独特优势，不断开创人民政协工作的新局面，为建设"五个新衡阳"做出新的更大贡献。市委副书记邓群策主持会议，市政协主席廖炎秋出席会议。市领导段志刚、罗东海、包昌林、刘丽华、邓柯、何录春、张贺文、章彰、贺小坤、陈竞、李鹏飞、张亮、谢明芳、黄保锦、汪维、肖吉顺、谢肃、李平出席会议。（李爱成）

履职工作

【概况】 2017 年，在中共衡阳市委的坚强领导下，市政协认真贯彻落实省委、市委政协工作会议精神，紧随时代步伐，紧跟市委要求，紧抓理论武装，紧扣发展主题，紧密联系各方，紧盯目标要求，忠实履职。（周智毅）

【政治协商】 2017 年，市政协围绕市委、市政府的中心工作以及全市经济、政治、文化、社会和生态文明建设中的重大问题，精心制订协商计划，不断丰富协商形式，努力提升协商能力，切实增强协商实效，推动协商民主的广泛多层制度化发展。2017年，市政协先后围绕“推进军民融合产业发展”“加强学前教育保障能力建设”“优化非公经济发展法治环境”“加强品牌建设、培育‘百年老店’”等课题开展深入的专题协商。各专门委员会、各界别还与市委、市政府有关部门就全市经济社会发展中的重要问题，开展广泛的对口协商、界别协商和提案办理协商活动。共提出协商意见130余条，许多协商成果进入党政决策，有的被市委、市政府出台的相关文件予以采纳。

8月9日，市政协召开“学前教育保障能力建设”专题协商会议。市委副书记、市人民政府市长郑建新对调研报告作出重要批示，并于2017年第13次市政府常务会议对学前教育进行专题研究，通过《衡阳市人民政府关于进一步加快推进学前教育发展的实施意见》，下发会议纪要，并起草形成《衡阳市人民政府办公室关于落实政协衡阳市委“学前教育保障能力建设”专题协商议政的通知》；市教育行政部门对全市普惠性民办幼儿园进行重新验收和考核认定，并将衡阳市普惠性民办幼儿园奖补经费由平均分配型向要素分配型转变，新办市第二幼儿园；市财政积极争取省财政下拨衡阳市学前教育发展专项资金2300万元，并将在2018年市财政预算新增学前教育发展专项资金；市城乡规划局牵头对全市居住5000人以上的小区幼儿园建设情况进行全面清理；衡阳幼师、耒阳师范、衡阳艺校三校合并升专科已经入围省规划，相关工作扎实推进。

8月15日，市政协召开“加强品牌建设 培育衡阳‘百年老店’”专题协商会。市委副书记、市人民政府市长郑建新多次在会议和调研中指出，要加大对衡阳市品牌的政策支持和资金奖励力度，要以“中国制造2025”示范城市为契机，参与国际和国家标准化行动，提升衡阳市标准化水平，努力推动衡阳工业、衡阳制造品牌化；市政府召开常务会议专题研究质量品牌工作，先后出台《关于促进招商引资工作的若干措施》《衡阳市创新创业带动就业扶持资金使用管理办法补充办法》《衡阳市推进农业品牌建设的实施意见》等推动品牌建设的文件；起草《关于推动工业实体经济发展若干政策的意见》《衡阳名牌产品管理办法》。另一方面，衡阳市加大品牌宣传力度，开展“国家品牌日”、2017质量月、“3·15”消费者权益保护日、2018中华茶祖节暨南岳衡山云雾茶文化节等活动，组织55家企业200余种品牌参展2017中国中部农业博览会，大力宣传衡阳品牌。在品牌创建方面，衡阳市按照“培育一批、扶持一批、创建一批”的原则，建立品牌产品培育库，创建一批衡阳品牌。2017年，全市共有18家企业获得湖南名牌荣誉称号，3家企业获评市长质量奖；祁东黄花菜入选湖南省农业十大区域公用品牌，三樟黄贡椒和金甲岭白萝卜申报农业地理标志产品，认证“三品一标”农产品品牌达到367个；全市工商部门深入推进商标品牌战略，打造“六改六创”商事制度改革“衡阳模式”，创造性地开展商标培育“一所一标”和“一人一标”等商标培育联系人的工作方法，国家工商总局商标局衡阳商标受理窗口正式启用，2017年年底，全市共有各类市场主体244332户，同比增长25.53%；共注册商标17330余件，同比增长22.%。在标准化建设方面，全市农业部门创建标准化示范园区（基地）102个，示范面积近20万公顷，衡阳国家农业科技园区通过科技部验收；全市质监部门推动1个国家级、3个省级农业标准化试点项目、6个地方标准制修订项目立项，制定衡东土菜地方标准。

8月17日，市政协召开“加快推进全市军民融合产业发展”专题协商会议，将4条协商意见以协商会议纪要的形式分别报送党委、政府及相关单位。会后，党政分管领导多次召开专门会议协调加快推进园区规划建设相关工作。产业园方案分别通过衡阳市政府、衡阳市委常务会议决策，明确按照“政府主导，企业运作，规划法定”的原则，加快组建绿岛投资公司，加快绿岛大道等基础设施和公共配套工程开工建设。衡阳白沙绿岛军民融合产业园已成功入选“湖南省军民融合产业示范基地”，国家级军民融合产业园申报工作稳步推进之中。放射性金属废物熔炼处理设施扩建、共伴生铀资源（独居石）综合利用、稀土高性能铝合金新材料、质子治疗等7大重点项目已完成投资7050万元，现有的储备项目已取得实质性进展，为实现产业集群发展奠定基础。

8月30日，市政协就“优化非公经济发展法治环境”召开专题协商会。会后，市政协将协商成果汇总成12条建议，形成重大建议案，得到市委、市政府主要领导的高度重视和积极采纳。市委书记周农、市政府副市长廖健都作出重要批示。之后，市委、市政府联合下发《2017年全市经济发展环境集中整治行动实施方案》文件，在全市开展经济发展环境整治专项行动，全市各相关部门出台相应的部门实施方案，促进衡阳市经济发展环境得到进一步优化。（周智毅）

【提案工作】 2017年，市政协委员、政协各参加单位和各专门委员会，共提交提案668件。经审查立案599件，立案率89.7%。在立案的提案中，委员提案554件，占92.5%；党派、团体和政协专门委员会提案45件，占7.5%。市政协筛选28件重点提案报送市委、市政府主要领导进行签批，由提案委会同党政督查部门重点督办，推动一批重点难点热点问题的解决。为充分发挥专委会在提案办理中的作用，市政协探索建立提案办理“一案三双”制度（即“一案双交”，既将提案交办给承办单位，又将提案交办给相关委室；“一案双督”，既督查承办单位的提案办理情况，又督查相关委室的提案督办情况；“一案双评”，既评议承办单位的提案办理情况，又评议相关委室的提案督办情况。），确保提案办理“事事有着落，件件有回音”。运用民主评议这一有效方法，从组织领导、制度建设和办理效果等方面，对市民政局2017年的提案办理情况开展一系列民主评议活动，并专门召开评议大会，对市民政局的提案办理情况进行民主测评。2017年，市政协改变过去那种定性评价考核为量化评价考核，从办理态度、面商情况、答复形式和办理效果四个方面，对承办单位的提案办理情况进行评价打分。凡未能及时办理提案或办理质量不佳的，每件提案扣0.5分，并将评定结果作为市委、市政府对各承办单位年度目标管理绩效考核的重要依据。市政协特别注重发挥驻衡省政协委员在推动衡阳发展中的积极作用，组织他们立足全省大局，结合衡阳市经济社会发展中的重大问题，向省政协提交提案42件。其中，关于支持衡阳城市轨道交通项目建设、支持白沙绿岛军民融合产业示范区建设、支持衡山科学城建设发展等提案，得到省委、省政府的高度重视和省直相关单位的认真办理，促进相关重大政策、重大项目在衡阳市的落实落地。（周智毅）

【社情民意】 全年共收集各类社情民意信息稿件1500余篇，编发《社情民意》295期、《委员建言》3期，其中被全国政协采用1期，省政协采用29期；省领导批示1期，市领导批示23期，市政协的社情民意信息工作连续十年被省政协评为社情民意信息先进单位。为扩大知情面，更懂百姓情，聘请18位社情民意信息员。（周智毅）

【民主监督】 2017年，市政协对市国土资源局进行民主评议。评议领导小组分成两个评议工作组，分别赴雁峰区、石鼓区、珠晖区、蒸湘区、衡南县、衡阳县、常宁市、耒阳市和高新开发区、松木经开区等单位，采取听取汇报、实地察看、走访座谈、征求意见等方式，就衡阳市国土资源工作进行专题调研；召集市发改委、市规划局、市住建局等11个市直单位和大自然实业、银泰置业等12家企业分别召开专题座谈会。其间，共召开座谈会16次，发放调查问卷539份，并在《衡阳日报》、《衡阳晚报》和衡阳电视台公开征求社会各界对市国土资源局工作的意见建议，共征集各类意见建议206条，经梳理、归类、整合为7大类、28个问题，形成民主评议报告，相继召开民主评议大会和民主评议整改大会。

通过民主评议，助推国土资源管理问题的整改。一是不动产登记效率大幅提高。与市住建局联合下发《关于市城区不动产登记和房屋交易管理工作业务衔接有关规定》，实现房产监管与不动产登记的信息互通，解决房屋重复测绘问题，并清退重复测绘收费；与市中级人民法院联合下发《关于办理查封、协助执行的有关意见》，加快案件办理速度；加强与规划、人防、金融等部门的协调，商品房缴税、维修基金缴纳、公积金按揭等业务实现“一站式”办理；加强与公安、民政、街道和村委会的协调，明确办理不动产赠予或继承业务，只需其中一方出具证明即可。出台不动产登记两个《实施细则》，启动地下车库发证。启动房产档案库房建设和房产历史数据建库，加快房产档案信息化建设和数据信息整合；升级不动产登记信息平台，开通微信、短信平台，可掌上查询案卷办理情况。二是土地利用管控有效强化。与市规划局联系协调，修订《衡阳市土地利用总体规划》，基本做到“两规合一”。开展“三查两解一整改”行动，全面整顿规范土地市场，切实解决供地矛盾，有效规范土地出让的收支管理。2017 年 6 月，启动村级规划编制试点，每个县（市）区确定 1 个试点村。加强村组一线执法力量，开展拉网式巡查，及时制止村民违法建房行为；开展国土资源执法“利剑行动”，对 2016 年以来全市农村非法建房情况进行彻底清查，立案 1684 宗、涉及面积 17.8 万平方米。三是耕地保护工作全面加强。制定《衡阳市 2017 年度县（市）区耕地保护责任目标考核评分细则》，将耕地保护纳入年度绩效考核内容，将抛荒耕地、新增耕地后期管护纳入耕地保护离任审计范围。市政府与各县市政府签订《2017 年市级补充耕地计划责任状》，下达市本级补充耕地 1 万亩任务，明确将完成任务情况纳入县级政府绩效考核，促使补充耕地任务得到有效落实。向市政府上报《关于落实市级耕地占补平衡工作的请示》，明确社会资本投资耕地开发的回购主体必须是同级人民政府，确定新增耕地指标回购和使用原则，避免市域内的新增耕地指标外流。完善新增耕地后期管护机制，与当地村组签订《后期耕种管护协议》，确保新增耕地后期耕种管护到位。四是征拆安置难题有力破解。以市政府办公室名义出台《关于加强市城区集体土地征地拆迁安置及资金结算管理工作的通知》，2017 年以后启动的征地拆迁项目，原则上实行货币化安置。召开安置房建设专题会议，明确安置房手续办理两个基本原则。五是矿产开发监管明显规范。完成市本级和 7 个县级矿产资源总体规划的省级评审，实现与生态红线划定的有效对接；南岳自然保护区图数不一致的修正方案已报省政府审批。与市林业局、市环保局联合下发《衡阳市开展“绿盾 2017”自然保护区专项整治行动方案》，明确各自然保护区的边界范围和功能区划，各自然保护区内的采矿权全部关停。2017 年 6 月以后，受理矿业权新立和延续登记，均以公函告知环保、安监和林业等相关部门，并组织现场会审。责成县级国土部门对辖区内矿山企业进行坐标复核，坐标确有差错的修改坐标数据，并重新颁发采矿许可证。与市经信委、市环保局、市规划局联合出台《衡阳市砖瓦砂石开采企业专项整治方案》，明确城市规划区内禁止新建页岩砖厂和粘土砖厂。开展煤矿超层越界专项检查、矿产卫片执法监督检查和矿山企业动态巡查，4 家非煤矿山企业存在违法开采行为均被立案查处。六是人才队伍建设大力推进。制定实行《衡阳市国土资源局工作人员工作差错和违反工作纪律行为规范问责办法》《衡阳市国土资源局督查督办工作办法（暂行）》和《衡阳市国土资源系统考核办法》等系列措施，开展队伍建设“清风行动”和优质服务“天使行动”，加强人才队伍建设和思想作风建设，有效提升全市国土资源工作团队的素质能力。

3 月底，按照“一年一委派”要求，市政协召开 2017 年度民主监督小组委派动员会，向市审计局、白沙洲工业园、市住建局、市规划局、市文体广新局、市教育局、市公安局、市中级人民法院 8 个单位，派驻高素质的民主监督小组。统一安排对口联系委室的副主任或专门的工作人员加入监督小组，加强工作指导和调度，协调解决一些具体问题。动员会后，由分管副主席将各监督小组送到受派单位，召开入驻见面会，使民主监督工作更加规范，提高影响。通过开展一系列扎实有效的工作，共提出监督意见 90 余条，在帮助各受派单位发现问题、改进工作、提高效能等方面发挥积极作用。（周智毅）

【建言献策】 围绕“党政所想、发展所需、群众所盼、政协所能”的问题，先后组织政协委员、专家学者就理顺园区管委会与平台公司的关系、“马踏飞燕”雕塑新建选址、加强城区电动车管理、城市居民住宅二次供水管理、打造“健康谷”、救助农村“两癌”贫困家庭、关注农村留守儿童、助力脱贫攻坚、保障农村饮水安全、国家级自然保护区建设与管理等50多个事关全市经济社会发展的重大课题和人民群众普遍关注的现实问题，开展专题调研或集中考察活动，形成重大建议案8份、调研报告45份、视察报告5份。这些调研成果为市委、市政府科学决策提供重要参考。

（周智毅）

【扶贫帮困】 根据市委统一部署，市政协领导分别进驻各个扶贫联系点和指导点，参与脱贫攻坚工作。同时，响应省政协号召，广泛动员和组织全市各级政协委员参与“三个一”扶贫行动，全市共有2975名委员与3185户贫困户进行结对帮扶。（周智毅）

【2017衡州经济发展论坛】 根据市委、市政府的安排，市政协以“自信·创新·发展”为主题，成功举办“2017衡州经济发展论坛”，创新策划大会论坛、专题论坛和招商引资·招才引智·项目签约、重点项目开工等十大活动。论坛期间，全省首家工业主题博物馆开馆；湘南首个科技成果交易平台开启；省科协与市政府签订战略合作框架协议；有40个重点项目集中开工，总投资额180多亿元；有71个项目现场签约，总投资额779亿元。论坛活动成效显著、亮点纷呈，引起社会各界的广泛关注，客商投资衡阳的热情和信心也因此倍增。省政协主席李微微肯定本次论坛“是‘助推新发展，建设新湖南’主题活动的有效形式，体现政协在推进衡阳经济社会发展中的担当与作为”。（周智毅）

【衡阳市经济社会创新发展智库】 为汇聚尖端人才，凝聚智慧力量，进一步加快推进“五个新衡阳”建设，2017年，市委、市政府决定组建衡阳市经济社会创新发展智库，并委托市政协负责智库的筹建和智库专家的联络、服务与管理工作。为做好智库的筹建工作，市政协广泛征集意见，认真调查摸底，全面走访智库拟聘专家。2017年9月，智库正式成立，受聘的智库专家共有62人，其中“两院”院士19人、行业领军人物35人、知名企业家8人，为衡阳加快发展打造一个高端“思想工厂”。智库成立之后，在原有3个院士工作站的基础上，又有12位院士在衡阳市建立10个工作站。同时，创办《专家建言》《智库信息》等刊物，架起专家学者与党委政府沟通交流的桥梁。（周智毅）

【市政协开展“凤眼看南岳”活动】 2017年3月4日，市政协组织开展“凤眼看南岳”活动。百余名市政协女委员集中考察，相互交流，共话政协履职事业，共庆“三八”国际妇女节。市政协主席廖炎秋出席。当天，市政协女委员们参观南岳景区推出的一条全新旅游线路——山盟之旅，南岳首条文化旅游街区——松麓街。女委员们在参观体验的同时，为南岳区发展全域旅游提出建议。交流会上，廖炎秋向市政协女委员致以节日的问候和祝愿。廖炎秋强调，作为各界妇女的优秀代表，市政协女委员肩负着广大妇女的重托和希望，承担着家庭和事业的双重责任。在做好本职工作的同时，市政协女委员要充分发挥女性优势，履行政协职能，积极参加市政协组织的调研、考察、公益等活动，关心关注涉及妇女、儿童的热点难点问题，紧密结合自身的优势积极建言献策；要进一步解放思想，加强学习，带头弘扬进取精神，提升职业素养。（李俊青）

中共衡阳市纪律检查委员会

纪检监察

【概况】 2017年，市纪律检查委员会（市监察委员会）全面从严治党总体要求，聚焦监督执纪问责，忠诚履职、勇于担当，为全面推进“五个新衡阳”建设提供坚强有力的纪律保障。

一、严明政治纪律。一是严明纪律规矩。查处各类违反党的政治纪律和政治规矩的行为，重点查处买官卖官、团团伙伙、欺骗组织、对抗审查等行为。严肃查处衡山县原副县级干部旷锦堂违规组织参与“同乡会”、对抗市委决策、对抗组织审查等严重违纪违法问题。2017年，共查处违反政治纪律案件20件，处分20人。二是严明换届纪律。出台《关于严明村（社区）党组织和村（居）民委员会换届纪律的通知》，重申省委“八严禁”和市委“九个不”纪律要求；实行领导干部联点捆绑责任机制、投诉举报快速核查机制、纪律监督全程纪实制度等，将“零容忍”态度贯穿换届工作全过程；派出12个换届监督指导组前往各县（市）区，对换届工作全程指导，对换届风气全程监督。共处理党员干部229人，给予党政纪处分96人，省委给予充分肯定和高度评价，《湖南日报》等予以专题推介。三是严格把好政治关廉洁关。始终加强对选人用人情况的监督，落实“纪检监察机关意见必听，线索具体的信访举报必查”要求，对政治上有问题的一票否决、廉洁上有硬伤的坚决排除，发挥“党风廉政意见回复”的政治把关作用，及时、准确作出结论性意见，防止干部“带病提拔”“带病上岗”。2017年，对拟提拔重用的21批次、228名党员干部进行党风廉政意见回复，切实把好选人用人关口。

二、压实“两个责任”。一是组织协调更到位。坚持履行监督责任必须对省纪委和市委负责，定期报告全市全面从严治党工作情况，重大事项提交市委常委会研究。积极协助市委健全责任分解、监督检查、倒查追责机制，确保市委各项部署落实到位。年初，制定下发“责任分解表”和《分工意见》，层层“签字背书”，实行“约法三章”；年底，协助市委对12个县（市）区和市直单位“两个责任”落实情况进行检查考核，考核结果在市纪委全会上进行通报。加强反腐败协调工作，全年反腐败协调小组各成员单位共移送案件线索1200余件。二是责任体系更规范。将“两个责任”落实情况作为巡察监督、监督执纪、绩效考核和党政正职述责述廉评议的重要内容，健全责任报告、分类指导等制度，推动“两个责任”入脑入心、落地生根。编印下发《落实“两个责任”操作手册》2000余册，并对操作手册落实情况开展专项检查。建立健全党风廉政建设约谈制度，发挥督促、提醒、警示作用。市委书记周农带头做从严治党的书记，开展廉政谈话达50多人次，市纪委书记昌林开展廉政谈话73人次，其他市级领导共开展谈心谈话1200余人次。三是督促落实更有力。认真落实《中国共产党问责条例》，综合运用检查、通报、诫勉、组织处理、纪律处分等方式，追究主体责任、监督责任和领导责任，倒逼责任落实。严肃查处市广播电视大学违规发放津补贴等问题，对履行主体责任和监督责任不力的校长和纪委书记给予党纪处分。2016年，共问责党组织21个，问责党员领导干部227人次，达到“问责一个、警醒一片”的震慑效果。

三、持续正风肃纪。2017年全市共查处违反作风建设规定问题1375起、1470人，给予党政纪处分1024人，并对典型案例进行集中通报曝光。其中，查办违反中央八项规定精神问题120起189人，给予党政纪处分154人；查处涉毒涉赌问题474起，给予党政纪处分481人；查处党员干部违规饮酒问题13起13人，给予党政纪处分13人。针对群众反映强烈的突出问题，认真执行《禁止领导干部利用职权或职务上的影响在金融活动中谋取私利的规定》，全市共有1845名处级干部如实填报。认真开展违规征订教辅材料问题专项整治，清退违规资金387.47万元，立案24起涉及32人，给予党政纪处分20人，通报典型案例5起。加强对《严禁违规插手干预公共资源交易“九不准”规定》执行情况的监督检查，认真落实《关于为实施创新引领开放崛起战略提供纪律保障的意见》。结合衡阳自身实际，突出抓好“4+6”专项整治，继续深入开展公用经费、工程建设招投标、政府采购、财政专项资金使用4项检查工作，发现问题线索130余件；重点开展国家公职人员经商办企业、党员干部参与非法集资、领导干部到重点工程指挥部兼职取酬、党员干部和国家工作人员违规投资入股预拌混凝土企业、违规参与河道砂石资源出让入股分红、国家公职人员毒驾酒驾6个专项整治。严肃查处市担保公司党员干部非法集资案。以提升群众获得感为重点，严查基层和群众身边腐败问题。2017年，共立案查处“雁过拔毛”式腐败问题499件，给予党政纪处分451人，移送司法机关43人，追缴资金1671.73万元，退还群众597万元，通报典型案例73批、298起。扎实推进扶贫领域监督执纪问责工作，严肃查处贪污挪用、截留私分，优亲厚友、虚报冒领问题，对胆敢向扶贫资金财物“动奶酪”的严惩不贷。严肃查处祁东县马杜桥乡套取财政资金案，给予党纪政纪处分16人，并通报全市，重申脱贫攻坚纪律，为脱贫攻坚提供有力保障。

四、坚决惩腐肃贪。一是始终保持惩治腐败高压态势。围绕“六大纪律”，严肃查处十八大后不收敛、不收手，问题线索反映集中、群众反映强烈，现在重要岗位且可能还要提拔使用的领导干部，把三类情况同时具备的作为重中之重。2017年，全市各级纪检监察机关处置问题线索3346件，增长51.27%；立案2551件，增长45.6%，结案2533件，增长44.28%，结案率99.3%；给予党政纪处分2505人，增长45.05%；移送司法机关33人。市本级立案71件，涉及县处级干部62人。严肃查处符成安、段映春、申锦林、王振国、蒋渝阳、旷锦堂等严重违纪违法案件，充分发挥查办案件的治本功效。二是深入实践监督执纪“四种形态”。注重抓早抓小，切实管住从“好”到“阶下囚”的中间地带。健全谈话函询审批、备案、回访、抽查、反馈、通报等工作流程，建立函询问题清单制度，及时把函询的内容和掌握的情况告知所在单位党委（组）书记，并督促当事人在民主生活会上说明情况。2017年，全市共运用“四种形态”处理党员干部3102人次，其中第一、二种形态处理2512人次，占比81%；第三种形态处理534人次，占比17%；第四种形态处理56人，占比2%。“常态、大多数、少数、极少数”的结构性特征比较明显。三是始终绷紧执纪安全之弦。严格执行《中国共产党纪律检查机关监督执纪工作规则（试行）》，严格落实安全责任制，定期开展监督检查，经常性开展办案场所安全隐患排查整治，筑牢安全办案的堤坝。2016年9月，前往县（市）区和乡镇开展“地毯式”执纪审查安全工作专项检查，发现并交办问题108个。加强基层谈话室建设，县（市）区纪委已建成标准谈话室50间，乡镇纪委共建成标准谈话室85间。

（何　雄）

【监督工作】 强化党内监督，推动管党治党走向严紧硬实。围绕强化党内监督，深入推进纪检体制改革，强力推进国家监察体制改革试点工作，有效实现监督工作全覆盖。一是加强日常监督。协助市委出台《关于从严监督管理党员干部的十项措施》，从细处着眼，从小事管起，明确建立健全领导干部上门家访、健康体检、领导干部干预和插手重大事项留痕备案等十个方面的制度，加强对制度执行情况的监督检查，对执行不力的党组织严肃问责，督促各级党组织加强对党员干部的日常监督管理。二是推进巡察监督。坚持把巡察“利剑”牢牢握在手中，在全省率先建立市县巡察机构，构建起完整的市县两级巡察监督体系。坚持创新工作机制，在“机动式”“点穴式”巡察模式的基础上，统筹安排12个县（市）区开展“交叉巡察”，共派出30个巡察组分别进驻30个单位开展巡察，有效破解“熟人关”“亲友关”“人情关”。这一做法得到中央、省、市媒体的广泛推介。2017年，市县两级共对177个单位进行巡察，共移交问题线索954件。根据移送问题线索，立案132人，党政纪处分81人，移送司法11人。三是深化派驻监督。扎实推进派驻机构全覆盖，擦亮监督探头。7月初，实现派驻机构全覆盖，选配152名干部到27个派驻纪检组工作。出台派驻机构业务管理、后勤财务、人事管理等办法，指导派驻纪检组迅速开展工作。县级纪委派驻机构改革也于2017年9月底全面完成，12个县

（市）区共设立派驻纪检组115个。开展派驻纪检组集中述责述廉，5名派驻投融资平台纪检组组长向市纪委汇报履职情况，接受民主测评。压实派驻监督责任，对长期没有办案的派驻纪检组组长进行约谈。改革以来，各派驻纪检组共查办案件25起。四是深化监察体制改革。积极主动推进监察体制改革，研究制订《衡阳市深化国家监察体制改革试点工作实施方案》，既对标看齐，又精益求精，划出具体的“时间表”“路线图”。经过2个月的紧张“施工”，人员转隶、后勤保障均已到位，制度建设也同步跟进。1月5日，市第十五届人大三次会议选举市监委主任；1月8日，市十五届人大常委会第九次会议又依法任命市监委副主任和委员；1月13日，市监察委员会正式揭牌成立，衡阳市改革试点工作取得阶段性成果。此外，加强对县（市）区改革试点工作的督促指导，县（市）区改革试点工作如期高质量完成。（何　雄）

【执纪问责】 高举问责利器，强化责任追究，倒逼责任落实，把推进全面从严治党落实到促进改革发展稳定上来。重点关注与民生息息相关的三大领域：一是环境保护领域。组织开展环境保护领域“为官不为”专项整治，对党员干部在环境保护领域的不作为、乱作为、慢作为等问题严肃查究问责。全市共问责277人，给予党政纪处分101人、组织处理186人，涉及县处级干部12人。以市委、市政府的名义下发通报2期。重点查处常宁市松柏生活垃圾填埋场项目未开工建设、南岳衡山自然保护区违规采矿问题。二是脱贫攻坚领域。出台《衡阳市脱贫攻坚工作问责办法（试行）》，由委领导带队赴12个县（市）区开展扶贫领域专项监督检查，每个县（市）区走访不少于2个乡镇，每个乡镇走访不少于2个贫困村，发现问题、推动整改。2017年，共问责357人，涉及县处级干部16人，党政纪处分127人、组织处理240人。严肃查处“衡南县栗江镇原四升村脱贫攻坚被脱贫”问题，16名相关责任人被问责，其中县处级干部4人。三是信访维稳领域。为扎实做好十九大召开之年的信访维稳工作，组织开展专项监督检查，拧紧信访维稳发条。严肃查处衡山县“4·22”进京非访事件和衡东县“7·11”残疾人进京非访问题等典型案件。2017年，共问责123人，党政纪处分54人，其中县处级干部2人。出台《衡阳市重复信访举报问题治理工作办法》，开展农村（社区）基层纪检监察信访举报集中办理专项行动，共受理农村信访件4812件，办结率93.57%。2017年，全市信访总量同比下降13.42%。此项工作得到省纪委充分肯定并向全省推广。（何　雄）

【廉政教育】 注重廉政教育，狠抓追逃防逃工作。坚持在预防腐败上下功夫，突出廉政教育，筑牢思想防线，狠抓追逃工作，筑牢防逃“堤坝”。一是抓实廉政教育。把廉政准则、党内政治生活若干准则、纪律处分条例、监督条例的学习教育纳入党委（党组）中心组学习、党校干部教育培训的重要内容。组织编写《2016年查处的衡阳部分领导干部忏悔录》，印发全市党员干部，做到以案释教。深入开展警示教育，共组织200批次、2万多名党员干部到雁南、雁北、衡州监狱接受警示教育。召开全市典型案例通报暨警示教育大会，组织全市副处级以上干部1200余人参加，用身边案教育身边人，警示效果十分明显。二是抓实舆论宣传。以献礼十九大、学习贯彻十九大为主题，激发干部群众参与正风反腐的热情，营造浓厚舆论宣传氛围。全市4万余人关注“清风衡阳”微信公众号，单条微信最高浏览量达3.8万余次。衡阳反腐网点击量至今高达420万次。抓好廉政文化建设，在全市开展廉政文化示范点评选、廉政微视频及文艺作品征集活动，创办全国首家展示廉政文化和廉吏风采的主题雕塑园，参观人数突破5万人。三是抓实追逃防逃工作。加强因私出国（境）管理，扎实开展全市因私证照统一管理专项检查行动、全市违规办理和持有因私出国（境）证件专项治理行动，严肃查处石鼓区工商分局副局长何迟违规因私出国（境）案件。制定出台《关于进一步规范全市因私事出国（境）审批工作和证照管理工作的通知》等制度，审批程序更为严格规范。2016年审批县处级以上领导干部因私出国（境）共计25人次，同比下降14%。

【执纪队伍建设】 坚持“刀刃向内”，打造纪检监察“铁军”。坚持“打铁必须自身硬”，以政治建设为统领，强化政治担当，队伍精神风貌、能力素质明显提升。一是加强干部队伍建设。加强市纪委领导班子建设，进一步完善领导班子议事规则、中心组学习和民主生活会等制度，严格执行重大问题集体研究、民主决策制度。认真落实上级纪委参加下级纪委民主生活会、任前谈话、述职述廉、报告个人有关事项等制度。扎实开展“铸剑工程”，举办专题讲座3期，参加人员450余人次。坚持德才兼备、以德为先的选人用人原则，对纪检系统领导干部和派驻纪检组工作人员严格考察和审核把关。二是加强机关组织建设。把中心组学习、“三会一课”、民主生活会、组织生活会等结合起来，促进党内政治生活经常化、制度化、规范化。深入推进“两学一做”学习教育常态化制度化，改进工作作风，转变会风文风，精简会议文件。加强日常教育管理，市纪委主要领导给机关全体党员讲党课，并带头推行家访制度。集中精力抓脱贫攻坚，组织机关党员干部对桔林村贫困户进行结对帮扶，督促指导衡东县南湾乡的脱贫攻坚工作，稳步推进社区两化两体系建设联系点荷花坪社区相关工作。三是始终坚持“刀刃向内”。坚持严抓严管，严防“灯下黑”。组织全市纪检监察干部学习贯彻《中国共产党纪律检查机关监督执纪工作规则（试行）》《湖南省纪检监察干部监督执纪“十不准”》，出台《衡阳市纪检监察干部行为规范（试行）》，给全市纪检监察干部划出日常行为红线。2017年，全市各级纪检监察机关共受理纪检监察干部信访举报92件，立案37件，结案30件，给予党政纪处分28人，移送司法机关2人。（何　雄）

【市委反腐败协调工作会议召开】 2017年2月23日，市委反腐败协调工作会议召开，贯彻落实中纪委、省纪委和市纪委全会精神，进一步加强衡阳市反腐败协调机制建设，为坚决打赢反腐败这场正义之战凝聚强大合力。市委常委、市纪委书记包昌林出席并讲话。2016年，市纪委编印下发《衡阳市涉嫌违纪违法犯罪案件协作配合工作实务手册》，先后3次组织召开反腐败协调工作会议。各成员单位紧密配合，市县两级反腐败协调小组成员单位向市委反腐败协调小组办公室移送案件线索223件。在听取相关单位发言后，包昌林对2016年反腐败协调工作给予肯定。包昌林指出，加强反腐败协调是反腐败斗争新形势的必然要求，是全面从严治党新征程的内在要求，是构建执纪办案新机制的现实要求。协调小组成员单位要高度统一思想，发挥好职能作用，切实做好反腐败组织协调工作，做到守土有责、守土负责、守土尽责。包昌林强调，要有“同频共振”的责任意识，明确责任，认真履职，严肃追责；要有“马上就办”的效率意识，线索移送要快，情况通报要快，查证核实要快，纪律处分要快；要有“如履薄冰”的安全意识，严格落实办案安全责任制，加强对查办案件工作的监督管理，严防办案安全事故的发生，同时坚持“刀刃向内”，严防“灯下黑”。市领导李艳丽、张经伟、刘孙承参加会议。（谭勇超）

【衡阳廉政文化雕塑园开园】 2017年3月，全国首家以雕塑形式展示廉政文化和廉吏风采的园区——衡阳廉政文化雕塑园开园。市委常委、市纪委书记包昌林，市委常委、市委宣传部部长刘丽华出席开园仪式。衡阳廉政文化雕塑园位于高新区蒸水东岸风光带，由市纪委指导高新区承建，历时8个多月建成，总面积约2万平方米，分古、今两园，园内设有警钟楼、齐廉亭、32座历代廉政名人雕像、40处景墙壁刻和20处石刻。该园将廉政文化作为贯穿整个园区建设的灵魂和主线，借传统四合院之形，化湘南民居之风，以雕塑为主要表现形式，辅以景墙、景石，诠释“廉以养德，文以化人”的主题，其间绿树成荫，山花烂漫，夜晚灯光璀璨，是一座集教育、休闲、游乐、观光等功能为一体的文化公园。包昌林要求，要充分发挥好、利用好廉政文化雕塑园的功能和作用，有计划地组织党员干部来这里照镜子、正衣冠，引导党员干部进一步认清腐败危害，正确看待和行使党和人民赋予的权力，自觉筑牢思想道德建设和党纪国法约束两道防线，不断提高拒腐防变能力，不断促进党风廉政建设和反腐败工作深入有序开展，

不断营造风清气正、昂扬向上的发展环境，为建设政治清明新衡阳而努力奋斗。（谭勇超）

【27家市纪委派驻纪检组揭牌成立】 2017年7月11日，市纪委派驻机构全覆盖工作会议召开，27家市纪委派驻纪检组揭牌成立。市委常委、市纪委书记包昌林要求，派驻机构要强化责任担当，大胆实践探索，实现从形式到内容到效果的递进，真正发挥出“派”的权威和“驻”的优势，形成有效的党内监督。市委常委、市委组织部部长陈竞宣读市委有关干部任免决定。7月7日，市委常委会专题研究部署市纪委派驻机构改革相关工作。此次市纪委共设立27家派驻纪检组，实现对77家市一级党和国家机关派驻全覆盖。包昌林强调，各派驻机构位置要坐正，要明确监督定位，增强监督的独立性和权威性，理直气壮地开展监督；要牢记主责主业，聚焦监督执纪问责；要把握监督重点，突出“关键少数”，重点监督所在单位领导班子和领导干部增强“四个意识”、加强党的领导、落实全面从严治党主体责任的情况。机制要理顺，工作统一管理，业务统一管理，干部统一管理，真正实现派驻机构的业务、干部、编制和职数由市纪委直接管理。内部要盘活，优化人员配置，加强制度建设，改进工作方法，把有限的力量集中起来、攥成拳头，形成战斗力。保障要加强，各级党委（党组）要当好坚强后盾，做好干部工作，抓好机关纪委建设，高度重视和大力支持派驻机构全覆盖工作。

（谭勇超）

巡视巡查

【概况】 2017年以来，按照中央巡视巡察工作部署，衡阳市委认真落实主体责任，坚持把巡察工作作为推进全面从严治党、完善党内监督体系的重要措施来抓，加快建立市县巡察制度、组建巡察机构、大力推进市县巡察，构建市县两级巡察监督体系，打通全面从严治党“最后一千米”，为建设政治清明新衡阳提供坚强有力的政治保证。（詹剑平）

【机构建设】 2016年10月19日，省编办批复成立中共衡阳市委巡察工作领导小组办公室，作为领导小组日常办事机构，与衡阳市巡视工作联络办公室“一个机构、两块牌子”，列入衡阳市委工作机构序列，设在衡阳市纪委，机构规格为正处级，核定主任、副主任职数各1名。2017年1月市编办下发《关于印发〈中共衡阳市委巡察工作领导小组办公室主要职责内设机构和人员编制规定〉的通知》，明确设立3个科（综合科、督察科、联络科），主要负责贯彻中央、省委、市委、市委巡察工作领导小组的决策部署，对接省委巡视办、省委巡视组日常联络工作，统筹、管理、协调市委巡察组开展工作。2017年6月15日，省编办批复设立市委巡察组5个，每个核定组长、副组长各1名，分别为正副处级领导职数。市委巡察组在市委巡察工作领导小组和市委巡察办具体指导和管理下，开展巡察工作，实行组长负责制，根据巡察任务确定并授权。县（市）区巡察机构建设迅速推进，2017年3月，12个县（市）区委巡察办机构全部批复到位；9月，市编办一次性批复成立33个县级巡察组，其中衡阳县、耒阳市分别成立4个巡察组，衡南县、衡山县、衡东县、常宁市、祁东县5个县（市）分别成立3个巡察组，南岳区、雁峰区、石鼓区、蒸湘区、珠晖区5个区分别成立2个巡察组，全市12个县（市）区巡察机构核实编制186个。（詹剑平）

【巡察情况】 2017年，市本级先后开展3轮巡察，其中对市文广新局、市民政局、市高新区、市环保局、市中医医院、市水利局、市城乡规划局、市司法局、市商务和粮食局、市滨江新区投资有限公司、市第一中学等12个单位进行常规巡察，共发现重点问题264个，向纪检机关和组织部门移交问题线索53条；对12个县（市）区涉农资金、项目多的30个单位，进行交叉巡察，破解熟人关、亲情关、友情关，共发现问题360余个，移交问题线索80余条。各县（市）区巡察工作稳步推进，2017年5月3日，市委在衡东县召开全市县级巡察工作现场推进会，全面铺开市县两级巡察工作，截至12月31日，12个县（市）区均开展2~3轮巡察工作，共巡察131个单位，有效发挥巡察利剑作用。（詹剑平）

【成果运用】 加大巡察移交线索查办力度，2017年，市县两级巡察机构向纪检监察、组织部门移交问题线索954件，纪检监察部门立案132人，给予党纪政纪处分81人，移送司法11人。坚持把巡察成果运用到完善制度中，市县两级向相关职能部门提出意见建议104条，各被巡察单位针对共性、倾向性问题，建立和健全制度105项，形成巡察整改长效机制。开展整改“回头看”督查。对市委前两轮巡察整改情况进行督查，对巡察发现的264个重点问题进行建档跟踪管理，压实被巡察单位党组织整改责任。

（詹剑平）

【巡视联络】 加强与中央、省委巡视办的联系和工作对接，做好中央巡视组组长宁延令一行到衡阳调研联络服务工作，并协助省委巡视组到衡阳延伸巡视，先后到20余个单位调阅资料、材料、账目400余份，做好相关解核实工作；推进中央、省委巡视交办问题整改工作，做好2016年中央第五巡视组巡视湖南“回头看”涉及衡阳反馈意见整改工作自查，以及2015年省委巡视第一组巡视衡阳“回头看”自查工作，对涉及13个责任单位的10个需继续整改落实的问题下发督办函，并深入13个责任单位实地督办，积极构建巡视巡察上下联动监督网。

（詹剑平）

【体制机制】 市委建立健全市委常委会、“五人小组”会、现场办公会等定期研究巡察工作制度，市委常委会4次听取市委巡察工作汇报，研究部署巡察工作，市委研究出台《关于加强市县巡察工作的意见》《2017—2021年市委巡察工作规划》等文件制度，为市县巡察工作规范开展提供制度保障。建立后备干部抽调参加巡察制度。市本级抽调72名后备干部参加巡察工作，12个县（市）区抽调498名后备干部参加巡察工作。市县两级分别将巡察办列为市县一级财政预算单位，工作经费由市县财政单独列支，有效确保巡察工作需要。强化巡察人员管理，巡察期间实行封闭式管理，巡察组成立临时党支部，加强巡察组人员的政治理论学习和日常管理，打造忠诚、干净、担当的巡察工作队伍。（詹剑平）

【衡阳市委县级巡察工作现场推进会召开】 2017年5月3日，中共衡阳市委县级巡察工作现场推进会在衡东县召开，市委书记、市人大常委会主任周农作重要讲话，市委常委、市纪委书记包昌林就市委县级巡察工作进行全面安排部署，市委常委、市委组织部部长陈竞主持会议，市委常委、市委秘书长张贺文出席会议。市直相关部门和单位负责人、市委巡察组正副组长，各县（市）区委书记、纪委书记、组织部部长、巡察办主任等参加会议。

（詹剑平）

【2017年市委首轮巡察进驻6个市直单位】 2017年4月17日至18日，市委派出6个巡察组，分别进驻市民政局、市文体广播电视新闻出版局、市高新技术产业开发区、市环保局、市发展投资集团有限公司、市中医医院6个市直单位并召开巡察工作动员会，对相关单位党组织及其班子成员坚持党的领导、加强党的建设、全面从严治党、党内政治生活等情况进行为期两个月的巡察。开展巡察工作是上级的要求、群众的期盼、发展的需要。市委要求各巡察组强化政治巡察，聚焦党内政治生态，突出问题导向，紧盯“三大问题”，紧扣“六项纪律”，紧抓“三个重点”，重点检查被巡察单位和党员领导干部贯彻党的路线方针政策和中央决策部署是否坚决，核心作用、战斗堡垒作用是否有效发挥，履行全面从严治党主体责任和监督责任是否到位等问题，通过“巡诊把脉”“开方抓药”等方式，来“治病救人”“强身健体”，提升被巡察党组织全面从严治党的责任感和紧迫感。会议要求，要坚持标本兼治，对巡察发现的问题，要严肃反馈，挑明责任，督促整改；对反映领导干部的问题线索，要及时移交纪检机关分类处置；对违反中央八项规定、省委九条规定、市委十条规定精神和“四风”方面的问题，要立行立改；对巡察发现的共性问题，要加强综合归纳，善于从政治高度分析判断，剖析问题根源，提出意见建议，倒逼改革、促进发展。要加强对整改情况的跟踪督办，确保整改方案全面落实，整改措施全面到位，整改效果全面达标，对敷衍塞责、整改不力的，要抓住典型严肃问责。会议强调，被

巡察单位党组织要充分信任、支持、配合巡察工作，全面、客观、真实地向巡察组报告情况、提供资料，协助配合巡察组开展工作，鼓励和支持干部群众向巡察组如实反映情况和问题。对不如实反映情况，恶意诽谤中伤、无中生有、借机报复他人的，发现一起，查处一起；对故意干扰、阻挠巡察工作的，要严肃追究责任。

（谭勇超）

【宁延令一行到衡阳开展巡视工作专题调研】 2017 年 11 月 10—11 月 11 日，中央巡视组组长宁延令一行到衡阳市开展巡视工作专题调研，中共衡阳市委书记、市人大常委会主任周农，市委常委、市纪委书记包昌林，市委常委、市委组织部部长陈竞，市纪委副书记、监察局局长王东文，市委巡察办主任龙祝元，市委巡察组组长徐阳林、康国雄，市信访局局长罗卫华以及衡阳县、衡东县县委书记、纪委书记、巡察办主任、巡察组组长等 14 人参加调研座谈。

（詹剑平）

【2017 年市委第二轮巡察进驻 6 个市直单位】 2017 年市委第二轮巡察工作动员部署会召开后，10 月 10 日至 11 日，市委派出 6 个巡察组，分别进驻市水利局、市城乡规划局、市司法局、市商务和粮食局、市滨江新区投资有限公司、市第一中学 6 个单位，对被巡察单位领导班子及其班子成员坚持党的领导、加强党的建设、全面从严治党、党风廉政建设和反腐败斗争等情况进行为期两个月的集中巡察。此轮巡察将突出问题导向，根据被巡察单位的职能职责，查找廉洁风险点，着力发现资金管理、资产处置、资源配置、资本运作和工程项目等方面的问题，以及利用决策权、行政审批权、执法权、人事权，搞权钱交易、以权谋私、利益输送等方面的问题。对于巡察发现的问题，严肃反馈，挑明责任，督促整改；对于反映领导干部的问题线索，及时移交纪检机关分类处置，实践“四种形态”；对选人用人等方面的问题移交组织人事相关部门处理；对违反中央八项规定、省委九条规定、市委十条规定精神和“四风”方面的问题，要求立行立改；对巡察发现的共性问题，将加强综合归纳，剖析问题根源，提出意见建议。同时，加强对整改情况的跟踪督办，确保整改方案全面落实、整改措施全面到位、整改效果全面达标，对敷衍塞责、整改不力的，抓住典型严肃问责。开展巡察的根本目的是惩治腐败、促进发展、推动工作。被巡察单位党组织要充分信任、支持、配合巡察工作，全面、客观、真实地向巡察组报告情况，提供资料，协助配合巡察组开展工作，鼓励和支持干部群众向巡察组如实反映情况和问题。对不如实反映情况，恶意诽谤中伤、无中生有、借机报复他人的，发现一起，查处一起；对故意干扰、阻挠巡察工作的，将严肃追究责任。

（谭勇超）

民主党派·工商联

中国国民党革命委员会衡阳市委员会

【概况】 2017年，民革衡阳市委员会（以下简称民革衡阳市委）以习近平新时代中国特色社会主义思想为指导，团结带领全市民革党员紧扣中共衡阳市委、衡阳市人民政府的中心工作，围绕建设“五个新衡阳”，不断加强自身建设，开展参议议政、社会服务和祖统工作，取得新成绩。

一是参政议政。1. 开展调查研究。2017年，民革衡阳市委开展调研8次，形成调研报告6个。《民革衡阳市委脱贫攻坚民主监督专题调研报告》以政党协商直通车形式报送中共市委，得到衡阳市委书记周农的肯定和批示，并要求有关负责人认真研究。《湘江治理与田园综合体产业发展建议》得到衡阳市市长郑建新的重视，并由市委会向其作专题汇报。《发展中药材市场 振兴中药材产业》的调研报告在党外人士调研成果工作会上交办相关单位。2. 撰写议案提案。2017年省、市“两会”期间，民革党员中的省、市人大代表提交建议7篇；省、市政协委员共提交提案43件，其中集体提案5件，个人提案38件。议案提案的数量和质量持续保持较高水平。市委会《关于解决我市各民主党派基层组织的工作经费及活动场地的提案》得到中共衡阳市委书记周农的批示。市委会《关于创建中南中药材物流枢纽的建议》及许鸿委员议案《关于落实好社区工作“权随责走，费随事转”的建议》被评为市政协十二届一次会议优秀提案，伍岳委员议案《关于推进全民阅读建立社区书屋的建议》得到衡阳市政协主席廖炎秋的批示并亲自督办。曾浩津委员履职尽责，树立政协委员和民革党员的良好形象，被市政协评为“四有委员”。3. 信息报送工作。2017年以来，民革衡阳市委向民革省委、市政协、市委统战部报送信息稿件各60多篇。谢肃撰写的《建议由供水企业统一管理二次供水》被全国政协和湖南省政协采用。郭露璐撰写的稿件《破除粮食收储潜规则，切实保障粮农权益》被民革中央采用。尹慧等人的7篇社情民意被衡阳市政协采用，其中尹慧报送的《关于加强重点工程项目风险管理的建议》社情民意获中共衡阳市委书记周农亲笔批示。衡南支部刘幼翠因信息工作成绩突出，被评为民革全国参政议政先进个人。

二是服务社会。1. 提高精准扶贫工作实效。一是为耒阳市山碧村分析检测水土资源。山碧村病患人数较多且地域聚集，民革衡阳市委邀请南华大学公共卫生学院院长龙鼎新教授对山碧村的水土进行专业分析检测。二是开展“大爱暖衡州”资助寒门学子圆梦校园公益活动。2017年8、9月期间，民革衡阳市委开展“大爱暖衡州”资助寒门学子圆梦校园公益活动，向湖南融达慈善基金会捐款2万元。腾讯“九九”公益日期间，市委会出资6万元在腾讯公益平台进行配捐，共募集到助学款13万余元，帮助耒阳市山碧村的贫困学子。2017年已发放助学款61200元，覆盖学生51人。三是为村民增收谋划。山碧村自然条件较差，土壤、水资源不丰富，经过民革党员曾浩津、张光洁多次走访调查后，民革衡阳市委决定为山碧村发展养殖业开辟路子。民革衡阳市委联系相关单位为山碧村贫困户共送去优质鸡苗2400只，邀请专家为村民举办养殖技术培训2场，发放学习资料20余套，并及时为村民解决在养殖过程中遇到的问题。民革衡阳市委还督促民革党员中的一对一帮扶人，解决贫困户发布在社会扶贫APP上的帮扶需求，如购置生活必需品，截至2017年年末，山碧村贫困户发布在社会扶贫APP上的需求均以得到满足。四是发动支部参与，带动全体党员投身精准扶贫。民革衡阳市委在完成自身脱贫攻坚工作任务之余，发动各支部投身精准扶贫工作中来。衡南支部结对帮扶衡南县廖田镇茅岗村，出资8万元，为当地铺设路灯20盏，新修水塘1口，绿化道路，引入果树种植，为当地群众增收；湖南工学院支部根据工作实际，发挥专业优势，义务承担邵阳市隆回县三阁司镇狮子山村活动中心的规划、建筑设计与工程预算的全部工作，民革党员用党费购买一台数字电视，捐赠村部。2. 走访慰问抗战老兵。一是继续为提高老兵待遇积极呼吁。在中共衡阳市委、衡阳市人民政府的关心与关怀下，在民革衡阳市委的呼吁下，全市原国军抗战老兵困难生活补助标准连续三年得到提升，补助标准由最初300元/人/月提高到现在的1000元/人/月。二是发动爱心人士参与关爱抗战老兵。2017年，在民革衡阳市委的影响下，市慈善总会对参加过抗日战争、现在乡无业的抗战老兵送给温暖和关怀，按每人每年6000元慰问金，大病医疗救助4000元左右；共计约每人每年10000元标准。南岳广济寺为每位老兵送1000元供养金。衡阳市浙江商会，捐资10多万元，开展关爱抗战老兵"暖冬行动"，走访全市抗战老兵，并送去慰问金和物资。在2017年全省统战部长会议上，民革衡阳市委《关爱抗战老兵 弘扬爱国主义精神》项目获评2016年度全省统战工作实践创新成果奖。2017年，石鼓一支部党员刘小明因关爱抗战老兵工作成绩突出，被评为民革全国社会服务工作先进个人。3. 众志成城抗洪抢险。2017年，受民革衡阳市委领导班子的委托，专职副主委郭露璐带领机关干部前往珠晖区粤汉街道，看望慰问坚守在抗洪救灾一线的工作人员，并为他们送去面包、牛奶、矿泉水等慰问物资。民革党员、市民政局副局长金珊珊深入衡南县栗江、近尾洲等抗洪一线，在洪水中查看群众住房受灾情况，慰问灾民。民革党员、衡阳市登山协会会长赵宇率领衡阳山地救援队，赴衡东石湾镇佳步村段开展紧急救援工作，有效控制多处管涌险情。民革珠晖区工委主委、珠晖区疾控中心主任周文带领工作人员时时监测受灾区域的疫情，在洪水退却的区域开展消杀防疫工作，确保当地未发生一起灾后疫情。

三是做好祖统工作。1. 旗帜鲜明反对台独。民革衡阳市委牢牢把握两岸关系发展大政方针，稳步推进各项对台交流工作。2. 举行抗战祭奠活动。南岳忠烈祠是国民政府在大陆兴建的唯一一处为纪念抗日阵亡将士的大型烈士陵园。2017年是抗日战争爆发80周年之际，民革衡阳市委与宋庆龄基金会联合组织各界人士，在南岳忠烈祠举行大型祭奠仪式，祭扫烈士墓。来自幸存抗战老兵代表、部分抗日将领后代、青年学子和社会群众共三百余人，参加此次祭扫活动。3. 接待抗战将领后裔。2017年4月，抗日将领刘公武之子刘晓、佟麟阁将军外孙女熊一娣和宋哲元将军外孙唐德良，到南岳专题调研抗战文化。市委会陪同他们实地察看双忠亭、胜利坊、南岳游干班旧址、磨镜台等抗战遗址，并主持召开抗战文化调研座谈会，介绍民革党委、衡阳市政府及民革组织在保护抗战文化遗址，发掘抗战文化资源上所做的许多工作。（邓石成）

中国民主同盟衡阳市委员会

【概况】 2017年，民盟衡阳市委员会（以下简称民盟衡阳市委）履行参政党的各项职能，为衡阳市的经济发展、社会进步贡献智慧和力量，并在履职过程中全面加强自身建设，提升民盟组织的凝聚力和社会影响力。

一是加强思想建设。在全国"两会"、中共总书记习近平"7·26"重要讲话后，民盟衡阳市委及时召开主委会、市委会和机关工作会议进行专题学习研讨，领导班子成员还撰文谈学习体会。基层组织也迅速响应学习中共十九大会议精神的号召，通过座谈会、报告会等形式学习会议精神，民盟南华附一支部参加医院举办的十九大报告知识竞赛获得第一名。开展主题学习教育活动。在全市盟员中开展"两学一助"和"不忘合作初心，继续携手前进"等主题学习教育活动。2017年3月29日，专职副主委颜娟华、副主委马汉钦带领机关干部和文艺支部盟员赴长沙拜访衡阳民盟组建者之一的张鹤皋老人，听老人家口述民盟历史。2017年8月10—12日组织47名骨干盟员赴韶山开展爱国主义教育培训，通过邀请专家讲座，了解中共产党领导的多党合作和政治协商制度的历史演变、民主党派的民主监督职能履行以及中国经济走势，加强民主党派优良传统教育和履职能力培训。

二是履行参政议政职能。1. 2017年1月在衡阳"两会"上26位人大代表、政协委员履职，共提交41件议案、提案。民盟市委所提交的6件集体提案中，其中《关于加快我市文化产业与旅游产业深度融合发展的建议》获得衡阳市委书记周农的批示，并得到推动落实，2017年起，衡阳市本级每年设立5000万元的旅游发展引导资金，各县市区也不断加大财政投入，大力补齐衡阳市旅游经济短板；《关于规划建设运营衡阳城市轨道交通的建议》得到中共衡阳市委、衡阳市人民政府采纳，衡阳市引进比亚迪“云轨”项目，衡阳旅游示范线云轨试验段耒水大桥正式开工，标志衡阳轨道交通建设迈出实质性的第一步。2. 按照民盟省委及市委统战部开展民主监督活动的要求，对“蒸水河河长制落实情况”及“常宁市脱贫攻坚工作开展情况”进行专项民主监督，监督小组分别就蒸水河污染治理、水源保护等情况与常宁市扶贫政策的宣传、落实、评价等问题开展详细深入的调研，并形成质量较高的民主监督报告，其中常宁市脱贫攻坚民主监督报告以直通车形式报送至中共衡阳市委，获市委书记周农批示。5 名担任“特约四员”的盟员履行监督职责，马汉钦被市政协评为优秀民主监督员。2017 年，衡阳民盟正式成立参政议政专委会，为广大盟员搭建参政议政舞台。参政议政专委会通过微信群线上定期召开参政议政研讨会，发动全市盟员围绕衡阳经济社会发展中的重大事项和热点、难点、焦点问题进行深入讨论，提出意见建议，为推进衡阳经济社会全面、快速、健康发展建言献策。

三是反映社情民意。共向市政协、民盟湖南省委报送社情民意信息 84 篇，其中《建议以信用记录方式提高电动车、行人交通违法成本》《建议监察委员会的监察官选任资格设置同步进行》《应将办案职业化、专业化作为员额制动态调整时入额遴选的主要标准》《基层人民法院派出法庭立案管辖应更便民》《建议明确“忠诚协议”的法律效力》《关于简化办理兑付执行款、诉讼费退费所需流程及材料的建议》《建议第一时间启动粮食最低收购价执行预案》《当事人不服诉讼中止裁定应设救济途径》《建议以刑罚阻止“吸血”放贷》《社区工作人员待遇亟待提高》《建议降低个体工商户、个人独资企业和合伙企业生产、经营所得个人所得税率应适当下调》共 11 篇信息获市政协采用，谢宏反映的《关于统一生产小剂量规格疫苗的建议》获省政协采用。2017 年，共有 40 篇信息被民盟省委采用，有 2 篇被民盟中央采用。民盟市委还被民盟省委评为反映社情民意信息先进集体。

四是服务社会，扩大影响。1. 2017 年 3 月，民盟建立“同心”社会服务基地，启动对“事实孤儿”的救助。2017 年 9 月 7—9 日，全市盟员、盟市委机关干部参与事实孤儿募捐活动，1699 人参与捐款共筹款 123971.92 元。11—12 月，民盟市委社会服务工作委员会 2 次带领盟内爱心人士在常宁市胜桥镇走访困境儿童，对符合条件的 40 名事实孤儿每月支持 200 元，于 2017 年 12 月已把第一期捐助款发放到位。逸夫中学支部教师杨慧主动到祁东归阳镇一乡村中学支教一年，获得老师和学生的一致好评。2. 建设文化民盟。持续扩大民盟石鼓读书沙龙的社会影响。举办 3 期石鼓读书沙龙——《女人虽弱，为母则强》《走进耒阳——话说蔡伦》及《“不纸于此”剪纸艺术赏析讲座》。成立民盟合唱兴趣班。9 月 16 日，衡阳民盟合唱兴趣班成立，盟员颜文艺、董一静、邹少民、洪朝晖等义务在每周四为盟员进行排练，丰富广大盟员的业务文化生活，增强盟员的凝聚力。举办“民盟同心讲坛”，2017 年 8 月 25 日，民盟市委委员陈杰为衡阳市 100 位中小企业家主讲《涉农加工企业商业模式与农产品营销及政策解读》。11 月，民盟衡阳市委举办《认识糖尿病》主题讲座，马汉钦副主委多次受邀在石鼓大讲坛进行传统文化讲座，弘扬民族文化自信。3. 持续开展联村帮扶。对常宁市胜桥镇渣石村开展联村帮扶工作，9 次进行走访慰问，了解贫困户的情况，宣传扶贫政策，帮助贫困户解决问题。5 月 5 日，民盟市委主委谢宏带领机关干部、盟内人大代表、政协委员到村进行扶贫攻坚调研，开展全面摸底排查，发动人大代表、政协委员捐款 24800 元，为 8 户有养殖意愿的贫困户购买猪仔、鸡苗。向市级财政争取 5 万元扶贫专项资金拨付至渣石村，帮助贫困户脱贫。另外民盟市委的开展关爱“事实孤儿”，对村里的 27 名困境儿童进行资助。4. 响应抗洪救灾。2017 年 7 月，衡阳市部分城区遭受洪灾。民盟衡阳市委行动起来，发出《关于积极投身抗洪救灾工作的倡议书》，在各个支部、全体盟员中发起抗洪救灾捐款行动，206 名盟员参与捐款，总计捐款 27822 元，民盟市委看望常宁胜桥镇市渣石村受灾群众。民盟市委主委谢宏一直奋战在抗洪抢险一线，指导防汛工作，盟员贺志国、张朝晖，徐玉

元、朱根生等人也投身灾后防疫工作。（颜娟华）

【党员本职业绩】 付美云被评为第五届全国农业职业教育教学名师；杨云华参与的《病毒性心肌炎疾病基因时空表达谱及黄芪甲甙干预研究》获湖南省自然科学三等奖；高建亮主持的“79172等11个杉木优良无性系选育研究”获2017年度湖南省科技进步三等奖；洪涛获湖南省营养学会“年度优秀个人一等奖”；陈中在SCI刊物《Optik》上发表论文一篇；欧阳琳主持2017年度全国教育教学十三五规划课题“基于知识获取视角的在校大学生创业学习研究”，在C刊《经济地理》发表论文《一带一路背景下湖南开放型经济水平及贡献研究》；张济主持省自然基金课题1项，发表SCI论文1篇，核心期刊论文3篇；陈红芳获国家级继续教育项目及湖南省继续教育项目各1个；南华一支部盟员发表SCI论文5篇；朱玲被评为“市预防医学学会先进个人”；贺志国被评为“衡阳市2017年度抗洪救灾先进个人”。（颜娟华）

【对外宣传】 向中共衡阳市委统战部报送统战信息，在全国、全省、全市两会及其他重大事件发生时加强报送力度，第一时间收集报送盟员反映、意见，其中盟市委主委谢宏反映的《省两会前部分党外人士关注的热点难点问题》和省政协常委马俭平反映的《部分党外政协委员对开幕会及政协常委会工作报告的反映》被中共湖南省委统战部《建言》采用，唐波反映的《建议监察委员会的监察官选任资格设置同步进行》被中央统战部《零讯》采用。出版发行《衡阳盟讯》1期，并发放到各个支部。向各级报刊、网站报送新闻稿件92篇，其中盟中央网站采纳7篇，盟省委网站采纳87篇，衡阳统战网采纳75篇，市政协网站52篇。三是“衡阳民盟”微信公众号开通运行，共发布25篇公众号文章，其中包括中国民主同盟历史回顾、民盟衡阳市委及各基层组织的工作及活动报道、衡阳盟员的风采展示等内容，总阅读量约5000次。（颜娟华）

【理论研究和课题调研】 2017年5月召开统战理论研讨会，广泛发动盟员参与统战理论研究，共完成统战理论调研报告5件。其中陈国生主持的课题《民主党派推进湖南省生态安全格局构建的多维思考》、管仕福主持的《习近平的多党合作思想研究》和欧阳琳主持的《民主党派党内监督制度建设初探》》成功中标盟省委2017年度统战理论研究课题，并均在盟省委年终课题评审中获三等奖。2017年3月10日，召开参政议政研讨会，围绕中共衡阳市委、衡阳市人民政府的工作部署，面向全市盟员开展调研课题招标。拟定的21个调研参考选题，涵盖城市建设、旅游发展、司法改革、文化传承、税制改革、社区教育、创新创业、生态保护等各个方面，2017年，共收到调研课题申报书12篇，已完成结题的调研课题8项。二是组织民盟界别的委员们开展《大力发展社区教育，创新社会治理》《关于规范我市页岩砖行业发展的调研》两项专题调研，并形成调研报告报送至衡阳市政协、中共衡阳市委统战部参加调研成果评比。（颜娟华）

中国民主建国会衡阳市委员会

【概况】 2017年，民建衡阳市委员会以“迎接学习贯彻党的十九大精神”为主线，以“同心”思想为引领，以强化自身建设为重点，围绕中共衡阳市委、衡阳市人民政府中心工作，履行参政党职能，各项工作均取得新进展。在民建湖南省委九届二次全会上，衡阳民建社会服务工作荣获全省先进集体一等奖，廖洪军、严海山分别荣获优秀个人奖。

一是思想建设。1. 深入学习贯彻中共十九大精神。在2017年年初的民建会员大会上，市委会对“开展好十九大精神的学习贯彻”进行全面安排，并确定为2017年的工作重心。在会议召开期间，组织全体机关干部集体收看中共十九大开幕式盛况，聆听中共总书记习近平在大会上所作的工作报告，并根据大会进展情况，密切关注大会议程，将会员的反响、心得进行及时上报。2017年10月，主委李鹏飞、专职副主委刘冰参加“全市传达学习中共十九大精神大会”和“省委宣讲团中共十九大精神宣讲报告会”。2017年11月，市委会领导班子成员参加为期5天的全市领导干部学习中共十九大精神集中轮训班，以领导干部带头深入学习、带头宣传宣讲，来带动全会学习贯彻落实中共十九大精神走向深入。为确保中共十九大精神领会到位，民建市委将中共十九大报告全文制作成册，下发到机关各科室及各个支部，推动学习。中共十九大闭幕后立即组织会内市人大代表、政协委员以及市委委员分别进行集中学习，带领大家精读重点内容、导读主要词汇、解读精神热点，加深对报告的学习领悟。在领导带头学、机关深入学的基础上，各工委、支部以开会、座谈、讨论等形式，组织学习和交流，不断充实和丰富学习内容，推动中共十九大精神全面贯彻到组织基层，真正把思想和行动统一到中共十九大精神上来。

二是对外宣传。2017年，民建市委切实加强宣传报道，保持与各级媒体的联系合作，发挥“一刊一站”的作用。按照民建省委的要求，全年编印《衡阳民建》刊物两期，下发全体会员，赠阅市人大、市政协、市委统战部等单位，并寄送全国其他兄弟地市民建组织作交流。及时更新网站工作信息，全年登载各类新闻、信息稿件143篇，在民建中央、省委及湖南政协网、三湘统战网、市政协网站、衡阳统战网等主要网站媒介被直接采用或转载的稿件177篇次。衡阳电视台、《衡阳日报》等媒体多次对衡阳民建的建言献策、会务工作予以专门报道，扩大衡阳民建的社会影响力。在2017年度民建省委新闻宣传工作表彰中，民建衡阳市委荣获“先进单位特等奖”，苏其辉获得“优秀个人特等奖”。

三是参政议政。1.2017年共报送社情民意（含统战信息）174篇，其中市政协采用35篇，省政协采用6篇，全国政协采用2篇。会员綦尤润常年深入基层、深入生活，收集社情民意，全年撰写社情民意20余篇，其中，《应重视解决基本药物采购交易平台乱象》《学习贯彻十九大精神应谨防形式主义》两篇稿件同时被全国政协和民建中央采用，《加强对受处分干部的教育帮助》被中央统战部《零讯》单篇采用，为国家领导人提供决策参考，另外还有多篇稿件被省、市政协采用。在民建省委全年工作表彰中，民建衡阳市委再次被评为“反映社情民意工作先进集体特等奖”，綦尤润、李康杏分获“反映社情民意优秀个人特等奖和一等奖”。在市政协表彰中，民建衡阳市委被评为“社情民意工作先进单位”，李康杏、綦尤润、陈荣先获得“社情民意信息工作先进个人”称号。2.在2017年年初的市政协第十二届一次会议上，共提交提案102篇，其中民建市委集体提案《关于补齐我市非机动车管理“短板”，加快“全国文明城市”创建步伐的提案》得到衡阳市市长周海兵的专门批示“请交警支队认真研究提案，加快非机动车规范管理工作进程”。该提案得到衡阳市政府重视，并召集相关部门研究落实，衡阳市交警队随即成立电动车管理大队，并于2017年11月在中心城区启动电动车集中登记上牌工作，对全市电动车进行规范统一管理。另外在文化教育、医疗卫生、社会保障、环境治理等方面，各级政协委员履职尽责，拿出一批有分量有价值的提案。在2017年市政协各项评比中，民建获得多项表彰。其中，民建界别被评为“三好界别”；谢炜、卢行被评为“四有委员”；陈慧娟委员工作室被评为“优秀委员工作室”。3.围绕市委、市政府的重大决策和重点工作，以全市工业经济“植优补短”和全市农业工作为关注点，组织会内专家人才针对“全市军民融合产业发展体制机制改革创新”和“着力打造以精细农业为特色的优质农副产品供应基地”两个专题开展调研，两篇调研成果都被民建省委所采纳，其中一篇《关于打造以精细农业为特色的优质农副产品基地》得到中共湖南省委书记杜家毫的重视和批示；另外民建市委还参与民建省委组织的“湖南海关特殊监管区”联合调研，走访衡阳市综合保税区等多家单位，并提交调研报告，作为民建省委该调研的子课题成果。4.民主监督。按照中共衡阳市委的相关部署，民建衡阳市委对口衡阳县开展脱贫攻坚民主监督工作。衡阳民建民主监督小组深入衡阳县及各乡镇，通过走访、座谈、实地考察等方式，了解全县脱贫攻坚工作的现状和问题，听取贫困户和扶贫干部对脱贫攻坚工作的真实感受、看法及建议，掌握第一手材料，在此基础上形成《关于对衡阳县脱贫攻坚工作的民主监督调研报告》，并以“直通车”形式报送至中共衡阳市委。该报告得到市委书记周农的批示。

四是服务社会。1. 扶贫工作。2017年来，按照市委、市政府脱贫攻坚的总体安排和要求，组织和开展一系列卓有成效的扶贫工作。成立由市人大代表、政协委员、机关干部组成的17人扶贫工作队，要求每人至少结对一户，并按照要求落实结对帮扶责任。衡阳民建扶贫工作队2017年累计下村14次，走访人次100余次。在前期走访摸底的基础上，市委会与镇村以及各贫困户协商，由民建出资2万元，村集体统一购买28头猪仔、300只鸭仔、2300元鱼苗，按照制订的扶贫计划，发放到贫困户家中进行养殖，帮助扶贫对象实现稳定收入来源。针对家中有“书包”的贫困户，一方面与镇村联系，帮助其申请“雨露计划”资助，另一方面发动湖南融达慈善基金会，为其中3个贫困学生提供6000元助学金。2016年，民建市委已投入20万元对众星村九房头桥堰头进行重新整修，工程现已完工，对改善众星村周边水利灌溉条件起到关键作用。2017年，再次筹集资金16万元，对河道两岸进行绿化、加装防护栏，提升该村生产生活环境。2017年，众星村已成功实现脱贫14户、51人。2. 捐资助学。2017年7月，市委统战部牵头，联合湖南融达慈善基金会在全市统战系统内开展“大爱暖衡州”大型公益助学活动，活动得到社会各界的大力支持，2个多月时间内募集资金1000多万元，资助贫困学生3735人。民建各基层支部在市委会的号召下踊跃参与，共捐款7.94万元，为38名贫困学生圆“读书梦、大学梦”。8月24日，民建衡阳市委联合市司法局、衡州监狱举办“大爱暖衡州——为花儿的微笑”公益活动，捐助10名服刑人员的困难家庭子女。2017年，春节前夕，衡南二支部组织走访市学苑路社区的烈士遗属和退役伤残军人，送去慰问金以及米面、豆油等生活物资；2017年，衡阳遭遇近十年来最大洪涝灾害，民建会员心系灾区困难群众，洪水过后，衡南工委第一时间组织会员到衡南县近尾洲镇灾区慰问受灾群众，并送去价值近万元的物资。会员胡爱华带领公司员工看望受洪灾影响的福利院小朋友，送去大批的食品和学习物资。3月，石鼓二支部在市船山英文学校开展“五防”儿童安全教育进校园活动，为学校学生讲授“儿童的自我保护”知识；7月，蒸湘一支部组织会员到衡阳福利院看望在院的孤残儿童；衡南工委重阳节组织慰问衡南县铁丝塘镇丹水村的空巢老人，送去米、油、棉被等生活物资；12月，雁峰工委组织到雁峰区未成年关爱中心，看望孤独症患儿，赠送空调、保温杯、书包、图书等价值近两万元的爱心物资；蒸湘三支部和四支部也都在2017年年末分别走访敬老院，给孤寡特困老人送去温暖。3. 服务会员企业。组织会内企业家参加“2017年中国非公有制经济发展论坛”和建华课堂，为企业会员提供一个合作交流、开阔视野的平台。坚持走访会员企业。由主委李鹏飞亲自带队，走访衡阳民建会员承建的市重点工程项目——白沙广场，听取项目实施情况，帮助企业协调解决建设中遇到的难题，加快推进项目建设。另外还走访湖南宏利制冷空调设备有限公司、衡阳市尚智职业培训学校等会员单位，了解企业现况，对企业发展中遇到的困难和瓶颈问题进行调研，帮助会员企业解决实际问题。

（严海山）

中国民主促进会衡阳市委员会

【概况】 2017年，民进衡阳市委学习贯彻中共十九大、习近平总书记系列重要讲话和民进十二大、民进湖南省八大等精神，深入开展“两学一助”学习教育活动，不断推进自身建设，参政议政、民主监督、社会服务等各项工作再创佳绩。

一是思想建设。召开民进市委全会、主委会议、专题会议等，持续深入学习总书记习近平系列重要讲话、民进十二大和中央、省、市统战会议精神。继续深入开展“两学一助”学教活动，暑期谈心活动，落实班子成员、机关干部定期学习制度，深化政治交接，夯实活动成果。

二是参政议政。1. 2017年年初，衡阳市“两会”期间，提交调研报告5件、大会发言材料4篇、集体提案8件。获全市政协系统优秀调研报告、建议案评选三等奖1篇、优胜奖1篇、鼓励奖2篇，获市政协优秀提案1件，市人大优秀建议1件。2. 向民进省委、市政协、市委统战部报送社情民意和统战信息稿件24篇次。其中《关于我省（市）省级示范性中学复办初中的建议》《创建文明城市不能让城市噪音拖了“后腿”》《关于洪灾过后报灾、核灾、救灾的建议》《建议取缔社保部门“在世认证”的做法》等四篇稿件被市政协采用。3. 实施和完成议政监督调研和应用研究课题共9项。其中《普及高中阶段教育的问题与对策》转化为民进中央与教育部联合举办的2017年基础教育改革座谈会发言材料；《义务教育阶段公办教育与民办教育发展态势对比研究》获民进省委中标课题资助立项，成果转化为省政协提案；《进一步完善我市畜禽养殖业检疫检测机制的建议》《关于进一步加强我市脱贫攻坚工作的建议》《关于进一步加强全市中小学生环境保护教育的建议》等转化为市政协十二届二次会议发言材料，并作为年度重点议政调研成果报送市委统战部。形成《浅析民主党派建言献策的注重点》《不忘初心 同舟共济》《各民主党派成员发展中突出共性问题研究》《民主党派代表人士基层源头建设研究》等有影响的统战理论研究成果4篇。其中，《浅析民主党派建言献策的注重点》在《民主》杂志上刊载。4. 制订《民进衡阳市委关于开展脱贫攻坚民主监督工作的意见》《2017年度开展脱贫攻坚民主监督工作计划》，成立工作领导小组，推动脱贫攻坚相关工作落实。选取联村帮扶点祁东县过水坪镇逢源村和灵官镇枣园村作为民主监督观察窗口。2017年，10余次深入逢源村和枣园村调研。9月8日，民进衡阳市委主委陈森率班子成员和调研组赴祁东县，组织召开脱贫攻坚民主监督工作调研座谈会。通过2017年的监督调研，形成《民进衡阳市委对口祁东县开展脱贫攻坚民主监督的报告》，上报民进湖南省委、中共衡阳市委。调研报告得到中共衡阳市委书记、市人大常委会主任周农，副市长杨龙金等领导肯定和亲笔批示，并转相关部门落实。结合扶贫帮扶脱贫攻坚，开展民进省委农民减负1994—1997年衡阳县清平乡问题系列报道后的现状回访跟踪调查。

三是服务社会。1. 脱贫攻坚。为联点帮扶村祁东县过水坪镇逢源村整修宽4米、长1千米的通组公路，向湖南省扶贫办申报项目帮扶资金10万元得到落实。开展“一对一”帮扶。民进衡阳市委机关全体机关干部及部分民进界别市政协委员组成帮扶组，对逢源村8户贫困户进行结对帮扶；7月10日，组织机关干部及参与逢源村结对帮扶的民进界别市政协委员，开展“凝心聚力献爱心·精准扶贫奔小康”专项捐赠活动，为逢源村募捐扶贫资金4100元。9月29日，民进衡阳市委专职副主委廖晟率机关干部赴逢源村，为村内部分困难户送去中秋节慰问品，合计4000余元。9月5日为逢源村老福小学77名及33名该村户籍在外村就读的留守学生捐赠校服110套，价值1万余元。6月12日、9月28日，先后邀请过水坪镇包村干部、逢源村支两委成员来民进衡阳市委机关共商脱贫帮扶工作。2. 创建“同心”社会服务基地。利用教育帮扶、法律服务、文化惠民三大特色品牌，在会员单位奔立尔公司创建“同心”社会服务总基地，分别在上汶会所石兰国学讲堂、雨母山乡竹灵小学、衡山民进书画院、佳明艺术工作室、追正律师事务所、纵横管理咨询公司、小星星培训学校、星瀚文艺培训学校、博思文化公司等会员单位，捆绑创建、联合打造“同心”社会服务教育、法律、文化分基地，开展相应社会服务活动。开展“法律进雁峰·法治伴我行”专项活动1次。承办民进中央“美育进校园·助力脱贫攻坚——湖南行”大型公益社会服务活动，在衡山县岳云中学举办两场美术教育专题报告会。奔立尔“同心”社会服务基地开展公益慈善教育帮扶活动7次，捐赠物资和现金共计77万余元。3. 组织会员参与抗洪救援和宣传慰问工作。在市、区政府部门工作的会员按照统一部署，战斗在抗洪防汛抢险第一线。7月3日，湘江衡东石湾镇佳步村段出现管涌，民进会员、市山地救援队队长朱柏棋率山地救援队紧急驰援，堵住管涌，排除隐患。4. 动员、组织全市民进会员和会员单位献爱心，助力联点帮扶村发展生产，支援洪涝灾区恢复重建，资助寒门学子圆梦校园。募集善款26350元，捐物累计近100万元，资助贫困大学生3人、中学生2人、小学生6人。5. 开展“春联万家”活动。1月

22日，组织衡山总支在衡山县永和乡龙凤村开展“春联万家”活动，会内书法家现场为村民免费书写春联，文化惠民到百姓家门口。6. 组织企业家会员奔立尔集团董事长林强，向衡阳及周边县市的贫困地区中小学捐赠校服和助学金，全年捐赠校服6553件，捐赠校服与助学金合计77万余元。林强名列衡阳市年度慈善排行榜个人榜单第二。7. 协助做好精准医疗扶贫行动。8月13—16日，配合民进省委在衡东县举行“文化惠民·同心共进——精准医疗扶贫·教学送医下乡·建设健康湖南”行动。其间，赴衡东县吴集镇、白莲镇调研脱贫攻坚工作，走访慰问3名因病致贫、因病返贫的村民。（王　磊）

【岳云基地升格提质改造工作】配合民进省委，协调南岳区、衡山县、岳云中学，做好岳云基地升格民进全国会史教育基地提质改造及规划设计布展等工作；协助市委统战部起草《基地改造会议纪要》；接待黄兰香、谢勇、潘碧灵、马石城、汤泽培、罗东海等领导视察调研调度岳云基地建设事宜；落实省财政拨付的岳云基地建设项目经费360万元及后续项目经费60万元的到账和规范使用等事项；10月15日，岳云基地省心山庄暨何炳麟墓园保护性修缮项目举行开工典礼，正式开始施工；11月15日，岳云基地岳云中学紫云书院项目提质改造工程实行招投标后正式进场开工；落实岳云中学民进会员副校长的配备。（王　磊）

【会员工作业绩】民进法律支部主委吴永恒代表湖南受民进中央表彰的先进基层组织，于9月17日赴北京出席民进全国基层组织建设经验交流会，作“法律服务六进”经验介绍发言。民进衡阳市委副主委周湖北被评为湖南省第十届特级教师。会员周慧颖获评湖南省优秀教师，会员李红、梁瑞兰获衡阳市教学质量突出贡献奖。周湖北、周慧颖入选衡阳市首批重点人才支持计划教育名师培育人选。会员廖卫华当选市音协主席，被市政府聘为“首届享受市政府特殊津贴”专家，其作品《大雁飞翔》获省委宣传部精神文明建设“五个一工程”奖，连续三届获该奖，其创作的弦乐齐奏作品《蝉歌》在湖南音乐厅演出大获成功。会员刘归阳获全省反渎侦查业务竞赛第二名及全省“反渎侦查业务标兵”。会员刘小武被选为湖南省第八批援疆干部人才赴新疆鄯善县援疆。会员周孚侨被选派到科技部火炬高技术产业开发中心挂职。会员黄南平被市委统战部聘为全市首批统战工作特约信息员。会员尹元洁获衡阳市蓝丝带志愿者协会“优秀讲师”荣誉称号，并就任该协会宣传部负责人。（王　磊）

【对外宣传】2017年，在各类新闻媒体发表宣传信息稿件118篇次。其中，在《民主》发稿2篇，民进中央网站发稿13篇，民进省委网站及微信公众号发稿43篇次，三湘统战网发稿6篇，在市政协网、衡阳统战网等发稿58篇次。（王　磊）

【学习交流】组织选派会员、信息员、机关干部等参加民进中央、民进省委、省委统战部、省社院、市政协、市委统战部、市委党校等的专题培训班、轮训班、学习交流、论坛座谈等100多人次。自行举办会员主题专题培训2期。编辑出版《衡阳民进》会刊1期。邀请民进广东韶关市委会、民进广州白云区基层委员会等到衡阳进行会务交流，双方就自身建设、参政议政等方面展开座谈，相互借鉴经验。（王　磊）

中国农工民主党衡阳市委员会

【概况】2017年，农工党衡阳市委贯彻落实中共十八大、十九大精神以及农工党中央的一系列会议精神，学习领会习近平新时代中国特色社会主义思想，围绕中共衡阳市委、市政府中心工作，团结带领全市农工党员，加强自身建设，履行职能，为加快建设的“五个”新衡阳作出一定贡献。

【思想建设】1. 组织学习宣传贯彻中共十九大精神。农工党衡阳市委将认真学习宣传贯彻中共十九大精神作为首要政治任务，第一时间组织机关干部收听收看十九大开幕会，同时出台《农工党衡阳市委学习贯彻中共十九大精神工作方案》，2017年10月24日和11月3日，分别召开中共十九大报告和中共十九大精神专题学习会议，组织农工党党员学习中共十九大精神，班子主要同志和成员分别参加中共衡阳市委、市政协党组、市委统战部等举办的传达学习十九大精神专题学习和集中轮训班，各基层组织按照要求开展形式多样的学习宣传活动。通过各种培训、学习、活动和谈体会，团结带领全市农工党员，自觉把思想和行动统一到中共十九大精神上来。2. 继续深入开展坚持和发展中国特色社会主义学习实践活动。根据农工党中央《开展坚持和发展中国特色社会主义学习实践活动工作方案》和农工党湖南省委《2017 年“不忘合作初心，继续携手前进”专题教育活动方案》的要求，结合衡阳市实际，农工党衡阳市委开展多层次、多渠道、多形式的学习实践活动，取得一定成效，被农工党中央评为“坚持和发展中国特色社会主义学习实践活动优秀地市（县）级组织”，南华大学总支委员会被评为“坚持和发展中国特色社会主义学习实践活动参政议政工作先进集体”。2017 年 4 月 27 日，召开农工党衡阳市八届六次全体（扩大）会议，组织市委委员、基层组织主委共同学习《中央和省领导同志在全国两会上的讲话精神传达提纲》《中央领导同志讲话中关于统一战线内容》和《全国政协十二届五次会议精神传达提纲》等全国“两会”精神 2017 年。9 月 19 日，组织市委委员专题学习中共中央总书记习近平“7·26”重要讲话，并传达学习中共中央总书记习近平在省部级主要领导干部专题研讨班上的讲话精神和中共衡阳市委书记、市人大常委会主任周农在市委常委会上的讲话精神。同时，农工党衡阳市委参加农工党湖南省委在延安干部学院举办的“不忘合作初心，重走先辈道路”主题培训班，重温光荣历史，重走先辈道路，坚定理想信念，增强“四个自信”。3. 思想理论宣传影响持续扩大。主委班子和市委委员坚持集中学习与自主学习相结合，撰写学习心得或理论文章 6 篇。向农工党中央刊物《前进论坛》、农工党省委网、三湘统战网、衡阳市政协网、衡阳统战网、农工党市委网、《衡阳日报》等踊跃投稿，深入报道农工党市委、基层组织学习宣传中共十九大精神有关情况，宣传农工党员参与各项活动履职尽责情况，社会影响力持续扩大。全年累计报送宣传稿件 42 篇次。其中，三湘统战网采用 10 篇，农工党省委网采用 40 篇，衡阳市政协网采用 36 篇，衡阳统战网采用 39 篇。《衡阳农工》可读性增强，网站发布信息量增大。支持湖南省首个农工党党史教育基地“中国农工民主党湖南地方组织革命活动史料陈列馆”建设。农工党衡阳市委被农工党湖南省委评为“2017 年度宣传工作先进单位”。

（高尚海）

【参政议政】 1. 参与政党协商。2017 年，围绕全市经济社会发展大局，农工党市委组织党员、专家参加中共衡阳市委、市政府、市政协和其他有关部门召开的各种协商会、政情通报会、专题成果汇报会、征求意见座谈会等，就全市“十三五”规划、经济运行发展情况、重要人事安排等发表意见和建议，许多意见建议被采纳。农工党市委和市政协教科文卫体委共同召开界别协商会，就“学前教育保障能力建设”展开协商调研并提出相关建议，界别协商会议成功举行，得到市政府主要领导的肯定和评价。2. 参政议政。一是关注热点难点，开展参政调研。为进一步整合党员专业优势，发挥上下联动作用，农工党衡阳市委多次召开会议，研究制订《农工党衡阳市委 2017 年参政调研实施方案》，鼓励党员参与，精心选择课题，全力开展调研，高质量形成调研成果。围绕农村安全饮水、健康教育与促进、职业教育集团化办学、房地产市场“去库存”、乡镇卫生院人才队伍建设等课题，先后赴湘潭市、衡南县、衡东县、珠晖区、衡阳县、祁东县等市、县（区）及市直相关单位开展专题调研，形成 6 篇较高质量的调研成果。二是树立精品意识，做好建议提案工作。在省、市、县（区）“两会”上，农工党的人大代表、政协委员切实履行职责、建言献策，提交集体提案 8 篇，个人提案 60 余篇，其中，全省“两会”上提交个人提案 3 篇，并作联组讨论发言。在市政协会上提交大会发言 2 篇，集体提案 5 件，代表、委员个人提交提案、议案 18 建，集体提案全部办结。《将湖湘文化纳入中学校园文化建设范畴的建议》的提案被市政协评为“优秀提案”。三是关注民生福祉，各类信息工作富有成效。根据市政协、市委统战部相关要求，农工党市委不断完善报送机制，强化激励措施，要求全市农工党员围绕经济社会发展和民生改善的重点难点问题，反映社情民意，及时向农工党中央、农工党湖南省委、统战部、政协等，报送信息。截至2017年12月底，农工党市委共收到各基层组织和各科室报送的社情民意信息20余条，上报农工党中央、农工党湖南省委10条，市政协10条。其中《人民陪审员不得成为人民陪执员》被湖南省政协专报采用；《女职工卫生费标准亟待提高》《国家应全面叫停义务教育阶段“公办民助”学校》等5篇被衡阳市政协采用。（高尚海）

【民主监督】 1. 做好脱贫攻坚民主监督。根据中共衡阳市委的统一部署，农工党市委对口衡南县开展脱贫攻坚民主监督。2017年7月11日，农工党衡阳市委召开对口衡南县脱贫攻坚民主监督调研座谈会，确定民主监督实施方案，成立民主监督领导小组，正式启动民主监督。随后，脱贫攻坚民主监督领导小组先后两次围绕脱贫攻坚民主监督的六个方面的重点内容，通过实地走访、暗访、问卷调查等方式对贫困户进行摸底调查，形成《关于衡南县脱贫攻坚民主监督工作情况的调研报告》，得到衡阳市委书记、市人大常委会主任周农的批示，也为助力衡南县打赢脱贫攻坚战贡献一份力量。2. 支持党员参与民主监督工作。根据市政协的意见要求，2017年7月20日，农工党衡阳市委成立市政协农工党委员工作室。在委员工作室内，逐一建立相关工作制度，设立留言簿，每周定期安排农工党界别的政协委员值班，接待群众来信来访，努力将农工党委员工作室建成社情民意的直通点、为民代言的新平台、委员与群众的连心桥，彰显农工党为民形象。支持党员参与开展市政协民主监督小组工作。赵德琼的民主监督小组被评为市政协评为“优秀民主监督小组”。3. 开展好对口联系工作。进一步贯彻落实对口联系制度要求，与市卫计委开展联合调研、社会服务、座谈等活动，加强联系，密切沟通，努力发挥作用，推动对口联系常态化、规范化。（高尚海）

【服务社会】 1. 全力打造“同心”社会服务基地。2017年8月24日，农工党市委联合市委统战部在衡阳爱尔眼科医院成功举办“同心”社会服务实践基地揭牌暨关爱交警活动启动仪式，并为参加活动的交警及其家属进行免费眼健康检查，给予眼健康指导以及眼疾治疗建议，免费赠送偏光眼镜近300份。10月，联合南华大学党委统战部以农工党南华大学附属南华医院支部“同心”服务医疗团队为依托，在衡南县云翔医院建立“同心工程”基地，结成医疗联合体，推动优质医疗资源下沉，努力提升医院服务能力，更好造福于民。2. 开展“一对一”帮扶。2017年，农工党衡阳市委开展对扶贫点衡南县茅市镇灯芯坪村的“一对一”帮扶活动：医疗帮扶。3月4日，农工党衡阳市委组织30多名农工党员医疗专家，前往灯芯坪村开展义诊下乡活动，义诊咨询群众300多人次，免费发放药品价值4000余元。项目帮扶。争取共创集团支持茅市镇灯芯坪村建设30千伏光伏电站项目，助力贫困户脱贫。资金、物资帮扶。许云生副主席带头为贫困儿童送去书包、文具、慰问金和过冬的棉衣，并争取20万元帮扶资金。教育、精神帮扶。帮助3名贫困失学儿童复学，协调解决1名贫困学生到技师学院就读并减免学费。同时给11个贫困户送去中共十九大报告原文小册子，向他们集中宣讲中共十九大精神，帮助他们树立正确观念，坚定脱贫信心。3. 广泛开展各类公益活动。2017年6月6日，农工党衡阳市委联合爱尔眼科医院走进衡山县，免费为中小学生进行眼健康筛查，开展“爱眼护眼”专题讲座及签名活动，并对症开出处方、免费发放眼药，或给予预防治疗建议。9月26日和11月15日，农工党衡阳市委联合市花鼓剧团组织医疗专家、演员先后赴相市乡敬老院和白衣村开展送医送药、送文化下乡活动，义诊咨询群众1千多名，免费发放价值2万余元的药品，送去一场文化大餐。在洪灾来临时，农工党市委组织党员积极参与抗洪抢险，并争取中国初保基金会向衡南县支持抗洪资金10万元，助力近尾洲镇管山村恢复重建。（高尚海）

中国致公党衡阳市委员会

【概况】 2017年，致公党衡阳市委员会（以下简称致公党衡阳市委）紧扣衡阳市改革发展大局，履行参政党职能，各项工作都取得较大进步。

一、思想建设。1. 致公党衡阳市委制订《致公党衡阳市委2017年“两学一助”学习教育工作实施方案》，落实开展集中学，发动区工委、支部开展“两学一助”活动。基层也开展各式各样的“两学一助”学教活动。2. 宣讲活动。2017年5月11日，成立衡阳致公宣讲团，专职副主委曾小蕙任团长，在湖南省内率先举办宣讲活动，刘玲玲、阳婷、倪小燕、罗明4名宣讲人分别讲述衡南县工委，致公党员肖跃莲、龙煌耀，衡阳海归的故事。3. 对外宣传。截至2017年12月5日，《湖南致公》采用宣传报道153篇，致公中央网站采用20篇，团结网、人民政协网、搜狐网、红网等网站发布新闻报告22篇。申报中共省委统战部理论文章课题一篇，上报手机省委课题民主党派“治理能力建设”理论文章9篇。上报中国致公党“三大”党史研究论文1篇。撰写发表多党合作史回忆文章5篇。创办“衡阳致公”微信公众号，截止到2017年12月5日，共推送103条报道。

二、组织建设。1. 基层组织建设。落实主委联系基层制度，五名主委会班子成员分别联系五个区工委组织。落实基层组织考核奖励制度。落实省委支部工作标准，组织各区工委、各支部主委学习省委基层组织工作标准，修订考核指标，督促支部按要求填写记录本，开展支部达标创优活动。完成市直工委建设及区工委班子换届。5月11日，召开全市基层组织建设大会，成立市直工委，并完成全市五个城区工委班子换届，致公党衡阳市委完成市委—工委—支部三级组织架构。2. 党员发展。全年共发展党员17人，净增率为5%，有侨海关系的15人，其中侨眷、侨属和归国留学生12人，比例为70%。3. 党员培训。3月24日，组织骨干党员学习全国“两会”精神；7月28日，组织骨干党员和新党员培训班，由省委专职副主委向佐谊给党员讲授《学习党的章程，增强四种意识》；10月18日，中共十九大召开当天，主委会班子带头、号召全体党员观看现场直播，并组织在微信群内讨论交流，主委会班子成员带头写心得体会。10月28日，组织骨干党员集中学习中共十九大报告全文。11月29日，召开新党员培训班，并举行入党宣誓仪式。

三、参政议政。1. 两会提案工作。在2017年衡阳市“两会”上，共提交6篇人大建议案，25篇政协提案。陈昌平的提案《警惕机关衙门作风又出新花样》得到中共衡阳市委书记周农的批示，江红的提案《关于加强城区农贸市场建设和监管的提案》得到衡阳市市长周海兵的批示。致公党衡阳市委提交的《关于打造衡阳高铁经济圈的建议》、副主席刘日煊撰写的《关于推进衡阳市范围内实现智慧医疗的建议》、副主委匡彬文撰写的《关于建议我市实行“朝九晚五”工作作息制度的提案》被评为政协衡阳市十一届四次会议以来优秀提案，三篇调研报告分别获评市政协优秀调研报告三等奖和优胜奖。机关干部王孟戈撰写的两篇社情民意《衡阳市中心汽车站周边环境亟待整治》《建议加强公共健身设施的管理》获衡阳市市长周海兵亲笔批示，其中《建议加强公共健身设施的管理》被评为优秀社情民意；肖跃莲委员工作室被评为2016年度“优秀委员工作室”，尹冬英被评为2016年度“优秀民主监督员”，致公党员匡彬文、唐小平、谭鸣明被评为“四有委员”；党员胡科军撰写的《论国家治理现代化中人民政协的作用》荣获政协2016年理论征文优胜奖。2. 提案落实工作。专职副主委曾小蕙的人大建议《关于在解放西路连卡福商业广场至市公安局路段铺设标准人行道的建议》被衡阳市高新区管委会采纳和落实，管委会对相关路段进行规划设计、施工建设，实现人车分流。党员尹冬英的提案《关于加强石鼓书院摩崖石刻保护》得到市文物局的办理。省文物局为石鼓书院摩崖石刻修复和保护工程拨付100万元专款，市财政也拨付190多万元配套资金。市文物局就摩崖石刻保护工程进行公开招标，并全程监督施工过程。3. 专题调研工作。开展衡阳市技能人才供求状况的调研、衡阳籍海归青年事业发展的调研、关于加快医疗体制改革，减少因病致贫返贫现象、关于衡阳市留学归国人员成果转化与产业化问题的调研、关于衡东县脱贫攻坚工作的调研、衡阳市市县饮用水源保护调研共6次调研。将《关于建立华人华侨列席我市两会制度的建议》以直通车的形式向中共衡阳市委呈报，得到市委书记周农的批示。4. 民主监督工作。按照中共衡阳市委的要求，就衡东县脱贫攻坚工作开展民主监督并递交调研报告。3月17日，副主委匡彬文率队到市民政局，就困境儿童救助问题开展调研，民政局特约监督员刘会明等人参加督查。8月8日，市食品药品监督管理局特约监督员小组组长、专职副主委曾小蕙率监督组到衡阳市食品药品监督管理局就食品药品安全问题进行调研。5. 社情民意工作。2017年共报送社情民意57篇。陈昌平撰写的2篇社情民意《关于完善技能大师工作室运行机制的建议》《应警惕中等职业学校吃学生空饷的行为》被致公党中央采用，《技工教育的“三不”困境亟待引起重视》被省政协采用。王孟戈撰写的3篇社情民意《建议对大型手术和急诊抢救全程录像》《关于禁止生产和销售牙签弩等危险儿童玩具的建议》《关于改进职业补贴发放管理的建议》被致公党中央采用。另有4篇社情民意被市政协采用。

四、服务海归。1. 开展归国留学生调研。2017年，开展2次侨海工作专题调研。5—6月，致公党衡阳市委联合中共衡阳市委统战部、共青团衡阳市委、衡阳市留学生协会开展衡阳籍海归青年事业发展调研。调研组实地走访调研企业及单位20个，通过邮件电话调查30人，形成调研报告。8月，组织衡阳市归国留学生成果转化和产业化专题调研，并形成调研报告上报致公党中央及省委，并在致公党中央座谈会上书面发言。2. 举办衡阳“海归派”高峰论坛。8月5日，致公党衡阳市委协同衡阳市留学生协会、迈克国际英语、大河读书会共同主办“从衡阳走出去，把世界带回来”为主题的衡阳“海归派”高峰论坛，100余名致公党员及海归代表、社会各界人士共300多人参加此次论坛。网络线上直播累计观看人数高达138万，同时在线观看人数最高达11.6万。12月11日，致公党衡阳市委召开服务归国留学生座谈会，衡阳市留学生协会全体骨干理事参加此次座谈，并成立青年海归联谊会；座谈会邀请人社局专家服务科负责人参会，推动成立留学人员回国服务联盟。助力海归创新创业取得实绩。3. 开展联谊活动。7月8日，留学生支部联合衡阳市留学生协会组织30余名归国留学人员与蒸湘区环卫工人一道清扫洪水过后留在河堤上的淤泥。7月29日，留学生支部联合衡阳市留学生协会举办“海聊”活动，60多位海归及社会各界人士到场参加。致公党衡阳市委专职副主委曾小蕙出席此次活动。10月18日上午，留学生支部及衡阳市留学生协会海归精英们集中收看中共十九大开幕式。5月12日，接待澳洲洪门致公总堂主席蔡开福，澳洲洪门致公总堂副主席、澳大利亚海外致公联谊会会长张汉全。5月31日，接待大洋洲湖南总商会秘书长何琼一行。7月21—24日，以致公党湖南省委会专职副主委向佐谊为团长的中国致公党湖南省委会访问团一行11人赴菲律宾进行为期4天的访问，市委专职副主委曾小蕙随团参加访问。9月，归国留学生支部主委罗明组织雁城青年一带一路行活动，出访俄罗斯中小企业联盟等4个中国留学生组织，并建立战略合作伙伴关系。4. 帮扶归侨侨眷。衡阳市归侨之春志愿者协会于2017年年初慰问衡阳市福利院及祁东、耒阳等多处的归侨侨眷，组织全市50多名年老的归侨侨眷在衡侨医院进行免费体检，对口助学祁东归侨子女一人一年6000元。冶金支部于9月30日到夕阳红老年公寓看望老归侨林辉倪，送去节日祝福和日慰问品，10月13日，接待从香港回衡阳探望老归侨林辉倪的弟弟林安生。

（刘超英）

九三学社衡阳市委员会

【概况】 2017年，九三学社衡阳市委员会（以下简称社市委）参政议政，热心社会服务，履行参政党职能，完成各项工作任务。

一是思想建设。1. 理论学习。2017年，社市委利用主委办公会、市委扩大会等多种形式组织领导班子、市委委员、支社负责人等学习中共十八届六中全会、全国“两会”和社中央各类会议精神，并号召基层组织广泛开展学习，坚持正确思想导向，提高广大社员思想水平和素质。10月24日，社市委利用重阳节活动契机，号召全市社员开展学习中共十九大精神活动，并和参会的老社员一道学习中共十九大精神。12月14日，社市委又专题召开市委扩大会议，学习传达九三学社第十一次代表大会会议精神。2. 继续开展“两学一助”活动，助力贫困农村新发展。市人民政府副市长、社市委主委龚学余分别于4月26日和12月12日到社市委扶贫点衡南县冠市镇溪头村调研指导扶贫工作。社市委联合九三界别市政协委员与村内13户贫困户结成“一对一”帮扶，多次冒着酷暑走访贫困户，深入了解家庭情况和致贫原因，核对信息，并在端午节和中秋节为贫困户送上节日慰问。此外，社市委还为村完小食堂改造、村道拓宽、堰头修葺和村完小绿化资金共40余万元。3. 做好思想宣传。编印《九三衡阳》总第15期，完成《三湘统战网》《衡阳市统一战线网》等上稿任务。《公司虚假股东注册逃费债务现象应引起高度关注》等6篇统战信息被统战专网采用，其中刘谦勋撰写的《创新社会保险涉外机制，助力中资企业一带一路战略》被中央统战部零讯采用。此外，刘谦勋撰写的《关于推动政府各部门内设机构改革的建议》等三篇信息被九三学社中央采用。刘谦勋也被九三学社中央评为九三学社参政议政先进个人。社员王卫国撰写的《抗日民主统一战线取得成功的原因探析》获得全市统战理论调研优秀成果三等奖。10月，根据市委统战部要求，又上报《统一战线与湖南和平解放》《如何构建新形势下“亲”“清”政商关系》等统战理论文章5篇。

二是参政议政。1. “两会”参政。在2017年“两会”上，九三学社衡阳市委共提交代表建议2件，集体提案6件、联名提案1件和个人提案40余件。其中，社市委集体提案《关于积极推进我市精准扶贫工作的建议》得到衡阳市委书记周农的亲笔批示：“精准扶贫是一项政治任务，是全面建成小康社会的基础工作，是民心工程，此项提案提出要加强产业扶贫，有关措施可行，请市扶贫办认真研究落实。”七个党派联名提案《关于解决我市民主党派基层组织的经费和活动场地的建议》也得到衡阳市委书记周农的批示。彭素云撰写的《关于培育壮大我省新型农业经营主体的建议》被评为省政协优秀提案，九三学社衡阳市委撰写的集体提案《关于发展我市医疗养老康复业的建议》、社员欧阳宏撰写的个人提案《关于推进衡阳市范围内实现智慧医疗的建议》等荣获市政协优秀提案。唐林生等调研组撰写的《关于衡阳市精准扶贫的调研报告》获得市政协优秀调研报告二等奖。2. 社情民意工作。截至2017年10月，社市委紧紧围绕中国经济社会发展和民生问题等方面，报送社情民意稿件30余篇。据市政协不完全统计，截至8月底，《关于出台全国统一的房产土地续期使用权相关规定的建议》稿件被省政协采用；《供给侧改革是医疗保险健康持续发展的治本之策》《关于对精神疾病患者实行医养结合的建议》等6篇稿件被市政协采用。3. 调查研究。2017年，社市委参与九三学社湖南省委《改进校园餐食管理》《促进科技型中小微企业创新发展》等专题调研，此外社市委就《衡阳市校企合作、校地合作》衡山县脱贫攻坚民主监督等进行专题调研，共形成重点调研成果《关于促进衡阳中小微企业创新发展调研报告》《衡阳市校企合作调研报告》等4件。其中《关于促进衡阳中小微企业创新发展调研报告》在调研成果汇报会上提交市委统战部。4. 政治协商。2017年，九三学社衡阳市委为更好的促进扶贫攻坚工作落到实处，社市委制订对口衡山县的扶贫攻坚民主监督计划，成立工作小组。经过多次实地调研走访，形成《关于衡山县脱贫攻坚民主监督专题调研报告》，上报中共衡阳市委。调研报告得到中共衡阳市委书记、市人大常委会主任周农重视、肯定和亲笔批示，并转相关部门落实。

三是社会服务。2017年，九三学社衡阳市委一共自主开展大型社会服务活动三次，其中两次为义诊和医学讲座。如3月5—8日为人民社区居民开展脑卒中筛查，此次活动主要社市委主办，九三学社南华附一支社和青山街道卫生服务中心承办，活动成果显著。10月25日，社市委邀请社员、中医院医生资源在青山街道卫生服务中心为社区居民讲授《中医文化与养生保健》，时值重阳节之际，为社区内的老年朋友送上中医盛宴，得到居民的认可和点赞。7月，启动“为他撑起一片天空”活动，并参与中共衡阳市委统战部组织的“大爱暖衡州”捐资助学等公益募捐活动，向全市社员发《倡议书》，号召会员奉献爱心，支撑社员江震渡过难关，资助衡阳市品学兼优、家境贫寒的大学新生和中小学生上学读书。活动共募集善款37093元，其中为社员江震捐款达12093元，为贫困大学生捐款达25000元，共资助5位重点大学学生。2017年10月25日，在石鼓区青山街道卫生服务中心挂牌成立九三学社衡阳市委社会服务活动实践基地，并多次与青山街道卫生服务中心开展讲座、义诊、脑卒中筛查、免费体检等社会服务活动，展示参政党的形象。

（李　沛）

衡阳市工商业联合会

【概况】　一、加强宣传引导和抓好培训交流。在衡阳市工商联合会（以下简称市工商联）政务网站和工商联公众微信号发布工作信息、会员风采等信息近千余条，截止到2017年9月共计发布信息424条，日浏览量最高达1092次，累计点击量高达2.58万次。撰写的信息80%以上被湖南省工商联、衡阳市政协、中共衡阳市委统战部等部门采纳。其中，衡阳市“万企帮万村”精准扶贫行动系列典型报道之《瑶民脱贫，我们与你同行》《“万企帮万村”让平安村夜不闭户、路不拾遗》《返乡创业结硕果，一根网线富千家》被湖南省工商联（以下简称省工商联）推荐至全国工商业联合会网站予以宣传报道。为补好衡阳工业经济短板，专门安排一期学习班，组织55名非公经济工业企业的负责人到浙江大学学习。继续组织选送非公企业家参加中国人民大学“企业高级管理”专题研修班。搭建会员之间的信息交流平台，推荐会员参加“模式为王·再攀高峰·实业强市”的企业家高峰论坛公益性讲座、2017衡阳市工商联互联网营销专题研讨会等各类交流活动。

二、深入基层，为企业做好服务。开展“访民企、办实事、强信心”万户民企走访活动，组织召开全市民营企业家座谈会，撰写提案和调研报告。围绕“三去一降一补“，开展降低实体企业综合成本调研，共选取6个县市和2个园区共66家民营制造业企业作为调研对象，全面了解衡阳市民营企业对降低生产经营中涉企收费、融资成本等政策的落实情况，并组织企业填报问卷调查表。2017年，已提交《衡阳市民营制造业综合成本研究》《引导非公经济人士弘扬企业家精神调研报告》《新常态下保持衡阳非公有制经济快速发展的战略研究》等调研报告5篇。市工商联成立法律服务部，贯彻省工商联、省人民检察院《湖南省人民检察院与湖南省工商业联合会联席会议制度》《湖南省检察机关选派检察干警到同级工商联驻会挂职管理办法（试行）》文件精神，落实衡阳市人民检察院研究室科长朱叶担任工商联法律服务部副部长一职。与有关部门协调、处理法律纠纷和法律维权10余起，组织10名非公经济企业家参加由湖南省工商联举办的第五期非公有制企业法律风险管理培训班，与衡阳市人民检察院共同举办“送法上门”服务非公经济发展专题法律知识讲座。

三、关注民生，为慈善扶贫贡献力量。在2017年“慈善之夜”暨2016年“衡阳市慈善排行榜”发布晚会上，受表彰的非公经济爱心人士56人，登上排行榜的民营企业和非公经济人士75家，占排行榜总数的87%，捐资额4040.42万元，占排行榜捐资总额的87.24%。在2017年的抗洪救灾和灾后重建中，全市民营企业、商协会爱心捐赠抗洪救灾款物达278.62万元，其中资金121.96万元，物资156.65万元。湖南金化科技集团有限公司常务副总、民兵营长彭云、江门市湖南衡阳商会由市工商联推荐，分别荣获2017年度全市抗洪救灾先进个人和先进集体。号召全市民营企业参与“万企帮万村”精准扶贫行动。截止到2017年12月底，全市共有366家企业对接443个村（其中建档立卡贫困村267个），实施扶贫项目659个，投入资金14.71亿元，帮扶贫困群众6.59万人。其中常宁市过龙岭生态农业发展有限公司带动6个村、500余村民养鸡致富，帮助村民增收360万元，其中贫困户增收72万元，并解决210人的就业问题，人均月工资2000元以上；常宁市福塔农业科技开发有限公司与46个贫困村进行结对帮扶，已经实施36个产业帮扶项目，投入资金达1.38亿元；祁东县枣园村电子商务有限公司引导村民一起种植红薯、菱角等农产品，累积卖出总价值近1000万元的农副产品，间接带动近1000户老百姓增收。市家居行业商会捐资43万元助残济困“给残疾人一个温暖的家”活动中，募集13万元为省级贫困村油麻塘村异地搬迁贫困户购置家具。

四、加强招商引资平台作用。3月31日召开2017年异地衡阳商会恳亲会暨旅游项目招商引资推荐会，来自北京市、上海市等30余家（湖南）衡阳商会负责人参加会议。9月28日，承办“2017衡州经济发展论坛”之“迎老乡、回故乡、建家乡”专题论坛，有来自全国各地的70多位衡商参与。大会签约招商引资项目71个、签约金额达796.18亿元。11月22日，组织来自全国各地的120多余位重要客商和异地衡商到郴州参加由衡阳市人民政府举办、衡阳市工商联承办的第八届湘商大会暨第五届湘南投洽会衡阳市重会客商座谈会。大会签约22个投资合同项目，总投资金额903.4亿元。组织企业参加2017中国加博会、第十四届世界华商大会等重大商贸交流活动，帮助企业走出去，引进来。

（朱珍晶）

【“雁商进高校”系列培训活动】 2017年11月20日，由中共衡阳市委组织部、市工商联联合举办的衡阳市非公企业高级管理人员培训班在浙江大学开班，来自衡阳市各个县（市）区推荐的60名非公企业负责人代表参加培训，培训采取“课堂教学+现场教学”两位一体的教学模式，授课老师均为浙江大学等高校知名专家、教授，现场教学参观点为浙江成功企业。课程内容涵盖新常态下经济形势分析、企业管理、互联网+等多方面内容。11月23日，市工商联组织的衡阳市非公企业高级管理人员参加百年明德讲堂第51届企业管理大型公益讲座培训班在北京人民大学正式拉开帷幕，来自衡阳市各个县（市）区推荐的40名非公企业负责人代表参加本次培训班，培训采取“课堂教学+现场教学”两位一体的教学模式，授课老师均为人民大学等高校知名专家、教授，27日为现场参观教学，培训班参观北京阿狸动漫公司和专注于智能化联合办公的北京梦想加科技有限公司。课程内容涵盖企业文化建设、工分制管理、企业的投资与融资、新税制改革等多方面内容。

（陈跃英）

【“送给残疾人一个温馨的家”爱心助残活动举行】 2017年“七一”期间，由市工商联主办，市残联等多部门协办的“送给残疾人一个温馨的家”精准扶贫、爱心助残活动举行。18辆装满爱心家具、家电的送货车从万居市场出发，分别送往20户受助残疾人家庭。活动中，18家家居企业分别捐赠价值12000～15000元不等的家具，总价值折合人民币30万元，20户残疾人受助者及其家属“一对一”接受赠予。市慈善总会、市残联等为爱心企业颁发荣誉证书。发起者万居市场总经理曹刚修被授予“特别贡献奖”。

（陈跃英）

人民团体和社会组织

衡阳市总工会

【概况】 2017年，衡阳市总工会（以下简称市总工会）各项工作有新的发展，荣获全国推动厂务公开民主管理工作先进单位，全总工会财务工作先进单位，湖南省工会财会工作竞赛特等奖，衡阳市十佳禁毒预防教育示范单位，衡阳市一星级文明单位，衡阳市信访工作优胜单位等荣誉。

一、思想建设。以习近平新时代中国特色社会主义思想武装头脑，深入学习贯彻中共十九大，中央、中共湖南省委、中共衡阳市委党的群团工作会议和省市第十一次党代会精神。广泛组织基层工会收看中共十九大开闭幕会，相继召开市总机关、全市工会系统学习贯彻中共十九大精神会议。深入开展中共十九大精神宣讲“进企业、进车间、进班组”系列活动，中共十九大代表、市总兼职副主席甘军华，衡阳、祁东、衡东、耒阳等多个县级工会主要负责同志深入企业、单位和村居一线宣讲。以“中国梦·劳动美”为主题，培育和践行社会主义核心价值观。精排选送说唱节目《上升》亮相市“欢乐潇湘”及多个会演晚会。参加湖南省职工气排球大赛，组织参加第五届书香三八读书活动。围绕“3·5”学雷锋、“12·5”志愿者日、党员志愿服务进社区、脱贫攻坚见行动等主题，深入企业、社区和扶贫联系点开展大型志愿活动9批、260余人次，组织包路段、包路口志愿活动61批、353人次。分别推荐全国职工教育培训、工会职工书屋示范点1家、2家，为2家已建职工书屋补配图书，推荐评选1名企业职工为“2016年度全民阅读优秀推广者”。

二、开展劳动竞赛。全市各级工会以“职工喜迎十九大·劳动创造新衡阳”为主题，大力构建重点工程、工业企业、服务行业和女职工芙蓉杯“四位一体”的劳动竞赛格局，全市9000余家企业，100余万人职工参与劳动竞赛。开展职工技术创新活动，全市7200多家企业开展合理化建议、“五小”活动的岗位练兵、技术比武活动。推进第八届“芙蓉杯”竞赛活动，开展省市女职工芙蓉标兵岗、芙蓉百岗明星争创活动，“牵手共建标兵岗”单位企业36对。表彰市级标兵岗21个，百岗明星29名，推荐并获得全国标兵岗1个，标兵1名。

三、构建和谐劳动关系。推进工会法律工作，推进全市工会劳动法律监督“两书”制度，做好基层工会法人资格登记。开展法律援助，组建衡阳市职工维权律师团，选配312名律师和志愿者提供服务。开展职工普法教育，制定工会系统“七五”普法工作规划，开展“12·4”法治宣传教育主题活动。开展工资集体协商工作。2017年，共签订工资集体协商协议1306份，覆盖企业5246家，建制率92%。创新民管制度建设，在全市企事业单位中评选五星级职代会8家，四星级12家，三星级14家，编撰并免费赠送《企业民主管理手册》4000本。

四、“双联”帮扶和脱贫攻坚工作。30名市领导率73家市直机关进驻困难企业开展“双联”帮扶。2017年，共筹集送温暖资金1000余万元，其中市级筹措帮扶资金287.5万元，走访困难企业30家，慰问困难职工家庭6236户。创新“双联”工作，被联单位向工业园区、领军企业和工矿社区延伸。结合供给侧结构性改革，市总工会结对帮扶华菱衡钢等钢煤行业困难职工45名。市总组织机关共产党员干部深入联点祁东县太和堂镇大塘村扶贫，共走访结对帮扶贫困群众22人。建好村级综合平台，配套完善文化广场、乡村舞台，解决公路硬化、饮水等问题，启动台湾泥鳅寸苗养殖、中药材、油茶种植、生猪养殖和光伏发电5个产业扶贫项目，脱贫89户、375人。

五、就业培训。开展“一户一产业工人”培养工程。推广衡山县“工会服务、就业服务、创业服务、技能培训”四大平台经验。市本级招标认定3所学校，针对困难职工和农民工及子女实施免费技能培训600人次，针对困难女职工和女农民工开展免费月嫂培训6期、360人次。

六、服务职工，维护职工权益。紧贴职工需求，做实普惠服务。开展第四期职工医疗互助活动，16.27万人次参加，10020人次获补助1170万元，受益人数和受惠金额均较2016年大幅增长。大病救助项目投入134.4万元，惠及135名困难职工。“春送岗位”活动成功介绍就业1.87万人次，“夏送清凉·关爱相伴”主题活动，衡阳市累计投入消暑物品800万元，慰问职工达55万余人。开展“女职工维权行动月”活动，进一步推进《女职工劳动保护特别规定》纳入女职工专项集体合同，市总女职工维权案例征集获省通报表扬，并获全省女职工维权知识微竞赛组织二等奖。建设省级母婴关爱室示范点6个、市级20个，为市级母婴关爱室免费配送微波炉等用品。组织大型交友联谊活动4期、710人次。开展女职工免费妇科“两癌”体检1.2万人次，困难女职工、女农民工免费妇科体检5300人次。

七、宣教工作。与中共衡阳市委宣传部联合行文开展工人阶级宣传月活动，省市媒体专栏累计刊播26期。提升工会新闻宣传和信息报送力度，发挥衡阳工会“四个一”网宣平台作用，2017年在市级以上媒体发表宣传报道及理论文章439篇，其中省级以上108篇，《工人日报》2版头条1篇。工会信息被省级以上采用19条，获评全省工会好信息2条。（何晓钦）

【衡阳市举办庆祝“五一”国际劳动节暨“衡州工匠”展示会】 2017年4月27日，由中共衡阳市委、衡阳市政府主办，衡阳市总工会承办的“2017年衡阳市庆祝“五一”国际劳动节暨‘衡州工匠’展示会——‘脊梁’”在市广电中心举办。中共衡阳市委书记、市人大常委会主任周农出席大会并致辞。35名“衡阳市五一劳动奖章”获得者，30个“衡阳市工人先锋号”代表，28名“衡州工匠——金牌职工”获得表彰。（陈跃英）

【衡阳市工会第十九次代表大会开幕】 2017年9月25日，衡阳市工会第十九次代表大会开幕。衡阳市委书记、市人大常委会主任周农出席大会并讲话，衡阳市委副书记、市长郑建新出席大会。湖南省总工会副主席、巡视员、女工委主任周乐红出席大会并讲话。会议肯定全市各级工会组织围绕中心、服务大局，在凝聚职工思想共识、引领职工建功立业、维护职工合法权益、服务职工切身需求、加强工会自身建设等方面取得成效。会议要求，全市广大职工要始终坚持正确的政治方向，始终坚持工人阶级的阶级属性和政治立场，深化中共中央总书记习近平系列重要讲话精神的学习，坚定不移跟党走。要争当改革发展稳定的先锋，发扬衡州工匠精神，在建设“五个新衡阳”的实践中建功立业，努力成为衡阳市加快实施“中国制造2025”、振兴实体经济的中坚力量，自觉维护安定团结的良好局面。要成为弘扬社会文明新风的楷模，自觉践行社会主义核心价值观，弘扬工人阶级的光荣传统，助力全社会形成劳动最光荣、劳动最崇高、劳动最伟大、劳动最美丽的良好氛围。会议强调，各级党委政府要始终坚持全心全意依靠工人阶级的方针，进一步加强和改善对工会工作的领导，支持工会依照法律法规和章程独立自主创造性地开展工作。各级工会组织要按照中央群团改革工作座谈会的精神，不断强化自身建设，努力在新起点上开创衡阳工会工作新局面。周乐红代表湖南省总工会向大会的召开表示热烈祝贺。大会听取衡阳市总工会党组书记、副主席单绪平代表总工会第十八届委员会作的题为《改革创新，砥砺奋进，团结引领全市广大职工在建设“五个新衡阳”中建功立业》的工作报告，书面审议《市总工会第十八届委员会财务工作报告》《市总工会第十八届经费审查委员会工作报告》。共青团衡阳市委书记刘英代表群众团体致祝词。（陈跃英）

【刘莲玉到衡阳调研工会工作】 2017年12月12—13日，湖南省人大常委会副主任、湖南省总工会主席刘莲玉到衡阳调研工会工作。中共衡阳市委副书记、市委统战部部长邓群策主持座谈会。刘莲玉一行调研耒阳工业园，在衡山科学城考察调研衡阳工业博物馆、科技创新中心和桑谷医疗机器人公司，在白沙洲工业园调研南岳生物和南岳电控，还现场调研衡阳市第二工人文化宫建设。调研过程中，刘莲玉详细了解基层工会工作，勉励基层工会干部努力做好新时代的工会工作，服务好广大职工群众。（陈跃英）

中国共产主义青年团衡阳市委员会

【概况】 2017年，衡阳共青团以习近平新时代中国特色社会主义思想为指导，突出青年创业、志愿服务两大特色，着力打造青年之家、青年之声、电商联盟三大平台，为建设“五个新衡阳”贡献青春力量。

一、推进改革创新。抓住团中央常委、组织部部长万速成同志“下沉”衡阳有利契机，多次就衡阳团市委改革进行专题研究，结合“走、转、改”大宣传大调研活动和“1+100”团干部直接联系青年工作，多次组织开展调研活动，为改革推进创造有利条件。推进“学习总讲话，做合格团员”主题活动、“青春喜迎十九大”系列活动，抓牢抓实“团员建档、青年造册”、村（社区）团组织换届的基础工作，并组织相关人员和县（市）区团委负责同志赴重庆、成都等地学习考察，全面助推改革顺利进行。与组织、编办等部门就机构设置、职能调整、专挂兼干部队伍建设等问题进行沟通。《共青团衡阳市委改革实施方案（草案）》形成后，在全市分层次、分战线先后5次召开征求意见座谈会，收集青年意见建议120余条，整理吸收45条，同时以书面形式向市委办、政府办、组织部、编办、财政局等9个相关部门征求意见，前后修改10余次后形成审议稿，并提请市委第十九次深改组会议审议通过，《共青团衡阳市委改革实施方案》已正式以市委办名义下发。以团省委、省教育厅关于高校、中学、少先队、学联改革实施意见为指导，通过广泛调研，多方征求意见，确定基本思路。通过与市教育局及相关部门协商，在市委深改办的指导下，分别制订下发衡阳市高校、中学、少先队和学联学生会改革实施方案。

二、加强理想信念教育。1. 强化青少年思想引领。以“青春喜迎十九大，不忘初心跟党走”“砥砺奋进的五年”系列活动为主线，以学习习近平新时代中国特色社会主义思想、引导青少年树立正确理想信念为重点，抓住建团95周年、建军90周年、香港回归20周年等重要节点，在全市团员青年中广泛开展“不忘初心跟党走”“我与团徽合个影”“与信仰对话”“青春建功十三五”“四进四信”“青春扶贫行动”等主题活动，引导广大团员青年听党话、跟党走。发挥好共青团在网络空间的生力军作用，加强网上舆论引导，传递网络正能量，为宣传中共十九大精神营造良好的网上舆论环境作出贡献。2. 推进“网上共青团”建设。加强建网、用网、占网工作，以“两微一端一网一声”为重点，“青年之声”现实全覆盖，创新青少年思想引领方式，组建一支2800余人的网宣员队伍，通过QQ群、微信、微博形成网宣快速联动机制，在重大网络宣传和舆情引导中，第一时间动员网络评论队伍集中发声总次数达1万余次、参与人数近2000人次。大力发展网络文化产品，创作的微视频《天空中最亮的星》《青春绽放》在腾讯、新浪微博上点击量超过10万次。依托“青年之声”平台发布各类活动信息，线下开展青少年思想引领、青少年维权、青年创业就业、婚恋交友、志愿服务等丰富多彩的活动2000余条。在团中央全团“青年之声”建设工作典型通报表扬会上，“青年之声·衡东”青年创业服务联盟荣获“优秀联盟典型”称号，原石鼓区团委书记万倩雯荣获全国“优秀团干部”称号。2017年，平台访问量达2828万次，问题总数2.4万次，回答总数1.5万次，点赞数3.8万次。3. 培育先进典型。发挥典型示范作用，举办《勿忘初心跟党走》“五四”表彰会，选树近30位青年典型，评选第17届“衡阳青年五四奖章”21人，推荐1人获评“湖湘英才”，2人获评湖南省“五四青年奖章”，多人次获评全国优秀团干部、优秀团员、青年岗位能手，一大批青年组织获“五四红旗团委”“青年安全生产示范岗”“青年文明号”，优秀青年代表匡兵、温琦华夫妇获评全国先进道德模范人物，受到中共中央总书记习近平的亲自接见。召开青联换届大会，200名来自全市各行各业的优秀青年代表当选省、市青联委员，激励广大青年争当先进的热情。

三、坚持为青年做好服务。以贯彻落实好中共中央、国务院《中长期青年发展规划（2016—2025）》为重点，坚持替青年代言、为青年服务，最大限度赢得青年的认可。1. 服务青年创业。持续深化促进青年创新创业“一号工程”。在创客培育上，连续5年举办青年创业梦想秀、青年创新创业大赛，无偿发放创业扶持资金400多万元，直接资助青年创客118人，培育青年创客148名。在平台搭建上，巩固中建青年创业园、逛街36街区、留学生创业园、高校大学生创业园等已有平台，新建衡阳伊电园·易创空间、衡阳电商综合服务平台，青年创新创业项目孵化器不断壮大。在政策扶持上，持续开展大学生无偿创业资助项目，全年推报28个项目获得共青团湖南省委135万元无偿资助。全市共创建青年创新创业示范基地48家、青年见习实习和孵化基地20家，建成地市级青年创业园9家。帮助青年完成创业贷款2726万元，落实各项培训资金161.37万元。2. 帮扶困难群体。项目化、品牌化推进“希望工程”事业。举办“爱心画家张四元《一带一路邮票》作品义卖捐赠”活动，开展祁东县太和堂镇、常宁市塔山乡等10余个贫困偏远地区的帮扶活动。全年共筹集资金246万元，为119名大学贫困新生提供学费资助，走访慰问困难青少年近309人，为贫困落后地区教育事业发展上做出贡献。3. 服务普遍需求。常态化开展学习成长、交流交友、互动联谊、身心健康等活动。连续10次举办“圆梦幸福”相亲交友活动，微信访问量近8.5万人次。加强青少年法治建设，履行社会治安综合治理责任，突出预防青少年犯罪和未成年人权益保护工作，开展“共青团与人大代表、政协委员面对面”活动，办理涉及青少年事务的人大代表建议、政协委员提案3件，开展“法治宣传进校园”活动71次，举办社工培训班1期，荣获全市“六五”普法先进单位称号。

四、服务大局。紧紧围绕市委“五个新衡阳建设”的重要部署，做到“党有号召，团有行动”，引导青年投身建设发展一线，展现自身价值，连续3年荣获全市目标管理绩效考核先进单位。1. 参与文明创建。主动牵头文明创建志愿服务工作，动员全市广大青年志愿者参与全国文明城市创建工作，全市1920个团属志愿者组织，广泛开展“雷锋家乡学雷锋·文明衡阳我先行”等志愿服务活动。2. 在联村帮扶方面：研究出台联村帮扶、行业部门扶贫、集中整改、政策宣传等工作方案和脱贫攻坚问责办法，组织召开扶贫攻坚专题学习和专题组织生活会8次。成立驻村工作队，选派素质高、作风硬、能力强、敢担当的干部住村开展工作。机关干部共开展帮扶活动200人次以上；妥善处理原村干部矛盾和村委选举矛盾纠纷，完成村“两委”班子换届选举；2017年落实各项扶贫资金近80万元，重点推进珍珠鸡、七彩花生、沃柑等种植养殖扶贫项目，免费发放珍珠鸡苗3600羽，增收25万元。异地搬迁12户，资助困难党员、困难学生75人，新建饮水安全工程2个，硬化村道2千米，安装路灯80盏。在行业部门扶贫方面：加强县级青年创业协会和农村青年致富带头人协会建设，举办农村青年电商培训班1期，培训农村青年电商200余人。开展“青春喜迎十九大、助力脱贫攻坚行”系列活动，组织青年扶贫志愿者队伍赴常宁市塔山瑶族乡、衡阳县界牌镇等贫困地区开展产业、医疗、科技、文化扶贫活动12次，发放《扶贫挂历》《脱贫攻坚政策告知书》3000余份，开展共青团助力脱贫攻坚先进集体和先进个人评选表彰活动，评选表彰先进集体14个、先进个人15人，为打赢脱贫攻坚战营造浓厚氛围。全村38户、143人实现脱贫摘帽，通过省市年度考核验收。3. 踊跃投身抗洪救灾。在6月、7月的洪灾中，组织全市各级团组织和志愿者深入防汛救灾一线，开展抗洪救灾志愿服务活动4次，为灾民送去生活物资价值达5万余元；争取共青团湖南省委抗洪救灾助学资金30万元、物资价值100万元支持，并配合有关部门，主动参与堤防巡察、应急救援、志愿宣传、爱心慰问、环境整治、卫生防疫等工作。（杨绪进）

【共青团衡阳市第十九届四次全委（扩大）会议召开】 2017年3月15日，共青团衡阳市第十九届四次全委（扩大）会议召开。中共衡阳市委副书记邓群策出席会议。会议强调，2017年，全市各级团组织要从四个方面做好共青团的工作。一是要以锲而不舍的精神加强思想引领。要持续深入学习中共总书记习近平系列重要讲话精神，大力开展青少年党史国史教育和发展成就宣传，不断深化青少年社会主义核心价值观的培育和践行，同时深化“网上共青团”建设。二是要以“舍我其谁”的担当服务发展大局。要引导广大青年在“五个新衡阳”建设中担重任，在创新创业创优中做表率，在精准扶贫脱贫中当先锋。三是要以自我革新的勇气全面推进改革。要广泛凝聚改革共识，认真制订改革方案，稳妥有序推进改革。四是要以坚定不移的态度推进从严治团。要从政治上从严治团，从组织上从严治团，要抓住关键从严治团，从源头上从严治团。团市委书记刘英代表共青团衡阳市第十九届委员会作工作报告。会议还部署“一学一做”教育实践活动，审议通过《共青团衡阳市第十九届委员会第四次全体会议关于落实全面从严治党要求、大力推进从严治团的决议（草案）》《共青团衡阳市第十九届委员会第四次全体会议关于团市委委员卸免递补确认案（草案）》《衡阳共青团2017年工作要点（草案）》等相关文件。（陈跃英）

【衡阳市举行五四青年节庆祝活动】 2017年5月4日，由中共衡阳市委、衡阳市人民政府主办，共青团衡阳市委员会、衡阳市广播电视台承办的“不忘初心跟党走”——衡阳市庆祝五四青年节活动在衡阳广播电视台演播中心举行。市领导周农、邓群策、刘丽华、何录春、贺小坤、陈竞、谭敦龙、杨龙金、汪维及团中央办公厅领导刘恺等出席活动。此次活动组织不同领域、不同行业的青年代表，以朗读的形式，全方位展现衡阳市青年工作的整体风貌活动，期间，还穿插优美的歌舞表演，紧扣“不忘初心跟党走”主题。在活动现场，中共衡阳市委书记、市人大常委会主任周农代表衡阳市委、衡阳市人大常委会、衡阳市政府、衡阳市政协向全市广大青年朋友致以节日的问候，肯定广大团员青年在2016年为衡阳市经济社会发展做出的贡献，并寄语全市青年要与祖国共奋进，与衡阳同发展，为加快推进“五个新衡阳”做出新的更大贡献。会上还表彰一大批优秀青年代表，2017年新入团的学生，也在团中央办公厅刘恺的带领下，整齐划一地佩戴团徽，面向团旗，庄严宣誓。（陈跃英）

衡阳市妇女联合会

【概况】 2017年，衡阳市妇联（以下简称市妇联）开展“巾帼建功”“最美家庭”“文明家庭”“廉洁家庭”“最美女性”“最美孝心少年”等活动，其中6个单位获“全国巾帼文明岗”称号，3人获“全国巾帼建功标兵”称号，2个单位荣获“全国巾帼建功先进集体”称号；2户家庭获全国“最美家庭”称号，3户家庭获省“最美家庭”称号；评选出30户市书香家庭、10名市年度最美女性、2名市最美孝心少年。

一、组织改革。1. 全面推进基层妇联组织改革。全市2726个村（社区）全面完成村妇代会改建妇联，188个乡镇（街道）妇联全面完成换届，配齐班子，建强基层妇联干部队伍。衡阳县、衡东县、祁东县将改革工作纳入党建工作目标管理考核。衡阳县、衡东县、常宁市、南岳区等县市区较好落实改革专项工作经费。2. 走出机关建乡镇（街道）妇联，在衡阳县、衡山县、衡东县、耒阳市和蒸湘区创建全省乡镇（街道）区域化党建带妇建示范点，探索党群共建共享的组织网络和工作平台。3. 推进妇女儿童家园建设，创建“互联网+服务妇女儿童”新模式，衡阳县、衡山县、衡东县、祁东县将“妇女之家”建设纳入农村综合服务平台升级建设整体规划。广泛吸纳妇女群众参加妇女儿童工作。妇联基层组织改革中有近5万名优秀女性进入基层妇联执委队伍，形成“主席（兼职副主席）+执委+妇女代表+妇女群众”的工作网络。

二、加强学习培训。在市委党校举办4期基层妇联干部骨干培训班，对基层妇联主席、兼职副主席、执委进行轮训。构建“一网一微一通”市县乡村四级“网上妇联”新媒体大矩阵，实体和虚拟两大空间共同开展妇女工作。（陈　静）

【妇女“两癌”防治】 开展农村适龄妇女“两癌”调研，形成调研报告《救助农村因病致贫女性的调查与思考——以衡阳市救助农村“两癌”女性为例》，组织实施农村适龄妇女“乳腺癌宫颈癌”免费检查，全市74043人接受检查，184名贫困“两癌”妇女获得中央和省级共198.6万元救助，为200多名患病贫困妇女募集社会救助资金105.2万元。携手南华附二医院、南华大学等单位举办“建设新衡阳·巾帼健康行”公益课堂、“两癌”防治知识讲座暨湖南省生殖健康知识“三进”公益活动、第二届乳腺癌康健俱乐部联谊会、“守护青春·为爱改变”关爱女性生殖健康（PAC）项目公益讲座等活动11场次，近2万人获益。

（陈　静）

【妇女就业创业扶持】 举办“春风行动”，11486人达成就业意向，发放妇女小额担保贷款4360万元，扶持带动11500名妇女创业就业。参加湖南省家政服务职业技能大赛，荣获“团体三等奖”。2017年，开展扶贫政策宣讲12场次，发放扶贫政策宣传资料2万份，共走访农户10000余户。携手蒸湘腾跃工艺厂、辣妹子家政在衡东县、衡山县、衡阳县、南岳区开展妇女手工编织、巾帼家政服务培训；组织农技专家、女企业家结对南岳区荆田村，助力“精准扶贫”工作。

（陈　静）

【家庭教育活动】 开展百场现代家庭教育公益讲座“五进”活动175场，10万余名家长受益。开展“书香飘万家”亲子阅读、“相伴共读·书香润德”创意亲子阅读微视频征集、“好家风好家训好家规”征集、“家书抵万金”等活动，衡阳市妇联被评为湖南省“家书抵万金”征集活动最佳组织奖，14篇家书在省里获奖。

（陈　静）

【妇女儿童权益保护】 率先在全省完成市、县（区）两级“十三五妇女儿童发展规划”的颁布，成立“两个规划”宣讲团，巡回宣讲40余场。组建“家庭律师讲师团”，大力开展“建设法治衡阳·巾帼在行动”活动，共举办新闻发布会6次，法律知识专题讲座50场，发放宣传资料18000份。开展《中华人民共和国反家庭暴力法》实施情况调研，衡阳市人大主任会议听取和审议关于全市《中华人民共和国反家庭暴力法》实施情况汇报。衡阳市妇女儿童法律援助工作站在南舫律师事务所挂牌运行。将“12338”妇女维权热线与“12345”政府服务热线并轨运行，更好服务妇女儿童。联合衡阳市中级人民法院召开衡阳市婚姻家庭纠纷多元化解机制建设推进会暨诉调对接培训班，打造市县乡村四级融合的婚姻家庭纠纷化解网络，12个县（市）区婚调委调解纠纷1532件，达成调解协议920件。2017年衡阳市“两会”上，市妇联婚调委工作在《市中级人民法院工作报告》中获赞。推进关爱留守儿童“知心屋”项目，衡东17个乡镇农村学校建立“儿童快乐家园”，开展“精准扶贫·温暖牵手”“让爱留守，关爱农村留守儿童特别行动”“精准扶贫·春蕾计划”等活动，妇联系统共筹集资金80万元，帮助900余名特困儿童。（陈　静）

【衡阳市妇联第十四届六次执委（扩大）会议召开】 2017年3月15日，衡阳市妇联召开第十四届六次执委（扩大）会议。市级领导和市妇联第十四届执委、各县（市）区妇联主席、市直各单位妇委会主任、女性团体会员、妇女工作者和市妇联全体机关干部等180余人参加会议。衡阳市妇联主席、党组书记周红玲作题为《改革发展　务实担当　为建设新衡阳、喜迎十九大凝聚巾帼力量》的工作报告。报告传达党的十八届六中全会精神，对衡阳市2016年的妇女工作进行全面的回顾和总结，对2017年的工作进行安排部署。推进基层妇联组织改革和妇女儿童事业创新发展：一是以女性创业创新为重点，突出抓好巾帼扶贫脱贫工作；二是以文明家庭创建为重点，突出抓好家庭家教家风建设；三是以维权服务为重点，突出抓好妇女儿童民生；四是以基层组织改革为重点，突出抓好妇联自身建设。中共衡阳市委副书记邓群策对新形势下如何加强和改进妇联工作提出四点意见：一要坚持正确方向不偏离：始终坚持党对妇联工作的领导，坚定不移走中国特色社会主义群团发展道路，把保持和增强“三性”贯穿妇联工作全过程；二要聚焦发展大局不散光：在五个新衡阳建设中担重任，在创新创业中做表率，在文明创建中当先锋，在家风建设中多作为；三要推动改革创新不懈怠：坚持问题导向，加强顶层设计，抓住关键环节，积极稳妥推进，真正把妇联组织建设得更加充满活力、更加坚强有力；四要落实从严治党不逾矩：落实从严治党主体责任，严肃党内政治生活，领导干部要以上率下，推动从严治党走向“严紧硬”。衡阳县妇联、衡山县妇联、衡阳市公安局妇委会分

别就基层妇联组织改革、村级妇女儿童家园建设和充分发挥妇委会作用作典型发言。会议还补选市妇联十四届执委。 （陈跃英）

【“纪念唐群英研讨会”在衡山县举办】 在唐群英逝世80周年之际，由衡阳市社科联、衡阳市妇联、湖南省女社科工作者协会共同举办，衡山县委宣传部、县妇联承办的“纪念唐群英研讨会”在唐群英故里衡山县举办。来自北京师范大学、中国妇女儿童博物馆、全国妇联妇女研究所、省社科联、省世界语协、武汉辛亥革命武昌起义纪念馆、广西贺州学院、湖南女子学院等各知名高校的50余位专家学者、入选论文作者和唐氏后裔参加研讨会，缅怀中国女权运动的先驱和领袖唐群英，回顾她为妇女解放运动、女子教育思想、《女报》研究所做出的贡献。 （陈跃英）

【省妇联主席姜欣到衡阳调研】 2017年8月21—22日，湖南省妇联主席姜欣赴蒸湘区、石鼓区、衡南县调研基层妇联改革和巾帼脱贫等工作。在调研衡阳市蒸湘腾跃工艺厂、衡南县洪山镇双合村、石鼓区蒸阳社区、衡南县妇幼保健院、衡阳市辣妹子家政服务公司之后，姜欣强调，各级妇联要不辜负党委政府的重托，发挥牵头抓总作用，努力把“两癌”免费检查与救助这个民生项目抓好抓实，实现三年内检查全覆盖；要在专业化、规范化、产业化等方面下功夫，大力支持家政服务业发展，为更多下岗妇女、农村妇女等群体创造工作机会。衡阳市妇联主席周红玲、调研员王辉陪同调研。 （陈跃英）

【2017年市女干部培训班开班】 2017年9月12日，由中共衡阳市委组织部、市委党校联合市妇联举办的2017年市女干部培训班在市委党校开班。来自12个县市区和27个市直机关、企事业单位的40余名正科实职女干部与市委党校2017年秋季主体班的学员们一同参加开学典礼。市委副书记、市委党校校长邓群策出席开学典礼式并作重要讲话。市委党校常务副校长尹同君主持开学典礼。此次培训班为期一个月，女干班学员们将在此培训中全面系统学习党的十八大和十八届三中、四中、五中、六中全会精神，习近平总书记系列讲话精神，学习妇女工作与女干部成长相关知识，开展党性党纪党风教育。 （陈跃英）

衡阳市归国华侨联合会

【服务经济】 衡阳市侨联先后接待德国湖南商会会长李先秋、柬埔寨湖南商会会长李先波、香港卡曼斯企业集团董事长成吉军、加拿大温哥华湖南同乡会苏致准副会长等10批100多人次海外侨社团到衡阳考察、洽谈商贸。力促李先秋在衡阳筹建发展项目，新侨王文军在衡山科学城、衡阳船山医院设立博士工作站。努力争取中国华侨公益基金会在衡阳市开展“侨爱心健康行”专项公益活动，为祁东、常宁两地卫生院争取医疗设备2套，价值198万元。推荐侨商参加在缅甸仰光举行的第十四届世界华商大会、广东梅州第5届世界客商大会，引导侨企参与“一带一路”建设。加强与衡阳海归协会的联系联谊，鼓励引导返回衡阳的海归创新创业。邀请中国社会科学院植物研究所博导李彩虹到侨企——祁东县灵官镇金竹林场指导生态农业循环模式的种植养殖业。2017年11月13日，衡阳市首届“天生我才”双创交流活动走向衡阳师范学院南岳学院，海归阳芳、唐崇恩、彭鸿勋、徐文峰将自己留学、就业、创业、守业等精彩人生经历与1000余名师生一一分享。 （邹 琰）

【服务民生】 衡阳市侨联动员侨界力量参与衡阳市脱贫攻坚活动。机关干部每月都深入南岳区寿岳乡红旗村开展“六个一”活动，走访慰问扶贫对象，了解扶贫对象生产生活情况，有针对性地开展脱贫活动。开展“凝心聚力献爱心 精准扶贫奔小康”专项捐款活动，机关全体干部职工为南岳区红旗村结对贫困户捐款3400元。组织侨联界别市政协委员深入到衡南县咸塘镇高桥村，开展“助力精准扶贫”活动，文利平、陈明辉、胡曙辉、王毅、傅哲等5名侨联界别市政协委员为5名农村贫困户送去慰问金8000元。开展“千侨帮千户”活动，争取香港吴星可慈善基金会向常宁市开展爱心捐赠，为211位70岁以上的低保老人和25个贫困小朋友共发放慰问金11万多元，为敬老院106户贫困户发放爱心棉被106床近10万元。争取湖南省侨联扶侨帮困资金5万元，帮助祁东、衡南、衡山等县贫困归侨侨眷走向脱贫致富路。举行"千侨帮千户"工程扶侨帮困资金祁东县发放仪式，现场为侨界困难群众发放扶侨帮困资金。动员引导侨资企业湖南长城科技有限公司匡祥云捐赠1万元参与祁东县脱贫攻坚活动，侨企星宇电线电缆公司捐资10多万元为耒阳市村民缴纳新农合、修建通村路。4月，衡阳市遭受严重洪涝灾害，衡阳市侨联通过微信群向海内外侨界群众发出倡议，为灾后重建捐款捐物，新西兰湖南商会会长、耒阳籍华人周慧斌，美国湖南同乡会会长李林、越南湖南侨商总会副会长唐彬等衡阳籍海外侨社团负责人纷纷响应，向海外老乡发出倡议，共向湖南捐款12.54万元。丹麦侨胞黄姝婕在衡阳探亲时也特地通过微信转账捐款1000元。

（邹 琰）

【参政议政】 1. 开展调研。衡阳市侨联组织侨界各级人大代表、侨联界政协委员、侨界专家学者赴衡南县、衡山县、祁东县、常宁市、耒阳市、衡山科学城开展调研活动，就乡镇卫生院医改政策落实、乡村卫生服务工作，"千侨帮千户"工作开展情况，新侨情况开展调研。邀请湖南省农科院原副巡视员蔡立湘，湖南省农科院人事处处长、研究员皮业林、科技处贺中华等深入常宁市侨资企业大山生态农业有限公司考察省级林下中药材种植示范基地，指导工作。陪同湖南省侨联（以下简称省侨联）调研侨资企业长城科技有限公司和万祺科技有限公司，了解侨企项目建设、生产、经营、管理等方面的基本情况，帮助企业绿色健康发展。配合省侨联、湖南省人大（以下简称省人大）开展华侨权益保护专题调研活动，参加省人大华侨权益保护衡阳调研座谈会并发言，得到省人大调研组的肯定。指导侨联界别市政协委员傅哲成立"傅哲委员工作室"，以委员工作室为平台，组织侨联界政协委员定期或不定期值班、走访群众、开展调研、处置民情。2017年11月，傅哲委员工作室组织委员赴衡山县新桥镇开展送法、送医疗下乡服务活动，得到社会各界的赞扬。召开2016年度参政议政工作年会暨新任人大代表、政协委员培训会，邀请省侨联党组书记、副主席朱建山作参政议政工作专题讲座，进一步增强各级人大代表、政协委员参政议政意识和依法办事能力。2. 撰写提案。市、县两级侨界人大代表、侨联界政协委员共撰写建议、提案112件，衡东县侨联主席龙湘梅牵头撰写的《关于加强县城交通秩序的建议》引起县政府及主管部门的高度重视。南岳区侨联界政协委员撰写《发展民宿旅游 打造南岳乡村旅游亮点》并在区政协大会上作大会发言。市侨联副主席徐志明撰写的《关于进一步加大开放发展力度 打造衡阳经济升级版》调研报告获全市政协优胜奖。市侨联主席李玲撰写的《切实加强合并村基层组织建设》等3篇建议、市侨联委员王毅撰写的《关于加速推进我国异种实体器官移植临床研究的建议》被中国侨联侨情专报采用。市侨联副主席胡仲敏撰写的《关于大力发展全域旅游，补齐旅游经济短板的议案》和《关于成立衡阳市企业上市促进会的建议》分别被市人大评选为优秀议案和优秀建议。全年报送宣传信息稿件100多篇，被各级组织网站、媒体采用80多篇。认真承办中共衡阳市委交办的委员提案，多次电话、上门征求邱曙光、杨秋良等委员对《以"亲情中华"为平台，加大我市对外文化交流力度》提案答复的意见，力使衡阳市对外文化交流工作落到实处。

（邹 琰）

【公益事业】 市侨联动员组织侨界爱心人士开展爱心助学等捐赠活动，2017年，衡阳市共引进爱心公益项目15个，总价值约326万元。市侨联开展的"'大爱暖衡州'捐助市五中珍珠生"活动，向5名成绩优异的贫困"珍珠生"捐助5千元，先后争取浙江新华爱心基金会、海外侨胞累计向市五中"珍珠班"100多名困难学生捐赠助学金16.7万元。在衡阳市第五中学续办第7个"珍珠班"，其中元熹"珍珠生"2017年高考成绩再创历史新高，"珍珠生"王健取得衡阳市市直师范性高中第一名的成绩。香港乐群慈善基金会肖庄慈为祁东县优秀寒门学子资助学费36万余元。肖庄捐款10万元，专项用于培训耒阳市中小学心理健康咨询师

121 名。美籍华人王太和律师、骆纯和曾小梅向衡阳市五中“珍珠生”献爱心共 1.2 万元。傅哲委员工作室组织委员赴衡山县新桥镇为当地村民开展义诊服务活动，免费义诊 200 余人次，发放健康知识手册 300 本，免费发放药品和检查费用 2 万元，为 16 名小学生义捐学费 8000 元，为乡镇干部和当地农民 100 多人举办法律讲座。（邹　琰）

【维护侨益】 一是开展“送温暖·献爱心”慰问活动。坚持“三必访”制度，开展走访慰问重点和困难归侨侨眷“送温暖·献爱心”活动，先后走访慰问沈体洋、何秋月、刘梅芳、钟雪娥、李昌金等归侨侨眷 100 多户共 12 余万元。为缅甸孤寡老归侨周济 90 岁生日祝寿。二是开展侨法宣传活动。以法律顾问委员会和专职律师为主体，开展普及推广侨法活动。依法维护海外侨胞、归侨侨眷的合法权益，为侨胞提供法律咨询和司法援助服务。邀请美国王太和博士以“美国司法制度简介和中美法制文化的主要差异”为主题在市中级人民法院为全市法官、干警、侨联工作人员、侨界群众和南华大学外国留学生代表共 400 余人作专题法律讲座，解疑答惑。衡山县侨联组织开展“走进法庭”系列普法教育活动。衡东县侨联联合妇联开展“依法护侨 共建和谐”的侨法宣传活动，在街头、社区等公共场合发放涉侨涉台政策法律汇编 183 本。三是认真处理来信来访。依据国家有关法律法规和国务院《信访条例》处理来信来访。尽力协调帮助港属周琪香、老归侨沈体洋等 15 人次，解决土地、房产等纠纷。（邹　琰）

【衡阳市侨联召开七届六次全委会议】 2017 年 3 月 23 日，衡阳市侨联召开七届六次全委会议，市侨联七届委员、顾问、参政议政委员会委员、法顾委委员、市侨商会成员、市、县侨界人大代表、侨联界别政协委员、各级侨联工作者等 120 余人参加会议。会议传达学习省侨联七届四次全委会议精神和《中国侨联改革方案》，市侨联主席李玲代表七届常委会作工作报告，回顾总结 2016 年度工作，安排部署 2017 年重点工作。会议还对 21 名从事侨联工作二十年以上的同志颁发荣誉证书。（邹　琰）

【华侨权益保护座谈会召开】 2017 年 5 月 10 日下午，衡阳市侨联邀请部分法律顾问委员会成员、华侨、侨商代表和高校侨联负责人召开华侨权益保护座谈会。会议由市侨联党组成员、副主席徐志明主持。会议主要围绕华侨回国投资置业、创新创业、工作生活待遇、社会保障等方面权益保护所面临的问题，归侨侨眷权益保护法、出入境管理法、慈善法等涉及华侨权益保护方面规定的贯彻实施情况、存在的问题和改进意见，华侨权益保护立法方面的意见建议进行讨论。会上，与会人员纷纷反映当前涉及华侨权益的一些突出问题，就有关问题发表见解和看法，并提出立法活动的相关法律意见。（邹　琰）

【“亲情中华”夏令营首次走进衡阳】 2017 年 7 月 9—21 日，来自美国、加拿大、意大利、英国、法国、日本、阿根廷、墨西哥、泰国、老挝、柬埔寨、澳大利亚等 14 个国家和地区的 100 余名海外华裔青少年到湖南开展 2017 年“亲情中华”湖南夏令营活动，他们寻根问祖、参观交流华文教育，感受中华礼仪和湖湘文化。营员们先后参观耒阳蔡伦竹海、蔡伦纪念园和纸文化博物馆，体验古法造纸工序，感受古代人们造纸的艰辛和乐趣；参观衡阳县王船山故居，了解湖湘文化和衡阳民俗风情；祭拜南岳忠烈祠，了解衡阳的抗战历史；体验衡东少林文武学校的武术表演，领略中华武术的博大精深。（邹　琰）

【王文军荣获国家科学技术进步二等奖】 2017 年度国家科学技术奖励大会在北京人民大会堂举行。会上，共授予 271 个项目和 9 名科技专家，合计 280 项（人）。衡阳市侨联副主席、南华大学附属第一医院副院长王文军，参与的“寰枢椎脱位中西医结合治疗技术体系的创建与临床应用”项目荣获 2017 年国家科学技术进步二等奖。（邹　琰）

衡阳市社会科学界联合会

【社科研究工作】 2017 年，全市 2000 多名专职社科工作者公开发表理论文章 2500 多篇，获得国家、省部级立项60多项。衡阳师范学院的《历史文化村镇数字化保护的理论、方法与应用研究》获得国家社科基金重大项目立项。全市17个社科研究基地共发表论文800余篇，出版著作20多部，申请发明专利4项。研究内容涉及经济、政治、文化、社会、生态文明和党的建设等诸多领域热点、难点、焦点问题。衡阳智能交通研究基地在完善衡阳市首个智能化交通数据平台——衡阳智能交通网安全运行的基础上，参与衡阳市的轨道交通（云轨）项目建设，成功申请专利4项。绿色会计与现代经济研究基地本年度立项国家级课题1项、省级课题14项；衡阳师范学院党委书记刘沛林主持的旅游文化科研基地的“协同创新中心”，被授予“联合国教科文组织国际自然与文化遗产空间技术中心衡阳分中心”称号，其《家园的景观与基因》获得湖南社科成果一等奖。衡阳社科成果无论数量和质量均居湖南省前茅。

【社科普及工作】 衡阳市社科联现有学会、协会、研究会27个，2万多名社科工作者。全年共开展近640次的学术交流活动。研究内容涉及经济、政治、文化、宗教、历史、哲学、伦理学等诸多领域，产生调研成果2000多项（篇），在社科成果运用和普及上产生影响。特别是衡阳市经济学会，发表理论文章200余篇，获得国家社科基金立项3项，教育部人文社科立项6项，省社科基金立项10项。湖南环境生物职业技术学院被评为全省优秀社科普及基地，南华大学军工文化基地晋升为全国社科普及基地。

【国学宣传工作】 2017年1月11日，市社科联举办“彭玉麟诞辰200周年理论座谈会”，省内外50多名专家学者积极参与，共同探寻湖湘文化的传承之路。2017年5月25日，市社科联与船山学会共同举办“周敦颐诞辰1000周年理论座谈会”，全市20余位专家学者围绕“理学与湖湘文化”“周敦颐与衡阳”展开热烈讨论。2017年6月3日，市社科联与中共衡阳市委宣传部、市妇联、省女性社会科学工作者协会共同举办“唐群英逝世80周年理论座谈会”，缅怀英烈，弘扬精神。（彭隽华）

衡阳市文学艺术界联合会

【概况】 2017年，在湖南省文联的悉心指导和中共衡阳市委、市人民政府、宣传部的正确领导下，衡阳市文联深入学习贯彻党的十八届六中全会精神，以总书记习近平在文艺工作座谈会的重要讲话为指引，以“文明衡阳·幸福小康”为全市全年文艺创作活动主题，推出大量文艺精品力作，紧密团结各县市区文联和市属各文艺家协会，培养扶持文艺人才，履行联络、协调、服务的基本职能，发挥组织、引导和服务作用，取得较好成绩。（卢　霞）

【文艺创作工作】 组织全市文艺界开展以“文明衡阳·幸福小康”和迎接十九大，学习十九大会议精神为主题的文艺创作活动，发动全市文学、书法、美术、摄影、音乐、民间艺术等专业的文艺创作人员及业余文艺爱好者参加。1月，推出“衡阳历代名家书画展”，王夫之、彭玉麟、曾熙、萧俊贤、管锄非等31幅名家真迹悉数展出。1月17日，“衡阳石鼓印社三十周年作品展”在生态公园内壹号美术馆隆重开展，30件优秀篆刻作品齐齐亮相。3月，衡阳市首届汉砖铭文画像拓片展在衡阳生态壹号美术馆开展，展出的31幅作品。4月，衡阳籍作家陆魁榜诗词作品书法展在衡阳市博物馆开展，共计90余件。5月，彭国梁“生态画展”在衡阳市生态壹号美术馆开展。展出其近作四十余幅。6月30日，“行者无疆”的画展在衡阳市博物馆举办。6月30日，《一个人的世界》陈震生绘画小品展在生态壹号美术馆隆重举行，展出近30幅人物画。市舞蹈家协会在湖南省文联、省舞协主办的第九届“小荷风采”全国少儿舞蹈展演湖南选拔赛暨第二届省青少年舞蹈大赛中，取得14银2铜的成绩。由郭靓、易纯子、肖帆创作的原创舞蹈《二宝来》，入围全国第九届“小荷风采”总决赛。（卢　霞）

【“五个一工程”文艺精品创作】 做好湖南省第十三届精神文明建设“五个一工程”作品申报工作，报送论文集《民国衡阳书法》与歌曲《梦的翅膀》《大雁飞翔》

等作品。最终，歌曲《梦的翅膀》《大雁飞翔》入选。6月9日，《陪徐霞客游湖南》座谈会暨徐霞客楚游研究资料捐赠仪式在衡阳市图书馆举行，作者谭民政向市图书馆捐赠新书《陪徐霞客游湖南》及其手稿，将其收集的80多册徐霞客楚游研究资料无偿赠给市图书馆收藏。（卢　霞）

【开展名家文化公益讲座】 5月19日，著名作家、画家、收藏家彭国梁“读书与聊天”公益座谈会举行。彭国梁的阅读建议得到大家的认可。6月30日，举行画家陈震生《书法的法与意韵及它们对画的影响》公益讲座。7月1日上午，在衡阳图书城，市文联主席林乐伦主讲《书画创作与欣赏》，进行两个小时的互动讲课，解疑释惑。7月23日，“名家艺术公益讲座”第二期诚邀著名音乐人孙庆宪先生，在衡阳图书城带给听众一场题为《中国民歌的特色与欣赏》的讲座。（卢　霞）

【协会换届工作】 加强对基层文联和市直文艺家协会的管理、指导与服务，切实发挥协会的职能作用，对市舞协、市收藏协会、市音协、市摄协、市评论家协会、市曲艺家协会进行成功换届。此外，还为全市各文艺家协会搞好年检工作，为协会服务，并指导重新成立衡阳市戏剧家协会。

（卢　霞）

【“美丽湖南·三湘巨变”美术精品展】 为迎接中共十九大胜利召开，庆祝中国共产党成立96周年。7月25日，由省文联、省美术家协会、省文艺评论家协会主办的“美丽湖南·三湘巨变”湖南省现实题材美术创作工程美术精品展衡阳巡展开幕，衡阳市共有4件作品入展，分别为颜志武、赖尚平、李清白合作的国画《美丽衡阳》、崔文学创作的国画《南岳晴雪》、谭长德创作的国画《大美南岳》、肖壹丹、肖健合作的版画《世界铅都——水口山》。

（卢　霞）

【“最·高新”文化艺术节开幕】

2017年1月，衡阳高新区首届“最·高新”文化艺术节开幕式正式开幕，衡阳唯一本土交响乐团——衡州交响乐团为全场观众带来演出。（卢　霞）

【“放歌旅游日”交响音乐晚会】

在毛泽东《在延安文艺座谈会上的讲话》发表75周年和第七个“中国旅游日”之际，市文联、南岳区政府、市音乐家协会主办“放歌旅游日”交响音乐晚会。衡州交响乐团60多名文艺志愿者，携带《红旗颂》《二泉映月》《花儿为什么这样红》等十余个经典曲目，前往南岳小学进行演出，给师生与游客奉献一堂音乐晚会。

（卢　霞）

【第二届香江艺术周举行】 5月8—12日，由衡阳市文联主办，香江艺术馆承办的第二届香江艺术周举行。活动主要有名家书画藏品展、“留住乡愁”读书会、民间剪纸演示、曲艺表演、音乐会等几大主题。（卢　霞）

【“衡阳市书法名家进社区送春联”活动举行】 2017年1月18日，“衡阳市书法名家进社区送社送春联”活动举行。40多名书法家分别奔赴银山社区、祥光社区、祥云社区，现场免费为居民写春联2000多幅。1月13日，2017年衡阳市文化、科技、卫生“三下乡”暨“党的十八届六中全会精神进农家”活动在衡阳县金兰镇拉开帷幕。由市文联组织的书法名家，为老百姓现场写春联。

（卢　霞）

【市文艺人才“五十工程”第二批扶持项目启动】 为帮助艺术家总结艺术人生，帮助中青年艺术家展现艺术水平，提供学习平台，根据《关于实施文艺人才“五十工程”，建立衡阳市文艺人才库的通知》要求，10月初，对入选衡阳市文艺人才“五十工程”第二批扶持的艺术家召开扶持项目申报会，上报19件项目，经专家评审，给予重点扶持。

（卢　霞）

【彭敏揽下“中国诗词大会”亚军】 2017年2月7日，《中国诗词大会》第二季落幕。衡阳人彭敏获得大赛亚军。他还曾获得过第二届《中国成语大会》冠军、第三届《中国汉字听写大会》媒体竞赛团年度总冠军。（陈跃英）

【祁东曲协获评全国“先进”】

在长沙举行的中国曲协七届二次理事会暨2017年全国曲协工作会上，祁东县曲艺家协会被评为2016年度中国曲协“先进基层曲协组织”。全国共有500多家基层曲艺组织，此次受表彰的仅5家，而湖南仅此一家。祁东县是一个文化底蕴深厚、发展迅速的曲艺大县，主要曲艺种类是祁东渔鼓有着深厚的群众基础和肥沃的根植土壤。2008年，祁东县被中国曲协授予“中国曲艺之乡”，是湖南省唯一获此称号的县（市）区。2009年，祁东渔鼓被定为省级非物质文化遗产保护项目，并与永州等地渔鼓联合，以“湖南渔鼓”的形式申报国家级非物质文化遗产项目，于2014年获得国务院批准。（陈跃英）

【在衡阳取景拍摄的电影《暴雪将至》斩获两项大奖】 2017年11月3日，在衡阳取景拍摄的第一部院线电影《暴雪将至》在第30届东京国际电影节上获最佳艺术贡献奖，主演段奕宏获最佳男演员奖。电影《暴雪将至》于2017年3月14日在衡阳开机，两百余名剧组人员在常宁水口山、珠晖区中钢衡重集团等地实景拍摄两个多月。（陈跃英）

【衡阳市文艺创作工作座谈会召开】 2017年8月15日，衡阳市召开全市文艺创作工作座谈会。会议强调，全市文艺创作工作要着力创建创新文艺繁荣发展的体制机制，加强文艺人才队伍建设，全面推进文化基础设施建设，开创全市文艺工作新局面。会上，来自各县（市）区的文化单位相关负责人就当前的文艺创作基本情况一一进行汇报。全市文化系统和广大文艺工作者贯彻落实中央、湖南省关于传承中华传统优秀文化、繁荣发展社会主义文艺的精神，投身艺术创作实践，艺术创作成果丰硕。其中，大力开展“文明衡阳·幸福小康”文艺创作大赛、“深入生活·扎根人民”主题实践活动及艺术采风活动，创作大型舞台剧、小型舞台剧（节）目、音乐、舞蹈、曲艺、美术、书法、摄影等优秀作品。（陈跃英）

【张卫当选中国公安文联理事】 9月28日至29日，全国公安文学艺术联合会第三次代表大会在北京召开，衡阳市公安局机关党委专职副书记张卫当选全国公安文联理事。这是全国公安文联成立以来湖南省市州级公安机关第一次有民警当选理事。张卫的漫画作品曾荣获文化部国际动漫大展单幅漫画最佳奖、中国美术家协会“国际漫画双年展”最高奖等奖项。2015年12月底，张卫作为首批10位全国公安突出艺术家赴京参加首次全国公安文艺座谈会并受到表彰，他也是目前湖南省政法系统唯一一位中国美术家协会会员，并担任湖南省公安美术家协会主席和市公安文联副主席。（陈跃英）

军　事

警备工作

【思想政治工作】 2017年，衡阳警备区围绕坚定“三个维护”，始终把思想追随作为首要任务。扭住迎接中共十九大这条主线，学习中国共产党中央委员会总书记习近平报告，召开常委会开展专题讨论，更加坚定对中共中央、总书记习近平的信赖和拥戴。借鉴“大功三连”经验做法，建立常态学习机制。推广运用“五步法”，在衡南县人武部组织试点先行。召开衡阳市民兵“学习宣讲系列讲话活动”工作推进会，形成“党委统揽、机关主管、基层主抓”的良好局面。制作廉政书画墙，教育引导全区党员干部崇廉尚洁，不断坚定理想信念，筑牢思想防线。发挥衡阳抗战名城、文化名城红色资源较多的特有优势，开展“积极传承罗帅（元帅罗荣桓）精神、投身改革强军实践”活动，结合“非转专”集训，组织机关党员和新交流干部到罗帅（元帅罗荣桓）故居参观见学，重温入党誓词。（徐佳琳）

【军队调整改革】 2017年，衡阳警备区把抓改革落地作为第一位的政治责任，围绕“正确对待调整改革，自觉服从组织安排”这个主题，结合大交班组织全体官兵进行集体谈心式教育，讲清改革目标要求和任务，引导官兵稳心定神。开展谈心交心，协调解决官兵家属就业、子女上学、看病就医等实际困难，通过做好一人一事的暖心工作，增强官兵拥护改革、支持改革、投身改革的政治自觉。6名师团职干部退休、转业，46名营以下干部转业、分流、编余。针对调整改革期间工作任务繁重、工作标准要求高的实际，从机关事务、战备训练、日常管理3个方面探索新体制规范运行，整理出符合自身实际的3大类16项118条管理规定，将工作任务细化分解，明确职责任务，确保改革期间工作不断层、业务不断线、任务不漏项。同步参加湖南省军区“非转专”集训，开展“适应新体制、谋求新作为”大讨论。向地方党委、衡阳市人民政府汇报改革动态和7项新职能，争取地方对警备区职能转换的大力支持。向中共衡阳市委常委会专题传达学习湖南省军区党委扩大会议精神，集中研究解决支持国防和军队改革、加大双拥工作力度、加强涉军维稳工作、建设军民融合发展产业园等具体措施。（徐佳琳）

【战备训练工作】 及时修订完善非战争军事行动方案（计划），组织针对性演练。引接310战备值班网，师团两级全年迎接上级抽查百余次，本级抽查值班情况千余次，促进战备值班落实。协调中共衡阳市委、衡阳市人民政府对军委督办的辖区国防设施4个问题进行整改，得到上级和驻军肯定。采取要讯工作与单位绩效挂钩，先后向省军区投稿63篇，上稿23篇。把人防建设融入经济社会、城市和公共应急建设中，高标准完成衡东县、耒阳市人防指挥中心主体建设，虎形山人防疏散基地防空防灾科普教育、实训演练、国防教育配套建设进一步完善。抓好战备执勤，7月份抗洪抢险行动中，主动作为，发挥关键作用，出动兵力××余人，车辆××台，冲锋舟（橡皮艇）××艘，加固子堤××余米，排除险情××处。2017年10月，在湖南省军区民兵防空分队实弹战术演习考核中取得优异成绩。组织参加省军区研究作业考核，深入探索“两个转变”和“五步法”落实路子。组织新大纲试训，形成试训成果，被湖南省军区采纳。组织3次军事训练考核，迎接湖南省军区考核，蒸湘区、南岳区训练成绩较好。2017年4月，组织抗洪抢险、森林灭火、反恐维稳和北斗操作专业骨干集训，全年各人武部完成39期、3723人的训练任务，完成度100%。2017年10月，结合新生入学，协调驻军、武警和指导人武部组织600余名教学骨干到各大中院校帮训，完成29420名高等院校新生和90000余名中学生的学生军训任务。（徐佳琳）

【国防动员工作】 坚持以军事需求为牵引，以衡阳经济社会发展为依托，会同衡阳市发改委、经信委等部门汇总驻衡阳部队军民融合需求，科学编制衡阳军民融合十三五规划。全面验收各县（市、区）整组情况，成建制点验23支民兵应急分队。把兵役登记作为突破口，利用春节外出务工人员集中返乡的时机，抓好兵役登记。2017年，衡阳市18岁男性公民兵役登记54185人，登记率达到100%。围绕大学生这个征集重点，组织到衡阳各高校进行国防教育和征兵宣传工作，组织召开高校征兵工作推进会，指导各高校组织大学生预征启动仪式，现场发放宣传资料4万余份，接受政策咨询××余人次，激发大学生参军入伍的热情，完成××名男性青年、××名女性青年入伍和××名定向培养士官、××名直招士官任务。雁峰区、衡阳县、衡山县、祁东县、耒阳市、常宁市严格在地方二级以上公立医院建设体检站。（徐佳琳）

【基层建设工作】 持续巩固湖南省、衡阳市抓建基层工作会议成果，贯彻规范基层工作指导和管理秩序"十二条"规定，落实民兵基层建设标准规范。抓基层组织建设，为每个基层武装部和村级民兵营制作悬挂标牌，明确基层武装部长和村民兵营长进入乡街党委和村支两委，做到有牌有位，石鼓区、衡山县、耒阳市基层组织落实较好。完善民兵党组织建设，衡阳市应急营设立党委，15个应急连（分队）设立党支部。强化专武干部队伍建设，指导县（市、区）调整专武干部23人，先后组织两期基层武装部长共211人次集训，选送14人参加全省新任职基层武装部长集训，轮训比例超过2/3，衡阳县、衡南县专武干部参训成绩较好。加强对民营企业武装组织的监管，明确非公经济组织建武装标准条件，正规民兵基层建设秩序。严格民兵组织审批动用，没有发生编兵单位参与利益相关的各类活动、纠纷处置和处置涉及群众利益诉求的群体性事件。（徐佳琳）

【安全稳定工作】 围绕"人车枪弹密，水火电钱网，油酒黄赌毒，涉外涉地方"十七个方面，开展"改革期间人员思想隐患苗头摸排"专项整治、枪弹专项整治、改革期间保密专项整治、迎接国防动员部安全检查专项整治和百日安全5个专项活动。抓好兵员管理，严格请销假、晚点名、查铺查哨制度，清点警备纠察物资器材，完成警备纠察分队移交工作。严格车辆派遣手续，坚持每日集体交接班和车场日制度。对各类涉密文档、存储介质进行清理核对和登记建档，完成全区监控网络数字化改造，实现机关重点场所警报器联网。加强安全检查，采取"四不一直"办法，完成三轮次安全工作检查，珠晖区、石鼓区、蒸湘区、南岳区、衡山县、常宁市、干休所安全工作抓得较紧。惩治"三假"，2017年，共派出警备纠察组100余组次，出动纠察人员800余人次，检查过往军人150余人次，纠察不合格军人14人，检查军车200余次，纠察不合格军车20余台，较好地维护军队形象。妥善处理军警民纠纷，协调处理军警民矛盾共4起。（徐佳琳）

【后勤保障工作】 适应新常态新要求，对表新政新规，接受上级审计部门生活费专项审计、上级纪委明察暗访等检查，采取交叉检查的方式，在对2013年以来警备区基本账户银行流水逐一核查的基础上，集中组织相关人员利用1个月时间进行再清查、再整改，共清查退款××万元。开展油料清查整治活动，落实上级全面停止对外有偿服务工作有关指示要求，对全区需关停的115个项目，关停（或移交地方国资委）114个，仅剩本级杨家花园项目，全军停偿办公室已初步同意实施委托地方政府管理，完成第一阶段关停任务。加强武器装备管理，完成老废旧武器装备清理任务，共清查报废弹药5个弹种××发，报废56式14.5毫米高射机枪××挺、汽车××台。加强基础设施建设，干休所营院综合整治、石鼓区人武部基础设施配套建设、衡东县人武部公寓楼建设工程前期工作已完成，蒸湘区人武部搬迁交钥匙工程现已动工，珠晖区、常宁市人武部武器仓库搬迁已上报，本级和衡南县人武部民兵训练基地建设稳步推进。（徐佳琳）

【党管武装工作】 注重强理念、建机制、抓协调，协调召开市委议军，组织县市区委书记述职，重点研究解决退役军人、随军家属安置、武装工作经费保障、军人优抚优待、涉军维稳等重难点问题，制定出台《关于加强国防后备力量建设若干问题的意见》。坚持新官理旧账，下大力解决房地产租赁、老干部和转业干部移交等遗留问题。组织官兵和民兵4300余人次，遂行抢险救灾、协助地方处置涉军维权案件31次。"八一"前联合市委市政府表彰全市"双带双促"活动优秀退役军人，师团两级领导带头进村联户、解难助困，与贫困户结穷亲，动员组织全市2.55万民兵参与扶贫攻坚，印制《扶贫工作日志》发给民兵人手一册，全年协调投入经费37万元，捐款3.8万元，完成脱贫210户、959人。坚持变堵为疏、变被动接访为主动听取意见、变解决上访诉求为主动服务；区分先进典型、弱势群体、涉军重点人员建立台账，表彰先进典型，编印成册下发基层学习。对退役军人贫困家庭进行精准帮扶，通过表彰先进、帮扶弱势群体、主动靠前做工作，解决实际问题，得到地方党委政府的认可。

（徐佳琳）

后勤保障预备役

【思想政治建设】 2017年，衡阳陆军预备役后勤保障旅（以下简称旅）紧紧围绕习近平强军思想，深入学习贯彻习近平新时代中国特色社会主义思想。突出抓好迎接和学习宣贯中共十九大工作，制定学习贯彻措施，搞好政治氛围布设、收听收看、资料下发、学习讨论、体会交流和配合活动，掀起学习贯彻热潮。突出抓好理论武装，按照“1+1+4”模式完成四个专题党委中心组带机关理论学习，部署推进主题教育和“两学一做”常态化制度化工作，组织践行“三个维护”专题党课辅导，以支部为单位进行讨论交流，围绕“六查六看”召开专题组织生活会，坚决打好思想清理和组织清理两场硬仗。突出抓好改革转隶专题教育，以“融入陆军大家庭、改革强军新作为”为主题，强化正面宣传引导，引导官兵努力转思想转观念转作风，着力在思想角色融入、工作方法融入、标准要求融入上下功夫。突出抓好作风建设，组织领导机关作风问题专项排查纠治和基层风气“10个常见问题”专项整治，广泛开展“真情助廉寄语”活动，着力查纠问题积弊，细化完善制度规定，营造崇廉尚洁的良好风气。突出抓好党委班子和干部队伍建设，及时增补旅党委委员，调整领导干部分工，健全完善各级组织，有序推进干部退役和转业安置工作，10名转业干部坚决服从组织安排和管理，全部按时到地方报到。突出抓好经常性思想工作，重视开展“四反”和隐蔽战线工作，持续开展改革强军、形势政策和是非观、价值观教育，开展“帮战友”活动，深入谈心交心，在解决思想问题的同时帮助解决官兵及家庭实际困难。突出抓好双拥共建和扶贫帮困工作，安排专项资金，组织义务献血、送药义诊、访贫问苦、春联下乡等活动，赢得驻地政府及人民群众的肯定。（杨祚唐）

【战备训练】 坚持瞄准打赢谋备战、按纲施训打基础，部队战备训练有效落实。战备值班体系得到健全，检修维护各类指挥信息系统，对口建立沟通协调机制，制定旅作战值班暂行规定，组织培训并逐人考核，合格后方能上岗值班，严格落实机要、通信值班，严密组织节假日防护战备，常态化抽查值班值勤人员在位履职情况，确保值班体系高效运转。战备方案计划得到完善，全面梳理旅队战备训练实力底数，针对人员变动、情况变化和上级要求，先后8次修订完善营区应急处突行动方案和抢险救灾行动方案，确保方案具体详实可用。战备训练演练得到加强，深入开展形势战备教育，着力强化战备观念和战备意识，旅每月依案组织一次营区应急行动演练，勤务队每周组织一次战备拉动和防暴恐行动演练，应急行动能力逐步提高。基础体能技能得到强化，完成4期首长机关集训和一期教学法集训，严格落实每天1小时体能训练，坚持每月一次体能测试，组织实弹射击2次，消耗步枪弹1180发、手枪弹1610发，按战区陆军要求组织年终军事考核，干部体能成绩合格、手枪分解结合及战术标图成绩优秀。开展年度组织调整，整组后预备役官兵专业对口率、复退军人比例、党团率、人装结合率分别达到95.7%、49.1%、87.8%、80.6%。（杨祚唐）

【安全管理】 严格落实“初始即严、一严到底”要求，深入推进“争创安全年”活动，部队保持安全稳定，被战区陆军表彰为“依法治军从严治军先进单位”。注重抓教育、强意识，及时传达事故案件通报，4次召开专题党委扩大会议分析安全形势，每周一大交班各单位报告上周所属人员、分管场所安全情况。注重抓排查、除隐患，成立排查治理领导小组，围绕“人、车、枪、弹、密、水、火、电、气、油、营区”11个方面，先后开展10次安全隐患排查治理，研究制定整改措施，并组织“回头看”。注重抓延伸、拓范围，坚持做到从视线内向视线外延伸，加强外出学习、探亲休假、看病住院、外地出差、转业未安置人员管理；从营区内向营区外延伸，定期对驻地周边场所进行清查；从个人向家庭延伸，全面清查干部家庭私家车情况，印发《安全管理须知》小册子；从现役军人向预备役人员延伸，利用整组培训、预建党委（支部）会议等时机，以点串线、以线带面，建立预备役军人安全管理网络。注重改方式、提效能，新装20个电子眼、红外监控报警设备和车辆超速报警器，升级完善指纹考勤、水电管理、巡更查铺查哨等系统，搭建与地方气象、水利、森林防火、公安、交通等应急联动中心互连互通的指挥网络，实现营院智能化管理及与地方政府部门的定时沟通，营院安全管理效益得到提高。（杨祚唐）

【后装建设】 坚持面向官兵、服务基层，进一步优化资源配置，提高后装保障质量效益。保障关系对接顺畅，主动加强与战区陆军机关和专项组的对接，建立沟通联系机制，理顺隶属供应关系，修订完善各类保障计划，确保不断供、不漏供、不错供。保障管理严格正规，坚持党委集体理财，资金管理内控制度得到落实，现金支出及行政性消耗有效控制；科学预算油料开支，合理分配油料指标，大力开展节油活动；规范物资集中采购，大宗物资采购和工程建设严格履行立项审批、招标采购、结算审计等手续；装备管理制度有效落实，每日检查兵器室、每周落实车场日、每月赴衡阳警备区民兵仓库检查武器装备。保障效能有效提升，完善营区物业社会化保障，改建文体活动中心，新建官兵食堂自主保障伙食；开展军车交通安全月活动和驾驶员复训，5名同志顺利通过驾驶专业职业技能鉴定考核；两次发放服装16类、300余套（件），适体率100%，为4名干部、2名战士办理评残（病退）手续，协调落实56名官兵体检，采购药品3万余元，保障官兵日常用药需求。行业整治稳妥推进，组织财经秩序专项整治“回头看”，及时整改审计及财务检查发现的问题，上缴不合理开支32.91万元；深化油料系统集中专项整治，拉单列条展开自查，彻底整改7个方面突出问题，上缴违规油款22.05万元；严格装备系统行业风气整治，细致组织装备清查、枪弹整治和后勤装备交接，购买手枪柜，落实定人定位，强化安全警戒和监控，做好防火、防雷、防盗等工作；严格租赁场所检查监控，加强人员思想教育，强化与衡阳警备区、地方党委政府的工作协调，咨询相关法律知识，推进全面停止有偿服务工作。（杨祚唐）

武警工作

【概况】 2017年，中国人民武装警察部队衡阳支队主要在捐资助学，精准扶贫，双拥共建，救援处突等方面取得突出成绩。根据中共衡阳市委、市人民政府安排，支队成立专班帮扶省级贫困村常宁市庙前镇西湖村，支队主官2次带领扶贫小组现场办公，帮修连村公路近5千米，捐献扶贫款5万元，协调解决通水，通电等瓶颈问题，2017年年底该村成功脱贫摘帽；在捐资助学方面，鼓励全市各15个基层单位发扬与驻地党委政府联系紧，情况熟的优势，与18名贫困学生结对子，并发动基层官兵定期捐款，将捐款资金定期赠送贫困学生家庭，社会反响较好；支队紧跟衡阳争创全国文明城市大势，在支队上下共出宣传板报10余期、100余块，营造浓厚“创文”氛围，支队一名干部“创文”先进个人；支队利用重大节日和重要时段，先后组织官兵到烈士陵园，爱国主义教育基地，敬老院，光荣院等场所开展拥政爱民活动60余次；支队主动扛起应急抢险救险“主力军”责任，在2017年衡阳迎战特大洪灾中出功兵力100人，转战衡阳各县市，解救围困群众近200人，运送救灾物资近100吨，被中共衡阳市委、市人民政府评为“抗洪抢险先进单位”。在“十九大”安保特别防护期中，处置耒阳“10. 18”持枪挟持案，受到武警总部首长批示表彰，影响巨大。2017年农历八月初一和除夕都出动兵力参加南岳香客祈福活动安保，确保活动安全顺利。（李海兵）

【“强军标兵”颁奖晚会召开】 2017年7月27日，中国人民武装警察部队衡阳市支队庆祝建军90周年暨“强军标兵”颁奖晚会在衡阳广电中心演播厅举行。衡阳市委常委、常务副市长廖健，市人民政府副市长、市公安局局长、市武警支队第一政委胡志文等领导为获奖官兵颁奖。晚会期间，集体舞《强军战鼓》、器乐奏唱《他在那里站岗》、武术《利剑出击》等精彩纷呈的节目和一个个坚守的动人故事交织成“强军梦”的华彩乐章。经过全支队推荐评选的10名“强军标兵”在精彩纷呈的节目期间依次登台领奖。廖健代表中共衡阳市委、市人民政府对武警衡阳市支队战士为建设“五个新衡阳”做出的努力表示肯定。（彭　涛）

【2017新兵烈士陵园重温入党誓言】 2017年12月10日，武警衡阳支队新兵团四大队全体官兵利用野营拉练契机到衡山县毛泽建烈士陵园前，凭吊革命烈士、重温加入中国共产党的誓词。（彭　涛）

消防工作

【概况】 2017年，衡阳市消防机构共检查单位2.8万余家，督改火灾隐患6.1万余处，临时查封749家，责令三停368家，拘留83人。全市共发生火灾629起，死亡4人，受伤3人，直接经济损失516万元。同比2016年，火灾起数下降28.75%，死亡人数下降73.33%，伤人数下降83.33%，直接财产损失下降35.12%，4项指数全面下降。衡阳市消防部队全年共接处警3060起，出动消防车5310辆次、人员33414人次，抢救财产价值5056万元，完成中共“十九大”安保、抗洪抢险、衡东“6·29”液化天然气槽罐车泄漏事故、松木工业园“12·2”湖南捷瑞化工有限公司火灾等一系列任务。衡阳市政府被湖南省政府评为2017年度“消防工作先进市州”，衡阳消防支队党委被湖南消防总队评为2017年度“先进党委班子”和夏季消防检查、十九大安保先进单位，被中共衡阳市委、衡阳市政府、衡阳市公安局评为综治工作先进单位和十九大安保维稳工作优胜集体。衡东大队党委被评为“全国公安消防部队先进基层党组织”，祁东大队被中共湖南省委、省人民政府评为“全省抗洪抢险先进集体”，被公安部荣记集体三等功，常宁大队被公安部消防局评为十九大安保先进大队，被湖南省公安厅荣记集体三等功。（王平伟）

【消防安全责任落实】 衡阳市消防支队主动当好参谋助手，提请市、县两级政府召开全市消防工作会议，并将消防工作纳入全市“三清三建”“社会治理网格”等党政工程，建立并落实消防工作督查、考评和奖惩机制。中共衡阳市委书记周农、衡阳市市长郑建新、衡阳市副市长胡志文等多次听取消防工作汇报，作出指示批示，带队开展检查。市、县两级政府依托安委会和消安委两个综合议事平台，每季度召开一次联席会议，宣贯国务院《消防安全责任制实施办法》，推动民政、教育、安监、公安等职能部门开展行业消防安全专项治理和部门联审联批，联合监管机制进一步健全。（王平伟）

【消防安全管理网络构建】 衡阳消防支队与衡阳市规划设计院协作，按照城市总体规划，推动修订《衡阳市（中心城区）消防专项规划》，合理规划全市近20年的消防规划布局。市消防支队借鉴长沙、株洲、益阳等地经验，结合衡阳实际，投入50万元，聘请具备风险评估资质的第三方服务机构，针对衡阳市中心城区市政道路及消防水源、消防队站及装备建设、易燃易爆危险品场所、大型商场市场、高层建筑、居民小区、养老机构、地下空间8类场所和对象，开展城市消防安全风险评估，逐项排摸隐患底数、剖析个性症结和共性问题，并从政府主导、部门联动、社会参与等角度，研究消防安全管理对策。（王平伟）

【消防安全隐患治理】 坚持打防并举、重拳整治，开展电气火灾防范、高层建筑消防安全、彩钢板建筑等10余个专项整治活动，对全市1544栋高层建筑、65家劳动密集型企业、1004家人员密集场所和221家社会福利机构进行全面排查，按照省、市政府“一单四制”要求，列出37处最不放心区域、最不放心行业、最不放心场所“负面清单”，下发督办通知书，从严督促整改。结合社区“三清三建”提质改造，全力推进消防安全社区创建，新增、维修市政消火栓1300余具，完善消防供水管道万余米。持续开展微型消防站达标创建，建成社区和重点单位微型消防站1480个。（王平伟）

【消防安全意识提升】 在巩固衡阳电视台、《衡阳晚报》和衡阳交通频道三大宣传阵地的基础上，通过开通官方微博微信、发送消防宣传短信、消防宣传车进社区、拍摄消防公益广告等途径，形成立体化消防大宣传格局。特别是支队“双微”平台宣传效果、社会影响力持续上升，跻身全国政务风云榜消防系统“10强”，并连续数月在省公安厅消防系统微信市州排名榜中蝉联榜首。同时，大力开展“消防进军训”“开学第一课”“全民消防我代言”等活动，在全社会各个层面引起反响。（王平伟）

【加强消防救援能力练兵】 推进实战化训练和常态化比武竞赛活动，部署开展全员岗位大练兵、执勤岗位比武竞赛等大型比武活动5次，设立衡阳消防“龙虎榜”“衡阳速度”和“战训人才库”，全面调动和激发官兵练兵积极性。采取“大中队周考核、片区月对抗、支队季验收”机制和“分区互考”模式，通过常态化比武竞赛促进训练、选拔尖子。衡阳市消防支队在湖南省首届消防运动会、总队冬训考核、总队普训普考中分别取得团体第三名、第五名和第四名。严格落实值班备勤制度，开展预案制作和熟悉演练，组建高层建筑、地震救援、石油化工灭火救援队伍4支，先后开展“一高一低、一大一化”场所跨区域实战演练8次，部队实战能力进一步提升。（王平伟）

人民防空

【概况】 2017年，衡阳市人民防空办公室（以下简称衡阳市人防办）贯彻落实人民防空长期准备、重点建设、平战结合的方针，履行“战时防空、平时服务、应急支援”使命任务，围绕市委、市政府中心工作，强化战备建设，推进融合发展，人防各项工作在全国、全省领先。人防融合建设“衡阳模式”在全国推广，全国已有30个省级行政区各级人防、规划、建设部门前来参观学习达410个批次。衡阳市防空防灾教育基地按照“一园一馆一学校”的布局基本建成，“虎形山人防公园”“防空防灾科普教育馆”“国防教育学校”为市民、学生等群体接受防灾减灾教育发挥作用。立足“减证便民”，共计取消2项人防行政审批事项和6项审核资料。开展指挥通信一系列跨区域演习训练，大幅提高人防专业队伍应急能力。推进精神文明建设，参与创建全国文明城市。落实精准扶贫责任，结对帮扶40户困难群众摆脱贫困。2017年，衡阳市人防办被评为“全国人防宣传工作先进单位”“全省人防绩效考核先进单位”“衡阳市三星级文明单位”“衡阳市综合治理（平安创建）先进单位”“衡阳市计划生育先进单位”“衡阳市政务信息工作先进单位”。（马浩铭）

【衡阳市开展2017防灾减灾日宣传教育活动】 2017年5月12日，全国第九个防灾减灾日宣传教育活动在衡阳市全面开展。衡阳市人防办以“减轻社区风险，提升基层减灾能力”为主题，组织各县（市）区在全市开展形式多样，效果颇佳的防空防灾宣传教育活动。全市各县市区均在辖区内进行定点宣传及基层社区移动宣传活动，通过悬挂横幅、发放防灾减灾宣传资料、播放防灾减灾小视频等形式，提升市民对于各类灾害的认识和应对常见灾害的有效措施的了解。石鼓区人防办组织人民路小学1400多名师生开展防灾减灾应急疏散演练；衡南县人防办启动“防灾减灾宣传周”活动，当天设立宣传展板50块，接受群众咨询500余人次，发放各类宣传资料5000余份，并组织200余名学生观看《居安思危备战人防》科教片。衡山县人防办联合公安、消防、医疗等部门在城西完小开展大型应急避险演练；珠晖区人防办在和平广场举行人防知识有奖问答，并在光明路小学开设人防知识教育课。（彭　涛）

【郭光文调研虎形山人防公园应急避难场所建设】 2017年6月5日，湖南省人大常委会教科文卫委副主任委员郭光文一行调研虎形山人防公园应急避难场所建设。湖南省人大常委会教科文卫委委员陈佳新、湖南省地震局副局长曾建华等参加调研。郭光文一行依次参观虎形山人防公园6个应急疏散广场。衡阳市人大常委会副主任李鹏飞，衡阳市人防办党组书记、主任刘检元陪同调研。（彭　涛）

法　治

政法委及综治工作

【社会治安综合治理领导责任制落实】 中共衡阳市委、衡阳市政府以中共中央总书记习近平的重要指示为遵循，全面落实社会治安综合治理领导责任制，把政法工作摆在突出位置，市委常委会议、市政府常务会议10余次专题研究政法综治工作，市财政拿出1.7亿元用于综治考评奖励。市委政法委推动落实《政法机关党组织向党委请示报告重大事项规定》，在全省率先统一规范县级党委政法委机构人员编制，全面推行乡镇党委政法委员专职化，党对政法工作的领导的体制机制不断完善。推进司法体制改革，首批入额法官检察官遴选工作顺利完成，司法质效进一步优化，衡阳市中级人民法院荣获全国法院信息化建设先进集体，常宁市人民检察院内设机构改革试点经验得到湖南省人民检察院的高度认可。深入推进警务机制改革，衡阳市公安局警务机制改革被评为中共衡阳市委“十佳改革创新项目”，衡阳县“四合一”网格化农村警务新模式在全省推介。推进司法行政改革，市法律援助中心荣获“全国法律援助先进集体”，社区矫正改革经验被省司法厅推介。持续推进涉法涉诉信访改革，率先建立市级涉法涉诉联合接访中心，健全律师等第三方参与化解机制，涉法涉诉信访总量明显下降。（殷秀成）

【安保维稳】 围绕中共十九大安保维稳，开展“大排查、大接访、大化解”和信访积案清零行动，化解各类矛盾纠纷3.19万余起，463件信访积案全面清零。建立党政牵头、部门协同化解机制，完善医疗纠纷应急处置机制，有效解决“医闹”、涉军、非法集资等一批信访维稳难题。狠抓特护期安保维稳工作，深化反恐怖、反邪教、反间谍、反渗透斗争和惩治网络政治谣言专项行动，衡阳市实现“五个不发生”的目标，全国“两会”、“一带一路”峰会等重要节点实现进京非访零登记，信访工作名列全省第一，南岳安保模式被公安部推介，十九大安保维稳工作得到中共湖南省委、省人民政府和中央督导组的充分肯定。（殷秀成）

【治安防控】 依托衡阳市“综治工作创新年”，强力推进网格化、“雪亮工程”、综治中心建设，出台网格化管理实施意见，全面划分网格，配备专职网格员，完成31%的乡、村两级综治中心标准化建设，新增和接入视频监控点1.5万余个。狠抓严打整治，刑事案件破案率同比上升2%，发案同比下降8.46%，耒阳市、祁东县外流犯罪被公安部验收摘牌，禁毒“衡阳经验”在湖南省推介，扫黑除恶工作得到中央调研组的充分肯定，“处非”、惩治“食药环”等工作位居湖南省前列。狠抓安全隐患排查整治，道路交通事故、火灾事故大幅下降，消防、“三实”信息采集等工作进入湖南省先进。全市综治考核、综治民调总分同比分别提高4.22、3.28分，3个县市区综治工作进入全省先进行列，珠晖区获评全国法治先进区，南岳区被评为全国社会治安综合治理先进集体。（殷秀成）

【专项督查】 中共衡阳市委政法委牵头组织开展优化经济发展环境专项督查巡查活动，受理核查一批涉企投诉案件。公安机关成立“重点工程110”，推出“民心工程”十件实事，推行网上办理服务，让数据多跑腿、让群众少跑路。审判机关出台服务“五个新衡阳”建设实施意见，审结各类商事案件12678件，涉案标的近66亿元。检察机关主动对接和服务非公有制企业，建立联席会议制度，设立“检察联络站”和“流动维权岗”，构建“亲”“清”型检企关系。司法行政机关组织开展防范金融风险等系列法律服务活动，牵手重点工程23个，担任企业法律顾问261家，护航中小微企业发展。（殷秀成）

法治政府建设

【立法工作】 衡阳市法制办（以下简称市法制办）按照衡阳市人大常委会、衡阳市政府2017年立法计划，衡阳市法制办完成《衡阳市城市市容和环境卫生管理条例》立项、调研、起草、征求意见、专家论证、政府常务会议审议等工作，并将法规议案及时提交市人大常委会审议。《衡阳市城市市容和环境卫生管理条例》

已经市人大常委会表决通过，报湖南省人大常委会批准同意，将于2018年3月1日正式实施。此外，市法制办还组织完成衡阳市首部政府规章《衡阳市畜禽规模养殖污染防治办法》的起草、调研、论证等工作，待起草部门报送审查后，将提请市政府常务会议审议。（谭艳红）

【依法行政指导监督工作】 以行政执法三项制度全国改革试点为中心，全力组织试点纵深推进。2017年，国务院将衡阳市确定为全国推行行政执法三项制度改革试点的32个部门、地方之一，也是湖南省唯一试点城市。市法制办坚持以突出重点、打造亮点、确保实效为目标，开展各项工作，顺利通过国务院验收。一是建立一套行政执法三项制度改革试点制度体系。在衡阳市政府主要领导的直接领导下，在湖南省法制办的具体指导下，市法制办组织制定《衡阳市推行行政执法公示制度执法全过程记录制度重大执法决定法制审核制度试点工作实施方案》《衡阳市行政执法公示办法》《衡阳市行政执法全过程记录办法》《衡阳市重大行政执法决定法制审核办法》“一方案三办法”等文件，设计六类行政执法行为18个操作示例，形成以“一方案三办法”为核心，18个操作模版为支撑的改革制度体系。二是推动各级各部门落实改革任务。2017年，市法制办组织召开行政执法三项制度推进会、现场观摩会、协调小组全体会等多次会议，将行政执法三项制度纳入绩效考核范围，与市政府督查室联合对12个县市区政府和8个市直重点部门开展行政执法三项制度专题督导，指导各地各部门落实改革任务，各项改革工作基本按期完成。三是广泛开展培训和宣传。本轮改革涉及市县两级行政执法部门共436个，行政执法人员30000余人。2017年，市县两级法制办共举办专题培训班共计178次，培训人数超12360人次，督促、指导各级行政执法部门公开执法信息15218条，配备执法记录仪6310台，审查重大执法决定14560件，开展各类专项行动380余次，在党政门户网和各执法部门网站新设改革专栏，通过报纸、电视台宣传改革推进情况，发布15期简报。衡阳市的改革试点工作也因此得到湖南省法制办领导的肯定，被《湖南日报》《衡阳日报》等省市媒体长篇宣传推介。四是开发建设全市统一的行政执法监督平台。经电子政务办多次论证、财政核准、市政府领导同意，通过前期调研论证、制定建设方案、公开招标，现已选定北京数字政通科技股份有限公司作为软件开发单位开发建设平台。（谭艳红）

【规范性文件管理工作】 以全面进行合法性审查为手段，切实加强规范性文件和会议纪要管理。一是切实履行市政府规范性文件审查职责。2017年，市法制办共审查各类规范性文件297件，其中，审查市政府规范性文件80件，登记审查市直部门规范性文件18件，备案审查县市区政府规范性文件199件，组织开展全市规范性文件全面清理，建立规范性文件定期清理和及时清理制度。二是不断完善市政府规范性文件动态管理。市法制办完善网上动态公示系统，将规范性文件区分为继续有效的、待评估的、失效的三类，实现规范性文件网上公示和实时评估同步，确保公民能通过便捷的方式及时解政府重大决策内容、查阅政策文件信息。三是加强对部门规范性文件的管理。对部门报送登记审查的规范性文件，市法制办除对发文主体、权限进行审查外，还对内容进行实质审查，对审查中发现的问题，及时向发文单位进行通报，要求其进行修改，对部门规范性文件强化实体监督。四是建立政府会议纪要审查制度。2017年，市法制办共审查市政府各类会议纪要141件，对其中46件提出修改意见78条，获采纳76条，基本将市政府各类会议纪要纳入合法性审查范围。（谭艳红）

【法律顾问工作】 以全面建立党政机关法律顾问制度为抓手，有效服务依法行政贯彻落实。一是建立全市法律顾问制度。2017年6月，市法制办起草，并报市委、市政府同意，制定《关于全面建立党政机关法律顾问制度的实施方案》《衡阳市政府外聘法律顾问履职评议暂行规定》，确定全市党政机关法律顾问制度的总体框架和政府外聘法律顾问履职评议制度。二是组建党政机关采购法律服务机构库。通过3次政府采购程序，组织遴选25家机构（20家律所、5家大专院校），组建衡阳市党政机关法律服务机构库，在3年时间内（至2020年10月31日）为衡阳市党政机关提供有效法律服务。12月7日，市法制办组织召开市直单位与党政机关采购法律服务机构库入库单位座谈交流会，加快推动法律顾问制度在衡阳市政府机关实现全覆盖。截至2017年12月31日，12个县（市）区3个工业园区，除常宁市外，都已聘请法律顾问；市政府34个工作部门，已有27个聘请法律顾问；市属12家投融资平台公司，除水务投、松木投两家之外，都已经聘请法律顾问。（谭艳红）

【政府合同审查工作】 以建立政府合同管理制度为基础，全面加强政府合同合法性审查把关。一是建立政府合同管理制度。2017年3月16日，经中共衡阳市委深改组会议和市政府常务会议研究决定，市法制办起草并以市政府名义印发《衡阳市政府合同管理暂行办法》，在全市范围内对政府合同实行分级负责、全过程监管。6月14日，市法制办又组织全市政府工作部门、融资平台公司的分管副职和法制（务）机构负责人进行市政府合同管理暨《暂行办法》专题培训，推动合同管理制度落实。二是开展政府合同合法性审查。2017年，市法制办审查市政府合同42件，涉及金额1595.43亿（含战略合作协议）。其中，框架协议30份，涉及金额916.51亿；非框架协议11份，涉及金额680.39亿。非框架协议中，涉及平台公司的协议5份，涉及金额97.74亿。三是实行政府合同备案管理。市法制办对已审查的市政府合同实施跟踪管理，经与衡阳市政府办沟通，截止于2017年12月31日，确认已经签约的有28份，其中已备案22份，尚未备案6份。此外，市政府工作部门中已有25个向市法制办报送合同管理台账，根据台账显示，25个部门在2017年度共签订289件政府合同。（谭艳红）

【行政复议应诉工作】 一是强化行政复议办案工作。2017年，市法制办共收到行政复议申请69件，受理61件，不予受理8件，已审结46件，发出行政复议意见书和建议书1份。从案件受理情况来看，主要涉及土地房屋征收、山林权属纠纷、工伤认定等领域。在行政复议过程中，市法制办坚持公开透明原则，案件审理中不断提升公开听证力度，充分听取当事人的陈述、举证、质证和申辩。二是应诉，强化行政诉讼案件办理。全年共代理市政府参加行政应诉案件101件，结案59件。已审结的终审案件从结果看，全年败诉4件，败诉原因均因各职能部门具体行政行为违法，政府作为共同被告应诉。三是加强行政复议应诉制度建设，夯实工作基础。制定出台《衡阳市人民政府法制办公室关于加强和改进行政应诉工作的实施意见》，与市中级人民法院建立联席会议制度，对热点难点案件共同研讨，有效沟通。（谭艳红）

【法制宣传培训工作】 以加强业务培训为手段，全面提高法制人员、行政执法人员法律素养。一是加强法制办自身队伍建设。2017年，市法制办组织市法制办全体工作人员、各县市区法制办主任、市直机关法制科长共80余人分批次、分主题赴吉林大学、华东政法大学、中国政法大学进行有针对性的培训。二是努力提高各级领导干部法治意识。2017年11月，市法制办组织全市副处级领导干部法治政府建设专题培训班，培训60余人，邀请省法制办主任张建华进行专题辅导，推动领导干部这个“关键少数”的法治意识提高。三是开展法治精神宣传。全年通过一把手撰写署名文章、在《衡阳日报》上开设专栏、“12·4”宪法日等形式定期宣传法治精神，推介衡阳市法治政府建设情况。（谭艳红）

公　安

【概况】 2017年，衡阳市公安机关打造“主动警务、网格警务、智慧警务、衡阳铁警”，推动公安工作转型提质升级，服务经济社会发展，维护社会平安稳定，有效保障十九大安保维稳，取得发案下降、安全事故下降、破案率上升、群众安全感上升、满意度上升“两下降三上升”的好成绩。命案侦破、刑事技术、扫黑除恶、公交反扒防盗、惩治毒品犯罪、治安管理、“一标三实”信息采集、执法规范化、科技信息化、监所安全管理、“云端行动”、处置非法集资、辅警管理、警务机制改革、入境管理、重点人员管控、消防管理、黄标车治理、道路交通事故压降等工作排名全省前列，市局“一平台八中心”警务机制改革被评为中共衡阳市委、衡阳市人民政府“十佳改革项目”创新奖，衡阳市公安局官方微博荣获全国十佳快速响应案例奖，中共十九大安保维稳工作被省厅通报嘉奖、被评为全市先进单位，衡阳市公安局荣获全市社会治安综合治理先进单位、湖南省衡阳市党风廉政建设先进单位，涌现出全国道德模范、全国公安战线二级英模匡兵，全国公安战线优秀基层单位网技支队，湖南省优秀公安局南岳分局等一大批先进典型和功臣模范。（李文杰）

【维稳安保】 开展“迎接十九大，忠诚保平安”百日攻坚大会战，形成党政牵头、公安信访维稳部门“铁三角”联勤指挥、各级各部门协同共管的大安保维稳格局。坚持依法维稳、主动维稳，大力加强情报信息收集、综合和研判，精准制导安保维稳工作，对矛盾纠纷、群体性事件主动排查化解，有效化解影响社会稳定的矛盾纠纷640余起，稳妥处置群访集访、串联聚集、堵门堵路等涉稳事件和苗头570余起，成功处置南华附二医院“2·11”等多起“医闹”事件，创造医闹处置“衡阳经验”。做好重点对象、上访老户的教育转化和稳控工作，市公检法司联合出台依法惩治信访活动中违法犯罪行为的通告，办理非访案件29起，依法惩治处理非访行为人49名，惩治非访力度前所未有。创新大型安保工作，确保100多场次重大活动安全有序，“南岳安保模式”被公安部推介，市城区“平安夜”安保改变占道狂欢的历史。（李文杰）

【深化打黑除恶】 始终坚持“打早打小，露头就打”的方针，部署开展惩治农村地区黑恶势力违法犯罪专项行动，继续深化打黑除恶专项斗争。共侦破涉黑案件1起，为省厅督办“11·19”祁东县彭展保等人涉黑案，共刑拘犯罪嫌疑人36人，其中已逮捕24人，破获“保护伞”5人，已查明犯罪事实26起；共破获恶势力团伙32个，其中破获十人以上重大涉恶团伙13个。集中惩治村霸和宗族恶势力，共侦破涉及村霸和宗族恶势力刑事案件165起，刑拘以上处理300余人，其中破获犯罪团伙22个，惩治村组、社区等基层干部19人。在全市村居两委换届选举期间，共查处破坏选举行政案件58起，行政拘留79人，行动战果排名全省第一。（李文杰）

【攻坚恶性案件】 共立杀人、放火、爆炸、绑架、伤害、强奸、抢劫、投放危险物质8类严重暴力案件887起，破案776起，破案率为87.49%，同比上升21.87%。立现行命案30起，同比下降44.44%，破案率100%，破命案积案12起。先后破获雁峰区“1·2”命案、蒸湘区“9·16”故意杀人案、祁东县“8·21”故意杀人案等一批现行命案；特别是破获部督“9·19”网络贩卖爆炸物案，涉及25个省市区，共缴获枪支46支、炸药600多公斤，被公安部、湖南省公安厅通电嘉奖，省厅专门为该案向公安部呈报记集体一等功，是湖南省十九大期间唯一报记集体一等功专案。（李文杰）

【严打侵财犯罪】 2017年，衡阳市共立侵财案件12039起，同比下降15.59%，破案3592起，破案率为29.84%，同比上升3.64%，成功侦破“1·17”特大砸车窗玻璃盗窃案、“4·8”特大黄金珠宝盗窃案等大要案件。（李文杰）

【惩治毒品犯罪】 推出“治安先治毒”“治毒先治吏”“查毒无禁区”禁毒理念，在衡阳市开展声势浩大的“禁毒风暴”行动。衡阳市惩治毒品犯罪绝对指数排名全省二，吸毒人员新滋生率下降48.9%，吸毒人员肇事肇祸事件同比下降56.3%。以侦破毒品大要案件为重点，广辟线索渠道，强化侦查措施，破获一批有影响的大要毒品案件。2017年，衡阳市共破获毒品案件686起，逮捕、直诉涉毒犯罪嫌疑人956人次，查获吸毒人员5896人次，缴毒155.5公斤，侦破部、省督毒品目标案件9起。成功破获部督“361”毒品目标案件，被湖南省公安厅通电嘉奖；破获公安部督办“1095”案件，被列为全国十大制毒精品案件；破获全国部督办“213”、公安部督办“787”案件，被列为全省十大精品案件；破获湖南省督办“407”目标案件，抓获犯罪嫌疑人20人，缴获冰毒36公斤，摧毁一条特大贩毒链；成功侦破“406”湖南省督办目标案件，缴获毒品麻古25万余粒。调整禁毒管理体制，将所有酒店、宾馆、娱乐场所治安管理权下放到辖区派出所。推进文化娱乐服务场所“无毒化”建设，组织开展“净毒行动”，抽调精兵强将成立“禁毒特别行动队”，不定期对易涉毒重点部位、“地下”涉毒场所、重点行业和重点场所开展“地毯式”清查，共抓获涉毒人员265名，查封关停涉毒娱乐场所23家，场所涉毒现象大大减少。（李文杰）

【惩治经济犯罪】 突出以侦破大要案件为主攻方向，部署开展惩治非法集资犯罪等专项行动，加大惩治金融诈骗、涉税、非法集资、传销等扰乱市场经济秩序和侵害群众切身利益的涉众型经济犯罪力度，规范市场经济秩序。共立案88起、破案50起、刑拘91人、逮捕33人、直诉18人、移送起诉45起、移送起诉72人，同比均大幅上升，先后破获“1·18”商业贿赂案、“1·25”系列骗取贷款案、“9·28”骗取出口退税案、“12·28”虚开增值税专用发票案。全力以赴惩治非法集资犯罪，在全市开展新一轮处非专项行动，加强“打非”专业侦查队建设，立非法集资案件21起，涉案金额21.2亿元，涉及投资人12401人，涉案人员77人，涉案公司78家，刑拘40人，逮捕24人，移送起诉14人，通过查封、扣押、冻结、追缴、督促还款、资产抵偿等办法挽回经济损失约7.61亿元，处非绩效在全省处于前列，综合挽损率达到36%，高于省内平均水平。（李文杰）

【强化重点整治】 针对耒阳市技术开锁入室盗窃、外流贩毒、高速公路盗窃、“两怀”妇女犯罪等“4类犯罪”和祁东县外流贩毒突出问题，采取派驻工作组督办和挂牌整治办法，坚持内外联动，推行“走出去”和“请进来”战略，取得明显成效。耒阳协外办案351起，抓获嫌疑人332名，公安部公布的耒阳籍盗抢骗嫌疑人已追回179名，完成率达92.27%，祁东县、耒阳县分别于3月、9月通过公安部验收摘牌。

【治安侦查办案】 2017年，衡阳市共查处治安行政案件31760起，查处15457人。开展全市校园周边治安秩序专项整治行动、娱乐休闲服务场所“净毒行动”。在重要节点、重要节假日开展治安安全检查，部署开展风险隐患排查管控工作，先后开展金融机构安全大检查，检查营业网点147个，发现隐患350处。开展水、油、气单位安全大检查。共检查水厂16家，抽查汽车加气站2家，加油站96家，对天然气输气管道、成品油管道、天然气加气站等进行重点督查，发现隐患18处，现场整改17处。开展“平安医院”创建。在衡阳市部署开展维护医疗机构秩序、惩治医闹违法犯罪专项整治行动，惩治处理涉嫌扰乱医院秩序、殴打医务人员、妨碍公务等违法犯罪人员36人，全市三甲以上医院警务室均已建设到位，配备专职民警，并推动全市二级以上医院高清视频监控、一键报警、人脸识别、实名制挂号等制度措施的落实。（李文杰）

【扫黄禁赌行动】 开展惩治整治跨境网络赌博犯罪“断链”行动、扫黄禁赌“净土”行动，衡阳市共立涉黄涉赌刑事案件109起，查处涉黄涉赌行政案件532起，刑拘227人，逮捕73人，移诉271人，行政处罚2204人。先后破获“寻宝一号”网络开设赌场案、“99贵宾会”网络开设赌场案、常宁市“6·20”网络赌博案、“英皇国际”网络开设赌场案、衡山李某等人非法经营案、石鼓“8·2”网络传播淫秽物品牟利案等7起湖南省督办案件。（李文杰）

【惩治食药环犯罪】 全力开展惩治环境污染违法犯罪“清水蓝天”和“生态与舌尖安全”行动，与相关职能部门协作，扩大案件线索来源，建立侦查联动机制，加大对食品、药品、环境犯罪的惩治整治力度，取得显著实效。2017年，共查处涉及环境、食品、药品、农资安全刑事案件110起，抓获犯罪嫌疑人265人，移送起诉154人，同比分别上升62%、68%、75%。在全国发起公安部打假“利剑”行动集群战役1起，破获公安部督办案件7起，省公安厅督办案件12起，位于湖南省前列。成功破获公安部督办“2·20”生产、销售有毒有害食品案件，查获国家明令禁止添加的西布曲明20余公斤，各类减肥胶囊三百余万粒，捣毁3个非法生产窝点，案件价值达3亿元，该案是湖南省惩治网络制假售假违法犯罪破获的案值最大、缴获的涉案物品品种最全、数量最多的一起案件，被湖南省公安厅通电嘉奖。成功侦破公安部督办“7·7”特大非法处置医疗废物污染环境案件，查缴各类医疗废物混合物14吨，捣毁非法生产处置窝点2个。湖南省公安厅在衡阳召开“生态与舌尖安全行动”新闻发布会，中央、省、市新闻媒体多次报道衡阳生态与舌尖安全行动成效。

（李文杰）

【人口与出入境管理】 推进户籍制度改革工作，贯彻落实公安部三项重点改革任务，围绕重点群体落户、居住证制度全覆盖、在推动农业转移人口市民化上下功夫，全面放开城镇落户条件，引导衡阳市籍农村居民向城镇转移落户，鼓励有条件的农村居民整户转为城镇居民。全力开展“一标三实”信息采集工作，共采集“一标三实”信息177.9万条，其中实有人口77.8万条、实有房屋98.3万条、实有单位1.8万条。开展流动人口与出租房屋清理工作，强化服务和管理，确保流动人口、出租房屋录入率、准确率达到100%。全面开展人口信息清理整顿工作，共办理项目变更和补充140.5万余条。做好身份证异地办理、挂失申报、丢失招领等“三项制度”建设工作，共受理跨省异地证3743个，共审签跨省异地证10703个，继续开展二代身份证换发工作，共受理身份证58.8万张。加强出入境管理，推进示范窗口建设，规范办事流程，严格审批程序，维护正常的出入境管理秩序。衡阳市新创建4个派出所示范窗口。将出国证件自助服务推广到县（市）区受理点，目前已有6个县（市）区的出国境接待大厅开通自助服务，自助设备已达34台。规范出国境管理工作，共受理公民出国境申请41.6万人次，审批赴港澳商务备案（年审）62家企业125人，批准赴港澳定居273人，与港澳对接核查177人。加强境外人员管理，共登记境外人员临时住宿信息6576条，签发境外人员签证证件581本，查处涉外案件56起、57人，维护涉外治安环境。

（李文杰）

【治爆缉枪】 开展收缴整治枪爆物品专项行动、缉枪治爆专项行动、易制爆危险化学品、烟花爆竹和寄递物流专项整治行动，共检查涉枪涉爆单位325家次，发现、整改安全隐患187处，注销问题爆破作业人员资格104人，签订具结保证书186份。检查涉危企业217家次，发现、整改安全隐患297处。共查破涉枪涉爆刑事案件78起、刑拘83人、逮捕29人、移送起诉97人，查处涉枪涉爆涉危行政案件152起，行政处罚157人。收缴各类枪支1471支、各类子弹205780发、炸药10824公斤，雷管36145发，追回逃犯19名。（李文杰）

【加强特业管理】 对市局及县市区局直管宾馆下放管理权限，全部改直管为属地管理，继续强力推行旅馆业治安管理信息系统安装，狠抓旅馆业“实名制管理”，加大对违规旅馆的检查和查处，共查处旅馆业不按规定登记旅客信息案件27起，通过旅馆业系统抓获网上逃犯43名。（李文杰）

【烟花爆竹限放】 以“加强烟花爆竹管理、减少城市污染、促进文明城市创建”为目标，城区共查处非法燃放烟花爆竹案件86起，城区违法燃放行为有效报警量同比下降60%，烟花爆竹销售量同比下降90%。城区共取缔102家非法销售门店，达到“清零”的工作目标。（李文杰）

【交通安全管理】 围绕“重特大道路交通事故零发生、道路交通事故主要指数下降20%”目标，集中开展交通秩序整治“畅安行动”“三个不发生”等专项行动，坚持异地用警、联勤联动，将酒驾、毒驾、超速、超载、城区闯灯、闯线和农村地区严重交通违法行为作为整治重点。全市共查处各类交通违法行为153.6万起，其中查处酒驾5355起；全市共发生道路交通事故1560起，造成317人死亡、2112人受伤，直接经济损失567.4万余元，同比分别下降21.49%、32.84%、17.63%、31.99%，全市死亡3人以上道路交通事故同比下降50%。

（李文杰）

【消防安全管理】 先后开展冬春

火灾防控、夏季消防检查和电气火灾综合治理等大型专项整治活动，结合社区“三清三建”提质改造，推动140个社区补齐公共消防设施短板，共检查单位1.45万家，发现整改火灾隐患3万处，查封259家，责令“三停”191家，罚款543万元，拘留46人，全市消防安全环境不断净化。特别是针对珠晖区市场群重大火灾隐患整治，约谈10个重大火灾隐患单位负责人，整治效果显著。全市共发生火灾656起，死亡4人，受伤3人，直接财产损失562万余元，同比分别下降27%、73%、83%、30%，未发生一起较大以上火灾事故。

（李文杰）

【监所安全管理】 围绕“安全监管、爱心监管、教育监管、智慧监管”的新思路，进一步丰富和完善“以文化人立德教育”机制，推进监管场所由看守管理型向学习教育型转变，监所安全管理经验成为全国样板。衡阳市各公安监所共收押20156人，其中看守所收押8405人，拘留所收拘10409人，强制隔离戒毒所收戒1309人，公安监管医院收治203人。

（李文杰）

【雪亮工程建设】 与衡阳市电信局合作，采取PPP模式，将治安视频监控系统建设和“智能交通”进行整合，全面提质扩容“天网工程”，建设“雪亮工程”，在部分社区和乡村开展视频监控建设试点工作。已完成摄像机安装总数3200个，各县（市）区新增接入“平安校园”“平安小区”“平安机关”“平安医院”“平安车站”“平安工地”等各类社会视频监控点3500个，衡阳市接入省厅监控平台点位数15500个，接入率达100%，在线率、完好率均达95%以上。同时，在市局、石鼓分局、南岳分局、衡山县局、衡阳县局建成“智慧监控平台”，实现视频监控由“看得见”“看得清”向“看得懂”、由人工识别向自动智能识别提质升级。

（李文杰）

【执法规范化建设】 积极适应以审判为中心的刑事诉讼制度改革要求，进一步深化刑事案件“三统一”工作，衡阳市公安局组织制定13种常见未破刑事案件主要证据收集标准，建立疑难案件集体议案制度，与市人民检察院联合出台《衡阳市公安局衡阳市人民检察院刑事办案对接工作机制》等多个规范性文件，实现刑事案件标准化、流程化管理。全面启动受立案改革，各县（市）区局法制部门均下设受立案管理室，全市受立案管理室共受理推送刑事案件15675起，没有发生一起被当事人投诉情况，刑事立案质量大幅提升。推进执法办案积分制改革，依托全省警务信息综合应用平台和省厅执法办案系统，建成并运行衡阳市公安执法管理监督中心，实现对执法办案从报警到办案终结的实时管控、动态管理、全程监督。 （李文杰）

检　察

【概况】 一是依法惩治破坏投资环境的犯罪，营造法治化营商环境。落实市委经济工作会议精神，出台《关于开展经济发展环境集中整治行动实施方案》，突出整治“砖霸”“沙霸”、强揽工程、非法阻工等现象，对其中涉嫌聚众斗殴、寻衅滋事、强迫交易、聚众扰乱社会秩序等犯罪的40人依法批捕起诉，有效维护项目发展环境。依法惩治涉嫌诈骗、盗窃、敲诈勒索等侵犯企业和经营者财产权、人身权的犯罪25人。衡阳市人民检察院（以下简称市人民检察院）成立知识产权检察处，严厉惩治侵犯知识产权、制售假冒伪劣商品犯罪100人。二是依法惩治破坏金融监管秩序的犯罪，防范金融风险。坚持依法、慎重的原则，严厉惩治非法集资等涉众型经济犯罪。市人民检察院出台专门的实施意见，并派专人到市防范和处置非法集资工作领导小组办公室，引导公安机关取证。对涉嫌集资诈骗、非法吸收公众存款犯罪的34人，依法提起公诉，并配合相关部门尽可能挽回群众损失。三是依法平等保护和服务民营企业及国有企业，维护公平竞争的市场环境。坚持平等保护各类市场主体合法权益，共批准逮捕破坏社会主义市场经济秩序犯罪案件151件、222人，提起公诉190件、395人。严格区分违法所得与合法财产、个人财产与企业法人财产、经济纠纷与经济犯罪等界限，依法认定9名企业经营者的行为不构成犯罪，防止合法经营者蒙冤入狱。主动对接和服务非公有制企业，与市工商联建立联席会议制度，在30多家非公有制企业设立“检察联络站”和“流动维权岗”，主动走访商会和企业，努力构建“亲”“清”型检企关系。四是依法监督和查处行政不作为、乱作为，促进政务环境好转。严厉惩治政务服务、行政审批等领域的索拿卡要、设租寻租、庸官懒政、不作为、慢作为、乱作为现象，立案查处相关职务犯罪32人。依法纠正侦查机关随意采取强制措施、限制企业经营者人身自由、冻结其合法财产的行为5件。对196名涉嫌犯罪的企业经营者，在符合法律规定的前提下，依法决定取保候审，尽可能降低对企业经营活动的影响，防止因办案而搞垮企业。（邹学韬）

【依法惩治刑事犯罪】 一是惩治严重刑事犯罪。衡阳市检察机关依法履行批捕、起诉职责，把员额检察官和专业能力较强的人员尽可能多地安排到侦查监督、公诉部门，用“白加黑”“五加二”的工作模式加班加点，克服案多人少的困难，共批准逮捕各类刑事犯罪案件2008件、2719人，提起公诉3363件、4917人，其中批准逮捕涉嫌故意杀人、抢劫、强奸、绑架等严重暴力犯罪案件132件179人，提起公诉178件286人，为维护800万衡阳人民的平安做出检察贡献。对活动在衡阳范围内、以传销方式长期控制被害人并劫取财物的“天津天狮”犯罪团伙27名骨干，依法提起公诉，法院一审以抢劫罪、非法拘禁罪数罪并罚，判处李浪喜等4名主犯无期徒刑。二是依法保障人权和化解矛盾。更加注重程序公正与实体公正并重、惩治犯罪与保障人权并重，坚持“罪刑法定”“疑罪从无”等现代法治原则，严把审查逮捕、审查起诉关。对不构成犯罪的，依法不批捕35人、不起诉43人；对证据不足的，依法不起诉253人，避免无辜者受到刑事追究。坚持宽严相济的刑事司法政策，对犯罪嫌疑人真诚悔罪、获得被害人谅解、达成和解的轻微刑事案件不批捕81人、不起诉330人，有效化解社会矛盾。落实未成年人检察工作特别程序和特别制度，对涉嫌犯罪的未成年人依法不批捕61人，附条件不起诉27人。三是参与社会治安综合治理。倡导对弱势群体和信访群众给予理解同情，努力促进信访问题得到合法、合理、合情的有效解决，用实际行动展现检察机关人文情怀。接待群众来信来访624件，立案复查不服法院生效裁判、不服检察机关处理决定的申诉案件13件，办理国家赔偿及赔偿复议案件26件并决定赔偿4件，办理司法救助案件11件。推行律师参与化解涉法涉诉信访案件和代理申诉案件的机制，建立申诉案件公开审查制度，尽可能将信访纳入法律程序。推进检校共建，以防治“校园欺凌”、预防未成年人犯罪为主旨，举行法治进校园巡讲活动14场次，建立未成年人法治教育基地13个。（邹学韬）

【强化法律监督】 一是强化刑事立案和侦查活动法律监督。共监督侦查机关立案93件，监督撤案81件；追捕226人，追诉147人；监督纠正侦查活动违法情形348件（次）。如追捕到案的被告人黄某某等3人，被市中级人民法院以抢劫罪、非法拘禁罪判处无期徒刑。二是强化刑事审判法律监督。综合运用出席庭前会议、量刑建议、列席审委会等方式，加强对审判程序和裁判结果的监督，对认为法院裁判确有错误的刑事案件，共提起抗诉24件，法院已审结改判或发回重审13件；依法监督纠正审判活动违法情形53件（次）。三是强化民事行政审判法律监督。以开展“基层民行检察工作推进年”活动为契机，加强对民事行政审判活动的监督，共提出检察建议42件，法院已采纳35件。加强对民事行政生效裁判的监督，办理不服生效裁判监督案件80件，提请抗诉4件。加强对民事行政执行案件的监督，办理民事行政执行监督案件54件，法院采纳并作出整改32件。四是强化行政执法活动法律监督。加强行政执法与刑事司法相衔接工作，初步建立信息共享平台，在市环境保护局、市食品药品监督管理局两个重要民生部门设立派驻检察室，建议行政执法机关移送涉嫌犯罪案件38件45人，公安机关已立案27件32人。对行政执法机关提出督促履职的检察建议409件，相关部门予以采纳并作出整改235件。根据统一安排，自10月开始全面开展公益诉讼工作，对行政机关违法行使职权或者不作为，造成国家和社会公共利益遭受损害的，依法提起公益诉讼，共办理公益诉讼案件17件，已通过诉前程序发出检察建议8件。五是强化刑罚执行和监管活动法律监督。监督纠正监管场所刑罚执行和监管活动违法情形138件（次），纠正减刑、假释、暂予监外执行过程中的程序不当和违法行为37件（次），查处监管场所职务犯罪案件4件、4人，纠正社区矫正违法行为159件。对不需要继续羁押的81名犯罪嫌疑人建议释放或变更强制措施。为防止判决前未羁押、判处实刑后未入狱的罪犯流散社会甚至重新犯罪，部署开展专项监督活动，监督相关机关收监执行82人。（邹学韬）

【查办和预防职务犯罪】 一是依法查办和预防职务犯罪。贯彻中央和上级法院关于反腐败工作的统一部署，坚持力度不减、节奏不变，立案查办职务犯罪案件134件、166人，其中县处级以上国家工作人员16人。针对一些地方虚报冒领、克扣侵占惠农扶贫资金的问题，持续开展集中整治和预防扶贫领域职务犯罪专项工作，查处“三农”领域职务犯罪案件19件、34人。在事关群众切身利益的征地拆迁、社会保障、教育、医疗等民生领域查处职务犯罪案件39件、57人。坚持“除虫”与“护花”相结合，深入开展预防调查、预防宣传、预防警示教育、检察建议、行贿犯罪档案查询、惩防职务犯罪年度报告等工作，着力推动制度建设，努力防范和减少职务犯罪。二是坚决支持配合国家监察体制改革试点。学习传达中央改革精神，出台《关于坚决拥护自觉支持全力配合国家监察体制改革试点的意见》，全力配合做好转隶衔接工作。核实转隶部门编制及人员的相关情况，把好政治关、廉洁关。加强案件结案及线索清理移送工作，对2017年10月之前所立案件，除极个别特殊情况外，已全部办结；对历年积案进行全面清理，依法依规清理全部案件线索，待监察委成立后一并移送。三是维护安定团结的良好局面。做好转隶期间思想政治工作。

（邹学韬）

【从严治检】 一是加强教育培训。突出讲政治这一鲜明主题，深入开展“两学一做”学习教育常态化制度化，认真学习贯彻中共十九大精神，引导广大检察人员牢固树立“四个意识”，坚定维护以总书记习近平为核心的党中央权威和集中统一领导。持续开展专业化职业化培训和岗位练兵，涌现全国检察机关优秀侦查员3人、侦查骨干人才2人、侦查能手41人，9名干警获评全省“十佳”办案能手、“十佳”业务标兵等称号。二是落实司法改革。全市遴选出首批355名员额检察官，对全部检察人员实行分类管理，优秀人才向办案一线流动，一线办案力量比改革前增加近20%，有效提高司法效能。按照“谁办案谁负责、谁决定谁负责”的原则，以员额检察官为中心构建新型办案组织，减少司法办案内部审批层级，员额检察官对办案质量终身负责，切实落实司法责任制。在充分授权的同时，通过随机分案、网上流转、预警监控、载入档案等措施加强严格管控，做到放权不放任。以优化检察权运行机制为重点，在常宁市人民检察院开展基层院内设机构改革试点。三是坚持从严治检。坚持“纪律作风怎么抓都不为过”，广泛开展廉政讲堂、警示教育等活动，2017年召开3次纪律作风建设大会，引导干警筑牢思想防线。贯彻市委“十项措施”，出台《党风廉政建设联席会议议事规则》《贯彻落实“八项禁令”的实施意见》等文件，扎紧制度的“笼子”。深化“纠四风、治陋习”专项整治活动，开展明察暗访、专项督查，全力支持派驻纪检组依法履职，坚决处理和处分有执法过错的5名检察人员，最高人民检察院检察长曹建明对此作出“从严治检值得肯定”的批示。四是自觉接受监督。依法接受人大及其常委会的监督，执行人大及其常委会的决议和决定，定期向人大及其常委会报告工作；支持和尊重人大代表发挥主体作用，配合开展代表视察、专题调研和执法检查；办理市人大代表提出的4件建议，及时反馈，及时改进工作。市人大常委会出台《关于加强市人民检察院法律监督工作的办法》，为检察机关强化法律监督提供有力支持。自觉接受政协民主监督，主动向民主党派、工商联和无党派人士通报检察工作情况，听取意见建议。自觉接受人民监督员监督，对属于法定监督情形的59起案件，无一例外接受人民监督员评议。自觉接受社会监督，完善案件发布、公开审查等制度，邀请各界人士参加检察开放日活动。（邹学韬）

法　院

【概况】 2017年，衡阳市法院审结和执结各类案件46386件，同比上升7.13%；其中，衡阳市中级人民法院（以下简称市中院）审结和执结各类案件7690件，同比上升4.34%，收案数与结案数均排名湖南省第二。

（范　明）

【刑事犯罪惩治】 衡阳市法院审结各类刑事案件3902件，判处罪犯4832人。深入落实平安创建部署，依法从严惩处故意杀人、抢劫、绑架、涉黑涉恶等严重暴力犯罪，审结此类案件546件、697人，其中判处五年以上有期徒刑、无期徒刑和死刑的152人，占21.81%；严厉惩治毒品犯罪，审结此类案件500件、625人；维护金融秩序稳定，妥善审理集资诈骗、非法吸收公众存款等案件31件、47人。被告人蓝华集资诈骗案涉案金额2668万元，受害群众291人，一审被判处无期徒刑；严厉惩治涉民生权益犯罪，审结制售有毒有害食品、药品，假冒伪劣产品等犯罪案件27件、56人；注重环境保护，审结污染环境、破坏生态犯罪案件30件、55人；高举反腐利剑，依法审结贪污、贿赂等职务犯罪案件60件、91人。坚持“宽严相济”和罪刑法定原则，对罪行较轻的被告人依法适用非监禁刑。规范减刑、假释工作，办理减刑、假释案件3112件，裁定不予减刑、假释266件。（范　明）

【民商事纠纷化解】 贯彻新发展理念，出台《关于为服务“五个新衡阳”提供司法服务和保障的实施意见》，指导全市法院审判实践，审结各类商事案件12678件，涉案标的60余亿元。注重金融安全，防控金融风险，审结金融纠纷案件500件；依法加强僵尸企业清理，保障供给侧结构性改革，审结衡阳市巨子房地产开发有限公司等企业破产、强制清算案件11件；坚持依法化解民事纠纷，共审结婚姻家庭、民间借贷、人身损害赔偿等普通民事案件14026件；注重保护农民权益，审结土地承包流转、土地征收补偿、拖欠民工工资等涉农案件1188件；依法保护知识产权，制裁侵权行为，审结知识产权案件281件；高度重视房地产市场的纠纷处理，审结土地使用权转让、商品房销售、建设工程施工等房地产开发经营合同案件784件。坚持调解优先、调判结合，避免矛盾激化。衡阳利安房地产公司与湖南晶鸿微电子公司、周某建设用地使用权转让纠纷一案，涉案标的7000余万元，经法院多方协调后得以调解结案并履行到位。

（范　明）

【行政争议案件审判】 坚持保护行政相对人合法权益与监督支持依法行政相并重的原则，审结各类行政案件565件，其中判决行政机关败诉157件，占27.79%，通过协调和解的方式结案105件，占18.58%。加大对行政执法的支持力度，审查非诉行政执行案件573件。改革行政审判方式，对一些重大行政案件实行跨区域交叉管辖或提级管辖，减少不当干扰。通过联席会议制度、通报行政审判工作、选派资深法官授课等方式促进司法与行政的良性互动。延伸审判职能，向行政机关发出司法建议15份。（范　明）

【加强案件执行力度】 响应最高人民法院提出的“争取用两到三年时间基本解决执行难”的号召，加强和改进执行工作。衡阳市法院共执结各类案件13099件，执结标的31亿元。完善执行指挥中心建设，初步实现远程指挥实时化、执行全程可视化和执行查控便捷化。健全民事财产保全机制，集中办理诉前、诉中和执行财产保全，保全金额44亿元，执行工作向立案和审判环节前移。强化信用惩戒体系建设，通过电视、报纸、微信等多种方式公布失信名单7540余人次，限制其出境、高消费、担任企业高管及申请贷款等行为，其中有445人迫于压力自动履行法定义务。严厉惩治拒执违法犯罪，司法拘留653人，移送追究刑事责任25人。

（范　明）

【司法改革推进】 1. 全市法院

选任首批员额法官481名，占中央政法专项编制的35.68%，未入额法官根据其个人意愿转任法官助理或行政人员。协调推动并落实与法官单独职务序列配套的工资制度，初步完成人员分类管理。坚持入额必须办案，员额法官人均办案72件，其中院长、庭长办案13825件，占全市结案数的30.38%。全面落实司法责任制，市中院出台《关于落实司法责任制改革的实施办法（试行）》，厘清审判权、审判管理权和审判监督权的界限，明确法官、合议庭的审判规则及院长、庭长、审判人员的权力清单。改革裁判文书签发制度，落实“谁审理、谁裁判”“谁裁判，谁负责”，院长、庭长不再签发未参与审理案件的裁判文书，法官对办案质量终身负责。配合湖南省高级人民法院将衡阳铁路运输法院打造成跨行政区划法院，最高人民法院已批复其管辖地方部分案件，并明确衡阳中院为其对应的二审法院。2. 建立法官动态调配机制，按照办案任务量机动调配审判力量，缓解办案任务不均衡现象。对超审限案件、发改案件进行重点评查，努力提升审判效率。市中院专门成立清算与破产审判庭和知识产权保护审判庭，衡阳县等部分基层法院成立婚姻家事法庭，进一步集结专业审判资源，提高审判质效。改革审判委员会工作机制，修改《审判委员会讨论案件工作规则》，扩大讨论案件的范围，加强对疑难复杂案件审判质量的把控。完善《审判执行工作绩效管理办法》，明确员额法官办案基数，科学考核法官工作绩效。3. 在初步完成两庭建设的基础上，加大智慧法院建设。全市法院建成科技法庭37个，实现庭审录音、录像、直播等功能，共计同步录音录像庭审2212次。加大投入和指导力度，市中院在湖南省率先完成历史档案数字化，新受理案件实现电子卷宗随案同步生成。引入智能文书编写系统、文书纠错系统，从起诉状、答辩状等电子卷宗材料中智能提取案件关键信息，自动生成文书基础模板，让办案更加高效便捷。全市两级法院的科技法庭开庭率、电子卷宗生成率、网上立案数量均位于全省法院前列，市中院被确定为湖南省法院电子法院试点单位并被评为全国法院信息化建设先进集体。（范　明）

【诉讼服务】　全市法院均建立诉讼服务中心，打造导诉、立案、诉前调解、判后答疑为一体的一站式诉讼服务平台。落实立案登记制改革要求，力争做到有案必立、有诉必理，市中院当场立案率达99%。全面提升诉讼服务信息化水平，实现线上线下功能互通，全年共计接受律师网上立案251起，电子档案查询服务2563人次6900余卷。持续推进财产保全保险担保工作，为经济困难的当事人解决保全担保难的问题，共计提供财产保全保险担保183起，标的16亿元。推动司法救助与法律援助、社会救助相互衔接，加大司法救助力度，2017年共计缓减免诉讼费1900余万元，解决司法救助资金132万元。（范　明）

【司法公开】　深入推进庭审活动、审判流程、裁判文书和执行信息四大公开平台建设，构建开放、动态、透明、便民的阳光司法机制。加强自媒体建设，通过官方微博、微信公众号推送信息1953条，加强人民群众与司法的联系与互动。开展“法院开放日”活动，完善新闻发言人制度，2017年，召开新闻发布会6次，直播庭审91次，网上公布裁判文书43096份，发布布告30余万份，提升公众法治意识。（范　明）

【庭外调解】　引导社会力量积极参与矛盾化解，市中院与保险行业协会达成诉调对接协议，成功调解涉保险合同案件26件，兑现标的300余万元。开展家事审判方式改革，市妇联在市中院诉讼服务中心专设婚姻家庭纠纷调解办公室，聘请人民调解员进驻，成功调解家事二审案件16件。坚持诉访分离、化访为诉，完善处访工作机制，成功化解11起信访老案。建立律师定期值班接访、代理申诉工作机制，计有144名律师为300余名群众提供免费法律咨询服务，成功化解涉诉信访案件137件。（范　明）

司法行政

【概况】　2017年，衡阳市司法局先后被评为“全国法律援助工作先进单位”“全国维护妇女儿童权益先进集体”“全省十大平安创建示范单位”和“全市社会治安综合治理先进单位”“全市廉政文化建设示范基地”。人民调解“三驻”、医疗纠纷第三方调解机制、律师参与涉法涉诉信访、仿驾照科目一、学法考法模式等工作形成品牌；公证、律师、司法考试等各项改革稳步推进；综治考核、绩效考核、为民办实事考核、小康考核继续位居全省前列。

（谢水长）

【法治衡阳建设】 在衡阳市范围内组织开展“一把手谈法治”专项法治宣传活动，在衡阳电视台、红网衡阳站、《衡阳日报》、衡阳司法微信公众号上开辟“一把手谈法治”专栏；联合市委组织部等四部门出台《关于进一步完善领导干部学法用法制度的实施意见》，组织13万余国家工作人员完成年度学法考法，仿驾考科目一的集中考法方式获得中共湖南省委法治办的肯定。推动“谁执法谁普法”责任制全面落实，2017年下半年组织对53家市直执法单位进行督导考评，考评结果纳入综治考核；推动农村“法律明白人”培养工程，11名农民获全省百名优秀农村“法律明白人”称号。县市区法治公园（广场）和法治文化长廊遍地开花，实现全覆盖；在湖南省率先开展法治乡镇创建活动，民主法治示范村（社区）建设走在湖南省前列；社区矫正、人民调解、法律援助政府购买服务全面落实；衡山县国税局、南岳区食品药品监督管理局等30个基层单位被评为湖南省2016—2018年度依法办事示范窗口单位。（谢水长）

【公共法律服务体系建设】 市、县、乡、村四级公共法律服务体系建设快速推进，依托业务用房建设或利用闲置的办公场地改造，衡阳市建成并运行公共法律服务中心11个，乡镇（街道）公共法律服务站和村（社区）公共法律服务点完成80%。衡南县公共法律服务中心被省委法治办评为“全省依法办事示范窗口单位”。依托全省法律服务网络平台“如法网”建设，联通共享“12348”公共法律服务热线电话、法务地图等信息资源，实现咨询、受理、办案网络化。（谢水长）

【监管安全工作】 衡州监狱连续14年，市强制隔离戒毒所连续17年实现安全稳定无事故。2017年6月，中共湖南省委常委、政法委书记黄关春在衡阳检查指导工作时肯定衡阳市雁峰社区戒毒康复工作。衡阳市未发生因社区服刑人员脱管漏管导致的重新犯罪案件，刑满释放人员信息库录入率达100%，安置帮教核实率、回执率、衔接率考核均在99%以上；湖南省社区矫正政府购买服务现场会在衡阳市召开，湖南省司法厅评价“衡阳的社区矫正工作在湖南省至少创造七个第一”；“情暖高墙·关爱孩子”服刑人员子女帮扶活动继续推进，参与的社会力量不断增加，影响不断扩大。（谢水长）

【人民调解工作】 人民调解驻派出所、驻法庭、驻信访办的“三驻”工作获中共衡阳市委、衡阳市人民政府主要领导点赞；行业性、专业性调委会建设大力推进，衡阳市司法局牵头组建的医疗纠纷第三方调解机制受到社会各界的广泛关注，《衡阳市医疗纠纷第三方调解暂行办法》正式公布施行；2017年，衡阳市共调解矛盾纠纷17374件，调解成功17295件，调解成功率99%，调解重大疑难纠纷1830件，防止民间纠纷引起自杀40件，防止民间纠纷转化为刑事案件178件，防止群体性上访367件，防止群体性械斗74件。（谢水长）

【法律服务工作】 2017年，市司法局组织开展一系列专题法律服务活动，全市律师牵手重点工程23个，担任法律顾问409家，帮助352家中小微企业进行免费“法律体检”；全面推进“一村（社区）一法律顾问”制度；通过降低门槛、开辟“绿色通道”，不断拓展民生领域法律服务，办理法律援助案件3301件，完成全年为民办实事指标任务的117.9%，累计接待群众咨询人数22525人次，群众满意率达98.5%，继续保持“零投诉”；建立军人军属法律援助人才库，成立涉军法律援助站；全年286名律师参与到涉法涉诉信访工作中，接待信访群众2950余人次，参与处理信访事项220余件。

（谢水长）

【司法行政改革】 衡阳市公证体制改革于10月12日全面完成，

衡阳市所有公证机构全部提前完成体制转轨；市律师协会设立律师维权中心和投诉中心，湖南协创律师事务所在衡南县挂牌成立，衡阳市实现律师事务所、社会律师法律服务县域全覆盖；法律援助标准进一步放宽，执行案件质量与办案补贴挂钩的案件补贴制度；市县两级安置帮教基地建成，全市社区服刑人员行为规范教育全部通过省厅验收；监所企业体制改革稳步推进，规范监所企业管理，强化监督，避免国有资产流失；人民监督员管理进一步规范，依法履职能力显著增强。

（谢水长）

【衡阳市2017年司法行政工作会议召开】 2017年3月9日，2017年衡阳市司法行政工作会议在衡阳市司法局召开。会议传达湖南省、衡阳市政法工作会议、湖南省司法厅司法行政工作会议精神，全面总结2016年工作，部署2017年工作任务。市委常委、政法委书记邓柯出席并讲话。市司法局党委书记、局长魏中发作工作报告。报告指出，2016年，衡阳市司法行政系统围绕市委、市政府中心，立足发展大局，服务社会民生，盯住“一强两好三创”目标，全面完成三大件30个小项任务，综治考核、为民办实事、小康考核等各项业务考核排名均在全省处于领先位置。通过不断创新，衡阳市的参与式法律援助、普发、社区矫正、公共法律服务体系建设等工作成为品牌工作，为湖南省乃至全国的司法行政提供新经验。会议要求，2017年要突出抓好以下五个方面的工作。一是在新时代背景下，要按照中央、省、市要求，紧扣中心，围绕建设“五个新衡阳”，实行依法治国、依法执政、依法行政一体推进，法治国家、法治政府、法治社会共同建设，为建设法治衡阳、平安衡阳，推进衡阳市经济社会发展当好法律参谋助手，提供法律支持和保障。二是对内要抓好关键少数和重点人群的法治教育，把增强法治观念、法治信仰作为价值追求。对外要探索总结衡阳法治建设经验，将衡阳好的做法从实践上升到理论层面，让湖南省内外看到衡阳的法治成果，在全社会营造学法、崇法、用法氛围。三是要当好中共法治精神宣讲员，地方具体法治实践的施工员，社会法治信仰的培育员。四是要抓好法律服务。司法行政机关要把服务发展、服务改革、服务民生作为根本职责，担当起法律护民主力军，惠民助民援助站和便民利民服务器的责任，拓展服务领域，提升服务质量，让全体市民共享法治建设成果，促进和保障经济平稳健康发展。五是要按照湖南省司法厅和中共衡阳市委、衡阳市政府的工作部署，严扣各项目标任务的完成，推进司法行政各项改革，推进全系统提高政治和服务水平，更好地围绕中心、服务大局，履职履责，助推“五个新衡阳”建设。

（刘　均）

【“12348”热线平台升级改造完成】 2017年3月，“12348”法律援助服务热线升级改造完成。湖南公共法律服务网络平台如法网的并入，使这条热线扩展为具有接听、转接、录音、智能调度、信息化管理等多项功能，为市民获取公共法律资源服务拓展通道。新热线自2017年4月1日运行以来，共接听群众来电300余人次，解决以往存在的信息记录不全、不能呼叫转移、信号不稳定等问题，得到市民的好评。（刘　均）

【谷湘平获评2016年度全省最具影响力十大法治人物】 2017年6月6日，2016年度“湖南省最具影响力法治人物暨法治事件”评选活动评审结果揭晓，衡山县人社局仲裁院主任谷湘平获评湖南省最具影响力的十大法治人物。谷湘平是衡山县劳动人事争议仲裁院主任仲裁员，在近30年的工作历程中，谷湘平秉公办事，依法为民工争权益，受到人民群众的肯定和赞赏。（刘　均）

【黄关春一行调研指导社区戒毒康复工作】 2017年6月7日上午，中共湖南省委常委、政法委书记、省公安厅厅长黄关春到衡阳市雁峰区雁峰街道调研指导社区戒毒康复工作。黄关春一行实地察看雁峰街道社区戒毒康复工作站及指导站的大厅、宣教室、尿检室、图书室、心理咨询室、志愿者工作室等功能室，并与工作人员和志愿者亲切交谈。在现场，黄关春认真了解社区戒毒社区康复工作运作情况、实际成效以及建站情况，仔细询问目前街道社区对戒毒人员的管理教育流程、就业帮扶指导等工作细节，对该站社区戒毒社区康复工作予以肯定，并要求要进一步加大工作力度，以雁峰街道为示范点，抓好其他

站点建设，推动社区戒毒康复工作全面开展。（刘　均）

【湖南协创律师事务所成立】2017年7月19日，湖南协创律师事务所在衡南县云集镇正式挂牌成立，填补该县无律师事务所和社会律师的空白，标志着衡阳市实现律师事务所、社会律师法律服务县域全覆盖。（刘　均）

防范和处理邪教

【防控惩治】以中共十九大安保防控工作为中心，开展“迎接十九大、忠诚保平安”安保防控“五个不发生”创建活动，建立完善情况摸排、信息预警、应急处置、部门协调、技术防范等工作机制，做好防控工作，实现“三个确保”、“五个不发生”控制的管理目标。同时，协调公安、国安部门，以严防形成现实危害为目标，以深挖幕后职业骨干为重点，加强专案侦查，开展专项整治，实施精准惩治，侦破一批“法轮功”等邪教案件，依法惩治处理一批邪教组织违法犯罪人员，收缴大量反宣资料，有效地震慑邪教违法犯罪活动。（易宣传）

【教育转化】2017年，出台《衡阳市县级教育转化能手评聘与管理办法》，评聘一批教育转化能手，为全市教育转化攻坚帮教提供人才保障。同时，采取分散帮教与集中办班、“无邪教创建”与综合治理考核、转化解脱与救助帮扶等方法，多管齐下，对邪教组织痴迷人员开展教育转化攻坚工作，将涉邪教贫困人员纳入当地党委政府扶贫攻坚对象，帮助一些涉邪人员成功脱贫；先后于2017年7—8月分别在祁东县和耒阳市举办2期攻坚示范班，成功转化一批邪教组织痴迷人员，成功完成省里下达的年度教育转化任务。（易宣传）

【“无邪教创建”】立足基层打基础，制定下发《关于建立健全“无邪教创建”工作长效机制的实施意见》《衡阳市“无邪教创建”考评实施办法》，切实将“无邪教创建”纳入社会综合治理、文明创建、基层党建考评指标内容，明确“无邪教创建”要求和标准，强化工作经费投入，采取以补代奖的方式，对各县市区“无邪教创建”工作予以支持。各县市区也将创建专项经费纳入年度财政预算，确保创建工作“有人做事、有钱办事”。另一方面，十分注重抓示范引导，围绕“无邪教创建”工作目标，对照创建标准，结合实际，采取典型引路，树点推进，创造性地开展无邪教创建活动。同时，及时宣传报道无邪教创建”工作动态，提高各级各单位创建积极性。由于措施到位，全市涌现出南岳区、祁东县鸟江镇、珠晖区衡州路街道等一大批“无邪教创建”工作先进典型，南岳区等28个创建示范点也全部验收达标，并被评为全国、湖南省“无邪教创建示范单位”，在衡阳市产生良好的社会反响。（易宣传）

【警示教育】注重反邪教宣传教育队伍建设，重点抓好帮教转化能手队伍、网络宣传队伍和反邪教志愿者宣传队伍等三支队伍建设，对衡阳市反邪教网络骨干队伍深入开展一次业务培训，培育一支达20余人的网宣骨干队伍，涌现出一大批反邪教网络宣传热心人士，向《岳麓红枫网》《凯风网》《洞庭云帆网》投稿，形成网上网下、网内网外宣传合力。2017年，衡阳市在《洞庭云帆网》上稿236篇，其中：专业稿件58篇；在《岳麓红枫网》上稿188篇，其中专业稿件45篇，全年用稿量名列全省前茅，受到省办通报表扬。继续办好“衡阳新闻网”〈凯枫衡阳〉反邪教专栏这一宣传平台，动员网民发布反邪教专业稿件284篇，非专业稿件675篇。借助互联网这一新兴传媒，采取多手段多方式，大力加强网络反邪教宣传力度，开展网上舆论引导，拓展宣传“新阵地”，先后创办“衡阳反邪”微信公众号，开通“衡阳反邪”政务微博和“衡阳反邪头条号”，打造具有衡阳特色的反邪教“四合一”的网络平台，及时上传、发布、播放反邪教工作动态。同时，通过发动广大师生扫二维码，完成凯风湖南公众号吸粉2231人，完成“湖南反邪教”微博吸粉任务。在城市主要公园、交通要道路口建立反邪教宣传阵地，大力宣传反邪教知识，播放（悬挂）反邪教警示语等内容，揭露邪教的反动本质和骗人伎俩，普及反邪教法治知识。此外，于2017年9月又成立一支以退伍军人为主的反邪教志愿者队伍，按照“六进”要求，深入衡阳火车站广场等大型公共场所和各县（市、区）乡镇（街道），开展“防范邪教宣传月”活动，先后发放反邪教宣传资料50000余份，展出宣传展板60余场次，使100余万群众受到教育。10月，根据央办部署，发动群众利用手机扫中国反邪教公众号二维码，积极开展“对邪教说不”网上签名活动。全市签名人数达37万余人，名列湖南省市（州）第一名。通过这些活动，大力营造浓厚的反邪教氛围，增强群众识邪、防邪、反邪意识，为进一步提升衡阳市反邪教工作水平奠定坚实的基础。（易宣传）

综合经济与管理

发展与改革

【宏观经济管理】 一是服务发展大局。1. 突出战略谋划。谋划或参与谋划城市轨道交通产业园、衡阳铁路枢纽改造、铁路物流产业园、城镇群产城融合发展、市县快速干道等一系列重大设想。2. 突出规划引领。组织编制质量发展、军民融合发展、资源型城市转型发展等12个专项规划，落实“十三五”规划纲要实施机制，强化监测评估，引导促进规划顺利实施。3. 突出政策引导。加强梳理对接各项重大政策，牵头拟定出台补齐公共设施关键短板、产业园区转型升级和创新发展、促进民间投资等20余项政策文件，为相关领域发展提供政策支撑。4. 突出经济监测。坚持月分析、季调度，加强经济运行分析监测，提出有针对性的措施建议，为中共衡阳市委、衡阳市人民政府科学决策提供参考。二是优化供给质量，推动转型发展。1. 促进工业经济植优补短。加强专项申报，指导帮助金裕环保科技等4个企业获得省产业链创新专项扶持，湖南机油泵等4个企业获湖南省双创建设专项资金支持。“135”工程完成，累计建成标准厂房369万平方米，列入湖南省“135”工程奖补的140个项目全部竣工，引进287家骨干企业，解决就业5.2万人。企业创新平台建设有力推进，新增省级企业技术中心1家、省级工程研究中心3家、省级双创示范基地1家。2. 持续提质农业基础设施。以农业供给侧结构性改革为导向，组织实施新增粮食产能工程、四水治理、病险水闸泵站除险加固等农业专项，新建高标准农田6400公顷，新建及改建堤防和护岸护坡18千米，加固病险大中型水闸泵站3座，建成农村综合服务平台238个，完成农网改造升级608个村、农村公路提质改造960千米。三是引导服务业加快发展。突出产业引导和企业培育，唯品会电子信息产业园、万达商业广场列入湖南省服务业“双百”工程。牵头实施服务业重大项目，梦东方旅游度假区开工建设，万达商业广场、丽波国际酒店竣工营业，服务业板块重大项目投资完成率达104.3%，三大产业占比达到47.2%的历史新高。

（冯　栋）

【项目建设】 一是全力推进重点项目建设。深入开展“项目推进年”活动，落实集中开工、现场解难、项目倒逼等机制，479个市重点项目全部开工，完成年度投资951.01亿元，带动衡阳市固定资产投资2615.85亿元、增长14.6%。二是大力推广PPP模式。出台PPP工作导则、联审操作规程，建立联席会议机制、咨询机构库、评审专家库、强制识别机制和三年滚动计划，来雁新城、界牌陶瓷工业园、衡山科学城启动区等PPP项目落地实施。三是推进项目前期。编制完成衡阳市轨道交通线网规划，已通过湖南省住建厅组织的技术评审，启动衡阳铁路枢纽改造前期研究，衡阳至祁东等3条市县快速干线、4条国省干道、衡阳至常宁1000吨级航道前期工作正在加速推进。衡阳市储备“三年滚动”计划项目2238个、总投资8193亿元，其中PPP项目211个、总投资3515亿元。四是强化项目监管。建立国省预算内投资项目专人监管机制，2017年中央预算内项目开工率达到95%以上。着力抓好招投标环节审查和专项执法检查，共审查项目招标方案114件，查处各类违法违规项目100个。加强事中事后监管，组织和配合开展重点项目专项稽查9次，督促整改问题60多个，保证国省资金高效安全使用。

（冯　栋）

【争取资金项目】 一是资金筹措保障有力。共争取国家、省预算内资金15.34亿元、同比增长28.9%。加快推进债券融资，成功获批衡东县城投债等4支债券，募资规模52.3亿元，居湖南省第2位。强化债券储备，后备企业债达43支，融资规模约350亿元。二是重大专项次第落户。成功获批湖南省首批城镇群产城融合综合试点，衡山科学城科创中心、衡阳智能物流产业园获省预算内产城融合专项支持；成功争取衡阳市中医医院入选全国100所重点建设中医医院名单；白沙洲工业园成功列为全国增量配电业务改革试点。三是招商引资力求实效。筛选发布2017年度市级招商引资项目132个，总投资约2175亿元，其中32个项目纳入省级招商引资项目笼子。主导谋划

和全力促成深圳比亚迪与衡阳达成战略合作协议，在衡阳投资建设“云轨”产业园，开展轨道交通项目合作。（冯 栋）

【推进综合改革】 一是推进供给侧结构性改革。全面落实“三去一降一补”任务，2017年关闭煤矿8处，“地条钢”生产企业全部关停，完成5家国有“僵尸”企业处置任务。全市商品房去化周期降至合理水平。加大清费减负力度，2017年共降低、取消或停征涉企行政事业性收费及服务性收费项目46项，累计为企业减负约1.8亿元。二是纵深推进行政审批改革。实行提前预审制、五日核准制、受理即办制、合并审批制，共办理行政审批事项314件，现场办结率、提前办结率、满意度均达100%。出台《政府核准的投资项目目录（2018年本）》。三是理顺公共资源交易体制。出台公共资源进场交易目录，市公共资源交易中心正式运行，累计1000余个项目完成进场交易，电子招投标工作进入试运行。四是加快社会信用体系建设。高标准建设全市信用信息共享交换平台，累计归集信用信息530余万条，全国261个地级市信用监测排名中，衡阳居湖南第1、全国第31。五是深化价格体制改革。下调大工业和一般工商业电价，为企业用户降低用电成本3亿元。开展城市公立医院按病种付费医药价格改革，测算并公布106个单病种收费方案。（冯 栋）

【加强生态文明建设】 一是继续推进国家生态文明先行示范区建设。抓好顶层设计，出台生态文明改革和建设实施方案等文件；南岳区获批国家重点生态功能区，并编制产业准入负面清单。二是务实推进节能减排。按照“前紧后松、总体平衡”原则，分解下达“十三五”期间能耗“双控”指标。国家餐厨废弃物资源化利用和无害化处理试点、湖南机油泵国家第二批再制造试点顺利通过验收。加快新能源发展，新建集中式地面光伏项目7个、风电及垃圾焚烧发电项目各1个，支持118个村建成光伏扶贫电站。单位地区生产总值综合能耗下降约5.6%。三是持续强化“三区”治理。深入实施合江套老工业区改造搬迁工程，搬迁企业24家、淘汰关停79家，成为湖南省唯一的老工业区搬迁改造示范工程。统筹衡阳市25家独立工矿区、7家采煤沉陷区编制发展规划，累计实施基础设施提质改造、居民避险安置、生态环境修复、产业接续平台建设项目21个。四是低碳两型蔚然成风。组织编制发布2016年度衡阳市两型社会建设第三方综合评估报告；成功获批省级两型示范及专项支持单位19个，完成27家重点企业碳排放数据核查。（冯 栋）

【保障改善民生】 一是聚焦脱贫攻坚。全力落实易地扶贫搬迁任务，年度搬迁项目全部开工，建成住房7317套、搬迁入住24663人，住房建成率、搬迁入住率分别达到100%、98.9%。开展精准扶贫，与耒阳市磨形村贫困户“一对一”结对帮扶，定期走访慰问和现场办公，累计投入资金200余万元，支持贫困村产业发展和基础设施建设。二是加快民生基础设施建设。争取上级资金5.88亿元，投入实施保障房配套及工矿棚改、全民健康保障、教育现代化、社会服务兜底、公共实训基地、校园足球场地等专项，新建工矿棚改安置房1143套、县乡中小学校教学楼及辅助用房1.35万平方米、教师周转宿舍100套、青少年校园足球场2座，公共实训基地1个。三是加强价格监管。开展全市价格专项检查及反垄断调查，共查处各类价格违法案件161起。规范价格投诉举报办理，市本级共受理各类价格咨询、投诉、举报1151件，全部办理完毕，群众满意率达100%。价格监测工作综合评分名列湖南省第2，获评全国商品价格监测工作先进单位。（冯 栋）

国有资产监督管理

【国资监管】 一是摸清国有产权“家底”。对所属17个出资企业办理产权登记，颁发国家出资企业产权登记证，登记总资产约为1358亿元。二是章程管理初具雏形。出台《衡阳市市属国有出资企业章程管理办法》《市属国有独资公司章程》（模版），规范企业组织结构，指导企业建立现代企业法人治理结构。三是企业领导人员管理逐步规范。起草《衡阳市市属国有企业领导人员管理办法》，待市委组织部审核。四是日常管理不断完善。出台《衡阳市属出资企业监管清单》（试行），制定与清单配套实施的审批规则、办事流程。起草完善出资人监管体系多个管理制度，已正式出台5项，其余均已征求完相关单位意见。（蔡小志）

【国企改革】　国资国企改革持续深化。一是有序推进企业办社会职能分离移交工作。截至2017奶奶12月，列入省政府考核的33家企业，基本完成水电分离移交工作。其他企业办社会职能分离移交正稳步推进。二是扎实开展市属机关事业单位与所属企业脱钩工作。已摸清汇总涉及32个企业主管部门，183家脱钩企业的基本情况，正在征求市委改革办意见。三是逐步完善国有企业法人治理结构。起草《关于完善我市国有企业法人治理结构的实施意见》（草案），对企业法人治理结构进一步规范、完善。四是全力助推企业上市。配合南岳电控做好上市前期准备，预计2018年6月IPO过会。五是支持省属企业重大战略重组。确定市城建投和弘湘公司向华菱集团进行30亿元权益投资，资金已于2017年10月底全部到位。六是加快保安公司产权转让。市保安公司从市公安局划转至市国资委，经市政府已批示同意。（蔡小志）

【央企省企对接】　一是搞好央企入湘对接。6月23日，由中共衡阳市委书记周农带队赴北京招商引资，与市国资委相关的铜铅锌产业基地、绿岛军民融合产业园、界牌陶瓷产业园和特色小镇衡阳纺机退城入园等6个项目，总投资额达290亿元，并成功引进恒天集团、五矿等战略投资者。二是加强部门协作。与市贸促会、衡阳海关和衡阳国检签约合作备忘录。（蔡小志）

【改制维稳】　开展“信访识案清零百日攻坚”行动，接待集访128批5493人次，个访948人次；市国企深改办交办各相关单位及监管企业积案清零14件，组织召开大小维稳专题会议76次。组织信访人员深入社区、企业、车站、职工家中摸排稳控326次。2017年，国资委被评为“2016年度全市信访维稳工作先进单位”“十九大期间全市安保维稳工作优秀集体。（蔡小志）

公共资源交易管理

【概况】　考核指标方面。2017年，加强与各级各相关部门对接沟通，全市工程建设、土地及矿产、政府采购、国有产权等交易项目基本实现应进必进。1—12月，共完成进场交易2083宗，成交金额488.81亿元，分别增长244%、91.29%；节约资金3.97亿元，增值资金65.86亿元。尤其是12月77宗土地使用权的出让，为衡阳市财税收入作出重要贡献。场地建设方面。克服中心成立初期思想不统一、外部环境复杂、办公场地分散等各类矛盾和阻力，迎难而上，加强磨合，经过一年多时间的紧张筹建，2017年5月19日搬入新址正式运行，交易场地达到1.4万平方米，软硬件设施达到全省一流水平，每天可满足约20个项目进场交易。优良的环境和优质的服务保障全市一批事关经济发展、社会民生、城乡建设、生态环保等重大项目进场交易，吸引省内外各级公共资源交易中心前来考察交流，得到社会各界的广泛赞誉。电子化交易方面。电子化交易是国、省、市改革公共资源交易体制的重要内容。投入1600余万元高起点高标准高要求建设全市公共资源网上交易平台，四大类业务网上交易系统全部自主开发，将近一年时间，全市公共资源电子化交易率达到67%，位居全省各市州前列。电子化交易的推广运用，减少公共资源交易领域串标围标的可能性，提升交易各方的严密性，真正做到交易市场的公开、公平、公正，确保交易的质量和效益。如12月成交的一批宗地的价格，屡屡刷新全市土地交易市场记录，其中一宗土地溢价率达到248%，创造衡阳土地网拍历史之最。获奖荣誉方面。获得2017年度衡阳市综合治理考核先进单位、衡阳市文明卫生单位、全国优秀公共资源交易中心、全国公共资源交易宣传工作先进单位等荣誉称号，取得衡阳市讲文明树新风知识竞赛优胜奖、市直机关第十届职工运动会道德风尚奖。底线工作方面。2017年，中心全体干部职工思想上、政治上、行动上与党中央保持高度一致，全面完成市委、市政府交办的各项工作任务，没有出现被通报批评、重大负面舆情、干部职工违法乱纪的情况及安全生产、信访综治等方面的问题。

（吴辉君　李　乐）

【全市公共资源交易管理委员会扩大会议召开】　2017 年 5 月 19 日，衡阳市召开公共资源交易管理委员会扩大会议、重点民生实事工作会议、“互联网+监督”工作会议。市委常委、市纪委书记包昌林，市委常委、常务副市长何录春参加会议，并为市公共资源交易中心揭牌。市公共资源交易中心揭牌成立后，政府采购、工程建设招投标、国有土地使用权出让、国有产权交易以及其他按照规定依法必须公开交易的交易项目，统一纳入市公共资源交易中心进行交易，各县（市）区及相关部门的公共资源交易项目必须按照市委、市政府安排部署全部进入市公共资源交易中心进行交易，不再自行组织交易活动。包昌林强调，要抓好平台建设，抓好制度完善，确保从发布招标公告到宣布中标结果，各个环节都公开进行。要从严从紧抓监管，各县（市）区及市直相关职能部门要自觉扛起交易监管主体责任，切实加强对本级部门交易项目的监管。对监管不力，工作存在明显问题和漏洞的，一律以违纪论处，都要一查到底，严肃处理。何录春指出，要确保公共资源交易项目“应进必进”，抓紧制定内部规则制度，全面落实部门监管职责；重点民生实事工作方面，要高度重视、高位推动，强化保障和措施，确保质量、确保成效；要依托“互联网+”技术，建好“互联网+监督”运行平台，通过建立健全制度体系，用好平台，管好平台。

（匡　俊）

审　计

【概况】　2017 年，衡阳市审计机关审计和审计调查 401 个单位，查出各类违规、损失浪费问题金额 252 亿元，处理上缴财政和归还原渠道资金 37 亿元，核减投资额 4 亿元。市本级共完成审计项目 137 个，占年度计划 230%。共促进财政收缴资金 37 亿元，财政资金清缴入库 6 亿元，追缴各类税费及土地出让金 3.6 亿元。审计移送案件线索 94 起，其中，司法及纪检监察部门 84 起、相关主管部门 10 起。相关部门调查案件线索后，立案 77 起，给予党纪政纪处分 169 人。向市委、市政府报送《审计要情》《审计情况专报》共 16 篇。衡阳市审计局结合审计工作实际，开展多形式的文明创建活动，成功创建全国文明单位。

（朱思妍）

【审计监督】　1. 根据审计署的统一安排，对稳增长、促改革、调结构、惠民生、防风险等政策措施落实情况开展跟踪审计，通过对耒阳、衡阳、衡东、衡南四个县的审计，积累经验，理清思路，多项审计成果被审计署、审计厅采纳；共对衡阳市 282 个行政事业单位进行预算执行和财务收支审计，促进公共资金的安全高效使用；对 223 名党政领导实施经济责任审计和离任领导经济事项交接，促进领导干部守法守纪守规尽责；衡阳市审计局赴永州主审的湖南科技学院院长经济责任审计，得到湖南省审计厅的肯定；对 12 个县市区城镇保障性安居工程、2 个县区社会抚养费进行审计，维护群众的切身利益；对征地拆迁资金实施跟踪审计和工程结算审计，规范和节约大量建设资金，促进全市项目建设；市局组织开发《衡阳市征地拆迁安置跟踪审计系统》，提高审计的时效性、全面性和精准度；全市共完成各级党委、政府交办的审计任务 162 项，服务宏观管理和决策。市局持续对政府投融资公司开展审计，为投融资机构规范管理发挥重要作用。2. 将精准扶贫、基础设施建设、生态环境保护等党委、政府当前中心工作和重点任务推进情况作为审计重点，持续追踪问效。围绕提高预算管理水平和绩效，重点关注财政收支真实合法效益，推进财政政策落实，防范地方债务风险，促进完善政府预算体系。衡阳市审计局首次使用联网审计数据平台对公共资金实现审计全覆盖，重点关注纳入预算管理的部门单位三公经费安排和使用情况，并对在联网审计中发现问题疑点的 89 家单位进行交办与核查，起到规范管理和提示预警的良好作用。组织对市本级、南岳区和七个县市开展的保障性安居工程跟踪审计，开展全市国土专项审计、全市环保、扶贫专项资金审计，审计查出的问题，得到有效整改，有效维护民生民利。全市共组织对

223名领导干部开展经济责任审计，形成一大批审计成果，促进领导干部依法主动有效作为。同时，根据省厅统一安排，市审计局对郴州市宜章县党政主要领导干部经济责任履行情况进行审计，得到湖南省审计厅表彰。组织对政府投资项目开展跟踪审计或结算审计，重点关注项目管理、工程质量和建设资金使用等情况，促进规范项目管理，节省建设资金。市局对市城建投、弘湘国投、交通投、水利投等13家市属国有企业2016年度财务收支情况进行审计，及时揭示相关风险隐患，提出防范和化解风险的建议。同时，全市审计机关还选派人员参加巡视巡察、专项督查等工作，配合有关部门开展"雁过拔毛"式腐败问题专项整治等工作。

（朱思妍）

【审计成效】 全市审计机关坚持用创新引领审计事业发展，完善审计工作的方式方法，加强审计成果的开发运用，推动审计工作的创新发展，取得新成效。衡阳市在湖南省优秀审计项目评选中，荣获3个优秀项目、1个表彰项目。完善审计组织方式，大力推行"上审下""交叉审"等模式。主动适应大数据环境，整合全市360个一级预算单位财务数据、市本级和12个县市区财政数据、全市医保数据、人口数据等，建立跨系统的联网审计平台，成倍提高审计工作效率，确保审计成果产出率。2017年，全市审计机关向各级党委、政府报送审计信息516篇，绝大部分被批示采用，向被审计单位和向各级纪检监察、司法机关及有关部门移送案件线索154件，涉及人员170人，其中，市局审计移送案件线索91起，司法及纪检监察部门70起、相关主管部门21起。相关部门调查案件线索后，立案12起，给予党纪政纪处分11人，组织处理104人。向市委、市政府报送《审计要情》《审计情况专报》共16篇。加强对审计发现问题的督促整改，首次通过政府常务会研究部署审计整改工作，针对不同类别问题提出具体的整改要求，首次将审计整改工作纳入政府督查范围，推进出台相关办法或制定有关规章制度。在市人大常委会会议上，市财政局、市地税局等8个单位的主要负责人向会议报告2016年度预算执行审计工作报告反映存在问题的整改情况，由市人大常委会组成人员对整改情况和效果进行满意度测评投票，8个单位的整改报告全部获得通过。

（朱思妍）

海　关

【概况】 2017年，衡阳海关坚持以中共党建引领，推进业务建设，各项业务指标均实现稳步增长。监管工作方面：共审结进出口报关单1.1万份，增长180%；监管货运量102.1万吨；进出口货值31.5亿美元，增长260%；实施查验13次；两简案件实现零的突破，对当事人处以罚款8000元。稽核查方面：稽查移交涉嫌案件线索2起，货物申报价值17034万元；完成保税核查7起，核查补税393.65万元，核查有效率为42.86%。企管减免税方面：审批征免税证明38份，减免税款1757.1万元，增长10%；税收入库7.2亿元，增长220%；新增注册企业100家，增长47.1%；实有备案企业526家，增长23.5%。加工贸易管理方面：备案加工贸易手册26份，增长4%，手册备案金额2.7亿美元，下降3.6%；加工贸易手册实际进出口28.5亿美元，增长70%；内销征税1589.7万元，增长610%。衡阳综保区发展呈现良好势头，2017年以来，已审结报关单3935份，增长78.5%；监管货运量1320吨，增长3.9%；进出口货值3.4亿美元，增长12.4%。

（刘雅琪）

【综合治税】 2017年1月至11月，衡阳海关共入库税款7.2亿元，较2016年同期增长320%，创下建关以来历史新高。2017年，衡阳海关综合治税工作成绩的取得，主要得益于：一是支持税源项目建设，扶持五矿金铜项目投产建设；二是以优质服务吸引企业报关，引导企业使用税款电子支付，指导企业办理税款担保，企业普遍反映衡阳海关关员业务素质过硬、服务态度良好，报关单回流趋势明显，全年共14家企业入库税款超百万，较2016年同期实现翻番。（刘雅琪）

【查缉走私】 2017年，衡阳海关参加"国门利剑2017"联合专项行动，共刑事立案4起，其中包括："3·23"涉嫌走私枪支案，"5·19"涉嫌走私武器弹药案（署局二级挂牌督办案件），"9·21"高伟涉嫌走私活鸭案（公安部督办系列案件）；查获气枪2支，查获走私小口径子弹500发、枪支配件一批，查证涉嫌走私大米数量共5242吨，涉嫌偷逃国家应缴税款人民币1169万元；抓获犯罪嫌疑人7人，刑事拘留4人，取保候审5人，逮捕3人。接收行政案件线索6起，办理协查案件30余起。 （刘雅琪）

【压缩通关时间】 衡阳海关依托《衡阳海关压缩通关时间专项行动方案》，从以下三个方面着手压缩通关时间：一是强化系统监控，及时处理超期未放行报关单；二是坚持源头着眼，对主要进出口企业通关流程开展调研，提出优化建议，解决制约通关效率提高的问题8个；三是扩大关单总量，吸引本地企业报关单回流，增加纳入通关时效统计的实际报关单数量，降低单票报关单通关时间。 （刘雅琪）

【经济责任审计】 2017年，衡阳海关全面深入开展审前自查，查找出需要整改的问题43项，将其中40项及时整改到位，并就无法整改的3个问题提交情况说明，确保自查整改不走过场、不留死角、不留尾巴，把总关党组对于审计工作的要求切实落实到位。审计正式开展后，配合海关总署审计组工作，提交问题反馈单32份，多次陪同审计组到衡阳进出口企业开展延伸审计。 （刘雅琪）

【2月进出口总额增速创近18个月新高】 2017年2月，衡阳市进出口11.7亿元，增长70.8%，增速创近18个月来新高。其中进口5.6亿元，增长1.4倍，连续第6个月保持增长，增速为近27个月最高；出口6.1亿元，增长36%，增速为近17个月最高。矿产品、电子元器件是主要进口产品。2月，衡阳市进口铜矿砂、铁矿砂等大宗矿产品共1.9亿元，集成电路9452万元，变压、整流、电感器及零件2193万元，印刷电路1188万元。电子产品、钢材、传统劳动密集型产品是主要出口产品。2月，衡阳市出口亚马逊电子书、智能音响等电子产品3.8亿元，钢材9738万元，鞋类、服装等传统劳动密集型产品4839万元，蓄电池3108万元。 （陈跃英）

出入境检验检疫

【概况】 2017年，衡阳出入境检验检疫局（以下简称衡阳检验检疫局）共受理出入境货物报检3214批、货值18996万美元，比2016年分别下降15.2%、5.4%。其中：出境货物2718批、货值9683万美元，比2016年分别下降22.5%、41.8%；入境货物496批、货值9313万美元，比2016年分别增加72.8%、170.3%。受理出口货物运输包装检验609批、270万件，比2016年分别增加10.1%、26.8%。不合格出境货物1批，货值4.7万美元；检出不合格入境货物2批，不合格金额30.1万美元。 （樊倩荣）

【原产地业务】 2017年衡阳检验检疫局辖区内共有备案产地证企业91家，2017年新增产地证签证企业18家。全年签发各类产地证书1830份，金额8730万美元，比2016年同期分别增长14.4%和21.2%。其中，签发优惠原产地证738份，签证金额4395万美元，为产品减免进口国关税约440万美元。2017年通过采取为企业配备"专属保姆"、开展精准化帮扶及培训、依托信息化手段推行"零见面"模式等有效措施，原产地证签证量及签证金额增幅双双超过10%。其中，四类商品签证量呈爆发式增长：干制黄花菜签证量同比增长2750.0%；硫酸铁签证量同比增长83.3%；硫脲签证量同比增长4285.7%；铅酸蓄电池签证量同比增长70.5%。 （樊倩荣）

【促进国家级出口食品农产品质量安全示范区建设】 2017年2月，衡阳市市长、副市长分别在衡阳检验检疫局提交的《关于助推祁东县出口食品农产品质量安全示范区建设工作情况报告（2016）》作出批示，市内相关单位部门联动，促进祁东县"国家级出口食品农产品质量安全示范区"的获批进程。9月，祁东县成功创建国家级"黄花菜、酥脆枣、西兰花出口食品农产品质量安全示范区"。2017年，祁东黄花菜实现直接出口700万美元，出口20多个国家，通过出口带动，基地鲜菜价格从2016年每公斤4元左右涨至2017年每公斤7到8元左右，农民实现增收40%，成功助力祁东县“脱贫摘帽”。通过示范区品牌效益，2017年祁东黄花菜首次出口欧盟、美国。（樊倩荣）

【动植物疫情疫病防控】 2017年，衡阳检验检疫局开展动植物疫情疫病和安全风险监控。开展口蹄疫、高致病性兰耳病、古典猪瘟、非洲猪瘟、猪圆环病毒病、猪流行性腹泻、猪传染性胸膜炎监测等动物安全风险监控工作，进行磺胺类（15项）、氨苄西林（氨苄青霉素）、土霉素（确证）、阿莫西林、强力霉素（确证）、苄青霉素、林可霉素、盐酸克伦特罗、邻氯青霉素、沙丁胺醇、莱克多巴胺、四环素、双氯青霉素等检测工作。根据安全风险监控要求，全年抽取供港澳活大猪尿样60份、血样50份、病理组织样5份、内脏样品5份。开展供港蔬菜农食除害剂全项目筛查，全年抽取供港蔬菜8份；进行共239个项目的监测。全年未发生动植物监测项目不合格情况，未检出动植物疫情疫病。（樊倩荣）

【加强外来有害生物监测】 2017年4月，衡阳检验检疫局在衡阳公路口岸开展国门生物安全宣传活动，发放宣传资料500余份，对相关人员进行讲解和问题解答。2017年，衡阳检验检疫局在衡阳市进出境货物集散地开展检疫性实蝇、长芒苋、外来杂草等有害生物监测工作。全年布实蝇监测点45个，累计捕获各类有害生物1631只；在综保区的入境货物查验区和存放仓库等重点区域投放监测器具开展蜚蠊、鼠及体表寄生虫、蚊类监测，监测各类媒介生物3种、85只。监管进口大麦、玉米、高粱、大豆1.34万吨，对企业在进口粮食调运、加工全程监管，防止外来生物在衡阳传播。（樊倩荣）

【质量安全监管】 2017年，衡阳检验检疫局围绕质量效益中心，提升质量供给水平。针对出口工业品，特别是针对“一带一路”沿线国家、中东和非洲的出口商品的质量提升，衡阳检验检疫局结合“双打”、质量月等活动的开展，重点对出口代工企业核查商标或品牌的使用授权书，确保无侵犯知识产权行为；对需要认证认可的产品，核查货物的认证认可标志，严格审核其对应的认证认可证书是否有效，是否具备施加相应标志的资质。共检出出口不合格商品1批，货值4.7万美元。2017年，衡阳检验检疫局继续加强供港澳活动物检验检疫监管工作，为防患供港澳活大猪药残超标事故发生，通过强化宣传、抽检、药物管理、溯源等多项应对措施，及时消除安全隐患。9月，根据衡阳市食安委统一部署，开展“喜迎十九大安全迎双节”为主题的进出口食品安全监管工作。一是强化出口食品检查抽样，对衡阳主要出口农食产品供港澳活猪、出口蔬菜及制品、糖浆进行专项检查，累计抽取各类样品28份，开展农兽残、添加剂、净含量等233个项目的检测；二是开展质量提升行动，由局领导带队对出口企业的生产工艺、原料收购和产品加工状况进行督察，协助企业增强质量意识，改进加工工艺，提升出口质量；三是在“两节”期间安排24小时值班，及时处理进出口环节食品安全隐患。（樊倩荣）

【助推特色产品出口“破零倍增”】 2017年，衡阳检验检疫局助推特色产品出口，“三破一番”见成效。1月，黄花菜首次出口欧盟；果葡糖浆首次出口。3月，衡阳地区首家进口非转基因大豆加工企业资质获批。4月，打火机、点火枪分别出口西班牙、中国台湾地区，实现出口“双破零”。5月，全国第三家、衡阳首家进口牛角资质企业获批。6月，胡萝卜出口马来西亚，衡阳蔬菜首次出口“破零”。8月，大米蛋白粉首次出口日本。11月，氟化钠首次在衡阳投产出口。12月，罗汉果经由e-CIQ主干系统快速核放顺利抵达印度尼西亚，实现中药材“出口破零”。2017年，衡阳辖区全年出口果葡糖浆274万美元，同比增长509%。（樊倩荣）

【促进贸易便利化】 2017年，衡阳检验检疫局多举措促进贸易便利化工作。一是全面推广运用中国电子检验检疫免费申报平台，减轻企业负担；配合湖南局通关处对湖南省600余名企业申报人员进行培训；建立2016网络申报系统微信企业交流群，为企业解疑答惑。二是全面推广运用质检总局无纸化平台，便利企业检验检疫业务申报，共培训企业15家，人员20名。辖区内诚信等级B级以2016企业，均开展无纸化报检，目前共有无纸化备案企业62家，出境无纸化率99.8%，出境包装无纸化率99.75%，入境无纸化率达100%。三是全面推广产地证新平台，便利企业备案及签证。四是开展各类外贸优惠政策宣贯培训。与衡阳市贸促会签订合作协议并开展外贸知识集中授课；同衡阳市商粮局一起举办推进"衡品出境"及出口相关政策培训；组织召开质量体系暨原产地业务知识培训，为进出口外贸企业宣贯相关贸易便利政策措施。（樊倩荣）

【扶持重点企业发展】 2017年，衡阳检验检疫局选取衡阳百赛化工实业有限公司重点培育，多次到该公司进行生产现场指导和质量体系的审核，帮助其通过出口硫酸锌饲料添加剂备案登记的复查换证。该公司全年出口硫酸锌913.4万美元，同比增长25.2%，创历史新高，产品畅销美国、德国、法国、俄罗斯、西班牙、加拿大、澳大利亚、比利时、意大利等三十多个国家，唱响衡阳出口工业品品牌。12月26日，富士康（衡阳）富泰宏精密工业有限公司法人代表一行5人主动向衡阳检验检疫局赠送"科学监管高效服务"的锦旗，衷心感谢衡阳检验检疫局多年来以保姆式服务给予企业的大力支持和帮助。该公司2017年进出口加工贸易总值30.26亿美元，同比增长103%；总值勇夺全省单体企业之冠。（樊倩荣）

【扶贫工作】 2017年，衡阳检验检疫局继续与常宁市三角塘镇大合村开展一对一结对子帮扶工作，局领导多次与对口扶贫村村委一班人探讨研究、赴别村考察规模养殖等经济项目，拨付2万元资金支持该村发展集体经济，争取该村集体经济破零。2017年，协助该村进一步完善通村公路、自来水、农网改造、宽带安装、危房改造等基础设施工作。解决贫困户子女就学就业困难，为一名在读贫困学生解决高中三年学费3.6万元。在"凝心聚力献爱心精准扶贫奔小康"活动中全局干部职工纷纷奉献爱心，捐款0.72万元。（樊倩荣）

【信息宣传】 2017年衡阳检验检疫局在《衡阳日报》等当地新闻媒体发表报道22次，创历史新高；2017网络报送并被湖南局采用的信息共22条；衡阳检验检疫局网站全年电子化主动公开信息数76条，接受网络咨询4次；微信公众号发布信息11条。（樊倩荣）

【出入境检验检疫费于2017年4月起停征】 2017年4月1日起，衡阳检验检疫局停征进出口商品出入境检验检疫费。此次停征的费用涵盖进、出境的检验检疫费，即出入境人员、货物、运输工具、集装箱及其他法定检验检疫物停征行政事业性出入境检验检疫费。（刘　均）

工商行政管理

【商事制度改革】 进一步降低准入门槛，提高工作效率，申请人的工商登记申请文书只有20种，减少11种；资料规范75个，仅保留33项工商登记前置审批事项目录，31项变更注销登记前置审批事项指导目录，倒逼各部门主动简政放权、优化流程，改革行政审批方式，行政综合审批效能提高90%，进一步降低创新创业门槛，激发创新创业活力。截止于2017年12月底，全市共有市场主体244332户，比2016年同期增长25.53%。（李育广）

【实施品牌战略】 争取国家工商总局在衡阳市设立"衡阳商标受理窗口"，全市有效注册商标达1.8万件，新增4000余件；现有中国驰名商标15件，省著名商标138件。开展网络市场、农村和城乡结合部市场、清风行动、红盾质量维权行动、保护商标专用权专项行动、惩治"傍名牌"、成品油市场、虚假违法广告等专项整治。共查处商标侵权案件58件，案值40.51万元，罚没金额141.8万元。（李育广）

【扶持小微企业】 与工商银行、建设银行、邮政银行等金融机构签订三方《战略合作协议》，通过银企融资洽谈、股权质押、动产抵押等多种方式为企业融资解困。举办两次大型的银企融资洽谈会，达成融资意向1.62亿元，发放贷款6300万元；办理动产抵押登记42宗，融资金额7.8亿元；办理股权出质登记146宗，融资1.17亿元。个私协会被工商总局表彰为“推进非公党建工作表现突出单位”。（李育广）

【抓好消费维权】 2017年，全市工商“12315”系统共接待来人来访、接听消费者电话57569起，办结55350起，办结率96.15%，为消费者挽回经济损失844.81万元，咨询、投诉、举报总量与2016年比分别增长50.39%、70.31%和80.59%，。消委系统通过现场、电话和网上受理投诉1023件，调解1014件，调解率99.1%；为消费者挽回经济损失358.9万元。接待来访、接受咨询20367人次；接受锦旗或表扬信17封。市消委被中消协评为“全国消协组织先进集体”，被省消委评为“全省消委系统宣传工作红旗单位”。（李育广）

【市场日常监管】 一是抓好抓实年报公示工作。年报公示率为91.37%，比2016年提高2.82个百分点，个体工商户、农民专业合作社年报率分别达到94.37%和94.35%。年报公示工作获湖南省一等奖。二是开展“双随机一公开”抽查工作。完成省局派发的1119户企业不定向抽查任务；于地州市中先试先行“双随机”抽查，完成4个批次的抽查工作。三是落实经营异常名录管理制度。2017年，全市列入经营异常名录的市场主体3404户，移出1340户；重点清理长期停业未经营企业4789户，吊销2341户。四是建立完善市场主体信用联合惩戒机制。2017年，协助司法部门办理股权冻结391起，为中共党委、人大、政府、政协换届提供信用查询2万余人次，为有关企业出具信用查询证明600余份。（李育广）

【虚假违法广告整治】 突出重点媒介、重点领域、重点监管对象，抓好广告发布、监测、查处三个环节，依法查处各类虚假违法广告，维护衡阳广告市场秩序。监测广告9700余条，开展专项整治执法11次，巡查高速公路广告3次，检查户外广告牌1000余块，立结案88起，罚没金额125.5万元。（李育广）

【红盾护农】 2017年，共抽检化肥36个批次，其中不合格6个批次，罚没金额9.65万元；农机具检测12个批次，不合格10个批次，罚没金额11.1万元。（李育广）

【打击传销规范直销】 2017年，衡阳市共查处捣毁传销窝点195个，教育遣散、遣返参与传销人员269人。全市工商机关共立案查办传销行政处罚案件6起，罚没1232.08万元。会同公安机关查办传销犯罪案件9起，涉案金额3.27亿元。（李育广）

【查处取缔无照经营专项整治】 2017年，全市共清查无证无照3226户，引导办证办照2643户，成员单位立案查处264件，工商部门立案查处398件，罚没金额185.846万元。（李育广）

【加大网络监管力度】 对消费者和媒体反映问题集中的儿童用品、电器电子产品、装饰装修材料、汽车配件、服装鞋帽等流通领域商品实施重点监管，对销售假冒伪劣商品、刷单炒信等问题进行重点整治，查办网络商品交易案件13起。（李育广）

【加强合同市场监管】 主要以银行、保险、通信等民生行业为重点，整治不公平格式合同条款，规范企业合同行为。共检查汽车、房地产、装修、旅游等行业格式合同948份，下达责令整改通知书17户，立案13起。（李育广）

【强化质量维权】 主要开展流通领域电线电缆质量监管和严厉惩治“地条钢”两个专项整治行动，对辖区内电线电缆市场和钢材开展全面检查。强化日常监管，强化抽检结果的利用，强化执法办案。全市消保系统共查办消费侵权案件154起，案值161.24万元，罚没金额158.94万元，收缴各类假冒伪劣商品2357件。（李育广）

质量技术监督管理

【“质量强市”与名牌战略】 进一步加强对衡阳市质量工作的统

筹规划和组织领导，市质量强市工作领导小组组长调整为市长郑建新担任。起草《衡阳市“十三五”质量发展规划》，经南华大学、衡阳师院、市政府办、发改委等15家单位代表组成的专家组评审一致通过，并报市人民政府审核印发实施。广泛开展质量强市、质量强县、质量强区活动，提升全民质量意识，促进全市质量发展综合水平的提升。层层传导质量压力，级级压实质量责任，做好湖南省政府对全市质量考核的配合工作，将政府质量工作考核指标分解到各市直部门。健全质量评价考核机制，完善市对各县（市）区政府质量考核的指标体系和考评机制，对各县（市）区政府的质量安全和质量发展情况实施单独考核，压紧靠实各级政府的质量安全总体责任。2017年初，制订全年品牌创建计划，从支柱行业、特色产业和新兴科技产业，选择技术含量高、市场竞争力强、有发展潜力的产品作为创品牌对象重点培育，做到培育一批、申报一批。完善品牌建设长效机制，起草《衡阳名牌产品管理办法》，并报市政府审批。2017年，指导、帮扶18家企业获得湖南名牌产品荣誉，5家企业（新疆特变电工衡阳分公司、湖南角山米业、南岳电控（衡阳）、湖南大三湘茶油、湖南机油泵股份）入围“市长质量奖”现场核查。截止到2017年年底，衡阳市共有中国质量奖提名奖1个，省长质量奖1个，市长质量奖企业9家，湖南名牌产品63个，衡阳名牌产品66个，中国地理标志保护产品4个。（高福生）

【标准化战略】 推行企业标准“领跑者”制度，召开全市企业标准管理制度改革新闻发布会。推动1个国家级农村综合改革标准化试点项目、3个省级农业标准化试点项目、6个地方标准制修订项目立项。指导、帮扶在建的1个国家级、2个省级服务业标准化试点项目通过验收。支持、帮助特变电工、金杯电缆等4家企业开展采用国际标准、国外先进标准的“双采”活动，并取得“双采”许可。全面推行企业标准自我声明公开，2017年，衡阳市企业有1719项各类产品标准信息在全国统一开放的企业产品和服务标准信息公共服务平台上进行声明公开，湖南省的排名由2016年的第11位跃升到第2位。

（高福生）

【认证认可监管】 满足企业认证需求，推进市场信誉传递，新增各类认证企业（组织）84家、证书322张，获证企业（组织）总数达531家、证书总数达1270张。强化证后监管工作，组织完成对14家检验检测机构的资质认定评审工作。加强质量管理体系认证活动监管，抽查认证机构的认证活动65次，涉及认证机构22个，涉及企业（组织）37个。

（高福生）

【商品条码和行政审批】 2017年新注册系统成员单位40家，系统成员单位续展70家，订制原版胶片540张。为15家企业在网上办理注册和续展手续，对50家系统成员单位进行现场监督检查，指导企业改正检查中发现的问题，为近100家企业110人次举办三期商品条码技术培训。完成特种设备使用登记3280台（件）、特种设备从业人员证复审884本、补办电梯等特种设备使用登记证4268台（件）、计量标准考核13个项目，举办特种设备从业人员取证培训班5期、培训人员806人、发放特种设备从业人员证书1338本。（高福生）

【计量工作】 2017年指导、帮扶15家企业参加衡阳市诚信计量示范单位创建，考评结果满意。开展计量惠民工程，全年检测“一机二器三表”（指加油机、衡器、出租车计价器、电表、水表、气表）14万余台件、医疗卫生单位80余家3625台件医用计量器具，共强制检定计量器具167004台件，较2016年受检率上升19.46%，强检计量器具免征费用500多万元。服务生态文明建设，对全市9家环境检测单位的268台环境监测仪器进行周期检定。市计量测试中心中小企业计量托管平台（互联网+计量）建设已初步完成，实现无纸化办公，在湖南省同行业属先进水平，方便被检企业进行网上咨询和申报。

（高福生）

【检验检测能力】 推进国家输变电电器产品质量监督检验中心建设工作，组织人员前往国内领先的检验机构考察调研，形成调研报告。加快发展市场第三方检验检测认证服务，指导6家检验检测机构取得资质认定，总数达到103家。市质检所和市计量测试中心两大技术机构结合自身优势，积极开展科研工作，2017年累计申报省市级科研项目6个、公共服务平台项目4个，获得国家专利4项，发表科研论文14篇。市计量测试中心起草制定2项湖南省地方计量检定规程和校准规范，已发布实施，填补湖南省在混凝土配料秤和医用离心机检测领域的空白，为湖南省在该两项领域的计量检校和监督工作提供技术法规支撑。（高福生）

【产品质量监督抽查】 以服务民生和质量提升为目标，围绕春耕生产，重点工程、重点行业、重点领域等产品编制《2017年衡阳市重点工业产品监督抽查计划》，争取财政专项经费150万元。全年共组织对轻工产品、化工产品、食品相关产品、车用油品、农资、建材、电线电缆等7大类产品开展产品质量的监督抽查，完成201家企业、608批次产品的监督检验，产品质量合格率95.50%。对省抽12批次和市本级抽查的7批次不合格产品进行后处理。

（高福生）

【特种设备安全监管】 采取市级政府挂牌督办、停业整改等硬举措，解决冠都现代城使用不合格电梯和衡南县8个单位非法充装气瓶的难题。实行“一单四制”，开展特种设备隐患排查治理工作，累计检查特种设备使用单位1825家，检查设备6354台（套），发现安全隐患1572起，已完成整改1497起，油气管道法定检验覆盖率已达100%。吸取“7·19”特大道路交通危化品爆燃事故和“6·26”宜风事故的教训，组织对全市25家机动车安检机构开展“两节两会”专项检查、城区交叉检查、与交警部门联合检查。组织开展局领导带队督导安全生产工作，督促、指导各县市区（园区）严格落实属地监管责任，不定期、不间断地进行日常监管巡查，对发现的问题进行跟踪督办，现场抽查48家单位，下达责令改正通知书18份、执法查处3起、申报并经湖南省质监局撤销资质1家。（高福生）

【重点产品专项整治】 配合开展“地条钢”问题集中整治，严厉惩治生产“地条钢”和用“地条钢”坯轧制钢材的违法行为。汲取西安地铁问题电缆事件教训，提请市人民政府转发全市电线电缆专项整治方案，并先后约请市重点办和国网衡阳电力公司分别召开专题联席会议，举一反三、抓好整治，深入电线电缆企业、建筑工地、国网、农网改造等工程现场，曝光一批违法企业，立案7件、约谈企业3家、下达督办函4份、下达责令改正通知书11份，督促企业进行全面整改。

（高福生）

【执法打假】 3月14日，与湖南省质监局联动，开展“12365”局长接线日活动，集中受理、处置广大群众有关产品质量问题的投诉和举报。全市系统2017年共受理“12345”“12365”和现场投诉举报101起，其中电梯投诉65起、的士车计价器投诉16起、加油（气）机投诉13起、其他7起，处置率100%。受理质量咨询54起，回复率100%，群众满意度良好。围绕群众质量诉求和社会关切，全市系统先后开展部署实施8项“质监利剑”专项执法行动和“双打”专项行动，共出动执法人员1062人次，检查企业396家，查办案件97起，涉案货值金额154.62万元，移送公安机关案件2件，其中大要案7件。衡阳质监局稽查支队办理的《无证生产防水卷材案》被湖南省质监系统评为十大优秀案件。实施缺陷产品召回制度，全年对汽车和校服两大类有问题的产品实施召回。（高福生）

【依法行政】 2017年，召开案审委员会13次，对35个一般程序行政处罚案件在执法程序、执法主体、法律适用、文书规范等方面进行全面的法制审核。2017年立案38起，办结案件17起，并将已办结的行政处罚案件及时在市质监局门户网、市政府门户网等网站向公众公示。贯彻落实国务院“三项制度”改革，建立法律顾问制度，聘请专业法律顾问协助依法开展行政管理、行政执法及各项法律事务，确保行政决策的合法性、合理性。落实好学法制度，提高依法行政水平，组织全局干部职工参加普法学习和考试，学法积分、参考率、合格率均为百分之百。（高福生）

【质监为民工程】 一是服务节能减排，免费对衡阳市18台10吨以上的在用燃煤工业锅炉开展能效普查。二是服务基层医疗，对全市49家乡镇（社区）医疗卫生机构在用的1022台医用计量器具实施免费检定，免除费用35.8万元。三是服务学生健康，实施免费纤检中小学校服57批次。四是服务校园安全，对全市公办的中小学、幼儿园和福利院使用的特种设备（48台锅炉、32台电梯）进行免费检验。五是服务市民安全，免费发放质量安全知识读本5万册。六是服务贫困居民，对重点区域的保障性住房室内空气质量实施免费检测37户、98个点。七是服务实体经济企业，取消涉企行政事业性收费8项，在2016年为全市企业降低综合成本1000余万元的基础上，2017年市本级再为全市企业降低综合成本834.33万元。八是服务精准扶贫，帮助常宁市洋泉镇祁元村发展特色产业，脱贫致富。（高福生）

【全市企业标准管理制度改革盛大启动】 2017年8月30日，衡阳市企业标准管理制度改革新闻发布会召开，拉开全面实施企业产品和服务标准自我声明公开制度的帷幕。中共衡阳市委副秘书长、市委宣传部副部长吕正平主持会议，市质量技术监督局局长夏日新发布相关改革内容并现场回答媒体记者提问。即日起，企业只要将自己生产的产品标准或执行的服务标准在全国统一开放的企业标准信息公共服务平台上向社会公开（即自我公开声明），无须再经过政府部门的审核、审查、审评。通过这一平台，消费者、企业、机构，都能查看所需解的标准，便于公众、社会对企业进行监督。（高福生）

【市计量测试中心负责起草的两个地方计量标准获评审通过】 2017年11月初，湖南省地方计量标准评审会上，衡阳市计量测试中心负责起草的《医用离心机校准规范》和《混凝土配料秤检定规程》在湖南省地方计量标准评审会上获得专家一致通过。这两项技术标准的评审通过填补湖南省在该类仪器计量标准的空白，也是衡阳市在计量标准规范起草上零的突破。（高福生）

【湖南省质监局局长欧阳彪到衡阳督查特种设备安全工作】 2017年12月27号，湖南省质监局局长欧阳彪带领省质监局特设处、质量处等相关处室负责人一行深入衡阳建滔化工有限公司进行特种设备安全督查。副市长周玉梅、市质监局局长夏日新、副局长肖亚明陪同检查。欧阳彪一行先后听取建滔化工有限公司负责人关于企业安全管理、在用特种设备安全状况及主体责任落实等方面的情况汇报，并对该公司的液氯充装、双氧水氢柜、PVC生产车间、环氧氯丙烷新项目及烧碱生产线进现场检查。在督查过程中，省质监局局长欧阳彪与被检查单位负责人、随行检查人员交换检查意见。（高福生）

食品药品监督管理

【日常监管】 衡阳市食品药品安全监督局按照“监管责任网格化、检查格式化、管理痕迹化”的要求对“四品一械”生产经营主体进行全面监督检查。全市共检查食品生产经营主体24559家次，突出抓好学校、农村、景区、高速公路服务区等场所的食品安全检查，督查学校154个，首次将高速服务区、监狱食堂纳入食品安全检查的重点范畴，实现监管全覆盖；突出抓好食用农产品市场准入、食品网上销售、农村集体聚餐、H7N9病毒防控等重点环节的监管，确保食品安全风险可控；突出抓好“两会”、“两考”、全省青少年运动会等重大活动和节假日期间食品安全检查，严防群体性食品安全事故发生。对药品生产经营和使用单位开展常态化检查，稳步推进药品GMP和GSP跟踪检查，结合“三项制度”试点改革，开展药品GSP飞行检查，撤销12家药店的GSP认证，对易制毒药品、麻醉品、精神类药品、疫苗等特殊药品和无菌、植入性医疗器械开展专项检查，严防药械次生危害和“流弊”事件。按规定的频次对保健品化妆品生产经营企业开展检查，查获非法添加的保化产品16批，责令停产停业12家，吊销许可证4家。2017年，完成“四品一械”监督抽检4582批，其中，国抽、省抽81批，保质保量完成抽检任务，开展药品不良反应监测工作，

超额完成报告任务。（刘　斌）

【专项整治】 针对食品药品安全领域的突出问题开展专项整治，对整治过程跟踪问效，确保问题明显好转。衡阳市2017年开展中小学校园及周边食品安全“护苗”行动、保健食品“护老”行动，药品“护康”行动、医疗器械“护真”行动、化妆品“护美”行动以及网络食品安全“清网”行动、肉及肉制品市场整治“百日行动”，酒类质量安全专项整治，农村食品安全“查无证”等20多个专项整治行动，有效清除人民群众最关心、最担忧、反映最强烈的食品药品安全顽疾。通过点对点、真对真的整治和整改，全市食品药品行业整体水平不断提升，新增“明厨亮灶”餐饮单位1800家，1家超市获评省级“放心肉菜示范超市”，南岳区打造“放心米粉”工程，全区8家米粉小作坊实现整合，抱团发展。各级各类学校改善食堂软硬件条件，保障学生饮用水安全，20所学校被评为省级食品安全示范学校；人民群众喝上“放心酒”，吃上“放心肉”“放心米粉”；高风险品种的安全系数提高，食品药品市场秩序持续好转，特殊消费群体的权益得到有效保护。

（刘　斌）

【违法行为惩治】 发挥稽查办案的拳头作用，对食品药品安全领域的违法法犯罪行为保持“零容忍”态度，做到“露头就打”、纵深追究。通过衡阳市人民检察院、衡阳市公安局驻局机构与司法部门加强协调联动，完善行刑衔接机制，开展“五大稽查集群战役”。结合日常检查，监督抽检，专项整治，群众举报，案件交办等多种渠道收集线索，深挖案源，2017年，查办各类食品药品案件1226起，同比增长12%，其中重大案件3件，抓获犯罪嫌疑人97人，“2·20”特大生产销售有毒有害减肥药品案，涉案金额2亿元，位列全国食品药品十大案件之首；“3·20”特大假冒保健品商标商品案，衡东县生产销售假药案等一批有影响力的案件列入省督或部督名单，有力震慑违法行为，全市营造食品药品“有假必打、有劣必肃、有害必除、有案必查”的严查严打高压态势。（刘　斌）

【推进社会共治】 全面开展部门联治，落实食安委成员单位联席会议制度，在查办大要案件、开展“双安双创”工作方面实现协调联动，常宁市成功创建国家级农产品质量安全县（市），祁东县获评“国家级出口食品农产品质量安全示范区”，并入选第二批国家级农产品质量安全县创建序列，衡东县、衡南县入选省级农产品质量安全县创建序列，南岳区立项申创省级食品安全示范县（区）。大力加强政企合作，与美团点评集团签订框架协议，在互联网食品安全监管方面携手合作；与平安保险公司衡阳分公司共同推进食品安全责任强制保险工作，各县市区学校将食责强制险纳入财政预算实行统保，市本级中小学和幼儿园食堂、农产品生产加工企业和大中型餐饮服务单位踊跃参保，保单数量同比增长10%。积极推进群防群治，组织开展食品安全宣传周、安全用药月等主题宣传活动和科普宣传“五进”行动，人民群众的食品药品安全意识和维权意识切实增强，全市“12331”热线接收投诉举报4447起，同比增长102.7%，做到分类处理，快查快办，及时回应。

（刘　斌）

安全生产监督管理

【安全生产大检查】 衡阳市安全生产委员会办公室（以下简称市安委办）下发《关于印发〈衡阳市安全生产大检查工作方案〉的通知》《关于进一步推动安全生产大检查的通知》，安排部署安全生产大检查相关工作。衡阳市安全生产监督管理局（以下简称市安监局）针对煤矿、非煤、危化、烟花等高危行业制订行业大检查工作方案，同时积极督导交通、住建、消防等负有安全生产监管职责的部门全面开展自查自改。全市通报“五个一批”典型案例122个。对国务院安委会安全生产巡查、国务院安委会煤矿安全暗访、省安委办综合督查组暗访督查等交办问题进行有力整改，组织专班按照“隐患清零”及“一单四制”的要求整改到位，并举一反三全面排查治理，有效防止类似现象发生。2017年，全市安全生产大检查共排查各类重大隐患839项，已完成整改639项，整改率76%；依法惩治严重违法违规行为39起，关闭取缔企业297家，停产整顿企业111家，暂扣吊销许可证照212个，形成严管重罚的高压态势。（王　亮）

【重大事故隐患治理“一单四制”制度】　市安委办制定下发《衡阳市贯彻落实重大事故隐患治理“一单四制”制度工作方案的通知》，召开专门会议解读“一单四制”制度，全市安全生产大培训开办“一单四制”专题培训班16个、参训2380人，市安监局成立8个专项督查组，局领导带队每月督查一次县市区园、市直部门建立实行“一单四制”制度情况，全市分两批公布重大隐患清单116处，已整改销号81处，整改销号率69.8%。衡阳市“五抓五有”做法（坚持领导带头抓、保证“一单四制”有力落实，坚持教育培训抓、保证“一单四制”有人落实，坚持检查督导抓、保证“一单四制”有序落实，坚持销号闭环抓、保证“一单四制”有效落实）被省安委办向全省推荐，并报送至国务院安全生产委员会办公室和国家安全生产监督管理总局。（王　亮）

【淘汰落后产能】　2017年，按照省市落后小煤矿关退的目标要求，市安监局协调相关县市推进工作。衡东县伟田煤矿和耒阳市华亚煤业公司杉树龙煤矿、导子煤业公司群联村煤矿、双红煤业公司双红二矿、诚信煤业公司黄市镇煤矿、枫树煤业公司关力冲煤矿、富兴煤业公司泗马塘煤矿、宏华煤业公司金盆煤矿等8处煤矿井口已封闭，相关设备设施已拆除，公安部门收缴火工产品，电力部门停供生产用电，并申请省级验收。烟花爆竹生产企业自2016年实现整体关闭退出后，盯死看牢，没有发现死灰复燃迹象，已提交95家企业关退奖补资料，等待湖南省政府验收。危化品行业结合“进园入市”战略，大力推进城区老化工企业搬迁改造，对设备产能落后、生产基础薄弱的企业引导关闭退出。2017年，注销危险化学品安全生产许可证14家，其中10家已拆除设施设备，4家实现转产。（王　亮）

【重点行业监管】　一是矿山行业全面开展安全“体检”。2017年累计对39个煤矿进行体检，发现隐患2014条，整改1696条，其中重大隐患78条，整改37条。非煤矿山在全面完成安全“体检”后，督促企业抓紧开展自查自改。二是烟花爆竹行业集中开展经营秩序整治。对1584个不符合安全条件的烟花爆竹零售户依法进行取缔关闭。对衡东县向不符合条件经营予以许可的行为进行约谈。三是危险化学品行业大力开展综合治理。重点解决危险化学品企业“进园入市”、危险化学品运输安全管控和高危化学品管控，同时推进衡阳市危险化学品企业全面安全“体检”工作，督促企业开展自查自纠。（王　亮）

【行政执法三项制度试点工作】　衡阳市为全国三项制度32个试点地方、部门之一，市安监局也被市政府赋予试点任务。市政府下发《关于印发〈衡阳市推行行政执法公示制度执法全过程记录制度重大执法决定法制审核制度试点工作实施方案〉的通知》。市安监局先后三次召开局务会暨三项制度试点工作推进会，专题调度“三项制度”试点工作推行情况。涉及到市安监局具体工作并与三项制度试点工作有关的各种方案、办法、细则、清单等共计14个，已全部拟制完成，并确定局机关相关科室（执法支队）三项制度试点工作联络员以及明确专人宣传局三项制度试点工作上报单位试点工作信息制度，100%完成试点工作任务量。在抓建章立制的同时，市安监局在工作中探索落实“三项制度”的有效途径，一是在“信用衡阳”双公示平台上发布行政处罚信息9条，行政许可信息229条；二是规范执法文书下达，使用行政检查文书模板开展文字记录工作，做到痕迹化执法；三是对个人处罚1000元以上、单位处罚2万元以上的重大执法决定，做到集体审核决定并建立台账。（王　亮）

【安全生产宣教培训】　一是安全生产氛围日趋浓厚。2017年市以上各类媒体宣传报道安全生产宣传稿件2436篇，其中国家级173篇，省级媒体271篇，市主流媒体1990篇。开展全市“最美安监卫士演讲”比赛。在衡阳电视台和衡阳广播电台开辟安全生产温馨提示，每天新闻联播后播出安全生产温馨提示广告，衡阳广播交通频道每天分6次滚动播报安全生产温馨提示6次，《衡阳日报》开辟“安全生产在行动”专栏，在“红网”、衡阳新闻网上开辟“衡阳安监”专栏，大力宣传安全生产信息。开展安全生产承诺“进企入户”活动，组织全市企业、个体经营户、村（居）民签订安全承诺书，承诺安全生产“从我做起、从身边做起、从日常工作”做起。全市共签订安全生产承诺书139万余份，其中企业7553家，个体工商经营户97947家、村（居）民129万余户，营造“人人讲安全、事事想安全、时时保安全”的浓厚氛围。二是开展安全教育培训。全市各级各部门全年培训监管人员、一线员工十万人以上。其中市本级共举办各类培训班107期，培训学员9268人，投入资金近160万元，通过开展各项培训工作，大幅提高从业人员的安全技能和全民安全生产责任意识。（王　亮）

【安全生产月活动】　2017年6月12日上午，衡阳市人民政府、衡阳市安全生产委员会在衡阳市来雁新城松梅改造安置房工程施工现场举行衡阳市建筑工程高支模脚手架坍塌事故应急演练暨2017年安全生产月活动启动仪式，中共衡阳市委书记、市人大常委会主任周农出席仪式，并宣布2017年衡阳市安全生产月活动启动。活动期间，全市市直48个单位开展安全生产月活动，36个部门组织人员及展板参与“6·16”安全生产咨询日活动，32个行业主管部门派出安全生产检查组对本行业、本系统进行安全生产大培训、大检查；全市12个县市区和白沙洲、松木、高新3个工业园区都采取不同形式和方法发动职工群众积极参与安全生产月活动。开展的大小宣传活动2625场次，参加的人员达160余万人。举办各类应急演练91场次，投入经费344.8万元，参演观摩人员39967人。（王　亮）

【衡阳市环境保护和安全生产工作电视电话会议召开】　2017年2月27日，衡阳市环境保护和安全生产工作电视电话会议召开，贯彻落实全国、全省环境保护工作会议精神和全国、全省安全生产电视电话会议精神，分析形势，安排部署2017年工作。中共衡阳市委书记、市人大常委会主任周农出席会议并强调，牢固树立底线思维、环保理念、安全意识，加强组织领导、抓实重点任务，切实强化环境保护和安全生产工作保障，推动环境保护和安全生产工作迈上新台阶。中共衡阳市委副书记、市长周海兵主持会议，中共衡阳市委常委、常务副市长何录春作主题报告，中共衡阳市委常委、市委秘书长张贺文宣读2016年度全市安全生产工作考核结果和表彰通报，各县（市）区政府和市直两区一园主要负责同志递交安全生产责任状，市领导段志刚、章彰、邹致和、廖健、胡志文、刘正兴、龚学余、周玉梅、张亮出席会议。（王　亮）

煤矿安全监察

【预防性技术监察】　2017年2月14—16日，湖南煤矿安全监察局衡阳监察分局（以下简称衡阳煤监分局）党总支书记易承长、副局长邓梓生、黄元星分别带队，对湖南省煤业集团南阳公司削进煤矿，白山坪煤业有限公司龙塘煤矿，红卫矿业有限公司坦家冲煤矿等9处煤矿开展预防性技术监察。监察人员到矿后详细了解矿井的证照情况、矿领导，五职技术人员等人员配备情况、矿井开拓部署、采掘工作面布置、通风系统、提升运输系统、排水系统等各生产系统完善情况，检查人员填写“煤矿预防性技术检查记录”和“煤矿基本情况表”。

（王　滢）

【耒阳市小煤矿暗访活动】2017年2月14—15日，衡阳煤监分局党总支书记易承长、副局长邓梓生带领监察一室和综合室的5名监察员，分成两个暗访组，对耒阳市导子煤业有限公司导子二矿、群联村煤矿、石界煤矿、金鑫煤矿、东冲一矿、耒阳市马康煤业有限公司山煤矿等10处煤矿开展暗访巡查，从暗访巡查的情况看，绝大部分煤矿对领导提出的“衡阳市所有煤矿一律到全国两会闭幕后再复工复产”的规定执行得比较好，未擅自复工复产。但极少数煤矿未严格履行复工审批程序，为加快排水进度，元节后即安排作业人员下井维修井巷、安装水泵、清理水仓，暗访组当场要求矿方立即撤出人员，停止井下一切作业，并依法依规向煤矿下达执法文书。

针对暗访掌握到的情况，暗

访组向耒阳市煤表局和相关乡镇主要负责人通报情况，要求煤表局加大巡查力度，乡镇切实漆实驻矿盯守责任，确保耒阳市煤矿在全国“两会”后再有序地安全地复工复产。在启动复工复产时，要严格行验收、签字程序，严把安全复工关。（王 滢）

【周农深入耒阳市检查煤矿安全生产工作】 2017年“十一”长假第二天，中共衡阳市委书记、市人大常委会主任周农到位于耒阳市龙塘镇的龙形煤矿深入检查煤矿安全生产工作，煤矿正在进行安全隐患整改，周农一行到主井前，详细询问煤矿安全生产存在的主要问题，以及整改措施落实情况，并仔细了解矿井作业工作面及安全并道等情况，在煤矿监控室，周农询问视频监控设备能否实现全覆盖等情况，要求井下作业必须严格按规定执行，周农叮嘱市县两级安监部门和衡阳煤监分局，一定要加投资进行技术改造，监督企业尽快将整改措施全面藩实到位，要进行24小时不间断值班盯守，确保监管全覆盖、无缝隙。

衡阳市委常委、常务副市长廖健，耒阳市委书记罗琼，耒阳市委副书记，市长李向阳，衡阳市安委办主任、安监局局长胡小别，衡阳煤监分局梁大树等参加检查。（王 滢）

统 计

【概况】 2017年，衡阳市统计局（以下简称市统计局）学习贯彻中共十九大精神以及中共中央总书记习近平关于统计工作的重要讲话批示指示精神，围绕中共衡阳市委、市人民政府的决策部署，坚持依法治统，全面深化各项统计改革，不断提升统计服务水平和能力，各项统计重点工作取得新进展。2017年，市统计局围绕稳增长与去产能、供给侧与需求侧、新旧动能转换等，组织开展专题调研。每月月底定期向市领导报送全市主要经济指标快报预计情况，及时对经济形势预警。每月中旬向市委、政府领导报送主要经济指标排位表，定期报送统计月报卡，为市委、市政府主要领导决策提供参谋服务。编印《统计业务应知应会》小册子，作为全市各级领导干部统计培训教材使用，制作统计快报、统计月报、统计公报、《统计手册》《统计业务应知应会》《小康监测资料汇编》《小康统计监测培训资料》、《统计年鉴》等产品。2017年，撰写决策参考12篇、统计分析91篇、统计快讯85篇。统计分析在国家网上发表10篇以上、省局网上发表100多篇以上，其中，《砥砺奋进的五年——党的十八大以来衡阳市全面深化改革综述》被市委办《衡阳通讯》专期采用，《加快非公有制经济创新驱动发展战略研究》获2016年度全省工商联系统优秀调研成果二等奖。完成衡阳工业博物馆统计服务，与市工商联联合开展降低民营制造业企业综合成本调研，获得市委、市政府主要领导的重视。（曾静静）

【经济指标统计】 2017年，衡阳市多数经济指标快于湖南省平均水平，稳增长形势较好。其中，地区生产总值突破3000亿元，达到3132.48亿元，同比增长8.5%，高于2016年同期0.6个百分点，高于全省0.5个百分点，湖南省排位第3，基本完成年度8.5%的目标任务。规模工业增加值同比增长6.8%，增速连续6个月保持上升势头，高于全省增速0.1个百分点，全省排位第5。固定资产投资同比增长14.6%，连续4个月回升，高于全省平均增速0.1个百分点，高于目标任务0.6个百分点，湖南省排位第3。社会消费品零售总额增长10.7%，高于全省平均增速0.1个百分点，略低于年度增速12%目标任务，全省排位第5。（曾静静）

【统计改革】 2017年，按照国家、省局部署，开展一系列统计方法制度方面的改革举措。一是稳妥推进国民经济核算体系改革。组织实施GDP统一核算改革、资产负债表编制和自然资源资产负债表编制改革。按照《中国国民经济核算（2016）》规定做好核算和相关工作，实现全市和县市生产总值数据基本衔接，开展“三新”经济核算，加强新型金融业、旅游产业等派生性增加值核算方法研究与数据测算。此外，邀请省局专家就GDP核算和小康监测进行专题授课，举办全市领导干部统计培训班。二是做好统计登记调查制度改革。利用“五证合一”的成果，加强与工商、税务、质检等部门的合作，建成部门共享信息预处理系统。做好统计基本单位名录库的建设和更新维护工作，不断提升名录库质量。三是统筹推进服务业统计改革。制定和印发《衡阳市规模以上服务业数据质量评估方案》，对全市辖区内530家服务业单位组织评估，进一步完善服务业全行业统计调查制度，拓宽数据采集渠道，加强互联网平台及重点领域新型服务业统计监测。四是组织开展绿色发展综合评价。按照国家统计局等四部门联合下发《绿色发展指标体系》《生态文明建设考核目标体系》的要求，建立《衡阳绿色发展统计报表制度》，明确落实部门职责分工和任务，组织各县市、各有关部门开展相关数据采集工作，确保如期报送绿色发展指标基础数据。五是抓好投资统计改革。出台《2017年衡阳固定资产投资统计制度方法改革试点方案》，开展投资统计平台与发改委投资项目在线审批监管平台项目的对接工作；健全固定资产投资统计项目库管理办法，加强项目入库管理。六是部署工业基础数据、贸经限上单位数据修改等工作。按照国家局、省局“三去一降一补一提高”的总体要求，安排雁峰、耒阳作为试点县区，力争在“四经普”前完成全市所有在库规模工业企业基础数据核实工作。（曾静静）

【依法治统】 一是排查数据隐患。出台《统计数据质量隐患排查及整治工作方案》，进一步规范各专业数据质量评估流程及质量控制办法，严格质量抽查、数据联审、数据评查和部门评议，对统计单位名录、源头数据质量、统计工作行为等进行全面深入排查，组织县市区对数据质量隐患开展限期整改，把问题预防在事前，消灭在一线。二是加大执法力度。制订《2017年统计执法“双随机”抽查工作计划》，组织统计执法骨干开展“双随机”抽查，对珠晖区、雁峰区等8个县（市）区组织统计执法检查，检查企业35家、单位182个，对轻微违法行为单位进行警告、约谈、责令整改等处理。三是夯实基层基础。继续推进统计名录库维护节点向乡镇（街道）延伸，全额下拨统计基层基础经费和各项调查经费，提升基层统计工作保障能力，营造法治良好环境。举办衡阳市统计执法骨干培训班，全面提升全省统计行政执法整体水平。推进统计法律法规进党校，将《中华人民共和国统计法》《统计违法违纪行为处分规定》纳入各级领导干部学法计划和党校主体班课程。严格落实“谁执法谁普法”，利用统计执法检查和统计巡查的机会，宣讲统计法律法规，营造依法治统的良好氛围。四是加强法制建设。贯彻落实国家统计局19、20、21号令，组织开展《中华人民共和国统计法实施条例》的学习宣传，编印发放500册《统计法实施条例学习资料汇编》，深入县区、企业开展普法宣传，组织开展统计法和《统计法实施条例》知识竞赛。

（曾静静）

【完成重大普查调查任务】 一是精心组织第三次全国农业普查工作。市农普办落实工作机制，确保组织领导到位、人员力量到位。加强普查宣传，营造依法普查的良好氛围，及时解决问题，强力推进普查工作顺利开展。入户登记农户表139.14万户、规模农业经营户表15831户、单位表7333个、乡镇表174个、行政村表2554个。其间，对全市15个县市区（市直园区）、184个乡镇进行三次全面督查、五次重点督查，完成“三农普”阶段性工作。二是做好年度1%人口抽样调查。组织培训，强化宣传，发挥报纸、电视、电台、因特网等主渠道作用以及微信公众号等自媒体作用进行宣传，提高群众的知晓度和配合率，目前入户登记已完成。三是高标准完成委托调查。衡阳市民调中心接受委托10项调查，完成2016年全市基层党建工作满意度调查；“衡阳市全面小康人民群众认可度调查”；对衡阳的七县五区依法行政、公正司法等方面涉及到非公经济发展法治环境情况调查；对全市193个乡镇（街道）进行公众安全感满意度的常规调查；对衡南县106个单位进行公众安全感满意度调查；在石鼓区52个（村）社区进行公众安全感满意度调查；开展创建国家卫生城市（省级卫生城市复审）的调查。此外，按照国家、省各项统计调查制度要求，开展农业、工业、建筑业、批零业、住餐业、房地产业、重点服务业以及投资、能源环境等各领域的统计调查。（曾静静）

国家统计局衡阳调查队

【主要畜禽监测调查】　一是抓好数据审核上报。做好报表上报工作，加大数据审核力度，及时做好数据审核验收工作。对数据波动较大的，及时核对。并定期开展电话回访和现场回访。二是抓实基础台账工作。全面推行畜禽监测调查规范化标准建设，狠抓“调查台账”的登记工作，将台账登记情况列为必查项目，要求7个生猪调出大县将规模户台账登记工作作为重要的基础工作来抓，确保辅助调查员现场采集的数据真实准确。三是强化现场检查。2017年，对畜禽监测调查开展两次集中数据质量检查。在检查中，对发现的问题，现场给予指导和交办，有力地促进数据质量的提高。四是及时开展分析研判。每月对上报的数据进行汇总、推算，并作数据同比、环比分析，对每季度的数据，进行分析研判。2017年，在全省畜牧业统计调查工作业务考核中进入先进行列。

（段光辉）

【居民消费价格指数调查】　一是推行市场巡查陪采常态化。队领导每月随机深入全市112个采价点开展巡查，专业科室负责人每月陪访三次，并进行拍照备查。二是加强对聘任制辅助调查员管理。出台《衡阳市消费价格聘任制辅助调查员管理办法》，对聘任制辅助调查员的按月度进行考核，加强对消费价格企业辅助调查人员的日常采价管理，并要求辅助调查员每到一个采价点，都要发送微信定位信息。三是实行工作内容清单化。对存在的不足进行清单化管理，列明清单，责任到人，明确理解措施和完成时间。四是强化数据分析审核。坚持数据查询核实经常化，做到事前审核、始终巡查、事后考核。对市场价格变化情况较大的及异常变化的价格进行电话查询，对电话查询无法把握的，进行专业人员、采价员及采价点辅助调查员三方现场价格核实，准确采集每笔价格。2017年，全市居民消费价格总水平涨势趋缓，全年累计上涨1.4%。

（段光辉）

【粮食产量监测调查】　推进粮食产量监测调查网点的优化整合，将全市7县（市）样本网点由原来的135个样本村675个调查样方，调整整合为105个样本村315个调查样方。利用遥感测量技术对全市7个县级粮食产量大县开展农作物面积野外调查与质量抽查。2017年，衡阳市粮食总产量为332.57万吨，连续五年位居湖南省第二（仅次于常德），粮食生产大市地位继续得到巩固。

【城乡居民收支调查】　进一步完善数据质量控制办法，规范数据采集、上报、审核工作流程。强化对宏观层面的把握，抓好数据的监测和评估。同时，推进全市住户样本大轮换工作，及时请示汇报，争取衡阳市人民政府的重视和支持，并以市政府办的名义下发《关于做好2017年住户调查样本轮换工作的通知》。加强宣传发动，提高社会知晓度和记账户的配合度。组织召开新网点开户业务培训会，抓好培训指导。2017年年底，住户调查样本轮换开户工作完成，住户电子记账工作推进。2017年，衡阳市全体居民人均可支配收入为23852元，较2016年同期增加1871元，同比增长8.5%。其中，城镇居民人均可支配收入为31300元，较2016年同期增加2452元，同比增长8.5%；农村居民人均可支配收入16851元，较2016年同期增加1248元，同比增长8.0%。

（段光辉）

【服务领导决策】　围绕中央、省委、市委的重要部署、重大决策和中心工作，深入一线开展调查研究，撰写一批调研报告和信息，为各级党委、政府提供决策参考。队主要负责人主持开展的《衡阳市义务教育均衡发展研究》课题，获省总队评比三等奖，并被省总队《湖南民生调查报告（2017年）》收录，其撰写的1篇调研报告在全市“深入基层、调研献策”调研成果评选活动中，被评为三等奖。2017年度，全队共撰写《工作信息》125篇，《重要信息》71篇，《分析资料》69篇。在2017年衡阳市政务信息工作考评中，被评为“先进单位”。及时发布城乡居民人均可支配收入、居民消费价格、规模以下工业和服务业、生猪监测、粮食产量、农民工监测等法定调查数据信息和工作开展情况，为市委、市人民政府和广大市民了解统计信息提供参考，并接受有关部门和社会公众对统计调查数据的查询，全年共向有关部门和社会各界提供所需调查信息80余次。深度开发《重要信息专报》《统计调查分析报告》《衡阳国家调查数据生产与分析》《衡阳国家调查数据季报》等资料，向有关部门、科研机构、社会团体等提供高质量的数据服务。（段光辉）

【其他专项调查】 （1）做好衡阳市创建全国文明城市模拟测评工作。先后2次对四个城区及高新区开展创建全国文明城市模拟测评。9月，配合市文明办，做好国家文明城市测评组在衡阳测评期间的联系和服务工作。（2）全力做好全市扶贫成效第三方调查。对全市7个县市开展扶贫成效第三方调查工作，为市委、市政府领导了解全市脱贫攻坚工作真实水平，研究和部署下阶段工作提供重要参考。（3）完成绩效考核民意测评工作。配合湖南调查总队对衡阳市开展的2017年度全省绩效评估民意调查工作。配合市考核办做好衡阳市委、衡阳市人民政府对县市区、园区2017年度目标管理绩效考核公众评估工作，为科学评估各县市区、园区提供相关数据支撑。（段光辉）

【对外宣传】 2017年，以粮食生产数据和生猪生产数据发布、分析、解读为契机，在省、市各类媒体上宣传衡阳调查队的工作。衡阳电视台《衡阳新闻联播》栏目以《衡阳去年粮食生产再获丰收总产量继续位居全省第二》为题进行时长达3分26秒的深度报道；《衡阳晚报》以《331.78万吨！我市粮食产量稳居全省第二》为题进行整版的专题解读；《衡阳日报》以《衡阳2016年出栏生猪670万头，连续九年湖南省第一》为题对畜禽监测数据进行专题报道。（段光辉）

【普法学法依法治统】 一是抓好法治学习。2017年年初，将普法学法工作纳入全年工作重点，要求全队干部职工完成年度在线普法学习任务。鼓励全体干部职工积极参加2017年度全国统计执法资格证考试，通过率达到80%。创新普法学法形式，坚持学法内容与业务工作实际相结合，不断提高干部职工的法律法规知识水平，增强依法治统工作能力。二是抓好法制宣传。利用法制宣传日等重要时段，开展“12·4”国家宪法日和“12·8”统计法颁布纪念日大型宣传活动。利用报纸、网络、手机、户外广告宣传栏等载体，宣传统计法、《统计法实施细则》等政策法规。利用企业回访的有利时机，向企业和采价点负责人进行统计法制宣传，法治宣传工作取得新成效。三是从严抓好执法检查。将专业工作和执法检查有机地结合起来，逐步建立统计调查资料报送登记、催报记录、回访检查、督查警告等制度。按照《国家统计局统计执法“双随机”抽查办法（试行）》和《湖南国家调查队系统统计执法检查随机抽查实施方案》开展执法检查。2017年，先后对规模以下工业、规模以下服务业、采购经理调查、工业品购进价格等专业近10家企业进行统计基础工作检查，并针对企业整改情况，组织回访，确保执法效果。（段光辉）

农村经济

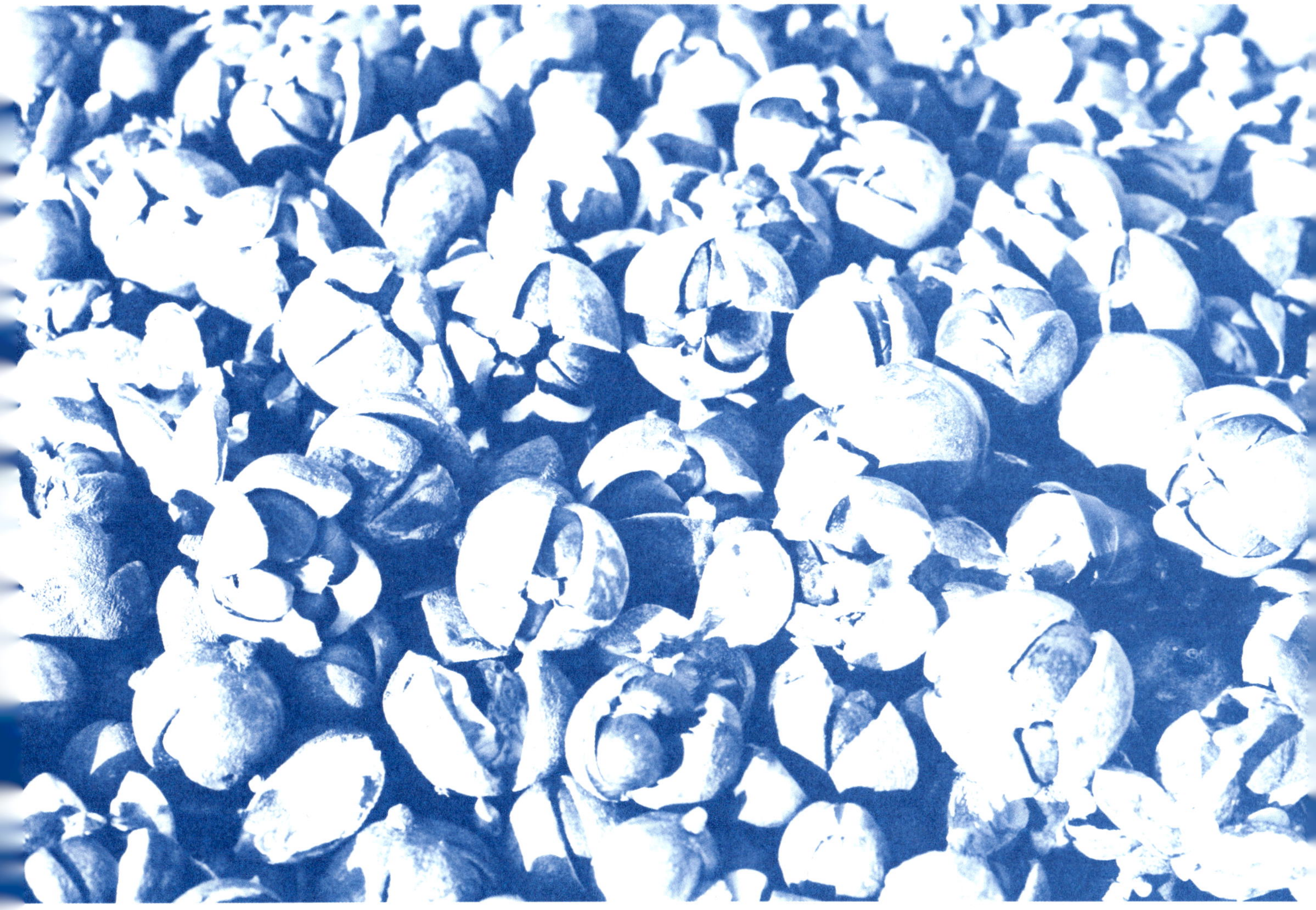

概　述

【概况】　2017年，农林牧副渔业总产值725.77亿元，同比增长3.8%；第一产业增加值441.38亿元，同比增长3.5%；农村居民人均可支配收入16851元，同比增长8.0%。粮食总产331.12万吨，同比增长0.1%；油料总产36.87万吨，同比增长2.5%；蔬菜总产387.37万吨，同比增长3.0%；出栏生猪938.50万头，同比减产0.7%；出栏牛14.41万头，同比减产0.4%；出笼家禽11103.46万羽，同比增长1.5%；水产品总量30.49万吨，同比增长3.1%。

一、农产品生产稳定发展。一是粮食产量基本稳定。2017年，全市全年粮食总产量331.1万吨，比2016年增加0.4万吨，同比增长0.1%。其中，早稻136.3万吨、减少3.3万吨，下降2.4%；中稻11.7万吨、增加0.9万吨，增长8.2%；晚稻160.4万吨、增加2.6万吨，增长1.7%。2017年衡阳粮食作物单产25.73公斤/公顷，比2016年增加0.05公斤/公顷，增长0.2%；粮食播种面积571.9千公顷，同比减少0.5千公顷，下降0.1%。粮食生产总体比较稳定，供给得到有效保障。二是畜牧水产生产发展保持稳定。2017年，全市生猪受环保压力影响，出栏率稳中有升，存栏率呈下降趋势；全市草食动物发展迅速，受年底供求影响，草食动物价格呈上升趋势；全市渔业发展呈稳定状态。三是蔬菜市场量足价廉。2017年，全市蔬菜市场量足价廉、保障有力。全年蔬菜价格总体低迷。全年价格整体呈现“M”型分布，入秋以来，个别品种如白菜、甘蓝、洋葱、广东菜心等出现滞销情况。四是油菜总产增加。2017年，全市夏收油菜面积21万公顷，比2016年增加1千公顷，增加0.5%；单产达1591.5公斤/公顷，增加2.3%；总产达33万吨，比2016年增加0.1万吨，增2.8%。2017年冬播油菜21.07万公顷左右，比2016年增加1333.33公顷左右。

二、抓好项目实施，生产水平不断提升。一是集中育秧推进。2017年，衡阳市完成早稻集中育秧3.33万公顷，超额完成省早稻集中育秧指标8千公顷，建高标准育秧密室7个，超省厅任务1个。二是高产创建全面铺开。2017年，衡阳市有衡阳县、衡南县、衡山县、衡东县、耒阳市纳入全省绿色高产高效创建示范县，在全市铺开“百千万”高产创建梯级示范。各县市区重点抓好双季稻整建制推进乡镇及万亩高产创建示范片，乡、村下大力抓好千亩、百亩高产创建示范片，扩大全市高产创建规模，着力提升高产创建水平和辐射带动效果。三是湘米工程有序实施。按照提质增效要求，实施湘米振兴工程。每年全市优质稻面积达33.33万公顷以上，2017年比2016年增加3.33万公顷，增11%；高档优质稻面积达8万公顷以上，比2016年增加2万公顷，增33%。

三、实施乡村振兴战略，促进农村经济稳定增长。一是提振产业化经营。衡阳市全力推进农业品牌建设。2017年，新增“三品一标”农产品75个，齐家山茶油、涓水湘牌“衡山香米”分别获中国国际农产品交易会金奖和中国绿色食品博览会金奖；祁东黄花菜获得湖南省十大农业区域公用品牌；借用南岳衡山名气，整合全市茶叶产业，集中力量打造“衡山云雾”茶叶区域公用品牌；整合全市油茶产业，集中力量打造“大三湘”等油茶区域公用品牌；推荐衡东黄贡椒和金甲岭萝卜参评农业部地理标志产品。成功举办第八届市农博会，221家企业参展，农产品成交额过亿元。二是建设美丽乡村。全面完成湖南省政府交办的37个美丽乡村示范村建设和580个人居环境改善重点村建设任务，6个村获省级美丽乡村建设示范村称号，衡山县、南岳区获美丽乡村建设先进。全力支持雨母、横江、茶山、萱洲四大美丽乡村示范片区建设，其中雨母片区全面打造以祈福文化为主题，以生态、休闲农业为基础的示范性风情旅游小镇；横江片区按照“两园四镇”整体布局特色，稳步推进示范创建；茶山片区的蔬菜、葡萄、早熟梨等特色农业基地加快布局，茶山坳镇获批第二批“全国特色小镇”称号；大力发展农村清洁能源，全域推进农村环境和卫生综合整治，逐步推广“户分类、村收集、乡转运、县处理”的垃圾处理模式，完善保洁队伍和环卫设施，农村环境卫生长效保洁机制基本形成。三是深化农村改革。完成农村土地确权 34.40 万公顷，承包合同面积 36.03 万公顷，确权完成率 95.47%，排名全省第三。开展农村集体产权制度改革，常宁市成为湘南片区唯一一个全国农村集体产权制度改革整县推进试点。培育壮大新型农业经营主体，全市农民合作社 5402 个、家庭农场 3509 个，分别同比增长 16.1%、14.1%。大力开展农业生产社会化服务，衡南县成为全国农业生产社会化服务体系建设试点县。创新金融服务“三农”体制机制，耒阳市开展农民住房财产权抵押贷款等试点，“五权”抵押贷款余额达 6.63 亿元，涉及农户 1733 户。四是将保障农产品质量安全作为底线工作来抓，与 12 个县（市）区政府分别签订“衡阳市农产品质量安全工作责任状”，明确县（市）区政府对本地区农产品质量安全负总责。大力推进农产品质量安全监管规范化建设，全市 151 个乡镇监管站全部挂牌，进一步强化农产品从生产到餐桌的全过程监督。强化农产品日常检验检测，蔬菜、水果、茶叶等主要农产品检测合格率达 99.2%，居湖南省前列。开展安全示范试点创建，常宁市获评全国首批农产品质量安全县，祁东县成为国家出口食品农产品质量安全示范区。

四、农村一、二、三产业不断融合。进一步调整农业产业化专项资金的扶持方式，扶持重点向加工型农业企业、农业产业化重点项目倾斜，新认定市级以上农业产业化龙头企业 298 家。大力推进农业产业园建设，11 个现代农业特色产业示范园获得省级认定，衡阳县优质稻产业园认定为全省现代农业十大聚集区，衡阳国家农业科技园区顺利通过国家科技部终期验收。萱洲片区的核心华夏湘江农业园区，成为湖南省农村一、二、三产业融合发展座谈会主会场和国家田园综合体试点单位。大力发展农产品加工业，延长农业产业链条，农产品加工业实现产值 1030 亿元，同比增长 13.3%。推进农业与旅游、文化、康养等产业深度融合，休闲农业综合产值 10.6 亿元，同比增长 15% 以上；全年农产品电商交易额突破 20 亿元，建成村级电商服务站 550 个。

（康　乐　陈跃英）

【衡阳市脱贫攻坚工作】 祁东县实现脱贫摘帽、170 个贫困村出列、85403 人脱贫。全面构建脱贫攻坚的责任落实、社会扶贫参与、督查巡查、脱贫考核、追责问责五大长效机制。衡阳市各级扶贫投入达 23.7 亿元，同比增长 196%。深入开展脱贫攻坚基层基础“三化”建设和精准识别专项整治行动，清理不符合条件贫困对象 16.12 万人，新纳入贫困对象 8.17 万人。派出 1825 个驻村帮扶工作队和近 6 万名各级干部，实现驻村、联村和结对帮扶全覆盖。实施产业扶贫项目 487 个，对接贫困户 12.56 万户、贫困人口 31.51 万人，帮助贫困户年人均增收 1800 多元；完成易地扶贫搬迁 7313 套，住房建成率 98.61%、入住率 90.4%；教育扶贫资助贫困学生 47.86 万人次，实现建档立卡贫困学生资助全覆盖；全市已有农村贫困人口 12.39 万人次享受医疗补助，直接受益补偿金额达 5536.67 万元；就业、基础设施等扶贫政策措施全面落实，贫困户的获得感和认可度进一步提升。

（康　乐　陈跃英）

【衡阳启动第三次全国农普入户调查】 2017 年 1 月 1 日，衡阳市各县（市）区同时举行第三次全国农业普查启动仪式，1.4 万余名普查指导员、普查员开始在全市范围内开展地毯式入户调查。此次普查任务涉及全市 147 个乡镇、38 个街道、2280 个村委会、166.44 万户农民，涉及规模户和经营单位 3 万余个。普查范围包括农作物种植业、林业、畜牧业、渔业和农林牧渔服务业。此次普查标准时点为 2016 年 12 月 31 日 24 时。（陈跃英）

【中共衡阳市委农村工作会议召开】 中共衡阳市委农村工作会议于 2017 年 4 月 1 日召开。会议贯彻落实中央、省委农村工作会议精神，动员全市上下大力推进农业供给侧结构性改革。会议指出，2016 年，全市农业经济呈现新发展；农村改革取得新成效；农村面貌得到新改观；农村社会政治大局稳定呈现新局面。会议强调，要深刻领会中央和省委农村工作会议精神，准确把握“三农”工作的新形势，深刻认识农业农村发展的阶段性特征，新形势下农业主要矛盾已经由总量不足转变为结构性矛盾，表现为供过于求和供给不足并存；要准确把握“三农”工作的新要求，深刻认识农业供给侧结构性改革的丰富内涵；要准确把握“三农”工作的新使命，深刻认识建设现代农业强市的重大意义。要深入推进农业供给侧结构性改革，加快建设现代农业强市。重点要提高农业供给质量，要调结构、提品质、促融合、补短板；要深化农村综合改革，加快农村“三权”分置改革，加快农村集体产权制度改革，加快农村金融改革，加快培育新型农业经营主体；要坚决打赢脱贫攻坚战，进一步压实责任、加大力度、严格考核；要推进美丽乡村建设，抓好美丽乡村示范片区建设，抓好农村环境卫生综合整治，抓好文明村镇创建工作。会议要求，切实加强党对“三农”工作的领导，确保建设现代农业强市取得实效。各县（市）区要进一步加强和改进党对“三农”工作的领导，把中央重农强农的战略意图领会好、贯彻好。要全面落实责任；要完善基层治理；要创新方式方法。（陈跃英）

【“三品一标”产品认证与管理】 全年认证“三品一标”产品100个，其中无公害农产品46个、绿色食品35个、有机食品16个、地理标志农产品3个。加大资金投入，对通过“三品一标”认证的生产单位（企业、合作社、协会、家庭农场）给予奖补。加大对“三品一标”基地监管力度，按照全程标准化生产模式进行监管，确保产品质量。

（康　乐　陈跃英）

【新型农民培训工作】 2017年，共完成冬春农业科技大培训11万余人次；承担新型职业农民培训任务1163人（其中生产经营型1013人，专业技能型150人）；完成农业系列专业技术人员专业课培训2期，培训246名专业技术人员；学历教育招收中职学员375人，函授大专招收学员200余人。（康乐　陈跃英）

【衡阳启动“三湘农产品质量安全行”】 2017年4月27日，衡阳市“三湘农产品质量安全行”活动动员会在衡阳市人大常委会常委会议室举行。2016年，全市农产品质量安全形势持续向好，未发生一起重大农产品安全质量事件，国、省检综合合格率蔬菜为98.8%、水果为98%、茶叶为96%、畜禽水产品为100%，均高出国家和省定的目标水平。衡阳市农产品质量安全工作得到农业部和湖南省农委的肯定，《农民日报》在头版报道常宁市的做法和经验。会议要求，要不断强化危机意识、责任意识、全局意识，深化思想认识，增强工作主动性；要突出工作重点，认真排查隐患、加强能力建设、加强农业标准化生产，确保工作取得实效；要增强工作合力，充分发挥人大牵头协调作用、依法加强人大监督、加强监督管理工作，注重实效性。

（陈跃英）

【衡阳市首届手工制茶技能大赛举办】 2017年5月17日，衡阳市“传承传统技艺·培育衡州工匠”竞赛启动仪式暨衡阳市制茶技能大赛活动在万恒·茶·文化广场举行，全市、6县市、2区、20余家茶企30名制茶高手汇聚一堂，进行炒茶技能大比拼。此次活动由衡阳市“传承传统技艺·培育衡州工匠”竞赛活动组委会主办，衡阳市总工会、衡阳市农业委员会、衡阳市人力资源和社会保障局、衡阳市茶业协会承办。现场炒茶完成后，5名省内知名茶叶专家和3位本市大众评委对选手们制作的茶叶，从外形、汤色、香气、滋味、叶底5个方面进行专业评审，综合5月16日晚上各选手的理论考试成绩，最终决出前6强，耒阳市代表队的彭凯夺得本次比赛的冠军，前5名选手被推荐代表衡阳参加湖南省决赛。

（陈跃英）

【黄其萍到衡阳调研农产品出口工作】 2017年6月14—15日，省农委副主任黄其萍一行到衡阳市祁东县、雁峰区、衡南县三县（区）实地调研农产品出口工作，冒雨走访祁东县吉祥食品有限公司、湖南知味大师食品有限公司、衡阳市爱心觉乐农业科技发展有限公司、湖南大三湘油茶科技有限公司4家农业产业化龙头企业。调研中，黄其萍副主任详细了解企业生产经营状况和产品出口工作，并就农业企业海外市场开拓及面临的问题和政策建议等内容与当地党政负责人和企业负责人开展座谈。（陈跃英）

【防汛救灾补损工作】 2017年7月6日，市农委下发《关于切实做好防汛救灾补损工作的通知》，要求市农业系统干部分赴各县（市）区，指导农业防汛救灾和灾后补损工作。截至7月4日，全市粮食作物受灾面积8.44万公顷，成灾4.39万公顷，绝收1.44万公顷；经济作物受灾面积4.29万公顷，成灾1.53万公顷，绝收0.83万公顷；蔬菜受灾面积2.02万公顷，成灾0.84万公顷，绝收0.23万公顷；受灾养殖场1051户，死亡生猪10435头、牛24头、羊6688只、家禽372820羽，倒塌栏舍25.99万平方米，受损40.92万平方米；受灾水产养殖面积0.95万公顷，产量损失1.58万吨。全市农业直接经济损失达9亿元。（李　政）

【衡阳市“灭除外来入侵物种”经验全国推广】 2017年7月，由农业部、全国农学会、湖南省、衡阳市农委组织的全国外来入侵物种“福寿螺”灭除工作现场会议在衡南县举行，来自全国农业系统的专家学者参观学习“衡阳经验”。截至2017年，已入侵衡阳市的外来物种达23种，国家公布的首批入侵中国的16种重大外来入侵物种，衡阳市有9种，其中“福寿螺”危害最为严重，危害面积达2.26万公顷，占全市耕地面积的6.31%。对此，全市各级农业部门抓住有利时机，及时开展“福寿螺”专项防治战役，采用人工、农业、物理、化学、生物等多项防控措施，取得较好的防治效果，挽回农业经济损失达6亿元。（陈跃英）

【东盟友人考察衡阳市农村电商市农村电商】 2017年7月27—28日，由菲律宾、老挝、马来西亚等东盟国家的20名国际友人组成的东盟电商贸易考察团，到衡阳市学习交流农村电商发展经验。在两天的考察中，东盟电商贸易考察团先后参观湖南角山米业仓储建设和生产车间、衡阳县电商产业园和南岳小商品市场。国际友人对角山米业全自动生产线感到惊奇，对阿里巴巴村淘的营运等情况进行细致提问，详细了解中国各级政府对农村电商的扶持政策，并对衡阳市电商进农村及电商扶贫等举措大加赞赏，纷纷表示要把衡阳市的县域发展农村电商经验带回国内应用推广。

（陈跃英）

【中国工程院院士方智远到衡阳调研特色农业】 2017年8月29日，中国农业科学院蔬菜花卉研究所原所长、研究员、中国工程院院士方智远率中国农业科学院蔬菜花卉研究所副所长、研究员张友军、湖南省农科院蔬菜研究所所长、研究员马艳青到衡阳调研“发展特色农业”情况。衡阳市政协副主席张亮、汪维出席会议。调研会上，衡南县、衡阳市农委等单位汇报衡阳市发展特色农业的优势以及存在的问题，请求提供解决问题的突破口，及下一步发展思路。方智远将大家的建议一一记录，并表示会带回去好好研究。他指出，衡阳发展特色农业要做好产业规划，走绿色生态发展之路，用生态文明理念发展现代农业，提高农业产业化水平，带动农民增收。2017年8月30日，方智远又到衡南县大三湘油茶考察调研。他对大三湘茶油的拣选、风选、筛选、磁选、清洗、全脱壳、色选等工艺流程进行考察和调研，鼓励企业要坚持科技创新，走绿色发展之路。

（陈跃英）

【衡阳第八届农产品博览会开幕】 2017年9月26日，2017中国衡阳第八届农产品博览会在衡阳市高新区蒸水桥头花园举行开幕式。该届衡阳农博会从9月26日开始，至10月4日结束，南岳云雾茶、“大三湘”茶油、衡东三樟黄贡椒、祁东酥脆枣等农产品都在农博会中展出。该届衡阳农博会秉承“展示成果、推动交流、促进贸易”的宗旨，以“供给侧改革、产业融合、创新发展”为目标，展示现代农业成果、促进农业科技交流合作、开展农业贸易洽谈。本届展会场地大约6000平米，按各展团设计布展，分为衡阳农业成果展区（包含农业、畜牧水产、林业等产业发展成果）、衡阳农业创新展区（包含乡村旅游、电子商务等）、12个县（市）区综合展区、衡阳市内企业展区（按照产品类别分区）、衡阳市外企业展区（湖南省内以市州为单位、湖南省外以省为单位组织展团参展）五大展区。

（陈跃英）

【衡阳市首个贫困户独立产权光伏发电站发电并网】 2017年11月2日，衡阳首个贫困户独立产权光伏发电站在衡南县三塘镇南铺村谢培桂家中发电并网成功。以后，谢培桂自家用电不仅不用再交电费，还能卖出余电增加收入。这是衡南县推进农村脱贫工作，探索将“输血式”改为“造血式”的脱贫新模式。（陈跃英）

农业综合开发

【概况】 2017年，衡阳市农业综合开发完成2016年度投资总额27086.94万元（其中财政资金21504万元，自筹资金5582.94万元），建设项目86个，其中土地治理项目22个，治理面积7973公顷；产业化经营财政补贴项目65个（含特色产业园项目）；全部项目按计划批复完成建设内容，资金都及时、足额拨付到位。（段　斌）

【农业基础设施建设】 2017年，全市农业综合开发建设土地治理项目22个（高标准农田建设项目7个、中型灌区节水配套项目1个，地方立项项目14个），完成项目总投资17577万元。共兴建拦河坝9座，排灌站8座，机电井4口，建小型蓄水工程281处，衬砌渠道160.62千米，修田间干道18.7千米、田间支路262.57千米，新建仓库3400平方米，晒坪3400平方米，购置设备197台套，造林133.33公顷，培训3300人次，示范推广66.67公顷。项目区的农田水利、农业良种、农机道路等基础设施建设配套完善，做到水源工程和田间渠系结合，灌溉与排渍配套，实现排灌自如，增强抗旱排涝能力，为农业稳定持续发展打下基础。据统计，项目区新增灌溉面积1006.67公顷，改善灌溉面积6266.67公顷，改善除涝面积2146.67公顷，新增节水面积2500公顷，年节水量340.81万立方米，新增产值4168.45万元，项目区农民纯收入增加总额2211.39万元。

（段　斌）

【特色产业打造】 2017年，全市农业综合开发产业化经营项目共投入资金9509.94万元（其中财政资金3997万元，扶持财政补助项目64个（含特色产业园项目），贷款贴息项目1个。通过产业化项目的大力实施，进一步提高衡阳市农业龙头企业和合作社生产能力，提升企业和合作社的档次，增强企业和合作社的辐射带动力，有效地促进农业增产增效、农民持续增收、农村繁荣稳定。项目实施后，可年新增总产值3.7亿元、年新增利润总额5128.41万元、年新增利税169.59万元，直接受益农户9.04万户，年直接受益农民年收入增加总额8340.71万元，可年新增就业1081人。（段　斌）

【项目争取和监管】 2017年，衡阳市争取的部门项目10个数，财政资金4200万元，其中中央财政资金3000万元，省级配套财政资金1200万元。在项目建设过程中，与相关部门加强联系，按各负其责的原则，互相配合，共同管理。农口部门以组织项目实施为主，农开办以资金管理为主，双方要互相沟通协调、密切配合。同时，参与部门项目前期规划设计，会同部门督查项目建设进度、工程质量和资金安全。配合相关部门，按照农业综合开发的相关政策和要求拨付资金。（段　斌）

【对外宣传】 2017年，市农开办党组大力推进宣传调研工作提质提速。首先制订方案落实奖励机制，对发表的每篇文章都按级别进行奖励。其次布置任务深入发动，不仅对综合部门提出任务要求，对办领导和相关科室也分配一定的任务份额，2017年，市农开办在国家级刊物发表文章3篇，在省级媒体发表文章2篇，在市级媒体发表文章6篇。衡南县农开办每年均在《农业综合开发》上发表文章，2017年又有2篇。常宁市2017年在国家级刊物发表文章1篇，在《湖南日报》发表文章5篇，各级媒体发表文章总数超过12篇。（段　斌）

农村合作经济管理

【农村集体组织三资管理】 1. 建立健全农村集体三资管理制度。各县（市）区建立健全农村集体三资管理14项制度，并在各乡镇农经站村级三资委托代管中心和建制村悬挂上墙。全面实现村级集体三资由乡镇村级三资委托代管中心代理管理，村集体资金由乡镇村级三资委托代理中心统一开设基本账户，实行“双印鉴”管理，村集体资产台账和资源登记簿交由乡镇村级三资委托代理中心保管。全面实行乡镇村级三资委托代管中心电算化记账和管理。衡南县、常宁市建立县级农经信息网，实行县、乡两级联网。2. 全面开展村级“三资”和财务清查审计。结合“雁过拔毛”式腐败问题专项整治活动和村（社区）两委换届工作的要求，市农委下发《关于在村（社区）党组织和村（居）民委员会换届选举工作中进一步开展财务合并清查和组织成员任期经济责任审计工作的实施意见》，全面开展村级三资、财务和村（社区）组织成员任期经济责任清查审计。2017 年，衡阳市完成 2586 个村居的财务清理审计工作，清理审计率达 93.7%，其中村居财务管理存在违规违纪问题 195 个；对 16842 名村居干部的任期和离任经济责任进行审计，审计资金总额 387697 万元，审计出违纪违规资金 978.55 万元，退赔违纪违规资金 685.1 万元，党纪政纪处分 159 人，移送司法机关立案查处 20 人。3. 强化村级民主管理和民主监督。建立村务监督委员会或民主理财小组，对村级财务开支和重大决策实行监督，对村级财务实现全面、真实、及时公开。全市建立村务监督委员会或民主理财小组的村居 2502 个，占全市村居总数的 90.6%，实行财务公开的村居 2574 个，占全市村居总数的 93.2%。（刘小云）

【土地流转管理服务机制】 1. 健全农村土地流转服务体系。按照“县有土地流转服务中心、乡有土地流转服务所、村有土地流转服务员”的要求，健全县乡两级农村土地流转服务机构和交易服务平台，完善各项服务制度，规范土地经营权依法有序流转。2017 年，全市共建立流转交易中心 164 个，其中县级 12 个，乡镇级 152 个。2. 创新农村土地流转模式。衡阳市在巩固现有土地流转模式的基础上，探索土地托管、股份合作、信托等新的流转模式，特别是股份合作流转模式发展较快。2017 年，农村土地流转面积 34.90 万公顷，占全市农用地总面积 108.48 万公顷的 32.17%；耕地流转面积 18.27 万公顷，占全市家庭承包耕地面积 31.59 万公顷的 57.84%；签订土地经营权流转合同 144.66 万份。采取股份合作流转的耕地面积 8260 公顷，占耕地流转总面积的 4.52%，比 2016 年同期增长 0.65 个百分点。各地在引导规范流转的同时重点支持农技农机专业合作社、龙头企业、经营性服务公司等开展农业社会化服务，采取基地与农户签订服务合同，为农户提供机耕、机种、统防统治、机收等农业生产社会化服务。2017 年，衡阳市开展农业社会化服务组织 3202 个，社会化服务面积 25.27 万公顷，占全市耕地面积的 80%。衡南县、常宁市成功申报省土地流转引导奖励项目，争取项目资金 100 万元；衡南县成功申报全国农业生产社会化服务试点县，争取项目资金 1000 万元。3. 完善农村土地承包经营纠纷调解仲裁机制。全市 12 个县市区都成立仲裁委员会，配备仲裁员 229 人；成立乡镇调解委员会 166 个，配备调解员 697 人；成立村组调解小组 2323 个，配备调解员 5095 人。2017 年，全市共发生农村土地承包经营纠纷 869 件，其中乡、村调解 773 件次，县级仲裁调解 96 件次，其中仲裁调解 68 起，仲裁裁决 28 起。2017 年全市农村土地承包经营纠纷调解仲裁综治考评取得湖南省第一名的好成绩。

（刘小云）

【惠农强农政策落实监管】 1. 各县（市）区按照中共湖南省委、湖南省人民政府和中共衡阳市委、衡阳市人民政府的要求，成立惠农补贴“一卡通”发放管理专项领导小组，加强组织领导，召开专题会议安排部署，下发具体文件方案，明确目标、任务、时间、步骤，切实规范和完善惠农补贴“一卡通”发放管理工作，从“一卡一折”升级为“两卡两折”，在各县（市）区农商行、农行、邮政储蓄等代发金融机构积极更换“湖南省惠农补贴明白卡（折）”、增发“湖南省扶贫补贴明白卡（折）”，摘要栏打印明白卡（折），发放每笔补贴提供免费短信服务。2. 强化一事一议财政奖补管理。各县（市）区按照民主议事、民主决策的原则，引导农民开展村级公益事业“一事一议”筹资筹劳，做好财政奖补工作。各县（市）区维权监管办严格履行议事方案审核程序，严格把握政策界限，加强监督检查，对村级公益事业“一事一议”财政奖补项目采取由县维权监管办、县财政局抽审和委托乡镇经管站审计的方式，对每个项目都进行专项审计，对举债搞建设、加重农民负担、超标筹资、群众满意度低的项目，取消一事一议财政奖补资格。严把村级公益事业“一事一议”财政奖补“立项、申报、实施、验收、拨付、公示”六关，有效促进农村公益事业发展。3. 农民信访案件受理。各县（市）区加强农民来信来访工作的处置，解决上访群众合理诉求，2017年，衡阳市共接待群众来电来访案件8件，处理8件。对每起信访案件进行深入细致调查，依法依规及时处置，避免重复上访和越级上访发生。

（刘小云）

【促进农村经济加快发展】 加快发展村级集体经济。一是加强目标管理。市农委下发《印发〈关于发展壮大薄弱村、空壳村村级集体经济的整改工作方案〉的通知》，要求到2020年全市薄弱村和空壳村的村级集体经济经营收入达到4万元以上，基本建立村级集体经济收入稳定增长机制，服务村级能力显著提高。市、县两级以考核促发展，将发展壮大村级集体经济工作纳入对地方党委一把手党建述职和精准扶贫脱贫工作考核重要内容。二是开展奖补鼓励。根据《关于申报2017年村级集体经济发展奖励村的通知》的要求，经过乡镇推荐，县级现场考察核实，确定推荐对象，市农委、市农经站审核、汇总项目资料，成功申报衡南县云集镇江新村等40个村为湖南省2017年村级集体经济发展奖励村，争取奖励资金460万元。三是宣传培育。2017年2月，推荐整理一批全市村级集体经济发展优秀典型，统一汇编进入《新时期湖南农业农村改革发展成果汇编》。2017年9月，衡阳市农经站组织33名村级集体经济发展带头人和市县业务负责同志参加省农委举办的村级集体经济发展业务培训班，学习和现场观摩全省的村级集体经济发展成功经验和优秀典型。

（刘小云）

【构建现代农业经营体系】 一是抓培育发展。2017年，全市各地培育农民合作社、家庭农场、专业大户等新型农业经营主体，组织合作社理事长到中国台湾、德国、法国、荷兰考察学习，组织家庭农场主培训，引导新型农业经营主体带头人依托当地优势主导特色产业，科学规划农业生产，推动新型农业经营主体健康发展。2017年，衡阳市共发展农民合作社5541个。2017年新发展987个，新增成员7412个，新增带动农户18040户；共发展家庭农场3430个，2017年新发展450个，新增家庭农场劳动力2147个。二是抓示范创建。各地将抓示范创建作为发展新型农业经营主体的重要抓手，通过抓示范促规范，抓规范促发展，打造一批国、省、市示范创建样板，促进新型农业经营主体规范发展和健康运行。根据省级、市级示范社创建申报要求，按照县级择优考察推荐，市级核查和综合评审，共成功推荐申报13个中央财政支持农民合作社重点培育项目，7个省级示范合作社，3个省级农民专业合作组织发展项目，培育创建29个市级农民合作社示范社，共争取和给予项目扶持资金590万元。根据省中央财政支持家庭农场示范县和省级示范家庭农场创建项目申报工作的要求，成功申报7个省级示范家庭农场，1个家庭农场示范县，获得项目补助资金160万元。三是抓规范监测。开展合作社“四化”提升活动（生产标准化、运行规范化、产品安全化、经营品牌化），建立健全合作社成员大会、理事会、监事会等管理制度，规范成员帐户、盈余分配等财务管理，实施农产品全程质量监管，加强合作社产品品牌营销，全面提升农民合作社的民主管理、财务管理和经营管理水平。按照国家农民合作社示范社监测工作的要求，全市所有已经注册的合作社都要到县工商部门和农村经营管理部门进行年度事项报告，对没有进行年度事项报告的合作社列入经营异常名单和取消相关荣誉称号，并且不能申报合作社项目，全市通过监测共有12个国家示范社不合格、43个省级示范社不合格。全市通过工商认定登记的家庭农场已纳入农业部农经统计系统名录管理的家庭农场3405个，经营土地面积达3.71万公顷。（刘小云）

【农民负担专项治理工作】 衡阳市农民权益维护监管办下发《关于开展2017年涉农乱收费乱摊派专项治理工作的通知》，要求各县（市）区全面开展涉农乱收费乱摊派专项治理。全市涉农乱收费乱摊派专项治理活动共涉及147个乡镇，2276个行政村。查处农村义务教育违规收费11件，退还款项212.85万元，处理责任人9个，建立监管制度4件；查处农民建房违规收费2件，退还款项0.6万元，处理责任人2个，建立监管制度1件；查处违规收取“一卡通”年费12件，退还款项2.711万元，取消收费项目和文件1个，处理责任人2个，建立监管制度1件；查处摊派订阅报刊44件，退还村级款项9.31万元，建立监管制度1件；查处加重新型农业经营主体负担2件，退还款项0.482万元，取消收费项目和文件7个，处理责任人8个，建立监管制度1件；通过专项治理，共减轻农民、村级组织、新型农业经营主体负担225.943万元。

（刘小云）

【农村集体产权制度改革试点】衡阳市人民政府专题召开政府常务会专题研究农村集体产权制度改革工作，确定衡阳市2017年启动农村集体产权制度改革试点工作，2018年全面推开的总体安排，明确将农村集体产权制度改革推进工作纳入对县（市）区的年度目标管理。在3月的市委农村工作会上，市委、市政府主要领导和分管领导对农村集体产权制度改革都作重点安排。根据省、市会议精神，各县（市）区都将农村集体产权制度改革工作纳入到当前的重要议事日程，都分别成立县（市）区委书记任组长的农村集体产权制度改革领导小组。领导小组下设办公室。县（市）区农村经营服务中心成立农村集体产权制度改革指导小组，下设几个小组，实行班子成员分片包干负责制。各县（市）区召开县（市）区委常委会、政府常务会议对农村集体产权制度改革工作进行专题安排部署、调度、听取专题汇报，成立专门组织机构、组织专题调研、起草相关文件、确定试点单位。全国农村集体产权制度改革试点县市——常宁市，召开农村集体产权制度改革动员会和培训会，全面启动产权制度改革工作，相继出台《关于稳步推进农村集体产权制度改革实施意见》《常宁市农村集体产权制度改革试点工作实施方案》等6个文件。并编制《清产核资登记表》《集体经济组织成员身份摸底登记表》《股权登记表》等表册。其他县（市）区也都启动农村集体产权制度改革试点相关工作。2017年，衡阳市已制定清产核资方案的村社区1448个，已完成清产核资的村社区1078个，占村社区总数的40.3%，共清理出村级集体资产209685万元，其中固定资产96245.46万元，其他资产22681.44万元，经营性固定资产6895.34万元，可带来收益的资源性资产1.2万公顷。各地都依托县（市）区农村土地流转服务中心和乡镇农村土地流转服务所拓展服务功能，由单一农村土地流转服务职能向开展农村集体资产的评估、招标、出租等交易信息服务转变，已完成职能转变的乡镇街道115个，占乡镇街道总数的63.9%。（刘小云）

种植业

【概况】2017年，衡阳市粮食总产量331.1万吨，比2016年增加0.4万吨，同比增长0.1%。其中，早稻136.3万吨、减少3.3万吨，下降2.4%；中稻11.7万吨、增加0.9万吨，增长8.2%；晚稻160.4万吨、增加2.6万吨，增长1.7%。2017年，衡阳粮食作物单产25.73公斤/公顷，比2016年增加0.05公斤/公顷，增长0.2%；粮食播种面积571.9千公顷，同比减少0.5千公顷，下降0.1%。粮食生产总体比较稳定，供给得到有效保障。（陈跃英）

畜牧水产业

【概况】全市养殖业发展稳中有进、稳中向好。养殖业生态环境整治、动物防疫、畜禽屠宰监管、信息宣传等工作走在全省前列，衡阳市畜牧水产局被湖南省畜牧水产局评为全省养殖业工作目标管理绩效考核先进市，被湖南省防治重大动物疫病指挥部评为动物防疫工作优胜单位。2017年，全市出栏生猪950万头，出笼家禽1亿羽，同比略有减少；出栏牛16.5万头，出栏羊75.5万只，同比增长4.5%、4.8%。全市水产养殖放养面积5.5万公顷，与2016年持平，水产品产量为32.35万吨，同比增长1.09%，渔业总产值达到50.41亿元，同比增长4%。饲料和饲料添加剂总产量达到128万吨，同比增长4.1%。全市牧渔业总产值接近340亿元，同比增长3.3%。生猪、家禽、水产养殖等都取得较好的经济效益，养殖业整体上实现提质增效。（黄　鹏）

【产业转型升级】　全年创建国家级畜禽标准化示范场3个、省级5个、市级18个；实施国家南方草地项目，改良天然草地4千多公顷，人工种草2千多公顷；实施畜禽品种遗传改良计划，重建寺门前猪保种选育场，改扩建四个湘黄鸡资源场，生猪、家禽、草食动物规模养殖比例达到78%、80%、58%。发展现代渔业，创建部级水产健康养殖示范场3个，水产苗种场持证率达100%，新增稻田综合种养面积266.67公顷、种养基地5个，新增休闲渔业点100个，全市特种水产养殖比例超30%。全面实施《饲料质量安全管理规范》，大力发展饲料添加剂，衡阳饲料添加剂产量出口全国排名第一。推动产业融合发展，全市现有国家级产业化龙头企业7家、省级15家、市级33家，建设休闲渔业基地310家，体验式休闲牧业企业120个，产品深加工企业12家，养殖、加工、销售一体化经营模式不断完善。

（黄　鹏）

【养殖污染防治】　2017年，衡阳市关停或搬迁禁养区畜禽规模养殖场216个，栏舍面积23万平方米，办结中央环保督察移交件59份，全部整改到位。推广绿色生态养殖技术，全市新增“三品一标”认证企业9家、产品18个。做好农村环境综合整治，完成48个重点养殖场减排项目。加强养殖污染防治设施建设，全市已实施污染治理设施装备配套的畜禽规模养殖场1934个，配套率达84.4%。强化养殖粪污资源化利用，打造农牧结合生态养殖基地1200多个，建成有机肥加工厂7个，耒阳市、衡南县获评农业部畜禽粪污资源化利用整县推进项目，衡阳县列为创建农业部畜牧业绿色发展示范县。加快建立病死畜禽无害化处理机制，衡南县、耒阳市无害化处理中心已投产运行，衡阳县处理中心即将竣工，各县市区病死畜禽收集系统陆续建成。（黄　鹏）

【动物疫病防控】　做好动物强制免疫，落实免疫效果评估和督查措施，确保全市畜禽群体常年免疫密度在90%以上、强制免疫病种抗体合格率在70%以上。强化动物疫情监测，全年监测动物血清样品35670份，病原学样品17522份，布病净化有效推进，H7N9流感有效防控。加强动物防疫体系建设，组织开展兽医处方活动专项整顿行动，兽医社会化服务体系试点经验得到农业部兽医局和湖南省畜牧水产局肯定。加强动物检疫监管，以动物产地检疫推进年活动，严格落实动物检疫申报和动物产地检疫制度，全年生猪产地检疫数量突破210多万头，家禽产地检疫数量突破2100多万羽，全市产地检疫开展面达100%，检疫申报受理率达100%，动物产地检疫电子出证在全市全面覆盖。（黄　鹏）

【畜禽水产品质量安全监管】　加强检测能力建设，衡阳市畜禽水产品质量检测中心完成农业部质检中心项目建设，衡阳县成功创建农业部基层技术推广示范县，衡阳市现有6个省级畜禽水产品质量安全示范县。加强产品抽样监测，完成部、省抽样送检产品430批次，猪尿600批次，合格率100%。实施市本级抽样监测4749批次，合格率达99.9%。推进专项整治，组织实施“瘦肉精”整治、生猪屠宰“扫雷行动”等六大畜禽水产品质量安全专项整治行动，全年出动执法人员检查养殖企业（户）3157家次、畜禽屠宰场（厂）142家次，养殖业投入品生产经营单位426家次，查处涉及畜禽水产品质量安全违法案件164件，畜禽水产品质量安全保持稳定向好态势。

（黄　鹏）

【养殖业精准扶贫】　成立养殖业精准扶贫领导小组，出台《2017年养殖业精准扶贫实施方案》，落实技术扶贫、项目扶贫、结对帮扶、驻村帮扶四大抓手，衡阳市各级畜牧水产系统支持养殖业精准扶贫项目40余个，提供技术服务120次，培训基层从业人员1200余人次，发放技术手册10000余份，实施科技创新技术成果20多项。同时做好对常宁市昆帽峰村驻村精准帮扶力度，落实各项扶贫政策，为村里争取资金300余万元，易地搬迁53户，新修建通村、组道路2.2千米，帮

助发展牛羊、油茶、旅游等产业，连续三年被中共衡阳市委评为精准扶贫优秀后盾单位。（黄　鹏）

【畜禽屠宰监管】 抓好屠宰场（点）审核清理，对布局不合理、环保不达标、安全有隐患的屠宰场（点）进行重点整顿，2017年清理停业整顿屠宰场（点）30家，改造18家，重建5家，新增A类机械化屠宰场1家，生猪屠宰标准化水平得到提升。加快屠宰产业化发展，衡阳市共有90余家畜禽养殖企业、30余家超市与屠宰企业实行产销对接，行业品牌化建设取得初步成效。深入实施“扫雷行动”屠宰执法整治，全市屠宰监管部门开展执法行动365次，出动执法员3910人次，捣毁61处违法私宰窝点，查缴不法肉品73400余公斤。在2017年湖南省动物防疫工作电视电话会议上，副市长杨龙金代表衡阳市对屠宰监管工作作典型经验发言。（黄　鹏）

【渔政执法监管】 水生资源严格保护，衡阳市开展增殖放流活动8批次，放流“四大家鱼”苗种3778万尾。实施春季禁渔行动，持续打击电力捕鱼行为，2017年查处非法电渔船13艘，立案7起，行政处罚7人，没收非法“背包式”电渔机26台，湘江等电鱼现象大为减少。严格安全生产监管，组织开展全市养殖业安全生产大检查，全面完成渔船“三证合一”核发工作，确保2017年未发生养殖业安全生产事故，被市委、市政府评为安全生产先进单位。（黄　鹏）

农业机械管理

【概况】 2017年，衡阳市农机系统围绕中共衡阳市委、衡阳市政府提出的“机械化耕作、标准化生产和品牌化建设”的现代农业发展思路，推进农业机械化“全程、全面、高质、高效”发展，实现2017年“以供给侧改革为引领，提质发展农机化，加快推进农业现代化”的工作目标，农机系统转变发展方式，初步实现由数量增长为主转到数量质量效益并重上来。2017年，农机总动力达到601.5万千瓦，主要农作物综合机械化水平达50.1%（统计口径变化）。加快“机器换人”步伐，为促进全市农业农村经济发展和农民持续增收提供有力支撑。2017年，衡阳市农机综合工作荣获湖南省先进单位（第二名）。（朱明生）

【农机补贴】 落实《农机购置补贴监督管理办法》，促进农业装备结构优化。一是加大操作程序规范力度。规范执行“自主购机、定额补贴、县级核算、直补到卡”方式和农机报废更新补贴操作流程，强化对大中型机具的核查、单人多台套和短期内大批量等补贴情形的监管。2017年，衡阳市共使用补贴资金3902万元（其中报废更新补贴61.5万元），受益农户2267户。衡阳市农机总动力达到601.5万千瓦。二是不断优化机具结构。通过农机购置补贴政策引导，推广应用符合“国Ⅲ”标准的动力装备，全市补贴机具数量3670台，先进、节能环保、智能高效的复式作业机具增长较快，小型、老旧、高耗能的落后机具加快淘汰，实现农机装备结构优化和更新换代。三是大力提升绿色新技术推广力度。紧盯生态文明建设、农业可持续发展和投入精量化减量化应用，加大精准施肥施药、深松深耕、秸秆还田等综合利用型农机化技术的推广力度，增强先进适用、绿色环保、智能高效农机化技术的有效供给。2017年，衡阳市试点推广新型无人植保飞机65架和化肥同步深施机13台。在4个城区农村以30元/亩“以奖代补”方式完成水稻秸秆机械化还田8000亩。全市试点完成土地深松整地作业1333公顷。（朱明生）

【机械化作业水平提升】 强化行政指导、机制创建、典型引路和技术支撑，不断提升农机装备和机械化作业水平。2017年，全市主要农作物综合机械化率达50.1%（统计口径变化），其中水稻、油菜耕种收综合机械化率分别为74.8%、57.1%。中共衡阳市委、衡阳市人民政府将加快水稻油菜生产全程机械化纳入2017年衡阳市委1号文件，明确要求县政府和相关单位加强组织领导，有效推动工作落实。强化部门协作和措施帮扶，形成粮油全程机械化生产推广合力。7个农业县市建立千公顷连片的水稻油菜全程机械化示范基地，解决水稻主产区的机械化机插、无人植保、机烘技术和秸秆还田的示范推广，打造农机农艺融合示范区。成立主要农作物生产全程机械化技术指导专家组，负责决策咨询、技术指导、培训交流等工作，分组赴7县市示范基地开展技术巡诊。2017年，共开展农机技术培训121期，培训8800多人次。针对衡阳市主要农作物生产全程机械化的薄弱环节，组织开展以水稻油菜生产全程机械化推进行动为主题的“补短板、推全程”系列活动，重点演示水稻油菜生产全程机械化各个环节的新技术新装备，全市各地共举办相关活动超过50场次。（朱明生）

【合作组织培育】 按照“统筹规划，分类指导，加强扶持，培育亮点”的总体思路，大力培育新型经营主体，促进农业转型升级、带动农民增收致富。以实施“千社”工程为抓手，大力发展现代农机合作社，衡阳市出现四种主流模式，即：农业龙头企业主导型的“安邦模式”、农机推广部门主导股份合作型的“泉湖模式”、村民委员会领办型的“大广模式”和以承包土地经营权入股的土地股份合作或资产折股量化的“户户联合模式”。衡阳市注册农机合作社697家，专职从业人员2.8万人，其中10家评为全国示范农机合作社。农机合作社从单一的农机作业服务、农业种植拓展到农产品加工服务、农机销售流通维修、农机教育培训等领域，形成农机作业社会化服务、种养循环、产加销一体等综合经济实体。截止到2017年年底，衡阳市农机合作社流转各类土地面积5.93万公顷，拓展型农机合作社75家，农机作业服务面积（含跨区）超过32万公顷。依托农机服务行业协会，形成自我教育、自我服务、自我管理的运行模式。衡阳县农业机械服务协会成立以来，共有50多家农机合作社的理事长和农机大户参与，协会运用短信、微信群、QQ群等信息化手段发布信息，实现资源共享。有的农机合作社采取入股、租赁、托管等方式统一经营成员土地，或聘请职业经理人或专业管理团队负责日常经营。截止到2017年年底，全市各级农机合作社逐步形成参与主体多元、利益分配多样、管理决策灵活的运行机制。2017年，衡阳市农机合作社产值超过40.5亿元。（朱明生）

【安全监理】 衡阳市农机局坚持“安全第一，预防为主，综合治理”的方针，以创建“平安农机”为主要载体，抓监管措施和责任落实，全力防范农机事故发生。一是创新宣传形式。定时开展农机安全知识进田地、进家园、进校园活动，通过宣传栏、电视、微信、农机APP等宣传手段抓好农机安全宣教。在农机培训课堂上发放《农业机械事故案例》等通俗易懂的宣教材料，着重提高宣传教育针对性和农机手的接受率。二是开展规范整治。开展报废、灭失和长期脱检上道路运输拖拉机牌证专项清查行动，衡阳市共清理报废、灭失和长期脱检拖拉机8000多台，发放书面整改通知书9000余份，注销登记近3000台，全面澄清全市农机安全生产监管的“家底”。执行市政府关于《衡阳市拖拉机非法载客上路运营专项整治工作方案》，实行联合执法常态化，各级农机局、交警部门在重大节假日开展专项联合执法，严厉查处拖拉机违法载人等违法行为，有效遏制农机重特大事故发生。三是深化开展平安创建。加强农村基层农机安全监管网络建设，把牌证管理的安全监管职责分号段、分区域分解到每个监理员，实现市、县、乡三级齐抓共管的农机监管网络。重点抓好乡村农机安全协管员配备，衡阳市共配备协管员1500多人。全力推进“平安农机”创建，衡阳市4个县被评为全国“平安农机”示范县，82个乡镇成功创建省级平安农机示范乡镇。四是加强应急管理。完善农机事故应急预案，市、县、乡完成应急预案修订完善和备案工作，并抓好应急预案演练示范。（朱明生）

农业科学研究

【科技工作】 2017年，衡阳市农业科学研究所（以下简称市农科所）共开展科研课题17项。分别是：国家水稻产业技术体系综合试验研究、国家油菜产业技术体系综合试验研究、三熟区耕地培肥与合理农作制、高档优质二系杂交稻新组合的选育及配套技术研究（2016年1月—2018年12月）、水稻优质低镉品种选育、衡阳地区果园土壤及果品镉含量检测评价与低镉果树品种选育、国家水稻区域试验、湖南省水稻区域试验、湖南省大豆区域试验、国家大豆区域试验、长江流域春大豆联合鉴定试验。自主选育和引进水稻、大豆、油菜等3个种类共300多个品种进行品比试验，科研工作持续保持全省地市级领先水平。1. 育种研究：选育农作物新品种8个参加省联合品比试验，分别是吉丰A/CR317、安丰A/CR422、创5S/CR648、深08S/CR89、深两优4336、深优4154、雨母香、泰优755。进入国家或省区（预）试品种4个，分别是五丰优317、五优85、早丰优197、吉丰优198。2. 引种示范：示范推广新品种9个，其中水稻品种4个：杂交早稻五丰优317、五优85、五丰A/CR1331、吉丰A/BC393。油菜品种5个：大地199、大地95、沣油847、沣油807、沣油0230；示范推广新技术7项，分别是双季稻全程机械化适度规模生产关键技术研究与示范、双季稻单本密植机插高产栽培技术（三一栽培技术）研究与示范、水稻病虫害绿色防控技术集成与示范、油菜全程机械化生产技术示范、“一促四防”抗灾技术、封闭除草技术示范、油稻稻轮作制高产栽培技术示范。3. 科研成果捷报频传：杂交早稻组合“五优85”通过湖南省品种审定（湘审稻2017003）；《优质高产广适杂交晚稻中熟品种的选育与应用》获得省科技进步二等奖（排名第二）；选育的优质香稻“雨母香”经农业部食品质量监督检验测试中心确定为部颁二等优质米；由市农科所主持的“可改善城市行道树地下泥土水份含量的蓄水结构”项目，获得国家级的实用新型专利证书；在国家级刊物上发表专业论文5篇；“优质水稻品种育繁及高效栽培技术研发创新团队”被定为衡阳市首批“科技创新创业人才团队”，团队带头人陈可明的优秀事迹《梅花香自苦寒来》入选湖南省《现代种业改革发展创新成果汇编》；学科带头人、育种室主任吴松青2017年被认定为衡阳市重点人才培养计划并享受衡阳市政府特殊津贴。（阳建斌）

【科技服务】 1. 利用技术优势服务三农。组织科研专家和科技人员参加“科技活动周”活动，开展科技下乡，送农作物种子、种苗、技术资料到田间地头和农户家中。组织专家在各示范县、示范点开展技术培训，提高科技入户率。2. 依托体系平台开展示范推广。利用市农科所承建的国家水稻和油菜综合试验站两个平台，引进国家现代农业产业体系各专家的产业新技术、新产品、新设备，通过试验示范，服务衡阳市农业产业。通过创办示范点、共建科研示范基地，将研究及服务工作与农业产业企业等新型农业经营组织融合在一起。2017年，在5个示范县创办示范点8个、共建科研示范基地9个。示范点分别是：常宁市罗桥镇大枫树村三一栽培技术示范点、耒阳市泗门洲镇新坡村水稻病虫害绿色防控技术示范点、衡阳县西渡镇梅花村全程机械化生产技术示范点、衡南县三塘镇大广村水稻抗病抗虫品种示范点和油甘青除草剂苗期除草技术示范点、衡山县白果镇岳北村优质稻高产栽培示范点、衡山县贺家乡依田村“一促四防”抗灾技术示范点、衡南县大广村和鳌兴村油菜封闭除草新技术示范点。共建的基地分别是：与衡南县湘中农机作业专业合作社、衡南县思义农业专业合作社共建的名特优水果示范基地，与衡南鸿祥种养专业合作社共建的名优特新水果品种选育基地，与衡阳县农业科技服务中心、衡阳县富农优质稻种植专业合作社共建的双季稻优质高产栽培示范及成果转化基地，与衡阳市三聚净界贸易有限公司共建的酿酒专用高粱品种绿色栽培技术示范基地，与常宁市耘茂农业发展有限责任公司、常宁市智邦农机种养专业合作社及常宁市农科所共建的高档优质稻高产栽培技术示范推广基地，与湖南广林农业科技开发有限公司共建的玫瑰花果种植开发研究基地。结合示范县生产现状，开展技术培训及田间现场观摩20场次，举办双季稻区油菜全程机械化之机收现场会，衡阳电视台、衡阳日报社有关媒体进行报道。筛选水稻、高粱、水果等农作物新品种100余个，示范品种19个，展示品种15个，示范推广大地199、大地95、阳光2009、阳光131及丰油系列等具有“三高五抗一化”特性油菜品种8个；派出服务专技人员260多人次，培训农技人员300多人次，新型农民5000人次，发放技术资料1万余份；提出各类建议措施80项次，建立百亩片12个，万亩片5个，创造良好的社会和经济

效益。（阳建斌）

【项目建设】 2017年，争取国家、省、市科研、示范、推广及科技服务项目资金467万元，其中南繁项目在2016年基础上增加10万元。1. 推进实施国家农业部、中国农科院争取下达的国家试验项目4项：一是国家区域试验项目完成农作物新品种区域试验面积4.67公顷，品种608个。为国家、湖南省农作物品种审定和大面积推广应用提供可靠依据。在区域试验的实施阶段，国家、省、市相关部门领导和专家多次到市农科所试验田间检查指导，在听取汇报和检查试验基地后对市农科所的区域试验工作给予肯定。二是国家水稻产业技术体系衡阳综合试验站项目：完成体系下达重点任务4项和自选任务1项。在五个示范县推广“适合轻简化生产的水稻配套栽培新技术”“双季稻单本密植机插高产栽培技术（三一栽培技术）”“水稻生产全程机械化配套技术”“病虫害绿色防控技术”等关键增产技术。承办“南方稻区水稻病虫害绿色防控及双减技术研讨会暨全国水稻农药肥料减量增效技术观摩培训会”，专家们对项目基地建设及技术集成应用给予高度评价。三是国家油菜产业技术体系衡阳综合试验站项目：完成体系下达重点任务7项及基础性、应急性工作。一批“三高五抗一化”品种得到推广；高油酸油菜研究与示范取得突破；轻简化栽培技术是解决农村劳动力不足、减轻劳动强度、提高种植效益的关键，改善农业生态环境，促进其他产业的发展，示范县衡阳县每年举办一次油菜花节，将赏花观景活动与湖湘文化结合，实现乡村旅游与湖湘名人文化、农业生态休闲深度融合。四是国家科学实验站衡阳观测站项目：完成作物种质资源数据中心、农业环境数据中心、国家植保数据中心、国家土壤质量数据中心等四个观测点的观测监测任务。2. 推进省农委、省农科院、省科技厅、省农开办争取的项目：“三熟制产区油菜丰产技术集成示范”“长江中下游南部双季稻周年水肥高效协同与灾害绿色防控丰产节本增效技术集成与模式构建”“稻田重金属消长平衡监测及控源增容试验”“稻油轮作模式下秸秆腐熟还田利用技术研究与示范”“衡阳地区果园土壤及果品镉含量检测评价与低镉果树品种选育”“间套作大豆种质创新与应用”。3. 开展市级重大科研课题7项，为衡阳市农业供给侧结构性改革调整研究方向。分别为“利用香味基因fgr的功能分子标记辅助选择选育籼型香稻三系不育系”“高档优质二系杂交稻新组合的选育及配套技术研究”“新型反向温光敏两用核不育系的选育及其应用”“优质高产杂交早稻新组合的开发利用”“早杂‘五丰优317’搭配晚杂‘H优518’双季机插高产技术研究与示范推广”“高油酸油菜高产高效栽培与示范”“果园化肥简施技术研究与应用”。（阳建斌）

【成果转化】 市农科所作为全省试点单位制订的《衡阳市农业科学研究所关于种业人才发展和科研成果权益改革工作的实施方案》（简称方案）获得省里批准，并按照方案做好科研成果确权、转化及权益分配等工作，成果转化效益明显。2017年有一个品种（五优85）和两个材料（早籼恢复系“T0107”及“R123”）成功转让，分别获得40万和50万的成果转化收益。其中品种转让：市农科所选育的“五优85”通过湖南省品种审定后，将该品种生产经营开发权转让给中种集团福建农嘉种业股份有限公司，获得品种开发许可费人民币40万元，以后中种农嘉每销售五优85种子1千克市农科所提成品种使用费0.6元。恢复系许可：北京金色农华利用市农科所提供的早籼恢复系“T0107”配组，2个组合通过国家审定；利用“R123”配组，1个组合通过省审定，根据双方签订的引种协议，北京金色农华支付给市农科所的转让费50万元。

（阳建斌）

【学术交流】 1. 承办高端学术会议。由农业部、中国农科院主办，衡阳市农科所承办的“南方稻区水稻病虫害绿色防控及双减技术研讨会暨全国水稻农药肥料减量增效技术观摩培训会”9月24—27日在衡阳市举行，来自全国27个省、市、自治区的70多家科研院所及推广单位的180余名专家学者参加本次会议，衡阳市人民政府副市长杨龙金代表中共衡阳市委、市政府在大会上致词，表示衡阳要以这次会议为契机，大力推广先进的农业技术，加快农业绿色发展，促进农业供给侧改革，提高科技对农业的贡献率，为全面发展生态农业、有机农业和现代农业，建设农业强市而努力奋斗。2. 参加各类学术活动。2017 年 12 月 7—9 日在衡阳召开“湖南省稻田生态系统重金属污染源解析及消长规律研究项目启动会”，共有省农科院及 5 个市（州）农科院（所）领导专家与会，与会代表参观市农科所稻田重金属消长平衡监测及控源增容试验现场并给予高度评价。2017 年，走访岳阳、常德、湘西自治州及怀化农科院（所）广泛进行学术和管理上的交流，广东江门、河北邯郸农科院（所）先后专程到市农科所交流学术。

（阳建斌）

【科研管理】 1. 项目申报和落地。2017 年，向国家、省市相关部门申报农业科技攻关项目和产学研合作项目 18 项。省科技厅省市联合基金项目、第二批湖南农业科技创新资金项目、市科技局重点项目、产学研项目、湖南省引进国外智力成果示范推广项目、中国农科院大豆种质性状鉴定项目等均已立项。成功申报进入国家科学试验站平台，承担作物种质资源数据中心、农业环境数据中心、国家植保数据中心、国家土壤质量数据中心 4 个观测点的观测监测任务。2. 课题和项目管理。在管理中，从立项、申报、实施、总结、课题验收、鉴定、成果申报、经费管理等各个环节实行全程跟踪，及时建立档案，提醒和督促科研人员按计划、高标准、高质量完成研究任务，做好总结，按时进行鉴定和验收，保证科研项目的规范性和科研成果的质量，为项目的成果申报和后续申报做准备。3. 成果验收和登记。2017 年，共有三个省市重点项目顺利通过验收：湖南省科技厅重点研发项目“耐低磷水稻种质资源的筛选、创制与应用”，对照项目合同，超额完成项目指标，撰写的科技报告通过审核，获成果登记证书；省市联合基金项目“抗水稻黑条矮缩病种质资源的筛选、创制与应用”，对照项目合同，超额完成项目指标，顺利通过验收；衡阳市科技计划重点项目“新型反向温光敏两用核不育系的选育及其应用”于 2017 年 9 月 20 日顺利通过科技局组织的专家组验收，并认为该成果居国内领先水平。4. 基地维护和管理。市农科所内科研基地安排专人负责日常管理与维护，大中型拖拉机、旋耕机、起垄机、插秧机、收割机、深开沟机、秸秆粉碎机等农机具配套齐全。冬闲田全部撒施石灰，撒播紫云英种子和油菜种子作为绿肥，试验田大面积施用有机肥菜饼，灌溉期间，将深井水引流到水塘里，循环后再灌溉到试验田里。通过一系列措施，收到比较明显的成效：稻田增产，病虫害减轻，化肥、农药施用减少，既节支增产，又降低化肥、农药残留，作物的安全性能大大提高。5. 专业、学术管理。2017 年，市农科所恢复和组建所学术委员会，并制定学术委员会章程，对衡阳市农业科技发展规划、农业产业结构发展与结构调整等提出意见和建议。

（阳建斌）

蔬菜品种研发

【概况】 2017 年，衡阳市蔬菜研究所（以下简称市蔬菜研究所）共开展国家、省、市及自选科研课题 39 个，其中蔬菜新品种选育（南瓜、丝瓜、苦瓜、辣椒、西瓜、甜瓜、冬瓜等）及蔬菜新品种推广应用课题 10 个，食用菌新品种的选育及其栽培技术的研究课题 6 个，湖南省蔬菜新品种区域试验及所内蔬菜新品种（组合）比较试验和生产示范试验课题 8 个，蔬菜植保、组培课题 8 个，国家、省级项目 7 个。成功申报“衡阳工程技术研究中心”与省、市“衡阳市蔬菜研究所院士专家工作站”两个技术创新平台，引进蔬菜院士 2 名，国内蔬菜专家 10 名。衡阳市重点项目“瓜类蔬菜新优品种选育及配套栽培技术研究”课题，通过市科技局专家组的现场验收；完成农业部、省、市蔬菜科技 7 个项目的申报工作，争取项目资金 156 万元。承担的湖南省农业技术规程项目《冬瓜搭架栽培技术规程》和《脚板薯栽培技术规程》获衡阳市科技进步二等奖。撰写科技论文、项目总结材料 28 篇，其中在国家、省级刊物上发表 12 篇。

（旷碧峰）

【蔬菜新品种选育】 1. 南瓜新品种选育。对 01、世早、0767、变种牛腿等 45 个南瓜材料进行自交提纯，对2016年新配的云早×世早园、世早×18、云早×18、东早×世园等16个组合进行田间观察，观察结果表明：世早×18第一雌花节位10.6节，雌花率高，瓜梨形，商品性好。新配南瓜杂交组合12个。2. 丝瓜新品种选育。对历年收集的光皮丝瓜、白皮丝瓜和肉丝瓜等42个丝瓜材料进行自交提纯。同时新配丝瓜杂交组合26个。对4×1、130×4、122×12、123×124、4×131等28个丝瓜组合进行观察试验，其中130×4组合平均第一雌花节位为5.8节，瓜条顺直微皱，有霜，瓜条长28.6厘米，具有推广价值。3. 苦瓜新品种选育。对20份苦瓜品种资源进行观察，发现油身类型苦瓜中油3、油12生长势强，属性早、果实大，果实外观油绿光泽；晶珠类型苦瓜晶3-1属性早，连续坐果能力强。2017年共配置杂交组合8个。针对鑫秀苦瓜对其双亲进行改良。开展苦瓜杂交新组合比较试验，其中GS3-1×B02长、S3-1×B08两个组合杂交优势明显，以台湾碧秀苦瓜作对照，前期产量增加26.8%、总产量增加9.5%。4. 辣椒新品种选育。对收集的27个辣椒品种资源进行观察、纯化和配组，A15为大辣椒、产量高，品质优，但纯度不高，可通过株选、单果选择进行纯化。对2016年配制的6个辣椒组合进行观察比较试验，2017年新配置杂交组合6个。在长沙、常德、郴州、株洲，衡阳5个试验点开展雁丰1号辣椒多点区域试验，对照为丰辣3号。5. 甜瓜新品种选育。对2016年收集并试种纯化过的15个材料进行进一步纯化比较，发现Hp0301果实变小，但商品性状优化，香味、甜度更佳。对2016年配制的两个杂交组合进行观察试验，表现为抗病性较弱和出现分离。对B2、R2、M、D1、等材料进行自交提纯，纯度显著提高，M、R2、B2均可以作为常规品种进行推广应用。根据各育种材料历年的表现，有针对性的配制杂交组合4个。6. 黄瓜新品种选育。2017年共种植白黄瓜与刺黄瓜资源12份，对表现好的材料进行株选，并套袋自交纯化。对2016年配制的6个黄瓜新组合进行品比试验，试验结果表明：02×91前期产量和总产量排名第二，该组合雌花率高，丰产性强。果实外观为黄白色，有光泽，生食口感好，有市场推广价值。7. 冬瓜新品种选育。对新收集的6个品种进行试种观察并纯化，对2016年保留的8个品种继续纯化，对2016年配制的3个组合进行观察试验，并根据育种目标新配制杂交组合2个。8. 其他蔬菜新品种选育。2017对2016年选留的8个豇豆品种继续进行田间提纯栽培；对收集的6个番茄材料进行田间观察记载并株选提纯，种植西瓜材料18个并自交纯化。(9) 蔬菜基地集中育苗。培育茄果类、瓜类12个品种的蔬菜优质苗30万株，为蔬菜基地及菜农提供春提早育苗技术，使基地广大菜农大大的提高蔬菜种植效益。

（旷碧峰）

【蔬菜新技术的研究、引进与示范】 1. 辣椒秋延后栽培技术研究：以丰源15号为对照，新引进3个辣椒品种在简易钢架棚开展秋延后栽培试验，苗期严防高温日灼及白粉虱等虫害。2. 开展青花菜与结球甘蓝的区域试验。3. 长期施用猪粪菜园土壤重金属残留定位监测试验。试验一年举行2次，每次设5个处理，参试作物春夏为黄瓜，秋冬为大白菜。通过对参试品种施肥的不同处理，监测禽兽粪便中重金属残留对蔬菜及土壤的危害。（旷碧峰）

【食用菌研究】 1. 食用菌优良新品种、新技术引进与推广应用：共引进优良食用菌品种20个，其中平菇品种12个（夏福2号、丰收9号、早丰1400、特抗黑平114、寿平159、黑平125、早秋2014-1、金秋黑平、黑优6、大丰9863、奇美969、超优1671），特色平菇品种1个（榆黄菇303），姬菇品种2个（姬菇1号、姬菇7），滑菇品种1个（澳羽32），猴头菇品种1个（长刺猴头），黑皮鸡枞品种1个（黑鸡枞），杏鲍菇品种1个（杏美289），真姬菇品种1个（白玉菇）。2017年完成2016年引进的新品种栽培试验及推广应用，1个秀珍菇品种（秀珍188），2个中低温平菇品种（平3802、平3806），三个姬菇品种（姬菇3108、姬菇黑一、姬菇黑二）表现优良，菇形好、品质优、产量高，很受菇农和消费者欢迎，可加大推广应用力度。2. 珍稀食用菌的引进与开发利用研究。一是长根不同覆土材料比较试验，共选取两种覆土材料及加入一定比例的煤灰渣——菜园土、黄泥土、菜园土：煤灰渣=7：3、黄泥土：煤灰渣=7：3进行覆土试验，试验结果表明：采用不同覆土材料其出菇情况是不同的，采用菜园土进行覆盖其产量最高，但从覆土到开始现蕾时间较长，采用黄泥土进行覆盖产量最低，采用黄泥土、菜园土：煤灰渣=7：3、泥土：煤灰滑菇渣=7：3从覆土到开始现蕾时间差不多。二是开展黑皮鸡枞、猪肚菇、滑菇、真姬菇（蟹味菇）的引种栽培出菇试验；灵芝栽培出菇及盆景制作试验。三是开展小姬菇、茶树菇、鸡腿菇、木耳99丰的栽培示范及推广应用，杏鲍菇在自然环境下栽培示范及推广应用。3. 食用菌新品种和新技术的推广应用。主要是推广新引进的平菇（特色平菇榆黄菇）、姬菇、秀珍菇、金针菇、鸡腿菇、杏鲍菇、茶薪菇、猪肚菇、木耳、灵芝、真姬菇、滑菇、长根菇、黑皮鸡枞等新品种，全年为食用菌生产基地及菇农提供优良食用菌菌种母种300多支，原种3000多瓶，生产种3000多袋。为向他们推广新的栽培模式及病虫害防治技术。

（旷碧峰）

【蔬菜植物保护和蔬菜绿色防控研究】 1. 开展主要蔬菜品种病虫害调查与防治：在蔬菜病虫害防治工作中遵循“预防为主，综合防治”的植保方针，主要开展番茄青枯病药效试验，黄瓜白粉病和霜霉病的调查与防治，丝瓜疫病的调查与防治，辣椒常见病虫害的调查与防治，重点调查辣椒炭疽病流行因素，西瓜常见病虫害的调查与防治，豆角煤霉病、锈病的调查与防治。2. 开展菜地草害物理性防治技术应用与推广和白茅草药剂防治试验。运用黑色除草膜+除草布防治菜地各种杂草，减少除草剂的使用和药物残留对蔬菜的不良影响。使用10.8%高效氟吡甲禾灵乳油在本所麦冬绿化面积内防治白茅草，用药后26天，白茅草地上部分出现中毒症状，易被拔出，但对麦冬草高度安全。

（旷碧峰）

【组织培养研究试验】 在红颜草莓已成功诱导出愈伤组织、分化出芽、诱导生根的基础上开展红颜草莓苗的炼苗试验，已成功定植到大田。开展章姬草莓、黄精、四季海棠、红掌、八仙花、百合、月季、吊兰等的离体脱毒培养试验，引进铁皮石斛、瓜蒌、金银花等中药材组培苗，并进行扩繁试验。

（旷碧峰）

【蔬菜种子质量监管】 1. 以衡阳市德丰源种业有限责任公司作为科技创新平台，通过各种媒体广泛宣传本所选育的蔬菜新品种蔬菜新品种。在《中国蔬菜》《长江蔬菜》等杂志上多次刊登彩色广告，全年印发宣传资料3万份、海报2万张，使用“南雁”注册商标，在全国建立特约经销点，推广蔬菜新品种40多个。2. 参加长沙、武汉、广州等种子交易会、带动本所12个新品种参展汉寿蔬菜节，参加省市举办的科技下乡活动。3. 严把种子质量关。续办种子生产经营许可证，2017年推广室和两个育种科室合作生产一串铃南瓜种子500公斤、早冠丝瓜种子1000公斤，湘早优苦瓜种子200公斤，并定期检验种子质量，认真做好纯度鉴定，通过种子包衣、装内袋，包装实行二维码等措施提高种子包装档次。

（旷碧峰）

【科技服务】 1. 在中共衡阳市委组织部的统一安排下，本所派出科技特派员5名，分别驻点在市雁峰区统一科技合作社、石鼓区三星蔬菜基地、衡南县九龙生态有限公司、石鼓区华桂农业综合开发公司、衡阳县湖南耀泓生态农业有限公司等蔬菜基地提供技术跟踪服务。2. 在2017年的特大洪涝灾害中，市蔬菜研究所干部职工踊跃参加抗洪救灾活动，考察全市的蔬菜受灾情况，配合市农委、市蔬菜办、市种子管理站向给蔬菜基地和菜农发放蔬菜种子1600多公斤和夏秋蔬菜种苗2万株，技术资料1万份，同时进行实地规划、技术指导帮助他们开展灾后生产自救。3. 科技人员先后多次分赴衡东、衡山、衡阳、南岳、珠晖区、蒸湘区等（县区）等蔬菜产区，为各大蔬菜基地、食用菌生产基地及周边菜农解决生产中遇到的实际问题。

（旷碧峰）

红壤研究

【主要科研任务】 2017年，中国农业科学院衡阳红壤衡阳市红壤站（以下简称衡阳红壤站）承担科研课题26项，其中国家级课题13项（国家重点研发5项），总到账经费562万元，其中留站经费235万元。主要研发内容包括：1. 主要类型区红壤酸化的机理、驱动因子及时空演变规律；2. 高产稻田肥力变化与培肥耕作途径；3. 稻田全耕层培肥与质量保育关键技术；4. 耕地地力水平与化肥养分利用率关系及其时空变化规律；5. 径流易发区农田氮磷流失规律与流失负荷强度研究；6. 茶园化肥减施增效共性技术研究；7. 酸化红壤施用石灰后根际土壤钾素转化特征及机制；8. 土壤团聚体钾素形态对红糖pH和有机质的响应机制；9. 湖南省稻田生态系统重金属污染源解析及消长规律研究等。（李冬初）

【试验、监测和数据采集】 衡阳红壤站2017年度分别布置和开展各类长期定位试验16个，中短期试验8个，盆栽试验5个。围绕红壤丘陵区水、土、气、生等生态要素变化开展联网监测。收集大型径流场水分、养分流失监测资料，幼龄果园快速培肥和水土保持研究资料，中低产稻田有机质提升及淹育瘠薄稻田定向培育技术研究，红壤酸化机理研究，硅钾肥效果研究等资料20份。新增监测和科研数据500兆，其中长期定位试验共获取数据上万条（约70兆），各种中短期试验共获取数据约5万余条（约158兆），在综合观测场、辅助观测场、气象观测场、水碳通量涡度相关仪、蒸渗仪等获取联网观测数据8万余条（140兆）。（李冬初）

【科技成果贡献】 衡阳红壤站2017年度获农业农村部神龙中华奖一等奖1项，中国农业科学院科技创新奖一等奖1项；发表科技论文57篇，其中SCI论文30篇，出版专著2部，申报国家发明专利4项，获软件注册权1项。（李冬初）

【国内外学术交流与宣传】 2017年度，衡阳红壤站与国内外科学家开展交流与合作。1. 2017年分别有来自美国农业研究中心，英国洛桑研究所，匈牙利潘诺尼亚大学，巴基斯坦费萨尔巴德农业大学，农业部耕地质量监测中心，中国科学院生态环境中心，南京土壤研究所，中国农科院资源所、环发所、水稻所，浙江大学、浙江省农科院植保所、华中农业大学、南京农业大学，湖南农业大学，安徽科技学院，衡阳师范学院等高等院校及科研院所研究人员500人次到站开展学术交流活动。2. 2017年，衡阳市红壤站科技人员分别前往美国、英国等地参加国家学术交流会议，出访6人次。衡阳红壤站2017年组织举办（承办）全国性学术会议4次：高产稻田肥力变化与培肥耕作途径现场会2次，全国水稻农药化肥减施增效技术研讨与现场会1次，国家绿肥产业技术体系综合试验站启动会1次；其他学术工作会议8次。3. 宣传红壤酸化改良和培肥成果，为农业部门和地方政府提供政策依据。2017年，衡阳市红壤站向地方政府及农民宣传和展示农业科技成果。6月26日，《央视网》报道衡阳市红壤站红壤改良成果；9月8日，《湖南卫视》新闻联播介绍衡阳红壤站土壤监测相关成果，10月18日和10月23日，11月1日，12月18日等多次在《农林卫视》介绍红壤相关研究。2017年，衡阳红壤站依托国家水稻产业技术体系、水稻绿色增产增效技术集成创新与示范等项目，分别在衡阳、永州等地开展科技示范推广。推广示范技术包括双季稻全程机械化生产技术，水稻轻简化栽培与品种培育技术，水稻肥水管理高效利用技术，红壤酸化综合防治技术等。共组织科技人员开展培训10次，共培训农技人员228人次，种田专业户和农民500人次。（李冬初）

林　业

【概况】 2017年，衡阳市林业工作紧紧围绕总书记习近平“既要金山银山，也要绿水青山，绿水青山就是金山银山”的指示精神，落实省委、省政府“生态强省”和市委、市政府建设“生态优美新衡阳”的战略决策，努力打造生态功能优化示范市，全力争创“国家森林城市”和“全国森林旅游示范市”，为全市经济社会发展和“五个新衡阳”建设提供强有力的生态支撑。2017年年底，全市森林覆盖率达到47.6%，活立木蓄积量达到1851.67万立方米，持续实现双增长。

一、生态优化。全市共完成造林2.04万公顷，“裸露山地”造林6280公顷，完成通道绿化新造和提质共 1.08 万千米，建设绿化村庄示范点 544 个，完成义务植树 1363.07 万株，建立义务植树基地 14 个。对近 2 年来成活率较低的地块补植补造 1.43 万公顷。全市营造林总投入 8.04 亿元。完成退耕还林还湿试点 109.36 公顷。

二、资源保护。开展南岳衡山国家级自然保护区整改工作，全面落实禁伐减伐三年行动，依法审核报批林地 121 宗，面积 573.94 公顷，查处非法改变林地用途案件 12 起；加强人工增雨、预警平台、无人机等信息化能力建设，全面压实责任体系；严格依法处置失火案件，警示宣传到人到户。特别是在清明节前，举办文明祭祀“金桶”行动暨小手携大手劝导活动，取得广泛宣传效果。2017 年，全市森林防火取得相同历史气候条件下的最好成绩；全市林业有害生物发生面积 2.5 万公顷，无公害防治 2.14 万公顷，实现科学防灾控灾的目标；严厉惩治各类涉林违法行为，查办各类森林和野生动物案件 191 起，其中办理刑事案件 83 起，野生动物刑事案件 5 起，刑事拘留 57 人。

三、产业发展。2017 年，衡阳市林业局继续巩固油茶、家具、等优势产业，培育油茶精深加工、高档实木家具、木竹工艺、楠竹等林工产业新亮点。完成家博会组展工作，获得优秀组织奖。林业产业呈现出健康、有序、可持续发展的良好态势；全市油茶良种穗条继续实行统一调剂，现全市七处省级定点油茶育苗基地已完成油茶育苗 1440 万株，确保林业重点工程建设和产业结构调整的种苗需要；围绕油茶产业发展、秀美绿化、绿色通道、现代特色农业综合开发等方面，全市林业共有 11 个项目列入到 2017 年市重点工程项目，总投资达 52 亿元。

四、改革发展。开展林场改革“回头看”，全面落实改革五个到位。探索全市林场改革转型发展思路，全面推动“秀美林场”建设；强化科技指导服务，组织申报 19 个国省林业课题项目，4 个成果通过国家现场查定，其中“超视距多任务森林消防无人机系统研究”成果有 6 个创新点为全国首创。开展 4 次科技下乡活动，发放资料 8000 余份、优质苗木 5000 余株。派出林业科技特派员 5 名，累计进驻服务达 90 余次；深入推进全市林业系统法治宣传教育工作，举办全市林业系统法律知识培训，干部职工网上普法考试成绩优秀。办结审核审批服务事项的办结率 100%，无一例差错发生，目前林业行政审批服务平均得分 100 分。

五、对外宣传。成功举办的衡阳油茶产业发展座谈会，通过开幕式、对话衡阳油茶、油茶产品体验嘉年华、衡阳油茶产业扶贫暨银企签约仪式和专家讲坛等五大主题活动，向社会各界展示衡阳油茶产业发展成果，产生广泛影响；发挥各类新闻媒体的舆论主阵地作用，主动对接中央 2 台、中央 7 台、中新社、湖南卫视、《湖南日报》、凤凰网、腾讯、红网等国省级媒体，共收集和上报信息 260 余条，编发《衡阳林业》107 期，广泛宣传衡阳市林业发展和生态活动，营造良好的绿色发展氛围；开展扶贫帮扶工作，筹集 500 万元完成扶贫点的村路硬化提质、新建村级综合活动中心等，改善全村交通、水利灌溉等基础设施。（蒋　鹏）

【推进植树造林】 2017 年，衡阳市共完成造林 2.04 万公顷，其中“裸露山地”造林 6240 公顷，完成通道绿化新造和提质共 1.08 万千米，建设绿化村庄示范点 544 个。（蒋　鹏）

【推进湘江流域退耕还林】 衡阳市将推进湘江流域退耕还林还湿试点工作作为省政府一号重点工程——“湘江保护与治理”的重要举措，发挥湿地、林地等拦截、吸附和分解农业面污染物的作用，着力建设植物“绿带”，打造生态平衡隔离区。衡阳市在省委省政府要求一处试点的基础上，自我增压，组织 12 个县市区同步开展，目前全市共完成退耕还林还湿 109.36 公顷。（蒋　鹏）

【大力开展义务植树】 2017 年植树节，衡阳市在全省创新开展“市县乡村”四级联动义务植树，衡阳市市直机关单位、驻衡阳国省属单位、驻衡阳高校和医院在联建村开展“联村建绿”义务植树，共同掀起干群合作植树热。全市完成义务植树 2533.33 公顷，植树造林 1363.07 万株，建立义务植树基地 14 个，完成造林面积 725 余公顷，适龄公民义务植树尽

责率达到88.4%。（蒋　鹏）

【发展油茶产业】　2017年5月18日，中共衡阳市委、衡阳市人民政府和湖南省林业厅共同主办衡阳油茶产业发展座谈会，全国政协常委贾治邦、林业局总工程师封加平、湖南省政府副省长张剑飞、湖南省林业厅厅长邓三龙、中共衡阳市委周农书记等领导出席座谈会，会议还邀请全国油茶产业发展示范市有关领导及国家油茶产业发展方面专家学者、金融机构、保险公司及油茶企业代表参加。会议成功举办开幕式、对话衡阳油茶、油茶产品体验嘉年华、衡阳油茶产业扶贫暨银企签约仪式和专家讲坛等主题活动，进一步扩大衡阳油茶影响，得到各级领导、油茶行业、林业系统和社会各界的高度评价。9月13—14日，中共湖南省委副书记乌兰专题考察调研衡阳市油茶产业发展，肯定衡阳市油茶产业建设取得的成效。（蒋　鹏）

【搭建油茶企业融资平台】　2017年5月17日，衡阳市政府出台《关于进一步加快油茶产业发展的实施意见》，明确设立市、县两级各1000万元的油茶产业发展专项资金。衡阳市林业局在2016年举行金融帮扶油茶企业活动的基础上，借助衡阳油茶产业发展座谈会的契机，举办衡阳油茶产业扶贫暨银企签约仪式，5家金融单位与11家林业和油茶企业签约授信3.564亿元。衡阳市林业局与金融单位、油茶企业签订2个战略合作框架协议和3个油茶产业扶贫协议，总金额205亿元。（蒋　鹏）

水　利

【项目投资建设】　2017年，衡阳市水利局（以下简称市水利局）完成水利资金投入11.2亿元，其中中央、省级资金8.5亿元。完成投工5000万个劳动日、土石方6500万方，增加蓄水量4500万方，新增装机容量4000千瓦，新增和改善灌溉面积1.67万公顷。完成重点民生实事农村饮水安全目标任务，共投资20275.80万元，占计划101.31%，解决农村饮水人口44.5647万人，占计划的110.39%，其中重点民生实事贫困人口12.5848万人，占计划的103.07%。2017年8月9日，衡阳市水利项目全程电子化招标与衡阳市公共资源交易中心成功对接。衡阳市呆鹰岭保护圈蒸水北堤综合治理工程设计项目在衡阳市公共资源交易中心成功开标，开启衡阳市全程电子化招标的先河。（张　剑）

【防汛抗旱减灾】　2017年6月24日—7月5日，衡阳市遭受近十年来最严重的暴雨洪灾，湘江干流全线超保证水位，湘江归阳站超历史最高水位0.71米。全市受灾人口92.85万人，紧急转移5.62万人，直接经济总损失21.32亿元，其中水利设施直接经济损失4.97亿元。中共衡阳市委书记周农、衡阳市市长郑建新多次到防汛抗旱指挥部办公室和灾情现场进行指挥调度。市防指、各县市区政府和防指严格落实市委、市政府防汛抗灾减灾工作部署。整个汛期启动全市防汛应急二级响应1次、三级响应1次、四级响应2次，发送山洪灾害预警信息38000多条，成功抗击11站次超警戒水位，科学处置126处紧急险情，顺利实现2017年防汛抗旱“五个确保”总目标，打赢防汛抗旱减灾工作攻坚战。（张　剑）

【河长制全面推行】　2017年3月，中共衡阳市委、市人民政府印发《关于全面推行河长制的工作方案》，决定成立衡阳市河长制工作委员会，确定湘江、蒸水、耒水、春陵水等4条边界河流由市级领导担任河流河长，市委书记担任市河长制委员会政委，市长担任市总河长，市直23个部门为市河长制委员会成员。2017年7月25日，市河长制委员会印发《衡阳市实施河长制行动方案（2017—2020）》。2017年10月16日，中共衡阳市委副书记、市长、市总河长郑建新巡查湘江，并主持召开全市第一次总河长会议。2017年11月21日，中共湖南省委常委、常务副省长、省副总河长、湘江河长陈向群巡查湘江衡阳段并在衡阳市召开2017年湘江第一次省级河长会议。

（张　剑）

【精准扶贫】　2017年，市水利局制定全市水利精准扶贫规划，将水利精准扶贫纳入水利系统考核范围，先后多次赴省水利厅争取水利精准扶贫资金项目，对省级贫困县祁东县和市级贫困村在资金项目安排上给予统筹和倾斜。下大力抓好驻村帮扶。为市水利局扶贫点衡阳县溪江乡九峰山村落实资金200多万元，完成路基加固和硬化、变压器增容、村部修缮和新建光伏发电站、移动信息塔、安全饮水工程等基础设施建设。引导乌骨鸡、荷花鱼养殖，中药材黄精种植等产业扶贫项目深入发展。《湖南日报》、衡阳电视台等媒体先后多次报道市水利精准扶贫工作。（张 剑）

移民安置

【后扶工作】 衡阳市移民开发局（以下简称市移民局）紧盯2020年全面小康目标和2026年后扶中长期目标，转变后扶工作思路，推动后扶工作实现“三个转变”：即扶持方式由“漫灌式”向“精准式”转变，资金投放由“撒胡椒面”向“突出重点”转变，资金监管由常规监督向精细高效的信息化监管转变，着力打造衡阳移民后期扶持的转型升级版。一是落实精准后扶政策。严格后扶人口动态管理，建立后扶人口数据。将人口自然减员等富余指标对应的后扶资金，由县级统筹用于精准扶持补短板项目。树立大后扶概念，将600元以内后扶项目资金与600元以外后扶结余资金统筹考虑，编制后扶直补计划和后扶项目计划。二是着力实施整村推进。按照统筹兼顾、突出重点、精准扶持的原则，在着重突出21个移民重点村的基础上，申报5个省级整村推进试点村。三是创新发展移民产业。依托库区资源和产业基础，创新移民产业发展，增强移民产业“造血功能”。2017年“两茶两水”主导产业进一步巩固，特色产业快速发展，全市共提质改造油茶基地1449.4公顷，新改建茶叶基地213.6公顷，新改建水果基地536.2公顷，新建蔬菜基地190.67公顷，新改建中药材基地200公顷、楠竹基地540公顷、水稻基地133.33公顷、黄花菜基地66.67公顷和国外松基地173.33公顷。采取“以奖代投、以奖代补”模式，重点扶持66家龙头企业和156家专业合作社，基本形成“一库一品一特色”产业格局；通过示范基地的带动和辐射，运用“公司+农户+基地”的开发模式，对接“互联网+”等新业态，打造“互联网+库区产品”和“电商扶贫特产专区”产业链，促进移民增收致富，年人均增收1000余元。四是移民培训优质高效。2017年，将建档立卡、避险解困、搬迁安置移民作为培训重点对象，因地制宜开展实用技术培训，因人而异实施就业技能培训，促进移民转产转业、就业增收。共举办移民技能培训班79期，培训移民6108人，其中，转移就业培训777人，实用技术培训5331人，就业率达99%，超额完成全年移民培训任务。（肖梦良）

【避险解困工作】 全市第三批移民避险解困试点工作任务涉及8676人，其中2017年已完成4266人，2018年需完成的4410人，已全部签订安置协议，完成实施方案编制审批。第一批资金已拨付到位，已确定安置点17个，已建房2048户，超额完成省、市政府下达的目标任务，部分移民已搬进新居。（肖梦良）

【脱贫攻坚工作】 市移民局完成建档立卡贫困移民10440人，其中已脱贫移民4963人，待脱贫移民5477人，对5477人实施一户一本台账、一个脱贫计划、一套帮扶措施，真正做到“精准滴灌”、“靶向治疗”，使各项帮扶措施真正扶到点上和根上。2017年，安排专项扶贫资金190万元外，还结合600元内、外的资金计划，对涉及的430个贫困移民村予以倾斜帮扶，集中后扶资金项目，重点解决当地库区经济社会发展中的突出困难，实现建档立卡贫困移民脱贫2949人。承担中共衡阳市委、衡阳市人民政府交付的联村帮扶、驻村新农村建设和困难企业结对帮扶等扶贫工作任务，共投入帮扶资金近50万元。

（肖梦良）

【库区建设工作】 土谷塘航电枢纽移民安置竣工验收准备工作进展有序，完成衡南坝区水系恢复、耒阳护岸及交通桥梁、常宁四个抬填标段单位工程验收并移交当地管理或群众耕作。（肖梦良）

【资金监管工作】 2017年，市移民局会同市财政局修订完善《移民资金管理办法实施细则》，以内审和稽察作为落实移民政策的重要抓手，作为预防腐败的重要举措，按照省局资金监管“四位一体”模式，推进“四管齐下”，落实“四制”（项目法人制、重点项目招投标制、工程监理制和合同管理制），打好资金监管的组合拳，完成6个县内部审计工作、5个县稽察、423万元移民扶助金绩效评价。（肖梦良）

工业经济

在欧洲，在美洲，在亚洲，在非洲，在大洋
Product Exposition of Hengyang Industry
装备世界
中钢集团衡阳重机有限公司
中钢集团衡阳重机
有限公司

总　类

【概况】 2017年，在市委、市政府的坚强领导下，衡阳市工业系统大力实施振兴实体经济“3311”工程计划和工业原地倍增计划，全面推进工业经济“植优补短”，紧抓“中国制造2025”试点示范城市建设，突出园区主战场作用，重点推进项目建设和产业发展，着力“强服务、促转型、稳增长”，全市工业经济实现健康平稳发展。（胡　耀）

【工业经济形势】 推进工业强市建设，全力做好稳增长、调结构、提质效各项工作，工业经济呈现运行平稳、稳中有进的发展态势。一是规模工业生产稳步向上。全市规模工业总产值增长17.9%，增速较2016年同期提升8.9个百分点。规模工业增加值增长6.8%，呈稳步上行态势。其中，富泰宏总产值增长66.9%、建滔化工总产值增长53.4%、华菱衡钢总产值增长33.1%。二是支柱产业贡献突出。全市有色金属、盐卤化工、汽车及零部件、输变电装备、钢管及深加工、电子信息等六个行业完成工业总产值1247亿元，增长20.0%，占全市比重57.3%。三是工业结构持续优化。全市规模以上工业中，高新技术产业实现总产值1543.4亿元，增长13.5%。六大高耗能行业规模工业增加值增长3.4%，增速同比下降1.8个百分点。四是工业税收快速增长。全市工业入库税收39.95亿，同比增长29.34%，108家企业入库税收过1000万元，其中，特变电工1.442亿、增长128.43%，建滔化工1.32亿、增长190.87%，南岳电控0.68亿、增长134.22%。五是质量效益明显提高。全市规模工业主营业务收入2144.84亿元，增长23.1%，实现利润133.3亿元，增长49.4%，增长速度分别快于2016年同期15.8、52.4个百分点。其中，华菱衡钢实现利润8000余万元，同比2016年累计实现扭亏超10亿元，企业通过自身持续发力，在降本增效、市场开拓等方面取得来之不易的成绩。六是新增规模企业成绩突出。全市新增规模以上工业企业172户，创历史新高。其中，衡南县新增规上工业企业30家，进入全省先进行列。七是进出口成绩喜人。全市实现进出口总额302.73亿元，位居全省第二，仅次于长沙；同比增长69.8%，增幅高出全省平均水平近30个百分点，增速跃居全省第一。其中，富泰宏进出口总额达181.7亿元，增长113%。（胡　耀）

【园区建设】 全市省级及以上工业园区完成基础设施建设投入91.76亿元，新增园区建成面积15平方千米。全市省级园区规模工业增加值占全市规模工业增加值比重为70.0%，高于全省69.7%的平均水平0.3个百分点。帮助园区开展扩区调规、提质改造，主动衔接市发改委等部门，指导常宁、衡阳西渡经开区等做好园区调规工作。加快理顺园区体制机制，出台《衡阳市工业园区“四比一创”竞赛评比方案》，牵头起草《关于进一步加快工业园区发展的若干意见》，目前已通过市政府常务会议审定。（胡　耀）

【“中国制造2025”试点示范城市建设】 2017年，衡阳市成功纳入长株潭衡“中国制造2025”试点示范城市群，设立规模达60亿元的产业投资基金，启动实施“中国制造2025”试点示范城市建设三年行动计划，重点建设一个试点基地，打造三大示范区。一是智能制造工程加快实施。推动传统制造智能化转型，共组织引导全市300多家企业开展信息化项目改造，引进工业机器人及智能装备100余套，企业智能化水平不断提升。二是绿色制造工程全面推进。高效、清洁、低碳、循环的绿色制造体系逐步形成。启迪古汉、大三湘茶油2家企业成功纳入省绿色工厂创建名单；南岳电控、乐福地医药包材2家企业进入省两型工业企业认证计划；康洁食品、金裕化工、福宏弹簧等7家企业入选工业企业自愿性清洁生产审核计划。三是科技创新实力不断增强。新增衡阳华菱有限公司院士专家工作站、刘大响院士工作站等十家院士工作站；华为（衡阳）联合创新实验室、启迪之星孵化器等科技创新和孵化平台已建成使用；建衡实业获全国“制造业单项冠军产品”称号；合力叉车、衡山专汽、金则利、衡阳通用电缆4家公司获评工信部工业品牌培育试点企业；瑞达电源、中核二七二等两家企业成功申报省级企业技术中心；特变电工衡阳变压器有限公司“500千伏超高压特大容量单相发电机变压器”等11个项目新产品列入省“百项重点新产品推进计划”；衡阳新华华致橡塑制品有限公司“增强型三元乙丙胶——在线贴绒密封条”等2个专利入列省“百项专利转化推进计划”。（胡　耀）

【企业服务】 在全市开展市级领导联系重点企业活动，对企业进行“一企一策、精准帮扶”，帮助企业解决一批多年未解决的难题；出台《2017年全市减轻企业负担工作实施方案》，联合发改、财政、住建、人社等多部门联合行动，开展涉企经营服务性收费清理规范暨涉企收费检查等专项工作，有效减轻企业负担；利用市中小企业公共服务平台，为中小企业提供电子商务、融资担保、法律、财务等八大专业服务。截至2017年年底，服务机构数达到500余家，组织活动300余次，惠及企业3800余家；在衡阳电视台播出48期《中国制造衡阳力量》专题宣传片，宣传推介24家企业，在全市上下营造重视工业、发展工业的良好舆论氛围；牵头筹建衡阳工业博物馆。（胡　耀）

【信息化建设】 着力抓好信息产业发展、两化融合、信息基础设施建设三大重点，加快提升衡阳市信息化发展水平。一是移动互联网产业加快发展。重点打造翼逊新媒体的手游软件开发、镭目科技的互联网+制造、湘梦电子的电子商务平台中心等新兴业态。二是工业化和信息化深度融合。抓项目建设和平台建设，与市联通公司合作开展“企企通”活动，针对企业信息化需求提供多样化解决方案，通过在全市拓展使用工业互联网，帮助全市300余家企业降本增效。三是通信基础设施加快优化。衡阳市出台《通信基础设施专项规划》，引导通信基础设施合理布局，依法保障通信基础设施的规范建设和安全运行，促进通信事业又好又快发展。同时，推进信息化扶贫工作。积极帮助偏远贫困村加快通信设施建设，截至2017年年底，全市行政村4G覆盖率达99.8%，光纤通达率达95.3%，完成全年任务。（胡　耀）

【项目建设】 一是加大工业技改投资。2017年，全市工业完成投资934.8亿元，同比增长14.9%，高于全省7.5个百分点，增速排名全省第三。工业技改完成投资493.2亿元，同比增长19.4%，高于全省15.5个百分点，增速排名全省第二。二是加快推进重点项目建设。2017年，全市共开工建设5000万以上的重点工业项目113个，完成投资175.1亿元。其中，桑谷医疗机器人、电科电源、湘衡盐化技改项目等47个项目竣工投产。同时，中科光电、香港泛亚绿洲集团铜杆项目、同祺生物科技园等一大批项目已开工建设。三是全力推动特色产业园项目建设。白沙绿岛军民融合产业园正式获批省级军民融合产业示范基地，核级海绵锆（铪）生产线项目形成合格的科研成果。同时，衡阳市与中核集团就推进中核家园—白沙绿岛军民融合产业园项目签订六项战略发展框架协议，加速推进后续工作；计划总投资超80亿元的松木经开区比亚迪轨道交通产业园已开工奠基，总长7.8千米的云轨试验段耒水大桥开工建设，预计2018年5月份零部件厂部分投产；拟投资100亿元的水口山铜铅锌基地和计划投资23.2亿元的衡阳县界牌陶瓷工业园项目年底相继开工建设；香港建滔电子信息产业园、亚马逊中国制造基地、富士康精密模具示范园等项目有序推进。（胡　耀）

【衡东工业经济运行考核获全省先进单位】 2018年，衡东县把工业实体经济作为带动经济发展的主引擎，打出衣领企业自主创新、“一企一策”精准帮扶等一系列“组合拳”。2017年全县完成规模工业总产值205亿元，增长18%，规模以上工业增加值增长8.4%，工业经济运行考核获全省先进单位，县域经济基本竞争力进入全省20强。衡东县坚持以财政奖补激励引领企业科技创新，一批企业的产品科技含量和市场竞争力不断提升。全县研发经费投入5.2亿元，占GDP比重达到1.8%，研发投入在全市排名前列。2017年，全县高新技术企业增至9家，有41家企业进入高新技术统计笼子，全年完成高新技术增加值26.8亿元，同比增长40%。2017年湖南机油泵股份有限公司“8AT 变速箱油泵”项目填补国内空白，获得衡阳市科技进步一等。衡东县坚持按照“分类指导，一企一策”的原则，面对企业实施精准帮扶，破解资金、技术、招工等瓶颈问题。2017 年，通过设立增信丰县补偿基金和企业自缴互助保证金，加强政银企合作，为一批企业增加贷款 2 亿元；通过设立 5000 万元过桥资金，支持一批企业续贷；同时，积极创新供应链融资模式，由平台公司先后支 6 家骨干企业融资 1 亿元，为企业发展注入“活水”。衡东县金平铜业有限公司获得 3000 万元融资后迅速恢复生产，五个月即实现产值 4 亿元、创税 5200 万元。继出台《关于加快工业经济发展的决定》《推进新型工业化专项奖励资金管理办法》等利好政策后，衡东县还于年内正式出台《强化政策支持振兴衡东工业经济的若干意见》（简称“衡东工业 20 条”），主要针对降低企业运营成本、推进产业转型升级、支持企业科技创新、加大人才培育力度、优化实体经济发展环境 5 个方面，提出 20 条实实在在的策略，破解企业发展难题。首次提出工业项目报建审批“零收费，实施企业“原地倍增计划”助推技术改造和研发等一系列政策。（李艳凤）

【14 家企业入驻耒阳创新创业园】 2017 年 1 月 8 日，耒阳市经济开发区举行创新创业园首批企业入驻园区厂房交接仪式，广州狮岭皮具协会 14 家企业正式搬进“新家”。这 14 家公司从签约到入驻用时近 160 天，创造该市招商引资项目落户速度之最，被誉为“耒阳速度”。创新创业园项目是耒阳市“135”工程的重要组成部分，总体规划面积 2 平方千米，紧邻高速公路和 107 国道，距离市区仅 2 千米，交通区位俱佳，是该市“筑巢引凤”、承接珠三角食品加工、电子信息、机械制造等轻工行业产业转移的示范区和创业基地，项目总用地面积 49.67 公顷，总投资约 5.9 亿元。创新创业园以打造环保生态型园区的原则，坚持高起点规划、高标准建设、高效能管理，为入园企业提供标准化厂房、通用化配套设施以及便捷化服务。整个园区规划为生产区、生活区和服务管理区，体现“创新、集聚、孵化、辐射”四大功能，以新能源、新材料为主导，立足将湘南现有科技资源有效导入园区、集中整合发展，吸引集聚省内外新能源研发机构、科技研发型企业等低碳节能企业进驻园区创业发展。从 2016 年 8 月 11 日开始，广州狮岭皮具协会先后有 17 家皮具箱包企业同耒阳市政府签署合作协议，签约项目预计年产值 8 亿元以上，年创利税 1.5 亿元以上，安置就业 4000 余人。此次落户的有广州市楷昊旅行用品、广州市维加斯皮具有限公司等 14 家企业。

【中央党校博士陈建奇到衡阳工业经济专题讲座】 2017 年 2 月 23 日，衡阳市邀请中央党校博士陈建奇到衡阳作“衡阳工业经济优势、短板及对策”专题讲座。市委副书记邓群策主持讲座并强调，要咬定力争全省第二的目标，以前所未有的力度抓园区、抓产业、抓项目，持续深入地抓环境、抓创新、抓保障，在全市大力营造重视工业、大抓工业的良好氛围。结合实地调研，陈建奇指出，衡阳工业要实现跨越式发展，建议从以下方面着手：强化组织保障，优化工业布局；深化供给侧改革，改善营商环境；培育龙头企业，助推产业链建链补链；创强创优企业，争创企业知名品牌；唱响衡商回归，打造承接产业转移示范区；深入实施创新战略，提升工业竞争力；着力优化结构，完善工业体系等。邓群策指出，此次讲座为衡阳市工业经济“号脉”“辨症”“开良方”，内涵深刻、直击要害，希望大家做到学、思、行，将学习成果运用到实际工作中。（李艳凤）

【2017 年衡阳市重点项目集中开工仪式举行】 2017 年 2 月 28 日，中兴科技园、创新创业服务中心等 30 个重点项目集中开工，开工仪式在高新区临水路与天台路交会处，计划总投资达 159.43 亿元；下午，全市重点项目建设交办会召开，发布和交办 2017 年全市第一批重点项目。此次开工仪式展示衡阳市招商引资和项目建设的重大成果。当天集中开工的 30 个重点项目，计划总投资额接近 160 亿元，年度投资超过 51 亿元。其中，高新区 9 个，松木经开区 7 个，白沙洲工业园 6 个，衡山科学城 4 个，石鼓区 3 个，市交通投 1 个。此次集中开工的 30 个项目涵盖现代装

备制造、生物科技、循环经济、农业科技、休闲旅游、基础设施六大板块。市委常委、常务副市长何录春主持开工仪式。市领导廖炎秋、段志刚、邓柯、张贺文、刘正兴、周玉梅出席开工仪式。

（李艳凤）

【衡阳市2017年第一批重点项目交办】 2017年2月28日，全市重点项目交办会召开，会上发布和交办2017年全市第一批重点项目。根据会议发布，全市第一批计划实施的重点项目共435个，总投资4223亿元，年度计划投资913.3亿元。其中，新建项目158个，总投资953.8亿元，年度计划投资277亿元；续建项目277个，总投资3269.2亿元，年度计划投资636.3亿元；年内计划投产项目155个。周农指出，2017年是衡阳市重塑形象的转折之年、加快发展的振兴之年、补齐短板的攻坚之年。全年各项目标任务能否顺利完成，关键靠实际行动，重点靠项目建设。在全市开展“项目推进年”活动是市委、市政府的一项重大决策部署，各级各部门要高度重视，精心组织，举全市之力切实抓好项目建设。要明确目标任务，强化项目建设责任落实；要抓实关键环节，促进项目建设提质提速；要强化要素保障，破解项目建设瓶颈问题；要加大招商力度，增强项目建设发展后劲；要加大督查考核，确保项目建设顺利推进。周农强调，要把全面从严治党要求落实到项目建设上，为项目建设营造良好氛围。推进全面从严治党向纵深发展，既是中央的统一要求，也是衡阳市的现实需要。项目建设作为全市的中心工作，必须坚定不移地贯彻全面从严治党要求，要在项目建设中检验干部作风，在项目建设中防范廉政风险，在项目建设中优化发展环境。市委常委、常务副市长何录春总结2016年全市重点项目建设落实情况，并就2017年全市第一批重点项目建设交办情况作说明。市委常委、市委秘书长张贺文主持会议。市领导廖炎秋、段志刚、包昌林、刘丽华、邓柯、章彰、贺小坤、陈竞及全体在衡阳的副市级以上领导出席会议。（李艳凤）

【衡南县17个重点项目举行开工仪式】 2017年4月18日，中科光电产业园等17个重点项目在衡南县集中开工，总投资超45亿元。市政协主席廖炎秋出席开工仪式，市人大常委会党组副书记、副主任段志刚宣布项目开工。此次集中开工的项目中，工业项目9个、民生项目2个、交通项目6个，涵盖光电产品、高端设备制造、医药医疗行业、轻工业、棚户区改造、道路建设等多个领域。其中，投资过5亿元的项目有4个，项目全部达产后，预计可为衡南带来3亿元的年新增税收收入，带动劳动力就业1万人以上，增加城镇居民收入3800万元。当天开工建设的项目大多为衡南籍企业家回乡投资，是衡南县“引老乡、回故乡、建家乡”活动结出的硕果。衡阳合兴钢圈有限公司董事长何小国在衡南工业集中区投资建设汽车钢圈生产项目。项目建成后，预计年产钢圈40万套，年产值可以突破5000万元，安置就业人员200到300人。市领导晏华衡、刘正兴参加开工仪式。

（李艳凤）

【金书波调研衡阳市制造业和中小企业发展情况】 2017年5月7日，工业和信息化部原党组成员金书波率队到衡阳，调研制造业和中小企业发展情况。金书波强调，要为企业构建强大的服务平台。市委副书记邓群策参加调研。金书波先后前往特变电工、湘梦国家级创业示范基地、衡阳凯新特种材料科技有限公司、衡阳市中小企业服务平台实地察看。在特变电工，金书波听取情况介绍，了解企业发展、生产、经营以及技改方面的情况，希望特变进一步做强、做大，不断提高产品品质。在湘梦国家级创业示范基地、衡阳市中小企业服务平台，金书波详细了解平台建设情况、服务流程和运行机制，仔细察看产品展厅，并就相关具体问题与创业者现场交流。金书波指出，平台搭建很重要，要为企业构建强大的服务平台，创造更好的投资环境，提供高效、优质的服务，助推企业进一步发展和成长。近年来，衡阳市高度重视非公经济和中小企业发展，中小企业非公经济稳步发展。截至2017年5月，全市市场主体总量达203377户，同比增长20.61%；其中私营企业37280户，同比增长16.8%；个体户161003户，同比增长23.2%。预计全年中小工业企业实现增加值1450亿元，同比增长6.5%；

非公经济实现增加值1800亿元，同比增长10%；非公经济实缴税金115亿元，同比增长7%。调研期间，金书波为湘梦·智谷——国家中小微企业创新示范基地进行授牌。（李艳凤）

【全市补齐工业经济短板专项工作评议动员会召开】 2017年6月15日，全市补齐工业经济短板专项工作评议动员会召开。市人大常委会副主任晏华衡，副市长刘正兴出席。市人大常委会将市经信委列为2017年人大工作评议对象，对补齐工业经济短板开展专项评议。评议的主要内容包括五个方面：贯彻执行相关法律法规、依法行政情况；补齐工业经济短板基本情况及工作开展情况，重点是工业经济发展及工业园区建设发展情况；市委研究部署及决策的贯彻落实情况；人大代表提出议案、建议的办理情况和人民群众普遍关心的热点难点问题的处理情况；人大常委会认为需要评议的其他工作情况。（李艳凤）

【周农率衡阳市代表团前往北京开展招商引资活动】 2017年6月21日至22日，市委书记、市人大常委会主任周农率衡阳市代表团赴北京对接央企，开展招商引资活动。周农先后拜访中核集团公司董事长、党组书记王寿君，中油金鸿能源投资股份有限公司董事长陈义和，中国五矿集团公司总经理、党组副书记兼中冶集团董事长、党委书记国文清，实地考察三家央企并与企业高管座谈。21日上午，周农拜会中核集团公司董事长、党组书记王寿君，双方围绕在核工业领域开展更广泛的合作，特别是共同推进军民融合深度发展，进行广泛而深入的交流。21日下午，周农拜会中油金鸿能源投资股份有限公司董事长陈义和，并实地考察该企业，双方就有关合作事宜进行深入交流。2017年1月，衡阳县人民政府与中油金鸿签订战略合作协议，计划引进天然气和高端陶瓷品牌企业，将界牌陶瓷工业园打造成集天然气与陶瓷加工于一体的高端循环产业园。22日上午，周农拜会中国五矿集团公司总经理、党组副书记兼中冶集团董事长、党委书记国文清，双方围绕五矿到衡阳打造水口山千亿元铜铅锌产业基地进行交流。省政协常委陈书山，市领导段志刚、贺小坤、廖健，省核工业地质局党组书记罗年，市领导刘正兴参加。

（李艳凤）

【郑建新到白沙洲工业园调研工业经济发展工作】 2017年8月18日，市委副书记、市长郑建新到白沙洲工业园调研工业经济发展工作。郑建新强调，要倾尽全力，抓实体经济发展。白沙洲工业园瞄准全面建设现代制造业基地，全力提升实体经济竞争力这个目标，重点围绕打造亚马逊中国制造中心、创建全国精密模具示范园、建设综保区开放型经济平台、推动军民融合产业新城发展、引进新能源汽车制造五大板块精准发力，已有规模以上工业企业36家、高新技术企业9家、外向型经济企业13家。郑建新察看白沙洲工业园部分企业建设、运行情况，现场帮助企业解决发展中存在的问题。在湖南越能电力实业有限公司建设工地，郑建新要求消防部门主动作为，帮助企业快速办理相关手续；在富泰宏亚马逊中国制造中心项目基地，郑建新希望引进先进建筑技术，加快项目建设；在衡阳合力工业车辆有限公司，郑建新要求企业引进相关配套企业，完善企业产业链。市领导刘正兴、彭玉明参加调研。（李艳凤）

【邓群策主持召开全市工业经济形势分析会】 2017年8月22日，市委副书记邓群策主持召开全市工业经济形势分析会，邓群策强调，要统一思想、集中精力优先抓好工业，以奋发作为的精神，谋深做细工业经济发展，确保全年各项目标任务圆满完成。2017年1至7月，衡阳市工业生产基本稳定，全市完成固定资产投资1234.55亿元，同比增长14.1%，高于全省平均水平1.5个百分点。但仍存在新建新投产企业不多，施工项目个数增速有所回落等问题。在全面听取情况介绍后，邓群策强调，要加强工业经济运行的调度，以奋发作为的精神全力赶超，务求进位争先。县（市）区“一把手”要高度重视，亲力亲为，帮助解决企业实际问题。各职能部门要切实履职尽责，精准施策，帮助企业排忧解难，共同抓好工业经济发展。市领导刘正兴、胡水龙参加。

（李艳凤）

【市经信委对全市38家重点新材料企业进行调研】 2017年8月，市经信委对全市38家重点新材料企业进行调研，通过加大与科研院所、高校的合作，全市新材料企业创新能力显著提升，主要产品变压器、电磁不锈钢、稀贵金属及合金、聚酯纤维等化工新材料、水晶石墨润滑剂、电线电缆等146个品种共获专利149项，其中发明专利47项、实用新型专利127项，38家企业年产值167.6亿元，实现税金12.6亿元，利润17.3亿元。新材料是指新近发展的或正在研发的、性能超群的一些材料，具有比传统材料更为优异的性能。近年来，衡阳市新材料产业以龙头企业为支撑，以项目为载体，逐步形成以大型企业为核心、大中小企业配套、具有特色和竞争力的新材料产业集群。所调研的38家企业中，使用本地企业上游产品的企业有13家，产品供给本地下游企业的有16家。 （李艳凤）

【衡阳市规模工业发展情况】 截至2017年8月，衡阳市规模工业增加值同比增长7.1%，增速较7月份提高2.7个百分点，比2016年同期提高0.4个百分点。数据显示，全市规模工业统计产品中，产量同比增长的有96种，占统计品种数的52.7%。主要产品中饲料同比增长6%；农用氮、磷、钾化学肥料增长16%；中成药增长18%；钢材增长47%；无缝钢管增长50%；十种有色金属增长11%；电力电缆增长31%。全市38个大类行业中，有22个增加值保持同比增长。其中，计算机、通信和其他电子设备制造业、化学原料和化学制品制造业对全市规模工业对规模工业增加值增长的贡献率分别达42.1%和18.3%，增加值同比增长分别为63.3%和17.6%，拉动全市当月规模工业增长分别达到3和1.3个百分点。从各经济类型看，衡阳市规模工业国有企业、股份制企业、外商及港澳台商投资企业、股份合作制企业8月增加值同比增长，而其他内资企业增加值则同比下降。分行业门类来看，制造业保持较快增长。全市规模工业制造业增加值同比增长7.8%，增速比7月加快1.6个百分点。增“速”同时提“质”，全市规模工业结构持续优化。8月，高加工度工业、高技术产业增加值同比增长9.4%和41.5%，增速比上年同期提高2.9个百分点和39.1个百分点。同时，8月六大高耗能行业增长2.1%，比上年同期回落2.4个百分点。

（李艳凤）

【郑建新到燕京啤酒（衡阳）有限公司和特变电工衡阳变压器有限公司调研工业经济运行情况】 2017年10月9日，市委副书记、市长郑建新到燕京啤酒（衡阳）有限公司和特变电工衡阳变压器有限公司，调研工业经济运行情况。郑建新强调，企业的合理需求就是政府努力的方向，各级各部门要全心全意为企业服务，促进企业在衡阳加快发展壮大。市领导晏华衡、刘正兴、胡水龙参加调研。 （李艳凤）

振兴实体经济“3311”工程计划

【概况】 为推进“中国制造2025”试点示范城市建设，贯彻创新引领开放崛起战略，衡阳市委、市政府提出振兴实体经济“3311”工程计划。第一个“3”即依托中核集团、中国五矿、比亚迪、建滔化工等龙头企业，建设以水口山铜铅锌基地为主体的有色金属产业、以白沙绿岛为主体的军民融合产业和以松木经开区为主体的先进制造业3各千亿级产业集群；第二个“3”即全面梳理现有骨干企业，着力培育30家以上上市公司；第一“1”是坚持创新引领，建设以衡山科学城为核心的科技创新高地，打造全国一流的科技研发创新和成果交易中心；第二个“1”是坚持开发崛起，建设以衡阳综保区为核心的内陆开放高地，力争纳入湖南自贸区。 （李　刚）

有色金属产业集群

【概况】 有色金属产业集群重点发展四大产业。1. 做强铜铅锌产业。以中国五矿铜铅锌产业基地为龙头，推动有色金属冶炼提质升级，主要抓好金铜项目一期达产见效，扩建二期20万吨铜冶炼项目；整合基地锌项目与水口山有色集团10万吨锌冶炼项目；升级改造水口山有色集团10万吨铅冶炼，支持金翼铅业废旧电池拆解项目。2. 发展铜压延产业。以中国五矿为龙头，引进香港泛亚绿洲集团，加大对铜箔、铜带、铜管、铜棒、铜线等项目招商力度，规划建设 2 平方千米压延工业集聚区。3. 发展有色循环产业。利用国家循环化改造示范试点园区的优惠政策，推动园区企业的循环利用，形成“资源产品废弃物再生资源产品”循环经济产业集团发展。4. 发展物流产业及“互联网+”充分利用瓦松铁路、千吨级码头及水口山交通网络优势，大力培育有色金属仓储项目；大力培植“互联网+”企业，加速互联网与有色金属等传统产业融合。（李　刚）

【何录春会见五矿有色控股有限公司总经理黄国平一行】 2017 年 2 月 21 日，市委常委、常务副市长何录春会见五矿有色控股有限公司总经理黄国平一行，双方就共同在衡阳打造铜铅锌基地开展座谈、交换意见。铜铅锌基地项目计划投资 80 亿元～100 亿元，在水口山工业园新建 30 万吨/年锌、扩建 20 万吨/年铜、改造 10 万吨/年铅的“30+30+10”产业基地。项目建成后，有助于实现落后产能彻底关闭，加快推进传统冶炼产业的转型升级，打造铜铅锌冶炼高端加工产品。副市长刘正兴，五矿有色控股有限公司副总经理黄忠民参加座谈。（李　刚）

【周农调研常宁水口山有色金属产业千亿级园区】 2017 年 4 月 11 日，市委书记、市人大常委会主任周农前往常宁市水口山镇，调研重点工业项目工作，为项目建设排忧解难。周农强调，要切实增强使命感、责任感和紧迫感，全力以赴、齐心协力、攻坚克难，推动重点工业项目如期建成、投产达产，力争建成“中国第一、世界一流”的铜铅锌基地，把水口山打造成为有色金属产业千亿级园区。水口山金铜项目 2016 年 5 月顺利投产以来，形势稳步向好，实现区域环境绩效和企业综合回收效益双赢。座谈会上，周农强调，常宁市必须把思想高度统一到省、市决策部署上来，统一思想、提高认识、坚定信心，确保园区的重点产业项目和技改扩能项目都能如期建成并发挥效益。当天，周农还先后前往铜铅锌技改扩能、康家湾矿、水口山工人运动陈列馆、瓦松铁路等项目现场调研。五矿有色控股有限公司总经理黄国平，副总经理、株冶集团董事长黄忠民，市领导何录春、章彰、刘正兴参加调研。（李　刚）

【陈向群现场调度五矿有色金属控股铜铅锌产业基地项目建设】 2017 年 4 月 19 日，就推进五矿有色金属控股铜铅锌产业基地项目建设相关问题，省委常委、常务副省长陈向群现场办公。陈向群要求，要加强对接与沟通，帮助解决具体问题，共同推进项目早日建成。市委书记、市人大常委会主任周农参加现场办公。铜铅锌产业基地项目是落实省委、省政府关于全省有色产业整合的战略部署，由五矿有色金属控股有限公司投资 90 亿元打造产值 300 亿元的省重点项目，未来可形成水口山千亿有色产业园区。该项目规划在水口山工业园新建 30 万吨锌冶炼、扩建 20 万吨铜冶炼、搬迁升级改造水口山现有 10 万吨铅及稀贵系统，最终形成“30+30+10”产能规模、收入约 300 亿元、利税约 15 亿元的铜铅锌产业示范基地，一期 30 万吨锌项目计划在 2018 年底前建成投产。陈向群指出，省政府已与中国五矿签订战略合作协议，全力支持铜铅锌产业基地项目建设。衡阳市相关部门要加强与省相关部门对接与沟通，帮助企业解决用地、电力、环评等具体问题，共同推进项目早日建成。周农表示，铜铅锌产业基地项目是一个工业技改扩能项目，也是省重点工程项目，项目前期工作进展顺利，希望省政府及省相关部门一如既往地支持项目建设，推动水口山打造千亿级产业园区。铜铅锌产业基地项目也是衡阳市推动工业经济“植优补短”的重点项目，是衡阳工业发展的希望之所在，全市各级各部门要统一思想、提高认识、坚定信心，主动与省相关部门对接和汇报，努力实现项目无障碍推进。市领导何录春、张贺文参加现场办公。（李　刚）

【张大方到耒阳和常宁调研有色金属固体废弃物循环利用产业】 2017 年 4 月 19—20 日，省政协副主席张大方前往耒阳市和常宁市，就“加快发展湖南省有色金属固体废弃物循环利用产业”进行调研。市委常委、副市长章彰参加调研。衡阳市是著名的“有色金属之乡”，已探明储量的矿产就有51种。同时，丰富的矿产资源所衍生出来的固体废弃物产量也在不断增加。市委、市政府高度重视发展有色金属固体废弃物循环利用产业，从事有色金属固体废弃物再利用的企业达17家，年处理各类有色金属固体废弃物约25万吨，部分企业有色金属固体废弃物综合利用水平和能力达到国内领先水平。张大方要求，各级各部门要充分发挥自身优势，提高科技水平，提高有色金属固体废弃物的综合利用，减轻环境污染；要搭建良好的创新平台，形成良好的创新氛围，创造宽松的用人机制和激励机制，造就一批勇于创新的技术人才和专家；要加大投入力度，引导社会资金的注入，以产业为依托有效推进特色小镇的创建和发展。章彰建议，省相关部门在取消省内危险废物转移限制的基础上，适当放宽处理企业原料来源在省内的限制，放宽环评变更的限制；设立专项产业扶持资金，推动湖南省有色固废循环利用产业加快发展。市领导肖吉顺、李平参加调研。

（李　刚）

【郑建新考察水口山金铜综合回收产业升级技术改造项目】 2017年7月4日，市委副书记、代市长郑建新前往常宁市调研项目建设，考察水口山金铜综合回收产业升级技术改造项目运行情况。该项目利用中国五矿掌握的海外铜资源，整合湖南省内铜资源，并资源化无害化处理水口山含砷金硫精矿和五矿有色下属成员企业冶炼含铜中间渣料，打造中国五矿在国内主要的铜冶炼加工及综合回收基地，2017年拟扩建二期工程。郑建新指出，要抓紧与中国五矿对接，打造铜铅锌加工产业基地。市委常委、常务副市长廖健参加调研。（李　刚）

【全国首张有色行业新排污许可证在衡阳核发】 2017年10月27日，五矿铜业（湖南）有限公司负责人从市环保局领取由环保部统一印发的排污许可证，此举标志着衡阳市成为全国首个颁发有色行业排污许可证的城市，五矿铜业成为全国有色行业第一个拥有新排污许可证的企业。湖南被称为“有色金属之乡”，有色冶炼历史悠久。2017年3月，环保部决定在湖南省开展全国有色行业排污许可试点工作，承担起该行业排污许可的先试先行、研究调研、数据测算、平台测试等基础工作。8月，省环保厅确定衡阳“五矿铜业”和湖南水口山有色金属集团有限公司为全省第一批有色行业排污许可证申请试点企业。市环保局接到试点任务后，成立专项工作领导小组，对“五矿铜业”所有的生产工艺环节、原辅材料、排污口、污染处理设施、排污状况进行详细调查与核算。最终，“五矿铜业”排污许可证申请表通过市、县两级审核，具备首次发证的各项条件。与原排污许可证相比，新版的排污许可证由环保部发放，其对企业的地理位置、基本信息、生产工艺、主要生产设备、原辅材料、排污口地理座标以及排污口的污染物排放种类、标准和总量均进行核定。同时，新版的排污许可证将面向社会全部公开，公众可登录环保部的排污许可证平台进行查询，也可扫描企业排污许可证上的二维码，全面解企业信息，特别是污染物的排放信息。（李　刚）

【五矿有色金属控股有限公司铜铅锌产业基地项目环境影响评价通过省环境保护厅审批】 2017年11月7日，五矿有色金属控股有限公司（以下简称“五矿有色”）的铜铅锌产业基地项目环境影响评价报告书，通过省环境保护厅审批。项目建成后，可实现年产30万吨锌、30万吨铜（含已建成的10万吨）和10万吨铅的目标。2017年以来，“五矿有色”根据自身铜铅锌产业现状，拟通过关停水口山集团四厂锌冶炼系统、三厂电铅冶炼系统、六厂稀贵综合回收冶炼系统，改造八厂铅冶炼系统，在常宁市水口山地区建设铜铅锌产业示范基地，从而实现“五矿有色”铜铅锌冶炼板块落后产能关闭、调整铜铅锌产品结构、将分散低效的产业整合为相互配套的产业集群，实现湘江流域水口山地区环境污染治理和污染物总量减排目标，实现企业经济效益和社会环境效益“双赢”的格局。（李　刚）

【廖炎秋专题调度常宁市铜铅锌产业基地项目】 2017年11月24日，市政协主席廖炎秋率队来到常宁市水口山，专题调度铜铅锌产业基地项目开工筹备事宜。廖炎秋指出，各级各有关部门要厘清活动内容，严守中央“八项规定”，按照“热情、简朴、精细”的总体原则精心筹备；要分清各自责任，常宁市要当好主人翁，落实好相关工作，五矿公司要负责搞好开工现场的布置，衡阳市要积极协助配合，做到考虑周全、责任到人、统筹推进；要搞清工作要求，指挥要高度统一、布置要十分清楚、责任要十分明确、定位要高质高端，确保开工仪式井然有序。市领导刘正兴、张亮、胡水龙参加调度。

（李　刚）

【何文波、张剑飞一行调研常宁市水口山经济开发区】 2017年11月29日，中国五矿集团公司董事长何文波、副省长张剑飞一同前往常宁水口山经济开发区调研，察看五矿有色控股铜铅锌产业基地项目建设情况以及水口山金铜项目的建设发展情况，要求企业加大上下游产业发展，延伸产业链，把水口山金铜项目做大做强。市委书记、市人大常委会主任周农，市委副书记、市长郑建新参加调研。在五矿有色控股铜铅锌产业基地项目建设现场，何文波、张剑飞一行要求加快项目建设进度，争取早日达产达效。在五矿铜业（湖南）有限公司内，何文波、张剑飞一行对该公司机器人作业等世界领先技术和工艺水平，以及公司生产的产品和公司发展成绩给予肯定，并希望企业加大上下游产业发展，延伸产业链，把水口山金铜项目做大做强，为当地经济社会发展做出更大贡献。省直有关部门负责人，副市长刘正兴参加调研。

（李　刚）

【五矿有色控股铜铅锌产业基地项目与香港泛亚绿洲集团铜杆项目在常宁开工】 2017年11月29日，拟投资超过100亿元的五矿有色控股铜铅锌产业基地项目与总投资10.2亿元的香港泛亚绿洲集团铜杆项目，在常宁水口山经济开发区开工。市委书记、市人大常委会主任周农宣布项目开工，中国五矿集团公司副总经理李福利，市委副书记、市长郑建新出席。五矿有色控股铜铅锌产业基地项目拟投资超过100亿元，按照“整体规划、分步实施、有序衔接”的原则，分期实施新建30万吨锌、迁建10万吨电铅及稀贵综合回收系统、改造扩建20万吨铜工程，最终形成“30万吨铜+30万吨锌+10万吨铅”的具有中国五矿特色的铜铅锌产业示范基地，力争2018年底建成投产。项目实施后，可有效推动湘江流域治理工程的实施，改善环境质量，促进地方区域经济发展，改善湖南省有色金属产业布局和产业结构。李福利指出，中国五矿将全力支持把项目做实做好、做优做强，努力将基地建成有色行业的标杆，为湖南省区域经济社会发展注入新的活力。郑建新指出，该项目的成功入驻，可为衡阳市补齐工业经济短板、引领有色金属产业集群、淘汰落后产能、优化衡阳乃至全省产业布局产生重大而深远的影响。市委、市政府将予以最大支持、提供最优服务、打造最佳环境，让项目安心生产、顺心发展。铜杆生产项目计划总投资将达10.2亿元，年产8毫米铜杆32万吨，深加工2.6毫米铜线10万吨，预计可创年产值232亿元，上缴税金2.1亿元，安置就业人员210名。该项目将力争在2019年6月正式投产，可填补湖南省连铸连轧铜杆生产历史的空白，缓解湖南铜杆生产的供需平衡。香港泛亚绿洲集团董事长姚贻德表示，将在做好铜杆加工项目的同时，继续开发，上马更多的深加工项目，为衡阳经济社会发展做出更大的贡献。省发改委副主任卓群，市领导邓群策、廖炎秋、段志刚、晏华衡、伍清明、黄保锦、胡水龙出席开工仪式。

（李　刚）

军民融合产业集群

【概况】 军民融合产业集群着力打造4大板块。1. 转型升级板块。重点发展天然铀加工、锆铪分离、稀土加工、物流及新能源电池等产业，加快形成一批绿色环保、安全低碳的居民融合产业集群。2. 新区建设板块。主要是大力推进南江片区棚户区改造、基础设施建设、公共配套设施建设、绿色智慧城市建设、核工业博物馆等项目。3. 创新引领板块。充分发挥核六所的科研和技术实力，整合南华大学的核专业科教优势，打造国际一流的核产业产学用高地。4. 医疗康养板块。依托中核集团在核医学应用的强大实力与衡阳市丰富的医疗资源，在医养结合、质子治疗、核素诊疗、放射性药物采购等方面进行深入合作，打造衡阳“健康谷”。

（李　刚）

【南华大学与澳大利亚国立大学核聚变能源技术展开交流合作】2017年4月，南华大学与澳大利亚国立大学在堪培拉签署谅解备忘录，拟在核聚变能源技术等方面展开深度交流与合作。作为谅解备忘录签署后的第一个合作项目，澳大利亚国立大学计划向南华大学提供一台等离子体仿星器装置。澳国立大学等离子体聚变研究所主任科马克·科尔博士说，这一长4米、宽4米、高5米的离子体仿星器装置计划从堪培拉运往南华大学所在地湖南省衡阳市。出席签字仪式的南华大学党委书记王汉青教授表示，两校将基于这一装置开展一系列深入合作，包括学生、学者的互访，联合研究项目申报等。科尔表示，澳大利亚政府多年来为仿星器装置投入大量资金支持，澳国立大学也在这一领域积累丰硕的学术成果。今后，澳国立大学和南华大学将密切合作，希望到2050年能够将受控核聚变开发为可靠的基本负载发电方式，为世界找到可持续、零排放、廉价的新能源。仿星器是一个主要用于受控核聚变研究的巨大电磁室，它通过模仿恒星内部的核聚变反应，将等离子态的氢同位素氘和氚约束起来，并加热至1亿摄氏度左右发生核聚变，以获得持续不断的能源。仿星器最大的优点是能够连续稳定运行，科学家认为它可能是最适合未来核聚变电厂的类型。世界最大的仿星器受控核聚变装置“螺旋石7-X”于2016年3月成成第一轮实验，预计4年后可实现等离子体脉冲持续时间30分钟的目标。

（李　刚）

【周农调研衡阳市军工企业发展及生产经营情况】2017年8月3日，市委书记、市人大常委会主任周农前往宏华机械公司、中核二七二铀业有限公司，了解衡阳市军工企业发展及生产经营情况，研究推动衡阳市军民融合产业园尽快落实落地。周农强调，要解放思想、提升认识、着眼长远，高度重视军民融合产业园建设，确保园区建设按照目标要求推进，努力创建国家级军民融合产业示范基地，力争打造千亿级产业集群。周农前往两家企业，实地察看生产情况和厂区环境，详细了解企业技术创新成果、经营发展状况以及转型升级举措。市委副书记邓群策参加调研并主持座谈会。市领导张贺文、贺小坤参加调研。

（李　刚）

【王寿君一行到衡阳考察军民融合产业】2017年9月6—8日，中核集团党组书记、董事长王寿君率考察团到衡阳，先后考察白沙洲工业园、白沙绿岛军民融合产业园、市中心医院新院、二七二铀业、宏华公司、南华大学实地调研，考察衡阳市军民融合深度发展、产学研合作，以及投资等情况。市委书记、市人大常委会主任周农，市委副书记、市长郑建新一同参加考察。9月6日，王寿君一行首先前往白沙绿岛军民融合产业园，王寿君了解绿岛的位置及周边环境，听取军民融合示范基地规划建设情况介绍，并考察创新研究院的选址。王寿君肯定前段时间产业园规划方案。随后，王寿君一行前往市中心医院新址，考察该院衡阳老年养护院项目建设情况。9月7日，王寿君一行前往二七二铀业、宏华公司，解企业管理、技术创新、发展规划等生产经营情况，实地考察尾矿库治理工作，检查两家企业的安全生产、环境保护工作，并参加二七二铀业锆铪中试厂直属党支部座谈交流会，与基层党员面对面交流。工作汇报会上，王寿君肯定二七二铀业为新中国核工业发展所做出的巨大贡献，并分析未来核工业发展的新趋势和新机遇。周农表示，衡阳市委、市政府全力支持中核集团在衡阳投资发展，在规划、项目、要素保障、发展环境等方面给予有力支持。同日，在二七二铀业召开的安全环保检查会上，王寿君要求切实提高对核工业安全环保重要性的认识，进一步落实责任，进一步加强安全环保工作，迎接中共十九大的召开。当天下午，王寿君还与锆铪中式厂直属党支部党员们进行座谈交流。9月8日上午，王寿君一行前往南华大学雨母校区考察，察看校区环境及建设情况，王寿君鼓励学校在人才培养、科学研究、核电服务等方面，与中核开展更广、更深、更多的产学研合作。中核集团领导潘建明、王德林、王国光、杜运斌、武健、韩瑞平、华唯杰、姜忠；中钢集团副总经理王文军；中国核工业二四建设公司党委书记、董事长张仕兵；湖南省核工业地质局局长何寄华；政协湖南省委常委、原湖南省核工业地质局局长陈书山；副市长刘正兴；南华大学党委书记王汉青等参加考察。（李　刚）

先进制造业集群

【概况】 先进制造业集群重点发展五大产业。1. 先进轨道交通产业。以比亚迪（衡阳）轨道交通智能制造产业园项目为依托，打造比亚迪轨道交通车辆湖南唯一基地和中国境内云轨核心零部件的主体生产和销售基地。2. 盐卤化工及精细化工产业。以建滔化工、恒光化工、新澧化工为龙头，带领30余家精细化工下游企业协同发展，并大力发展医药化工和氟化工。3. 新材料产业。以碲锌镉、金属锗、砷化镓、氧化钽、石墨烯地暖材料等系列高端材料为引领，打造新材料产业园。4. 新能源产业。以瑞达店员储能电站、力赛储能大型锂电储能项目、电科电源灯为基础，打造新能源板块。4. 循环经济产业。着力构筑企业内部、企业之间、产业之间、园区与外界之间四重循环经济模式，打造国内具有竞争力的循环经济产业基地。（李　刚）

【中科光电子产业园合同签约仪式举行】 2017年2月25日，衡南县政府与中科集团举行中科光电子产业园合同签约仪式。此次签约项目为“光通信陶瓷插芯系列产品生产基地”，选址在衡南工业集中区，拟投资5亿元。衡南县“水陆空”立体交通发达，2011年，该县引进高新技术企业中科光电。自落户以来，该企业大力推进科技创新，注重核心技术研发，目前已拥有生产及研发团队近千人，先后通过ISO质量体系、ISO环境体系、电子产品无毒无害RoHS及工信部泰尔认证，取得近20项国家专利技术。该公司于2016年8月下旬正式在澳大利亚国家证券交易所挂牌，成为该县培育孵化的第一家上市公司。中科集团董事局主席卢立建介绍，本次签约的项目以打造绿色环保型、智能科技型为主，集科研、办公、生产、销售于一体的现代化高端光通信陶瓷插芯系列产品研发生产基地，项目建设周期为12个月。该项目建成后，五年将实现生产总值20亿元，实现税收1亿元，解决本地就业3000多人。（李　刚）

【王少峰调研南岳电控和特变电工项目建设】 2017年4月20日，省委常委、省委组织部部长王少峰到衡阳，前往南岳电控、特变电工企业车间调研。市委书记、市人大常委会主任周农参加调研。在南岳电控，王少峰详细了解各车间详细解企业生产经营情况，并了解车间党员责任划分、党员管理等措施，对该企业党员亮牌上岗的做法予以肯定。王少峰指出，共产党员就是要弘扬“从我做起，向我看齐”的精神。王少峰向企业负责人强调，要留住人才，为企业发展提供有力的人才支撑。南岳电控主要生产各类型车用柴油机燃油喷射系统、出口零配件、铝铸件三大系列产品，公司成功开发具有自主技术产权的国Ⅲ排放标准的电控燃油喷射系统产品。特变电工是国家战略性新兴产业“高端装备制造”“智能装备制造”的重要承担者，全面参与“西电东送”“疆电外送”“三峡工程”等国家战略性特高压工程建设，其1000千伏并联电抗器、500千伏现场组装式变压器等一系列世界级新产品和关键技术填补多项国内空白。王少峰参观企业生产线，考察产品陈列馆，对企业的创新工作予以肯定，希望企业继续加大自主创新力度，不断突破重大技术难关，引领产业加快发展。市委副书记邓群策，市委常委、市委组织部部长陈竞参加调研。（李　刚）

【周农在香港会见建滔化工集团董事局主席张国荣】 2017年4月24日至25日，市委书记、市人大常委会主任周农在香港会见建滔化工集团董事局主席张国荣，并前往企业实地考察。香港建滔化工集团表示拟在衡阳新增投资40亿元建设石墨烯智能地暖材料及建滔商贸广场项目，并在衡阳新建电子信息产业园，打造新的千亿产业集群。周农表示，建滔化工集团与衡阳有着深厚的感情和友谊，“过去有基础，这次有项目，未来有希望”，到建滔化工集团有“回家”的感觉。衡阳对与香港建滔化工集团开展更深层次合作充满信心，全力支持企业在衡阳加快发展，希望香港建滔化工集团进一步坚定在衡阳发展的信心，推动项目加快建设，同时希望香港建滔化工集团通过“以商招商”的优势，介绍更多的企业到衡阳投资发展。市领导段志刚、张贺文、廖健参加会见和考察。（李　刚）

【衡阳建衡实业年产 5 万吨高效净水剂生产项目开工建设】 2017 年 7 月，市重点工业项目——衡阳建衡实业年产 5 万吨高效净水剂生产项目开工建设，投产后将巩固该公司亚洲最大水处理剂生产基地、全国铝盐龙头企业的行业地位。该项目总投资约 8002 万元，采用自主研发的国家发明专利和多项新工艺新技术，技术水平处于国际领先水平。投入的生产设备也均是同行业最为先进、自动化水平最高。截至本月，该项目已完成 5000 立方米聚氯化铝溶液池建设，整体工程预计 2017 年 10 月份完工，投产后建衡水处理剂系列产品产能将突破 45 万吨，可巩固建衡实业为亚洲最大水处理剂生产基地、全国铝盐行业龙头企业的地位。（李　刚）

【郑建新到新疆特变电工股份有限公司考察、对接项目】 2017 年 8 月 3 日，市委副书记、市长郑建新到新疆维吾尔自治区昌吉市，前往特变电工股份有限公司考察、对接项目。副市长刘正兴，新疆吐鲁番市委副书记颜海林、副市长林德勇，特变电工集团有限公司总经理胡述军参加考察和座谈。（李　刚）

【特变电工衡阳变压器有限公司三项科研成果获市科学技术奖一等奖】 2017 年 8 月，特变电工衡阳变压器有限公司自主开发的三项科研成果获市科学技术奖一等奖。该公司坚持自主创新，为加快衡阳经济社会发展、建设科技强市、争创国家创新型城市，不断发力，创新成果突出。此次所获三个一等奖分别为：“160Mvar/1100 千伏特高压并联电抗器研制及应用”“一种特高压变压器高压绕组间的联线结构”“10 千伏非晶合金变压器系列产品研制及应用”。（李　刚）

【特变电工衡阳变压器有限公司自主研制的 SFP-750000/750 发电机变压器入选 2017 年度湖南省首台（套）重大技术装备产品】 2017 年 8 月，特变电工衡阳变压器有限公司（简称衡变公司）自主研制的 SFP-750000/750 发电机变压器通过专家评审，入选 2017 年度湖南省首台（套）重大技术装备产品，并将获得制造强省专项资金奖励。2017 年度省首台（套）重大技术装备认定项目重点支持《湖南省贯彻（中国制造 2025）建设制造强省五年行动计划（2016—2020）的通知》中确定的先进轨道交通装备、工程机械、电力装备等重点领域中的中高端装备，获评产品均为湖南企业 2016 年首次研发、生产、销售，掌握核心技术，拥有自主知识产权，在原理、结构、性能等方面具有重大创新突破，具有原始创新、集成创新或引进技术消化吸收再创新等显著特点的首台（套）产品及重大技术装备。SFP-750000/750 发电机变压器是衡变公司自主研制的世界最高电压等级的三相一体式发电机变压器。与同类产品相比具有体积小、运输重量小、成本低等优势，已通过国家变压器质量监督检验中心的检测，已由中国机械工业联合会组织的国家级新产品鉴定，主要技术性能指标均达到同类产品国际领先水平。（李　刚）

【特变电工衡阳变压器有限公司研制的世界首台柔性直流输电的耦合电抗器各项技术性能指标达到国际领先水平】 2017 年 8 月，在中国电科院、南网电科院、思源电气等行业专家的共同见证下，特变电工衡阳变压器有限公司自主研制的世界首台柔性直流输电的耦合电抗器一次性通过所有试验，各项技术性能指标均达国际领先水平。该耦合电抗器作为耦合型机械式高压直流断路器的关键设备，主要应用于柔性直流输电项目中。耦合电抗器因其结构和运行工况复杂，设计制造难度大，对制造过程的工艺和质量控制要求严格。（李　刚）

【永清环保垃圾焚烧发电厂运营情况】 衡阳市永清环保垃圾焚烧发电厂系永清环保股份有限公司（以下简称“永清环保”）于 2016 年 8 月 15 日投入试运营，设计生活垃圾总处理规模为 1500 吨/天，是湖南省第一座完全由本省企业采用自主技术设计、建设、运营的垃圾焚烧发电厂，代表行业领先水平。该项目分两期建设，一期建设规模为1000吨/天。截至2017年8月，该发电厂运营一年来，日处理垃圾1000余吨，双炉运行日均发电量达到35万度以上，年总发电量9435万度。其中，吨入炉垃圾平均发电量达到378度，最高可达420度，有效实现“变废为宝”，不但消除环境污染，也带来可观的经济效益。截至2017年8月，永清环保垃圾焚烧发电厂一年来共处理生活垃圾30万余吨，总发电量近1亿度，上网电量7745万度，获得经济效益6500多万元。垃圾焚烧发电是当前最符合实际需求的垃圾处理方式，经过焚烧发电后的垃圾，其重量减少80%，容量减少90%左右，可大为减少土地资源的占用，避免由填埋而产生的土壤污染和地下水污染。同时可为地区提供电力，实现生活垃圾的资源化利用。2014年，永清环保获批组建“生活垃圾资源化处理湖南省工程研究中心”，先后在江西新余、湖南长沙、衡阳等地投建多个垃圾发电项目。该公司已掌握完整的处于国内领先水平的垃圾焚烧发电核心技术，其中烟气净化技术可使二恶英排放浓度小于0.08纳克/立方米，优于欧盟标准的0.1纳克/立方米。

（李　刚）

【郑建新专题调研湘衡盐化】

2017年9月1日，市委副书记、市长郑建新前往湘衡盐化有限责任公司专题调研。郑建新强调，湘衡盐化要提升工艺水平，扩大企业产能，拓展销售市场，打造全国盐化行业的明星企业。湘衡盐化隶属于湖南省轻工盐业集团，现公司年产盐、硝240万吨，年利税过亿元，是集岩盐开采、发电供热、真空制盐、包装物流于一体的国家食盐定点生产企业和现代化大型井矿盐制盐基地，也是泛珠三角经济区域的最大单个制盐企业。郑建新到湘衡盐化的ZK2030号对流采卤井前，了解岩盐矿层厚度、井身工作原理、地质结构保护等情况。得知茶山坳地段岩盐矿床储量达126亿吨、盐层累计厚度在300米以上时，郑建新要求实行开采与保护并重，既要保护当地环境，加强安全生产，又要加强采区建设，扩大企业产能，提升生产效益。随后，郑建新到制盐分厂控制中心，察看数字化控制生产线运作情况。在湘衡盐化厂区内，年产30万吨的小包装技改项目新生产线已投产一个多月，郑建新察看该无尘车间生产线。郑建新指出，要提升工艺水平，加快智能仓库、脱硫脱硝等项目提质改造，提高产品质量；要拓宽产品用途，开发新型产业，发展循环经济，在做大做强盐主业的同时，建设盐文化主题公园，开发医药用盐，实行卤水净化废渣综合利用，不断完善产业链条，增强企业的竞争力。郑建新强调，各级各部门大力支持湘衡盐化发展，帮助企业加快解决发展资源、用地规划及“三供一业”分离等问题，打造全国盐化行业的明星企业。市领导刘正兴、胡水龙参加调研。

（李　刚）

【比亚迪（衡阳）轨道交通智能制造产业园项目举行奠基仪式】

2017年9月26日，比亚迪（衡阳）轨道交通智能制造产业园项目奠基仪式在松木经开区举行。市委书记、市人大常委会主任周农宣布奠基，比亚迪股份有限公司董事长兼总裁王传福，市委副书记、市长郑建新讲话。奠基仪式之前，郑建新与王传福签署衡阳市人民政府、比亚迪股份有限公司投资合作协议。市领导廖健主持奠基及签约仪式。市领导段志刚、刘正兴、周玉梅出席奠基及签约仪式。中铁工程设计咨询集团有限公司董事长李寿兵参加。

（李　刚）

【湖南大合新材料有限公司单晶半导体材料项目举行点火投产仪式】

2017年9月27日，湖南大合新材料有限公司单晶半导体材料项目点火投产仪式在松木经开区举行。市委副书记邓群策出席并宣布项目点火投产。湖南大合新材料有限公司是一家集单晶半导体材料生产、研发和销售为一体的高科技民营企业，2016年入驻松木经开区。该公司新材料项目以研发和生产先进的碲锌镉、锑化镓等单晶半导体材料为主。项目总投资11亿元，在松木经开区分三期建设单晶半导体新材料产业园：一期投资2亿元，租用园区标准厂房8850平方米；二期投资4亿元，用地6.67公顷；三期投资5亿元以上，用地12.4公顷。项目全部达产后，年销售收入可达40亿元，年上缴税收可达3.5亿元，新增就业人口370人。

市领导晏华衡、刘正兴、黄保锦出席投产仪式。（李　刚）

【任新钢等到衡阳调研化工企业生产情况】 2017年11月，市化工协会邀请北京化工大学副校长任新钢等国家化工行业专家前往建滔化工、恒光化工等企业调研。专家们围绕“三废”处理、生物医药、高分子复合材料等方面情况召开座谈会，组建北京化工大学、松木经开区、省市化工协会战略联盟。专家组认为，松木经开区资源禀赋优越，已探明的岩盐资源储存量达140亿吨，芒硝可利用资源储量达4.4亿吨，是长江以南最大的岩盐、芒硝资源基地；衡阳化工资源优势明显，发展来势良好，必须进一步做大做强。下一步，国、省、市化工协会将根据企业需求，发挥人力、智力等优势，进行深度交流合作。（李　刚）

【特变电工衡阳变压器有限公司11项新产品通过国家级鉴定】 2017年11月25日，中国机械工业联合会在衡阳主持召开特变电工衡阳变压器有限公司新产品鉴定暨新产品新技术发布会。国务院三峡办、国家工信部、国家电网公司等数十家科研院所的行业专家200余人一致通过11项新产品国家级鉴定。至此，该公司国家级新产品增至113项，世界级新产品增至62项。通过对产品的认真审查和深入讨论，鉴定委员会一致通过衡变公司11项新产品的国家级鉴定，其中4种类型产品达到国际先进水平。此系该公司继2016年16项新产品一次通过国家级鉴定后在变压器行业鉴定史上取得的又一重大成果。自企业重组以来，衡变公司累计申请召开国家级新产品鉴定会10次，完成国家级新产品鉴定113种，其中处于国际领先水平29项，国际先进水平44项。（李　刚）

【周农会见香港建滔化工集团董事会主席张国荣一行】 2017年11月23日，市委书记、市人大常委会主任周农会见到访的香港建滔化工集团董事会主席张国荣一行。双方就推进建滔电子信息产业园、石墨烯智能地暖材料及商贸广场等项目建设进行交流协商。市领导段志刚、刘正兴参加会见。（李　刚）

传统优势产业

【周农到衡拖农机制造有限公司调研国企转型升级工作】 2017年3月6日，市委书记、市人大常委会主任周农前往衡拖农机制造有限公司调研，了解企业的发展状况和存在的困难”。周农强调，要高度重视产业发展、企业转型、职工生活、国企党建、企业帮扶，为补齐衡阳工业经济短板和建设“五个新衡阳”做出新的更大贡献。座谈会上，周农指出，要高度重视现有国企的转型发展。衡拖的改制工作已基本完成，下一步要轻装上阵，放眼全国找位置，奋力打造“全球知名、全国一流、南方领先”的农机和小型工程机械研发基地、生产基地、交易服务中心，争取早日上市。要找准发展路径，加快“退城入园”，抓好经营生产，加强科技创新。周农强调，衡拖是老国企，刚刚完成改制不久，一些在岗职工和安置职工的生活还较困难。要加快实施当前职工最关注的棚户区改造，要摸清底子，抓紧立项，各相关单位要给予支持。要高度重视国企党建，要不断加强对国有企业党建工作的领导和指导，严肃党内政治生活，推动全面从严治党要求落实落地。要高度重视企业帮扶工作。工业企业是“调查研究月”调研服务的重点对象，各联点干部和部门要切实强化主人翁意识，想方设法为企业解决困难。市领导邓群策、邹致和、刘正兴、李慧星参加调研。

【段志刚调研启迪古汉集团衡阳中药有限公司4亿支口服液技改及配套工程项目】 2017年3月13日，市人大常委会党组副书记、副主任段志刚率市直有关部门负责人来到启迪古汉集团衡阳中药有限公司调研，为企业项目建设排忧解难。该公司通过定向增发募集资金和自筹资金共4.5亿元，建设年产4亿支古汉养生精口服液技改及配套工程项目、固体制剂及新型中药饮片生产线技改项目。其中，年产4亿支口服液技改及配套工程项目总投资3亿元。截至2月，该项目的废水处理站、燃气锅炉房及物流仓库已建成投入使用。该公司预计实现年产值10亿以上，新增利税各1亿元以上、就业岗位300个以上。段志刚指出，“衡阳中药”已到一个加速发展的关键时期。围绕打造“中国养生第一品牌”目标，企业要理清思路，解决一揽子问题。强化管理，加大产品宣传，开拓外省市场，做大做强企业。相关部门要开辟绿色通道，加快办事进程，确保两个项目按期投产或开工。市人大常委会副主任晏华衡、市政协副主席谢肃参加调研。

（刘敏佳）

【胡衡华到衡阳调研华菱衡钢无缝钢管生产】 2017年4月12日，省委常委、省国资委党委书记胡衡华到前往华菱衡钢调研。他强调，华菱衡钢要落实省委、省政府的要求，坚定不移推动国有企业改革和发展，坚持专业化、高端化的发展方向，调整产品结构，不断做优做强，全力打造世界一流的专业化无缝钢管生产企业。市委书记、市人大常委会主任周农参加调研。胡衡华先后前往华菱衡钢180分厂、720分厂，详细询问和了解企业生产、销售等各项指标情况，并就企业在降低成本、转型升级、技术改造、产品研发等方面同企业负责人进行广泛交流。胡衡华指出，华菱衡钢今后要取得长远的发展，必须靠技术和产品取胜，要有拿得出手的拳头产品。座谈会上，胡衡华全面听取市委市政府及华菱衡钢的情况汇报。胡衡华指出，华菱集团是湖南省最大的企业，代表全省国有企业的形象，是一个标杆，而华菱衡钢是衡阳最大的企业，省委、省政府对华菱衡钢的改革发展高度重视。胡衡华对华菱衡钢在宏观经济环境十分困难的情况下，取得逐月减少亏损并企稳向好的成绩予以肯定。周农指出，作为衡阳市规模最大的企业，华菱衡钢是衡阳的“掌上明珠”。近年来，华菱衡钢顶着困难，在抓班子、抓队伍、抓技改、抓管理、争效益等方面做大量的努力，保持稳定的生产和经营，成绩来之不易。当前，衡阳市委、市政府正在全力推动工业经济“植优补短”，一定会继续高度重视并全力支持华菱衡钢的发展。衡阳市、区两级一定按照省委、省政府的要求，加快做好企业“三供一业”的分离移交工作，协调处理好地方和企业的关系，落实好相关帮扶措施。希望省委、省政府在化解债务、实施技改、淘汰落后产能、新上项目等方面继续给予关心和支持。周农还介绍当前衡阳市工业经济良好的发展势头。省国资委副主任张美诚，湖南华菱钢铁集团公司党委书记、董事长曹慧泉，副市长刘正兴，衡钢（集团）有限公司总经理凌仲秋、党委书记左少怀等参加调研。

（刘敏佳）

【张剑飞专题调研华菱衡钢推进供给侧结构性改革工作】 2017年6月29日上午，副省长张剑飞到衡阳，专题调研华菱衡钢推进供给侧结构性改革工作。市委副书记、代市长郑建新参加调研。2017年来，衡钢抓住国家大力推进供给侧结构性改革和湖南省深化国企改革带来的机遇，深化观念转变、销售及成本管控模式转变和作风转变，狠抓降本增效，亏损逐月减少，2月开始实现正现金流，二季度持续盈利，安全生产保持良好局面。上半年，衡钢完成铁、钢、管产量43万吨、64万吨和66万吨，销售钢管67万吨，实现销售收入34亿元。张剑飞察看衡钢石油管生产线及百达先锋能源科技有限公司生产运行情况，听取相关汇报。他指出，衡钢经过近几年降本增效、市场开拓，已看到走出困境的曙光。衡钢系全球无缝钢管行业生产机组最全、先进机型最多、产品规格最配套的企业，拥有铁、钢、管、深加工全流程的专业化生产工艺，产能规模居全球第五、全国第二，省委、省政府一直高度重视衡钢发展。张剑飞强调，衡钢的根本出路在于技术创新、市场开拓和内部改革。要进一步加大科技创新力度，坚持产品研发与基础研究一起抓，加快掌握一批核心关键技术，提升产品科技含量；要进一步加大市场开拓力度，抢抓市场机遇，开发更多适应市场需求的产品，拓宽产品销路，提高产品销量；要进一步加强内部改革，通过改革挖潜，减员增效，降低企业生产成本，增强企业竞争力。张剑飞要求，各级各部门要大力支持衡钢发展。要协助企业做好“三供一业”分离工作，努力减轻企业负担；要帮助企业解决用地、用电、资金保障等问题，为企业发展营造良好环境；要帮助搭建高规格产销对接平台，提升企业美誉度和影响力。郑建新表示，衡钢是衡阳的一张闪亮名片，为全市经济社会发展作出重要贡献。市委、市政府将一如既往地支持衡钢发展，也恳请省委、省政府及省相关部门高度关注衡钢、采取针对性的帮扶措施支持衡钢，合力推动衡钢打造世界一流企业。省经信委主任谢超英、省国资委副主任张美诚、副市长刘正兴参加调研。

（刘敏佳）

【衡山新金龙纸业有限公司揭牌】 2017年7月13日，衡山新金龙纸业有限公司正式揭牌。衡山新金龙纸业有限公司成立于2014年12月，公司位于湖南省衡山县开云镇金龙村工业园，是一家集制浆、造纸、热电、环保为一体的股份制企业，经过3年时间的建设，在7月13日正式投入生产。该项目一期工程年产包装纸20余万吨，年产值6.6亿元；二期工程年产计划扩大到60万吨，年产值20亿元。项目全部投产后，可年产80万吨包装纸，成为湖南最大的再生纸生产基地。（刘敏佳）

【大唐华银电力股份有限公司耒阳分公司举办“清洁能源，点亮未来”为主题的第十一届企业开放日活动】 2017年7月26日，值“中国电力主题日”之际，大唐华银电力股份有限公司耒阳分公司举办以“清洁能源，点亮未来”为主题的第十一届企业开放日活动。市领导胡水龙出席活动。在宣传展板前，110名受邀代表走进企业核心车间，近距离感受现代化火电企业的运营情况和企业在“清洁电力”方面的发展情况。2015年8月，该公司实施重大资产重组后，总装机容量达到1020兆瓦。在环保指标全面达到国家标准的基础上，公司持续推进节能减排、设备改造和技术革新，全力打造绿色环保型发电企业，守护青山绿水。2017年启动超低排放改造计划，工程总投资1.5亿元。（刘敏佳）

【郑建新前往湖南天雁机械有限责任公司和衡阳天锦纺织有限公司调研】 2017年12月12日，市委副书记、市长郑建新前往湖南天雁机械有限责任公司和衡阳天锦纺织有限公司，调研工业经济运行相关工作。郑建新强调，要坚持问题导向，着眼解决问题，促进企业加快发展。湖南天雁机械有限责任公司系国家高新技术企业、国家知识产权优势企业、全国内燃机标准化技术委员会涡轮增压器工作组组长单位，具备年产80万台以上涡轮增压器生产能力，高性能气门年产能600万支以上，拥有行业领先的增压器试验手段和以五轴数控、快速成型为代表的先进新产品试制手段。衡阳天锦纺织有限公司自2004年成立以来，随着资金的持续投入、内部管理水平的逐步提高、产品结构的持续优化、销售渠道的不断拓展，步入健康良好的发展态势，连续多年获得市技术中心、市农业产业化龙头企业、中国成长百强企业、湖南省A级纳税信用单位等多项荣誉。郑建新指出，市相关部门和白沙洲工业园要为企业发展排忧解难，解决企业用工等难题，推进新项目落地、建成、投产，促进企业做大做强。市领导胡水龙参加调研。

（刘敏佳）

【燕京啤酒连续16年全省产销第一】 截至2017年年底，燕京啤酒衡阳有限公司综合生产能力达40万吨，成为湖南省企业规模最大，设备最精良，检验设施最先进，产品品类最齐全的大型啤酒企业，已连续16年保持湖南省行业产销量第一，远高于其他同类品牌。作为全省第一条纯生啤酒生产线，燕京啤酒在衡阳创造多项重要成绩：单厂率先突破10万吨产销量的纪录由衡阳公司刷新，综合生产能力达到40万吨规模在衡阳公司建成，首条进口易拉罐产品包装线在衡阳公司投产。燕京啤酒（衡阳）有限公司成立于2000年1月，由北京燕京啤酒股份有限公司和原衡阳市啤酒厂通过企业改制、资产重组、按照现代企业制度组建，是北京燕京啤酒股份有限公司的控股子公司。公司坐落在衡阳市白沙洲工业园，毗邻高铁衡阳东站、京港澳高速、衡昆高速、南岳机场，地理位置相当优越。公司占地面积35万平方米，资产总额10亿元，有职工1500余人，大中专院校生700多人，工程技术人员260多人。燕京啤酒（衡阳）有限公司成立后，通过高点嫁接，引进北京燕京啤酒集团公司先进的生产工艺，投入近6亿元资金完成酿造系统、发酵系统、灌装系统及配套工程的技术改造，综合生产能力达40万吨，成为湖南省企业规模最大，设备最精良，检验设施最先进，产品品类最齐全的大型啤酒企业。公司产品全部按 ISO9001-2000 版标准生产，产品泡沫洁白、细腻，挂杯持久，口味纯正、清爽。主要产品有 11°P 全麦原酿，8°P?、10°P 燕京听装、瓶装纯生系列、鲜啤列系、爽啤系列。

（刘敏佳）

工业企业改制

【概况】 2017 年，市工改办在市委、市政府的正确领导下，全面落实党的十八大以来历次中央全会及十九大精神，贯彻中共中央总书记习近平系列重要讲话精神，全力推进“五个新衡阳”建设总体战略布局，坚持新发展理念，抓改革增活力，夯基础创优势，办实事惠民生，总体工作取得一定的成效。2017 年，市工改办在 2016 年改制攻坚工作的基础上，改制目标任务完成较好。一是安置兑付工作全面完成。完成衡阳市五橡胶厂、衡阳市第二织布厂、衡阳市湘南服装厂、天原公司（原衡阳市冶炼厂）等 5 家企业职工安置工作。职工总人数 1802 人，安置职工 1770 人，兑付率达到 98.22%，直接安置职工费用 5279.2 万元。二是改制移交工作全面完成。完成衡阳光学仪器厂、天翔机电、天原公司、五橡胶厂、二橡胶厂 5 家企业清产核资工作；完成衡阳光学仪器厂、电机厂、第二织布厂、湘南服装厂、二橡胶厂、五橡胶厂、电筒厂、燃料总公司 8 家企业社区人员移交工作，涉及全市 22 个社区、移交人员 2837 人；完成衡阳光学仪器厂、天翔机电、天原公司、第二织布厂 4 家企业档案清理工作，共清理 11302 卷，其中：人事档案 3271 卷，文书技术、财务档案 8031 卷。三是改制验收工作全面完成。完成市光学仪器厂、原天翔机电有限公司、衡阳化工业供销公司经营部、市天驰药业有限公司、原衡阳冶炼厂、衡阳界牌瓷业有限公司、衡阳玻璃总厂、今天化工衡阳分公司、今天化工松柏分公司等 9 家企业改制综合验收前期工作。四是离任审计工作全面完成。完成市光学仪器厂等 10 家企业的离任审计工作。

（李依蓓）

【产业转型】 为盘活存量资产，服务创业创新，市工改办依托原改制企业，大力做实做活创业基地。从 2016 年 3 月起，通过不断调研论证，市工改办决定申报三叶创业基地为国家级创业创新示范基地。成立以主任、书记亲自挂帅的申报领导小组，做好基地基础建设工作：一是对创业基地的厂房进行全面维修和粉刷，对水、电、道路、网络、通讯和安全等设备设施进行提质维护，为入驻企业提供良好的创业创新环境。二是对创业基地的制度进行全面完善，规范创业基地的服务管理。三是不断加强基地信息服务、创业辅导、人员培训、市场营销、投融资服务、创新支持、管理咨询、专业指导等八大服务。四是按照《国家小型微型企业创业创新示范基地建设管理办法》认真组织申报村料，成立申报材料编撰班子；五是对创业基地的宣传栏、宣传标语进行全面换版升级，增强创业基地创业创新氛围。同时通过创建创业基地网站、建立入驻企业 QQ 群等方式补齐信息服务短板，通过举办对接会、协助入驻企业申报国家实用新型专利等方式补齐创新支持服务短板。通过近两年的努力，2017 年 9 月 26 日，经国家工信部专家评审，国家工信部认定三叶创业基地等 103 个基地为国家创业创新示范基地，自此填补衡阳市国家级企业基地的空白。（李依蓓）

【企业服务】 2017 年，市工改办始终把服务企业作为一切工作的出发点和落脚点，协调处理界牌陶瓷总厂、原廻雁峰酿酒总厂、原湖南叉车厂、原衡阳量具刃具总厂等 15 家企业改制遗留问题，重点解决前改制时期陈欠社保、医保费用，共为企业争取资金 5000 余万元。一是解决天宇公司 1950 万元职工集资款及新增 95 人养老保险等重大历史遗留问题。2007 年天宇公司改制时，职工集资款 1950 万元列入改制成本，因改制成本不足，迟迟未得到解决，职工多次上访。近几年来，市工改办通过与市国资委协调，从弘湘公司借款和系统内部调剂等办法，2017 年充分利用来雁新城开发的契机，将天宇公司名下 25.86 亩土地及地面建筑整体移交给来雁公司，由来雁公司一次性支付 1510 万元，使天宇公司职工集资款及 95 名新增退养人员的养老保险等费用得到解决。二是解决湖南今天化工公司破产费用、改制费用和剩余职工债权及个体

1842.12万元敏感债务问题。通过市工改办协调市政府批准，由弘湘公司支付今天公司的破产费用、改制费用1160.87万元，剩余职工债权331.25万元，个体敏感债务350万，共计1842.12万元，基本支付到位，彻底解决今天公司久拖未决的敏感债务问题。三是解决原新衡日化总厂职工医保、茶山坳32户职工的住房国土证办理等一系列遗留问题。市工改办协调市国资委，将新衡改制的遗留问题提交到改制办主任会议，解决被托管职工的医保费用等问题，进入测算阶段。同时与国土、晶科威、银行多次协调，召开专题会，为32户职工协调办理国土证，了却职工多年心愿。四是解决煤炭行业产能过剩实现脱困的问题。市工改办协调市政府批准，并通过落后小煤矿关闭退出工作领导小组审核验收，关闭衡阳市裕民煤矿芋子田井，化解过剩产能，确保企业矿井安全，并积极争取政策，助力企业实现脱困。

（李依蓓）

【扶贫帮困】 2017年，市工改办按照全市扶贫攻坚统一部署，联村帮扶衡东县洣水镇荆茗村，共筹资20万元，对14户建档立卡贫困户进行慰问、救济和帮扶。实施产业扶贫。对家中有劳动能力的又愿意搞种植养殖的，全力帮助发展产业扶贫，帮助3户具备产业脱贫条件的农户实现脱贫。实施安居扶贫。为危房户、无房户申请危房改造或异地搬迁。为6户贫困户申请2018年安居扶贫指标。实施创业就业扶贫。为5位无业贫困户谋得创业机会，并资助外出务工创收。实施教育扶贫。为村里8位贫困学子分别争取1000元的教育扶贫补助。实施救助扶贫。为3名因重病致贫的贫困户捐款5200元，同时协调当地政府、市残联协会、市慈善总会，为他们申请政策补助；实施兜底扶贫。对因年龄大、体弱多病而无劳动能力的贫困户实行兜底扶贫，定期进行慰问、看望，鼓励他们树起生活勇气和信心。2017年，市工改办大力实施特困职工送温暖工程：一是建立特困职工档案和领导干部联系对口帮扶特困户制度，落实“第一责任人”。元旦春节期间，对身患癌症、大病困难职工386人进行了慰问，发放中央、省财政资金慰问金36万元。二是与市总工会联系，为20余家特困企业进行“双联”帮扶，春节期间共筹集“双联”资金208.5万元，发放慰问粮13万元（折合44820斤），慰问油14.2万元（折合油2731桶）；三是组织参加“金秋助学”活动，筹资23余万元，对因家庭困难而上不起大学的92名寒门学子进行救助。

（李依蓓）

【安全维稳】 2017年，市工改办将安全维稳工作作为头等大事来抓。一是牢固树立维护稳定是第一责任的观念。在信访维稳工作中，转变思路，强化措施。对企业分片包干，经常下企业进家门化解矛盾纠纷。全年接待来信来访154余批次，完成上级交办及网上办理的信访案件43宗，与去年同期下降72%，接待上访人员200余人，结案率100%。2017年，无人进京上访，无人赴省上访，无人到市委市政府集访，无不稳定事件发生。二是牢固树立安全生产是第一生命的观念。1. 开展“安全生产月”活动。投入资金万元余元，制作安全生产横幅、标语牌及特种设备操作规程发放到企业留守处，切实做好“安全生产月”的宣传警示工作。2. 加强消防安全。组织各留守企业共投入资金5万余元更换和添置灭火器材，同时投入近40万元对玛钢、运材、精奈、衡器、钢家、制鞋等企业的厂房和电器线路进行维修改造，并对有安全隐患的围墙进行了加固和危房维修。三是定期进行安全检查。对安全生产检查情况进行通报，期间约谈了5位留守处负责人，对存在重大安全隐患的6家留守企业下发安全生产整改书。停产整顿租户1家。在7月防汛工作中，办领导亲自带队夜查各留守企业的防汛工作情况，并安排人员值班，确保汛期平稳度过。（李依蓓）

【2017衡州论坛暨衡阳工业博物馆筹备工作】 2017年9月，经过五个月的筹备，衡阳工业博物馆开馆。市工改办作为衡阳工业博物馆筹备工作的重要单位，为抢救衡阳工业文明遗产，留下衡阳工业记忆，展示现代工业成就做出重要贡献。市工改办在每个筹备工作阶段，均严格按照市领导组的进度要求按期推进，如期完成，受到市领导的一致肯定。据统计，市工改办共收集到实物线索500余条，收集实物310件，

实际展出实物125件；实物照片102张，各级领导人视察照片480张，实际展出218张；企业宣传视频10部；行业、企业发展，主要产品介绍等文字资料87篇、人物故事29篇，实际展出行业展陈版面资料7版；提供展出实物说明牌206篇。此外，协调组织本系统10家优秀企业参加博物馆企业展。在此次工业博物馆筹备工作中，市工改办有9名干部职工被评为“2017衡州论坛暨衡阳工业博物馆筹备工作”先进个人。

（李依蓓）

园区经济与区域开发

衡阳国家高新技术产业开发区

【概况】 实现地区生产总值同比增长 8.5%；实现一般预算收入同比增长 6.0%，增幅居衡阳市第二，实缴入库税收同比增长 8.32%，超额完成年度目标任务；全年服务业企业营业收入同比增长 32%，超过全年目标任务 1 倍，新增“四上”企业 30 个，是全年目标任务的 3 倍；实现社会消费品零售总额同比增长 10.7%。全年签约项目 17 个，到位资金 35 亿元，引进保利集团、中建一局集团、阳光金控等世界 500 强和中国 500 强企业 6 家，投资额在 5 亿元以上的大项目 11 个。

（唐　笑）

【科研创造】 2017 年，衡阳市高新区以“创新驱动”推动园区“转型升级”，制定完善“1+6”政策体系，提升园区科技创新能力。2017 年，高新区财政科技支出达到 1227 万元，全年发明专利申请量达 240 件，每千件授权专利质押融资额达到 200 万元，园区高新技术产品产值占规模工业总产值比重达到 90%。园区科技成果转化能力显著增强，全年技术合同交易额超 1882.44 万元。推进“大众创业、万众创新”，全年新增 1 家省级创新创业基地，新增 1 家市级创新创业基地，新增皖湘科技和湖南第一测绘院 2 个高新技术企业；2017 年启迪古汉、泰豪获批 2016 年市长质量奖，奖项含金量高，等同于省名牌产品，衡阳市怡和实业发展有限公司“谋彩牌胡子酒”被省商务厅评为“湖南老字号”。

（唐　笑）

【项目建设】 2017 年，衡阳市高新区实现固定资产投资同比增长 14.6%，其中产业投资占比为 83.8%，均超额完成市里下达任务。全年新建成面积 1.66 平方千米，超额完成 1.5 平方千米目标任务。2017 年，实施市重点项目 36 个，投资总规模 263.3 亿元，超额完成全年投资目标任务，其中万恒茶文化广场一期、市政提质改造等 9 个项目竣工；创新创业中心、新兴金融中心等 26 个项目完成年度投资任务；虚拟大学城、衡阳市第二工人文化宫、万和商业服务中心等项目正在抓紧施工。园区平台公司高新投全年实际到位资金为 22.2 亿元，超额完成 15 亿元融资任务。（唐　笑）

【区域建设】 推进三大区域（陆家新区、衡阳大道现代产业轴、南部工业更新改造区）建设。陆家新区土方平整基本到位，路网和管网、蒸水风光带、中心公园等基础设施已基本成型，国际会展中心、创新创业中心、中兴科技园等项目高速推进。截至 2017 年年底，衡州大道现代产业轴内创星谷、创业谷、创客谷、文创谷、科创谷、金融谷 6 个创业基地和同祺生物科技、贝蓝斯科技园、德穗科技、皖湘科技加快开工建设。南部工业更新改造区已有 14 家企业启动前期工作，湾田科技园、安发电子信息产业园、衡变科技园等项目全面动工。

（唐　笑）

【产业升级】 2017 年，为加快产业升级，衡阳市高新区认真落实市“植优补短”工作部署，出台工业“植优补短”，成立领导小组，每一个工业企业都安排挂点领导和联络员，帮助企业解决发展过程中的有关具体问题，并对重点工业企业存在的一些问题进行交办。全年实现规模以上工业总产值同比增长 13.7%。传统工业转型升级步伐明显加快，区内部分企业依托传统工业基础，实施“智能化”改造，提升企业自主创新能力，推动企业产业链延伸，镭目科技、风顺车桥、湖南六和、帝斯曼等区内企业全年实现生产总值增幅 20% 以上，华瑞电气、一互电气等中小企业形成良好发展势头。 （唐　笑）

【城建提质】 衡阳市高新区控制性详细规划完成市级审查，并经省住建厅专家评审会审议通过；按照高标准设计要求，严格把控高新区内建设项目的质量，源头控制城市建设基调，提升城市整体形象和品质。道路交通组织及停车管理优化工程、“三清三建”“硬改绿”、楼宇亮化等七大工程快速推进；完成延安路、长湖路等路段架空高压线电缆入地工作；市政公共设施维护修缮工作有序开展，黑臭水体整治项目和蒸水河、柿江河沿江右岸 7 个排污口综合治理工作初见成效。加强市容监管、环境卫生管理、渣土综合管理，市容市貌规范整洁。开展文明创建，召开专项工作调度会、推进会和迎测动员会，开展各类志愿者服务和创建活动，全力做好创建全国文明城市、迎接省级卫生城市复审等工作。

（唐　笑）

【陆家新屋获评“省爱国主义教育基地”称号】 2017年2月，衡阳市高新区管委会衡阳保卫战纪念馆——陆家新屋成功获评“湖南省爱国主义教育基地”。这是继获授国家AAA级旅游景区、省级文物保护单位、省级红色旅游景区、市爱国主义教育基地、市级国防教育基地之后，陆家新屋摘得的又一荣誉。经过提质改造后，景区各项设施和配套得到完善，成为居民休闲参观的热点场所。

（彭巧玲）

【高新区联合办税大厅“实名办税”信息采集窗口开通】 自2017年3月起，高新区联合办税大厅“实名办税”信息采集窗口迎来办理身份信息采集的纳税人。成功进行实名信息登记的办税人员，日后无须再核验各类证明材料，办税人员只要借助专门的摄像头刷下脸验证后便可办理涉税业务。“实名办税”是指税务机关对纳税人的法定代表人（负责人、业主）以及由其授权的办税人员（包括税务代理人）身份进行确认的制度。推行实名办税是提升服务质量、夯实征管基础、优化税源管理的重要举措，有利于维护正常税收经济秩序，推进税收诚信体系建设；也是落实简政放权、放管结合、优化纳税服务的重要手段，有利于引导纳税人实现自我管理，促进税法遵从。该项举措还最大限度地便利纳税人，进行实名信息登记的办税人员，在身份信息采集成功后，无须再核验各类证明材料，“刷脸”便可办理涉税业务。截至3月，高新区国税、地税部门加强合作，完成对硬件系统的采购、安装、调试，以及对办税服务人员的实践操作培训，并根据实际情况分类、分步有序推进此项工作。其中2017年3月1日至6月30日为过渡阶段，在此期间未进行实名信息登记的，仍可办理涉税事项；7月1日起全面实行实名办税管理，原则上办税人员必须按规定办理实名登记后方可办理相关涉税事项。（彭巧玲）

【高新区召开环境保护和安全生产工作大会】 2017年3月9日，高新区召开环境保护和安全生产工作大会。会议指出，要提高认识，切实增强做好环境保护和安全生产工作的责任感和使命感。要牢固树立底线思维，始终坚持以人民为中心的政绩观，认识到抓底线工作就是抓发展、抓民生、抓稳定；要牢固树立环保理念，主动适应群众对生态环境的新要求；牢固树立安全意识，坚决守住发展不能以牺牲安全为代价这条红线。会议强调，要狠抓重点，推动环境保护和安全生产工作迈上新台阶。要坚持问题导向，促进生态环境质量全面改善——以环境保护来促进转型发展、以环境建设来打造宜居城区、以环保督察来确保工作成效。要精心编制安全生产的保障网，确保安全形势持续稳定向好——扎实抓好安全生产隐患排查整改、深入推进安全生产专项整治，着力夯实安全生产基层基础。（彭巧玲）

【高新区召开食品药品安全工作会议】 2017年3月14日，高新区2017年食品药品安全工作会议召开。2016年，高新区全年未发生一起食品药品安全事故。2017年，高新区将继续做好食品药品的大整治、大排查、大抽检、大稽查、大提升、大格局工作，确保不发生食品药品安全事故，把好饮食用药安全的每一道关卡。2016年，高新区共办理食品经营许可证1266个，药品经营许可证10个。共组织开展白板肉、米粉、问题疫苗、中药饮片、婴幼儿奶粉等10余项食品药品专项整治。共检查各类食品生产经营单位3260户次，下达责令整改意见书418份，处理各类投诉举报44起，办结44起，取缔无证窝点2个，立案查处15起违法违规案件，没收过期、问题食品200袋（件），收缴白板肉200余公斤。会议表彰2016年度高新区食品药品安全工作先进单位。（彭巧玲）

【保利地产集团副总经理胡在新到高新区考察】 2017年11月6日，高新区管委会主要领导会见保利地产集团副总经理胡在新一行。双方就衡阳国际会展中心建成后的管理运营合作进行洽谈，一致同意尽快成立国际会展中心运营合作工作组，并尽快拟定高新区与保利地产集团战略框架合作协议。在介绍国际会展中心规划方案时，高新区管委会主要领导表示，保利集团是世界500强、中国500强企业，保利地产集团在会展场馆运营方面有丰富先进的经验，高新区建设的国际会展中心是市委、市政府寄予厚望的重点项目，建设规模宏大，建筑设计新颖，将是衡阳市的地标性建筑，希望保利集团以国际大公司身份、国际化标准来设计谋划国际会展中心的运营方案，将衡阳国际会展中心打造成衡阳市乃至湖南一流的会展基地。同时，双方可在文化创意产业、地产项目投资、酒店服务业等方面开展深度合作。胡在新表示，衡阳是湖南第二大城市，在资源、经济、人才、社会保障等方面有众多优势，高新区对会展经济的发展需求意愿强烈，保利地产愿意与高新区在会展中心运营方面进行合作，做好前期相关工作，精心谋划运营方案。同时希望能以此次合作为起点，在文化创意、地产投资、酒店服务业等方面开展更全面务实的合作，实现共赢发展。会谈结束后，与会人员参观陆家新区建设现场并重点考察国际会展中心项目建设工地。（彭巧玲）

衡阳市白沙洲工业园区

【概况】 2017年，衡阳白沙洲工业园区攻坚克难、迎难而上，取得明显成绩，多项指标成倍增长，经济、社会发展全市领先、全省靠前。

一、经济指标稳定增长。2017年，园区实现规模工业总产值167.5亿元，规模工业增加值49.4亿元，固定资产投资54亿元，同比分别增长39.4%，10.3%，22.2%；实现进出口额225.7亿元，同比增长112.8%，占全市总量的75%；实现加工贸易额205.28亿元，同比增长110%，占全市总量的95%；实现税收5.76亿元，同比增长36.17%；签约项目总投资244.13亿元；实现一般公共预算收入19.58亿元；实现融资33亿元，新增国有资产30亿元，达到170亿元，负债率下降7.33%。园区规上工业总产值、规模工业增加值、进出口额、加工贸易额、固定资产投资、销售收入6个指标增速全市第一，进出口额、加工贸易额、用工量3个指标总量全市第一，特别是进出口额增速全省第一、总量全省第二，加工贸易额总量及增速全省第一。综保区实现进出口额21.58亿元，同比增长1348.5%，增速全省第一；实现一般贸易额20.25亿元，总量全省第三。

二、植优补短成效方面。解决企业遗留问题36个，融资签约3.5亿元，“助保贷”助贷1500万元，发放产业扶持金1.5亿元，争取标准厂房补贴7000万元。为20家企业申报直接交易电力，节省用电成本260万元，协助招工1.5万人。富士康实现产值121.37亿元、进出口额203.95亿元，分别增长67.71%、110.84%，进出口额超过蓝思科技和华菱集团居全省第一。12家企业产值倍增，其中胜添、长城混凝土、富泰宏、金则利、合力、华菱增幅分别达到532%、71.9%、66.9%、54.4%、52.2%、50.9%。14家企业纳税超千万，比2016年新增6家，5家税收5000万元以上。新增规上企业11家，新增生产线65条、智能机器人189台、先进设备276台。合力工业车辆、金则利获批工信部工业品牌培育试点企业，金则利成为国家电磁产品行业标准起草单位。懿科药用包装材料的产品获得医药包装新产品新技术一等奖。南岳电控获批省级技术中心，雁能森源、雁能配电、星鑫航天、富农机械产品分获“湖南名牌产品”和“湖南省著名商标产品”。

三、资产管理方面。要素保障到位，完成国土摘牌45.38公顷，征地90.4公顷，拆迁6.7万平方米，20个项目交腾地，办理规划、建设手续70个，分批解决工程项目10类问题。财政实力增强，225户个体业主应税尽税，税收同比增长36.17%，增幅居全市第2。资产管理规范，国有资产保值增值率同比增加25%，出租91个公有门面，应收房租434万元，实现100余失地农民就业。

四、民生工程方面。拨付扶贫资金208万元，同比增长44%，园区被评为扶贫工作十佳驻村后盾单位，高栗村精准扶贫工作高质量通过省级验收。发放各类救助、慰问资金和慈善捐款830余万元，拨付被征地农民养老保险396万元。金桥、茶园安置区春节后可交付，和谐小区、新民安置区、金雁安置区正在进行配套建设。富士康等企业77名职工子女就学问题得到妥善处理。抗洪抢险、扑救森林山火组织得力，安全转移群众107户、410人，确保群众生命财产安全。

五、环境整治方面。改善城乡环境，南江环境整治被树为全市典范；中央环保督查9件交办件100%办结；投入1000余万元整治湘江沿岸61家养殖场。城市管理质量得到提升，投入85万元开展文明创建宣传，投入300余万元安装“电子警察”、信号灯。拆除各类违章建筑8685平方米，制止13998.8平方米，市容管理、车辆整治、园林绿化工作有序推进。园区创园林城市、文明创建、控违拆违和城管执法依法行政工作被评为全市先进。（李育建）

【招商引资】 依托“港洽周”“央企入湘”“衡州论坛”等大型招商活动和各地商会平台，推介园区（综保区）178次，引进项目25个，其中世界五百强、国内行业百强企业各1个、大型央企3个，项目建成达产后可实现年产值520亿元。富士康精密模具示范园和亚马逊中国制造中心，中核集团、中钢集团、北京天星资本100亿元共建白沙绿岛军民融合产业示范园，恒天集团80亿元打造汽车零配件产业园，白沙投与新融创打造的开放型经济产业链成为园区经济新的增长点。

（李育建）

【项目建设】 完成全市重点项目30个，总投资45.25亿元，占年度目标任务108.3%。白沙啤酒广场三个月内完成主体建设，创造新的“白沙速度”。富士康二创提质项目投入使用，新建厂房进行主体吊装拼装；三创新建项目公开招投标。金桥、衡常、富强3条道路建成通车。市九中、白沙实验小学2018年可迎新就学。越能电力等12个产业项目集中开工。恒天九五时隔多年重新启动，中烟薄片顺利实施。3个PPP项目获批开展，配套建设正在加速。

（李育建）

【综保区被列入全市开放型经济重点实施计划】 全年，综保区完成进出口额21.58亿元，上缴税收3.28亿元，均创历史新高。招商力度进一步加大，新签约项目5个，其中“港洽周”引进的4家企业总投资15亿元，租赁厂房4万平方米，新融创投产仅4个月就完成进出口额19.4亿元；宽洋科技手机投产后年进出口额可新增13亿元。特殊监管区内管理更加有序，处理遗留问题20个，获批开展“分类监管”、委内加工等业务；开辟平台金融助推加工生产新模式，促进白沙投与融讯供应链、园区产业发展基金与湖南高新创投合作成立金融平台。综保区被列入全市开放型经济重点实施计划。（李育建）

【军民融合产业】 军民融合产业实现产值20.87亿元、税收6790万元。白沙洲绿岛军民融合产业示范区完成概念性规划和片区城镇规划；绿岛大道、绿岛大桥、污水厂、自来水、电力供应等进入筹划阶段。独居石、质子治疗等7个项目全年完成投资1.23亿元，核级海绵锆铪产品制备、稀土高性能铝合金项目正在申请全省百大重大产品创新项目。馨华电子获军品生产“四证”；星鑫航天获航空航天材料许可证；凯新材料获涉军目录许可；合力叉车、星鑫航天涉军产品利好频频，税收、产值双双倍增；瑞士稀土铝合金项目初步达成协议。白沙绿岛获批全省首批军民融合产业示范基地。（李育建）

【湘梦·智谷举行开业暨签约仪式】 2017年1月9日，市白沙洲工业园唯一智能城市综合体——湘梦·智谷举行开业暨签约仪式，与中国工商银行等34家客户签约。湘梦·智谷围绕优质综合创业创新服务布局，打造有助创业创新孵化高新技术企业、信息产业发展的综合性平台，旨在为创新创业者提供人才培训和创投孵化、资源整合、科技金融等服务体系。湘梦集团有三个事业部，包括湘梦·智谷国家级创新创业基地、衡阳电子商务综合服务平台和湘梦商学院。其中，湘梦商学院一年为衡阳培训创业和创新人才3000到5000人。湘梦·智谷是衡阳市唯一的国家级创新创业基地，基地总建筑面积5.8万多平米，由6栋大楼组成，涵盖众创空间、5A甲级写字楼、创客咖啡、娱乐健身、精装公寓、高端酒店等完善的设施及配套。截至2016年年底，基地共有入驻企业118家，年销售额4亿元，年纳税额1500多万元，提供就业岗位2000多个。整个基地全面建成后，可容纳500家企业入驻，

年销售额500亿元，带动20000人创业及就业。（彭巧玲）

【周农调研衡阳综合保税区】 2017年3月27日，市委书记、市人大常委会主任周农赴衡阳综合保税区，调研衡阳市外向型经济。周农强调，园区要提高认识、统一思想，坚定信心、真抓实干，加强领导、落实责任，抓好综保区的建设，助推衡阳市外向型经济加快发展。周农实地调研综保区的总体规划情况以及双极工贸有限公司。综保区总规划面积2.57平方千米，一期建筑面积0.845平方千米。现有注册企业23家，其中加工贸易企业10家，贸易供应链企业11家，物流企业1家，场站管理1家。座谈会上，周农指出，衡阳综保区是全省第一家综合保税区，为衡阳市提升外向型经济树立窗口形象，也是衡阳市扩大开放、树立形象、招商引资的重要平台。园区要提高认识、统一思想，高度重视发展外向型经济的工作，牢固树立创新引领、开放崛起的发展战略，把综保区做好、做大、做强。周农强调，综保区的发展是衡阳振兴工业的重要切入点，是发展外向型经济的主战场，要千方百计抓好招商引资，通过综保区的入区入园企业，带动相关联企业的发展。综保区是衡阳外向型经济发展水平的缩影，要运用综保区这个发展平台，构建优化外向型经济发展环境，创造招商引资的"洼地效应"，加大招商引资优惠政策的宣传力度，做大做强衡阳的外向型经济。市领导张贺文、廖健、刘正兴参加调研。

（彭巧玲）

【衡阳市知识产权宣传周活动启动】 2017年4月20日，衡阳市知识产权宣传周活动启动仪式在白沙洲工业园举行。副市长龚学余宣布活动启动。2017年4月26日是第17个世界知识产权日，围绕"创新创造改变生活·知识产权竞争未来"这一主题，衡阳市将开展知识产权创新创造专题讲座、知识产权联合执法、知识产权法规、政策宣传等系列宣传活动，以提升全社会知识产权意识。近年来衡阳市专利申请及授权日益递增，知识产权工作也取得较好的成绩。2016年全市申请专利4645件，全省排名第3，其中发明专利申请1478件，专利授权2266件，累计有效发明专利843件，每万人发明专利拥有量1.15件，同比增长32.5%。全市2016商标申请量4824件，同比增长34.3%，增速较2016年提高2.5个百分点，截至2016年年底，商标有效注册量为14142件。龚学余指出，各级各部门要按照党中央、国务院的决策部署，牢固树立和认真践行五大发展理念，着力加强知识产权保护运用，加快知识产权强市建设，为建设"五个新衡阳"发挥作用。

（彭巧玲）

湖南衡阳松木经济开发区

【概况】 2017年，湖南衡阳松木经济开发区坚持从严治党，着力补强工业经济短板，狠抓产业发展、项目建设和招商引资等工作，取得较好成效，经济指标情况总体较好。工业产值方面。实现工业总产值90.64亿元，同比增长26.8%；实现规上企业工业增加值29.93亿元，同比增长24.25%。固定资产投资方面。完成固定资产投资56.2亿元，其中，产业投资占比81%，完成年度任务100%。与2016年同比增长14.6%，超过年度目标0.6个百分点。财税融资方面。完成财政总收入6.99亿元。其中，国税完成2.93亿元，地税完成1.6亿元。税占比达到65%，超过2016年31个百分点；融资完成14.49亿元，超过年度目标任务20个百分点。土地报批方面。批回土地26.4公顷，已进窗土地383.4公顷，已组卷报批土地36.9公顷。批回林地93.1公顷，已进窗林地15.6公顷，完成林地勘测109.1公顷。征地拆迁方面。完成征地面积153.5公顷，拆迁房屋262栋，面积16万平方米，其中：正房9.2万平方米，其他房屋6.8万平方米。迁坟1123座。

（罗　彦）

【项目建设】 项目招商成果方面。2017年，共签约引进工业项目12个，招商引资额达114.8亿元。其中，投资过20亿的项目3个，分别是比亚迪云轨、建滔石墨烯和大合新材料；投资过5亿的项目3个，分别是建滔环氧氯丙烷、志良环保和小桔医药产业园；投资过1亿的项目5个，分别是深圳中航电镀标准厂房、青上化工、大华管桩、深圳广顺玻璃和恒轩建材；投资过5000万元的项目1个，即投资8000万元的湘洁洗涤。项目落地方面。比亚迪云轨、建滔石墨烯、建滔环氧氯丙烷等12个新签约项目都已实质性开工，建滔背压式热电联产、广成化工、仁发科技3个项目抓紧推进，湘硕化工和恒缘电工两个项目主体工程完工，建衡年产5万吨高效水处理剂、力赛储能和恒光化工年产2万吨氨基磺酸等3个项目开始安装设备。项目投产方面。大合新材料、森纳美机械、晋宏化工、恒轩建材、群立新科、春晓明珠、蓝欣玻璃、蓝光玻璃、金新莱孚和黎达化工等12个项目竣工试生产，新增规上企业11个。

（罗　彦）

【产业升级】　工业经济触底回暖。2017年，建滔化工、瑞达电源、鑫晟新能源等大多数入区企业经济效益持续向好。尤其是建滔化工，2017年产值达到24.9亿元，实现税收1.59亿元，为园区经济发展做出贡献。转型升级成效明显。随着比亚迪云轨、建滔石墨烯、大合新材料等项目先后落户园区，新能源、新材料产业的异军突起，先进轨道制造产业开始布局，经开区已经从单纯的化工园区转型为一个综合性的经济开发区。循环经济迸发活力。坚持突出园区的循环经济特色，重点引进循环经济重要节点项目，着力打造“两型园区”，基本实现“四重循环”，循环经济成为园区新的亮点。（罗　彦）

【安全生产】　加强隐患排查，整治各类隐患问题500多处，守住安全生产这根红线，实现“三个确保”，即确保没有发生较大及以上安全生产事故，确保园区安全生产整体水平大幅提升，确保园区安全生产形势平稳。（罗　彦）

【环境保护】　为23家重点企业安装24小时实时在线监控，推动14家企业进行污染处理设施建设和改造。加强固体废物管理，完成环保防护区的征地拆迁，规范整治入河排污口，经开区的固废管理、节能减排、污染防治等工作在全省化工园区中名列前茅，顺利通过中央环保督察验收。

（罗　彦）

【社会风险防范】　落实领导带头接访制度，努力解决信访合理诉求，惩治非访行为，有效遏制集体上访、越级上访、缠访闹访的现象，信访量比2016年下降15%。发挥公安派出所、交警中队、公用事业管理局的职能作用，杜绝公共突发事件和群体性事件的发生，经开区被评为全市维稳安保工作优秀集体。教育引导失地农民理性投资，避免落入融资骗局，帮助企业解决融资难的问题，避免企业陷入民间高息借贷的困局，有效规避各种金融风险。

（罗　彦）

【民生建设】　改善人居环境，投入资金2300多万元，社区“三清三建”已经完成；全力抓好安置工作，高标准建设安置房，全年安置被拆迁群众1085人；做好扶贫济困工作，做好低保金、各种政策补贴和慰问金的发放工作；全力推进社会保障工作，在全市率先实施“养老贷”工作，全民参保登记工作、被征地农民保障工作连续两年获得市先进单位。

（罗　彦）

【松木经开区召开经济工作会议】

2017年3月24日，松木经开区召开经济工作会议，2017年松木经开区将围绕“抓配套出形象，抓产业求突破”这一主题，全力打造衡阳北部工业新城。2016年松木经开区呈现出经济持续快速发展、社会环境不断优化、民生民本持续改善的良好发展态势。全年共实现规模工业总产值73亿元，同比增长9%；实现规模工业增加值21.9亿元，同比增长8.6%；新增规模以上工业企业7个；完成固定资产投资49.07亿元，同比增长22%；实现财政总收入9.02亿元，同比增长13%。2017年松木经开区的工作重点是“明确一个目标、发挥两大优势、突出三个重点、落实四大举措”。即把经济持续、快速、健康发展作为工作的首要目标，发挥松木经开区地理和项目推动地方经济发展的优势，突出城乡统筹、项目建设和社会稳定三个重点，落实扶贫大精准、项目大突破、园区面貌大提升和民生大保障四大举措。全面实现南片敞开面，中部出形象，北边拉骨架，西部抓配套，着力突出循环经济，突出产业集群，突出项目引领，突出园区配套，力争全年实现规模工业总产值84亿元，同比增长

15.07%；规模工业增加值25亿元，同比增长14.2%；签约工业项目10个以上，招商引资额达到30亿元以上；新开工项目10个，新竣工投产项目10个，新增规模工业企业10家；完成固定资产投资55亿元，同比增长12.2%；实现财政总收入10亿元，同比增长10.8%；完成融资15亿元。

（彭巧玲）

【松木经开区发行首支公司债券】 2017年11月27日，松木经开区首支公司债券成功发行。本期债券发行主体是湖南森特实业投资有限公司，发行承销商是国融证券，发行总额13亿元。债券所筹资金主要用于电镀中心、标准厂房四期、绿色住宅建筑示范工程等项目建设。为降低融资成本，债券采用分期发行方式，首期发行规模5亿元，在中央国债登记结算有限责任公司上海分公司正式簿记发行。债券期限7年，主体评级及债项评级均为AA，全场倍数1.64倍，最终发行利率6.9%。

（彭巧玲）

衡南云集经济开发区

【概况】 2017年，衡南云集经济开发区克服经济持续低迷等诸多困难，保持好的运行态势。累计完成固定资产投资60亿元，同比增长11.7%；成功申报规上企业8家，完成规模工业增加值43.6亿元，占全县规模工业增加值68.5%，同比增加20.7%；完成工业总产值167.1亿元，同比增长22.5%；实现税收1.59亿元，同比增长72%，其中工业税收1.31亿元，实现翻番增长，工业税收占园区税收总量首次突破80%。融资平台后发赶超，2017年到位贷款资金4.7亿元，融资总额和到位资金居历年之最。“助保贷”共计为投产企业对接银信部门融资贷款5000余万元，为企业解决燃眉之急。

（刘振国）

【项目建设】 2017年，园区新开工项目17个，其中，中科光电产业园桩基工程基本完成；医友科技已交地并启动桩基工程；中通快递、中翔纸塑、康洁食品等重点项目完成土地平整，待验收合格即可交付企业施工建设；优力环保、特种设备、森丰生物等项目均已完成厂房及宿舍主体封顶；顺衡工艺钢构厂房已完成钢构基座安装；创兴机械厂房主体已竣工即将启动外墙装修和附属设施工程；城关镇棚户区改造桩基工程已完成80%；兴园路已启动人行道板砖和路灯管线预埋施工；临蒸路路基基本拉通；黄金西路、泉梓路、云叶路、衡新路等4条道路建设稳步推进。

（刘振国）

【招商引资】 2017年，将项目用地与投资强度、建设周期和达产税收相挂钩，入园企业必须符合国家产业政策及园区产业布局、符合环保要求、投资强度达到200万元/亩、建设周期为两年、年缴税以上5万元/亩、供地价格不低于10万元/亩。持续推进“引老乡、回故乡、建家乡”行动，完善招商引资项目联席会议制度，把招商引资作为项目推进的重要手段，依托园区区位优势和资源优势，发挥园区的载体作用，创新招商思路，改进招商方式，提高招商引资实效。先后多次组织园区招商工作主管领导及招商科工作人员深入苏州、杭州、深圳、上海、广州、台湾等沿海一线城市工业园区学习先进招商经验。先后引进13个具有良好市场发展潜质的优秀企业，其中中科光电产业园项目投资过5亿元。

（刘振国）

【服务企业】 落实企业“服务员”制度，加强对企业的指导服务，帮扶企业做大做强，增强企业发展后劲和核心竞争力。同时，对接县经科信局制订衡南县工业经济三年行动工作方案和2017年工业经济工作计划等系列政策文件，贯彻落实中央、省、市、县惠企政策。组织精干力量成立工作专班，实时跟进项目各阶段工作进展，园区重点办建立项目台账和项目进度通报微信群，做到每天一简报，每周一督办，直接向县委、县政府主要领导和分管领导通报项目建设进度，得到县委、县政府主要领导和分管领导重视，相关职能部门和乡镇对园区工作给予支持，召开调度会和协商会20余次，及时快速为企业完成立项、规划、环评、林地审批、土地报批、项目报建等手续。

（刘振国）

衡阳西渡高新技术产业园区

【概况】 2017年，衡阳西渡高新技术产业园区（以下简称西渡高新区）各项工作进展顺利，经济指标完成情况良好。全年区内共完成技工贸总收入180.66亿元（不含界牌园区企业），其中规模工业产值170.54亿元，规模工业增加值47.76亿元，高新技术产值116.62亿元，实现税收2亿元，完成固定资产投资64亿元；同比分别增长20.12%、20%、20.2%、12%、18.6%。（刘振国）

【招商引资】 全年共签约引进项目8个（万盈化妆品、宝泉鞋业、诗妮芳制衣、珍丰淀粉加工、荣尔智能电力科技园、优融美内衣、金槐精深加工、腾飞叮当猫服饰科技园），合同引资额达10亿元。（刘振国）

【项目建设】 2017年年底，园区共有在建项目23个，其中重点项目17个。截至2017年年底，厂房主体已经建成，部分车间已安装设备，已试产或正在进行试产的项目4个（盛世威得手表、旭耀床垫、叮当猫贝恩婴童用品、同禧包装）；按照工期安排施工，厂房或办公楼等均有进度的项目10个（叮当猫云商科技、穗源鞋业、美雅特智能门窗、喜传天下家具、明旭家居、智华科技、维泰市政总部、丝妮芳制衣、木工数控机械、康和源体育用品）；启动建设但进度较慢的项目6个（致胜电机、美佳妮纸类用品、三雁电气、富森农产品加工及电商项目、华高成套设备、衡泰机械二、三期）；进行前期规划设计的项目3个（誉城盛机械二期、唯品会项目、宝泉鞋业）。

（刘振国）

【核心片建设】 一是道路工程基本完成。规划建设的11条道路（清江北路延伸、玉华路、合顺路、洪山路、培园路、开福路、春园路、顺济路、人和路、联胜路东延、岭园路），总里程达21.1千米，已全部完成油化、绿化和亮化。二是标准厂房、公租房全面建成。标准厂房首期2.2万平方米主体已经完成，进入内装修施工；11幢公租房6.6万平方米全部竣工，室内装修完成80%工程量。三是集中安置小区建设快速推进。核心片共规划16个安置区，已建成入住的11个，正在建设的2个，正在进行前期规划设计的3个。（刘振国）

【征地拆迁】 一是加强用地报批。2017年上半年完成人和路东段、实验学校、特种大功率逆变电源等14个项目用地64.9公顷省市审批，缴纳报批费用9373余万元；利用低丘缓坡荒滩指标报批利强休闲鞋生产、保健理疗电器等11个项目用地167.3公顷。二是加强土地征用。完成原四大家预留地、燃气改装、一次性卫生用品等项目征地8余公顷，完成怀邵衡站场广场及连接线征地22公顷。三是加强土地供给，办理唯品会、制衣项目、同禧包装等8个项目用地59.6公顷，收取土地出让金8000多万元。四是围绕唯品会、阳古片、元顶预留地等项目建设完成房屋拆迁及祖坟搬迁。（刘振国）

【融资情况】 衡阳西渡经济开发区投资开发有限公司成立于2005年，2014年经重新增加注册资本金后正式运作。公司负重奋进，逆势而上，取得一定的工作业绩。一是公司资产得到壮大。截至2017年公司注册资金本由原来的1000万元增加到目前的10000万元；公司资产由原来的几乎为零增加到总资产66.71亿元，总负债38.29亿元。二是融资能力得到提升。2014年以前园区建设融资全部依靠县城乡投，2014年7月至2017年年底，共融资到位32.3亿元，同时偿还原贷款1.78亿元，确保园区建设顺利进行。三是内部管理得到加强。2014年以前经开投公司仅履行财务支出职能，其他工作几乎没有开展。截至2017年年底，公司管理层全部到位，财务收支、资产经营管理、项目建设、手续办理等相关职能职责健全。（刘振国）

衡山经济开发区

【概况】 湖南衡山经济开发区内设7个副科级机构，即党政办公室、财务部、招商合作服务部、工程建设管理部、社会事务部、安全生产管理部、产业发展部。核定全额拨款事业编制为28名。设主任1名（副处级），正科级领导职数7名；部室负责人7名（副科级）。下设县经济开发区综合服务中心，为正股级差额拨款事业单位，核定差额拨款事业编制13名，设主任1名。2017年，新签约入园项目10个；新增规模企业11家，新增高新技术企业2家；新开工项目13个；新竣工投产项目7个；新增高新技术企业5个；新增名牌产品2个。2017年，新增规模企业11家，新增高新技术企业2家，2017年，实现技工业贸收入93亿元，实现税收达到2.5亿元。新增固定资产投资达40亿元。（任新宇）

【规划面积、产业定位】 湖南衡山经济开发区公告面积315.41公顷。园区存量企业和签约入园企业101家，其中经省、市认定规模以上企业63家。初步形成以衡山专汽、嘉力机械、衡山齿轮、得鑫泰机械为龙头的机械及汽车零部件制造业，以佳诚新材料、宏达威、金裕化工为主导的功能性功能性高分子新材料为主导的两大支柱产业。（任新宇）

【招商引资】 2017年，新签约入园项目10个，总投资17.6亿元，分别为总投资3000万元的衡山县万成新能源有限公司新能源项目；总投资2000万元的湖南铜匠金属制品有限公司铜门生产加工项目；总投资1亿万元的衡阳冠力塑胶有限责任公司二期项目；总投资10亿元的衡山新金龙纸业有限公司二期项目；总投资5000万元衡山信联食品有限公司瓶盖项目；总投资4000万元的湖南湘杭铝业有限责任公司的铝制品项目；总投资5000万元湖南恩尼赛建材科技有限公司新型建材项目；总投资4.1亿元的佳诚新材料二、三期项目；总投资3000万元的湖南省简厨食品有限公司食品生产项目和总投资3000万元的湖南省富庭食品有限公司槟榔生产项目。（任新宇）

【征地拆迁】 2017年，完成征地2343亩，拆迁房屋14栋、迁坟560余座。（任新宇）

【新开工项目】 2017年，新开工项目13个，分别为衡山县万成新能源有限公司、湖南铜匠金属制品有限公司、衡山新金龙纸业有限公司、衡山信联食品饮料有限公司、湖南湘杭铝业有限责任公司、湖南恩尼赛建材科技有限公司、衡山县佳诚新材料有限公司三期、湖南耀湘机械有限公司、湖南省简厨食品有限公司、湖南省富庭食品有限公司、创品国际贸易香港有限公司、湖南鸿江包装有限公司、广州市佳诚新材料有限公司二期。（任新宇）

【新竣工投产项目】 2017年，新竣工投产项目7个，分别为：湖南铜匠金属制品有限公司、衡山新金龙纸业有限公司、湖南湘杭铝业有限责任公司、湖南恩尼赛建材科技有限公司、湖南省简厨食品有限公司、湖南省富庭食品有限公司、广州市佳诚新材料有限公司二期。（任新宇）

【新增高新技术企业】 2017年，新增高新技术企业5个，分别为湖南衡山汽车制造有限公司、湖南金昌生物技术有限公司、衡山齿轮有限责任公司、湖南金裕化工有限公司、湖南恒岳重钢钢结构工程有限公司。（任新宇）

【融资情况】 2017年，经建投公司全年融资4.6亿元，实际到位2亿元。分别为：国家开发银行融资0.2亿元，实际到位0.1亿元；华融湘江银行0.4亿元，实际到位0.4亿元；中国农业发展银行0.75亿元，实际到位0.75亿元；衡山农村商业银行0.25亿元，实际到位0.25亿元；中江国际信托股份有限公司融资3亿元，实际到位0.5亿元。

（任新宇）

【新增名牌产品】 2017年，新增名牌产品两个，市名牌产品为衡山齿轮有限责任公司、省名牌产品为湖南皕成科技股份有限公司。

（任新宇）

【建设投资开发】 协助园区完成青山工业小区征地，协助牵头完成春昌钨业11户拆迁，完成春昌路、长江路、灵官路建设，并启动坪塘路、青山路以及工业大道的提质改造工程，以及工业污水处理厂等项目的建设，2017年，筹集资金已向园区提供资金5000多万元。黄花路北起金龙大道（107国道）南至达湘路（沿江大道），道路长3.5千米，宽40米，其中车行道22米，道路为混凝土垫层沥青路面，设计时速60千米/小时；同步建设道路沿线排水、景观绿化、亮化、交通、综合管线等基础设施。工业污水处理厂二期：该项目属国家、省、市重点督办项目，日处理5000吨污水，占地面积1公顷，总投资5000万元。该项目建成污水处理池，完成土建工程，主进水管及办公用房正在施工，已完成设备订制。政务中心业务用房搬迁建设项目：政务中心位于衡山经济开发区工业大道西侧，政务中心占地面积0.667公顷，总投资2000万元。房屋建筑面积7018平方米，附属用房382平方米，总建筑面积7400平方米，房屋为钢筋混凝土框架结构。弘山科技工业园建设：弘山科技工业园位于衡山工业园东北侧，坐落于板桥、坪塘、青山三个村，规划面积2.8平方千米，总投资10亿元，结合衡山“135工程”的建设，争取5年内打造成具有产业优势、环保优势、和生态优势的新兴科技工业园。标准厂房位于衡山经济开发区弘山工业园内，总占地面积约10公顷，房屋总建筑面积为100902平方米，厂房为钢架结构。标准厂房（一期）已签订施工合同，由省六建中标承建，项目已开工建设。公租房位于衡山经济开发区工业大道西侧，公租房占地面积3.13公顷，房屋建筑面积21840平方米，房屋为钢筋混凝土框架结构，公租房规划6幢，已交付使用4幢，2幢主体基本完工。2017年7月，对已交付的4幢房屋进行房屋出租抽签配租，出租配签房屋租户已入住，出租率达90%。2017年，共获得融资授信批复8.03亿元，实际到位资金2.6亿元，公司全年缴纳税收3707万元，获衡山县税收贡献第一名，其中，土地使用税（房产税）360万元，印花税19万元，所得税500万元，代弘山公司付2629万元，契税199万元。（谭　浩）

【重点工业企业选介】 衡山县佳诚新材料有限公司二期。佳诚新材是一家集生产销售汽车及电子类胶粘材料、热控材料、发泡材料、隔音材料、光学材料、石墨烯材料等光、电、热多功能创新型新材料公司。拥有自主发明及实用新型专利一百余项，获得国家高新技术企业及中国著名品牌等荣誉；项目总投资4.23亿元，其中，一期投资1.03亿元，规划用地3.33公顷，已于2014年6月份投产。二期建设于2017年启动，总投资2.3亿元，建设用地4公顷。佳诚新材衡山生产基地一、二期合计用地7.33公顷，生产车间面积达3万平方米，研发中心5000平方米，办公楼及公寓共4000平方米；拥有自动化生产线30条，其中PE泡棉生产线2条、PU泡棉发泡生产线3条，UV固化OCA产线6条，硅胶产线4条，光学离型膜产线2条，高分子材料，纳米涂料，胶粘剂涂料产线各2条，千级无尘高净化精密涂布线7条。该基地与华南理工大学、中科院硅酸盐研究所、中国兵器材料与工程研究院、湘潭大学、南华大学等知名院校产学研合作，也与中国台湾地区与韩国、美国、日本等华人技术专家精准合作，已申报专利56项，其中发明专利16项；获“高新技术企业”“省级企业技术中心”“湖南省小巨人企业”称号等；准备申报国家级行业技术中心及省重点实验室。打造中国中部汽车及电子新材料产学研发中心和博士生工作流动站。该公司正在申报省级新材料技术研发中心，后期将申报国家级技术研发中心；筹建行业创新创业创客孵化中心，打造总部经济模式，吸引联盟内企业到衡山注册纳税。正在筹划汽车电子新材料联盟产业园建设，拟计划2018年6月在衡山召开第二届“中华汽车及电子新材料高峰论坛”，并启动上市前相关事宜。2017年该基地实现产值1.4亿元，实现税收324万元。计划2018年实现产值5亿元，实现税收1400万元。

湖南省嘉力机械有限公司二期。湖南省嘉力机械有限公司系湖南机油泵股份有限公司投资兴建的铝合金特种精密铸造项目。项目已完成一期1.9万平方米主体厂房、配套楼建设和相关设备引进，累计完成投资1.5亿元，并于2012年10月正式投产。二期项目总投资3.2亿元，生产铝合金特种精密铸造件、机油泵、压缩机等。二期建设2万平方米主体厂房，引进生产线6条，年产特种精密铸造件10000吨，年实现销售收入3亿元，上缴税金3000万元，解决就业岗位500个。

湖南恒信新型建材有限公司。湖南恒信新型建材有限公司是一家集生产、加工、销售为一体的新型建筑材料公司，在湖南锌钢行业具有相当高的知名度。在全国各省市设立经销商200多家，并先后与万科、恒大等国内一线房地产集团建立战略伙伴关系，具有丰富的管理经验和广阔的营销渠道。公司2014年已成为上海股权托管交易中心挂牌企业（企业代码203855）。项目总投资3.2亿元，规划建设用地5.33公顷。现已完成生产车间、综合办公楼、专家研发楼及职工宿舍楼，总建筑面积7万平方米。购置全自动静电喷涂生产线、全自动制管生产线、自动冲床、精密冲压机等设备共155台套，新购置全自动竹木纤维挤出生产线、全自动竹木纤维包覆生产线、全自动竹木纤维洗边生产线、自动冲床、精密冲压机等设备。正在新建其他公用工程及配套服务性设施以满足项目生产需要。该公司共申请专利50项，已拥有21项实用新型专利、15项外观专利，其中发明专利已受理8项。2017年，实现产值2.86亿余元，实现税收近300万元。该公司加盟店200多家，总目标为1000家，均以体验店形式展示产品效果，打造城市生活体验馆能全方位推进品牌形象建设，着力推进安全耐久、节能环保、施工便利的墙体绿色建材。（任新宇）

衡东经济开发区

【概况】 2017年，衡东经济开发区（以下简称衡东经开区）在县委、县政府工业精准帮扶政策的引导和园区企业、干部职工的努力下，园区企业大部分实现复工复产，开工率达到前所未有的高度。金虎铜业、创大钒钨、氟化学、子廷有色、领欣铜业、荣桓科技等龙头企业完成技术改造，产能产量提升，控污治污能力加强，经济社会贡献更加突出。如金虎铜业，2017年创税接近亿元。全年新增规模以上工业企业15家，完成工业总产值143.17亿元，增加值36.26亿元，税收5.18亿元，分别同比增长22.5%、18.9%、16.8%；新增建成区面积1.6平方千米，融资2.17亿元，完成基础设施投资1.9亿元。2017年，被省经信委评定为湖南省中小微企业创业创新基地。

（周叶华）

【招商引资】 2017年，园区新引进项目11个，项目计划总投资逾20亿元，分别于4月、9月举办集中签约、集中开工两次重大活动。签约项目：盛世电缆、显尚家具生产项目、文斌再生建筑骨料分选、衡盛金属表面处理项目、科顺防水建材、禹虬防水建材等项目陆续建成投产；弘盛机械汽车零部件、天然气储配站、屋顶光伏发电、锦程新能源汽车8个项目动工建设；南东有色退城入园、60兆瓦生物质热电联供项目开展项目前期筹备。在谈项目：深圳宏祥玻璃、深圳惠必达五金、广州凯盛乐器、上海纳都新材料、佛山玻璃工艺制品等项目抓紧对接洽谈。（周叶华）

【配套提质】 围绕宜居、宜业、宜商目标，以基础设施、公共服务为先导，完善园区功能，为承载大项目和大开发奠定基础。三年来，园区累计投入5亿多元，着重围绕环境保护、交通、土地收储、安置、厂房建设、商贸配套等基础功能狠抓一批大项目建设。大浦污水处理厂建成投入试运行；北片区道路提质改造工程顺利完工，朝阳路、兴园路工程完成路基建设，工业大道建设已完成设计图审核等准备，进行征地扫尾工作；20万平方米标准厂房建设全面铺开，已建成标准厂房13万平方米，入驻企业近20家，入驻率达80%以上；集中安置区土地平整已完成，正在进行桩基建设；南片区供电专线架设完工；园区中小企业服务中心建设项目于9月正式动工；“智慧园”文化广场完成初步设计。

（周叶华）

【综治维稳】 一是切实加强综治工作领导。管委会成立专门的工作领导小组，健全综治领导机构，强化综治工作力量。二是建立健全综治工作机制。明确综治工作职责和任务，制定和完善综治工作制度。三是加大矛盾纠纷排查调处力度。贯彻“调防综治、以防为主”的方针，做到“排查一起，调解一起”。对问题突出的采取一个领导、一个方案、一抓到底的办法，切实做到工作不到位不放过，问题不解决不放过，全年无越级上访事件。四是开展普法宣传工作。2017年7月，园区组织各企业负责人进行一次综治业务培训会议。使公司员工对综治工作的参与率和知晓率明显提

高，增强职工的法律、道德观念。（周叶华）

【环境保护】 立足长远，不断规范项目准入，牢固树立选商意识，通过不断完善招商引资工作流程，严把项目准入关口。严格项目审核，坚决禁止引进高耗能、高污染、高排放企业。不断加强节能减排和工业污染治理，继续抓好涞水沿岸化工冶炼企业搬迁入园，推动园区冶炼企业优化升级。针对2017年4月，中央环保督察组在园区督查中所提问题，督促相关单位立即整改，按照要求落实到位。（周叶华）

【上海圆通蛟龙投资发展集团有限公司一行到衡东经开区圆通湘南总部基地项目考察】 2017年，上海圆通蛟龙投资发展集团有限公司相关负责人一行到衡东经开区就圆通湘南总部基地项目进行实地考察，对经开区优越的交通区位优势和投资环境比较满意，当即决定将项目选址定于经开区工业大道西南侧。圆通湘南总部基地项目计划于10月动工建设，2018年建成运营。总投资5亿元，拟用地10公顷，规划建筑面积10万平方米。项目计划打造湘南总部结算中心、圆通妈妈商贸电商平台、冷链仓储物流、快递快运集散中心四大板块。项目建成后，可直接提供就业岗位1000余个，目标营收15亿元以上。

（彭巧玲）

祁东经济开发区

【概况】 2017年，祁东县经济开发区规模工业产值171.8亿元，工业增加值51.5亿元，内联引资5.3亿元；28个重点项目稳步推进，完成实物工程量近10亿元；共新引进企业10家，合同投资额12亿元；新增规模企业10家，实现园区健康、有序、快速发展。

（邱运鹏）

【项目建设】 2017年，归阳工业园有10个续建项目，3个新开工项目，完成实物工程量8.5亿元。园区白河风光带及白河路、兴园大道改造段及张家岭路以东延伸段、13号及9号地块场地平整3个续建项目已竣工；振兴路及柚木、滨江、老屋、王家坪安置区配套工程、污水处理厂配套管网工程3个新开工项目、公租房B、C区配套、建设路、茅坪安置区土石方及配套、滨江路、张家岭路南北段、通港路、千吨级码头等续建项目如期推进。完成签订码头设计评审。县城完成祁东县活禽水产综合批发市场所有工程并交付使用，完成民怡苑挡土墙加固工程、曙光安置小区箱涵工程设计；曙光大道已组建建设协调指挥部，进行相关前期工作，取得相关批复，进行3次项目初步设计评审。娄衡高速连接线建成并通车，完成投资28000万元。“三改五化”工程，南山大道西段、民祥路、竹苑路、星洪大道北段完成路基工程。霞岭路建成通车。双云路一期道路工程完成K0+000—K0+260段油路路面工程、人行道铺装并通车。民怡苑廉租房小区配套设施完成雨污管道及配套设施。安置小区小区建设稳步推进，廖家、黄土安置区一期进行分配，二期动工建设；浅塘安置区、兰芝塘小区内道路硬化水电基本到位；曙光、下里桥安置区完成土石方工程，进行开工建设。（邱运鹏）

【征地拆迁】 2017年，开发区项目建设密集开工，供地范围持续向纵深推进，新老政策交替等因素导致征、拆、迁难度系数不断加大，供地压力前所未有。面对严峻局势，开发区定人定村定户定时间节点、进村入户，全面铺开所有用地范围内的征地拆迁工作，征拆迁工作取得阶段性成效。完成征地66.67公顷、拆迁370户、拆迁面积120000平方米，迁坟410冢。（邱运鹏）

【招商引资】 归阳工业园有入园企业56个，18个建成投产。2017年来，园区新增规模企业10家；引进入园项目12个（合同投资额16.9亿元），分别是：精典电器（投资4亿元）、中燃燃气（投资3亿元）、富生钢构二期（投资3亿元）、日虹科技（投资1.8亿元）、锋艺科技（投资1.8亿元）、瑞卓塑胶（投资1.2亿元）、荣晟昌科技（投资1亿元）、众方堂生物（投资3000万元）、中宏新材料（投资2000万元）、琦颖门业（投资2000万元）、美皇制衣归阳分厂（投资2000万元）、国盾塑胶（投资2000万元）；新投产项目4个：富生钢构、琦颖门窗、日虹科技（一期租赁园区厂房生产）、美皇制衣归阳分厂；洽谈项目4个：上海医疗器械有限公司、浙江来诗奥集团有限公司、马来西亚家居产业园、衡阳舜达精工。园区有锋艺科技、荣晟昌热能、精典电器、食品加工园等11个新入园建设项目，有牧诚生物、尚鑫二期、力方二期、万祺二期4个续建项目。截至2017年年底，牧诚生物、中宏新材料试产，荣晟昌热能、锋艺科技、湖南佳美糖果、精典电器4个企业完成主体工程。食品工业园、尚鑫二期、力方二期、万祺二期、中燃、日虹科技、瑞卓科技等项目基本完成厂房建设。（邱运鹏）

【企业服务】 2017年，一是提升园区全程代理服务中心服务职能，变保姆式服务为母亲式服务，实行领导24小时带班制；二是争取县委县政府支持，筹建中小企业创新创业服务中心，搭建中小企业企业孵化平台。三是加强与县信达人力资源服务有限公司的深度合作，切实为企业在招聘服务、用工指导、职业培训、政策咨询、事务代理等方面提供强有力的服务；四是加强与县职业中专合作力度，针对园区特定的用工需求，开展订单式培训。全年，为中亚光电一次性组织安排350人赴东莞总厂进行为期三个月的顶岗培训，为园区招工1000余人。协助建设银行为园区企业发放助保贷基金7360万元。

（邱运鹏）

【投融资服务】 面临融资难、还贷任务重、政府项目资金需求量大的严峻形势，组织调度资金，发挥政府融资平台作用，确保按期足额还贷，同时最大限度地满足政府重点项目建设资金需求，新签融资合同总金额9.2亿元，全年到位资金共计16.2亿元；组织调度资金，按期足额偿还各银行本金及利息约2亿元；兑付工程、征地拆迁等资金8亿元。

（邱运鹏）

【综治管理】 安全管理方面。全年园区强化“平安开发区”建设，开展社会治安综合治理工作，年内没有发生重大刑事案件、治安灾害事故和重大群体性事件。2017年，开发区共接访500余人次，处理用地等各类矛盾100多起、信访遗留问题6个，处理回复信访件23个，确保大局稳定和谐。严格落实“一岗双责”安全生产责任制，严密排查安全生产隐患，及时整改，确保安全生产形势稳定向好。办理并回复人大代表议案2件，政协委员提案5件。

（邱运鹏）

【十大重点项目在归阳工业园集中开工】 2017年3月23日，祁东县十大重点项目在归阳工业园集中开工，计划总投资达6亿元。本次集中开工项目涉及食品加工、民生设施、产业发展等多个领域，投资大、质量优、惠民生成为项目最大亮点。其中，湖南省佳美食品股份有限公司是湖南省糖果食品行业的标杆企业，产品享誉国内并远销东南亚及中亚地区。为扩大产能，提高品质，此次公司整体搬迁到归阳工业园，规划用地6.67公顷，总投资1亿元。该公司此次投产后可安排800人就业，年产值达2亿元以上。

（肖雄杰）

常宁水口山经济开发区

【概况】 2017年，常宁水口山经济开发区在市委、市政府的领导下，围绕创建国家级经济开发区和打造“千亿级”园区工作目标，推动园区建设发展。全年，园区技工贸总收入230亿元；工业总产值195亿元；完成税收4.75亿元，固定资产投资15亿元。

（尹建恒）

【项目建设】 金铜项目、宏兴化工、华兴冶化已经投产见效；金翼铅业、大宇锌业、珍源回选厂进入试产阶段；铜铅锌产业基地项目和香港泛亚绿洲集团铜杆项目正式开工建设；鸿博高新材料厂房建设进入扫尾阶段；一品新能源将年产40万吨甲醇燃料转产为30万吨石油储备及10万吨硫酸装卸平台项目，开展前期规划、设计、环评等相关手续。上海德邦牧业正在办理相关入园手续，完成工商注册、征地拆迁、土地报批等前期工作。（尹建恒）

【配套设施】 园区水、电、路、通讯、燃气等配套设施已基本完善，主供水管网已经开通，燃气管道直通园区，电力设施基本健全，道路骨架基本形成。城区大桥路、常青路、渡口路、新园路等主干道完成提质改造，工业区双园路完成绿化、亮化、油化，冶金路和五矿路、皂新东路进入建设阶段。拉通原湘江河排污口接生活污水处理厂管网、原曾家溪主接污水管网和FC线工业污水管网，并启动工业污水处理厂二期扩容和中水循环利用工程。园区2017年用于环保设施建设资金2000多万元，对于上级交办整改事项，由于调度及时，整改到位，5月中央环保督查顺利通过，获得中央环保部门好评。（尹建恒）

【招商引资】 全年，招商引资超过110亿元。铜铅锌产业基地正式落户园区，拟投资超过100亿元，新建30万吨锌、扩建20万吨铜、改造10万吨电铅的铜铅锌产业基地，于2017年11月正式开工建设。与香港泛亚绿洲集团签订合作协议书，项目计划投资10.2亿元，建设年产8毫米铜杆32万吨、深加工2.6毫米铜线10万吨，年产值达232亿元，上缴税金2.1亿元。引进上海德邦牧业有限公司年产5万吨饲料级有机微量元素项目落户园区。总投资6000万元，以生产有机微量元素为主，复合微量元素为辅，投产后年产值可达5亿元，实现年利税3000万；与深圳正威（集团）有限公司签订投资合作协议，并共同设立衡阳正威供应链有限公司，主要从事矿产资源供应链管理及配套服务，解决园区企业资金15亿元短缺问题。引进深圳找铅网与金翼铅业合作，建设全省最大的固体废物处置冶炼平台。（尹建恒）

【征地拆迁】 全力承接株冶绿色转型项目，启动30万吨锌冶炼项目。2017年4月，启动铜铅锌基地征地拆迁工作，共需拆除房屋163户，拆迁面积达3.3万平方米，11月底正式开工建设。水口山工人运动纪念园项目初步估算投资2.5亿元，占地面积33.33公顷，包括工人运动广场、纪念园、雕像等，启动征地工作。德邦牧业有限公司、香港泛亚绿洲集团征地拆迁工作基本完成。（尹建恒）

【调区扩区】 为建设国家级经济开发区和打造“千亿级”园区，确保株冶等项目落户园区，园区启动调区扩区工作，将规划面积由原来的499.6公顷调整到1140公顷。将宜阳工业园纳入水口山经济开发区管理，形成“一区两园”的管理模式，两园合一形成优势互补和产业聚焦发展，构成产业招商链条。2017年以来，园区大力推动调区扩区工作，已完成园区规划编制（2017—2020），规划环评、土地规划调整、城市规划及各项评审工作，各项基础工作全部到位，有望拿到省政府调区扩区的批复。（尹建恒）

【香港泛亚绿洲集团铜杆连铸连轧生产装置建设项目落户】 常宁市人民政府与香港泛亚绿洲集团就年产25万吨铜杆连铸连轧生产装置建设项目落户水口山经济开发区，进行洽谈并正式签约。洽谈会上，双方就年产25万吨铜杆连铸连轧生产装置建设项目落户园区的具体事项进行沟通。香港泛亚绿洲集团公司是电线电缆行业国际知名企业，该项目计划投资4.36亿元，拟引进美国南线公司的铜杆连铸连轧先进设备和技术，年产25万吨铜杆连铸连轧，产值达120亿元；可填补湖南省铜压延下游产业优质铜杆项目的空白，对带动水口山经济开发区的铜产业循环和下游产业起着承上启下的关联作用，助推园区铜压延产业的聚集和发展。（肖雄杰）

耒阳经济开发区

【概况】 2017年，耒阳市经济开发区主动适应增速转轨、结构转型、动力转换和制度转变的“新常态”，提高发展质量效益，加大项目建设全区经济运行总体保持平稳。2017年，全区实现规模工业产值62.4亿元，其中，高新技术产值53.04亿元，高新技术产值占比85%。实现入库税收3.18亿元。其中，地税1.196亿元，国税1.988亿元。融资实际到位18.779亿元。其中，中信信托到位6亿元，农发行到位4亿元，中航国际租赁、山东国泰租赁各到位2亿元，苏银金融租赁到位1亿元。引进项目38个，新开工项目20家，新投产项目18家，完成规上企业申报15家。（谷仍贤）

【招商引资】 2017年，累计接待客商80余起，签约引进项目33个，协议投资额20余亿元，完成市委、市政府下达任务的165%。主要招商引资企业有：浚林服饰、倍特纺织、国贤皮革、君览服饰、永兴纺织、东莞中大日用制品、和俊熙旅行用品等轻纺企业；凤凰电线电缆、中山市华尼斯电子等电子企业；匡老伍辣业、咕噜喵食品、江头茶业等食品加工企业。其中，匡老五辣业是一家与隆平高科——湘研种业建立战略合作关系，拥有6个达十万亩天然生产基地，主打天然无公害绿色产品为主，集种、产、销为一体的绿色食品加工企业。供地项目3个，分别是新生力科技实业有限公司、衡阳奥坚金属科技有限公司、新华书店仓储物流项目。其中，新生力项目占地面积9.33公顷，协议总投资1.7亿元，是一家集产品研发、生产、销售一于一体的综合性高科技企业，其LED灯光系列产品畅销到欧美、中东、非洲、南美洲、东南亚。总部经济项目4个，分别是耒阳鑫科佳进出口有限公司、耒阳恒鸿建材有限公司、耒阳泰兴医疗科技有限公司、湖南阳光普爱医疗科技有限公司。

（谷仍贤）

【工业项目建设】 2017年，全区累计新增投产项目25个，分别是倍特纺织、捷诚皮具、博荣皮具、力意皮具、欧丽斯皮具、金头狼皮具、尚雅皮具、丽欣服饰、瑞天泰科技、浚林服饰、展望皮具、康意箱包、基利豪电器、凤凰电线电缆等租赁厂房企业。其中，浚林服饰有限公司注册资本2500万元，是一家集设计研发、生产、销售为一体的现代化服装企业。公司拥有全体代表全球最高水平专业生产设备，建有国际一流的自动生产流水线，具备年产各类服装近1000万套件的生产能力，是法国迪卡侬、森马、Balabala、麦咪小宝、咔乐宝贝等品牌专业生产企业，也是衡阳市规模最大的服装生产基地。同时，江东生鲜冷链物流、颖峰机械、新达微二期等工业项目建设加快推进。

（谷仍贤）

【环保督查】 2017年，开发区主动对接市环保局，在对园区环境保护工作摸底调查的基础上，配合市环保局开展日常巡查和监督工作。全年查处取缔非法塑料加工厂1家，对10余家环评手续未到位，环评未验收的企业进行督促办理。

（谷仍贤）

【用地管理】 2017年，开发区完成14个项目共130.27公顷土地报批，另有富民东路、新城三路等5个项目共9.07公顷土地准备上报。全年累计完成拆迁289户，支付拆迁款8204.4万元。完成土地征收约120公顷，缴纳报批费用16209万元，支付征地款约1100万元，缴纳土地出让金5.31亿元。

（谷仍贤）

【规划管理】 启动并完成园区范围33平方千米给排水专项规划（雨污分流），报市大规委会等待评审；协同市环保局及产业发展局做好环评专项规划；启动蔡伦科技工业园详规的修订。针对“两违”建设的蔓延和滋生，2017年，规划、国土、行政执法共查处“两违”166处，下发停工通知521份，自行拆除通知78份，“两违”督办函25份，立案36起，组织大的强拆行动2次，拆除“两违”建设40多处，拆除面积约15000平方米，遏制和处置农民抢建和贩卖土地的行为，规范园区建设秩序，保障园区项目落户用地的需要。

（谷仍贤）

【投资环境优化】 1. 建立完善跟踪服务制度。全年共受理新达微二期、创新创业园、工业大道二期等项目群工事件达30余次，现场处理和协调解决问题85%以上。2. 实行“一站式”办结。全年共为新达微轴承二期、汇升生物二期等十余个在建项目办理各项证件手续100余次。3. 实施项目调度会。为推进项目建设步伐，全年先后组织召开项目调度会40余次。尤其是创新创业园及工业大道二期提质改造项目建设坚持实行每周例会制，对项目在建设过程中的各种问题、周边矛盾等实施现场办公、现场解决。4. 加强惩治力度。积极协调三架、蔡子池、五里牌、哲桥、三顺等5个派出所，大力整治和规范园区建设秩序。全面落实重点企业挂牌保护，重点整治企业周边治安环境，惩治强揽工程、强买强卖等行为。5. 加强安全管理。全年组织召开安全生产会议6次，共张贴安全生产标语横幅70余条，赠送辖区企业《湖南省安全生产条例》《企业员工安全教育》1680本，对重点行业和规模企业进行全面的排查整治达22次，全区无一例重大安全事故发生。

（谷仍贤）

【融资情况】 2017年，园区通过信托计划、融资租赁、银行贷款共获批资金24.5亿元，到位18.2亿元。其中，中信信托到位6亿元，融资租赁共7亿元，银行表内贷款到位1.2亿元，农发行政府购买服务贷款到位4亿元。争资跑项方面，全年争取到奖补扶持资金9362万元，到位资金2264万元。另外，哲桥元木、七岭片区棚户区改造项目成功申报1500套，按3万元/套计算共计可争取奖补资金4500万元，到位200户，共计600万元。

（谷仍贤）

政府投融资平台

衡阳市城市建设开发总公司

【概况】 2017年，衡阳市城市建设开发总公司（以下简称市城建开）围绕市政府年初下达的目标任务，做好房地产主业和各项辅助产业的经营，较好地完成全年的工作目标和任务，确保公司的稳定发展和国有资产保值增值。截止到2017年12月31日，全年完成经营总收入9847万元（含结转）。其中，营销部完成房屋、车库车位销售收入8665万元（含结转）；各项辅业收入1182万元。全年上交地方税收995万元，实现利润1554万元，国有资产保值增值率113%。（李　慧）

【“中房·美丽白沙”项目】 2017年，衡阳市房地产市场持续火热，呈现量价齐涨的局面，营销部门抓住市场回暖的机会，加大营销宣传力度，推动库存车库（车位）的销售，完成华新苑的尾房销售。同时针对历年欠款及按揭不配合的客户，收回绝大部分房屋欠款，全年完成营销现金收入1250.88万元，超额完成200.88万元，保证公司的日常运转。“中房·美丽白沙”项目，因毗邻的金杯电缆公司“环保型高性能稀土铝合金电缆”项目的环境影响，无法正常推进。2017年2月21日、5月17日，公司两次向市政府递交专题报告，6月30日由衡阳市国土局向市政府提交《关于“中房·美丽白沙”开发项目涉及土地有关事项的建议》，确定置换土地的初步方案，在同国土局等职能部门和金杯公司多次协调后，于2017年10月10日向市政府提交《关于中房美丽白沙项目土地收储有关事项的请求》，市政府主要领导高度重视，在市政府分管领导主持下多次召开会议协调，形成最终解决方案：竺山路以北约4.46公顷土地由市政府行文按土地市场评估价收回，市财政负担土地回购款，竺山路以南13.33余公顷土地继续留存市城建开开发，同时金杯公司必须在不影响市城建开项目建设前提下完成环保整改。该方案经市政府批准，按程序落实。在项目开发艰难推进的同时，公司分利用现有资源探索公司可持续发展之路，经与市弘湘国有投资（控股）集团有限公司多次协商后，于2017年12月26日签订《战略合作框架协议书》，双方利用各自的资源，在项目开发上展开合作，实现优势互补，以期达到合作共赢。（李　慧）

【资产经营】 雁东大厦工作：压实责任确保安全，重点做好消防隐患整改工作，面对经营户压力，全力拆除老旧的自动扶梯和七楼临时仓库，同时利用电信安装无线宽带的机会，对大厦的全部电器线路进行套管和全面检查，消除安全隐患，确保安全稳定。资产租赁方面：顺利完成2017年合同续签，实现租金收入171.75万元，超额完成任务指标。太平小区综合市场：全年实现收入78.09万元。小太阳幼儿园：在绩效考核、师德师风、教师队伍建设和硬件投入等方面加大力度。全年无一例安全事故发生。2017年，成功申报省级规范民办学校，获得10万元的奖补资金，同时被评为蒸湘区“优秀学校”和“卫生保健示范单位”，全年完成收入246.12万元（含生活费），超额完成任务。物业公司：全年都市村庄物业服务费收取创下历史新高，华新苑物业服务费收取率达到90%，全年共计收取各种费用387.65万元。设计室工作：一是完成美丽白沙项目一期工程最终调整方案和一期工程施工图设计招标工作。二是完成对弘湘公司合作项目做出设计比对方案，并进行可行性分析基础工作。三是完成设计室的年检和资质审查、换证等工作。四是加强与其他科室的配合协调，提供公司在建项目、设施维修改造等各类工程技术指导和服务，提高施工图设计质量，提升服务水平。（李　慧）

【扶贫攻坚】 2017年，年内公司一把手与班子成员率结对帮扶责任人先后10次前往所联系的常宁市西岭镇车荷村，与镇村干部共商扶贫工作，走访慰问贫困户。其中，两次集中走访，给40户贫困户送慰问金2万元，给21户结对帮扶对象送慰问金近0.5万元及衣物和日常用品。全年，公司结对帮扶对象中有2户可脱贫；协调村里对2户房屋进行修缮；协助一户落实享受危房改造2万元补助；联系落实3户自建房屋并享受移民避险安置补助7万多元。7月，在全司开展“凝心聚力献爱心，精准扶贫奔小康”专项捐赠活动，全司74人捐款20350元，截至2017年年底，募捐资金已发放到贫困户手中。

（李　慧）

衡阳市城市建设投资有限公司

【概况】　2017年，衡阳市城建建设投资有限公司（以下简称市城建投）各项工作稳定推进。融资规模继续扩大，全年共完成融资签约近164.55亿元，到位资金约152.22亿元，超额完成目标任务（150亿元）。开辟新的融资模式，2017年，公司开辟城市发展基金的新模式，在光大银行融资45亿元；同时启动境外发债的工作，拟在国外资本市场融资5亿美元。资金保障调度方面，科学调度资金，完成相关税费缴纳4.67亿元，还本付息约96.5亿元，确保公司的良好信用，保障项目的顺利推进。信用评级保持稳定，2017年，公司信用跟踪评级持续保持稳定（AA+），在行业内影响力逐步扩大。　（杨　倩）

【项目建设】　2017年，市城建投共承担的建设项目21个，总投资约200亿元，全年完成新增投资约15亿元；二环西路、二环南路（蒸阳南路—湘江南路段）、游泳馆、蒸水西堤、耒水东岸风光带、船山东路附属工程、陵合路（雁城大道—衡州大道段）、杨柳U型通道已完工，其他项目加速推进。　（杨　倩）

【资产经营】　2017年，受衡阳市土地利用总体规划调整和无水田指标等因素的影响，市城建投土地报批工作难度加大。截至年底，完成土地挂牌95.68公顷、土地办证197.87公顷、土地报批84.4公顷。　（杨　倩）

衡阳弘湘国有投资（控股）集团有限公司

【概况】　2017年，衡阳市弘湘国有投资（控股）集团有限公司（以下简称市弘湘公司）坚定“以产业投资为导向，以股权管理为手段，以做大弘湘实体经济为目的”的主业定位，以实体产业投资为主导实施产业转型发展，实现公司战略转型发展，走集约化、专业化、实体化、市场化之路。全年融资到位39.03亿元，支付改制成本、解决遗留问题及帮扶费用共5.11亿元，完成产业投资8.43亿元、工程项目建设投资2.63亿元，实现新增资产5.2亿元。　（王芳军）

【融资引资】　市弘湘公司围绕年度融资30亿元目标任务，创新方式，直接融资与间接融资为主，盘活资产为辅，严格控制融资成本，降低财务费用，以无息资金和低成本资金优先到账为准则，多措并举推进融资工作。在保证按时偿还2017年到期债务本息约25亿元的同时，确保改制以及各项目建设资金需求。全年累计融资到位39.03亿元，为年度目标任务的130.1%，综合平均成本均控制在4.75%，其中，间接融资到位14.5亿元，直接融资到位7亿元，财政债券置换资金和资产处置17.53亿元。　（王芳军）

【企业改制】　按照市改制办工作进度要求共支付完成改制成本、解决遗留问题及帮扶费用5.11亿元，为年度目标任务的170.33%。其中，职工直接安置费440.64万元，解决改制企业遗留问题维稳资金4444.51万元，改制工作经费923.35万元，人社局和社区费用2.28亿元，资金利息2.25亿元；同时，争取和用好用活政策，做实市二橡胶厂、市二织布厂、市五橡胶厂、市湘南服装厂、天源公司、韵翔电机6家改制企业社保挂账，其中，社保欠费挂账2843万元，社保退休预留挂账3570万元。　（王芳军）

【产业投资】　全年完成产业投资8.43亿元，为年度目标任务7.5亿元的112.4%。其中，完成启迪古汉定向增发215万股股份认购，支付3818.4万元认购款；支持衡拖公司改制后产业发展，为衡拖公司融资投资提供信用担保，融资到位0.4亿元；瓦松铁路项目全年完成投资1.65亿元；推进“两退两进”项目，支持界牌瓷厂产业升级1亿元；按照市政府、市国资委（出资人）安排部署对衡阳华菱项目增资5亿元。

（王芳军）

【项目建设】　加强幸福河改造、107国道城市化改造、湿地公园及车江铜矿等项目建设管理工作，实际完成项目建设投资2.63亿元，为年度目标任务2.3106亿元的112.4%。其中，幸福河改造项目完成投资约6017万元，原锰制品厂废渣综合治理项目完成2186.15万元（含征迁费用），107国道城市化改造项目完成投资约6809万元，湿地公园项目完成投资614万元，工程基本完成，项目已竣工验收。车江铜矿尾矿库综合治理项目完成投资625万元，工程完工并通过竣工验收。衡拖棚户区改造项目完成投资1亿元，土石方及桩基础工程完成，进入人防地下室施工阶段。

（王芳军）

【资产管理】 全年累计新增资产5.2亿元，为年度目标任务5亿元的104%，其中，接收改制企业资产3829万元，新增收储土地资产4.82亿元，包括依规摘牌218亩支付成交价款3.62亿元，185.05亩土地摘牌保证金、契税及组卷报批费用1.19亿元。同时，对已收储改制企业土地整改，依规摘牌木材厂等21.53公顷改制企业土地，支付4.53亿元。

（王芳军）

衡阳市交通建设投资有限公司

【概况】 2017年，衡阳市交通建设投资有限公司（以下简称市交通投）较好完成全年各项工作任务。

一、项目建设方面。市交通投自成立以来，按照市委市政府安排，投资建设项目共16个：其中衡云干道、衡西公路竣工通车、司前街立体停车库交付运行、投资建设南岳机场成功通航、松木互通工程投入运行；在建项目衡州大道西延城区段新建工程、东三环及雨母湖路新建工程加快推进；即将开工的项目跃林路、欧家町路、红旗立体停车库、北三环、G107衡阳城区段改线工程、G322东阳渡至泉湖公路、衡南泉湖至祁东老白鹤铺公路和市第二福利院加快推进。累计总投资约80亿元，累计完成投资约33亿元，2017年全年完成投资3.72亿元，占年度计划的137%。一是衡州大道西延工程。2017年计划完成投资0.45亿元，完成全年投资0.3090亿元，占年计划68.7%，完成路基工程90%、路面工程60%、雨污水管95%及电力电信管道90%。二是东三环改扩建工程。2017年，计划完成投资1.2亿元，完成全年投资1.4580亿元，占年计划121.5%，基本完成集体土地腾地交地，完成路基工程80%、路面工程60%、雨污水管90%及电力电信管道80%。三是雨母湖路。2017年，计划完成投资0.4亿元，完成全年投资0.6373亿元，占年计划159.3%，完成征收约15.33公顷集体土地，完成路基清表15%，完成水塘处理65%，完成路基回填10%，完成人行通道15%。四是北三环新建工程石鼓区段。2017年，计划完成投资0.3亿元，完成全年投资0.4748亿元，占年计划158.3%，完成部分征地工作，完成施工招标前期各项准备工作。五是欧家町路。2017年，计划完成投资0.25亿元，完成全年投资0.2021亿元，占年度计划80.8%，完成前期相关工作几施工、监理、技术服务类代理机构比选。六是跃林路。2017年，计划完成投资1亿元，全年完成投资0.6041亿元，占年度计划60.4%，完成招标代理机构比选和施工图备案，进入施工、监理招投标阶段。

二、融资渠道方面。对接银行，争取贷款融资。建立“政府增信、企业守信、银行授信”的新型政银企合作模式，合理解决项目融资中的抵押物、资本金、还本付息等问题，确保贷得到、用得出、还得起。公司探索开辟多种融资途径，突出打好信托、债券、间接融资“组合拳”。自公司成立以来，累计到位融资资金约80亿元，2017年全年融资到位资金共20.28亿元，超额完成全年计划任务156%，通过资本市场取得中票及PPN授信20亿元，按照公司资金需求情况，随时可提取。 （李文涛）

【资产增值】 2017年，市交通投注重国有资产保值增值。牢固树立资产保值增值第一的原则，全面提升公司发展实力，通过土地报批、土地摘牌竞得商业用地392公顷。同时，探索参股衡阳首广传媒合资公司、全资组建智能停车场服务管理公司，拓宽自主经营渠道，有效提高公司的可持续发展能力。公司总资产规模突破160亿元，净资产规模达到90亿元，较公司2010年成立时总资产规模0.6亿元增长266倍，资产规模位于市属平台公司前列。

（李文涛）

【项目投资】　截至2017年年底，市政府已与公司签订衡云、衡西、南岳机场及松木互通四个项目投资协议，投资回购总额44.86亿元，需补偿土地373.87公顷，实际补偿到位土地112.6公顷，未到位补偿土地261.27公顷；同时在建的衡州大道西延、雨母湖路、东三环、跃林路、欧家町路尚未签订投资协议，据初步测算需政府补偿土地160公顷。（李文涛）

【队伍建设】　公司拥有职称职工共18人，其中初级职称4人，中级职称14人，高级职称1人。近年来，公司坚持以“德才兼备、业绩突出、员工公认”为用人导向，规范选人用人程序，切实做到将优秀人才选进来；加强职工教育培训，采用“外训+内训”的培养方式，以思想政治教育、管理培训和专业培训为核心，2017年累计组织党性教育、员工素质教育、财务、融资、PPP、项目工程、项目前期等方面的培训40余次，实现将人才培养好的工作目标。（李文涛）

【精准扶贫】　2017年，市交通投先后两次召开专题会议，研究部署公司2017年精准扶贫工作，同时将扶贫攻坚工作列入2017年度党建重点工作。公司克服工程建设任务紧、人员紧缺等困难，由党组书记、董事长陈探宇及班子成员率队先后150余人次进村实地调研，走访慰问，根据在册贫困户名单，联系贫困户18户，贫困人口40人，了解贫困家庭情况，对贫困户的致贫原因进行细致了解，在调研的基础上，按照“一户一策”的要求，制定和完善帮扶措施；开展献爱心专项捐赠活动，组织本单位的党员干部职工和爱心人士开展“凝心聚力献爱心，精准扶贫奔小康”专项捐赠活动，共募集爱心捐款14800余元，帮助解决实际困难；认真研究产业扶贫措施，组建油茶产业合作社，督促当地完成工商注册、商业计划书制订、村民入股合作合同签订工作，该产业扶贫项目已启动。（李文涛）

衡阳市湘江水利投资开发有限公司

【概况】　2017年，衡阳市湘江水利投资开发有限公司（以下简称市水利投）围绕“融资、投资、资产”三项主要业务开展工作，顺利实现年度目标。市水利投年度计划融资到位8.6亿元，累计融资到位9.61亿元，为年度目标的111.74%。其中，银行融资3.61亿元，分别为白沙片区整体城镇化建设项目一期于1月6日到位30000万元、耒水南岸新型城镇化建设项目于1月25日到位6000万元、东洲岛综合开发项目于9月26日到位100万元；资本市场融资6亿元，中信私募债于6月19日成功发行一期，资金到位6亿元。同时，市水利投根据市政府下达2017年度PPP项目计划，市水利投参与其中的横江湿地公园、南岳康养城和苏州湾片区开发等三个项目的PPP工作推进。（唐楚雄）

【项目建设】　2017年，市水利投共承建项目5个，年度计划完成投资2.25亿元，全年累计完成投资5.13亿元，为年度计划的227.81%。其中，东洲岛完成投资16685万元、白沙片区整体城镇化建设项目完成投资6654万元、湘江东岸苏洲湾片区完成投资14689万元、横江湿地公园完成投资11371万元、万福陵园完成投资1859万元。根据市国资委“自主经营转型发展完成投资200万元”的要求，与衡阳市矿产储备经营有限市水利投、省地勘局418队深化常宁狮形岭锡矿勘探项目合作，年内完成投资309.55万元（该项目2017年增加投资834.7万元，其中市水利投按37.085%比例出资），为年度计划的154.77%。（唐楚雄）

【资产经营】　2017年度，市水利投固定资产新增目标为5亿元，截至年底，实现新增固定资产7.65亿元（以土地为主），为年度目标的153.07%。一是对2016年挂牌的6宗土地中的5宗办理不动产证。二是全面启动苏州湾、耒水南岸、白沙洲、万福陵园、蒸水北堤及横江湿地公园的项目用地组卷工作。三是2017年获批的7.93公顷储备土地及写字楼0.41公顷土地于11月19日挂牌并由公司成功摘牌，完成成交确认书及出让合同签订。（唐楚雄）

【文旅项目】　2017年，根据衡委纪要〔2016〕9号“市水利投加挂‘市文旅投’牌子”的指示精神，市水利投推进文化旅游相关工作。一是为更好地借“他山之石”探索衡阳市文旅补短发展思路，分别于3月、9月、11月安排专班赴无锡和湖州、长沙、徐州对文旅开发和经营管理进行考察学习。二是筹备衡阳市文旅投组建工作，拟在市水利投和市文旅投基础上组建“衡阳文旅水利投资（集团）市水利投”，并通过公开比选聘请专业机构制定详细实施方案，但根据市长郑建新“平台市水利投新设立（含加挂）一律暂停，待下一步明确方向后统筹谋划”的批示，市水利投文旅拓展工作暂停推进。三是与市旅游局对接，推介公司的旅游项目及招商引资工作。由市水利投出资邀请北京大地风景旅游规划院编制的《衡阳市旅游总体规划》于2017年8月通过专家评审。（唐楚雄）

【扶贫攻坚】　推进“扶贫攻坚”行动，全年对联点扶助的衡南县栗江镇柘田村走访共计180余人次，累计提供扶贫、新农村建设资金150余万元，完成危房改造4户、产业帮扶8户，响应村民诉求，出资对村道进行拓宽提质。（唐楚雄）

衡阳市水务投资集团有限公司

【概况】　2017年，衡阳市水务投资集团有限公司（以下简称市水务投）各项工作稳步推进。全年，实现有价售水量10638万立方米，同比上升5.1%，产销差率34.86%，同比下降9.83%，水质综合合格率99.98%；完成污水处理8237万立方米，COD减排17518立方米，同比上升4.7%和2.2%，出厂水全部达到一级A标排放；实现主营业收入2.43亿元，国有资产保值增值率103.4%；项目建设如期完成；市国资委对企业绩效考核全部达标。（罗　钊）

【企业管理】　2017年，从企业整体来看，各项管理普遍得到加强。水质管理、安全管理全年未出任何问题，守住质量和安全的底线；各水厂和生产技术、管网运营、机电维修等部门协同配合，克服诸多不利因素，保证安全生产，稳定运行；加强成本管理，严控各类开支，节流堵漏，取得实实在在的效果；强化内部审计工作，将审计关口前移，做好事前审计；重视专业技术人才的引进，员工队伍结构、素质得到改善；企业信息化管理工作得到加强和完善，在信息安全、管网地理信息采集、水厂信息采集方面加大工作力度，升级营销系统，搭建远传表监控平台和综合运营调度平台；卫生、绿化工作加强。从管理工作的点上看，亮点突出。自来水漏失率为19.3%，同比下降11.22%。以冶金小区水改为例，经过管网改造，加强片区管理，漏失率减少60%。自来水漏失率的大幅降低，是2017年企业管理工作突出的业绩。（罗　钊）

【产业经营】　2017年，市水务投制定的做好供水主业、延伸产业链条经营战略，得以稳步推进。扩大供水市场工作取得新进展，向三塘镇、呆鹰岭镇供水、铁路供水分离移交工作已确定，全年新增用户10002户；配合主管部门制定二次供水管理办法工作稳步推进；涉足承接社会基建项目给水工程，中标金额2600余万元；给排水设计与教育培训形成合力，不断拓展外地市场，走出衡阳地区。（罗　钊）

【市政供水管网建设与改造】　完成老城区多条道路管网改造；完成140个社区“三清三建”供水管网改造90多千米；按政府要求实施衡阳钢管厂供水分离移交工程；铜桥港污水处理厂二期扩建及提质改造工程、白沙工业园纳污工程等项目，因投资商退出或条件限制无法进行时，公司克服困难，顺利推进项目；对政府主导的园区建设、城市道路建设、廉租房建设、城镇化建设，供水管网及时跟进，全年投入资金近6000万元；对污水处理存在的问题，按照国家环保督察组的要求认真整改，整改及时率、合格率达到100%。（罗　钊）

衡阳市湘江流域治理来雁新城建设投资有限公司

【概况】　衡阳市湘江流域治理来雁新城建设投资有限公司（以下简称来雁新城）位于衡阳市中心城区西北部，南起蒸水河、北临衡大高速、东临湘江、西至惜香路，规划总面积13.12平方千米，范围包括五一、合江、黄沙湾、金源等街道，区域内国有企业21家、民营企业96家，涉及村（居）民3万余户、10万余人。2017年成为湖南省唯一一个上报国家发改委的老工业区搬迁改造示范项目，也是棚户区改造、湘江流域重金属污染治理等政策扶持范围。2017年，来雁新城共完成年度投资13.18亿元、到位融资20.31亿元、实现新增资产18.2亿元，分别是政府批准任务的126%、113%、121%。2017年，公司共过户土地49.73公顷、领取66.87公顷土地用地批文。2017年实现公司新增资产18.2亿元，公司资产总额达119.2亿元。

（罗建军）

【区域规划】 2017年，来雁新城控制性详细规划通过市规划局专家评审和大规委会审议并完成公示，按程序报市政府审批；来雁新城城市设计工作完成招投标，出具初步成果，进行方案整合、深化和完善；草桥文化风情街规划设计方案通过多次汇报；《衡阳市合江套老工业区整体搬迁改造示范工程五年行动计划（2018—2022年）》编制完成，成功申报湖省唯一一个上报国家发改委的老工业区搬迁改造示范项目；“新三馆”（规划馆、科技馆、博物馆）设计进入议事日程；湘军水师纪念园进行勘察设计招投标；松梅湖湿地公园修建性详细规划设计完成招投标工作。（罗建军）

【项目建设】 1. 片区路网。滨江路、建设路东段、来雁路西段、后街路（江套支路—合江套路）、松木大道东段（源湘路）等5条道路拉通；松木大道东段（源湘路）通过市政府综合验收，并被评为2015—2016年度第二批湖南省优质工程；五一路获得“全国建设工程项目施工安全生产标准化工地”。2. 湘江风光带。湘江风光带一、二、三标全面建设，其中一、二标段绿化景观工程初步成型，具备逐步向公众开放的条件。3. 安置房项目。江霞村安置房15栋住宅基本完成，待室外景观绿化及水、电、气的接通即可交付使用；五一村安置房装饰装修基本完工；友爱村安置房4#~5#楼正在进行室内室外装修，7#楼完成至主体封顶；和顺家园（电瓶车厂）项目基本完成；松梅村棚户区安置房已经完成4.3万平方米；和顺家园（阀门厂）项目四个区域已经全面开工，部分楼栋已施工至10层。4. 环境治理。松梅湖黑臭水体治理、北干渠含重金属底泥清淤及安全处置工程、合江套同兴社区污染场地修复等环境治理项目稳步推进；松木经开区鑫源管理处七里井组污染场地修复进入前期工作阶段。

（罗建军）

【征拆腾地】 1. 征地拆迁。全年完成房屋征拆75992平方米，征地6.67公顷，其中，集体土地上房屋完成征拆58栋、25524平方米，国有土地上房屋完成征拆499户、50468平方米；卷闸门厂等5家企业单位资产征收投资3734万元；港务公司、万隆汽配、天雁公司沿江资产等企业资产收购的评估等工作完成。2. 企业腾地。天原公司职工安置兑付完成98%；按照市改制办的批复与市翼鸿公司、市制革厂签订补充协议并按约定兑付养老保险金、工作经费等；与衡阳化工厂签订预付款协议并预付其敏感债务；《改制企业留守工作协议》已完成审批流程；签订天宇化工金雁化工厂改制遗留问题处置工作协议书并按照协议接收土地权证并支付第一笔款项，完成该厂所有资产的接收工作；拆除制药厂遗留生产区仓库、锅炉房，并完成软膏车间搬迁；完成水口山二厂等公房签约共计151户，其中，大唐电厂风光带段公房签约全部完成；拆除阀门厂、水口山二厂等公房和厂房共计29485平方米。

（罗建军）

【融资招商】 2017年，计到位融资20.31亿元（银行融资10.31亿元、债券资金10亿元），超额完成融资任务；与华侨城集团多次对接、洽谈、互访考察，签订合作框架协议，增资扩股前期工作有序开展；多次与中青旅、华侨城、河北荣盛集团、江西鼎龙集团、雅礼中学等意向投资商就项目合作进行对接洽谈，全年共接待考察团50余家；赴北京、河北、西安、云南、深圳等地进行考察、调研与学习活动10余次。

（罗建军）

【来雁片区文旅项目专题研讨交流会】 2017年9月15日，市政府邀请部分本土文史专家召开历史文化专题研讨交流会，为来雁片区文旅项目出谋划策。当天，市文史专家建言："打造湘军水师营，可据史料记载增加水师操练环节，重现当年湘军水师训练场景""像古玩街、艺术品收藏市场和本土的非遗项目都可以放到文旅项目中""建设博物馆，应当要有更为长远的考虑，不能仅仅只是为建馆而建馆""来雁片区地处蒸水、湘江、耒水三江汇合处，可利用做足水'文章'""湘军开创近代史上'士人领兵'的新局面，通过湘军在衡阳留下的遗迹，讲好湘军故事，突出衡阳印象""5000年中华文明符号在衡山（火神文化），800里湘江文化灵魂在衡州（书院为盛），近代200年风云的'台风眼'起于蒸湘（湘军及水师），这是我们要把握的历史脉络。"会议一致认为：来雁片区的文旅项目建设应明确与众不同的衡阳印象这一目的，把握历史真实性、文化特殊性和区位独特性原则，重点突出三江汇合的"水文化"灵魂，处理好文旅与文保、文化符号与文化建筑、历史与现实、风格与风貌、核心与环境等关系，从而彰显衡阳"山之秀""水之灵"以及南岳"火文化"与衡州"水文化"两者相融发展等独特气质。

（周志超）

衡阳市滨江新区投资有限公司

【概况】 2017年，衡阳市滨江新区投资有限公司（以下简称市滨江公司）各项工作有序推进

一、项目建设。截至2017年年底，市滨江公司累计完成项目投资10.37亿元。其中完成项目建设投资6.37亿元，支付征拆资金4亿元。1. 安置房建设。东山安置房现已进行竣工预验收，五四安置房土建安装工程基本完成。2. 基础设施建设。耒水以北路网基本成型，现场可施工路基土石方基本完成；湘江东路、耒塔路、合兴路、新城路、塔前路、塔影路、五四路、临塔路已完成面层施工，东山路、耒水北路、珠晖塔路、藕塘路剩余部分路段进行级配、水稳基层、雨污水施工；受规划调整影响，路网交安照明绿化等剩余工程均未开展施工。耒水大桥主体全部完工仅剩交安照明等部分附属工程未完。3. 酃湖公园建设。完成黑臭水体治理、底泥处理，完成创建国家园林城市的任务。4. 北三环建设情况。湘江大桥完成桩基49根，承台18个，墩柱19个。东引桥主体结构已经完成，西引桥左幅现浇梁完成，右幅现浇梁完成底腹板浇筑，铺设顶板钢筋。道路土石方工程完成挖方31100立方米，填方4200立方米。

二、融资工作。2017年，市滨江公司到位融资40.75亿元。一是主攻政策贷款。瞄准周期长、利率低政策性银行贷款，先后获得国家开发银行期限25年19.6亿元棚改贷款、农发行期限10—20年12.1亿元农民安置房和水利防洪工程贷款，贷款利率最高仅4.445%，降低财务成本。二是抓债券发行。7月，完成15.3亿元企业债的公开发行，成为2017年衡阳市第一支公开发行的企业债券，年发行利率为5.47%，开创衡阳市AA级平台公司在资本市场直接融资成本新低。三是力推各类融资产品。年内，启动申报审批的15亿元中票融资、10亿元PPN融资和15亿元的债权融资计划，可确保满足2018年的资金需求。

三、资产管理。一是加速土地转化助增值。截至2017年年底，共完成土地审批171.75公顷，办理土地使用权证180.13公顷；已收购企业正在办理土地过户8.07公顷，正在挂牌或即将挂牌土地87.53公顷。二是协助企业改制助增值。出资3.29亿元先后收购自行车厂、电筒厂、航运公司以及衡南3家改制企业，取得土地28.27公顷，盘活存量土地，实现资产增值，为公司增资。三是布局产业链条助增值。围绕打造南岳旅游圈，布局"两点一线"工程，接手酃湖公园开发项目、完成南岳灵芝山庄收购，资产经营工作呈现新突破，为产业布局奠定坚实基础。

四、产业布局。2017年，公司围绕市委市政府指示，对于国家级旅游度假区展开全新攻坚时期，进行全面规划设计，同时邀请来也旅游规划股份有限公司、华侨城集团及一些知名公司竞争比选，选出来也旅游规划股份有限公司完成新区规划工作，形成"3521"核心项目体系，打造出11大特色景点，以海绵城市、绿色城市、国际慢城理念为衡阳市建设"五个衡阳"奉献自己的力量。

（杜卫国）

【公司集体系统学习PPP项目融资和土木工程技术课程】 2017年6月13日，滨江新区投资有限公司（以下简称滨江公司）全体干部职工集体来到南华大学学术报告厅开始系统学习PPP项目融资和土木工程技术课程第一课。此次培训由滨江公司和南华大学合作开展，时间从6月中旬持续到8月中旬，总课时超过100小时。滨江公司职工利用下班后和双休日完成所有课程。培训的主要目的就是要进一步提升公司融资能力和项目建设管理水平。公司有6个部门开展的工作与工程建设管理有直接联系，采取专业部门必学、其他部门选学的方式鼓励在员工中形成浓厚的学习氛围。滨江公司项目以BT为主，涵盖市政基础设施路网建设项目、安置房建设项目、投资建设公园项目。（周志超）

【衡阳首支棚户区改造企业债券发行】 2017年7月26日，由衡阳市滨江新区投资有限公司发行、湖南财富证券承销、“AAA”级中合担保公司担保的“17衡阳滨江债”在中央国债登记有限责任公司深圳客户服务中心正式簿记发行。这是衡阳市今年公开发行的第一支企业债券，更是我市首支面向全国发行的棚户区改造企业债券。在深圳簿记发行现场，“17衡阳滨江债”受到市场的热捧，短短的两个小时簿记时间，总额15.3亿元的债券共接收有效认购55.7亿元，认购率达3.64倍。随着簿记的关闭，该债券最终锁定发行利率为5.47%，远低于预期和同期同类债券。本次发行债券募集的资金中拟有9.3亿元用于滨江新区东山、粤新棚户区改造项目。东山和粤新棚改项目总投资16.68亿元，建筑面积49.3万平方米，预计安置3358户，惠及1.2万人，截至本月已完成投资7.3亿元。（周志超）

【三家全国知名产业布局专业策划公司参与滨江新区项目竞标】 2017年9月4日，滨江新区“总体规划设计”“产业策划”“品牌项目引进与运营策划”等服务政府采购项目，在衡阳公共资源交易中心开标。此次共有三家全国知名产业布局专业策划公司参与竞标。为开标的公平公正，交易中心在专家库中随机抽取七名旅游、规划、策划、建筑、经济、法律等方面的专家，在监委全程的监督下，严格按照评标程序，秉承依法依规、公平公正的原则，经过评审、讨论，成都某公司的策划规划设计方案胜出，成为滨江新区“总体规划设计”“产业策划”“品牌项目引进与运营策划”的策划规划中标单位。中标单位需要根据滨江新区的自然环境及丰富的盐卤、人文、山水等特色资源，在新区总体规划设计的基础之上，从城市、市场、规划、项目、效益、政策6个方面综合考虑、科学衡量、细致规划，将滨江新区的开发建设分为近期、中期、远期三个阶段实施。近期为基础设施建设期；中期为核心价值打造期；远期为全面优化完善期。计划到2030年，将滨江新区打造成一个国家级旅游度假区。（周志超）

衡山科学城投资开发有限公司

【概况】 2017年，衡阳科学城投资开发有限公司（以下简称衡山科学城）围绕“建设全省先进、全国一流的科技创新园区”的目标，抓好招商引资、推进项目建设，园区骨架拉开，发展较快。截至2017年年底，衡山科学城通过由发改、国土部、住建部组织的《关于开展开发区复核的通知》复核，成功获批湖南省第一批军民融合产业示范基地，衡阳市政府下文成立衡山科学城管委会。（高启涵）

【区划调整】 全面启动20平方千米总体规划修编前期工作、近期建设区控制性详规前期工作，同时加快专项规划设计，全面开展排水、山体、水系等专项规划设计工作；专家村和红树林二期两个市重点项目在2017年12月7日召开的第100次市大规委会上获得通过，并列入总面积68平方千米，包括雨母风景名胜区、衡山科学城及衡阳梦东方旅游度假区三大区域的《衡阳市雨母片区融合规划》规划区。（高启涵）

【招商引资】 2017年年底，签约入驻企业51家，具有生产能力和总部研发能力的企业21家，落地投产企业近20家，基本形成新材料、光电子信息、智能制造三大产业集群雏形。承办2017衡州经济发展论坛“军民融合与新材料、新技术、新产业”专题论坛、“科技成果交易会”“衡阳工业博物馆承建及开馆”三大主题活动，接待省市嘉宾900余人，累计签约金额30亿元。先后与中科电、超威集团、百立丰、正信集团、红星美凯龙、深圳科技园、大族激光等大型企业对接洽谈。与北京航空航天大学合作建设衡阳研究院；与深圳科技园洽谈建设园中园；与大族激光互访交流，争取其将中部战略布局点搬迁科学城。

（高启涵）

【项目建设】 历时163天，完成衡阳工业博物馆建设及开馆，博物馆集工业历史展示、工业遗产保护、科学知识普及、工业旅游于一体，总建筑面积11000平方米，展览面积8600平方米，累计接待游客数十万人。红树林一期14栋建筑、13万平米厂房全面投入使用，企业入驻装修率达83%。向市重点办报送新建的专家村、学校、颐和路、雁翔路、岳屏路、科城北路、高雷门路、佳园路、雁鸣路、雁栖路、慧谷路东段等11个项目，续建的企业化员工住宅、安置房、建设红树林标准厂房三期、衡山大道一期（含地下综合管廊）、科学城大道中段（含地下综合管廊）、二环西路（含地下综合管廊）、雁宏路、三江路等8个项目同步抢抓进度。红树林二期土地全部平整，用地许可证办理完结，年后可全面动工建设。

（高启涵）

【征地拆迁】 为保障2018年项目用地，科学城加班加点，2017年第四季度突击完成征地26.67公顷，新增土地出让挂牌13.2公顷，2个月时间供地40公顷。另外，向省市国土部门沟通汇报，全年完成61.73公顷建设用地报批工作，已全部上报省国土资源厅。

（高启涵）

【财税融资】 与市国土局、市国资委、衡南县、市城建投、市滨江公司等单位沟通衔接，突破困难，取得重要进展。2017年，衡南县完成对南岳机场107.53公顷土地的测绘、评估、变性和挂牌工作，科学城于2017年12月26日完成该宗地块摘牌；市滨江公顷同意为科学城3.6亿元融资提供连带担保；市机场投、市机场管理公司的资产并表后，可增加衡科投净资产43亿元左右，公司总资产突破60亿元，基本可达到2A信用评级和公开发债要求。

（高启涵）

【科创平台】 与北京大学、清华大学、国防科大等高校，与航天科工集团二院207所、中国载人航天等科研院所建立紧密合作关系，建立桑谷医用智能装备工程中心、北航微纳复合材料重点实验室。成功申报两个院士工作站，科技成果交易中心、工程实验中心落地、运行效果良好，火凤凰科创网上线运行。联合白沙绿岛军民融合产业园，通过自主申报、市级审核、省级评估及公示等环节，成功获评湖南省第一批军民融合产业示范基地。与中国航天员科研训练中心、湖南工学院联合创建人因工程与工业安全实验室，下设行为安全与绩效研究、人机交互设计与优化、个体防护与生命保障技术等多个研究室。

（高启涵）

【衡山科学城签约入驻企业达29家】 截至2017年3月，衡山科学城签约入驻企业达29家，计划投资额超过90亿元。3月14日，湖南凯铭科技有限公司与衡山科学城签约入驻，投产后年产值将达5亿元以上。该公司隶属于浙江宁波科力电源有限公司，是一家集研发、生产、销售、服务于一体的军用专业生产电源设备的企业。公司所生产的军用充电设备，具有国内军用充电设备研发生产的顶尖水平，产品每年按计划产量产值生产，定点销售到中国兵器集团的各大下属国营军工企业。3月，另一家签约入驻的高新技术企业为广州精天信息科技有限公司，是一家专攻北斗通信设备与自动控制技术研究的公司。衡山科学城2017年招商形势较好，截至当前已签约入驻企业达29家，计划投资额达91.6亿元，且项目科技含量高，合作方技术资金实力雄厚。截至当前，已有6家入驻企业启动装修和设备安装，即将投产。衡山科学城基本形成以新材料、新能源汽车、航空航天关键技术、生物和医疗器械、电子通信和互联网应用技术五个产业集群。有北航、中科院等一批优秀科学家担任科学城首席科学家，参与科技攻关、技术转化及产业规划。合作的高校及科研机构有清华大学、北京大学、北京邮电大学、国防科学技术大学、中南大学、中科院物理研究所等十余家。

（周志超）

【衡山科学城红树林一期正式启用】 2017年3月27日，整体迁入衡山科学城红树林一期创新研发区的衡山科学城管理服务办公区正式启用，标志着衡山科学城红树林一期正式投入使用。衡山科学城管理服务办公区位于红树林A2幢4楼，建筑面积2600余平方米，装修设计简约时尚，功能完善，可为企业入驻投产及工程建设提供更高效快捷的办公服务。衡山科学城于2015年9月动工建设，截至当前已完成土方90万立方米，竣工建筑13万平方米。衡山科学城是由市政府主办、完全按市场化建设的现代生态智能科学新城。衡山科学城红树林一期项目面积45.07公顷，主要包括智能制造、生物医药、光电子信息、互联网+产业、家用智能及电子触控屏产业、文化创意产业等六大产业板块和招商大厦、金融大厦两座现代化高楼，并建设互联网金融股权众筹交易平台及大数据中心，大众创业万众创新电商交易科技创新平台。

（李　宁）

【衡山科学城2017新能源新材料（军民融合）专题招商推介会举行】 2017年7月11日，衡山科学城2017新能源新材料（军民融合）专题招商推介会在衡山科学城举行，来自深圳、珠海、东莞等地的10余名客商就新能源新材料等项目与衡山科学城展开合作。市委常委、市委秘书长张贺文出席会议并讲话。市委常委、副市长章彰，市委常委、衡阳警备区司令员贺小坤，副市长周玉梅，陆军武汉军事代表局衡阳军代室总代表熊益群出席会议。按照规划设计，衡山科学城拟投资200亿元建一个占地面积133.33公顷的新材料、新能源产业园，截至当前，衡山科学城园区内基本形成航空航天关键技术、生物和医疗器械等5个产业集群。张贺文指出，军民融合已上升为国家战略，希望各位客商企业紧抓当前国家拉动内需、中国制造2025等方面的机遇，利用衡山科学城的优惠政策，建立“园中园”产业集群，形成新能源新材料的高端产业集群，力争进入国家产业规划项目，参与到全国“军民融合”的材料产业分工。同时，衡山科学城也应利用已有的资本和技术，帮助入园企业在单一材料领域实现全国领先，形成战略高地，并打造成衡阳产业升级进步的标志性企业。（李　宁）

【衡山科学城2017入驻企业座谈会召开】 2017年7月20日，衡山科学城2017入驻企业座谈会召开，旨在加强与入驻企业间交流、合作，创造一个互动、和谐的园区氛围，充分调动企业积极性。市委常委、市委秘书长张贺文出席会议并讲话。座谈会上，市直相关单位及银行负责人、24家入驻企业的企业家代表围绕衡山科学城今后发展，就人才引进、功能配套、企业服务、以及优惠政策的落地等方面的内容提出意见建议。张贺文指出，衡山科学城是市委、市政府发展经济的主战场之一，是一片投资创业的热土。园区引进的企业，以及产业定位符合“创新引领，开放崛起”战略要求，是未来衡阳市发展所需；衡山科学城将加快发展，一方面加快园区建设，推动红树林第二期、第三期的建设，并着手准备“园中园”的建设，另一方面，在产业投资方面，建立健全衡山科学城的投融资体系，支持园区内的创新企业加快发展；衡山科学城应迅速完成各项功能性配套建设，包括建立人力资源服务中心、完善生活服务设施等。（李　宁）

【哈工大机器人项目落户衡山科学城】 2017年7月29日，经过公开招投标，哈工大机器人集团投资管理公司中标衡山科学城产业投资基金智能制造方向基金，基金规模达5亿元。该基金可促进智能制造领域的“高精尖”项目落户衡山科学城，助推“智能制造”产业快速发展。哈工大机器人集团（HRG）是由黑龙江省政府、哈尔滨市政府、哈尔滨工业大学共同投资组建的高新技术企业，公司成立于2014年12月。集团主要从事工业机器人、服务机器人、特种机器人、智能云机器人、新兴智能装备、智慧工厂项目及相关技术转让、技术咨询、技术服务等工作。作为哈工大机器人集团的基金平台，哈工大机器人集团投资管理公司基金除部分用于哈工大机器人集团增资外，

其余用于投资各种相关优质项目。（李　宁）

【衡阳工业博物馆开馆】 2017年9月29日上午，湖南省第一座工业博物馆——衡阳工业博物馆正式开馆。市委书记、市人大常委会主任周农宣布开馆。市委副书记、市长郑建新致辞。随后，周农与郑建新，省科技厅党组成员、副厅长周建元，市领导邓群策、廖炎秋、段志刚共同触摸启动球，宣布衡阳工业博物馆正式开馆。衡阳工业博物馆集工业历史展示、工业遗产保护、科学知识普及、工业旅游于一体，总建筑面积11000平方米，展览面积8600平方米，共四层。按照时间脉络，分三个时期分别展现衡阳古代手工业、近代机器大工业、现代工业的发展，以及4楼配备的1400平方米的高端会议设施和三、四楼各配备1000余平方米的临时展区。同时，该博物馆还馆藏着各种工业遗存物3000余件，一期展出各类工业遗存实物300余件，各种文献资料、图片近1000件，并运用油画、场景还原、多媒体等辅助艺术展陈手段，营造出衡阳工业文明厚重又现代的总体形象，再现衡阳工业辉煌成就。周农对衡阳工业博物馆取得的成效表示肯定，强调要不断完善展出内容、展出标识等，让参观者通过读展板、看模型、观收藏品，能充分了解衡阳工业发展的辉煌历史和成就，更好地读懂衡阳、选择衡阳、留在衡阳。郑建新指出，工业博物馆主管部门要抓好场馆运营管理，将工业博物馆打造成为衡阳市招商引资、文化旅游、爱国教育、外宣推介的重要平台。开馆仪式上，市领导包昌林、刘丽华、邓柯、章彰、贺小坤、陈竞、廖健为工业博物馆捐赠者代表颁发《衡阳工业博物馆收藏证书》。市委常委、市委秘书长张贺文主持开馆仪式。兄弟市县领导、衡阳智库专家等参加开馆仪式。（李　宁）

【衡山科学城召开的“2017衡州经济发展论坛”之科技成果交易会】 2017年9月29日，市委书记、市人大常委会主任周农出席在衡山科学城召开的“2017衡州经济发展论坛”之科技成果交易会。会上，周农宣布科技成果交易会开幕暨火凤凰科创网上线。市委副书记、市长郑建新出席。省科技厅党组成员、副厅长周建元出席并讲话，周建元指出，衡阳市委、市政府历来高度重视科技成果工作。此次科技成果交易会在全省率先建设科技成果交易平台，提供科技成果转化全流程服务。周建元表示，省科技厅将支持衡阳开展科技成果转换工作，发挥省市联合基金的引导服务作用，将科技成果转化交易中心纳入全省科技成果交易的重要平台。科技成果交易会是“2017衡州经济发展论坛”新搭建的科技交流和交易的平台，以促进人才和技术的聚集、资本与项目的对接。设有科技成果转化中心、产业协同创新中心、科技项目融资中心3大平台，集“项目发布、鉴定评价、竞买竞卖、联合研发、融资租赁”五大功能于一体，实现专利技术、科技成果，线上交易、线下孵化。科技成果交易会开幕式后，多家知名企业与衡山科学城签订合作协议，累计签约金额4.3亿元。市委常委、市委秘书长张贺文主持科技成果交易会，全体在家的市领导、衡阳市经济社会创新发展智库部分专家及有关兄弟市县领导参加。（李　宁）

【首届湖南工业版画精品展在衡阳工业博物馆举行开幕式】 2017年11月23日，由市委宣传部和中国工业版画研究院主办的“辉煌乐章——首届湖南工业版画精品展”在衡山科学城衡阳工业博物馆举行开幕式。市委常委、市委秘书长张贺文宣布开幕。此次展览吸引国内优秀美术创作研究力量以及“一带一路”沿线国家优秀艺术家的积极参与，激发衡阳本土版画家的创作热情。展览主旨以工业为创作题材，以企业为反映重点，以劳动为聚焦对象，弘扬“劳动光荣，创造伟大”的时代精神。此次展览共展出60余位艺术家的99幅作品，参展作品通过匠心独具的构思立意、丰富的艺术语言、新型的版画材料和工具，展示创作者在主题构成、形式外延、个性追求及探索求新的创作意愿，运用现实主义与浪漫主义的表现手法，刻画工人阶级和广大劳动者在实现中国梦伟大征程中的豪迈气概。活动现场，中国工业版画研究院院长宋恩厚为常宁市委宣传部和湖南工业版画研究院颁发本次展览的组织奖。湖南工业版画研究院院长洪涛等10人获得个人贡献奖。

（周志超）

衡阳市高新投资有限公司

【概况】 2017年，衡阳市高新投资有限公司（以下简称市高新投）抓好投融资和资产注入工作，加快工程进度，推进高新区陆家新区开发，各方面的工作都取得一定成绩。2017年，市高新投各项目标任务圆满完成，公司实力和效益全面提升。截至2017年年底，公司有资产规模达到92.19亿；全年融资到位22.2亿元，增长27.6%；公司在建项目36个，投资规模达到71亿元，增长73.2%；全年实现收入3.87亿（不含税）；实现净利润1.46亿，较2016年增加0.74亿元，增长102.78%；全年上缴税费2.89亿元，较2016年增加1.85亿元，增长1.78倍。 （张重晖 陈静雯）

【项目建设】 根据全市重点项目建设工作方案和高新区工委的安排，公司全年负责重点工程项目36个，完成投资71亿元，超额完成公司于2016年年初制定的70亿元目标任务。其中，竣工项目5个，分别是蒸水小学扩建、长胜七组AB栋、金柘小区53#~64#、陆家新屋与平湖公园提质改造、柿江河挡水坝；新建项目10个，其中，5个项目均已完成项目总投资70%以上，金柘六期和衡洲大道排水西延完成近半总投资；续建项目20个，互助安置小区场平、麻光11万伏高压线路杆迁下地、麻钢22万伏高压线路杆迁均已完成80%项目总投资，杨柳、互助、新桥安置小区完成总投资40%，陆家片区路网项目全面开工，路基基本成型，曙光路、中心大道即将完工。创新创业中心、新兴金融中心、虚拟大学城、电商中心等发展平台类项目有序进行。（张重晖 陈静雯）

【资产管理】 2017年，公司全力推进国有建设用地报批，共领回4个批次的土地批文，面积115.99公顷；上报土地报批1个批次，用地面积2.96公顷；组卷报批用地3个批次，用地面积29.61公顷；公司2017年摘牌土地10宗，用地面积共计58.46公顷，注入资产34.1亿元，中心血站、创业社区等6宗土地产权证已办理。 （张重晖 陈静雯）

【融资工作】 全年累计吸纳融资资金27.7亿元，其中，已到位资金22.2亿元，超额完成市里15亿元的年度目标考核任务，且融资成本严控在7%以下；除银行贷款和融资租赁以外，积极探索资金成本低、效率高的融资模式，启动一支发债规模20亿元的PPN（非公开定向债务融资工具），进入招投标阶段，30个新策划包装重大项目资料完成整理汇总。

（张重晖 陈静雯）

【平台建设】 按照高新区党工委、管委会强化“四个平台”建设的总体部署，推进公司集团化改造。先后成立湖南雨母旅游投资发展有限公司、衡阳高新投置业有限公司、衡阳高新南粤基金管理公司、衡阳高新投物业管理有限公司、衡阳高新投文化创意有限公司5家子公司；出资1000万元参股湖南省国际低碳技术交易中心有限公司。1.衡阳高新南粤基金管理公司。实现全年收入365万余元，在开局第一年实现盈亏平衡。该公司瞄准产业投资与PPP项目融资领域开始发力。在产业投资方面，设立产业引导基金和产业投资基金，完成基金管理人和产业母基金备案登记工作，产业投资基金首期实缴出资6000万已到位，调研全市120多家企业，并对皕成科技、恒缘新林、大三湘等16家企业进行立项和尽调工作；在PPP项目融资方面，承接“湘潭县天易物流园市政工程PPP项目（总投资17亿元）”融资工作，资本金融资已到位，积极推进项目贷款融资。合同签订4个月内资金可到位，预计该项目的成功实施增加17亿元资产管理规模；在金融服务方面，开展高新区PPP项目实施方案的编制，参与高新投创业社区和高新区工业地产策划方案的编制，配合投融资部启动PPN的发行工作。2.衡阳高新投置业有限公司。创新创业社区各项工作正有序进行，截至年底，一、三、四、五、六号地均完成项目可研、立项批复、规划设计方案；一、三号地EPC招标正在进行，一、三、四号地完成围挡施工，三号地洗车平台完成建设。3.衡阳高新投文化创意有限公司。全年主营业收入82.5万元。为加快进入互联网文化市场，与上海寰彧文化传媒公司互相进行友好的交流与考察学习；公司承接高新区衡州经济论坛主会场现场招商项目宣传专题短片的拍摄任务及管委会“火炬”宣传工作，创新创业中心、衡阳国际会展中心等重大项目外部广告宣传圆满完成，省“湘商会”衡阳展区后期布展设计、“边保华书法作品展览”承办及衡州剧场商业化运作等工作有序进行。公司与湖南翼腾体育文化发展有限公司就体育场馆产业园及青少年文化艺术原创产业园项目达成初步合作，旨在打造具有衡阳高新特色的文化、体育新市场经济品牌。

（张重晖　陈静雯）

【衡阳高新南粤基金管理有限公司举行揭牌仪式】 2017年2月10日下午，衡阳高新南粤基金管理有限公司（以下简称“高新南粤基金”）揭牌仪式在高新区管委会举行。根据方案，该公司首期将发行2000万元的产业引导基金和1亿元的产业投资基金，助力高新区产业转型。力争“十三五”期间基金管理规模达到200亿元左右。“高新南粤基金”由高新区投融资平台“高新投”与广州南粤基金共同组建，属政府投资基金，旨在发挥财政资金的杠杆作用和引领效应，引导银行、保险、民间资本进入高新区产业的薄弱环节和重点领域，实现高新区产业政策目标，实现国有资产的保值增值。按照市委“依法依规，做大做强产业基金”的指示精神，在市政府、高新区、广州南粤基金集团的大力支持下，“高新南粤基金”筹备组建工作顺利完成，业务开展有序进行。公司将发行衡阳高新南粤产业引导基金，首期规模为2000万元，主要投向高新区内处于种子期、初创期的创新型企业。发行衡阳高新南粤产业投资基金，首期规模为1亿元，主要投向高新区内重点发展的产业，扶持本地优质企业做大做强的同时吸引衡阳以外企业落户高新区。（李　宁）

【雁鸣溪风光带主体工程量基本完成】 2017年6月25日，高新区沿江风光带继濂溪第二故里、廉政文化雕塑园后，总投资3.5亿元的临水路及雁鸣溪风光带历经一年多的施工，项目已完成90%的主体工程量。该项目全长2.86千米，总面积约26.5万平方米，其中，26米宽的临水路从翠竹路一直连接到岳临高速，分别与芙蓉路、银燕路、蒸潭路、银桥路、中心大道、银星路等相交，与风顺西路、杨柳西路等平行，构成陆家新区的重要路网结构。该项目于2015年下半年开工建设，截至当前已完成主体工程量的90%，打造成集文化、娱乐、休闲和环境生态为一体的综合性、多功能景观区，其中树冠走廊、雁鸣溪广场为标志性景点。

（李　宁）

【高新南粤基金与社会资本战略合作签约仪式暨基金拟投项目启动大会举行】 2017年9月5日，高新南粤基金与社会资本战略合作签约仪式暨基金拟投项目启动大会举行，市委常委、副市长章彰见证签约。高新南粤基金自2016年12月底组建以来，加快社会资本引进，陆续与20多家知名机构达成业务合作意向，并依托市金融信用信息服务中心，组织人员走访调研全市97家优质企业。在当天的签约会上，高新南粤基金与11家社会资金机构签约，并确定湖南皕成科技、衡阳鸿源管业、湖南恒信新型建材、湖南恒缘新材料科技4家企业为产业基金第一批重点拟投项目。

（李　宁）

衡阳市发展投资集团有限公司

【概况】 2017年，衡阳市发展投资集团有限公司（以下简称市发展投）坚持稳中求进的总基调，紧紧把握“稳定、管理、发展”三条主线，企业经营平稳有序，各项工作扎实有效推进。截至2017年12月底，市发展投总资产68.79亿元，总负债44亿元，净资产24.79亿元，资产负债率63.97%。

一、市场转型方面。按照市委、市政府的提出“突出金融主业、向金融控股集团进行转型”的目标，开展专题调研，对接省内多家金融单位，学习先进经验。通过与省财信金控多次进行对接和沟通，共同组建成立衡阳市资产管理公司，于2017年12月20日正式挂牌，截至2017年年底，公司相关制度都已完成，董事长已配备到位，市场化招聘经理层方案已出台。融资租赁公司组建合作方案获市政府批准。同时计划2018年再新增三个金融业态，一是成立融资租赁公司，对接市政府与比亚迪引进1500台新能源公交车的需求；二是组建基金管理公司，发行“双创”基金和“现代工业制造2025”股权投资基金，其中“双创”基金首期5亿元，“现代工业制造2025”股权投资基金首期2亿元，为衡阳市创新创业和“3311”工程提供金融支撑；三是成立商业保理公司，为实体经济领域中小企业提供中短期贸易融资。

二、项目建设方面。2017年，市发展投共承担项目6个。截至2017年12月底，共完成项目建设总投资1.69亿元。杨柳公租房项目项目一期已完成主体工程，内外粉刷基本完成；二期5#楼完成主体21层。湘南新兴产业创新创业孵化基地项目完成不动产登记证的办理及地质勘察、一、二期设计招标工作；规划方案已上市规划专家会及红线会。衡阳市智能物流产业园项目完成8160平方米钢结构仓储厂房建设，并于2017年4月交付使用；完成周边道路硬化约1万平方米、物流区土方回填约64万立方米。湘南农业公共服务平台暨电商产业园项目完成项目一期用地招、拍、挂手续，缴纳所有土地出让金并办理国土证；市财政局投资评审中心对建设项目设计招标、监理招标、地质勘查招标上限值出具评审意见。长湖棚改项目完成概念性规划设计、拆迁入户摸底、政府购买服务招标流程，与蒸湘区政府签订棚改框架协议。立新大道项目完成施工图设计、拆迁红线图、监理单位等招标工作。

三、资产规模方面。在盘活存量方面。广泛开展招商，智能物流项目与百世汇通、速尔快递签约面积7558平方米，两家快递公司均已入驻；与天天快递签约面积为4829平方米。双创项目已与14家创业企业达成意向协议，完成意向招商5000多平方米；联合衡阳市留学生协会开展两期“天生我才”双创活动，网络点击量近200万。在资产增量方面。完成办证土地25.6公顷、摘牌土地24.33公顷，完成组卷土地26.27公顷。在项目策划方面。长湖町片区棚户区改造项目被列入政府2017年PPP项目工作计划；为承接“十三五”期间衡阳市中心城区新建加油站项目，新成立发展投能源公司，该项目市政府已明确市发展投为建设经营的主体单位。在融资方面。共到位资金18.8亿元，综合成本控制在7%以下，资金使用率超过80%。

四、风险防控方面。开展“潜在风险”清理、规范项目评审、维护银行合作、降低担保费率等工作，以夯实工作基础。着重对代偿资金进行追偿，一是外聘律师团队，加强诉讼清收力量。二是争取市公安局延长驻公司清收工作组工作时间，并通过检察院、法院等部门配合介入，起诉一大批欠款钉子户，2017年起诉项目19个、起诉案件56笔，涉及诉讼金额5.28亿元。另外，按照市委、市政府安排部署，为加大对市担保公司不良资产追偿力度，尽快恢复市担保公司功能，由集团公司牵头开展市担保公司不良资产专项清收，成立清收领导小组，组建5个清收小组及综合组、监督组，有重点地围绕一批大额项目实施突破。截至2017年年底，全年完成清收2.12亿元，其中现金清收1.52亿元，资产清收6000万元，其中专项清收共收回资金1631.1万元。截至2017年年底，市担保公司在保余额22.15亿元，比同期下降4.79亿元；在保户数151户，下降34户，各客户基本正常转贷。

五、服务地方发展方面。利用“政府风险补偿基金”作为增信措施，与工行、农行、建行、邮储银行签订《政府风险补偿基金担保贷款合作协议》，为9家企业开展“助保贷”业务2720万元。另外，为解决中小微企业融资难、转贷难问题，2016年7月至2017年12月，为企业发放过桥贷款76笔、金额8.2亿元，有力的支持地方企业融资。

（张全华）

【何录春到市发展投调研智能物流项目建设】 2017年2月24日，衡阳市委常委、常务副市长何录春到市发展投调研“智能物流”项目。市发展董事长刘波、总经理李明、监事会主席王大宏陪同调研。调研过程中，何录春详细听取项目情况和存在困难的汇报。在实地查看“智能物流”项目工地和听取汇报后，何录春对市发展投全力抓好重大项目建设的成绩给予肯定，针对项目建设存在的困难和问题，他表示要加大政策支持力度，切实为项目建设提供保障。何录春同时强调，“智能物流”项目要加快形成物流信息、网络、运营平台优势，加快资源开放共享，为物流园树品牌、提高知名度和影响力夯实基础。何录春希望，“智能物流”项目要切实以打造湘南地区现代智慧物流枢纽为目标，建成连接长三角与珠三角商贸物通重要节点，为推动区域电子商务的发展、区域智慧物流体系的完善和地方经济升级提速发挥带动作用。（张全华）

【天星资本总裁王骏一行到访市发展投探讨产业与金融合作】2017年4月24日，天星资本创始合伙人、总裁王骏，天星资本合伙人、投资经理肖驰一行受邀访问市发展投。市发展董事长刘波、总经理李明、工会主席王琴出席会谈。会谈中，王骏详细介绍天星资本的发展历程、业务板块和未来发展规划。对天星资本在产业基金、政府引导基金的设立及各地产业园区建设方面给予肯定，表示要大力推进与天星资本的合作。当天下午，刘波、李明陪同天星资本王骏总裁一行考察中核二七二铀业有限责任公司。在该公司，二七二铀业公司总经理谢凌峰详细介绍公司基本情况，以及“白沙绿岛军民融合产业园”项目建设方案、进展情况及园区的发展模式。在三方交谈中，天星资本总裁王骏表示，“白沙绿岛军民融合产业园”可采用项目+基金的运作模式，依托天星资本强大的投研实力，对项目进行统筹规划、建设和运营；通过市发展投组建PPP产业基金和军民融合产业基金等，协同推进产业园发展。三方均对这一模式表现浓厚兴趣，表示将保持沟通交流，寻找合作契合点，实现合作共赢。（张全华）

【湘投集团到市发展投洽谈合作】2017年11月21日，受湘投集团总经理李郁委托，由湘投资产管理公司董事长尧克明带队的考察组到市发展投洽谈合作，双方就合作领域、合作方向等进行座谈交流。市发展投董事长刘波、财务总监高旭光、副总经理易维陪同考察交流。座谈中，双方结合各自领域、围绕双方合作切入点相继发言。尧克明在交流中介绍湘投集团发展历史和业务情况，尧克明表示湘投集团愿意借机在衡阳进行投资布局，同时双方可以在项目、资本、战略方面进行合作，并分别就三个合作层面提出建议。（张全华）

衡阳市松木投资集团有限公司

【概况】2017年，衡阳市松木经济开发区投资集团有限公司（以下简称市松木投）在宏观经济下行压力下，完成全年的目标任务。2017年融资目标12亿元，实际完成融资14.5亿元，超额完成目标；项目投资12亿元，完成全年目标；落实指标土地154.29公顷，确保国有资产保值增值。（罗惠译）

【融资工作】向各类金融机构贷款融资。以标准厂房四期建设项目向农业银行贷款2.9亿；以电镀中心项目向光大银行贷款0.96亿元；以棚户区改造二期项目（货币安置）、棚户区改造三期项目（货币安置），向农发行贷款6亿元和8亿元；以棚户区改造二期（实物安置），向工行贷款5.5亿元；以棚户区改造配套设施建设项目，向工行贷款3.2亿元。“非公开定向债券融资工具（PPN）”工作方面。为争取更多基础设施建设资金，做大公司资金盘子，保障松木经济开发区建设资金需求和推动平台公司转型发展，平台公司拟发行“非公开定向债券融资工具”，发行规模不超过20亿元。截至2017年年底，该项目已获得市政府同意发行批复，公司将根据市场行情择机实施。（罗惠译）

【项目建设】1. 土方平整。在短时间内克服困难，平整53.33公顷土方，确保比亚迪（衡阳）轨道交通智能制造产业园、建滔石墨烯智能地暖、建滔环氧氯丙烷等重大项目顺利推进，续写“衡阳速度”，为市委、市政府“3311”战略提供保障。2. 路网工程。南片的松梅路、龙祥路、花叶路、北片的聚元路顺利通车，云升路西延完成土石方工程，江霞大道北延完成水稳砂施工，衡大北路、友谊路、金华路正在快速推进。其中，通过学习和引进重庆地区先进做法，提升南片三条道路整体形象水准。3. 房建工程。安置房八期、公租房四期、标准厂房四期已竣工，安置房七期、卫生服务中心主体工程已竣工，安置房九期加快推进。其中，在安置房九期建设中利用园区自身企业中民筑友的技术优势，首次将其装配式建筑工艺应用到整个项目建设中。4. 配套工程。绿化再提质工程、与房建、路网项目配套的给水、供电、有线电视、天然气和杆线搬迁工程完工，防灾减灾六个平台、电镀标准厂房项目进行招投标。（罗惠译）

【土地收储】 2017 年，市松木投领回 26.46 公顷用地批文，落实比亚迪轨道交通等 7 个项目用地指标 27.84 公顷，完成 4 宗国有土地共 19.64 公顷不动产权证办理，完成办理 13 本金源公司国土证及房产证的权属变更手续。其中，为保障衡阳市人民政府重点招商工业项目比亚迪（衡阳）轨道交通智能制造产业园用地需要，经过与省国土资源厅、省勘查设计研究院及新澧化工多方协调，在不到一个月的时间内，完成该项目压覆矿产资源查询和储量评估工作，并顺利通过国土资源厅审批。为扩展公司业务发展，打造松木南片新的增长极，2016 年 12 月，公司与全国五百强企业大汉控股集团对接，考察其位于长沙的商业综合体、物流和房地产项目，探索松木经开区物流片区和南片商住片区开发模式，主动寻找公司投资合作新出路。（罗惠译）

【精准扶贫】 2017 年，市松木投加大帮扶工作力度，多次前往伊山村开展精准扶贫现场办公，并到贫困户家中走访慰问，了解他们的实际困难及脱贫需求。也多次与伊山村县级联点领导、县驻村工作队、镇干部和村两委干部对接扶贫工作，通过开展座谈会和进村入户实地了解情况等方式共同推进公司联村帮扶工作，明确精准扶贫帮扶工作总体思路及指导方案，公司以产业扶贫、基层建设、捐赠慰问为重点，在符合扶贫政策的情况下，做到产业扶贫方面年度财物投入不低于 20 万元；基层建设年度不低于 5 万元、捐赠慰问年度不低于 5 万元，协助伊山村打造出贫困户参与、贫困户获益的扶贫产业，助力伊山村集体经济发展壮大。公司领导就产业扶贫项目带领帮扶责任人进行多次现场调研，协助衡阳县驻村扶贫队、镇、村共同制订《伊山村产业扶贫项目实施方案》，按方案步骤推进开展工作，重点推进黑斑蛙养殖、蔬菜基地建设、南竹加工、鱼塘承包等 4 个项目。现阶段全部项目已完成协议签订，养种植基地开挖扩建，公司将分阶段根据项目建设完成进度，与衡阳县扶贫开发办公室、县驻村扶贫队、镇政府联合审核验收后，对村集体投入部分及参与贫困户进行资金支持，并在镇政府、村部张榜公示。（罗惠译）

衡阳白沙洲开发建设投资有限公司

【概况】 2017 年，衡阳白沙洲开发建设投资有限公司（以下简称市白沙投）各项目标任务顺利推进。全年完成融资 35.6 亿元，为年计划的 142%，增长 60%；资产增值 31.9 亿元，为年计划的 106.3%，增长 18.7%，资产总额总资产 178.92（178.87 误）亿元；全年上缴税金 1.15 亿元，增长 37%；完成固定资产投资 11.99 亿元，为年度计划的 95.3%，同比口径增长 7.4%；争取国土摘牌 45.38 公顷；收取租金 3823 万元，同比增长 194%；全面超额完成各项经济指标。（宁　彦）

【项目建设】 2017 年，市白沙投在产业服务、民生福祉、基础设施等领域，重点建设富士康 IDX 厂房等一批支撑发展项目。1. 富士康二创（IDX 厂房）、三创新建项目。在时间紧、任务重、手续难的情况下，截至年底，完成国土摘牌 24.33 公顷，三创的 A5、A6 厂房及配套设施完成施工前的准备工作，二创提质工程已按时投入使用，新建厂房 A1、A4 栋已完成土建投资 13000 万元。新融创项目配套服务在一个月内完成三栋厂房消防、水电等改造，累计投入 1000 万元，为做大做强综保区提供有力保障，扎实推进市委市政府提出的振兴实体经济“3311”工程计划，打造衡阳对外开放平台。2. 市九中迁建项目。2017 年完成 12 幢建筑物全部施工，完成立项、规划方案、环评、能评、质量、安全、合同备案和施工许可证等手续办理，国土摘牌 7.27 公顷，投资 1.85 亿元，正在开展相关配套施工。3. 白沙实验学校项目。截至 2017 年年底，完成投资 5000 万元，完成实验楼、教学楼、办公楼、学生公寓及食堂全部工程，主水、主电、供热、燃气、弱电管道预埋等配套工程，进入移交工作阶段。4. 衡阳啤酒广场。选址燕京啤酒公司东面湘江防洪堤上，南北长640米，东西宽50米～60米，建设面积约4.4万平方米，概算投资约3600万元，是衡阳市第一个工业旅游项目，也是衡阳市推进“八城同创”的重点工程，在诸多困难的情况下，3个月内建成，完成投资4500万元，创造园区建设新速度。5. 湘江风光带防洪堤。是一个集防洪、休闲、娱乐、旅游于一体综合性项目，主要建设内容有：防洪堤加固、园林绿化、亲水平台、水上舞台、球场、停车场、自行车道及建筑小品和沿江南路等。北起桐桥港，往南到达白沙大道，全长3965米，宽82米～132米，面积为38.45公顷，总投资16725.3万元。已完成防洪堤以及道路的路基土石方工程、雨污水工程、护脚工程、浆砌片石护坡工程、电信电缆管工程以及部分亲水栏杆与游道栏杆；加快抓紧路灯、绿化、路面施工；并与规划部门对接调整规划方案，满足沿江绿化带150米的退让距离要求，完成投资1.895亿元。 （宁　彦）

【转型发展】 2017年，市白沙投为实现公司转型发展，加快平台建设。截至2017年年底，公司旗下共有2个全资子公司，4个控股公司，2个参股公司。通过组建控股参股公司等方式，引进资金和产业项目，发展园区实体经济，带动园区上下游产业发展，增强公司竞争实力，为园区二次创业奠定基础。1. 大数据中心项目。与安徽梦舟合作在综保区建成大数据中心，数据机柜一期2000个，总投资约13亿元，签订框架协议，前期人员及相关筹备工作有序开展，打造园区经济的新增长极。2. 配售电公司。根据湖南省配售电改革试点工作要求，以有效打破电力垄断，降低用电成本为目标，为快速推进配售电试点改革，由白沙投控股并发起，开展能源公司组建工作，白沙投占股30%，现已租赁场地开展公司注册及前期筹备工作，初步确定为园区用电企业每度电价下调6分钱，为园区招商引资提供优势。3. 远大住工项目。引进长沙远大住宅工业集团股份有限公司，组建衡阳远大建筑工业公司，白沙投投入3922万元，占股34%，公司已完成注册登记，进行生产厂房改造等工作。4. 新融创项目。开展融创入股谈判，成立湖南新融创实业股份公司，市白沙投投入2200万元，占股55%，合资公司预计全年完成进出口贸易额3亿美元，同比增长11倍；并在合资公司旗下成立2家子公司，做好入驻综保区企业湖南顺万伦电子公司等3家公司资金链供应服务。 （宁　彦）

【精准扶贫】 2017年，市白沙投出资100万元，设立扶贫专项基金，下设教育扶贫基金、生活帮困及医疗救助基金、产业扶贫基金及基础设施建设基金，开设专户，人力财力专项支持，开展党员干部结对子活动，投入扶贫资金22.3万元。 （宁　彦）

城建城管

城乡规划

【概况】 2017年，市城乡规划局大力开展城乡规划各项工作，推进城乡建设事业健康有序进行。

一、全面推进行政审批改革。一是继续推行规划审批套准则。规划审批事项严格按照《衡阳市城乡规划行政技术准则》（以下简称《准则》）执行，符合《准则》要求的，接档即办，快办快结，行政效能以分计算，超期问责。对不符合《准则》的，书面予以告知，及时退档。模式化的操作确保规划审批的公平公正，高效快捷。二是改革建设项目集体审查会。2017年10月以来，对符合《衡阳市城乡规划行政技术准则》等法律法规的行政事项，原则上不再递交项目会审查研究，由经办人员、经办科室直接办理即可；对疑难杂症，涉及多个部门的项目，由分管领导或局主要负责人召集专题会议研究，行政效能大为提高，平均为每个项目节省报建时间2周左右，持续20多年的项目会审会迎来终结。三是依法精简审批非法定环节。2017年11月，精简中介服务，一方面取消强制性规整和日照分析，由业主单位自行委托设计单位进行。另一方面限定施工图审查时间，明确10万平方米的建筑面积必须在1个工作日内完成施工图审查，超过10万平方米的在2个工作日内完成审查，为项目节省时间数以月计。

二、全面提升规划服务质效。一是全面推行首问责任制。以“首问”科室作为牵头科室，负责协调其他科室协力处理问题、解决矛盾；坚决防止门难进，脸难看，事难办的现象发生。二是建立国土规划联席会制度。就涉及两个部门之间的问题面对面直接会商办理，会商结果除需请示市政府的外，直接办理。截至2017年年底，召开3次，就三江六岸规划管控、既有土地处置、代征土地计容、中兴网信等问题形成一致意见，树立政府部门间相互尊重、平等协商、默契配合的标杆。三是建立规划与服务对象常态化联系机制。建立规划服务群和市规划局与服务对象联席会议制度，实现全天候全方位服务，主动听取服务对象对规划工作提出的意见或建议，回应建设单位关心的问题，解决企业发展中的矛盾。四是处理遗留问题。按照市委市政府有关决策部署，秉持需要什么就办理什么的原则，依法稳妥处理共创集团衡阳商业步行街等10多个遗留问题，化解矛盾，维护相关方合法权益。2017年，办理发放各类许可证467项，其中选址意见书53项、建设用地规划许可证85项、建设工程规划许可证279项、乡村建设规划许可证6项、建设工程规划验收合格证54项，按时办结率、准确率达到99%以上。

三、网格化巡查，注重源头防范。实行网格化巡查，分片包干，责任到人。对重要地段、重点项目采取开展常态化全天候全方位执法巡查，确保违法建设及时被发现、被制止，遏制违法建设行为的发生。2017年，本局对240个项目进行常态化监管，下达责令停止建设通知书130份，限期自行拆除通知书260份，对20多个项目采取停水停电停混凝土措施，联合城区政府拆除违法建设约23.6万平米。

四、套公式处罚，发挥威慑作用。始终秉持公平公正公开的原则，对所有违法建设行为依法查处到位，按照衡阳市城乡规划行政处罚自由裁量权基准的规定套公式进行处罚，2017年下达行政处罚68份，罚没款超过1亿元。与市中级人民法院，市法制办衔接沟通，对赖账行为依法及时申请强制执行，加强规划行政执法收缴罚款3060多万元。

五、严把容积率关，维护公平正义。按照法律政策要求，依法对建设项目容积率指标进行核实，理顺规划核实的法理，明确规划核实的主要内容，对因划拨土地计容、违法建设等造成的超容率，依法核实并及时函告国土部门。

六、分类施策，推进五年清零。报请市人大开展《湖南省实施〈城乡规划法〉办法》执法检查，重点督促各县市区，相关职能部门依法加强对违法建设的惩治力度，引导全市上下形成共识，凝聚合力推进建成区违法建设五年清零。做好五年清零行动的牵头组织工作，依法对全市既有违法建设进行摸底排查，立案建档，依法进行查处，除几个重大违法建设项目待市政府决策后执行，其他项目均下达规划行政处罚决定书，部分项目已结案。对重大违法建设项目实行一案一策，确保查处到位。截至2017年年底，清零行动已累计完成目标任务的40%左右。新开工的房地产开发项目几乎没有违法建设行为，违法建设存量正逐步减少，五年清零进展顺利。（陈智慧）

【总规修编】 2017年2月，启动新一轮衡阳市城市总体规划（第八版）的修编工作，制订城市总体规划修编框架性意见，明确城市总体规划修编的基本构想，规划期限为2020—2035年，到规划期末年城市用地规模突破200平方千米，人口突破200万，规划区范围由现在的1121.41平方千米扩大到4000平方千米以上，获得市委、人大、市政府、政协联席会议的原则同意。报请市委、市政府成立以市党政主要领导挂帅的高规格城市总体规划修编委员会，全面加强修编工作的组织领导；召开全市城市总体规划修编行业规划征集会议，开展问卷调查工作，完成地形图修测、规整及城市用地情况调查工作，城市总体规划修编前期工作全面推进。指导各县市区根据衡阳市总体规划的变化及辖区经济社会发展的实际情况，及时做好县市区总体规划修编（改）工作，衡南、衡阳、南岳、祁东、衡山城市总体规划均于2016年5月1日前获得市政府的审批。耒阳市、常宁市城市总体规划按程序上报省政府审批。衡东县城市总体规划还修编。（陈智慧）

【控规编制】 截至2017年年底，编制150多平方千米控规，审批90余平方千米，按程序报批60平方千米。督促各园区、新区加强控规编制，其中高新开发区约18.12平方千米获得省城乡规划委员批准同意，进入批前公示阶段；松木经济开发区8.06平方千米控规、白沙洲工业园11.17平方千米控规，已获得部门审查，法定控规全覆盖迈出坚实步伐。建立控规动态维护机制，制定出台控规修改管理暂行办法，召开专题会议研究明确控规修改的责任主体、程序及相关条件，夯实规划管理审批依据。（陈智慧）

【专项专业规划】 2017年8月，历史文化名城保护规划，获得市党政联席会议的原则同意，成果拟上报省政府审议批复。2017年11月，全面完成衡阳生态绿地系统1+5编制，成果获得市政府的审议批准，为创建国家园林城市奠定良好基础。2017年12月，《衡阳市通信设施专项规划》《衡阳市消防专项规划》《衡阳市临时立体停车库规划》《衡阳市地名规划》《衡阳市城市装配式建筑发展规划》《衡阳市电动汽车充电基础设施建设专项规划》《衡阳市中心城区划定规划控制单元专项规划》等规划等专项全面完成，厘清城市公共服务设施和基础设施建设脉络。（陈智慧）

【乡镇规划】 组织规划院编制市本级“四乡四镇”（呆鹰岭镇、岳屏镇、茶山坳镇、东阳渡镇、雨母山乡、角山乡、和平乡、酃湖乡）的总体规划，并协调相关城区政府报批。2017年年底，相关乡镇总体规划基本获得市政府批复。（陈智慧）

【重大项目规划】 2017年11月，做好衡阳雨母山片区融合规划、梦东方旅游度假区、来雁新城文化风情街、滨江新区南岳衡山国际旅游度假区、衡阳城市轨道交通规划等重大规划的组织编制、审查等工作，为提升城市品质提供科学引领。2017年10月，初步完成三江六岸新规划，力争湘江风光带宽度不少于150米，耒水蒸水风光带宽度不少于100米，建设生态自然的三江六岸滨江公园。全面加强滨水区域城市设计，合理控制建筑容量，优化城市天际轮廓线，强化色彩和风格管理，塑造独具吸引力的城市景观。（陈智慧）

【重点项目规划】 全力服务市政设施、公共服务设施、工业项目建设，完成二环西路、衡山大道、曙东路等40多条城市主次干道，市第二社会福利院、衡山科学城标准厂房等30多个政府性项目的审查，保障项目的顺利落到。（陈智慧）

【重大项目建设】 对市委、市政府安排部署的重大建设项目开通直达车，第一时间办理好规划手续，确保项目规划科学、设计合理、建设合法。一是保障重大项目落地。比亚迪（衡阳）智能制造产业园项目、建滔（衡阳）热电联产项目等一批对衡阳发展具有深远影响的好项目、大项目，因选址均位于城市总规确定的建设用地之外，为国家明令禁止的行为。城乡规划局创造性地采取单批单报或报请局部修改城市总体规划的办法，满足项目选址的需要，突破法律政策上的障碍。二是支持实体经济发展。为工业企业办理各项规划手续，2017年以来，为特变电工、金杯电缆、衡钢、燕京啤酒厂等30多家企业，开辟绿色通道办理相关规划手续，推进市工业振兴“3311”计划的实施。三是全力支持公益项目建设。对学校、医院、福利院、安置房、棚改房、体育设施、公共文化设施、市政道路基础设施等项目在坚持行政的基础上，灵活运用法律政策规定，办理相关规划手续，确保项目顺利开工建设。（陈智慧）

【《衡阳市城市总体规划（2006—2020年）获国务院正式批准】

2017年2月，国务院已经正式批准《衡阳市城市总体规划（2006—2020年）（2017年修订）》（以下简称《总体规划》），明确“衡阳是湘南地区中心城市”。到2020年，中心城区常住人口控制在170万人以内，城市建设用地控制在161.5平方千米以内。在《总体规划》确定的1121.41平方千米城市规划区范围内，实行城乡统一规划管理。加强市区内空间管控，强化对所辖市、县和重点镇的规划引导，推进城乡一体化和基本公共服务均等化。加强与环长株潭城市群及湘南地区协调合作，服务湖南省域整体发展。合理控制城市规模。到2020年，中心城区常住人口控制在170万人以内，城市建设用地控制在161.5平方千米以内。要贯彻城乡规划法关于先规划后建设的原则，禁止在《总体规划》确定的建设用地范围之外设立各类开发区和新城新区。要落实好《总体规划》确定的城市开发边界，加强边界管控，促进城市紧凑布局。增强城市内部布局的合理性，提升城市的通透性和微循环能力。坚持节约和集约利用土地，严格控制新增建设用地，加大存量用地挖潜力度，合理开发利用城市地下空间资源，提高土地利用效率，切实保护好耕地特别是基本农田。推进海绵城市建设。批复指出，要切实做好节能减排工作，加快化解过剩产能，明确责任主体，落实工作措施，严格控制污染物排放总量，支持发展绿色建筑。加强城市环境综合治理，提高污水处理率和垃圾无害化处理率，限期达到《总体规划》提出的各类环境保护目标。加强水资源保护，划定城市蓝线保护范围，落实最严格的水资源管理制度，结合水域自然形态进行保护和整治，提高水资源利用效率和效益，建设节水型城市。加强绿化工作，划定城市绿地系统的绿线保护范围。推行低影响开发模式，推进海绵城市建设。要加强对南岳衡山等风景名胜区、自然保护区以及湿地、水源地等特殊生态功能区的保护，制定并严格实施有关保护措施。保护城市传统风貌和格局。将城市保障性住房的建设目标纳入建设规划，确保保障性住房用地的分期供给规模、区位布局和相关资金投入。加快棚户区、城中村、城乡危房改造及配套基础设施建设，根据城市的实际需要与可能，稳步推进城市有机更新。要落实历史文化遗产保护和紫线管理要求，重点保护好南岳摩崖石刻、衡州窑等各级文物保护单位及其周围环境。要做好城市整体设计，加强城市景观视廊的控制和引导，严格控制景观风貌区周边的建筑高度，保护好衡阳四角青山、三水穿城的自然格局，重点控制湘江、耒水和蒸水两岸的城市天际线，突出丘陵地区山水城市特色风貌。（王　超）

【衡阳市召开市城乡规划汇报会】

2017年7月19日，衡阳市召开市城乡规划汇报会，市委书记、市人大常委会主任周农出席会议并强调，要高度统一思想，高度重视规划，科学制定规划，加快推进重点项目建设。市委副书记、代市长郑建新出席会议。会议听取全市第八次城市总体规划修编、来雁新城草桥风情文化街、衡阳历史文化名城保护等规划的编制情况汇报。会议原则同意抓紧启动衡阳市第八次城市总体规划修编。周农指出，衡阳市是国务院确定的湘南区域性中心城市，致力打造湖南省域副中心城市，在省内拥有较大的城市建成区面积，拥有便捷的交通区位条件。当前，衡阳市城市总体规划重点要把核心区规划好，按照市第十一次党代会提出的“200平方千米、200万人口”的目标做好中长期规划。周农强调，城市总规要与土地利用总体规划相协调，要与交通发展规划相协调，要与区划调整方向相协调，要与产业规划相协调，要与历史文化名城保护及全域旅游规划相协调。规划一经制定，就要严格按照规划办事。周农强调，来雁新城的规划要进一步修改完善。草桥风情文化街要结合实际，把住重点，将青草桥、水师码头以及“酒百家”等景点或历史场景生动地体现出来，营造浓厚的历史氛围，打造特色和亮点，能够吸引游客。博物馆、科技馆、规划馆等场馆要按照统一规划、集中建设的原则，组织专家反复论证，广泛听取各方意见，拿出科学选址方案。周农指出，衡阳是一座拥有两千多年悠久历史的文化古城，历史底蕴浓厚、名人古迹众多，申报国家级历史文化名城完全具备条件。衡阳的历史文化名城保护规划要正确处理保护与发展之间的关系，既要有利于文化传承和保护，又要有利于利用和发展。郑建新指出，衡阳市第八次总规修编是城市发展的必然结果，符合衡阳市的发展需要，修编要规划长远，谋划全局；来雁新城的规划要和全省、全市的旅游规划相吻合；历史文化名城规划要注重保护与开发利用相结合；场馆建设要有大局意识，做好选址规划；要由专门的部门牵头，把城市规划、产业规划以及交通旅游等各种规划相整合，实行多规合一。市领导邓群策、段志刚、张贺文、廖健、伍清明出席会议，市领导彭玉明主持会议，市领导李平、市老领导谢宏治出席会议。

（王　超）

住房和城乡建设

【概况】　2017 年，衡阳市住房和城乡建设局（以下简称市住建局）以打造“绿色住建、人文住建、智慧住建”为主线，推进“五个新衡阳”建设，以八城同创为动力，提升城市品质，强化行业监管，美化生态环境，惠及百姓生活，各项工作任务圆满完成。

（谢志纯　陈　艳　唐　薇）

【城乡面貌】　1. 城乡人居条件。全市棚户区改造开工 23739 套，开工率 100%，足额完成任务，并列全省第 1 名；棚户区改造基本建成 34501 套，完成率 188.02%（含往年结转基本建成 18905 套）；公租房分配入住 17731 套，完成率 116.7%；地下综合管廊建设完成 6.9 千米，名列湖南省第 6 名；努力培育特色小镇，住建部启动的第二批全国特色小镇推荐评选活动，衡阳市珠晖区茶山坳镇成功入选，衡南县三塘镇、祁东县归阳镇、耒阳市新市镇和衡阳县金兰镇被省住建厅评为湖南美丽乡镇示范（第三批）；农村危房改造实际改造完成 8289 户，完成率 118.25%，市住建局被省住建厅评为 2017 年农村危房改造工作成效明显的 5 个单位之一，是衡阳地区在全省城乡建设系统多项工作表彰中唯一上榜的单位。2. 城乡人居环境。城市黑臭水体整治效果显著，8 个整治项目圆满完成，超额完成整治任务，名列全省第 7 名；乡镇环境整治工作可圈可点，完成衡南县栗江镇、耒阳市新市镇、珠晖区茶山坳镇等 3 个乡镇污水处理设施建设，在全省名列第一；全市建制镇污水处理率已达到 40.7%，全市 147 个乡镇已建成污水处理设施或纳入市（县）污水处理管网的乡镇 15 个，启动建设污水处理设施 9 个；筹资新建 6 个乡镇垃圾中转站，完成农村生活垃圾治理任务数 414 个，完成比例 103.5%。3. 城市汛期安全。为抓好城市防汛工作，市住建局在夏季的强降雨期间，先后投入资金 350 余万元，组织干部职工 3500 余人次，调集各类防汛车辆 1000 余台次，严格执行领导带班和 24 小时轮班责任制，对重点路段、排水机埠等重点设施进行蹲点守候，对道路排水系统、排渍站等防洪设施加强巡查和维护，对建筑工地、危旧房屋展开不间断地巡查排查，通过严防死守、轮番督查、紧急抢修和巡查检测，确保城区未出现大的内涝，在建工地、房屋使用、供水供气、道路桥梁亦未出现一例安全事故，被评为“2017 年全市抗洪救灾先进集体”。

（谢志纯　陈　艳　唐　薇）

【房地产市场调控】　2017 年，市住建局以“稳房价、去库存、建机制、防风险”为重心，分类调控。全市完成房地产开发投资 159.62 亿元，同比增长 9.4%，房地产从业人员增速 10.4%，房地产从业人员劳动报酬增速 33.1%；全市商品房销售面积 952.03 万平方米、金额约 406.75 亿元、均价 4272 元/平方米，与 2016 年同期相比分别增长28.01%、41.37%、10.44%；根据住建部要求和市场实际需求，通过出台《关于规范市城区新建商品房销售价格行为的通知》等相关文件，采取相应措施，遏制衡阳市房价过快增长的态势。截至2017年年底，衡阳市累计库存量面积687.58万平方米（其中住宅累计库存量面积445.80万平方米），去化周期为6.15个月，处于合理区间。整个市场呈现出“以住宅销售为主导，‘住宅属性’较强，基本为刚性需求和改善性需求”的特征，投机性炒作成分较少，切合国家对楼市调控的要求。

（谢志纯　陈　艳　唐　薇）

【建筑业发展】　2017年，全市建筑业总产值540亿元，增速达12.9%，排名首次上升至全省第7名，产业实力持续增强；全年完成施工图审查备案的新建工程项目共75项，总面积410万平方米，设计阶段建筑节能强制性标准执行率为100%；截至2017年年底，市本级监管项目97个，总中标价29.15亿元，总建筑面积119.77万平方米，建设工程应招标、实招标、应公开招标、实公开招标率均为100%。

（谢志纯　陈　艳　唐　薇）

【基础设施改造】　2017年，市住建局负责实施的9个项目（移交、退出6个）中，设施配套、道路改造及功能提质项目7个，全年新建、改造道路11.8千米，面积30余万平方米，其中，老城区道路提质改造已全部完成；角山污水处理厂配套管网及提升泵站建设、望城路西延及凤凰路西延路基工程、西合铁路跨蒸水桥安全整治工程已基本完成；角山、松木两个污水处理厂已签定PPP特许经营协议，四通一平基本完成，角山项目正在进行水池基坑开挖，松木项目正在进行管道埋置与垫层施工；酃湖污水处理厂PPP特许经营协议已基本谈判完成，进行征地拆迁并准备协议签订相关事宜。根据创建全国文明城市总体要求及衡阳市道路现状，通过对标提质，对全市主次干道的路面、人行道、排水等进行全面的高标准的维护，共完成沥青路面40069平方米、修补路缘石5645米、修补流水板3256米、路基注浆9648平方米、更换检查井524座等，市政设施完好率达95%以上。同时强化文明创建舆论宣传工作，在机关大院内、人行天桥上和市区主次干道建筑工地围挡均制作悬挂宣传标语和公益广告，住建系统干部职工对创建工作的知晓率、参与率达到100%。在建项目基本落实扬尘治理要求，更换破损、脏污围挡4300余米，硬化施工现场道路69300米，采用密目网覆盖土方、沙石276100平方米，新建高标准喷淋洗设施124个；市城区所有临街主干道的项目100%落实围档靓化工作，冲洗设施覆盖率100%，建筑工地基本做到施工不扰民、现场不扬尘、运输垃圾不遗撒。

（谢志纯　陈　艳　唐　薇）

【征拆处置】　为推动全市范围内国有土地上房屋征收工作，市住建局采取“城区专人负责跟踪指导，县市区专人负责联系督导”的方式，市县区联动办公，为衡阳市国有土地上房屋征收平稳推进奠定基础。同时，联同各城区政府宣传货币化安置政策，引导被征收人选择货币化安置，让群众生活环境得以改善，切实得到实惠，个人私有宅征收货币结算安置率达到80%以上。启动国有土地上房屋征收成本核评项目32个，已完成24个，征收面积15.9万平方米，其中重点工程项目成本核评18个，社会化投资项目成本核评6个，其他项目按成本核评流程正在紧张地进行，获得全省2017年度国有土地上房屋征收工作先进单位称号。

（谢志纯　陈　艳　唐　薇）

【质监安全】　2017年，市住建局通过打造全方位监管体系，加强质量安全监管。一是启动建筑工地视频监控体系建设。通过建设全市施工现场视频统一监控平台，对市城区施工现场实施视频监控管理，同时将扬尘噪声污染纳入监测范围，提升工地安全文明施工监管水平，为创建“平安工地”发挥作用；二是开展专项整治行动，严厉惩处建筑施工非法违法行为，强化对建筑起重机械、脚手架支模架等重大危险源的监管，及时发现并消除安全隐患，市城区质量安全监督覆盖率、一次性验收合格率100%；三是对全市建设工程项目进行全覆盖、地毯式的安全生产大检查，共查处并整改质量安全隐患1529处，质量安全监督覆盖率100%；四是加强既有城市房屋安全管理，对各类既有房屋进行80余次安全鉴定，鉴定房屋总建筑面积20万余平方米。同时对全市危旧房屋进行排查，发现雁峰区接龙村存在山体滑坡现象，危及两栋570平方米危旧公房、19户居民的安全，市住建局立即安排相关人员及时组织居民搬迁，并拆除整栋房屋，避免重大事故发生。

（谢志纯　陈　艳　唐　薇）

【物业管理规范发展】　一是建立全市物业矛盾调处机制，发改委、规划局、住建局、质监局、城管、环保、人防等部门等相关部门相互配合，齐抓共管。各物业小区内违章搭建、乱收费、侵占公共部位、破坏公共绿地、燃放烟花爆竹等现象得到遏制，小区治安环境有明显好转，物业矛盾纠纷化解率达95%以上。二是新建楼盘前期物业招投标、物业专项维修资金归集和物业管理用房确认、物业承接查验工作均达到100%。三是建立由分管副市长任组长，各城区政府和公安、发改、住建等相关职能部门主要领导为成员的物业管理工作领导小组和联席会议制度，构建以市、城区政府、街道（乡镇）、社区（村）为主体的四级网格化物业管理工作格局，物业管理规范化发展水平提升。

（谢志纯　陈　艳　唐　薇）

【绿色住建】　2017年，市住建局按照绿色生态理念，推进住房和城乡建设事业发展。一是推进住宅产业化。制定下发《关于推进衡阳市住宅产业化实施方案》，明确衡阳市住宅产业化发展的具体目标，并编制2017年—2020年装配式建筑发展专项规划。衡阳市住宅产业化生产基地衡阳中民筑友绿色建筑科技园。截至年底，已完成构件生产基地建设，年产能可达150万平方米，其中综合管廊工厂是湖南地区首个综合管廊制造工厂，年设计生产能力为50千米，后续建设完成后，其生产产能可以达到300万平方米。全市采用装配式建筑的项目有：衡山科学城公租房项目、衡山科学城综合管廊项目、富士康IDX产业园项目、松木棚户改造区二期项目、和顺家园安置房项目，总面积达37.12万平方米。二是安全供水治堵结合。继续加强供水水质管理，全市出厂水质合格率达100%，水质综合合格率达99.9%。加快排污口封堵步伐，湘江饮用水源一、二级保护区内15个、蒸水两岸26个排污口，湘江排污口治理全部完成；蒸水两岸排污口共26个（不含2个入河口），由高开区负责实施的5个排污口已全部完成；其余21个排污口由市水利投负责出资并具体实施。三是推广清洁能源。重点加强对新建、改建、扩建的燃气工程的审批、验收及燃气用具市场的管理，发展管输天然气用户，配套建设城区天然气管道。市城区已新增天然气用户37656户，非居民用户341户，新建燃气管网148.9千米，超额完成省厅下达的任务。

（谢志纯　陈　艳　唐　薇）

【万达路新建工程开工】　2017年3月1日，万达路新建工程开工，工期4个月。建成后，可方便市民到万达广场购物。万达路位于蒸湘区，毗邻正在建设的万达广场，为城市支路。路段全长423.242米，呈东西走向，东西两端分别连接红湘南路、幸福路，双向四车道，设计时速为30千米/小时。车行道宽度采用3.5米和3.25米，路缘带宽度采用0.25米。万达路全线道路平面共设置1个交点，平面设计满足城市道路设计规范的要求。结合道路工程进行雨污分流，在人行道、沿线单位出入口、道路交叉口、人行过街设施、公交车站等处设置无障碍设施，满足视力残疾者、肢体残疾者及老人、小孩出行需求。万达路是万达广场的配套道路，建成后不仅便于市民到万达广场购物，也可与红湘南路、幸福路、衡州大道互通，有利于缓解该片区的交通压力。　（刘　源）

【珠晖区茶山坳镇入围全国第二批特色小镇】　2017年7月，住房城乡建设部公布全国第二批276个特色小镇名单，湖南省共有11个乡镇入选，珠晖区茶山坳镇上榜，成为衡阳市唯一获此荣誉的乡镇。此前，茶山坳镇已相继获得全国重点镇、国家级历史文化名镇、全国计划生育依法行政示范乡镇和全国美丽宜居小镇。继2016年10月公布首批127个全国特色小镇名单后，2017年9月又公布第二批276个。截至2017年年底，湖南省已有15个“中国特色小镇”。茶山坳镇位于衡阳市东北部，总面积64.8平方千米，常住人口 3.8 万。山水资源丰富，全镇生态湿地面积 53.33 公顷，森林覆盖率达到 60%，其境内的珠晖塔，矗立百余年，闻名遐迩，素有“衡阳东花园”之称。茶山坳镇下辖 9 个行政村、2 个社区居委会，现有流动人口 30 余万人次，以盐卤化工、现代物流、都市休闲农业、乡村旅游四大产业为经济支柱。镇内拥有属中国特大型岩盐矿床，形成以湘衡盐化为龙头的盐卤轻工业产业及精细化产业，有中国驰名商标“雪天牌”、湖南省著名商标“天鹅牌”。（刘　源）

【住建部考查组到衡阳考查国家园林城市创建工作】 2017 年 9 月 15 日，由江苏省住房和城乡建设厅巡视员王翔带队的国家住建部考查组到衡阳，采取听取汇报、查阅资料、实地检查等方式，对衡阳市创建国家园林城市进行实地考查。当天召开的汇报会上，考查组肯定近年来衡阳市围绕创建国家园林城市所做的工作。截至 2016 年，衡阳市建成区绿地率 37.4%，建成区绿化覆盖率 40.41%，人均公园绿地面积 9.39 平方米。市委书记、市人大常委会主任周农出席会议，市委副书记、市长郑建新作情况汇报。汇报会上，王翔指出，国家住建部 1992 年组织开展国家园林城市创建工作以来，得到各地政府的响应和广大人民群众的大力支持。园林城市创建已经成为各地政府改善人居环境、优化投资环境、打造生态环境的重要抓手。王翔指出，衡阳历史悠久，山水优美，是国家第二批生态文明先行示范区。2011 年，衡阳市作出创建国家园林城市的重大决策，2013 年获得湖南省园林城市的称号，创建工作有很好的基础，特别是近几年围绕创建国家园林城市做大量工作，取得不少新成效。王翔强调，这次考查是对衡阳创建工作的一次全面的检验。根据住建部的统一要求，考查组将通过听取汇报、查阅材料、实地检查，对照标准给各项内容提出评审意见和建议。同时，根据统一安排和部署，还将对城市园林安全生产工作进行检查。希望通过这次考查能促进衡阳市城市园林绿化和生态文明建设，把衡阳市的创建工作做得更好、更扎实、更有成效。郑建新代表市委、市政府，就衡阳市创建国家园林城市有关工作情况作汇报。郑建新指出，衡阳是中国抗战纪念城、中国优秀旅游城市、全国生态文明先行示范区，市区三江汇流，是少见的风水宝地；南岳衡山历为祭天、封禅胜地，已列入世界自然和文化双遗产预备名录；国家森林公园岣嵝峰、蔡伦竹海、中国印山、锡岩仙洞等自然景观神奇瑰丽。郑建新指出，近年来，市委、市政府牢固树立“五大发展理念”，围绕建设“五个新衡阳”的目标，扎实推进“八城同创”，努力把衡阳建设成景观保护得力、生态环境优美、绿地系统完善、绿化布局合理、市政设施配套、城市功能完善的生态宜居园林城市。郑建新表示，衡阳市将以此次考查为契机，认真汲取考查组的意见，自找差距、自加压力，提升城市建管水平和生态环境质量，力争早日实现创建国家园林城市目标。汇报会后，考查组前往衡阳市城区进行实地检查。市领导彭玉明、唐文峰出席汇报会。（刘　源）

【衡阳市创建国家园林城市座谈交流会召开】 2017 年 9 月 16 日，住建部考查组完成对衡阳市创建国家园林城市工作的实地考查后，召开座谈交流会。会上，考查组反馈对衡阳市实地考查的情况，对衡阳市的创建工作予以高度评价，并针对具体问题提出意见建议。考查组带队领导、江苏省住房和城乡建设厅巡视员王翔指出，衡阳要精益求精，提高园林绿化建设和维护的品质；要大力推进“海绵城市”建设；要进一步加强对城市环境的综合整治。市委书记、市人大常委会主任周农出席会议并讲话，市委副书记、市长郑建新出席会议。王翔指出，衡阳要精益求精，提高园林绿化建设和维护的品质。道路绿化要合理密植、进一步丰富色彩，河道岸线要形成较丰富的岸线景观，要加强园林管理，体现以人为本，进一步增加公共绿地的活动设施。要加大推进“海绵城市”建设，积极推行海绵理念，公园、小区的建设要适当制造一些“海绵”，要利用河道沿岸的绿化对水的净化，建一些“海绵”绿地。要进一步加强对城市环境的综合整治，“三清三建”的工作要深入推进下去，要建立长效机制加大监管力度。要高度重视园林绿化与市政公共设施的安全生产工作，确保以优异的成绩迎接党的十九大胜利召开。周农表示，将进一步深化认识，切实把创建国家园林城市作为落实五大发展理念的具体行动。自觉践行以人民为中心的发展思想，以更大的决心、更强的力度、更高的标准抓好国家园林城市创建工作，加快建设“生态优美”新衡阳。将进一步落实措施，全面提升创建国家园林城市工作水平。衡阳市将以此次考查为契机，坚持问题导向，针对考查组反馈的问题和整改意见，建立问题整改清单、责任主体清单、完成时限清单，对照标准逐条逐项加以整改、巩固提升。更新城市发展理念，以“海绵城市”“生态城市” “智慧城市”为引领，加快构建“山水洲城”的滨水园林城市格局，努力扩大城市绿量，提升绿化建管水平，完善城市配套设施，努力让衡阳人民生活越来越幸福。将进一步完善机制，以久久为功的韧劲巩固好国家园林城市创建成果。省住建厅党组成员、副厅长姚英杰出席会议并讲话。市领导彭玉明、唐文峰出席会议。（刘　源）

【珠晖区茶山坳镇金甲岭村获国家级“美丽乡村示范村”称号】 2017年9月，国家住建部等五部委公布2017年改善农村人居环境示范村名单，全国有99个村公布入选为美丽乡村示范村，珠晖区茶山坳镇金甲岭村是衡阳市唯一一个入选的村庄。金甲岭村域面积8.9平方千米，以丘陵山地为主，自然环境秀美，山水资源优越，植被覆盖面积达266.67公顷，是衡阳生态旅游的最佳目的地。金甲岭村主要景观有金甲古镇、三潭印月、金甲湖湿地公园、金甲水师广场、茶山植物乐园、金甲水师拓展基地等。近年来，金甲岭村实施“三年清五改一化”，狠抓古村旧宅、道路沟渠、村容绿化美化等基础设施建设。（刘　源）

住房公积金管理

【概况】 2017年，全市归集住房公积金32.82亿元，同比增加2.77亿元，增长9.25%，个人提取住房公积金25.84亿元，同比增加2.73亿元，增长11.82%，为1.01万户家庭发放住房公积金贷款31.92亿元，同比增加6.74亿元，增长26.79%，实现收益1.82亿元，贷款逾期率控制在万分之三以内。截至2017年年末，全市住房公积金累计缴存人数达38.1万人，累计缴存总额204.4亿元，累计提取108.7亿元，缴存余额95.6亿元，共向7.32万户家庭发放个人贷款136.14亿元，向财政上交廉租房建设资金5.1亿元，通过住房公积金贷款和提取，带动全市房地产消费62.8亿元，为政府增加税费收入26.3亿元。（周　雪）

【公积金使用】 2017年，市住房公积金中心配合国家宏观政策调控工作，结合衡阳房地产实际，继续以“去库存”为目标，以“政策规范年”为契机，全面推进“调整、规范、巩固、提高”的工作步伐。一是及时调整住房公积金的使用政策。针对近三年住房公积金资金需求居高不下、出现资金流动性紧张的现实状况，对过去实施的有关政策进行调整和完善，新的住房公积金使用政策立足于优先保障住房刚性需求，既保证贷款发放的良性运转，又有效规避资金风险。二是加大住房公积金的政策宣传力度。通过专版宣传、电视专题片、快问快答栏目等形式，有针对性地为职工答疑解惑，做客《政风行风热线访谈》开展面对面交流宣传。2017年，共举办2期专版、4个专题片和为期分别为6个月、2个月的主题宣传活动。发挥住房公积金内网平台覆盖面广、互动效果好的特点，利用微信公众号、手机客户端、官方网站在线提问等平台，即时播出和发布各类资讯1820条，中心网站累计访问量达到2千万人次，提升衡阳市公积金政策知晓率。三是加大规范缴存的工作力度。2017年，市住房公积金中心对全市5000多家缴存单位的基本信息进行重新清理等记，对所有缴存单位的月缴存额严格按照政策要求规范到位。为加快网上缴存的工作步伐，年内对全市500多名单位协管员举办12期住房公积金网上业务系统培训班。四是住房公积金的使用效益效果明显。年内，通过目标考核、资金调度、优质服务等措施，2017年个贷率上升势头强烈，截至2017年12月底，个贷比达到88.3%，同比上升18.42%，为历年最高。（周　雪）

【风险管控】 一是完善决策机

制。组建第四届管委会，优化管委会人员构成，召开管委会会议2次，对“三重一大”事项先后出台完善十余项专门的规章制度，严格按制执行，从机制上保证资金使用的绝对安全。二是规范财务管理。健全资金使用管理制度，强化资金安全监督，合理安排资金使用计划，根据贷款、提取、资金使用需求和资金流动性状况，由中心统筹安排、适时调节财务配置方案，每日指定专人对全中心的资金账户进行查询，及时掌握资金情况，确保资金安全。2017年，支付市本级提取、贷款业务近50000笔，开具支票4000余笔，差错率为零。三是严格执行普法学法。中心所有干部职工均按要求通过普法考试，聘请专业律师对业务办理涉法疑难问题进行普法讲座，开展国家宪法日宣传，提高中心履职法治素养，并对内部管理制度与政策执行进行及时修改修订，确保政策实施、具体操作有法可依、据法而行，在法律顾问协助下，审结逾期贷款诉讼12户，收回本息28.2万元，制定并落实《衡阳市住房公积金管理中心资产租赁管理办法》，有效规范资产经营行为。四是加强内审监督。加强内部审计、离任审计、专项审计监督，发现问题，及时整改，对每一笔提取、贷款业务，做到三级把关，两级稽核，确定业务操作52个风险防控点，规范业务操作流程，做到每个风险防控点相互监督和制约。2017年审计本级及管理部资料1900余户，提出200余条审计整改事项，88条审计建议，并逐一力促整改落实到位。五是从严遏制“两骗”行为。争取相关部门支持，对提取人、贷款人的婚姻登记信息、身份信息、个人信用报告加强审核，全面梳理虚假资料鉴别方法，提高综合柜员真假识别能力，对骗提、骗贷行为加重处罚、及时通告，成功阻止100余例“两骗”行为，维护好资金利益和运行秩序。

（周　雪）

【信息化建设】　一是基础硬件设施平稳运行。贯彻“稳定运行、安全至上、不断优化”的工作要求，核心业务系统、不间断电源系统、业务监控系统、“12329”热线平台等现有信息管理系统平稳运行，网上营业大厅已安装调试完成，2个营业部及8个管理部安装完成自助客户终端系统，方便缴存职工现场便捷查询。二是正式接入异地转移接续平台。严格执行住建部《关于做好全国住房公积金异地转移接续平台接入准备工作的通知》标准，异地转移接续平台于7月1日全面投入使用，为323位缴存职工转移资金45.75万元。三是严格贯彻落实“双贯标”。按照建设“数字化”公积金要求，贯彻落实住建部“数据贯标、结算贯标”建设工作，以构建互联网时代公积金新体系、提升信息化技术管理资金的能力为目标，信息系统升级改造前期工作基本完成。

（周　雪）

【脱贫攻坚】　截至2017年年底，中心慰问资金达6万余元，落实帮扶资金近100万元，安装太阳能路灯70盏，新建和修复电灌站3个，为20户贫困户发放鸡鸭羊等1820只，铺设4000米农用输水管道，硬化村公路4千米，泥土路5.3千米，建立黄桃基地4.67公顷，成立马蹄种植科学技术协会1个。（周　雪）

【衡阳市住房公积金政策调整】

2017年10月，市第四届住房公积金管理委员会第二次会议，拟对衡阳市住房公积金政策进行部分调整，明确提出，在住房公积金贷款方面，支持首套，限制二套，禁止三套（次）及以上自住住房贷款。此次调整的住房公积金政策包括：从12月1日起，职工在两年内购买、建造、翻建或大修自住住房的，可申请住房公积金贷款，提取与贷款总金额不得超过购买、建造、翻建或大修自住住房总价款，最高贷款限额为50万元；支持首套（次）自住住房贷款，限制二套（次）自住住房贷款，禁止三套（次）及以上自住住房贷款。职工首套（次）申请住房公积金贷款的，最低首付款比例为购房总价款的20%。职工二套（次）申请住房公积金贷款的，最低首付款比例为购房总价款的30%，贷款利率上浮10%。为加强衡阳市住房公积金缴存管理，切实维护缴存单位和缴存职工的合法权益，衡阳市还对住房公积金的缴存比例和限额进行调整。根据新的方案，衡阳市缴存单位其职工住房公积金缴存比例各为6%～12%之间；市属（含县、市、区）各缴存单位其单位和职工缴存住房公积金最高月缴存额之和从以前不得超过 2944 元/月调整至 3488 元/月，最低月缴存额之和从以前不得低于 136 元/月调整至 154 元/月；中央、省属直管驻衡单位及其职工最高月缴存额之和从以前不得超过 3712 元/月调整至 4668 元/月，最低月缴存额之和从以前不得低于 200 元/月调整至 224 元/月；经省人民政府批准的银行业其住房公积金最高月缴存额之和不得超过 5814 元/月。（刘　源）

城市管理行政执法

【概况】 2017 年，衡阳市城市管理行政执法局（以下简称市城管局）主动适应新型城镇化发展要求，以城市管理现代化为指向，以人民满意为标准，推进城市执法体制改革，提升城市管理公共服务水平，加快补齐城市管理基础设施短板，各项工作取得较好成绩，获人社部、住建部联合授予“全国住建系统先进集体”荣誉称号。（李顺立）

【城市治理】 深化体制机制改革，城市治理格局初步形成。一是城管体制改革。贯彻落实中央指导意见和省委实施意见，配合市编办起草《衡阳市深入推进城市执法体制改革改进城市管理工作实施方案》；按照全国统一的制式，完成市城区城管执法制式服装和标志标识换发工作；推进行政执法公示、执法全过程记录、重大执法决定法制审核三项制度改革试点；配合市人大开展《衡阳市城市市容和环境卫生管理条例》立法，条例已经市人大常委会颁布；完成城管执法人员执政上岗和法治培训。二是治理方式创新。通过政府购买数字化城市管理信息采集服务，构建起从信息收集、案卷建立、任务派遣、任务处置、处置反馈，到核实结案、综合评价管理的闭环流程，促进城市管理向长效型、服务型、互动型转变；推进“门前三包”落实，做到宣传到位、责任到位、签订到位，确保“门前三包”政策落地落实；继续在社区清扫保洁、风光带绿化和市政设施维护、主要道路绿化养护等领域实行政府购买服务，加强维护作业质量监督考评，提高城市管理效益和管护质量；成立衡阳市公益城管志愿服务队，初步建立城市管理志愿服务宣传动员和组织协调机制，组织开展“公益城管树文明，灾后清淤护湘江”“骑行巡路，规范共享单车停放”“世界无车日，衡阳在行动”等主题活动，公众参与城市治理机制更加健全、途径更加多样、范围更加广泛。三是“强转树”专项行动。坚持文明执法，推行“721 工作法”（让 70%的问题用服务手段解决，20%的问题用管理手段解决，10%的问题用执法手段解决），严申城管执法“五条禁令”，着力打造一支政治坚定、作风优良、纪律严明、廉洁务实的执法队伍；加强教育培训，组织全市城管系统开展《城市管理执法办法》专题培训，邀请南华大学法学院和市政府法制办专家辅导授课；加强宣传引导，开展城管执法广场宣传日活动和宣传车队集中巡回宣传；开展“人民城市为人民”“强基础、转作风、树形象”主题征文，广泛发掘和宣传先进典型事迹。

（李顺立）

【国家园林城市创建】 2017 年，市城管局创建国家园林城市，城市品质提升。一是牵头开展创园工作。作为创园牵头单位和主要任务部门，市城管局对照国家园林城市新标准，协调对接国家创园主管部门，邀请住建部专家组对衡阳市创园工作进行视察指导，提请市政府召开专门调度会对创园迎检工作进行重点部署，牵头协调各创园成员单位，组织市区两级园林部门，打响创园补短板攻坚仗，补齐公园服务半径、局部地区绿化指标等短板。通过大型户外广告、楼宇 LED 屏等载体，报纸、电视台等媒体，以及街头摆花布景等形式，全方位开展创园宣传，营造出浓厚的创园氛围。9 月 14—16 日，衡阳市创园工作顺利通过实地考察组验收。10 月 27 日，衡阳市正式被住建部命名为国家园林城市，获“八城同创”称号。二是推进“城市双修”。对城区公园、广场、风光带的基础设施进行全面的修补提质，完成回雁峰景区安防工程和岳屏公园、动物园、岳屏广场提质改造工程，以及石鼓书院灾后恢复工程和动物园园林绿化环境整治；抗战纪念城中心景区纪念馆主体建筑已完工；推进城市立体绿化，完成对衡州大道耒水桥、蔡伦大道解放立交桥、解放西路铁路桥、蒸湘北路莲湖广场地下通道、解放大道过街天桥等位置立体绿化建设施工，丰富城市空间绿色层次；完成岳屏公园（云水湖）、西湖公园黑臭水体治理。三是全面提升城市绿化水平。落实绿化养护“四定”制度，实行绿化养护定标准、定人员、定区域、定责任“四定”管理制度，精细做好绿化苗木的造型修剪、施肥浇水、病虫害防治等日常养护管理工作。先后引种朴树、紫玉兰、三角梅等苗木2000余株，将引种繁殖苗木应用于立体绿化工程建设中，构建出立体生态园林景观，打造出充满生态活力、绿意盎然城市，成为衡阳市一大亮点。据住建部城乡规划管理中心出具的遥测鉴定报告，衡阳市城市建成区绿化覆盖率达42.06%，绿地率达39.93%，人均公园绿地面积达10.34平方米。衡阳县推进“百园行动”“绿荫行动”，新增绿地面积7万余平方米，提质效果明显。

（李顺立）

【城市管护】 一是加强城市管理设施管护。履行户外广告监管职责，对存在安全隐患和破损破旧的大型户外广告及时安排拆除整改；对人行道公园广场等的石凳、石桌、石椅等城市家具和路名牌、路灯灯杆、配电箱等进行定期维护，确保设施完好整洁；完成对解放路观景平台更新改造；完成衡州大道、新园路、沿江北路、蒸水南堤、蔡伦大道、衡云干线六条路段路灯的中国结LED灯饰安装，为雁城增添浓厚的喜庆、祥和、文明的氛围；规范人行道车辆停放，组织各城区城管部门合理施划人行道临时停车泊位5000多个，设置隔离设施7860个，施划非机动车停车线13557米。对市城区9个私设收费停车场进行取缔关停。城区道路清洗作业实行“五定”，定车辆、定路段、定人员、定标准、定绩效，开展道路常态化清洗作业，并将道路清洗作业延伸至各入城口重要干道。二是加强市容环境综合整治。对照全国文明城市标准，对乱占道、乱搭建、乱吊挂、乱涂写、乱停放、乱堆物等“六乱”进行全城大排查、大清理、大整改。定期开展环卫设施专项整治；自筹资金建设安装“牛皮癣”电话追呼系统，从源头上治理城市“牛皮癣”问题；加强渣土管理执法，对新上报的渣土工地，实行三级洗车平台和视频监控，在市中心城区推进新型环保车参运，不使用新型环保车不予审批，全市已有新型环保车110台；祁东启用无人机强化拆违控违监控。三是落实环保督察问题整改。采取制订专项整改方案，组织专门班子督办整改，落实环保督察组交办和自查环保问题案件23617件。增设“三江六岸”环卫收集设施和9座环保公厕，改善水面垃圾打捞作业条件，加大餐饮油烟污染整治力度，查封有油烟污染的餐饮酒楼门店169家，督促安装油烟净化设施1016套。加大露天焚烧垃圾查处力度，建立日常巡查机制，查处取缔和劝导制止焚烧垃圾行为526起，焚烧垃圾污染大气现象明显较少。四是推进绿色照明节能升级。在省财政支持下完成安装调试单灯智能照明系统500套，并入省住建厅城市智能照明控制平台投入使用。衡阳市获城市绿色智能照明路灯系统在湖南省的唯一试点地区资格。

（李顺立）

【项目建设】 2017年，市城管局加快城市管理项目建设，城市功能更趋完备。一是推进垃圾处理项目建设。衡阳市城市生活垃圾焚烧发电厂已处理垃圾29.8余万吨，2017年发电总量8800万度，上网电量7040万度，获得经济效益4816万元，处理能力覆盖市城区、南岳区和衡阳县樟木乡、集兵镇、衡山县新桥镇等项目地周边；衡阳市餐厨废弃物资源化利用和无害化处理中心项目2017年4月底投产运营，累计收运垃圾量2510吨，产毛油120吨，产沼气19万立方米；螺丝山垃圾中转站提质改造已进入财评阶段；吉兴垃圾填埋场封场改造任务已全部完成；祁东炼晚垃圾填埋场封场项目顺利通过国家发改委检查，生活垃圾焚烧发电厂项目扎实推进；耒阳城乡生活垃圾焚烧发电厂建设正式启动。二是推进垃圾收运体系项目建设。编制衡阳市规划范围内垃圾收运设施专业规划方案；投资2212万元，新改建压缩式垃圾收集站30座，目前已建成投入使用25座，5座即将建成；城区保障房小区配套18座垃圾收集站已全部开工建设。三是健全城市公共服务设施。推动城市智慧停车管理平台建设，城市智慧停车管理平台建设项目已列入市PPP项目库，抓紧制订完善设计方案，建成后可实现智能化停车管理、科学化停车诱导以及自动化停车收费；规范共享单车停放管理，摩拜、智享、哈罗等 3 家企业在衡阳市共投放共享单车约 5 万辆。四是开展社区“三清三建”行动。组织各城区城管、环卫、园林部门共清理垃圾 46 万立方米，清理管线 9110 千米，清理违建 1.65 万处、47 万平方米，建小游园（含休闲文化广场）338 处、21 万平方米，建绿地 29 万平方米，统一更换门头招牌 4.7 万米，新增停车位 3967 个，改变社区脏乱差面貌。（李顺立）

【扶贫攻坚】 多次到帮扶点青山村走访调研，围绕思想认识、帮扶措施、脱贫效果、工作作风等方面，听取村民意见；结合扶贫攻坚三年计划，列出整改清单，对青山村贫困户进行一对一帮扶，派专职人员下乡蹲点，组织筹措资金对青山村基础设施进行修缮更新，争取资金帮助贫困户筹资发展集体经济，增加“造血”功能，取得实实在在的成效；在全局范围内开展“凝心聚力献爱心、精准扶贫奔小康”专项捐赠活动，共捐款 86700 元。（李顺立）

【衡阳市城市管理委员会召开第十七次会议】 2017 年 7 月 25 日，市城市管理委员会召开第十七次会议。市委副书记、代市长郑建新强调，要坚持“一张好的蓝图干到底”的理念，建管并重，不断提升城市品位，提升市民生活质量。2017 年第一批市本级城建重点项目共 79 个，截至 6 月底已开复工 57 个；61 个社区“三清三建”中，有 14 个社区完成清管线、27 个社区完成清垃圾、16 个社区完成清违建、9 个社区完成建路、8 个社区完成建园、8 个社区完成建绿；18 条主次干道“两厢”提质改造已开工 4 条，其余道路正在优化方案。郑建新指出，做好城建城管工作与经济“植优补短”工作是相辅相成的，良好的城市形象是吸引客商投资的有利条件。市委、市政府高度重视城建城管工作，通过多年的持续努力，拉开城市骨架，完善城市功能，美化社区环境，为开展“八城同创”奠定坚实基础。各级各部门要更新思想观念，循序渐进地推行 PPP 模式，将项目建设者纳入项目管理者范畴，增强建设者的责任心，提高项目建设质量，降低项目建设成本和管理成本；要高位谋划，科学规划，合理布局城市基础设施，提升城市服务能力和水平；要完善各项管理规章制度，大力推行市场化管理，将环卫、停车场建设和管理、街道门店管理等推向市场，由政府购买服务。郑建新强调，要打好项目建设攻坚战。相关部门及施工单位要抢抓目前工程建设的黄金时机，对照年初目标倒排工期。要加紧遗留问题处理，加快安置房建设进度，限期完成征地拆迁任务，为项目落地创造条件；要优化项目建设环境，建立城建项目手续办理倒逼机制，制定项目前期手续办理进度表，严厉打击、查处“地痞”“官痞”，确保项目建设顺利实施。郑建新要求，要推行城市管理精细化，学习外地先进经验，加快推进“数字城市”“智慧城市”建设；要结合“八城同创”的要求，建立精细管理机制。要用好督查考核指挥棒，强化联合督查，强化考核奖惩，强化社会监督，以考核结果倒逼广大干部队伍主动作为、真抓实干。市领导廖健、彭玉明参加会议。（蔡　杰）

供　电

【概况】 国网衡阳供电公司成立于 1979 年，为国有大二型企业，担负着衡阳市 7 县（市）5 区 1.53 万平方千米 805 万人口的供电任务。截至 2017 年 12 月底，公司在运 35 千伏及以上变电站 134 座，容量 699.1 万千伏安。2017 年，完成售电量 114.19 亿千瓦时，同比增长 6.79%；同业对标、企业业绩考评排名均进入省公司 A 段。近年来，在市委市政府、省公司的坚强领导下，衡阳公司围绕建设“一强三优”现代供电企业奋斗目标，凝心聚力，攻坚克难，创新发展，先后荣获全国模范职工之家、国家电网公司先进集体、国家电网公司经法工作先进集体等荣誉称号。（曾向璟）

【安全生产】 加强电网科学调度和运行管理，完成各类重大保电任务，确保电网安全和可靠供电。公司连续两年获得省电力公司生产管理先进单位和技术监督优胜单位，连续三年获省电力公司安全生产先进单位，衡阳电网安全稳定运行 24 年。2017 年夏季，衡阳市湘江干流及主要支流遭遇超长时间强降雨和近十年来最大洪峰，国网衡阳供电公司迅速落实市政府安排部署，组织68支应急抢修队伍，第一时间恢复供电。公司连续安全生产3991天，连续三年获省公司安全生产先进单位，衡阳电网安全稳定运行24年。

（曾向璟）

【电网发展】 主动对衡阳市经济发展需求，争取到2018年110千伏及以下电网建设需求投资11.92亿元，创历史新高。加快各级电网协调发展，"十三五"期间，累计投资14.07亿元，初步形成以500千伏船山变为中心，14座220千伏变电站为枢纽，52座110千伏变电站为骨干，69座35千伏变电站为终端的网架。推进农村电网改造升级，2017年完成10千伏及以下农配网投资5.41亿元，是2016年投资额的2.52倍；改造升级村网608个，是2016年改造升级村数的2.02倍。

（曾向璟）

【营销服务】 响应衡阳市重点项目和重点企业的用电需求，对市重点项目，坚持特事特办、限期办结，建立专门的领导对口联系项目建设机制。响应客户用电报装要求，推进业扩报装流程提速提质，低压居民新装的线上办电率排名全省第一。对接供给侧结构性改革，创新收购衡阳市老工业城区厂矿企业闲置变电站站址，并在原址上新建变电站的模式，为处于供给侧结构性改革"风口浪尖"的厂矿企业盘活闲置资产，降低生产运营成本，破解中心城区变电站布点难的问题，保障城市居民安全可靠用电，节约土地资源，实现多方共赢。（曾向璟）

【改革创新】 参与电力改革，促成省电力公司与市政府在全省首家签订《筹建白沙配电有限责任公司推动增量配电服务改革试点合作框架协议》，牵头组建的投标联合体顺利中标，售电公司正在组建。稳步开拓电力市场，促成韶能集团与省公司签订《国家电网收购韶能耒阳地方电网框架协议》，基本完成资产审计评估，已进入高层会商阶段。加快"三供一业"分离移交，安排专职干部到市"三供一业"办公室办公，所负责的供电分离移交工作走在省内前列。

（曾向璟）

【争优创先】 开展创先争优，逐级谈心交心活动，弘扬执行意识、责任意识、担当意识，公司上下奋发有为、奋勇争先的氛围不断高涨，工作积极性、主动性和创造性不断增强。公司一流班组、星级供电所、合理化建议、QC成果、典型经验、职工技术创新、管理创新、群众性科技创新获奖数量和专利申报数量均全省领先，入围入选国网公司卓越管理案例的数量排名全省第一。在全省金属技术监督检测、装表接电、通信网络等多个专业技能竞赛中，团体和个人成绩均名列前茅。"互联网+"电子渠道知识竞赛夺得全省团体第一，华中电网调度控制系统劳动竞赛夺得团体金奖。社会责任根植项目被评为国网公司9个满分示范项目之一，公司荣获"2017年国网新媒体旗舰AA级标杆单位"称号。客服中心获"全国实施用户满意工程先进单位"，湘江供电所获"中国金牌最美供电所"，员工常誉、石文娟分别获得"全国五一巾帼标兵"和"湖南省五一劳动奖章"。（曾向璟）

【衡阳市厂务公开职代会经验交流会暨企业民主管理手册赠书仪式举行】 2017年7月，衡阳市厂务公开职代会经验交流会暨企业民主管理手册赠书仪式在国网衡阳供电公司举办。会议总结全市厂务公开职代会工作的情况，交流学习先进经验，部署全市厂务公开民主管理工作。市人大常委会副主任、市总工会主席谭敦龙，省总工会民主管理部部长胡创出席会议并讲话。会上为全市星级职代会先进单位颁奖。近年来，全市积极推进厂务公开职代会工作，取得较好成效。根据国有企业、世界500强在衡企业、民营企业和行业的不同特点，衡阳市开展针对性指导，夯实衡阳市职代会建制基础。108家国有企业改制职代会中，职工安置方案通过率90%以上企业占91.67%，市总工会连续三年被评为市国企改制工作先进单位；21家在衡阳的世界五百强企业建制率100%；3612家民营企业建立健全职代会制度；结合地域经济特色，全市相继成立餐饮、煤炭、旅游、美容美发等行业职代会，将维护职工合法权益的关口前移。自2016年3月起，市总工会在全省率先启动星级职代会创建活动。共有36家企事业单位申报星级职代会，通过星级创建，推动衡阳市职代会制度建设创新发展。为加强企业民主管理工作规范指导，市总工会前往组织研究职代会工作难点不足，着力解决问题困难，归纳明确工作流程，在全省率先系统梳理编撰衡阳市《企业民主管理手册》，免费赠送给全市各企事业单位。标志着衡阳市职代会工作由达标向创优转变，提高衡阳市职代会的质量与实效。衡阳市推行职工代表巡查等制度，积极探索形成职代会工作的“衡阳模式”，善于在实践中打造典型，典型引领提升。国网衡阳供电公司工会“三四”工作诀，衡阳华菱钢管有限公司工会的星级职代会建设“五关”经验，大唐华银电力耒阳分公司工会的“文化建设”，衡阳市八中工会的“学生双代会”等，全市各级职代会工作“以点带面示范引领，统筹兼顾全面推进”的工作格局逐步形成。2017年，省总工会向全国厂务公开协调小组申报衡阳市总工会为全国推动厂务公开民主管理工作先进单位，对衡阳的工作给予充分肯定。胡创要求，要统一思想，认识民主管理工作的重要性，突出重点，找准民主管理工作的主攻方向，加强领导，加强民主管理工作的保障力度。（蔡　杰）

供　水

【概况】　衡阳市水务投资集团有限公司（以下简称市水务投）是在衡阳市自来水有限公司基础上组建而成的。公司下辖城南、演武坪、江东、城北4个水厂和兴达市政有限公司、名洋税务研发公司、鑫源水务营销公司、金达污水公司、湘水物业公司、金达污水营运公司、湘水物业公司、机电安装公司6个基层单位以及17个机关部门。2017年，市水务投实现有价售水量10638万立方米，同比上升5.1%，产销差率34.86%，同比下降9.83%，水质综合合格率99.98%；完成污水处理8237万立方米，COD减排17518立方米，同比上升4.7%和2.2%，出厂水全部达到一级A标排放。全年，自来水漏失率为19.3%，同比下降11.22%。完成老城区多条道路管网改造；完成140个社区“三清三建”供水管网改造90多千米；对政府主导的园区建设、城市道路建设、廉租房建设、城镇化建设，供水管网都及时跟进，全年投入资金近6000万元；对污水处理存在的问题，按照国家环保督察组的要求认真整改，整改及时率、合格率都达到100%。

（陈　黎）

供　气

【概况】　2017年，衡阳天然气公司克服管网逐年老化、安全运行管理难度大；房地产经济不景气、“三同时”项目减少，居民用户市场趋于饱和；国际经济增长放缓、工业用户开发难度大；内部组织结构调整等客观困难和不利因素的影响，较好的完成各项指标，实现预期目标。2017年1—12月，累计收取开户费1.03万元，较2016年同期增长3.03%；累计销售气量2.7万立方米，收回气款7.1万元，较2016年同期增长17.41%；居民用户累计点火3.1万户，较2016年同期增长6.60%；新增用户4.1万户，比2016年同期下降0.54%；非居民用户累计点火通气440户；完成主干管建设18千米，庭院管建设152千米。生产运行安全平稳，综合治理和治安内保情况良好，无交通事故，无生产设备事故、无火灾事故、无治安刑事案件，员工健康平安，安全生产态势总体稳定。（蒋　燕）

【市场开发】　1. 发展工业用户。根据金鸿华南综字〔2017〕16号文件精神，成立工业小组，针对《衡阳大气污染防治条例》名单范围内的燃煤、燃油企业及新增企业进行电话摸底筛查及走访。跟踪两大园区的入园企业，前往茶山坳片区的金甲岭的化工企业调研，先后与玉兔化工、裕华化工、海联化工等企业高管洽谈，共同寻找双赢点。签约森纳美、恒飞电缆、星鑫航材、旭光锌锗、荣福春食品厂、新澧化工、润泰消防、诺顿焊材、康洁食品、唯康药业、中航紧固、利宁医药等15家企业，与燕京啤酒厂签订框架协议，共计收取开户费331.1万元。2. 开发非居民用户。上门做好配套服务，先后发展万达广场、丽波宾馆、希尔顿酒店、龙泉国际、金钟时代城、香江百货、市城建投后勤保障旅、东洲岛等项目，1—12月，共签订非居民用气合同400余份，收取开户费约1900万元。3. 开发居民用户。与政务中心建设窗口及房地窗口配合，加强与三大新区城建投的交流沟通，确保“三同时工作”增收保效，1—12月，新增“三同时”合同70余份，收取开户费约6400万元。开展采暖用户购气优惠活动。为提高扩容费收取，刺激用气量提升，开展“周年回馈，温暖过冬”活动，通过窗口购气和上门安检宣传、制作宣传彩页发放等多种方式进行宣传。面对衡阳市中心城区居民用户市场趋于饱和，散户发展日趋萎靡等因素，主动开发城乡接合部的、107国道旁、周边乡村等区域的居民。1—12月，居民团体及散户累计收取开户费约1400万元。

（蒋　燕）

【安检管理】　加强安检外包管理，严把用户用气安全。突出重点、强化安检。严格履行安检外包合同，对安检质量严格把关，1—11月，累计完成居民安检109217户，审核中止304户，发现并处理安全隐患283户，发现并处理问题表具3296户，补气307户，收回气款32万元。全市非居民用户使用胶管连接设备基本不存在，多种能源共用、使用环境不通风、安全设备不到位的情况也大大减少。1—11月，非居民累计完成安检21145次，排查并发现安全隐患1669户，其中281户已处理，1388户已跟踪用户自行整改。启动非居民用户报警器安装工作。自7月接收非居民燃气漏气报警器安装工作以来，已安装大型用户有万达广场89路、衡阳师范学院20路、高铁职院12路、南华大学10路等，截止11月份共安装311路，安装前源头规范施工、使用中定期检查、有问题及时处理，保证报警器的正常使用。户内到期表更换顺利开展。采用抄表员一对一跟踪的方式，累计更换户内到期表具7090块。

（蒋　燕）

【用气分析】　强化用气数据分析，确保气费抄收有质有量。非居民用户用气每月100%分析，出具分析表，居民用户通过购气时间、累计购气量以及安检数据等多种形式进行筛查分析，发现问题表具及时更正。1—11月，累计完成抄表录入588994次，对低购用户进行用气分析共计9283户，共发单4413户，发现异常表具共计347户，其中死表5块，追缴气款合计28485.9元。回访跟踪安全隐患合计6185户，在109217户居民安检完成中筛选并上报燃气办安全隐患7312户。季节性调价顺利进行。经市发改委核定并下文，自2016年12月开始对非居民天然气价格推行季节性差价，2017年1—2月用气旺季对非居民天然气销售价格实行在原价格基础上上浮10%。制定实施方案，严格执行，窗口做好解释工作，及时上门化解用户矛盾，季节性调价多收回气费1033.88万元。

（蒋　燕）

【缴费方式创新】　先后开辟银联全民付缴费、建行手机银行、网上银行缴费、支付宝缴费等缴费渠道，针对缴费方式及如何操作制作宣传单页，向用户发放、普及，为用户交费提供方便；通过电话指导用户处理故障8234次，减少维修人员上门次数8234次，节省人工成本82340元，同时提高服务质量，提升用户满意度。与“12345”政府热线和“12315”消费者投诉中心建立良好的沟通，对于反馈的各类涉及天然气用户的问题，认真登记、及时受理、积极协调、妥善处理、完结及时。2017年以来，共计接听“12345”政府热线电话275个，“12315”消费者投诉5个，解决处理好工单280个，完结率100%，用户、政府及职能部门满意率100%。

（蒋　燕）

【基础设施建设】　管网建设有质有量、基础设施日趋完善。1.加气站项目。按照衡阳市委、市政府要求，会同衡阳市住建局、国土局、规划局、设计院等相关部门和单位已经完成蒸湘南路雨母山加气站和蒸阳南路欧家町加气站的规划选址，办理前期相关手续等工作。2.衡常管线通气。衡阳至常宁水口山天然气管道工程是湖南省及衡阳市重点建设项目，也是五矿金铜项目天然气能源配套项目，为确保该项目顺利置换通气，公司领导多次前往现场查勘，对整个过程的组织机构、物资准备、置换方案、应急预案等进行科学、合理、细致的安排，并于2017年7月1日顺利完成置换通气。3.进主干管网建设。1—11月，完成主干管建设超过10.04千米，在建的主干管有来雁新城滨江北路主干管工程、来雁新城滨江北路主干管、蒸阳大道至一环西路次高压主干管等，并做好衡山科学城、华耀城等市重点项目主干管网建设，市区燃气大环网已具雏形，并有计划向开发新区延伸。4. 旧铸铁管提质改造。1—11 月，完成提质改造旧铸铁管 4 千米，如明翰路铸铁管改造新建主干管工程和常胜路铸铁管改造新建主干管工程，根据城市建设正逐步完成对全市旧铸铁管改造。5. 庭院管网敷设。庭院管网建设紧随城市发展规划，向新城区及城市周边地区扩大管网敷设面积。1—11 月，累计完成庭院管网建设 98 千米。6. 工程管理规章制度。2017 年，从施工项目开工、现场管理、工程签证、带气作业、置换通气、竣工验收、管网移交等方面，严格按照管理制度进行考评、奖罚，保证工程质量和施工安全。（蒋　燕）

【运行管理】 落实生产运行管理职责，确保管输平稳。1. 加强管网巡检力度，定期保养维护设备。（1）加强对市内铸铁管网、城区老旧管网、综合管沟的巡查力度。采取人工巡检、RMLD 巡检、机具打孔巡检三种方式及时检测，全年累计整改安全隐患 396 处，其中调压设备设施整改 74 处。（2）为预防第三方开挖对管道的损坏，年初以盖公章的红头文形式给各区住建局、水务集团、电力集团、市政工程及市内各社区街道等单位，送达签收《关于加强天然气管道安全保护的函》，提醒各方开挖告知重要性以及损坏燃气管道的危害性，有效的避免第三方开挖对公司燃气管道造成的安全隐患。（3）排查高层建筑隐患。排查 116 处高层建筑物顶层的燃气管道，发现其中多处存在占压、管道锈蚀、顶层表箱破损甚至无表箱等安全隐患，对安全隐患进行统一整改和更换，保证管网安全运行。（4）配合市政度对全市所有社区进行三清三建”及棚户区进行提质改造，将城区老旧钢管更换为的 PE 管网，累计派出 205 人次在三清三建施工时进行管网守险，得到市政府的肯定。（5）有针对性的加强保养。按计划对全市的阀门、调压箱、调压站进行保养维护。全市有阀门井 1195 个，调压箱 1860 个，10 座中低压区域调压站。全年共计维护保养 550 台，新增调压箱 90 台、控制阀门井 16 台，管网设备设施隐患整改 69 处。2. 提高接出警速度和质量，守护管输安全。公司燃气报警电话专人 24 小时值班，一有警情，及时出警处理。全年管网维、抢修共计 455 次，管道整改 251 次，管道防腐 57 次，带气作业、动火作业的监护工作 54 次。3. 加强场站管理，确保平稳供输气。公司下有气源厂、LNG 加气站、松木站、衡钢站、二七二站五个大型输配气站，实行 24 小时值班制度，通过日常维护保养保证输气设备设施的正常运行，1—11 月，场站总共输气 1.8 亿立方米，金创通公司销售 LNG 累计 1857 吨。4. 确保高峰用气。针对衡钢用气量增加，市场供应紧张的局面，公司领导多次召开专题会，前往衡钢进行协调，并临时从外地调用 LNG 气源进行补气，派驻 10 余名专业卸槽车人员进行 24 小时不间断值班卸气，保障高峰期市区广大用户用气需求。

（蒋　燕）

国土资源与环境保护

国土资源管理

【优化服务】 把服务发展作为首要任务，着力提升资源保障能力。一是资源保障到位。《衡阳市土地利用总体规划》调整完善方案得到国土资源部批准，市中心城区调整土地规划14.4平方千米，全市向湖南省国土资源厅（以下简称省国土厅）暂借133.33多公顷占补平衡指标，获批项目用地1504.66公顷，其中市本级610.08公顷。全年市本级出让土地460.6公顷，成交价款180亿元，其中匹配平台公司土地371.2公顷，土地可融资150亿元。二是减政放权到位。行政审批职权全部下放延伸到6个城园区国土分局。2017年6月，将划拨供地、集体建设用地、采矿权许可、不动产登记发证4项行政审批纳入窗口办理，由法定的20个工作日缩短至10个工作日。不动产登记流程由审定的8个环节减少到5个环节。三是服务支持到位。每名局党组成员联系一个园区（平台公司），上门听取意见，主动对接，为项目落地创造条件。为妥善处理遗留问题办证和车库发证，出台两个《实施细则》，明确只要批准预售、购房人购房价款及税费缴清、房屋产权无纠纷的一律办证。启动地下车位发证试点，解决以往地下车位产权不明晰的问题，减少产权纠纷。成立遗留办，处理遗留问题项目12个，涉及1158户，房屋面积23.85万平方米，地下车位发证869个。为解决群众办事停车难问题，重新规划改造机关大院停车位，预留30个“外来办事专用停车位”。 （朱　弘）

【资源保护】 一是严守耕地红线。全市耕地总面积39.19万公顷，其中基本农田建库面积31.9万公顷，分别超过省政府下达衡阳市的耕地保有量面积1.7万公顷和基本农田保护面积730公顷。破解耕地占补平衡瓶颈，由市政府向各县市政府下达补充耕地任务666.66公顷，三次召开全市耕地占补平衡会议，两次签订责任状，一月一调度，以市长约谈的方式，将任务压实到各县市政府和市直相关部门，并将完成任务情况纳入绩效考核。利用二调调减耕地、可调整地类建库、旱改水后备资源建库成果，增加水田后备资源400公顷。召开社会资本投资耕地开发现场会，规范社会资本投资耕地开发。二是推行节约用地。严格建设用地预审。市本级审核上报建设项目占用耕地的只有15宗（46.213公顷），比2016年同期大幅度下降。开展闲置土地认定处置工作。完成对武汉督察局认定的市本级24宗（169.30公顷）闲置土地的处置工作，对全市土地动态巡查监测监管系统中852.54公顷闲置土地进行处置，完成586.29公顷土地的处置工作，处置率达到69%，超过省厅指标19%。开展国土资源节约集约模范县（市）评选、省级以上工业园区土地集约利用评价工作，市高新技术产业开发区在评选活动中获二等奖10公顷用地计划指标奖励。三是严格矿政管理。加强与生态红线划定工作对接，重新规划若干矿业权设置区块，确保市县两级《矿产资源总体规划（2016—2020年）》得到省国土厅批复。规范山砂开采，开展砖厂、自然保护区采矿专项治理。保护区内采矿行为均停产关闭。开展矿山超层越界检测行动，发现4家非煤矿山企业存在违法开采行为，均全部立案查处，全部结案。四是推进地质勘查工作。落实找矿突破战略行动，加大市场急需矿种勘查力度，做好探矿权新立、延续、保留、变更申报工作，其中常宁市塔山瑶族乡地热矿泉水项目列为省、市重点扶贫项目。对各类自然保护区内的探矿权逐一清理核实，实地巡查环保督查组反馈的与自然保护区重叠探矿权。加强探矿权监管，组织实施探矿权人年度勘查信息公示及地质勘查项目半年报工作。

（朱　弘）

【测绘信息】 一是数字城市建设。首个县级试点“数字衡阳市县一体化建设南岳项目”通过国、省验收，“数字衡阳市县一体化大数据与地理信息公共服务云平台建设项目”获2017中国地理信息产业优秀工程金奖和2017中国测绘科技进步二等奖。二是市情监测。“违法用地、违规建设”监测项目是湖南省唯一在全国地理国情监测会议上被推介的监测项目，市政府与各城（园）区签订“控违拆违”责任状，市政府督查室根据国土资源局发布的“两违”报告，多次督办各城（园）区控违拆违工作，每年为政府节约征拆资金2亿元。三是地理信息应用。一体化建设、“两违”系统建设2个应用被列入2017年全省15个示范应用，2个应用的宣传片被作为全省市州长培训班的培训教材。四是人才培养。全省测绘技能竞赛中，衡阳市有11名选手进入工程测量项目和地图制图项目的前十，其中两个项目的第1名均由衡阳市选手摘得，夺得“全省五一劳动奖章”“全省技术能手”“青年岗位能手”等荣誉，获团体一、二、三等奖，获湖南省优秀组织奖。全国测绘技能竞赛中，衡阳市选手获工程测量项目第2名、地图制图项目第3名，两个项目团体二等奖。五是测绘宣传有创新。衡阳市为湖南省唯一纳入全国测绘宣传集锦的城市。除此，衡阳市国土资源局《两违监测服务城市发展》一文获全省国土资源征文比赛一等奖。《中国测绘报》以头版头条《数字鸿雁展翼高飞——湖南推进市县一体化地理信息公共服务平台建设应用纪实》高度评价衡阳测绘地理信息工作。（朱　弘）

【国土市场规范】　一是加强用地管控，规范村民建房。启动村级规划编制试点，加快推进农村不动产权籍调查试点，村民建房审批试点。在指标范围内，年初由市政府一次性批准农用地转用总量，县（市）区政府批准具体村民建房许可。加强巡查，开展按月拉网式巡查，及时发现“两违”面积25万平方米，配合城区政府拆除11万平方米。二是开展“三查两解一整改”专项工作，规范土地市场。排查68宗疑似问题，核实欠缴价款28宗，欠缴金额8.21亿元，按“分类处置、逐项落实”的原则进行处置。启动储备土地“净地”交地验收制度，严格实行净地出让。三是加大执法监察力度。狠抓动态巡查制度落实，狠抓矿山安全生产和“打非治违”，严把建设项目竣工用地验收关。开展卫片执法检查工作，土地违法图斑共141宗地，涉及违法用地面积266.85公顷。应立案查处138宗，立案查处138宗，下达行政处罚决定书118宗，结案114宗，申请强制执行7宗；收取罚没款1377.04万元，没收非法建筑物73.03万平方米，拆除建筑物2.48万平方米，行政处分11人。违法案件的查处立案率100%。对41个矿产卫片点进行全面督查，形成一案一卷宗。（朱　弘）

【依法行政】　出台《衡阳市国土资源局行政许可项目流程清单》，全面提升行政审批服务效能。完善规范性文件管理制度，对2014年6月1日至2017年6月1日期间的规范文件进行全面清理，对规范文件实行统一登记、统一编号、统一发布。依法有效化解社会矛盾纠纷，做好行政复议、行政应议及行政应诉工作，落实行政负责人出庭应诉制度。收到行政复议申请4件，作为复议机关的2件。共办理行政诉讼案件37件，共办理民事诉讼、仲裁案件6件。二是维护被征地群众利益。依法维护被征地农民合法权益，执行征地补偿安置政策，落实征地补偿安置方案，执行征地“两公告一登记”程序，实行征地补偿价格听证制度，强化举措。加快安置房手续办理。2017年，办理用地预审的安置房项目54个，获得用地批文的项目5个。三是加强地质灾害防治。及时编印年度地质灾害防治方案和应急预案。按照属地管理、捆绑负责原则，对隐患点落实巡查、监测、预警、避险等防灾责任。“6月22日—7月5日”强降雨期间，处置突发各类地灾险情683起，无群死群伤事故。加快地灾防治工程建设，2017年，累计投资9213万元，完成治理工程70个，搬迁避让218户，避免1.12万余人受地灾威胁。四是政协民主评议工作。2017年上半年，市政协对国土资源局开展民主评议工作。6月底，对国土资源局工作进行民主评议，提出6个方面22条问题。六是建议提案办理。办结省政协提案1件、市政协提案15件，市人大建议19件。（朱　弘）

【不动产登记制度改革】　一是不动产登记制度改革。不动产统一登记发证全面走上正轨。启动档案库房建设，调配办公用房2000平方米，解决档案存放问题；邀请技术单位多名研发人员开展不动登记平台升级工作，确保系统运行流畅，实现微信、短信平台、掌上查询案卷办理；抽调40名技术人员，启动全市88万户房产登记数据整合建库工作；通过开辟绿色通道、合并办理业务、压缩办理时间、实行“一站式”

“一条龙”服务，提高办事效率。全年累计发放证书4.96万本、证明6.3万张，登记业务受理量为16.64万件。（朱　弘）

【行政执法三项制度改革】　推进行政执法公示制度、执法全过程记录制度、重大执法决定法制审核制度，坚持问题导向，进一步明确执法主体、程序、方式、保障等有关规定，严格落实执法责任制。（朱　弘）

【拆迁安置改革】　市政府明确城（园）区政府（管委会）为征地拆迁实施单位，实行行政一把手负责制，签订《征拆责任状》，完成历年来出让土地征拆任务。市国土局拟定《衡阳市城区集体土地征地拆迁安置实施办法》《关于完善征地拆迁激励及储备土地纯收入分成制度的报告》，提出“统一标准、建立专户、限期完成、提前有奖、收益分成、年终考核”，征求相关单位和城园区意见。起草征拆奖励和土地收益分成方案报市政府。在规定时间内完成征地拆迁安置工作的，予以土地出让分成和经费奖励。对征地拆迁工作做出突出贡献的工作人员一并奖励。对未按照征拆补偿标准执行的、未按期完成任务的，由市政府约谈问责，取消相关责任人年终评优、评先资格。（朱　弘）

环境保护

【概况】　2017年，全市环境质量总体改善，市城区空气质量优良率78.9%；PM10年均浓度70微克/立方米，同比2016年下降7.9%；PM2.5年均浓度49微克/立方米，同比2016年下降5.8%。地表水水质达标率99.4%；13个集中式饮用水水源地水质达标率100%。严守环境安全底线，2017年未发生突发环境事件。在2017年度湖南省环保重点工作管理考核中，衡阳市环保局在全省排名第二。（周才政）

【中央环保督察问题整改】　对衡阳市突出环境问题进行自查梳理，分三批次对环境问题进行交办整改。为配合中央环保督察，制订《衡阳市配合中央环保督察工作实施方案》，衡阳市成立督察工作协调联络工作组，设立7个专门工作组，各县（市）区党委政府、园区管委会和市直相关部门也相应制定方案，建立工作协调联络机制。在办理中央环保督察信访交办件过程中，严格按照“六个一”和“三个到位”的要求进行办理整改。为抓好中央环保督察反馈问题整改，制订《衡阳市贯彻落实中央环境保护督察组反馈意见整改方案》，成立市突出环境问题整改工作领导小组。截至2017年年底，衡阳市512件中央环保督察信访交办件全部办结销号，中央环保督察组反馈的12个突出环境问题整改销号9个，其他3个问题按要求推进整改。在中央环保督察期间，全市因环保工作约谈128人次，问责228人。（周才政）

【水污染防治】　推进湘江保护和治理第二个“三年行动计划”，印发《2017年度衡阳市水污染防治实施方案》。实施水污染治理项目31项。11个省级以上工业园区污水全部实现集中处置。对280个加油站地下油罐实施防渗改造。完成34个重金属治理项目和国家“水十条”要求的“十大”重点行业整治任务。加强饮用水源保护，完成县级以上集中式饮用水源保护区划定和城区饮用水源保护区规范化建设，12个县级饮用水源保护区规范化建设完成8个，饮用水水源地保护典型经验和做法被国家环保部通报表扬。7个市城区黑臭水体黑臭现象得到消除。（周才政）

【大气污染防治】　2017年，印发《衡阳市2017年度大气污染防治实施方案》《衡阳市2017年大气污染防治特别防护期工作方案》，出台《衡阳市黄标车提前淘汰财政补贴实施方案》《衡阳市餐饮油烟污染专项治理工作方案》，完成重点大气污染治理项目16个。淘汰或改烧清洁能源锅炉117台（342蒸吨）。实行环检前置政策，25个县级机动车排气监测站实现并网工作，检测车辆6.9万余台，淘汰黄标车和老旧车12766辆。完成全市重点行业VOCs排放现状调查工作。（周才政）

【土壤污染防治】　制订《衡阳市土壤污染防治工作方案》。联合市农委组织7个产粮油大县制订土壤环境保护方案。完成衡阳县合成药厂（一期）治理修复项目，启动2017年污染场地修复项目3个，申报2018年土壤污染防治储备库项目12个。开展土壤污染状况详查，核实农用地详查点位9965个，核实重点行业企业污染地块311块，其中重金属污染265块。衡阳市被纳入湖南省土壤污染综合防治先行区。推进农村环境综合整治，完成470个行政村的整治任务。推进畜禽养殖禽养殖污染防治。配合编制《衡阳市畜禽规模养殖污染防治办法》《2017年度衡阳市畜禽规模养殖污染防治专项行动方案》，起草《衡阳市畜禽规模养殖污染防治规划》。完成禁养区216个畜禽规模养殖场和城市建成区387户年出栏50头以上生猪养殖场退养工作，全市限养区、适养区畜禽规模养殖场设施装备配套率达77.1%。（周才政）

【自然生态保护】　成立衡阳市生态保护红线划定与管理工作领导小组和技术组，以省生态红线划定技术组下发的《衡阳市生态保护红线建议方案》为基础，通过多轮调查汇总、意见征求、论证审核，形成《衡阳市生态保护红线划定方案（送审稿）》，初步划定生态保护红线总面积2193.90平方千米，占国土面积14.33%。严格落实生态保护红线制度，配合迎接环保部“2017绿盾”国家级自然保护区专项巡查，在全市开展自然保护区“绿剑2017”专项检查整治，关停自保区内企业40余家，整治人类活动点92处，生态复绿53.3多公顷，自保区生态环境监管经验在全省推介。（周才政）

【辐射固废监管】　执行核与辐射安全监管计划，对衡阳市涉核与辐射技术利用单位进行日常检查，发现并安全处置闲置放射源226枚。开展危险废物专项整治和废弃危险化学品安全处置专项整治行动，完成全市219家涉危废企业规范化管理，建立废弃危险化学品紧急处置专家库和非法转移危险废物暂存库，医疗废物规范化处置实现全覆盖。（周才政）

【环境监管执法】　对全市1178个企业实行“双随机”抽查；在湘江枯水期对水口山等重点区域开展24小时驻点巡查；在大气污染防治特护期对重点行业企业实施重点监管。严厉惩治环境违法行为，健全环境保护行政执法与刑事司法衔接机制，在全省率先成立市人民检察院驻市环保局检察室。组织开展“雷霆行动”等18个专项行动，排查整治环境隐患353个，立案查处环境违法行为365起，移送公安机关36起、起诉环境污染违法犯罪8起，处罚金额1073万元。（周才政）

【环境应急及信访件办理】　强化应急管理，修订公共环境应急预案5个，加强应急装备建设，妥善处置常宁市氯气泄漏，衡南县、衡山县交通事故固体废物撒落、化学品泄漏等环境应急事件。受理办结各类环境问题信访投诉916起。承办31件建议提案，被评为建议提案办理“先进单位”。（周才政）

【环保体制改革】　推动市县两级成立书记任顾问，政府正职任主任的生态环境保护委员会，市县政府全部由常务副职分管环保工作，环委会成员单位明确分管领导联系环保工作，乡镇设立环保机构，村设立环保信息员。推进落实排污许可证管理制度，发放火电、造纸、水泥、有色等7个行业排污许可证22张，在五矿铜业发放全国首张有色行业排污许可证。推进国家地表水环境质量监测事权上收，对国控断面水质监测站实行采测分离，推进城北水厂和熬州断面水质自动监测站建设。开展行政执法“三项制度”改革试点，推进环境执法全过程记录，实现执法数据在线传输交换。（周才政）

【环境管理】　严格“三线一单”约束机制，严把环评审批关，否决项目16个。推进排污权交易试点，实施交易81笔，交易金额801.43万元，换、发放排污权证306份。完善环境信用体系建设，发布2016年省、市两级270家企业环境信用评价结果，推进环境信用评价与社会信用体系建设和“双公示”信用信息对接。加强环境质量考评和环境保护模范城市创建工作，制定《衡阳市环境质量考评工作实施细则》，下发创模规划，出台2017年创模实施方案及考核办法。对污染减排目标任务进行分解，推进重点减排工程建设，二氧化硫、氮氧化物、氨氮、化学需氧量同比分别削减2175吨、2686吨、430吨、3100吨。进一步建立健全环境保护考核指标体系，将环保工作开展完成情况全面纳入对各县（市）区政府和36个市直相关部门目标管理绩效考核体系。

（周才政）

【第二次全国污染源普查】 作为第二次全国污染源普查全国六个试点城市之一，率先开展普查试点工作。编制污染源普查经费预算和宣传方案，市县两级成立污染源普查机构，配备普查工作人员，完成前期市级入河排污口、制造业主体、承压锅炉的建库工作。

（周才政）

【环保基础保障能力建设】 争取中央及省级环保专项资金近2亿元，市级财政511.79万元，有效保障各项环境污染防治项目和环保基础能力建设。“数字环保”一期主体工程建成投运。环保监察监测业务用房正式开工建设。推进环保部门纳入政府行政执法保障序列相关事宜。开展重点企业污染源在线监测全覆盖衡东试点，全市建成污染源在线监控设备216台套，国家重点监控企业监测“三率”成绩稳居全省前三。

（周才政）

【环境宣传】 开展环保宣传，开展形式多样的“六五”环境日系列宣传活动。开通环保“双微”，在衡阳广电开辟《环保督察》《建设生态优美新衡阳》等环保专栏，共播出相关稿件170多条，湖南卫视播出稿件10条，经视3条；在《衡阳日报》上开辟“环保督察进行时”，共发稿155余篇，在《湖南日报》上发稿12篇；衡阳新闻网转载、发稿共计100余篇；中共衡阳市委党刊《衡阳通讯》编制环保专题。在湖南省环保厅官网发布政务信息533条，中共衡阳市委、衡阳市政府采用信息39条，局网站发布政务信息668条。（周才政）

交通·邮政·通信

交通总类

【项目建设】 突出项目引领，交通重点工程取得新突破，全年完成交通建设投资32.68亿元，超额完成年度投资任务。高速公路建设平稳推进，祁东归阳至常宁蓬塘高速项目前期工作全部完成。S344祁东大桥至湘祁电站等6个项目全面完成主体工程；G107耒阳绕城、衡阳西渡至界牌等4个项目进行路基桥涵施工。完成农村公路提质改造1021千米，完成农村公路安保工程790千米，实施危桥改造135座，在湖南省2017年度重点民生实事农村公路建设目标管理考核中排名第二。建成农村客运招呼站400个。开展“四好农村路”建设，祁东县获评全省示范县。湘江二级航道二期工程、湘江永州至衡阳三级航道改扩建工程一期工程、祁东归阳港区一期工程、衡缘物流园、红光物流园、白沙洲物流园等项目稳步推进。“十三五”规划中期调整稳步推进，“十三五”规划内项目前期工作全面启动，发展后劲不断增强。（宋　杰）

【交通运输保障水平】 2017年，衡阳市公路客运量及周转量分别完成8791万人次、58.85亿人公里，公路货运量及周转量和水路货运量及周转量分别完成1.76亿吨、328.06亿吨千米和1575.2万吨、38.95亿吨千米，完成黄金周等重大节假日应急运输和重点物资运输工作，做到旅客出行满意、物资运送及时。面对历史罕见的洪涝灾害，全市交通运输系统处置“6·28”衡东县洣水砂船走锚事故，全力确保人民群众人身财产安全，保障全市公路水路交通畅通。城乡运输服务协调发展，建制村通客班车率达98.7%。全面完成长途客运实名制工作，累计投入资金680余万元，全市19个汽车客运站如期实现省际市际客运班线实名制售票和验票，全市12个二级以上汽车站完成客运联网售票工作。“12328”电话系统实现与部、省联网，交通运输服务更加便捷。撤销征收衡阳市107国道绕城公路桥梁车辆通行费，优化衡阳市投资环境，减轻企业和群众负担。（宋　杰）

【交通扶贫】 交通行业扶贫取得重大突破。紧盯国省相关政策，全力争取交通扶贫补助资金，把争项目、抓项目作为推进行业扶贫的重要突破口。2017年，累计争取国省补助资金9.5亿元用于交通基础设施建设，改善干线公路的路况，提升农村公路的通行能力和安全防护能力，为贫困地区群众的安全、便捷出行提供有力保障。为祁东县积极争取贫困县交通专项扶贫资金3.9亿元，用于建设祁东国省干线、农村公路、路网结构改善以及站场水运项目。（宋　杰）

【交通行业监管】 “放管服”改革取得新进展。完成政务服务事项目录清单、实施清单清理和行政审批事项标准化信息建设，全面清理与行政审批相关的中介服务事项，所有政务服务事项全部按要求进入市“互联网+政务服务”一体化平台。新业态管理日趋规范，《衡阳市关于深化改革推进出租汽车行业健康发展的实施意见》《衡阳市私人小客车合乘管理规定》《衡阳市网络预约出租汽车经营服务管理实施细则》正式颁布实施。全市106所驾培机构“计时收费、先培后付”驾培服务模式改革全面启动。加紧建成设施完备、管理规范的从业资格考场，道路运输从业资格考试恢复开考；市场整治强力推进，着重抓好旅游运输市场、危货运输、城区出租车秩序专项整治，实施常态化巡查和定点值守相结合，强化重点部位运输秩序整治；开展针对周末微信户外群非法组团旅游行为的整治，开展“百日大会战”行动和城区客运市场综合整治，联合高速交警全力整治“两客一危”车辆违法违规行为，切实加强“两客一危”车辆管控力度。始终保持公路治超严管重罚高压态势，进一步巩固扩大治超战果，全市公路站点超限超载率稳控在1%以下。（宋　杰）

【安全生产】 汲取“6·26”事故教训，全面整治国务院事故调查报告指出的问题。突出抓好“三个必须”和“一岗双责”制度的落实，严格责任追究，行业监管责任和企业主体责任得到进一步压实。推进“隐患清零”行动，持续不断开展安全督查检查，始终保持严管重罚的高压态势，强力扭转行业安全生产的被动局面。2017年，排查整改安全隐患2700余处，处罚各类违法违规行为1630起。运管部门全年出动执法人员5300余人次，先后停运整顿车辆134台，依法吊销14名驾驶员从业资格证，12名营运驾驶员进入“黑名单”，约谈企业16家；海事部门持续开展巡航检查活动，累计检查各类船舶4600余艘次，督促整改较大安全隐患70处；质安部门共出动执法人员1000余人次对全市重点项目进行多批次综合督查，检查发现问题260条，下发整改通知书89份，做到隐患整改件件都得到落实，道路运输、水上交通、建设施工等领域安全生产形势稳步好转，通过国务院安委会“6·26”事故整改验收。（宋　杰）

公路管理

【公路建设】　1. 提升路网等级。S344祁东大桥至湘祁电站等6个项目全面完成主体工程。2. 农村公路建设。农村公路提质改造完成1021千米，安防设施建设完成790千米，危桥改造实施135座，全面超额完成省重点民生实事考核目标任务，连续3年在全省重点民生实事农村公路建设目标管理考核中排第二。祁东、衡东、衡南等县市力度大、标准高、质量好，发挥示范作用。3. 国省干线公路路网结构工程。完成国省干线公路大中修任务40.112千米。完成2017省局危桥改造考核任务47座。完成干线公路安防工程计划隐患处治里程为145.611千米。4. 服务区建设。完成耒阳小水、衡山店门、祁东白地市3个干线公路服务区建设任务。（张　银）

【公路养护】　1. 路况水平。全市普通干线公路优良率达89.5%，超出目标任务4.5个百分点。衡东、衡阳、祁东等县市养护投入经费充足，优良率居全市前列。2. 日常养护。开展“四个专项月”活动，落实四级巡查制度，强化六率考核，日常养护成效明显。深入开展雨季、冬季公路养护竞赛，推行小修保养专项管理，全年完成沥青路面路面挖补14.8万平方米，裂缝处治12.8万米，水泥路面破损板修复14.2万平方米，裂缝处治32.4万米。衡东县将干线公路的日常养护推向市场运作，承包给具有养护经验的劳务公司，开创干线公路日常养护工作新局面。3. 大中修工程。成立国省干线公路大中修项目部，抽调精干技术人员专职从事大中修工程管理，全年实施大中修里程为40.112千米。4. 预防性养护。突出科技养护，投入50万元，初步建成干线公路路面养护管理系统，为干线公路养护科学决策等提供指导。强力推进薄层罩面、板底灌注等预防性养护，全年实施里程71.905千米，延缓路面病害产生和发展。5. 农村公路管养。农村公路养护水平保持稳中有升，畅洁绿美程度不断提高，全市农村公路路面PQI中等以上比例达到84.5%。祁东县获评“四好农村路”省级示范县，创建文明路431.231千米，文明乡镇14个。6. 低碳绿色公路建设。继续贯彻“资源节约、环境友好”两型理念，推广旧水泥路面碎石化技术，实现废旧路面材料循环再生利用。公路绿化获得新进展，衡山县、南岳区对景区重点路段进行绿化、美化、亮化，助推县域旅游发展。（张　银）

【超限运输】　1. 治超战果。全年共检测车辆487199台，处罚车辆604台，卸载货物4935.4吨，查处非法改拼装车辆25台，彻底摧毁违法“货车联盟”，全市站点车辆超限超载率稳控在省定目标范围1%以下。2. 工作调度。6月13日，召开全市治超工作推进会议，副市长杨龙金提出“四个一律”严厉治超措施；7月25日召开全市普通公路与高速公路联合治超联席会议。3. 路面联合治超、货运源头和非法改拼装专项整治行动。主动与高速公路管理部门联系，在境内高速公路进出口路段开展联合治超工作，高速公路出入口车辆超限率明显下降。4. 科技治超。建成市治超信息管理平台，建成不停车检测系统13套，投入经费1000余万元。（张　银）

【行业治理】　1. 路域环境治理。完善“政府主导、部门联动、群众参与、齐抓共管”的长效治理机制，发挥“路政管理示范路”的引领作用，全市干线公路路域环境整治和有效管控全覆盖。全年查处违法超限超载以外的涉路违法案件191起，清理路障639处共计2687立方，拆除非公路标志牌380余块，违法棚屋查处率及整改率达到100%。2. 安全生产形势持续稳定。推进“隐患清零”行动，以普通干线公路为重点，加大治理隐患、解决突出问题为着力点，进一步深化重点工程项目、旅游公路、农村公路通校车等领域安全专项整治，安全生产形势稳中向好，被评为“2017 年全市安全生产先进单位”。3. 防汛保畅。面对历史罕见的洪涝灾害，全市公路防汛保畅工作“准备充分、预案完善、组织严密、主动作为、应对迅速、处治得力”，保障全市公路安全畅通，被评为 2017 年全市抗洪救灾先进单位。（张 银）

【文明形象】 衡东吴南公路入选全省最美干线公路公路，衡阳 S226 祁东段入选全省最美农村公路。市公路工程试验检测中心张科获评“湖南省五四青年奖章”，祁东县公路管理局唐拥军被评为“全省交通运输行业十佳公路养护工”，珠晖分局张孝林被评为湖南省“最美公路人”。在全省公路系统“十佳”先进典型评选中，衡东县公路管理局局长单美中被评为“十佳公路局长”，常宁市公路管理局兰江养护站站长谭家红被评为“十佳养路工”，衡南县公路管理局向阳养护站被评为“十佳养护站”，祁东县公路管理局白地市超限检测站被评为“十佳公路超限检测站”，南岳区公路管理局工程养护股股长旷铁良被评为“十佳通讯员”。市局社会治安综合治理工作获评全市先进，创建市级一星级文明单位通过初审验收，全面完成市委、市政府交予公路局创建全国文明城市工作任务。（张 银）

铁 路

【广铁集团衡阳车务段】 衡阳车务段隶属于广铁集团，段部位于衡阳市珠晖区广西路 39 号。2010 年 10 月 21 日由原衡阳车站、郴州车务段、永州车务段组合而成。2017 年年末，在册职工 3784 人，其中干部 351 人（拥有职称 272 人，其中高级职称 2 人，中级职称 60 人，初级职称 210 人）、工人 3433 人（技师 229 人）。一是生产经营。2017 年，完成运输总收入 19.25 亿元，完成年计划 101.67%、同比增长 2.3%。其中客运收入 14.24 亿元，完成年度计划 100.28%、同比增长 1.0%；货运收入 5.01 亿元，完成年度计划 105.92%、同比增长 6.5%。发送旅客 1425.63 万人，完成年度计划 102.56%、同比增长 4.7%。发送货物 545.18 万吨，完成年度计划 100.96%、同比增长 1.8%。完成中时 4.1，与年度计划持平；完成停时 24.3，压缩年度计划 0.7。二是设备管辖及担当任务。管辖京广线茶山坳站至白石渡站、衡柳线衡阳南站至永州站、湘桂线衡阳西站至滩头湾站、资许线桥口站至三都站、洛湛线楠木塘站及吉衡线颜家垄站，管辖里程 570.070 千米，固定资产总值 2.57 亿元。下辖 46 个车站、119 个班组。按照车站等级分特等站 2 个、一等站 2 个、二等站 1 个、三等站 5 个、四等站 29 个、五等站 1 个，未定等站 6 个。办理客运作业站 6 个，办理调车作业站 33 个。管辖范围跨湖南省衡阳、郴州、永州 3 市，辐射整个湘南地区，担负管内旅客和钢铁、石油、煤炭、粮食等货物运输任务。（傅泽军）

【衡阳北站】 车站在路网上的作用为区域性特等编组站，按技术作业性质分为编组站，站型为单向纵列式“三级三场”；按业务性质分为货运站，不办理客运业务；主要担负货物列车解编作业。站区设有：到达场（位于京广线里程 K1744+919 处）、编组场、出发场（位于京广线里程 K1741 + 455 处），下辖茶山坳站（位于京广下行线里程 K1741+381 处）。衡阳北站区是京广线、湘桂线和吉衡线的交汇点，主要办理京广、湘桂、吉衡线各方向货物列车的到解、编发作业以及各方向旅客列车的通过作业。主要办理食盐、钢铁和化工出发及粮食、燃油到达作业，并承担 4 条重要专用线的取送作业任务。（傅泽军）

【衡阳站】 车站按技术性质为中间站，站型为纵列式两级两场，分为南场和北场，按业务性质为客货运综合性车站；车站等级为特等站。车站位于京广线 K1752+300 处。衡阳站区是京广线、衡柳线和湘桂线交汇点，主要办理京广、衡柳、湘桂线各个方向旅客列车到发、湘南片客流集散、货物列车通过作业。主要办理瓷土、石膏、集装箱发送及粮食、金属

矿到达作业，并承担9条重要专用线的取送作业任务。（倖泽军）

【高铁衡阳东站】 2017年，衡阳东站全年发售票255.6万张；到发旅客885.6万，其中乘车发送人439.1万人。为旅客服务提供重点特殊服务352件、好人好事351件，收到锦旗29面，表扬信18封。1.宣传到位。衡阳东站将各阶段动车组时刻表和调图变化给衡铁电视台、衡阳日报、衡阳电视台等多家新闻媒介，广泛宣传各调图期间动车开行情况，让广大市民充分了解车站运能信息。另将时刻表印制给公汽公司，请求按照动车组开行时刻，相应调整公交车的开行时间。2.设施设备到位。2017年，多次向集团公司、长沙南站申请增加售票设备。2018年春运前，新增售票设备全部安装使用。3.完善安全控制体系，建立切实可行的安全风险控制点。车站根据站场设备设施情况，结合本站作业实际，制定实施安全风险源控制办法，加强对安全关键点控制，建立跟踪落实机制，确保作业控制的有序性。规范基础管理工作。重新编辑现场应用频繁，概念易模糊的规章便于职工阅读掌握。同时对各岗位规章、作业指导书以及应急体系进行整理，并结合实际完善相应制度。采取班组内互控、组员自控、班组长负责督促，干部不定时检查的措施，对现场“两违”行为坚决予以纠正制止并予以严格考核。奖励作业中标准化程度高的职工，树立优秀典型。4.突出重点，做到平稳有序。全年工作各节假日前主要以旅客到达为主，节假日后则以旅客发送为主，重点是做好售票、候车、乘降等组织工作。全方位售票。车站售票厅内共开设人工窗口5个、自动售票机19台、互联网取票机4台，全部用于发售取各次动车车票。安排多名武警战士、公安干警共同维持购票队伍的秩序，保证票厅售票井然有序。进站口仔细验票，实行凭票进站的措施，确保旅客有序候车。乘降组织有序。各次列车提前10分钟开检，车站安排足够人员在进站口协助检票，组织持红色软纸车票的旅客从人工通道进入。列车未进站前，利用小喇叭进行宣传，站停时间只有一分钟，请旅客们按车厢号排队上车，遇同一车厢旅客较多时，及时组织分车厢门上车，以免全部聚集在同一车厢门口，造成拥堵。5.文明服务。全体人员严格按照铁路总公司“五个一流”的服务要求，加强各岗位巡视，对旅客做到“三要、四心、五主动”，实行“自主式”“无干扰”服务，树立优质高铁形象。加强对老、弱、病、残、孕等重点旅客的重点服务，对重点旅客做到“知到站、知位置、知困难”，并及时与列车和到站联系，配合解决旅客困难。克服困难，启用贵宾室，做好路内及地方各级领导和接待工作。

（宋俊辰）

水　运

【概况】 衡阳市地方海事局、衡阳市船舶检验局、衡阳市航务管理局是市交通运输局管理的一门三牌的副处级公益一类行政事业性单位。2017年，市海事局被湖南省水运管理局评为“全省水路交通系统目标管理考核先进单位”“全省水上交通安全管理目标考核先进单位”；被市交通运输局评为“运输行业安全工作目标管理考核先进单位”“交通系统目标管理考核先进单位”；被市纪委驻交通运输局纪检组评为“落实党风廉政建设党委主体责任和纪委监督责任先进单位”。（阳　方）

【水上交通安全】 一是压实责任抓安全。严格落实“党政同责、一岗双责”制度。市局与各基层海事处签订安全责任状，将安全责任逐级落实。市县两级通过学习培训、绩效考核压实各有船乡镇、水运企业、港埠企业和船舶所有（经营）人安全责任，构建海事监督管理、乡镇直接管理、企业主体管理“三个责任”体系；客渡船签单发航、农村中小学生上（放）学乘船交接、乘客乘船穿拿救生衣“三项”制度。二是春节、清明、“五一”、赶集等重要时期，市县两级海事坚持提前安排部署、提前排查巡查、提前整改隐患，两级海事部门在重要时期整改重大安全隐患21起，巡航200余次，发放安全知识宣传册10000余本，检查各类船舶3000余艘次，全市连续实现10年平安春运。市县两级开展“落实企业安全生产主体责任年”活动，客船公司化经营步伐加快，企业安全管理主体责任的推进得到深化、细化、量化。三是安全培训。2017年，共组织县市海事工作综合业务培训、专题业务培训、跟班业务培训、现场业务培训120余次，共1000余人次，发放《海事业务指南》和《典型案例汇编》200余本。针对各类现场监管人员，组织39名港埠企业和水运企业管理人员，参加市局组织的安全大培训；衡阳县、耒阳市、常宁市和珠晖区等共培训700余名“三员”（船管员、签单员、船员）；组织举办135名船员参加适任培训、考试和三期共117名船员参加的基本安全知识培训、注册。（阳　方）

【船检规范】　2017年，完成船舶检验1450艘次，完成船舶运营检验1387艘次，全年下达监督检验书200余份，淘汰不合格船舶61艘；完成20米以上的532艘船舶的吨位复核工作；推进自卸砂石船安装舱底水位监测报警装置。船舶船员管理更加规范。受理并办结船舶登记业务566件、船员适任证书1257件；对在有效期的船舶登记档案重新进行清理规范，完成船舶登记档案2087份；完成船员信息采集1555人，补录小型船舶船员适任证书678人，核发三类船员适任证书678本，船员服务簿补录441人。（阳　方）

【运输市场监管】　完成全市水路运输及其辅助业核查和营运船舶换证工作，审核运输企业18家，货船983艘，客渡船636艘，换发客货船营运证1100余本；完成2016年度681艘客渡船燃油申报和发放工作；船舶进出港报告制度有力落实，进取港签证正式取消，所有收费项目全部取消。灾害性气候短信息预警服务不断完善。（阳　方）

【宣传工作】　两级海事认真开展水上交通安全知识“进校园”“进企业”“进电视”“进社区”“进家庭”宣传教育和“安全宣传月”活动。2017年，共发放宣传手册20000余份，发放安全知识学生作业本3000余本，现场解答群众咨询2000人次，广大公众的水上交通安全意识不断强化。（阳　方）

【设施建设】　市地方海事局投入480万余元全力推进湘南地区水上安全应急救援基地建设；利用省专项资金，投入500万余元建造的60米趸船交付使用，投入30万余元建造的10米快艇使用。各县市共投入800万余元，用于办公楼建设、海巡艇建造、信息化提升等基础建设。各级共投入600万余元改造渡口、码头，完成44道渡口的改造任务，水运基础设施不断完善。（阳　方）

【“隐患清零”行动】　各级海事全面开展“隐患清零”行动。2017年，共检查各类船舶5630艘余次，纠正违法违规行为1231次，督促整改重大安全隐患68余起，基本做到在“隐患清零”行动中“清零隐患”。（阳　方）

【“打非治违”行动】　严厉惩治水上交通违规违法行为。2017年，共查处各类违规违法行为船舶259艘次，责令98艘次运砂船停航整改，强制超载船舶卸载2万余吨，对符合过闸安全条件的3600艘次船舶发放安全通行卡，对违规建设的两处码头进行处罚。2017年，船舶超载、配员不齐、人证不符、标志标识不规范等问题得到整治。组织开展船闸通航秩序和船舶、港口污染防治专项整治行动，更新油污处理设备150套，安装生活污水处理装置75套，拆解老旧船舶13艘，驱离24艘停泊在水源保护地的作业船舶。（阳　方）

【视频监管】　解决全市145艘安装3G移动视频的客渡船上线率问题。组织相关技术人员对各县市安装3G设备的客渡船逐一调试，逐人培训。通过视频监管，2017年及时消除重大安全隐患9起。（阳　方）

【汛期管控】　市县两级在制订《防洪抢险工作方案》的基础上，全市200多名海事航务工作人员坚守在防汛抢险第一线。做好汛期安全巡航和视频监控巡查工作。2017年汛期，发布水情信息1178条，发布航行通告12次，全市226道渡口临时全面封渡，630艘客渡船临时全部停航。主汛期间，两级海事在当地政府的统一领导下，妥善处理衡东县洣水潭泊渡口水域、湘江常宁松柏水域、湘祁电站下游水域、近尾洲电站等水域23艘船舶走锚事件，避免重大安全事故的发生。（阳　方）

【专项清理】 落实湖南省总河长2号令关于“僵尸船”清理整治工作的指示精神，两级海事在摸清底数的基础上，采取一船一档一策的处置办法，清理整治工作快速推进。（阳 方）

民用航空

【概况】 衡阳机场按照国务院、中央军委立项批复的标准新建，定位民用支线机场，场址位于衡阳市衡南县云集镇，机场规模按4D规划、4C建成、4E留足发展空间。衡阳机场飞行区等级4C，跑道长2600米，宽45米，候机楼14300平方米，停机位5个，可保障空客320及以下机型起降。开通衡阳至北京南苑机场、上海，昆明，张家界、西安、三亚、重庆、福州、海口、杭州、兰州、太原、贵阳、济南、南宁、珠海、大连、青岛、汕头、天津、北海等城市直达航班，共有航线13条，通航城市达21个。（王 翔）

【运输生产】 截至2017年12月31日，衡阳机场全年完成旅客吞吐量470519人次，货邮吞吐量602.2吨，运输起降4962架次，平均客座率达60%以上。衡阳机场通航第三年，旅客吞吐量即突破47万人次，客座率60%以上，提前实现十三五规划，创写湖南支线机场托管模式最好业绩的记录。（王 翔）

【安全管理】 衡阳机场借鉴推进集团公司的SMS和SeMS两个体系建设，搭建安全体系管理平台，进一步构建完整的安全管理体系。衡阳机场航空安保运行状况符合国家有关法律法规的要求，民航的相关法律法规和标准在衡阳机场得到有效执行。（王 翔）

【服务质量】 一是服务品质。制定《衡阳南岳机场“民航服务质量提升”专项行动方案》《衡阳南岳机场“高情感服务”活动实施方案》；向社会公布衡阳机场24小时投诉电话，2017年加入衡阳市政府“12345”热线成员单位，畅通投诉渠道，及时处理投诉问题11起；增设微信值机、母婴候机室、候机楼按摩椅、到达行李把手朝向旅客、行李转盘周围摆放行李车、航班乘机手续办理指引广播等服务；坚持“首问责任制”，主动引导旅客办理登机手续，成功帮助旅客找回遗失物品62件。二是运行品质。落实《航班正常管理规定》，统筹协调各运行单位，在公司微信群每日发布当天天气情况，便于提前做好延误和应急保障工作。制订“军民航防相撞宣传月”活动方案，成立活动领导小组，对接衡阳周边驻军单位，开展军民航防相撞宣传活动；签订军民航管制协议，优化调配方案；保持与空军航管部门的沟通和交流，未发生因空军流控造成的航班延误，未发生军民航冲突等不安全事件。加强内场巡视，每日进行3次道面巡视、5次围界巡视，恶劣天气进行专项巡视，完成全年飞行区保障巡视任务。全年更换鸟网145张、鸟炮维护8座，清理捕捉鸟类达百余只。2017年，本场未发生鸟击事件。三是环境品质。进一步加强综合治理工作。组织各驻场单位定期召开衡阳机场地区综治协调会机制，建立衡阳机场地区综治工作群，加强信息互通；利用网络载体，加强宣传教育；配合衡阳市、县综治部门开展“平安创建”工作，非法拉客和非法营运行为得到有效遏制。全年机场公安共处理行政处罚案件34起，客运管理处共处置车辆25台；净空巡视每月增加一次专项巡视，主要进行周边走访、宣传，加强机场净空区保护；实施机场清洁、绿化、保安等项目外包，衡阳机场整体环境明显提升。（王 翔）

邮 政

【概况】 2017年，衡阳市邮政业全年累计完成业务量12.40亿元，同比增长24.83%，占湖南省邮政业务总量的6.44%，居第3位；本年累计完成业务收入11.02亿元，同比增长18.75%，占全省邮政业务收入总量的8.09%，居全省第2位。（罗 玟）

【提升城乡末端服务能力】 衡阳市邮政管理局进一步加强邮政快递合作力度，以县为单位，组织当地邮政公司与快递企业协商座谈，推进快递下乡，提升快递服务网络短板。同时，鼓励扶持快递企业建设快递服务综合平台、快递超市，通过探索整合业内资源，扶持发展乡村物流投递，延伸网络进一步提升快递网点乡镇覆盖率。2017年年底，衡阳市快递许可企业48家，省驻衡分公司11家，分拨中心6家，末端网点868个，乡镇网点656个，标准化快递电动三轮车超过1000台，快递从业人员超过3000人，全年快递业务量2422.99万件，快递业务收入29725.35万元。建有福雁通等3家快递超市和耒阳福源1家快递综合服务平台，用于辐射城区乡镇和县域农村的快递收派服务。全市乡镇网点覆盖率100%，网点信息台账不断完善。同时推进城市智能快件箱布局建设。2017年，全市在校区、社区、商区、机关单位布放的智能快件箱达到450组，使用率在50%以上；密切关注城区快递公共服务平台建设，对接近邻宝等快递服务中心建设运营情况，实现100%快递进校园，规范高校收投新模式。（罗 玟）

【加强规划引领与政策落实】 一是出台《衡阳市人民政府办公室关于加强寄递物流安全管理工作的通知》，强化属地管理责任，加强组织、经费保障，推动就地安检等三项制度落实。跟进文件落地情况，通过组织陪同调研、召开专题研究会等形式推动县级安检中心建设，实现明确时间节点、明确责任部门、明确建设运行的“三明确”方案，同时结合本地安检实际，提出安检快递园区概念，扩大安检场地综合集群发展功能，试水衡阳快递园区新模式。二是经市政府同意，城区快递电动三轮车纳入全市电动车统一管理，允许登记备案、发放牌照、规范管理，切实解决快递电动三轮车通行难问题。三是为推动邮政企业服务农村电商做大业务、做优品牌，衡阳市邮政管理局高度重视“一市一品”农产品进城示范项目，多次和邮政企业座谈，听取农村电商发展情况专题汇报，并深入走访官家嘴镇的黄花菜基地，灵官镇枣园村的商户家及祁东县的电子商务园区等，详细了解运作机制，对畅销商品、销售模式等进行探讨，形成可复制、可推广的经验。2017年，衡东县邮政分公司的邮政电商扶贫工作得到国家局发展研究中心调研组好评，市邮政管理局要求邮政公司有效利用邮政健全的服务网络，将邮政农村电商纳入服务“三农”发展主渠道建设，全面对接农业供给侧结构性改革，加快推进城乡公共服务均等化。（罗 玟）

【持续开展多种形式的安全检查】 树立“隐患就是事故”理念，不断增强隐患排查手段。以“大排查、大整治、大管控”专项行动为抓手，结合“一带一路”“香港回归20周年”、金砖会晤、十九大安保等重大活动，加大与公安反恐部门的联合执法，重点打击不开箱验视、不严格落实安全生产制度的违法行为。2017年，执法检查343次，立案20起，下达整改24起，约谈企业负责人10人次，处罚金额19.2万元。在省反恐办2次督查和十九大督查中，衡阳市快递企业受检情况良好，没有出现“三项制度”落实不到位的情况。（罗 玟）

【强化联动机制运行】 衡阳市邮政管理局与市公安局联合下发《关于完善寄递渠道安全管理联动机制 强化属地安全管理的实施方案》，根据机制开展联合执法，顺利完成省和国家级别的督导检查任务，确保寄递渠道三项制度平安过检；及时跟进督导反馈情况，对问题企业依法处理；按时参加市反恐办定期召开的反恐情报分析会，促进部门信息互通，高度重视寄递渠道反恐情报搜集分析，加强预警，主动防范；强化寄递渠道违法案件线索交流，协助公安部门惩治违法案件。成功处理耒阳韵达、耒阳德邦违规收寄存在安全隐患物品案件，开出衡阳快递业首张10万元反恐罚单，受到上级有关部门重视。（罗 玟）

【强化邮政行业应急能力】 2017年11月2日，衡阳市邮政管理局举办邮政行业消防知识培训，组织消防实战演练，各企业在生产作业过程中有效防范和应对火灾，取得很好的效果。在重大活动和重要节点期间，市邮政管理局畅通与省局、与企业间的信息沟通，实行安全信息“零报告”制度，做到信息化研判、信息化指挥，及时妥善应对突发情况。（罗 玟）

中国电信股份有限公司衡阳分公司

【概况】 2017年，在市委、市政府的正确领导下，中国电信衡阳公司认真贯彻落实集团、省公司年度工作会议精神，紧紧围绕年初确定的各项目标和任务，始终坚持“优质高效抓发展、扎扎实实打基础”，坚持“科学发展企业、精确管理企业、严格治理企业”，推动企业各项工作取得新的突破和进展。（林冬梅）

【“电信普遍服务试点项目”工作】 2017年，独家承接衡阳市第二批农村普遍服务试点项目，工程共投资＊＊亿元，涉及3个县区1318个行政村的宽带网络覆盖，满足周边居民、中小学及村委会等农村公共服务机构的有线覆盖，有线宽带接入速率达到20带宽以上，提供不低于6年的运营维护服务。截至2017年12月，公司全面完成第二批普遍服务试点项目，并通过市经信委、省通信管理局等相关单位的验收工作，12月启动第三批普遍服务试点项目。（林冬梅）

【业务发展】 2017年，改造珠晖区喜富来广场一楼临街门面，打造珠晖区最大规模手机卖场暨宽带电视服务中心——喜富来手机卖场暨宽带电视服务中心。魔特通讯有限责任公司、金衡通讯有限公司、喜富来中心营业厅等代理商加盟喜富来手机卖场，主要经营4G移动通信终端，辅以配件、4G无线上网卡、增值业务体验，并面向广大客户提供宽带接入，高清电视等业务。2017年，在蒸湘区华新步步高商业广场建成第一家华为授权店。（林冬梅）

【“光网城市、宽带中国”项目】 2017年，新增FTTH端口比2016年增长20%，其中城区新建FTTH端口覆盖4647个小区，小区覆盖率高达89%；农村新增光网端口将覆盖183个乡镇。继续实施“宽带中国·美丽乡村”工程建设。截至2017年10月，共投资××亿元，建成××个光网村，村组覆盖率达到82%，并以高规格的20兆以上速率端口标准，把光纤宽带建设至××万多农户家中，解决50多万人对宽带网、高清电视、固定电话的需求，较好的扭转农村地区信息基础设施落后局面。（林冬梅）

【网络建设】 1. LTE室外宏基站比2016年增加34.39%，室分系统比2016年增加14%。其中，LTE1.8G室外宏基站数量比2016年增加6.87%，完成对武广客运专线衡阳段的专项覆盖及一些历年疑难站点的建设，基本实现1.8G网络对市区和各县城区、重要景区、重要交通干线及乡镇镇区的全覆盖；LTE800兆室外宏基站比2016年增长89.74%，完成城区C网的800兆重耕，并结合800兆网络整体覆盖情况进行优化补点，实现4G覆盖水平略好于C网。2. 增加LTE室分信源，主要覆盖人流量较多的营业性场所，以及高校和重要的商住楼宇。3. 开展精细优化工作，对安装开通后的站点，单验核实，并以分簇形式，进行多轮优化调整，使各项指标稳步上升，全市范围内17个簇全部达标，精品率达82%。4. 通过推广安装、使用测速专家、业务感知APP，在全市范围完成200个点的CQT测试任务。（林冬梅）

【市政改造建设】 2017年，实施东三环、雨母湖路、来雁路、松梅路、科学大道、白沙洲片区整体城镇化建设项目、湘江东岸风光带项目等30个项目道路架空线路改地下及杆线搬迁等通信线路改造工程，共计投资5108万元。（林冬梅）

【通信保障】 2017年6月，衡阳遭遇洪灾，电信公司在市电中断，油机、蓄电池无法供电的情况下完成大灾通讯保障工作。因为通讯保障到位、调度得力获“衡阳市抗洪救灾先进集体”荣誉称号。完成重大活动的通信保障，如“中国·衡山2017年（第四届）乡村生态旅游节、中国南岳星空节群星演唱会、金钟集团摇滚巨星演唱会、第四届土菜文化旅游节、中共十九大、张学友演唱会等。（林冬梅）

中国移动通信集团湖南有限公司衡阳分公司

【网络建设】 1.4G网。持续锻造4G精品网络，全年累计新增4G基站2600余个，完成疑难站点攻坚24个，实现行政村100%覆盖。开展“精耕行动”与“深度覆盖攻坚行动”，着力提升网络体验，4G平均下载速度持续攀升。2. 宽带网。以市场为导向，加大宽带建设投入，全年新增宽带覆盖小区2300余个，覆盖行政村 860 余个，新增宽带覆盖用户 63.80 万户。依托家庭宽带“i 家”支撑行动和“政企阳光服务”行动，强化全业务支撑能力，家庭宽带客户满意度超全省目标值、集团专线客户满意度排名全省第 1。3. 传输网。开展传输大会战，实施“压退服、调结构、保安全、梳流程、提能力、夯基础、促健康”七大举措，积极推进基础网络资源的储备及优化整治，网络承载能力日益增强。

（文杨晓）

【业务发展】 1. 4G 发展持续加快。坚持增量和存量并举、规模和价值并重，注重客户价值运营，期末 4G 客户规模近 180 万户。2. 宽带发展大步跨越。把宽带发展作为“一把手”工程，通过小区包保、渠道发展、精准营销、全员营销等多种方式发展宽带业务，全年累计净增宽带客户近 10 万户。3. 信息化拓展取得新进展。全年拓展行业信息化大单近 40 个，推动“互联网+监督”、精准扶贫信息化平台等行业大单的落地实施。深入推进物联网业务发展，全年净增物联网连接数近 20 万户。依托中国移动党建云平台，创新开展和包支付在线交党费业务。

（文杨晓）

【客户服务】 强化服务质量管理，聚焦服务短板改善，客户满意度领先值、客户净推荐值均排名全省第 2。狠抓不知情定制专项治理，百万用户申诉率、不明扣费百万用户申诉率得到有效管控，完成工信部“两条红线”考核任务，全年未发生重大投诉和升级投诉判责。创新打造星级服务模式，拓展精品服务项目，提升客户感知。

（文杨晓）

【内部管理】 1. 组织队伍管理。优化机构与人员结构，积极适应转型发展需要。撤销县（市、区）分公司全业务中心，在各县（市、区）分公司成立城镇营业部。开展员工竞聘及双向选择工作，大幅减少后台管理人员数量，充实一线人员力量。丰富激励手段，调整优化员工薪资曲线和薪酬结构。开展员工能力建设，持续提升员工素质，全年统筹开展经营管理、专业技术、营销服务、职能管理 4 支队伍的培训 478 人次，并搭建管理人才与专业人才晋升双通道。2. 运营基础管理。积极开展“大连接”战略宣贯，做好“十大工程”分解落地。深化业财融合，推动渠道营收资金向低成本渠道归集。持续加强风险防控力度，落实审计整改和问责闭环管理机制，优化“三重一大”决策目录，持续规范“三重一大”决策行为，防范决策风险。稳步推进法治移动建设，法律风险防范能力进一步增强。加快安全检查和隐患整治，杜绝重大责任事故发生。3. 构建和谐企业。落实员工关爱，有序推进“暖心工程”建设，基层员工工作环境逐步改善。加强企业文化和精神文明建设，广泛开展“幸福 1+1”活动、H-EAP 员工幸福成长计划，推动奋斗文化体系建设，开展先进典型宣传，组织评选“最美移动人”“业务能手”，营造奋斗文化氛围。

（文杨晓）

【服务社会】 落实网络信息安全维护管理，开展防范打击通信信息诈骗专项治理和不良信息治理，垃圾短彩信投诉量同比下降 27%。推进提速降费，提前取消手机国内长途和漫游费，流量资费同比下降 46.6%。严格落实实名制要求，在全网率先打造企业实名认证平台。开展精准扶贫，在衡阳县、衡南县开展政企合作扶贫工作，其他区县公司的帮扶对象也在加速实现脱贫。完成中共十九大、洪水灾害等一些列重大活动、自然灾害的网络与信息安全保障工作。

（文杨晓）

中国联通网络通信集团有限公司衡阳市分公司

【概况】 保持产品资费稳定性，定期推出主打明星产品，实行政策后评估，对广受用户欢迎的政策持续推行，其余则据实调整；严控各类成本费用，刚性成本与弹性成本相结合，激励性预算与专项预算为补充；稳抓渠道为王不动摇，树立标杆稳定社会渠道盘面，成立核心经销商俱乐部，光网村与乡镇门店形成双向互补，保持经营大盘稳步提升。2017 年，公司在整体上发展保持良好的发展态势，企业规模不断扩大，综合实力不断增强，推动经济发展和信息化建设。

（刘 蓓）

【客户服务】 聚焦网络、资费、政策宣传等问题，通过建立后期联动库、名单制督办解决、实施宽带免费提速、对公众宽带建设项目进行验收、开展TOP100项目专项整治等措施，提升用户对网络的感知度；通过紧盯流量提醒、优化短信提醒内容、流量放心用产品、加强增值业务管理与生效稽核等，让用户明明白白消费；制定政策宣传口径，并依据投诉情况优化宣传，加强信息传达及考核，开展渠道服务质量竞赛、前台触点体验、TOP100渠道整改、宽带保养等系列活动，强化考核、实施调研、合作商约谈、宽带装维服务突击检查等系列措施；规范合作渠道基础服务，提升渠道服务水平。（刘　蓓）

【网络建设】　4G移动网——科学规划，精准落地：以全面提升客户满意度、满足4G业务发展的市场需求为原则，重点考虑市区、县城和集镇等人口聚集区的深度覆盖及大中专、高职院校等高流量、高价值区域的容量建设，加大行政村的广度覆盖；光纤宽带网——项目驱动、快速响应：梳理优化公众宽带接入、集客宽固项目的前评估、立项、建设开通、竣工验收等全流程。2017年，完成公众宽带接入投资2000多万元，集客宽固专业投资1000多万元，新增宽带用户端口超十万个，光网村500百多个。在秋季校园开学前开通湖南工商管理学院的光纤宽带，南华大学、新老师院、致公学校与职业中专等院校的宽带防私系统及无线宽带。

（刘　蓓）

商贸服务业

概　述

【“开放强市”战略】 1. 招商引资。2017年，衡阳市商务和粮食局（以下简称市商粮局）代中共衡阳市委、衡阳市人民政府起草的《促进招商引资工作的若干措施（试行）》和《2017年招商引资工作实绩考核办法》正式出台。在“港洽周”“央企入湘对接暨衡阳投资推介会”“2017衡州经济发展论坛”“湘商大会”四大招商活动中，衡阳市共签约项目143个，总引资额1872亿元（含框架协议），无论是签约项目数量还是签约金额，均创历史之最。引进深圳正威国际集团、深圳比亚迪集团、香港泛亚绿洲集团等一批世界500强、中国100强企业。其中，比亚迪股份有限公司拟投资80亿元在衡建比亚迪智慧制造产业园，从洽谈到项目开工仅用58天，创造招商的“衡阳速度”。2017年，衡阳市引进外资项目159个，合同利用外资14.8亿美元，同比增长12.12%；实际利用外资12.83亿美元，同比增长12.01%，总量居湖南省第三。内联引资项目575个，实际到位资金391.32亿元，同比增长16.38%。2. 外贸外经。40家企业外贸业绩破零，21家外贸企业实现业绩倍增，衡阳市2017年进出口总额302.73亿元，一年时间连续突破200亿、300亿元关口，总量稳居湖南省第2，同比增长69.8%，居全省第1。其中：出口额168.19亿元，同比增长57.1%；进口额134.54亿元，同比增长88.9%。结构进一步优化，加工贸易额216.33亿元，居湖南省第1。机电产品和高新技术产品占据进出口主导地位。白沙洲工业园（含综保区）外贸进出口增长迅猛，其中富士康外贸进出口额超过长沙蓝思科技，居湖南省单体企业第1。对外承包工程和劳务合作营业额3.53亿美元，总量居湖南省第3。外派劳务6004人。外经合作遍及全球140多个国家和地区。老挝万象变电站项目、喀麦隆输变电工程项目已列入湖南省落实“一带一路”战略项目库。衡阳市外贸、加贸、外经均超额完成全年目标任务，受到湖南省商务厅和湖南省开放型经济领导小组通报表扬。3. 口岸平台。五定班列、公路口岸、无水港和综合保税区稳健运行，衡阳跨境电商产业园投入运营，新开辟北粮南运通道两条，开通衡阳松木港经上海港中转至越南的国际水上接力航线一条。区域性物流贸易中心加快建设，衡缘、铁路口岸、白沙洲等物流园建设稳步推进。2017年铁路口岸物流园完成13000个标准箱，同比增长58%；松木港完成3000个标准箱；无水港完成6200个标准箱。

（许　钧　李建桦）

【“流通旺市”战略】 1. 社零工作夯基扩面。衡阳市已有限额以上商贸流通企业总数766家，社零总额为1248.38亿元，居湖南省第三，增长10.7%，高于全省平均增速0.1个百分点。文化体育、医疗卫生、智能节能、绿色环保等热点消费增长明显。2. 电商产业蓬勃发展。衡阳市从事电商企业7000余家，年交易额约150亿元，其中农产品年交易额约20亿元，现建成电商产业园8个，县级运营中心4个，村级电商服务站550个。电商扶贫全市新建贫困村电商服务站75个，培训贫困村、贫困户电商人才5100人次，超额完成湖南省电商扶贫建设任务，在电商扶贫专项行动考核中居全省第三。3. 农贸市场改造。完成城区66家农贸市场改造设计的招投标，其中第一批24家农贸市场的标准化设计工作已完成，设计图、效果图、施工图已交付到各区进行建设招投标。4. 商贸服务。协调衡阳市高新区推动衡阳国际会展中心建设；协助天洋集团完成梦东方项目赴海外设计工作；引导家政业发展，推动龙头企业牵头筹备成立衡阳市家庭服务业协会；指导市餐饮行业协会举办衡阳味道创新烹饪大赛，组团参加2017中国食品餐饮博览会，获得优秀组织奖，扩大衡阳餐饮的影响。5. 市场秩序整治有力。组织开展成品油、二手车、单用途商业预付卡等专项整治行动和诚信经营示范街创建、防范非法集资风险专项排查活动；加强药品流通、生活必需品、粮食流通的监测监管；开展食品安全“迎接十九大，舌尖保平安”百日会战。（许　钧　李建桦）

【省商务厅副厅长周越一行到衡阳调研】 2017年3月29日，湖南省商务厅副厅长周越一行到衡阳调研外贸加贸工作，中共衡阳市委常委，副市长章彰，副市长廖健、刘正兴出席相关活动。周越一行先后实地考察衡阳白沙洲工业园、衡阳富士康事业群、湖南水口山国贸有限公司，并与相关单位和企业主要负责人进行交流。周越与市商务和粮食局及五矿铜业等4家重点外贸企业、湖南环球远航等2家外贸综合服务中心负责人进行座谈。座谈会上，周越一行听取市局和企业心声，就反映的问题现场由省厅外贸处、加贸处相关负责人作出回应。周越肯定衡阳近年来外贸加贸工作成绩，并指出：要提高认识，进一步重视外贸加贸工作，经济的外向度将成为市州考核的重要指标；要积极推动五外联动，夯实外贸加贸发展基础；要精准服务企业，有针对性地根据企业不同诉求及时协调解决相关困难及问题；要尽快出台市级外贸扶持政策，提升开放型经济水平；要确保全年外贸加贸工作目标完成，并为湖南省外贸加贸发展做出新的贡献。湖南省商务厅加贸处处长楼良金、副处长李蔚青，外贸处副处长刘慧，衡阳高新区党工委书记、白沙洲工业园区管委会主任林喜洋，管委会工会主席刘林生，衡阳市商粮局局长黄建军，总会计师许任明陪同调研。

（刘　均）

【“港洽周”衡阳引资近300亿元】 2017年湖南（香港）投资贸易洽谈周（以下简称“港洽周”）于4月下旬在香港、澳门和珠三角地区同时举行，活动采取“3+12+12”的方式进行，即安排3类重大活动、12场省直部门专题活动和12场市州专场活动。衡阳在此次招商活动中，签约42个项目，引资近300亿元，取得丰硕成果。此次港洽周，衡阳共对外发布项目132个，总投资额2175.32亿元，其中新型工业项目18个，投资额566.88亿元，占比26.1%；新型农业项目12个，投资额68.87亿元，占比3.1%；现代服务业项目53个，投资额1026.47亿元，占比47.2%；基础设施项目40个，投资额460.8亿元，占比21.2%，社会民生工程项目9个，总投资额52.3亿元，占比2.4%。此次“港洽周”，衡阳市共签约项目42个，总投资额296.94亿元，总引资额292.44亿元，其中省级签约项目18个，总投资额151.08亿元，总引资额147.08亿元；市级签约项目24个，总投资额145.86亿元，总引资额145.36亿元。从项目签约档次看，42个项目中，有2个项目在4月25日湖南省政府与香港工商界知名人士恳谈会及重大项目签约仪式上签约，这两个项目分别是香港建滔化工集团在衡阳松木经济开发区投资20亿元的石墨烯智能地暖材料项目，以及总投资额5亿元、总引资额1亿元，由深圳大族激光公司在衡山科学城投资的医疗机器人生产基地及钣金事业部项目；有3个项目在4月26日省政府在香港举办的湖南（香港）工业新兴优势产业链合作推介会上签约，分别是总引资额6.28亿元的衡山经开区新型功能性膜及触摸显示一体化模组研发生产项目；衡山县经开区的自动化机器人生产基地项目，投资额1.8亿元，引资额1.8亿元；白沙洲工业园的SMT背光板模组手机产业链项目，总投资额15亿元，引资额15亿元。其余37个项目在衡阳专场招商会上签约。从项目产业类别看，工业制造业项目19个，占比45%；能源与城市基础设施项目5个，占比12%；农业产业化项目2个，占比5%；第三产业及其他项目16个，占比38%。

（刘　均）

【衡阳市商粮局率外贸企业参加第十八届中国国际食品和饮料展览会】 2017年5月17—19日，衡阳市商粮局党委委员、总会计师许任明率衡阳市相关外贸企业参加在上海新国际博览中心举办的“第十八届中国国际食品和饮料展览会”。中国国际食品和饮料展览会前身为法国SIAL国际食品和饮料展览会，创建于1964年，2000年移植到中国，每年举办一次，为全球食品和饮料行业展览贸易盛会，作为亚洲最大的食品创新展，本届展会吸引3200家展商和80000名买家，为企业搭建一个绝佳的出口平台。市商务局通过宣传发动和筛选，推荐祁东县路峰农副产品有限公司和湖南海联三一小苏打有限公司等相关企业和黄花菜、冬枣、食用纯碱（小苏打）等产品参加展会，在展会期间向全球采购商展示衡阳市出口优质产品。（刘　均）

【“营口—珠海—衡阳”北粮南运海铁大通道正式开通】 2017年

6月，通过衡阳市商粮局和珠海港集团的运作协调，“营口—珠海—衡阳”北粮南运海铁大通道正式开通运行。这条北粮南运海铁大通道由珠海港集团和中远海运携手打造，由珠海港捷多式联运公司作为通道的铁路承运人。通过这条通道，北方粮食装上集装箱后，在辽宁营口港经中远海运大船运抵珠海高栏港，再经铁路中转至衡阳，实现船东、铁路、港口、货主共赢的局面。这条通道首批运输的货物为北方玉米，共262个集装箱。相比客户货物原来经长江中转的物流路径，“营口—珠海—衡阳”北粮南运海铁大通道为客户节省7—10天的运输时间，大大降低粮食运输途中的霉变风险。（刘　均）

【肖彬到衡阳督查商贸领域安全生产工作】 2017年6月1日，湖南省商务厅副厅长肖彬率流通业发展处调研员刘峥嵘、副处长戴琳一行3人到衡阳市督查商贸流通领域安全生产工作，衡阳市商粮局局领导程治纲、王春华、吴小兰陪同参加。督查组一行先后到市双利报废汽车有限公司、市西园农产品批发大市场、中石油光辉路加油站、市蒸湘闲置设备调剂部、衡州农贸大市场、市出版物交易大市场等单位实地检查。重点查看各企业安全生产主体责任落实、消防控制室、疏散通道和安全出口、消防设施设备、安全巡查等情况。督察组听取市商粮局副调研员吴小兰关于全市商贸流通领域安全生产工作的汇报和珠晖区政府副区长旷善关于珠晖区八大市场消防隐患整改情况的汇报，并现场查看台账、资料等。（刘　均）

【罗双锋一行到衡阳市督导调研开放型经济】 2017年6月7—8日，省商务厅副厅长罗双锋率投资管理处处长刘德林、流通业发展处处长王峰、人事处副处长徐洪波、投资管理处主任科员李祥一行5人，到衡阳市督导开放型经济工作。市商务和粮食局党委书记、局长黄建军，党委委员、总会计师许任民，副局长赵芳全程陪同调研。6月7日，督导组一行先后到衡南县得意精密电子工业有限公司、湖南沛桐鞋业有限公司等企业实地考察。在听取衡南县副县长谢辉作关于衡南县开放型经济工作汇报之后，督导组对衡南县存在的用工困难等问题给出详细的指导意见。督导组到珠晖区听取珠晖区区长刘桢干关于珠晖区如何借力“一带一路”、做好开放型经济工作的汇报。6月8日，督导组一行在实地考察白沙洲工业园和综合保税区之后，在市商务和粮食局十楼会议室组织召开座谈会。（刘　均）

【第八届湘商大会暨第五届湘南投洽会衡阳引资148.6亿元】 2017年11月21—22日，第八届湘商大会暨第五届湘南投洽会在郴州举行。中共衡阳市委副书记、市长郑建新率团出席并介绍衡阳承接产业转移示范区建设情况，表示将努力把衡阳市打造成湘南承接产业转移示范区的核心区。同时，他诚邀更多客商投资衡阳、扎根衡阳，推动衡阳重现昔日辉煌。本届大会，衡阳签约项目16个，总投资额148.6亿元，总引资额145.6亿元；开幕式现场签约项目2个，总投资额43亿元、总引资额43亿元。（刘　均）

贸易促进

【招商引资】 2017年，衡阳市贸促会共引进和接待30余位中外客商到衡阳考察，对接洽谈项目近10个。其中投资金额较大的有：引荐香港客商与保税区洽谈的服装加工贸易项目，已达成意向，项目总投资1000万元；引进深圳前海中沙石化公司和浙江桐乡市椿熙堂老年社会服务发展中心来衡阳，合资兴建“衡阳怡园生态敬老养老示范项目”，已到位资金2亿元。（谭美纯）

【展会活动】 2017年，市贸促会组织企业参加北京国际科技产业博览会、中国（广州）国际食品食材展览会、阿斯塔纳世博会、湖南省第八届农业机械、矿山机械、电子陶瓷产品、农副产品博览会、湖南（郴州）国际五金工具暨段铸造产业博览会、第二届武陵山（怀化）国际健康产业博览会、2017德国汉诺威工业展、2017亚洲食品展、湖南茗茶北美行等9个境内外国际性展博会。其中，在第六届中国（广州）国际食品食材展览会上，衡阳团共对接客商数百人，达成100余单成交意向，协议金额数千万元。湖南饮源制药有限公司所产古汉养生酒，先后与采购商签订50多个合作协议，总采购交易金额达到500万元；湖南省第八届农业机械、矿山机械、电子陶瓷产品、农副产品博览会期间，湖南省耒耕轻型耕田机制造有限公司与武冈市祥宏农业机械有限公司现场签单耒耕牌微耕机200台，价值24万余元。耒阳市鹏誉农业发展有限公司当场与6家公司签订意向订单；湖南茗茶北美行经贸活动期间，参加企业与“天仁茗茶”洛杉矶直营店等有关企业就耒阳江头贡茶、耒阳竹海午时茶、衡南宝盖有机茶等茶叶产品直销至洛杉矶达成合作意向。（谭美纯）

【会员活动】 3月30日，市贸促会组织召开“2017年衡阳国际商会副会长联席会议”，国际商会副会长、理事代表等近40余人参会。会议期间，与会代表们进行座谈交流，就商会工作及商会实体化建设等方面提出意见和建议。

（谭美纯）

【业务培训】 7月7日，市贸促会举办衡阳市国际贸易政策宣讲暨国际商事法律培训会。培训邀请市金融信用信息服务中心、衡阳海关、衡阳国检、华菱钢铁股份有限公司、特变电工股份有限公司领导代表出席并授课，100余家企业近200人参加培训。

（谭美纯）

【走访调研】 2017年，市贸促会走访调研20余家外贸进出口企业，并通过QQ、微信等信息平台增强与办证企业、外贸企业进行沟通，了解衡阳市外贸进出口企业在生产经营过程中存在的问题，并针对企业普遍反映的原材料价格上涨、招工用工难、政策压力大、外贸形势差等问题撰写《外贸企业在转型升级中亟待克服“六难”》专项报告向有关部门反映，国家贸促会在商事法律服务专刊予以刊发。（谭美纯）

【业务管理】 1. 出证认证。市贸促会全年为企业签发产地证总量（包括一般产地证和优惠证）956份，其中签发一般产地证889份，出口合同金额3.97亿美元，同比上升30.6%；办理优惠原产地证67份，出口合同金额483万美元，同比上升36.4，出口53个国家和地区，新注册办证企业7家。累计为企业代办阿根廷、科威特、埃及等8个国家使领馆认证110份。2. 商事法律服务。市贸促会发挥调解中心办事处的职能，通过多种途径发布政策信息、贸易信息及外贸知识等信息208条，为企业提供经贸摩擦预警信息60余条，推荐企业采用贸易调解仲裁等多种方式应对贸易纠纷。3. 横向合作。与中华人民共和国衡阳海关、衡阳出入境检验检疫局、衡阳市人民政府国有资产监督管理委员会签署合作备忘录，明确各部门在建立合作机制、加强信息共享、服务企业发展、推动国际经贸合作、做好经贸摩擦预警及应对工作等方面深化合，更好地服务企业，共同促进衡阳产品、衡阳装备“走出去”。4. 国际联络。利用各种渠道建立友好联系，加强沟通合作，2017年与德国湘商总会湖南同乡会签订友好合作协议。5. 系统内沟通联系。2017年，市贸促会先后与湘潭市贸促会、株洲市贸促会、德州市贸促会、郴州市贸促会进行座谈，就机构设置、涉外联络、国际商会、县级支会建设、经费保障等方面的情况进行交流探讨，针对如何准确把握贸促工作定位，如何利用优势资源搭桥梁促合作进行多方面交流。

（谭美纯）

【市贸促会组织衡山科学城等单位参加2017年度美中（华中）商务峰会】 2017年4月19—20日，市贸促会组织衡山科学城和南华大学附属第二医院等单位参加由湖南省贸促会和美国驻武汉总领馆在长沙合作举办的第二届中美（华中）商务峰会。本次峰会，约有450名来自美国和华中地区的政府机构及企业代表参加，共同探讨环保、医疗、轨道交通和先进制造业等领域的合作及投资机会。中国贸促会副会长王锦珍、湖南省政府副省长何报翔、美国驻华大使馆临时代办阮大为出席峰会开幕式并致辞。峰会上，衡阳市衡山科学城受邀参加先进制造业的行业圆桌会议。在20日午宴期间，通过宴会大厅多媒体设备播放衡山科学城的宣传VCR，介绍衡山科学城作为衡阳的一座科技之城、生态绿城、时代新城，在区位、人才、技术、资本等方面的优势，扩大衡山科学城的影响力；南华大学附二医院参加20日下午进行的医疗行业研讨会，与美国强生公司、匹兹堡大学及湘雅医院等国内外有关医疗企业、综合医院，在慢病预防诊疗等医学领域进行广泛深入的沟通交流。会议期间，魏岩、费志刚还与美中贸易全国委员会上海首席代表欧文、中国美国商会事务总监刘萍、美国德汇律师事务所孔宏德等就深化合作、加强双边经贸沟通等事宜进行交流探讨。

（陈跃英）

【市贸促会组织企业参加第六届广州国际食品食材展暨世界食品广州展】 2017 年 6 月 14—17 日，第六届广州国际食品食材展暨世界食品广州展在琶洲保利世贸博览馆举行。市贸促会副会长廖雄燕率衡阳市湖南饮源制药有限公司、湖南荣创黄花菜食品有限公司、湖南新食康农业发展有限公司、耒阳金鑫农业科技发展有限公司 4 家企业参加。4 天展期共对接客商数百人，达成 100 余单成交意向，协议金额数千万元，参展产品、产品成交量、招商引资意向等均居全省前列。博览会期间，湖南饮源制药有限公司所产古汉养生酒，先后与有关企业、超市、中老年人协会、互联网电商、国外采购商签订 50 多个合作协议，总采购交易金额达到 500 万元。湖南荣创黄花菜食品有限公司的“鱼庆”牌黄花菜因无污染无添加剂的纯天然有机绿色食品吸引众多当地客商，产品被销售一空。（陈跃英）

商企改制

【信访工作】 一是信访与制度相结合。建立信访排查制，领导接访制，信访问题包案制，进一步规范和完善信访维稳工作。二是信访与调解相结合。2017 年，在衡阳市信访局指导下，衡阳市商改办与蒸湘区共同努力，成功化解原市纺织品公司信访老户周福田的问题，效果明显。三是信访与责任相结合。信访问题实行专人包案、专人督办。在信访“百日清零”行动中，市商改办对信访重点人员、重点问题进行全面清理，建立台账，一人一册，专人包案。主动约谈信访对象，与其对话沟通，同时与街道和社区加强对接，形成合力，共同做好稳控工作。为确保全国“两会”和中共十九大期间的安保稳定，市商改办党政一把手带队赴北京参与接处访工作，实现零进京非访。截至 2017 年，共接访 228 人次，劝返 62 人次，办理网上信访件 9 件。（沈骏辉）

【安全生产工作】 坚持“安全第一，预防为主”的方针，明确“一把手”是安全生产第一责任，落实安全生产主体责任。工作中一是强化制度，安全责任落实到位；二是广泛宣传，安全意识到位；三是全面排查，安全隐患整改到位。2017 年以来，市商改办按照安全生产工作要求，开展重大节假日的安全生产大检查，在高温季节和冬季用电高峰期加强消防安全巡检，及时排查整改安全隐患，线路维护及消防设施均保持在良好状态，安全值班保持正常，无脱岗离岗现象，全年实现安全生产零事故。（沈骏辉）

【文明创建工作】 市商改办把创建工作工作纳入重要议事日程，成立文明创建领导小组，制订文明创建工作方案，按照市文明创建办的工作要求，开展创建活动。2017 年，参加全市组织的万名党员进社区活动，配合社区入户走访，发放宣传资料 1000 余份。三次组织机关干部参加文明交通劝导宣传志愿者活动，全年文明创建活动，共出动 400 余人次。办机关实施亮化美化工程，更新楼道照明设施，定期开展文明卫生大扫除，在院落显著位置悬挂文明创建宣传横幅，制作文明创建主题宣传板报，为每个机关干部定制文明市民行为规范标识牌，大力倡导社会主义核心价值观，树立文明新风，营造创建氛围，提高投身创建活动的热情。

（沈骏辉）

【党建工作】 2017 年以来，市商改办党建工作以习近平总书记系列重要讲话精神为指导，以加强党的执政能力建设为主线，深入学习宣传贯彻党的十九大精神，深入开展争先创优活动，全面推进党的思想建设、作风建设和反腐工作。“两学一做”教育实行常态化、制度化，年内我们参与市直工委组织的“党员进社区、服务走在前”主题活动；组织机关全体干部集中收看《将改革进行到底》专题片并进行专题讨论；“七·一”组织畅谈“延安精神”为主题的讨论活动；全员实时收看党的十九大开幕盛况，及时组织学习中共十九大精神，听取专家专题辅导讲座，制作党的十九大精神宣传板报。干部网络教育培训工作常抓不懈，机关干部按质按量全部完成学习任务。除坚持正常的政治学习外，及时传达贯彻党中央国务院、省委省政府、市委市政府的会议或文件精神，全年还制作学习党的十八届六中全会、省十一次党代会、市十一次党代会精神以及党风廉政建设等内容的宣传板报。着力加强党员干部教育管理，从严治党，“不碰红线、守住底线”成为机关党员干部自觉遵循的思想防线。

（沈骏辉）

粮食收储

【概况】 2017年，落实粮食安全行政首长责任制的各项要求，把抓好粮食收储、维护粮食安全作为主业，把保供稳价、维护正常粮食流通秩序作为主责，把推进粮食产业发展、提升粮食经济效能作为主攻方向，完成全年目标任务：市县级地方储备粮规模××万吨，比湖南省计划多储备0.15万吨；粮食加工业产值实现98亿元，比计划多完成1.5亿元。

（许　钧　李建桦）

【粮食购销】 全年全市收购粮食××万吨，其中，最低收购价粮食××万吨，居湖南省第1。共收购油菜籽××吨。组织市内粮油企业参加2017中国精品粮油及技术设备展览会、全国粮食科技活动周、第八届“湘博会”等活动，与广东佛山（南海）等粮食主销区签订粮食产销合作协议，为衡阳市粮食企业产销合作搭建平台。

（许　钧　李建桦）

【储备粮管理】 2017，衡阳市共储存各级地方储备粮××万吨、成品粮××吨、地方储备油××吨。完成市级储备粮轮换××吨、储备油××吨；省级储备粮轮换××万吨。

（许　钧　李建桦）

【粮食质量安全工作】 采集新收获早、中晚籼稻样品672份，出具检测数据指标共计2888个；组织开展清仓查库，共查粮××万吨、油××吨；对32家粮食经营企业进行审核，取消2家粮食收购资格并注销其粮食收购许可证。

（许　钧　李建桦）

【争取专项资金】 争取省“千亿产业”项目专项资金882万元，中央预算内投资粮食仓储建设项目扶持资金675万元。“中国好粮油”行动省级示范县、粮食产后服务中心建设项目以及粮食质检体系建设项目支持金额1100万元。

（许　钧　李建桦）

【军粮供应管理】 加强网点建设，提高保障能力，推进军民融合区域性配送中心项目建设，成功申报衡南军供站为国家级军粮综合保障基地建设项目和耒阳军供站为区域性成品粮油配送中心建设项目。（许　钧　李建桦）

供销合作

【概况】 2017年，衡阳市供销合作社顺应农业供给侧结构性改革的新形势新要求，推进深化供销合作社综合改革，创新农业社会化服务，夯实基层基础，发展农村电商，获湖南省供销合作社系统综合业绩考核一等奖，排名湖南省14个市州第2。衡南县向阳供销社获得全国供销合作社先进单位的殊荣。

一、综合改革。市县两级财政安排年度改革专项资金及工作经费预算共约2000万元。衡阳县、祁东县、衡山县、衡东县4个县级社在当地党委政府的支持下，先后获批2017年度、2018年度湖南省深化供销合作社综合改革示范县项目，获项目资金共1000多万元。其中衡山县在19个2018年全省深化供销合作社综合改革示范县中排名第1，获批成立二级机构——衡山县农村合作经济管理服务中心，定编4人。衡东县政府将2015年归集财政的社有资产重新交付县供销社，并对县社向上争取项目资金给予20%配套资金。按照“改造自我，服务农民”这一综合改革的内在要求，全市系统年内有3个县级社新组建县级惠农服务平台（县级惠农服务公司和县级电子商务公司），年内新建乡镇惠农服务中心8个、村级惠农服务社20个，提质改造乡镇综合服务中心3个。

二、农业社会化服务。全市系统打造湖南安邦、祁东新三湘、衡东新三湘、衡南创新供销、衡山兴农、常宁华湘等多个农资经营龙头企业，建立库容4万吨以上的储备仓库9个，县级农资配送中心10个，配送分部200多个，农资经营服务常设网点2000多个，覆盖全部乡镇和70%的行政村，增添农资服务保障。全市系统年冬储化肥超过20万吨，年均销售化肥近60万吨，约占全市市场总额的70%，并做到量足、价稳、质优，持续发挥农资供应主渠道作用。全市供销系统开展大田托管、代耕代种、股份合作等多种农业社会化服务，其中土地流转6千余公顷、土地托管1万余公顷，拓宽服务领域。湖南安邦新农业科技股份有限公司推行“公司+大耕作户+农户”的经营模式，创建4个育秧工厂，推行机械化育秧、机械化插秧，从产前、产中、产后全过程为农户提供全方位服务。

三、基层组织建设。全市供销系统现有基层供销社163个，县级以下供销社的销售占全市系统的比重逐步提升，初步扭转基层长期薄弱的局面。全市系统通过政策引导、联合社帮扶、社有企业带动等方式，累计领办、合办各类农民合作社299家、农民合作社联合社63家，其中4家被评为省级以上农民专业合作社示范社，既提高农民组织化程度，也扩大供销社基层组织体系。衡山县供销社引导发展农民专业合作社46家并指导组建该县首家农民专业合作社联合社——果岳水果专业合作社联合社，在带动农民致富方面发挥引领作用。衡东县供销社牵头组织并入股成立衡东县旅游产业合作联社，吸纳农民专业合作社、农产品加工企业、休闲农庄、电子商务公司、旅行社等9个理事单位加入，把衡东红色旅游、生态旅游和休闲农业有机结合，打造精品旅游线路，引领衡东全域旅游发展。

四、发展农村电商。衡山县供销社设立“网上供销社”网点86个，覆盖全县100%的乡镇及部分重点村、专业合作社，建设农产品全程可视可追溯体系3家，农村电商发展势头良好。祁东县社对接全国总社“供销e家”，实现农资产品进村组、日用消费品到农户、农副产品入城市的融合发展，2017年网上销售额突破1亿元。耒阳市供销社引进中国500强企业、全国供销合作总社直属企业——中农联股份有限公司投资建设省级重点项目——中国供销·湘南农特产品电商物流园，总投资15亿元，占地面积33.33公顷，一期工程已部分竣工。耒阳市社还联合全国知名电商“家边购”为果农开展网上销售，并于12月承办耒阳市竹海冰糖柑采摘节，规划建设300个城乡双向流通连锁便利店，实行线上线下融合发展。　（黄　冠）

【2017年衡阳市供销合作社工作会议召开】　2017年全市供销合作社工作会议于2017年3月21日召开，回顾总结2016年工作，安排部署2017年工作。2016年，衡阳市供销系统完成商品销售112.80亿元，实现利润11659.65万元，完成衡阳市委、衡阳市政府下达的绩效考核各项目标任务，被湖南省供销总社评为2016年度综合业绩考核一等奖，排名14个市州第1。2017年，全市供销系统将以推进农业供给侧结构性改革为引领，推动深化供销合作社综合改革向纵深发展，提升农业社会化服务的层次和水平，夯实基层为农服务基础，深化社有企业改革，发展电子商务，加快打造服务“三农”的生力军和综合平台。会议听取有关监事会工作情况和党风廉政建设、反腐败工作情况的报告。会议表彰2016年度全市供销合作社综合业绩考核先进单位和先进个人。各县（市、区）供销社和市社直属单位主要负责人向市供销社递交目标管理等责任状。　（陈跃英）

【湖南省深化供销社改革小组到衡阳调研】　2017年4月17—18日，由湖南省供销合作总社理事会副主任李云才带队，湖南省深化供销社综合改革领导小组一行四人到衡阳调研督查供销社综合改革情况。4月17日上午，调研组在衡阳市供销社听取整体情况汇报。市供销社党委书记、理事会主任宋贫农向调研组汇报衡阳市系统综合改革情况。4月17日下午及18日，调研组分别到祁东县、常宁市和衡阳县、衡山县解综合改革进展。先后实地察看衡阳县安邦公司、祁东县衡缘物流园农资仓库、祁东县惠农电子商务有限公司、祁东县丁市村综合服务站、常宁市湖广熟农民专业合作社等，召开现场座谈会4场。

（陈跃英）

石油销售

【资源供应】　中石化销售有限公

司衡阳分公司以“服务经营，精细调度”为工作目标，优化执行特殊时期经营《保供应、保安全预案》，加强外采资源衔接、送检及接卸入库，确保库存资源稳定，从优化运力结构、节前提高油站库存、成立公司应急指挥领导小组、建立应急保供预案等方面，抓住配送运行的准心、重点，强化车辆调度，杜绝配送不力造成加油站断档脱销；面临节假日出行高峰、长炼检修推迟投产等不利因素，通过加强与省公司协调，随时掌握资源计划执行，铁路到车和油库接卸情况，在保障衡阳油品市场稳定供应的同时，也保证高速、永州、株洲、郴州、湘潭等兄弟公司的配送油品出库。

（曾虹静）

【经营服务】 1. 稳住零售价格。一是量效兼顾。按照湖南省公司“价值引领、预算牵引”的经营指导思想，多次召开“零售、非油工作推进会”，合理调整优价站点布局和优惠幅度，落实“一站一策”营销策略，跟踪评估优惠效果，提升市场竞争激烈区域的价格竞争力。二是有序竞合。两次牵头组织衡阳地区内中石油、中化、中海油及社会私营企业召开成品油零售市场价格协调会，联手推价到位；建立基于GIS地理信息的价格竞争趋势图，准确掌握竞争对手的经营现状和基本信息。三是局部调整。稳步推进高标汽油覆盖率，共开通95号汽油销售站点106座，实现95号汽油高速和城区中心全覆盖；同时，98号汽油销售站点已增加至28座，在全省网点布置最多，全年销售高标号汽油6.89万吨，增幅16.5%，高标号汽油占比从23%提升到26%，其中蒸水加油站高标号汽油销量占比已达到50%。四是多重营销。开展五进活动、移动和包业务、“柴油联名卡”营销、“天天会员日”等活动，新增客户5.67万，持卡消费比达46.33%。五是强化管理。稳步推进加油站“7S”工作，试点的酃湖加油站、船山加油站已完成标准112项，完成率为82.96%；成立督查专项检查小组，以督查促整改，对加油卡套现、虚开和套开发票、“三违”等违纪违规行为坚决实行“零容忍”，违规违纪类投诉较2016年减少77.3%。2. 扩大直批渠道。一是优化销售策略。根据单笔次采购量、购油频次、客户忠诚度、对价格敏感度实施“差异化”营销；同时利用价格杠杆，量价互促，量效结合，自成体系走出“月初低月末高”的制价周期性规律，促进销量超额完成。二是拓展销售渠道。以开展“赢客百千万”社会加油站专项走访活动为契机，拓展汽油和国V车柴销售渠道，全年衡阳公司走访辖区社会加油站205家、755次，努力实现量效双赢。三是打好“感情牌”。按照客户偏好实施“一户一策”地开展促销和售后服务工作，做到“日日有电联，月月有走访，季季有回馈”，如成功锁定湘运、公交、怀邵衡铁路项目等多家大型单位，全年大客户销量3.22万吨，同比增加0.51万吨，为公司油品增量打下坚实基础。3. 非油业务多元发展，立体营销。2017年以来，易捷年货节、员工内购、“共创蓝天”、易捷品鉴会等各类营销活动效果不断增强，家纺、电器、手机业务销量持续增长，比如，举办首届家用电器、品牌服饰等内购会，分别销售电器商品100.6万元、服装20余万元；开展的2017年度易捷重点商品品鉴会，销售额突破百万元；商企强强合作，加快新业务扩展步伐。在汽服建设上，与北京爱义行选定6个加油站点进行合作，耒阳虹桥站正式营业；在快餐等新业务开发上，全省首家加油站快餐店年初在东风路便利店落户投营，便利店每月增加快餐收入近6万元；12月，全省首家粤式烘焙店在石油大厦一楼正式营业。

（曾虹静）

【网络建设】 一是稳步推进网点建设。衡西油库6宗地摘牌及建站工作是2017年网点建设的重点，先后取得立新、高兴、松梅站的加油加气手续，拿到3宗地的用地规划及国土证。同时，衡州大道站、衡西站、船山东、金雁站通过市政府的收储会，加油站征拆工作已作为政府的重点工作来抓，加快加油站建站进程。二是持续推进油气回收、隐患改造项目的完成。2017年，已完成油气回收改造加油站48座、双层罐或防渗池改造加油站14座以及非油门店改造18座。三是推动联营项目投产创效。公司前期已与衡阳市发展投就组建联营公司、合作共同建站经营加油加气站项目，进行多轮洽谈，力争尽快完成合作协议和签订工作。

（曾虹静）

【规范管理】 精细管理，夯实基础。一是加强安全管理。牢固树立安全“红线”意识，坚持“四个让位于”，强化安全生产责任制的落实；日常检查、专项检查和“四不两直”检查等多种方式开展安全检查，共检查油库27座次、加油站782座次；深入开展隐患治理工作，并与衡阳市安监局沟通，申报安全生产隐患治理引导与奖励资金20万，有效推进公司库站的隐患治理工作。二是加强数质量管理。落实加油站零售损溢管理考核办法和油品交接办法，进行月度盘点抽校工作，复核账实的同时对加油机精度进行抽校及油样抽检，确保账实相符及数质量风险可控。共下站抽查534余次，抽校加油机456枪次、油样260余个。（曾虹静）

【“探索智慧能源”主题公众开放日活动举行】 2017年6月16日，中国石化销售有限公司湖南衡阳石油分公司（以下简称中石化衡阳）举行主题为“探秘智慧能源”的公众开放日活动，50余名政府职能部门人员、媒体记者、客户代表等一同参与。当日的开放日活动主要通过智慧小课堂、参观鄢湖加油站和易捷便利店、参观大浦油库等方式，让公众更直观了解石油企业。（刘　均）

烟草专卖

【概况】 2017年，衡阳市烟草专卖实现“两烟”销售收入67.13亿元，同比增加2.9亿元，增长4.52%；上缴税费14.43亿元（含所得税2亿元），同比增加0.21亿元，增长1.49%；会议费、业务招待费、车辆运行费同比分别减少36.9%、37.5%、5.74%。全年销售卷烟24.64万箱，同比增长0.2%，完成年度销售计划的100.02%；实现单箱均价2.80万元，同比增加800元，增长3.11%。

（孙腾飞）

【市场监管工作】 2017年查处各类涉烟案件1837起，同比增长50.5%；查获涉案卷烟6604.9万支，同比增长221%，其中假烟走私烟1733.7万支，同比提升637%，在湖南省排名第2位，罚没款252万余元；破获国家局标准网络案件6起、省标网络案2起，刑事拘留35人、逮捕25人、判刑20人。（孙腾飞）

【烟叶生产工作】 2017年，衡阳市种植烟叶6353公顷，落实种烟农户3180户，户均规模2公顷，收购烟叶24.47万担，收购均价1433.75元/担（含补贴）；针对6月底7月初特大洪涝灾害给烟农造成的损失，协调保险公司做好理赔，向湖南省烟草局和卷烟工业企业争取受灾补贴715万元，弥补烟农损失；大力推广专业化服务和机械化作业，减少种烟亩均用工1个以上，实现户均种烟降本2700元左右，烟农户均收入在12万元以上。

（孙腾飞）

【服务地方经济发展】 1.2017年下达烟基补贴资金计划8059万元，实施烟基项目建设2244个，新建沟渠42条、机耕路51条，实施土地整理1087公顷，新建烤房100座、维修改造老烤房500座，补贴购置烟夹400套、各类农机636台（套），烟区基础条件进一步改善。常宁广济水库（烟草援建资金1.3亿元）、衡山卷烟物流中转站等项目建设稳步推进，祁东卷烟物流中转站建设已经完成。2.精准扶贫。按照“每户都有帮扶责任人”的要求和“一对一”结对帮扶原则，全局141名党员全部纳入帮扶队伍，与贫困户建立“一对一”帮扶关系；结合扶贫点实际，制订《日光村集体经济发展工作方案》，实施产业扶贫，累计投入100万元，种植20公顷10000株绿桐树苗；按照精准扶贫工作要求，对贫困户再次进行甄别，先后清退41户、108人不符合条件的贫困对象，重新纳入18户、33人。全年争取260万元用于扶贫攻坚，帮助43户、139人实现脱贫。

（孙腾飞）

【改革创新工作】 按照国务院“放管服”改革要求，推进商事制度改革，全面落实“双随机一公开”有关规定，“三项制度”试点健全并落实执法公示、执法全过程记录、重大执法决定法制审核制度，执法区域改造已经完成，许可证办理进驻市政务服务中心；市场监管四员定位系统全面运用，通过“刷码签到”，构建市场走访动态图。承担的国资管理信息系统、异型烟自动化分拣、技能人员考评和烟叶技师工作室等试点项目均进展顺利，得到湖南省烟草局肯定。精益管理方面，围绕“消除浪费、持续改善”，收集采纳“精益诊断”意见294条，确立QC课题26个，获省局课题发布一等奖、二等奖、三等奖各一项，实现课题攻关降本11.63万元，降本增效超额完成湖南省烟草局下达的任务。（孙腾飞）

【衡阳烟草联合市消委开展“3·15”系列活动】 2017年3月15日，衡阳市县两级烟草专卖局联合衡阳市消费者委员会开展“3·15”国际消费者权益公益宣传活动，在全市范围内开展声势浩大的法律咨询与宣传活动，通过建立多方配合、全民参与的维权机制，提高烟草专卖法律法规的社会知晓率和认同率，营造良好的市场消费环境。一是加强宣传引导，明权益。联合市工商局、市消费者委员会“内外联动”共同开展普法宣传活动，设立咨询服务台，宣传烟草专卖法律制度，传授真假烟鉴别小技巧，现场发放资料2000余份，接受咨询300余人次。二是开展专项治理，保权益。各县级局提前部署，联合工商、公安等部门开展“3·15”两烟市场专项整治行动，突出对重点区域、重点客户的检查整顿，严厉惩治无证经营烟草制品、礼品烟回收、销售假冒、走私烟草制品等非法经营烟草专卖品的违法行为，切实净化卷烟经营市场。三是销毁假冒卷烟。严格按照程序，对近期查获的1300万支假冒卷烟、170吨烟叶进行集中销毁。

（陈跃英）

【全市烟叶大田管理现场会召开】 2017年4月13日，衡阳市烟草专卖局（公司）组织召开2017年全市烟叶大田管理现场会，推进生产示范与关键技术落实，强化质量意识，促进烟叶生产水平提升。与会人员参观衡南县廖田镇青冲村大田管理现场，听取技术人员对中耕培土、平衡施肥、水分管理、病虫害防治等关键技术的讲解，并观看现场示范。随后召开会议，对下阶段烟叶生产工作进行安排部署。（陈跃英）

【首届“青年思想论坛”举办】 2017年6月29日，衡阳市烟草专卖局（公司）举办全衡阳市系统“首届青年思想论坛”。论坛以“在懂得中成长，在岗位上成才”为主题，以“青年博文诵读会”为主要形式，来自全市烟草系统的9支青年代表队分别带来《大树的日记》《青春的远航》《青春在懂得中奔跑》《那一抹绚烂的烟火》《青春三部曲》等节目，节目以本单位榜样团队、亮点特色或人物事迹为原型，借助PPT、音乐、视频等形式进行演绎。最终，经过评委综合打分，衡阳市局、衡阳县局、衡南县局代表队分获一、二、三等奖。（陈跃英）

【2017年全市烟叶收购工作会】 2017年8月9日，衡阳市政府组织召开2017年全市烟叶收购工作会，传达贯彻全省烟叶收购视频会议精神，总结2017年上半年烟叶工作，研究部署烟叶收购等下阶段各项工作。会议指出，2017年全市烟叶生产各项工作扎实推进，不断拓宽烟农增收渠道，克服严重水灾的不利影响，维护烟农利益，严控规模、精益生产、提质增效、现代烟草农业建设等有关工作均取得阶段性成效，产业呈现良好发展态势，为地方经济发展、烟农增收发挥重要作用。就做好下阶段工作，会议强调，一是要加强组织领导，烟区各级党委、政府及有关部门要高度重视烟叶收购工作，强化协调配合，努力促成“领导亲自抓、产烟县市主动抓、上下配合抓”的良好工作局面。二是要提升服务水平。突出“灾损救助、优质服务、矛盾化解”三个方面，维护好烟叶收购秩序和市场秩序。三是要落实收购要求，确保55天内完成烟叶收购任务，收购质量满足工业需求；要保障好烟农合法利益，确保烟叶收购安全和烟区社会稳定。四是要提前谋划2018年工作，在“烟基项目建管、生产布局优化、烟叶质量和特色提升”等方面下足功夫，努力实现全市烟叶产业健康持续发展。会上，各产烟县（市）就如何抓好2017年烟叶收购工作作表态发言。

（陈跃英）

电子商务

【概况】 2017年，衡阳市从事电商企业达7000余家，年交易额约150亿元，其中农产品年交易额约20亿元，建成电商产业园8个，县级运营中心4个，村级电商服务站550个。（刘　均）

【衡阳跨境电商产业园正式开园】2017年1月22日，位于华新大道与杨柳路交界处的衡阳跨境电商产业园（以下简称“产业园”）正式开园。“产业园”内设“一园两中心”，“一园”即跨境电商产业园，“两中心”即海外直购分拣中心和进口商品交易中心。产业园启用后，全力整合海外仓储、国际物流、供应链等资源，打造并完善衡阳市跨境电商运营平台和核心供应链集聚中心，构建母婴、化妆品、保健品分拨中心，形成“线上+线下”“进口+出口”“研发+检测”“生产+仓储”的全产业链生态运营体系。（刘　均）

【衡阳首家汽车电商平台上线运营】2017年3月25日，衡阳首家汽车电商B2BC平台——“爱华汽车惠”正式上线运营。“爱华汽车惠”是一个集移动端与线下体验馆为一体的立体式汽车资讯与交易平台。消费者进入“爱华汽车惠”后，可在网上完成车辆选配、预约看车、在线购车。其选车方式便利快捷，消费者可根据自己的需求多元化筛选，最后确定自己心仪的爱车。其支付方式安全可靠，支持“在线订车”“在线支付”等多种支付方式，担保交易，安全有保障。（刘　均）

【衡阳市召开电商扶贫调度会】2017年6月28日，在衡阳市商粮局召开全市电商扶贫调度会。会议总结各县市区上半年电商工作特别是电商扶贫任务指标的完成情况，点评电商扶贫的先进做法，要求各县市区下阶段要抓好电商平台建设和全市电商扶贫人才培训。为下半年更好更快地推进电商扶贫工作奠定基础。（刘　均）

现代物流

【湘南物流中心落户珠晖区】2017年3月，衡阳市物流商会、广州衡阳物流商会举行年会，并与珠晖区签约，共建湘南物流中心。该项目首期工程投资3亿元、占地3.33公顷、入驻物流企业约1000家。（刘　均）

【圆通湘南总部落户衡东】2017年3月，上海圆通蛟龙投资发展集团有限公司相关负责人一行到衡东经开区就圆通湘南总部基地项目进行实地考察，对经开区优越的交通区位优势和投资环境非常满意，决定将项目选址定于经开区工业大道西南侧。圆通湘南总部基地项目计划总投资5亿元，拟用地10公顷，规划建筑面积10万平方米。项目将打造湘南总部结算中心、圆通妈妈商贸电商平台、冷链仓储物流、快递快运集散中心四大板块。项目建成后，可直接提供就业岗位1000余个，目标营收15亿元以上。（刘　均）

【衡南获评“中国物流之乡”】

中国交通运输协会和市物流与采购联合会一行，深入衡南县调研物流经验，并决定将由中国交通运输协会授予该县“中国物流之乡”称号。衡南县物流业发达，素有“现代马帮”“物流之乡”的称号。多年来，衡南致力打造以县工业集中区为核心、三塘加工产业园、洪山工业园为补充的“一极两翼”产业集聚平台，已形成以下特点：一是产业发展起步早。20世纪80年代初，该县就开始进军零担货运市场。二是行业总体规模大。在全国各地创办物流企业万余家，专线30余万条，从业人员达10万人以上。鼎盛时期，物流货运量占全国零担货运市场份额的1/3，从业人员达到20万人。三是物流企业类型全。涵盖信息软件、车队、仓储、园区、金融、第三方物流、第四方物流。四是政府重视，发展氛围浓厚。县委、县政府成立物流产业发展领导小组指导工作。县内有电商企业100余家，物流企业40余家，县政府与阿里巴巴“农村淘宝”项目签约，打通内外渠道。调研组认为，衡南县物流产业发展起步早、规模大、类型全、氛围浓，经验在全国不可多得。因此，决定将由中国交通运输协会授予该县“中国物流之乡”称号，并将该协会主办的“第十一届中国制造业与物流业联动发展年会”放在衡阳举办。（刘　均）

【华耀城冷库仓储物流及型材仓库项目动工】2017年3月18日，衡阳华耀城冷库仓储物流及型材仓库项目在衡阳华耀城5号小商品交易广场举行签约暨动工仪式。华耀城冷库仓储物流项目包括四个功能区，即冷冻区（4万吨）、仓储区（8万平米）、冷冻食品交易中心、商务服务配套区；在空间布局上，因地制宜，根据地势地形进行科学合理设计。

（刘　均）

服务业

【概况】　2017年，在中共衡阳市委、衡阳市政府及全市人民的共同努力下，服务业保持着快速健康的发展态势，产业规模和发展质量均有所上升。

一、服务业的经济贡献巨大。1. 服务业在三次产业中增速依旧居首位，对经济拉动和贡献不断增强。2017年，全市生产总值达到3132.48亿元，增长8.5%，服务业增加值1479.97亿元，增长12.5%，分别高出GDP及一、二产业4、9和6.3个百分点，高出全省服务业平均增速2.2个百分点。2017年服务业对经济增长的贡献率达到63%，比2016年提高6.2个百分点，比第二产业高32个百分点；拉动GDP增长5.4个百分点，比2016年提高0.9个百分点。2. 服务业在三次产业中占比创新高，内部结构不断优化。2017年，衡阳市服务业在产业三次产业占比为14.1∶38.7∶47.2，服务业占比提升3.8个百分点。内部结构不断优化，现代服务业比重不断提升，传统服务业占比逐步下降，如批发和零售业占服务业比重11.4%，下降1.3个百分点；住宿和餐饮业占比5.2%，下降0.3个百分点；而金融业、房地产业比重均有所提升。3. 投资规模扩大，项目带动作用显著。一是投资总量保持高位。2017年，全市固定资产投资规模达到2615.85亿元，其中服务业投资1447.92亿元，增长13.7%，服务业占总投资比为55.4%，高于第二产业投资19.8个百分点。二是服务业成为贷款投向主要领域。2017年底，全市金融机构投向服务业贷款余额575.33亿元，增长19.3%，占全部实体经济贷款比重67.1%，比2016年提高4.6个百分点。三是重点项目进展顺利。2017年全市服务业重点项目99个，实际完成投资186.63亿元，占全年计划数的104.3%。其中信息及旅游成为投资的重点领域，全年计划投资53.9亿元，增长23%。4. 税收稳步增长，用工需求增加。一是税收稳步增长，营改增成效显著。2017年，全市完成税收199.07亿元，增长30.6%，其中服务业贡献税收127.66亿元，增长31.1%。占比达到64.1%，远高于服务业在产业结构中的比重。营改增后，增税收和降税负得到兼顾，2017年规模以上服务业1—12月三项税收合计5.77亿元，企业税负3.2%，分别比1—5月、1—8月下降0.2和0.1个百分点。二是用工需求增加，就业贡献增强。2017年四季度，一二三产业用工需求比重依次为3.2%、34.2%和62.6%，服务业需求比重比三季度增加6.28百分点，服务业就业贡献不断增强。5. 规模以上服务业运行良好。一是新增一批规模以上服务业单位。2017年规模以上服务业共新增单位121家，退出74家，净增47家，年底单位数已达到534家，在全省各市州中位居前列，新增单位中，其他营利性单位66家。二是营业收入保持高速增长。2017年全市规上服务业实现较好发展，1—12月规上服务业实现营业收入158.62亿元，增长28.3%，其中，其他营利性服务业营业收入66.59亿元，增长46%，增速分别高出湖南省平均8.2和17.7个百分点，省内位居第3和第5。

二、重点行业发展较好。1. 交通运输发展向好。一是公水路运输明显回暖。2017年，衡阳市公水路客货运换算周转量372.89亿吨千米，增长7.6%，高于同期4.9个百分点。其中，公路周转量333.94亿吨千米，增长7.9%，高于同期5.1个百分点；水路周转量38.95亿吨千米，增长5.7%，高于同期4.4个百分点。二是新型运输快速发展。高铁、航空等新型运输方式越来越受到青睐，2017年，南岳机场航班起降4962架次，增长36.17%；旅客吞吐量47.05万人次，增长率51.03%；出港客座率77.2%，同比提高4个百分点。2. 消费品市场维持平稳增长。2017年，衡阳市实现社会消费品零售总额1248.38亿元，同比增长10.7%，其中批发业完成销售额83.41亿元，增长11.1%；零售业完成1027.49亿元，增长10.4%；住宿业完成23.55亿元，增长8.1%；餐饮业完成零售额113.93亿元，增长13.7%。从限额批零业零售额看，新兴消费及新的消费方式正在形成，汽车类增长19.2%，建筑及装潢材料类增长26.5%；通过网络实现的商品零售额增长

65.5%。3. 金融业保持健康发展。一是金融机构存贷款稳步增长。2017年年末，全市金融机构本外币各项存款余额3589.78亿元，增长9.3%，其中住户存款2321.03亿元，增长8.7%，非金融企业存款771.84亿元，增长14.3%。各项贷款余额1908.55亿元，增长14.0%，其中短期贷款457.74亿元，增长10.9%；中长期贷款1084.23亿元，增长22.9%。年末银行主要金融机构不良贷款余额56.91亿元，不良贷款比率3.44%。二是保险业健康有序发展。2017年全市保险机构新增2家，总数达到39家，保费收入86.43亿元，增长15.7%。其中，财产险保险保费收入25.62亿元，增长10.8%；人身险收入60.81亿元，增长17.9%。全年各项赔付支出32.31亿元，增长13.9%。其中，财产险赔款支出14.82亿元，增长23.3%；人身险赔款支出17.48亿元，增长7.0%。4. 邮电通信业转型升级加快。一是邮政普遍服务业务量下降，快递业迅猛发展。2017年全市邮政业务总量完成12.4亿元，同比增长24.8%，业务总量居全省第3位。普遍服务业业务量下降，其中，函件业务量下降62.43%，包裹业务量增长3.17%，报纸销量下降3.61%，杂志下降6.90%，汇兑业务下降20.42%。快递业务量增长迅猛，2017年累计完成2423万件，比2015年增长185.5%；业务收入完成2.97亿元，比2015年增长185.8%。二是电信业快速发展，互联网相关业务逐步取代传统业务。2017年电信业完成业务总量74.68亿元，增长78.7%，增速比2016年提高21.4个百分点。从各业务增速情况来看，传统通话短信业务持续下降，互联网相关业务快速发展，截止到2017年12月末，移动和固定电话通话总时长156.15亿分钟，下降9.3%；移动短信9.14亿条，下降21.6%；互联网宽带接入用户114.71万户，增长23.8%；移动4G用户数356.92万户，增长48.8%；移动数据及互联网业务收入35.64亿元，增长68.7%。5. 旅游业补短成效显著。2017年，衡阳市继续推行旅游经济补强战略，挖掘发展潜力，全域旅游迈出坚实步伐，一是打响一批旅游景点和品牌。南岳区入选第二批国家级旅游业改革创新先行区，成为湖南省首批入选国家级旅游业改革创新先行区的“先锋”；全市AAA级景区新增3家；茶山坳镇入选全国美丽宜居及特色小镇，曲兰镇获评全国经典文化小镇，雨母山景区获评全国人文生态旅游基地。二是新建扩建一批含金量高的旅游项目。梦东方、汇景雁湖生态文旅小镇、天子山火文化公园、东洲岛、云鹫峰等旅游业项目进展顺利，全省首家工业主题博物馆建成开馆，工业旅游实现历史突破。三是接待游客及旅游收入创新高。2017年，衡阳市共接待国内外游客6201.63万人次，实现旅游总收入568.05亿元。6. 房地产去库存步伐加快2017年，衡阳市加快房地产去库存步伐，销售面积大幅高于竣工面积，全市商品房施工面积2503.28万平方米，增长0.1%；竣工面积300.79万平方米，下降1.2%；销售面积581.89万平方米，增长14.8%；销售额达到237.24亿元，增长28.9%。全年销售面积比竣工面积多出281.1万平方米，高于2016年78.8万平方米。

（刘　均）

旅游业

总　类

【概况】 2017年1—10月，衡阳市已接待国内外游客3932.68万人次，实现旅游综合收入269.74亿元，分别同比增长15.63%和20.91%，基本完成接待国内外游客、旅游总收入分别增长15%、24%的年度目标。1. 旅游督导和规划。衡阳市召开旅游工作会议、旅游局长座谈会，编发《旅游工作简报》，密集推送旅游资讯，衡阳市发展全域旅游补齐旅游经济短板氛围浓厚。根据《衡阳市旅游业“十三五”发展规划纲要》，启动《衡阳市历史文化名城旅游发展规划》编制，督导各县市区加快区域旅游发展规划的编制工作，各类旅游特色小镇规划完成20余个，珠晖区茶山坳镇、蒸湘区雨母山镇等一批重点建设景区规划即将编制完成，全市全域旅游发展的总体布局基本定型。组织旅游专题招商活动15次，2017年衡阳市旅游招商引资额近1000亿元，梦东方、南岳衡山国际康养城、云鹭峰风景区等项目先后落户。2. 旅游项目建设。加快旅游重点重大项目建设。2017年年度计划完成投资174.6亿元，已完成近80亿元。共有30个旅游项目列入服务业第一、二批重点项目，总投资约353.2亿元。丽波国际大酒店、西游洞天·花果山景区、金甲古镇、南岳古镇改造、南岳万寿广场提质、东洲岛、云鹭峰、双水湾、四明山等重点旅游项目竣工；雨母山、茶山坳、萱洲、东湖等一批美丽乡村建设渐成规模；投资100亿元的梦东方——梦幻三湘旅游度假区于8月10日奠基开工。衡南县岐山森林公园成功创评国家森林公园；衡东县全力推进罗帅（元帅罗荣桓）故里景区创建国家AAAAA景区工作。蒸湘区雨母山景区被评为全国人文生态旅游基地。珠晖区茶山坳镇入选276个全国第二批特色小镇名单。3. 旅游新产品新模式营销。全市举办大小各类旅游节会、推介会20余场次。珠晖“四美”茶山旅游文化节、南岳星空节、衡东土菜文化旅游节等吸引游客100余万人。推出衡山县花果山、珠晖区茶山坳、衡东县洣江生态园、珠晖区双水湾乡村文化园等乡村生态游表现强劲。衡山科学城工业博物馆、南岳万寿宫古戏台、雁峰区佳园山庄、洣江生态园、衡南航空运动俱乐部等旅游新产品。拓展“旅游+互联网”经营新模式，与驴妈妈旅游网、北京微景天下科技有限公司等合作，制作“雁翔衡阳”城市云名片，扩大衡阳旅游知名度。与广东广播电视台合作制作《一起旅游吧》衡阳专题节目，拓展“珠三角”旅游市场。加大投入，全市各级旅游营销投入共计3000余万元，在国省级媒体10余次推介衡阳旅游。4. 旅游软硬件建设。在浙江大学（杭州）举办全域旅游人才专题培训班，各级政府和相关部门负责人近60人参加。完善基础设施，衡阳市共计投入近2亿元，共新（扩）建或修缮旅游服务中心10个，新建和完善通景公路50余千米，新增（更新）旅游标识标牌2000个。推进“厕所革命”三年行动，已共新建或改扩建旅游厕所279座，总厕位数达3563个。高铁衡阳东站旅游综合服务中心、南岳机场、高铁衡山西站、衡阳火车站游客服务中心等陆续启动建设。持续开展“服务提质”行动。举办旅游饭店服务技能大赛，提升旅游酒店从业人员素质和服务质量不断。加强市场监管，定期开展旅游市场联合执法和集中整治。3次专项惩治整治户外QQ群、俱乐部等户外运动非法租用旅游客运车辆和非法经营旅游业务行为，集中查处黑社、黑导、黑店、黑车等非法经营旅游业务、扰乱市场秩序的行为。督导南岳、衡山等县区开展“百日大会战”等专项活动，整治高铁衡阳东站、高铁衡山西站和南岳衡山景区等重点区域的士载客不打表、售卖高价“天价”香、收受回扣等游客反应强烈问题。建立旅游投诉和案件督办台账制度，加大查处力度，确保每起违法违规、游客投诉案件都能得到及时查处。加强安全管理。认真吸取“6·26”特大交通事故的深刻教训，层层压实安全生产责任，加强旅游安全检查和防范。与交通运输、教育等部门联合下发《关于加强对各有关企业大中巴班车，大中专院校、中小学校、幼儿园校车，旅游运输公司运营车辆，城区公交客运车辆租用管理的通知》，从源头上遏制旅游运输安全隐患。开展安全宣传10余次，组织安全培训班2期，组织40多家企业参加安全演练，7次开展安全督导检查行动，出动42批、210余人次，排查整改问题和隐患200余条。（湛玉平）

【2017年春节黄金周旅游收入再创新高】 2017年春节黄金周，衡阳市共接待国内外游客276万人次，实现旅游综合收入12.7亿元，同比分别增长12.34%和16.88%。（秦　军）

【国家民委一行赴衡阳考察特色小镇建设】 2017年2月14日，国家民委机关服务局、特色小镇工委会、湖南广播电视文化传媒公司来衡阳市考察特色小镇建设，洽谈合作事宜。国家民委机关服务局中民总公司民族特色小镇工作委员会主任梁葆真、特色小镇工作委员会执行主任吴玉瑞、湖南广播电视文化传媒公司总经理刘志康一行考察茶山金甲生态小镇、金龙渔场、白鹭湖风景区、东阳渡街道等在建及规划拟建的特色小镇和旅游项目，详细了解常宁瑶乡民族特色小镇，茶山坳、雨母山城区特色小镇，衡山宗教文化小镇等小镇建设及发展历程。考察团成员听取介绍，详细了解小镇建设的成功经验和做法，结合地方实际，围绕做强产业进行探讨交流。中国民族经济开发总公司、特色小镇工作委员会、湖南广播电视文化传媒公司等与市旅游外侨民宗局、市商务和粮食局、常宁市政府、珠晖区政府座谈，共商合作事宜，为下一步开展长期合作奠定坚实的基础。中共衡阳市委常委、市委秘书长张贺文，市政府副市长廖健，出席考察活动。（秦　军）

【衡阳市全域旅游工作会议召开】 2017年4月6日，衡阳市全域旅游工作会议在衡阳市政府一楼全会议室召开。会议贯彻国、省旅游工作会议精神，全面落实市委、市政府工作部署，总结2016年全市全域旅游工作的经验成绩，分析本市旅游发展的形势条件，安排部署2017年主要任务，以推动衡阳市旅游经济“植优补短”行动，加快旅游强市的建设步伐。市旅游外侨民宗局局长向前做《抢抓机遇，砥砺前行，努力打造全域旅游的“衡阳样本”》的工作报告。报告中指出，2016年，衡阳市共接待国内外游客5812.35万人次，实现旅游综合收入388.66亿元，分别同比增长15.17%和26.39%，旅游经济总量与增幅稳居湖南省第一。报告明确提出2017年衡阳市旅游发展的主要任务，要求对旅游体制机制进行创新改革，建立旅游发展基金，设置相应奖项，探索景区、企业管理体制改革；要夯实旅游发展基础，推进在建景区规划项目，发展特色乡镇旅游，以旅游带动脱贫致富；要举办相应活动吸引游客，同时加强旅游人才建设，提升本市旅游服务质量等。会上，市旅游外侨民宗局还对全市旅游业发展先进单位，全市优秀景区、星级饭店等工作单位进行表彰并现场颁奖。（秦　军）

【洪清华到衡阳作南岳全域旅游发展研究报告会】 2017年4月18日，南岳区委中心组举行第二次（扩大）集中理论学习。景域集团董事长、驴妈妈旅游网创始人洪清华以《全域旅游时代下南岳衡山旅游发展新思考》为题作报告，为南岳全域旅游发展出谋划策，为南岳的旅游转型带来一场“头脑风暴”。洪清华认为南岳需要通过文化创意，把文化底蕴和资源优势变成游客的一种体验，发展打造全域旅游示范区。在报告会现场，洪清华公司团队设计的南岳山神卡通形象“南南”首次亮相。（秦　军）

【中青旅投资团队一行考察衡南旅游项目】 2017年4月19日，中共衡南县委副书记、县长李军陪同中国青年旅行社投资总监徐国彦、投资顾问贺秋燕、泛华生态旅游规划设计院副院长杜云涛一行到衡南县宝盖镇、江口鸟洲现场考察、调研衡南旅游项目。衡南县县长李军向中青旅总监徐国彦一行详细介绍衡南县基本情况和旅游资源。衡南境内有南岳机场、107国道、322国道，有省道S214、S315、S316和6条高速公路及7条铁路，交通快捷便利，为衡南全域旅游发展提供重要支撑，同时，衡南县山川秀美、风光旖旎、名胜古迹众多、旅游资源十分丰富。衡南县委、县政府高度重视旅游工作，出台“聚合优势、创新升级、补齐短板”开展现代服务业三年行动方案，突出发展全域旅游工作。中青旅投资总监徐国彦一行对宝盖镇、江口鸟洲等景点情况进行详细了解，对其发展前景十分看好，并表达强烈的投资、合作愿望。

（秦　军）

【衡阳端午假期旅游创收 5.4 亿】 2017 年端午节假日期间，衡阳市共接待游客 86.5 万人次，吸“金”5.4 亿元，分别增长 15.1% 和 17.4%，实现旅游人数和收入双增长。南岳衡山共接待购票游客人数 55761 人，同比增长 12.80%；门票收入达 415.90 万元，同比增长 13.79%。耒阳蔡伦竹海接待游客 4291 人次，门票收入 9.15 万元；常宁印山接待游客 1.46 万人次，门票收入达 52.73 万元。双水湾乡村文化园、茶山坳、南湖公园等地推出休闲垂钓、单车骑行、野炊烧烤等娱乐项目，旅游收入稳步增长。

（秦　军）

【国家统计局总经济师盛来运到南岳衡山考察】 2017 年 11 月 24 日，国家统计局党组成员、总经济师盛来运一行到南岳衡山，就南岳区重点项目建设以及旅游业态发展等情况进行考察。盛来运一行先后实地考察万寿广场提质改造项目、南岳大庙周边环境整治项目、红星村新农村和全域旅游建设项目、天子山火文化园项目以及古镇南街提质改造项目。每到一处，考察组都详细解项目相关情况。考察组一致认为，南岳依托自身特有的文化底蕴及地域特色，开发建设旅游配套服务设施，全区的旅游业态结构日趋优化、带动效应也日渐凸显，希望南岳下一步拿出更具针对性的措施，加大扶持力度、营销广度，力争配套再完善、产业再延伸、建设再提速。（秦　军）

【衡阳旅游示范线云轨试验段耒水大桥开工建设】 2017 年 12 月 10 日，衡阳旅游示范线云轨试验段耒水大桥举行开工仪式，标志着衡阳轨道交通建设迈出实质性的第一步，中共衡阳市委副书记、市长郑建新宣布项目开工。此次云轨试验段是比亚迪衡阳轨道交通智能制造产业园重点配套工程，项目总长 7.8 千米，耒水大桥是云轨试验段的关键控制性工程。

（秦　军）

【香港旅游业议会原理事、荣誉博士蔡百泰一行到衡阳考察】 2017 年 12 月 14—16 日，香港旅游业议会原理事、荣誉博士蔡百泰先生一行到衡阳进行为期 3 天的考察。考察团先后参观考察石鼓书院、回雁峰景区、陆家新屋和“五岳独秀”之称的南岳衡山等文化名胜景点，详细了解景区开发建设和景点运营情况。考察结束后，双方进行座谈。旅游局局长向前首先介绍衡阳市旅游发展基本情况，并就如何更好地促进衡阳与香港旅游宣传、市场拓展、广告效应和旅游项目开发等方面进行友好交流。蔡百泰对衡阳市近年来经济社会发展取得的成就和南岳区发展及文化景点开发予以肯定；并表示香港与衡阳旅游行业有广阔合作空间，加大交流力度，加强旅游合作；香港旅游业议会将进一步发挥自身优势，在香港和衡阳之间搭建更多更好的平台，推动两地旅游业发展合作。（秦　军）

旅游点（区）建设

【南岳成功入围第二批国家级旅游业改革创新先行区】 2017 年 6 月 13 日，国家旅游局公示第二批国家级旅游业改革创新先行区名单，南岳区成功入围，并与平江县一起成为湖南省首批入选国家级旅游业改革创新先行区。

（王　滢）

【衡阳梦东方旅游项目正式开工】 2017 年 8 月 10 日，总投资 100 亿元的衡阳梦东方旅游项目在衡南县云集镇车江片区金盘村正式开工，标志着该项目已进入实质性建设阶段。衡阳梦东方旅游项目是 2016 衡州经济发展论坛现场签约的 65 个重大项目之一，总投资 100 亿元，占地约 1067 公顷，将以湖湘文化为核心，结合国际先进理念和技术，打造一个集文化小镇、科技小镇、森林小镇、农耕小镇和 5 个主题公园互融为一体的综合型国际旅游项目。该项目先期开发的文化小镇包括梦里故湘文化古镇、梦幻乐园、星级酒店、国际学校、相关市政配套、生态绿化、人工生态水利湖区等内容；后期开发森林小镇和农耕小镇以及奇幻水上世界、鹿精灵动物王国、农耕体验园、现代体育公园等内容。（王　滢）

旅游市场开发

【中国国旅3月26日正式入驻衡阳】 2017年3月26日，一国字号旅行社——中国国旅·湖南国旅国际旅行社衡阳分公司正式入驻衡阳。中国国旅主导出入境旅游业务，未来将利用中国国旅深耕海外60年的网点资源优势，让衡阳人走得更远、获得更佳旅游体验，并同步全面启动对衡阳旅游资源的推介。（王　滢）

【珠晖区在“港洽周”签下111亿旅游项目大单】 2017年4月，在“港洽周”衡阳市招商专场会上，世界五百强企业中建集团下属香港上市公司——中建兴业集团有限公司与衡阳市珠晖区正式签约，双方就酃县文化旅游综合开发及故城遗址保护建设项目建设达成共识，中建兴业集团有限公司拟投资100亿元，对酃县文化旅游及故城遗址保护建设进行综合开发，项目建成后可提升衡阳在整个湘南地区的城市形象和历史文化地位。珠晖区还分别与东莞泰景源农业旅游投资开发有限公司、衡阳市物流总商会签约，三个签约项目，总投资达111亿元。（王　滢）

【中青旅集团到衡阳对接旅游战略合作】 2017年5月17—18日，中国青旅集团资源投资有限公司董事长刘伟一行到衡阳对接旅游战略合作事宜。在衡阳期间，考察组先后考察南岳衡山、来雁新城、石鼓书院、回雁峰、东洲岛等景区景点，并就大南岳衡山旅游经济新区、衡阳（大湘南）旅游集散中心等重大项目，进行深入交流和实地研究。（王　滢）

【南岳启动旅游营销“企业百计划”】 2017年7月，南岳区正式启动旅游营销“企业百计划”。通过出台门票优惠措施并主动赴客源市场开展宣传，形成百家企业团队客源引进合作机制，打造“全域布局、全景覆盖、全局联动、全业融合、全民参与”的全域旅游格局。此次旅游营销“企业百计划”主要针对广州、深圳、武汉、南昌等邻省城市100家大中型企业，通过客源引进合作机制专门出台营销措施。对组织到南岳旅游按200人次以上、500人次以上的企业分别给予门票9折、8折的优惠，并给予企业推广奖励。营销产品主要有南岳休闲观光游、宗教体验游、“衡山心境与禅意修行”文旅体验游等。南岳区门票处已经先后分别派驻3支营销团队赴江西吉安、湖南常德、怀化和武汉地区开拓客源市场，仅在武汉地区就发放宣传手册及宣传片800余份，与光谷科技园和东湖高新区等4家企业达成合作协议。（王　滢）

【衡阳市赴俄罗斯、德国进行旅游宣传促销】 湖南省旅游发展委员会于2017年10月29日至11月5日组团赴俄罗斯、德国开展旅游宣传促销活动。衡阳市副市长周玉梅率衡阳团随省旅发委前往两国，并在俄罗斯莫斯科和德国柏林举办的“湖南如此多娇——湖南旅游产品推介会”上作衡阳旅游推介。俄罗斯联邦旅游署国际合作司司长瓦列里．阿列克谢维奇、莫斯科旅游局对外联络处处长伊奈沙．伊格列夫娜、俄罗斯无国界免签协会执行会长斯威特兰娜女士、列宁博物馆馆长弗拉基米尔．德米特列维奇以及近70家俄罗斯旅行商及媒体应邀出席推介会。（王　滢）

【衡阳市赴英国、爱尔兰开展旅游促销活动】 湖南省旅游发展委员会副主任王超祥带队，于2017年11月5日至12日组团赴英国参加2017英国伦敦国际旅游交易会，并赴爱尔兰举办旅游专题推广活动。衡阳市旅游外侨民宗局副局长王文华、市场科科长旷立志随省旅发委参加本次旅游宣传促销活动，向海外游客和参展商推介衡阳旅游产品。在英国伦敦国际旅游交易会期间，参展人员通过发放宣传资料、纪念品、与参展人员沟通等方式，向来自世界各地的游客和参展商推介衡阳旅游。（王　滢）

【南岳衡山旅游推介会在武汉举办】 2017年11月24日，湖南衡阳南岳衡山旅游推介会在武汉楚河汉街大戏台举办，推介会以南岳旅游产品推介、南岳本土表演等多种形式让武汉市民深入了解南岳，体会“寿比南山南岳衡山”的魅力，推动两地旅游合作共赢。此次推荐会不仅给武汉市民发放手工麻糖、特制薯干、酥薄月饼等南岳特产，还采取现场

抽奖形式，送出价值数百元的“南岳旅游套票大礼包”和茶叶礼盒。（王　滢）

旅游行业管理

【南岳区全域旅游导服人员培训班正式开班】 2017年7月，南岳区全域旅游导服人员培训班正式开班。来自全区旅游系统的导游员、讲解员以及各政府职能部门负责接待的工作人员进行集中“充电”。南岳区全域旅游导服人员培训班为时8天，由负责专业培训的湖南铁道富孝职业培训学校根据此次培训要求，制订具有专业性和针对性的培训方案及培训内容。其中包括导游团队打造和人才孵化、导游安全意识与应急救援技巧、导游服务礼仪等，同时邀请旅游文化专业人士讲解《兼修并蓄的湖南旅游文化发展》与《南岳衡山在湖南旅游中的坐标》，通过培训让导服人员熟悉南岳的旅游情况、掌握服务技巧，为日后的导服工作打下良好的基础，培训还设有赴景点实训等环节，实现课程理论与实践相结合。（王　滢）

【衡阳市举办旅游饭店服务技能大赛】 2017年9月21—22日，2017年度“天之衡”杯衡阳市旅游饭店服务技能大赛在神龙酒店和西湖酒店鸣锣开赛。此次大赛由衡阳市旅游外侨民宗局主办，市旅游饭店业协会承办。来自雁峰区的神龙传媒酒店、神龙百度酒店、先锋宾馆等的从业人员分别参加前台接待、中式铺床、宴会摆台、保安服务等项目的竞技。（王　滢）

财政·税务

财　政

【概况】 2017年，全市一般公共预算收入完成252.01亿元，剔除营改增以及压减非税收入因素，同口径增长（下同）8.21%，其中，地方收入完成162.41亿元，增长4.2%，非税收入占地方收入比重控制在45%以下；上划中央收入完成72.07亿元，增长16.44%；上划省级收入完成17.53亿元，增长16.02%。市本级一般公共预算收入完成96.06亿元，增长11.27%。其中，地方收入完成52.78亿元，增长7.94%；上划中央收入完成34.11亿元，增长16.35%；上划省收入完成7.17亿元，增长14.38%。（李小强）

【收入征管】 衡阳市财政局2017年6月、12月两次调减非税收入目标，设定全年非税收入限额72亿元，全年全市非税收入完成71.68亿元，较2016年减少45.08亿元，各县（市）区非税收入都得到有效消化。全市税收收入完成180.33亿元，增长11.87%，比前三年平均增幅高出6.49个百分点，占财政总收入比重达71.56%，较2016年提高13.56个百分点；非税收入占地方收入比重为44.13%，较2016年下降13.97个百分点，除南岳区、两区一园外，所有县（市）区的地方非税占比都控制在50%以下，有6个县区控制在40%以下，全市财政收入质量得到提高。（李小强）

【实体经济】 一是加大支持企业力度。全市安排工业发展资金11.49亿元支持企业做大做强；安排科技资金1.88亿元支持企业自主创新、产学研结合。二是设立产业发展资金。由政府出资15亿元作为产业引导基金，发起设立总规模为60亿元的衡阳市产业投资基金。产业投资基金重点投向“中国制造2015”试点示范城市建设、衡阳市“3311”工业发展战略和传统优势产业、文化旅游、现代农业、电子信息和文化创意及重大招商引资等领域。首期政府出资3亿元到位。三是支持招商引资。通过支持“衡州经济论坛”等重大招商活动开展，引进比亚迪、白沙绿岛军民融合示范园、中国五矿铜铅锌产业等一批重大项目。出台《衡阳市促进招商引资工作的若干措施》从降低用地成本、减免建设收费、支持招大引强、扶持新兴产业、支持科技创新、奖励经营贡献、支持企业上市、优化发展环境等方面，释放政策红利。四是大力推进PPP模式。纳入财政综合信息平台储备项目92个，总投资1000亿元以上，城市生活垃圾发电二期工程正式启动，松木、角山、城西污水处理等部、省示范项目进入实施阶段。（李小强）

【支出优化】 按照“保运转、保民生、促发展”的原则，优化支出结构，严控一般支出，集中财力改善和保障民生，全市民生支出总额404.3亿元，占一般公共预算支出比重71.6%。一是大力推进精准扶贫。全面贯彻落实市委市政府关于扶贫工作的指示要求，发挥职能作用，集中财力倾斜投入，推进精准扶贫工作。市县两级财政全年安排专项扶贫资金2.512亿元，比2016年增加1.154亿元，增长85%，贫困人口人均达到554元。成立7个督察组对12个县（市）区财政专项扶贫资金进行督查，针对督察发现的扶贫资金投入不到位、资金滞留、拨付进度缓慢等问题，及时下发整改通报，督促各县市相关部门限时逐项整改。针对涉农资金整合进展缓慢、比例不高的问题，采取“先切块、再分配”的方式，将市本级财政专项扶贫资金和6项涉农资金纳入整合范围。二是支持完善社会保障体系。全年城乡居民医疗保险人均补助标准提高到450元/年，人均筹资达到600元。全市城乡居民参保人数为615.29万人，参保率达到97.8%，筹集大病保险基金2.46亿元。全市拨付基本公共卫生服务补助资金3.15亿元，补助标准从45元/年·人提高到50元/年·人。累计发放城市低保金2.86亿元，月人均救助水平达到314元，比2016年增长16元。累计发放农村低保金3.73亿元，月人均救助218元，比2016年增长84元。三是支持教育事业发展。安排9.75亿元用于免除城乡义务教育学生学杂费、补助家庭经济困难寄宿生生活费、支持公办义务教育学校维修改造；免费提供教科书，惠及99.65万名学生；城区化解大班额

“三年行动计划”共新建学校18所，改扩建学校12所，增加学位3.86万个，2017年，全市城区小学1~2年级所有班额控制在50人以内。四是推进民生工程建设。投入资金5.2亿元，用于棚户区改造项目建设、配套设施维护、租赁补贴等；全年建成保障性住房1.56万套。五是促进就业。拨付就业补助资金1.54亿元；发放创业担保贷款4.38亿元，支持下岗职工、应届毕业生、创业妇女、退伍军人创新创业。（李小强）

【财政改革】 致力深化财政体制改革，破解影响和制约衡阳市财政事业发展的体制机制问题，不断释放改革发展红利。一是完善部门预算体系。将包括自收自支在内的所有预算单位全部纳入预算管理范围，单位行政事业性收费、罚没收入、专项收入等全部编入部门预算，统筹使用。二是规范往来借款管理。建立对外借款回收保证和责任追究机制，在2015—2016年分别清理回收往来13.88亿元、10.9亿元的基础上，2017年再次回收往来资金1.26亿元。三是实现国库集中支付改革全覆盖。市本级纳入国库集中支付单位306家，覆盖率达到100%，是全省唯一一家实现全覆盖的市州。四是加强财政监督。继续开展市本级公用经费、政府采购、财政专项资金专项检查；对7个县市的扶贫资金的拨付、管理、使用情况进行全方位的监督检查和跟踪问效。五是防范债务风险。严格按照中央和省里文件要求，清理全口径债务余额，规范债务管理，理顺投融资管理体制，严控政府债务风险。中央核定衡阳市政府债务限额438.2亿元，2017年，衡阳市政府债务余额416.37亿元，没有超过限额，总的政府债务风险整体可控，处于绿色安全考核区域内。（李小强）

【国有资产管理】 公开处置61个机关事业单位资产，清理腾退、合理调剂199家单位办公用房，将71家单位经营性资产纳入统一管理。一是开展国库现金管理试点。为进一步盘活国库沉淀资金，发挥财政资金效益，按照财政部相关文件精神，市本级从国库存款余额中拿出20亿元，分两批次开展国库现金管理操作试点，选择7家商业银行开展国库现金管理操作试点，明确存款金额、存款期限、利率、双方的权利义务等相关内容，预计可以增加利息收入3000万元左右。二是深化国库集中支付电子化改革。新增公共资源交易中心、市委文印中心、市委巡察工作领导小组6家改革单位，将市公安局4家分局纳入国库集中支付改革新模式。共为市本级306家单位办理支付业务8万余笔，支付财政资金48.36亿元。其中，直接支付5.6万余笔，金额44.88亿元，直接支付占总支出比例92.80%。三是推进综合治税工作。继续加强与涉税单位衔接，督促单位及时更新涉税数据，组织软件公司完善重点税源户分析，确保收入颗粒归仓。四是推行预决算公开。市本级预算单位部门预决算、“三公”经费预决算全部按要求细化到项级科目，向社会公开；教育、社会保障和就业、医疗卫生、农林水事务等98项重点民生资金的分配和使用情况向社会公开。五是推进非税收入收缴电子化改革。利用“湖南非税移动缴费”平台，率先在湖南财经工业职业技术学院、湖南高速铁路职业技术学院、衡阳技师学院3所市属高校开通非税收入微信缴费功能。六是推进投融资体制改革。按照新预算法、国发〔2014〕43号、财预〔2017〕50号等文件规定，严控政府债务，政府债务的增加只通过地方债券、置换债券和外债转贷。出台《市属投融资公司融资资金及财务成本管理办法》和投融资管理实施细则，对投融资公司的预算编制、项目招投标等进行全面规范管理。（李小强）

【提高资金效益】 一是严格专项资金绩效评价。落实衡阳市《关于推进预算绩效管理的实施意见》，建立健全预算绩效管理运行机制，通过采取“财政组织协调，委托中介机构评价”方式对专项资金的经济效益、社会效益、环保效益、可持续发展等方面进行全面评价，确保绩效评价公平公正。2017年年初，在资金预算安排上，根据绩效评价结果对科技项目资金、农业公共服务资金、农田水利建设资金等专项资金进行调增，取消对服务业发展资金的预算安排。二是严格投资评审。市财政局从规范评审程序入手，组织对所有城建项目预算和决算进行财政投资评审，有效地节省财政资金，提高政府投资效益。全年共出具评审报告738份，评审资金总量95.76亿元，审定金额74.46亿元，审减21.3亿元，审减率22.24%。三是加强内部控制。落实财政部、省财政厅相关文件精神，加强对全市行政事业单位内部控制，完善风险控制办法，做好风险防控。把严肃财经纪律作为规范财政财务管理工作的重要抓手，开展财政监督检查工作，推进“四个专项检查”工作。

（李小强）

国家税务

【概况】 2017年，全市国税系统围绕“干好税务、带好队伍”的要求，盯紧“全省系统绩效管理第一方阵”目标，实现集成发展、后发赶超，被评为“2017年度全省国税系统绩效管理先进单位”。

（陈 霄 陈 科 何 厅）

【国税收入】 2017年，全市系统共组织入库税收收入105.98亿元，收入总量历史性地突破百亿元大关。其中，入库市县级税收收入97.07亿元，增收11.56亿元，增长13.52%。全面落实各项税收优惠政策，共减免税收17.52亿元，办理出口退税6.5亿元。同时，严守依法征税底线，大力消化税收历史包袱。

（陈 霄 陈 科 何 厅）

【税收改革】 全方位开展营改增政策大辅导，帮助纳税人把准用好政策；全面加强试点行业管理，开展建筑、房地产等行业税负分析和政策效应分析，探索房地产行业税收一体化管理办法，营改增试点取得新成效。国税地税征管体制改革深入推进，着力构建协调、通报、考核、监督一体化、常态化合作机制；大力推进税收共治，全力推动由市政府主导的协税护税网络建设，全市涉税信息交流综合治税平台累计采集31个部门77项、1500余万条涉税数据信息。落实“放管服”改革任务，推行简政放权，行政审批权限全部下放到县（市）区局，仅保留5项行政许可；加强对基层审批事项的指导，制定下发“取消行政审批事项后续管理办法”，全市系统未发生违规审批行为；开展行政执法公示、执法全过程记录、重大执法决定法制审核三项制度试点，执法行为进一步规范，市局连续7年被评为“全市依法行政优秀单位”。

（陈 霄 陈 科 何 厅）

【税收征管】 全面推行实名办税，全年实名认证纳税人达5万余户；推进“两证整合”“一照一码”工作，全市共“两证整合”个体工商户5051户，新增主体纳税人1.4万户。征管薄弱环节有效突破，开展为期3个月的虚开虚抵税收综合治理专项行动，查补入库1011万元；加大对重点税源企业、高风险企业以及驾校培训、餐饮、医药、预拌混凝土等行业风险管理力度，共推送税务核查、纳税评估、纳税提醒任务1302户次，入库2.8亿元；创新个体税收征管，实行“联合定税、同步征收、分别入库”的协同控税模式。各税种管理全面加强，抓好消费税分类管理，加强成品油、金银首饰消费税管理，强化电池免征消费税监管；加强企业所得税管理，全年入库企业所得税12.73亿元；规范车辆购置税管理，与公安部门协作，推动车辆购置税完税信息与机动车发票信息共享核查工作；加强大企业和国际税务管理，与4家大企业签订《税收遵从合作协议》，入库非居民税收3021万元；逐步简化出口退税办理流程，退税速度整体提速40%以上。税务稽查成效显著，落实国税地税联合稽查、税警协作办案机制，全年开展税务稽查272户次，查补入库1.85亿元，新粤虚开骗税案、“12·28”特大虚开增值税专用发票案被公安部列为督办案件。

（陈 霄 陈 科 何 厅）

【纳税服务】 推行“一地一厅一窗一人”办税模式，打造国税地税联合办税升级版。推进“便民办税春风行动”和“纳税服务提质年”活动，全面落实首问责任制、局领导值班制度、一次性告知、一站式服务、限时办结服务等办税服务制度，切实方便纳税人办税。开展“问需求、优服务、促改革”活动，全市系统共走访纳税人52518户，征集纳税人意见建议3369条。推广应用“互联网+办税服务”，全市电子税务局共注册3.2万户。全面推行“二维码”一次性告知制度，宣传推广“畅意代开”软件，与邮政EMS合作推出发票“线上申领、线下配送”服务，带给纳税人更优的服务体验。加大信用等级运用力度，通过银税互动，为纳税人发放信用贷款91笔1.45亿元。

（陈　霄　陈　科　何　斤）

【队伍建设】　开展“岗位大练兵业务大比武”活动，市局获全省系统三等奖，唐冰倩在全国税务系统纳税服务类业务大比武中取得个人第四名。分级分类开展培训，全年举办业务骨干综合素质提升培训班等各类培训156期。全力做好数字人事试点工作，试点经验被省局推介。加强基层建设，加大对基层经费倾斜力度，及时解决基层干部职工关注的问题。开展文明创建，市局通过全国文明单位复查，截至2017年年底，全市系统有湖南省文明标兵单位2个，湖南省文明单位9个，市局蓝雁志愿服务队被表彰为“全省学雷锋志愿服务百强社团”。开展“忠诚税务人”评选，耒阳市局临聘人员温琦华被中宣部、中央文明办授予第六届全国道德模范，蒸湘区局梁冰琼被全国妇联表彰为全国巾帼建功标兵，周启入选湖南好人榜并被评为首届“感动湖南国税人物”。举办“诚信税收文明雁城”系列税收宣传，累计开展新闻报道500余次；税收科研有序推进，指导税务学会完成换届；信访、舆情措施有力、防控到位；信息调研工作实现突破，市局被评为“全市党委信息工作先进单位”和“全市政务信息工作先进单位”。

（陈　霄　陈　科　何　斤）

【推行“实名办税”制】　3月起，高新区联合办税大厅推行“实名办税”制，开设“实名办税”信息采集窗口。“实名办税”是指税务机关对纳税人的法定代表人（负责人、业主）以及由其授权的办税人员（包括税务代理人）身份进行确认的制度。推行实名办税是提升服务质量、夯实征管基础、优化税源管理的重要举措，有利于维护正常税收经济秩序，推进税收诚信体系建设；也是落实简政放权、放管结合、优化纳税服务的重要手段，有利于引导纳税人实现自我管理，促进税法遵从。该项举措还最大限度地便利纳税人，进行实名信息登记的办税人员，在身份信息采集成功后，无须再核验各类证明材料，“刷脸”便可办理涉税业务。

（李国为）

【税收宣传活动】　2017年4月1日由市委宣传部、市国税局、市地税局、高新区管委会联合主办的“文明同行·税宣骑行”暨“诚信税收·文明雁城”税收宣传活动启动仪式在太阳广场举行。100名社会各界志愿者组成的自行车骑行队伍，挂着税收宣传彩旗从太阳广场出发，环绕高新区骑行，沿途进行税收宣传。

（李国为）

地方税务

【概况】　衡阳市地方税务局于1994年9月25日组建运作，局机关有20个内设科室（中心），2个直属行政单位（副处级，直属局、稽查局），下设13个县（市）区局，43个税务分局。人员1500人，其中，在职干部1200人，党员914人，取得会计从业资格证的355人，具有“三师”执业资格的46人。衡阳市地方税务局管理13个税种、6项规费，管辖地方税收纳税人5.8万余户，其中企业和纳税单位2.4万余户，个体经营户3.4万余户。

（李兴隆）

【组织收入】　2017年，全市地税完成各项收入90.17亿元，同比增收10.27亿元，增长12.85%。其中政府计划口径收入完成88.97亿元，增长13.22%。入库费金收入6.55亿元，增长14.31%。收入规模继续位居全省第4，月度累计增幅基本保持在15%左右，入库均衡度明显提升。地税收入占全市税收收入的比重达47.79%，高于全省平均占比13.2个百分点。工商税收完成63.58亿元，增长27.28%，增幅高于全省平均增幅4.3个百分点，工商税收占税收收入的比重达76.86%，较2016年提高8.7个百分点。同时，耕契两税同比下降17.96%，税收增长对耕契两税的依赖逐步下降，结构进一步优化。

（李兴隆）

【税收征管】　1. 风险管税。在全省率先利用金三回退数据建成“数据管理和风险监控平台”，以不同形式组建市、县两级风险应对团队，探索完善风控模型，全年累计下发风险任务2.4万户次，查补税款3.67亿元，开展纳税评估3410户，入库税金1.27亿元。市局“市级多税种关联管理模型”在省局风险展演中获二等奖，蒸湘“高收入群体风险管理模型”获优胜奖，珠晖区国地税联合评估125户入库税金0.33亿元。2.合作管税。将国地税合作51个事项分解到部门，特别是突出联合信息管税，成效突出。国地税协同数据有效处理率达99.82%，排名全省第4；国地税同步纳税人信息7.9万户，联合办理各类登记4万户，联合采集财务报表4.1万份。争取政府主导，加强部门间合作，出台股权转让税收前置把关、行政事业单位个人所得税扣缴、残疾人就业保障金征收等文件，明确37个部门的协税护税责任，完善“先税后票”“先税后证”等举措，堵塞税收漏洞。衡南将行政事业单位个人所得税代扣代缴纳入政府绩效考核，形成可推广复制的经验。3.精细管税。全系统以“四优四赛”为统揽，开展征管质量和税费征收竞赛，抓好两个所得税协同管理，举办优秀案例评选、纳税评估点评和费金调研评比，促进各税（费）种的精细化管理，常宁等单位征管质量位居前列。全市企业所得税、个人所得税、土地增值税分别增长39.85%、24.43%、34.57%。（李兴隆）

【税收执法】 将“三项制度”试点列入“一把手”工程，按照职权法定、科学规范、便捷高效的原则，出台“1+2+3+N”的试点工作制度。利用“衡阳阳光税务执法公开系统”实施执法全面公开，运用“金三”、记录仪、综合执法室推进执法全过程记录，开创性地成立法核委，加强重大执法事项法制审核。省、市政府法制办及市直各部门20多批次到地税调研、观摩、学习，“三项制度”试点得到总局、省局、省法制办的肯定，并获评全市“十佳改革创新项目”和全省地税系统“税收法治建设成果评比一等奖”。全系统以试点工作为契机，加大依法治税力度，特别是税务稽查和税收清缴力度大，增强税收执法刚性，助力收入任务的完成。其中全市稽查查补入库税款5.8亿元，占总收入比重居全省前列，查办100万以上的大要案件53起；实施“一户一策”税收清缴，入库以前年度税费12亿元，其中城区入库8.25亿元，有效防范税收风险。（李兴隆）

【纳税服务】 开展“便民办税春风行动”，开展“问需求 优服务 促改革”走访活动，实地走访纳税人2.08万户。2017年1月1日起，在全市13个县（市）区全线运行国地联合“一窗一人”办税，设立窗口160个，全面实现“进一家门、取一个号、到一个窗、办两家事”的目标，平均等候时间缩短近40%，报送的纸质资料种类及数量同比减少六成以上。高新区推行“一表集成”，95%的办税事项实现“最多跑一次”。发挥“互联网+”的功效，做好网厅二期推广、实名制办税、24小时自助办税、纳税人学堂等工作。专门设立6项减税政策“咨询服务岗”，建立“走出去”企业“一户一册”机制，全年政策性减免各项税金15.5亿元。以“诚信税收 文明雁城”为主题，由市委宣传部主导，联合国税开展11项税收宣传活动。国地税联合与4户大企业签订《税收遵从合作协议》，严格纳税信用等级评定，表彰“诚信纳税人”20名，帮助235户小微企业获得信用贷款2.89亿元，规范注册税务师管理工作。（李兴隆）

金融业

总 类

【概况】 2017年，衡阳市金融继续保持平稳运行，各金融机构认真贯彻中央和省金融工作方针政策，全面落实市委、市政府各项决策部署，紧扣“服务实体经济、防控金融风险、深化金融改革”三项任务，攻坚克难、砥砺奋进，金融运行保持稳中有进的良好态势，有效推动经济社会平稳健康发展。一是立体的金融服务体系逐步完善。全市现有银行业金融机构28家，网点917个，从业人员1万余人。其中政策性银行1家（农发行），国有大型银行6家（工、农、中、建、交、邮储），股份制银行9家（华融湘江、民生、招商、广发、中信、光大、浦发、长沙、兴业），农村商业银行8家（衡阳、衡州、耒阳、常宁、南岳、衡南、衡山、衡东），农村信用联社市级办事处1家，村镇银行5家（常宁珠江、耒阳融兴、衡阳县沪农商、衡南县浦发、衡山县潭农商）；保险机构35家（产险、寿险各18家），保险营销服务部185个；证券营业部31家；期货营业部2家；融资性担保公司12家；小额贷款公司25家；典当行23家。二是存贷款余额、社会融资总量持续增长。截至12月月末，全市存款余额3589.8亿元，同比增长9.3%，较年初新增306.3亿元，存款余额居全省第一（长沙除外）、增量居全省第五（长沙除外）。贷款余额1908.55亿元，同比增长14.0%，较年初新增234.27亿元，余额居全省第一（长沙除外），增量居全省第四（长沙除外）。

（尹晔华）

【服务实体经济】 1. 重点领域资金保障有力。全年新增重点项目、植优补短贷款分别为183.83亿元、180.53亿元（其中工业14.56亿元、旅游15.98亿元、县域149.99亿元）。支持县域发展信贷投放近年比重最高，2017年末全市7县市贷款较年初新增149.99亿元；“三农”信贷持续增长，2017年年末，全市涉农贷款638.1亿元，小微企业贷款余额283.30亿元。2. 金融精准扶贫成效显著。截至2017年年末，全年扶贫小额信贷发放达5.43亿元。“扶贫特惠保”贫困人口覆盖率达100%，实现建档立卡贫困户家庭综合保障保险全覆盖。金融扶贫服务站建设成效明显，有序推进“助农取款”村村通，服务网点达2091个，覆盖全县368个行政村。实现金融扶贫服务站“三站融合”升级工作131个，祁东县在全省所有县市区率先实现“三站”融合全覆盖。建成扶贫再贷款示范点4个、支农支小在贷款示范点13个，发放再贷款46.53亿元，金融精准扶贫贷款新增23.6亿元，产业精准扶贫贷款新增12亿元。政策性金融支持扶贫工作有新突破，农发行扶贫贷款余额达92亿元，其中异地扶贫搬迁专项贷款到位3.96亿元。3. 政银企对接实现常态化。全省首创政银企一月一对接机制，由市金融办牵头，每月由一家银行根据自身业务特点和优势，累计举办15期，共对接项目135个、金额466.17亿元，实现139.14亿元资金落地。

（尹晔华）

【金融改革创新】 1. 农房抵押贷款试点稳步推进。耒阳市被国务院批准为农民住房财产权抵押贷款全国59个、全省3个试点县（市）之一，在全省首发农民住房财产权抵押贷款。耒阳市建立风险补偿基金，完善农房评估方式，截至年末有4家涉农银行机构参与农村农民住房财产权抵押贷款试点，累计发放农民住房财产权抵押贷款491笔，金额1.6亿元。2. 全省首创融资融信平台。在全省首创金融信用信息服务中心，已汇集中行、建行等10家市级银行和湖南资管、民生租赁、南粤基金等20多家非银行金融机构，注册企业6100多家，撮合贷款700余笔、总金额达145.3亿元。首批17家诚信中小微企业获得信用贷款4880万元。3. 金融人才培养建立新机制。市金融办与市委组织部联合在清华大学举办首期金融业务专题培训班。从6家市级银行机构选派8名干部到县市区挂职，加上前期省委组织部下派的4名干部，实现银行人才县市区全覆盖；2017年年末，又选派26名机关事业单位干部到16家银行挂职，健全政银干部双向交流机制。

（尹晔华）

【金融风险防控】 1. 金融安全区创建深入推进。衡南县申报省级金融安全区，衡山县进行市级金融安全区考核验收，衡阳县、祁东县正在申报市级金融安全区。祁东、衡阳等县举行“信用户”“信用村”集中授牌仪式。2. 牢守金融风险防控底线。市县两级政府非法集资防范和处置机制逐步健全。各县市区政府、市金融办、公安、工商、人民银行、银监等部门开展宣传教育、风险排查、惩治处置、信访维稳等处非工作和互联网金融风险专项整治工作，及时发现处置一批非法集资风险隐患。2017 年度全省防范和处置非法集资工作综治考核中衡阳排名第二。3. 金融宣传教育力度加大。开展“喜迎党的十九大金融知识乡村行”金融知识普及月、“2017 年金融消费者之夜公益晚会”“送金融知识和金融服务进校园”“保险公众宣传日”、保险宣传“四进”、“处非宣传百日会战”、5 月处非宣传月等系列金融宣传活动。石鼓区成立全省首支金融打非宣传志愿者服务队。

（尹晔华）

中国人民银行衡阳市中心支行

【概况】 2017 年年末，中国人民银行衡阳市中心支行辖 6 县（市）支行，全辖共有干部职工 284 人。其中，衡阳中心支行机关 151 人，县支行 119 人（耒阳 25 人，常宁 17 人，祁东 19 人，衡阳县 17 人，衡山 24 人，衡东 17 人）。女职工 50 人。工人编制 7 人。聘任制人员 14 人。按职务结构分，正处 1 人，副处 6 人，正科（实）22 人，正科（非）12，副科（实）42 人，副科（非）42。按党员结构分，共有中共党员 298 人（女 78 人）。在职中共党员 214 人，其中，衡阳市中心支行机关 123 人，县支行 91 人；民主党派 2 人（民进党 1 人，致公党 1 人）；离退休中共党员 84 人，其中，衡阳市中心支行机关 44 人，县支行 40 人。按学历结构分，有全日制硕士研究生 15 人，本科学历 185 人，专科 70 人，中专 8 人，高中及以下 11 人。按职称结构分，高级职称 1 人，中级职称 152 人，初级职称 76 人。2017 年，衡阳市中心支行紧密围绕市委市政府以及上级行工作部署，忠诚履职，精心服务，全面履行基层央行各项职责，在促进地方经济发展、维护金融安全稳定、改善金融服务质效、提升内部管理水平等方面取得明显成效。

（尹晔华）

【贯彻稳健中性货币政策】 一是精准传导稳健中性货币政策。落实稳健货币政策和宏观审慎管理双支柱调控要求，通过加强窗口指导引导辖金融机构合理安排信贷投放，防止地方法人金融机构以往过度集中投放的现象。创新制定《信贷政策支持再贷款操作细则》和《政策支持再贷款示范点建设方案》，引导辖内金融机构将有限的金融资源向重点领域和薄弱环节倾斜。截至 12 月月末，全辖建成政策支持再贷款示范点 13 个，共发放政策支持再贷款 37 笔、金额 46.35 亿元，比 2016 年同期增长 255%，余额 12.5 亿元。二是精准助力供给侧结构性改革。扎实推进耒阳农房抵押贷款试点，截至 12 月月末，耒阳农村房屋确权颁证 19.38 万户，带动农村土地确权颁证 27.48 万户，累计发放农房抵押贷款 369 笔、金额 1.47 亿元，贷款余额 1.24 亿元；创新成立中小企业融资融信平台，围绕信息采集、融资对接、机构监管三大功能，在全省率先成立金融信用信息服务中心建立银企对接促进产融合作机制，截至 12 月末，开展政银企项目对接 14 期，签约项目 130 个，金额超过 500 亿元。；三是全面深入推进金融精准扶贫。年初，衡阳市中心支行党委带头在祁东县白地市镇黄花场村开展金融扶贫蹲点调研，在立足实情的基础上，创新提出“利用当地自然禀赋、依托龙头企业带动、依靠劳动脱贫致富”的立体化金融扶贫方案，形成的调研报告获得武汉分行行长杨立杰批示，并被《金融时报》推介。（尹晔华）

【践行普惠金融服务理念】 一是推进农村金融服务基础设施建设。以市政府名义出台《衡阳市农村金融服务基础设施建设规划》，确定 2017—2019 三年行动路线图、时间表和任务书，为“主阵地”建设提供坚实的制度保障。二是推进社会信用体系建设。创新建立农户信用信息系统；配合政府搭建“信用衡阳”平台。配合市政府创建国家社会信用体系建设示范城市，把人民银行掌握的人民币账户开户和行政处罚数据及时录入“信用衡阳”网站；推广应收账款融资服务平台。截至 2017 年 12 月月末，该平台累计为中小企业融资110亿元，平台接入企业数量和撮合资金规模均居全省第一，推广成效显著。三是重点优化农村支付结算环境。推动金融扶贫服务站、助农取款服务点和村级电商服务站融合共建，通过打基础、建机制、聚合力，探索形成祁东县“一站多能、一网多用”的样本模式；加速改善农村地区支付环境，特别是贫困村的支付环境，引导银行机构创新推出贴合农村人口支付需求的支付产品；继续开展互联网金融风险专项整治，联合整治非法买卖银行卡信息专项行动成效显著，完成对“微盘”类交易平台、违规交易场所银行账户的清理核实工作；四是拓展金融知识宣传阵地。搭建群众艺术平台。联合地方政府、金融机构，组织编排一系列以金融消费者权益保护为主题的歌舞、艺术、小品；构建宣传长效机制。重点抓好宣传发动、宣传组织、宣传保障三个环节的工作，依托金融宣传阵地，确保支付结算、征信业务、金融科技等主题宣传活动声势大、影响广、成效好。（尹晔华）

【强化金融重点领域管控】 一是加强金融风险监测。湖南金融风险监测预警系统上线，运用系统数据开展全市金融风险形势分析，分析报告获得分管副市长肯定；全年完成对辖内14家投保机构存款保险评级和保费缴纳。动态管理问题类和关注类投保机构，对辖内3家关注类机构采取风险分析、现场核查、编发风险提示等防范措施。二是推进金融生态优化。推动衡南县创建湖南省金融安全区取得实质性进展，申报省级金融安全区的请示提交省金融创安办。衡山县持续巩固创建省级金融安全区成果，举行湖南省惠农补贴明白折和扶贫补贴明白折首发仪式，改善金融生态环境；引导全市金融机构落实总行“3号令”，举办全市金融机构反洗钱知识竞赛，广泛动员75家机构189人参与。完成对全辖210家金融机构的反洗钱分类评级，对考核评估结果为C类的2家银行发放监管意见书并开展监管走访。三是强化金融法治建设。推进“法治央行建设年”活动，强化行政处罚委员会监督作用，规范行政自由裁量权的使用；加强对合同签订关口的把控，严堵合同管理漏洞，截至12月月末，审核合同和招标文件47个，涉及合同金额795.68万元。规范金融消费调解程序，在注重保护消费者合法权益的同时，切实维护金融机构的合法利益。截至12月月末，辖内受理金融消费投诉33件、咨询85件，办结率和满意率均为98%。（尹晔华）

中国银行业监督管理委员会衡阳监管分局

【概况】 2017年，中国银行业监督管理委员会衡阳监管分局（以下简称市银监分局）融合推进各项业务工作和内部管理，取得较好成效。银行信贷投放大幅度增长。2017年年末，各项贷款比年初增加232.72亿元，比市政府年初确定的目标多投放53亿元，同比多增5.44亿元，同比增长16.36%，高于全省平均水平0.68个百分点，存贷比46.11%，同比增加2.79个百分点。经营行为日趋规范。引导辖内银行机构牢固树立规范经营理念，规范经营的行为习惯，票据、信贷、收费、存款、数据等业务的突出违规问题得到有效整治，辖内依法合规经营和金融秩序明显好转。银行风险平稳可控。守住不发生区域性金融风险、不成为风险发源地的底线，风险抵御能力持续增强（贷款拨备率和平均拨备覆盖率达3.13%、85.65%，分别比年初上升0.44个百分点、5.94个百分点），重点领域风险基本可控。农合股改全面完成。祁东农商行于11月29日挂牌营业，辖内农合机构改制完成。分局作风持续向好。抗击“8·2”暴雨灾害，集体意识、团结协作意识增强；在省局East竞赛和乒羽比赛中取得佳绩，集体荣誉意识得以强化。（管雪丽）

【金融监管】 加强监管质效，持续推进监管工作。1. 多措并举提升监管质效。2017年，市银监分局修订《衡阳市银行业金融机构高管履职评价办法》，制订出台《主监管员履职及评价办法》，多次举办east系统推广运用和监管业务培训比赛，开展“优秀现场检查项目”评比等，通过多方发力，分局监管质效提升。全年依法依规公开行政许可信息55条次、行政处罚信息14条次，依申请公开信息2件，提高监管透明度。全面推广省局高管考试准入系统，推进高管集中谈话制度，11月月末，办理机构准入39项，高管任职资格核准及备案54人次，市场准入效率有效提升。强调落实主监管员责任，实现监管下沉，加强非现场监测与分析，提示风险，督促整改。11月月末，发出风险提示8次，监管意见书24份，开展监管会谈39次，约见谈话7次，提出监管意见249条，督促整改到位139条，部分整改到位79条。继续开展监管数据质量整治，抓好报送关、审核关、问责关，对数据报送出现差错的2家机构开展监管约谈2次，督促机构内部问责4人次，2017年的数据差错明显减少。加大east系统在现场检查中的运用力度，全年共设计east模型30多个，发现9亿多元有问题的业务，涉及多项违规问题。（管雪丽）

【金融乱象整治】 落实银监会和省局部署安排，扎实做好排查、治理、检查等18项重点工作。一是加强调度与督办。召开局长办公会、局务会和动员大会等专题会议进行研究，制订具体计划表，明确总协调员和18项重点工作的牵头领导、牵头部门、配合科室、工作职责及时间进度要求。二是组织机构自查与监管抽查、检查。向机构下发自查文件，明确机构自查覆盖面和具体要求，并要求机构自查及整改材料必须由一把手签字后以正式文件上报分局，强调对于自查不重视、不认真、故意瞒报相关问题的机构，将加大处罚力度，以强化第一关口的把关作用。组织开展专项督查，完成信用风险排查、“双录”督查、“三三四”专项治理、“两会一层”风控检查、“两加强两遏制”回头看整改问责等18项重点工作，共检查和督查银行机构192家，派出检查组和督察组36个，投入工作日1200余人天，查出问题274个，涉及金额8675.54亿元，下发《现场检查意见书》12份，提出监管意见102条。三是强化行政处罚和问题整改。在各检查实施部门提出初步处罚建议的基础上，召开局长办公会进行专门研究，坚持着重“拿着斧头砍”的总体原则，视问题轻重程度和整改情况分别作出处罚处理。2017年以来实施行政处罚14起，罚款144万元，处罚银行从业人员9人，其中高管2人，比2016年罚款多出39万元，处罚银行从业人员多出2人，5家机构的行政处罚在推进中。（管雪丽）

【经营行为规范】 2017年，市银监分局加大力度强化对辖内银行机构经营行为的监管。一是重点规范好票据业务。6月29日，分局召集辖内30家银行机构、市办及市邮政局主要负责人，召开规范票据经营整治票据乱象工作专门会议。会上，分局一把手分析通报辖内银行机构票据业务的违法违规乱象，提出整改规范的具体明确要求。会后，及时向各机构下发《关于严禁违法违规办理票据业务的通知》，提出办理票据业务的“24个严禁”和分局查处票据违法违规行为的“4个一律”。这是继雁峰联社票据事件处罚追责后，分局采取的又一个严厉的监管措施。2017年5月对一家票据业务违规的机构进行重处，其中对2名高管个人实施经济处罚6万~7万元，并责令对3个负有责任的部门主要负责人撤职处理。6—10月，分局配合省局对辖内一家机构违法开办票据业务的问题进行彻查，并拟对相关责任人严厉处罚。二是严格规范存款秩序。严禁银行机构在吸存方面搞“冲时点、有奖储蓄、互相诋毁、造谣诬告、不正当竞争”等乱象。对辖内某银行代理营业机构存款送实物的行为罚款20万元，并责令该行对此网点负责人予以免职处理，向存款乱象开出多年未曾开过的罚单，起到震慑和警示作用，整治违规吸存的顽疾。三是向辖内银行机构重申对票据、收费、数据、吸存、信访及信贷等六个方面违规行为的零容忍。对出现数据差错的一家机构进行诫勉谈话，对一家处理信访不力的机构提出严厉批评并拟进行严肃问责，对一家信贷违规问题突出的农商行已启动立案调查，拟对高管层和责任人进行严厉问责。（管雪丽）

【金融风险防范】 一是针对辖内经济形势持续低迷和银行机构不良贷款持续暴露的状况，及时召集辖内银行机构分2批次召开监管座谈会，听取、了解各机构在实际经营中面临的主要问题和困难，分析不良贷款反弹的主客观原因，向机构下达具体的监管要求，并拟对4家不良率上升较快和不真实反映不良贷款的机构实施处罚追责。二是组织开展政府信用情况的调研，摸清当地政府在辖内银行机构中存在的失信违约情况，撰写专门材料报告市人民政府。对失信违约较为严重的衡东县和常宁市，分局专门发出函告，主要领导主动上门走访沟通，向其分析政府失信可能造成的危害，要求其兑现承诺，依法维护银行机构的合法权益，并严惩失信。在分局的努力沟通下，部分政府失信问题已得到解决，相关银行风险正在逐步化解。三是加强重点领域风险防控。加大对信用风险的监测分析，加强对重点机构、行业和客户的风险研判，动态掌握风险变化情况，督促机构加大不良贷款问责力度，清收处置不良贷款。加强对平台类贷款快速积聚的风险防控，针对辖内2家股份制银行平台类贷款占比高、增长快的情况，及时下达风险提示，开展约见谈话，要求其遵守相关规定，严控信用风险。保持案防高压态势，加大案件预防与查处力度，对2017年已确认的3起案件，及时下达监管意见，开展行政处罚，向全辖通报并发出风险提示。四是开展金融消费者权益保护工作。落实信访工作的实体内容和程序规定，明确全程“双录”要求，适时开展督查督办，1—11月，共接待群众来电来人来访98人次。对上访“钉子户”，分局高度重视，重大信访分局一把手亲自接访、亲自修改调查报告和信访回复，并采取联合接访方式，及时化解矛盾纠纷。要求涉访机构换位思考，本着客观公正原则积极妥善处置诉求。全年没有出现进京上访、越级上访和因访情引发负面舆情等情况。（管雪丽）

【服务经济发展】 2017年，市银监分局指导、督促银行机构回更好支持衡阳经济发展。一是扩大有效资金供给。11月月末，全市银行业各项贷款比年初增加215.22亿元，增幅达15.13%，同比多增13.89亿元，同比增长17.27%，高于全省平均水平1.05个百分点，存贷比46.48%，同比增加3个百分点。二是改善县域和小微企业等薄弱环节金融服务。推动县域“植优补短”综合金融服务，成效显著，1—11月县域新增贷款140.54亿元，增长23.38%，同比多增56.07亿元，增量全市占比65.30%，同比提高23.34个百分点。引导落实银监会续贷新规，督导机构积极参与月度银企对接会，落实资金承诺，切实支持小微企业发展。截至11月月末，全市银行机构累计发放无还本续贷6427笔，金额33.08亿元，涉及企业5647户，小微企业贷款426.56亿元，比年初增加35.50亿元。三是推动金融精准扶贫。编印10万份金融扶贫手册，加大扶贫金融宣传。11月月末，已建档立卡贫困户14.33万户，有信贷需求贫困户户数4.29万户，已授信1.43万户，发放扶贫小额信贷余额达51543万元。四是融入地方经济发展。向市委市政府汇报，适时提出经济金融发展意见或建议，获得领导肯定采纳。市政府年内开展银企对接活动12场次，建立市金融信用信息平台，吸收1007家企业进入平台，撮合信贷资金200多亿元，出台《衡阳信用环境建设实施办法》《小微企业信贷资金损失补偿办法》等一系列改善信用环境，促进银企发展的制度。以办理人大政协建议提案为契机，针对热点难点问题，以事实和依据，正面回应社会关注、呼应民众期盼。（管雪丽）

【推进银行改革】 一是完成农信社改制。指导祁东联社夯实监管指标，推动祁东县政府5.5亿元资产注入置换不良和分期变现回购事项，祁东农商行于11月29日挂牌营业，衡阳市农信社银行化改革工作全面完成。二是推动农商行转型发展。通过“两会一层”检查，督促农商行整改到位27个公司治理方面的问题。建立农商行股东股权监测机制，定期开展公司治理评估。科学指导农商行利润分红，督促调整分红方案5个。三是培育发展村镇银行。在祁东、衡东设立村镇银行的主发起行已获银监会批准，大兴安岭农商行与祁东县政府、宁乡农商行与衡东县政府均已正式签订组建协议。辖内5家村镇银行已在乡镇设立10个物理网点，朝着“做小做散做个人”方向前进。四是引进股份制银行。兴业银行衡阳分行完成网点装修。平安银行在衡阳设立分支机构网点选址已经确定，进入申请批筹阶段。（管雪丽）

【衡阳市银行业监督管理工作会议召开】 2017年3月17日，衡阳市银行业监督管理工作会议召开，全市银行业金融机构向市政府递交承诺书，将坚持服务实体经济，助力衡阳经济社会发展。包括政策性银行、国有商业银行、股份制银行、村镇银行在内的21家单位联手签名向社会倡议，加强金融诚信环境建设。市委常委、副市长章彰出席会议并讲话。截至2016年年底，衡阳市银行业金融机构存、贷款总量和增量均仅次于长沙，在小微企业和涉农贷款领域服务持续增强。银监部门加强检查和监管服务，2016年衡阳市守住不发生区域性、系统性风险底线，顺利推动6家农信社改制。章彰肯定银监会衡阳监管分局2016年取得的成绩，要求银行业金融机构在融资总量、融资结构、融资期限上处理好与市场需求之间的矛盾，改善小微企业金融服务，提高涉农金融服务水平，加大金融扶贫力度，回归金融本质，服务好实体经济；要集体行动打造信用环境，树立好行业形象，从严加强重点领域、重点机构、重点人员的风险监管，加大处罚问责力度，全力防控金融风险；要建立动态、科学的考核机制，在业务治理上实行精细化管理，利用好市金融信用信息服务中心，持续深化改革，在创新中满足不断变化的市场需求。

（段　钊）

【扶贫攻坚】　2017年，先后9次派人前往扶贫联系村，通过走访调研、座谈等方式抓实精准识贫、跟进产业扶贫项目，组织员工捐款、党员捐款等方式为贫困村筹措帮扶资金，并在春节、端午节等节日为贫困户送上慰问金和祝福。截至11月，累计向55户贫困村民发放扶贫慰问金4.2万元，累计提供产业扶贫项目资金支持8.5万元。创新方式，提升工作质效。通过微信、微博、联系电商等方式帮助贫困村持续宣传销售当地特产无渣生姜；通过参与制作《衡阳市金融精准扶贫便民手册》，为贫困户获取金融扶贫服务提供便利；引导当地金融机构参与贫困村产品扶贫项目的座谈研讨与实地勘察，为项目争取更多的信贷支持，推动贫困村尽早脱贫致富。　（管雪丽）

中国农业发展银行衡阳市分行

【概况】　2017年，中国农业发展银行衡阳市分行（以下简称市农发行）各项工作都取得明显成绩。贷款总量快速增长。年末，贷款余额179.3亿元，比年初增加40.52亿元，增幅达29.2%。贷款总量和增量均居全市金融机构第二位。贷款占全市金融机构贷款总量的比例由两年前的9%上升至11%，由占全省农发行的8%上升至10%。贷款结构明显优化。粮棉油主体地位保持不变，中长期贷款发展迅猛，近两年来，中长期贷款余额由2016年年初的23.01亿元增加到99.18亿元，占比从22.36%上升至55.31%，由占全省农发行的3.2%上升至7.4%。不良贷款大幅“双降”。不良贷款余额1.88亿元，比年初下降2.1亿元，不良比例1.06%，比年初下降1.83个百分点。风险贷款由最高的15.53亿元降至目前最低水平，实现企业贷款风险基本可控。经营效益稳中向好。各项存款余额67.1亿元，相比建行之初的6.31亿元，增长10倍。日均存款余额65.85亿元，比年初增加1.98亿元；实现中间业务收入143.32万元；实现国际结算业务283.3万美元，完成全年任务的141.65%；实现账面利润2.21亿元，同比增加3.13%。人员结构进一步优化，中层干部的平均年龄从52岁下降至43岁。市农发行的党建工作经验在《金融时报》《农业发展与金融》和省委《湖南工作》、省委组织部《湘组研究》等全国和省级权威媒体上进行5次推荐。　（唐诗皓）

【服务发展】　一是持续着力推动城乡发展，重点支持棚户区改造。2017年，营销棚改项目22个，完成棚改项目审批11个，审批贷款额度58亿元；累计投放贷款34.5亿元，项目拆迁涉及10个区县（市）10088户、33423人，改善全市农民生产生活条件。支持农业农村基础设施建设，通过省分行审批项目贷款金额86.3亿元，实现投放42.9亿元，补齐“三农”发展短板。二是支持农业发展，确保粮食安全。衡阳是水稻主产区，市农发行着眼服务粮食安全战略，做好粮食收购信贷工作。2017年，贷放粮食最低价收购贷款10亿元，支持收购粮食6.35亿公斤，最低价贷款发放金额及托市粮收购量均居全省第一位，做到粮食收购“钱等粮”、资金供应不打“白条”，实现政策性收购职能“零风险”目标，维护国家粮食安全，巩固粮棉油收储主办银行地位。三是支持抗险救灾。2017年7月，为支持抗洪救灾和灾后重建，市农发行开辟快速办贷渠道，优化办贷流程，切实提高办贷效率，率先在全省实现第一批救灾贷款的投放，7个区县（市）共发放救灾应急贷款5.65亿元，用于支持地方政府对自然灾害抗灾救灾的直接相关事项。转移安置灾民7万余人，挽回经济损失约8亿元。（唐诗皓）

【风险防控】　一是风险管控。制订《2017年风险控制行动方案》、印发《全面风险管理风险分析例会工作实施细则》，成立全面风险贷款和建设领导小组，实行“党委班子工作责任落实报告制”，并签订“不良贷款清收责任状”和“贷款风险防控承诺书”。二是内控管理。做好“一清单、二报告、三台账”监测工作，强化风险预警监测。建立责任落实台账，全面排查信贷风险，摸清风险底数，梳理分析出全市20项重大风险事项。严格开展押品和财务审计检查，确保全行贷款第二还款来源真实、合法、有效。三是目标管理。通过与各级政府高层对接，向当地党政领导汇报，市农发行得到地方党委和政府领导的大力支持。形成不良贷款8.8亿元，实现现金清收不良贷款2.85亿元（其中批转收入1.26亿元），批量转让化解不良贷款3.48亿元，贷款重组0.3亿元，呆账核销0.27亿元。截至2017年年末，不良贷款余额1.88亿元，不良比例下降至1%以内，不良贷款处置现金收回比例达44%。不良贷款清零企业7家、退出风险企业5家，金额达0.74亿元，压缩风险贷款2.09亿元。重组盘活化解风险企业2家，金额1.8亿元。风险贷款由最高的15.53亿元降至3亿元以内（其中不良贷款余额1.88亿元），实现企业贷款风险基本可控。大力收回风险基金，防控基金风险，强力推行反担保措施，全年提前收回基金项目24个，金额8.44亿元。安邦农资在风险发生时，贷款和基金高达3.43亿，通过政银企三方合力，在仅有2400万元抵押贷款的情况下实现现金收回贷款和基金共计1.7亿元，现金收回额达49.6%。（唐诗皓）

【脱贫攻坚】　全年认定扶贫贷款余额92亿元，占比51%，其中异地扶贫搬迁专项贷款到位3.96亿元；专项基金到位1.22亿元；专项债券到位1.4亿元。支持贫困村提质改造、旅游扶贫和电商产业扶贫项目3个，贷款金额9亿元。承担全市7个贫困点的帮扶任务，向扶贫点捐献扶贫资金5万~10万元不等。（唐诗皓）

【市人民政府与农发行湖南省分行战略合作协议签约仪式暨农发行衡阳市分行银企对接会举行】

2017年2月28日，市人民政府与农发行湖南省分行战略合作协议签约仪式暨农发行衡阳市分行银企对接会举行，进行政银企深度合作。市委书记、市人大常委会主任周农，农发行湖南省分行行长张勇见证签约。张勇在致辞中说，衡阳在全省经济社会发展中占据着重要地位，发展潜力巨大。农发行湖南省分行重视支持衡阳经济社会发展。2016年，农发行衡阳市分行投放贷款和重点建设基金102.7亿元，重点支持农村人居环境改造、整体城镇化建设、棚户区改造、水利建设、路网建设等项目，信贷规模净增量居衡阳市金融机构第一位。张勇表示，农发行湖南省分行将用足用活金融政策，全力全面提升服务，优先优惠给予信贷规模，深化农发行与衡阳的战略合作。市委常委、常务副市长何录春指出，衡阳市委、市政府主动加强与农发行湖南省分行的衔接和沟通，在政策争取、资金投放方面得到农发行湖南省分行的大力支持。此次合作必将开启“政府满意、银行盈利、企业发展、群众受惠”的多赢局面，打造政银企合作的新篇章。何录春要求，各级各部门、各企业要把握机遇，争取金融机构的更大支持；要加强监管，确保资金安全，发挥最大效益；要讲诚信、守诚信，打造良好的金融生态环境，保证政银企长期稳定科学发展。何录春与农发行湖南省分行副行长郑丽娟分别代表市人民政府与农发行湖南省分行签订战略合作协议和农村公路建设政策性金融合作备忘录。农发行衡阳市分行分别与常宁市、珠晖区、蒸湘区签订合作框架协议。市委常委、市委秘书长张贺文见证签约。市委常委、副市长章彰主持签约仪式。（段　钊）

中国工商银行股份有限公司衡阳分行

【概况】 中国工商银行股份有限公司衡阳分行（以下简称工行衡阳分行）为中国工商银行下辖二级分行机构。工行衡阳分行围绕市委、市政府关于加快“省域副中心城市”建设的发展战略，加大资金投放力度，创新金融产品和服务，支持全市社会经济健康可持续发展。2017年末，工行衡阳分行各项存款余额305.84亿元，各项贷款余额143.31亿元。下辖营业网点47个，其中一级支行18个、二级支行29个，员工1100余人。设有自助银行96个，布放ATM自助设备达到230多台，拥有8500多家企事业法人客户和177万个人客户，开立对公结算账户近1万户，发行各类银行卡167万张。加大信贷投放力度，近三年累计投放各类贷款达200多亿元。（廖芬良）

【存贷业务】 2017年，工行衡阳分行各项存款余额289.9亿元，新增12.6亿元。其中储蓄存款新增4.6亿元；对公存款净增8亿元。各项贷款余额130.6亿元，新增4.17亿元，其中公司贷款较年初减少6.1亿元；人民币公司贷款新增0.65亿元；个人贷款余额52.49亿元，新增13.7亿元。小微企业贷款增加2.59亿元，同比增长13.62%，完成省行考核任务143.91%，实现“三个不低于”监管目标；人民银行定向降准（500万以下）小微贷款2.42亿元，比三季度末增加2356万元，完成省行考核任务157.09%。

（廖芬良）

【业务营销】 一是与市政府联合举办“植优补短”政银企对接会，与弘湘国投集团等12家企业签订多项战略合作协议，授信金额达55.7亿元。二是加强对医院、学校、上市公司、拟上市公司、招商引资重点项目的营销，合作开发“银医一卡通”项目，增加授信8.6亿元。三是组建机构业务营销团队，紧盯重点系统和龙头单位。四是加快已审批未提款项目进度，开展对水口山有色、衡东机油泵等企业二次营销，新增贷款9.6亿元。五是储备已审批未提款项目贷款9个，金额14亿元，营销市白沙投非公开定向债务融资。六是积极推进烟款线上代扣项目，新增烟户940户，增存2亿元，稳存4.3亿元。七是新增融e行客户、融e购月均活跃客户均超额完成全年任务，国际结算业务、工银e缴费等业务年度任务完成情况较好。

（廖芬良）

【资产质量】 全年向优质公司信贷客户和个人住房按揭客户投放贷款76.37亿元，新增贷款均实现零不良。不良贷款余额6.4亿元，比年初增加4.74亿元；各项贷款不良率为4.89%，比年初上升3.59个百分点；信用卡不良余额为4.1亿元，不良率为34.3%（专项分期不良余额3.66亿元，不良率30.5%）。开展风险诊断，提升信贷资产质量。通过公安、法院、外包公司和团队共清收信用卡不良透支7162万元，扣回车辆21台。成立特殊资产处置团队，通过二次打包收回受托处置资产6474万元；通过融E购单笔转让收回受托处置资产1400万元；表内不良资产起诉6户，标的金额2亿元；个人不良贷款证券化入账3858万元。（廖芬良）

【经营效益】 全年实现利息收入5.7亿元，同比增长6940万元；实现拨备前利润1.98亿元，中间业务收入1.86亿元；受信用卡不良以及贷款新增不良计提拨备冲减拨备后利润影响，全年净利润下降明显。（廖芬良）

【渠道建设】 一是物理渠道建设完成8家，计划完成率160%，全辖网点智能化覆盖率已达100%，广场、三塘及冶金支行完成智能化装修改造并正式营业，城中支行购置基本完成。二是注重星级示范网点建设，四星级以上示范网点达12家，五星级2家。三是优化营业网点环境，共投资60万元对所有基层网点进行美化亮化。四是阵地服务水平提高，全年有5起优质服务案例被新浪网、衡阳电视台、《衡阳日报》和《衡阳晚报》及总行网讯报道。

（廖芬良）

【工行衡阳分行与12家企业举行现场签约仪式】 2017年3月29日，在衡阳市“植优补短”政银企对接会之工商银行专场上，工行衡阳分行与12家企业现场签约，为其授信55.05亿元。与往常不同的是，此次对接会增设企业代表发言交流环节，4名企业代表讲述自身融资需求，并就融资过程中遇到的问题与该行相关负责人展开探讨。市委常委、副市长章彰出席并讲话。一直以来，工行衡阳分行围绕衡阳区域重点项目、重点企业，不断加大信贷投放力度。近三年来，该行累计投放各类贷款达200多亿元。2017年，该行将继续支持大中型企业，加大对全市民生工程的信贷投放，加快发展投行业务服务本地企业，重点推广“银政通”“创业担保贷”，为小微企业拓宽融资渠道。章彰指出，政银企合作要进一步深化，需要银行在支持实体经济发展上多做贡献，要抢先抓早，持续做大融资总量，突出重点，优化信贷结构，不断创新，完善综合金融服务；从企业角度而言，要内强素质，外树形象，企业家不仅要提升自主创新能力，还要坚持诚实守信，树立良好的履约形象。各级政府和部门要着力提升服务意识，强化服务理念，发挥桥梁和纽带作用，在搭建银企对接平台上创造成绩。

（段　钊）

中国农业银行股份有限公司衡阳分行

【概况】　2017年，中国农业银行股份有限公司衡阳分行（简称衡阳农行）下辖市分行营业部和12个支行。其中，农村支行7个，城区支行6个（含市分行营业部）。营业网点95个。其中，城区网点30个，农村网点65个。全行在职员工1480人。2017年年末，衡阳农行各项存款451亿元，各项存款较2016年净增36.48亿元，其中个人存款较2016年净增25.25亿元，增量份额在四大行中占比43.65%，稳居四大行第一。价值创造能力增强，实现营业收入10.45亿元。

（刘　林　谭　娟）

【资产结构】　2017年，衡阳农行各项贷款余额突破130亿元，比2016年增加33.22亿元，同比多增21.69亿元，创历史新高。全行资产结构不断优化，不良余额和不良率成功实现“双降”。风险管理水平不断提高，风险评价得分持续保持全省第一。

（刘　林　谭　娟）

【“三农”业务】　2017年，衡阳农行涉农贷款余额56.18亿元，较年初净增20.78亿元，县域支行各项贷款余额在四大行占比为33.32%，排名第一。

（刘　林　谭　娟）

【基础管理】　2018年，衡阳农行在湖南省农行年度考核中，获得全省“经营管理先进单位”“领导班子经营管理目标考评优胜单位”“党风廉政建设和内控案防先进单位”，是该行连续四年摘取全省三项集体性大奖。市分行本部12个部室获得省分行条线“先进部室”。　（刘　林　谭　娟）

【风险防控】　2017年，衡阳农行通过构建“大内控”体系，筑牢风险防线。衡阳农行机关和13个支行内控评价等级全部达到一类行。全行未发生一起经济案件、责任刑事案件和重大风险事件，被省分行评为“党风廉政建设和内控案防先进单位”。

（刘　林　谭　娟）

【衡阳市举办2017年“植优补短”政银企对接会之高新区·农业银行衡阳分行专场】　2017年1月19日上午，衡阳市2017年“植优补短”政银企对接会之高新区·农业银行衡阳分行专场举办。活动现场，衡阳农行与高新区管委会及其他13家企业签约授信112.13亿元。其中，与高新区签订100亿元合作协议，成为2017年首场政银企对接会上的大举。市委常委、副市长章彰出席活动并讲话。　（段　钊）

【衡阳农行获“全省农行系统先进行”称号】　衡阳农行积极落实市委、市政府各项要求，在服务实体经济中不断提升综合竞争力。2016年，该行夺得全省农行系统综合绩效考核第一、领导班子目标考核第一、党风廉政建设及内控案防第一，连续三年蝉联“全省农行系统先进行”荣誉称号。为重大项目增添“强动力”。衡阳农行持续加大信贷投放力度，把支持重点项目建设作为工作“主菜单”。2016年以来，衡阳农行已营销对接全市重点项目38个，项目贷款总额达79.65亿元。其中已审批待投放项目12个，授信金额25.71亿元。为实体经济提供“强保障”。衡阳农行通过盘活存量、优化增量，在方向上倾斜，在产品上创新，支持实体经济发展。以多元化的产品支持大中型企业发展壮大，同时通过产品创新扶持小微企业成长。2016年以来，该行累计发放小企业简式贷款3.5亿元，支51家小微企业发展，实现“三个不低于”的监管要求。为服务“三农”搭建“强支撑”。衡阳农行围绕民生金融需求，服务“三农”。结合各个县域经济发展特色，实施“一县一策”，打造“一县一亮点”，扶持县域重点工程和油茶、烟叶等特色种植业。截至2016年年末，该行涉农贷款余额35.4亿元，净增11.71亿元。该行积极创新服务“三农”产品，率先在全市推出“农民安家贷”和“农民养老贷”特色产品，圆农民安家养老梦。2016年，该行已发放“农民安家贷”和“农民养老贷”达7.1亿元。同时，该行投资近千万元在全市各个村组、中心集镇布放惠农机具4859台，实现年交易结算量58.81亿元，成功将银行搬到“农民家门口”。 （段　钊）

中国建设银行股份有限公司衡阳市分行

【概况】 2017年，中国建设银行股份有限公司衡阳市分行（以下简称建行衡阳分行）强化管理、严控风险、深化转型，巩固市场竞争优势，打造新的业务增长点，确保主要指标市场份额不减、系统排名不降。2017年，全行全口径存款总量、存款新增、贷款总量、贷款新增等主要业务指标保持同业四行第一、系统排名靠前；全年实现“三无”管理目标。到12月月末，全行一般性存款余额499.8亿元，系统第一，较年初新增51.38亿元，存款余额及新增额四行占比分别为34.29%和45.99%，均连续6年位居同业四行第一。全行各项贷款余额244.6亿元，地市行第一，较年初新增23.44亿元，贷款余额和新增四行占比分别达到39.43%和45.14%，同样连续6年位居同业四行第一。全行实现账面拨备前利润8.71亿元；账面中间业务毛收入2.83亿元，在四行中排名第一，同比增幅9.5%。 （文新华）

【个人客户】 2017年，建行衡阳分行个人客户实现稳步增长。个人存款时点余额296.1亿元，比年初新增15.21亿元。个人有效客户（折算前）52.36万户，新增5.8万户，新增数量全省第一；AUM1000万（含）以上私人银行客户数171人，较年初新增30人；全行龙支付客户新增22.7万户，排名全省第二；龙商户年净新增1.56万户，排名全省第一；金湘通商户新增完成省行计划的111.3%，商户日交易量和累计交易量均排名全省第一；采集社保卡信息12.5万人，四行排名第一。 （文新华）

【对公客户】 2017年，建行衡阳分行全行对公结算账户17461户，新增2619户，新增全省排名第一，其中基本户12118户，新增2377户，新增全省排名第一。对公客户资金体内循环率提升至44%。成功营销市本级和6个区县级“五险汇缴”账户、7个职业年金托管账户、衡南县与南岳区法院“一案一户”账户以及市本级公共资源中心账户等一批重点机构客户。

（文新华）

【重点主营业务】 公司业务保持市场竞争优势。对公存款时点余额203.7亿元，比年初增加36.17亿元，对公存款规模远超其他三行，继续保持当地市场领先地位，信贷营销深入挖掘客户需求，全年完成各类客户授信超过100亿元。资管业务有突破，全口径理财产品新增计划完成率全省排名第一，完成衡阳弘湘国有投资（控股）集团有限公司10亿元私募债业务、衡阳市城市建设投资有限公司6.55亿元理财产品、衡阳市交通建设投资有限公司5亿元理财业务等重大项目申办。结算与现金管理业务保持领先，对公小额无贷全量客户净增、账单自助服务收费账户净增、金融IC单位结算卡新增、密码器通兑签约客户、票据池客户净增等多项产品全省排名第一。造价咨询业务品牌形象提高，办理合江套隧道、衡阳市来雁新城B片区新建工程、“和顺安置房”、高铁学院学生公寓等重点项目。国际业务全面推进，顺利开办全行42个网点个人外汇结售汇业务，国际收支量、结售汇量、跨境人民币、外汇存款、外汇贷款均超额完成全年计划。普惠金融稳步推进，普惠金融贷款余额24420万元；大数据信贷产品余额新增1.37亿元，贷款户数新增472户；小微快贷客户数新增664户，贷款余额1.6亿元，贷款余额及贷款新增年末排名均为全省第二。

（文新华）

【个人产品营销】 全行坚持常态营销，做强零售业务，条线实现中收5150万元，绝对额名列全省第一。全年共维护客户14.87万次，银行理财产品余额26.94亿，比年初新增13.5亿，省行第一；理财客户新增2854户，省行第一；代理保费实现2.3亿元，保险电销规模达1.88亿元，排名全省第一。（文新华）

【住房金融业务】 住房金融业务实现新跨越。个贷余额新增均创历史纪录，个贷余额84.7亿元，实际年新增21.34亿元。个贷户数净新增14718户，按揭楼盘新增53个；全年投放二手房贷款17252万元；快贷余额达5.47亿元，较年初新增3.65亿元；个贷不良率0.19%，远低于全省系统平均不良率。房开贷款信贷结构大幅改善，成功发放衡阳菱电房地产、衡阳和合房地产项目贷款，完成衡阳市雁峰区城建投3.6亿元棚改项目审批。房改金融业务继续保持领先，住房资金存款余额15.42亿元，全省第二。“蓝海项目”取得突破性进展，分别与衡阳市住建局、衡房集团、湘源新型城镇化投资有限公司签订战略合作协议，储备房源1.1万套。

（文新华）

【电卡业务】 信用卡客户净增2.66万户；信用卡分期交易额完成15.3亿元，总量全省排名第一。个人手机银行用户达到106万户，成为第一个手机银行用户突破100万的二级分行；个人网银用户、企业网银用户总数及新增均系统排名第一；电子银行中收系统排名第一；网络服务平台打造卓有成效，善融商务交易额、有效会员齐头并进，悦生活项目拓展、平台交易实现双丰收。

（文新华）

【县域支行业务】 县域支行竞争力稳中有升。县域支行一般性日均存款新增31.36亿元，较2016年度多增10.65亿元，日均四行新增占比31.36%；贷款新增15.86亿元，较2016年度多增10.45亿元，四行占比31.2%，四行第一位，日均四行第一的支行由2016年度的2个扩大到4个。

（文新华）

【新系统应用】 新一代系统应用效果明显。全行按照省行的部署安排，在通过微信答题、演练测试充分熟悉新一代系统、确保新一代3.2期成功上线的基础上，分行通过各种培训指导网点将新一代的各项新功能运用到日常工作中，合计报送案例103个，已发布49个。（文新华）

【内部管理机制】 全年，内部管理及运行机制顺畅。一是渠道及服务管理有序推进。会计核算继续保持“零违规、零差错”，市分行金库继续保持省级“标杆金库”荣誉；共8个网点被评为总行星级网点，其中营业部、华新支行获得总行级“五星级网点”，华新支行还获中国银行业文明规范服务“三星级”网点称号；全行取得三级以上资格柜员数达到217人，等级柜员占比达80%，全行物理渠道人员转型指标超额完成省行目标任务；全年完成5个装修项目，改善本行营业网点硬件设施。二是信贷管理“315工程”逐步落实。分行成立信贷“315工程”管理领导小组，每月召开“315工程”落实情况专题会，了解客户情况，采取切实可行的化解措施，及时化解信贷风险，确保建行衡阳分行对公信贷资产质量安全。全力推动不良贷款的回收与处置，共处置不良贷款1.34亿元，方元豪晟项目已核销贷款现金回收2054万元，取得突破性进展。三是内控合规过程管理不断深化。组织开展银监会“三违反、三套利、四不当”系列专项治理、内控合规“每周一讲”“合规人人讲”、观看警示教育片、全员手书《合规承诺书》、“我为合规献计献策”等活动，全方位、多角度、立体化地实行从严治行，实现内控“三无两降一确保”目标。制订《衡阳分行案件防控和预防腐败考核方案》和《衡阳市分行案件风险整治工作方案》推动案件防控和预防腐败工作，开展信贷、柜面、集中采购和公章管理四个重点领域和“四风”问题专项治理。四是财务费用管理更加规范。全行财务资源配置继续坚持向一线倾斜、向县支行倾斜、向战略性业务倾斜，制订阶段性活动激励约束方案，发挥财务资源导向作用；明确各项财务管理及核算规定，落实成本支出负责制，严格实行预算管理，各指标均控制在上级行及我行计划内。五是人力资源优势逐步释放。干部梯度管理，2017 年，提拔经理级 4 人、副经理级干部 5 人、其他职级管理干部 4 人；员工晋升通道更加畅通，对全行 27 名员工进行专业技术资格认定，通过民主测评方式为 101 名员工办理职等晋升手续；加强客户经理队伍建设，对客户经理专业技术职务任职人员进行清理，重新聘任客户经理 102 人，其中晋升职等聘任 13 人。（文新华）

【建设银行衡阳分行与市工商联签署战略合作协议】 2017 年 4 月 24 日，建设银行衡阳分行与市工商联签署战略合作协议。建设银行衡阳分行行长尹向东对市工商联长期以来对建行的关心、支持表示感谢，并就如何为工商企业提供全方位服务，解决企业“融资贵、融资难、融资慢”等问题进行探讨。对于双方未来合作，尹向东说，希望巩固已有合作成果。2016 年在市工商联的支持下，建行衡阳分行多项业务取得优异成绩，如“湘商单位结算卡”发卡 1713 张在全省排名第一、在工商企业中的存贷款占比稳步提高等。同时，用心提供优质服务，在市工商联多年的努力耕耘下，非公经济已经成为衡阳市经济最具活力的部分。建行将为市工商联、全市民营企业提供更优质、全面的金融服务，实现政银企三方共赢；还将加强沟通与信息共享，市工商联作为市委市政府联系全市非公经济人士的桥梁与纽带，是全市 10600 余家工商企业的“娘家人”，有着丰富的信息资源，而建行作为衡阳市银行业金融机构的“领头雁”，有着较大的产品、服务优势，随着双方战略合作的深入，工商企业的金融服务可更加高效精准，为建设“五个新衡阳”贡献更大力量。（段　钊）

中国银行股份有限公司衡阳分行

【概况】 2017 年，中国银行股份有限公司衡阳分行（以下简称中行衡阳分行）贯彻总行“担当社会责任，做最好的银行”的发展战略，各项经营工作取得到健康、有效地发展。截至 2017 年 12 月月末（下同），全行本外币各项存款余额 225.09 亿元，较 2016 年年末增加 15.49 亿元，增长 7.45%。本外币各项贷款余额 113.85 亿元，较年初净增 15.27 万元，增长 15.49%。按五级分类口径，不良资产余额 10077 万元，较年初上升 157 万元，不良率为 0.88%，较年初下降 0.18 个百分点。各类贷款资产质量良好。实现经营利润 20935.00 万元。向国家上交各项税金合计 1.2 亿元。（彭年春）

【资金组织】 2017 年一季度，全行人民币储蓄存款时点比年初增加 18.44 亿元，且人民币储蓄存款总量和年新增量均排名全省第一；全行公司存款时点比年初增加 13 亿元。全行存款业务刷新历史、创出新高。（彭年春）

【不良资产管控】 确立“一般贷户不放过，大额贷户重点清、研究方案找抓手、理清关系全面清”的攻坚战略，采取强有力的措施，加强对不良贷款的管控力度。同时，建立完善风险预警机制，对潜在不良贷款做到尽早发现。一是领导带头包大户清收。领导班子成员定目标，专挑老大难的不良贷款户承包，重点承包支行的难点户，协助支行研究制订清收措施、约见清收难度大的企业负责人。如：市分行管理层先后多次协助衡东支行、祁东支行约见铧晟皮具、川祁耐磨不良贷款企业负责人。通过领导包大户，班子成员靠前指挥、抓重点、攻难点，使中行衡阳分行的“双清”工作落到实处。二是组织打响“双清”攻坚。按照省分行每月资产质量管控要求，市分行按季出台《不良清收化解方案》，每月召开资产质量形势专题分析会，并针对“一户一策”研究化解措施。同时，风险管理部门采取旬监测、日分析、季考核的办法，收到良好的效果。三是运用法律手段强制清收。主动与司法部门取得联系，求得理解和支持，构筑良好的维权环境。全行协助支行作为原告通过诉讼途径追索债权 19 起，协助支行应诉被告案件 7 件，存量被告案件不服一审判决上诉 2 起。（彭年春）

【信贷结构调整】 优化信贷投向投量，调整信贷结构，将调整信贷结构作为贯穿信贷业务工作的主线，加大力度，进行信贷资源的合理配置，使信贷资产质量得到优化。一是严格贷款条件，把好增量贷款投放关。在新增贷款的投向上，市分行支持加大对优良客户、有价证券质押、消费信贷的投入力度，使新增贷款投向信誉度好、知名度高的客户，并有重点地实行营销放贷。通过优化贷款投向，贷款出现向优良客户集中的趋势。二是全力发展房贷，巩固中行衡阳分行的基础地位。一方面实行个人贷款业务营销规范化，重点对接按揭业务量大和新开楼盘；另一方面发挥"高端营销，高层联动"的营销优势，搭建高层交流平台，储备楼盘贷款项目。三是实施信贷退出机制。对一些夕阳、僵尸企业，实行主动退出，退出劣质客户5户，退出贷款9000万元，取得明显成效。四是力促创新业务落地。全行致力于寻求创新业务的突破，力促创新业务落地。2017年7月，中行衡阳分行成功中标衡阳市城建投1.65亿美元境外债券发行承销商，已完成国际评级现场访谈。截至12月月末，全辖个人贷款投放总量突破20亿元，实现年度新增突12亿元关口，完成省行任务的163.68%。

（彭年春）

【战略产品拓展】 拓展战略产品不动摇，增强发展后劲。2017年，全行理财实现中收230.24万元，中高端客户较2016年新增2545人，其中200万元以上的达375人，500万元以上的达70人，800万元以上私行客户达31人。在"双增双创"活动中，中行衡阳分行在全省排名前列。全年新增有效卡17030张，完成自定目标94.6%，新增总量全省排名第一。卡分期新增39801万元，新增总量全省排名第四，比2016年前进一位。银行卡中间业务收入达到2971.48万元，比2016年同期多增加215万元。通过战略产品的拓展，中行衡阳分行实现在健康、可持续发展的同时，增强中间业务发展后劲。 （彭年春）

【风险管理防控】 一是加强操作风险管控，依法合规经营。先后出台《衡阳分行2017年内控检查计划》《衡阳分行操作风险业务管理细则（2017年版）》等文件，以制度建设推动合规文化建设，营造合规氛围。加强内控合规教育，提高员工合规意识，先后组织网点员工观看《合规代言人》，开展内控合规知识竞赛活动，强化员工合规意识。对重点人员，进行名单式管理，组织开展员工思想排查，发现问题及时处理，严肃问责。实行班子成员对辖内各机构内控工作分片管理制，加强内控工作调研和对网点内控工作评价，强化网点合规经营。二是将过程控制作为内控管理工作的核心。不断修订和完善制度，先后出台《衡阳分行操作风险业务管理细则》《2017年内控板块机构内控副职履职评分标准》《衡阳分行2017年内控案防专项治理实施方案》等制度文件，并从教育培训入手，将思想道德的"自律"和规章制度的"他律"有机结合起来，提高员工知风险、识风险、化风险、抗风险的风险识别和防范能力，减少柜台业务操作差错。全年市分行在检查中共发出各类《业务检查情况的通报》17份，下发各类问题提示单31份，提出整改意见50余条，实行对责任人经济处罚达67人/次，处罚金额2万余元，对规范化操作人员奖励达33人次，奖励金额达3万元，达到人事并举效果。在完善制度的同时，制定下发《衡阳分行工作进程管理办法》，以强有力的制度维护制度的严肃性和落实工作的过程管控，加大对违规操作的查处力度，创造人人遵守制度、按章操作的良好环境和氛围。三是加强声誉风险管理，全行无负面舆情。切实落实声誉风险管理责任制，完善声誉风险事件预警机制和舆情应对机制，做到风险隐患早发现、风险事件早报告早处理，2017年，中行衡阳分行及时处置微博、网上投诉等舆情事件9起，确保中行衡阳分行无负面舆情的现象。同时，通过外部媒体的宣传，加强正面报道，提升中行衡阳分行品牌形象。四是加强安全保卫工作，实现"零案件"目标。贯彻落实好案件防控各项制度和措施办法，抓好"三防一保"，全辖未发生任何案件和安全事故。 （彭年春）

交通银行股份有限公司衡阳分行

【概况】 2017年，交通银行股份有限公司衡阳分行（以下简称交行衡阳分行）秉承“责任立业，创新超越”的理念，坚持“业务经营，风控先行”，依托蓬勃发展的衡阳经济，实现自身的快速发展。截至2017年12月31日，交通银行衡阳分行人民币存款余额62.08亿元，人民币贷款余额26.85亿元。存贷比为64.56%。衡阳分行成功上线住房公积金归集系统、物业维修基金、非税代收缴系统、烟草新商盟系统、国土网上招拍挂系统、二手房交易资金托管、国库集中支付系统、诊疗卡、商品房预售资金监管系统、社保卡在诊疗领域运用、燃气缴费通等系统，发行交通银行—连卡福联名借记卡和联名信用卡。（高　莹）

【重点项目发展】 截至12月31日，全行申报总行专项贷款额度10亿元，项目4个；申报非信项目7.5亿元；项目储备8个，金额41亿元。珠晖区5亿元大班额项目获首笔5000万提款，衡阳县、蒸湘区、石鼓区15亿元贷款加紧收集资料。为交通投成功发行非公开定向债券融资工具10亿元。（高　莹）

【服务实体经济】 先后支持启迪古汉集团、衡科投、湖南森特实业投资有限公司、衡阳技师学院、衡阳市中心医院、潇湘职业中专、新华书店衡阳分公司、《湖南日报》新媒体公司等多家公司的发展。加大对小微企业的支持力度。2017年，交通银行衡阳分行加大对白沙工业园和高新技术工业园的支持，通过“税融通”“速贷通”“核心企业供应链”等多种产品，加大对实体经济的支持力度，解决多个小微商户资金周转的困扰。（高　莹）

【便民工程】 做好做实便民工程，改善客户体验。一是优化系统和平台。2017年7月，附属南华医院成功上线移动医院项目，9月，为南华附一医院新增诊疗卡机具，提升客户工作效率。二是通过二手房交易资金监管系统有效规范二手房交易服务，确保交易双方资金安全，为购房者提供按揭服务，解决其资金需求。三是丰富群众民精神文化生活，举办广场舞比赛，针对中高端客户开展私银客户专场中医养生活动、禅修活动、张学友演唱活动；针对沃德客户开展每周健身、每月花艺活动、七周年晚宴活动；针对儿童及家长，衡阳分行红领巾俱乐部与衡阳市青少年宫合作承办雁城少年说、儿童书画大赛和儿童文艺汇演等活动，丰富雁城人民的生活。（高　莹）

【风险防控】 1. 资产质量方面。总体保持稳定，没有发生高级别的风险事件，也没有发生声誉风险事件。实现不良贷款连续三年为零的考核目标。2. 内部管理能力方面。营运内控考核不断优化，继续保持前三的好成绩，全年以“差错零发生、服务零距离”为目标，未出现重大风险及差错事件。统计工作被人民银行衡阳中心支行评为衡阳市先进单位。3. 风险管理机制方面。一是按照“纵到底、横到边、全覆盖”的要求，完善风险管理架构和政策制度。每季度召开分行全面风险管理委员会，将各条线风险纳入全面风险管理范围。二是提升贷后管理精细化水平，优化贷后管理流程和工具。4. 重点领域风险排查方面。在人民银行和银监局的领导下，全年开展各项信用、操作风险排查近50余次，接受人民银行、银监机构检查十余次，并做到零处罚。以检查、整改的良好发展模式促进交行衡阳分行业务发展合规性提升。通过不断检查整改促进交行衡阳分行业务发展合规性提升。（高　莹）

【政银企对接会之交通银行衡阳分行专场举办】 2017年9月19日，衡阳市举行的“植优补短”政银企对接会，交通银行衡阳分行与衡阳县、珠晖区签订“教育系统提质改造之大班额项目”，与特变电工衡阳变压器有限公司签订“供应链融资项目”，为3个项目授信逾10亿元。市委常委、副市长章彰出席并讲话。这是衡阳市举办的第11场“植优补短”政银企对接会，会上，交行衡阳分行现场推介针对教育系统大班额问题及核心企业融资而开发的特色信贷产品——区县大班额项目和供应链融资，宣讲适合中小企业融资的产品“税融通”和“优贷通”。交通银行到衡阳以来，在全国地市级首笔引入15亿元保险债权资金支持衡阳市城投项目建设，截至9月，交行衡阳分行已累计投放信贷150亿元支持衡阳市经济社会发展。（周　鑫）

【交通银行连卡福联名信用卡举行首发仪式】 2017年11月23日下午，交通银行衡阳分行与连卡福（衡阳）商业广场成功举办“交通银行连卡福联名信用卡”首发仪式。这是衡阳市首度出现的本地银行与本地商场合作发行的联名信用卡。交通银行连卡福联名信用卡具备交通银行太平洋信用卡所有基本功能。持卡人在消费时，能享受连卡福（衡阳）商业广场金卡会员权益、特约商户折上98折、重点商户95折优惠以及获赠积分等增值服务。客户持有该卡，可参加交通银行5元观影、5元洗车和最红星期五购物、加油95折等信用卡活动。该卡申请要求较低，市民如需办理可带身份证到交行衡阳分行任一网点进行纸质申请，也可在网上办卡。首发仪式上，该行还开通扫二维码办卡渠道。2015年12月，交通银行衡阳分行与连卡福（衡阳）商业广场首次合作，联合推出联名借记卡，截至本月已发卡2万余张，为持卡人带来实惠。

（周　鑫）

湖南省农村信用社联合社衡阳办事处

【衡阳市农信社2017年工作会议召开】 2017年年初，衡阳市农信社2017年工作会议召开。截至2016年年末，全市农信系统各项存款余额747.59亿元，净增92.76亿元，增长14.7%；各项贷款余额382.9亿元，净增57.31亿元，增长17.6%，存贷款总量继续保持全市同业机构第一、全省农信系统第二的地位。市委常委、副市长章彰出席会议并讲话。2016年，衡东、衡州、衡阳3家农商银行先后挂牌开业，祁东县联社已完成清产核资，全市农信系统客户数达到856.03万户。手机银行、微信银行、ETC、福民卡等转型业务快速推广，ATM、CRS等自助设备有效布放，电子银行替代率达到59.63%。章彰肯定全市农信系统2016年在支农和扶持中小企业壮大上所做的贡献。对于2017年的工作，他要求全市农村信用社以更大的决心加快转型步伐；以更强的力度支持地方经济发展，要支持农户和商户，支持生态、高效的现代农业，支持农民专业合作社和中小企业，瞄准重点项目、重点工程、民生项目发力；以更严的措施加强风险管理；以更高的效率优化金融服务。

（李　政）

【衡州农商银行各项存款超额完成】 截至2017年2月28日，衡州农商银行各项存款余额达142.65亿元，较年初净增21.14亿元，增长17%，同比多增加7.57亿元，完成省联社下达全年任务的153.97%，完成衡阳办事处下达一季度任务的271%。完善组织资金考核办法，加大储蓄存款考核力度。

（李　政）

【陈伟林调研扶贫帮困工作】 2017年5月11日，湖南省农村信用社联合社衡阳办事处党组书记、主任陈伟林，湖南省农村信用社联合社党委巡察组组长孙小平一行前往常宁市新河镇湖关村，开展扶贫帮困工作走访调研。陈伟林一行组织村干部座谈，详细了解村部和帮扶对象的实际情况，商讨帮扶工作。随后，陈伟林一行前往21户帮扶对象家中，进行逐一走访。陈伟林表示，扶贫工作责任重大，使命光荣。省农信联社衡阳办事处作为扶贫帮扶联点单位，将带着责任、带着感情，做到真心实意地扶贫，真心实意为老百姓服务。针对下阶段的扶贫工作，陈伟林强调，一是进行深入交流。帮扶成员要同帮扶对象进行面对面交流，互留联系方式，深入了解贫困户的诉求，根据行业特点，指导贫困农户走产业脱贫道路，争取早日脱贫摘帽。二是做实“一户一策”。村支两委要对全村经济状况进一步澄清底子，对贫困户分类管理。要多与贫困对象沟通交流，提升贫困户“造血”功能，有针对性地采取扶贫政策。三是建立协商机制。村支两委和常宁农商银行要建立长效的协商机制，对扶贫工作定期进行探讨、协商。指派驻村同志既是信息员、联络员，也是结对扶贫的监督员，要做好对接工作。四是建立评价机制。村民、扶贫单位、村支两委要建立相互评价机制，对工作进行互相评价，促进扶贫工作落到实处。（李　政）

中国邮政储蓄银行股份有限公司衡阳市分行

【概况】 中国邮政储蓄银行股份有限公司衡阳市分行（以下简称邮储银行衡阳分行）坚定“效益银行”发展之路，经营实力稳步提升。2017年，衡阳市分行全年累计完成收入3.56亿元，实现利润1.45亿元，年收入额较上年同期增加774万元，收入规模位居全省前列。衡阳分行资产总额达537.73亿元，比2016年年末增加54.71亿元；经济指标增加值6600万元，经济资本回报率达25.15%；人均创收65.52万元，人均创利26.73万元，人均创收创利位居全省前列。祁东县支行被评为全省“创效十强”支行；祁东支行营业部、耒阳五一路支行、市分行营业部分别获中国银行业文明规范服务三星级、四星级、五星级网点荣誉。（游　洋）

【个金业务】 2017年，实现邮银存款结余481.61亿元，市场占有率20.78%，较2016年提高0.52%。信用卡新增发卡15000张，实现信用卡收入1620万元，同比增幅42%。衡阳市分行全年开展便民缴费九五折，“10元话费1元充”，一元购等电子支付活动。手机银行新增激活55000户，绝对值排名全省第6位，同比增幅78%。手机银行客户结存43万户，电子银行替代率89.39%，离柜率70.8%，网上理财替代率70.98%。推出中间业务专项营销活动20余个，营造争创中收积极氛围，理财、短信、贵金属等业务均较上年明显增长，新增保费规模位居全省第2位。全年实现中收2909万元，超产259万元。邮储银行衡阳分行获全省理财经理大赛团体二等奖。

（游　洋）

【公司业务】 衡阳市分行在全省率先搭建法院一案一账户系统、五险统缴系统、公共交易中心系统、一手房资金监管系统等合作平台；全行公司存款余额41.5亿元，年净增3.89亿元；余额增幅、日均增幅均较2016年度同期实现翻番，分行获全省公司业务发展三等奖。全市公司信贷结余8.38亿元，全年净增7.04亿元，年增幅位居全省第1位。

【零售业务】 全年累计投放各类零售信贷资金30亿元，贷款结余规模60亿元，年净增8.2亿元。中国邮政储蓄银行三农金融事业部衡阳市分部成功挂牌，服务“三农”的能力得到增强。衡阳分行行小企业信贷年净增4326万元，同比多增3032万元。在非房贷业务领域，全年新增准入合作平台112个，其中汽消平台占比70%以上；在全省率先发放首笔线上手机APP邮薪贷，优享贷、邮享贷业务位居全省前列，消费信贷实现净增8.96亿元，年净增额创历史同期新高。（游　洋）

【资产管理】 坚定“合规银行”提质之路，风控体系日益健全。资产质量管控有力。一是事前控制防增量。开展从信贷员到分行行长的层级走访，对重点客户市县两级行领导亲自走访、提前介入，形成部门、专业、支行、信贷人员齐抓共管的局面。二是事后处置降存量。全行清收处置工作按照“态度坚决、措施有力、方法稳妥、效果明显”总体要求持续推进，通过保全工作一把手负责、市分行领导挂点大额不良、开展清收竞赛活动、健全清收队伍机制等有效措施，在全行上下掀起清收热潮。全年累计清收不良贷款现金4212万元，完成省定清收计划196%，清收金额位居全省前列。（游　洋）

【合规管理】 开展“管理标准化提升年”活动。组织开展合规管理员培训活动，印制活动宣传手册、定期编发《提升年活动信息专刊》、举办管理标准化提升年知识抢答赛。全行开展案件风险排查工作。落实监管要求，开展辖内“三违反”“三套利”“四不当”“十乱象”专项整治活动，扎实推进对公业务专项复查，全行员工集中排查，信贷资金风险排查，个人业务风险排查等专项排查工作，风险及时整改，案防管理威慑作用有效发挥。

（游　洋）

【基础工作】 1. 人力资源格局更加优化。一是培训体系日益健全。建立纵向分级、横向分工的教育培训管理机制，举办全市中层管理人员和网点支行长集中培训营，提升全行员工的职业素养。二是人员结构逐步优化。全年148名员工获得职级晋升；在全省率先完成机关定员定编双向选择工作，精简机关人员27人充实到基层一线。三是人员管理更加规范。强化“岗位轮换、亲属回避、行为排查、员工家访”四位一体风险防范机制。2. 企业资源配置更加科学。一是健全财务管理机制。完善三公经费及房租、车辆、宣传、广告等费用管理，三公经费实现压降，业务发展费及机构运行费均低于全省平均水平。二是合理配置企业资源。发挥资源配置效率，在支撑激励业务发展的同时推动企业经济资本效益实现最大化。三是持续优化绩效激励考评机制。以效益为中心，突出经济增加值，提高合规经营和风险管理指标权重，全员绩效水平与单位利润完成进度挂钩考核，释放和激发企业活力。3. 践行基础管理标准。一是流程管理保质效。授信管理适应审批体制改革，逐步强化信贷管理与服务职能，完成个商业务审批权限上收；不定期开展抵押品、档案及征信管理专项检查，稳步推进贷后管理分层分级全流程管控，授信管理能力不断提升。二是营运管理提效能。市分行会计营运工作被评为全省先进单位。三是综合管理强支撑。邮储银行衡阳分行信息科技工作年度综合考评排全省第1位；被评为全省平安邮储优秀单位。（游　洋）

华融湘江银行股份有限公司衡阳分行

【概况】 2017年，华融湘江银行有限公司衡阳分行紧跟全市发展战略，全力支持衡阳市经济社会建设，实现良好的社会效益和自身经营的协同发展。截至2017年12月月末，一般性存款时点余额223.4亿元，较年初新增29.24亿元，增长15.06%；信用总量达到177.59亿元，比年初新增48.94亿元，其中各项贷款123.86亿元，较年初新增21.92亿元，增长21.5%，业务规模居全行前列。2017年，华融湘江银行有限公司衡阳分行行获得市政府目标管理考核优秀单位、市人民银行综合评价A类银行，作为全市唯一的金融企业获衡阳市“诚信纳税人”称号。

（李长君）

【华融湘江银行衡阳分行财富管理中心开业运营】 2017年2月28日，华融湘江银行衡阳分行财富管理中心正式开业运营。该中心将从产品多元化、渠道多样化、资产保值增值等方面打造财富管理链条和品牌，当好高端客户的贴身“财富管家”。截至2月，衡阳市高净值客户数量持续增长，而客户对于银行机构综合定制服务的需求日益强烈，无论是财富增值、健康管理，还是家业传承、子女教育，都需要具备专业智慧的战略伙伴。在此背景下，华融湘江银行衡阳分行蓄势成立财富管理中心，将零售业务作为战略性发展布局。这一服务高端客户的经营管理机构成立后，将依托中国华融综合、专业的国际化金融平台，汇聚各行业精英，整合资产管理、证券、信托、基金等多方面资源，优选市场产品，为高端客户提供专业化综合理财服务、代客理财服务和非金融服务等个性化服务。（周　鑫）

中国民生银行股份有限公司衡阳分行

【概况】 2017年，中国民生银行股份有限公司衡阳分行（以下简称民生衡阳分行）全行经营指标完成情况较好。存款规模连创新高。在上半年存款规模创新高达到56亿元的基础上，全行上下联动营销，力促年末存款规模再创新高达到61.4亿元，比年初新增16.1亿元，存款余额排名长沙分行第二；各项存款日均48.8亿元，比年初新增13.4亿元。其中，营业部存款规模突破20亿元，创下历史新高。信贷投放仍显乏力。受授信政策约束及内生动力不足影响，公司授信余额6.37亿元，比年初负增长6434万元；个贷余额11.6亿元，比年初仅新增0.6亿元，公司及个人贷款均未完成全年信贷投放目标。不良资产有所上扬。不良额从1.18亿元上升至1.55亿元，在长沙分行占比从15%升至19%；不良率从6.58%升至8.46%，较分行平均水平高出5.86个百分点。但小微不良额严控在目标范围内，小微弱担保贷款压降5370万元，压降额排名长沙分行第一。法制民生持续推进。将规定动作与自选动作相结合，通过26次分层施教、5次警示教育、13次自查自纠等举措，在全行形成尊法、学法、守法、用法的企业文化和经营管理模式。（郭　娟）

【存款业务】 深化“存款立行”理念，加快回归银行本源步伐，全行营销促进存款新增。6月末，存款规模创历史新高达56亿元，最高时点数达57亿元，排名长沙分行第二。年末，存款规模再次刷新历史纪录，达到61.4亿元，最高时点数达62亿元，较年初新增16.1亿元，排名长沙分行第二。其中，零售存款余额9.1亿元，较年初新增2.87亿元，排名长沙分行第一；零售日均存款8.5亿元，较年初新增1.5亿元，排名长沙分行第一。（郭 娟）

【业务储备】 围绕重点项目，储备4个中票项目；围绕重点产品，发展托管业务，1个信托业务已完成尽调；围绕基础客群，推动新兴业务，通过《公司业务重点产品竞赛方案》，增设三重奖励标准，调动全员积极性，现已储备2个PPP项目。（郭 娟）

【优化考核】 适时调整市场条线动态考核机制，出台中后台动态考核方案，区别零售客户经理与理财经理、市场人员与中后台人员考核侧重点，形成比成绩、比贡献、比付出的良好氛围。压降不良贷款方面。利用以诉促谈、司法拍卖、资产重组等手段，完成现金清收0.71亿元，其中耒阳新世界、邵阳建民贷款已结清；完成春昌、世纪钨材、创大、龙鑫矿业4户问题贷款的资产重组，金额共计1.11亿元。（郭 娟）

【合规经营】 根据《2017年下半年法治建设培训工作方案》，实现26次分层施教，获“法治民生”主题演讲二等奖；配合监管机构完成“四三三” “市场乱象”、信用风险、金融许可证、征信等检查；开展经营管理授权、证照、印章管理、固定资产、个人征信查询、员工档案清查等自查自纠活动，防范各类经营风险。（郭 娟）

中信银行股份有限公司衡阳分行

【概况】 2017年，中信银行股份有限公司衡阳分行（以下简称中信银行衡阳分行）践行“科学发展，稳中求进，建设区域最佳综合融资服务银行”的指导思想，各项工作取得良好发展。负债业务方面。截至2017年年底，中信银行衡阳分行自营存款时点余额39.53亿元，其中对公存款33.44亿元，个人存款5.73亿元。零售管理资产时点余额18.67亿元。资产业务方面。截至2017年年底，贷款余额33.67亿元，较年初增加3.15亿元，其中对公贷款30.09亿元，较年初增加3.85亿元，个人贷款3.58亿元，较年初减少0.68亿元。盈利情况方面。2017年，实现报表利润7517万元。（宾金琳）

【人员机构】 截至2017年年末，中信银行衡阳分行有员工76名，拥有本科及以上学历的人数占比达96%。内设公司银行部、零售银行部、风险管理部、合规部、会计运营部和办公室，下属营业部、常胜路支行、白沙洲支行及耒阳支行。（宾金琳）

【业务发展】 2017年，对公业务坚持“三大三高三新”为导向，稳固公司板块优势，继续深化与全市14大平台及2市5县5区的业务合作，做深做透已合作客户；坚持深度经营和服务实体经济理念，有效客户群体进一步扩大；促进业务发展，截至2017年12月月底，中信银行衡阳分行机构业务时点余额为29.65亿元，较2016年增长15亿元；项目库进一步充实，累计金额达到206亿元。零售业务坚持以总行“433”零售战略为指导，聚焦客户获取、做大客户资产，做好客户经营，加强公私联动。（宾金琳）

【结构优化】 2017年，中信银行衡阳分行在结构调整取得明显效果。一是客户结构的调整：改变政府平台企业一家独大的客户结构，形成优质平台企业、机构客户、大型企业（上市公司）、优质民营企业四轮驱动的发展格局。二是存款结构的调整：2017年，中信银行衡阳分行主动压降高成本存款和同业存款规模，累计消化高成本存款近24亿元，活期存款占比从年初的33%上升至89%，盈利能力大幅提高。三是资产结构的调整：一是消化质押类贷款5.35亿元，二是表外投放新增45亿元，较2016年增长233.33%；三是采取清收、转让、重组、核销等多种方式化解问题资产4.15亿元，其中现金清收0.32亿元，核销0.56亿元。（宾金琳）

【服务发展】 随着衡阳市政治生态环境改善，招商引资与基础设施建设工作的改进，衡阳市日益重视的3P项目推动，与中信银行衡阳分行在3P项目的专业化形成明显契合。中信银行衡阳分行作为股份制银行的唯一代表在第二届“衡州经济论坛”上发言，邀请企事业单位参加在衡阳市召开的中信集团协同会议，及中信建投2017年在衡阳市发行26亿元的私募债，极大提升中信银行、中信集团在当地的形象与话语权，树立良好的口碑。（宾金琳）

中国光大银行股份有限公司衡阳分行

【概况】 2017年，中国光大银行股份有限公司衡阳分行面对经济下行，外部环境复杂的困难，衡阳分行党委充分领会长沙分行党委意图，坚决贯彻落实改革精神，坚持依托大资产业务的基本发展模式，多策并举调整客户及存款结构，提升存款规模。公司多项创新业务落地，发展迅速。零售方面借助2016年度大资产项目和征拆代发的储备优势，利用自营理财、公积金等拳头产品和渠道大力拓展客户，夯实客户基础，做大对私存款和“九资”规模，取得明显效果。2017年，全行存款规模高位稳定；大资产信贷项目投放及储备颇有成效；投行业务作为新的增长点，促进业务发展；存款渠道从单一的“增存渠道”拓展到“各类存款汇聚”。多项创新业务落地，公司业务发展迅速；做好十项基础工作，客户基础进一步夯实；精细化内控合规管理成为全行稳健运营的有力支撑；零售问题贷款化解工作取得良好成绩。（刘　璐）

中国广发银行股份有限公司衡阳分行

【概况】 中国广发银行股份有限公司衡阳分行（以下简称广发银行衡阳分行）实现业务的成功转型和稳定发展。截至2017年12月31日，全行一般性存款时点27.48亿，较2016年增长5.78亿，增长率27%；一般性存款日均22.94亿；其中公司日均存款为19.34亿元，较2016年增长4.36亿元，完成全年新增任务的134.3%；储蓄日均存款3.6亿，较2016年负增长；AUM日均12.2亿，任务完成率131%。截至2017年12月31日，全年累计完成营收1.34亿元，全年实现考核净利润4947万元，信用卡分期收入完成2.18万，信用卡全年实现净利润3451万元。公司有效客户1839户，对公授信客户50户；个人有效客户2318户，较2016年新增298户，任务完成率94%。其中，私银客户17户。全年信用卡新增激活卡8397张，完成率为117%。全行信贷整体不良率为0.49%。其中，对公信贷零不良，关注类贷款余额8388.93万元；个人贷款不良贷款余额546.47万元。个贷不良率1.12%，在长沙分行系统内最低。全年实现安全运营无案件及重大差错。

（谭建林）

【扶贫帮困】 2017年，广发银行衡阳分行在金融扶贫点雁峰区岳屏镇山田村设立金融服务站，为村民提供金融服务，满足金融需求。在结对帮扶点祁东县燕山村，为贫困村争取财政扶持资金10万元，捐献资助贫困户33户，现金及物资约3万元。（谭建林）

浦发银行股份有限公司衡阳分行

【概况】 2017年，浦发银行股份有限公司衡阳分行（以下简称浦发银行衡阳分行）一是存贷规模不断攀升，开业三年累计投放151亿支持衡阳发展，生息资产余额突破91亿，一般性存款突破40亿大关，个贷余额16亿多继续在全市股份制银行排名第一；二是盈利水平保持稳定，实现营业净收入超2亿、经济增加值1亿，盈利能力居长沙分行第三；三是均衡发展初见成效，对公、零售条线KPI分别居长沙分行第二、第四，综合考核连续三年名列前茅；四是渠道建设强势突破，零售条线取得蒸湘区、雁峰区、珠晖区60万户居民健康卡独家发行资格，对公条线与衡山科学城签订《战略合作协议》《风险补偿基金协议》；五是优质服务得到肯定，营业部获评全国银行业协会“文明规范服务五星级网点”，衡阳日报头版对浦发银行衡阳分行进行大篇幅报道；六是团队建设有效推进，完成“一行一策”改革，全年共提拔中层干部4名、转编4人、转正4人。（谭盛成）

【重要活动】 2017年1月，浦发银行长沙分行（所辖二级分行）零售工作座谈会在衡阳召开，深化全行零售业务战略转型要求，部署零售业务各条线下一阶段主要工作。2月，市委常委、副市长章彰到浦发银行衡阳分行调研指导工作。3月，浦发衡阳分行工会开展以“挑战自我、追求卓越”为主题的户外拓展活动。4月，浦发衡阳分行运营工作专题工作专题会议召开，长沙分行运营管理部相关领导出席。5月，浦发衡阳分行“植优补短”政银企对接会在衡山科学城召开，市委常委、市委秘书长张贺文，市委常委、副市长章彰出席会议。6月，浦发衡阳分行组织全体员工参加长沙分行成立十三周年职工运动会并取得较好成绩。7月，浦发银行衡阳白沙州小微支行成立两周年。8月，浦发银行衡阳党支部获评长沙分行先进基层党组织。9月，浦发衡阳分行衡阳分行召开“一行一策”改革发展方案实施启动会，督导全行“回归本源、突出主业、做精专业、协调发展”，真正做到以客户为中心，为客户创造价值；9月，浦发衡阳分行衡阳分行组织全体党员到耒阳市导子镇沙明村开展扶贫工作。10月，浦发衡阳分行获人民银行衡阳市中心支行“2017年度衡阳市金融宣传工作先进单位二等奖”。11月，浦发衡阳分行召开学习贯彻党的十九大精神党员干部大会。12月，浦发衡阳分行工会开展传统的“圣诞礼物交换”活动。（谭盛成）

长沙银行股份有限公司衡阳分行

【概况】 2017年，长沙银行股份有限公司衡阳分行（以下简称长沙银行衡阳分行）经济增加值、新增一般性存款等主要经营指标超额完成，经济增加值完成1.28亿元；新增一般性存款完成时期数30亿元；新增零售贷款时点数完成2.2亿元；对私管理资产销售额完成7.2亿元，并于2017年9月新设珠晖支行、10月新设常宁支行。截至2017年年末，衡阳分行存款规模时期数连续6个月保持30亿元，在衡阳地区超越广东发展银行（开业6年）、招商银行（开业5年）。

（周　鑫）

【经营模式探索】 2017年，长沙银行衡阳分行探索适应衡阳业务拓展的经营模。1. 精准营销实施“一揽子”综合金融服务。对10个市本级、10个区县平台公司和12个工业园区中小企业进行“一对一”精准营销，实施“一揽子”综合金融服务，以专业化、综合化的优势制定综合服务方案。通过市级、县市区政府、工业园区和平台公司作为工作的突破口开展银政企金融业务，“下接地气”，重点布局产业龙头企业、行业优质企业及发展型、科技型中小企业等业务开展。以地方政府基础设施、民生工程为业务重点，与祁东县经济开发区、衡山县人民政府、耒阳市人民政府、常宁市人民政府、衡阳市弘湘国投集团、衡阳市滨江新区投资有限公司、衡阳市白沙工业园、衡阳县经济开发区等单位签订综合金融服务协议，提供一揽子金融服务。以项目贷款、结构化融资、产业发展基金作为重点产品切入，与衡阳市白沙投资有限公司、衡阳市滨江新区投资有限公司、衡阳市高新投资有限公司建立综合性金融服务联动机制，为地方政务项目及公共基础设施提供金融服务。针对本地实际，运用“商行+投行”“融资+融智”“线上+线下”的综合模式成功切入特变电工、恒飞电缆、五矿金铜等园区产业龙头企业、香江百货等百货类商业龙头企业和南岳传奇旅游股份有限公司等旅游业龙头企业，为其提供相应所需金融产品。2. 政务系统建设和零售资产业务稳步推进。通过衡阳市财税部门成功实现市级非税汇缴结算户开户，完成非税账户审批；与衡阳市住建部门合作，完成住建维修基金渠道已完成搭建，每月可实现200~500万元的POS进账，为长沙银行衡阳分行绿色存款实现一定的助力；与常宁市人民法院达成合作，开通“一案一账户”系统开户对接，是常宁市唯一的开户行；与衡阳市烟草公司实现的开户和资金入账。制定《推动零售业务渠道建设管理办法》和《公私联动推动管理办法》，拓展渠道、公私联动、资源整合，实现乐福地医药包装公司280户、衡阳市公交公司200户工资代发，拓展华耀碧桂园楼盘、御笔华章、金钟时代城、雅士林御园、珠江合创愉景新城、愉景南苑、融冠乐城等10个储备楼盘按揭业务。

（周　鑫）

【政银企对接会长沙银行专场举办】 2017年7月27日，由雁峰区政府、长沙银行衡阳分行共同举办的“植优补短”政银企对接会成功举办，会议邀请25家中小微企业代表就融资展开座谈。截至本月，衡阳市9家市级银行机构通过银企对接会与60多家企业签署授信合同，授信金额超过400亿元。市委常委、副市长章彰出席座谈会。长沙银行衡阳分行开业一年来，业务发展规模和贷款速度居全市银行金融机构前列，截至本月表内外贷款70亿元。作为支持本土中小企业的银行机构，在举办此次活动前，该行已与45家中小企业达成融资意向，对衡阳市纳税前100名企业摸底，就特色产业制定相关融资服务方案。章彰指出，各级各部门要充分认识和把握当前衡阳市金融形势，切实增强做好金融工作的责任感和紧迫感；金融机构要加大改革创新力度，加大有效信贷投放、优化信贷结构，引导信贷资源保障重点项目、新兴产业和薄弱环节，改善金融产品与服务，为企业和居民提供“金融套餐”服务；企业要诚信经营，将信用转化为“红利”，在金融市场上寻求合适的产品。（周　鑫）

【长沙银行衡阳分行与市国税局、地税局举行“银税互动”合作签约仪式】 2017年1月25日，长沙银行衡阳分行与市国税局、地税局举行“银税互动”合作签约仪式，助力中小微企业融资。签约后，三方将共同建立“银税互动”战略合作关系，为衡阳中小微企业解决融资难问题，实现企业、银行、税务三方共赢。三方将探索建立以纳税信用为基础的银税合作机制，推进纳税信用和银行信用的有效对接，实现信用信息的共建共享。长沙银行衡阳分行自2016年7月8日开业后，截至本月有存款余额30亿元，表内贷款余额32亿元，表外融资15亿元。为帮助中小微企业将诚信纳税转为融资成本，长沙银行衡阳分行已启动“税e融”，以小微企业授权在税务部门的纳税信用作为授信依据，通过线上申请、自动审批、实时放款的模式向小微企业法定代表人发放。凡正常纳税2年、年纳税金额2万元、纳税信用等级原则上为B级（含）以上的小微企业，均可通过网络申请，仅以纳税历史记录作为贷款依据，无须任何担保即可获得融资，贷款额度最高可享100万元，一次授信额度有效期最长12个月，单笔贷款最长期限为6个月，网银实时提款，最低可至万分之二，能最大限度节约财务成本，满足诚信纳税企业的融资需求。（周　鑫）

中国人民财产保险股份有限公司衡阳市分公司

【概况】 2017年，中国人民财产保险股份有限公司衡阳市分公司（以下简称人保财险衡阳市分公司）推动公司经营实现新跨越，开创新局面，实现“后十亿时代”的良好开局。一是业务发展持续跑赢市场，顺利实现年度目标。全市系统累计完成保费收入11.96亿元，同比增长15.33%，SR比值1.42；完成实收保费12.01亿元，同比增长15.84%。截至12月月底，市场份额46.68%，同比上升1.83个百分点，增速超市场增速4.52个百分点，增量保费市场份额63.64%，位居全省第一。从各单位情况来看，19家经营单位保费收入实现正增长。其中，保费增幅比例排在前五位的是：社保（39.16%）、松木（35.48%）、耒阳（24.48%）、蒸湘（23.91%）、衡山（23.03%）。二是经营效益持续优于市场，利润总额突破亿元。全市系统综合赔付率为63.1%，同比上升1.43个百分点，综合费用率为27.76%，同比下降1.53个百分点；综合成本率为90.86%，同比下降0.1个百分点，累计实现报表利润10443万元，同比增长21.85%，完成年计划的131.72%，利润总额占全行业的72.53%。综合成本率由低到高排前五位的单位是：重点（56.96%）、银保（72.19%）、水口山（73.2%）、南岳（73.39%）、松木（75.61%）。三是经营管控持续好于市场，运营状况趋稳向好。全市系统未到期责任准备金总量达33248万元，较年初增提1827万元；未决赔款准备金总量达34781万元，2017年计提净额3143万元，期末未决赔款准备金占已赚净保费的29.41%。百元保费净现金流14.61元，高于全省系统平均水平，也优于行业其他主要竞争主体。四是理赔服务持续领先市场，综合质量稳中有升。全市系统全险种案件处理率100.88%，同比提升4.01个百分点；全险种未决存量4159件，同比减少12.9%；车险万元以下理赔周期10.86天，同比提速30.34%；车险万元以下人伤案件理赔周期13.48天，同比提速32.1%。理赔服务类关键指标显著优化，理赔质量与服务时效得以有效提升，体现较强的市场竞争力。五是社会形象持续引领市场，品牌力量持续彰显。一是践行“以客户为中心”理念，扎实推进标准化建设。推广运用“湖南人保财险”微信公众号，丰富俱乐部会员增值服务项目，增强客户粘性；落实极速理赔，客户体验增强；激发全体员工主动服务意识，开启全员服务模式，打造“心服务”志愿团，塑造一流的服务形象和口碑；出单中心获“湖南省文明窗口单位”称号，出单中心、耒阳支公司等11个窗口被市政府授予“诚信服务示范窗口”。二是拓宽服务领域，发挥保险业社会“稳定器”和经济“助推器”作用，社会责任再树新形象。在2017年的暴雨洪涝灾害中，全市系统广大干部员工的得到政府、人民群众等社会各界的肯定；全年支付赔款6.62亿元，缴纳各类税收1.17亿元，履行国有骨干企业的社会责任；开展保险扶贫工作，落实结对帮扶，落实扶贫专项资金72万元，扶贫专项物资10万元，扶贫工作得到市委、市政府的肯定。在市政府组织的保险业目标管理绩效考评中，公司考核得分连续四个季度稳居全市财险业第一名。 （段海文）

中国人寿保险股份有限公司衡阳分公司

【概况】 2017年，中国人寿保险股份有限公司衡阳分公司在全市实现总保费22.19亿元。公司秉持“诚实守信、客户至上”的服务理念，依托覆盖全市城乡的服务网络，为社会提供优质的保险产品和服务。专业高效的“95519”客户服务专线、安全快捷的企业互联网站、遍布城乡的保险销售人员使本公司成为客户身边最近的寿险服务商。几年来，公司以便捷、全面、贴心为服务目标，提升客户服务品质。为缩短出单时间，推广国寿E家；为方便客户沟通，推广微信在线服务和微信回访；为方便客户随时进行保单状态查询、保单借款、报案等六项保全及理赔服务，公司推广国寿E宝账手机APP。同时，公司以国寿“1+N”服务，SOS全球紧急救援、616国寿客户节、国寿大讲堂、国寿小画家、特约商家等特惠活动为服务载体，开展大量的客户互动活动，满足客户对保险、生活等多方面的服务需求。公司向个人及团体提供人寿、年金、健康和意外伤害保险产品，涵盖生存、养老、疾病、医疗、身故、残疾等多种保障范围，全面满足客户在人身保险领域的保险保障和投资理财需求。同时提供个人、团体意外险和短期健康险保单和服务。

（欧阳召君）

万联证券有限责任公司衡阳证券营业部

【概况】 2017年，万联证券有限责任公司衡阳证券营业部的柜台业务工作表现出色。营业部柜台序列实行集中运营，并于2017年7月开始实施客户适当性管理双录工作，全年共完成柜台新开户37户，手机开户3789户，休眠激活51户，纯资金户激活5户，销户143户（含账户清理后休眠激活后销户的）。融资融券新增开户数86户，股票期权开户6户，港股通一共开户45户，客户适当性管理双录业务量为324个，为其他营业部完成柜台通业务121笔。全年无一业务差错。托管在营业部的湘油泵限售原始股于2017年11月迎来首次解禁，营业部第一时间针对此次解禁事件展开相关工作。营业部及时将解禁政策、减持技巧以及红利税扣税等信息传达到各个股东。针对部分申请转户去外地开户来减持限售原始股来享受当地政府的红利税减免政策的股东，营业部利用营业部和厦门营业部业务合作模式，成功挽留住这批客户。

（何谦礼）

方正证券股份有限公司衡阳证券营业部

【概况】 截至2017年12月月底，衡阳证券营业部6家营业部资产账户共计22.16万户，新增账户2.46万户。衡阳船山大道2017年期末资金账户户数达到127617户，托管市值44.02亿，股票基金交易量687.19亿；融资融券交易总额187.35亿，信用账户有效户1796户；期货IB业务客户期末847户，成交金额257.78亿元，利润总额2162.40万元。2017年，被中国人民银行衡阳市中心支行授予“衡阳市2017年反洗钱工作先进单位”称号。2017年，被公司总部评为“2017年度合规管理先进单位”。 （魏　英）

科学技术与科技服务

DM
DUAL MODE
双模电动车
科技·绿色明天
For Tomorrow
Build Your Dreams
BYD AUTO
F6DM
HOUSEHOLD
HOUSEHOLD
OUTLET

总　类

【概述】 2017年，衡阳市科技创新工作以创建国家创新型城市为总揽，加快实施创新引领发展战略、建设科技强市。2017年，市财政科技支出达3.5亿元，同比增长20.7%；高新技术产业实现产值1543.4亿元，同比增长13.5%；完成高新技术产业增加值437.1亿元，同比增长13.6%；高新技术企业数量增至142家，同比增长53.4%，科技创新助推转型升级速度明显加快。

一、创新环境优化。提升政策环境。中共衡阳市委、市政府出台《关于实施创新驱动发展战略加快建设创新型城市的意见》《关于加快实施创新引领发展战略建设科技强市的意见》等政策文件，针对科技管理体制改革、强化企业创新主体地位、完善人才激励机制等重点方向，新增激励措施，提高奖励标准。并围绕国家创新型城市建设，构建“1+X”制度体系。修订《衡阳市专利资助办法》，对专利权质押融资给予贴息和评估资助；发布《衡阳市支持众创空间发展实施细则》，为创客提供创业场所，支持在孵企业成长；制订《衡阳市加快科技成果转移转化的实施意见》，促进科技与经济的深度融合发展，加快推动科技成果转化为现实生产力。优化创新创业环境。两年一次组织评定全市科学技术奖，安排200万经费奖励为衡阳市科技创新做出突出贡献的先进个人和集体。营造公平市场竞争环境，专利行政执法案件在规定时限内结案率连续10年保持100%。中共十八大以来，科技信息服务中心服务企业2200家次，培训企业高管353人次、科技人员9000人次、专利应用工程师227人次，为企业开通知网数据免费查询，服务573万人次。发展众创空间50余家，吸纳创新创业团队300余个。开展创新创业活动、科普活动120余场次，服务创新创业团队1170余个次，科普1000万人次。

二、创新平台搭建。创建产业平台：衡阳国家高新技术产业开发区、衡阳国家高品质无缝钢管及深加工高新技术产业化基地、衡阳国家输变电装备高新技术产业化基地、衡阳国家农业科技园区等国家级平台，衡山县经开区升格为省级高新区。科研平台：组建国家级重点实验室1家、国家级星创天地4家、省级重点实验室23家、省级工程技术研究中心14家、省级星创天地10家、省级产业技术创新战略联盟4家。创新创业平台：衡阳中关村金种子创业谷获批省级众创空间、耒阳市经济开发建设投资集团被认定为省级科技企业孵化器，新建衡山科学城科创中心，湘南地区唯一一家线上成果交易平台——火凤凰成功上线。

三、创新成果培育。专利申请量和授权量连续6年年均增长20%以上。2017年，衡阳申请专利5087件，专利授权2666件，均排全省第3；申请发明专利1640件，发明专利授权331件，均排全省第4，在湘南地区一枝独秀。专利质押融资9940万元，全省排名第2，同比增长284%。组织实施科技计划项目339项，攻克技术589项，研发新产品356个。技术合同交易额突破5.5亿元。技术合同成果输出交易达163项，同比增长185.96%。

四、创新团队孵化。获批省级创新创业人才团队1个，组建市级创新创业人才团队10个；建设省级院士专家工作站6家，评选市级院士专家工作站10家（签约院士17名）；成立衡阳市经济社会创新发展智库，聘任于俊崇等19位院士在内的62人作为“智库”专家。

五、防震抗灾工作。优化台站巡查制度，台网正常运行率提升至98.86%。“三网一员”建设实现乡镇（街道）全覆盖，有地震宏观观测点36个，每个乡镇（街道）设有1—3个地震速报点。应急避难场所达20处、面积突破70万平方米，可容纳46万人紧急避险。

六、民生科技工作。民生科技计划项目以年均17%的速度逐年增长。2017年，组织推荐省级民生科技计划项目69项，争取省级项目经费505万元。组织申报市级民生科技计划项目93项。安邦科农、文妹子乌骨鸡等4家星创天地获评国家级星创天地，省级星创天地数量突破10家。

（彭　迪）

【特变电工两省重点新产品项目通过验收】 2017年年初，省百项重点新产品推进计划项目验收委员会对特变电工衡阳变压器有限公司承担的“750千伏三相一体式无励磁调压发电机变压器”和“TPS-6600光伏风电测控通讯一体化装置”两个重点新产品项目进行验收。验收委员会一致通过全部项目验收。（彭　迪）

【知识产权宣传周】 2017年4月20日，由衡阳市知识产权协调领导小组、衡阳市惩治侵犯知识产权和制售假冒伪劣商品工作领导小组联合举行2017年“4·26”知识产权宣传周启动仪式。在活动现场，市打击侵权假冒办公室组织知识产权宣传展，各成员单位设立展台，组织专家接受群众咨询，发放宣传资料。（彭　迪）

【“港洽周”科技项目签约】 2017年4月23日，衡阳市委书记、市人大常委会主任周农率衡阳市代表团参加“港洽周”活动。活动期间，与大族激光智能装备集团和沃特玛创新联盟、安徽广通新能源汽车、达成合作意向。“港洽周”活动期间，大族激光与衡山科学城在香港进行现场签约。（彭　迪）

【第三届大学生中华老字号创意创新创业大赛宣讲会暨湖南省衡阳市创新创业活动】 2017年5月12日，第三届大学生中华老字号创意创新创业大赛宣讲会暨湖南省衡阳市创新创业走进校园活动在南华大学图书馆学术报告厅举行。衡阳师范学院、湖南高速铁路职业技术学院、湖南环境生物职业技术学院、湖南财经工业职业技术学院、衡阳技师学院的老师和学生代表参加此次活动。（彭　迪）

【建立通信电子产品及动力电池生产基地】 2017年6月12日，高新技术企业湖南衡盈电子科技有限公司与衡山科学城正式签订入驻协议。公司总投资1亿元，在科学城建设通信电子产品及动力电池生产基地。（彭　迪）

【第三届大学生中华老字号创意创新创业大赛湖南赛区】 2017年7月6日，第三届大学生中华老字号创意创新创业大赛湖南赛区复赛在衡阳市举行，来自省内高校的参赛团队进行路演。第三届大学生中华老字号创意创新创业大赛湖南赛区有来自省内高校的67个项目报名参加，经过审核，42个项目符合要求进入初赛。经过专家评审打分，确定20个项目进行尽职调查，由专家联席会议确定10个项目进入复赛。比赛决出8个奖项，其中来自湖南高速铁路职业技术学院的“多功能铁路轨底坡速测仪”项目获一等奖，奖金10000元。南华大学的“礼好衡阳——基于衡阳本土文化的文创品牌打造”“智能水凝胶多功能保水剂”项目获二等奖，奖金5000元。中南大学的“得闲农家乐APP”、湖南高速铁路职业技术学院的“创客铁技能鉴定培训中心”、南华大学的“互联网+非物质文化遗产”获三等奖，奖金3000元。南华大学、湖南高速铁路职业技术学院获优秀组织奖。（彭　迪）

【省知识产权局调研衡阳园区知识产权保护工作】 7月13日，省知识产权局一行到衡阳调研园区知识产权工作情况，了解园区知识产权保护现状、亟待解决的困难和问题等。省知识产权局保护协调处处长刘文慧，从8个方面对《创建知识产权保护示范园区实施方案》进行解释，参会园区负责知识产权工作的领导分别介绍各自园区的情况以作面临的困难和问题，并提出很好的建议。（彭　迪）

【衡阳市科技成果交易会】 2017年9月29日，衡阳市举办科技成果交易会，全国50余所高等院校学者，近100家高新技术企业代表、高级技术管理人员，及数十位海外留学生出席大会。市委书记、市人大常委会主任周农宣布科技成果交易会开幕暨火凤凰科创网上线。会上，佰路得魔墙、Boson国际医疗、巍宇航天等进行优质项目路演。（彭　迪）

【衡阳“金种子”入列省级众创空间】 2017年，衡阳中关村金种子创业谷入列湖南省众创空间。衡阳中关村金种子创业谷由市科学技术局与中国北京（海淀）留学人员创业园合作共建，是政府主导下的公益性服务平台，是衡阳市众创空间示范平台，以建设国家级孵化器为目标打造，孵化器总面积约3000平方米，集中办公区设计办公卡位180余个。该平台以“零成本创业+全链条孵化”的特色，专注于战略性新兴产业领域，培育“金种子”企业和高层次创业人才，为入驻企业和项目团队提供创业辅导、产业对接、融资服务、政策咨询、市场推广、人才服务等全套零成本创业服务。2017年，入驻创新创业团队和企业43家。（彭　迪）

【湖南省双创科技信息企业推广应用服务项目中期评估会】 衡阳市科技情报学会参加2017年湖南省双创科技信息企业推广应用服务项目中期评估会。衡阳子站的项目承担单位衡阳市科技情报学会做项目中期总结汇报。

（彭　迪）

【清华大学工程物理系科研产业化基地落户衡山科学城】 2017年，清华大学工程物理系与衡山科学城共建清华衡阳研究院，吸收社会资本投资10亿元，在衡山科学城建设健康产业研发生产基地、质子治疗中心设备生产维护培训基地及系列高性能医疗设备生产基地，为衡阳的健康产业发展添加核动力。（彭　迪）

知识产权

【概况】 2017年1—9月，衡阳市专利申请3679件，同比增长25.73%；其中，发明专利申请1013件，同比增长43.48%。专利授权1902件，同比增长6.26%；其中，发明专利授权229件，同比增长2.69%。2017年，衡阳市推进规模以上企业专利扫零工作，全市规模以上企业拥有发明专利的121家；开展企业、学校、县（市）区、园区、专利代理机构知识产权试点示范工作；加大引进高水平的专利代理机构到衡阳开展专利服务的力度，引进10余家专利代理机构；从专利执法等方面加强知识产权保护体系建设。

（顾文岚）

【知识产权宣传周活动】 4月26日是第17个世界知识产权日，衡阳2017年知识产权宣传周活动启动仪式在白沙洲工业园举行。围绕“创新创造改变生活·知识产权竞争未来”主题，衡阳市开展知识产权创新创年造专题讲座、知识产权联合执法、知识产权法规、政策宣传等系列宣传活动，以提升全社会知识产权意识。活动为期一周。（顾文岚）

【高新区创省级知识产权保护示范园区】 2017年，湖南省知识产权局公布全省首批6家知识产权保护示范园区创建名单，高新区作为衡阳唯一代表入选。近年来，高新区设立专利申请资助专项资金，并配套出台《衡阳高新技术产业开发区专利资助办法》，为调动企业和个人申报专利的积极性，如申请国外发明专利奖励2千元/件，申请国内发明专利奖励1.5千元/件，奖励额度全市最高。政策激励下，高新区专利申请量连续4年名列全市前茅。企业作为实施技术创新的主体，高新区把推进企业知识产权管理工作作为重点，推动全区知识产权保护工作向深度和广度发展；针对区内企业知识产权工作发展不均衡的现状，选取金化、镭目等公司作为示范企业，通过组织现场交流会等形式，推介先进经验。2017年，镭目、乐福地、泰豪、风顺车桥、金化、皖湘科技等企业申请量逐年上升。（顾文岚）

科协工作

【“三型”组织建设】 2017年，市科协系统深化改革工作，推进枢纽型、开放型、平台型科协组织建设。1. 12月25日，印发出台《衡阳市科协系统深化改革实施方案》。12月26日，召开全省科协系统深化改革工作现场交流推进会。加强对县（市）区科协深改工作的督促指导，衡阳县、蒸湘区2个县区深改方案通过县委、区委常委会议。2. 2017年7月，衡阳市科协召开第十次全市代表大会，会议听取并审议通过市科协第九届全市委员会工作报告，表彰衡阳市科学技术普及工作和学会工作先进集体和先进个人，选举产生衡阳市科协第十届委员会领导机构。本次会议选举产生的常委会、全委会中基层一线人员比例分别达到75%、73.13%，选举产生的兼职副主席有42.8%来自各高等院校和科研院所。

（丁　茵）

【学会工作】 市老科协、市心理卫生协会先后组织开展2016年度工作总结表彰大会暨第八届四次常务理事会、2017年年会暨首届衡阳市临床应用心理学术讲座活动；市烟草学会开展衡阳烟草科技活动周活动；市护理学会等9个学会参加全国科普日——科技成果展活动；市医学会、市档案学会等先后组织召开会员代表大会，完成换届工作任务等等。制定《衡阳市科协学会活动择优资助办法》，对 28 个学会 2017 年工作进行考核评估。根据考评情况，对市制冷学会等 24 个学会进行择优资助，金额达 43.8 万元。2017 年，市科协表彰优秀、树立典型，市农学会获先进集体一等奖，市护理学会、市药学会、市林学会、市档案学会、市医学会 5 个学会获先进集体二等奖，市水产学会、市中医药学会、市科技情报学会、市老科技工作者协会、市预防医学会、市自动化学会 6 个学会获先进集体三等奖。（丁　茵）

【队伍建设】 1. 举办首个“全国科技工作者日”系列活动。走访部分企业科技工作者，组织召开座谈会。在《衡阳日报》发布整版“特别报道”，刊登科技工作者的节日心声和典型事迹，展示衡阳市一线科技工作者的风采。2. 为科技人员搭建学术交流平台。市科协与市人社局联合印发《关于开展衡阳市第二十二届自然科学优秀学术论文评选工作的通知》，组织开展衡阳市第二十二届自然科学优秀学术论文评选工作，共征集论文 255 篇，论文类别涉及医药等 20 多个学科领域。经过专家评审，共评选出特等奖论文 1 篇，一等奖论文 105 篇，二等奖论文 76 篇，三等奖论文 65 篇。3. 衡阳市科技人才信息库。2017 年，有中级以上职称的近 5000 名专家信息入库。（丁　茵）

【院士专家工作站】 市科协联合市科技局出台《衡阳市院士专家工作站认定办法》《衡阳市院士专家工作站认定评审办法》。9 月，市科协先后 2 次牵头组织召开 2017 年衡阳市院士专家工作站认定评审会，对南华大学核科学技术学院等 11 家申报单位进行评审，其中 10 家申报单位通过评审，实现衡阳市市级院士专家工作站零的突破。湖南省科协党组书记、副主席刘小明和衡阳市委书记、市人大常委会主任周农在衡州经济发展论坛活动上为 10 家衡阳市院士专家工作站授牌。同时，南华大学等 6 家市级站点申报为省级院士专家工作站。截至 2017 年，衡阳市省级院士专家工作站 9 家，市级院士专家工作站 10 家，省、市级院士专家工作站均位居全省第三。（丁　茵）

【举办企业创新方法（TRIZ）培训】 先后举办三次企业创新方法（TRIZ）培训，培训 600 余人次。首次选送中核二七二铀业有限责任公司、天雁机械有限责任公司和湖南皖湘科技有限公司 3 家企业参加中国科协第二届全国企业创新方法大赛和省选拔赛。其中，中核二七二铀业有限责任公司获全国二等奖和省二等奖，天雁机械有限责任公司获省二等奖，湖南皖湘科技有限公司获省三等奖。（丁　茵）

【科技信息企业推广应用】 2017 年，衡阳子站注册科技信息应用企业用户 140 家。实施知识产权战略宣讲、企业专利应用工程师培训 3 次，累计培训近 700 人。培育企业应用科技信息典型案例数量 12 个，转化应用科技信息产生新技术 147 个，新增直接经济效益 32612.5 万元，服务企业创新工作卓有成效。（丁　茵）

【全民科学素质行动】 2017 年，“基层科普行动计划”有 35 个项目获中国科协、省、市科协奖励，共获奖补资金 282 万元。衡阳市衡东县洣水镇迎宾社区等 13 个社区获评“2017—2021 年湖南省科普信息化示范社区”称号，总数居全省第二。对衡南县探山良种生猪养殖专业技术协会等 11 个 2016 年湖南省“基层科普行动计划”奖补项目、共 95 万元奖补资金进行绩效评价，全市各项目单位（个人）实施管理规范、制度执行到位、科普收效明显。2017 年 12 月，制定出台《衡阳市年全民科学素质行动计划纲要实施工作方案（2016—2020）》。（丁　茵）

【科普活动】 在衡阳县实验学校举行衡阳市 2017 年全国科普日暨中国流动科技馆第二轮全国巡展湖南省活动启动仪式，2000 余人参加本次活动。2017 年，耒阳、衡阳、祁东、衡南、衡东和衡山 6 个县（市）实现巡展，有超过 80 所中小学 50 万余名师生、社区居民参加。分别参加由市委宣传部、南华大学主办的“三下乡”活动，在祁东县太和堂镇邀请专家为 100 余名贫困群众讲授《锦绣黄桃栽培技术》，在衡阳县金兰镇组织专家、科普志愿者为5000余名村民免费提供义诊，共发放价值2000余元的蔬果种子、常用药品和宣传资料1000份，并捐赠5000元现金。常宁市科协利用现有资源，在19所学校开展科普大篷车巡展活动。（丁　茵）

【青少年科技】 2017年，衡阳市科协承办第38届湖南省青少年科技创新大赛，来自全省各地的2670余名参赛代表和观摩人员参加大赛，为省级青少年科技创新大赛规格最高、参赛人数最多的一届。本届大赛，衡阳市获学生创新项目一等奖4项、二等奖11项、三等奖12项；学生创意项目一等奖3项、二等奖1项、三等奖7项；“妙想创客科技创新奖”2项；优秀教师项目二等奖3项、三等奖4项。同期获全国第32届青少年科技创新大赛，衡阳市获“优秀创意奖”，科幻画获全国二等奖、三等奖各1项。承办全市第32届青少年科技创新大赛、第三届青少年机器人竞赛和第14届青少年信息奥林匹克竞赛，获得2017年湖南省青少年机器人竞赛一等奖8项、金牌16枚，二等奖10项、银牌23枚，三等奖9项、铜牌24枚。“探知未来”2017年全国青年科普创新实验暨作品大赛，衡阳市第一中学学生邓力诚、刘嘉和罗彬瑞获得全国总决赛金牌。推进青少年高校科学营工作，从耒阳市第一中学等4所学校共选派40名优秀高中生参加北京分营、湖北分营、四川分营和湖南分营高校科学营活动，提升青少年科学素质。（丁　茵）

【市科技馆免费开放】 2017年，市科技馆节假日正常开放，其余时间试点预约开放，接待预约参观衡州小学、衡阳日报社小记者团等多个团体的数万名中小学生参观。（丁　茵）

【科普信息化建设和宣传工作】 建立“科普衡阳”微信公众号。加快推进“互联网+科普”建设，在社区、学校、政务中心、乡村设立12个科普e站。加大与衡阳日报社、衡阳电视台等新闻媒体的合作力度。每月在《衡阳日报》的“衡阳市科协科普行”专栏内刊载科协、科普相关内容4篇，全年刊登40余篇。为拓宽科普宣传渠道，石鼓区科协、祁东县科协分别编印《科普知识读本》《科普知识手册》发放给基层群众。组织编撰《衡阳市科技人物志》和《衡阳科协志》。

（丁　茵）

【政协科协界别工作】 调研“科普旅游”活动，确定将南华大学、市科技馆、虎形山国防教育基地、衡山科学城、奇石博物馆的科普功能进行整合，打造衡阳市首条科普旅游专线。撰写《关于进一步发挥院士专家工作站作用的建议》《关于江雁社区旁边的友爱市场居住环境脏乱差优化建议》等20余件社情民意。

（丁　茵）

【“科技助力精准扶贫工程”科技服务需求项目征集】 共征集科技助力精准扶贫工程科技服务需求项目29项上报省科协，其中技术推广类24项，科技培训类3项，其他类型2项。（丁　茵）

【获奖成果】 市科协先后获2017年全国科普日活动优秀组织单位，第三十二届全国青少年科技创新大赛基层赛事优秀组织单位称号，第二届全国企业创新方法大赛湖南赛区决赛优秀组织奖、第38届湖南省青少科技创新大赛优秀组织奖、湖南省科学素质大赛2017首届青少年网络科普知识竞赛优秀组织奖、2017年湖南省青少年机器人竞赛优秀组织奖和“2017年衡州经济发展论坛”活动先进单位称号；市政协科协界别被评为2017年度“三好界别”，市政协科协界别工作室被评为“优秀委员工作室”，界别提交的《关于整治重金属污染提案》被评为“优秀提案”。市青少年科技活动中心获得探知未来2017年全国青少年科普创新实验暨作品大赛长沙赛区复赛优秀组织奖；衡阳县科学技术协会被评为2017年全国科普日活动优秀组织单位；“2017年湖南省衡阳市蒸湘区全国科普日活动”被评为2017年全国科普日优秀活动；耒阳市第一中学被评为优秀科技教育创新学校；衡阳市第一中学学生朱美东的《玻璃胶废胶处理回收装置》获得全国青少年科技创新大赛优秀创意奖；市蒸湘北路小学学生汤肖语的科幻画《神奇的伞助手》获得全国二等奖；衡山县岳云中学学生董理、成雨璇、谭皓文设计并制作的“智能书包桌”获全国机器人创意比赛高中组银牌；船山实验中学学生杨锟、刘雨洁获全国机器人综合技能初中组银牌。

（丁　茵）

【战略合作框架协议】 2017年9月29日，省科协与市政府在"衡州经济论坛"上正式签约，协议明确3项合作事项：1. 共同推进国家创新型城市和区域性科技创新中心建设，争创"创新驱动示范城市"。2. 加快实施"引智工程"，共同汇聚院士等高端科技人才助力"五个新衡阳"建设。3. 大力实施《全民科学素质行动计划纲要实施方案（2016—2020年）》，共同推进衡阳市全民科学素质提升。（丁　茵）

防震减灾

【概况】 2017年，衡阳市地震局贯彻防震减灾新思想，学习习近平总书记关于防震减灾工作"两个坚持，三个转变"的重要讲话精神，按照省局全年工作计划和目标，以地震监测预报、抗震设防监管、示范创建为重点，大力开展防震减灾科普宣传教育、示范学校、示范社区、示范农居工程创建等工作，全面完成全年工作计划，取得较好的成绩，获得全省防震减灾工作优秀单位称号。

（刘雪芬）

【衡阳市防震减灾工作领导小组调整】 根据机构设置及人员变动情况，对组成部门和人员进行重新调整，由副市长龚学余任组长，明确工作职责和工作程序。领导小组办公室设在衡阳市地震局，局长何黎明兼任办公室主任。

（刘雪芬）

【科普基地建设】 2017年，衡阳市防震减灾科普基地被认定为第十一批"湖南省科学技术普及基地"。基地始于建于2009年，以衡阳市地震台为依托，占地1.4公顷，2014年基地进行扩建，建成后的有效展示面积超过500平方米，可同时容纳200人参观，全年向社会免费开放的天数达150天以上。设有室内外展板展示和仪器展示区、互动式模拟体验区，还配备多媒体演示设备及多种光碟，有12个版块，共计展板50余块，实物模型12个，互动式模拟体验设备4套，展教仪器设备20件，展柜10个，截至2017年12月，基地共累计接待机关团体340余个，中小学生17000余人，社会群众4500多人，社会效益显著。（刘雪芬）

【项目成果】 《衡阳市农村民居实用抗震技术与地震灾害防御研究及推广应用》项目获得衡阳市科学技术进步二等奖。项目设计完成《衡阳市农村抗震民居示范图集》和《衡阳市农村民居抗震设防指南》，对规范衡阳农村建房设计、施工，加强衡阳农村地区民居抗震能力有较高的指导意义，项目成果在衡阳市共15个农居工程示范点进行试点应用，新建抗震房屋482套，总建筑面积约13.5万平方米，取得显著的社会效益，得到政府相关部门及广大农户的认可和评价，具有较高的实用推广价值。（刘雪芬）

【地震台站建设】 9月底，地震台二期工程建设完成并通过验收，新增1个视频会议中心；12月8日，省地震局监测中心高级工程师到达衡阳地震台，安装调试北斗地基增强系统设备，并成功与数据中心对接。（刘雪芬）

【监测预报】 1. 确保地震监测台网运行正常，观测资料连续可靠，做好实时数据监测、分析上报工作，及时、准确传输观测信息，无责任事故；为健全地震监测数据共享体制，启动常宁地震台网中心前期立项工作。2. 开展震情会商跟踪工作，召开2次会商会，讨论提出年中和年度地震趋势会商意见，撰写会商报告，参加全省地震趋势会商会。3. 加强"三网一员"建设，衡阳市建有地震宏观观测点36个，均配有专门观测员，每个乡镇建立1～3个地震速报点，设有兼职防震减灾助理员；对地震异常信息进行密切跟踪，做好维稳工作。

（刘雪芬）

【"十三五"规划】 印发《衡阳市防震减灾"十三五"规划》，以"创新、协调、绿色、开放、共享"的发展理念为指导，以最大限度减轻地震灾害损失为宗旨，坚持以防为主、防抗救相结合，全面推进防震救灾体系建设，为全面建成小康社会提供地震安全保障。（刘雪芬）

【震害防御】 健全防震减灾工作体系：全市建立2个台网中心、1个省级科普基地和36个地震宏观观测点；全市所有新建、改建、扩建项目纳入行政审批，2017 年，审批项目 32 项，全部按 6 度设防要求建设；新建耒阳市滩洲村农村民居地震安全示范工程 1 个，建立示范学校 3 所，示范社区 3 个。

（刘雪芬）

【地震应急】 1. 新组建地震应急救援志愿者队伍，共 38 名队员。9 月，请长沙市民众应急服务中心的资深专家为志愿者开展地震应急救援技能培训，有效提高地震应急救援志愿者的现场应急处置能力。2. 购置地震现场单兵系统、地震应急包等各类应急装备 50 余件，建立应急装备库。通过与市民政局沟通协调，共享衡阳市救灾物资储备库。通过防震减灾宣传进社区、示范社区创建等活动，人民路社区、杨柳社区等都设立应急物资储备仓库。3. 对市内应急避难场所的基础设施进行摸底排查，先后下发《关于衡阳市应急避难场所整改意见的函》《关于平湖公园应急避难基础设施整改的函》，督促平湖公园、南湖公园整改到位。截至 2017 年 10 月，衡阳市体育中心、南华大学等 21 处应急避难场所得到完善，有效使用面积 70 万平方米，能容纳 46 万人紧急避险，基本满足应急避险需求。

【科普宣传】 1. 在衡阳公共频道滚动播出《防震减灾有备无患》等宣传短片，在《衡阳日报》《衡阳晚报》等新闻媒体上发表专题采访或文章 7 篇；刻录光碟 1000 张，每张包含 3 部动漫宣教片；编印《防震减灾科普手册》2 万份；定制环保袋 3000 个，便签记事本 5000 本，雨伞 2000 把。2. 联合市应急办、市教育局等单位在衡阳县第三中学开展示范性防震疏散演练，其他中小学校按照《关于在全市中小学校开展应急演练和创建省级防震减灾科普教育示范学校活动的通知》的要求，自行组织开展地震科普宣教和演练活动；在耒阳市灶市街道办事处举办农村民居抗震知识培训班，向群众宣讲地震应急与救援、农村民居抗震等方面的知识；在蒸湘区杨柳社区开展应急演练和宣传，宣传防震减灾知识；在蒸湘区青峰社区开展国际减灾日主题宣传和知识讲座活动。3. 5 月 20—27 日，参加科技活动周活动、“平安中国”防灾宣导系列公益活动，在学校、社区、农居示范点放映电影 5 场；配置系列动漫图书和电影 DVD 光盘、防震减灾宣传品 2000 份，分发到部分学校、机关、企业和社区。（刘雪芬）

【依法行政】 1. 6 月 6 日，省人大教科文卫委员会调研组到衡阳调研指导并召开座谈会，完成《湖南省实施〈中华人民共和国防震减灾法〉办法》修订意见的座谈研讨。2. 贯彻落实新修订的第五代《中国地震动参数区划图》，依法加强建设工程抗震设防要求管理。依法行政、履行抗震设防监管职责，发挥市政务中心服务窗口的作用，落实首问负责制、限时办结制和责任追究制；全面实行网上政务公开，落实“两集中、两到位”，有效提高新建、改建和扩建工程的抗震设防能力。3. 沟通协调、理顺抗震设防监管机制。与市政务中心及市住建局等部门联系，参加初步设计文件评审、综合竣工验收等环节的联审，加强事中事后抗震设防要求监管。4. 贯彻落实“谁执法谁普法”，主动向管理对象、服务对象和社会公众宣讲有关法律问题，业主投诉率为零。（刘雪芬）

【地震监测点选址及布点工作】 2017 年，衡阳市加紧构建地震速报与预警系统网络，完成首批 10 个地震监测点的选址及布点工作。首批地震监测点分别布点在市地震局、南岳区、珠晖区及 7 个县（市），地震速报与预警系统由地震感应及采集设施、传输网络及分析软件等部分组成；首批地震感应及采集设施主要安装布设在地震台、气象局及学校等地。地震速报与预警系统能灵敏感应地震，并触发自动报警系统，及时发出警报，提醒市民及时疏散到安全地带，躲避灾害，减少损失；地震台、气象局及学校等地来自外界的干扰因素相对较少，地震监测点布点选址必须满足有电源及网络通信等前提条件，首期构建全市地震速报与预警系统网络平台约耗资达 100 余万元，地震感应及采集设施由中国地震局专业技术人员负责安装调试，2017 年下半年投入运营。

（罗素如）

水　文

【概况】 2017 年，衡阳市水文工作坚持以水文测验、整编规范为准则，坚持内外业并重的原则，创新管理思路和方法，测资成果质量稳步提高。3月，衡阳水文局被授予“湖南省文明标兵单位”称号。9月30日，衡阳水文局获得“2017年全市抗洪救灾先进集体”称号。在全省水文系统2017年度绩效考核中获得先进单位。水文监测工作在全省获得第一名。（段安圭）

【水文情报预报】 2017年，湘江干流及主要支流发生超长时间强降雨和近十年来的最大洪峰。水文情报预报人员坚持24小时值班监视雨水情变化，精准分析，科学预测，为衡阳市防汛救灾提供决策依据。2017年，水情信息采集系统共收发雨水情报文20余万份，人工收发雨水情报文约4200余份，拦截错报10份，修改奇异值120站次，上传差错率为0，30分钟到报率100%，无缺报、漏报现象，水情数据库运行稳定。全年共发布雨水情报简报28期，正式发布18站次洪水预报，预报合格率95%以上。完成7个中小河流水文站水位流量资料的测验工作。在“7·3”洪水过程中，通过网络、电话、短信、文字等形式向各级防汛部门发送雨水情信息数千份，发布正式水情预警7站次，发布正式洪水预报18站次，编写水情分析预报9期。8月，对出现历史最高水位洪水的归阳站断面以及出现超保证水位洪水的衡阳站断面进行分析。11月与永州水文局联合进行湘江流域考察，了解湘江沿岸的河流特征、地形地貌、水利工程设施、水文特性等情况。（段安圭）

【水环境水资源】 2017年，完成65个水质监测断面的1000多批次的水质分析工作，完成衡阳市饮用水源地的水质监测及监测站的高低水监测，并定期向各级政府或部门发布《衡阳市水资源质量状况通报》12期，做好湖南省对衡阳市38个水功能区的监督考核工作，完成衡阳市12个水功能区以及新增的46个市级水功能区的监测；完成国家认监委组织的阴离子盲样考核，通过水利部、长江委对实验室氨氮、高锰酸盐指数、汞、铅、硒、pH等项目的能力验证考核，通过省中心多次盲样考核、实验室比对、人员比对实验和日常监督检查工作；严格按照计量认证的技术要求，做好日常实验室的内部审核和质量控制工作；做好水资源监控能力建设的前期查勘和协调工作。为规范实验室环境和质量管理，多次组织参加内审员培训，半数以上检测人员获得内审员证书；多次组织学习《质量手册》《程序文件》和《评审准则》；对实验室环境和质量管理体系进行自查自纠，规范药品管理、仪器设备的使用维护、实验室环境安全和质量管理体系；对计量认证复查换证扩项项目进行实验验证；对现场考核项目进行实验室能力验证考核；通过计量认证复查换证评审，并针对评审组提出的整改意见，逐条整改，及时提交相关整改资料。加强分中心分析人员的内部交流学习，主动派送分析人员去省局进行短期跟班学习，加强特定项目的培训；通过实验室现场教学指导、以老带新等形式提升业务能力；利用arcgis绘制衡阳市水质断面图，建立一套水质常规监测断面工作位置图。5月，为加强蒸水流域保护，市河长制委员会决定对蒸水河进行全面排查，梳理出重点问题和突出问题，提出“一河一策”。针对市河长制委员会的相关要求，全面参与蒸水河沿线的调查和取样工作，对沿线取回的60个水样及时进行水质分析，并针对不同类型水样做出准确的水质评价，为蒸水河“一河一策”相关政策措施的提出提供数据支撑。对蒸水流域的水资源状况，包括水量、水质、纳污能力、生态流量等进行分析核算，编制《蒸水河水资源状况分析报告》。在防汛抗洪方面，启动水文应急预案，检测水质。在水功能区的管理上，增加对46个市水功能区的水质监测。完成长江水利委员会对衡阳市湘江饮用水源地的调查工作。对衡阳市辖区衡南县、衡阳县、衡山县、衡东县、祁东县、常宁市、耒阳市日供水规模1000吨及以上规模农村饮水安全工程，对南岳区、石鼓区、雁峰区、蒸湘区、珠晖区5个城区的日供水规模20吨及以上农村饮水安全工程的水源水、出厂水及管网末梢水进行随机抽样监测，编制《衡阳市农村饮水水质状况通报》。对湖南省规模以上入河排污口进行监测，掌握每个入河排污口的排污状况。对衡阳市规模以上的107个排污口实行全面监测，通过对入河排污口进行监测为省级水功能区限制纳污减排任务分解、入河排污口专项检查提供重要依据。

（段安圭）

【水文科技服务】 2017年，完成欧阳海灌区渠道过水流量的率定，向欧阳海、遥田、白渔潭、耒中、大源渡、近尾洲等大中型水库及水利工程提供雨水情信息。3月至7月，完成常宁站、金桥站、大市站、冠市站、洪山站、渣江站、硫市站的雷达波在线测流系统的部分水位级的比测分析工作。对归阳、衡山、石门坎站进行水文测验方式改革的探讨，基本取得分析成果或阶段性成果。完成《复杂条件下流量测验关键技术研究》《水文巡测资料整编及精度分析》和《湘江流域衡阳段水资源配置研究》等科研项目。

（段安圭）

【维修建设工作】 完成衡阳站测轮、衡山站趸船维修，完成部分中小河流站测验设施设备的维修；完成归阳站、西渡站测验船的建设、督查和验收工作；完成衡阳站趸船、衡山站测轮等大江大河项目的建设。（段安圭）

【信息管理】 加强对国家基本水文站的管理，对10个基本水文站的大量相关数据进行统计，对其基本信息进行系统整理；对衡阳市新增的报汛水库按水文的编码原则进行编码；核对监测与水情站网数据库信息；对“湖南省水文监测综合管理系统”各“全国水文站网管理系统”的站网数据进行维护。10月底，完成原有测站档案的更新。对10个基本水文站的测站任务书根据实际情况进行调整，对7个中小河流水文站、5个中小河流水位站建立测站任务书。（段安圭）

【学习培训】 2017年4月25日至5月27日，组织衡阳市、郴州市、永州市水文局参加第六届湖南省水文勘测技能大赛的选手进行为期1个月的培训学习。9月21—22日，邀请全省水文预报专家、教授级高工宁迈进进行防汛服务知识讲座。（段安圭）

气象服务

【概况】 2017年，衡阳市建成9个国家级自动气象站、1个酸雨观测站（全省6个）、9个自动土壤水分自动观测站、5个GPS/MET监测站、2个大气负氧离子监测站、1个闪电定位仪观测站（全省5个）、1个辐射观测站（全省3个）、253个区域自动气象站以及新一代多普勒天气雷达站，基本形成地基、空基相结合的现代化综合气象观测系统，监测范围基本覆盖全市主要乡镇、河流和大、中型水库及地质灾害隐患点。建立基于数值预报的天气预报业务系统和省、市、县集约化业务流程；初步实现精细化预报到乡镇，24小时晴雨预报准确率83.7%，气温预报准确率75%，灾害性天气预警准确率73%，预报质量保持在全省中上水平。初步建立“政府主导、部门联动、社会参与”的气象防灾减灾机制，基本建成“纵向到底、横向到边”的立体式气象防灾减灾组织体系。气象信息服务站和气象协理员实现全市所有乡镇全覆盖，气象预警信息通过多途径的方式覆盖全市所有行政村（社区）。完成暴雨洪涝灾害风险普查、气象灾害风险区划任务。充分开发利用空中云水资源，开展增雨抗旱、水库增水、人工防雹、森林防扑火、生态文明建设等多领域人工影响天气工作。不断强化为农业、林业、水利、国土、环保、交通、旅游等部门气象服务，抵御极端气象灾害、保障重大活动、服务重点工程建设的气象服务能力明显增强。2017年抗洪抢险过程中，衡阳市气象局获“衡阳市抗洪救灾先进集体”称号，1人获“湖南省抗洪救灾先进个人”称号，2人获得“衡阳市抗洪救灾先进个人”称号。

（周立平）

【气象综合业务】 2016年12月至2017年11月衡阳市观测站基数2555.0分，发报基数48.0分，操作基数4307.0分，数据传输基数7482.5分，总基分14392.5分，测报错情率0.0‰，地面气象报表全年审核无错情，按时上报各类报表和材料，按时上报探测环境变化月报表，自动站资料上传及时率99.91%，全年自动站数据可用性≥99.9%；农业气象测报错情率为0.00‰，太阳辐射、农气和酸雨观测、发报继续保持无错情。在第十二届全省气象行业职业技能竞赛暨第六届全省气象行

业天气预报技能竞赛中获强对流天气预报团体第3名。（周立平）

【气象装备保障】 2017年，衡阳市气象局各类网络通信、服务器、业务计算机等设备及高清视频会商系统、MICAPS、CMACAST、SWAN等业务服务系统运行正常、平稳，设备故障率为0.0%，全市各类常规天气观测资料上行传输（包括城镇天气预报）及时率达到99.9%以上，国家站没有出现缺报漏报事故。为了让气象广域网系统全部覆盖，2月5日，衡阳市气象局装备中心与省气象局信息中心技术人员对衡阳农业气象试验基地（角山）进行内网安装。通过一系列网络扩容及安全升级，提高全市气象信息网络的安全性、可靠性和及时性。优化观测站网布局，开展区域气象骨干站点的遴选，完成区域气象骨干站的升级改造。3月上旬，衡阳市气象局业务科与气象装备中心开展汛前业务检查，对检查中发现的问题和隐患，要求各县气象局及时整改到位。通过及时更换和维护故障部件、清洗标校区域站、更换旧蓄电池、除草等办法，提高区域站的通信质量与数据可靠性。6月，衡阳市气象局装备中心完成衡阳雷达无线电台执照办理。9月下旬，中国气象局气象探测中心对衡阳新一代天气雷达进行现场测试验收，完成现场综合技术性能参数测试、功能检查和48小时连续运行考机检验等工作，衡阳雷达顺利通过现场验收。完成《湖南衡阳新一代天气雷达系统现场验收报告》的撰写并上报省气象局观网处。11月15日中国气象局观测司以气测函〔2017〕174号文批复，衡阳雷达于2017年12月1日起正式投入业务运行并纳入考核。12月，衡阳市气象局装备中心做好由省气象局观网处组织的对衡阳雷达的年维护工作。（周立平）

【预报预警服务】 2017年，衡阳市气象局制作和发送各类预报服务材料140期，其中《专题气象服务》（节假日：元旦、春节、春运、清明、端午、“五一”、国庆、高考等）49期，《重要天气消息》（寒潮、暴雨等）24期，《专题气象汇报》（防汛）58期；通过预警平台发布各类气象灾害预警信号136次，其中，暴雨预警信号32次，高温预警信号36次，雷电预警信号46次，雷雨大风预警信号5次，大风预警信号4次，大雾预警信号7次，霾预警信号5次；预警信号发布人次459322人。通过MAS机每周发布一周天气趋势（53期）、降水实况（30余次），以及高森林火险等级预警信息8次及城市内涝预警信息2次；通过报刊、网络发布重要天气消息12次；召开新闻发布会2次，接受电台、电视台、报社、衡阳新闻网等媒体记者专题采访50余次。气候预测方面：2017年，衡阳市气象台发布月预报12期，气候简报12期，季节气候影响评价4期，年度气候影响评价1期。春播春种期间，衡阳市气象台发布一周天气趋势6期。3月30日，根据气候趋势制作春耕春播气象专题汇报1期，针对3月的连续阴雨天气及较强降水天气过程；3月23日，向衡阳市委市政府制作1期《气象专题汇报》；3月29日与4月7日、14日、18日、24日，发布《重要天气消息》（强降水）共5期。

（周立平）

【气象科技服务】 2017年初，召开市气象局局长办公会议，专题研究气象科技服务管理办法，主动适应防雷体制改革和市场新格局，确保常规气象科技服务项目正常开展，同时积极探索气象科技服务转型发展，寻求气象科技服务新的增长点，重点发展专业专项气象服务。联合市环保局开展环境空气质量预警预报，联合林业局开展“人工影响天气森林防扑火作业”项目，扩展人工影响天气作业领域。完成全市人影安全检查工作，举办升级后的双管高炮和新型火箭发射架技术操作及安全培训班。（周立平）

【森林火险气象、旱情气象】 针对1月26—28日衡阳市出现连晴回暖天气，气温持续上升，森林火险等级高的情况，衡阳市气象局根据市政府森林防火部门的部署，在全市范围内组织开展人工增雨作业，其中28日最高气温上升到24℃左右，森林火险等级高，市气象台每天通过MAS机向全市范围内手机用户发布高森林火险气象等级预警信息，共计4次。清明节期间干旱少雨，市民有上山祭祖、烧纸钱的习惯，衡阳市气象局与衡阳市林业局联合开展清明节期间人工影响天气森林防火作业，有效的降低在此期间的森林火险等级。夏季降水偏少，局部区域为历史同期次少，同时高温天气偏多，衡阳仅在7月中下旬出现局地旱情，旱情出现后，各地人影办与相关单位密切配合，只要云雨条件成熟随时开展增雨作业。2017年，市人影办及时发布《增雨警报》4期，下达作业指令4次，全市共出动双管高炮4门，车载火箭18架，开展作业20余次，发射人雨弹460发、火箭弹30余枚，缓解作业地的旱情和高温热害。（周立平）

【气象科研工作】 2017年，衡阳市气象局、市气象学会于3月23日上午召开纪念“世界气象日”暨旱涝趋势研讨会，形成2017年汛期旱涝趋势预报。学会举办2017年度衡阳市气象科技论文竞赛，本次活动共收到论文16篇，市气象科学技术委员会对所征集的参赛论文进行评审，评出获奖论文11篇，其中两篇论文获得一等奖《衡阳蒸发量变化特征与干旱发生风险相关性》和《基于突变理论的衡阳暴雨灾害风险评估》，三篇论文获得二等奖《2014年成都与重庆市区颗粒物污染特征对比分析》《浅析南岳衡山气候垂直带特征与气候旅游资源》和《2017年6月24日至7月2日暴雨天气过程气象服务分析》，六篇论文获得三等奖《耒阳“6·11”暴雨预报制作反思》《基于微信公众平台的衡阳市气象科普知识推送服务初探》《丹皮种植过程中对气象条件的需求》《衡阳市新一代雷达防雷的探讨》《浅谈电子地磅称重传感器的防雷技术措施》《基于RFID的智能化气象档案管理系统的研究》。在湖南省气象学会举办的2017年学术交流年会上，《衡阳气象云服务平台的实现与应用》获得二等奖。在省级以上刊物发表论文13篇，如《浅谈减少酸雨PH和K值观测误差的措施》《衡山县西瓜种植气象条件分析》《湖南省衡阳市油菜种植气象条件分析》等论文分别发表在《自然科学》《湖南气象》《科技风》等刊物上。召开2016年科研课题结题验收和2017年科研课题立项评审会。对2016年下达的课题进行验收，7个课题验收合格，予以结题。（周立平）

【气象科普宣传】 2017年3月23日，衡阳市气象学会组织会员在蒸湘区莲湖广场开展科普宣传活动，摆放防雷减灾、人工影响天气、气象法规、气象服务等方面的气象科普展板，设置咨询台进行现场答疑，向市民发放防雷减灾和气象灾害防御知识等宣传资料6000余份。加强与在大中学校联系，普及青少年气象知识，接待南华大学、湖南工学院、衡阳技师学院、湖南环境职业技术学院的1000余名大学生分批次到衡阳市气象局听取气象科普讲座，并参观衡阳市气象台和观测站。利用“科技周”和“全国科普日”“防灾减灾日”等优势，举办科普知识进学校、社区、下乡等形式多样的科普活动。2017年，衡阳市气象学会获衡阳市科学技术普及工作和学会工作先进集体殊荣。（周立平）

【气象依法行政】 2017年，衡阳市气象局开展专项整治，强化防雷安全监管工作。全面开展安全生产专项整治、综合检查、安全生产“三大行动”以及安全生产宣传教育活动，建立衡阳市气象部门重大事故隐患治理“一单四制”制度，为社会管理和内部行政管理提供全面的制度保障。为了更好的落实气象有关安全生产监管监察工作，衡阳市气象局对安全生产监管监察岗位人员进行全面调整，行政执法人员必须持证上岗，建设成一支高素质的执法队伍。2017年，市本级出动气象行政执法人员400多人次，检查生产活动经营单位和场所160家，立案调查2起，下达执法文书6份。发现隐患25个，均属于一般隐患，基本整改完毕。对建设工程防雷许可进行整合、优化工作。2017年6月20日，市政府组织气象、住建、交通、水利、发改等12个部门召开协调会，会上部署建筑工程防雷许可的移交工作。全面对衡阳市气象部门涉企经营服务性收费清理规范，且全面梳理行政审批流程，2017年，衡阳市气象局政务中心窗口受理防雷审批事项126项，其中申请防雷装置设计审核61项，申请防雷装置竣工验收65项，纠正问题6个。自衡阳市网上审批系统开通以来，防雷网上审批办结率达100%，投诉率0%。（周立平）

教　育

基础教育

【小学概况】 2017年，衡阳市有全日制小学1301所（城区163所，镇区327所，乡村811所），教学班14952个（城区3529个，镇区5113个，乡村6310个），在校学生571257人（城区172996人，镇区231101人，乡村167160人），其中女生262220人（城区76987人，镇区105493人，乡村79740人）。班均学生38人，校均学生439人。有教职员工29276人（城区7942人，镇区12158人，乡村9176人），其中专任教师28967人，其专业技术职称为：中学高级580人，小学高级13458人，小学一级8944人，小学二级1088人，小学三级112人，未定职称4785人；其学历结构为：研究生毕业70人，本科毕业13304人，专科毕业13599人，高中阶段毕业1965人，高中阶段以下毕业29人。另有代课教师813人（城区136人，镇区212人，乡村465人），兼任教师16人（城区3人，镇区0人，乡村13人）。学校占地面积11842205.6平方米，生均20.73平方米；校舍建筑面积4482685.36平方米，生均7.85平方米。校藏图书12377209册，学校固定资产总值436724.86万元，其中仪器设备总值48564.10万元。 （张子良）

【中学概况】 全市有普通中学441所（城区76所，镇区204所，乡村161所），其中初中378所（城区50所，镇区170所，乡村158所），高中63所（城区26所，镇区34所，乡村3所）；初中有九年一贯制学校103所，高中有完全中学17所，十二年一贯制学校9所。有教学班7569个（城区2451个，镇区3891个，乡村1227个），其中初中教学班5270个（城区1419个，镇区2674个，乡村1177个），高中教学班2299个（城区1032个，镇区1217个，乡村50个），在校学生416511人（城区142529人，镇区215170人，乡村58812人），其中初中在校学生273216人（城区78833人，镇区138594人，乡村55789人），高中在校生143295人（城区63696人，镇区76576人，乡村3023人）。初中学生中有九年一贯制学生36524人，十二年一贯制学生16758人，完全中学中初中生16263人；高中在校学生中有完全中学的高中生28699人，十二年一贯制学校高中生16814人。初中班均学生52人，校均学生723人，高中班均学生63人，校均学生2275人。中学有教职员工33959人（城区10549人，镇区17021人，乡村6389人），其中初中21367人（城区4742人，镇区10637人，乡村5988人），高中12592人（城区5807人，镇区6384人，乡村401人）。中学专任教师33959人，其中初中专任教师19399人，其专业技术职称为：中学高级1833人，中学一级9292人，中学二级5358人，中学三级271人，未定职称2645人；学历结构为：研究生毕业104人，本科毕业14405人，专科毕业4849人，高中阶段毕业39人，高中阶段以下毕业2人。高中专任教师8282人，其专业技术职称为：中学高级2293人，中学一级2959人，中学二级2038人，中学三级112人，未定职称880人；学历结构是：研究生毕业321人，本科毕业7790人，专科毕业166人，高中阶段毕业5人。中学另有代课教师91人，兼任教师29人。初中校园占地面积9222482.73平方米，生均33.76平方米，校舍建筑面积3704826.77平方米，生均13.56平方米。校藏图书7394153册，生均27册；学校固定资产总值382985.48万元，其中仪器设备总值43876.03万元。高中校园占地面积5156732.3平方米，生均35.99平方米，校舍建筑面积2645915.36平方米，生均18.46平方米；校藏图书3063807册，生均22册；学校固定资产总值354914.36万元，其中仪器设备总值29421.8万元。 （张子良）

【省示范性高中定向招生】 2017年，衡阳市城区省示范性高中的定向生录取由以往的提前批次改为普高批。2017年，全市初中毕业生为96882人，考虑生源流失和生源异动等因素，确定普通高中招生52900人。其中，衡阳市城区普高招生8300人。市城区3所省示范性高中学校分别拿出普高文化批次招生计划50%，以毕业年级当年的招生计划为基数定向分配到本区域各初中学校，具体招生人数为：市一中定向招生472人、市八中定向招生448人，铁一中定向招生355人。

这些定向招生计划按考生志愿、学业成绩在省示范性高中录取分数线下降50分且综合素质评价达到A等第的三年学籍无异动的学生中择优录取。考生综合素质评价工作不规范、不及时的初中学校将不予分配此项招生计划。

（张子良）

【推进标准化学校创建工作】

2017年，衡阳市义务教育标准化学校创建总数为：学校353所，教学点111所（其中含市直义务教育学校4所）。2017年3月，市教育局提出创建和评估验收要求，要求各县（市）区到2020年，辖区内90%以上的完全小学、初中、九年一贯制学校和所有保留的教学点基本实现建设目标，并采取按规划逐年督导评估认定的方式推进全市标准化学校的评估验收。4月11日，市教育局召开全市标准化学校创建工作推进会。5月17—29日，市教育局组织相关人员对全市12个县（市）区标准化学校创建工作进行督查，抽查部分学校，督查情况与各县（市）区教育局进行现场反馈。7月20日，市教育局下发《衡阳市义务教育标准化学校评估细则》和《衡阳市义务教育标准化教学点评估细则》，加强对创建的标准化学校建设力度。（张子良）

【市一中举行首届国际教育展】

4月15日，衡阳市一中举办首届世界名校进校园国际教育展，来自美国、加拿大、澳洲和新加坡等热门留学国家的22所著名院校和相关教育机构现场设展。美国加州大学、美利坚大学、纽约州立大学、英国纽卡斯尔大学、东英吉利大学、澳洲阿德莱德大学、加拿大多伦多大学等22所世界名校招生官介绍院校概况、招生情况、留学费用、申请条件、申请流程和留学项目等；解答学生和家长关于留学的相关问题，并与广大有申请意愿的学生进行一对一的交流与面试。（张子良）

【新增32所国家级足球特色学校】

6月，教育部公示2017年“全国青少年校园足球特色学校”名单，衡阳市新增32所中小学校跻身为国家级校园足球特色学校。至此，衡阳有100所国家级校园足球特色学校。2017年，全市常年参加青少年足球活动人数达到5万人以上，有专兼职教练437人，在训运动员1500余人，有培训基地7个，每年都组织2次以上市级比赛。这次新增32所足球特色学校中，有小学17所，初中6所，高中3所，9年一贯制学校5所和12年一贯制学校1所。

（张子良）

【衡阳市八中A-LEVEL国际课程官方授权课程中心暨考试中心挂牌成立】 6月14日，衡阳市八中A-LEVEL国际课程官方授权课程中心暨考试中心正式挂牌成立。该校成为衡阳地区唯一一家A-LEVEL考试中心。针对A-LEVEL课程，市八中2017年下学期开设一个常春藤班，首批招生30人。常春藤班采取全日制授课方式，在开设中国普通高中课程的同时增设英国高中课程，学制三年。课程均与英国同步，采用全英语教材、全球统一考试的先进教学体系，学生完成国际班学习课程并成绩合格，可获得中英双方颁发的高中毕业证书。（张子良）

【2017年城区小学生招生】

2017年，蒸湘区计划招收57个教学班，2530名一年级新生；雁峰区计划招收67个教学班，2875名一年级新生；石鼓区计划招收72个教学班，3465名一年级新生；珠晖区计划招收91个教学班，3970名一年级新生；高新区计划招收32个教学班，1598名一年级新生。各城区小学一年级新生招生报名工作截至8月底。2017年，小学招生在招生原则、范围、录取方式等方面无较大变化，公办中小学严格按照“相对就近、划片招生、计划到校、免试入学”的方式进行；民办小学依据有关教育法律法规，按照教育行政部门批准的招生计划和办法组织招生。学校一律实行均衡编班教学，按规定控制班额，每班一律不得超过45人。新生编班实行随机抽签制度，不得分“尖子班”“特长班”“实验班”等。凡当年8月31日之前（含8月31日）年满6周岁的儿童，凭父母或监护人的身份证、户口簿及房产证等资料在规定的时间内到所划定的服务区域内学校办理入学手续。户籍所在地与房产证不一致的，以居住所在地为准。进城务工人员子女符合入学条件的，就近免试入学，享有本地学生同等受教育权利。报名时由其父母或监护人持身份证、户口簿、居住证明（务工所在区域的居住证，或在城区的房产证，或经街道以上机关签署意见加盖公章的租房协议，并同时提供房东房产复印件）、务工证明（务工的劳动合同，须用工单位法人代表签名盖章，并由用工单位所在街道以上的劳动保障部门签署意见加盖公章，个体经营者可用工商税务证代替；或本市职工基本养老证明）等资料向服务区范围内小学提出申请，经核查批准后，就近免试入读。同时，各学校要严格执行学生转学的有关规定，严把转学入口关，严格转学的条件和程序，达到50人上限的学校或班级，原则上不得再接收转入学生，依法依规应保证其入学的，由教育部门调剂到相对就近且有学位的学校就读，被调剂的学校不得拒收。对违规招收的学生，一律不予注册，由此引发的矛盾由学校校长负责。（张子良）

【2017年城区中招录取分数线】

衡阳市教育局城区普通高中2017年秋季高一新生招生录取分数线，其中3所省示范高中录取线分别为：市一中957分、市八中975分、铁一中932分。相比2016年，市一中2017年的录取分数线有所下调，市八中和铁一中分数线则有所上调。其他普通高中录取分数线分别为：市二中723分，田家炳中学783分，市五中812分，市六中741分，市七中693分，市二十六中682分，衡钢中学890分，市船山英文学校843分，衡阳市皓源实验中学600分，衡阳县江山学校600分，衡阳市铁路高级中学600分。

（张子良）

【全面加强中小学德育工作】 按照教育部《中小学德育工作指南》和文明城市创建工作要求，开展系列德育教育活动。一是养成教育再创佳绩。在第四届湖南省基础教育教学成果奖评选中，衡阳市《中小学生养成教育“衡阳模式”的理论与实践研究》获省一等奖，还有4个二等奖、4个三等奖。推荐的市二十三中德育案例《绿色心育，温润灵魂》被教育部评为2017年度“全国中小学优秀德育工作案例”。二是开展“我的中国梦”系列主题活动。3月，在市烈士陵园组织开展全市“清明祭英烈”活动启动仪式；5月，全市“学习和争做美德少年”活动，评选出237名“美德少年”。国庆前夕在华新小学举行全市“喜迎十九大、向国旗敬礼、做美德少年”主题教育活动启动仪式。三是开展中华优秀传统文化教育活动。下发专门文件，加强节日传统文化教育活动；3月，开展“雷锋家乡学雷锋·文明雁城我先行”志愿服务活动；5—10月的“少年传承中华传统美德”系列教育活动，石鼓区组织的“小小百家讲坛”“墨香书法”“寻访红色足迹”“小小传承人”四项现场活动作为优秀案例上报省厅；加强诚信文化教育，设立5所学校为首批诚信文化教育基地。四是强化礼仪仪式教育。下发《关于建立和规范全市中小学生礼仪制度的通知》，就升旗、入队、入团、成人、入党等仪式制度作明确规定。五是加强心理健康教育。市八中被评为“国家级心理健康教育特色校”；评选本年度市级心理健康教育特色校8所，推选4所学校参加国、省特色校评选。六是加强生态文明教育。评选市级生态文明示范校25所，推选3所学校参加省示范校评选。七是加强中小学校园毒品预防教育。研发《禁毒三字经》和“禁毒拍手操”，开展全市“禁毒之声第一季——唱享健康之”“唱响校园”活动和“万人诵读《禁毒三字经》”大型主题活动；组织学生参加全国青少年禁毒知识竞赛，参赛人数全省第一，耒阳一中、二中列“全国百强”；开展十佳“禁毒示范校”和“禁毒优秀教师”评比；在全省禁毒宣传画和作文比赛中，衡阳市8人获省奖（其中5人获省一等奖，占全省四分之一）。八是加强校外教育活动。5月，与市财政局、市文明办联合组织开展乡村学校少年宫的督查；8月，组织开展“圆梦蒲公英”暑期主题教育活动。九是开展全民诵读活动。4月，组织开展全市“雁城读者”全民朗诵活动。十是加强安全教育。加强防溺水、交通等安全教育；在全国安全教育精品课征集展示活动中，衡阳市共有21堂课被评为“部级精品课”（全省共80堂）、10堂课被评为“部级优秀课”（全省共27堂）。十一是完成中小学“三好”“优干”“德育标兵”和“高中省优”学生的评选活动。（张子良）

【开展城乡校校结对帮扶工作】 2016年10月，衡阳市开展新一轮“校校结对帮扶”工作，全市结成对子161对，其中跨区域32对，县域内129对。2017年12月29日，在石鼓区人民路小学现场召开全市2017年度结对帮扶表彰会暨2018年工作推进会，表彰一批先进单位和先进个人。

（张子良）

【都司街小学获评全省“平安校园”】 11月，衡阳市石鼓区都司街小学被评为2017年度湖南省“平安校园”。学校牢固树立以人为本、安全发展理念，成立创建平安校园工作领导小组，形成“校长—各部门负责人—全体教师”三级管理网络，使安全管理制度化、规范化。（张子良）

【教育部专家组到衡阳复核学生体质抽测工作】 10月16日，教育部专家组对蒸湘区、衡东县的8所学校进行学生体质健康抽测复核工作。每所抽测学校随机抽测180人，测试内容包括身高、体重、肺活量、50米跑、坐位体前屈、立定跳远、仰卧起坐（女）、引体向上（男）、800米（女）、1000米（男）等项目。（张子良）

【逸夫中学设立“麒强班”】 2017年，衡阳市丰隆房地产有限公司出资在逸夫中学设立“麒强班”，助力品学兼优的寒门学子完成学业，首批招收50名学生。8月底，首届“麒强班”学生全部报到入学。新设立的“麒强班”通过层层筛选、考核，50名品学兼优的贫困生最终入选。未来三年，这50名“麒强生”的学习生活费全部由衡阳市丰隆房地产有限公司捐助。该公司将每年给予“麒强班”12万元的资助，其中包括每名学生的生活补助款2000元，每学年年末的400元奖学金。（张子良）

【市八中与美国圣约翰预备高中签约交流】 11月2日，市八中与美国圣约翰预备高中正式签约，并开展文化交流活动。圣约翰预备中学始建于1857年，与圣约翰大学共享部分校区，教学资源丰富，包括学生可修习真正的大学课程。此举促进中美两国在教育方面的交流与合作，给八中广大学生提供更优质的留学平台和通道。

（张子良）

【石鼓区与衡东县开展结对帮扶】

石鼓区教文体局与衡东县教育局启动城乡学校结对帮扶。12所学校结成“友好共建校（园）”，结对帮扶周期为3年。这12所结对学校分别为石鼓区人民路小学与衡东县杨林镇杨林完小；荷池路小学与高湖镇高湖完小；都司街小学与草市镇草市完小；市青少年宫艺术幼儿园、市政府机关第二幼儿园、市实验幼儿园分别与荣桓镇中心幼儿园、高湖镇中心幼儿园、石滩乡中心幼儿园。

（张子良）

【衡州小学获批省中小学校创客教育示范基地】 11月18日，省教育学会创客教育中心成立大会在长沙长郡滨江中学举行。衡州小学获批成为湖南省中小学校创客教育示范基地。“创客教育”是创客文化和教育的结合，基于学生兴趣，以项目学习的方式，使用数字化工具，倡导造物，鼓励分享，培养跨学科解决问题能力、团队协作能力和创新能力的一种素质教育。（张子良）

【星源学校与北京德华盛合作办学】 12月7日，衡山县星源学校高中部和北京德华盛教育集团合作办学，衡山县德华盛星源高级中学揭牌。衡山县星源学校创办于2006年，2010年成立高中部，是衡山县最大的中小学一贯制学校。北京德华盛教育集团是一家拥有专职高水平教研、教学团队的权威高考教研机构，先后与上百家省、市级示范性高中合作。

（张子良）

【幼教概况】 全市有幼儿园1443所（城区433所，镇区623所，乡村387所），教学班8210个（城区2644个，镇区3477个，乡村2089个），在园幼儿246666人（城区77937人，镇区107632人，乡村61097人）；当年毕业105429人（城区25560人，镇区47595人，乡村32274人），本年招生103711人（城区26351人，镇区45772人，乡村31588人）。班均幼儿30人，园均幼儿171人。幼儿园有教职工21654人（城区8285人，镇区9522人，乡村3847人），其中专任教师10572人（城区4085人，镇区4610人，乡村1877人）。园长和专任教师（共11933人）专业技术职称为：中学高级 72 人，小学高级 308 人，小学一级 838 人，小学二级 466 人，小学三级 266 人，未定职称 9983 人；其学历结构是：研究生毕业 5 人，本科毕业 1075 人，专科毕业 6909 人，高中阶段毕业 3724 人，高中阶段以下 220 人。幼儿园占地面积 2226831.37 平方米，生均 9.03 平方米；园舍建筑面积 1605273.9 平方米，生均 6.51 平方米。园藏图书 2299208 册，生均 10 册。（张子良）

【推进学前教育持续健康发展】 一是幼儿在园普及率进一步提高。继续实施第二轮学前教育三年行动计划，全市学前三年入园率达 86.3%，较 2016 年增长 7.8 个百分点。二是普惠性民办幼儿园认定和管理工作进一步加强。全市共认定普惠性民办幼儿园 842 所，较 2016 年增加 69 所；全市公办园和普惠性民办园总数占幼儿园总数 73.2%，较 2016 年增长 6.7 个百分点，提前达到省、市预定指标。强化普惠性民办园的质量管理，2 月，对 2016 年全市普惠性民办园进行复查；11 月，对 2017 年市城区 158 所普惠性民办园进行复核，复核结果予以通报并作为财政普惠奖补资金发放和发改部门对普惠性民办园核价的重要依据。三是政策环境进一步优化。代拟《衡阳市人民政府关于进一步加快推进学前教育发展的实施意见》通过市政府 2017 年第 13 次政府常务会议审议，以衡阳市人民政府名义印发实施。协助市政协完成“学前教育保障能力建设”专题协商议政活动。四是幼儿园保育教育质量进一步提升。2017 年，突出重点抓保育员业务提升、防止和纠正“小学化”专项清查整顿、规范办园和深入推进幼儿园游戏活动四项工作。开展全市首届保育员专业技能竞赛；以“户外自主游戏”为主题，开展游戏案例评选、活动录像评选、现场游戏观摩和专家面对面指导等系列活动活动；10—11 月，开展全市幼儿园防止和纠正“小学化”专项清查整顿活动；12 月，开展规范办园行为专项督查。组织全市庆六一国际儿童节系列活动。五是幼儿园结对帮扶工作进一步深入。与市教育基金会联合开展送教下乡活动，组织学前教育专家团送课到衡山县，该县 800 余名幼儿园教师参加活动。（张子良）

【全市幼儿园举行首届保育员专业技能竞赛】 3 月 25 日，由各县（市）区选送的 52 名保育员，在衡阳市政府机关一幼儿园进行衡阳市幼儿园首届保育员专业技能竞赛。此次活动由衡阳市教育局和市教育基金联合举办，旨在进一步规范全市幼儿园保育工作，提升幼儿园保教质量，促进保教队伍的专业成长。（张子良）

【特殊教育概况】 本市有特殊教育学校 6 所（城区 4 所，镇区 2 所），教学班 70 个（城区 55 个，镇区 15 个），在校学生 914 人（城区 626 人，镇区 288 人）。本年度毕业 6 人（城区 6 人，镇区 0 人），当年招生 75 人（城区 52 人，镇区 23 人）。有教职工 154 人（城区 128 人，镇区 26 人），其中专任教师 118 人（城区 92 人，镇区 26 人）。专任教师专业技术职称为：中学高级 12 人，小学高级 48 人，小学一级 10 人，小学二级 5 人，未定职称 43 人；其学历结构为：研究生学历 0 人，本科毕业 56 人，专科毕业 60 人，高中阶段毕业 2 人。学校占地面积 31013.5 平方米，生均 33.93 平方米；校舍建筑面积 24496.21 平方米，生均 26.8 平方米；校藏图书 12100 册，生均 14 册。

（张子良）

【特殊教育持续健康发展】 一是大力推进送教上门工作，保障残疾儿童少年入学。2017 年，衡阳市中心特校派出 30 名优秀教师利用周末为城区 45 名中重度残障儿童进行上门送教；派出 10 名骨干教师，从周一至周五为市儿童福利院的 10 名适龄孩子免费上门支教；耒阳市和衡阳县特校也分别派出 100 名教师为乡村的残障适龄儿童送教上门。二是加强校校合作，发挥衡阳市特校领头雁作用。2017 年 3 月、4 月，市中心特校与常宁市、耒阳市、衡阳县、祁东县特殊教育学校签订帮扶协议，资助 5 万元人民币帮扶常宁市特校建设多媒体教学资源共享中心。三是强化师资培训，促进特教教师专业成长。2016 年—2017 年，组织特殊教育教师参加国培、省培和市级培训，共计 377 人次。每次培训，考试合格率都为 100%，有效地提升全市特殊教育师资的整体水平。（张子良）

【全国听障教育2017年年会暨作文教学研讨会】 11月17日，由中国教育学会特殊教育分会主办的全国听障教育2017年年会暨作文教学研讨会在衡阳召开，530余名全国教育专家及特殊教育学校教学精英在市特校考察学习。本次年会以“聋校作文教学研讨”为主题，活动主阵地在衡阳市特殊教育学校。（张子良）

【60余家单位及企业特校助残】 5月21日是第二十七次全国助残日。5月19日，市教育局、市残联、市妇联、珠江合创等60余家爱心单位、企业和学校及爱心个人在现场捐赠23万余元爱心款，并为特校的孩子们送上200个书包和总价值1.2万元的保温杯。2017年，学校有24个教学班，300余名残疾就读学生。学校是集听障、智力残疾教育和全市随班就读指导、残疾人康复咨询、培训为一体的特殊教育基地，并培养近500名自食其力的残障学生，学生参加全国、省和市体艺比赛获奖近60次。（张子良）

职业和成人教育

【中职教育概况】 2017年，衡阳市有中等职业学校42所（中等技术学校1所，中等师范学校2所，成人中等专业学校11所，职业高中28所；地方教育部门办20所，其他部门办8所，民办14所），其他机构1个；在校学生80665人（普通中专25274人，职业高中48321人，成人中专全日制4549人，非全日制2521人），当年毕业28095人，当年招生29227人。中职学校有教职工4181人（女1989人），其专业技术职称为：正高级41人，副高级731人，中级1371人，初级1021人，未定职称1017人。其中专任教师2908人（女1524人），其专业技术职称为：正高级24人，副高级526人，中级1112人，初级759人，未定职称487人；其学历结构为：博士研究生27人，硕士研究生142人，本科2349人，专科371人，高中阶段19人。此外，尚有聘请校外教师411人。中职学校校园占地面积3143677平方米（学校产权2914926平方米，非学校产权228751平方米），生均38.97平方米；校舍面积1072180.74平方米（学校产权951373.74平方米，非学校产权120807平方米），生均13.29平方米。学校有计算机14086台，校藏图书1525226册，固定资产总值126683.22万元。（张子良）

【办学规模实现新增长】 2017年，衡阳市初中毕业生96800人，实际升入普通高中的49868人，在湖南省就读中职学校的学生数为32000人，就读技工学校的学生数为6350人，省外就读中职学校的学生数为5500人，2017年实际就读职业教育的人数为43850人，普职分流比为46.72%。招生比为43.40%。全市有中职在籍学生77511人，比2016年同期增加2000人，无论招生总人数和全日制招生人数均位居全省第二，基本完成省教育厅下达的招生任务。并且在校学生的控流保学巩固率达到94.29%。全市达到最大招生容量。（张子良）

【组织教学检查】 一是组织教育教学常规管理工作抽查。下发《关于开展2017年衡阳市中等职业学校教学管理工作抽查的通知》，对全市19所中等职业学校教学管理工作进行抽查。对抽查发现的问题及时提出整改要求与意见，责令相关学校落实到位。二是组织中职实习管理工作专项检查。下发《关于对全市中职学校学生实习管理工作进行抽查的通知》，抽查湖南工商职业技术学院中职部、耒阳师范学校、衡南县职业中等专业学校、衡东县职业中等专业学校、衡阳创意信息工程学校、衡阳中南科技财经管理学校、耒阳市中等职业技术学校、衡阳市信息网络工程学校8所中等职业学校，采用走访学生实习单位、询问实习学生和指导教师、校内查看实习材料等方式，了解中职学校实习工作开展情况，并将检查中发现的问题进行全市通报，责成相关学校限期整改。三是加强质量监控。对全市中职学校二年级数控技术应用专业、汽车类专业、电子应用技术专业、服装设计与工艺专业、学前教育专业及护理专业的学生进行专业技能现场抽查，本次参加专业技能抽查共有20所学校428名学生。有力地推动各职业学校的专业教学改革。组织全市中职学校公共文化基础课程抽考，共有34所学校、1042名学生参加全市中等职业学校数学和公共艺术课

统一抽考，召开讲评会议，通报各校的成绩。（张子良）

【教育科研工作】 一是推进职业教育科研工作。根据省教育厅要求，组织2016年度衡阳市职业院校教育教学改革研究项目申报遴选工作。经各校各地遴选推荐、职教中心组织专家进行审查、网上公示，确定教学改革研究项目立项47项，其中职业教育项目40项，推荐申报湖南省中职教改项目29项，并全部成功立项。二是加强教师专业培训。全年组织旅游服务、数控技术、动画片制作、财会、英语、电子技术专业教师培训与技能比武暨专业建设活动培训，邀请多名全国知名专家进行讲座、示范，参赛教师162位，参加培训的教师达622人次。按照市教育局的要求，对2013年立项的衡阳市中等职业学校专业带头人培养对象进行验收评审工作，42人通过验收。三是组织论文评选。各中职学校和高职院中职部共选送优秀论文226篇，推荐优秀论文84篇，参加省教科院的年度论文评比。在2017年度“湖南省中小学教育教学改革发展研究优秀论文”评选活动中，衡阳市中等职业学校共报送10篇优秀论文，其中7篇获奖。（张子良）

【招生工作】 2017年，衡阳市中职招生工作继续加大市县两级统筹协调力度，完善高中阶段招生政策措施，加强招生计划管理，试行高中阶段招生网上录取，实行阳光招生。同时，继续实行招生工作目标管理，把中等职业教育发展作为各地教育事业发展的一项重要考核指标，争取将高中阶段招生工作、中职招生计划完成情况纳入市政府对县市区政府、市教育局对县（市）区教育局和相关学校的年度目标考核内容。2017年，衡阳市中职学校招生总人数和全日制招生人数均位居全省第二，基本完成省教育厅下达的任务。（张子良）

【衡阳市中职教师职能大赛】 12月16日，衡阳市中等职业学校教师职业技能大赛分别在衡阳市职业中等专业学校、湖南财经工业职业技术学院、核工业卫生学校、耒阳师范学校、耒阳市中等职业学校举行，来自全市中职学校的200余名教师汇聚一堂，参加技能角逐。经过比拼，衡阳市职业中等专业学校袁青青等25位教师获一等奖，衡山县职业中等专业学校严鑫等37位教师获二等奖，耒阳师范学校谷江南等55位教师获三等奖。（张子良）

【开展校企合作教育改革】 一是开展职教集团活动。全年主动组织职业院校、行业企业、科研院所共同参与衡阳市职教集团活动，特别是“衡阳市农林职教集团”活动和“衡阳市信息技术职教集团”活动。二是深化人才培养评价制度改革。引导职业院校坚持过程评价和结果评价相结合，将文化素质、专业技能、思想品德、职业素养、身心素质等纳入评价内容，探索建立政府部门、用人单位、社会组织、家长和学校共同参与的多元评价体系。三是建立中职学校质量年度报告制度。指导部分中等职业学校开展人才培养状态数据采集与分析工作，参与编制市级职业教育人才培养质量年度报告，鼓励企业编制和发布参与职业教育人才培养年度报告。四是加强职业院校创新创业教育。为推动职业院校创新创业教育课程体系开发，促进专业教育与创新创业教育有机融合，鼓励职业院校提供条件支持学生开展创新创业活动，举办“黄炎培职业教育奖创业规划大赛”。2017年，湖南黄炎培职业教育奖创业规划大赛中，祁东县职业中专“质量与效率的神器——黄花菜烘干机”项目获全省创业规划大赛中职组第一名，代表湖南省中职学校唯一一个项目参加首届全国黄炎培职业教育奖创业规划大赛，获得二等奖。（张子良）

【开展社区教育活动】 举办衡阳市“2017年全民终身学习活动周活动”，继续开展“相约文明”市民学习活动。组建一支由各行业、各系统专家近200人的讲师团队，全市共举行1000多场学习活动。开展暑期免费书法培训班。开展5期、10个班次的书法培训班和举办“喜迎十九大·书法进社区”惠民学习活动。组织“喜迎十九大·建设新衡阳”离退休干部合唱比赛。其中2个团队参加全省总决赛的角逐，市老干部（老年）大学的《旗帜颂》获一等奖，石鼓区奥运年华合唱团的《在灿烂阳光下》获二等奖和优秀指挥奖。组织开展“春暖花开·

美丽雁城”摄影比赛活动。
（张子良）

【社区教育课题研究】 一是《社区教育数字化学习资源利用研究》等4个课题均成功立项为省教育厅教育教学改革项目。《石鼓书院在衡阳市文明创建中的价值研究》等4个课题获批市社科联课题。二是加强社区教育调研工作。组织“大力发展社区教育，推进社会治理创新”专题调研。三是参加湖南省终身教育十二五成果报送评选活动，上报社区教育研究成果19项（其中课题6项，论文13项）。四是组织部分相关人员赴上海参加“社区教育与老年教育发展研修班”。
（张子良）

【扩展社区教育阵地】 6月28日，衡阳市广播电视大学（社区大学）雁城书画院（教学基地）挂牌成立，举行多场次书法笔会活动。建立衡阳市终身教育学习网。2017年，衡阳学习网有实名制注册学员近10万人。
（张子良）

民办教育

【概况】 2017年，全市有民办教育学校（机构）1362所，其中高职2所，中职14所，高级中学5所，完全中学3所，十二年一贯制学校8所，九年一贯制学校28所，初中16所，小学57所，幼儿园（班）1229所；在校学生392163人，其中中职18831人，高中26690人，初中79493人，小学78494人，幼儿园188562人。有教职工30563人，其中专任教师18030人。学校占地面积604.6公顷，校舍建筑面积3732872平方米（自有3368357平方米，租赁364515平方米）。固定资产总值378091万元，其中教学仪器设备总值31898万元，电脑17886台，校藏图书3096807册。
（张子良）

【李友志率省人大调研组到衡阳调研民办教育】 4月27—28日，省人大常委会副主任李友志率省人大调研组到衡阳，就衡阳市民办教育事业发展、制定出湖南省贯彻民办教育促进法实施细则工作进行调研。 （张子良）

【提高民办学校办学水平】 2017年，衡阳市教育局努力满足社会对优质教育资源的需求。一是统筹协调做品牌。落实省教育厅《关于暂停义务教育阶段民办学校筹设、正式设立申请材料受理的紧急通知》精神，适度控制民办义务教育阶段学校的办学规模。有湖南交通工程学院、衡阳市成章实验中学、衡阳市成龙成章实验中学、衡阳市华岳实验中学、衡阳市博雅实验学校等一批优质民办学校形成品牌、形成特色。二是鼓励投入提品位。2017年，全市各民办学校用于改善办学条件的资金达10亿元以上，其中，祁东成章实验学校、衡南县清泉学校投入超5000万元。一些成规模的民办学校自购自建校园，有30多所民办学校拥有独立产权的校园。三是全力支持争项目。支持衡山县星源幼儿园等5所学校成功申报省优质民办学校；支持祁东县船山小学等15所学校成功申报省规范民办学校。2014年度省级立项建设的7所骨干民办学校顺利通过省级验收。截至2017年，全市共有省级特色民办实验学校6所，省优质民办学校建设奖励17所，省级规范民办学校44所，省级立项建设骨干学校15所，市级骨干学校53所。四是加大培训强素质。7月17—23日，委托衡阳幼师举办2017年度民办幼儿园团长培训班，各县市区170名正副园长参加培训。8月24日，举办局直民办学校董事长、校长培训班，组织成章中学校长及部分学校董事长进行经验交流。五是落实责任保安全。各级各类民办学校按要求建立健全各项安全规章制度，加大人防、物防、技防投入，确保校园安全。 （张子良）

【衡阳市首次举办民办学校教师专场招聘会】 12月25日，“心系民教情·送岗进衡师”衡阳市民办学校教师专场招聘会在衡阳师范学院举行，来自全市96家民办教育机构参加。此次专场招聘会由市教育局和衡阳师范学院共同主办，是衡阳市首次为民办学校举行的专场招聘会，旨在帮助民办学校引进一批优秀教师，同时也为解决师院毕业生的就业问题搭建一个更大的平台。当天，共有高中、职业中专、初中、小学、幼儿园、培训机构各学科近2600余个岗位可供选择，招聘对

象均为衡阳师院2018届毕业生。（张子良）

【雁栖湖成龙成章学校足球队进入全国六强】 7月18日，雁栖湖成龙成章学校足球队在第二届“玛丽莱杯”全国青少年足球精英赛中获第六名，并获得团体奖。本次比赛由湖南省体育局主办、湖南省足协承办，全场比赛为60分钟（8人制），参赛球员要求为在籍的10~12岁的小学生。来自北京、上海、天津以及东道主湖南等全国各地的24支校园足球队参加比赛。（张子良）

【衡阳市启动民办教育机构年度办学情况和质量检查评价】 衡阳市教育局于12月1—20日对全市民办教育机构进行年度办学情况和质量检查评价，对在招生和学校管理中存在重大违法违规行为或不正当竞争行为的办学机构，要求限期整改，整改无效的被撤销办学资格。凡经省、市、县三级教育行政部门于2017年1月1日以前批准开办、坐落在衡阳境内的各级各类民办教育机构均为此次检查对象。（张子良）

高等教育

【基本情况】 2017年，衡阳市境内有高等院校13所（南华大学、南华大学船山学院、衡阳师范学院、衡阳师院南岳学院、湖南工学院、湖南交通工程学院、湖南环境生物职业技术学院、湖南财经工业职业技术学院、湖南高速铁路职业技术学院、湖南工商职业技术学院、中钢衡重职工大学、衡阳工业职工大学、衡阳广播电视大学），在校学生182938人（普通教育129459人，成人教育53479人），当年招生56685人（普通教育33338人，成人教育23347人），当年毕业55410人（普通教育31007人，成人教育24403人）；还有其他培训生55474人（普通教育11724人，成人教育54750人）。有教职员工8803人，其中教学科研人员7034人。教学科研人员的学历结构为：博士研究生1022人，硕士研究生2582人，本科生3279人，专科及以下151人；其专业技术职称：有教授599人，副教授1830人，讲师2530人，助教918人，其他1157人。高校共有院系科127个，开设专业478个，有硕士研究生授予点19个，博士研究生授予点3个。在衡高校占地面积7604417平方米，生均41.54平方米；校舍建筑面积3815967.1平方米，生均20.86平方米。学校固定资产总值61415.7万元，校藏图书1093.7万册。（张子良）

【湖南财工院入选国家“百千万交流计划”】 中国教育国际交流协会公布“高端技能型、应用型人才联合培养百千万交流计划”。2017年，湖南财经工业职业技术学院成功入选，是湖南省唯一入选的高职院校。此次“百千万交流计划”遴选，中国教育国际交流协会通过资格初审、材料审核、现场申报陈述等环节，从院校总体情况、申报专业建设情况、开展国际交流与合作工作的经验、参加项目的目标及能提供的保障条件等多个方面对申报院校进行综合考量。（张子良）

【衡阳四所高校新增9个本科专业】 2017年，衡阳4所高校新增本科专业9个。整个名单包括新增备案本科专业名单、新增审批本科专业名单、调整学位授予门类或修业年限专业和撤销本科专业名单4个部分。此次新增的本科专业中，绝大多数属于省属本科二批、三批院校。在衡阳高校新增的本科专业有8个备案本科专业，分别为湖南工学院的金融工程，衡阳师范学院的软件工程、网络与新媒体，湖南交通工程学院的市场营销、物联网工程、软件工程、工程造价、交通运输。除此之外，南华大学新增1个审批本科专业儿科学。（张子良）

【南华大学与澳国立大学开展交流合作】 南华大学与澳大利亚国立大学在堪培拉在核聚变能源技术等方面展开交流与合作。澳大利亚国立大学向南华大学提供一台等离子体仿星器装置。（张子良）

【湖南财工职院模具设计与制造专业获批教育部示范专业】 教育部发布《关于全国职业院校装备制造类、邮政和快递类、旅游类、交通运输类示范专业点名单的公示》的通知，确定344个全国职业院校有关专业类示范专业点。在装备制造类示范专业点名单里，湖南财工职院的“模具设计与制

造”专业位列其中。（张子良）

【“湖南省院士专家工作站”落户衡阳师院】 衡阳师范学院功能金属材料院士专家工作站被确定为“湖南省院士专家工作站”。该院士专家工作站旨在突破金属有机材料在新技术、新工艺、新产品开发过程中遇到的关键技术难题，大力推动金属有机材料在医药、生命科学、农业、环境保护等领域的广泛运用。（张子良）

【湖南工学院与湖南省建筑科学研究院共建全日制工程硕士研究生联合培养基地】 5月10日，湖南工学院与湖南省建筑科学研究院签订产学研合作协议，这是该校首次与科研单位深度合作。根据协议，双方将在科学研究、成果转化、教育教学、人员培训等校企产学研方面开展全面合作，并携手共建全日制工程硕士研究生联合培养基地。合作双方主要围绕BIM应用、装配式建筑结构节点设计、新型工程技术开发、结构检测、地下管廊与海绵城市等热点工程技术领域，开展基础研究与科技研发合作。（张子良）

【市中心医院经评审成环境生物职院附属医院】 湖南环境生物职业技术学院临床教学基地（附属医院）评审会在市中心医院举行。专家评审组一致同意市中心医院成为湖南环境生物职院临床教学基地（附属医院）。（张子良）

【湖南高铁职院助力泰国培训高铁人才】 湖南高速铁路职业技术学院院长陈春泉率队对泰国哇碧巴通职业技术学院进行为期5天的出访考察活动。期间，双方达成初步合作意向，就高铁专业技术人才培养问题展开交流。（张子良）

【414家单位到衡阳师范学院招聘】 3月25日，衡阳师范学院举行湘南地区2017届师范类毕业生暨衡阳师院2017届毕业生供需见面会。来自省内外的414家单位提供就业岗位14万余个。其中，教育类的岗位近万个，非教育类的岗位4800余个。（张子良）

【近300家用人单位来湖南工学院招聘】 湖南工学院举行2017届毕业生供需见面会，来自省内外的近300家企事业单位携12000余个岗位进场招聘。该校2017届毕业生有4800余人，学校自9月中旬启动招聘平台的搭建。2017年，举行80多场招聘活动，共有400多家用人单位提供19000多个岗位，行业覆盖信息技术、交通物流、建筑工程、电力系统、安全环境、材料化工、电子技术、机械工业与自动化、金融管理等37个专业。（张子良）

【80余家企业到衡阳技师学院招聘】 5月17日，衡阳技师学院举行2017年校园招聘会，来自省内外的80余家单位和企业进校招才纳贤；现场提供2800余个工作岗位。2017年，学校有电气自动化、机电一体化、数控加工、财会、现代物流等7个系20多个专业、2600余名毕业生。（张子良）

【湖南财工院试点“现代学徒制”】 4月，湖南财工院首个现代学徒制班——“智云现代学徒制班”正式开班。这是湖南财工院与湖南智云能源科技有限公司共同开展的现代学徒制试点项目。“智云现代学徒制班”按照“学生—学徒—准员工—员工”四位一体的人才培养总体思路，以企业用人需求与岗位职责标准为导向，以学生（学徒）岗位技能培养为核心，提升专业核心竞争力，是学院深化人才培养模式改革、实践校企深度融合又一创新举措。（张子良）

【衡阳技师学院启动首届技能文化节】 4月7日，衡阳技师学院启动首届技能文化节活动。本届技能文化节从4月初开始到6月底结束，设置维修电工、3D打印、叉车技能、教师信息化教学等25个参赛项目，10000多名师生参与其中。（张子良）

【大学生中华老字号创意创新创业大赛】 由中国人民大学、中国学企联合会、中国北京（海淀）留学人员创业园主办，衡阳市科技创新创业服务中心承办的第三届大学生中华老字号创意创新创业大赛湖南赛区复赛6日在市科技局举行，此次比赛有来自全省各高校的67个项目报名参加，经过审核，符合要求的42个项目进入初赛。比赛共决出6个奖项，湖南高速铁路职业技术学院参赛选手曾锟的“多功能铁路轨底坡速测仪”项目获一等奖。凡进入复赛的项目，将择优安排到衡阳市中关村金种子创业谷进行孵化，场地免费使用1年，特别优秀项目可延长免费使用期，并可支持申请科技项目立项。（张子良）

【“衡阳师范学院记者站”成立】 11月1日，衡阳日报社“掌上衡阳”新闻客户端衡阳师范学院记者站授牌仪式在衡阳师范学院举行，标志着“掌上衡阳”首个校园记者站——“衡阳师范学院记者站”正式成立。此次授牌旨在将“掌上衡阳”打造成为衡阳师范学院对外宣传的移动新媒体阵地，使其成为向社会公众宣传推介衡阳师范学院、展现师生风采的重要窗口。（张子良）

【“掌上衡阳”衡阳技师学院记者站成立】 11月8日，衡阳日报社“掌上衡阳”客户端衡阳技师学院记者站授牌仪式在衡阳技师学院举行，这是“掌上衡阳”客户端成立的第二个校园记者站。（张子良）

【拓宽大学生就业渠道】 一是鼓励中小微企业吸纳就业。吸纳高校毕业生就业的企业，按规定可享受相应的职介补贴、职业培训补贴、社保补贴等政策。全市有规模以上企业1177家，共吸纳高校毕业生就业6000多人。湖南国大民生堂药房连锁有限公司积极响应促进高校毕业生见习、就业的号召，安置符合公司就业标准大学生31人，该公司多次被评为湖南省“就业先进单位”。二是开展就业见习和顶岗实习。在中钢衡重、南华附一等104家见习基地设立见习岗位5000个，帮助1717名大学生实现见习就业，为富士康、伟创力、欧姆龙等企业输送20000余名大学生和技校生顶岗实习。三是开发公益性岗位。针对高校毕业生开发基层劳动保障站协理员、交警协警、公安局文职人员、广电中心实习记者等公益性岗位，共安排3179人次就业。四是引导基层就业。开展基层就业项目，鼓励高校毕业生到基层从事“大学生村官”“三支一扶”“特岗教师”等工作。其中，衡山县大学生村官秦玥飞获得全国“最美村官”殊荣。工作中，严格按照省财政厅湘财预〔2016〕131号文件精神，认真落实“三支一扶”补助经费，确保按政策及时足额拨付。经研究，拨付湖南高速铁路职业技术学院4.35万元，湖南财经工业职业技术学院4万元，合计8.35万元。五是落实义务兵役政策。大学生按原来老政策规定，原则上回入学前户口所在地安置，全市做到100%安置（安置工作与自谋职业安置相结合）。（张子良）

【引导大学生自主创业】 一是抓创业引导。成立衡阳市创业指导服务中心，收集1000余个创业项目入库，邀请100名专业技术人员和创业成功者组成“专家咨询团”，为创业者和初创型小企业提供工商、税务、财政、金融、人力资源和社会保障等政策咨询。二是抓资金扶持。鼓励高校毕业生创办小微企业。对大学生创业者给予小额担保贷款优先扶持、优先发放，额度由5万元提高至10万元。此外，成立百万元青年创业圆梦基金，分批次、分时段资助需要帮助的优秀创业青年，帮助他们实现“创业梦”。三是抓孵化基地建设。出台《衡阳市促进就业创业孵化基地认定管理办法》，明确市县两级创业孵化基地认定标准和管理办法。全市建成各类创业孵化基地96家，包括省级3家、市级43家、县级50家，其中大学生创业孵化基地有4家。四是抓创业培训。开展高校毕业生GYB（产生你的创业意识）培训教育，2012—2017年，累计为34785名毕业生开展免费创业培训，创业成功率约10%。从2013年开始，将创业培训补贴政策期限从以往的毕业年度调整为毕业学年（即从毕业前一年7月1日起的12个月）。（张子良）

【完善就业服务】 一是抓公共就业服务。主要体现在3个方面：1. 基层服务平台实现全覆盖。在乡镇（街道）及村和社区搭建基层公共服务平台，建立724个服务窗口，配备1517名工作人员，覆盖面达到100%。2. 公共信息服务实现全方位。在衡阳市人力资源网免费发布岗位信息11734个，登记求职者22113人，每周发行一期的《衡阳日报·人社周刊》，累计为企业免费发布招工信息5422条，提供岗位信息52011条。3. 各类招聘会全免费。在南华大学、湖南工学院、湖南交通工程学院、衡阳财工院4所高校，开展“送岗位、送政策、送服务”高校毕业生招聘服务周活动，在衡阳师院开展“心系民教情，送岗进衡师”衡阳民办学校教师招聘衡阳师范学院专场的活动，组织入场企业500家次，提供各类岗位3900余个，2000余人次达成就业意向。二是抓实名制登记。严格执行首问责任制，通过帐户管理对接待大学生就业工作的服务人员和部门进行监督，保证数据来源的真实有效。通过积极主动的就业登记和服务工作，为省、部里提供大学生就业形势的分析依据，对2000名高校毕业生进行实名登记。三是抓就业援助。对1920名孤儿、残疾人、低保家庭、获得国家助学贷款的2017届高校毕业生发放求职补贴1536000元，对200多名纯农户、30多名少数民族和500多名困难高校毕业生开展职业指导和求职登记，并有针对性地向企业重点推荐。通过援助，实现未就业高校毕业生100%动态清零。（张子良）

师资队伍

【教师培训】 1. 市教育局出台《关于落实2017年度中小学幼儿园教师“国培计划”“省培计划”工作的通知》《关于落实2017年“国培计划”——示范性项目衡阳市参训学员遴选推荐工作的通知》《关于开展市级教师培训方案征集评选活动的通知》等文件，就全市的国省送培、市级培训组织和管理谋划布局。督促市县落实国省市有关教师培训经费占教师工资总额1.5%和学校公费经费8%的要求，市县两级共拨付师训经费4250.6万元，学校年度公用经费总额其中5017.94万元也用于教师培训工作。2. 做好中小学幼儿园教师市级培训工作。下发《关于开展市级教师培训方案征集评选活动的通知》，分市直和县市区组织辖区内培训方案征集、评选和实施。各级中小幼教师培训基地学校发挥一线学校施训的资源优势，解决教育教学实际问题。市直15所学校报名的23个培训方案经过现场解析展示，专家进行初审研讨，提出修改指导意见，通过入围的16个优秀培训方案返回再次完善提升，最终在衡阳教育信息网公布，广大教师根据自身需求选择培训项目报名参培，共有2145名市直教师参加本轮培训。3. 组织全市中小学教师参加国、省级教师培训，教师参培、学习及合格率均达100%。2017年，组织11068人次中小学教师参加“国培计划”培训；1769名教师、校长参加省级十三个项目的培训。规划和实施市本级教师培训项目，全年共组织各领域众项目多形式市级培训13105人。（张子良）

【市教育局启动“衡阳名师”主题宣传活动】 7月初，市教育局在全市中小学（含中职学校）范围内开展“衡阳名师”主题宣传活动。此次活动贯穿1个学年，推选宣传50位教书育人、为人师表、敬业爱生等方面表现突出的“名师”典型，分3个主题分期进行宣传报道，其中，“金牌教师”和“金牌班主任”分别为20名，“金牌教师团队”为10个。（张子良）

【教师补充工作】 按新出台的城乡统一的中小学教职工编制标准和省里核定的编制数，足额核定县（市）区教职工编制，县级教育行政部门在核定的编制总额内及时补充教师，2017年，全市公立、学校补充教师2049人，未出现有编不补现象。做好免费师范毕业生就业工作，确保其就业有编有岗。全市2017届省公费定向师范毕业生（除3人违约处理外）按政策落实工作岗位，履约管理到位。做好特岗教师录用、岗前培训、位安排、服务期满转正等工作，共录用特岗教师953人。各县在8月下旬制订培训方案对新录用的特岗教师进行岗前培训。均能够按照要求落实教师工资福利待遇，标准为人均2.4万元/年。特岗教师根据岗位安排及时到岗。自2014年始服务期满3年转正教师人数为927人，其中祁东县143人、耒阳市154人、常宁市135人、衡东县30人、衡阳县244人、衡南县201人、衡山县20人。（张子良）

【强化名师工程建设】 印发衡阳市名师工程实施方案、衡阳市骨干教师、学科带头人、名师工作室管理力、法等名师评选、使用和考核等一系列文件。首批56名“教学名师”入选市委人才工作领导小组启动实施的教学名师重点人才培养支持计划。全市共认定市级名师工作室4个，认定1500名市级骨干教师和100名市

级学科带头人。（张子良）

【衡阳市第三届“名师论坛”开讲】 4月25—26日，由衡阳市教育局和市教师发展中心主办的第三届“名师论坛”在衡阳电大开讲。本次论坛聚焦“教育评价”，汇集全市各中小学校的学科带头人、名师专家和教研员等160余人参与，分专家讲座、主题交流发言和嘉宾访谈3个环节。（张子良）

【衡阳举行第33个教师节颁奖盛典】 9月10日，衡阳市庆祝第33个教师节，在衡州小学举行以“谢谢您，燃灯者！”为主题的颁奖盛典，表达全市人民对人民教师的崇敬与感恩。市委书记、市人大常委会主任周农，市委副书记、市长郑建新分别通过视频向广大教师和教育工作者致以节日问候，副市长龚学余出席颁奖典礼并讲话。（张子良）

【湖南高铁职院泰国教师研修班】 10月上旬，为期一个月的湖南高铁职院泰国教师研修班圆满结束，4名泰国教师完成学习培训参加结业典礼。泰国教师在此接受铁路专业管理和技能知识培训，系统学习铁路客运组织、铁道车辆、电气化铁道技术等专业，并走进长沙高铁南站、衡阳高铁东站等地进行实地参观体验。（张子良）

【教师普通话水平省级抽测】 为配合做好中小学教师普通话水平省级抽测工作，对全市45岁以下理科教师进行培训和摸底测试，并把摸底测试成绩纳入对各个单位的年度考核。省级抽测成绩石鼓区、南岳区100%，衡东县98.57%，珠晖区、高新区95%，衡山县94.23%，市直90.78%，雁峰区90%，耒阳市88.75%，蒸湘区80%，常宁市75%，祁东县70%，衡阳县63.75%，衡南县52.5%。全市共718人参加省级抽测，579人合格，合格率80.64%。（张子良）

经费保障

【财政投入力度】 一是足额落实2017年义务教育学校生均公用经费基准定额补助标准，落实2016年政策规定的对寄宿制学校按照寄宿生年生均200元的标准增加公用经费补助、对城市义务教育学校贫困寄宿生生活补助和校舍维修改造资金。二是主动与财政协调，将高中生均公用经费每生每人600元全额纳入年初预算，市本级所属高中学校所需资金由本级财政承担，免除普通高中建档立卡家庭经济困难学生学杂费和教科书费。三是教育费附加发挥最大的使用效益，市二中的提质改造工程、华新中学的二期工程和各学校的维修改造等得益于教育费附加的及时安排和下拨，争取教育教学质量奖1000万元的项目及各专项资金的落实。四是督促财政部门落实高职生均拨款12000元的标准。（张子良）

【加强局直单位的经费和财务监管】 按教育部的要求，建立教育经费管理季报制度。准确及时地向上级主管部门上报教育经费统计季报、年报及各专项资金项目计划表；对各单位的部门预算、部门决算进行审核，并在教育信息网上公开2017年市本级教育系统部门预算和“三公”经费预算、2016年市本级教育系统部门决算和“三公”经费决算。（张子良）

【全力推进“互联网+监督”民生项目资金数据录入工作】 “互联网+监督”工作是一项加强扶贫和民生领域监督的“一号工程”，是实现“雁过拔毛”式腐败问题标本兼治的重要举措。为做好这项工作，多次与财政部门沟通，确定教育系统需要录入的项目及具体数据；对涉及需要录入的项目数据进行仔细梳理审核。（张子良）

【开展消除大班额计划】 重点抓好三项工作：一是努力完成市中心城区建设学校三年行动计划。中心城区实施化解小学大班额三年行动计划，建设项目26个，其中改扩建学校11所，新建学校15所。新建学校完工8所，改扩建学校全部完成，市区两级财政共投入建设资金7.79亿元（其中市级财政奖补1.65亿元），增加用地面积43.46公顷、建筑面积244113平方米，增加学位31830个。2017年7月，市中心城区消除义务教育大班额主要做法得到财政部、省财政厅官网推介；11月23日，省教育厅官网再次推介。相关经验还被省政府办公厅推荐到国务院办公厅。二是七县市及南岳区大规模新建扩建义务教育学校。2016—2020 年，7 县市和南岳区共规划消除大班额项目 97 个，其中新建 34 个，改扩建 63 个。三是制订《衡阳市新建居民区配套规划建设中小学校幼儿园的实施意见》，对新建居民区配套建设学校予以明确规定，确定相关义务和权利，使日后新建居民区配套建设学校有保障，有效避免新的大班额产生。

（张子良）

【改善薄弱学校办学条件】 衡阳市“全面改薄”五年规划（2014—2018 年）共需投入资金 288879 万元，其中校舍建设投入资金 213199.68 万元，设备购置 75679.32 万元，改善薄弱学校 1287 所，校舍建筑面积 1444060 平方米。截至 2017 年 8 月底，全市累计支出资金 294185 万元，占总规划数的 101.8%；校舍建设开工面积 1540833 平方米，占总规划数的 106.7%；竣工面积 1435395 平方米，占总规划数的 99.4%；完成设备采购金额 74620 万元，占总规划数的 98.6%。“全面改薄”工作惠及全市 1350 所义务教育学校，受惠学生 529742 人。（张子良）

【强化全市高中和市城区初中招生计划管理】 2017 年，全市普通高中招生计划 52900 人，中职招生计划 41000 人，下达城区初级中学招生计划 13094 人。在下达高中阶段招生计划时，实行普通高中办学水平考核结果、高中学业水平考试一次性合格率、控流保学情况与招生计划挂钩。在城区初中招生计划下达时，确保义务教育初中学生就近入学。

（张子良）

【启动幼儿师范专科学校和两个教育基地建设工作】 市教育局全面启动阳幼儿师范高等专科学校申报建设、市职业教育产教融合基地（包括 2 个学校和 1 个公共实训中心）和市示范性综合实践基地建设等工作。对“一校两基地”建设拟征的土地进行实地考察。10 月 17 日，召开衡阳幼师和两个教育基地项目建设的调度会。会议同意两个项目的选址意见，成立衡阳幼儿师范高等专科学校申报建设和两个教育基地新建的项目协调指挥部，确定两个项目的建设业主和拆迁安置主体。

（张子良）

【推进义务教育标准化教学点建设工作】 2017 年，衡阳市有 131 所中小学标准化教学点和 9 所农村公办幼儿园建设项目，其中 76 所中小学、9 所农村公办幼儿园为教育实事项目校（园）。截至 12 月，实事项目校建设计划投资 5329 万元，完成投资额 5338 万元，占总体投资的 100.17%；项目总数 906 个，全部完成；自建项目校建设计划投资 3361 万元，100% 完成投资额；项目总数 668 个，全部完成。实事项目园建设计划投资 2541 万元，100%完成投资额；项目总数 20 个，全部完工。11 月，市人民政府督导委组织专家对全市的义务教育标准化教学点及农村公办幼儿园进行评估验收，均达到合格以上标准。

（张子良）

【教育审计工作】 2017 年，全市各级教育审计部门共完成审计项目 505 项，审计资金 13.8 亿元；查出有问题资金 1395 万元；通过审计，提出审计建议 467 条，纠正财务处理不当金额 639.8 万元，纠正违纪违规金额 486.6 万元。其中，市本级完成审计项目 55 项（包括经济责任审计 6 项，财务收支审计 2 项，经济效益审计 1 项，专项资金审计及审计调查 3 项，基建审计 45 项），审计资金 3.4 亿元；通过审计，提出审计建议 113 条，纠正财务处理不当金额 507 万元、违纪违规金额 116.9 万元。（张子良）

教育行政

【2017 年全市教育工作】 2017 年，全市小学生入学率 100%、巩固率 99.8%，初中生入学率 98.6%，适龄三类残疾儿童入学率达 88%，338570 名留守儿童全部建档。2017 年，衡阳教育更加合理配置教育供给，面向贫困生、学困生、特殊残障儿童，衡阳教育将更加专业定制教育服务。同时将实施更加公平的招生入学政策。坚持义务教育就近入学制度，严格控制择校行为。

在城乡义务教育均衡发展方面，2017 年将计划完成标准化学校 325 所、教学点 81 个的建设，142 所学校 222 个项目改薄计划。

同时将出台县域内城乡一体化改革发展文件，进一步在教师流动、集团办学、联合办学、“一对一”帮扶等方面，出台新举措，推动城乡优质教育资源的共享、增长和均衡化，提升农村义务教育的办学水平。

在优质教育资源方面，该市将全力加快市九中迁建工程和市铁一中搬迁工程及初中部建设工程，两所学校全部建成后，将增加5000多个优质学位，目前铁一中和市九中新校区的主体工程已基本完工，下一步将全力加快建设进度，确保年内建成招生。

在教育育人方面，各级各类学校坚持立德树人，以人为本，因材施教，努力为学生提供更适合的教育。通过推进名师工程、深化新课改、完善教学质量测评体系等一系列举措，全面提高教育教学质量；要继续推进素质教育，着力减轻学生过重的课业负担。坚持堵疏结合，双管齐下，规范学校办学行为，严格执行“禁补令”，坚决刹住“乱收费、乱办班、乱订资料”的不正之风，让校园真正成为“学生健康成长的乐园”。

在中职教育方面，2017年仍然是一大亮点，将进一步优化整合职业教育资源配置，继续推动职业教育走规模化、集约化和教、产、研一体化的办学道路。市里将在白沙洲工业园建设一座占地133.33公顷的产教融合示范基地，实现科技区与园区、产业与专业、学业与就业的深度融合和无缝对接，培养培养更多优秀的产业技能人才，助推衡阳经济转型升级发展。 （张子良）

【市教育局发出“晒课”征集令】 2017年度“一师一优课、一课一名师”活动3月启动，市教育局向全市中小学教师发出“晒课”征集令，全市中小学校各年级、各学科老师，都可以将自己满意的教学课程上网展示，教育部门将从中评选“优课”向全市、全省推广共享。 （张子良）

【衡阳市出台《衡阳市中小学（中职学校）违规招生行为责任追究办法》】 市监察局、市教育局联合下发《衡阳市中小学（中职学校）违规招生行为责任追究办法》。本办法所指招生工作包含全市的义务教育阶段学校、普通高中学校、中等职业学校的招生行为。违规招生行为的范围包括11项：突破招生计划的；违反规定招收普高最低分数控制线以下学生的；以任何名义和理由，向学生收取与录取挂钩费用的；普通高中招生学校进入初中生源学校进行招生宣传的；买卖生源的；违反“划片就近、免试入学”原则，学校与培训机构合作组织选拔性考试作为入学依据，招收义务教育阶段学生的；违规拒收进城务工人员子女及随班就读的残疾生入学的；不按规定公开招生政策、招生计划、录取标准和结果的；未经批准跨区域招生的；空挂学籍的，以借读、转学等名义接收已被其他学校录取的学生的；其他造成不良影响的违规招生行为。凡是出现以上违现招生行为的，必追究相关责任。

（张子良）

【市人大领导赴市教育局督办代表建议办理工作】 9月11日，市人大常委会党组副书记、副主任段志刚率队赴市教育局督办代表建议办理工作。2017年，市教育局承办人大代表建议16件，主要集中在教育均衡、教育投入、队伍建设和安全管理等社会关注的热点焦点上，15件建议解决或基本解决，1件在逐步解决。

（张子良）

【省考试院到衡阳调研学考工作】 12月21日，湖南省教育考试院副院长康洪文一行到衡阳调研学考工作，并召开调研座谈会。围绕改革《湖南省普通高中学业水平考试实施办法》，完善2018年学考报名、组考、评卷及其他相关工作，推进学考补考组织工作以及省教育考试院应该为学考提供哪些服务支持等方面进行交流。

（张子良）

【衡阳市召开2017年基础教育质量工作、期末结束工作及2018年春季教材教辅征订工作会议】 12月25日，全市2017年度基础教育质量工作、期末结束工作及2018年春季教材教辅征订工作会议在市教育局召开。市教育局局长、党委书记程少平及市教育局在家班子成员出席会议；各县（市）区教育局局长、分管副局长、基教股长、教研室主任，全市各普通高中学校校长、市直各中小学校校长及市教育局相关科室站所负责人参加会议。2016—2017学年，衡山县教育局、衡阳县教育局、南岳区教育局被评为衡阳市县（市）区初中教育教学质量先进单位；衡阳市实验中学、衡阳市二十三中、衡阳市华新实验中学、衡阳市外国语学校、衡阳市华岳实验中学、衡阳市成章实验中学、衡阳市成龙成章实验学校被评为衡阳市市直初中教育教学质量先进单位；衡阳市十四中、衡阳市逸夫中学被评为衡阳市市直初中教育教学质量目标管理先进单位；衡东县教育局、衡山县教育局、耒阳市教育局被评为衡阳市县市区普通高中教育质量先进单位；衡阳市八中、衡阳市一中、衡东县一中、衡钢中学、衡东县二中、祁东育贤中学、耒阳正源学校、衡山县星源实验中学被评为衡阳市普通高中教育质量先进单位；衡钢中学、祁东县二中、岳云中学被评为衡阳市普通高中高素质人才培养先进单位；祁东一中、耒阳市一中、衡南县二中、衡阳市五中、常宁市一中被评为衡阳市普通高中高考教育质量目标管理先进单位；衡阳市船山英文学校、衡南县五中、常宁市二中被评为衡阳市普通高中学考教育质量目标管理先进单位。市职业中专、市八中、市一中、市铁一中、市逸夫中学、市二十三中、市实验中学、市实验小学、市衡钢中学、市教科院、市勤工站、市育新印刷厂被评为局直单位目标管理优秀单位；体卫艺科、自考办、社考科、基教科、办公室、组织人事科、计财科、纪检监察室（原）、资助中心、综合治理科、教育督导科、教育工会被评为目标管理优秀科室。

（张子良）

综合纪要

【“中斗云教育”入驻衡阳】 3月24日，中斗集团“智慧教育”智能管理平台公益行动走进衡阳。中斗集团“智慧教育”智能管理平台又名“中斗云教育”，是一个集数字化、标准化、智能化的教育管理体系。活动现场，中斗集团向市实验小学，高新区祝融小学、衡州小学和蒸湘区实验小学捐赠400万元的智慧校园智能管理平台和设备，向石鼓区都司街小学捐赠200万元的智慧校园智能管理平台和设备。“智慧教育”智能管理平台首先在这5所小学开展试点，然后逐步向全市其他中小学校推广普及，活动当天，中斗集团向市教育基金会捐赠10万元爱心善款和100个新书包。（张子良）

【首个“未成年人法治教育基地”挂牌】 5月9日，衡阳市人民检察院联合石鼓区人民检察院在市田家炳实验中学成立衡阳市首个“未成年人法治教育基地”，并开展“法制进校园”巡讲活动。“法治进校园”全市巡讲活动从5月份开始，用1个月时间在全市12个县（市）区的13所学校陆续开展。（张子良）

【2017年全市5万余学生参加高考】 2017年，衡阳市有50757名考生报名参加高考，比2016年增加3698人。其中，文科类考生16990人，较2016年增加1440人，理科类考生27858人，较2016年增加639人，职高对口考生5909人，较2016年增加1619人。全市有专业考生4199人，其中音乐专业考生548人，美术专业考生1581人，体育专业考生1322人，其他考生748人。2017年应届考生45761人，较2016年增加4233人，往届考生4996人，较2016年减少535人。全市少数民族考生406人，残疾考生49人。2017年，全市设高考考点30个，考室1498个，其中市区考点8个（分别为市一中、市二中、市五中、市六中、市八中、市实验中学、衡铁一中、市职业中专），考室321个，县区考点22个，考室1177个。全市所有考点均配备电子监控系统、无线电信号屏蔽仪、安检仪、身份证识别仪、智能广播系统。

（张子良）

【全市17.9万余考生参加中考】 6月15日，2017年初中毕业学业水平考试开考，全市有179850人报名参考。其中，初三考生90265人，初二考生89585人。2017年中考继续实行毕业、学业“两考合一”，全市统一命题、统一考试。考试日程安排与往年基本一致，只是考试时间较以往提前3天，2017年的参考学生中初三考生90265人，设考点122个，城区考生11758人、考点9个；初二会考考生89585人，设考点119个，城区考生11919人、考点

9个。初三考试科目为语文、数学、外语、物理、化学、历史、政治和艺术考试（音乐+美术，分值为60分），再加上体育50分，总分为1080分。初二会考科目为地理和生物。其中政治学科仍实行全开卷考试，其他学科均实行闭卷考试；数学学科可使用符合标准的计算器，其他学科均不能使用计算器等电子产品。考生成绩以分数与等级共同呈现。2017年，全市普通高中招生计划为5.29万人，中职招生4.1万人，其中，市城区普高招生8300人。届时，普通高中学校招生将以中考成绩、理化生实验操作等第、综合素质评定等第和考生志愿作为录取依据；中职招生以初中毕业证书、考生志愿和综合素质评定等第作为录取依据。（张子良）

【衡阳市城区初中招生方案】 衡阳市教育局发布《2017年衡阳市城区初中招生工作实施方案》，2017年小升初主体政策继续保持稳定，义务教育阶段，不管是公办初中还是民办初中，须严格规范招生行为和执行管理规定，实行免试录取入学。2017年，城区小学毕业生人数为13098人，城区初中招生规模为263个教学班。按照招生方案，公办初中继续按照“相对就近、划片招生、计划到校、免试入学”的方式进行。民办初中按照“自主招生、微机派位、计划到校、免试入学”的方式进行。市二中、市三中、市外国语学校、市十九中等特色初中学校，根据市教育局下达的招生计划，优先接受新生报名，进行特长测试并开展录取工作，被录取的小学毕业生不再参加公办学校的划片录取和民办学校的微机派位及自主招生。市船山实验中学、市成章实验中学招生采取微机派位与自主招生（含推荐招生）两种形式进行，其中，招生计划中的60%的学位用于微机派位，剩余学位用于学校自主招生。微机派位招生对象为具有国网学籍系统市城区学籍的小学应届毕业生和随迁子女就读的应届小学毕业生。6月22—26日，具有市城区学籍的小学应届毕业生实行网上报名，符合条件的学生（家长）可登录衡阳市中小学招生与考试信息网自主报名，每位符合报名条件的小学毕业生只能报读一所民办初中；随迁子女就读的应届小学毕业生由其监护人陪同持户口簿、房产证及《小学生素质报告册》到招生学校办理报名手续。对于进城务工人员子女的就学，招生方案明确规定：进城务工人员子女要求在城区中学就读，由其父母或监护人持身份证、户口簿、居住证明、务工证明和原就读学校出具的学籍证明等材料向服务区范围内公办初中学校提出申请，经核查批准后，就近免试入读。凡符合就读条件的进城务工人员子女，各学校不得拒收。为确保招生工作公平、公正、公开，仍将严格执行“阳光招生”政策，各校招生计划一次性下达并进行公示，不得随意改变；录取条件、办法、名单向社会公开。严格执行《湖南省中小学生学籍管理办法》，实行升学、招生和注册学籍联动机制，“一人一号，籍随人走”。同时，市教育局还要求，严禁任何学校或培训机构举行任何形式的生源摸底文化考试，未经批准不得跨区域招生；严禁用金钱、礼物等招揽、买卖生源；严禁初中学校分快慢班、特长班、特色班、实验班等；严禁本市各小学及培训机构为外地学校提供学生信息。初中学校招生工作，纳入学校工作年度目标考核，违纪者一律对相关责任人员追究责任。所有招生学校坚持先审批后录取的原则。初中招生录取手续在市中招办规定的时间内统一集中办理。录取过程中，严格执行录取审批手续。未完成录取审批手续，任何学校不得向学生发放录取通知书，不得收取任何费用，未经审批的学生一律不予注册。如违反规定，所有后果由招生学校负责，并追究学校领导责任。

（张子良）

【衡阳市启动2017年爱心送考公益活动】 6月5日，由衡阳市广播电视台、衡阳市交通运输局、衡阳市教育局主办，衡阳人民广播电台承办的2017年“雁峰酒”爱心送考公益活动启动。2017年，有3000多台公交车、出租车、私家车和社会团体车辆加入“爱心送考”，考生可凭准考证免费搭乘送考车辆，交通不便的考生还可拨打衡阳人民广播电台交通频道热线“2591018”“2591019”享受“点对点”“一对一”接送服务。衡阳市交警支队在考点沿线所有路口布控警力，为贴有“爱心送考”专用车贴的送考车开辟“绿色通道”，让考生平安、快捷地到

达考场。（张子良）

【市领导分赴各考点巡考】 6月7日上午9时，2017年高考拉开大幕，市教育局、市教育考试院紧紧围绕省委、省政府“保平安、保质量、保公平”和“零差错、零事故”的总体要求，全力打造“阳光高考、诚信高考、平安高考、温馨高考”，考试过程全程实时联网监控、录像，除现场监考外，所有考点全部安排视频监考员同步监考。考生入场进行严格的安全检查，除准考证、身份证以外，其他无关物品一律不得入考场，并首次明确要求监考员在视频监控下对考生进行违禁物品检查。上午8点30分，市领导邓群策、龚学余、许云生分赴全市各个考点巡考。（张子良）

【2017年城区中招录取分数线】 7月，市教育局公布市城区普通高中2017年秋季高一新生招生录取分数线，其中3所省示范高中录取线分别为：市一中957分、市八中975分、铁一中932分。2017年，中考招生公办高中继续取消择校生，相比2016年，市一中今年的录取分数线有所下调，市八中和铁一中分数线则有所上调。其他普通高中录取分数线分别为：市二中723分，田家炳中学783分，市五中812分，市六中741分，市七中693分，市二十六中682分，衡钢中学890分，市船山英文学校843分，衡阳市皓源实验中学600分，衡阳县江山学校600分，衡阳市铁路高级中学600分。（张子良）

【衡阳市首家教育信息化团队落户衡东】 省教育厅正式公布全省15个中小学教师信息技术与教育教学融合团队名单。由衡东县九中老师侯志中为首席专家组成的“基于‘互联网+’视阈下初中语文微课资源开发与应用研究”团队入选，成为衡阳市首家也是唯一一家获批团队。该研究团队是集教学、科研和培训于一体的教师合作共合体，工作周期为5年。每个研究团队由1名首席专家、3名核心成员和若干志愿者组成。其他3名核心成员分别来自衡东县欧阳遇实验中学、衡东县洣水镇中学、衡东县六中。（张子良）

【全市“农村儿童之家”建设定下“硬指标”】 6月13日，衡阳市农村留守儿童关爱保护工作推进会召开。确定2017年全市将重点建设20家“农村儿童之家”，县（市）区20%以上的村（社区）要建立“农村儿童之家”。会议要求各县（市）区拿出专项资金，扶持“农村儿童之家”建设。将农村留守儿童关爱保护工作纳入政府购买服务指导性目录，充分发挥社会工作服务机构和社会组织的作用；同时建立农村留守儿童信息管理系统，实行动态管理，一季度一更新、一上报。（张子良）

【省人大调研组到衡阳调研《条例》贯彻落实情况】 10月19—20日，省人大教科文卫委副主任委员董岳林率队到衡阳开展专题调研。省人大调研组先后前往耒阳市、常宁市和蒸湘区多所中小学校和幼儿园，详细了解衡阳市中小学校和幼儿园基础设施建设、校园规划布局、师资力量配备、规模房产开发单位配套建设学校和居民子女就近入学入园等情况。2017年，衡阳市中心城区化解小学大班额三年行动计划基本完成，改扩建学校11个、新建学校15个，增加学位31830个。与此同时，还对全市农村义务教育学校进行规划调整，有2225所农村义务教育学校，农村学校基本形成布局合理、资源优化、规模适中、教育均衡发展的分布格局。（张子良）

【衡阳市举行“大爱暖衡州”大型公益活动】 9月5日下午，2017“大爱暖衡州”统一战线资助千名寒门学子圆梦校园大型公益活动在衡州小学演播厅举行。“大爱暖衡州”资助千名寒门学子大型公益慈善行动由市委统战部主办，湖南融达慈善基金会协办，募集资金1400余万元，帮助3735名学子圆读书梦、大学梦，受到社会各界的关注和好评。（张子良）

【八校获评首批“诚信文化教育基地”】 11月21日，全市“诚信文化教育进校园”主题活动在南华大学启动。启动仪式上，南华大学等8所学校被授予衡阳市首批“诚信文化教育基地”。此次“诚信文化教育进校园”主题活动由市委宣传部、人民银行衡阳市中心支行、市发改委、市教育局、市文明办、共青团衡阳市委联合主办。旨在以青少年群体为重点，以校园为突破口，深入传播诚信理念、普及信用知识、宣传诚信美德。获评衡阳市首批“诚信文化教育基地”的八所学校分别是南华大学、衡阳师范学院、湖南工学院、市一中、市八中、市实验小学、都司街小学、华新小学。

（张子良）

【首届湖南文创设计大赛】 南华大学设计艺术学院工业设计系讲师文艺指导、南华大学 Design-X 团队设计的《新·书院六礼》在首届湖南文化创意设计大赛中获银奖，并通过网络票选获得“网络人气奖”。（张子良）

【衡南首家公益教育基金】 9 月 10 日教师节，衡南县一中校友李太国先生捐赠 200 万元为该校设立“教育基金”，该教育基金系衡南县首家正式注册成立的公益性教育基金。在基金成立大会上，学校表彰和奖励一批优秀的教师典型以及勤学励志的学生代表。

（张子良）

【违规征订教辅材料专项整治调度会】 11 月 9 日，全市中小学违规征订教辅材料问题专项整治执纪问责调度会在市教育局召开。截至 2017 年 10 月底，全市共立案 20 件，党纪政纪处分 20 人，追缴违规资金 391.26 万元，清退违规资金 19.86 万元。2017 年秋季，全市教辅征订金额比春季少约 7500 万元，减少 42.8%。（张子良）

【纵深推进县域义务教育均衡发展】 2017 年是衡阳市义务教育均衡发展督导评估认定攻坚年，全市有 7 个县（市）区常宁市、衡山县、衡东县、衡阳县、衡南县、祁东县、南岳区接受省级和国家级的评估验收。为做好此项工作，教督办落实领导指示，抓实、抓细、抓好各个环节。一是全力指导县（市）区迎检工作。2017 年 3 月 7 日，市教督委办组织召开全市义务教育发展基本均衡县督导评估工作会议暨业务培训会。4 月 23 日，组织 7 个县（市）区主要领导人、教育局长及督导部门负责人参加衡阳市县域义务教育均衡发展省级督查意见反馈会。10 月 10 日，市政府召集相关县（市）区主要领导及教育局局长召开全市县域义务教育均衡发展工作推进会议，进行迎检动员，全面部署。二是开展专项督导，查找、整改问题。2017 年 3 月 13—19 日，对 7 个迎评县（市）区义务教育均衡发展进行专项督导。4 月 11—22 日，配合省教督委办对 7 个县（市）区开展专项督查。8 月 3—11 日，对 7 个县（市）区开展攻坚督查，督促、指导各受检县对工作中存在的问题进行全面整改。三是建立问题台账，实施动态跟踪监测。自 6 月份起，对 7 县（市）区所辖 1020 所义务教育学校存在的 4592 个问题建立台账，逐月、逐校联网报送，动态跟踪问题整改推进情况。四是加强对通过国检的 4 个城区监测，夯实成果，严防均衡差异系数和相关指标反弹。

（张子良）

【省教育督导评估组考核衡阳 4 县区教育工作】 10 月 12—23 日，湖南省教育督导评价协会会长罗春晖（原正厅级干部）带领湖南省教育督导评估考核组一行 13 人对南岳区、衡东县、衡南县、衡阳县 4 个单位县级政府教育工作和县级党政主要领导干部教育实绩开展督导评估考核。考核组成员从政府教育工作、学前教育、义务教育、职业教育、高中教育 5 个方面查阅相关资料，并到县级教育行政部门、财政部门等相关部门和 130 多所学校进行现场检查。

（张子良）

【衡阳市两校获首届全国文明校园申报资格】 省文明办考察组到衡阳对申报第一届全国“文明校园”的环城南路小学和市八中进行实地考察。根据中央文明办、教育部《关于申报推荐第一届全国文明校园有关要求》，2017 年开始组织评选第一届全国文明校园。按照自我检查、自愿申报、逐级推荐、复查审核、社会公示、择优推荐的程序，经过综合考核评定，拟定 3 所高校、8 所中学，15 所小学作为湖南省申报推荐第一届全国文明校园的学校，其中，衡阳市雁峰区环城南路小学和衡阳市第八中学入围。（张子良）

【衡阳市推出“慈善进校园·情暖回家路”公益活动】 衡阳市慈善总会、市福利彩票发行中心联手开展“慈善进校园·情暖回家路”，为衡阳高校低保对象家庭、孤儿等贫困学子购买春节回家车票公益活动。此次慈善公益活动的资金除部分由福利彩票发行中心捐赠外，大部分由慈善一日捐募集的资金支持。资助的对象为南华大学、衡阳师院、湖南工学院、湖南交通工程学院、湖南高速铁路职业技术学院、湖南环境生物职业技术学院、湖南财经工业职业技术学院、衡阳技师学院8所在衡院校省外的低保对象贫困学子、孤儿等。（张子良）

【推进“三通工程”建设与应用】

2017年年底，雁峰区、石鼓区、蒸湘区、南岳区、高新区完成“校校通”建设任务，“校校通”建设比例达到90%以上。衡山县、常宁市2017年教育信息化年度建设任务完成情况良好，衡山县投入资金3300余万元，“校校通”建设比例达到80%，常宁市2017年投入1000余万元，“校校通”建设比例达到73%。衡山县还通过“湖南省现代教育技术实验县”评审。衡南县、衡东县和衡阳县分别投入2303余万元、1110余万元、750余万元进行教育信息化建设。截至2017年年底，全市宽带网接入率由50%提高到70.8%，多媒体教学终端的配置比例从31.5%提高到42.8%。（张子良）

【网络信息安全保障工作】 继续加强网络信息安全领导责任制，明确分管领导，增强业务部门安全责任意识，贯彻落实国家信息安全等级保护制度，将局内5个信息系统进行安全等级保护定级，并将定级情况送市公安部门备案，每月及时上报“网络安全综合治理行动进展统计表”，向市网信办报送网络安全检查相关数据。十九大期间，加强对全市教育系统网络安全监管，做到7×24小时值班，及时响应及时处理，上级部门检测到本市有几所学校的网站遭受境外黑客的网络攻击，收到通报后，信息中心迅速做出反应，按要求在3分钟内完成应急处置，责成网站立即关停，2小时内填写漏洞信息表上报，直到确认漏洞被修复，威胁解除后才允许其网站上线。全年市教育局网站解决互联网攻击3万余起，未发生一起重大安全事故。（张子良）

教改教研

【衡阳师院成立“习近平新时代中国特色社会主义思想研究与传播中心”】 11月13日，衡阳师范学院“习近平新时代中国特色社会主义思想研究与传播中心”正式挂牌成立。该中心挂靠马克思主义学院，这是衡阳市成立的首家习近平新时代中国特色社会主义思想研究中心，中心将以研究、阐释和传播习近平新时代中国特色社会主义思想为根本任务；立足地方，深入开展调查研究，形成决策咨询报告；以理论研究为基础，推动习近平新时代中国特色社会主义思想进教案、进课堂、进头脑；组织专家学者进企业、进社区、进农村开展习近平新时代中国特色社会主义思想的宣讲工作；依托现有资源和优势，把理论研究和理论宣传、学术研究和学科建设结合起来，打造重点学科。（张子良）

【教师培训基地培训能力研修班】

4月13日，由衡阳市教育局主办的市直教师培训基地学校培训能力高级研修班在市一中开课，来自全市12所“国、省、市”三级培训基地的60余名学员参加培训。此次培训旨在通过观摩、交流和学习，有效提升基地校长课程领导力和管理能力，提升培训教师的教育教学水平，推进基地培训课程规划和开发，实现教师培训工作流程创新和管理机制创新。培训分为两个阶段，第一阶段是高端课程培训和观摩体验，第二阶段是基地校项目培训方案评选和交流。（张子良）

【国家艺术基金人才培养项目在衡阳启动】 11月13日，国家艺术基金“历史文化名村名镇保护规划创意设计人才培养项目”在衡阳师范学院正式启动。该项目为国家艺术基金2017年度艺术人才培养资助项目，以历史文化名村名镇为基点，旨在培养和培训国内特殊、急需、紧缺的高端创意设计人才，着力提升参训学员对历史文化名村名镇进行科学有效的实体保护、文化传承及潜能研发的专业能力和水平，从而助推国家文化创意产业的发展和中华传统文化的传承。（张子良）

【湖南省第三届师范生教学技能竞赛在衡阳师院举行】 11月11日，湖南省普通高校第三届师范生教学技能竞赛在衡阳师范学院举行，来自全省23所高校的133名选手分组参加。竞赛分教学设计、多媒体课件制作、教育问答及片段教学4个环节。参赛选手分学前教育组、小学教育组、中学教育组3个组分别开展竞赛，参赛科目覆盖各个阶段相关学科。（张子良）

【百名高中数学骨干教师开班研修】 9月22日，由廖湘楚中学数学名师工作室承办的全市高中数学骨干教师工作坊研修项目（国培项目C410）在衡东一中开班。来自全市各高中学校的100名数学骨干教师出席开班仪式并参加线下研修培训。本次研修活动是衡阳市贯彻“培训中心下移，发挥教学一线名师引领作用”这一教师培训工作改革思路的重大实践，旨在通过名师示范作用，更快更好地促进教师专业成长。活动主要采取线上研修学习与线下研讨实践相结合的混合式培训模式，从9月下旬一直持续到12月中旬，历时4个月。（张子良）

【市级小学语文教师专项培训开班】 6月20日，为期3天的衡阳市市级小学语文教师专项培训在船山实验小学开班。本次培训主题聚焦“小学语文经典阅读”，来自全市23所小学、179名教师参加此次培训。（张子良）

【首届凤凰数字媒体特色班】 11月24日上午，衡阳师范学院首届凤凰数字媒体特色班举行结业典礼。首届特色班采取学生自愿报名的方式“招生”，共有37名学生，以广播电视专业学生为主。衡阳师范学院与凤凰卫视集团进一步加大校企合作力度，不断推进高素质传媒人才的培养。（张子良）

【中小学生体质监测进校园】 11月27日，“关爱之光”中小学生体质监测进校园活动在衡州小学启动。“关爱之光”系列活动由市关工委、市教育局、市文体广新局联合主办，由湖南麒麟体育有限公司具体执行，南华附一医院和市运动智能发展中心提供技术支持。活动于2017年7月开始，分片逐步对城区6—12岁的中小学生开展免费性、常态化的体质监测，给大家建立一个科学的成长健康档案。体质监测包括形体检测、竞技能力测评和素质测评。此次体质监测进校园活动首先在高新区衡州小学、祝融小学、蒸水小学、华新小学等学校开展，随后将在全市其他中小学校进行推广，所有检查和测评均是免费。（张子良）

【湖南财工院将建“工业机器人应用人才培养中心”】 工业机器人领域职业教育项目是教育部牵头组织的大型校企合作项目。11月上旬，教育部工业机器人领域职业教育项目校企合作签约会在江苏常州举行，湖南财经工业职业技术学院作为项目合作院校参加签约会。此次签约会上，该校与北京华航唯实机器人科技有限公司、上海ABB工程有限公司；上海新时达机器人有限公司分别签订工业机器人子项目校企合作协议。根据合作要求，项目合作方将向湖南财工职院赠送价值约300万元的实训设备、教学资源包、教学云平台、离线编程软件及师资培训服务，共同推进工业机器人专业建设。（张子良）

【衡阳市举办少年儿童科学教育体验活动】 衡阳市“小小科学家”少年儿童科学教育体验活动决赛在高新区蒸水小学举行，来自全市14所中小学的350名中小学生参加物理、生物、天文等科目的现场竞技。本次比赛是由市教育科学研究院主办的一项科普教育活动，旨在帮助少年儿童体验科学实践过程，掌握科学研究方法，培养科学创新精神。赛事分为小学低年级组、小学高年级组和初中组，比赛科目分为物理、化学、天文、生物、小机器人5个科目；设置学生奖项、优秀指导教师奖和学校奖3个奖项。（张子良）

【市教科院举行初中物理教学研讨会】 12月20—21日，由市教育科学研究院组织的“衡阳市初中物理教学研讨会暨初中青年教师上课说课大赛”在南岳区实验中学举行。参赛选手年龄限定为45岁以下教师，同时在赛前由各县（市、区）选拔产生。本次赛会主要内容有上课大赛、观摩研究课堂教学、初中教学研讨会和2017年中考物理题型变化等。（张子良）

部分成果业绩

【全国大学生室内设计竞赛】 8月10日，南华大学设计艺术学院环境设计系选送的作品在2017“新人杯”全国大学生室内设计竞赛中获一等奖一项、二等奖一项和三等奖及优秀奖多项。同时，指导老师陈祖展、唐果、滕娇、杨喜生、许媛媛、张颖获得最佳导师、优秀导师等奖项。 （张子良）

【师院教师论文入登国际顶级学术期刊】 衡阳师范学院青年教师凌晓辉博士以第一作者身份，在国际物理学顶级学术期刊《Reports on Progress in Physics》（《物理学进展报告》）上发表学术论文。这是该校教师首次以第一作者身份在国际顶级物理类专业期刊中发表学术论文。 （张子良）

【高铁学院获全国技能大赛一等奖】 6月3日，湖南高速铁路职业技术学院代表队在2017年全国职业院校学生职业技能竞赛建筑工程识图赛中以总分第一名获得本次比赛一等奖。 （张子良）

【湖南财工院全国财会技能大赛夺冠】 湖南财工院会计系代表队在2017年“畅享杯”全国财会技能大赛出纳技能赛项全国总决赛中获团体一等奖。其中，赵巧珍以99.34分的最高分获个人一等奖第一名；杨秀飞以总分96.8分获个人一等奖第四名，曹慧君以总分94.58分，获个人一等奖第六名。 （张子良）

【衡阳三学生获评全国“最美”】 由团中央学校部、全国字联秘书处、中国青年报社共同举办的2016年度全国“最美中学生”“最美中职生”寻访活动落幕。市一中学生宋维曦、市八中学生许迪文获评“全国最美中学生”，耒阳师范学校学生曾慧娟获评“全国最美中职生”。 （张子良）

【衡阳市连续5年获“全民终身学习活动周优秀组织奖”】 中国成人教育协会公布“2016年全民终身学习活动周先进单位”名单，衡阳市获“全民终身学习活动周优秀组织奖”。衡阳市以全民终身学习活动为载体，连续举办“全民终身学习活动周”，开展各类学习教育活动1000余场次，受益群众达到20余万人。 （张子良）

【衡阳学子“三人组”摘取全国青年科普创新实验暨作品大赛总决赛冠军】 12月23日，北京举办的2017年全国青年科普创新实验暨作品大赛。衡阳市一中学生邓力诚、刘嘉和罗彬瑞在全国总决赛创意单元未来出行——中学组获得冠军，该校教师邹贤获“优秀指导教师”荣誉称号。 （张子良）

【市一中两学子全国大赛获一金一银】 第十八届全国中小学电脑制作竞赛活动中，衡阳市一中邹贤老师指导的两个创客作品分别获得一金一银，这是全省唯一获得此次创客奖项的高中生。本次竞赛分为“竞赛项目”“创客项目”“评选项目”三大项目，来自全国31个省市自治区的1300名学生参加竞赛。在“创客项目”的比赛中，选手们经过抽签分组，两两联合利用各种电子元件、3D打印技术、数控机床等设备，将设计变成一件件创意作品。经过激烈的比赛，市一中谢沛轩、余志铭的作品脱颖而出，分别获得高中组金牌与银牌。 （张子良）

【衡阳少年“温网”夺冠】 8月19日，衡阳市珠晖区实验小学网球基地选送的中国运动员黄姿仪在英国伦敦举办的2017年温布尔登少年网球锦标赛（The Road To Wimbledon）中战胜英国运动员Alicia Dudeney斩获冠军。这是珠晖区实验小学网球基地诞生的首位网球世界冠军，也是获得世界网球赛事冠军的第一位衡阳人。 （张子良）

【成章小学雁峰校区一老师“晒课”获教育部“优课”】 湖南省2015—2016年度“一师一优课、一课一名师”推评活动经专家组评审结束，成章小学雁峰校区陈昱雯老师执教的一年级上册数学《认识钟表》在本次推评活动中，经层层选拔，从市优到省优最后获评教育部“优课”。 （张子良）

【市博雅学校教师教学比赛获全国一等奖】 4月16—21日，第十一届全国初中英语教师教学基本功大赛暨教学观摩研讨会举行。衡阳市倪珊老师代表湖南省参赛，被评为全国一等奖（全国仅有八个一等奖）。此次比赛有来自全国各地的初中英语教学专家、教研员、教师代表千余人参加本次活动，本次大赛的参赛教师从32个省（自治区、直辖市）教学基本功大赛优秀选手中选拔推出，每省仅有一名选手参加比赛。大赛分为现场说课、现场答辩、专家点评三个阶段。（张子良）

【市八中国防教育在教育部获奖】 在教育部2016年国防教育特色学校的评选活动中，衡阳市八中被评为“国防教育特色学校”，是该市唯一一所获得此项荣誉的普通高中。（张子良）

【下横街小学获福摩杯“舞动中国·排舞联赛”多项大奖】 11月27日，2017年福摩杯“舞动中国·排舞联赛”总决赛落幕，代表湖南省参加此次比赛的石鼓区下横街小学排舞队获小学生甲组小集体团体第一名、小学生甲组小集体规定曲目第一名、小学生甲组小集体中级串烧曲目第二名、小学生甲组小集体非民族类自选曲目第二名；下横街小学也因此获“二星级‘阳光排舞进校园’示范学校”。（张子良）

【核工业卫校两学生全国技能竞赛获佳绩】 代表湖南省参赛的核工业卫生学校2名选手郭莹莹、陈瑞菊在2017年全国职业院校技能大赛中职组护理技能比赛中分别获此次比赛的二等奖和三等奖。（张子良）

【全国青少年“五好小公民”大赛落下帷幕】 由教育部关工委举办的第二十届全国青少年“五好小公民”主题教育读书活动演讲暨朗诵总决赛于7月28—30日在北京举行，衡阳市有5名优秀选手分别参加演讲总决赛和朗诵总决赛。其中，市八中邓诗和廖心怡获朗诵中学组特等奖；市实验小学欧阳仪静获得演讲小学组一等奖，珠晖区光明路小学王艺璇、衡南县星火实验小学蒋凝释获得演讲小学组二等奖。（张子良）

【第38届省青少年科技创新大赛衡阳市获7个一等奖】 5月6日，第38届湖南省青少年科技创新大赛收官。衡阳市获得2项创新项目一等奖、3项学生创意项目一等奖和2项科幻绘画一等奖。在本届大赛中，市科协和市教育局获优秀组织奖，市成章实验中学刘中文获“十佳科技教师奖”。本届大赛的部分优秀作品将代表湖南参加8月在浙江杭州举行的第32届全国青少年科技创新大赛。（张子良）

【衡钢小学获全省校园武术段位比赛一等奖】 11月4日，由湖南省体育局、省教育厅联合主办的湖南省第二届校园武术段位比赛（决赛）在湖南师大附中高新实验中学体育馆举行，衡钢小学取得全省一等奖的成绩。本次参赛的大、中、小学校共84所，参赛学生1600余人。（张子良）

【湖南高铁职院获“省志愿服务碧桂丹心奖”】 在湖南省第54个学雷锋日暨第5个湖南志愿者日纪念活动中，湖南高速铁路职业技术学院青年志愿者服务中心获“湖南省学雷锋志愿服务百强社团碧桂丹心奖”、学生陈志军获“湖南省雷锋式当代大学生”、学生李成成获“湖南省雷锋式青年志愿者”称号。湖南高铁职院青年志愿者服务中心有注册志愿者7000余人，拥有高铁站志愿服务、大学生四进社区、关爱孤寡老人、留守儿童等一系列志愿服务活动品牌。（张子良）

【职教竞赛成果丰硕】 1. 技能竞赛。2017年衡阳市中职代表团参加湖南省职业院校学生技能大赛共取得14个一等奖、33个二等奖、23个三等奖，团体总体居全省第三名，获省团体二等奖。代表湖南省参加全国职业院校技能竞赛，获得4个二等奖，9个三等奖。2. 信息化教学大赛。衡阳市参加2017年湖南省信息化教学设计与说课大赛，获得5个一等奖，15个二等奖，19个三等奖，并获得省团体三等奖。3. 湖南“黄炎培”职业教育奖创业规划大赛。在2017年湖南黄炎培职业教育奖创业规划大赛中，衡阳市中职组共获一等奖一个，二等奖2个，三等奖3个。获奖数量占全省四分之一，团体总分居全省第二。4.“创新杯”教师信息化教学说课大赛。2017年，衡阳市选派10位老师参加中国职教学会举办的“创新杯”信息化教学说课比赛，获得一等奖1个，三等奖3个。市职教中心获得中国职业技术教育学会颁发的3个组织奖。5. 第13届中等职业学校“文明风采”竞赛。共收到来自全市23所学校的参赛作品526件，经专家评审，共评出各类奖项314个，推荐报省作品121个。衡阳获2016—2017年湖南省中等职业学校“文明风采”竞赛活动团体奖全省第二名（二等奖），个人项目获省一等奖12个，二等奖25个，三等奖38个。参加全国竞赛，获全国二等奖6个，三等奖6个，优胜奖13个。6. 终身教育树品牌。2017年，衡阳市获得全民终身学习活动周全国“优秀组织奖”。市社区大学（市广播电视大学）获全国“优秀成人继续教育院校（培训机构）”荣誉称号。贺宗武获全国“百姓学习之星”称号，刘衡声荣获全省“百姓学习之星”称号，“相约文明”学习活动荣获全省“终身学习活动品牌”称号。参加全国社区教育实验评选，衡阳市获一等奖2个、二等奖4个、三等奖3个。《蔡纸汉歌》获“美蕴秋歌”文艺成果展“优秀作品奖”。（张子良）

文化

文化事业

【概况】 2017年，市文体广新局获"全国群众体育工作先进单位""2017年度全省新闻出版广电（版权）工作目标管理考核优秀单位""2017年湖南省'扫黄打非'工作先进单位""第十三届全运会突出贡献奖"。衡阳市文化志愿服务项目被文化部评为全国优秀文化志愿服务项目。

（易 芳）

【公共文化服务体系建设】 1.推进示范性阵地建设。衡南县创建首批省级现代公共文化服务体系示范区，在全省公共文化服务体系示范区创建工作现场会上作典型发言；召开全市现代公共文化服务体系建设现场会，"衡阳经验"成为全省典范；全市14家公共图书馆顺利通过全国公共图书馆评估定级；开展衡阳市"乡音乡韵"特色乡镇综合文化站创建评比活动，基层公共文化服务效能全面提升。全市2200多个基层综合服务中心建设全面铺开，村级文化活动中心合格率57%。2.实施文体惠民工程。推进"书香雁城"建设，举办高规格的启动仪式，六大活动贯穿全年，开展阅读推广活动1000余场，为全市农家书屋补充图书100万册，市城区首家24小时自助图书馆开馆，耒阳、常宁、衡东建成24小时自助书屋，牛角巷社区被评为全国书香社区。承办全省基层文化志愿者培训班，有力推动文化志愿者服务。"村村响"文化惠民工程全面建成，共建设完成县（市）、乡、村三级平台2400多个，安装高音喇叭5万余个。完成惠民演出1110场、放映公益电影58023场。全市安装1543套（23145件）室外健身器材，在1800个行政村实施农民体育健身工程，建成30个乡镇体育工程，完成19个县市标准化乡镇全民健身工程和城区100个规范化健身辅导站的检查验收。 （易 芳）

【文艺精品创作】 1.艺术创作。围绕喜迎十九大、创建全国文明城市、精准扶贫等主题，创作文艺精品。歌曲《梦的翅膀》《大雁飞翔》等4件文艺作品获湖南省第十届精神文明建设"五个一工程"奖。常宁小歌剧《瑶寨情》、湘剧《新醉打山门》等4个项目获国家艺术基金。2.文化活动。开展"欢乐潇湘·幸福衡阳""广场旬旬演，社区周周乐""周末百姓剧场""雁城市民课堂""群文之家""周末快乐读书"等系列品牌活动400余场次，观众达200万人次。张学友演唱会、摇滚音乐会，中国国家话剧院在衡演出、举办"翰墨醇香·六十年代"中国书法名家学术研究邀请展等。3.文艺大赛。全省"欢乐潇湘"群众文艺汇演获10项大奖，位居全省前列。在全省新人新歌大赛、"三湘蒲公英"奖、青年折子戏等评选活动中摘金夺银。少儿舞蹈《妞妞们的板凳龙》在第十届"一技之长"全国青少年春节联欢晚会暨"快乐成长·感动中国"青少年儿童春节联欢晚会竞演获金奖。 （易 芳）

【文化遗产保护】 文化部党组书记、部长雒树刚到衡阳调研文物保护工作，给予高度评价。1.项目建设。三塔（来雁塔、珠晖塔、接龙塔）、大护国寺修缮工程、石鼓摩崖石刻保护工程全面启动。船山书院修缮工程和布展工作加紧推进。对大浦通用机场工程项目、水口山铜铅锌项目、铁牯岭矿冶遗址等进行考古发掘，发掘清理古墓葬26座、古窑址11座，出土大量珍贵文物。2.基础工作。市政府先后印发《衡阳市文物保护管理办法》《衡阳市非物质文化遗产管理办法》。加强名镇村保护，常宁市中田村、衡东县荣桓镇、衡阳县曲兰镇、耒阳市大河滩村入选首批湖南省经典文化村镇。为150个市保单位及主城区不可移动文物制作带二维码的保护标志碑。3."非遗"保护。健全"非遗"传承人动态管理机制，制定完善12项工作制度；新增廖寒梅、邹昆山为第四批国家级代表性传承人。举办全国第一个"文化和自然遗产日"衡阳文化遗产宣传周，市县联动，参演（展）"非遗"项目达100多项，参与群众逾10万人；举办衡阳市文物保护单位解说词征稿大赛颁奖大会暨衡阳市文物解说微视频大赛；完成《衡州神韵——衡阳市非物质文化遗产》书籍编辑工作；与市电视台、衡阳日报社合作开辟"申名进行时""衡州老艺人"等专栏，系统宣传、推荐文化遗产项目；推动"非遗"进校园，展演（示）60场次，打造一批“非遗”示范学校。“非遗”传承展示基地获衡阳市“十佳”改革创新项目、衡阳市改革创新奖。南岳庙会春节活动盛况空前，三上央视。（易　芳）

【市场监管、产业发展】　1. 文化体制改革。市委、市政府印发《关于进一步深化文化市场综合执法改革的实施方案》。2. 市场监管。全年办理各类行政服务事项105项。建立文化市场黑名单制度，完善文化市场警示名单和黑名单。加强广播电视播出管理，下大力气关停15个县级广电台违规设置的频道，确保十九大期间全市广电的安全播出，未发生任何安播事故。开展“扫黄打非”专项行动，推进综合整治和专项治理，全年立案332起、办结332起。衡阳县西渡镇咸水小学、衡南县咸塘镇高桥村、石鼓区雁栖湖社区、南岳区南岳镇获湖南省“扫黄打非”基层示范点。3. 文化消费。举办首届“阳光娱乐节”，活动持续两个月，推出百企娱乐惠民、全民K歌大赛、电子竞技比赛、最美夕阳红、免费上网体验、阳光娱乐节消费日和“观影”“鉴史”“读书”“学艺”等系列活动，向市民派发各类文化消费券近60万元。4. 产业发展。加快推进文化行业转型升级，全市30%的网吧和娱乐场所实现转型升级。船山书院文旅开发项目入选国家级重大项目库，获得850万元中央财政补贴资金。茶山坳运动休闲特色小镇、百万花海、曲兰湖湘风情文化旅游小镇等一批特色文化产业项目顺利推进。2017年，文化及创意产业增加值186.3亿元，占GDP的比值7.08%，比2016年增加43亿元，同比增长30%。（易　芳）

【省运筹备工作】　2018年，衡阳将第一次承办湖南省运动会，2017年是省运会筹备的关键时期，在前期考察、研究、谋划的基础上，积极主动向省体育局、市委市政府汇报，部署相关工作，把省运会的筹备由体育部门推动上升到市委市政府推动的层面：1. 高层次定位。提出“55221”（“五个一流”的总体要求、“五个省运”的办赛理念、“两个全面”的基本原则、“两个突破”的工作目标、“一个主题”的精准提炼）的筹备工作总体思路。2. 高规格组织。2017年4月7日，市委常委会议审核通过《衡阳市筹备湖南省第十三届运动会总体方案》，成立市委书记、市人大常委会主任、市政协主席为顾问、市长任主任的筹委会，召开2次市委常委会议、5次市政府常务会议对省运会筹备工作作专题研究，市级领导召开专题工作推进会20余次。3. 高标准保障。启动并加快推进皮划艇、赛艇基地、飞碟基地、网球馆、攀岩基地4个市级场馆和4个县级新场馆建设，对所有承办项目的比赛场馆全面提质升级。市委市政府拨付5000万元前期工作经费，以确保各项筹备工作的开展。成立工作机构，实行集中办公。4. 高频次热身。元旦环城赛跑、首届中老年羽毛球公开赛、雨母山市民徒步大会、第十二届体育舞蹈锦标赛暨城市邀请赛、湘江马拉松赛、“科学健身进社区”等大型群体活动开展。首次成功承办国家A级赛事——2017全国蹦床锦标赛暨第十三届全运会预选赛；举办第十届中韩青少年体育交流活动；CBA预备队比赛在衡阳举办21场赛事；“梦东方”杯元旦环城赛跑策划市领导倡议，万人签名，董斌领跑等系列活动，《人民日报》等国家级媒体报道。5. 高强度备战。提升“一县一品、一校一品”工程，两所青少年体育俱乐部被评为省级俱乐部，省十三运周期，向省专业队输送34人，占全省1/10，向省体校输送近80人。全面选才，完成攀岩、高尔夫、击剑三项目的组队，确保参赛。截至2017年12月底，各项目参赛人数总和为860人，完成组队任务的92%。董斌获全运会男子三级跳远金牌。2017年，衡阳市全面参赛湖南省青少年各项锦标赛25项，获金牌114枚，名列全省第2。（易　芳）

【高新区首届文化艺术节】
2017年1月11日晚，2017首届“最·高新”文化艺术节开幕式在高新区衡州剧场举行。本届文化艺术节由市委宣传部、高新区、市文联联合主办，以“最·高新”为主题，从1月11—20日，开展9大主题活动，包括高新区衡州交响乐团迎新音乐会，衡阳历代名家书画展，青少年书画比赛暨一等奖作品展，少儿春晚，“阳光路上”文艺演出，石鼓印社三十周年篆刻展，书法名家送福送春联进社区，“奋进高新·砥砺前行”

文艺汇演暨艺术节闭幕式等。

（谭　媛）

【南岳古镇南街万寿宫古戏台重新开台】　2017年2月6日上午9点半，南岳古镇南街万寿宫古戏台重新开台，吸引众多市民观看。延续上千年的南岳庙会，是中国历史最悠久、规模最大的民俗活动，被列入湖南省非物质文化保护名录，并被文化部评为全国首批最具影响力的春节民俗活动。南岳古戏台的重建开台，为传承传统民俗文化提供一个大舞台，有助于民俗文化重现往日的辉煌，推动南岳全域旅游的发展。

（谭　媛）

【耒阳原创作品获奖】　2017年，耒阳市文化馆原创节目《竹娘》和《刘海爷爷进社区》参与中央电视台戏曲与音乐频道《一鸣惊人》栏目“梦想微剧场”的录制，并在2017年第二季比赛中获“团体银奖”。（谭　媛）

【衡东全民读书月活动】　2017年4月26日，2017年“全民阅读·文明衡东”全民读书月活动在洣江广场启动，活动持续期间，全面启用图书馆、图书室、各书城书店等读书阵地，举行“捐书助学”、万册图书大联展、爱心阅读和“阅达·智慧书城”下载等系列活动。（谭　媛）

【《一代女魂唐群英》开拍】　2017年10月31日，由市委宣传部、市广播电视台与湖南银星文化传播有限公司联合摄制的电影《一代女魂唐群英》在衡山县唐群英故居正式开机拍摄。市委副书记邓群策宣布电影正式开机。

（谭　媛）

文化执法

【概况】　2017年，衡阳市文化市场综合执法局较好地完成年度工作任务，为党的十九大胜利召开营造良好文化市场环境。获评2017年度全国“查处侵权盗案件”有功集体、全省“扫黄打非”先进集体。（王　瑶）

【文化市场监管】　一是开展各项专项整治行动。2017年衡阳市组织开展2017年度“两会”“两节”期间全市文化市场专项整治“百日”行动、2017年衡阳市互联网上网服务营业场所专项整治行动、2017年校园周边文化场所专项整治“护蕾”行动、2017全市演出、娱乐市场“春雷”专项整治行动、衡阳市文化市场“利剑”专项整治行动、“两会”“两节”期间全市文化市场安全生产检查和十九大文化市场专项保障行动、2017年“扫黄打非”之“清源”“护苗”行动、惩治侵权盗版“剑网”行动等全市性、较大声势的专项整治行动。全年出动执法人员13100人次，检查经营单位5111家次，立案300件，结案300件。共受理举报186起，办结186起。收缴各类非法出版物（含印刷半成品）4800余件，其中淫秽色情类198余件。确保全市文化市场经营秩序稳定、经营环境安全。二是创新执法方式、模式。加强网格化管理。围绕“有效遏制接纳未成年人上网”工作主题，制定网吧“网格化”管理实施细则，按照“谁主管、谁负责”“谁监管、谁负责”“不尽责、就问责”的原则，实行三级责任制。同时，强化宣传教育工作，分类组织召开全市文化市场经营单位负责人会议，深入学校举办“远离网吧，健康成长”主题班会活动，制作、分发未成年人远离网吧公益广告等。探索“双随机”模式。根据省文化厅的部署，制订《衡阳市落实文化市场随机抽查、规范事中事后监管工作实施方案》，开展“双随机”抽查，依法查处违法违规经营行为，公开文化市场随机抽查事项清单，主动接受社会监督。加强文化市场事中事后监管，提升文化市场监管效能。强化黑名单管理。将列入黑名单的文化产品及经营主体作为重点监管对象，加大执法检查频次。同时，强化失信联合惩戒机制，相关部门在送达处罚决定书后，及时把经营主体黑名单书面通知市场监管等部门，形成“一处受罚，处处受限”的局面。（王　瑶）

【查办大案要案】　查处一批大案要案，其中“湖南金钟置业投资集团有限公司擅自从事营业性演出活动案”被评为文化部重大案件。“11·3”案被列为全国“扫黄打非办”重点督办案，此案2017年成功结案。此外，还有4个项目被国家版权局表彰为有功集体、有功个人。（王　瑶）

【开展文化市场安全检查】 2017年，组织开展以文化市场安全生产为主要内容的专项大检查和主题宣传教育5次，要求做到凡进市场检查必检安全生产，凡进市场检查安全生产必进行安全生产登记，凡发现安全生产隐患必责令当场改正，凡发现重大安全生产隐患必函告相关责任部门处理。全年抽查文化市场239家，其中网吧158家、歌舞娱乐市场24家、电子游戏厅6家、出版物市场39家、电影市场12家，通过检查及时发现并消除安全隐患。衡阳市文化市场安全稳定，无重大安全生产责任事故，形势持续稳定向好。 （王 瑶）

【提升文化执法能力素质】 一是加强业务培训。2017年，安排外出业务培训及组织各类法律、法规、规章和业务培训21次，参加培训人员达400多人次，选派30余名执法骨干参加文化部、省文化厅、省新闻出版广电局举办的文化市场执法专业培训及对口交流协作培训。分行业、分类别先后召开出版物市场、印刷行业、出版单位监管工作会议及网吧监管平台软件升级培训等会议。组织开展“七五”普法考试，干部职工合格率100%。二是加强规范管理。修订《衡阳市文化市场综合执法局工作制度汇编》，出台《衡阳市文化市场综合执法局工作问责制》，严格“依法依规依程序”办事，严格执行对执法全过程进行规范、监督，规避执法风险。 （王 瑶）

【创文工作】 2017年，出动7600余人次、1900余车次，对文化市场653个测评点，实行拉网式、地毯式，反复查、查反复，逐一对标，督促整改。整治期间，共整改较严重的问题27起，查处违规经营的文化场所66家次。迎测期间有14辆干部职工私家车主动用于市场巡查、迎测执法等。投入近10万元，制作创建宣传牌、网吧开机提示屏，印刷宣传单等，广泛开展社会宣传和单位创建氛围的营造。实地测评中，文化市场抽检2个网吧、4所学校的校园周边，以及影院等公共娱乐场所，均未出现扣分情形。 （王 瑶）

文博工作

【项目建设】 1. 四城区项目建设。“三塔一院”修缮工程全面启动。来雁塔修缮工程勘察设计方案获省文物局批准；珠晖塔开展项目勘察设计招标工作；雁峰区启动接龙塔修缮与环境整治；船山书院修缮与环境整治工程设计方案获批复并完成修缮主体工程；石鼓区窗子塘杨梅桥工程6月全面竣工，石鼓摩崖石刻保护工程、大护国寺修缮工程12月全面竣工；蒸湘区罗家井、火车西站百货商店零售店旧址修缮方案完成评审工作；衡州窑、湘南学联旧址保护规划按程序报批。2. 县（市）区项目建设。南岳忠烈祠修缮工程（第1期）——将士墓修缮工程，夏明翰故居修缮及环境整治工程，罗荣桓故居增补点——新大屋、黑田罗氏祖堂保护修缮工程等有明显进展；王氏宗祠二期、禹王碑（1期）遗址保护工程、王船山故居消防设施建设和园区内环境整治、唐群英故居与唐群英墓、邺侯书院环境整治、南岳庙东西长廊的维修工程、柴山洲特别区第一农民银行旧址维修及环境整治工程持续推进；启动编制南岳摩崖石刻规划和第一期方案、水口山第三冶炼厂及康汉柳饭店的抢险加固工程项目技术方案、刘氏大屋（3期）维修工程方案；茶叶塘民居群、五甲廖氏宗祠、彭明治将军故居——青山书院等维修工程项目完成评审工作。南岳庙东西长廊的维修工程、夏明翰故居修缮及环境整治工程、常宁县农民协会旧址维修工程、文立正故居修缮工程，桐梓山工农游击队根据地旧址维修工程全面完工。罗荣桓故居保护规划报国家文物局批复；云集窑保护规划编制启动招投标工作。王如痴故居修缮工程方案重新编制并按程序报批。遵循文物保护工程规范，开展常宁县农民协会旧址等维修工程的竣工初验工作并按程序报批。3. 做好全市文物保护项目资金的申报、实施和绩效管理工作。成功申报7个国保单位专项补助资金，合计资金1165万元，其中湘南学联旧址防雷工程56万，湘南学联旧址消防工程102万，南岳区忠烈祠安防工程135万，常宁市水口山铅锌矿冶遗址第三冶炼厂抢险加固工程立项的批复534万，耒阳市蔡侯祠消防工程167万，南岳区忠烈祠修缮工程（第1

期）——将士墓修缮工程137万，衡阳县王船山故居消防工程34万。（刘辉辉）

【基础工作】 1.6月14日，《衡阳市文物保护管理办法》完成审签正式印发。2. 主城区文物保护规划编制工作有新进展，市国土部门同意无偿提供数字化地形图，市财政审核编制经费。3. 启动衡阳市第八批全国重点文物保护单位、第十批省级文物保护单位申报工作，组织编制辖区内省级文物保护单位科学记录档案。4. 制作新公布的市保单位及主城区不可移动文物保护标志碑并增加二维码。（刘辉辉）

【遗址公园建设工作】 推进衡州窑申报国家考古遗址公园工作，市政府明确项目牵头领导，同意由珠晖区政府作业主，《文物保护规划》报省政府，遗址公园规划编制完成并上报国家局；酃县城址遗址公园启动一调勘两规划工作，考古调勘工作完成，文物保护规划、遗址公园规划工作均委托省考古所编制，11月底，考古发掘工作启动。水口山铅锌矿冶遗址申报第三批国家考古遗址公园，项目招标在衡阳市政府采购网挂网公示。（刘辉辉）

【名镇名村保护工作】 常宁市中田村、衡东县荣桓镇、衡阳县曲兰镇、耒阳市大河滩村入选首批湖南省经典文化村镇。中田村古建筑群文物维修（2期）工程开工，其（3期）工程编制施工方案，并做好准备迎接国保省保集中成片传统村落保护工程示范村国家、省验收相关工作；完成《衡东县杨林传统古村落老街古建筑群抢险加固工程勘察设计方案》的编制工作；开展传统村落价值研究，整理《流水夕阳照古墟——杨林老街》文字资料；高田村、杨林村、夏埔村、沙井村等传统村落中文物保护单位修缮工程进一步实施；新增传统村落10处。（刘辉辉）

【开展古建筑、老字号调查工作】 完成《湖南石刻文献集成》资料采集工作。对衡阳市南岳庙等9处明清古建筑进行现场勘查，收集、整理资料；联合住建等部门，对来雁新城区内的古建筑和历史建筑开展调查。落实好商务部等16部门联合印发的《关于促进老字号改革创新发展的指导意见》，于9月30日前上报全市行政区域老字号建筑保护与利用情况。（刘辉辉）

【考古调勘】 与省文物考古研究所、衡东县文物局组成考古工作队，对大浦通用机场工程项目内相关文物点进行考古发掘，清理出18座中小型墓葬、9座窑址，出土大量珍贵文物。8月，完成对船山书院修缮考古工作。衡阳县完成市级文物保护单位彭玉麟墓考古发掘及初步维修工作、岣嵝乡乡镇地质灾害汉墓抢救性发掘项目。常宁市完成新平城址考古调勘、江州遗址考古调勘、铁牯岭矿冶遗址、水口山铜铅锌项目抢救性考古调勘，发掘古墓葬8座，古窑址2座；祁东县开展境内风电、太阳能发电电厂选址的文物调查工作。（刘辉辉）

【博物馆事业】 1. 优化博物馆免费开放服务工作。贯彻落实《博物馆条例》，进一步加强全市博物馆、纪念馆免费开放、绩效考核及信息公开工作。市博物馆进一步做好馆藏文物字画修复工作、借展文物安全归还入库、完成展厅日常修缮，分批分年度将71件馆藏字画送省博物馆进行修复。市博物馆、湘南学联纪念馆展览亮点频现，两馆同时推出《纪念彭玉麟诞辰200周年展览》。2. 博物馆建设。严格践行《博物馆条例》的各项规定与要求，完成衡阳市16家博物馆设立备案、信息公开、定级评估和运行评估等基础工作；衡阳市工业博物馆于9月试开馆，功能布局、功能需求等进行一体化设计，并按规定办理报审报备程序；毛泽建烈士纪念馆全方位提质提升，规范化运行有明显进展，忠烈祠抗战烈士陈列馆主体馆建设完成，水口山工人运动纪念园、常宁市博物馆建设项目规划立项并完成选址；云集窑博物馆建设完成前期的规划设计；夏明翰生平事迹陈列馆改陈扩展内容设计方案完成专家评审工作。（刘辉辉）

【文物安全】 1. 依法查处违法案件。2017年，对两起涉嫌违法的案件进行立案调查，对违法修缮市保单位船山书院旧址的建设单位作出罚款45万元的行政处罚，并要求其补办好相关手续后才能施工。不可移动文物点育婴堂灭失案办理完结，给予50万元的行政处罚。2. 多措并举，确保文物安全。2017年，每季度组织开展文物安全巡查，安排县（市）区人员进行异地交叉检查，认真贯彻落实国家文物局《关于开展文物安全状况大排查行动的通知》和《湖南省文物安全状况大排查暨夏季消防检查工作方案》等文件精神。联合公安消防部门开展文物安全检查，下发《关于成立“文物消防安全管理联合工作机制”的通知》，建立健全文物消防联合检查机制。在全市范围内开展文物行政执法技能大比武，选拔优秀人员参与全省的比赛。按季度及时、如实上报辖区内“文物行政执法和文物安全巡查检查报表”，组织开展辖区内文物建筑电气火灾风险评估，2017年，衡阳市没有发生文物安全事故。

（刘辉辉）

【文物保护宣传】 1. 3月29日，国家文物局局长刘玉珠到衡阳市考察文物保护工作，市党政主要领导陪同。2. 举办国际博物馆日、文化遗产日等系列宣传活动。5月19日，在陆家新屋召开衡阳市文物保护单位解说词征稿大赛颁奖大会，会上对获奖者进行表彰，会上举行衡阳市文物解说微视频大赛启动仪式，要求各县（市）区要广泛宣传发动，弘扬优秀传统文化。开展国际博物馆日宣传活动，在全市15家国有博物馆开展党史国史主题教育活动。制作展板25块，于文化遗产日在衡阳市博物馆展出。3. 加强与各媒体合作。开展衡阳老街区系列专题报道，与衡阳电视台合作，开展衡州窑的专题报道，在衡阳晚报设立“申报国家历史文化名城”专栏，下设“申名进行时”等子栏目，局长吴建波撰写的《关于文物服务文化旅游名城建议的几点思考》在湖南文化厅网站、衡阳通讯发表。4. 实施互联网+中华文化明示范项目。建设“衡阳智慧文物——移动管理平台”，力争通过移动应用平台整合全市文物资源，加强与观众的互动与交流。

（刘辉辉）

【衡阳市文物解说微视频大赛】 5月19日，市文物局在陆家新屋游客中心举行衡阳市文物解说微视频大赛启动仪式。本次大赛旨在扩大衡阳文物影响力，弘扬地方优秀传统文化。大赛由市委宣传部、市文体广新局、市申报国家历史文化名城工作领导小组办公室主办，市文物局承办，各县（市）区文物局（所）协办。大赛设置一等奖1名，奖金2000元；二等奖3名，奖金各1500元；三等奖6名，奖金各1000元；入围奖50名，奖金各200元。市广大文物爱好者，不限年龄、不限职业、不限学历可报名参赛。参赛人员可通过手机、摄像机等自媒体工具对全市范围内所了解的文物（含可移动文物、不可移动文物），从历史、科学、艺术价值等方面挖掘文化内涵和背后的故事，结合语言解说拍摄成视频资料。

（谭　媛）

艺术教育

【概况】 衡阳艺术学校始建于1960年，1986年，经省政府批准定名为“衡阳戏曲学校”，1995年更名为“衡阳市艺术学校”，是湘南地区唯一一所国办中等专业艺术学校。2017年，在编教职工81人，在册学生724人。开设有社会文化艺术、舞蹈、音乐、播音与节目主持、美术等专业，是湖南艺术职业学院第一附属学校，华中师大教学基地。因在舞蹈教学工作中所取得的突出成绩，被中国舞蹈家协会授予“全国中小学舞蹈教育传统校”。衡阳艺校位列湖南省职业教育领域艺术体育类院校和专业中唯一一个示范性特色专业群，同时成为全省地市级最强的国办中等艺术职业学校，稳居湖南省艺术教育第一方阵。

（许丽莎）

【专业建设成果】 1. 2017年4月，在第十三届全国中等职业学校“文明风采”竞赛全国决赛中，衡阳艺校获优秀组织奖，衡阳艺校学生获得两个舞台作品二等奖；4位教师分别获优秀指导教师荣誉称号。2. 2017年5月10日，在2017年全国职业院校技能大赛中职组“艺术专业技能”（中国舞表演赛项）决赛中，衡阳艺校学生代表湖南省参赛，获三等奖。3. 2017年4月25日，衡阳艺校学生参加2017年湖南省职业院校技能竞赛文化艺术类赛项，分别获得1个一等奖，2个二等奖。

4. 2017 年 5 月 1 日，在第九届“小荷风采”全国少儿舞蹈展演湖南省选拔展演暨第二届湖南省青少年舞蹈大赛中，衡阳艺校学生获得一项表演银奖，三项优秀奖；教师在本届单、双、三人舞青年组比赛中获表演铜奖。5. 2016 年 12 月 15 日到 16 日，衡阳艺校学生参加衡阳市 2017 年中等职业学校技能竞赛（中国舞赛项）比赛，分别获得艺术类中国舞一等奖，二等奖与三等奖。6. 2017 年 5 月，衡阳市艺术学校被纳为湖南省职成教育学会高职文化艺术类专业委员会副主任单位，艺校为该委员会吸纳的唯一一个中专学校。

（许丽莎）

【基础建设成效】 1. 衡阳艺校实验剧场主体土建工程进入尾声。2. 衡阳艺校的篮球场、练功厅、厕所维修改造以及设备添置完成并投入使用。（许丽莎）

新闻出版广电

报业发展

【概况】 2017年，衡阳日报社获“中国媒体深度融合30强”“金长城传媒奖中国传媒融合发展十大影响力地市级党报”“全国报业版权工作先进单位”“湖南省十佳报社”“全省报纸印刷质量一等奖”等荣誉，全年获省级以上新闻奖114篇，党委书记、社长肖立建被评为2017年中国传媒融合发展年度杰出人物。

（周仲辉 戴佳兵）

【新闻报道】 1.“两报”影响。2017年，《衡阳日报》《衡阳晚报》推出大小策划60多个，其中受衡阳市新闻阅评员好评的策划报道有20多个，多个策划得到省、市领导的表扬。围绕市委市政府中心工作，《衡阳日报》先后推出《领跑大湘南》系列报道、《原力的崛起》《周末去哪儿》等专题专栏；围绕突发热点事件，两报持续跟踪，做好“衡山长裙姐姐”“爱心人士帮助听障儿童找耳蜗”等重大典型的宣传；衡阳日报社与人民日报社成功签约，成为首批入驻“人民日报全国党媒公共平台”的地市级党报。2.新媒体发展。《掌上衡阳》开通12个县（市）区频道，建立市总工会、市城乡规划等部门频道，建立南华大学等5个校园频道，设立高校记者站。截至2017年年底，《掌上衡阳》用户超过38万，是衡阳地区下载量最大的移动终端媒体，成功跻身全省市州党报客户端第一方阵。影响力增强。《衡阳晚报》微信多次登湖南省微信排行榜周冠军；《衡阳日报》微信获“2016—2017湖南区域市州影响力微信”荣誉称号。融合度提高。《掌上衡阳》直播平台常态化营运，“豹眼视频”获中国移动互联网与传媒融合风云榜“年度最具价值品牌”，柳州、金昌、新余、常德、岳阳等10多家报社到衡阳报社学习经验。

（周仲辉 戴佳兵）

【广告收入】 广告经营中心、新媒体编辑部、房地产工作室、健康工作室、教育工作室、人社工作室、县市区新闻中心、社区报编辑部等经营部门超额完成2017年目标任务。《掌上衡阳》、“豹眼视频”、衡阳全搜索网等新媒体创收230多万元。2017年，报社实现广告收入2753万元，比2016年增长14.13%，实现逆势上扬。印刷厂业务量提升、印刷质量提高，《人民日报》社拟在报社设立湘南地区分印点。

（周仲辉 戴佳兵）

【衡阳日报社开通全国地市报首个淘宝直播室】 2017年1月9日，衡阳日报社开通全国地市报首个淘宝直播室开播，意味着衡阳日报社正式入驻“淘宝头条”。报社旗下的达人团队将从专业角度推广淘宝品质商家，用亲和文字分享新鲜有趣的消费信息。市委常委、市委宣传部部长刘丽华指出，淘宝达人项目将成为传统媒体新的经济增长点，对推荐衡阳品牌、推广雁城文化将发挥更大的作用。

（唐小红）

【“衡阳学习网”开通】 2017年，“衡阳学习网”（www.hyxuexi.com）平台使用培训班在衡阳电大南校区举行，衡阳学习网正式开通，并免费向市民开放。衡阳学习网是以实现“人人皆学、处处可学、时时能学”为目标的大型公益门户网站，是面向本市城乡居民的数字远程学习平台。含学习视频、数字图书、电子报刊等学习资源2万余集（部），学习内容涵盖基础教育、职业技能、就业指导、文化修养、生活休闲、医疗保健等多个领域，可最大限度满足不同类型人群的个性化学习需求。市民可结合工作及个人兴趣，在网站上自主选择课程，免费学习所需知识，撰写学习心得，进行互动讨论等。（唐小红）

【新闻出版界别委员工作室揭牌】 2017年7月6日，市政协新闻出版界别委员工作室在衡阳日报社正式揭牌，“委员帮帮帮”网上服务平台同时启动，共有7名委员参与。该委员工作室将充分发挥界别优势，倾听民声、反映民情，在普通百姓和党委政府之间搭建沟通的桥梁。为更快捷地传递民情民意，该界别还在“掌上衡阳”手机客户端开通务窗口，市民朋友登陆“掌上衡阳”页面，点击“委员帮帮帮”栏目，即可提交所需反映的问题。 （唐小红）

【“豹眼视频”获“年度最具价值品牌”】 2017年11月16—

17 日，中国传媒融合发展年会暨 2017 全球移动互联网青岛峰会在青岛举行。衡阳日报社的视频直播品牌“豹眼视频”获“年度最具价值品牌”。豹眼视频于 2017 年 1 月 1 日正式推出，先后拍摄制作《衡阳老人雕成立体清明上河图》《坛下，那群为乡音坚守的匠人》《周末去哪儿》《聆听衡阳》等一批深受好评的视听新闻、视听栏目，尤其在视听直播领域，先后承接“珠晖区梨花节开幕式”“衡阳时装周首秀”“全国蹦床锦标赛”等活动，成为全国地市报媒体融合的品牌。

（唐小红）

【衡阳日报社入驻人民日报全国党媒公共平台】 2017 年 11 月 24 日，“人民日报全国党媒公共平台签约入驻仪式（第二批）暨全国党媒十九大融合报道精品 100”在江苏无锡举行。衡阳日报社与人民日报社成功签约，成为首批入驻的地市级党报。签约后，衡阳日报社与人民日报社开展深度合作，衡阳日报社“掌上衡阳”等媒体报道内容第一时间在人民日报社公共平台展示。同时，人民日报社公共平台的所有资源衡阳日报社可以共用，与《人民日报》实现内容、技术与渠道的全面共享。 （唐小红）

图书发行

【时政读物发行】 1. 做好政治读物的宣传。利用新华书店各实体门店平台，针对重点政治读物制作 POP 广告，专题陈列、专人导购，加大重点政治理论读物的宣传推广，提升广大读者对党政重点读物的关注了解。2. 开展“七进”活动。为方便全市各机关企事业单位订购政治读物，满足各单位的学习需求，2017 年，全市各级新华书店书店组织员工进社区、进军营、进农村、进学校、进工厂、进机关开展优秀图书优惠大展销达 200 余次，发行时政读物约 60 万册。 （胡革立）

【全民阅读推广】 1. 阅读活动常态化。以全民阅读为中心，围绕衡阳市第九届“书香雁城 · 文化衡阳”这一主题，开展 200 余次优质图书展销活动，成立“书味相投”读者俱乐部、“朗读者—寻找最美读书人”朗读分享会等公益读书会，打造“青少年国学大赛”“创文大赛”“爱语文活动”“新华阅读嘉年华”等一系列大型阅读推广活动，营造良好的全民阅读氛围。2. 名家讲座常态化。2017 年，公司举办 80 余场名家讲座、签售活动，邀请百万级畅销作家大冰，当代青年偶像作家刘同，中国成语大会总冠军、中国诗词大会亚军彭敏，“最美读书人”易春花、彭丹妮，全国超级演说家二季总冠军刘媛媛，湖南省高考状元仇博兵等众多名家讲座。 （胡革立）

【门店形象】 2017 年，中共湖南省委常委、宣传部部长蔡振红在中共衡阳市委书记周农、中共衡阳市委常委宣传部部长刘丽华的陪同下视察衡阳图书城，对衡阳图书城给予肯定。在贯彻落实“全国新华书店实体店服务标准”的核检中，衡阳图书城店被中国新华书店协会评审组称赞为“高大上、精而美”。2017 年，衡阳图书城再度被中国新华书店协会、中国出版传媒商报评为“中国最美新华书店”“新华书店 80 周年百佳文化地标”称号。 （胡革立）

【24 小时自助图书馆】 2017 年 12 月，衡阳市城区首个 24 小时自助图书馆开馆。自助图书馆位于衡阳市高新区太阳广场的东侧。自助借阅书架上有 3000 册纸质图书、扫码借阅电子图书借阅机内有 10 万册电子图书，还可登录市图书馆网站检索馆藏书目、利用数字资源。纸质图书中，80% 是成人书籍，20% 是少儿书籍，纸质图书将根据借阅情况不定期更换。自助图书馆面积为 25 平方米，设置一定的阅览座位，提供无线上网等服务。 （唐小红）

广播电视

【概况】 2017 年，衡阳市广播电视台共有人员 813 人，其中在职人员 724 人，离退休人员 278 人。下辖衡阳人民广播电台（新闻频道、交通频道）、衡阳电视时政频道（衡阳电视台）、衡阳电视公共频道（衡阳有线电视台）、党建先锋频道、新视报、衡阳广电网站 6 个媒体和广播电视有线网络传输中心（湖南有线衡阳分公司）、广告监管中心、技术中心、物业管理部、会计核算中心、产业发展中心、无线数字电视开发管理中心、广播电视器材供应站、影视艺术中心、进步影视文化有限责任公司、红色影视文化有限责任公司等11个服务经营部门，共17个二级单位。6个媒体办有《衡阳新闻联播》《都市报道》《政风行风热线》《民声面对面》《乡里乡亲》《石鼓书院大讲坛》《廉政视窗》等知名栏目。自办广电节目通过有线、无线无缝隙传输覆盖全市12个县（市）区及周边地区。（全惠群）

【新闻宣传】 1.2017年是中共十九大召开之年，广电台先后推出《极目蒸湘》《新时代新征程》《十九大时光》《最美扶贫人》等系列专栏专题，特别是《新时代新征程》主题策划，聚焦“3311”工程，围绕十九大报告中提出的“乡村振兴、美丽中国、教育质量”等热词和省委提出的“创新引领 开放带动”战略，对应衡阳市发展现状和亮点，挖掘值得分享的衡阳经验。2.2017年6月，衡阳遭遇洪灾侵袭，广电台全景式反映衡阳军民的抗洪风貌，被省委、省政府和市委、市政府评为2017年抗洪救灾先进集体，全省地级市新闻媒体获表彰的独此一家。3.2017年，广电台对接市委、市政府中心工作策划推出一系列精品力作，聚焦社区“三清三建”的《家园》；聚焦工业补短板的《工业制造 衡阳力量》；聚焦精准扶贫、脱贫攻坚的《打赢脱贫攻坚战》和《最美扶贫人》；对接中央环保督察组督察的《环保督察》《建设生态优美新衡阳》等。与市纪委合办的衡阳首档电视问政栏目《民声面对面》继续发声，直击“四风”陋习；《廉政视窗》栏目将报道重点放在家风家训家规、法纪镜鉴上，为衡阳营造风清气正的政治生态环境做出贡献。（全惠群）

【活动宣传】 1.2017年，广电台继续承办衡州经济发展论坛开幕式暨主题论坛，本届论坛中，广电台还原创论坛主题曲《大城梦想》，在开幕式首播后被市委、市政府评为“衡州经济发展论坛先进单位”。2.《石鼓书院大讲坛》每周一期国学讲座，讲座邀请王蒙等国宝级的文化大家，让市民眼界大开。3.“才高八斗”“花儿朵朵”“爱心送考”“真情颂党恩”等大型主题活动成功举办。（全惠群）

【外宣创优】 2017年，成立专门的外宣机构，有力推动对上对外发稿。经济转型、脱贫攻坚、文明创建、安全生产、“两学一做”等中心工作稿件在央视、卫视等上级媒体播出，《衡阳刑侦大队忠诚担当保平安》《洪水来袭》在央视《新闻联播》中大篇幅播出；配合央视、湖南卫视完成喜迎十九大特别报道《还看今朝》《我们看得见的变化》衡阳篇采访报道。截至2017年年底，广电台在央视上稿31条，湖南卫视上稿216条，对上对外宣传继续在全省名列前茅。在创优方面，连续21年获省宣传创优组织奖，纪录片《铁骨丹心彭玉麟》、广播剧《黑土云天》获2016年度湖南省“五个一工程”奖；2017年，由广电台投资拍摄的电影《一代女魂唐群英》开机。（全惠群）

【事业、产业全面发展】 2017年，全台各媒体完成播出任务共计18979小时，台内台外停播率均为零秒/百小时，未发生任何安全播出事故。确保春节、国庆等节假日期间特别是中央及地方“两会”、中共十九大等重要防护期安全播出工作万无一失。在经营创收上，实现收入稳步增长的良好局面。在广告经营中，坚持“稳住一块，巩固一块，开拓一块”的营销思路，坚决杜绝刊播违法违规广告，追求绿色效益，2017年广告违规违法率为零，为全省广电唯一一家；无线数字电视在稳定现有用户的基础上，发展新用户，截至2017年，总用户数突破7万户，成为衡阳广电活跃的单位之一；星光艺术学校办学特色鲜明，是衡阳市知名艺术教育培训品牌。（全惠群）

电视调频发射

【概况】 湖南省南岳电视调频发射台（以下简称南岳台）是湖南省的一个骨干高山台，位于南岳衡山祝融峰东侧的喜阳峰山腰，坐标为北纬27.3度，东经112.7度，海拔高度1233.72米。2017年，南岳台现担负着转播7个电视频道、8套调频广播、两套地面数字电视共17个广播电视频道、频率的发射并完成数字微波信号的中继任务。发出的广播电视信号直接覆盖湘中南 22 个县市、近 3000 万人口，同时为湘中、南地区各级广播电视转播台、站提供信号源，在湖南省无线网络覆盖中，有着十分重要的地位和作用。（袁 燕）

【保障十九大安全播出】 十九大的召开期间，南岳台以零差错、零故障的成绩完成十九大安全播出任务。1. 成立十九大安全播出领导小组。台长为组长，5 位副台长为副组长，下设技术保障组、安全保卫组、人员调配组、后勤保障组。2. 周密排查，认真整改，加大安播设备保障力度。通过对供电设备、机器设备、信号源系统、天馈系统、安全保卫等方面进行全方位、无死角的地毯式的排查，对排查出来的问题形成“问题清单”，召开专门技术分析会进行“会诊”，及时妥善解决排查出来的每一个问题。3. 强化责任、严防死守，筑牢安播体系防火墙。为了确保责任落实到人，台领导与各部门负责人，各负责人与机房值班人员签订责任书，保证责任逐层落实，逐层分解，责任到人。在十九大播出期间，调频、电视机房、保卫监控室值班人员实行双人双岗值班制度。为确保设备安全工作，所有发射机提前半小时开机，值班员每隔半小时巡机一次。安全保卫部门实行 24 小时值班制，采取固定职守和外部巡逻相结合的方式。同时加强对铁塔施工人员及场地管理，重点时段实行全面停工确保播出。（袁 燕）

【中心工作】 电视、调频共计 17 套频道（率）全年共计播出时间全年电视、调频 17 套频道（率）共计播出时间 106070 小时，停播率 21 秒/100 小时，达到国家广电总局要求的一级发射台站甲级标准。1. 制定安全播出日常管理制度，设立考评小组，定期检查，及时总结。2. 抓好日常维护。维护工作中做到四个到位。时间到位，星期二下午 2：00—4：30 为维护时间；人员到位，参与维护人员不准无故缺席；重点到位，设备中公共部分或容易出故障的部位排查到位；记录到位，每次维护必须有记录。3. 抓好技术培训。技术培训以设备故障案例分析、应急故障处理为主的现场教学与微信平台开通的多媒体授课方式结合。2017 年，通过面向社会公开招考引进 3 名专业技术人才。按照公开招考和日常考核的成绩，择优解决 3 名劳派员工台聘待遇。全年共计派出 50 人次参加广电专业的新知识、新技术培训班。（袁 燕）

【全面推进铁塔重建】 1. 2017 年 7 月底，南岳台铁塔重建工作全面通过立项、论证、选址、评估、勘察、水土保持、林地报批、林木采伐许可证、设计、建设招投标、建设规划许可证、开工许可证办理等一系列繁杂的流程。2. 完成动力机房搬迁。新塔的设计位置位于动力机房附近，所以完成动力机房搬迁是铁塔前期建设的首要任务。5 月 4—9 日，完成新旧配电设备搬迁、电缆铺设联接及电网恢复运行的全部工作。实现全台所有播出节目的零秒停播。（3）护坡建设、基础开挖工作。8 月 9 日，举行南岳台广播电视新铁塔奠基仪式。

（袁 燕）

体　育

群众体育

【元旦环城赛跑】 2017年1月1日，衡阳市2017年“连卡福杯”元旦环城赛跑启动。本次环城赛跑以“新衡阳，新希望”为主题，分长跑、徒步、自行车骑行、轮滑四个大组。其中，长跑组的比赛路线从连卡福商业广场起，转至解放大道、蒸水南路、祝融路、长丰大道，再由解放大道转至连卡福商业广场。来自市直机关、大中专院校、各中小学、各单位职工、驻衡部队等5000余名运动爱好者参与。市委常委、市委宣传部部长刘丽华鸣枪发令，与市政协副主席张亮领跑。（文爱菊）

【衡阳市平湖篮球联赛】 2017年，4月22日晚，“平民联赛·快乐篮球”2017年衡阳市平湖篮球联赛开幕，来自全市的44支球队参赛。平湖篮球联赛是衡阳市民间自发组织的比赛，各大篮球爱好者均可组队报名参赛。该赛事2013年创办开赛，是全国规模最大的民间自发AA制的篮球赛。本次联赛共有44支球队参赛，比赛将实行甲、乙、丙分级制，以2015年和2016年平湖联赛名次为划分级别标准，新报名参赛队伍由丙级打起，实力超强队伍由义工团队考核升级。比赛持续8个月，共380场对抗赛，最终评出前八强。（文爱菊）

【驻衡阳高校教职工气排球赛】 4月22—23日，由市文体广新局主办的2017年驻衡高校教职工气排球赛在市体育中心举行，来自全市6所高校的11支教职工队伍参加比赛，副市长龚学余宣布比赛开幕。本次比赛分男子组和女子组进行，采取小组单循环赛制，交叉淘汰。（文爱菊）

【衡南县首届农民运动会暨千人拔河比赛】 2017年4月28日，由衡南县委宣传部主办、县农民体育协会承办的“欢乐潇湘、幸福衡南”衡南县首届农民运动会暨千人拔河比赛在衡南县城文化广场举行，吸引衡南县1000余人参加比赛。本场赛事创新赛制规则，每支代表队均由10名男运动员、5名女运动员自由搭配组成。（文爱菊）

【湘江马拉松赛】 2017年5月20日，“从未止步·从心出发”2017年湘江马拉松赛·御江帝景衡阳站在湘江南路御江帝景营销中心起跑，5000余名运动爱好者参加。此次大赛由省体育局指导，市委、市政府主办，市文体广新局承办，湖南博森体育管理有限公司执行运营。比赛分为男、女城市10公里马拉松和3公里欢乐健康跑两个项目，各组获得城市10公里项目前5名的选手可以直通长沙国际马拉松赛，获得前8名的选手由大会颁发奖牌和奖品，完成3公里欢乐健康跑的选手颁发完赛奖牌。湘江马拉松赛是由长沙、株洲、湘潭、衡阳4市体育部门共同创建的一个赛事活动，于每年4—5月在4座城市分别举办，4站全程距离42.195千米。该活动旨在以马拉松赛事为载体，以宣传城市和推动全民健身为宗旨，展示湘江沿岸4市优美环境、文化特色和经济建设成果，营造竞技体育与群众体育、体育文化与旅游文化和谐发展的浓厚氛围，全力推动湖南湘江沿线城市发展和品牌建设。（文爱菊）

【2017年健康中国（湖南·衡阳）行暨第14个“世界献血者日”公益跑步活动】 2017年6月10日，由市公民献血委员会、市卫计委主办，市中心血站承办的2017年健康中国（湖南·衡阳）行暨第14个“世界献血者日”“热血，奔跑吧!”公益跑步活动在南湖公园隆重举行。由无偿献血志愿者代表、高校志愿者代表、机关干部代表、医务人员代表组成的百人热跑团参与此次活动。（文爱菊）

【石鼓区原创广场舞大赛】 8月7日，2017年石鼓区社会主义核心价值观原创广场舞大赛暨“全民健身日”启动仪式在莲湖广场举行，8支参赛队伍、260余名舞蹈爱好者展开一场欢乐、健康的对决。青山街道《民主之歌》夺得冠军。（文爱菊）

【全民健身日】 8月8日，由市文体广新局、市体育总会主办，市单项体育协会、市全民健身服务中心承办的2017年衡阳市“全民健身日”大型展演活动启动仪式在市体育馆举行。2017年，衡阳市全民健身日活动突出“健身每一天、喜迎十九大”的主题，内容更丰富，形式更多样，各体育馆、俱乐部纷纷向市民派送免费开放、免费体质监测的福利。

（文爱菊）

【衡阳·雁峰2017年“金钟杯”公路自行车赛暨捷安特自行车嘉年华】 2017年8月26日，2017衡阳·雁峰“金钟杯”首届公路自行车赛暨捷安特自行车嘉年华活动在雁峰区南湖公园举行。此次比赛以“生态雁峰、健康骑行”为主题，为衡阳首次公路自行车竞速赛，分为男子组与女子组两组，吸引来自全国各地50多家俱乐部的253名骑行爱好者参赛。其中，男子211人，女子42人。比赛以南湖公园为起点，途经蔡伦大道、南二环、蒸湘南路和南三环，男子组全程61.2千米，女子组全程30.6千米，赛道全程15.3千米，分别需骑行4圈和2圈。比赛当日，有激烈的公路自行车竞速比赛，还有慢骑、迷你障碍赛、小骑手赛等趣味自行车比赛，实现专业比赛与群众参与有机结合。（文爱菊）

【市直机关第十届职工运动会】 2017年9月6日，市直机关第十届职工运动会开幕式在市体育中心篮球馆举行。来自市直各单位的78支参赛队伍，3400余名运动员参加。市委副书记邓群策宣布开幕。本届运动会以“强身健体，建设‘五个新衡阳’”为主题，比赛共设四大类16个项目。本届运动会得到市直各单位和广大干部职工的热切响应，其中参赛人员、项目设置和比赛规模都创造历届市直机关运动会之最。

（文爱菊）

【“绿色交通·共享出行”衡阳市2017年“922绿色出行”活动】 2017年9月22日，“绿色交通·共享出行”衡阳市2017年“922绿色出行”活动在高新区船山公园启动。副市长彭玉明宣布活动开始并率200余名骑行者从船山公园出发，途经芙蓉路，穿过生态公园，抵达生态公园北门，全程长约3公里，耗时10余分钟。活动现场，全市自行车骑行10万公里记录保持者黄冬成大声呼吁“922不开车，大家随我骑单车”；身着旗袍的志愿者拉着“今天是无车日，请您选用公共交通，自行车，或步行出行”的横幅沿途宣传；晨练的老人们自发为骑行者加油助威。为推进活动的开展，从9月20日起，全市各大媒体发布“922绿色出行倡议书”；活动还将高新区解放大道以南、衡州大道以北、蔡伦大道以西、蒸水南路以东约6平方千米区域划定为“无小汽车区”，9月22日7：00—19：00禁止机动车在“无小汽车区”内行驶。

（文爱菊）

【珠晖区第三届“区长杯”校园足球比赛】 2017年11月24日，珠晖区第三届“区长杯”校园足球比赛在苗圃小学开幕。来自全区各中小学48支代表队近500名运动员参加为期半个月5个组别的角逐。珠晖区立足“全国校园足球示范区”，坚持“以球育德、以球健体、以球促智”的教育理念，全力争创“全国校园足球示范区”，形成全区中小学德育、智育、体育融合发展的新局面。2017年，该区健全校园足球运动员培养体系，形成以中小学为基础、大学为龙头的“足球人才培养一条龙”；推进校园足球课程教学，全区所有中小学开设足球课程，部分学校把足球列为重点教学内容和“一校一品”特色课程，并根据足球教学实际编写足球教学地方教材，制定《珠晖区校园足球课程教学规范》，促进学生身体素质和足球基本技术战术水平得到提高，打造一批足球教学的优秀课例；健全校园足球教师和教练员培训制度，制定《珠晖区校园足球训练指南》《珠晖区校园足球训练技术测试内容与评分标准》，引进足球人才，加强校园足球教师和教练员的专业化培训，提高教学和训练水平。2017年，珠晖区打造校园足球特色校和活动平台，创建全国校园足球特色校19所。坚持开展“区长杯”和“足协杯”足球比赛，组织开展“珠晖区校园足球训练营”“校园足球全国邀请赛”等赛事；完善校园足球发展新模式。通过学校与社会协作，完善校园足球俱乐部模式，实行教练员和运动员的注册制。以校园足球为抓手，完善和推进“1+1+X”特色教育，形成珠晖素质教育整区特色。

（文爱菊）

【衡阳市马拉松跑团茶山坳欢乐跑】 2017年12月3日，“五个珠晖·四美茶山，衡阳市马拉松跑团茶山坳欢乐跑”活动在珠晖区茶山坳镇举行，400余名健身爱好者参加。此次“10公里乡村越野赛”串起四村（茶兴、堰头、黄洲、金甲）、一山庄（海棠山庄）、二园（茶山植物园、金甲梨园）、一中心（金甲古镇游客接待中心）、一古镇（金甲古镇）、一基地（金甲水师拓展基地）等景点。（文爱菊）

【衡东县首届武林大会】 2017年12月5日，2017年湖南省武术文化展演（衡东站）暨衡东县首届武林大会启动仪式在衡东一中举行。此次活动旨在弘扬民族文化，传承中华武术，全面展示衡东武术文化，助推全民健身运动蓬勃发展。此次武林大会开展太极推手大赛、太极拳表演、“帅乡武魂”大展演。启动仪式后武术团队连续3天走进学校进行巡演。（文爱菊）

竞技体育

【市政府常务会专题研究体育工作】 2017年2月27日，市长周海兵主持召开市政府2017年第4次常务会议，研究省第十三届运动会筹备工作。会议听取衡阳市筹备省第十三届运动会、省第十届残疾人运动会的相关情况汇报，审议并原则通过《衡阳市全民健身实施计划（2016—2020年）》。要求各级各部门要全力以赴做好相关工作，为“省运会”圆满举行营造良好氛围。要本着“隆重、精彩、节俭、安全”的原则，年内完成比赛场馆建设任务，明确运动会中心，选定运动员驻地，确定工作人员、教练员和志愿者，高标准筹备运动会开幕式，加强运动员训练，力争衡阳市取得好成绩。会议要求结合社区“三清三建”，增加市民活动场所；利用现有场馆，开展群众性比赛，丰富群众业余生活。（李文翔）

【湖南省2017年青少年足球锦标赛举行】 2017年2月18日，2017年湖南省青少年（女子甲组）足球锦标赛在南华大学举行。决赛中，衡阳青少年女子足球队以1∶0战胜长沙队，获得本次锦标赛冠军，并获得体育道德风尚奖。市一中女足最初成立的时间是2008年，首批球员只有6人，平时都是和其他学校女足队员一起受训。随着学校足球运动的发展，女足队逐步壮大，2017年，有球员30人，其中有12人获国家一级运动员称号。8年时间，一中女足先后获2009年湖南省青少年足球比赛第三名，2010年湖南省第十一届运动会足球比赛第四名，2011年湖南省青少年足球比赛第四名，2012年湖南省青少年足球比赛第三名，2013年湖南省青少年足球比赛第三名，2014年湖南省十二届运动会足球比赛甲组第二名、乙组第一名等优异成绩。2016年、2017年拿下全省青少年校园足球联赛和锦标赛的桂冠，其间，还有9名队员入选省女子足球集训队，并向高校输送30多名女足运动员。（李文翔）

【青年足球教练“梦之队”组建】 2017年，衡阳市十余名青年足球教练组成教练“梦之队”。这支队伍的团队成员均是国家一、二级足球运动员，拥有丰富青训经验，与衡阳市多家学校合作，帮助其培训青年足球运动员、开展校园联赛。市文体广新局相关负责人表示，教练员抱团“组队”，是足球“青训”走向“公司化”“俱乐部化”的开始，对提高衡阳市“青训”水平、促进衡阳市足球事业发展大有帮助。（李文翔）

【第十二届体育舞蹈锦标赛举行】 2017年4月22日，2017年衡阳市第十二届体育舞蹈锦标赛暨城市邀请赛在市体育馆举行，来自北京、上海、广州、深圳等全国25个城市、59支代表队、近1800名运动员参加。本次锦标赛由市文体广新局主办，市体育舞蹈运动协会承办，比赛持续3天，比赛舞种分为拉丁舞、标准舞和交谊舞系列，按照年龄和水平设职业组、业余组、专业院校组、成人组、少儿组等多个组别，比赛将评选出前六名。（李文翔）

【全国蹦床锦标赛暨第十三届全运会蹦床预赛在衡阳举行】 2017年5月13—15日，2017年全国蹦床锦标赛暨第十三届全运会蹦床预赛在衡阳市体育中心的体育馆举行，来自全国的13支参赛队伍200多名运动员参赛，其中包括奥运奖牌获得者董栋、高磊、李丹，还有世界冠军刘灵玲、涂潇、钟杏平。此次比赛设有男、女单跳个人，男、女网上个人，男、女双人同步及男、女团队8个项目，采用资格赛、决赛赛制进行。根据竞赛规程，在本次蹦床锦标赛中，获得团体项目前12名、个人项目前16名的运动队和选手将参加全运会决赛。此外，本届全国蹦床锦标赛是蹦床项目新周期、新规则推行后的首轮比赛，网上项目在原来的三项评分（难度分、高度分、技术分）基础上增加10分位移分，而技术分则由原来的30分改为20分。此次大赛是衡阳市首次承办国家A级赛事。“掌上衡阳”邀请专业教练进行现场讲解对本次比赛进行全程直播。（李文翔）

【2016—2017年衡阳市足球协会足球联赛颁奖典礼暨2017年“我爱足球”中国足球民间争霸赛衡阳赛区启动仪式】 2017年7月9日，2016—2017年衡阳市足球协会足球联赛颁奖典礼暨2017年“我爱足球”中国足球民间争霸赛衡阳赛区启动仪式在市红旗大剧院举行。现场分别为衡阳市小学生足球春季联赛冠亚季军、七人制联赛冠亚季军颁奖和衡阳市足球超级联赛颁奖。其中，市高卫亚博足球俱乐部获衡阳市七人制联赛、足球超级联赛“双冠”，市冶金小学获市小学生春季联赛冠军，周士杰获衡阳足球超级联赛金球奖，冷达获衡阳足球超级联赛金哨奖。2017年，衡阳市足球俱乐部发展到52个，衡阳市足球超级联赛成为全省规模最大、历时最长的足球联赛，从2016年9月24日起，全市区24支队伍历时8个半月，以276场赛事、1057粒进球结束衡超元年的所有赛事。（李文翔）

【省第十三届运动会筹备工作】 2017年8月9日，省第十三届运动会暨省第十届残疾人运动会衡阳筹备委员会召开第一次会议。市委副书记、市长、筹委会主任郑建新强调，要发扬集中力量办大事的优良传统，加紧动员，加紧组织，确保省第十三届运动会和省第十届残疾人运动会圆满召开，全面展示衡阳新形象。省第十三届运动会将于2018年8月在衡阳举行，衡阳市承办开、闭幕式和青少年组赛事。本届运动会设24个比赛项目、668枚金牌，有省体校和市（州）15个代表团参赛。省第十三届运动会闭幕一个星期后，省第十届残疾人运动会紧接着开幕，设9个大项、300多个小项。（李文翔）

【衡阳市第二届青少年校园足球联赛举行】 2017年10月31日，衡阳市第二届青少年校园足球联赛启动，比赛持续5天，全市46支中小学足球队的700多名足球队员参加。此次参赛的46支中小学足球队均来自青少年校园足球特色学校，其中有小学组5支球队（来自四个城区和高新区）、城区初中组15支球队、县区初中组9支球队、高中组12支球队，比赛在成章小学雁栖湖校区、成章实验中学、逸夫中学和皓源实验中学足球场4个赛场同步进行。联赛共设男女小学组、城区男女初中组、县区男女初中组、男女高中组8个组别，其中，小学组和初中组均采用8人制比赛，高中采用11人制比赛，经过小组赛、半决赛、决赛，最终决出冠亚军。本次赛事是衡阳市有史以来规模最大、参赛人数最多的一次校园足球赛事。自国家大力开展校园足球以来，衡阳市通过组织形式多样的足球比赛、常态化的足球体育教学、内容丰富的足球社团和俱乐部等方式推动校园足球的发展，使足球运动真正地融入校园。2017年，衡阳市创建全国青少年校园足球特色学校101所，珠晖区成功申办全国青少年校园足球特色区县（湖南省仅两个）。全市常年参加青少年足球活动人数超过5万人，有专兼职教练437人，在训运动员1500余人，有培训基地7个。（李文翔）

【第十届中韩青少年体育交流活动】 2017年11月2—7日，第十届中韩青少年体育交流活动（第二阶段）在衡阳举办。80名中国青少年运动员和72名韩国青少年运动员，开展为期6天的训练和交流。11月3日，市委、市政府举行第十届中韩青少年体育交流活动欢迎晚宴，市委副书记、市长郑建新出席活动并致辞。中韩青少年体育交流活动是两国体育部门联合主办，旨在加强两国青少年体育文化交流、增进友谊、促进青少年体育运动发展的一项重要的国际性体育交流活动，自2008年启动以来，为两国的交流和友好往来做出积极贡献。本届中韩青少年体育交流活动分别于7月在韩国蔚山、11月在中国衡阳举办。（李文翔）

【全省军休人员气排球比赛在衡阳举行】 2017 年 11 月 9 日，2017 年全省军休人员气排球比赛在衡阳市开幕。比赛持续两天半时间，全省各市州 16 支代表队参加。本次比赛由省民政厅主办，市民政局承办。在球艺切磋中，全省军休干部增进友谊，展示军休干部良好的精神风貌，提升全省军休文化建设的品质内涵。

（李文翔）

【衡阳市文体广新局获省体育系统气排球比赛一等奖】 2017 年 11 月 19 日，“翼腾杯” 2017 年湖南省体育系统“相聚雁城·健康快乐”气排球比赛在市体育中心落幕，在为期两天的比赛中，有来自全省体育系统的 16 支代表队、200 多名运动员参赛。气排球作为一项新兴体育健身运动，在省排球协会大力推广普及下，发展十分迅速，每年定期举行的全省体育系统气排球比赛，致力于搭建以球会友、加深交流、增进友谊的平台，以展示体育人的风采。本次比赛由湖南省体育局主办，湖南省排球协会、衡阳市文体广新局承办，翼腾体育文化发展有限公司协办。比赛以男女混合团体赛的形式进行，分为小组赛、交叉淘汰赛、名次赛三个阶段，每场采取三局两胜制，根据积分共角逐出一、二、三等奖。衡阳市文体广电新闻出版局代表队、娄底市文体广电新闻出版局代表队、省体育局代表队、岳阳市教育和体育局代表队获一等奖。

（李文翔）

【2017—2018 赛季 CBA 俱乐部预备队比赛（衡阳赛区）开幕式举行】 2017 年 12 月 4 日，2017—2018 赛季 CBA 俱乐部预备队比赛（衡阳赛区）开幕式在市体育中心举行。省政协原副主席、省篮球协会名誉主席刘晓宣布比赛开始，省体育局副巡视员曾伟致开幕辞，市委常委、市委宣传部部长刘丽华致欢迎辞。此次在衡阳市举行的 CBA 预备队赛事共有 7 支代表队参赛，首战当天有三场比赛，对阵双方分别是江苏肯帝亚 VS 南京同曦、浙江广厦 VS 闽鲁粤吉联队、上海东方 VS 浙江稠州。

（李文翔）

【衡阳合胜舞队获香港赛区预选展演二等奖】 蒸湘区红湘街道的合胜舞队凭借一曲《浏阳河》水兵舞获香港举行的“唱响中国，舞动世界”国际健康广场舞比赛赛区预选展演二等奖。合胜舞队是红湘街道的一个民间群众文艺团体，成立于 2013 年 4 月，由 200 多位喜欢健身跳舞的合胜广场的居民组成。此次应世界华人民间艺术交流协会、世界健康舞交流协会、香港旗艺文化交流协会等的邀请，赴香港参加 2017 年“唱响中国，舞动世界”国际健康广场舞比赛。全国共有 221 支团队参加本次比赛。 （李文翔）

基础设施建设

【平湖公园提质改造工程】 2017 年 7 月底，平湖公园提质改造工程完成。平湖公园提质改造项目于 2016 年 4 月 17 日开工建设，为改善公园中心景区环境的景观效果，让市民有更好的游乐体验，环湖步道拓宽至 2.1 米左右，对游道进行重新修整，两旁新栽种一批可观赏的绿化植物，新建占地 480 平方米的鸟语林、凉亭供市民休闲娱乐，为爱好体育锻炼的市民新建乒乓球场、溜冰场。 （李文翔）

【市运动场馆建设推进会召开】 2017 年 8 月 15 日，市政府召开运动场馆建设推进会。副市长彭玉明强调，要确保各项工作落实到位，场馆如期交付使用。会议就每个项目场馆目前的建设情况列出“问题清单”，提出解决措施，敦促各相关承办单位和责任单位加快落实。市体育中心游泳跳水馆主体完工，于 9 月底交付使用。除此之外，其他运动场馆均要求在 2018 年 6 月 30 日前交付使用。

（李文翔）

卫生和计划生育

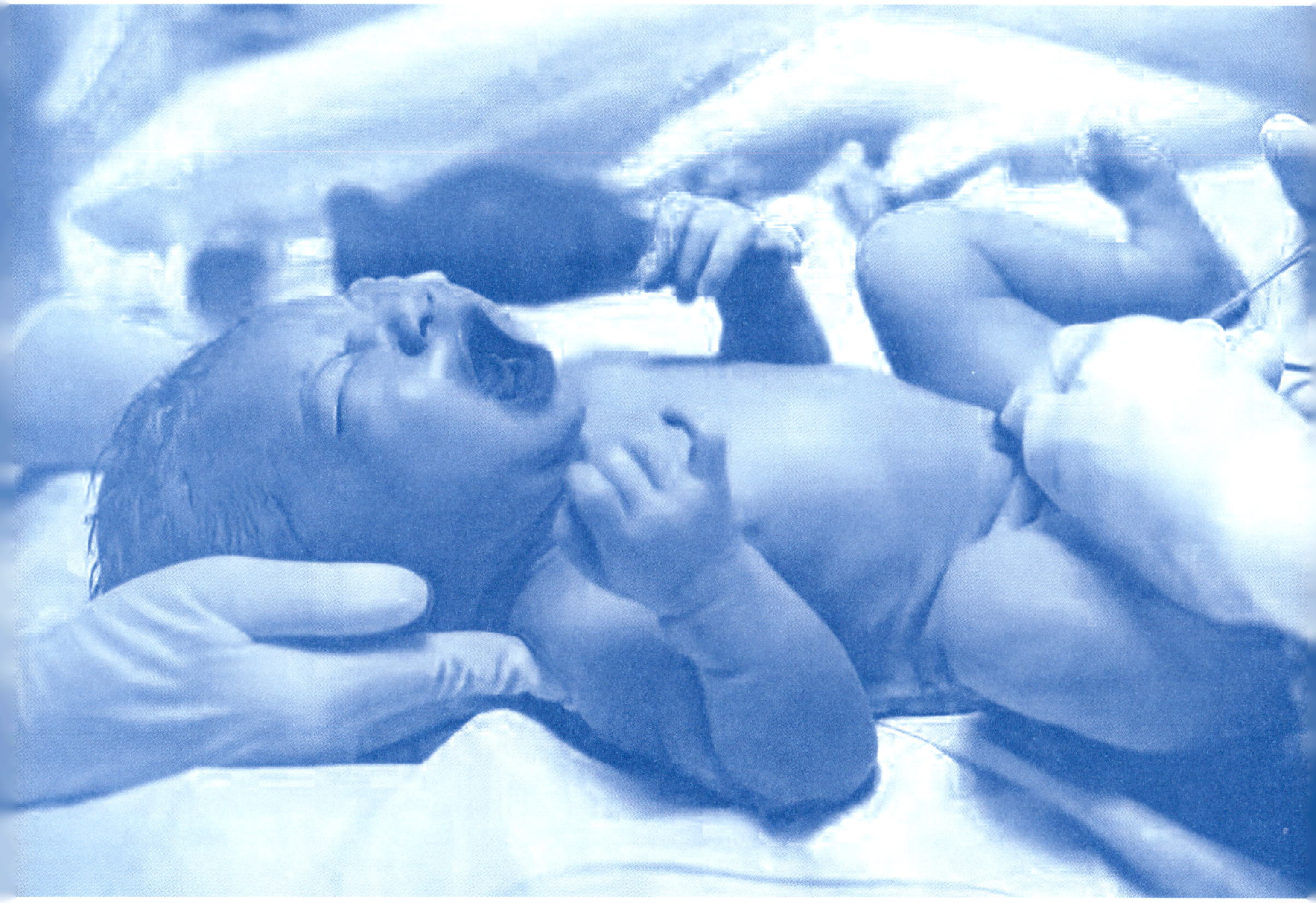

卫生和计划生育

【概况】 2017年年末，衡阳市常住人口数为720.53万人，人口出生率为12.76‰，死亡率为6.36‰，自然增长率为6.40‰。国民生产总值3132.48亿元，地方财政总收入252.01亿元（其中市本级财政总收入162.41亿元），总支出527.93亿元，医疗卫生支出58.97亿元，占财政总支出的11.17%。辖区内共有各级各类医疗机构5273家，其中三级医院8家，二级医院40家，民营医院77家，乡镇卫生院199家，社区卫生服务中心32家，社区卫生服务站5家，村卫生室4212家，门诊部、个体诊所及企事业单位医务所（室）650家。共开设病床44012张，平均每千人拥有病床6.11张。共有各类卫生人员41029人，其中执业（助理）医师17760人，执业护士16425人，平均每千人拥有执业（助理）医师2.46人，拥有执业护士2.28名。年法定传染病发病率435.16/10万，报告病例31705例，死亡226例，死亡率为3.10/10万。传染病发病率最高的前5位依次为：肝炎、肺结核、梅毒、艾滋病、痢疾。2017年，衡阳市卫计系统紧紧围绕建设“五个新衡阳”战略部署和努力建设湘南区域性医疗中心的目标，坚持新时期卫生与健康工作方针，扎实工作，提高人民群众健康水平，促进人口均衡发展。

（赵　俊）

【医药卫生体制改革工作】 2017年，全市公立医院综合改革实现全覆盖，全市28家城市公立医院、35家县级公立医院全面参与综合改革，取消药品加成政策，实施药品零差率销售。推进公立医院按病种付费工作，全市公立医院实施按病种收付费病种数达106种。分级诊疗制度逐步建立，衡阳县、祁东县、耒阳市、蒸湘区、珠晖区等地在辖区内初步建立医共体或医联体，市城区7家三级医院全部参与医联体建设，医联体内部上转患者6851人次，下转患者2012人次，促进优质医疗资源下沉。家庭医生签约服务工作扎实开展，全市共组建家庭医生团队968个，完成签约273.06万人，签约率37.21%，其中重点人群签约149.77万人，签约率68.3%，超额完成省定目标任务。基本药物制度实施进一步巩固，10月1日起，全面实施“两票制”，对一些偏远和交通不便的地方实行“三票制”。基层医疗卫生服务体系不断健全，创建“群众满意的乡镇卫生院”21所、国家级优质服务示范社区卫生服务中心5所，衡东县大浦镇中心卫生院创建为“全国百佳卫生院”。衡阳县按每千人口配备1.4人的标准核定全县乡镇卫生院编制1760名。基层医疗卫生人员服务能力进一步提升，圆满完成70名全科（助理全科）医生的培训任务。招录住院医师规范化培训学员196人，三甲医院新进人员住培参培率100%。招收233名乡村医生本土化培养学员进行学历教育。市中心医院投入200余万元对4680名乡村医生进行轮训。

（赵　俊）

【计划生育服务管理工作】 2017年，全市上报出生10.53万人，其中政策内9.75万人，符合政策生育率为92.58%，比责任目标高0.85个百分点。出生率为12.76‰，比2016年同期高0.01个千分点。出生性别比为108.6，比责任目标好7.74个比点。省下达的计划生育责任指标全部完成，在全省计生工作考核中衡阳市获得良好等次。计生相关配套政策进一步完善，中共衡阳市委、市人民政府下发《关于坚持和完善计划生育目标管理责任制的实施意见》《关于建立计划生育守信激励失信惩戒机制的实施意见》等文件，建立计生征信等工作机制。计生家庭发展能力得到提升，将独生子女伤残、死亡扶助金标准分别提高到每人每月650元、800元；对纳入国家计生特扶范围的独生子女死亡对象，一次性发放抚慰金5000元，2017年共发放奖扶和抚慰金1.28亿元。出生人口性别比综合治理力度加大，查处“两非”案件60例。严控“两率”，孕产妇死亡率和5岁以下儿童死亡率分别为8.86/10万、4.99‰，衡阳市被评为全省母婴安全保障工作先进单位。常宁市被评为省妇幼健康优质服务示范市。民生实事项目顺利实施，完成“两癌”免费检查66316人、免费产前筛查49252人，完成率分别为103.62%、102.74%，被评为全省先进。流动人口基本公共卫生计生服务均等化和健康促进扎实推进，蒸湘区联合街道、石鼓区青山街道、耒阳市蔡子池街道创建为流动人口基本公共卫生计生服务均等化省级示范单位，衡山恒信新型材料有限公司和成龙成章雁峰校区创建为国家流动人口健康促进示范单位。市计生协会工作有声有色，组织体系建设不断加强，推动完成各县（市）区计生协会的“参公”“入序”“三定”，深入开展基层群众自治示范点创建活动，建立健全日常慰问、帮扶救助、“暖心工程”、志愿服务等生育关怀机制，2017年，走访慰问计生困难家庭80615户次，送去慰问金1100多万元。同时，在“5·29”计生协会会员活动日、“7·11”世界人口日等重点时段，开展主题宣传服务活动，为促进计划生育服务管理改革营造良好的社会氛围。（赵 俊）

【公共卫生服务工作】 12类、45项基本公共卫生服务项目全面实施，基本公共卫生服务经费标准提高至50元/人年。全市居民电子健康档案建档率达90.62%；高血压患者规范管理率达81.7%；Ⅱ型糖尿病患者规范管理率达82.88%；严重精神障碍患者规范管理率达94.39%。霍乱、手足口病、人禽流感等重点传染病得到有效防控，全市共报告法定传染病23种，无甲类传染病报告。艾滋病和结核病防控力度进一步加大，稳步推进国家第三轮艾滋病综合示范区创建和结核病医防协作新模式，建成3个艾滋病防治宣传示范社区，两县四区结核病诊疗成功转型。免疫规划疫苗接种率达90%以上。救治救助尘肺病农民工867人次，超额完成省定任务。衡阳市疾控中心被评为“全国卫生计生系统先进集体”。卫生应急能力不断提高，成功处置10起突发公共卫生事件。做好洪涝灾害期间的卫生防疫工作，实现大灾之后无大疫。爱国卫生运动扎实开展，顺利通过省级卫生城市复审，鼠蟑密度控制达到国家C级标准。（赵 俊）

【医疗服务管理工作】 医疗机构管理进一步加强，对全市所有民营医院进行全面检查，对7家县（市）区妇幼保健院开展年度巡查，完成32家医疗机构现场评审和35家医院年度校验，规范医疗机构执业行为。改善医疗服务行动深入推进，2017年，有47家医院推行预约医疗服务，8家医院开展日间手术，34家医院推行临床路径，21家医院开展远程诊疗，极大改善群众就医体验。医疗服务质量不断提升，加强医院感染管理和抗菌药物管理，深入开展“优质护理服务”工作，二级及以上医院优质护理服务病房实现全覆盖。医疗纠纷处置进一步规范，建立医患纠纷第三方调解机制，加强“平安医院”创建，11家医院创建为市级“平安医院”。无偿献血取得新成效，2017年，全市发展无偿献血志愿者45932人，较2016年增加3.5%，采血量为14.91吨，较2016年增加7.73%，加强血液安全和临床用血管理，有效保障临床医疗用血需求。中医药事业健康发展，大力宣传实施《中医药法》，不断提升基层中医药服务能力，新增2家全国基层名老中医药专家传承工作室，新建12家中医馆。常宁市创建为全国基层中医药工作先进单位。（赵 俊）

【健康扶贫】 召开全市健康扶贫工作现场推进会，制定下发《衡阳市健康扶贫工程实施方案》等一系列文件，组织开展多次专项督查并通报，促进工作落实。各县（市）区均落实“三提高、两补贴、一减免、一兜底”综合医疗保障政策，全面实行“先诊疗后付费”制度，推进“三个一批”行动计划，2017年，完成贫困人员慢病患者签约服务管理41952人，签约率99.38%；完成大病集中救治13610人，救治率为98.52%；建立以大病保险、商业保险、医疗救助、政府兜底为主的重病综合兜底保障机制，加大资金投入，贫困人员就医综合报销比例达82.49%。（赵 俊）

【卫计综合监督执法工作】 加强基层卫计监督执法机构队伍建设，对1679名一线综合监督执法人员进行系统培训，建立起县乡村组四级监督管理网络。全面推进医疗废弃物集中处置工作，全市各级各类医疗卫生服务机构均与专业公司签订医疗废物处置合同，初步形成较为规范的运行体系。重点开展惩治非法行医、二次供水和医疗卫生机构污水处理等专项整治行动，加强对医疗机构的监管，提高卫计综合监督执法能力和水平，2017年，全市共办结各类卫生行政处罚案件125起，处罚金额65万元，吊销许可证2家。（赵 俊）

【规划信息工作】 市本级及各县市区均出台《贯彻实施“健康中国2030”规划纲要实施意见》。项目建设和争取力度加大，全市2014—2016年中央预算内投资项目全部开工，2017年，争取到6个中央投资项目，中央总投资1.76亿元，项目个数及投资额占全省的14.6%、12.6%。信息化建设步伐加快。全市二级及以上公立医院与省平台一期工程联通率达92.6%，二期工程联通率达83.3%。贫困人口居民健康卡发放和应用工作进度全省领先，耒阳市率先制卡3万多张。

（赵　俊）

【全面启动春季重大动物疫病防控工作】 2月底，全市累计调拨猪口蹄疫苗1082万毫升、牛羊口蹄疫苗142万毫升、禽流感疫苗1572万毫升、小反刍兽疫苗31.9万毫升，有力地保障春防工作的开展。3月初，衡阳市全面启动春季重大动物疫病防控工作，为切实做好2017年春防工作，确保动物疫病防控措施落实到位，衡阳市要求对高致病性禽流感、口蹄疫等重大动物疫病实行强制免疫，保证畜禽群体免疫密度常年维持在90%以上，其中应免畜禽免疫密度要达到100%。全市各地继续贯彻实施“分片包干、集中免疫、整村推进”的动物疫病免疫方式，突出养殖户防疫主体责任，推动集中防疫向常态化免疫转变。其中规模养殖场主要是程序化免疫、规范化监测，散养户实行村级动物防疫员分片包干、春秋集中免疫与月月补针相结合的方式，确保“县不漏乡、乡不漏村、村不漏组、组不漏户、户不漏畜、畜不漏针”，坚决消除免疫死角和空白点，确保不发生区域性重大动物疫情。衡阳市2017年春季重大动物疫病防控工作4月底全面完成。（唐　玮）

【计生特困家庭扶助大幅提标】 2017年，衡阳市再次提高计划生育特殊困难家庭扶助标准，将女方年满49周岁的独生子女伤残、死亡家庭夫妻的特别扶助金标准分别提高到每人每月650元和800元。在提高计划生育特殊困难家庭扶助标准的同时，衡阳市政府决定，对纳入国家计划生育特别扶助的独生子女死亡的对象，一次性发放独生子女死亡抚慰金5000元。夫妻双方均有工作单位的，抚慰金由单位负责发放；一方有工作单位、另一方无工作单位的，由有工作单位一方的单位全额发放；夫妻双方为农村居民或城镇未从业居民，由户籍所在地县级卫生计生部门按扶助金发放渠道发放，所需经费由各县（市）区财政自行承担。

（唐　玮）

【儿童预防接种宣传活动】 4月25日是全国第31个“全国儿童预防接种日”，衡阳市以“规范接种疫苗，共建健康中国”为主题开展一系列形式多样的宣传活动。市疾控中心、石鼓区疾控中心、五一社区卫生服务中心等单位工作人员走进石鼓区船山二小幼儿园，为家长和孩子们做预防接种知识讲座。珠晖区、雁峰区、石鼓区、蒸湘区疾控中心及其辖区门诊和华新医院分别在和平广场、雁峰广场、五一市场、红湘路口、华新步步高广场，开展现场预防接种咨询和麻疹防控宣传。2017年，全市共拥有2家数字化预防接种门诊、249家普通预防接种门诊和部分村级预防接种室，为全市适龄儿童提供预防接种服务。

（唐　玮）

【衡阳县县城评为“国家卫生县城”】 7月14日，衡阳县县城被全国爱卫会正式命名为“国家卫生县城”。衡阳县自2014年8月启动系列城市创建工作，并成立由县委书记任政委、县长任总指挥、县级各职能部门为成员的创建工作指挥部，具体组织开展创建工作。（唐　玮）

【衡阳市医疗纠纷调解机构揭牌】 7月22日，市医疗纠纷调解中心和市医疗纠纷人民调解委员会正式揭牌，并出台《衡阳市医疗纠纷第三方调解暂行办法》。市城区的市直或部省属医疗机构发生医患纠纷，在区医调委依程序调解不成的情况下，院方或患方当事人可向市医调委申请调解。市医调委负责指导各县（市）区医调机构调解工作，原则上不受理县（市）（含南岳区）发生的医疗纠纷，如县（市）（含南岳区）确有需要，市医调委可提供专家指导或调解帮助。

（唐　玮）

社会福利与社会保障

人力资源和社会保障

【概况】 2017年，衡阳社保改革加快落地，“五险统征”、机关社保改革、全民参保登记、创业担保贷款、技能竞赛等多项工作名列湖南省第一或前茅，人力资源服务、清理整顿人力资源市场秩序等工作荣膺全国先进。

一、社保改革工作。1. 在湖南省率先全面实施“五险统征”，从2017年6月起，五大社会保险统征管理系统正式运行。2. 机关社保改革全面启动新制度经办工作，各县（市）区经办启动率达到99%，机关事业单位退休人员养老金实现社会化发放，改革满意度排湖南省第一。3. 正式启动异地就医住院费用直接结算，18家定点医院纳入国家异地就医结算平台，为8366人次异地就医患者直接结算金额1.15亿元。4. 全民参保登记任务已参保人员入库率和未参保人员登记率实现两个100%，湖南省现场会在衡阳市召开，工作经验向全省推介。5. 军转安置改革有序推进，安置质量不断提高，安置办法更加科学合理。6. 推进国企负责人薪酬制度改革，制订《衡阳市市管国有企业负责人薪酬制度改革实施方案》《关于深化市管国有企业负责人薪酬制度改革的意见》。

二、就业工作。1. 通过推进农民工春运、春风行动、劳务协作脱贫、重点企业专场招聘会等公共就业服务活动，全市实现新增城镇就业5.9万人，失业人员再就业3万人，就业困难对象再就业0.89万人，新增农村劳动力转移就业4.72万人，新增贫困劳动力转移就业4961人，实现零就业家庭100%动态清零，城镇登记失业率控制在3.8%左右。2. 完成贫困家庭两后生（即初、高中毕业后未继续升学的贫困家庭学生）培训516人。3. 大力推动创业带动就业，全市累计发放创业担保贷款4.38亿元，排湖南省第一，创业带动就业4.01万人；开展创新创业带动就业先进典型评选活动，发放奖补资金533万元。

三、民生保障工作。1. 全市五大社会保险总参保人数达到1388.51万人次，基本实现参保全覆盖，征缴基金首次突破130亿元，达到135.8亿元，发放各项社保待遇首次突破170亿元，达到177.28亿元。基本养老保险覆盖率达到95.9%，基本医疗保险覆盖率稳固在100%。2. 企业养老保险单位缴费费率维持在19%，失业保险费率由1.5%下调到1%，享受养老保险费率过渡试点的企业达到106家，将富士康等少数企业的双基数征收改为单基数征收，为262家企业发放稳岗补贴3169万元，年内为企业减负过4亿元。3. 落实企业退休人员养老金“十三连调”，全市30.98万企业退休人员养老金人均增加142.22元/月，达到1999.94元。4. 将城乡居民基本养老保险基础养老金最低标准由每人每月80元提高到85元。5. 上调失业保险金待遇，市本级达到1088元/月。6. 建筑行业新开工项目工伤保险参保率达100%。7. 全面启动市本级灵活就业困难人员社保补贴工作。8. 将贫困人员大病保险补偿起付线降低50%，报销比例提高5%，基本医保报销比例提高10%。9. 全市累计采集社保卡制卡数据538万人，参保人持卡480万张，102项应用功能的开通率达到100%。10. 联合市财政局出台《衡阳市社会保险基金监督举报奖励办法》，从制度上确保基金安全。

四、人事人才工作。1. 人事管理方面，公务员考试、事业单位公开招聘、“三支一扶”等各项人事考试实现零事故，全年共录用公务员522人，监督指导市直65个事业单位招聘326人，招募“三支一扶”工作人员31名。共举办专技人员继续教育培训27期，培训5800余人。2. 人才工作方面，开展特别优秀人才中级职称评审工作，重点从非公有制经济领域专业技术人员中评审30名特别优秀人员中级职称。人才信息库建设顺利推进，各类人才信息数据总量达到1.2万人，完成对54名享受国务院特殊津贴人员及97名市学科带头人的津贴发放工作。全年共执行实施国家、省级引智项目11个，引进高层次人才11名。完成三级以上职业技能鉴定取证4400余人次，在2017湖南技能大赛·第45届世界技能大赛湖南选拔赛中获得市州团体一等奖。建设成立2个省级和4个市级技能大师工作室，为企业节能减耗及技能人才的梯次培养做出成效。

五、维护和谐劳动关系。1. 推进企业工资集体协商，衡阳市已建工会企业工资集体协商建制率达到93%。2. 开展农民工工资支付情况专项检查，处理欠薪案件494起，为5811名农民工追回工资8600万元，将15起拒不支付劳动报酬案件移送公安机关。3. 2017年，处理各类劳动人事争议案件4600余件，其中市本级立案受理976件，结案率98.2%。（陈跃英）

【衡阳市首次海员、海乘招聘会召开】 2017年2月15—16日，湖南湘邦人力资源管理有限公司与中国海运公司、上海华洋公司等单位在石鼓区人才市场举行海员、海乘现场招聘会。是衡阳市首次举行海员、海乘对外劳务招聘活动。衡阳市对外劳务合作服务中心应邀进行全程观摩、学习，并向中国海运和上海华洋公司介绍衡阳市对外劳务相关情况。此次招聘会先后参与求职咨询的人员约有50余人，一些对出国劳务感兴趣的求职人员和家人进行咨询、报名。由于海员、海乘工作的特殊性，主要以青年男性应聘为主。（陈跃英）

【衡阳务工人员竞聘澳门五星级酒店】 2017年4月28—29日，衡阳市对外劳务合作服务中心会同湖南福邦劳务有限公司，带领有赴境外工作意向的32名务工人员到长沙参加澳门五星级酒店现场招聘会。本次招聘活动主要为美高梅度假村酒店招聘副经理、督导、部长、调酒员、前台、订餐员等职位共计300人左右。衡阳市应聘人员主要由学校酒店管理专业应届毕业生和少量有工作经验的从业人员组成，主要参与竞聘高级餐饮服务员、客房服务员保洁、帮厨等职位。（陈跃英）

民政工作

【社会救助体系确立】 2017年，衡阳市民政系统围绕服务扶贫攻坚大局，将农村低保和社会保障兜底脱贫对象认定清理整顿工作与脱贫攻坚突出问题整改相结合，清理整顿工作取得新成效。1. 社会保障兜底脱贫。截至2017年12月，衡阳市农村低保对象6.25万户、12.68万人，保障比例为2.03%，保障对象人户比为2.03。农村低保标准由220元/月提高到260元/月，月人均补差水平由2016年同期的140.8元提高到179.5元，兜底对象年保障资金达到3240元，超过扶贫控制线，“两线合一”顺利实现。截至2017年12月，城市低保对象4.33万户、6.52万人，保障比例3.68%，保障对象人户比为1.51，累计发放低保金2.74亿元，月人均救助339.5元。2. 农村特困供养。贯彻落实《国务院关于进一步健全特困人员救助供养制度的意见》的通知精神，将符合特困人员救助供养对象纳入保障范围，实现应保尽保、精准救助。2017年，衡阳市月均供养农村特困对象3.81万余人，累计发放特困供养资金2.04亿元。3. 城乡医疗救助。对特困供养救助对象参加基本医疗保险的个人缴费部分实行全额资助，其他城乡低保对象予以定额资助，全年共资助23.24万人参加居民基本医疗保险，共支出救助资金2829.1万元；对3.34万人次进行门诊医疗救助，发放救助金1535.2万元；对8.86万人次住院医疗救助，共发放住院医疗救助资金9074.7万元，其中重大疾病医疗救助1.28万人次，发放重大疾病救助资金2392.8万元。（刘美龄）

【防灾减灾救灾工作】 2017年，全市连续多轮遭受暴雨风雹等灾害袭击，受灾人口109.9505万人。全年共争取并及时拨付救灾资金6850万元，紧急转移安置5.6万人次，紧急生活救助3.9万人次，帮助全市530户重建住房，117户修缮住房，确保受灾群众的基本生活。加强防灾减灾宣传工作，2017年，衡阳市共创建6个国家级、12个省级综合减灾示范社区。全面推进农房保险工作，全市7县（市）农房、农户保险实现全覆盖。（刘美龄）

【村居“两委”换届】 2017年是合乡并村改革后的第一次村（社区）“两委”同步换届。衡阳市按照中共湖南省委、中共衡阳市委的决策部署，推进换届选举工作。衡阳市换届领导小组印发换届选举工作指南，并向每个县市区各派出1个工作组全程督导换届；市、县、乡三级均组织换届业务培训；全面推行换届选举“全程纪实”制度，做好留痕工作。宣传相关政策、程序和纪律，引导群众充分行使民主权利，参与换届选举，做到居民知晓率100%、选民登记率达50%以上、参加居委会候选人提名的登记选民 50% 以上。全市 2276 个村委会、485 个社区居委会全部按要求完成换届。（刘美龄）

【城乡社区建设】 1. 社区“两化两体系”建设。联合衡阳市委组织部、衡阳市财政局开展第四、第五批城区社区用房达标验收，基本实现“三个覆盖”：即面积达标全覆盖。中心城区基本实现 600 平方米以上服务用房全覆盖，平均面积由 265 平方米提升至 825 平方米。形象统一全覆盖。按照“五统一”标准，打造社区形象的“衡阳模式”。功能拓展全覆盖。合理设置社区用房的功能区域，将党员先锋家园、居民议事、社会组织孵化、文体活动、市民学校、警务调解等 17 项功能统筹纳入社区用房整体布局，较好地满足开展各项服务的要求。2. 社区治理。紧密结合村（社区）“两委”换届选举工作，开展城乡居民依法自治达标检测，督促县（市）区认真做好有关数据收集、统计、上报等事项。全市基层民主参选率为 98.63%，城镇居委会依法自治达标率为 98.35%，农村村委会依法自治达标率为 97.45%，较 2016 年均有所提高。城乡社区服务设施覆盖率指数为 100.87%，城市社区服务设施覆盖率为 89.96%，农村社区服务设施覆盖率为 58.43%。（刘美龄）

【社会福利及老龄事业】 制定出台《衡阳市政府购买养老服务实施方案》，推进养老服务良性发展，中心城区完成 52 个社区居家养老服务平台建设。新增养老床位 2784 张，超额完成重点民生实事项目。打造示范项目，推进医养结合示范创建工作，打造珠晖区人民医院、衡东县博爱医院、蒸湘区新阳社区老年人服务中心等一批示范点。开展治疗期住院、康复期护理、稳定期生活照料以及临终关怀一体化的健康养老服务，推动全市 50% 以上的养老机构与医疗机构建立协议合作关系，开通预约就诊的绿色通道，为入住的老年人提供及时有效的医疗救治。依托社区卫生服务中心、周边医院等资源，在建国里、船山路、向荣里等社区，探索推行“医养一体化”基本服务。全面开展养老院服务质量专项行动，组织开展养老服务分类培训，提升养老服务能力。全市统一办理手续、统一规范制度、统一编制台账的“三统一”做法被省民政厅作为典型经验在全国养老院服务质量推进会上重点推介。全面落实各项老年人优待政策、高龄补贴政策、老年人意外伤害险等，织牢养老保障托底政策网。其中，基本养老服务补贴实现全覆盖。大力推进基层老年协会建设，城市社区建会率 98.3%，农村社区建会率 93.3%。加快发展社会福利事业，及时发放重度残疾人护理和困难残疾人生活两项补贴，及时发放孤儿基本生活费。建立健全农村留守儿童关爱保护和困境儿童保障工作机制。2017 年 2 月，衡阳市人民政府常务会议召开专题会议研究农村留守儿童关爱保护和困境儿童保障工作，批准成立衡阳市农村留守儿童关爱保护和困境儿童保障工作联席会议成员领导小组。印发《衡阳市加强农村留守儿童关爱保护和困境儿童保障工作实施方案》，开展“合力监护、相伴成长”关爱保护专项行动，建设“农村留守儿童之家”。（刘美龄）

【优抚安置军休工作】 1. 优抚工作。全面落实各项优抚政策，及时为衡阳市 86980 名优抚对象足额发放抚恤补助，医疗保障待遇全部落实到位。全年共帮助优抚对象解决实际困难问题 153 起 1959 人，累计慰问走访 5 万余人，发放慰问金 1400 万元。2. 安置工作。建立符合政府安排条件的退役士兵基础信息数据库，完成退役士兵安置遗留问题清零工作。及时梳理衡阳市 1999 年以来出台的法规文件 126 个，率先在湖南省出台退役士兵易地教育配套文件，牵头编印《退役士兵优抚安置和权益保障政策解答》。2017 年，衡阳市主办 4 次专场招聘会，向对口援助新疆鄯善县输送 122 名退役士兵实现就业。及时足额发放自主就业退役士兵地方一次性经济补助金 1808.87 万元，符合政府安排工作条件的退役士兵全部安置到位。召开建军 90 周年暨“双带双促”先进典型表彰大会，利用新闻媒体开展专题报道。3. 军休工作。创新军休管理服务，细化工作职责，规范工作流程，全面实施精细化服务管理，全面落实“两个待遇”，繁荣发展军休文化。（刘美龄）

【社会组织管理】 全市社会组织

登记管理机关按照“五位一体”总体布局和“四个全面”战略布局，紧紧围绕建立现代社会组织体制的目标，引导社会组织服务国家、服务社会、服务群众、服务行业，促进全市社会组织健康有序发展。截至2017年12月底，全市社会组织登记总数为2776个，其中全市备案的城乡社区服务类社会组织1102家，全市登记和备案的社会组织3878家，每万人拥有社会组织数5.36个。1. 社会组织登记。按照《关于改革社会组织管理制度促进社会组织健康有序发展的意见》的要求，深化社会组织登记管理体制改革，优化社会组织结构。2017年，市本级新增社会组织51家，其中社会团体9家、民办非企业单位42家，变更社会组织18家。全市社会组织按要求赋予社会组织统一社会信用代码，赋码率达到100%。2. 第二批脱钩改革。推进第二批行业协会商会与行政机关脱钩工作，全市188家（市本级72家、县（市）区116家）行业协会商会实现与行政机关脱钩。市本级第一批、第二批脱钩行业协会商会97家、直接登记15家，共计112家，占市级行业协会商会的78.87%，激发社会组织活力，为社会治理创新发展提供动力。

（刘美龄）

【地名普查工作】 2017年3月10日，衡阳市普查办在常宁市以召开现场会的形式推进地名普查核查验收工作，为迎接市级核查验收如何做好资料、现场准备起到示范作用，取得良好效果，此种做法被省普查办向全省进行推广。为确保质量，市普查办通过3个月时间对全市剩余的11个县（市）区开展多轮市级核查。全市地名普查数据全部通过省级验收，进度和质量在全省名列前茅，部分县（市）区已经开展地名普查成果转化并取得初步成效，得到湖南省民政厅肯定。衡南县、石鼓区被湖南省普查办作为全省优秀工程项目推荐到国家普查办进行抽查，得到国普办的肯定。

（刘美龄）

【慈善福彩工作】 1. 慈善工作。衡阳市政府常务会专题研究慈善工作，衡阳市慈善基金跻身湖南省“亿元市”方阵，位居全省第三。2017年，全市城区共有530多家单位和3万人参与“慈善一日捐”活动，全年市本级“慈善一日捐”共募集资金1040余万元，募捐总量、覆盖面、社会认可度均实现历史性突破。大力推行“精准扶贫、慈善在行动”，全年助学、助医、助困6000人。在实施“关爱军人困难家庭”“放飞梦想”“大病救助”“一对一助学”“关爱失独家庭”等传统项目的基础上，创新推出“春风行动”“肾友血透”“慈善进校园，情暖回家路”等救助品牌，全年30余个慈善救助项目救助群众10万余人次。开展联合行动，发挥“1+1>2”的效应，全年与10多家机关单位、企业、公益组织联手开展慈善救助。如两年出资40万元联合市残联开展“贫困家庭无障碍助残工程”；出资数十万元联合市计生协会、“小红人”志愿者协会开展“关爱失独家庭·暖心工程”；出资近百万元联合驻衡阳部队开展“关爱军人困难家庭”项目等等。2017年，石鼓区黄沙湾街道、雁栖湖社区、衡阳县井头镇孟山村、衡山县福田铺乡白云村等一批基层慈善工作站相继挂牌成立，有力延伸慈善网络。2. 福利彩票。福彩发行安全运行，全年销售总额5.65亿元。坚持“扶贫、助残、济困、救孤”的发行宗旨，开展资助贫困学生、救助特困群众等专项资助活动。

（刘美龄）

【殡葬改革】 联合衡阳市财政局制定下发《关于免除城乡居民基本殡葬服务费和实行节地生态安葬奖补政策的通知》，实行全民普惠和节地生态安葬奖补政策。截至2017年12月底，全市公墓安葬3234具，节地生态安葬比例达到42%以上。开展清明节文明祭扫、殡仪馆开放日等活动，开设免费祭扫公交专线，免费提供“新三件”祭祀物品，倡导移风易俗、厚养薄葬的文明新风。加强殡葬服务机构规范管理，提升殡葬服务水平。严格殡葬执法，2017年，妥善处置违规殡葬行为60余起。加强殡葬基础设施建设，县级殡仪馆、公益性骨灰安葬设施按时序节点要求推进。（刘美龄）

【社会事务工作】 1. 社工人才队伍建设。利用“国际社工日”，开展主题宣传活动，普及社会工作理论知识，传播社工精神。举办社会工作论坛，组织各城区分管领导、示范项目社区和社会组织参加，促进相互了解，促进项目合作。推动职业考试，邀请专业人员进行考前培训，衡阳市报考人数为1063人，连续三年报考人数湖南省排名第二。2. 救助管理。开展救助管理机构和托养机构安全专项排查，2017年，全市救助流浪乞讨人员25966人次，其中未成年人1431人次。开展“寒冬送温暖”“夏季送清凉”专项救助活动，共救助各类流浪乞讨人员2540人次，其中救治流浪危重病人154人次。特殊受助对象得到妥善安置，各救助站通过福利机构安置，购买社会服务、委托托养机构安置长期滞留问题人员44人。3. 婚姻登记管理。加强婚姻登记机构标准化建设，严把审查关。2017年，全市办理结婚登记46493对，离婚14375对，补发证件17737对，登记合法率100%。严格依法做好收养登记工作，全年办理国内收养24起。

（刘美龄）

【衡阳市民政工作会议召开】 2017年2月28日，2017年衡阳市民政工作会议暨党风廉政建设工作会议召开，全面总结2016年民政工作成绩，安排部署2017年工作任务。衡阳市民政局党委书记、局长周小风作民政工作报告，局纪工委书记、副局长尹晓洪作民政党风廉政建设工作报告。会议由局党委副书记、副局长冯国旺主持。会议肯定2016年全市民政工作取得的成绩。2016年，衡阳市各级民政部门完成年度各项目标任务，实现“十三五”良好开局。农村低保兜底脱贫和养老服务业的经验做法在湖南省推介，殡葬改革和信访工作在全国民政系统培训班上作经验交流，行业协会商会脱钩、社区建设、并乡合村改革、福利机构安全管理等多项工作打造特色亮点。同时，衡阳市各级民政部门贯彻落实全面从严治党要求，坚持把纪律和规矩挺在前面，全面实施“清风民政”工程、大力推进社区廉政文化，突出“两个专项整治”，强化监督执纪问责，狠抓“两个责任”落实，民政系统党风廉政建设工作取得新成效新发展。会议强调，2017年，衡阳市各级民政部门要深入贯彻十八届六中全会和习总书记系列重要讲话、省市第十一次党代会精神，牢固树立“民政为民，民政爱民”工作理念，坚守底线、突出重点、改革创新、植优补短，全面做好全面从严治党，全面实施社会保障兜底扶贫，提升防灾减灾救灾能力，养老服务体系建设，社会福利事业，基层社会治理创新，提升社会事务管理水平，提升涉军保障水平，福彩事业发展等9项重点工作任务，以民政工作的实际成效提高人民群众的获得感，为衡阳市“五个新衡阳”建设做出应有的贡献。（陈跃英）

【邓磊率检查组到衡阳检查民政重点工作】 2017年8月22—23日，湖南省民政厅副厅长邓磊率检查组到衡阳，检查衡阳市民政重点工作。衡阳市副市长杨龙金出席汇报会。检查组先后前往耒阳市、衡东县，查阅相关资料台账，村（社区）“两委”换届选举、养老服务示范点建设等工作，听取衡阳市相关工作情况的汇报。检查组认为，中共衡阳市委、衡阳市人民政府高度重视民生工作，主要领导带头抓民政工作，群众满意度高、获得感强；民政重点工作成效显著，各项改革走在湖南省前列。他指出，衡阳各级民政部门应加强对民政资金特别是项目资金的管理，管好、用好每笔资金；总结前段工作经验，顺利完成剩余2个村委会换届选举工作；开展“回头看”，抓好灾民住房重建和低保清理整顿工作；继续切实做好安全生产工作，确保不发生安全事故。衡阳市副市长杨龙金在汇报会上表示，衡阳将以这次检查为契机，聚焦、聚责、聚力，全力推进民政人本化、法治化、标准化、信息化、社会化建设。要对标找“差”，认真梳理问题，补齐民政工作短板；要压实责任，分解任务，加快推进各项工作；要创先争优，确保衡阳市民政工作保类进位。

（陈跃英）

【衡阳市两户家庭入选全国“最美家庭”】 2017年5月24日，2017年全国“最美家庭”揭晓会在北京人民大会堂召开。其中，湖南省30户家庭当选全国“最美家庭”，衡阳市衡东县洣水镇廖先悟家庭、雁峰区贺朝阳家庭上榜。廖先悟是一位出身农家、自学成才的画家，他对艺术孜孜不倦的执着追求，不但换来创作上的累累硕果，也获得同行的认可和社会的承认。他热心公益事业，将画作拍卖所得捐献出来。多年来，他悉心培育出的美术人才达100多人。在廖先悟的言传身教之下，其子女家庭和睦，儿孙事业有成，堪称“最美家庭”；贺朝阳用10年时间，将身患血癌的丈夫从病魔手中夺回，并坚持照顾病重的公公，教育培养好孩子，用平凡的事迹与感人的故事体现中华民族的传统美德和好家风，赢得各方赞誉。（陈跃英）

【2017年“慈善一日捐”活动】 2018年3月30日，衡阳市2017年“慈善一日捐”总结会召开。“慈善一日捐”活动，2017年共募集善款3472万元（除新汇入基金6000万元外），物资折款326万元。衡阳市2017年慈善排行榜也同时公布，其中设特别奖12个，分别是市城市建设投资有限公司、市交通建设投资有限公司、市湘江水利投资开发有限公司、市水务投资集团有限公司、弘湘国有投资（控股）集团有限公司、市湘江流域治理来雁新城建设投资有限公司、市滨江新区投资有限公司、市衡山科学城投资开发有限公司、市发展投资集团有限公司、市高新投资有限公司、市白沙洲开发建设投资有限公司、市松木投资集团有限公司；

设系统组织奖7个，分别是市直工委、市民政局、市国资委、市金融办、市教育局、市卫计委、市住建局；

设机关事业单位组织奖53个，分别是市委办、市人大办、市政府办、市政协办、衡阳警备区政治工作处、市委组织部、市委宣传部、市委统战部、市委政法委、市中级人民法院、市人民检察院、市文体广新局、市人社局、市商务和粮食局、市经信委、南华大学、95291部队、湖南交通工程学院、市高新技术开发区、市公安局、市交警支队、湖南财经工业职业技术学院、市水利局、衡阳师范学院、市公路局、市地税局、市国税局、市发改委、市工商局、市城乡规划局、市城管执法局、市环保局、市计生协会、市白沙洲工业园区管委会、市松木经济开发区管理委员会、湖南高速铁路职业技术学院、市军供站、95871部队、南华大学附属第二医院、市救助站、市福彩中心、市儿童福利院、市殡葬事业管理处、市船山军休所、市烈士陵园、市强制隔离戒毒所、市蒸湘南路服务管理站、市巷荫岭军休所、市立新军休所、市石坳军休所、市军休活动中心、市第二精神病医院、市殡仪馆；设企业组织奖27个，分别是湖南省烟草公司衡阳市公司、衡阳中瑞麟置业集团有限公司、王一实业集团衡阳香江百货有限公司、中国银行股份有限公司衡阳分行、衡阳市添缘慈善医院、衡阳市达德置业发展有限公司、特变电工衡阳变压器有限公司、衡阳爱尔眼科医院、衡阳合创房地产开发有限公司、湖南省衡洲建设有限公司、衡阳兆辉房地产开发公司、广州颖伦商贸有限公司、衡阳市浙江商会、中国农业银行股份有限公司衡阳分行、湖南纬骏能创环境工程有限公司、衡阳华菱钢管有限公司、中国人寿保险股份有限公司衡阳分公司、中国建设银行衡阳市分行、中华联合财产保险股份有限公司衡阳中心支公司、衡阳创展房地产开发有限公司、衡阳菱电房产开发有限公司、衡阳和合置业有限公司、中国人民财产保险股份有限公司衡阳市分公司、衡阳雅士林房地产有限公司、衡阳市耀江实业开发有限公司、国网湖南省电力公司衡阳供电分公司、衡阳市装饰装修行业协会。

（衡阳市慈善总会）

衡阳市2017年度慈善排行榜（项目榜单）一览表

表8

序号	项目	实施单位	本年项目支出（万元）	历年累计支出（万元）	惠及人数	推荐单位
1	贫困残疾人无障碍设施改造	市残联 市慈善总会	400	1500	10765	市残联
2	关爱抗战老兵	衡阳市星光爱心会 市义工协会	103	500	56	市义工协会

表8续

序号	项目	实施单位	本年项目支出（万元）	历年累计支出（万元）	惠及人数	推荐单位
3	一对一助学活动	一对一助学网 市慈善总会	71	820	4000	市慈善总会
4	“放飞梦想”助学	王一集团实业有限公司	35	200	2000	市慈善总会
5	慈善肾友行	衡阳添缘慈善中医医院慈善总会	33.4	33.4	120	市慈善总会
6	“人间有真情、餐企有大爱”宴请慰问环卫工人	市餐饮行业协会	31.6	85		市工商联
7	关爱军人困难家庭	市慈善总会	30	90	300	市慈善总会
8	暖心工程，关爱失独家庭	小红人志愿者协会 市计生协会 市慈善总会	20	50	380	市慈善总会
9	海星行动	市大湘公益服务中心 民革衡阳市委 民盟衡阳市委	13	13	200	大湘公益
10	春风行动	春风行动志愿者群	10	10	120	市慈善总会

衡阳市 2017 年度慈善排行榜（部分企业榜单）一览表

表 9

排名	企业名称	捐赠现金和有价证券（万元）	捐赠物资折价（万元）	现金及物资折价（万元）	推荐单位
1	衡阳市城市建设投资有限公司	505		505	市慈善总会
1	衡阳市交通建设投资有限公司	505		505	市慈善总会
1	衡阳市湘江水利投资开发有限公司	505		505	市慈善总会
2	衡阳市水务投资集团有限公司	504.19		504.19	市慈善总会
3	衡阳高新投资有限公司	504		504	市慈善总会
4	衡阳弘湘国有投资（控股）集团有限公司	503		503	市慈善总会
4	衡阳市衡山科学城投资开发有限公司	503		503	市慈善总会
4	衡阳松木投资集团有限公司	503		503	市慈善总会
5	衡阳白沙洲开发建设投资有限公司	502.83		502.83	市慈善总会
6	衡阳市湘江流域治理来雁新城建设投资有限公司	502		502	市慈善总会

衡阳市 2017 年度慈善排行榜（部分个人榜单）一览表

表 10

排名	姓名	捐赠现金和有价证券（万元）	捐赠物资折价（万元）	现金及物资折价（万元）	推荐单位
1	李太国	260		260	市工商联
2	彭　杰	18	200	218	市工商联
3	吴向东	38	103.8	141.8	市工商联
4	李　林	100		100	衡南县慈善会
4	冯青青	100		100	市工商联
5	高友林	96		96	市工商联
6	林　强	18	67.64	85.64	市教育局
7	陈亮伟	68.9		68.9	市工商联
8	周　文		53.9		市工商联
9	唐　超	51		51	市工商联

【专题研究部署灾后重建工作】 2017 年 7 月 7 日，市民政局党委专题研究部署灾后重建工作，制定下发《关于做好 2017 年受灾困难群众生活救助和因灾倒损农村居民住房恢复重建工作的通知》，要求各县（市）区民政部门按照市委、市政府主要领导的指示精神，扎实做好受灾群众生活救助和因灾倒损农村居民住房灾后恢复重建工作。在防汛抗灾期间，全市各级民政部门投入救灾资金 534 万元，发放救灾帐篷 137 顶、棉被 1800 床、折叠床 152 张、大米 93000 斤、食用油 1122 桶、方便面 5100 箱、矿泉水 4250 箱、八宝粥 2900 箱、饼干 1800 箱、牛奶 1600 件、面包和蛋糕 5000 个、西瓜 3000 斤，租用船只 44 艘次，保障受灾群众的基本生活，维护灾区社会秩序的稳定。（李　政）

残疾人事业

【残疾人康复工作】 2017 年，衡阳市残联实施《残疾人精准康复服务行动细则》，完成 2017 年年初制定的“让 40%以上有需求的残疾儿童和持证残疾人接受基本康复服务”的工作目标。2017 年投入经费 1519.1 万元完成残疾儿童康复项目 1080 名，投入 30 余万元完成假肢装配 200 例，投入 16 万元完成白内障复明手术 500 例；完成湖南省“天使助行计划”，装配儿童假肢、矫形器 95 例；为全市 200 名低视力残疾人适配助视器并进行功能训练，适配儿童助听器 50 台；衡阳市用 10 台辅助器具流动服务车，行程约 10 万千米，投入经费 177 万余元为全市 1.9 万余人发放辅助器具服务；组织实施 3 期康复专业人才实名制培训，规范培训康复专业人员 100 名、社区康复协调员 50 名；组织各康复机构优秀老师 40 余人次参加国、省康复专业知识培训 15 期；支持社区康复示范站建设，投入 80 万元在四个城区重点培育社区康复示范站 10 家。

（肖恒兵）

【残疾人教育就业工作】 1. 组织衡阳市残疾人代表队参加湖南省第二届残疾人岗位精英职业技能竞赛取得团体第四名，获得一个单项二等奖；组织衡阳市残疾人代表队参加湖南省第二届盲人保健按摩技能比武取得团体第二名，获一个一等奖，二个三等奖。配合地税部门做好残保金征收工作，严格履行各项手续，全年力争残保金征收金额不低于 2900 万元，已完成征收 2100 余万元。大力实施托养救助，成立湖南省首个市级残疾人托养协会，完成衡阳市本级托养机构三星级认定，并推荐三家机构向湖南省残联申报四星级、五星级认定；全年新建或规范托养机构20家完成购买残疾人居家服务2416人、日间照料633人、寄宿托养75人。实施教育救助，为衡阳县、蒸湘区和耒阳市55名残疾儿童向省残联申请彩票公益金助学项目16.5万元，资助对象全部按要求筛选并进行公示，现全部录入数据库；按政策对符合条件的29名残疾大学生、97名贫困残疾家庭大学生子女、52名残疾高中生、119名贫困残疾家庭高中生子女实施救助；出色完成省特教中专招生工作，全市实际推荐32名，超额完成6名，并对完成任务的县（市）区残联按每位入学学生200元的标准给予奖励，对超额完成任务的县（市）区残联按超额部分的入学学生每人400元的标准给予奖励；全年完成50名残疾人扫盲任务。2. 开展就业服务，与衡阳市心理卫生协会联合成立衡阳市首家心理咨询室，为衡阳市残疾人及亲友提供心理辅导和心理咨询服务；举办残疾人就业专场招聘会，发放各类宣传资料上千份，联系38家湖南省内外知名企业提供200多个就业岗位，现场300余名残疾人参加应聘，达成就业意向的有35人；衡阳市已经完成新增城乡残疾人就业1200余名；2017年计划对1310名残疾人进行职业技能提升培训，已经完成培训1100人；扶持城乡残疾人创业200名（其中市级增加72名）；2017年计划完成农村残疾人阳光增收实用技术培训2010名（市级增加250名），现已完成1990名，培养致富示范户167名，致富带头77人；市本级残保金安排30万元专门用于残疾人创业小额贷款贴息，为五个城区1.35万残疾人购买意外伤害保险，每人20元，共计27万元，最高理赔金额可达3万元。

（肖恒兵）

【残疾人维权信访工作】 “12345”政府服务热线各项指标达标，2017年受理工单6件，各项指标均达100%。推动无障碍环境建设，投入资金193万余元完成贫困残疾人家庭无障碍改造中央、省任务260户，平均每户改造标准达到7400元。推动社区（村）无障碍环境建设，市级残保金投入资金20万元在石鼓区潇湘街道石鼓社区、蒸湘区南华社区开展无障碍社区创建工作，对社区内的无障碍设施进行建设改造。推进城市无障碍环境建设工作，以湖南省第十届残疾人运动会在衡阳市举行为契机，向衡阳市政府报告请求完善各场馆及城市道路、旅游景点的无障碍设施建设和改造，衡阳市政府及时组织相关单位和人员对承办赛事的场馆进行检查和督查，并要求相关单位予以完善。规范燃油补贴发放工作，年内共申报5903人享受残疾人机动轮椅车燃油补贴对象，各县市区残联于12月底前全部按要求打卡发放到位。落实信访维权工作，做好省级残疾人法律救助工作站日常法律服务，截至2017年10月底，衡阳市建有省级残疾人法律救助工作站12个，承办残疾人法律维权案件46例，为残疾人挽回经济损失110万余元，免收律师费以及诉讼代理费14万余元，衡阳市最后一个未建站的祁东县向省残联申报待审批；维护好“12385”残疾人服务热线，全年提供政策咨询450余人次；做好信访接待，接待残疾人来信来访248余人次，其中业务咨询35起、涉法涉诉10起、临时救助195起，生活困难、医疗救助12起，发放残疾人救助金9000余元；处理中、省残联信访件5件。

（肖恒兵）

【残疾人文体工作】 推进承办湖南省第十届残运会各项筹备工作，2017年2月27日，衡阳市人民政府常务会议专题研究残运会筹备工作，明确“两块牌子一套人马”的组织机构，确定参赛目标，成立由衡阳市人民政府常务副市长担任执行主任的湖南省第十三届运动会、湖南省十届残运会筹备委员会；4月7日，中共衡阳市委常委会议又对残运会进一步进行安排和部署，并以中共衡阳市委、衡阳市人民政府名义出台《衡阳市筹备湖南省第十届运动会、第十届残疾人运动会总体方案》。8月9日，衡阳市市长郑建新主持召开湖南省第十三届运动会暨第十届残疾人运动会衡阳筹备委员会第一次会议，会上，与十二个工作部室和各县（市）区长签订责任状。从2015年开始选拔运动员备战省十届残运会，选拔出符合条件的残疾人运动员160人进行试训，测试筛选出35名运动员进行集训。做好第五届残疾人文化周活动，2017年11月下旬开展第五届残疾人文化周活动，并组织优秀作品参加全省文化活动评比；做好第二届“活力、健康、自强、快乐”主题文体活动评比，年底前组织8个节目参加湖南省评比；完成残疾人文化进家庭“五个一”项目，年底前投入8.8万元组织176名残疾人开展“五个一”项目。2017年，发表各类信息稿件551篇，其中中残联127篇、省残联130篇、市级媒体294篇。（肖恒兵）

【组织保障】 1. 健全基层残疾人组织网络。衡阳市残疾人总数约为46.64万，占总人口比例6.39%，全市持证残疾人总数16.98万，其中持证一、二重度残疾人数9.11万，占办证数比例53.65%。全市约196个乡镇（街道）成立残联，约2700个村（社区）建立残协。全市成立65个残疾人专门协会用。2. 做好基层残疾人组织工作。抓动态更新工作落实，做好2017年全市残疾人基本服务状况和需求信息动态更新工作，对全市170452名持证残疾人进行信息数据采集登记、核实、更新和录入，湖南省残联组人部部长言建文于6月下旬带督导组亲自参加衡阳市雁峰区和衡阳县动态更新工作培训班，并给予肯定。指导协会开展工作，指导市肢残协会分别在8月中旬、9月中旬开展以“参加融入社会”为主题的第八次全肢残人活动和为肢残人免费体检活动，指导市盲人协会在10月中旬开展以“关心盲童 沟通从爱心开始”为主题的第34届国际盲人节系列活动，指导市智残协会在9月下旬开展全市智力残疾人乒乓球比赛，指导市聋人协会在9月下旬开展以“‘磨砺意志 锻炼体魄 快乐行走’之行”为主题的聋人徒步竞赛活动。3. 提升残疾人工作者素质。市残联坚持把干部职工的素质教育，作为提升残联干部形象的重要手段。年内组织干部职工外出脱产学习达41次，人均1.41次，有效运用干部在线教育、法宣在线、“红星云”微信平台等网络平台，组织党员干部进行学习。目前，干部在线学习平均学分居全市第3名，机关在职党员100%注册关注学习“红星云”，达到50分以上的为100%。4. 开展扶残助残活动。成立志愿助残服务支队，建立衡阳市首个志愿助残服务基地——衡阳市慧家志愿者助残服务基地，指导各县（市）区均成立志愿助残服务大队，壮大助残志愿者队伍，开展助残活动。市残联发挥福利基金分会这个爱心平台，全年募集助残资金270多万元，物资捐赠价值30多万元，为500户残疾家庭实施“精准扶贫无障碍设施改造”。持续开展扶残助残活动，先后开展春节慰问残疾群众家庭和城区部分企业职工家庭活动、第18次全国“爱耳日”暨“3·5”学雷锋活动、第27次全国助残日活动、第一次全国“残疾预防日”活动、上门送辅助器具活动等。2017年开展志愿助残服务活动达60余次，营造浓厚的社会扶残助残氛围。全市残联系统慰问残疾人949户，37.98万元。（肖恒兵）

【精准扶贫】 1. 开展定点村扶贫。落实市扶贫办指示精神，开展定点扶贫村脱贫攻坚工作。衡阳市残联的定点扶贫村为衡南县谭子山镇大田村，2017年，市残联党组先后召开4次党组会、6次专题部署会，扶贫工作队到大田村现场办公16次，对脱贫攻坚工作进行部署、分析、研究，脱贫攻坚成效明显。会机关在职22名党员干部与大田村26户贫困户结成帮扶对子（党组成员每人2户），机关支部2名支委参加扶贫工作队。从5月份开始，每名党员每月进村不少于2次，工作队员更是高达每月4次。6月，党员干部为全村42名贫困户每户衣服4件（价值800元）、现金400元。6月中旬，特邀市新附二医院康复科专家和市第二人民医院精神残疾鉴定专家和衡南县残联办证工作人员到大田村现场办证，为符合办证条件的27名残疾人办理残疾人证，帮助大田村残疾人落实应享受的残疾人补贴。6月下旬，开展“凝心聚力献爱心 精准扶贫奔小康”专项捐赠活动，全会干部职工现场共捐赠现金26600元。8月，在联村扶贫点开展“助医助学”活动，为12户贫困家庭送上助医助学资金2.7万元，为贫困户就医难和上学难解决燃眉之急。6—9月，为大田村50户残疾人举办阳光增收脱贫（种养殖业）培训班和物资发放活动，为其免费发放小鸡1500只、小羊54、小猪22头、饲料10包，物资及培训费用近12万元，并对增收对象提供种苗（如羊崽、猪崽、乌鸡）养殖技术及帮助销售。10月，协调衡南县相关部门，

6户贫困户异地搬迁动工。2. 开展“连千村帮万户工程”扶贫。市残联2017年“连千村帮万户工程”对象为衡阳县栏垅乡荷鸣村，确定结对帮扶14户残疾人，为4户贫困残疾人家庭实施无障碍设施改造，为3户贫困残疾人实施医疗救助，对有需求且符合条件的残疾人进行辅具适配，对符合条件的残疾人发放机动车燃油补贴，结对帮扶3户从事种养的残疾人创业，对村里基础设施进行改善；对村里40名残疾人开展阳光增收培训，增强脱贫致富技能。3. 开展就业与示范基地扶贫。推进残疾人创业孵化基地建设，在高新开发区青峰社区开展残疾人创业孵化基地建设工作，前期投入15万元进行硬件设施改造，为残疾人提供创业指导服务。发挥扶贫示范基地的辐射带动作用，为更多的残疾人提供就业服务，实现脱贫致富，在2016年授予4个单位为市残疾人扶贫示范基地基础上，2017年，新增市级扶贫示范基地1家，市、县两级残联已经建立扶贫基地20家，共有560余名残疾人受益；全市建省、市、县各级就业基地10个，共安排300余名残疾人就业。

（肖恒兵）

红十字会活动

【概况】 2017年，衡阳市红十字会（以下简称市红十字会）进一步弘扬“人道、博爱、奉献”的红十字精神，不断丰富人道服务内涵，拓展人道服务领域，

一、社会救助。在2017年“红十字博爱送万家”活动中，衡阳市各级红十字会共发放慰问金26万元，发放物资价值16.6万元（其中接收省红十字会物资价值55570.8元）。市红十字会特别针对重症病人、五保户、寒门学子、器捐者家属等困难群体进行慰问，共发放慰问金16050元，发放物资价值15000元。各县市区红十字会也结合实际开展形式多样的慰问活动。衡阳县红十字会组织志愿者上门慰问，走访慰问34个村，2个敬老院、3户老党员、残障人士22人、重大症病患者22人，为他们送去大米200袋、衣物148件、慰问金57000元。同时还与界牌镇的五保对象面对面交流互动，使他们能感受到红十字会的温暖，党和政府的关怀。衡山县红十字会走访慰问困难群众19户，送慰问金13000元。蒸湘区红十字会深入呆鹰岭镇新民村、联合街道幸福路社区部分重点受助对象家庭开展走访慰问，慰问各类困难群众共49人，困难爱心企业1家，送慰问金24600元。南岳区红十字会以“博爱心礼、情暖寿岳”为主题，自筹经费4000元购买大米、食用油、棉被、收纳箱、抽纸等8种生活物资装进“博爱箱”，带红十字志愿者走访慰问南岳镇烧田村10户因病因残等致贫的困难群众。耒阳市红十字会自筹经费购买羽绒服等慰问物资，组织走访6个乡镇两个乡镇12个村的患病退休老党员、五保户、重大疾病家庭、精神病患家庭、孤儿等23户困难家庭，发放物资价值11800元，送出慰问金16200元。衡南县红十字会对2016年受龙卷风和冰雹的重灾户、患重大疾病、企事业单位特困户和农村低保户家庭，有针对性的开展慰问。向铁丝塘镇江水村和泉湖镇中伍村、大星村3个以老人与留守儿童为主的贫困村，派出慰问医疗小分队，向村民发放卫生健康科普知识宣传单和举行卫生救护知识讲座。对云集镇敬老院40位老人和县得意电子厂20位困难职工发放慰问金及棉被、食用油等春节物资。活动共发放慰问金12.3万元，物资价值2万元。2017年3月3日，市红十字会专职副会长尹向阳带领红十字会工作人员和志愿者前往市第二人民医院30名老年痴呆症患者进行慰问，送去装满大米，糖果，毛毯，被子，棉衣等物资的家庭包30件价值9000元。中秋节前夕，市红十字会组织恒雁器官捐献志愿服务队走访慰问本市两户器官捐献家庭，送去牛奶、月饼及1000元慰问金。2017年，衡阳市为66户困难家庭申请并提交人道救助资料，争取省红会救助金约33万元。为白血病患儿家庭审核并提交基金申请书52份，为45个白血病患儿家庭争取到彩票公益金，共计143万元。

二、生命关爱工作。1. 无偿献血和造血干细胞捐献宣传。通过举办讲座、大型宣传活动，让大家对无偿献血和造血干细胞的步骤有初步的解。5月，市红十字会组织在市江东火车站站前广场

开展大型造血干细胞捐献动员宣传活动。衡阳县红十字会、衡东县红十字会发动市民参与无偿献血，累计献血30000毫升，多名市民并加入造血干细胞捐献志愿者队伍。雁峰区红十字会组织志愿者80余名在莲湖广场开展纪念宣传活动，并组织大型的无偿献血活动。“6·14”期间，组织各县（市）区红十字会开展无偿献血及造血干细胞捐献宣传，累计完成造血干细胞入库216人/份，进入高分辨程序6人，进入体检程序1人。2. 不断推动人体器官捐献工作。坚持大力开展宣传普及工作，着力提高广大市民对遗体和人体器官捐献知识的知晓率和认同率。2017年3月，组织恒雁器官捐献志愿者队伍开展业务培训，将宣传工作常态化、专业化。做好器官捐献完成后的缅怀和纪念工作。清明节前夕，组织衡阳市器捐者家属及受捐者50余人前往长沙的凤凰山陵园进行大型的公益缅怀活动。5月，组织市器官捐献服务队及大学生志愿者开展“大爱无疆”的器捐宣传大型公益骑行活动，活动受到市民的一致好评。2017年累计完成器官捐献47例，挽救多名器官衰竭者的生命。3. 救灾备灾工作。2017年7月，衡阳市遭受暴雨，多地发生洪涝灾害，自入汛以来，市红十字会迅速响应，应对汛情，第一时间摸清灾情向省红十字会报灾争取救灾物资，同时发动社会爱心力量助力灾区人民。工作人员实地走访衡东县、衡阳县、常宁市等受灾严重的地区看望灾民，为30户受灾家庭发放救助金1000元，共计发放救助金3万元，同时将省红十字会下拨的价值31万元的棉被、食物、衣物、药物等救灾物资分发到各受灾的地区，希望能够帮助受灾群众实现生产生活自救和灾后重建。

三、核心业务工作。1. 应急救护培训工作。2017年，市红十字会在不同行业不同群体开展各类应急救护普及培训。开展“进机关、进企业、进农村、进社区、进家庭”的“五进”活动，全年为幼儿园师生、在校大学生、旅行社导游、特警官兵、社区居民和农村百姓等各类人群进行普及培训。5月为衡阳市的志愿者及义工及消防系统的新兵举办3期初级救护员培训。5月，为兴华小学的学生和家长们举行以“小手拉大手，安全一起走”为主题的应急救护知识亲子体验课，通过寓教于乐的亲子互动游戏，让孩子和家长掌握基本的救护知识。全年，市红十字会共普及应急救护培训人员近40000人，培训红十字初级救护员300名，开展应急演练2期，完成亲子救护培训8000人。2. 疾病应急救助基金管理工作。2017年，衡阳市红十字会作为应急救助基金的经办管理机构认真落实“三无”病人和无支付能力急救病人的医疗救助工作。为做好资料审核申报工作，5月5日，组织各相关医院疾病应急救助专职管理人员召开培训会议，提升工作人员的业务能力。全国实行网络系统信息化管理后，为做好相应的对接工作，市红十字会于11月举办全市的应急救助基金信息化管理培训会议。

（涂闻卿）

【红十字博爱送万家活动举行】2017年农历春节，市红十字会在全市开展“红十字博爱送万家”为主题的送温暖慰问活动。2017年1月11日，在市珠晖区东阳渡镇新田村举行“红十字博爱送万家”春节慰问物资发放仪式，省红十字会会长陈丹萍、副会长陈希武一行出席发放仪式现场。湖南省副省长向力力在副市长刘正兴的陪同下来也来到发放现场并向20户贫困群众发放棉被、棉衣、大米、食用油、春节大礼包等慰问物资。农历春节前，市红十字会的工作人员带领着13名红十字小志愿者在市区的街头进行以传递“爱心衡阳”正能量，关爱“城市美容师”为主题的慰问活动。为在街头打扫的环卫工人们送去春节礼品包，糖果，水果及手套。活动共计发放礼品15份，手套100余副。（涂闻卿）

【“5·8”红十字博爱周纪念宣传活动举行】“5·8”红十字博爱周期间，市红十字会带领志愿者前往市儿童福利院看望那里的孩子们，为他们送去奶粉、衣服、纸尿裤等生活用品价值4600元。当天还走访慰问器官捐献的困难家庭左爷爷和左奶奶一家，为其送去大米、食用油、牛奶等生活物资，并询问他们的生活近况和困难。蒸湘区红十字会开展义诊和免费送药活动，为65岁以上老人及高血压病、糖尿病患者免费体检，义诊300人次，发放药品价值6000余元，并走访两户因病致贫的家庭发放慰问金8500元。衡东县红十字会在文体广场举行纪念活动，为200余名市民义诊并发放药品价值6000元。南岳区红十字会在金月完小举行“情系寄宿学生·关爱留守儿童”捐赠仪式，为学校寄宿留守儿童送去蚊帐、夏被等生活用品价值7000余元。衡南县红十字会在松江卫生院开展义诊活动发放药品价值3000余元，并前往敬老院开展大型送温暖活动，送去大米、食用油、被子等物资价值15000元，同时在博爱周期间走访20余户困难户发放慰问金24000元。衡阳县红十字会在夏明翰广场举行义诊活动发放药品价值7000余元，并现场募集善款2000余元用于慰问特困户。“5·8”博爱周期间，衡阳市红十字会共募集现金34500元用于慰问贫困人群，发放药品及慰问物资价值50000元，发动志愿者290余名，发放宣传资料38000余份，活动受到湖南都市频道、衡阳市电视台等多家电视台、报社的报道。

（涂闻卿）

县市区概况

衡南县

【地理、区划与人口】 衡南县位于衡阳市东南部，因地处南岳衡山之南而得其名。东界安仁县，南连耒阳、常宁市，西邻祁东县，北抵衡阳、衡山、衡东县，并从东南西三面环抱衡阳市城区。县城位于距衡阳市城区18千米的云集镇。全县辖21个镇、1个乡，下设71个居委会、375个村委会。总面积2621.1平方千米，其中陆地2378.6平方千米，占90%；水域242.5平方千米，占10%。2017年年末，全县户籍总人口109.76万人，33.96万户；常住人口94.62万人，城镇人口38.52万人，农村人口56.1万人，城镇化率达40.71%。人口出生率12.38‰，死亡率3.88‰，人口自然增长率8.5‰，出生人口性别比为113.85。年内，气温日平均18.8℃，极端最高气温39.8℃，出现在8月21日，极端最低气温0.6℃，分别出现在2月9日和12月17日。2017年，总降水量为1247.5毫米。

【经济总量】 2017年，完成地区生产总值（GDP）349.89亿元，增长8.2%。其中第一产业实现增加值73.41亿元，增长3.6%；第二产业实现增加值149.27亿元，增长6.3%，第三产业实现增加值127.21亿元，增长13.4%。按常住人口计算，人均生产总值（现价）35125元，增长8.5%。

三次产业结构比为20.9∶42.7∶36.4，第三产业比重提高1.9个百分点。规模以上服务业实现营业收入9.73亿元，增长31.8%。

2017年，城镇新增就业人员6145人，失业人员再就业人员2982人，其中就业困难对象再就业802人，新增农村劳动力转移就业6087人，城镇登记失业率为3.06%。

【农业】 2017年，完成农业总产值119.44亿元，增长3.8%。实现增加值74.9亿元，增长3.7%。

2017年，实有耕地面积70.65千公顷，其中水田65.52千公顷，旱地5.13千公顷；2017年完成粮食播种面积108.68千公顷，2017年粮食总产量59.76万吨，增长0.4%。

2017年，新增农民专业合作社282个，累计为1415个；农民专业合作社成员5.337万人，新增家庭农场84个，累计361个，耕地流转面积4860公顷，年末农业机械总动力95.44万千瓦。

【工业】 2017年，实现工业增加值112.70亿元，增长6.6%。其中规模以上工业实现增加值63.68亿元，增长7.0%。园区规模工业实现增加值43.59亿元，占规模以上工业增加值的比重为68.5%，提高8.9个百分点。

【固定资产投资】 2017年，完成全社会固定资产投资260.0亿元，增长18.4%，占全市固定资产投资比重为9.9%。

2017年，计划总投资超过5000万元的在建项目（不含房地产）55个，完成投资64.6亿元，占固定资产投资总额的比重为24.8%。在固定资产投资中，第二产业完成投资127.02亿元，增长3.2%，其中工业投资完成126.67亿元，增长13.8%；第三产业完成投资131.97亿元，增长45.8%。

2017年，完成房地产开发投资8.96亿元，增长27.5%，占固定资产投资总额的比重为3.4%。

2017年，商品房销售面积64.73万平方米，增长60.1%。其中住宅销售面积56.6万平方米，增长60.2%；商品房销售额20.06亿元，增长127.4%，其中住宅销售额15.79亿元，增长131.6%。

【招商引资】 2017年，审批外资项目42个，到位外资1.25亿美元，增长9.3%；引进内资项目43个，实际到位资金30.84亿元，增长11.5%。实现外贸进出口总额1.44亿元，增长13.1%。

【建筑业】 全县具有建筑业资质等级的独立核算企业21家（不包括劳务分包企业），其中一级6家、二级7家、三级8家，共完成建筑业总产值141.92亿元，增长16.6%；实现建筑业增加值36.57亿元，增长5.5%。

【国内贸易】 2017年，完成社会消费品零售总额111.10亿元，增长10.7%，占全市社会消费品零售总额比重为8.9%。其中，限额以上批发和零售业商品完成零售额22.5亿元，增长16.3%。分类别看，粮油、食品类零售额增长17.6%；饮料类零售额增长24.9%。

【交通和旅游】 2017年，交通运输、仓储及邮政业实现增加值20.28亿元，增长4.5%。公路客运量完成6178万人次，增长10.0%；客运周转量64880万人千米，增长10.0%；货运量579万吨，增长11.5%；货运周转量26397万吨千米，增长11.0%。

2017年，接待游客232万人次，完成旅游总收入24.11亿元，分别增长28.0%和27.0%。

【财政、金融与保险业】 2017年，完成一般公共预算收入15.60亿元，下降11.1%。税收占一般公共预算收入的比重为78.03%，提高16.4个百分点。2017年金融业实现增加值6.59亿元，增长17.3%。金融业增加值占地区生产总值（GDP）的比重为1.9%，提高0.7个百分点。2017年金融机构各项存款余额完成271.24亿元，增长17.7%。各项贷款余额完成116.52亿元，增长34.6%。

2017年，各种保费收入完成2.96万元，增长40.9%。各种保险赔付支出1.35亿元，增长74.2%。

【教育和科学技术】 2017年，全县拥有普通中学57所，中等职业教育学校4所，普通小学160所，幼儿园152所。普通中学在校学生55416人，教职工4665人；中等职业教育学校在校学生4114人，教职工244人；普通小学在校学生63627人，教职工3593人；幼儿园入托儿童24562人，幼师2046人。农村生均公用经费小学600元/生年，初中800元/生年。

2017年，完成高新技术产业增加值53.3亿元，增长6.6%，占地区生产总值（GDP）的比重为15.2%，提高4.2个百分点。

【文化、卫生与体育事业】 2017年，全县有非物质文化遗产项目资源23个，文化馆1个，非遗展示中心1个，公共图书馆1个，街道文化站27个，示范性街道综合文化站8个，示范性社县（村）文体中心35个，绿色上网场所36个，农家书屋741个。

2017年，全县共有村（社区）卫生室907家。2017年共建立电子居民健康档案82.8181万份，管理65岁以上老年人5.7034万人，管理高血压患者5.6098万人，管理Ⅱ型糖尿病患者2.2465万人。县级注册卫生技术人员3203人，增加277人，其中医生1766人，增加88人；护师护士1437人，增加189人。

2017年，开展全民健身项目32项次，全县全民健身运动参加人数达4万人次。2017年，发展社会体育指导员104人，年末拥有各级社会体育指导员480多人，健身辅导站1个，公共体育场地1742个。

【人民生活与社会保障】 2017年，全县城市低保对象38966户次，69353人次，发放低保金、物价补贴、过节费等2136.08万元；农村低保对象145654户次，305008人次，累计发放低保金、物价补贴、过节费等4951.54万元。2017年共发放城乡困难居民医疗救助金1546.3万元，6937人次；新建3个日间照料中心。

2017年，各项社会保险参保人数180万人次，其中：企业养老保险8.75万人、机关事业养老保险3.04万人、医疗保险（包括职工医保4.84万人、居民医保98.87万人、生育保险2.8万人）、工伤保险参保5.9万人、失业保险参保4.5万人、新型农村养老保险人数达53.3万人。城镇职工基本医疗保险、城镇居民基本医疗保险、生育保险、工伤保险赔付支出分别为1.2亿元、6.4亿元、357万元和1257万元。

【资源、环境和安全生产】 2017年，全县万元工业增加值能耗下降4.37%，万元GDP能耗下降5.02%。

2017年，进行项目环保审批19个，发放、更换排污许可证86件，环境影响评价和“三同时”执行率均达100%，空气质量PM10优良率达到91.4%。

2017年，发生生产安全事故3起，死亡7人（其中道路交通事故3起死亡7人），安全生产事故起数和死亡人数下降78.6%、36.4%，亿元GDP生产安全事故死亡率0.02。

【衡南县17个重点项目集中开工总投资达45亿元】 2017年4月

18日，中科光电产业园等17个重点项目在衡南县云集工业园集中开工，总投资达45亿元。集中开工的17个重点项目，包括中科光电产业园、湖南优力环境科技有限公司、湖南医友医疗科技有限公司等9个工业项目，衡云中学、城关供销社棚户区改造等2个民生项目，汇景大道、蒸湘南路延长线、云万公路等6个交通项目，涵盖电子行业、高端装备制造、医药医疗行业、民生保障、基础设施等多个领域。

【衡南县被授予“中国物流之乡”称号】 2017年5月19日，由中国交通运输协会和衡阳市政府联合主办的“第十一届制造业与物流业联动发展年会”在衡阳召开。会议以“创新之路——制造与物流”为主题，旨在为促进两业联动的创新发展提供思路，推动社会物流需求的释放。来自全国制造业、物流业、第三方物流公司、物流专业车辆企业的500多名代表参加年会。会上，正式授予衡南县“中国物流之乡”称号。

【衡南县首家律师事务所成立】
2017年7月19日，衡南县第一家律师事务所——湖南协创律师事务所成立。湖南协创律师事务所是经湖南省司法厅依法核准登记的符合《中华人民共和国律师法》及《律师事务所管理办法》规定的条件，并准予成立并执业的衡南县首家律师事务所。该律师事务所目前拥有执业经验丰富、专业素质强、专业领域业绩突出的律师队伍10名，能够满足该县广大居民的法律事务需求。同时，衡南县司法局也为律师事务所提供更好的司法服务，加强对律师事务所的监督管理，规范其职业操守和职业行为，更好地发挥律师事务所公平正义的作用。

【衡南县农特产品“走出国门”】
2017年7月24日，衡南县贸促会组织伟达农业、绿叶茶业、邦友化工等企业参加在柬埔寨举办的中泰五国“澜湄展”。展会期间，该县以“生态有机、绿色环保”为主题，打造衡南特色展馆，现场发放宣传资料3000余份，成功对接项目5个，意向协议金额达185万美元，现场成交1.2万美元，实现该县农特产品出口零的突破，提升衡南县外贸国际市场份额。

【衡阳梦东方旅游项目总投资100亿元】 2017年8月10日，总投资100亿元的衡阳梦东方旅游项目在云集镇车江片区金盘村正式开工，标志着该项目已进入实质性建设阶段。衡阳梦东方旅游项目是2016衡州经济发展论坛现场签约的65个重大项目之一，总投资100亿元，占地约1066.67公顷，将以湖湘文化为核心，结合国际先进理念和技术，打造一个集文化小镇、科技小镇、森林小镇、农耕小镇和五个主题公园互融为一体的综合型国际旅游项目。

【岐山森林公园成功晋升国家级】
7月8日，从北京2017年度拟设立国家级森林公园评审会上传来喜讯，经中国森林风景资源评价委员会审议，衡南县岐山森林公园成功获评为国家级森林公园。岐山国家级森林公园由岐山片区和石牛峰片区两部分组成，植物资源与植物景观较为丰富，共有维管束植物183科629属、1034种，其中国家二级重点保护野生植物8种，较多分布樟树、榉树、闽楠、金荞麦、野大豆。公园脊椎动物共有5纲24目、72科、186种，其中国家二级重点保护野生动物有9种。

【衡南武术扬威澳门国际武术节】
2017年8月22日，在“2017年第六届澳门国际武术节暨澳门国际武道大赛”上，湖南省衡南县彭飞文化武术学校获优秀团队奖，集体项目亚军、团体总分季军，并在40多个小项的比赛中摘得26金、28银、15铜的优异成绩。彭飞也一举夺得武术名家金奖荣誉。

【国内首条“鲜榨茶油”工艺在湖南大三湘试机启动】 2017年11月18日，湖南大三湘茶油股份有限公司“鲜榨茶油”工艺线正式试机启动，标志大三湘突破茶油三大传统加工瓶颈，“鲜榨茶油”已达到行业领先，在油茶产业创新发展上迈出重要一步。该条生产线总投资3000万元。整个新工艺线建设历时100天，前期研究6年，产生相关专利66项，其中发明专利51项。

【衡南打造湖南“玫瑰之乡”】
衡南县境内有4.53公顷紫色页岩

山地，易风化，通透性好，土壤微量元素含量丰富，适合玫瑰（玫瑰花、玫瑰果）生长。该县已在栗江、鸡笼、泉湖等 11 个乡镇，建立玫瑰生产基地 300 多公顷，从事玫瑰种植与玫瑰香猪养殖的贫困户有 2000 多户。

【存在的主要问题】 一是发展质量不优、效益不高、发展不平衡不充分等问题依然突出，制约县域经济发展的要素瓶颈有待破解；二是实体经济面临诸多困难，传统产业转型步伐较慢，新兴产业总体规模较小，内生动力不足；三是财政收支矛盾突出，可用财力有限，保工资、保民生、保运转的刚性支出压力持续增加；四是脱贫攻坚和改善民生的任务仍然较重，教育、医疗、住房、生态环境等方面存在不少问题。

县委、人大、政府、政协领导名录

中共衡南县委员会
书　　记　杨洪峰
副 书 记　李　军　蒋崇华
县委常委　朱诗军　黄日荣
　　　　　黄科卫　刘国荣
　　　　　倪美平　曹朝晖
　　　　　李桂花（女）
　　　　　石　杰（挂职）
衡南县人大常委会
主　　任　邱清燕（女）
副 主 任　邓中文（女）
　　　　　刘志伟　贺育生
　　　　　王　励　周向阳
衡南县人民政府
县　　长　李　军
副 县 长　周秋生　张东成
　　　　　蒋长富　蔡志刚
　　　　　唐湘黔　谢　辉（女）
　　　　　邓明君（挂职）
　　　　　章　清（女）（挂职）
　　　　　陈　敏（挂职）
政协衡南县委员会
主　　席　梁国雄
党组副书记　李小林
副 主 席　李小林　罗平石（兼）
　　　　　夏海蓉（女）（兼）
　　　　　谢　炜（兼）
　　　　　王念华

县行政企事业单位负责人名录（排名不分先后）

县政法委书记　黄日荣
县委宣传部部长　黄科卫
县委组织部部长　刘国荣
县统战部部长　倪美平
县纪委书记　曹朝晖
县委办主任　李桂花
县人武部部长　陈振军
县人武部政委　周久虎
县公安局局长　张东成
县工商联主席　罗平石
县委党校校长　贺育生
县总工会党组书记　胡小平
县人民检察院检察长　盛云平
县人民法院院长　廖宏伟
衡南工业集中管理委员会主任　刘　峰
县政府办公室主任　阳文吉
县监察局局长　罗名勇
县人大办公室主任　谭顺芝
县政协办公室主任　王祥彬
县巡察办主任　刘东华
县纪委办公室主任　刘军辉
县食品药品工商质量监督管理局局长　杨冬明
县金融办主任　谢羽萍
县老干局局长　宁云忠
县社科联主席　廖飞龙
县侨联主席　邹玉灿
县台办主任　周安平
县档案局局长　贺晓林
县党史办主任　肖　斌
县政务服务中心主任　唐耀明
县法制办主任　唐鸣春
县电子政务管理办主任　黄红贵
县司法局局长　罗友平
县发展和改革局局长　邱清令
县统计局局长　唐春辉
县企业改制服务中心　陈春豫
县交通投董事长　周四平
县人力资源和社会保障局局长　邓河平
县商务和粮食局局长　唐云秋
县贸促会会长　肖力元
县粮油服务中心主任　刘宏权
县烟叶办主任　王新华
县市场管理服务中心主任　唐小云
县国有资产管理中心主任　肖建华
县财政局局长　刘弟军
县审计局局长　胡南云
县供销社理事会主任　武英杰
县农业局局长　贺金平
县林业局局长　贺桂香
县莲湖湾管理处处长　欧明镜
县水利局局长　谢秋生
县农机局局长　肖　华
县畜牧水产局局长　胡良炜
县农村经营服务中心主任　胡玉元
县气象局局长　成少丽
县农业综合开发办公室主任　罗滨峰
县扶贫办主任　刘向群
县民政局局长　黄小琼
县残联理事长　张　苏
县国土资源局局长　贺遵元

县人民防空办公室主任 王旭华
县地方志办公室主任 罗中汉
县信访局局长 唐月生
县移民局局长 贺　信
县安全生产监督管理局局长 李文波
县卫生和计划生育局局长 贺能君
县红十字会会长 王国梁
县人民医院院长 王孝诚
县编办主任 颜明亮
团县委书记 刘　艳
县妇联主席 费明巧
县科协主席 刘启和
县文体广电和新闻出版局局长 阳祥云
县广播电视台台长 刘伟宏
县文联主席 胡　素
县交警大队大队长 符方华
县消防大队大队长 张屹潇
县经济科技和信息化局局长 倪勇军
县交通运输和旅游局局长 刘振国
县公路局局长 刘传伟
县教育局局长 祝小雪
县住房保障和城乡建设局局长 杨松柏
县城乡规划局局长 欧阳海鹏
县环保局局长 阳晓宏
县城建投董事长 陆元华
县城市管理和综合执法局局长 胡宏勇
国家统计局衡南调查队队长 唐代清
县邮政局局长 罗琼金
邮政储蓄银行衡南支行行长 黄忠强
县电信公司经理 周小兵
县移动通讯公司经理 詹伟平
县联通公司经理 肖德众
县电力局局长 蒋卫文

县石油公司经理 周煜轩
县国税局局长 何　铭
县地税局局长 刘利中
县烟草局局长 李柞衡
县农业银行行长 廖晓煌
县浦发村镇银行行长 吴　军
县华融湘江银行衡南支行行长 江新文
中国人民银行驻衡南工作组 彭李斌
县农业发展银行行长 张向阳
县农村商业银行行长 邹小平
建设银行衡南支行行长 欧阳青
县工商银行行长 吴小玲
县人寿保险公司经理 周余庆
县人寿财产保险公司经理 欧阳威
县人民财产保险公司经理 谭光明
县新华书店经理 颜丽华
县住房公积金管理中心主任 蒋宏武
市第五技校校长 全昌宏
县一中校长 李绍斌
县二中校长 贺朝晖
县三中校长 朱　斌
县五中校长 罗战辉
县教师进修学校校长 左国太
县职业中专校长 邓红君
廖田镇党委书记 周全生
镇长 何小衡
茶市镇党委书记 罗惑敏
镇长 刘小坤
相市乡党委书记 肖恒会
乡长 肖明剑
冠市镇党委书记 谢华东
镇长 周　平
江口镇党委书记 杨宏辉
镇长 吕孝平
宝盖镇党委书记 廖维良
镇长 徐书明
花桥镇党委副书记、镇长 邱清毅

花桥镇川口片区服务中心党委委员、政协主任 颜忠红
铁丝塘镇党委书记 何龙勇
镇长 胡文海
洪山镇党委书记 李乔生
镇长 罗诗华
泉溪镇党委书记 谢凌起
镇长 谢秋生
咸塘镇党委副书记、副镇长 周星宇(主持全面工作)
三塘镇党委书记 肖明旭
镇长 欧小江
谭子山镇党委书记 全昌华
镇长 唐　敏
泉湖镇党委书记 李春辉
镇长 阳小平
鸡笼镇党委书记 阳姣丽
镇长 唐元诚
歧山办事处党委书记 曾凡琪
主任 倪太平
柞市镇党委书记 阳永生
镇长 李选军
茅市镇党委书记 罗文生
镇长 邱福全
硫市镇党委书记 肖威威
镇长 王芳喜
栗江镇党委书记 周小云
镇长 刘建武
近尾洲镇党委书记 颜小国
镇长 刘熙晴
松江镇党委书记 汤爱民
镇长 孙志芳
云集镇党委书记 周新生
镇长 欧　剑
云集镇车江片区服务中心主任、党委副书记 唐荣华
云集镇向阳片区服务中心主任、党委副书记 肖俊毅

(胡英武　莫辉俊　贺文君)

衡阳县

【区划与人口】 2017年，衡阳县辖8个乡、17个镇。土地面积2568平方千米，耕地面积69.67千公顷，户籍总人口124.42万人，常住人口107.18万人，其中城镇人口46.64万人。人口出生率13.0‰，人口自然增长率5.23‰。年内最高气温39.1℃、最低气温-0.6℃；年降水量1052.1毫米。获评“全国卫生县城”“省级园林县城”和“中华诗词之乡”，通过“全国文明县城”测评验收。

【经济总量】 地区生产总值354.93亿元，增长8.5%。第一、二、三产业增加别值分为71.08亿元、126.56亿元、157.29亿元，分别增长3.5%、7.4%、12.2%。三次产业结构比为20.0∶35.7∶44.3。财政总收入14.17亿元，增长1.71%。地方财政收入9.29亿元，下降1.2%。

【农业】 农林牧渔总产值124.76亿元，增长3.7%。粮食播种面积107.19千公顷（其中稻谷播种面积95.56千公顷），油料播种面积51.05千公顷，棉花播种面积5.66千公顷。主要产品产量：粮食62.67万吨（其中稻谷产量57.82万吨），棉花0.79万吨，水果21.09万吨，出栏肉猪179.57万头，出笼家禽2245万羽，肉类17.48万吨，禽蛋4.46万吨，水产品产量6.82万吨。年末农田有效灌溉面积达5.04万公顷，节水灌溉面积200公顷。农业机械总动力达77.61万千瓦。获“全省粮食生产标兵县”“全省油料生产大县”称号。

【工业】 工业增加值117.01亿元，增长7.6%。其中规模以上工业增加值增长8.7%。主要产品产量：铁矿石原矿11.00万吨、高岭土（瓷泥）468.49万吨、大米74.73万吨、饲料58568吨、精制食用植物油38423吨、膨化食品37717吨、糖果18902吨、饮料酒6370千升、鞋689万双、人造板33356立方米、纸制品72669吨、多色印刷品6674对开色令、农用氮、磷、钾化学肥料（折纯）6155吨、涂料14025吨、初级形态塑料25340吨、化学试剂188674吨、中成药595吨、塑料制品1933吨、水泥952519吨、商品混凝土1190997立方米、水泥混凝土排水管430千米、石膏板56万平方米、瓷质砖1487.69万平方米、工业锅炉3948蒸发量吨、发动机10955千瓦、混凝土机械1286台、中型拖拉机10139台、电力电容器13496千乏、电子元件383131万只。

【国内贸易与对外经济】 社会消费品零售总额103.53亿元，增长10.5%，其中城镇消费品零售额85.79亿元，增长10.3%；乡村消费品零售额17.74亿元，增长11.2%。居民消费价格比2016年上涨1.4%。进出口贸易总额9964.32万美元，其中出口7667.98万美元，增长1.8%；进口2296.34万美元，增长4.3%。审批外资项目20个，实现利用外资13000万美元。引进内资项目21个，实现利用内资29.0亿元。接待游客443.22万人次、旅游总收入29.33亿元，分别增长28.3%、39.4%。

【固定资产投资】 固定资产投资（不含农户）298.58亿元，增长15.1%。房地产开发投资7.0亿元，增长55.4%。怀邵衡铁路、高铁站广场及连接线项目推进迅速。西界公路、清江大桥开工建设。高新区核心片“五横八纵”路网全部形成。界牌陶瓷产业园、渣江玉麟文化古镇、唯品会电子信息产业园、吉利衡阳国际汽车文化城入选湖南省“五个一百”重大项目。县中医医院、县妇幼保健院新院主体工程竣工。马厂和银穗片区综合整治、新正街人行道和中洲公园提质改造等民生项目已经完成。农村电网改造升级工程、农村公路提质改造工程、乡镇管道天然气工程和乡镇污水处理厂工程加快推进。易地扶贫搬迁工程全面实施。

【运输、邮电与通信业】 交通运输、仓储和邮政业增加值5.56亿元，增长4.7%。全社会货物周转量40.64亿吨千米。全社会旅客周转量5.60亿人千米。行政村客运班线通达率100%。邮电业务总量4.39亿元，增长1.0%。

【科技、教育与文化事业】 承担国、省、市科技计划项目12项。签订技术合同20项，技术合同成交金额5100万元。专利申请量564件，增长25.3%。实现高新技术产业增加值46.49亿元，高新技术产业增加值占GDP比重为13.1%。全县有普通小学272所（另有教学点79个），普通初中73所，普通高中7所。全年义务教育阶段建合格学校22所，新建农村公办幼儿园2所。顺利完成乡镇教育管理体制机制改革，撤销乡镇中心学校，设立26个乡镇（园区）学区和教育督导责任区。有非物质文化遗产项目资源60个，乡镇文化站25个，农家书屋891个，文化馆、非遗展示中心、公共图书馆、纪念馆、夏明翰事迹陈列馆各1个。有线电视用户10.85万户，广播综合人口覆盖率99.91%。拥有卫生机构33个（不含村卫生室），其中医院3家、卫生院26个、妇幼保健院1个、疾病预防机构1个、私立医院2个。医院和卫生院拥有床位总数5062张，增长11%。卫生技术人员3593人。拥有体育场地2527个，其中，体育馆3座、运动场471个、游泳池2个、各种训练房40个。

【人民就业与社会保障】　新增城镇就业7950人，失业人员再就业3317人，新增农村劳动力转移就业7300人。各项社会保险累计参保196万人次，覆盖城乡居民的社会保障体系基本形成。1473户、2287人纳入城市居民最低生活保障，10039户、20868人纳入农村居民最低生活保障，7629人纳入农村五保供养。

【衡阳县获评全国卫生县城】　2017年，衡阳县被评为全国卫生县城。自创建工作开展以来，衡阳县成立高规格的工作专班，紧扣创建标准，强化调度，紧紧围绕工作短板，宣战破矮旧、治理脏乱差、实现亮绿美，加大县城背街小巷改造力度，县城面貌大为改观；建立健全城区环卫管理长效机制，做到城区环卫清扫保洁工作全方位、全覆盖；出台考核办法，既注重考核政治经济指标，更注重考核生态指标和民生指标，根据存在问题，给牵头单位和责任单位定期下发交办单，难点问题得到妥善解决，达到创建目标。

【中国流动科技馆衡阳县巡展活动启动】　2017年9月6日，在衡阳县实验学校举办的衡阳市2017年“全国科普日”暨中国流动科技馆第二轮全国巡展湖南启动仪式上，50件互动展品与科学表演、实验及影视相结含，让参观者既惊奇又着迷。此次以“体验科学”为主题的中国流动科技馆第二轮巡展首站在衡阳县，展出时间为2个半月。此次巡展共分为科学探索、科学生活、科学表演、科学实验、科普影视5个主题展区，50件互动展品与科学表演、科学实验及科普影视相结合。在流动科技馆展厅，球幕电影、虚拟现实技术、3D快速打印、机器人表演及留能装备等众多科技设备逐一展示，琳琅满目的科展品吸引学生们争相体验操作、互动参与。

【首个世界500强企业产业项目签约落户衡阳县】　2017年10月11日，衡阳县招商引资重大项目签约仪式举行，衡阳吉利国际汽车城项目、湖南新五丰生猪养殖产业扶贫项目现场签约，总投资额约20亿元。其中，衡阳吉利国际汽车城项目总投资16亿元，该项目拟建成以汽车，摩托车，电动车营销及物流服务于一体的汽车文化城，打造湖南省最大的汽车贸易市场。湖南新五丰生猪养殖产业扶贫项目是衡阳县产业扶贫重点项目。县委书记曾秀参加签约仪式并讲话，县人大常委会主任刘健，县政协主席杨秋良出席签约仪式。

【存在的主要问题】　一是传统产业发展空间越来越窄，新兴产业尚未形成有力支撑，壮大经济总量、调整产业结构的任务十分艰巨。二是发展要素保障不足，人才、土地、资金等制约依然突出，民间资本投资信心不强。三是重大项目特别是产业项目不多，招商引资短期内对经济发展拉动作用不明显，新增支柱税源较少，财政支出形势十分严峻。四是基础设施和民生领域欠账较多，优质教育、医疗资源不足，贫困人口仍然较多，脱贫攻坚责任重大。五是城乡发展不够均衡，农村生产生活条件未得到根本性改善，农民增收的基础还不稳固。六是一些干部的思想观念和工作作风还不适应新时代经济社会发展的需要，作风和效能建设亟待加强，营商环境需进一步优化。

县委、人大、政府、政协领导名录

中共衡阳县委员会

书　记　曾　秀

副书记　孙鹏伟　蒋达宏
常　委　王苏龙　阳旭辉
李世钧　肖正才
方云耕　贺　畅
邹永焱　宋任飞

衡阳县人大常委会
主　任　刘　健
副主任　彭家果　黄威虎
廖瑞荣　洪　勇
张云芳

衡阳县人民政府
县　长　孙鹏伟
常　务副县长　王苏龙　范振华
周丽华（女）
罗小伟　王致伟
蒋志勇（挂职）
唐仕海　蒋立冬
易宏友（挂职）
刘　芳（女）

政协衡阳县委员会
主　席　杨秋良（女）
副主席　凌奉云　凌晓林
陈吉红（女）
廖双九

县行政企事业单位负责人名录（排名不分先后）

县委常委、县纪律检查委员会书记　李世钧
县纪委副书记、监察局局长　朱　斌
县委常委、县委办公室主任　宋任飞
县委政研室主任　朱辉日
县委机要局局长　杨海云
县委县政府督查室主任　陈小平
县委保密局局长　邓　玲
县党史办主任　汤志春
县档案局局长　蒋益忠
县委常委、县委组织部部长　阳旭辉
县编办主任　李　林
县人社局局长　刘炳辉
县委党校校长　彭衡湘
县直机关工委书记　王振华
县老干局局长　廖少华
县团委书记
县总工会主席　彭家果
县妇联主席　欧阳红丽
县科协主席　肖高峰
县委常委、县委宣传部部长　贺　畅
县文体广新局局长　罗仕夫
县卫计局局长　谭爱平
县人民医院院长　龙　华
县广播电视台台长　黄承慧
县新华书店经理　赵建华
县文明办主任　屈汉荣
县文联主席　王雁鸣
县委常委、县委统战部部长　方云耕
县政协副主席、工商联会长　宁春生
县侨联主席　龙湘梅
县对台办　凌　源
县委常委、政法委书记　肖正才
县公安局局长　罗小伟
县人民法院院长　谢云业
县人民检察院检察长　阳发云
县政法委副书记兼综治办主任　杨朝辉
县610办主任　廖红梅
县交警大队队长　杨　猛
县蒸阳派出所所长　李　毅
县城东派出所　范　文
县司法局局长　李培运
县人大办公室主任　阳蔚文
县人大内务司法工委主任　陈灿辉
县人大财政经济工委主任　吴永定
县人大教科文卫工委主任　陈　涛
县人大城市建设环境与资源保护工委主任　刘伍平
县人大农业与农村工委主任　周维龙
县人大选举任免联络工委主任　冯拓远
县人大研究室主任　魏书卯
县人大预算工委　刘仲初
县人大规范性文件备案审查室　左　玮
县政府办公室主任　龙国华
县西渡高新技术产业园区主任　刘运文
县优化办主任　凌均灵
县金融办主任　刘晓林
县接待处主任　李海鹏
县政府办副主任、信访局局长　吕荫湘
县政务管理主任　唐桂生
县改制服务中心主任　龙平武
县国有资产管理中心主任　阳忠球
县矿管办主任　付仁峰
县城市管理行政执法局局长　罗仕友
县界牌工业园主任　邹连春
县志办主任　周海波
县法制办主任　洪镇西
县人防办主任　贺小娇
县城乡建投资有限公司董事长、总经理　汪荣汉
县移民开发局局长　刘俊辉
县国土资源局局长　庾江荣
县民政局局长　陈福生
县农开办主任　阳友至
县审计局局长　段卫国
县电子政务办主任　王　欣
县残联理事长　邱曙光
县政协秘书长、办公室主任　周忠良

县政协教科文卫体委员会主任 陈利平
县政协提案委员会主任 易运初
县政协财政经济委员会主任 刘中秋
县政协文史学习和联络委员会主任 贺仕吉
县政协人口资源环境和法制委员会主任 邓存良
县政协研究室
县经济科技和信息化局局长 刘光长
县交通运输和旅游局局长 祝中华
县邮政公司 祝建华
县电信分公司经理 李佳芹
县移动公司经理 周旭华
县联通公司经理 凌云
县国家电网衡阳县公司经理 杨小平
县公路局局长 周在喜
县劳动和社会保障局副局长、县技校校长 周小华
县商务和粮食局局长 罗永忠
县供销社主任 刘红
县烟草专卖局局长 尹湘宾
县市场服务中心主任 王孝平
县石油公司经理 李冬平
县财政局局长 王强
县国税局局长 王一名
县地税局局长 王琼
县市场和质量监督管理局局长 李小龙
县人民银行行长 刘佳星
县农业银行行长 李孝古
县衡州农商银行 谢罡
县农发行行长 李桦
县工商银行行长 王文渊
县建设银行行长 蒋一波
县邮政储蓄银行行长 周军
县人寿保险公司经理 阳飞
县农业局局长 黄明成
县扶贫办主任 刘鸿雁
县林业局局长 刘载宋
县森林公安局 郝江球
县水利局局长 李荣和
县农机局局长 邓玉增
县农经服务中心主任 许亚平
县畜牧水产局局长 王辉宇
县能源办主任 李智
县气象局局长 王巍
县烟办主任 刘小平
县发展和改革局局长 廖明亮
县统计局局长 解卫国
县教育局局长 肖高登
县三中校长 周振华
县一中校长 吴同春
县教育局副局长兼县六中校长 易善忠
县职业中专校长 易积修
县住建局局长 曾凡根
县环保局局长 凌晓城
县规划局局长 刘国平
樟木乡书记 蒋永红
乡长 朱荣晖
集兵镇书记 刘耀华
镇长 蔡旭辉
岣嵝乡书记 贺一琪
乡长 欧阳罡
杉桥镇书记 蒋建平
镇长 刘剑
樟树乡书记 邹立新
乡长 龚晌亮
板市乡书记 王志宏
乡长 李卫群
西渡镇书记 胡胜利
镇长 温松柏
岘山镇书记 周新生
镇长 邹勇
井头镇书记 彭文辉
镇长 龙骁
关市镇书记 胡华忠
镇长 刘春茂
演陂镇书记 王春霖
镇长 戴湘衡
栏垅乡书记 彭德军
乡长 刘国荣
库宗桥镇书记 龙显蓉
镇长 洪桥
金兰镇书记 肖志龙
镇长 汪建新
洪市镇书记 龙红军
镇长 陈向群
曲兰镇书记 黄山森
镇长 王伟
大安乡书记 张宇宙
乡长 罗皓
金溪镇书记 王水清
镇长 蒋志成
溪江乡第一副书记 范祚海
乡长 彭玉才
界牌镇书记 周建军
镇长 周绍友
石市镇书记 王志宏
镇长 左全伟
渣江镇书记 庾仲伟
镇长 陈昊
三湖镇书记 熊国祥
镇长 蒋辉亮
台源镇书记 廖俊魁
镇长 欧海龙
长安乡书记 王溢珅
乡长 颜卫

（曾文仲 胡祎 徐峥乾）

衡山县

【地理、区划与人口】 衡山县位于衡阳市北部偏东，湘江中游西岸。2017年，衡山县辖5乡7镇，

土地总面积934平方千米。2017年年末，总人口44.97万人；2017年年末，常住人口38.1万人。人口出生率10.9‰，增长率-6.3‰。

【经济总量】 地区生产总值167.22亿元，增长8.6%。其中，第一产业实现增加值32.1亿元，增长3.3%；第二产业实现增加值46.34亿元，增长6.6%；第三产业实现增加值88.78亿元，增长11.8%。三次产业比为19.2∶27.7∶53.1。人均GDP为43416元。

【农业】 农林牧渔业总产值48.29亿元，增长3.5%。其中，农业产值22.32亿元，增长3.4%；林业产值6.87亿元，增长3.7%；牧业产值15.71亿元，增长2.7%；渔业产值2.11亿元，增长4.3%。农林牧渔服务业产值1.27亿元，增长14%。粮食总产量21.02万吨。其他主要产品产量：油料1.81万吨，瓜果3.89万吨，茶叶453吨，水果4.83万吨，席草7744吨。出栏生猪68.3万头，出笼家禽933万羽，禽蛋产量1.78万吨，肉类总产量6.78万吨，水产品1.29万吨。与2016比较，种植业占农林牧渔业比重下降1.2个百分点，林业占农林牧渔业比重上升1个百分点，服务业占农林牧渔业比重上升0.2个百分点，畜牧业和渔业与2016基本持平。2017年年末，农业机械8.48万台，总动力39.93万千瓦。2017年机耕面积44.98千公顷，机插面积0.92千公顷，机收面积30.39千公顷，机电排灌面积36.1千公顷，农副产品加工量26.7万吨。

【工业】 规模以上工业企业实现产值114.85亿元，增长17.5%。园区产值91.79亿元，增长16.4%。淘汰落后产能，提升工业经济科技含量，工业结构逐步优化，2017年实现全部工业增加值39.21亿元，增长6.9%。其中：规模以上工业增加值32.44亿元，增长8.4%。规模以上工业占整个工业的比重82.7%，上升14.8个百分点。园区工业占规模工业的比重达80%，上升5.9个百分点。工业对经济发展贡献有所减缓，全部工业占GDP的比重23.4%，较2016年下降2个百分点。工业对GDP的贡献率为20%，拉动GDP增长1.7个百分点。工业企业经济效益有所提升，规模以上工业企业产品产销率99.6%。2017年，净增规模以上工业企业4家，86家规模工业企业2017年实现利润（盈亏相抵）6.11亿元，增长80.8%；实现利税（盈亏相抵）8.32亿元，增长71.1%。32家高新科技企业实现高新技术产业增加值26.76亿元，占GDP比重16%。

【固定资产投资与重点民生实事项目建设】 固定资产投资110.55亿元，增长18%。其中：城镇投资106.59亿元，增长17.8%；房地产投资3.96亿元，增长25.75%。完成农村危房改造175户，特困移民搬迁安置267人，落实城市棚户区改造1064套；农村公路提质改造39.7千米，农村公路安保设施建设63.8千米；新增养老床位187张；新增社会治安视频监控摄像头100个；农村宽带网络升级改造118个；行政村配电网改造6个；巩固农村饮水安全7671人。

【招商引资】 实际利用内资27.67亿元，增长12.43%；实际利用外资1.31亿美元，增长12%；对外承包工程和劳务合作完成营业额2527万美元，增长40.8%；外贸进出口总额7174万元，增长65.7%。

【建筑业】 实现建筑业增加值7.13亿元，比2016增长5%。全县有资质等级的建筑业企业13家于2017年完成建筑施工产值36.2亿元，增长19.5%。房屋施工面积146.7万平方米，竣工面积106.7万平方米。

【国内贸易与对外经济】 社会消费品零售总额32.83亿元，增长10.8%。实现城镇销售额27.61亿元，增长10.9%；实现乡村销售额5.22亿元，增长10.4%。按行业分，批发零售贸易业销售额26.52亿元，增长10.8%；住宿餐饮业销售额6.31亿元，比2016增长10.9%。

【运输、邮电与通信业】 2017年年末，全县拥有大小货车1424辆/8554吨，大小客车204辆/4614客位。新能源电动公交全面运营。邮电事业进一步发展，物流快速发展。邮政业务总量和电信业务总量分别增长21.6%和71.4%。通信更为便捷，通信信号基本实现全覆盖。2017年年末，固定电话用户总量2.51万户；移动电话用户占据通信主要阵地。网络用户进一步发展，固定宽带用户4.15万户。

【财政、金融与保险业】
2017年完成财政总收入9.29亿元，减少2.58%。实现税收收入6.45亿元，税收占财政收入比重69.4%，较2016年增加9个百分点。实现一般预算收入6.41亿元，下降8.7%。地方财政支出25.01亿元，比2016年增长1.3%。全县各项存款余额142.09亿元，比2016年增长14.5%；各类贷款余额53.18亿元，比2016增长36.2%。保险业务收入1.82亿元，增长23.7%。其中：财产险6597万元，增长27.2%；人身险1.16亿元，增长21.8%。

【科技、教育与文化事业】 全县拥有各类专业技术人才13109人。其中：高级职称813人，中级职称5834人，初级职称6462人。万人拥有专业技术人员340人。2017年，继续巩固“普九”成果，深化教育改革，实施素质教育，提高办学质量。适龄儿童入学率100%，残疾儿童入学率91%，初中生年巩固率为99.8%。本学年新招普通高中生2196人，毕业2081人；招收初中生4548人，毕业4551人。招收小学生4990人，毕业4538人。2017年年末，普通高中在校学生6887人，初中在校学生12813人，小学在校学生28679人。2017年举办11次群众性文艺活动，为全县320家农家书屋配送新书6.56万册；举办唐群英女士逝世80周年纪念活动，维修其故居和墓地；衡山民歌《一塘清水一塘莲》获“欢乐潇湘、幸福衡阳”群演赛一等奖；完成公益电影放映3816场次，送戏下乡100场次；开展文化专项整治行动16次，检查各类经营场所1200家次；全县网吧普及安装文网卫士监管平台软件，净化文化市场。

【卫生与体育事业】 2017年年末，全县医疗卫生机构25个；卫生工作人员2482人，其中卫生技术人员1775人；卫生机构病床1646张。普及群众体育运动，开展大型活动10次；推进体育场地设施建设，修建45条健身路径，建设省级乡镇体育健身工程1个。总投资1.5亿元、总建筑面积1.56万平方米、总座位2998座的衡山体育馆开工建设，构建主体工程。体育赛事上，获市中老年篮球赛冠军，获省篮球赛三等奖，获全运会两项冠军。

【旅游业】 2017年，全县启动全域旅游规划编制，西游洞天矿洞景区加快建设，东湖旅游小镇启动建设，总投资16亿元的仙逸人间、总投资20亿元的虎山福地等旅游项目稳步推进，成功举办第四届乡村生态旅游节，衡山旅游影响力在全国进一步扩大。

【城乡建设】 2017年，衡山县城品质逐步提升。沿江路完成提质改造，衡山大道西线、开云南路延伸线完成路基工程。城乡生活垃圾处理一体化PPP项目、湘江水厂提质项目全面实施。开云新区征地28.47公顷，新建古韵衡山安置区，安置拆迁户40户，建成客户服务中心。黄花新区完成规划二路、规划三路路基工程，体育公园启动建设。农村条件持续改善。提质改造农村公路50千米，实施安保工程63.8千米，改造危桥3座，新建农村招呼站50个。完成高标准农田项目6个、水田开发项目4个。改造农村电网34个村。完成县城——福田铺天然气管网铺设。建立邮政综合便民服务站168个、“网上供销社”网点86个。第一批电信普遍服务试点通过市级验收，乡镇集镇光纤覆盖率、固定电话覆盖率、4G信号覆盖率均达100%。人居环境不断优美。县城主要区域实行分片区保洁责任制，城区保洁覆盖面100%。城管执法机制不断完善，超限超载、占道经营、渣土管理、乱停乱放等专项整治效果较好。整治农村人居环境重点村26个，建成秀美村庄34个，建设“美丽乡村”示范片1个、示范村15个。白果镇获评市级卫生乡镇。

【环境与安全生产】 以铁腕重拳推动中央环保督察整改落实，21件交办件全部办结。抓好“绿盾2017”专项行动巡查整改，12家矿山企业全部关停，58个人类活动点、23家矿产品加工企业整改推进，一批群众反映强烈的环境问题得到有效解决。安全生产形势持续好转，未发生较大以上安全事故，开云镇、白果镇成功创建省级安全生产示范乡镇。

【人民生活与社会保障】 城乡居民可支配收入分别为30537元、19078元，分别增长8.4%、7.9%。新增城镇就业2610人，新增农村劳动力转移就业4500人，扶持创业主体1200户。新增城镇就业2544人，农村劳动力转移就业2500人，下岗失业人员再就业1109人，发放创业担保贷款1994万元。成立城乡医保管理服务中心，实现"两保合一"运行，参保率98.22%。新建城乡养老服务示范点5个，福田铺敬老院建成投入使用。清理不符合条件的城乡低保对象308人，城乡低保月补差分别达300元、179元，实现扶贫标准和低保救助"两线融合"。解决农村饮水不安全人口7671人。改造城市棚户区1064套，改造农村危房408户。

【衡山县获批国家田园综合体试点】 2017年8月22日，衡山县成功跻身国家田园综合体试点。试点选址在湘南风光秀丽的千年古镇衡山县萱洲镇，依托华夏湘江国际农业产业示范园区，全力发挥优质稻、油菜、油茶、桃李、西（香）瓜等传统农业资源优势，大力发展精品农业、生态农业、观光农业，推进农产品精深加工和生态、康养产业发展，实现以农业为核心的一二三产业深度融合，建设萱草如茵、渔歌唱晚的"梦里水乡"，稻浪飘香、阡陌花开的"假日田园"和产业兴盛、富饶美丽的"新农村"。

【衡山黄鸡获批全省农业特色产业"一县一特"项目】 2017年9月，经省政府批准，衡山黄鸡获批全省农业特色产业"一县一特"项目。衡山县属于湘黄鸡原种保护区三县之一，所饲养的"衡山黄鸡"属湖南省地方优良鸡种，1979年被国家外贸部授予"名贵项鸡"称号，品牌在内地和港澳及东南亚市场享有较高的美誉，是衡山县养殖业经济的重要产业。2017年，衡山黄鸡产业列为全省特色农业产业。前期，广东品科投资有限公司到衡阳多方考察、调研，拟投资2.8亿元兴建衡山黄鸡现代农业产业示范园，打造集衡山黄鸡保种提纯、标准化养殖、工厂化屠宰、加工和现代物流网络销售于一体的完整链条，将衡山县传统优势转化为产业优势，形成品牌效益。

【衡山县白果镇获评全国文明村镇】 2017年11月，衡山县白果镇在第五届全国文明村镇评选活动中，获评"全国文明村镇"。白果镇位于衡山西北部，距县城34千米，全镇总面积91.2平方千米，其中耕地面积2786.67公顷，总人口5.7万人，下辖19个村（社区），是楚南地区通往娄底、长潭、衡阳及"珠三角"首选之路；全镇90%以上的村组公路硬化，并形成路网。该镇历史悠久、人文荟萃，自明代开埠至今已有近700年的历史，"磨血育人、耕读济世"的文化底蕴积淀深厚。获得"全国重点镇""全国最美乡村""湖南省文明村镇""全省安全生产示范乡镇"等多项荣誉称号。

【存在的主要问题】 产业发展链条短、层次低，支撑能力不强，实体经济面临诸多困难；增加财政收入和降低非税收入比重的矛盾仍然比较突出；城乡协调发展不平衡，城镇化水平不高、进程不快，农村基础比较薄弱；民生工作任务较重，脱贫攻坚、就学、就医、社会保障等方面仍需加大工作力度。

县委、人大、政府、政协领导名录

中共衡山县委员会
书　记　尹培国
副书记　蒋　青　段晓赛
常　委　任中元(女)
　　　　旷志军　陈平阳
　　　　谢石中　唐年初
　　　　张桂南　廖文伟
　　　　肖秋良
　　　　欧旭理(挂职)

衡山县人大常委会
主　任　阳建中
副主任　赵申广　赵晓阳
　　　　唐文育
　　　　戴立华(女)
　　　　聂水平

衡山县人民政府
县　长　蒋　青
副县长　廖文伟
　　　　欧旭理(挂职)
　　　　肖文斌　雷继红(女)
　　　　刘　伟　黄润葵
　　　　陈　琛　符文彬
　　　　谢文俊(挂职)
　　　　肖志喜(挂职)

政协衡山县委员会

主　席　盛小平
副主席　罗佳贤　文铁良
　　　　胡文星(女)
　　　　周湘宁(女)
　　　　周冬初

县行政企事业单位负责人名录
(排名不分先后)

县委宣传部部长　任中元
县政法委书记　旷志军
县纪委书记　陈平阳
县委统战部部长　谢石中
县委组织部部长　唐年初
县人武部部长　张桂南
县委办主任　肖秋良
县人民法院院长　胡家舜
县人民检察院检察长　李　清
县公安局局长　肖文斌
　　　　政委　范　烨
县总工会主席　汪炳林
县工商联主席　胡文星
县经济开发区管委会主任　袁晓斌
县委党校校长　彭汉梅
县城管执法局局长　成桂林
县人大办主任　刘新周
县政府办主任　谭　斌
县政协办主任　唐立华
县矿产资源税费征管办主任　陈伟新
县城建投总经理　文更村
县政务中心主任　符文忠
县法制办主任　周伏立
县电政办主任　沈忠辉
县司法局局长　沈雁中
县财政局局长　曹时国
县卫生和计生局局长　旷立伟
县审计局局长　颜长坤
县发展和改革局局长　柳红军
县国土资源局局长　朱向华
县环保局局长　颜　靖
县交通运输和旅游局局长　赵卫平
县商务和粮食局局长　宾　浩
县食品药品工商质量监督管理局局长　李　刚
县民政局局长　戴建衡
县经济科技和信息化局局长　罗光辉
县住房和城乡建设局局长　阳　涛
县城乡规划局局长　曹波宁
县人防办主任　江　南
县教育局局长　王维荣
县交警大队大队长　刘洪国
县文体广新局局长　周湘宁
县广播电视台台长　唐自立
县农业局局长　宗维平
县林业局局长　张海量
县水利局局长　颜海峰
县畜牧局局长　颜昌茂
县农机局局长　王　琪
县经营管理局　郭金亮
县农业开发办主任　曹海龙
县能源生态局局长　符汉文
县移民开发局局长　廖志光
县供销社主任　尹朝阳
县信访局局长　符洪钧
县安监局局长　郑　彪
县统计局局长　李涌文
县人力资源和社会保障局局长　任秋良
县国有资产管理中心主任　李佳云
县机关事务管理局局长　尹俊超
县禁毒办主任　彭应祥
县萱洲湿地公园管理处主任　徐爱民
县金融办主任　刘衡岳
县档案局局长　杨应军
县史志办主任　熊仲荣
县接待处主任　阳慰伦
县老干局局长　杨才能
县妇联主席　廖建萍
县编办主任　周永兵
县残联理事长　杨　群
县新华书店经理　文志强
县烟草局局长　阳建成
县国税局局长　王小宁
县地税局局长　梁亚辉
县气象局局长　杨科传
县人民银行衡山支行行长　廖先进
县工行衡山支行行长　彭　合
县中行衡山支行行长　彭韶泉
县农行衡山支行行长　李　骞
县建行衡山支行行长　刘艳平
县农发行衡山支行行长　吴文志
县邮政储蓄银行衡山支行行长　周永斌
县农商行董事长　屈夏清
县电力局局长　管小玲
县电信衡山县分公司经理　谭彦宇
县邮政局局长　刘志勇
县移动衡山县分公司经理　郭　剑
县联通衡山县分公司经理　龙文斌
县水文局局长　伍　辉
县中石化衡山经营部经理　綦春林
县住房公积金管理中心主任　何双喜
县人民医院院长　刘　望
开云镇书记　李宇坤
　　镇长　陈一德
长江镇书记　李　伟
　　副镇长　李晓珊(主持政府全面工作)
福田铺乡书记　李春林
　　乡长　刘云伟
岭坡乡书记　廖继峰
　　乡长　李　龙
白果镇书记　朱学锋
　　镇长　刘海峰
江东乡书记　陈昌义
　　乡长　胡向军
贯塘乡书记　陈燕春

乡长	沈铁锋
新桥镇书记	康才伟
镇长	旷海滨
东湖镇书记	周智勇
镇长	彭桂林
店门镇书记	杨伟武
镇长	李伟奇
萱洲镇书记	曹亚明
镇长	刘华江
永和乡书记	康岳峰
乡长	胡奇才
岳云中学校长	李桂元
二中校长	康泰平
职业中专校长	汪维扬
四中校长	彭文星
教师进修学校校长	肖　荣
开云实验中学校长	郑德宇

（夏　楚）

衡东县

【地理、区划与人口】 衡东县位于湖南省东部偏南，居湘江中游洣水流域，东邻攸县，南接安仁、衡南，西濒湘江与衡山、湘潭隔水相望，北与株洲接壤。南北长72.9千米，东西宽53.6千米，地理坐标为北纬26°47′~27°27′，东经112°45′~113°17′；总面积1926平方千米，约占全省总面积的0.9%。2017年，衡东县辖15个镇2个乡，233个村，23个社区居委会。全县年末常住人口62.92万人，其中：城镇人口25.60万人，农村人口37.32万人，常住人口城镇化率40.7%。2017年年末，全县户籍人口75.77万人，其中：城镇人口13.48万人，农村人口62.29万人，户籍人口城镇化率17.8%。全年出生人口9540人，出生率12.35‰；死亡率7.19‰；自然增长率5.16‰。

【经济总量】 2017年，全县实现地区生产总值（GDP）293.76亿元，增长8.7%。分产业看，第一产业实现增加值45.28亿元，增长3.5%；第二产业实现增加值100.69亿元，增长7.4%；第三产业实现增加值147.79亿元，增长11.4%。第一、二、三产业分别拉动GDP增长0.5、2.6、5.5个百分点，三次产业对GDP贡献率分别为6.2%、30.1%、63.7%。三次产业结构为15.41∶34.28∶50.31。按常住人口计算，人均GDP为46356元，增长9.9%。

【农业】 2017年，全县农林牧渔总产值83.14亿元，增长3.7%。规模以上企业农产品加工产值65.73亿元，规模以上企业农产品加工产值与农业产值比为79.1%。继续保持“全国产粮大县”“全国生猪调出大县”“湖南省产油大县”地位。全县农林牧渔业增加值46.34亿元，增长3.6%。全县农作物播种面积113.03千公顷，增长0.5%，其中：稻谷播种面积60.88千公顷，增长0.2%；油料播种面积22.18千公顷，增长1.6%。粮食总产量40.25万吨，增长0.6%，其中：稻谷产量38.08万吨，增长0.7%。油料总产量4.03万吨，增长1.8%。2017年年末，农业机械总动力达73.31万千瓦，增长5.0%。

【工业】 全县实现工业增加值94.60亿元，增长7.5%。工业对GDP贡献率为28.9%，拉动GDP增长2.5个百分点。全县规模以上工业增加值增长8.4%，新增规模以上工业企业20家。园区规模工业增加值占规模工业增加值比重为67.5%。

【固定资产投资与项目建设】 全县固定资产投资（不含农户）179.57亿元，增长18.1%。工程施工项目达523个，增长16.5%，其中本年新开工项目458个，增长12.5%。本年投产项目个数289个，下降14.0%。在固定资产投资中，第一产业完成投资12.49亿元，下降1.1%；第二产业完成投资81.04亿元，增长0.4%，其中工业投资80.70亿元，增长7.2%；第三产业完成投资86.04亿元，增长46.7%。全县房地产开发投资11.63亿元，增长80.8%。商品房施工面积134.9万平方米，增长30.5%；商品房竣工面积8.12万平方米，下降62.4%；商品房销售面积45.56万平方米，增长22.1%；商品房销售额16.05亿元，增长20.8%。

【招商引资】 2017年，签约引进项目97个，合同引资额192亿元，成功引进生态种养循环经济示范基地、冷链市场及城市综合体建设等一批带动性强的大项目。81个项目开工建设，完成投资56.05亿元，建材市场二期、盛世电缆、显尚家具、3D打印粉末生产厂、年产1万吨冰晶石生产厂等一大批项目建成投产，大浦、霞流光伏发电项目实现并网发电。

【建筑业】 2017年，全县具有建筑业资质等级的独立核算企业13家（不包括劳务分包企业），共完成建筑业总产值14.25亿元，增长19.7%；实现建筑业增加值6.09亿元，增长5.3%。

【国内贸易与对外经济】 2017年，全县社会消费品零售总额99.08亿元，增长10.7%。在限额以上法人消费品零售总额中，批发零售业限上企业实现零售额7.2亿元，增长21.9%；住宿餐饮业限上企业实现零售额3.5亿元，同比增长25.4%。2017年共培育规模以上电商企业13家，引进电子商务农产品销售平台4家，发展网店微商2300余家，实现农特产品线上交易额3800多万元。

【财政、金融与保险业】 2017年，衡东县一般公共预算收入12.76亿元，下降3.6%。地方收入8.69亿元，下降11.6%。其中，税收收入4.46亿元，增长7.4%；非税收入4.23亿元，下降25.6%。上划中央税收3.19亿元，增长19.6%；上划省级税收0.88亿元，增长18.9%。全县一般公共预算支出35.33亿元，增长0.9%。其中，社会保障和就业支出6.18亿元，增长34.2%；教育支出7.35亿元，增长8.1%；医疗卫生与计划生育支出4.24亿元，增长0.5%；城乡社区支出1.99亿元，增长13.9%。2017年年末，全县金融机构各项存款余额195.44亿元，增长11.2%。其中，住户存款164.73亿元，增长10.3%。全县金融机构各项贷款余额81.49亿元，增长22.0%。全县金融机构存贷比例为41.7%。全县保险保费收入达1.49亿元，增长22.1%。其中，财产险保险保费收入0.44亿元，增长10.0%；人身险收入1.05亿元，增长29.6%。全年各项赔付支出0.81亿元，增长39.7%。其中，财产险赔款支出0.22亿元，增长15.8%；人身险赔款支出0.59亿元，增长51.3%。

【科技、教育与文化事业】 2017年，全县完成高新技术产业增加值26.8亿元，占GDP的比重为9.1%，比重提高1.8个百分点。完成专利申请总量448件。其中，发明专利194件，实用新型148件，外观设计106件；专利授权总量182件。其中，发明专利授权21件，实用新型专利授权83件，外观设计专利授权78件。全县拥有普通中学39所（含九年一贯制学校11所），中等职业教育学校1所，普通小学78所，幼儿园152所。普通中学在校学生22018人，教职工1666人；中等职业教育学校在校学生1717人，教职工90人；普通小学在校学生51953人，教职工2332人；幼儿园入托儿童26208人，幼师2008人。全县小学生毕业合格率为100%，高考二本上线率达48.3%，高考录取率达88.6%。全县拥有各类艺术表演团体3个，文化馆1个，公共图书馆1个，博物馆、纪念馆3个，档案馆1个，农家书屋561个。全县有广播电台1座，中、短波广播发射台和转播台3个，电视台1个。

【卫生与体育事业】 2017年，全县拥有二级医院7个，妇幼保健院1个，疾病预防控制中心1个。2017年年末，医疗卫生机构床位数2965张，每千人拥有4.6张。年末执业（助理）医师数1625人，每千人口执业（助理）医师数2.55人。5岁以下儿童活产数6487人，5岁以下儿童死亡率4.62‰。全县公共文化体育设施面积达169.22万平方米，其中，公共文化设施面积62.79万平方米，公共体育设施面积106.43万平方米。人均公共文化体育设施面积达2.7平方米，提前达到小康标准。

【旅游业】 全年接待国内外游客360.51万人次，实现旅游综合收入27.14亿元。举办第四届“土菜文化旅游节”，土菜产业链产值59.6亿元，增长17.6%，其中土菜餐饮业销售总额达29.8亿元，增长14.6%。

【交通邮电】 2017年，全县注册登记机动车8.57万辆，其中汽车2.88万辆，摩托车5.63万辆。全县公交车75辆，其中新能源公交车60辆，燃油公交车15辆。出租车100辆。客运车辆310台，普货车辆2331台。挖砂船、运砂船共271条，客渡船147艘。全县公路里程年底到达数2741千米，其中国道80千米，省道210千米，县道279千米，乡道475千米，村道

1687千米。客运量148.42万人次，客运周转量6678.80万人千米，货运量1969.87万吨，货运周转量376116.36万吨千米。全县邮电业务总量1.37亿元，增长34.3%，其中邮政业务、电信业务总量分别为0.74亿元和0.63亿元，分别增长47.0%和21.7%。邮政业全年完成邮政函件业务5.80万件，包裹业务258.04万件，快递业务量8.36万件。2017年年末，固定电话用户5.18万户，增长4.2%。移动电话用户24.63万户，下降12.5%。2017年年末，互联网宽带用户4.24万户，增长26.4%。

【城乡建设】 2017年，衡东县统筹推进新老城区建设。河西新区加快开发，衡东大道建成通车，县城西大门全面敞开；天英学校开学招生，河西体育馆、中医院、双园大道等项目快速推进。老城区加快提质，武家山公园如期开园，兴衡大道建设进入扫尾阶段，武家山路建设、东风路提质改造、丽都路防洪排涝工程顺利实施，背街小巷提质改造有序推进。城市管理成效明显，城区环卫实行全天候保洁、全覆盖清运，完成沿江亮化提质工程，实施“见缝插绿”计划，重点抓好市容市貌、车辆停放、夜市摊点等专项整治，成功创建省级文明县城。阿里巴巴农村淘宝项目落户衡东县，17个乡镇天猫优品服务站、30个村级服务站投入使用。现代物流园初具规模，台湾物流园等项目进展顺利。实施老城关集贸市场搬迁，消除存在多年的消防安全隐患。取缔一批马路市场，乡镇农贸市场标准化改造加速推进；大力完善农村基础设施，实施农村公路窄路加宽240.7千米，改造危桥11座，甘溪灌区东风干渠全线硬化；实施农村安全饮水巩固提升工程，农村自来水普及率达76.69%。大力加强农村环境整治，完成53个重点村整治任务，17个乡镇的429.6千米道路实行市场化保洁。白莲镇马房村获评第五届全国文明村，新塘镇潭泊村成功创建省级美丽乡村示范村，荣桓镇南湾村被评为全省“最美文化传统村落”。

【环境与安全生产】 2017年，全县单位GDP能耗为0.401吨标煤/万元，下降2.0%。全县优良以上空气质量达标率为83.7%，Ⅲ类或优于Ⅲ类水质达标率为100%。全县建成区绿化覆盖率为30.3%，活立木总蓄积量274.87万立方米，活立木增幅4.0%，持续推进森林禁伐3年行动，森林覆盖率提高到52.7%。农村垃圾集中处理率100%，农村生活污水处理率67.0%，城镇污水处理率77.6%。全面推行“河长制”，建立县、乡、村三级河长网络体系，结合省“一号重点工程”，投入近亿元资金推进洣水三年保护行动计划。完成湘江流域退耕还林还湿试点建设总面积49.9公顷，洣水国家湿地公园获评国家湿地公园。全县发生道路交通事故死亡8人，其中营运车辆事故死亡2人。发生生产安全事故死亡1人，亿元GDP生产安全事故死亡率0.003。群体性食品安全事故年报告发生数为零。

【人民生活与社会保障】

2017年，全县城乡居民人均可支配收入22479元，增长8.3%，其中：城镇居民人均可支配收入30596元，增长8.4%；农村居民人均可支配收入18314元，增长7.8%。全县民生投入不断增加，财政用于民生支出达28.81亿元。完成14项重点民生实事任务，新增城镇就业4972人、新增农村就业4742人；完成特困移民解困避险搬迁安置536人，实施棚户区改造107户，农村危房改造305户等。全年投入各类扶贫资金7000多万元，大力实施“五个一批”工程，完成年度易地扶贫搬迁任务，33个省级贫困村“三化”创建工作全部达标，全年5548人脱贫、20个省级贫困村退出。

【衡东县获“省级文明城市”】

2017年2月27日，省文明办发布《湖南省2016届文明城市、文明村镇、文明行业、文明单位、文明标兵单位公示公告》，对湖南省2016届文明城市、文明村镇、文明行业、文明单位、文明标兵单位名单予以公示，其中衡东县位居文明县城公示名单榜首。5月25日上午，全省精神文明建设工作表彰大会在长沙召开，衡东县作为2016届湖南省文明城市参会。会议对2016届湖南省文明城市进行表彰、授牌。中共湖南省委副书记乌兰为衡东县授牌，县委副书记、县长徐志毅代表衡东县接牌，是衡阳市唯一在会议现场接受表彰的单位。

【衡东县举办第四届土菜文化旅游节】 2017年9月20—21日，衡东县举行第四届土菜文化旅游节。节会先后举行“最多组家庭同剁黄贡椒”创大世界基尼斯中国之最、招商引资项目签约、衡东乡村休闲体验游、农副产品博览会、百道名菜展评、民俗文化“大观园”参观游览、“衡东土菜·家的味道”颁奖晚会等系列活动。节会还对10位“绝味厨娘”，“文雄伟、罗文姣、胡罗咀、阳晓敏、周检、刘立、胡国旺、刘建豪、阳军、刘志鹏等10位钻石名厨”，衡东土菜“十佳”原料生产基地，10个衡东土菜示范店进行颁奖。招商引资签约12个项目计划总投资达到18.65亿元。

【白莲镇马房村获评第五届全国文明村】 马房村位于衡东县白莲镇政府东南2千米处，面积2平方千米，10个村民小组，156户632人，曾是个比较脏乱差的村。2012年，全县开展“城乡环境综合整治”活动，村支两委制定村规民约，实行“村干包片，组长包组，户主包户”的责任制，开展环境综合整治。共筹资230多万元，硬化村级公路8千米，实现水泥路到户，公路两旁种植树木8000株；完成水渠维修5000米；制作农村环境卫生综合治理宣传栏40多个、公示牌170多块；新建垃圾焚化池15个，并为每户配发垃圾箱。2014年，被评为湖南省新农村建设示范村，于2015年，评为湖南省美丽乡村。2017年11月17日，马房村获评第五届全国文明村镇。

【衡东县举行罗荣桓元帅诞辰115周年纪念活动】 2017年11月26日，是伟大的无产阶级革命家、军事家，共和国元帅罗荣桓诞辰115周年纪念日。衡东县举行向罗荣桓元帅铜像敬献花篮，在罗荣桓元帅铜像前重温入党誓词，参观罗荣桓元帅浮雕墙，举行武汉大学马克思主义学院校外实践基地挂牌仪式，召开纪念罗荣桓元帅诞辰115周年座谈会等一系列活动。

【全国首个农村淘宝衡东服务中心上线】 2017年12月29日，阿里巴巴农村淘宝衡东服务中心举行启动仪式，正式上线运营。衡东县农村淘宝项目是全国第一个农村淘宝4.0模式县级项目。2017年6月，衡东县与阿里巴巴集团正式签订合作协议，启动“农村淘宝”项目。截止于2017年年底，已建成阿里巴巴农村淘宝衡东服务中心1家，还依托县级服务中心在县城和大型镇开设5家“天猫优品”电器体验店，在小型乡镇和农村开设12家“天猫优品”服务站，招募17名农村淘宝合伙人，形成县镇村三级电子商务网络。

县委、人大、政府、政协领导名录

中共衡东县委员会
书　记　吴伟生
副书记　徐志毅　贺　般
常　委　丁秋文　陈　嘉(女)
　　　　段忠贤　李　博
　　　　刘卫平　李一帆
　　　　赵乔峰　刘运仕
　　　　晏志君

衡东县人大常委会
主　任　谭向勤
副书记　赵良成　阳水源
副主任　阳水源　李上峰
　　　　康培远　陈　磊
　　　　陈检春

衡东县人民政府
县　长　徐志毅
副县长　丁秋文　李　博
　　　　刘光荣　王春生
　　　　谭志兴　刘　敏
　　　　钱永明　颜亚华
　　　　邹燕娇(女,2017.07任,挂职两年)

政协衡东县委员会
主　席　夏崇礼
副主席　李思源　邓岳华
　　　　陈斌智　肖可员
　　　　向卫平

县行政企事业单位负责人名录（排名不分先后）

县纪委书记、监察委主任	刘卫平
县委办主任	晏志君
县组织部部长	李一帆
县宣传部部长	刘运仕
县统战部部长	陈　嘉
县人武部部长	赵乔峰
县政法委书记	段忠贤
县人民法院院长	肖海军
县人民检察院检察长	刘永忠
县衡东经济开发区管委会主任	周叶华
县公安局局长	王春生
县公安局政委	刘爱民
县政研室主任	刘桂林

县督查室主任 陈友力
县保密局局长 向国华
县机要局局长 曹建湘
县改革办常务副主任
县委巡察办主任 王晓瑜
县档案局局长、书记 颜金楚
县史志办主任 陈华良
县接待处主任 刘志新
县老干局局长 肖 萍
县直机关工委书记 刘永兴
县编办主任 向正平
县委党校校长 廖红徽
县妇联主席 文 明
县团委书记 尹 路
县科协主席、书记 马会清
县文学艺术界联合会主席 何彩维
县社会科学界联合会主席 晏晓华
县广播电视台台长、书记 文 星
县文体广电新闻出版局书记
肖珍珠
局长 陈中平
县人防办主任、书记 邓细志
县罗帅故居管理处主任 刘凤华
县侨联主席 许素珍
书记 刘清晖
县台办主任 颜斌鹏
县工商联主席 陈斌智
县综治办主任 尹朝辉
县“610”办主任 颜亨伏
县维稳办主任 刘焱熙
县交警大队大队长 刘晓红
教导员 刘泽平
县司法局局长、书记 李旭峰
县人大常委会党组成员、办公室主任 彭庆桃
县人民代表大会财政经济委员会主任 胡 华
县人民代表大会法制委员会主任
冯义东
县人大常委会内务司法工作委员会主任 向晓燕
县人大常委会教科文卫工作委员会主任 文朝晖
县人大常委会农业与农村工作委员会主任 邓富云
县人大常委会选举任免联络工作委员会主任 曾明勇
县人大常委会研究室主任 谢志勇
县人大常委会预算工作委员会主任
吴艳华
县人大常委会法制工作委员会主任
向海华
县人大常委会信访办公室主任
唐志军
县人大常委会城市建设环境与资源保护工作委员会主任 文晓春
县政协秘书长、办公室主任
刘碧兰
县政协提案和委员联络工作委主任
朱坤联
县政协财政经济委主任 罗国武
县政协人口资源环境和法制委主任
邓知云
县政协教科文卫体委主任 胡淑娟
县政协文史学习委主任 单秋珍
县政协政策研究室主任 董柏清
县政府办主任 李建华
县政府督查室主任 曹设文
县电子政务办公室主任、书记
阳明勇
县法制办主任、书记 赵艳刚
县信访局局长、书记 向仲贤
县民政局局长、书记 尹友平
县残联理事长、书记 刘国锋
县国土资源局局长、书记 陈和平
县审计局局长、书记 赵志辉
县移民局局长、书记 谷建辉
县交通运输和旅游局局长、书记
单外香
县公路局局长、书记 单美中
县安监局局长、书记 谭作仁
县卫生和计划生育局局长、书记
彭剑飞
县红十字会会长 陈涤峰
县发改局局长、书记 丁昭泉
县统计局局长、书记 李中林
县人力资源和社会保障局局长、书记 李建雄
县农业局局长、书记 谭文灵
县畜牧水产局局长、书记 赵衡辉
县农机局局长、书记 董小平
县农村经营服务中心党组书记、主任 周金云
县林业局局长、书记 侯鲲鹏
县森林公安局局长 周 晖
县水利局局长、书记 刘仁秋
县经济科技和信息化局局长、书记
罗忠奇
县二轻联社负责人 康红军
县农村扶贫开发办公室主任
郑从福
县商务和粮食局局长、书记
文和平
县财政局局长、书记 阳满生
县农业综合开发办主任、书记
单志雄
县供销社理事会主任 文洪斌
县供销社监事会主任 许冬富
县住房和城乡建设局局长、书记
赵自文
县城乡规划局局长、书记 柳杰夫
县环境保护局局长、书记 谢正辉
县教育局局长、书记 陈宏建
县市场和质量监督管理局局长、书记 苏金平
县河西新区管委会主任 宋迪云
工委书记 刘章云
县公共资源交易中心主任、书记
尹诗明

县城市管理行政执法局局长、书记 周志波
县国有资产管理中心书记 刘庆秋
主任 谢光明
县投融资管理办公室主任、书记 阳忠华
县金融工作办公室主任 罗 湘
县城建投资有限公司董事长 侯富喜
总经理 刘秋艳
县大地交通投资有限公司董事长 苏根林
总经理 陈建伟
县湖南浦园投资有限公司董事长 黄小林
总经理 阳 勇
县湖南富城新区投资有限公司董事长 汤迪儒
总经理 周洣洋
县水务投资开发有限公司董事长 尹诗明
总经理 聂进军
县衡鑫国有资产管理有限责任公司总经理 武文澜
县政务服务中心主任、书记 刘文君
县矿产资源税费集中征收管理办公室主任、书记 陈建平
县洣水湿地公园管理处主任、书记 陈扬荣
县重点工程建设办公室主任、书记 向 前
县地方海事处处长 谭向阳
县国税局局长 周 勇
县地税局局长 吴 斌
县气象局局长 杨 华
县邮政局局长 周 斌
县电信局局长 常艺缤
县移动公司经理 赵 敏
县联通公司经理 阳 波
县人民银行衡东支行行长 李 勇
县工商银行衡东支行行长 张 欣
县农业银行衡东支行行长 倪冬平
县农发行衡东支行行长 上官海斌
县建设银行衡东支行行长 伍大军
县中国银行衡东支行行长 王光智
县信用联社董事长 李来华
行长 肖必胜
县邮政储蓄银行衡东支行行长 成召魁
县华融湘江银行衡东支行行长 杨坤霖
县盐务管理局局长 周正中
县财产保险公司经理 吴珠红
县人寿保险公司经理 施波英
县中华联合财产保险公司经理 周志红
县太平洋财产保险公司衡东分公司经理 谭惠娟
县石油公司经理 彭鲜锋
县烟草局局长 黄海涛
县电力有限公司经理 易建刚
县新华书店经理 成桂香
县水文水资源局局长 刘四林
县消防大队大队长 段远武
县衡汽集团衡东分公司经理 王岳平
县 75711 部队队长 杜锦华
县衡山火车站站长 张定雄
县衡阳市住房公积金管理中心衡东县管理部主任 刘 媛
洣水镇书记 刘志丹
镇长 邓小杨
大浦镇书记 许长城
镇长 胡国粒
吴集镇书记 文小辉
镇长 聂晓华
新塘镇书记 周 黎
镇长 赵 健
霞流镇书记 刘武扬
镇长 邓新文
甘溪镇书记 刘 峰
镇长 肖正中
杨林镇书记 刘雄建
镇长 廖吉献
高湖镇书记 文亚荣
镇长 向文聘
草市镇书记 李远韶
镇长 吴红波
荣桓镇书记 刘 科
镇长 尹乙鸣
杨桥镇书记 李振华
镇长 罗香蓉
蓬源镇书记 彭宏平
镇长 丁明修
石湾镇书记 单梦平
镇长 刘冬瑞
白莲镇书记 朱爱国
镇长 倪秋华
三樟镇书记 刘春元
镇长 陈佳东
石滩乡书记 蒋小平
乡长 肖文宇
南湾乡书记 胡雪松
乡长 陈中华

（胡青燕　颜知明）

祁东县

【地理、区划与人口】 祁东县位于湖南省衡邵盆地西南边缘，湘江中游北岸，东接衡南、常宁，南连祁阳、冷水滩，西邻东安、邵阳，北抵邵东、衡阳。地理坐标为北纬 26°28′1″～27°4′34″，东

经 111°32′16″～112°20′10″。县域周长 372 千米，其中界衡阳县 16 千米，界衡南县 60 千米，界常宁市 18 千米，界永州市（含祁阳县、冷水滩区、东安县）189 千米，界邵阳市（含邵阳县、邵东县）89 千米。2017 年，全县辖 17 个镇、3 个乡、4 个街道、1 个国家级森林公园管理处，296 个行政村、72 个社区、居委会。土地总面积 1872 平方千米。2017 年年末，户籍总人口为 105.9 万人，性别比 112.8∶100。全年出生人口 11138 人，出生率 10.5‰；死亡人口 20096 人，死亡率 19.0‰；人口自然增长率-8.5‰；出生人口性别比为 115.1。

【经济总量】 全年实现地区生产总值（GDP）296.36 亿元，按可比价格计算，增长 8.9%。其中，第一产业实现增加值 68.40 亿元，增长 3.2%；第二产业实现增加值 99.08 亿元，增长 7.5%；第三产业实现增加值 128.89 亿元，增长 13.5%。一、二、三产业对全县经济增长贡献率分别为 8.4%、29.6%、62.0%，分别拉动全县 GDP 增长 0.8 个、2.6 个、5.5 个百分点。其中，工业增加值占 GDP 比重 32.0%，对经济增长贡献率 28.8%。按常住人口计算，人均地区生产总值 29827 元，增长 9.7%。三次产业比为 23.1∶33.4∶43.5。与 2016 年相比，第一、二产业占比分别下降 2 个、0.5 个百分点，第三产业占比提高 2.5 个百分点。

【农业】 全县农林牧渔业总产值 102.57 亿元，增长 3.4%。农作物总播种面积 155.49 千公顷，增长 0.2%；粮食作物播种面积 81.15 千公顷，下降 0.6%；油料种植面积 30.96 千公顷，下降 2.2%；蔬菜种植面积 27.97 千公顷，增长 4.3%。粮食总产量 46.12 万吨，下降 0.1%；出栏肉猪 115.7 万头，下降 6.2%；出栏牛 1.17 万头，增长 0.9%；出栏羊 28.7 万头，下降 4.3%；出笼家禽 996.7 万羽，下降 0.2%；水产品产量 5.61 万吨，增长 4.0%。全年农村用电量 30418 万千瓦时。2017 年年末，农业机械总动力 971737 千瓦。

【工业】 全县规模以上工业总产值 334.29 亿元，增长 11.4%；规模工业增加值 90.79 亿元，增长 8.5%。在规模工业中，轻工业增长 9.3%，重工业增长 6.7%。规模工业行业中，有色金属冶炼及压延业下降 3.4%，电气机械及器材制造业增长 9.4%，化学原料及化学制品制造业增长 14.2%，非金属矿物制品业增长 9.8%。规模工业实现产销率 100.0%，比 2016 年增长 0.14 个百分点，实现利税 39.5 亿元，增长 21.4%；利润 34.61 亿元，增长 22.4%。

【固定资产投资】 全县固定资产投资 184.51 亿元，增长 18.2%。其中，城镇和非农户固定资产投资 180.01 亿元，增长 19.8%；国有投资 75.43 亿元，增长 22.8%。年内新开工项目个数 380 个，增长 27.5%。全县工业固定资产投资 83.59 亿元，增长 14.3%。其中，工业技术改造投资 56.37 亿元，下降 5.5%；工业投资占固定资产投资的比重为 45.3%；制造业投资 69.65 亿元，增长 15.3%；电力、燃气及水的生产供应业投资 10.48 亿元，增长 5.8%。全县房地产投资完成 4.5 亿元，下降 23.7%。商品房销售面积 27.35 万平方米，增长 29.7%。

【建筑业】 全县建筑业总产值 12.61 亿元，增长 7.7%；建筑业增加值 4.38 亿元，增长 12.6%。房屋建筑施工面积 124.77 万平方米，增长 25.2%；房屋建筑竣工面积 53.59 万平方米，增长 13.4%。

【国内贸易和物价】 祁东县社会消费品零售总额 116.69 亿元，增长 10.4%。在限额以上批发零售企业零售额中，粮油食品类增长 24.8%，日用品类增长 18.7%，家用电器和音响类增长 12.7%，汽车类增长 15.9%，文化、娱乐、体育、健康类增长 7.2%。居民消费价格总水平上涨 1.4%。分类别看，食品烟酒价格下降 1.3%，衣着上涨 2.3%，居住上涨 1.2%，生活用品及服务上涨 0.4%，交通和通讯上涨 1.8%，教育文化和娱乐上涨 0.5%，医疗保健上涨 14.5%，其他用品和服务上涨 0.4%。

【对外经济和旅游】 祁东县进出口总额 9596 万元，下降 23.0%。引进内资项目 73 个，增长 9.0%，实际到位内资 30.88 亿元，下降 4.0%；新批外资项目 28 个，增长 15.0%，实际到位外资 1.93 亿美元，增长 11.0%。对外劳务输出

338人，下降20.3%。2017年实现旅游总收入22.41亿元，增长40.7%，接待游客400.3万人次，增长53.9%。

【运输、邮电与通信业】 祁东县公路货运量685.4万吨，增长14.9%；公路货运周转量69682万吨千米，增长15.0%。公路客运量1418.13万人，增长2.0%；公路客运周转量28030.82万人千米，增长2.9%。全县公路线路2017年年末里程5621千米，其中高速公路40.89千米。邮电业务总量5.51亿元，增长29.0%，其中邮政、电信业务总量分别为1.22亿元和4.29亿元，分别增长15.1%和33.6%；2017年年末固定电话用户8.73万户，增长2.8%；移动电话用户62.8万户，增长18.9%；2017年年末互联网宽带用户数8.89万户，增长32.9%。

【财政、金融与保险业】 祁东县财政总收入11.48亿元，增长3.3%；其中，一般预算收入7.68亿元，增长1.3%。一般预算支出50.0亿元，增长10.8%；其中教育支出、社会保障和就业支出、医疗卫生与计划生育分别支出11.07亿元、9.86亿元和6.49亿元，分别增长2.6%、13.4%和6.7%。2017年年末，全县金融机构本外币各项存款余额312.2亿元，增长8.0%。其中，个人存款256.69亿元，增长9.3%；单位存款52.12亿元，增长6.5%。金融机构本外币各项贷款余额94.34亿元，增长21.3%。其中，短期贷款为18.74亿元，下降5.0%；中长期贷款56.27亿元，增长27.3%。全年保险保费收入5.15亿元，增长25.7%；各项保费支出2.07亿元，增长4.1%。

【教育、科技与文化事业】 祁东县347所中小学校（含民办25所），在校学生学前教育33036人，小学68098人，初中37267人，高中18334人，中职5907人，特殊教育86人，高中阶段毛入学率88.6%，高考专科以上升学率75.8%，本科以上升学率42.3%。小学适龄儿童入学率100%。2017年完成高新技术产业增加值23.93亿元，增长4.4%；专利申请量306件，其中发明专利申请量57件、实用新型专利申请量109件，当年专利申请增长率47%，其中发明专利申请增长43%，争取国、省科技项目4个，共获无偿科技资金130万元。图书馆新增书1500余册，外借处接待读者61040人次，阅览室共接待读者8580人次，送书下乡2000册。贫困村“村村响”“户户通”全覆盖，兴建村级文化服务中心“七一”项目：文化广场、文化活动室90平方米、简易戏台50平方米、宣传栏、文化器材、广播电视村村响器材和体育健身设施各1套。电视综合人口覆盖率99.85%，城市有线电视用户数39613户，农村有线电视用户数68755户，全县有线电视用户为108368户。2017年年末县级档案馆1个，馆存档案175760卷，全年开放各类档案136082卷。

【卫生与体育事业】 祁东县医疗卫生机构总数为545个，其中：医院13个（包括民营医院8个）；基层医疗卫生机构402个（其中乡镇卫生院、社区卫生服务机构24个，村卫生室358个，门诊部及诊所类147个）；专业公共卫生机构3个（其中：卫生监督机构1个，疾病预防控制中心1个，妇幼保健院1个）。全县医疗卫生机构床位4764张，卫生技术人员总数4351人，其中执业（助理）医师2294人，执业护士1373人。全县新建农民体育健身工程55个，新建室外健身路径87条。组织开展全县性大型群众体育活动12次，成功举办世界乒乓球冠军樊振东返乡传艺活动。人均拥有公共体育场地设施面积1.62平方米，经常性参加体育锻炼的人数比例达到43%。

【城乡建设】 县城实施基础设施项目12个，完成总投资10.53亿元；污水处理总为1522.6万吨，污水处理率95.2%；建成区绿化覆盖率40.7%，新增燃气开户4393户，新增路灯295盏。乡镇（街道）基础设施进一步完善，投资20万元以上项目49个；农村危房改造完成2894户。

【环境与安全生产】 2017年空气质量达标率83.3%，地表水质达标率100%。化学需氧量排放量14618吨，下降0.7%，二氧化硫排放量1488.81吨，下降3.0%，氨氮排放量1620吨，下降1.2%，氮氧化物排放量2155.32，下降3.0%。每万人口道路交通死亡人数0.19人。

【人民生活与社会保障】 城镇居民人均可支配收入24556元，增长8.2%；城镇居民人均消费性支出15090元，其中食品支出4189元，居住支出4107元，医疗保健支出603元，文化教育娱乐服务支出2992元。城镇恩格尔系数27.8%。全县农村居民人均可支配收入13005元，增长8.5%；农村居民人均消费性支出10094元，其中食品支出2818元、居住支出2434元、医疗保健支出1253元，文化教育娱乐服务支出1154元。农村居民家庭恩格尔系数27.9%。2017年年末，城镇低保人数8010人，农村低保人数14970人，发放城镇和农村最低生活保障经费3389万元和3959万元。全县参加城镇职工基本养老保险8.55万人；失业保险3.4万人；工伤保险6.84万人；城乡居民养老保险55.7万人；机关事业单位养老保险2.7万人；新型农村合作医疗参合人数78.3万人；社保基金安全完整率和规范运作率100%。

【乒乓球世界冠军樊振东回乡】 2017年1月30日，乒乓球世界冠军樊振东回乡，出席县委县政府在祁东二中体艺馆举行的欢迎仪式，交流活动中，县领导代表曾洪波以及市乒协男女运动员代表、县乒协中年组、青年组、少年组男女运动员代表等12名选手与樊振东进行互动，切磋球技。

【祁东县曲艺家协会获评中国曲协“先进基层曲协组织”】 2017年3月17—18日，中国曲协七届二次理事会暨2017年全国曲协工作会在长沙举行，祁东县曲艺家协会被评为2016年度中国曲协“先进基层曲协组织”。全国共500多个基层曲艺组织，此次受表彰协会5个，湖南仅此一家。祁东县于2008年被中国曲协授予“中国曲艺之乡”，是湖南省唯一获此称号的县市区。祁东县曲协会员由2000年成立时的100多人发展到近200人，其中国家级会员29人，省级会员91人。

【体育文化公园建成开放】 2017年4月28日，祁东县体育文化公园工程建设开工。工程由政府财政全额投资，预算造价1570万元，包括绿化、配电、给排水、广场铺装、周边道路改造等工程。公园占地面积32807平方米，主要分为生态停车、廊架休息、中央舞台、音乐广场、树阵广场、全民健身、球类运动等七大功能区，其中生态停车区占地面积8289平方米，设175个停车位。10月29日，公园建成，正式向广大市民开放。

【县人民医院加盟省人民医院集团】 2017年8月22日，县人民医院正式加盟湖南省人民医院集团，省人民医院院长祝益民、副院长向华向县人民医院授予“湖南省人民医院集团祁东县人民医院”牌匾。签约仪式上，祝益民与祁东县人民政府县长胡果雄签署“湖南省人民医院与祁东县人民政府合作框架协议书”；向华与县人民医院主要负责人签署“湖南省人民医院集团与祁东县人民医院合作协议书”。

【衡阳师范学院祁东附属中学建成开学】 2017年8月28日，衡阳师范学院祁东附属中学如期开学，迎来第一批学生1680名，教师136人。衡阳师院祁东附中于2013年7月13日破土动工兴建，占地面积25.4公顷，建筑面积9.66万平方米，投资近5亿元，可容纳6000名学生就读，原北京大学校长周其凤为学校题写校名。

县委、人大、政府、政协领导名录

中共祁东县委员会
书　记　杜登峰
副书记　胡果雄　周志敏
常　委　龙建程　杨宏发
　　　　周跃军　雷建军
　　　　王国民　周乾坤
　　　　邹文胜(女)
　　　　李东伟　陈小云
　　　　周仲景
祁东县人大常务委员会
主　任　张永法
副主任　陈金定(女)
　　　　赵双凤(女、兼)
　　　　张伟麟　邹　皓
　　　　周皆民
祁东县人民政府
县　长　胡果雄
副县长　雷建军　高　瑛(女)
　　　　周国栋　肖乔峰
　　　　肖　钟　邹凌云
　　　　官三元　王惟武
　　　　任　薇(女)
　　　　许仁宗
政协祁东县委员会
主　席　周艳春(女)

副主席　唐德鸿
夏文运(兼)
贺安生(兼)
王新喜　匡学政

县行政企事业单位负责人名录
(排名不分先后)

县人武部部长　陈小军
县人武部政委　李东伟
县纪委书记　杨宏发
县监察局局长　陈　玲
县委巡察办主任　段红卫
县委办主任　周跃军
县机要局局长　陈小勇
县保密局局长　李茂生
县督查室主任　唐　彬
县党史研究室主任　贺重阳
县政策研究室主任　刘继海
县档案局局长　王和平
县县委县政府接待处主任　周曙初
县组织部部长　周乾坤
县老干局局长　曾乐群
县直属工委书记　唐吉祥
县党校校长　彭中华
县编办主任　李增庭
县人社局局长　陈德元
县总工会主席　周中朝
共青团县委书记　周玉峰
县妇联主席　尹美莲
县科协主席　李小阳
县宣传部部长　龙建程
县文体广电新闻出版局局长　高尚升
县广播电视台台长　赵建新
县祁东报社社长　肖素芳
县文明办主任　周建桥
县新华书店经理　刘中良
县统战部部长　邹文胜
县工商联会长　匡学政
县侨联主席　江安民
县政法委书记　陈小云
县610办主任　周利民
县综治办主任　王学成
县公安局局长　肖乔峰
县公安局政委　李云龙
县人民检察院检察长　蔡　艺
县人民法院院长　刁俊军
县司法局局长　李积福
县交警大队教导员　申瑞红
县交警大队队长　刘卫国
县消防大队队长　曾振华
县消防大队教导员　杨震林
县人大办主任　陈黎明
县人大财经委主任委员　周建元
县人大法制委主任委员　彭建胜
县人大选举任免联络工委主任　陈安生
县人大内务司法工委主任　邹　凤
县人大城建环保工委主任　赵北平
县人大农工委主任　何红云
县人大科教文卫工委主任　周国联
县人大预算工委主任　严东华
县经济开发区管委会主任　刘启明
县归阳工业园主任　赵志明
县政府办主任　张振宁
县法制办主任　曾小广
县信访局局长　徐桃生
县县政府督查室主任　袁志芳
县人防办主任　张　瑜
县志办主任　江满意
县电子政务办主任　桂黛丽
县政务中心主任　唐百利
县扶贫开发办主任　龙新林
县优化办主任　王晓红
县重点办主任　高　帆
县禁毒办主任　邹兴宏
县残联理事长　旷湘奇
县中心市场管理处主任　李　杰
县机关事务管理局局长　谢之明
县城乡建设投资中心主任　周　军
县财政局局长　谭志尚
县民政局局长　陈助元
县国土资源局局长　张云星
县环保局局长　彭朝晖
县国税局局长　曹永红
县地税局局长　邱珍良
县安全生产监督局局长　徐京一
县移民局局长　张　瑛
县国有资产管理中心党组书记　赵时平
县城市管理行政执法局局长　李晓球
县政协秘书长　彭定芳
县政协提案法制委主任　刘伟文
县政协财政经济联络委主任　周冰波
县政协科教文卫体委主任　曾湘莲
县政协文史群团委主任　尹才元
县政协人口资源环境和法制委主任　陈　念
县政协委员联络室主任　王志军
县经济科技和信息化局局长　汪选民
县轻工业集团总公司负责人　雷云山
县供电公司经理　梁海宾
县电信祁东分公司经理　李小元
县邮政局局长　祝建华
县移动公司经理　周旭华
县联通公司经理　陈　勇
县发展和改革局局长　彭金元
县统计局局长　周松生
县国家调查队队长　胡登高
县农业局局长　谢雪峰
县林业局局长　陈彦青
县农机局局长　王铭章
县畜牧水产局局长　李祥云
县农村经营服务中心主任　刘红卫
县农业开发办主任　袁养道
县水务局局长　王定昊

县气象局局长　管　斌
县商粮局局长　罗华榕
县粮食储备中心主任　曾爱军
县商业集团总公司总经理　王泽全
县供销社理事会主任　王晓峰
县食品药品工商质量监督管理局局长　官中平
县市场管理局局长　肖启军
县烟草局局长　周　辉
县盐务局局长　肖飞虎
县人民银行行长　封　晖
县工商银行行长　赵　彤
县农业银行行长　黄顺喜
县建设银行行长　何永红
县中国银行行长　王晓军
县农业发展银行行长　谢　毅
县邮政银行行长　刘少华
县农商行董事长　梁新斌
县人民保险公司经理　王文军
县人寿保险公司经理　陈国柱
县交通旅游局局长　官东生
县公路局局长　王　绅
湘运集团祁东公司经理　官志刚
祁东火车站站长　曾小明
县教育局局长　王君晖
县祁东一中校长　付三元
县祁东一中总支书　陈吉光
县祁东二中校长　匡宗春
县祁东二中总支书　李德宝
县育贤中学校长　贺安生
县育贤中学书记　邓松柏
县职业中专校长　唐卫民
县职业中专总支书　江佰顺
县教师进修学校校长　周所有
县教师进修学校总支书　陈红光
县衡阳师院祁东附中校长　陈红球
县卫计局局长　陈梅玉
县卫计局书记　刘良宝
县住建局局长　何　剑
县规划局局长　陈善东
县审计局局长　周扬宏
洪桥街道办事处书记　陈　琼
洪桥街道办事处主任　周卫勇
玉合街道办事处书记　刘文勇
玉合街道办事处主任　李冬莱
永昌街道办事处书记　雷发明
永昌街道办事处主任　周超平
白鹤铺街道办事处书记　肖湘东
白鹤铺街道办事处主任　邹西伟
金桥镇书记　周　波
金桥镇镇长　陈旭亮
乌江镇书记　张中柏
乌江镇镇长　龙能腾
粮市镇书记　刘康柏
粮市镇镇长　谢　俊
河洲镇书记　陈学军
河洲镇镇长　陶建芳
归阳镇书记　刘卫华
归阳镇镇长　周志杰
过水坪镇书记　龙振华
过水坪镇镇长　周天宇
双桥镇书记　高　全
双桥镇镇长　邹成平
灵官镇书记　王志英
灵官镇镇长　宋超星
风石堰镇书记　陈慧忠
风石堰镇镇长　王盛华
白地市镇书记　陈一江
白地市镇镇长　郝建明
黄土铺镇书记　肖　轲
黄土铺镇镇长　刘登定
石亭子镇书记　丁国顺
石亭子镇镇长　周伟罡
官家嘴镇书记　张　峰
官家嘴镇镇长　高国军
步云桥镇书记　谭朝晖
步云桥镇镇长　谢建兵
砖塘镇书记　王克强
砖塘镇镇长　陈志强
蒋家桥镇书记　彭安华
蒋家桥镇镇长　肖旭东
太和堂镇书记　陈　鹏
太和堂镇镇长　谭绪红
马杜桥乡书记　高建军
马杜桥乡乡长　汪晓霞
凤歧坪乡书记　段海桥
凤歧坪乡乡长　彭双娣
城连墟乡书记　肖巍峰
城连墟乡乡长　胡文波
四明山国家森林公园管理处书记、主任　郝迪林
四明山林场场长　罗志宏

（徐文成）

常宁市

【地理、区划与人口】　常宁市位于衡阳市西部，湘江中游南岸。2017 年，常宁市有 18 个乡镇、3 个街道办事处、1 个风景名胜管理处。全市国土总面积 206400 公顷，年末耕地面积数 50630 公顷。

【经济总量】　2017 年，常宁市实现地区生产总值（GDP）330.96 亿元，按可比价格计算（下同），增长 8.7%，增幅居七县市第二位，高于衡阳市平均水平 0.2 个百分点，高于 2016 年同期 0.9 个百分点。其中：第一产业完成 53.22 亿元，增长 3.4%；第二产业完成 122.59 亿元，增长 7.9%；第三产业完成 155.15 亿元，增长 11.5%。一、二、三产业对全市经济增长贡献率分别为 6.3%、34.9%、58.8%，分别拉动 GDP 增长 0.6、3.0、5.1 个百分点。全市三次产业比为 16.1∶37.0∶46.9。与 2016 年相比，第

二产业占比下降 1.5 个百分点，第三产业占比提高 2.9 个百分点，第三产业成为常宁市经济发展的支撑行业。占经济总量比重达为 46.9%，对 GDP 贡献率达 58.8%，直接拉动 GDP 增长 5.1 个百分点。新增“四上”企业 42 个。

【农业】 2017 年农林牧渔业实现总产值 88.82 亿元，增长 3.5%。其中，农业产值 29.75 亿元，林业产值 9.72 亿元，牧业产值 41.4 亿元，渔业产值 5.68 亿元，农林牧渔服务业产值 2.26 亿元。完成农林牧渔业增加值 54.53 亿元，增长 3.5%。2017 年，全市粮食播种总面积 7.88 万公顷，总产突破 48.3 万吨，其中早稻面积 3.24 万公顷；中稻面积 0.55 万公顷；晚稻面积 3.29 万公顷，旱粮 0.8 万公顷。全市新发展种植水稻 30 亩以上的种粮大户 1370 户、家庭农场 121 家、农民专业合作社 46 个。全市夏收油菜面积共 2.7 万公顷，较 2016 年增加 0.03 万公顷；总产 5.07 万吨，较 2016 年增加 0.21 万吨。实现冬种油菜 2.77 万公顷。新增有机茶园 213.33 公顷。全市共有 35 家企业被评定为衡阳市级龙头企业，已认定无公害农产品产 446.67 公顷。全市共有 11 家休闲农庄获评省星级休闲农庄。出栏生猪 115.6 万头，牛 3.08 万头，羊 13.9 万只，出笼家禽 1717 万羽，水产品总量 3.71 万吨，期末存栏生猪 61.49 万头，牛 4.41 万头，羊 9.56 万只，存笼家禽 1281.59 万羽。完成造林 0.27 万公顷，森林覆盖率达 54.5%。

【工业和建筑业】 2017 年，实现全部工业增加值 117.28 亿元，增长 8.0%，其中，规模以上工业企业增加值累计增长 9.0%，高于衡阳市平均水平 2.2 个百分点，高于 2016 年同期 1.8 个百分点，在衡阳市七县市中排名第一。规模以上工业企业完成总产值 258.99 亿元，增长 31.7%。

全市规模工业企业累计实现工业销售产值 258.26 亿元，增长 32.9%，工业产品销售率为 99.7%。主要工业产品产量有升。

全市共有资质建筑业企业 15 家，其中，二级资质建筑业企业 2 家。全市建筑业完成总产值 12.18 亿元，增长 11.2%；全市建筑业实现增加值 5.31 亿元，增长 5.0%。

【固定资产投资】 全市完成固定资产投资 214.84 亿元，增长 20.0%，增幅高于全衡阳市平均水平 5.4 个百分点，高于 2016 年同期 4.1 个百分点，居七县市第一位。其中，房地产完成投资 7.48 亿元，增长 33.9%，商品房销售面积 26.39 万平方米，增长 25.6%。2017 年，完成策划包装项目 84 个，深度开发 24 个。批复项目 155 个。着力实施“项目建设年”活动，计划实施重点项目 116 个，总投资 469.43 亿元，年度完成投资 153.94 亿元。全市实施的重点项目已开复工 97 个，开复工率为 83.6%，完成投资 133.16 亿元，占年度投资计划 86.5%。其中竣工类项目已开复工 43 个，开复工率 95.6%，完成投资 47.95 亿元，占年度投资计划的 89.3%；开工类项目已开工 54 个，开工率 76.1%，完成投资 85.21 亿元，占年度投资计划的 85%。

【贸易和旅游】 全市完成社会消费品零售总额 98.91 亿元亿元，增长 10.9%，增幅居七县市第一位。在限额以上批发零售企业零售额中，粮油、食品类增长 14.5%、家用电器和音响类增长 21.9%、文化办公用品类增长 17.1%、汽车类增长 17.2%、金银珠宝类增长 28.2%、体育娱乐用品类增长 8.1%、通信器材类增长 26.5%、服装鞋帽针纺丝品类增长 13.8%、化妆品类增长 23.1%、五金电料类增长 14.9%、书报杂志类增长 50.7%，日用品类、中西药品类、其他类运行平稳。

全市进出总额 37433 万美元，增长 21.9%。其中：出口总额 4023 万美元，增长 70.1%；进口总额 33410 万美元，增长 17.5%。共引进项目 51 个，引进资金 47.49 亿元，引进外商再投资项目 10 个，引进资金 12033 万美元。全年有业绩的外贸进出口企业有 9 家，其中新增破零进出口企业 4 家，倍增进出口企业 2 家，外贸进出口在衡阳市县市排位第一。

全市实现旅游总收入 8.29 亿元，增长 24.5%，接待游客 282 万人次，增长 23.8%；2017 年年末，全市共有等级旅游区（点）10 个。编制全域旅游发展规划，与北京东方园林公司签订框架协议，对全市旅游资源整体提质和全域开发。

【交通和邮电】 全年实现交通运输、仓储和邮政业增加值8.64亿元，增长4.3%，较2016年提升2.7个百分点。全市民用车辆保有量达到10.01万辆。完成货物周转量34.84亿吨千米，增长8.2%；完成客运周转量29.21亿人千米，增长5.5%。国道356（宜阳至官岭段）完成路基工程。常宁—洋泉（兰江段）、县道075（田尾至蓬塘段）、塔山风车口至狮园村公路正在改造。完成车站路等6条主次干道油化，印山大道提质改造扎实推进，改造背街小巷13条。

全市邮电业务总量（按不变价格计算）5.84亿元，增长15.7%，其中：电信业务总量5.16亿元，增长15.9%；邮政业务总量0.73亿元，增长21.3%。2017年年末固定电话用户9.04万户，下降7.6%。移动电话用户75.24万户，增长13.9%。年末互联网宽带用户数17.61万户，增长14.3%。

【财政与金融】 全市完成财政总收入累计完成14.3亿元，较2016年减少2.54亿元，下降15.1%。税收收入完成10.34亿元，较2016年增加1.06亿元，增长11.4%。地方收入税占比为58.8%，财政总收入税占比为72.3%。全市全年公共财政支出57.79亿元，较2016年同期增加3.67亿元，增长6.78%。

12月末，全市金融机构各项存款余额284.44亿元，增长14.7%，其中，住户存款204.27亿元，增长10.7%。各项贷款余额为132.88亿元，增长26.9%。存贷比为100：46.7，较2016年提高2.5个百分点。

【教育和科技】 全市目前有学校215所，在校学生12.75人，普高、职高、初中、小学在校学生分别为15506、5559、33889、72556人，在岗教师7260人。全市适龄儿童、少年入学率达到100%，小学、初中巩固率分别达到100%、98.60%。高中阶段毛入学率为85.1%。争取全市计划教师招聘计划470名（含特岗），实际到岗418人，其中，特岗教师105人，回常宁任教免费师范生69人，本级招考244人。完成免费师范生定向培养190人。争取偏远学校教师岗位津贴200万元。下发全市教师第14个月奖励性绩效工资。落实教师体检费和班主任岗位津贴869万元。完成431套教师周转房建设，改善乡村教师住房条件。2017年，“国培”“省培”送培人数达2500人，争取上级投入国培资金260万元。进一步加大本级教师培训力度，全年培训教师2800人，投入培训资金180万元。推动城区学校扩容提质工程建设，进一步加大农村学校建设力度。年内22所合格学校（园）建设初步验收，已投入资金460万元。规划3个“全面改薄”项目，已完成投资3000万元。

2017年，全市高新技术企业17家，比2016年增加2家。高新技术产值达94.61亿元，增长21.3%，高新技术产值占规上工业总产值42%。实现高新技术产业增加值30.45亿元，占GDP比重为9.2%，较2016年提升4个百分点。列入省科技计划项目2个，衡阳市科技计划项目7个，全年专利申请186件。

【文化、卫生和体育】 全市拥有6处省级文物保护单位，30处市级文物保护单位，共登记在册的可移动文物8261件。人均拥有公共文化体育设施面积5.12平方米。全年共发表各类稿件2600余篇，国家级新闻媒体发稿20余篇，省级媒体发稿300余篇，各类网络媒体上稿2000余篇。《常宁：发展异地商会老乡回乡投资兴业》荣获2017年度衡阳新闻奖二等奖。

全市有电视台1个，广播电台1个。新增有线电视基本客户4783户；净增宽带客户5862户；新建宽带专网5条；净增无线数字电视5450户。

全市拥有各级各类卫生机构871所，其中二级医疗机构7所，包括二级综合医院2所、中医院1所、妇幼保健院1所、二级专科民营医院3所，乡镇卫生院23所、社区卫生服务中心3所、村级卫生室367个、民办诊所50所、其他各类医疗机构81所（包括分院、一级民营医院、厂矿医务室等）。卫生技术人员4198人，其中执业医师和执业助理医师1933人，注册护士1509人。各级各类医疗机构总床位3997张。全市全年活产数为8628人，产妇数8526人；孕产妇系统管理8179人，系统管理率91.26%，住院分娩8626人，住院分娩率99.98%。7岁和3岁以下儿童分别为

62097人、28609人，保健管理率分别为95.2%、90.79%。

【城建、环保和安全】 砚池山公园一期建成开园，青阳广场完成提质改造，华岁国际商贸城主体完工，青市车站建成启用。南门湖公园、城区第二水厂、城北变电站、二中搬迁、人民医院扩建等重点民生项目稳步推进。城区自来水管网日益完善，新建供水管网18千米，宜阳工业园、城市一环自来水管网全线拉通。铺设燃气管网29.1千米。完成地下管网普查，改造主要路段雨污分流10余千米，仙岭垃圾填埋场污水管网建设完工。完成城市总规修改和17个乡镇总规修编，编制5个“美丽乡村”示范片和3个国家级传统村落规划。

重拳整治环境突出问题，关闭停产92家环境违法企业，环保挂牌督办问题全部完成整改销号，水口山区域环境质量持续好转。全面推行“河长制”，落实湘江流域保护和治理第二个“三年行动计划”，完成大渔村废渣治理、康家溪Ⅲ号地块、杨家湾重金属污染场地治理等年度治理任务。采煤沉陷区综合治理稳步实施。强力整治非法采矿企业。完成85个村的农村环境综合整治任务。强饮用水源地及水域功能区环境质量监测，水质达标率均为100%。强化全市固体废物监管能力，全年共受理危险废物转移备案106批、91731吨，跨省转移审批12批、11100吨，有效防止一般固体废物、危险废物对环境造成二次污染。

全市共发生各类生产安全事故8起，死亡9人，未发生较大以上事故。各项指标均在控制范围以内。亿元GDP生产安全事故死亡率0.0272；火灾事故死亡率0.0363；交通事故死亡率0；无一起群体性食品安全事故。

【人口、人民生活和社会保障】 2017年，全市户籍人口（公安）总户数28.95万户，总人口96.13万人；常住人口82.36万人，其中：农村42.12万人，城镇40.24万人。城镇化率48.9%。据市卫计局统计，全市共上报出生12488人，出生率为12.88‰，其中政策内出生11459人，符合政策生育率为97.8%，出生人口性别比为108∶100。

2017年，全市就业形势总体稳定，新增城镇就业6968人，完成全年任务的100%；失业人员再就业3548人，就业困难对象再就业1198人；新增农村劳动力转移就业5200人，带动城乡就业4325人，开发公益性岗位1030个；“零就业家庭”动态援助率100%。全面落实创业扶持政策，大力推进全民创业工作。开展创业培训762人，新增各类创业主体2681个，完成全年任务的107.2%；组织城乡劳动者就业技能培训3850人。

加大民生投入，办好民生实事。完成农村危房改造2193户，农村饮水安全巩固提升8500人，特困移民解困避险搬迁安置712人，农村公路提质改造158.4千米、安保设施建设89千米，棚户区改造1567套，农村适龄女两癌免费检查10003人，新增养老服务床位84张，新增社会治安视频监控摄像头100个，农村宽带网络升级改造218个行政村，行政村配电网改造8个，孕产妇产前免费筛查5089人，法律援助319件。

2017年，城镇居民人均可支配收入29773元，增长8.3%；农村居民人均可支配收入15418元，增长9.5%。城乡居民收入差距进一步缩小，收入比为193.1∶100，较2016年缩小2.1个百分点。居民人均文教娱乐服务支出2397元，居民文教娱乐服务支出占家庭消费支出比重为17.0%，较2016年提高1个百分点。人均住房使用面积62.6平方米。

机关事业单位养老保险在职参保20467人，征缴养老保险基金25332万元，为7901名离退休人员发放待遇28784万元。企业养老保险参保人数41928人，共征缴基金21956万元，为31291名退休人员发放养老金53563万元。城乡居民养老保险参保人数485707人，征缴社会养老保险基金2971万元，为11.4万人发放待遇9721.7万元。被征地农民参加社会养老保险1128人。基本医疗保险覆盖率达到100%，其中城镇职工基本医疗保险参保人数58488人，征缴基金11129万元，为15612人发放待遇7589万元。城乡居民医疗保险参保人数73.6万人，征缴基金43804万元，享受待遇182795人次，待遇支出32341.17万元。生育保险参保人数33412人，征缴基金381万元，为1001人发放待遇499万元。失业保险参保人数 55010 人，征缴基金 782.21 万元。工伤保险参保人数 57377 人，征缴基金 2405 万元，为 647 名工伤职工支付待遇 934 万元。

农村低保标准提高到 270 元/月。五保户分散和集中供养标准分别达到 340 元/月、550 元/月。

【中国五矿·水口山铜铅锌综合基地项目正式签约】 2017 年 6 月 27 日，常宁市与株洲冶炼集团就中国五矿·水口山铜铅锌综合基地项目正式签约。项目计划投资 80 亿元，是继金铜项目后常宁又一重大工业转型升级项目，对建成水口山千亿园区、打造全国大型有色金属产业基地意义重大。

【引进湘南纺织牛仔产业基地项目】 常宁依托本地人力资源和技术等优势承接产业转移，发展服饰产业，通过“抱团招商”“抱团营商”等招商引资新模式，承接“整体式”完整产业链，积极创新园区管理模式，在开放型经济发展中，成功引进湘南纺织牛仔产业基地项目，该项目总投资 100 亿元，牛仔服饰年产量 15 亿件，年产值 1000 亿元，年出口贸易额 300 亿元。2017 年，该项目一期 100 余公顷的征地工作已完成，拆迁及“三通一平”等工作也已全面启动，并与 49 家企业签订入园协议，108 家企业签订意向性入园协议。

市委、人大、政府、政协领导名录

中共常宁市委员会

书　记　刘达祥
副书记　吴乐胜　唐奇林
常　委　刘达祥　吴乐胜　唐奇林　周晓侣　谌惠渝　张　斌　陈苏杭　邹雄杰　郭松青　张　昕　梁宇琦

常宁市人大常委会

主　任　李新华
副主任　彭芳楠　肖孝慈　唐高峰　李支农　张志斌

常宁市人民政府

市　长　吴乐胜
副市长　郭松青　阳　青　王一花(女)　蒋　隽　邹远国　廖　勇　段　鸣　彭晓洪

政协常宁市委员会

主　席　王若君
副主席　肖荣望　郭秀清　谭云峰(兼)　郭云金(兼)　盘　芳(女,兼)

市行政企事业单位负责人名录（排名不分先后）

市纪委书记	邹雄杰
市政法委书记	张　昕
市组织部长	周晓侣
市宣传部长	谌惠渝
市统战部长	张　斌
市人武部长	谭盾钢
市委办主任	梁宇琦
市公安局局长	廖　勇
市公安局政委	袁丰力
市人民检察院检察长	王胜利
市人民法院院长	张永灵
市水口山经济开发区管委会主任	尹建恒
市水口山经济开发区管委会书记	颜晓曦
市天堂山国家森林公园管理处主任	谢小平
市天堂山国家森林公园管理处书记	刘国生
市监察局局长	许智维
市优化办主任	张志军
市委巡察办主任	秦小乔
常宁报社社长	王学辉
市档案局局长	姚小明
市委市政府接待处主任	吴时衡
市史志办主任	吕晓毛
市委党校校长	唐奇林
市委党校党支书记	颜　青
市总工会主席	何　军
市总工会党组书记	彭文忠
市委老干局局长	管志善
市编办主任	汪　华
团市委书记	彭　波
市妇联主席	刘晓梅
市科协主席	唐高峰
市科协党组书记	唐　彬
市文联主席	陈坤山
市文体广新局局长	殷庆忠
市广播电视台台长	方富贵
市工商联主席	盘　芳
市工商联党组书记	熊崇悦
市台办主任	邓承华
市侨联党组书记	周芙晖
市侨联主席	彭南忠
市水口山公安分局局长	崔琼璋
市交警大队队长	阳纯卫
市政府办主任	易泽忠
市人大办主任	赵桂文
市政协秘书长、办公室主任	江月华
市人防办党组书记	尹国文

市人防办主任　李秀英
市政府商业总公司总经理　段骁
市法制办主任　张晓军
市政务中心主任　刘振华
市电子政务办主任　刘伟华
市安监局局长　张建军
市金融办主任　谭炎文
市经济科技和信息化局局长　刘文春
市信访局局长　邓清华
市移民局局长　刘云华
市民政局局长　肖卫东
市老龄办主任　宁丽艳
市残联理事长　曹仕军
市审计局局长　詹先辉
市环保局局长　吕秋明
市卫生和计划生育局局长　雷青元
市人民医院院长　刘志坚
市人民医院党总支书记　彭后发
市中医院院长　邓芳文
市中医院党总支书记　吴四平
市妇幼保健院院长　胡凡
市妇幼保健院党总支书记　黄明
市市场和质量监督管理局（市食品药品监督管理局、市食安办主任）局长　段曙辉
市发改局局长　王经余
市人力资源和社会保障局局长　滕文
市统计局党组书记　周林文
市统计局局长　廖宁
市交通运输和旅游局党委书记、局长　李国儒
市公路局局长　周建新
市商务和粮食局局长　刘湛艳
市粮食服务中心主任　段利圭
市烟办主任　唐贵琳
市财政局局长　罗更生
市供销社主任　吴瑞嵘
市轻工业总公司总经理　陈海华

市煤炭服务中心主任　李月初
市农业局局长　郭文峰
市林业局局长　谢金山
市弥泉林场场长　陈辉华
市大义山自然保护区管理局局长　姚宏
市水利局局长　欧秋生
市洋泉水库管理局局长　谢爱平
市农机局局长　唐雍钧
市农村经营服务中心主任　盘玖余
市畜牧水产局局长　刘志刚
市农业综合开发办主任　黄小南
市住建局局长　邓耀龙
市公共交通道路运输管理处主任　刘建国
市建筑工程质量监督站站长　刘四成
市规划局局长　阳磊
市城管执法局局长　雷知生
市国土资源局局长　刘荣辉
市教育局局长　封红伟
市教师进修学校校长　滕仲春
市一中校长　张永康
市二中校长　易昕
市职专校长　郝绍华
市委第一巡查组组长　李亚东
市委第二巡查组组长　彭秋桂
市委第三巡查组组长　邓珂
市委第四巡查组组长　梁武刚
市委第五巡查组组长　漆詹洪
市委第六巡查组组长　李勇民
市城市开发总公司总经理　邹胜
市宜阳工业园管委会主任　廖云华
市城市和农村建设投资有限公司董事长　郭雄
市交通建设投资有限公司董事长　陈开宝
市环境保护投资有限公司董事长　吴良忠

市水务投资集团有限公司董事长　邹少文
市农业投资发展有限公司董事长　黄建国
市水文局局长　施冬奇
市新华书店经理　袁峰
市国家统计局常宁调查队队长　彭运瑞
国网常宁供电公司总经理　蒋伟
市电信局局长　邓卫民
市地税局局长　陈全红
市国税局局长　欧阳成
市烟草局局长　唐海峰
市气象局局长　宾素芝
市住房公积金管理中心常宁管理部主任　杨伫风
市邮政局局长　肖永红
市移动公司经理　李晖
市中石化公司经理　阳桂元
市中石油公司经理　黄浩
市盐务局局长　段俊
市人行行长　张向东
市工行水口山支行行长　申顺国
市常宁工行行长　张孔昭
市农行行长　胡炜
市建行行长　高辉
市中行行长　刘志伟
市农发行行长　李爱民
市农商行董事长　黄敦福
市农商行行长　朱国良
市人寿公司经理　江涌
市财保公司经理　杨明
市邮政储蓄银行行长　李小林
市联通公司经理　李建
市中华联合保险公司经理　吴传平
市珠江村镇银行行长　车铭
市华融湘江银行行长　万慕辉
水口山有色金属集团总经理　吴世忠

水口山有色金属集团党委书记 肖富国
五矿铜业有限公司总经理兼法人 肖功明
衡阳市柏坊煤矿矿长 邹忠德
衡阳市柏坊煤矿党委书记 张志红
衡阳市裕民煤矿矿长 华连谷
衡阳市裕民煤矿党委书记 陈小荣
市消防大队队长 曹令福
市消防大队教导员 王书传
市武警中队队长 周文杰
市武警中队教导员 雷　佳
湘运公司常宁分公司 张旭宁
中油金鸿管道燃气公司经理 左小仲
水口山镇党委书记 袁立明
　　镇长 刘政兵
白沙镇党委书记 欧伯春
　　镇长吴煜斌
洋泉镇党委书记 王志华
　　镇长 刘朝阳
兰江乡党委书记 彭　评
　　乡长 雷金荣
三角塘镇党委书记 彭益玲
　　镇长 吴柏林
柏坊镇党委书记 王元成
　　镇长 崔春红
蓬塘乡党委书记 唐　成
　　镇长 阳韶清
烟洲镇党委书记 张良相
　　镇长 李　平
荫田镇党委书记 刘向阳
　　镇长 刘扬徕
西岭镇党委书记 刘新华
　　镇长 吴毅勇
罗桥镇党委书记 汪　珀
　　镇长 张　涛
庙前镇党委书记 彭国喜
　　镇长 陈　青
板桥镇党委书记 段　立
　　镇长 段良奇
胜桥镇党委书记 张静扬
　　镇长 孟小广
塔山乡党委书记 彭小冬
　　乡长 盘凤成
官岭镇党委书记 彭旭大
　　镇长 唐　晖
新河镇党委书记 邓志军
　　镇长 刘卫菊
大堡乡党委书记 谢春桂
　　乡长 张文斌
宜阳街道办事处党委书记 唐　辉
　　主任 张明武
培元街道办事处党委书记 罗格文
　　主任 刘劲松
泉峰街道办事处党委书记 曹行贻
　　主任 李芳林
大堂山办事处党工委书记 宴晓辉
　　主任 邓运香
宜潭片区服务中心主任 周　泉
水口山铅锌矿社区服务中心主任 唐百才
柏坊铜矿社区服务中心主任 张晓华

（段云席）

耒阳市

【概况】 耒阳市位于湖南省东南部，衡阳盆地南端，五岭山脉北面，东北邻安仁县，东南及南面连永兴县，西南角接桂阳县，西临春陵水与常宁市隔河相望，北界衡南县。地处北纬26°08′~26°43′，东经112°38′~113°13′。南北长62千米，东西宽58千米，成不规则菱形。面积2656平方千米，合26.56万公顷，约占湖南省面积1.26%。

2017年，耒阳市完成GDP473.15亿元，同比增长8.1%；完成财政总收入22.17亿元，其中税收收入15.32亿元，增加1.62亿元，增长11.84%；完成全社会固定资产投资总额411.52亿元，增长15.2%；城乡居民人均可支配收入分别达31858.48元、18770.79元，增长8.2%、7.5%。

【经济总量】 2017年耒阳市实现地区生产总值（GDP）473.15亿元，按可比价格计算，增长8.1%。其中，第一产业实现增加值71亿元，增长3.7%；第二产业实现增加值163.21亿元，增长3.2%，第三产业实现增加值238.94亿元，增长13.3%。第一、二、三产业对全市经济增长贡献率分别为7.1%、14.8%、79.1%，分别拉动全市GDP增长0.6、1.2、6.3个百分点。按平均常住人口计算，人均地区生产总值40708元，增长11.9%。三次产业结构比调整为15∶34.5∶50.5。

【农业】 耒阳市完成农林牧渔业增加值73.1亿元，增长3.8%，其中农业增加值38.7亿元，增长0.9%；林业增加值6.5亿元，增长11.1%；牧业增加值22亿元，增长5.1%；渔业增加值3.8亿元，增长5.1%；农、林、牧、渔、服务业增加值2.1亿元，增长12%。农作物总播种面积159.78千公顷，增长1.0%；2017年粮食总产量51.2万吨，增长0.4%，其中稻谷产量46.2万吨，下降2.1%；蔬菜产量57.3万吨，增长4.4%。出栏肉猪

142.49万头，增长1.7%；出售和自宰的肉用牛3.89万头，增长3.5%；出售和自宰用羊4.47万头，增长3.7%；水产品产量3.4万吨，增长3%。

新增农民专业合作社140个，共有合作社756个，其中国家级专业合作示范组织3个，省级专业合作示范组织11个。农民专业合作社成员10220人。新增家庭农场104家，全市共有家庭农场538家。截止到2017年年底，耒阳市土地流转面积为5.27万公顷，其中耕地流转面积为2.05万公顷。

2017年，完成19处病险骨干塘除险加固建设任务，对22处重点隐患工程进行应急处险，完成87处供水工程，解决饮水困难人口3.42万人，农村自来水普及率达到75.51%。加强小型农田水利建设，2017年年末农业机械总动力93.9万千瓦，增长3.7%。

【工业和建筑业】 全市工业增加值为159.36亿元，增长3.2%。其中规模工业增加值增长3.2%；规下工业增加值增长2.9%。出口交货值为0.8亿元，下降32.1%。在规模工业中，园区规模工业增加值为18.95亿元，下降8.8%；规模工业实现产销率99.7%，增长0.07个百分点。新产品产值6.9亿元，增长15.6%。规模工业实现主营业务收入141.98亿元，下降23.6%；实现利润总额7.7亿元，下降37.2%。吸纳从业人员3.2万人。

全市资质建筑企业18个，建筑业总产值87.3亿元，增长56.7%；建筑业增加值3.8亿元，增长5.1%。房屋建筑施工面积207.1万平方米，增长36.4%；房屋建筑竣工面积49.4万平方米，下降7.9%。

【固定资产投资】 全市固定资产投资完成411.93亿元，增长15.2%。其中，城镇固定资产投资401.95亿元，增长15.9%。房地产投资完成9.98亿元（在库资质企业），下降7.5%。商品房销售面积39.33万平方米，下降3.1%。工业固定资产投资152.2亿元，增长7%。工业投资占固定资产投资的比重为36.9%，下降2.9个百分点。

【国内贸易和物价】 耒阳市社会消费品零售总额140.85亿元，增长10.6%。其中，限额以上企业商品零售额10.4亿元，增长6.7%。居民消费价格总水平上涨1.3%，商品零售价格指数上涨1.9%。

【对外经济和旅游】 耒阳市共引进产业项目135个，实际到位内外资金38.8亿元。全市实现国内旅游总收入64.4亿元，增长12.7%；接待游客789万人次，增长10.1%。

【交通和邮电】 全市机动车保有量9.4万台，其中汽车5.9万台，摩托车3.5万台。全年交通运输、仓储和邮政业完成增加值35.35亿元，增长1.0%。全年邮政业务总量1.2亿元，增长17.3%，电信业务总量4.63亿元，增长21.5%。2017年年末，固定电话用户9.5万户，移动电话用户103万户，互联网宽带用户数12.3万户。

【财政、金融和保险】 耒阳市财政总收入22.17亿元，下降18.4%；其中，一般预算收入14.27亿元，下降29.3%。税收收入为15.32亿元，占总收入的69%。一般预算支出58.1亿元，下降8.7%。2017年年末，耒阳市金融机构本外币各项存款余额为394.46亿元，增长14.4%。其中，居民储蓄存款余额为285.83亿元，增长10.4%；全市金融机构各项贷款余额为159.89亿元，增长27.2%。2017年年末，全市存贷比为40.5%。2017年，保险保费收入6.3亿元，增长20.8%；2017年各项赔付支出2亿元。

【教育和科学技术】 耒阳市完成农村标准化教学点建设42所，启动新建项目21个，改建项目135个，新改建校舍16.4万平方米，消除危房0.8万平方米。全市有各类基础教育学校（园）691所，其中，幼儿园287所，义务教育学校393所，高中学校9所，特殊学校2所。总共有在校学生人数25.01万人，其中普通中学在校学生7.9万人，普通小学在校学生11.8万人，在园幼儿5.2万人，特殊学校在校学生202人。教育质量稳步提升，高考二本以上上线2505人；高二学业水平正考一次性合格率79.46%。

全市共有53家高新技术企业，实现高新技术产品增加值

14.6亿元，增长1.0%，占全市GDP比重为3.1%。2017年共申请专利926件，其中发明专利申请351件，专利授权321件（发明专利授权22件）。

【文化、卫生和体育】 全市共有非物质文化遗产项目资源44个，文化馆1个，“非遗”展示中心1个，公共图书馆4个，博物纪念馆3个，乡镇街道文化站266个，农家书屋622个。人均拥有公共文化体育设施面积2.91平方米。开展全民健身项目30项次，全民健身运动参加人数500万人次。全年发展社会体育指导员272人，2017年年末，拥有各级社会体育指导员580人，全市拥有公共体育场地7个，其中体育馆1座，运动场1个，游泳池2个，各种训练房3个。

全市拥有广播电台1座，广播人口覆盖率99.9%。电视台1座，有线电视用户6.6万户，放映农村公益电影7452场次。

全市拥有各类卫生机构736个，其中医院26个（二级医院3个、一级医院20个、专科医院18个）、卫生院（分院）44个、疾控中心1个、社区卫生服务中心5个、村卫生室656个，专业公共服务机构4个。有卫生技术人员5280人，其中执业医师1500人，执业助理医师703人，注册护士2356人，其他专业技术人员721人。医院、卫生院实有床位5311张。

【城市建设、环境和安全生产】 全市自来水用水户数9.8万户；供水总量1817.8万吨；供天然气总量228.96万立方米；城市污水处理量达2693.9万吨。城市绿化覆盖面积达1698公顷，绿化覆盖率39.5%，城市垃圾无害化处理率100%。优良以上空气质量达标率79.1%；Ⅲ类或优于Ⅲ类地表水质达标率100%；

全市共发生各类生产安全事故1起，无伤亡人员，直接经济损失0.43万元。事故起数下降92.8%，直接经济损失下降99.8%。其中，消防火灾共发生事故1起，无人员伤亡；工矿商贸、道路交通、水上交通、农业机械、卫生、特种设备等行业未发生生产安全事故。

【人民生活和社会保障】 全市人均城乡居民可支配收入25020元，其中城镇居民人均可支配收入31946元，增长8.5%；农村居民人均可支配收入18841元，增长7.9%。居民家庭消费总支出155361元。

全市参加机关事业单位养老保险的人数为2.52万人（含离退休人员0.97万人），企业单位参加养老保险人数4.57万人（含离退休人员2.24万人）。城乡居民养老保险参保人数达到70.68万人（不含发放人数），发放人数19.31万人，参加城镇职工医疗保险参保人数7.9561万人，城乡居民基本医疗保险人数102万人。城镇居民最低生活保障月均保障人数7531人，农村居民最低生活保障月均保障人数22056人。

全市新增城镇就业8624人，失业人员再就业4644人，就业困难人员1199人，农村劳动力转移就业7600人，城镇登记失业率控制在3.38%。

全年民生支出34.23亿元，占财政总支出的73.36%。就业状况持续改善，应届纯农户家庭未就业高校毕业生和零就业家庭实现100%动态清零。城乡居民社会保障体系建设实现全覆盖，参保总人数达213.38万人次。加快地质灾害综合防治体系和矿山地质环境治理项目建设，争取上级专项资金1.32亿元。成功争取湖南省第三批大中型水库特困移民避险解困试点县。农村低保和社会兜底保障标准再次提高，农村低保标准与国家扶贫标准实现“两线合一”，发放民政社会保障救助资金3.16亿元。创新实施“一元民生保险”，为全市所有户籍人口购买一份民生保险。城区中心敬老院二期工程建设正加紧实施。上门为行动不便的重度残疾人办证668个，8000余名残疾人实现精准康复。深入推进法律援助工作，困难群众法律援助实现应援尽援。

【社会事业成效】 省教育工作“两项督导评估”及全国义务教育发展基本均衡县市评估认定迎检工作全面启动，武广教育城项目完成三通一平，进入主体建设阶段；购买城区义务教育阶段学位1600个，城区大班额有效化解；创建义务教育标准化教学点42个，农村教育基础不断夯实。人民医院综合大楼、南阳卫生院整体搬迁工程、黄市卫生院门诊综合大楼建设顺利推进，6个乡镇卫生院创建为全国“群众满意乡镇卫生院”；开展生育关怀活动，国家计生协“生育关怀携手行——计生家庭致富项目”培训交流会在耒阳召开，完成孕产妇产前免费检查7724例，农村适龄妇女“两癌”筛查10000例，计生工作继续保持全省先进行列。两馆一中心、全民健身中心、农村综合服务平台建设进展顺利，“村村响”正式开播，深入开展“欢乐潇湘·激情耒阳·文明大舞台”等大型活动。社会治理体系更加完善，全年发案率下降12.53%，破案率上升6.6%，综治民调在衡阳市排名第二，保持湖南省平安市称号。坚持重拳整治“职业犯罪”，惩治经验在全国现场会上推介，成功摘除“传统‘盗抢骗’犯罪重点地区”帽子。耒阳市被授予“中华诗词之乡”称号，聂洲完小被授予“全国诗教先进单位”称号，灶市街零洲社区被评为全国综合减灾示范社区。余庆水口村、仁义罗渡村、黄市大河滩村被列为第五批省级历史文化名村。匡兵、温琦华夫妇被评为全国道德模范。耒阳成功入选100个“千年古县”名录，全面完成第二次全国地名普查工作。

【存在的问题】 财政收支不平衡。刚性支出增速明显高于可用财力增速，保工资、保运转、保民生的任务仍十分艰巨；产业基础薄弱。传统支柱产业煤炭、电力严重萎缩，新的替代性支柱产业尚未完全形成，工业园区基础设施仍然滞后，实体经济面临诸多困难，植优补短工作任重道远；民生领域短板。涉及人民群众切身利益的教育、就业、医疗、住房等方面仍面临不少难题，与人民群众日益增长的美好生活需要还有很大差距；治理能力亟待提升。社会矛盾和问题交织叠加，依法行政能力有待加强，治理方式方法有待创新；政府自身建设有待加强。部分公职人员对新时代、新要求不适应，不愿为、对此，要认真查找原因，针对性解决问题，全力确保经济社会平稳健康发展。

市委、人大、政府、政协领导名录

中共耒阳市委员会

书　记　罗　琼(女)

副书记　李向阳　邱小兵

常　委　刘华文　管林立

李　云

卿晓英(挂职)

刘　洋(女)　谢　培

易文和　李兴武

黄含茂

耒阳市人大常委会

主　任　黎家能

副主任　曾阳生　曹晓江

资　雷　刘菊香(女,兼)

徐进先

耒阳市人民政府

市　长　李向阳

副市长　管林立　卿晓英(挂职)

黄扬波　邓朝晖(兼)

王　翔　曾三成

陈　宁　熊　鹰(挂职)

姜　凯(挂职)

政协耒阳市委员会

主　席　张东辉

党组副书记　黄含茂(兼)　曾祥礼

副主席　曾祥礼

刘　英(女、兼)

伍检告(兼)

高爱民(兼)

原政协主席　李学玲(女)

党组成员　罗志宏

市行政企事业单位负责人名录（排名不分先后）

市组织部部长、总工会主席	刘华文
市委办主任	李　云
市宣传部长	刘　洋
市纪律检查委员会书记	谢　培
市人武部政委	易文和
市政法委书记	李兴武
市统战部部长	黄含茂
市经济开发区工委书记	雷德芽
市经济开发区管委会主任	谷文仕
市人民法院院长	刘卫华
市人民检察院检察长	雷振湘
市公安局局长	邓朝晖
市人大办公室主任	刘功勋
市政府办公室主任	李春生
市政协秘书长、办公室主任	梁志雄
市纪委巡察办主任	谢庭武
市委优化办主任	李　森
市委督查室主任	李群林
市委机要局局长	蒋满成
市委保密局局长	黎勇军
市委应急管理办主任	王　芳
市委、市人民政府接待处处长	段　毅
市委、市人民政府警卫处处长	陈宏国
市竹海办党工委书记、主任	罗茴苹
市信访局局长	曹慕云

市史志办主任　郑久芳
市档案局局长　梁春林
市编办主任　徐冬开
市老干局局长　曾晓秋
市委党校校长　蒋清平
市人社局局长　钟文光
市总工会主席　刘华文(兼)
团市委书记　邓　雅
市妇联主席　李　纬
市科协主席　欧阳毅
市文联主席　周少鸣
市文体广电新闻出版局局长　李乙平
市广播电视台台长　王和云
市卫生和计划生育局局长　曾群利
市红十字会常务副会长　李林玉
市人民医院院长　黄小都
市第三人民医院院长　李小保
市中医院院长　谷井文
市疾控中心主任　肖龙成
市卫生监督所所长　李永进
市妇幼保健院院长　罗秋生
市教育局局长　阳华耕
市教师进修学校校长　曾　华
市中等职业技术学校校长　李松林
市一中校长　曹飞跃
市二中校长　邓玉明
市司法局局长　肖熙仁
市统战部部长　黄含茂(兼)
市台办主任　谭诗华
市侨联主席　邓小凤
市工商联主席　刘菊香(兼)
市宗教局局长　李　林
市政府督查室主任　张海峰
市政府外事侨务办公室主任　伍全胜
市政府总值班室主任　徐桂元
市法制办主任　伍琦伟(兼)
市电子政务管理办主任　徐玉成
市采煤沉陷治理办主任　刘又春
市政务中心主任　邓惠远
市重点办主任　李建军
市金融办主任　罗国利
市公共资源交易中心主任　蒋志红
市国有资产管理中心主任　刘　刚
市民政局局长　尹坤庚
市国土资源局局长　曹洲文
市环保局局长　李清河
市人民防空办公室主任　彭校安
市矿产品税费征收管理局局长　周绍武
市烤烟办主任　肖秀文
市安全生产监督管理局局长　邓洪元
市食品药品工商质量监督管理局局长　徐　坚
市城市和农村建设投资有限公司董事长　周后卫
市残联理事长　杨松青
市综合行政执法局局长　聂　晶
市农业局局长　周金星
市农村扶贫工作办公室主任　曾　伟
市林业局局长　刘　凡
市耒水国家湿地公园管理局局长　何孝任
市五峰仙国有林场场长　梁华生
市水利局局长　贺　斌
市欧阳海灌区管理所所长　段诗扬
市移民局局长　陈文胜
市畜牧水产局局长　欧阳建
市农机局局长　刘功平
市农开办主任　李选武
市农村经营服务中心主任　陈平海
市商务和粮食局局长　伍检告(兼)
市财政局局长　李连飞
市场服务中心主任　陈清华
市贸促会会长　廖　鹏
市企业改制服务中心主任　刘功才
市审计局局长　谭红平
市供销社理事会主任　陈先华
市经济科技和信息化局局长　梁贱芽
市煤炭局局长　曹文国
市交通运输和旅游局局长　罗锡钢
市公路管理局局长　曹爱祖
市国省干线公路建设开发有限公司总经理　陈寿谆
市发展和改革局局长　黄小平
市统计局局长　谢东平
市房产局局长　谷　峰
市城乡规划局局长　徐　璞
市城管局局长　郭　伟
市大市循环经济产业园管委会主任　谭爱民
市交通水利建设投资有限公司总经理　刘洪全
市韶能集团耒阳电力实业有限公司总经理　谷碧成
市棚户区改造投资有限公司董事长　李康军
市人大常委会研究室主任　邓正华
市人大常委会预算工委主任　刘文芬
市人大农村经济工委主任　王爱民
市人大教科文卫工委主任　许梦娟
市人大内务司法工委主任　毛　轩
市人大城乡建设环境保护工委主任　唐林辉
市人大选举任免代表联络工委主任　李志成
市人大财财政经济委员会主任委员　曹秋华
市人大规范性文件备案审查室主任　王桃古
市人大法制工委主任　孙延斌
市人大信访室主任　蒋寿康
市政协提案和委员联络工作委主任　刘　谭
市政协研究室主任　李玉凤

市政协科教文卫体委主任　李志超
市政协人口资源和法制委主任　刘功华
市政协文史学习委主任　曾祥国
市政协财经经济委主任　邓承连
市人民银行耒阳市支行行长　屈晓斌
市工商银行耒阳市支行行长　邓　培
市农业银行耒阳市支行行长　陈文仕
市建设银行耒阳市支行行长　李海军
市中国银行耒阳市支行行长　陈太社
市农业发展银行耒阳市支行行长　李先峰
市邮政储蓄银行耒阳市支行行长　蒋小华
市农商银行董事长　蒋生文
市人民保险公司耒阳市支公司经理　刘云玲
市中华保险耒阳市支公司经理　陆　彬
市人寿保险公司耒阳市支公司经理　资　勇
市平安保险公司耒阳市支公司经理　肖用清
市城市调查队队长　梁晓红
市国家税务局局长　杨　刚
市地方税务局局长　李金吉
市邮政局局长　刘　瑛
市电力局局长　艾　伟
市电信局局长　徐伟国
市移动公司经理　李永新
市联通公司经理　黄　权
市铁通公司经理　刘金国
市盐业公司经理　李晓衡
市石化公司经理　方　峥
市烟草局局长　王国平
市新华书店经理　刘明华
市气象局局长　龙亚平
蔡子池街道办事处书记　刘书钟
主任　张海清
灶市街街道办事处书记　刘功文
主任　黄从文
水东江街道办事处书记　陆冬生
主任　谢更碧
五里牌街道办事处书记　罗晓华
主任　郑德任
余庆街道办事处书记　谢淑洪
主任　廖秋林
三架街道办事处书记　邱月乃
主任　张小各
马水镇书记　谢慧荣
镇长　李　平
亮源乡书记　曹江富
乡长　刘永专
新市镇书记　刘仁佺
镇长　谢正军
大市镇书记　刘云贵
遥田镇书记　孙宗兵
镇长　陆　成
淝田镇书记　段志雄
镇长　罗育义
永济镇书记　李建安
镇长　陈汉成
哲桥镇书记　刘建国
镇长　罗　艺
坛下乡书记　雷　俊
乡长　谢碧松
大和圩乡书记　欧阳洪研
乡长　刘春梅
东湖圩镇书记　贺光辉
镇长　肖小坚
三都镇书记　匡凌云
镇长　姚阶文
导子镇书记　阳华生
镇长　钟林国
夏塘镇镇长　曹　云
大义镇书记　谢廷泉
镇长　贺胜亮
南阳镇书记　王子菲
镇长　陈跃清
小水镇书记　谷文华
镇长　李曙光
公平圩镇书记　刘廷斌
镇长　罗志球
太平圩乡书记　邓立英
乡长　倪秋衡
黄市镇书记　梁育波
镇长　刘　丰
长坪乡书记　刘　歆
乡长　梁淑荣
南京镇书记　陈　鑫
镇长　王解琼
仁义镇书记　欧阳辉明
镇长　伍永方

（曹启文）

南岳区

【地理、区划与人口】　南岳区位于湖南省中部偏东南，地处湘江之西北的湘中丘陵山区，衡阳市区之北侧，地处北纬 27°11′29″～27°20′5″，东经 112°33′44″～112°46′34″之间。全区总面积 181.5 平方千米，为湖南省最小的县级区；区境东西长 15.60 千米，南北宽 10.05 千米；以南岳古镇为中心，北、东、南三面被衡山县环绕，西面与衡阳县界牌镇毗邻。2017 年，南岳区辖 1 镇、1 乡、1 街道，共 18 个建制村，296 个村民组，7 个社区居委会，101 个居民小组。2017 年末，全区常住人口 6.38 万人。其中，城镇人口 4.42 万人，农村人口 1.96 万人，城镇化率69.28%；2017年出生人口978人，出生率15.81‰；死亡人口261人，死亡率4.22‰；人口自然增长率11.59‰。

【经济总量】 2017年，全区实现地区生产总值（GDP）40.69亿元，同比增长8.8%，其中，第一、二、三次产业增加值分别为3.80亿元、3.50亿元、33.39亿元，分别增长3.4%、3.6%、10.0%。三次产业结构由2016年10.2：8.9：80.8调整为9.3：8.6：82.1。其中，第一、二产业比重分别下降0.9%、0.3%，第三产业比重上升1.3%。第三产业占GDP的比重达到82.1%，产业结构进一步优化。三次产业对经济增长的贡献率分别为3.8%、3.8%、92.4%，分别拉动经济增长0.3%、0.3%、8.2%。

【旅游业】 2017年，全区累计接待游客1003.08万人次，同比增长14.6%，其中团队游客94.83万人次，同比增长14.1%。实现旅游总收入80.32亿元，同比增长15.0%，实现门票收入3.67亿元，同比增长7.2%。2017年，南岳区继续保持旅游全域发展的好态势，智能导览亮相游客服务中心，改革创新先行区建设顺利通过国家旅游局组织的督导考核。建成水濂洞“飞拉达”攀岩项目，推介山盟之旅、古道徒步、禅修养生等精品线路，推出农耕研学游、国学夏令营等旅游产品，建立研学体验基地4个，成功列入湖南省研学游目的地。借智国际专家规划天柱峰观景平台，启动中正图书馆、邺侯书院提质改造工程，完成梵音古道、省心山庄及何炳麟墓保护性修缮，实施祝融峰、老塔坦、梵音谷、树木园林相优化，启动金钱松雾凇林建设，推出红星片骑行主题村落、水濂片“月光下的村落”、岳林片“十里茶乡”乡村旅游景点。引进深圳背包客创客空间，启动水濂洞景区规划设计和南岳旅游产品创意园前期工作。稳步实施天子山火文化园、衡山大院、金月湖等一批产业项目，为全域旅游注入新的发展动能。全面铺开“旅游+互联网”“旅游+媒体联盟”、线上门票分销+线下活动营销。注重淡季活动营销，开展“我在寿岳有棵树”、祭茶大典、“南岳如飞”徒步越野赛、南岳星空节、“旅游扶贫·你我同行”、冬日恋歌等一月一主题活动。巩固传统市场，拓展学生、企业和境外市场，实施“香头倍增”“企业百”和假期学生市场营销计划，举办武汉、深圳等旅游推介会，拍摄南岳衡山国际旅游形象宣传片，走进俄罗斯、德国旅游市场，日本、韩国组团到南岳交流。加强智慧旅游建设，升级“乐游南岳”APP电子商务平台，实现景区扫码进入和门票在线预定。新建和提质旅游公厕21座，完成13处“第三卫生间”建设，厕所革命和“第三卫生间”的成功经验被国家旅游局推介。

【农业】 2017年，南岳区实现农林牧渔业总产值5.74亿元，增长3.6%。2017年粮食播种面积2.58千公顷，油料种植面积0.11千公顷，蔬菜种植面积1.31千公顷。2017年，粮食产量1.49万吨，油料产量200吨，蔬菜产量4.01万吨。2017年，出栏生猪6.77万头，肉牛0.08万头，肉羊0.25万只，家禽38.4万羽。肉类总产量5810.7吨，水产品产量618吨。

【工业与建筑业】 2017年，南岳区完成工业增加值1.97亿元，增长3.0%；建筑业完成增加值1.53亿元，增长4.4%。

【固定资产投资与项目建设】 2017年，南岳区完成固定资产投资（不含农户）36.54亿元，增长15.0%。其中，城镇以上及非农户投资33.06亿元，增长15.6%；房地产开发投资完成3.48亿元，增长9.8%。商品房销售面积7.0万平方米，增长50.9%。其中，现房销售面积4.53万平方米，增长277.5%；期房销售面积2.47万平方米，下降28.2%。实施重点项目25个，完成投资25.5亿元。

【财政与金融】 2017年，全区公共财政收入6.79亿元，增长0.1%。其中，地方财政收入5.57亿元万元，下降4.6%；上划中央收入9720万元，增长39.2%；上划省级收入2487万元，下降0.2%。一般预算支出总计11.99亿元万元，增长24.3%。年末全区金融机构本外币各项存款余额59.73亿元，增长5.67%，其中居民储蓄存款余额42.34亿元，增长5.67%；金融机构本外币各项贷款余额29.90亿元，增长11.06%。

【城景乡建设】 2017年，南岳区重点实施古镇提质改造，加快推进大庙周边环境整治，完成荷韵蛙鸣、万寿宫古戏台等景观节点建设，强力推进南街、西街、牌坊周边建筑立面改造，古镇风韵加快形成。加强城市管理，实施北环路、方广路等8条道路雨污分流。第二轮环卫服务外包完成招标，万寿广场提质改造加快推进，古镇形象进一步提升。红星村、水濂村通过“美丽乡村”省级验收。农村环境整治、饮水安全、河长制等工作深入推进，村路安防工程完成9.71千米，农饮水工程新增11处，陈孝冲水库除险加固完成，白龙潭水库清淤扩容、大禾田水库应急除险启动，社区“两化两体系”、农村综合服务中心建设加快推进，第三次全国农业普查全面完成。景区资源保护得到加强，完成生态红线划定，建成森林防火监控平台、林地测土配方信息系统和古树名木数据库，新造人工林33.33公顷。加快发展茶园、菜园、果园“三园”产业，发展合作社12家，创办农业观光、体验示范点2个。致力做强“南岳云雾茶”品牌，举办以“好山、好茶、好人”为主题的茶文化节活动，成功申报“中国寿茶文化之乡”，“十里茶乡”荣获“湖南省十佳茶旅景区”。

【科技、教育与文化事业】 2017年，申报省级科技计划项目2个，编纂《南岳区科协志和科协人物志》。全区各类公办学校（园）20所，在编教职员工518人，在校学生（含幼儿）9289人。各类民办学校及培训机构31所，教职工633人，在校学生及幼儿7879人。全区小学巩固率达100%，初中巩固率达99.8%，小学毕业率和就读初中比率均达100%。教育工作省级两项督导评估排名全市首位，顺利通过国家义务教育均衡发展评估认定。全区共有艺术表演团体7个，文化艺术馆1个，公共图书馆1个，版画馆1个，博物馆1个，乡镇文化站3个；省级非物质文化遗产保护目录1个；有数字电视用户1.3万户，电视综合人口覆盖率100%。南岳大庙和中正图书馆成功申报市级文化创意产品试点单位。《南岳衡山志》被列入全国名山志文化工程。

【卫生与体育事业】 2017年，全区医疗卫生机构52家。其中，医院2家，基层医疗卫生机构44家（其中诊所22家），专业公共卫生机构5家（其中计划生育技术服务机构1家），其他卫生机构1家。医疗机构拥有床位631张，使用率67.31%。拥有医疗工作人员846人。其中，卫生人员671人（执业医师213人、执业助理医师32人、注册护士298人、药师（士）58人、技师41人、其他卫生技术员29人），乡村医师16人。开展公共卫生服务36250人次，累计建立居民健康档案57309份。全区不断深化医药卫生体制改革，药品零差价、采购两票制在公立医院施行，医保异地就医实现直接结算。2017年，国家免费孕前优生健康检查室间质量被评为全国优秀，南岳区获评“全省人口和计划生育工作优秀单位”。全区体育场3个，运动场26个，训练房20个，“农民体育健身工程”行政村25个。南岳区荣获“衡阳市体育产业先进单位”称号。

【环境资源与安全生产】 2017年，全区森林覆盖率77.47%，城镇建成区绿化覆盖率44.43%，活立木总蓄积量150万立方米。空气质量达标率92%，地表水质量达标率100%，城镇污水处理率95%，农村垃圾集中处理率100%。单位GDP能耗为0.2334吨标准煤/万元，下降5.93%。2017年，发生各类生产经营性安全事故1起，死亡人数2人；工矿商贸从业人员十万人事故死亡人数0人；道路交通安全事故死亡人数0人。

【居民生活与社会保障】 2017年，全区城乡居民人均可支配收入36502元，比2016年增长8.9%。其中，城镇居民人均可支配收入36828元，增长8.9%；农村居民人均可支配收入19053元，增长9.3%。人均住房建筑面积58平方米。居民文教娱乐服务消费支出6422元，占消费总支出的比重为24.0%。2017年基本养老保险参保人数34296人。其中，机关事业单位参保2837人，企业参保人数8890人，全区城乡居民养老保险参保登记22569人。参保缴费7153人，实际缴费率为32%，待遇发放率100%。全区失业保险累计参保2000人；城镇职工基本医疗保险参保7222人；生育保险参保4927人；工伤保险参保9624人；城乡居民医疗保险累计登记参保55875人。城镇新增就业874人，失业人员再就业500人，就业困难对象再就业200人。2017年年末获得政府最低生活保障的城乡居民649人。其中，城镇低保355人，农村低保294人，2017年发放最低生活保障金461.7万元。

【成功入选国家级旅游业改革创新先行区】 2017年6月13日，国家旅游局公示第二批国家级旅游业改革创新先行区名单，南岳区成功入围该名单。旅游业改革创新先行区是指以“创新统筹职能、创新政策措施、创新产业引导”为指引，以市县政府为改革主体，以旅游业体制机制为改革内容，以实现旅游目的地整体发展为主要目标。南岳区成为国家旅游局自设立旅游改革先行区以来，湖南首次入围的两个地区之一。

【南岳区委政法委获评“2013—2016年度全国社会治安综合治理先进集体”】 南岳区委政法委落实中央、省、市有关决策部署，开展治安综合治理工作。建成覆盖全区的基层综治网络。推行旅游旺季值班备勤、专项整治和平安联创工作机制，推进社会治理重心下移。强化督查考核，工作业绩直接与财政拨款和干部提拔挂钩。坚持创新引领、先行先试，全面推进现代科技与社会治理深度融合。投入7000余万元，高标准实施公共安全“六大系统”建设、网格化及三级综治中心建设，同步推进“雪亮工程”城乡一体化，实现城乡实时监控全覆盖。实施旅游环境综合治理，抓好特殊时段的安全保卫等工作，实现全区旅游连年攀升。搭建平台，率先将平安建设推进到小区层面，促进平安建设共建共享。2017年8月，南岳区委政法委获评“2013—2016年度全国社会治安综合治理先进集体”。

【南岳核心景区扫码入园改造项目正式上线试运行】 2017年11月23日，南岳核心景区扫码入园改造项目正式在游客服务中心售票厅上线试运行。“扫码游景区”流程非常简单，市民游客只需刷二维码，就能轻松实现快速购票、取票、验票，既方便游客购票，又进一步缩短排队时间。扫码游景区是自2016年南岳景区启用自助售票机后的又一次“智慧升级”，优化的智慧旅游服务让南岳走在国内景区前列。南岳核心景区扫码入园改造项处于试运行阶段，经调试、优化后将上线正式运行。

【《南岳衡山志》列入全国名山志文化工程】 《南岳衡山志》作为湖南省特色志系列之一于2017年12月被纳入全国名山志序列，目前全国仅有两座名山纳入全国名山志序列。南岳衡山素有“五岳独秀”“宗教圣地”“文明奥区”“中华寿岳”“抗战名城”等美誉的南岳衡山，历史文化源远流长，旅游资源极其丰富。该书编纂工作主要围绕突出南岳祭祀文化、寿文化、宗教文化、抗战文化、书院文化等特色，注重山脉与文脉的深度挖掘，对积淀于南岳的各种文化流派的文化渊源、发展脉络、基本走向进行系统阐述。

【存在的问题】 经济结构单一，发展短板明显，有效投资增长乏力；重点项目、环境保护、自然保护区、信访维稳等领域矛盾交织、风险积聚；城乡区域发展不平衡，少数群众生活还比较困难；全域旅游的基础配套设施还需优化，产品供给和市场需求仍不匹配，产业链不全。

区委、人大、政府、政协领导名录

中共南岳区委员会
书　记　曾建华
副书记　王　燕(女)
　　　　蒋炳炎
常　委　魏仲文　刘　军
　　　　胡书伟　曹时桂
　　　　伍　松　翟亮月(女)
　　　　黄顺发
南岳区人大常委会
主　任　胡显西
副主任　王一平　黄洲康
　　　　周孝华　旷文峰(女)
　　　　释怀辉(兼)
南岳区人民政府
区　长　王　燕(女)
副区长　胡书伟　郭继放
　　　　旷慧忠　谭建红
　　　　徐红松　旷诗秦
　　　　王志运
政协南岳区委员会
主　席　周精华

副主席　尹朝晖（女）
黄至安（兼，女）
邓先平　旷顺年（兼）
吴兴龙

区行政企事业单位负责人名录（排名不分先后）

区委办主任、深改办主任（兼）　魏仲文
区政法委书记　刘　军
区宣传部部长　曹时桂
区纪委书记、监察委主任（兼）　伍　松
区组织部部长　翟亮月
区统战部部长　黄顺发
区人武部部长　蓝曙光
政委　阳　耀
区人民法院院长　徐　鉴
区人民检察院检察长　李　智
区机构编制委员会办公室主任　旷汀良
区巡察办主任　刘华锋
区督查室主任　王建林
区史志办主任　陈瑶光
区档案局局长　邓　辉
区机要局局长　旷　励
区委党校校长　蒋炳炎
区委政策研究室主任　旷志琛
区台办主任　肖碧华
区事业单位登记管理局局长　袁　敏
区网络新闻宣传管理办主任　陈　芳
区委总值班室主任　何建平
区广播电视台台长　刘金林
书记　赵烨平
区人大常委会办公室主任　蒋和平
区人大财政经济工委主任　胡启华
区人大教科文卫工委主任　旷文益
区人大内务司法工委主任　旷文明
区人大选举任免联络工委主任　曾宋招
区人大城乡建设、环境与资源保护工委主任　李嘉荣
区人大法制工委主任　张志强
区人大研究室主任　王岳伟
区人大信访办公室主任　杨迎春
区政府办主任　刘元莲
区统计局局长　沈海平
区发展和改革局局长　钟　焰
区农业局局长　陈铁清
区旅发委主任　胡融峰
区商务和经信科技局局长　文祥锋
书记　綦新桂
区教育局局长　左传益
书记　刘　科
区民政局局长　杨承坤
区司法局局长　綦新桂
书记　何文利
区财政局局长　廖飞鹏
区人力资源和社会保障局局长　王明海
区国土资源局局长　廖红武
区住房和城乡建设局局长　刘冬林
区交通运输局局长　赵生昭
区卫生和计划生育局局长　张志煌
区审计局局长　旷国华
区环境保护局局长　何文利
书记　胡朝军
区安全生产监督管理局局长　郑　警
区食品药品监督管理局局长　张天明
区文体广电新闻出版局局长　戴慧玲
区城乡规划局局长　赵岳峰
区人民防空办公室主任　刘宏新
区电子政务管理办公室主任　袁　冕
区金融办主任　高文太
区自然保护区管理局局长　杨东亮
书记　周和平
区水务移民局局长　何良佐
区文物局局长　胡朝军
书记　唐红军
区民族宗教局局长　郭刚毅
区接待处处长　谭呈祥
区环境卫生管理局局长　易仕南
书记　段成学
区行政管理综合执法局局长　何小平
区国有资产管理中心主任　董果扬
区政务服务中心主任　周建国
书记　王小刚
区信访局局长　赖向阳
区公安分局局长　郭继放
政委　曹忠民
区交警大队队长　李永忠
区森林公安局南岳分局局长　唐德顺
政委　陈　军
区房产管理处处长　李　勇
书记　刘　伟
区农村和城市建投资开发有限公司经理　谭祥锋
区交通建设投资公司经理　唐红军
书记　周桂廷
区门票管理处处长　赵和全
书记　唐鸣凤
区水濂洞景区管理处处长　陈瑶光
书记　胡国顺
区公路管理局局长　郭国辉
区树木园主任　彭珍宝
书记　何逢斌
区南岳林场场长　周桂廷
书记　张安星
区景区管理处处长　谭泽建
区风景名胜资源管理办主任　沈正恒

区景区综合执法大队队长　康培红
区旅游综治服务中心主任　艾　宁
区南岳区第一中学校长　谢小才
区实验中学校长　伍泗洋
区南岳完小书记　罗　伶
区疾病预防控制中心主任　杨小红
区妇幼保健计划生育服务中心主任　郑湘翅
书记　李　静
区人民医院院长　郑湘翅
书记　阳艳春
区城乡居民基本医疗保险管理服务中心主任　王　健
区政协秘书长、办公室主任　邹声锋
区政协提案和委员联络工作委员会主任　周英燕
区政协财政经济委员会主任　杨素芬
区政协人口资源环境和法制委员会主任　范水平
区政协教科文卫体委员会主任　陈敦斌
区工商业联合会会长　旷顺年
区总工会主席　符江波
区妇女联合会主席　周　艳
区残疾人事业联合会理事长　雷泽迅
区归侨侨眷联合会主席　沈海平
区文学艺术界联合会主席　康松柏
区红十字会会长　刘　焕
区邮政局局长　廖建平
区电信分公司经理　刘卫峰
区移动通信南岳分公司经理　黄　彬
区气象局局长　丁知明
区国税局局长　侯振喜
区地税局局长　李　明
区供电局局长　陈　疆
区工商分局局长　曹欣耀
区质量技术监督局局长　何　平
区烟草专卖局局长　罗　霖
区中国银行股份有限公司南岳支行行长　廖哲谦
区工商银行股份有限公司南岳支行行长　廖哲华
区农业银行南岳支行行长　肖大庆
区建设银行股份有限公司南岳支行行长　李　松
区南岳农村商业银行股份有限公司理事长　雷小洪
区中国邮政储蓄银行湖南省南岳支行行长　欧　迪
区财产保险股份有限公司南岳支公司经理　李红军
区中华联合财产保险公司经理　盛文明
区住房公积金南岳管理部主任　李珍菊
区消防大队队长　谭朝晖
教导员　黎松国
区岳云中学校长　李桂元
区南岳电视调频发射台台长　李晓春
区南华大学附属第三医院院长　罗志刚
区衡阳市干部疗养院院长　曾庆田
南岳镇党委书记　谭庆年
镇长　旷光辉
寿岳乡党委书记　熊水球
乡长　周孝兵
祝融街道办事处党工委书记　曹文球
主任　尹　晖

（罗红宇　旷智恺　周　婷）

雁峰区

【地理、区划与人口】　2017年，雁峰区辖先锋、雁峰、天马山、黄茶岭、白沙洲、金龙坪6个街道办事处（其中金龙坪街道由白沙洲工业园管理）和岳屏镇。总面积94平方千米。全区常住人口22.85万人，户籍人口19.02万人，其中城镇户籍人口14.94万人。人口自然增长率7.5‰；出生人口性别比为102.5。

【经济总量】　全区完成地区生产总值264.09亿元，增长8.0%，其中第一产业增加值3.15亿元，增长3.6%；第二产业增加值170.64亿元，增长5.2%；第三产业增加值90.30亿元，增长14.1%，第一、二、三产业贡献率分别为0.5%、43.0%、56.5%，三次产业结构为1.19∶64.62∶34.19。区本级完成地区生产总值（剔除白沙工业园区，下同）163.37亿元，增长8.0%，其中第一产业增加值3.15亿元，增长3.6%；第二产业增加值71.97亿元，增长5.1%；第三产业增加值88.25亿元，增长10.7%，第一、二、三产业贡献率分别为0.9%、28.8%、70.3%，三次产业结构为1.93∶44.05∶54.02。全面建成小康社会速度加快，小康社会总体实现程度92.74%，进入全省小康社会基本达标县市区行列。

【农业】　完成农业总产值4.98亿元，增长3.8%。全年粮食种植面积1.49千公顷，与2016年减少0.08千公顷，下降5.1%，其中稻谷种植面积1.25千公顷，比2016年减少0.05千公顷，减少3.9%；油料种植面积0.19千公顷，与2016年持平；蔬菜种植面积1.38千公顷，比2016年增加0.03千公顷，增长2.2%。全年粮食总产量8584.98吨，比2016年减少515吨，下降5.7%，其中稻谷产量7548.47吨，比2016年减少340吨，下降4.3%。油料总产量297.39吨，增长0.1%。蔬菜总产量47216.49吨，比2016年增加1086吨，增长2.4%。

2017年，出栏生猪7.42万头，比2016年减少0.24万头，下降3.1%；年末生猪存栏4.58万头，比2016年减少0.13万头，下降2.8%。出笼家禽28.21万羽，比2016年增加0.86万羽，增加3.1%。全年禽蛋产量485吨，比2016年增加17吨，增加3.6%。全年水产品产量2363吨，比2016年增加80吨，增长3.5%。

【工业和建筑业】 完成规模工业总产值109.33亿元。其中，轻工业实现总产值8.83亿元，重工业实现总产值100.50亿元。按注册类型分，股份制企业实现总产值104.44亿元，外商和港澳台商投资企业实现总产值0.44亿元，其他经济类型企业实现总产值4.45亿元。2017年规模以上工业企业实现利润总额7.08亿元。按国民经济行业分，电气机械和器材制造业实现利润5.96亿元，通用设备制造业实现利润0.09亿元，医药制造业实现利润0.78亿元，非金属矿物制品业实现利润0.03亿元，金属制品业实现利润0.03亿元，仪器仪表制造业实现利润0.03亿元，电力、热力、燃气及水生产和供应业实现利润0.02亿元，食品制造业实现利润0.14亿元。按注册类型分，股份制企业实现利润7.02亿元，其他企业实现0.06亿元。完成建筑业总产值45.61亿元，增长11.9%。实现建筑业增加值8.88亿元，增长13.0%。

【固定资产投资】 完成固定资产投资142.35亿元，增长7.4%。按产业投资分，第一产业完成投资2.80亿元，增加335.5%，第二产业完成投资38.86亿元，增长23.2%，第三产业完成投资100.69亿元，增长0.3%。城镇固定资产投资120.90亿元，增长4%，房地产开发投资21.45亿元，增长32.0%。房地产开发投资中，住宅投资18.33亿元，增长31.1%；商业营业用房1.63亿元，增加22.6%；其他1.49亿元，增加64.8%。

【国内贸易】 全年社会消费品零售总额为122.30亿元，增长10.7%。按行业分，批发业零售额22.05亿元，增长11.0%；零售业零售额89.94亿元，增长率12.3%；住宿业零售额4.79亿元，增长8.6%；餐饮业零售额5.52亿元，增长19.4%。

【对外经济】 全年内联引资23.77亿元，新开工项目17个。引进外资项目个数6个，投资额4745万美元，外派劳务85名。进出口总额17787万元，出口10369万元，进口7418万元。

【财政】 累计完成财税总收入17.63亿元，其中完成共享税收16.83亿元，同比增长13.0%；累计完成区级地方一般预算收入2.93亿元，其中完成区级共享税收2.39亿元，同比增长5.6%。全区一般公共预算支出完成8.41亿元，增长0.3%；一般公共服务支出1.23亿元，比2016年下降20.9%。用于教育、文化、体育与传媒、社会保障与就业、医疗卫生与计划生育、住房保障等民生方面的支出5.95亿元，占财政支出的比重达70.7%。

【教育和卫生】 全区在校小学生11875人，毕业1834人。学前一年教育率100%，小学、初中入学率均100%，小学生、初中生巩固率均为100%，初中毕业生普高升学率94.8%。全面改善农村义务教育薄弱学校办学条件，争取专项资金1194万元，并迎接衡阳市教育督导室对雁峰区“全面改薄”工作督导检查，26所学校全部通过“20条底线”标准。全部减免义务教育阶段学生学杂费和教科书费，发放贫困学生补助43万余元，惠及642名学生和541名幼儿。小学教师学历合格率为100%，初中教师学历合格率100%。卫生医疗管理年度医疗机构执业许可证校验率100%，医疗机构持证率100%，卫生技术从业人员持证率达100%。卫监、疾控、雁峰社区卫生服务中心、急救中心“四合一”项目和妇幼保健计划生育服务大楼改扩建项目正在建设。孕产妇系统管理率为90.2%，住院分娩率100%。3岁以下儿童系统管理率为92.0%。全年无重大传染疾病和重大疫情的发生。

【人民生活和社会保障】 全区城镇居民人均可支配收入32066元，增长9.3%。农村居民人均可支配收入19060元，增长9.2%。全年新增城镇就业人员0.35万人。城镇零就业家庭100%实现动态就业援助。城市、农村低保对象月人均补助（不包括临时补助）分别为386元、261元。城乡居民基本医疗保险住院费补偿率62%。共办理重点民生实事9项，投入3719.4万元。完成农村饮水安全巩固提升1500人、新增城镇就业3200人、城市棚户区改造287套、增养老床位58张、农村宽带网络升级改造移动改造13个行政村、农村宽带网络升级改造联通改造3个行政村、孕产妇产前免费筛查1444人、法律援助198人、新增社会治安视频摄像头100个等指标任务。

【环境和安全生产】 全区氮氧化物削减170.08吨。全区油烟、噪音问题接诉率下降30%，整改率达到100%。全年全区安全生产形势整体平稳，没有发生安全生产事故，无人员伤亡。工矿商贸、烟花爆竹、危险化学品等行业领域安全生产形势平安稳定。

【贺朝阳家庭被评为2017年全国“最美家庭”】 2017年5月24日上午，2017年全国“最美家庭”揭晓会在北京人民大会堂召开，湖南省30户家庭当选全国“最美家庭”，雁峰区贺朝阳家庭获此荣誉。湖南这30户全国“最美家庭”均是各地各单位通过群众自荐他荐和组织推荐相结合的方式层层择优推选，并通过网络投票、媒体和专家评审以及网络公示等精挑细选出来的，他们从孝老爱亲、教子有方、勤劳致富、热心公益等不同角度属现出三湘千方家德向善的精神风貌。贺朝阳用10年时间，将身患血癌的丈夫傅涛从病魔手中夺回，并坚持照顾病重的公公，教育培养好孩子，这一平凡的事迹与感人的故事，体现中华民族的传统美德和好家风，让她赢得各方赞誉，她的家庭成功获评2017年全国“最美家庭”。

【湖南保利与雁峰区签订150亿投资协议】 8月26日上午，区政府与湖南保利签订战略合作协议，标志着总投资150亿元的南湖生态新城项目落户雁峰区南湖片区，为衡阳打造宜居城市的新标杆，市委常委，市委宣传部部长刘丽华，市政协副主席许云生，区领导周玉军、何子君、张伟、欧阳梅芳、周春华等出席并见证签约。

根据项目开发协议，南湖生态新城开发周期为8年，规模200公顷（含教育、医疗等公建用地），总投资预计将达到150亿元，通过引入保利集团以及其品略合作单位，结合南湖公园片区优越的景观资源，打造生态的宜居新城，双方合作范围包括房地产开发、产业地产开发（文化地产、养老地产、特色小镇等）、旧城棚改项目等。

【衡阳首届公路自行车赛在雁峰区激情启幕】 2017年8月26日，由市文体广电新闻出版局，雁峰区委、区政府共同主办的2017衡阳·雁峰“金钟杯”首届公路自行车赛暨捷安特自行车嘉年华活动在雁峰区南湖公园开幕。中共衡阳市委常委、宣传部部长刘丽华宣布开赛。市政协副主席许云生，市委宣传部常务副部长王郦君，市委副秘书长、宣传部副部长吕正平，市文体广电新闻出版局党委书记、局长蒋勋伟，市旅游外侨民宗局局长向前出席活动，区领导周玉军、何子君、张伟、欧阳梅芳、周春华等一同出席。此次比赛分为男子组与女子组两组，共有来自湖南省内外50多家俱乐部的253名骑行爱好者参加。亚塔骑高士特精英车队的危懿、徐鑫灵以及来自长沙顺时针车队的陈贻恩分别夺得男子一、二、三名。长沙顺时针车队的袁薇、安道中国车队的何艳、长沙喜德盛乐攀体育的李思三位女将获得女子组前三名。

【湖南省科技成果转移转化示范区落户雁峰区】 2017年9月21日，“湖南省科技成果转移转化示范区”在雁峰区举行，雁峰区政府分别于省科学技术信息研究所、衡山科学城，以及衡变公司、金杯电工、恒飞电缆3家企业签订合作协议。区委书记，区委副书记、区长何子君等参加。

签约现场，区直相关部门主要负责人纷纷递交“责任状”，保证竭尽全力提供最优惠的政策、最宽松的环境和最高效的服务，力争让示范区科技引领作用早日凸显，科技创新平台早日搭建运营。“湖南省科技成果转移转化示范区”项目是全省科技系统有史以来投入资金最多的项目，全市仅雁峰一家，项目资金1000万，分3年实施。

【船山书院文化节筹备工作座谈会在雁峰区召开】 2017年11月2日，船山书院文化节筹备工作座谈会在雁峰区召开。会议对如何传承发扬船山书院文化，以及如何打造船山书院文化节进行研究探讨。湖南省演艺集团党委书记、董事长吴友云，市老领导谢宏治出席会议，雁峰区区委书记周玉军，区委副书记张伟参加。会上，观看《衡阳东洲岛概念性规划》《雁峰区：产城融合，生态新城》宣传片。雁峰区区委书记周玉军对雁峰区基本情况、总体定位及总体发展思路进行介绍。与会人员分别从船山书院的历史沿革、书院教育教学的丰硕成果、船山文化的继承发扬，以及如何打造船山书院文化节纷纷畅所欲言，建言献策。

【幸福社区获评“湖南省最美志愿服务社区”】 2017年11月17日，湖南省志愿者服务网发布2017年湖南省志愿服务“四个最”名单，黄茶岭街道幸福社区获评“湖南省最美志愿服务社区”，李春生获评“湖南省最美志愿者”。幸福社区于2011年9月成立，辖区内注册志愿者人数达396人。近年来，先后荣获“国家综合减灾示范社区”“全国先进计生协会”“湖南省和谐社区”“湖南省文明社区”“衡阳市最美志愿服务社区”等25项荣誉称号。李春生是雁峰区环卫局退休干部，41年间在湘江里共挽救14名溺水者的生命，2017年7月被评为“湖南好人”。

区委、人大、政府、政协领导名录

中共雁峰区委员会
书　记　周玉军
副书记　何子君　张　伟
常　委　欧军林　聂卫华
　　　　李竞雄　李　健
　　　　刘　云(女)　秦正云
　　　　龙元河　陈泰山

雁峰区人大常委会
主　任　欧阳梅芳(女)
副主任　周　华(女)
　　　　黄永刚（兼）
　　　　谷田生　文林森
　　　　李　萍(女)

雁峰区人民政府
区　长　何子君
副区长　李　健　陈俊华（兼）
　　　　陶朝辉(女)　刘浪涛
　　　　洪　流　许和平
　　　　谭海荣

政协雁峰区委员会
主　席　周春华
副主席　颜新华　肖越男(女)
　　　　陈祥顺(女、兼)
　　　　郭　强(兼)　刘　毅

区行政企事业单位负责人名录（排名不分先后）

宣传部部长	欧军林
政法委书记	聂卫华
区委办公室主任	李竞雄
纪律检查委员会书记	刘　云
组织部部长	秦正云
统战部部长	陈泰山
区工商联主席	黄永刚
雁峰公安分局局长	陈俊华
区政务中心主任	陈祥顺
区总工会主席	麹国华
区人民检察院检察长	张光耀
区人民法院院长	陈鸿煦
区老干部局局长	周光辉
区直机关工委书记	陈　芳
区委机构编制委员会办公室主任	肖美燕
区委信访局局长	王汉生
区610办主任	文美华
共青团雁峰区区委书记	汪晓畅
区妇女联合会主席	周志萍
区人大办公室主任	全朝虎
区人大研究室主任	陈海清
区人大财经工委主任	邓楚敏
区人大内务司法工委主任	姚轲骅
区人大选举任免联络工委主任	蒋雪梅
区人大城建环保工委主任	王秀忠
区人大教科文卫工委主任	张继军
区人大法制工委主任	蒋全华
区政府办公室主任	尹　毅
区发展和改革局局长	彭湘波
区经济科技信息化局局长	苏飞燕
区商务局局长	黄　昕
区安全生产监督管理局局长	冯赛柳
区工业项目集聚区管委会主任	邓轶群

区教育文化体育局局长　何井盛
区民政局局长　卢雅琴
区司法局局长　邝玉君
区财政局局长　刘　勇
区人力资源和社会保障局局长　杨成栋
区住房和城乡建设局局长　武素梅
区农林局局长　李立新
区水利农机局局长　陈　酬
区卫生和计划生育局局长　陈志峰
区审计局副局长　邹彩慧
区统计局局长　罗　飞
区人民防空办公室主任　李华山
区城市管理行政综合执法局局长　彭　亮
区人民政府法制办主任　全朝虎
区重点项目工作办公室主任　罗士韶
区城市建设投资管理办公室总经理　周利平
区电子政务管理办公室主、党组书记　徐若凯
区园林局局长　马建民
区机关事务服务办公室主任　周慧君
区环境卫生管理局局长　胡宏斌
区残疾人联合会理事长　曾令军
区政协秘书长、办公室主任　欧红宇
区政协研究室主任　张秋香
区政协人口资源环境和法制委主任　李淑英
区政协提案委主任　何英文
区政协财经委主任　邓建华
区政协教科文卫体委主任　刘昱汐
先锋街道党工委书记　刘　恒
先锋街道办事处主任　邹　杰
天马山街道党工委书记　陈昌华
天马山街道办事处主任　唐　玲
雁峰街道党工委书记　曾向前
雁峰街道办事处主任　肖仲平
黄茶岭街道党工委书记　蒋福宝
黄茶岭街道办事处主任　洪增林
白沙洲街道党工委书记　孙　辉
白沙洲街道办事处主任　刘益君
岳屏镇党委书记　郑治林
岳屏镇政府镇长　李　赟

（周融冰）

石鼓区

【地理、区划】　石鼓区因境内“石鼓书院”而得名。位于北纬26°54′00″～27°01′13″，东经112°31′40″～112°38′59″，地处衡阳市城区西北部，东临湘江与珠晖区隔江相望，南以解放路为界与雁峰区毗邻，西沿蒸湘北路蒸水桥并沿蒸水河而上先后与蒸湘区和衡阳县接壤，北依107国道前行与衡阳县樟木乡和集兵镇相邻。辖区面积112平方千米（含市松木经济开发区）。辖角山1个乡以及人民、青山、潇湘、五一、合江、黄沙湾、金源7个街道办事处（金源街道办事处由石鼓区和市松木经济开发区共同管理）；16个村委会，30个社区居民委员会。

【全区生产总值】　石鼓区实现地区生产总值159.10亿元，同比增长9.0%。分产业看，第一产业实现增加值4.72亿元，同比增长3.7%；第二产业实现增加值28.52亿元，同比增长5.1%；第三产业实现增加值125.86亿元，同比增长10.1%。三次产业结构为3.0∶17.9∶79.1，较2016年第一产业增加值占比下降0.2个百分点，第二产业增加值占比下降1.5个百分点，第三产业增加值占比上升1.7个百分点。按常住人口计算，人均GDP达到58058元，城镇居民人均可支配收入实现33751元，同比增长9.2%，农村居民人均可支配收入实现19143元，同比增长9.6%。

【农业】　全区实现农林牧渔业总产值4.7亿元，同比增长3.8%。2017年粮食总产量2.28万吨，同比下降0.9%，其中夏粮产量0.7万吨；秋粮产量1.58万吨。种植商品蔬菜面积完成966.67公顷；病虫草鼠害综合防治146.67公顷；测土配方施肥完成140公顷；争取农业产业化专项资金860万元；全年出栏肉猪7.2万头，同比下降10.4%；出栏牛203头，与2016年基本持平；出笼家禽92万羽，与2016年基本持平；禽蛋产量2660万吨，同比增长21.5%；水产品产量2520万吨，同比增长2.3%。全年新增现代农业园区面积173.33公顷，同比增长15.0%。2017年年末，全区新增农业企业4个，共有各类农业企业27家，其中市级以上龙头农业加工企业8家，建成农产品基地12个，建成蔬菜基地480公顷，建成无公害种植面积33.33公顷，建成标准化生猪养殖场11个，全年新增农民专业合作社4个，现有农民专业合作社48个，农民专业合作社成员2177人。

【工业和建筑业】　石鼓区规模以

上工业总产值12.96亿元，比2016年增长8.3%，高出年初政府工作报告0.8个百分点。分注册类型看，股份制企业产值12.59亿元，增长9.0%，集体企业和其他企业产值分别为0.25亿元、0.12亿元，负增长10.4%，11.5%；分轻重工业看，重工业产值11.69亿元，轻工业产值1.27亿元，分别比2016年增长9.1%和1.6%；分企业规模看，中大型企业实现产值7.70亿元，占比全部工业总产值比重59.4%。规模以上工业中，燃气生产和供应业、汽车制造业、电气机械和器材制造业和非金属矿物制品业4大支柱行业共实现工业总产值10.32亿元，同比增长23.1%，占全区规模以上工业总产值比重79.6%，较2016年提高8.7个百分点。

【固定资产投资】 石鼓区完成全社会固定资产投资155.87亿元，同比增长9.8%，较衡阳市平均水平落后4.8个百分点。重点项目主体地位稳固，全年完成5000万以上重点项目投资105.77亿元，占全社会固定资产投资比重67.9%。民间投资日渐活跃，5000陪万以下投资项目均以民间投资为主，侧重在第三产业投资，2017年完成投资额34.33亿元，同比增长62.7%，投资项目个数达144个。房产市场逐步回调。2017年完成房地产开发投资15.77亿元，同比下降31.6%。全区房屋新开工面积76.35万平方米，同比增长22.5%；房屋施工面积333.45万平方米，同比增长25.0%；商品房销售面积74.99万平方米，同比增长4.3%，其中住宅销售面积74.45万平方米，同比增长5.7%。

【内外贸易】 2017年，实现社会消费品零售总额121.11亿元，比2016年增长10.8%。其中，批发业零售额平台增速完成31.6%，零售业零售额增速完成15.5%，住宿业营业额增速完成3.2%，餐饮业营业额增速完成-8.7%。基本生活类商品增势较好。限额以上批发和零售业粮油、食品类，服装、烟酒类、鞋帽、针纺织品类商品零售额分别同比增长19.4%、30.4%和15.8%。家电类、汽车类消费需求日益增长，全年完成家用电器和音像器材类零售额26.94亿元，同比增长14.3%，汽车类消费零售额48.26亿元，同比增长21.2%。2017年实现进出口总额6915万元，同比下降28.1%，位列四城区第一。其中出口6590万元，进口325万元，贸易顺差6265万元。2017年，实际利用外商直接投资4905万元，同比增长9.8%，实际利用内资到位资金22.4万元，同比增长11.7%。

【交通和旅游】 石鼓区实现旅游总收入40.47亿元，同比增长31.4%；全年接待入境游客2571人次，接待国内游客413.95万人次；年末，全区共有国家AAAA级旅游景区1家，星级饭店2家，评选省级四星级乡村旅游服务点2个，三星级乡村旅游服务点2个；成立旅游质量监督管理所进一步规范旅游市场；编写《角山特色小镇PPP咨询服务建议书》制定乡村旅游规划；举办首届香樟树苑全牛盛宴暨美食年货节、第二届梦幻灯光玫瑰节等活动推动乡村旅游；出台《石鼓区旅游业发展扶持奖励办法》并设立600万元“以奖代补”扶持旅游。

【教育文化】 新建中小学、幼儿园2所，改扩建4所，新增学位399个。全区拥有各级各类学校35所，在校学生18049人，毕业生3106人，专任教师0.14万人。高等教育毛入学率100%，拥有幼儿园（含民办）47所，在园幼儿6807人。初中缀学率控制在0%，城乡义务教育秋季“一费制”全面率达100%，政策范围内农村义务教育阶段学生杂费免除率达100%。全年共接收外来务工人员子女2635名，占全区中小学生人数的15%。全区共有非物质文化遗产项目省市级5个，区级4个，文化馆1个，非遗展示中心1个，公共图书馆1个，街道文化站8个，示范性街道综合文化站4个，示范性社区学习中心8个，农家书屋26个。2017年年末，全区文化产业增加值占GDP比重达到7.5%，较2016年提高1个百分点；财政文化支出642万元，同比增长7.7%，人均文化支出26.41元/人。

【卫生和公共服务】 石鼓区共有卫生医疗机构185所，医疗机构床位数3673张，执业（助理）医师1816人，护理人员3069人；共建居民健康档案规范档案化人数19万份，建档率86.0%；活产数3915人，住院分娩率100%，孕产妇系统管理率95.8%，孕产妇死亡率0，5岁以下儿童死亡率4.38‰，7岁以下儿童系统管理率95.0%；流动人口电子健康建档率92.0%，办理生育服务证及生育证2124个，被评为“全省计划生育工作优秀单位”及“全省计划生育基层群众自治示范县市区”。

【人口、人民生活和社会保障】 2017年年末，全区常住人口22.3万人，出生人口2668人，死亡人口1086人，符合政策生育率97.9%，人口出生率12.0‰，人口自然增长率7.1‰，出生人口男女性别比107.14，城镇化率为93.55%。全年新增城镇就业人员3640人，其中失业人员再就业2269人（含就业困难人员就业661人），农村劳动力转移就业1388人，就业扶贫开发63人。城镇登记失业率4.5%，城镇零就业家庭实现动态就业援助达100%。发放小额担保贷款545万元；职业培训1460人。累计建立创业孵化载体达22家，其中市级示范基地3家，县区级创业孵化基地14个，市级创业促就业示范基地5个。全区参加企业职工基本养老保险人数达1.3万人，参加城乡居民养老保险人数达3.14万人，基本养老金社会化发放率达100%。全年发放城乡居民最低生活保障金4603.6万元，居民得到政府最低生活保障14.33万人次，其中城市居民最低生活保障9.98万人次，农村居民最低生活保障4.35万人次。

区委、人大、政府、政协领导名录

中共石鼓区委员会
书　记　唐浩然
副书记　刘　浪　谢海蓉
常　委　郑建芳　尹腾芳
赵　伟　叶　强
周文源　龚建民
曾梦龙　朱鸿波

石鼓区人大常委会
党组书记、主任　高鸿升
党组副书记、副主任　陈国春
副主任　冯春娥
党组成员、副主任　宁华梁
彭爱民
刘卫国

石鼓区人民政府
区　长　刘　浪
党组副书记、副区长　曾梦龙(常务)
副区长、民盟市委主委　谢　宏
党组成员、副区长　朱建社
聂文化
吴　颖
汪衡湘
王　砺

政协石鼓区委员会
党组书记、主席　王仲晓
党组副书记、副主席　李长刚
党组成员、副主席　李在定
副主席　刘振湘(兼)
卢　行(兼)

区行政企事业单位负责人名录（排名不分先后）

区委办主任　郑建芳
区委政法委书记　赵　伟
区委组织部部长　叶　强
区委宣传部部长　周文源
纪委书记　龚建民
统战部长　朱鸿波
区人民检察院检察长　宋顺武
区人民法院院长　谷　敏
区机要局副局长　刘丽娜
区委督查室主任　钟　捷
区老干局局长　李妍莊
区工商联主席　冯春娥
区总工会主席　宁华梁
团区委书记　李　谦
区妇联主席　张传翠
区人大办公室主任　阳平剑
区人大内务司法工委主任　范云龙
区人大教科文卫工委主任　曾利荣
区人大选举任免联络工委主任　杨　蓉
区人大城建环保与农业农村工委主任　李　科
区人大财经委主任　李会能
区政府办主任　李亚晖
区重点办主任　任晓军
区金融办主任　谷琼峰
区发展改革和科学技术局局长　肖建军
区教育文化体育局局长　谢　炜
区监察局局长　曾广彪
区民政局局长　肖　军
区司法局局长　刘名才
区财政局局长　成志辉
区人力资源和社会保障局局长　李阳武
区住房和城乡建设局局长　蒋夏林
区农林局局长　华喜容
区水利局局长　刘礼美
区移民安置办主任　刘运国
区商务局局长　曾恕安
区卫生和计划生育局局长　洪云辉
区审计局局长　颜福元

区统计局局长 刘名辉
区安监局局长 朱永忠
区城市管理行政综合执法局局长 陈柏春
区旅游外侨民宗局局长 罗轶达
区法制办主任 孙　宁
区人防办主任 廖明明
区信访局局长 刘志鹰
区电子政务管理办公室主任 梁惠清
区政务服务中心主任 旷仁秋
区园林局局长 郭金国
区环卫局局长 张小平
区城市建设投资管理办公室主任 欧阳浩男
区公安分局局长 朱建社
区国土资源局石鼓分局局长 欧云清
区国税局局长 曹麒麟
区地税局局长 欧阳志刚
区工商行政管理局局长 罗剑波
区环境保护局石鼓分局局长 胡　敏
区消防大队教导员 邹江波
大队长 彭　政
区食品药品监督管理局石鼓分局局长 罗春武
区城乡规划局石鼓分局局长 蒋春阳
区质监局石鼓分局局长 戴国辉
区公路局石鼓分局局长 吴国才
区政协提案和委员联络工作委员会主任 雷玉保
区政协财政经济委员会主任 李建宁
区政协人口资源环境和法制委员会主任 曹美丽
区政协教科文卫体委员会主任 伍世梅
区政协文史学习委员会主任 伍世梅
角山乡书记 石海燕
乡长 蔡秋云
黄沙湾街道书记 文　鸣
主任 阳光辉
合江街道书记 王容易
主任 戈　锋
五一街道书记 戴　胜
主任 邹　波
人民街道书记 王志勇
主任 陈　沧
青山街道书记 王　磊
主任 万倩雯
潇湘街道书记 朱华兰
主任 钱　波
金源街道书记 陈宏华
主任 刘　勋

（刘　珺　胡雪峰）

珠晖区

【地理区划与人口】　珠晖区位于北纬26°45’02”～27°01’50”，东经112°34’41”～112°43’54”。总面积234.03平方千米，其中陆地面积192.53平方千米，占82.2%，水域面积41.5平方千米，占17.8%。地处衡阳市东部，东南与衡南县接壤，西与雁峰区、石鼓区隔湘江相望，北与衡阳县毗邻。2017年，辖广东路、东风、冶金、苗圃、粤汉、衡州路、东阳渡7个街道，茶山坳镇、和平乡、酃湖乡3个乡镇和金甲岭农场。2017年年末，全区总人口34.7万人。

【经济总量】　2017年，珠晖区实现地区生产总值（GDP）258.90亿元，比2016年增长8.1%（按可比价格增速，下同）。其中：第一产业实现增加值10.19亿元，增长3.8%，拉动GDP增长0.2%；第二产业实现增加值132.58亿元，增长5.0%，拉动GDP增长2.7%；第三产业实现增加值116.13亿元，增长12.3%，拉动GDP增长5.2%。全区三次产业结构比为3.9：51.2：44.9，三次产业对GDP贡献率分别为1.9%、33.6%和64.5%，GDP总量在全市的占比为8.3%。

全年完成一般公共预算收入12.66亿元，下降17.1%，其中地方一般公共预算收入2.68亿元，下降56.1%，一般公共预算支出14.43亿元，下降1.0%。

【农业】　全区农林牧渔业实现增加值10.36亿元，增长3.9%；农林牧渔服务业增加值0.17亿元，增长14.7%。粮食总产量为32634.86万吨，增长0.3%；稻谷总产量为30062.77吨，增长1.1%；蔬菜总产量为198513.63吨，增长1.4%。

【工业和建筑业】　全区实现工业增加值57.40亿元，增长5.3%；规模以上工业企业40个，实现规模以上工业增加值增长5.5%；规模以上工业企业产销率达98.4%，全年规模工业实现利税1.1亿元，利润2.32亿元。

全区规模以上建筑业企业17家，完成总产值142.20亿元，上升7.0%；实现建筑业增加值75.17亿元，增长4.8%。具有建筑业资质等级的独立核算企业12家（不包括劳务分包企业），其中一级5家、二级4家、三级3家。

【固定资产投资】 全区完成固定资产投资204.58亿元，增长9.2%，占全市固定资产投资比重为7.8%。全区计划总投资超过5000万元的在建项目（不含房地产）58个，完成投资97.00亿元，占固定资产投资总额的47.7%。在固定资产投资中，第二产业完成投资93.03亿元，增长0.5%，其中工业投资79.01亿元，增长5.1%；第三产业投资109.15亿元，增长16.5%。

全区房地产开发投资11.56亿元，增长67.4%，占固定资产投资总额的5.7%。商品房屋销售面积64.10万平方米，增长297.2%；商品房销售额32.36亿元，增长357.6%。

【商贸、旅游和招商引资】 石鼓区完成社会消费品零售总额138.51亿元，增长10.6%，占全市社会消费品零售总额比重为11.1%。限额以上批发和零售业商品完成零售额14.43亿元，占社会消费品零售总额10.4%。全年新增限额以上商贸企业6个。

2017年，全区内外资招商项目（企业）26个，实际使用外商直接投资5919万美元，同比增12.2%；实际到位省外境资金23.12亿元，同比增长12.7%。

【教育、科技】 石鼓区拥有普通中学5所（含九年一贯制学校1所），中等职业教育学2所，普通小学42所，幼儿园68所。普通中学在校学生1937人，教职工143人；中等职业教育学校在校学生945人，教职工65人；普通小学在校学生21254人，教职工1020人；幼儿园入托儿童9417人，幼师530人。全区小学生毕业合格率达100%。

2017年实现高新技术产业产值76.70亿元，增长17.6%。完成专利申请493项，其中实用新型申请量375件，外观设计申请量31件。年度有效发明专利166件，万人有效发明专利拥有量为5件/万人。

【文化、体育和卫生】 石鼓区共拥有综合性乡镇文化站2个，街道文化站7个。文化馆1个，公共图书馆1个，分馆4个。青少年学生校外活动中心1个，社区文化活动中心34个，社区文化广场13个，示范性社区学习中心8个，农家书屋52个，新增图书10700余册。

全区拥有体育场地474个，其中体育馆1座，运动场405个，游泳池2个，6000平方米以上的全民健身广场6个，各种训练房52个，参加国际比赛获金牌1枚，省青少年常规体育比赛获金牌1枚。

全区共拥有区属各类医疗机构238个，其中区属医院3家，乡镇卫生院3个，社区卫生服务中心7个，妇女儿童医院1个，其他各类医疗机构及个体诊所224个。区级注册卫生技术人员1060人，其中执业医师和执业助理医师421人，护师护士449人，医技人员109人；医院、卫生院床位849张。着力抓好重大传染病防治，保障人民健康。全区无甲类传染病报告，乙类法定传染病发病数978例，发病率296.36/10万，全年计划免疫接种一类苗，接种率96.0%以上；孕、产妇系统管理率94.7%，住院分娩率100%；7岁以下儿童管理率95.3%，5岁以下儿童死亡率6.4‰。免费医疗救助困难慢性病人1000人次，免费发放就医优惠卡440张。统筹地区城乡居民医疗保险住院费用平均补偿率达到75%。

【人民生活与安全生产】 全区共办理结婚登记1977对，离婚登记952对，办理老年优待证4151个。2017年发放90岁以上高龄老人长寿生活补贴61.04万元。全区城市低保对象5611户次，9891人次，累计发放城市低保金、物价补贴、过节费等4441万元；农村低保对象1236户次，2435人次，累计发放农村低保金、物价补贴、过节费等667.95万元。全年共发放城乡困难居民医疗救助金661.80万元，16343人次；优抚金1147.50万元，接待优抚对象来访75余人次。

全区城镇居民人均可支配收入32673元，增长9.1%，高于全市平均水平1372元。农村居民人均可支配收入19092元，增长9.2%，高于全市平均水平2241元。

【人口、就业与社会保障】 全区

人口总户数为10.29万户，常住人口数为35.2万，人口出生率为11.70‰，死亡率为4.85‰，自然增长率为6.85‰，出生男女性别比为104.78。

全区城镇新增就业人员3845人，城镇登记失业率为4.02%，零就业家庭动态清零100%；下岗失业人员再就业2781人，就业困难对象再就业835人，扶持创业人数1222人，新增农村劳动转移就业人数1146人。

全区共征缴企业养老保险23371万元，完成年度目标任务的148.0%，发放基本养老金20063.59万元，按时足额发放率100%；征缴失业保险77.90万元，完成全年目标任务的129.0%；城乡居保276.25万元，完成全年目标任务的184.0%，共发放基础养老金1437.53万元；城镇职工医疗保险2123万元，完成全年任务112.0%；城乡居民医疗保险12266.40万元，生育保险97.60万元，基本医疗保险覆盖率97.4%。

【珠晖区“爱心复明”活动为65名残疾人免费手术】 珠晖区“爱心复明”公益活动启动后，出台相关文件通知，并组织各乡镇残联负责人对此次活动进行工作部署及动员，并于9月29日为提前申请报名的280余名居民进行免费眼健康筛查，查处眼病患者122人，其中白内障患者共70人。10月9日之后，珠晖区残联陆续组织65名适应症患者，在衡阳爱尔眼科医院依次进行免费手术。

区委、人大、政府、政协领导名录

中共珠晖区委员会

书　记　陈礼洋

副书记　刘桢干　王　敏

常　委　唐黎明　彭顺利　段志阳　谢　韬　魏春生　殷　亮（女）　刘毅辉　罗军荣

珠晖区人大常委会

主　任　黄常耿

副主任　陈清学　邓春华　凌小敏　周定缘　廖永忠

珠晖区人民政府

区　长　刘帧干

副区长　罗　毅　罗宏俊　江　莉（女）　周爱民　何玉竹　旷　善

政协珠晖区委员会

主　席　梁璞存

副主席　阳启宝　曾刚乔　何奇志　丁倩茹（女）　邓志超

区行政企事业单位负责人名录（排名不分先后）

区委办主任　唐黎明

区组织部长　彭顺利

区宣传部长　段志阳

区统战部长　谢　韬

区纪委书记、监察委主任　殷　亮

区人武部长　刘毅辉

区政法委书记　罗军荣

区人民法院院长　冯　卫

区人民检察院检察长　廖雪森

区公安局长　何玉竹

区委巡察办主任　资勇廷

区直机关工委书记　陈永进

区政策研究室主任　蒋志辉

区督查室主任　周胜利

区机要局局长　覃湘龙

区保密局局长　胡彦娟

区档案局局长　陈婷婷

区接待处主任　唐利民

区人社局党组书记、局长　邬　辉

区委老干局局长　欧阳承友

区编办主任　贺湘燕

团区委书记　吕雁玲

区妇联主席　周宏丽

区残联理事长　刘　俊

区红十字会会长　欧阳素芳

区610办主任　曹绍平

区维稳办主任　尹鹏辉

区司法局局长　彭忠阳

区人大办公室主任　李必根

区人大内司法工作委员会主任　曹湘宁

区人大教育科学文化卫生工作委员会主任　阳绪清

区人大城乡建设环境资源保护与农村工作委员会主任　雷龙桥

区人大选举任免联络工作委员会主任　高丽娜

区人大财政经济委员会（预算工作委员会）主任　赵文萍

区人大法制委员会（法制工作委员会）主任　彭旭升

区人大研究室主任　邓　丹

区人大信访办主任　许飞艳

区政协秘书长、办公室主任　胡光荣

区政协提案法制委员会主任　林　敏

区政协政策研究室主任　贺康政

区政协财政经济委员会主任　危杰林

区政协教科文卫体委员会主任 唐　燕
区政协人口环境资源和法制委员会主任 杨　欣
区政府办主任 郭　然
区信访局局长 阳佳玉
区金融办主任 彭江锋
区机关事务服务中心主任 彭荣芳
区政府法制办公室主任 周　俏
区电子政务管理办公室主任 王　华
区政务服务中心主任 谢东平
区审计局局长 肖喜贤
区发改局局长 刘　蓓
区财政局党组书记、局长 朱迎春
区农业综合开发办公室主任 李婷婷
区商务局局长 王　敏
区市场管理办公室主任 江忠华
区经济科技和信息化局常委书记、局长 羊　斌
区安全生产监督管理局局长 贺东甫
区安全生产监督管理局党组书记 王宏伟
区工业园区建设管理委员会主任 宋顺带
区农林局党组书记、局长 奉满元
区扶贫办主任 李满凤
区水利局党组书记、局长 王浩文
区畜牧水产站站长 汤水华
区移民开发局局长 刘夏生
区住房和城乡建设局党委书记、局长 邹淑均
区城市建设投资管理办公室主任 陆健飞
区城市管理行政综合执法局党委书记、局长 王　钧
区环境卫生管理局党委书记、局长 张　伟
区园林所所长 伍　辉
区人民防空办公室党组书记、主任 彭丽梅
区衡阳广场管理委员会办公室党组书记、主任 唐　伟
区民政局党组书记、局长 刘　勇
区教文体局党委书记、局长 谢志军
区卫生和计划生育局党委书记、局长 赵冰峰
广东路街道书记 谭成龙
主任 罗志刚
粤汉街道书记 卿彰谦
主任 谢亚玲
东风街道书记 黄秀峰
主任 雷　华
苗圃街道书记 谢子键
主任 陈　鑫
冶金街道书记 赵　鹏
主任 宋龙绍
衡州路街道书记 雷　宇
主任 贺海啸
东阳渡街道书记 刘　卫
主任 谭超鹏
和平乡书记 彭建军
酃湖乡书记 伍建春
乡长 何庆华
茶山坳镇书记 王武军
镇长 刘李进
金甲岭农场书记、场长 邓德明
衡冶社区服务中心书记 江志华
主任 邹少林

（刘兴元　彭同山）

蒸湘区

【概况】 蒸湘区位于衡阳市城区西部，因蒸水河在此与湘江合流贯穿全境而得名，下辖2个镇、3个街道办事处1个便民服务中心（雨母山镇、呆鹰岭镇，蒸湘、红湘、联合3个街道，长湖便民服务中心），29个社区居委会，21个行政村，总面积101平方千米，常住人口30.99万。全年出生2891人，其中计划外多孩出生62人，计划外多孩率为2.14%，符合政策生育率为97.72%，出生性别比为107.37，人口自然增长率为9.94‰。全区基层党组织361个、党（工）委19个、总支部49个、支部293个，共有党员7589名。2017年，中共蒸湘区委以迎接学习宣传贯彻党的十九大为主线，按照“五位一体”总体布局和“四个全面”战略布局的要求，以建设“实力蒸湘、魅力蒸湘、活力蒸湘”为目标，加压苦干，攻坚克难，各项工作取得新进步。全区农村能源建设、卫生计生、全域旅游、社区教育等10多项工作被评为全国、全省先进。

【经济总量】 蒸湘区实现地区生产总值212亿元，同比增长8%；完成固定资产投资200.52亿元，同比增长8%；实现社会消费品零售总额119亿元，同比增长11%；一般公共预算收入21.38亿元，同比增长3.2%；规模以上工业增加值同比增长5.5%；城镇居民人均可支配收入33000元，同比增长9.6%。实际到位外资4676万美元，同比增长5%；内联引资22.4亿元，同比增长7%。三次产业比重由2016年的2.5∶55.0∶42.5优化为2.4∶53.3∶44.3。

【农业】 蒸湘区落实粮食播种面积3266.67公顷，其中早稻面积700公顷，一季稻面积1600公顷，晚稻面积700公顷，油菜面积266.67公顷，粮食总产2.3万吨；新增蔬菜种植面积20余公顷，新增2家蔬菜种植专业合作社；新增葡萄面积超过6公顷。土桥村13余公顷鳜鱼繁殖、养殖生产基地已获国家水产产业化专项基金扶持。临村村荣联蔬菜合作社等66.67公顷蔬菜种植示范区提质改造工作已获市里批准扶持实施。农业产业化经营组织新增6个，金雁粮食购销有限公司再次入选“百企”，金雁、金宇、金林成为农业部农产品加工景气企业。荣获2017年度全市第八届农产品博览会最佳组织奖。

【林业】 完成人工造林101.67公顷，完成通道绿化总里程20.5千米，完成秀美村庄建设33个，实施封山育林面积80公顷；全面开展松材线虫病治理工程建设，共清除枯死（衰弱）松树1235余株，悬挂松褐天牛诱捕器150只，诱杀松褐天牛8977只，于9月底完成林业有害生物除治任务（全市第一）；顺利通过省林业厅主管领导到蒸湘区景区2次专题调研督导；推进森林火灾网格化建设和“两大两强”活动，实现零森林火灾的工作成绩。

【农村土地确权登记颁证工作】 全区完成确权农户数6950户，占农户总数的97%；农村土地流转服务平台基本建成，流转对象主要是龙头企业、农民专业合作社、种植大户和农户；农村“三资”管理规范，全区21个村实行“村账镇代理”，全面提升“三资”管理工作整体水平，荣获2017年度全市农村土地承包经营管理先进单位。

【工业】 规模工业企业30家，工业GDP（不含电力）近150亿元，上交工业税费过5亿元，劳动就业约1.2万人。2018年初，核消规模工业企业3家，目前实有规模工业企业27家。全区工业企业注册278家，其中规上工业企业30家，主要产业为钢管生产及钢管深加工和电力行业。2017年全区企业统计显示GDP约210亿元，其中钢管及钢管深加工企业GDP为90亿元（水分约10亿元），电力行业GDP为60亿元，其他企业约60亿元（水份约40亿元）。

【项目建设】 坚持把项目建设作为第一抓手，抢抓央企入湘和衡州经济发展论坛机遇，以“国字号、总字号、亿字号”为目标，全力以赴招商引资。金融小镇项目、银泰集团、金钟奥特莱斯购物中心正式签约，总投资预计146.5亿元；新万达广场项目签订框架协议，计划投资40亿元；二环西路、创发城、华南城市广场、金钟·大雁城等项目建设进展顺利；万达广场、美年大健康、中国平安财产保险衡阳中心支公司开业；保时捷、雷克萨斯等高端品牌及新能源汽车销售公司落户杨柳汽车销售街区。全年开工重点项目33个，实施重点项目61个，完成重点项目投资4亿元。湘南最大创客基地——衡阳伊电园·易创空间建成运营，入园企业25家。申报新增限上商贸流通企业15家、规上服务业10家；全区申报科技发明专利170件，新增规上工业企业2家，高新技术企业7家。

【城乡统筹】 科学制定“两区一城（雨母景区、长湖新区、雄鹰新城）”发展战略，着眼建设生态高地、文化高地、产业高地。完成雨母山镇美丽乡村全域旅游规划、雨母山镇总体规划。建设连村公路7千米。呆鹰岭老街改造提质主体工程基本完成。秉承“把老百姓家门口的事办到家”的理念，完成15个社区“三清三建”工作。推进“厕所革命”，提质改造28座旱厕。投入3520万元对立新大道、常胜西路进行两厢提质改造，辖区内所有社区、城中村全部实现环卫作业市场化。开展省、市、区文明村镇、文明社区、文明单位的申报评选工作，激发文明创建内生活力。开展湘江保护和治理“一号重点工程”，推进中央环保督察反馈问题整改，蒸水沿线500米以内牲猪养殖场全部关停拆除，共关停生猪养殖场55户，功能性拆除猪舍45118平方米，处置搬迁生猪17866头。全年累计监测18个（次）集（农）贸市场，15个禽场，累计采集腔拭子样180份，血清样120份，辖区内没有发生畜禽水产品质量问题。推进排污许可制度和排污权交易，依法依规办理“三同时”，全面完成大气污染防治重点项目。完成农村环境综合整治全覆盖工作。

【就业保障】 全年完成新增城镇就业4659人，完成目标任务4000人的116%。失业人员再就业2108人，完成目标任务1900人的111%；就业困难对象再就业710人，完成目标任务600人的118%；新增创业主体带动城乡就业2096人，完成目标任务1700人的123%；新增创业主体带动城镇就业1966人，完成目标任务900人的218%；新增农村劳动力转移就业1900人，完成目标任务1000人的190%；发放小额担保贷款408万元，完成目标任务400万元的102%；失业保险参保6015人，完成目标任务6000人的100%；征缴失业保险基金63.16万元，完成目标任务100万元的63%。城镇登记失业率3.56%，低于城镇登记失业率4.5%的控制线。

【民生工程】 民生支出占财政总支出79%，重点民生实事完成或超额完成全年目标任务。加速推进安置房建设，5个安置点30.9万平方米主体工程已竣工，松亭、幸福安置点建设全面启动。城镇职工养老保险、城乡居民养老保险、医疗保险超额完成年度任务，社会保障覆盖面不断扩大。实施“阳光家园”计划，为贫困残疾家庭进行无障碍改造。全面实施“两票制”药品采购机制，推进分级诊疗、远程医疗协作和医联体建设。完成北塘小学新建和呆鹰岭中心校、大立小学改扩建，有效化解“大班额”问题。牢牢把握意识形态工作领导权，深入实施公民道德建设工程。以“三个最严”加强食品安全依法治理。强力推进“安全生产大检查”，落实隐患治理“一单四制”。建设视频网络信访云系统，深入开展“积案清零百日攻坚”和“信访问题源头治理”专项行动。区法学会正式成立挂牌。推进“雪亮”工程和三级综治中心建设，重点惩治黑恶势力犯罪、毒品犯罪以及“两抢一盗”等多发性犯罪。

【乡村旅游】 探索“互联网+旅游”的智慧旅游模式，设立“蒸湘旅游”微信公众号全年更新400余篇，点击率达到500余万人次，强有力推介蒸湘旅游活动及美景、美食等。通过开辟微旅行、微视频等专栏推介雨母旅游文化。先后开展“5·19”中国旅游日、“和美雨母·与爱同行”、衡阳市第三届市民徒步大会暨“和美雨母·祈福之旅”美丽乡村生态旅游节等主题活动，助力雨母景区成功创建为国家AAA旅游级景区，2017年上半年休闲农业与乡村旅游接待超20万人次，休闲农业与乡村旅游收入达6000万元以上。

【脱贫攻坚】 成立以蒸湘区区委书记周法清为组长，区长袁谷平为常务副组长，相关单位主要负责人为成员的高规格扶贫开发领导小组。区政府与镇、镇与村分别签订责任状；落实党政主要领导“三签字三走访”活动，并实行常态化联点督查，层层传导压力，全面实行责任追究；所有副科以上干部对全区1304户3933名建档立卡实际贫困人口进行结对帮扶，共派16个驻村工作队，结对帮扶和驻村帮扶覆盖率100%。落实财政扶贫资金预算260万，增幅达到34%，贫困人口人均666元，超过省市最高标准。建立干群短信群、QQ群、微信群，适时开展政策宣传，在蒸湘党政门户网、蒸湘新农网和蒸湘手机报开辟精准扶贫相关政策知识宣传专栏，赠阅种植、养殖、机械维修等专业书籍2000册，发放宣传资料20000份。全区为建档立卡贫困户购买“扶贫特惠保”；组织企业向20户贫困户免费发放鸡苗、鸭苗4150羽，捐赠优质大米、优质种子和科普书籍；发放建档立卡贫困户退耕还林、生态公益林补偿金870人次；组织4家新型农业经营主体参与金融扶贫小额贷款分贷统还项目，累计发放金融扶贫小额贷款219户449.8万元（其中分贷统还217户434万元，贫困户入股分红34.72万元）；开展电商扶贫，通过互联网+精准扶贫项目，建立覆盖到贫困村的互联网服务点和基础数据库；以湖南天工开物新农业科技有限公司、湖南村味网电子商务股份有限公司联合开发的“一个中心、三个平台、一个保障”的“1+3+1”齐抓共建模式为试点，以点带面，在贫困村建立快递服务点，开展集中收购、集中配送，功能覆盖到村，开展网上购物，降低贫困户生活成本；利用爱心众筹平台，开展帮扶贫困村、贫困户网上捐资、捐物活动，全力打造村味网·精准扶贫电商平台。开展精准扶贫建档立卡“回头看、再核实”，核减“四类人员”90户、315人，核增“五类人员”24户、80人。

【衡阳美年大健康（健康产业）项目落户蒸湘区】 2017年6月27日，衡阳美年大健康（健康产业）项目签约仪式在雁峰区举行。区领导周法清、袁谷平等一同见证签约仪式。

衡阳美年大健康（健康产业）项目，是一个为城镇居民提供多层次的疾病筛查、预防、保健等医疗服务的优质项目。

美年大健康产业（集团）有限公司始创于2004年，已在全国180余城市拥有近400家医疗及体检中心。美年大健康产业集团2015年成功在A股上市，是医疗和大健康板块中市值和影响力领先的上市公司。

【蒸湘区开展“12·5国际志愿者日”志愿服务活动】 12月5日，蒸湘12·5国际志愿者日“宣传十九大 走进新时代志愿我先行”志愿服务活动在联合街洪家湾社区举行。来自机关、学校、医院等100余名社会志愿者参与了此次活动。在社区前坪，医务志愿者为社区居民免费量血压、解答疑惑、发放免费药品；在社区办公楼内，校外心理辅导站各功能室正在开展各类趣味辅导活动，辅导站的心理老师通过问答、互动、游戏、举例说明、看视屏或者图片、表演等形式，为前来参与活动的中小学生开展心理健康辅导；还有两批志者逐户为社区孤寡老人、空巢老人送慰问品，并为他们提供打扫卫生、清洁庭院、家庭护理，上门医疗等系列服务，让老人们感受到社区大家庭的温暖。

区委、人大、政府、政协领导名录

中共蒸湘区委员会

区委书记　周法清

副书记　袁谷平　于德辉

常　委　刘利民　尹熙明　殷苌茗　邓宗南　谢　斌　唐仕龙　肖军生　阳宏伟

蒸湘区人大常委会

主　任　彭东阳

副主任　陈硕果　汪仲兆　杨艳斌（女）　陈政军（兼）　罗锡桂　黄亚君

蒸湘区人民政府

区　长　袁谷平

副区长　谢铷鸿（女）　吴小平

政协蒸湘区委员会

主　席　陈硕果

副主席　吴兰湘（女）　陈全生（兼）　谢云亚（兼）　钟柏喜　黄文洁（兼）

区行政企事业单位负责人名录（排名不分先后）

区人民法院院长　乐喜莲

区人民检察院检察长　贺晓斌

区区公安分局局长　吴小平

区纪律检查委员会书记　刘利民

区区委办公室主任　阳宏伟

区巡察办公室主任　阳朝辉

区组织部部长　谢　斌

区宣传部部长　唐仕龙

区统战部部长　殷苌茗

区政法委委员会书记　肖军生

区党史办主任　罗　旻

区编办主任　周世忠

区直工委书记　欧阳孝买

区信访办主任　张仁辅

区档案局局长　邓菁菁

区团委书记　梁芷薇

区妇联主席　刘锦玲

区残联理事长　罗　健

区科协主席　谢志红

区红十字会会长　彭伟初

区人大内务司法工委主任　彭玉萍

区人大教科文卫工委主任　肖松柏

区人大城乡建设环境资源保护与农业农村工委主任　郑成庚

区人大选举任免联络工委主任　王礼康

区人大预算工委主任　刘衡学

区人大法制工委主任　许智卓

区人大原城市建设与环境资源保护（农业与农村）工委主任　汤九生

区政协秘书长　杨松滨

区政协提案和委员联络工作委员会主任　刘　勇

区政协财经委员会主任　陈智荣

区政协城建委员会主任　江常军

区政协教科文卫体（文史学习）委员会主任　唐继红

区政府办主任　刘朝荣

区金融办主任　屈赛兰

区发改和科技局局长　邓冬福

区旅游外侨民宗局局长　陶宏伟

区教文体局局长　杨安平

区民政局局长　谢先铸
区司法局局长　刘前进
区财政局局长　邓　成
区住建局局长　周　清
区农林局局长　申　弼
区水利局局长　蒋福员
区商务局党委书记　廖志娟
区卫计局　夏　敏
区审计局局长　钟　波
区统计局局长　盛　夏
区安监局局长　何湘衡
区城管行政综合执法局局长
刘　新
区法制办主任　段　威
区人防办主任　唐振荣
区钢管深加工产业园区管委会主任
唐续武
区杨柳汽车销售街区管委会主任
聂　虹
区信息化办主任　龙　盘
区移民局局长　杨青松
区城建投办主任　王　巍
区环卫局局长　雷志红
区政务服务中心主任　贺登元
区重点办主任　朱忠清
雨母山镇党委书记　冯时旺
镇长　廖章海
呆鹰岭镇党委书记　郑　刚
镇长　彭克俊
蒸湘街道党工委书记　邓　勰
办事处主任　蒋　承
红湘街道党工委书记　刘峥嵘
办事处主任　周　晴
联合街道党工委书记　李　嵩
办事处主任　刘力源
（罗　旻）

人　物

中共衡阳市第十一届委员会常务委员会委员

周农，男，汉族，1962年8月生，在职研究生文化，湖南益阳人，1982年7月参加工作，1985年2月加入中国共产党。

1978年9月至1982年7月，湖南大学化工系无机化学工程专业学习，获工学学士学位。1982年7月至1985年3月，任资江氮肥厂技术员、厂团委副书记。1985年3月至1991年6月，任共青团娄底地委副书记、党组成员。1991年6月至1993年11月，任共青团娄底地委书记、党组书记。1993年11月至1997年4月，任中共双峰县委副书记（正处级）。1997年4月至1999年10月，任中共娄底地委宣传部副部长（正处级）。1999年10月至2001年8月，任中共会同县委副书记、县人民政府县长。2001年8—11月，任中共会同县委书记、县人民政府县长。2001年11月至2004年2月，任中共会同县委书记。（其间：2003年9月至2004年1月，中央党校第七期县委书记进修班学习）2004年2月至2006年3月，任中共溆浦县委书记。（其间：2004年3月至2006年1月，中央党校函授学院法学专业在职研究生班学员；2005年2—5月，由省委组织部选派到美国弗吉尼亚州奥德多梅恩大学学习MPA）；2006年3月—6月，任中共怀化市鹤城区委书记。2006年6—11月，任湖南省监察厅副厅长。2006年11月至2010年3月，任中共湖南省纪委常委、省监察厅副厅长。2010年3月至2011年11月，任中共湖南省纪委常委、省监察厅副厅长、省预防腐败局副局长。2011年11月至2014年7月，任中共湖南省纪委副书记。（其间：2014年1—7月，省十二届人大常务委员会委员）2014年7月至2016年3月，任湖南省人民政府党组成员、中共湖南省纪委副书记、省监察厅厅长、省预防腐败局局长。（其间：2015年6—9月，任中央第十一巡视组副组长参加中央第二轮巡视）2016年3—5月，任中共衡阳市委书记、市人大常委会主任候选人提名人选。2016年5月起，任中共衡阳市委书记、市人大常委会主任。2016年9月30日，在中共衡阳市委十一届一次全会上当选中共衡阳市委书记。2017年1月，在市十五届人大一次会议上再次当选为市人大常委会主任。

周海兵，男，汉族，1971年2月生，硕士研究生文化，湖南省岳阳市人，1995年3月参加工作，1994年9月加入中国共产党。

1988年9月至1992年9月，湖南大学土木系工业与民用建筑专业本科学生。1992年9月至1995年3月，湖南大学土木系结构工程专业硕士研究生。1995年3月至1997年11月，任湖南建工集团总公司直属工程处技术员、科长。1997年11月至2000年4月，任湖南建工集团总公司直属工程处副处长。2000年4月至2003年4月，任湖南建工集团总公司直属工程处处长。2003年4月至2004年5月，任湖南建工集团总公司工程总部董事长、总经理。2004年5月至2007年3月，任湖南建工集团党委委员、副总经理。2007年3月至2013年3月，任湖南建工集团党委副书记、总经理。2013年3—4月，任中共衡阳市委副书记。2013年4—5月，任中共衡阳市委副书记、政府副市长、代理市长、党组书记。2013年5月起，任中共湖南省衡阳市委副书记、政府市长、党组书记。2016年9月，在中共衡阳市委十一届一次全会上当选为市委副书记。2017年1月，在市十五届人大一次会议上再次当选为市人民政府市长。2017年5月起，任湖南省交通运输厅厅长、党组书记。

郑建新，男，汉族，1968年12月生，博士研究生文化，贵州省贵阳市人，1990年7月参加工作，1991年12月加入中国共产党。

1986年9月至1990年7月，吉林工业大学汽车工程学院汽车工程专业学习，获工学学士学位。1990年7月至1991年7月，任贵州省机械工业厅办公室秘书。

1991年7月至1995年5月，任贵州省机械工业厅办公室科员。1995年5月至1995年9月，任贵州省政府办公厅业务二处科员。1995年9月至1996年9月，任贵州省政府办公厅业务二处副主任科员。1996年9月至1997年2月，任贵州省人民政府办公厅计划建设处副主任科员。1997年2月至1998年7月，任贵州省政府办公厅主任科员（正科级秘书）。1998年7月至2000年9月，任财政部办公厅部长办公室副处级秘书（1998年7月，任贵州省政府办公厅副处级秘书）。（期间：2000年4—7月，中央党校中央国家机关分校财政部班学习）2000年9月至2005年6月，任财政部办公厅部长办公室正处长级秘书（期间：1999年9月至2001年7月，财政部财政科学研究所研究生部财政学专业在职博士研究生班学员，获经济学博士学位）。2005年6月至2007年8月，任财政部办公厅副司长级干部（挂职任四川省财政厅副厅长）。2007年8月至2013年9月，任财政部税政司副司长。2013年9 10月，任财政部税政司正司长级干部。2013年10—11月，任湖南省财政厅党组书记。2013年11月至2017年6月，任湖南省财政厅厅长、党组书记。2017年6—7月，任中共衡阳市委副书记，人民政府副市长、代理市长、党组书记。2017年7月起，任中共衡阳市委副书记，人民政府市长、党组书记。

邓群策，男，汉族，1964年5月生，硕士研究生文化，湖南祁阳人，1984年8月参加工作，1986年11月加入中国共产党。

1981年9月至1984年8月，衡阳师范专科学校汉语言文学专业学生。1984年8月至1988年9月，任湖南省建材干部学校教师、人事科干部。1988年9月至1989年2月，任湖南省建材干部学校教师、人事科副科长。1989年2月至1991年3月，任湖南省建材局办公室秘书（期间：1990年9月至1992年12月，中央党校函授学院经济管理专业本科班学员）。1991年3月至1993年9月，任中共湖南省委组织部组织指导处主任科员。1993年9月至1997年4月，任中共湖南省委组织部组织指导处副处级组织员。1997年4月至2000年6月，任中共湖南省委组织部组织指导处副处长。2000年6月至2001年1月，任中共湖南省委组织部组织指导处副处长、正处级组织员（期间：2000年9月至2003年7月，湖南师范学院国际法学专业在职研究生班学员，获法学硕士学位）。2001年1月至2007年8月，任中共湖南省委组织部组织指导处处长。2007年8月至2008年12月，任中共湖南省委基层党建办主任、组织部组织指导处处长。2008年12月至2011年4月，任中共湖南省委基层党建办主任。2011年4月至2013年5月，任中共湖南省委组织部部务委员。2013年5—12月，任中共衡阳市委副书记。2013年12月至2014年10月，任中共衡阳市委副书记、组织部长。2014年10—12月，任中共衡阳市委副书记、组织部长、市委党校（衡阳行政学院、市社会主义学院）校长（院长）。2014年12月至2017年11月，任中共衡阳市委副书记、市委党校（衡阳行政学院、市社会主义学院）校长（院长）。2017年11月起，任中共衡阳市委副书记、市委党校（衡阳行政学院、市社会主义学院）校长（院长）、统战部部长。

罗东海，男，汉族，1963年4月生，湖南省衡南县人，1983年7月参加工作，1985年12月加入中国共产党。

1979年9月至1983年7月，江苏工学院金属材料热处理专业学生。1983年7月至1987年2月，任衡阳拖拉机厂技术员。1987年2月至1988年12月，任共青团衡阳市委干事。1988年12月至1991年7月，任共青团衡阳市委青工部副部长。1991年7月至1994年6月，任衡阳市青少年宫主任。（其间：1993年10月至1995年8月，华中师范大学法商学院经济管理专业研究生班学员，获经济学硕士学位）1994年6月至1995年11月，任共青团衡阳市委副书记。1995年11月至1997年8月，任中共衡阳市郊区区委常委、政府副区长。1997年8月至2002年8月，任中共衡山县委副书记。2002年8—12月，任中共衡山县委副书记、政府副县长、代理县长。2002年12月至2006年6月，任中共衡山县委副书记、政府县长、党组书记。2006年6—9月，任中共衡山县委书记。2006年9月至2010年1月，任中共衡阳市委委员、衡山县委书记。（其间：2006年10月至2007年4月，省第六期赴美国中青年干部培训班学员）2010年1月至2011年10月，任中共衡阳市委常委、秘书长、办公室主任。2011年10月至2014年8月，任中共衡阳市委常委、秘书长、办公室主任、市直工委第一书记。2014年8月—10月，任中共衡阳市委常委、秘书长、办公室主任、市直工委第一书记、市委全面深化改革领导小组办公室主任(兼)。2014年10—11月，任中共衡阳市委常委、政府副市长候选人。2014年11月至2015年2月，任中共衡阳市委常委、政府党组成员、副市长候选人。2015年2月至2016年10月，任衡阳市委常委、人民政府副市长、党组成员。2016年10月起，任衡阳市委常委、统战部部长、政协党组副书记。2017年10月，被撤除相关职务。

包昌林，男，汉族，大学本科文化，湖南省慈利县人，1963年4月生，1981年7月参加工作，1988年8月加入中国共产党。

1981年7月至1986年2月，慈利县五中教师。1986年2月至1990年1月，任慈利县二坊坪中学副校长、校长。（其间：1987年9月至1990年7月，华中师范大学历史专业函授本科学习）1990年1—7月，任慈利县教育局团工委书记。1990年7月至1992年3月，任中共慈利县纪委干部。1992年3月至1993年5月，任中共张家界市纪委副科级干部。1993年5月至1997年1月，任中共张家界市纪委宣教室副主任。1997年1—3月，任中共长沙市纪委正科级纪检员、监察员。1997年3月至2001年2月，任中共长沙市纪委宣教室副主任、《长沙党风政纪》主编。2001年2月至2002年7月，任中共长沙市纪委副县级纪检员、监察员。2002年7月至2006年8月，任中共湖南省纪委调研法规室副处级纪检员、监察员。2006年8月至2008年1月，任中共湖南省纪委调研法规室副处长级副主任。2008年1—6月，任中共湖南省纪委党风廉政建设室副处长级副主任。2008年6月至2010年6月，任中共湖南省纪委党风廉政建设室正处长级副主任。（其间：2007年3月至2009年2月，到省纪委建设扶贫点新宁县花桥村建设扶贫，任建设扶贫队队长）（其间：2007年5月至2009年1月，挂职任新宁县委常委）（其间：2009年1月至2009年7月，挂职任新宁县委副书记）2010年6月至2012年8月，任中共湖南省纪委办公室正处长级副主任。2012年8月至2013年12月，任中共湖南省纪委副秘书长（副厅长级）。2013年12月起，任衡阳市委常委、纪委书记。2016年9月30日，在中共衡阳市委十一届一次全会上当选为中共衡阳市委常委，在中共衡阳市纪委十一届一次全会上当选为市纪委书记。

刘丽华，女，汉族，1964年3月生，在职研究生文化，湖南省衡阳县人，1981年7月参加工作，1985年6月加入中国共产党。

1978年9月至1981年7月，长沙师范学校中师专业学生。

1981年7月至1984年4月，任衡阳自行车厂教师。1984年4月至1990年1月，任衡阳拖拉机厂教师、劳动人事处干事。（其间：1986年10月，湖南省高等教育自学考试大专毕业）1990年1月至1993年3月，任衡阳拖拉机厂（大型企业）团委副书记。（其间：1992年8月至1994年12中央党校函授学院经济管理专业本科班学员）1993年3月—12月，任衡阳拖拉机厂团委书记。1993年12月至1996年12月，任衡阳拖拉机厂党委委员、团委书记。（其间：1995年9月至1996年3月，衡阳工学院企业中青年干部班学习）（其间：1996年3—9月，在衡阳市经委组干科挂职）1996年12月至1997年8月，任衡阳拖拉机厂副厂长、纪委书记。1997年8月至2000年12月，任中共耒阳市委常委、组织部长。2000年12月至2002年8月，任中共耒阳市委副书记。2002年8—12月，任中共衡阳市南岳区委副书记、政府副区长、代理区长。2002年12月至2006年

5月，任中共衡阳市南岳区委副书记、政府区长。（其间：2004年9月至2007年12月，中央党校函授学院法学理论专业在职研究生班学员）2006年5—6月，任中共衡阳市南岳区委书记、政府区长。2006年6月至2008年11月，任中共衡阳市南岳区委书记。2008年11月至2014年1月，任中共湖南省委台湾工作办公室（省政府台湾事务办公室）副主任、党组成员。2014年1—2月，任衡阳市人大常委会副主任。2014年2—10月，任衡阳市人大常委会副主任、党组成员。2014年10—11月，任中共衡阳市委常委、市人大常委会党组成员。2014年11月起，任中共衡阳市委常委、宣传部长。2016年9月30日，在中共衡阳市委十一届一次全会上当选为中共衡阳市委常委。

邓柯，男，汉族，1960年2月生，大学本科文化，湖南省衡阳县人，1976年10月参加工作，1984年7月加入中国共产党。

1976年10月至1978年10月，国营常宁县铜钟岭林场知青。1978年10月至1981年7月，衡阳师范专科学校政史专业学生。1981年7月至1983年11月，任衡阳地区行署文教办干事。1983年11月至1984年12月，任衡阳市职教办干事。1984年12月至1986年7月，任衡阳市职教办教育科副科长。1986年7月至1989年11月，任衡阳市教委宣教科副科长。1989年11月至1992年3月，任衡阳市教委正科级组织员。（1990年9月至1993年7华中师范大学思想政治教育专业函授本科班学员）1992年3月至1995年5月，任衡阳市教委组干科科长。1995年5月至1997年1月，任中共常宁县委常委、组织部部长。1997年1—9月，任中共衡东县委副书记、组织部部长。1997年9月至2000年2月，任中共衡东县委副书记。2000年2—3月，任中共衡阳市城北区委副书记、政府副区长、代理区长。2000年3月至2001年6月，任中共衡阳市城北区委副书记、政府区长。2001年6月至2002年8月，任中共衡阳市石鼓区委副书记、政府区长。2002年8月至2009年7月，任中共衡阳市石鼓区委书记。2009年7月至2010年12月，任衡阳市副厅级干部、中共衡阳市石鼓区委书记。2010年12月至2011年4月，任衡阳市副厅级干部。2011年4月至2014年10月，任衡阳市人民政府副市长、党组成员。2014年10—11月，任中共衡阳市委常委、市政府党组成员。2014年11月至2015年11月，任中共衡阳市委常委、秘书长、办公室主任、市直工委第一书记、市委全面深化改革领导小组办公室主任（兼）。2015年11月至2016年1月，任中共衡阳市委常委、政法委书记、市委秘书长、办公室主任、市直工委第一书记、市委全面深化改革领导小组办公室主任（兼）。2016年1月起，任中共衡阳市委常委、政法委书记。2016年9年30日，在中共衡阳市委十一届一次全会上当选为中共衡阳市委常委。

何录春，男，汉族，1971年4月出生，湖南省安仁县人，大学学历，农学学士，1995年6月参加工作，1994年12月加入中国共产党。

1991年9月至1995年6月，湖南农业大学园艺专业本科班学生。1995年6—12月，任临武县同益乡政府干部。1995年12月至1996年12月，任临武县同益乡团委书记（期间：1996年2月至1997年8月，挂职任临武县同益乡三村党支部书记）。1996年12月至1998年3月，任临武县同益乡人民政府副乡长。1998年3月至1999年10月，任临武县同益乡党委副书记。1999年10月至2001年2月，任共青团临武县委书记。2001年2—5月，任临武县武水镇党委副书记、人民政府镇长。2001年5月至2002年12月，任临武县汾市乡党委书记。2002年12月至2005年6月，任临武县人民政府副县长。2005年6月至2006年5月，任中共临武县委常委、组织部长。2006年5—12月，任中共桂东县委副书记、人民政府副县长，代理县长。2006年12月至2010年4月，任中共桂东县委副书记、人民政府县长。2010年4—5月，任中共郴州市苏仙区委副书记、人民政府区长提名人选。2010年5月至2011年5月，任中共郴州市苏仙区委副书记、人民政府区长。2011 年 5 月至 2013 年 12 月，任中共郴州市苏仙区委书记。2013 年 12 月至 2014 年 12 月，任中共常宁市委书记。2014 年 12 月至 2015 年 1 月，任中共衡阳市委常委、组织部长、常宁市委书记。2015 年 1—3 月，任中共衡阳市委常委、组织部长、统战部长、市政协党组副书记、常宁市委书记。2015 年 3 月至 2016 年 10 月，任中共衡阳市委常委、组织部长、统战部长、市政协党组副书记。2016 年 10 月至 2017 年 1 月，任中共衡阳市委常委、组织部长。2017 年 1—5 月，任中共衡阳市委常委、市人民政府党组副书记、副市长。2017 年 5 月起，任湖南省扶贫开发办公室党组副书记、副主任。

张贺文，男，汉族，1967 年 10 月生，在职研究生文化，湖南省株洲市人，1987 年 12 月参加工作，1989 年 6 月加入中国国产党。

1985 年 9 月至 1987 年 12 月，中共湖南省委党校党史专业大专班学生。1987 年 12 月至 1993 年 11 月，任中南制药机械厂统计员、办公室秘书、副主任、主任、企管科科长。（其间：1989 年 8 月至 1991 年 12 月，中央党校函授学院经济管理专业本科班学员）1993 年 11 月至 1994 年 6 月，任中共长沙市西区区委办公室常委秘书。1994 年 6 月至 1996 年 12 月，任湖南省医药管理局办公室主任科员。1996 年 12 月至 1998 年 1 月，任湖南省医药管理局直属机关团委书记（副处级）、局党组秘书。（其间：1997 年 9 月至 2000 年 7 月中央党校函授学院经济管理专业领导干部在职研究生班学员）1998 年 1—3 月，任湖南省医药管理局办公室副主任。1998 年 3 月至 2001 年 2 月，任浏阳市人民政府副市长。2001 年 2 月至 2003 年 5 月，任浏阳市人民政府副市长、浏阳工业园党工委副书记、管委会主任（正县级）。2003 年 5 月至 2004 年 3 月，任浏阳市人民政府副市长、湖南浏阳生物医药园党工委书记、管委会主任。（其间：2003 年 9 月至 2006 年 5 月，中南大学生物医药工程专业在职研究生班学员，获医学硕士学位）2004 年 3 月至 2008 年 11 月，任中共浏阳市委副书记（兼）、湖南浏阳生物医药园党工委书记、管委会主任。2008 年 11 月至 2014 年 1 月，任长沙市人民政府副厅级干部（长沙国家生物产业基地管委会主任）。2014 年 1—2 月，任衡阳市人民政府副市长。2014 年 2 月至 2015 年 11 月，任衡阳市人民政府副市长、党组成员。2015 年 11 月至 2016 年 1 月，任中共衡阳市委常委、市人民政府副市长、党组成员。2016 年 1 月至 2017 年 12 月，任衡阳市委常委、秘书长、办公室主任、市直工委第一书记、市委全面深化改革领导小组办公室主任（兼）。2017 年 12 月起，任永州市委常委、市人民政府常务副市长。

章彰，男，汉族，1972 年 11 月出生，山西省太原市人，博士研究生学历，2000 年 7 月参加工作，1997 年 5 月加入中国共产党。

1990 年 9 月至 1994 年 9 月，南开大学价格专业学习。1994 年 9 月至 1997 年 9 月，南开大学经济学专业硕士研究生。1997 年 9 月至 2000 年 7 月，中国社会科学院世界经济专业博士研究生。2000 年 7 月至 2001 年 11 月，任中国银行风险管理部干部。2001 年 11 月至 2004 年 6 月，任中国银行风险管理部调查统计处主任科员。2004 年 6 月至 2005 年 3 月，任中国银行风险管理部风险管理规划处副处长。2005 年 3 月至 2006 年 3 月，任中国银行风险管理部主管（内部控制）。2006 年 3 月至 2009 年 2 月，任中银香港风险管理部主管（处主管）。2009 年 2 月至 2011 年 4 月，任中银香港风险管理部模型验证主管（副总经理级）。2011 年 4—12 月，待分配。2011 年 12 月至 2014 年 3 月，任中国银行风险管理总部新资本协议实施规划协调办公室副主任（按部门助理总经理层级管理）。（其间：2012 年 8—9 月，中国银行风险管理总部（市场风险）轮岗）（其间：2012 年 10 月至 2014 年 6 月，挂职任银监会银行监管一部主任助理）2014 年 3—9 月，任中国银行风险管理部助理总经理。2014 年 9 月起，任中国银行风险管理部副总经理。2016 年 6—8 月，挂职任衡阳市委常委、市人民政府副市长候选人。2016 年 8 月起，挂职任衡阳市委常委、市人民政府副市长。

贺小坤，男，汉族，1963年3月生，在职研究生文化，湖南汉寿人，1981年10月参加工作，1984年12月加入中国共产党。

1981年10月至1983年9月，五十五军一六四师四九一团一机连战士。1983年9月至1985年7月，军械工程学院步兵武器维修专业学员。1985年7月至1987年10月，任四十一军一六四师四九一团修理所排长。1987年10月至1989年10月，任四十一集团军一六四师四九一团修理所所长。1989年10月至1990年12月，任四十一集团军一六四师军械科副连职助理员。1990年12月至1993年5月，任四十一集团军一六四师军械科正连职助理员。1993年5月至1994年1月，任四十一集团军后勤部军械处正连职助理员。1994年1—4月，任四十一集团军后勤部军械处副营职助理员。1994年4—6月，任四十一集团军技术部军械供应处副营职助理员。1994年6—12月，任四十一集团军修理营代营长。1994年12月至1998年3月，任四十一集团军修理营营长。1998年3—12月，任四十一集团军装备技术部修理器材处副处长。1998年12月至2000年3月，任四十一集团军装备部军械装甲装备处副团职助理员。2000年3月至2006年8月，任四十一集团军装备部战技勤务处处长。2006年8月至2007年9月，任四十一集团军装备部副部长。2007年9月至2009年10月，任常德军分区副司令员。2009年10月至2014年9月，任湖南省军区后勤部副部长。2014年9月至2016年8月，任衡阳警备区司令员。2016年8月起，任中共衡阳市委常委、衡阳警备区司令员。2016年9年30日，在中共衡阳市委十一届一次全会上当选为中共衡阳市委常委。

陈竞，男，湖南长沙人，1971年2月生，公共管理硕士学历，1990年7月参加工作，1993年12月加入中国共产党。

1987年9月至1990年7月，湖南省劳动人事学校人事管理专业学生。1990年7月至1994年12月，

任长沙市节约用水办公室干部。1994年12月至1995年4月，在中国建设银行长沙市分行工作。1995年4月至1996年2月，任共青团湖南省委青工部科员。1996年2月至1997年6月，任共青团湖南省委青工部副主任科员（期间：1996年12月至1997年12月，在新田县十字乡老夏荣村从事建整扶贫工作）。1997年6月至1998年5月，任共青团湖南省委青工部企业科副科长。1998年5月至1999年4月，任共青团湖南省委青工部机关事业科科长。1999年4月至2001年5月，任共青团湖南省委组织部组织科科长。2001年5月至2002年12月，任共青团湖南省委办公室副主任。2002年12月至2003年6月，任共青团湖南省委青工部副部长（主持工作）。2003年6月至2004年2月，任共青团湖南省委青工部部长。2004年2月至2007年2月，任共青团湖南省委常委、青工部部长。2007年2—4月，任中共张家界市永定区委副书记、政府区长提名人选。2007年4—12月，任中共张家界市永定区委副书记、政府副区长、代理区长。2007年12月至2011年12月，任中共张家界市永定区委副书记、政府区长。2011年12月至2013年12月，任中共慈利县委书记。2013年12月至2014年10月，任中共衡阳市石鼓区委书记。2014年10—11月，任中共衡阳市石鼓区委书记、衡阳市人民政府副市长提名人选。2014年11—12月，任中共衡阳市石鼓区委书记、衡阳市人民政府党组成员、副市长提名人选。2014年12月至2015年2月，任衡阳市人民政府党组成员、副市长提名人选。2015年2月起，任衡阳市人民政府副市长、党组成员。2016年9月30月，在中共衡阳市委十一届一次全会上当选为中共衡阳市委常委。2017年1月起，任中共衡阳市委组织部部长。

廖健，男，汉族，1974年4月生，在职博士研究生文化，湖南省衡山县人，1996年7月参加工作，1994年5月加入中国共产党。

1992年9月至1996年7月，湘潭大学汉语言文学专业学生。1996年7月至1999年11月，任湖南省

国税局监察审计室科员。1999年11月至2004年2月，任湖南省国税局监察审计室副科长级监察员（期间：2001年11月至2003年3月，挂职任衡东县国税局局长助理、党组成员）（期间：2003年3月至2004年2月，挂职任衡东县国税局副局长、党组副书记）。2004年2—10月，任湖南省国税局征收管理处主任科员。2004年10月至2006年3月，任永州市冷水滩区国税局局长、党组书记（期间：2005年12月，获湘潭大学法律专业法学硕士学位）。2006年3月至2008年5月，任湖南省国税局人事处副处长。2008年5月至2010年4月，任湖南省国税局人事处副处长、正处级干部（期间：2008年8月至2010年4月，挂职任永州市国税局副局长、党组副书记）。2010年4月至2011年4月，任湖南省国税局国际税务管理处处长。2011年4月至2012年9月，任邵阳市国税局局长、党组书记。2012年9—11月，任湖南省人大常委会法工委副主任提名人选。2012年11月至2015年6月，任湖南省人大常委会法工委副主任（期间：2012年9月至2016年6月，任湖南大学法学专业在职博士研究生班学员，获法学博士学位；2014年3月至2015年1月，在中央党校第14期中青年培训二班学习）。2015年6月至2016年10月，任长沙市人民政府副市长、党组成员。2016年10月至2017年1月，任衡阳市人民政府党组成员。2017年1—5月，任衡阳市人民政府副市长、党组成员。2017年5月起，任中共衡阳市委常委、市政府党组副书记、副市长。

罗琼，女，汉族，1978年10月出生于江西宜春，博士研究生学历。1999年8月参加工作，1997年3月加入中国共产党。

1995年9月至1999年8月，华东交通大学电气工程信息学院工业自动化专业学生，获工学学士学位。1999年8月至2003年12月，任南车株洲电力机车研究所制造中心电子车间主任。2003年12月至2005年1月，任南车株洲电力机车研究所团委书记。2005年1月至2006年5月，任南车株洲电力机车研究所公共关系部部长、南车株洲电力机车研究所团委书记（2003年6月至2005年6月，武汉大学国际软件学院软件工程专业学习）。2006年5—11月，任南车株洲电力机车研究所制造中心副总经理、南车株洲电力机车研究所团委书记。2006年11—12月，任共青团株洲市委党组副书记。2006年12月至2009年11月，任共青团株洲市委书记、党组书记（2007年3—4月，湖南省委党校女处级干部培训班学习）（2009年2—7月，湖南省委党校中青班学习）。2009年11月至2011年5月，任中共株洲县委副书记（2010年9—12月，美国加州圣荷塞大学省第十期中青年领导干部赴美国公共管理高级培训班学习）。2011年5月至2012年2月，中共株洲市荷塘区委副书记、政府区长（2011年6月任职）。2012年2—3月，任共青团湖南省委党组成员。2012年3月至2017年6月，任共青团湖南省委副书记、党组成员（2012年9—11月，任湖南省委党校厅干班学习）（2013年7—8月，英国诺丁汉大学志奋领导人培训班学习）（2012年9月至2016年11月，中南大学商学院管理科学与工程专业在职博士研究生班学员，获管理学博士学位）。2017年6—11月，任中共耒阳市委书记。2017年11月起，任中共衡阳市委常委、中共耒阳市委书记（湖南省第十一届政协常委）。

衡阳市第十五届人民代表大会常务委员会主任、副主任

周农（详细简历参见本卷“中共衡阳市第十一届委员会常务委员会委员·周农条”）

段志刚，男，汉族，1962年12月生，在职研究生文化，湖南省耒阳市人，1982年7月参加工作，1984年1月加入中国共产党。

1979年9月至1982年7月，郴州师范专科学校数学专

业学生。1982年7月至1984年9月，任耒阳第一中学教师、团委书记。1984年9月至1987年10月，任共青团耒阳市委副书记（主持全面工作）。1987年10月至1989年12月，任共青团耒阳市委书记（期间：1989年9月至1992年7月，中央党校函授学院党政管理专业本科班学员）。1989年12月至1993年6月，任耒阳市公平区委书记。1993年6月至1994年9月，任耒阳市人民政府办公室主任。1994年9月至1995年6月，任耒阳市人民政府市长助理。1995年6月至1996年1月，任耒阳市人民政府副市长。1996年1月至1997年8月，任中共耒阳市委常委、政府常务副市长。1997年8月至2000年10月，任中共耒阳市委副书记、政府市长。2000年10月至2001年6月，任中共衡阳市江东区委书记。2001年6月至2005年7月，任中共衡阳市珠晖区委书记（期间：2004年3月至2006年1月，中央党校研究生院政治经济学专业在职研究生班学员〈导师制〉）。2005年7月至2006年9月，任中共衡阳市委助理巡视员、珠晖区委书记。2006年9月至2011年10月，任中共衡阳市委常委、政府副市长、党组成员。2011年10月至2016年9月，任中共衡阳市委常委、政府常务副市长、党组副书记。2016年9月至2017年1月，任衡阳市人民政府常务副市长、党组副书记。2017年1月起，任衡阳市人大常委会党组副书记、副主任。

李鹏飞，男，汉族，1967年10月生，大学文化，湖南省衡阳县人，1988年8月参加工作，1994年12月加入中国民主建国会。

1985年9月至1988年8月，湖南省商业专科学校商业会计专业学生。1988年8月至1993年6月，任衡阳市审计局干事。1993年6月至1997年3月，任衡阳市审计事务所所长（期间：1996年1月，提为正科）（期间：1996年8月至1998年12月，中央党校函授学院政法专业本科班学员）。1997年3月至1998年12月，任衡阳市审计局基建科副科长（正科）。1998年12月至2004年6月，任衡阳市审计局副局长、民建衡阳市委副主任委员（兼）。2004年6月至2005年1月，任衡阳市审计局副局长、民建衡阳市委主任委员（兼）。2005年1月至2017年1月，任衡阳市政协副主席（兼）、民建衡阳市委主任委员（兼）、市审计局副局长。2017年1月起，任衡阳市人大常委会副主任、民建衡阳市委主任委员（兼）。

晏华衡，男，汉族，研究生文化，1960年4月生，湖南省新化县人，1977年7月参加工作，1986年6月加入中国共产党。

1977年7月至1978年12月，衡阳县大安公社茶场下放知青。1978年12月至1986年12月，衡阳冶金总厂劳动服务公司工人。1986年12月至1988年3月，任衡阳冶金总厂劳动服务公司团委副书记。（1983年8月至1986年8月，衡阳冶金职工大学机械制造专业大专班学员。）（1985年9月至1987年7月，湖南广播电视大学法律专业大专班学员。）1988年3月至1992年1月，任衡阳冶金总厂芬芳化工厂副厂长。1992年1月至1993年9月，任衡阳冶金总厂芬芳化工厂厂长。1993年9月至1996年4月，任衡阳冶金总厂附属厂厂长、党支部书记。（1993年9月至1995年8月，华中师范大学政治经济学研究生班学员。）1996年4—11月，任衡阳冶金总厂附属厂厂长。1996年11月至1997年1月，任衡阳市轻工业总公司副总经理、党委委员。1997年1月—9月，任衡阳市轻工业总公司副总经理、党委委员兼市灯泡厂厂长。1997年9月至2002年6月，任衡阳市轻工业总公司副总经理、党委委员。2002年6月至2003年9月，任衡阳市轻工业总公司总经理、党委书记。2003年9月至2005年3月，任衡阳市经委副主任、工交工委委员、轻工业总公司总经理、党委书记。2005年3月至2007年6月，任衡阳市经委副主任、党组成员、轻工业总公司总经理、党委书记。2007年6月至2013年7月，任衡阳市人民政府副秘书长、政府办党组成员。2013年7月至2014年3月，任衡阳市人民政府副秘书长、政府办党组副书记。2014年3—4月，任衡阳市人民政府副秘书长、党组成员、政府办党组书记。2014年4月至

2015年11月，任衡阳市人民政府秘书长、党组成员、政府办主任、党组书记。2015年11月至2016年1月，任衡阳市人民政府秘书长、党组成员、政府办主任、党组书记、市人大常委会副主任候选人提名人选。2016年1月起，任衡阳市人大常委会副主任、党组成员。

伍清明，男，汉族，1962年3月生，大学文化，湖南省祁阳县人，1982年7月参加工作，1984年9月加入中国共产党。

1979年8月至1982年7月，湖南农学院衡阳分院农学专业大专班学生。1982年7月至1984年2月，任常宁县桐黄公社管委会副主任。1984年2—12月，任常宁县宜阳区团委书记。1984年12月至1985年2月，任常宁县团委常委、宜阳区团委书记。1985年2月至1986年2月，任中共衡阳市南岳区委组织部副部长。1986年2月至1987年6月，任中共衡阳市南岳区委组织部副部长、区机关工委书记。1987年6月至1995年2月，任中共衡阳市南岳区委组织部副部长（期间：1986年9月至1988年7月，湖南省委党校党政管理专业函授本科班学员）。1995年2月至1997年3月，任中共衡阳市南岳区委常委、宣传部长（期间：1996年9月至1998年8月，湖南大学科技哲学专业研究生课程进修班学员）。1997年3月至2000年12月，任中共衡阳市南岳区委常委、组织部长。2000年12月至2002年10月，任中共衡阳市南岳区委副书记。2002年10月至2008年6月，任中共衡阳市珠晖区委副书记（期间：2003年9—12月，深圳市龙岗区大鹏镇挂职锻炼）。2008年6月至2010年12月，任衡阳市环境保护局局长、党委副书记。2010年12月至2013年12月，任衡阳市环境保护局局长、党委书记。2013年12月至2014年1月，任衡阳市环境保护局局长、市人大常委会秘书长人选、办公室主任人选。2014年1—2月，衡阳市人大常委会秘书长、办公室主任人选。2014年2月至2015年11月，任衡阳市人大常委会秘书长、党组成员、办公室主任。2015年11月至2016年1月，任衡阳市人大常委会秘书长、党组成员、办公室主任、副主任候选人提名人选。2016年1—11月，任衡阳市人大常委会副主任、秘书长、党组成员、办公室主任。2016年11月至2017年1月，任衡阳市人大常委会副主任、秘书长、党组成员。2017年1月起，任衡阳市人大常委会副主任。

谭敦龙，男，汉族，1964年7月生，在职研究生文化，湖南省祁东县人，1981年10月参加工作，1984年6月加入中国共产党。

1981年10月至1987年1月，任广西通信团班长、代理分队长。1987年1—10月，任祁东县蒋家桥镇腊元村村主任、支部书记。1987年10月至1991年12月，任祁东县蒋家桥镇政府临时工作人员。1991年12月至1992年12月，任祁东县蒋家桥镇政府计生办职工。1992年12月至1998年1月，任祁东县蒋家桥镇副镇长（期间：1993年9月至1996年6月，衡阳市委党校经济管理专业函授大专班学员）。1998年1月至2000年2月，任祁东县蒋家桥镇党委副书记。2000年2月至2001年2月，任祁东县太和堂镇党委副书记、人大主席。2001年2—3月，任祁东县太和堂镇党委副书记、政府镇长候选人。2001年3—11月，任祁东县太和堂镇党委副书记、政府镇长。2001年11月至2004年2月，任祁东县官家嘴镇党委副书记、政府镇长（期间：2002年8月至2004年12月，中央党校函授学院法律专业本科班学员）。2004年2月至2006年7月，任祁东县石亭子镇党委书记。2006年7月至2007年7月，任湖南省信访局督查处副处长、调研员。2007年7月至2013年8月，湖南省信访局接访二处处长（期间：2007年9月至2010年6月，湖南省委党校法学理论专业在职研究生班学员）（期间：2010年3—7月，湖南省委党校第38届中青班学员）。2013年8月至2016年10月，任湖南省信访局副巡视员。2016年10月至2017年1月，任衡阳市人大常委会党组成员。2017年1月起，任衡阳市人大常委会副主任。

侯明星，男，汉族，1962年5月生，大学文化，湖

南省安仁县人，1983年7月参加工作，1985年3月加入中国共产党。

1979年9月至1983年7月，湖南农学院农学专业学生。1983年7月至1984年1月，任耒阳县东湖乡干事。1984年1月至1986年3月，任耒阳县东湖乡人民政府副乡长。1986年3—10月，任耒阳县东湖乡人民政府乡长。1986年10月至1987年3月，任耒阳市东湖乡人民政府乡长。1987年3—11月，任耒阳市东湖乡党委副书记、政府乡长。1987年11月至1989年3月，任耒阳市东湖乡党委书记。1989年3月至1993年3月，任耒阳市哲桥区委书记。1993年3月至1994年7月，任耒阳市经济开发区管委会副主任。1994年7月至1995年7月，任衡阳市农科所副所长、党委副书记。1995年7月至1996年8月，任衡阳市农科所所长、党委副书记。1996年8月至2007年5月，任衡阳市农科所所长、党委书记（期间：1996年8月至1998年9月，湖南大学科技哲学专业研究生课程进修班学员）（期间：1999年9月至2000年1月，湖南省委党校中青班学员）。2007年5月至2010年6月，任衡阳市农办副主任、党组成员。2010年6月至2013年6月，任中共衡阳市委农村工作部（市农办）副部长（副主任）、党组成员。2013年6—7月，任衡阳市农业机械管理局党委书记。2013年7月至2017年1月，任衡阳市农业机械管理局局长、党委书记。2017年1月起，任衡阳市人大常委会党组成员、副主任。

邹致和，男，汉族，1966年2月生，大学文化，湖南省衡阳县人，1987年9月参加工作，1999年1月加入中国共产党，。

1983年9月至1987年9月，南京大学政治经济学专业本科班学生。1987年9月至1992年6月，任衡阳市第二技工学校教师。1992年6月至1994年1月，任衡阳市计委基建计划科干事。1994年1月至1997年8月，任衡阳市计委综合计划科副科长。1997年8月至1999年1月，任衡阳市计委工业交通能源计划科副科长。1999年1月至2002年3月，任衡阳市计委区街工业办公室主任。2002年3月至2004年11月，任衡阳市计委投资科科长。2004年11月至2005年3月，任衡阳市人民政府重点工程建设办公室主任。2005年3—12月，任衡阳市人民政府重点工程建设办公室主任、市白沙洲工业项目协调工作小组组长。2005年12月至2006年10月，任衡阳市白沙洲工业园区管委会副主任、工委副书记（主持工作）。2006年10—11月，任衡阳市白沙洲工业园区管委会副主任、工委书记。2006年11月至2008年9月，任衡阳市白沙洲工业园区管委会主任、工委书记。2008年9月至2011年6月，任中共衡山县委副书记。2011年6月至2013年6月，任衡阳市科技局局长、党组书记。2013年6—12月，任衡阳市地税局局长、党组书记。2013年12月至2017年1月，中共衡阳市雁峰区委书记。2017年1月起，任衡阳市人大常委会党组成员、副主任。

李艳丽，女，汉族，1962年11月生，大学文化，湖南省道县人，1981年9月参加工作，1992年7月加入中国共产党。

1981年9月至1983年9月，衡阳地区社队企业供销公司物价员。1983年9月至1990年4月，衡阳市乡镇企业供销公司会计。（期间：1983年9月至1986年7月，湖南广播电视大学衡阳分校商业企业经济管理专业大专班学员）。1990年4月至1992年3月，任衡阳市城南区审计局干事（公开选调）。1992年3月至1993年1月，任衡阳市城南区监察局副局长。1993年1月至1994年10月，任衡阳市城南区审计局副局长。1994年10月至1996年3月，任衡阳市城南区财政局副局长。1996年3月至1997年12月，任衡阳市城南区财政局局长。1997年12月至2001年6月，任衡阳市城南区政府副区长（期间：1996年8月至1998年12月，中央党校函授学院经济管理专业本科班学员）。2001年6月至2006年6月，任中共衡阳市蒸湘区委常委、宣传部部长。2006年6月至2011年6月，任中共衡阳市蒸湘区委常委、纪委书记。2011年6月至2013年6月，任衡阳市审计局党组书记、副局长。2013年6月至2017年1月，任衡阳市审计局局长、党组书记。2017年1月起，任衡阳市人大常委会党组成员、副主任。

衡阳市第十五届人民政府市长、副市长

周海兵（详细简历参见本卷“中共衡阳市第十一届委员会常务委员会委员·周海兵条”）

郑建新（详细简历参见本卷“中共衡阳市第十一届委员会常务委员会委员·郑建新条”）

何录春（详细简历参见本卷“中共衡阳市第十一届委员会常务委员会委员·何录春条”）

章彰（详细简历参见本卷“中共衡阳市第十一届委员会常务委员会委员·章彰条”）

廖健（详细简历参见本卷“中共衡阳市第十一届委员会常务委员会委员·廖健条”）

胡志文，男，汉族，1968年11月生，大学文化，湖南省道县人，1990年7月参加工作，1993年6月加入中国共产党。

1988年9月至1990年7月，湖南省人民警察学校公安专业学生。1990年7—9月，任湖南省公安厅政治部干部。1990年9月至1993年6月，任湖南省公安厅技侦处干部。1993年6月至1996年5月，任湖南省公安厅政治部秘书科副科长。1996年5月至1997年9月，任湖南省公安厅宣教处科长。1997年9月至2001年4月，任湖南省公安厅办公室中心指导科科长。2001年4月至2005年7月，任湖南省公安厅交警总队办公室主任（副处级）（期间：2002年7月，湘潭大学法律专业自考本科毕业）（期间：2002年6月至2003年6月，挂职任常德市公安局副局长、党委委员）。2005年7月至2006年2月，任湖南省公安厅交警总队高支队副支队长（排第一，副处级）（期间：2005年12月，获湘潭大学法律专业法学硕士学位）。2006年2月至2007年3月，任湖南省公安厅政治部宣传处副处长。2007年3月至2012年11月，任湖南省公安厅警令部副主任。2012年11—12月，任张家界市人民政府党组成员、市委政法委副书记（排第一）、市公安局局长、党委书记。2012年12月至2016年10月，任张家界市人民政府副市长、党组成员、市委政法委副书记（排第一）、市公安局局长、党委书记。2016年10月至2017年1月，任衡阳市人民政府党组成员、市公安局党委书记、警务督察长。2017年1月起，任衡阳市人民政府副市长、市公安局党委书记、警务督察长。

刘正兴，男，汉族，1967年9月生，在职研究生文化，湖南省祁东县人，1989年7月参加工作，1993年6月加入中国共产党。

1986年9月至1989年7月，衡阳师范专科学校中文专业大专班学生。1989年7月至1993年2月，衡阳二橡胶厂办公室秘书。1993年2月至1997年2月，任衡阳二橡胶厂办公室副主任、主任、劳资科科长、企管科科长。1997年2月至1998年8月，任衡阳市经委组织人事科科员（公开招考）。1998年8月至2000年1月，任衡阳市经委组织人事科副主任科员。（其间：1999年9月至2003年10月，湖南广播电视大学法学专业本科班学员）2000年1月至2001年1月，任衡阳市经委组织人事科副科长、主任科员。2001年1月至2002年1月，任衡阳市经委610办主任、办公室代主任。2002年1月至2003年7月，任衡阳市经委组织人事科科长。2003年7月至2004年11月，任衡阳市二轻工业行管办（总公司）副主任（副总经理）、党委副书记（主持党政全面工作）。2004年11月至2010年6月，任衡阳市二轻工业行管办（总公司）主任（总经理）、党委书记。（其间：2007年12月，获高级经济师技术职称）2010年6月

至2013年10月，任衡阳市国资委主任、党委副书记、衡阳弘湘国有资产经营有限责任公司董事长、党组副书记（兼）（其间：2012年9月至2014年5月，中南大学工商管理专业在职研究生班学员，获工商管理硕士学位）2013年10—12月，任衡阳市国资委主任、党委副书记。2013年12月至2014年1月，任衡阳市国资委主任、党委书记。2014年1月至2017年12月，任衡阳市人民政府副市长。

龚学余，男，汉族，1962年11月生，在职博士研究生文化，湖南省桃江县人，1982年7月参加工作，1994年8月加入九三学社，2003年11月加入中国共产党。

1979年9月至1982年7月，株洲冶金工业学校物理专业学生。1982年7月至1987年8月，任湖南衡阳车江铜矿教育干事。1987年8月至1990年7月，任核工业西南物理研究院核聚变与等离子体物理专业硕士研究生，获工学硕士学位。1990年7月至1992年1月，任核工业西南物理研究院助理研究员。1992年1月至1998年3月，任中南工学院教师、教研室副主任、教研室主任。1998年3月至2000年11月，任中南工学院技术物理系副主任（期间：2000年2—11月，在德国低温等离子体所作访问学者，从事研究工作）。2000年11月至2004年1月，任南华大学核科学技术学院副院长（期间：1998年9月至2002年7月，核工业西南物理研究院核能科学与工程专业在职博士研究生班学员，获工学博士学位）。2004年1月至2008年1月，任南华大学电气工程学院院长。2008年1月至2011年6月，任南华大学副校长。2011年6月至2016年6月，任南华大学副校长、九三学社衡阳市委副主任委员（兼）。2016年6—11月，任九三学社衡阳市委主任委员（兼）、南华大学副校长。2016年11月至2017年1月，任九三学社衡阳市委主任委员（兼）。2017年1月起，任衡阳市人民政府副市长、九三学社衡阳市委主任委员（兼）。

周玉梅，女，汉族，1968年10月生，大学文化，湖南省常宁市人，1990年7月参加工作，1996年11月加入中国共产党。

1986年9月至1990年7月，湘潭大学图书情报专业学生。1990年7月至1995年3月，任衡阳市妇联宣传部干事（期间：1991年1—12月，参加衡阳市社教工作队在郊区开展社教）。1995年3月至2000年2月，任衡阳市妇联宣传部副部长、城乡部副部长、组织部副部长。2000年2—12月，任衡阳市妇联组织部部长。2000年12月至2001年11月，任中共衡阳市南岳区委常委、组织部部长。2001年11月至2007年1月，任共青团衡阳市委书记、党组书记（期间：2003年2—7月，中共湖南省委党校第25期中青班学员）（期间：2005年1—7月，湖南省中青年领导干部第四期赴美国培训班学员）。2007年1月至2013年12月，任中共衡阳市纪委副书记（期间：2011年2—7月，湖南省委党校第40期中青班学员）（期间：2008年12月，获湘潭大学工商管理（MBA）专业硕士学位）。2013年12月至2017年1月，任中共衡阳市蒸湘区委书记。2017年1月起，任衡阳市人民政府副市长、中共衡阳市蒸湘区委书记。

杨龙金，男，汉族，1965年1月生，在职研究生文化，湖南省衡东县人，1983年8月参加工作，1992年12月加入中国共产党。

1981年9月至1983年8月，湖南省人民警察学校公安专业学生。1983年8月至1986年8月，衡东县杨林派出所干警。1986年8月至1992年5月，任衡东县公安局刑侦队侦察员。1992年5月至1993年10月，任衡东县公安局城关派出所副所长。1993年10月至1995年8月，任衡东县公安局治安股副股长。1995年8月至1997年1月，任衡东县人民政府办公室法制办主任（期间：1996年8月至1998年12月，中央党校函授学院政法专业本科班学员）。1997年1—4月，任中共衡东县大浦镇党委副书记。1997年

4月至1998年2月，任中共衡东县大浦镇党委副书记、政府镇长。1998年2月至2001年4月，任中共衡东县大浦镇党委书记。2001年4月至2002年10月，任衡东县人民政府县长助理。2002年10月至2005年3月，任中共衡东县委常委、县委办主任。2005年3月至2008年9月，任中共衡东县委常委、政府常务副县长（期间：2005年9月至2008年7月，任湖南省委党校法学理论专业在职研究生班学员）。2008年9月至2010年12月，任中共衡东县委副书记。2010年12月至2013年2月，任衡阳市商务局（招商合作局）局长、党组书记。2013年2—4月，任中共祁东县委副书记、政府县长候选人、衡阳市商务局（招商合作局）局长、党组书记。2013年4—6月，任中共祁东县委副书记、人民政府县长、衡阳市商务局（招商合作局）局长、党组书记。2013年6月至2014年12月，任中共祁东县委副书记、人民政府县长。2014年12月至2017年1月，任中共衡阳市石鼓区委书记。2017年1月起，任衡阳市政府副市长、中共衡阳市石鼓区委书记。

彭玉明，男，汉族，衡山县人，1962年11月出生，1981年9月参加工作，1986年12月加入中国共产党，大学本科学历。

1981年7月至2001年12月，任衡东县石坝湖乡中学教师、衡山县教委教研室干事、县直机关工委干事、松柏桥乡党委副书记、祝融乡党委书记、永和乡党委书记、县农办主任。2001年12月至2002年9月，任衡山县人民政府副县长。2002年9月至2006年6月，任中共雁峰区委副书记、纪委书记。2006年6月至2008年9月，任中共雁峰区委常委、纪委书记。2008年9月至2010年6月，任雁峰区委副书记。2010年6月至2013年6月，任市人口和计生委主任、党组副书记。2013年6—12月，任市人口和计生委主任、党组书记。2013年12月至2017年6月，任中共耒阳市委书记。2017年6月起，任衡阳市人民政府副市长、党组成员。

衡阳市政协第十二届委员会主席、副主席

廖炎秋，男，汉族，1959年9月生，大学文化，湖南省衡南县人，1976年7月参加工作，1979年12月加入中国共产党。

1976年7月至1978年2月，祁东县云峰茶场下放知青。1978年2月至1980年12月，衡阳师范专科学校物理专业学生。1980年12月至1982年12月，衡阳师范专科学校教师。1982年12月至1983年9月，任中共衡阳县委组织部干事。1983年9月至1984年1月，任衡阳县洪市区委副书记、洪市公社书记。1984年1月至1986年7月，任衡阳县洪市区委书记。（其间：1984年9月至1986年7月，湖南省委党校党政管理专业本科班学员）1986年7月至1988年4月，任衡阳县西渡区委书记。1988年4月至1992年8月，任中共衡阳县委常委、县委办主任。1992年8月至1994年12月，任衡阳市人民政府驻广州办事处副主任。1994年12月至1995年9月，任衡阳市人民政府驻广州办事处主任。1995年9月至1997年8月，任中共衡南县委副书记。1997年8—12月，任中共衡南县委副书记、政府副县长、代理县长。1997年12月至2000年2月，任中共衡南县委副书记、政府县长。2000年2—4月，任中共衡阳市南岳区委书记、区人大常委会党组书记。2000年4月至2002年9月，任中共衡阳市南岳区委书记、区人大常委会主任。（其间：2002年1—7月，湖南省委党校中青班学员）2002年9月至2003年4月，任中共耒阳市委书记。2003年4月至2006年9月，任中共衡阳市委常委、耒阳市委书记。2006年9—10月，任中共衡阳市委常委、政府副市长、耒阳市委书记。2006年10—11月，任中共衡阳市委常委、政府副市长、党组副书记、耒阳市委书记。2006年11月至2011年9月，任中共衡阳市委常委、政府副市长、党组副书记。2011年9—10月，衡阳市正厅级干部、市人民政府副市长、党组副书记。2011年10月至2012年2月，任衡阳市正厅级干部、市政协

党组副书记（排第一）、副主席候选人。2012年2—12月，任衡阳市正厅级干部、市政协副主席、党组副书记（排第一）。2012年12月至2013年2月，任衡阳市政协主席。2013年2月起，任衡阳市政协主席、党组书记。

张亮，男，汉族，1962年1月生，大学文化，河南开封人，1982年7月参加工作，1992年3月加入中国共产党。

1979年9月至1982年7月，衡阳基础大学机械制造工艺及设备专业学生。1982年7月至1984年10月，衡阳市江南药械厂见习生、技工。1984年10月至1985年2月，任衡阳市江南药械厂装配车间主任。1985年2月至1987年12月，任衡阳市江南药械厂厂长助理。1987年12月至1989年3月，任衡阳市江南药械厂厂长助理兼总装车间主任。1989年3月至1993年1月，任衡阳市郊区湘江乡乡长助理。1993年1月至1995年12月，任衡阳市郊区湘江乡政府副乡长。1995年12月至1997年12月，任衡阳市郊区岳屏乡党委副书记、人民政府乡长。1997年12月至2001年6月，任衡阳市郊区政府副区长。2001年6月至2002年3月，任衡阳市雁峰区人民政府副区长。2002年3—6月，任衡阳市城管办主任、党组副书记。2002年6月至2004年4月，任衡阳市城管办主任、党组书记。2004年4月至2006年11月，任衡阳市体育局局长、党委书记（期间：2004年8月至2006年12月，中央党校函授学院法律专业本科班学员）。2006年11月至2007年3月，任中共衡南县委副书记、政府副县长、代理县长。2007年3月至2010年6月，任中共衡南县委副书记、政府县长。2010年6月至2011年6月，任衡阳市人民政府秘书长、党组成员、办公室主任、党组书记。2011年6月至2012年12月，任衡阳市人民政府秘书长、党组成员、办公室主任、党组书记、市政务服务中心主任（兼）。2012年12月至2013年2月，任衡阳市政协副主席、市人民政府秘书长、办公室主任、党组书记、市政务服务中心主任（兼）。2013年2月至2017年1月，任衡阳市政协副主席、党组成员。2017年1月起，任衡阳市政协党组副书记、副主席。

谢明芳，女，汉族，1966年3月生，在职研究生文化，湖南省祁阳县人，1984年5月参加工作。

1984年5月至1994年2月，衡阳市物价局办公室综合科、收费科干事。（其间：1985年11月至1988年12月，湖南财经学院统计专业自考大专毕业）1994年2月至1995年2月，任衡阳市物价局收费科副科级干事。1995年2月至1996年10月，任衡阳市物价局收费科副科长。（其间：1996年8月至1998年12月，中央党校函授学院经济管理专业本科班学员）1996年10月至1997年1月，任衡阳市物价局收费科副科长（正科级）。1997年1—12月，任衡阳市物价局局长助理。1997年12月至1998年4月，任衡阳市物价局局长助理、城北区政协副主席（兼）。1998年4月至1999年1月，任衡阳市物价局副局长、城北区政协副主席（兼）。（其间：1998年4月至1999年1月，在衡南县人民政府挂职任副县长）。1999年1月至2001年6月，任衡阳市江东区人民政府副区长。2001年6月至2008年6月，任衡阳市珠晖区人民政府副区长。（其间：2005年10月至2006年4月，任湖南省第五期赴美国中青年干部培训班学员）2008年6月至2012年6月，任衡阳市统计局局长。（其间：2008年9月至2011年6月，湖南省委党校经济学专业在职研究生班学员）2012年6—11月，任衡阳市统计局局长，市工商联主席，市总商会会长。2012年11—12月，任衡阳市工商联主席，市总商会会长。2012年12月起，任衡阳市政协副主席（兼），市工商联主席，市总商会会长。

许云生，男，汉族，1965年4月生，大学文化，湖南省衡南县人，1982年8月参加工作，2010年10月加入中国农工民主党。

1979年9月至1982年8月，衡阳供销学校财会专业学生。1982年8月至1984年9月，衡阳市蔬菜研究所出纳、总务。1984年9—12月，衡阳市九龙皮鞋厂

筹备组会计。1984 年 12 月至 1986 年 7 月，衡阳市郊区水产养殖开发公司主办会计。1986 年 7 月至 1988 年 10 月，任衡阳市郊区财政局农税员、办公室副主任。1988 年 10 月至 1992 年 1 月，任衡阳市郊区建设开发公司经理（聘任）（期间：1990 年 7 月，湖南财经学院会计专业自考大专毕业）。1992 年 1 月至 1994 年 7 月，任衡阳市郊区人民政府驻惠阳办事处主任。1994 年 7 月至 1997 年 1 月，任衡阳市郊区房地产开发总公司总经理。1997 年 1 月至 1998 年 12 月，任衡阳市郊区政府区长助理（期间：1996 年 9 月至 1998 年 12 月，中央党校函授学院经济管理专业本科班学员）。1998 年 12 月至 2000 年 2 月，任衡阳市物价局副局长。2000 年 2 月至 2001 年 6 月，任衡阳市物价局副局长、城北区政协副主席（兼）。2001 年 6 月至 2002 年 12 月，任衡阳市物价局副局长、石鼓区政协副主席（兼）。2002 年 12 月至 2011 年 7 月，任衡阳市物价局副局长、石鼓区人大常委会副主任（兼）。2011 年 7 月至 2012 年 11 月，任农工党衡阳市委主委（兼）、市物价局副局长、石鼓区人大常委会副主任（兼）。2012 年 11—12 月，任农工党衡阳市委主委（兼）、市物价局副局长。2012 年 12 月至 2015 年 4 月，任衡阳市政协副主席（兼）、农工党衡阳市委主委（兼）、市物价局副局长。2015 年 4 月至 2017 年 1 月，任衡阳市政协副主席（兼）、农工党衡阳市委主委（兼）、市发展和改革委员会副主任。2017 年 1 月起，任衡阳市政协副主席（驻会），农工党衡阳市委主委（兼），市发展和改革委员会副主任。

黄保锦，男，汉族，1965 年 12 月生，大学文化，湖南省祁阳县人，1986 年 7 月参加工作，1989 年 7 月加入中国共产党。

1982 年 7 月至 1986 年 7 月，任华东地质学院工业分析专业学生。1986 年 7 月至 1992 年 12 月，任 301 大队办公室秘书、机关团总支书记。1992 年 12 月至 1993 年 7 月，任核工业四院南方分院党办主任。1993 年 7 月至 1997 年 6 月，任核工业 25 公司团委副书记、宣传部副部长（主持工作）。1997 年 6 月至 1998 年 8 月，任衡阳市政协提案委员会主任科员。1998 年 8 月至 1999 年 10 月，任衡阳市政协提案委员会提案科科长。1999 年 10 月至 2000 年 11 月，任衡阳市政协学习文史委员会学习文史科科长。2000 年 11 月至 2001 年 11 月，任衡阳市政协学习文史委员会副主任。2001 年 11 月至 2004 年 10 月，任衡阳市建工局副局长、党委委员。（其间：2002 年 3 月至 2003 年 3 月，在中华人民共和国建设部市场司施工处挂职任副处长）。（其间：2003 年 9 月至 2006 年 6 月，衡阳市广播电视大学土木工程专业本科班学员）。2004 年 10—11 月，任衡阳市建工局党委书记、副局长。2004 年 11 月至 2010 年 12 月，任衡阳市建工局局长、党委书记。2010 年 12 月至 2013 年 12 月，任衡阳市住房和城乡建设局局长、党委副书记。2013 年 12 月至 2014 年 3 月，任衡阳市住房和城乡建设局局长、党委书记。2014 年 3—4 月，任衡阳市住房和城乡建设局局长、湖南衡阳高新技术产业开发区工委副书记。2014 年 4—12 月，任湖南衡阳高新技术产业开发区管委会主任、工委副书记。2014 年 12 月至 2015 年 1 月，任衡阳市政协副主席候选人、湖南衡阳高新技术产业开发区管委会主任、工委副书记。2015 年 1—2 月，任衡阳市政协党组成员、副主席候选人。2015 年 2 月起，任衡阳市政协副主席、党组成员。

汪维，男，汉族，1962 年 3 月生，大学文化，湖南省衡山县人，1982 年 8 月参加工作，1991 年 12 月加入中国共产党。

1979 年 9 月至 1982 年 8 月，衡阳地区农业技术学校农作专业学生。1982 年 8 月至 1984 年 10 月，任衡山县农业局粮油股技术干部。1984 年 10 月至 1986 年 1 月，任衡山县新桥农技站副站长。1986 年 1 月至 1987 年 12 月，任衡山县金龙农技站副站长。1987 年 12 月至 1989 年 3 月，任衡山县金龙农技站站长。1989 年 3 月至 1991 年 3 月，任衡山县农业局办公室副主任。1991 年 3 月至 1993 年 5 月，任衡山县农业局办公室主任。1993 年 5 月至

1994年1月，任衡山县原种场党支部书记（副科级）。1994年1月至1995年6月，任中共衡山县委政策研究室副科级干部。1995年6月至1996年1月，任中共衡山县委政策研究室主任（1995年8月至1997年12月，中央党校函授学院政法专业本科班学员）。1996年1月至1998年4月，任中共衡山县委办公室副主任、政策研究室主任。1998年4月至2001年2月，任中共衡山县委办公室副主任（1999年1月—10月，衡阳市委政策研究室跟班学习。）2001年2月至2002年9月，任衡山县交通局局长、党委副书记。2002年9月至2005年6月，任衡阳市人大常委会研究室副处级研究员。2005年6月至2008年2月，任衡阳市人大常委会研究室主任。2008年2月至2010年12月，任衡阳市人大常委会农业与农村委主任委员。2010年12月至2012年6月，任衡阳市农业局（乡镇企业局）党委书记。2012年6月至2015年4月，任衡阳市农业局（乡镇企业局）局长、党委书记。2015年4—5月，任衡阳市农业委员会党委书记、中共衡阳市委农村工作办公室主任。2015年5月至2017年1月，任衡阳市农业委员会（市委农村工作办公室）主任、党委书记。2017年1月起，任衡阳市政协副主席、政协党组成员，市农业委员会（市委农村工作办公室）主任、党委书记。

肖吉顺，男，汉族，1964年5月生，大学文化，湖南省衡南县人，1982年8月参加工作，1986年4月加入中国共产党。

1980年9月至1982年8月，衡阳供销学校物价专业中专班学生。1982年8月至1990年7月，任衡南县物价局干部、办公室主任。1990年7月至1994年12月，任衡南县物价局副局长、党组成员。1994年12月至1995年7月，任衡南县计划物价局副局长。1995年7月至1996年8月，任衡南县茶市镇党委副书记（挂职）。1996年8月至1998年1月，任衡南县物价局局长、党组书记（期间：1996年8月至1998年12月，中央党校函授学院政法专业本科班学员）。1998年1月至2000年12月，任衡南县三塘镇党委书记。2000年12月至2004年4月，任中共耒阳市委常委、组织部部长。2004年4月至2005年4月，任中共耒阳市委副书记、纪委书记、组织部部长。2005年4—11月，任中共耒阳市委副书记、纪委书记。2005年11月至2006年7月，任中共耒阳市委副书记、纪委书记、市经济开发区（东江工业园）管委会工委书记。2006年7月至2007年12月，任中共耒阳市委副书记、市经济开发区（东江工业园）管委会工委书记。2007年12月至2010年6月，任中共耒阳市委副书记。2010年6—12月，任衡阳市民政局局长、党委副书记。2010年12月至2015年4月，任衡阳市民政局局长、党委书记。2015年4月至2017年1月，任衡阳市总工会党组书记、副主席。2017年1月起，任衡阳市政协副主席、政协党组成员，市总工会党组书记、副主席。

谢肃，男，汉族，1965年8月生，大学文化，湖南省耒阳市人，1987年8月参加工作，2005年7月加入中国国民党革命委员会。

1985年9月至1987年8月，吉林财政学校基建财务与信用专业学生。1987年8月至1989年7月，吉林省一建公司三处成本员。1989年7月至2000年2月，任耒阳市建设局城建股股长（期间：1994年9月至1996年7月，长沙政治学院政治工作专业函授大专班学员）。2000年2月至2002年5月，任耒阳市建设局局长助理（期间：2001年8月至2003年12月，中央党校函授学院法律专业本科班学员）。2002年5月至2003年1月，任耒阳市建设局副局长。2003年1—5月，任耒阳市政协副主席（兼）、建设局副局长。2003年5月至2010年6月，任耒阳市政协副主席（兼）、规划管理局局长。2010年6—12月，任衡阳市城市管理行政执法局副局长。2010年12月至2015年4月，任衡阳市城市管理行政执法局副局长，民革衡阳市委主任委员（兼）。2015年4月至2017年1月，任民革衡阳市委主任委员（兼），市住房和城乡建设局副局长。2017年1月起，任衡阳市政协副主席、民革衡阳市委主任委员（兼）、市住房和城乡建设局副局长。

衡阳市中级法院院长

张经伟，男，汉族，1965年5月生，大学文化，医学学士学位，湖南省新化县人，1987年7月参加工作，1989年12月加入中国共产党。

1981年9月至月至1987年7月，中山医科大学法医专业本科班学生。1987年7月至1988年7月，任湖南省高级人民法院干部。1988年7月至1991年2月，任湖南省高级人民法院书记员。1991年2月至1994年12月，任湖南省高级人民法院副科级助理审判员。1994年12月至1999年5月，任湖南省高级人民法院正科级助理审判员。（期间：1995年11月至1996年1月，在临武县花塘乡农科村参加扶贫锻炼；1997年3—7月，参加省直党校中青班学习）1999年5月至2001年11月，任湖南省高级人民法院司法技术处副处长、副处级审判员。（期间：2001年2—7月，参加国防科大领导干部系统工程学习班）2001年11月至2005年7月，任湖南省高级人民法院司法技术处处长、正处级审判员。2005年7月至2007年9月，任湖南省高级人民法院司法装备技术处处长、正处级审判员。2007年9月至2012年12月，任湖南省高级人民法院司法装备技术处处长、司法技术辅助办公室主任。（期间：2010年2月至2012年1月，在益阳市沅江市挂职锻炼任市委常委、政府副市长）2012年12月至2014年3月，任湖南省高级人民法院副厅级干部、司法装备技术处处长、审判员。2014年3月至2015年1月，任湖南省高级人民法院副厅级干部、审判员。2015年1月起，任衡阳市中级人民法院党组书记、院长。

衡阳市人民检察院检察长

刘孙承，男，汉族，湖南益阳人，大学文化，1963年10月出生，1983年7月参加工作，1986年6月加入中国共产党。

1981年9月至1983年7月，湖南省警察学校公安专业学生。1983年7月至1987年4月，任益阳市公安局刑侦大队侦查员、副大队长。1987年4月至1990年9月，任益阳市公安局汽车路派出所所长、汽车路街道办事处党委委员。1990年9月至1992年10月，任益阳市综治办副主任。1992年10月至1995年12月，任中共益阳市政法委副书记、综治办主任。1995年12月至1999年4月，任安化县人民检察院检察长、党组书记。1999年4月至2005年5月，任益阳市人民检察院副检察长、党组成员（2003年7月，湘潭大学法律专业自考本科毕业）。2005年5—11月，任益阳市人民检察院副检察长、党组成员（正处级）。2005年11月至2008年12月，任益阳市人民检察院副检察长、党组副书记。2008年12月至2010年4月，任娄底市人民检察院副检察长、党组副书记。2010年4—9月，任娄底市人民检察院副检察长、代检察长、党组副书记。2010年9月至2011年2月，任娄底市人民检察院副检察长、代检察长、党组书记。2011年2月至2014年12月，任娄底市人民检察院检察长、党组书记。2014年12月至2015年1月，任衡阳市人民检察院检察长候选人。2015年1—2月，任衡阳市人民检察院党组书记、副检察长、代理检察长、检察长候选人。2015年2月起，任衡阳市人民检察院检察长、党组书记。

经济社会主要统计数据

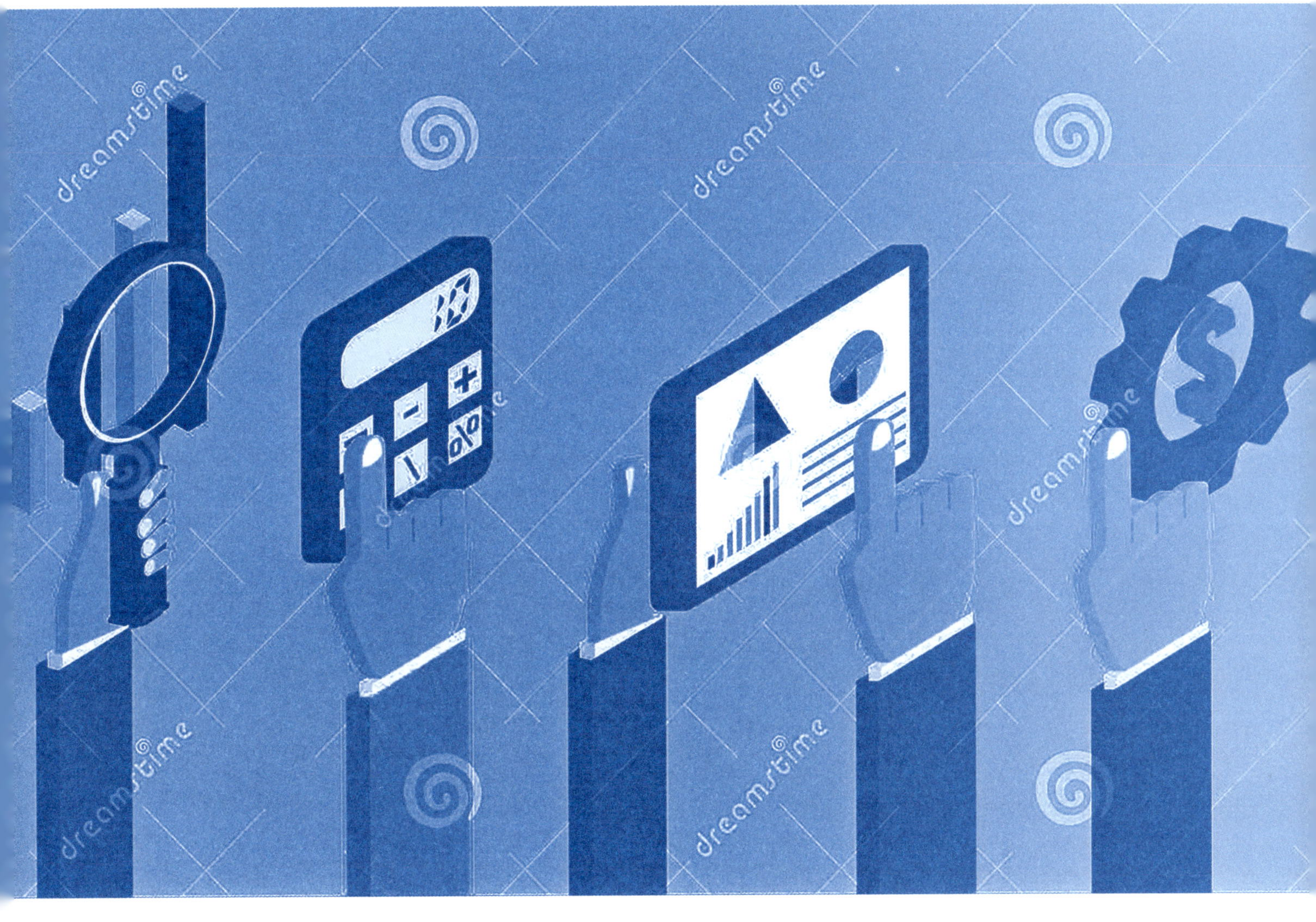

dreamstime
dreamstime
dreamstime
dreamstime
dreamstime
dreamstime

2017年国、省、市主要指标及市占全省的比重统计一览表

表11 单位：亿元

	全　国	全　省	全　市	全市占全省的比重（%）
生产总值（当年价）	827122	34590.56	3132.48	9.1
一产业增加值	65468	3689.96	441.38	12.0
二产业增加值	334623	14145.49	1211.13	8.6
#工业	279997	11875.91	1024.59	8.6
三产业增加值	427032	16755.11	1479.97	8.8
人均GDP	59660	50563	43233	—
社会消费品零售总额	366262.00	14854.87	1248.38	8.4
固定资产投资	631683.96	31328.08	2615.85	8.3
#房地产开发投资	109799	3426.13	173.94	5.1
一般公共预算收入	172567.00	4565.69	252.01	5.5
#地方收入	91448.00	2756.75	162.56	5.9
税收收入	144360	1758.82	90.74	5.2
税收占比（%）	—	63.8	55.8	—
人均财政总收入	12507.44	6673.93	3478.11	52.1
金融机构本外币各项存款余额	1692727.15	46729.30	3589.78	7.7
#住房存款	651983.00	23371.58	2321.03	9.9
金融机构本外币各项贷款余额	1256073.74	31849.98	1655.12	5.2
城镇居民人均可支配收入（元）	36396	33948	31300	—
农村居民人均可支配收入（元）	13432	12936	16851	—
进出口总额（亿美元）	277923	2434.27	302.73	12.4
#出口	153321	1565.46	168.19	10.7
进口	124602	868.81	134.54	15.5
实际利用外资（亿美元）	1310	144.75	12.83	8.9
接待旅游人数（亿人次）	50	6.69	0.62	9.3
旅游总收入（不含外汇）	45661	7085.2	568.05	7.9
居民消费价格总指数（%）	1.6	1.4	1.4	—
城镇登记失业率（%）	3.9	4.02	3.8	—

说明：全市旅游总收入为国内外旅游总收入

2017年分县区生产总值一览表

表 12　　　　单位：亿元、%

	生产总值（GDP）		第一产业增加值		第二产业增加值		第三产业增加值	
	2017年	增长	2017年	增长	2017年	增长	2017年	增长
全　市	3132.48	8.5	441.38	3.5	1211.13	6.2	1479.97	12.5
珠晖区	258.90	8.1	10.19	3.8	132.58	5.0	116.13	12.3
雁峰区	163.37	8.0	3.15	3.6	71.97	5.1	88.25	10.7
石鼓区	159.10	9.0	4.72	3.7	28.52	5.1	125.86	10.1
蒸湘区	208.00	8.6	5.03	3.5	102.70	5.4	100.26	12.5
南岳区	40.69	8.8	3.80	3.4	3.50	3.6	33.39	10.0
衡阳县	354.93	8.5	71.08	3.5	126.56	7.4	157.29	12.2
衡南县	349.89	8.2	73.41	3.6	149.27	6.3	127.21	13.4
衡山县	167.22	8.6	32.10	3.3	46.34	6.6	88.78	11.8
衡东县	293.76	8.7	45.28	3.5	100.68	7.4	147.79	11.4
祁东县	296.36	8.9	68.40	3.2	99.08	7.5	128.89	13.5
耒阳市	473.15	8.1	71.00	3.7	163.21	3.2	238.94	13.3
常宁市	330.96	8.7	53.22	3.4	122.59	7.9	155.15	11.50
高新区	61.52	8.5	—	—	15.20	4.7	46.31	10.0
白沙洲工业园	56.49	8.6	—	—	16.04	9.1	1.23	6.8
松木经开区	17.27	8.9	—	—	49.40	10.3	7.10	-0.6

近五年以来衡阳市主要经济指标完成情况统计一览表

表 13

		2013 年	2014 年	2015	2016 年	2017 年	总量累计完成（现价）/平均增速
地区生产总值							
地区生产总值（GDP）	亿元	2169.44	2395.56	2601.57	2853.02	3132.48	13152.06
增长率	%	10.2	9.9	8.7	7.9	8.5	9.0
其中：第一产业	亿元	338.41	364.69	395.84	430.61	441. 38	1970.93
增长率	%	2.8	4.5	3.6	3.5	3.5	3.6
第二产业	亿元	1039.42	1119.88	1161.02	1184.78	1211.13	5716.23
增长率	%	10.7	9.1	7.1	6.4	6.2	7.9
其中：工业	亿元	913.63	979.50	1006.33	1019.55	1024.59	4943.60
增长率	%	11.1	9.0	6.7	6.5	6.4	7.9
第三产业	亿元	791.61	910.98	1044.71	1237.62	1479.97	5464.89
增长率	%	12.8	13.1	12.6	11.1	12.5	12.4
财政收入							
一般公共预算收入	亿元	211.88	235.26	261.86	277.96	252.01	1238.98
增长率	%	13.0	11.0	11.1	6.0	-9.3	6.0
其中：地方收入	亿元	157.2	172.85	194.64	204.67	162.41	891.77
增长率	%	16.0	10.0	12.2	7.5	-19. 2	4.5
三大需求							
固定资产投资	亿元	1437.30	1767.01	2125.93	2282.18	2615.85	10228.27
增长率	%	35.1	22.9	20.3	13.8	14.6	21.1
社会消费品零售总额	亿元	731.92	825.51	1009.10	1127.98	1248.38	4942.89
增长率	%	13.9	12.8	12.2	11.8	10.7	12.3
进出口总额	亿美元	18.14	29.43	31.33	26.73	44.87	150.50
增长率	%	-10.4	62.4	7.9	-14.6	66. 8	17.5
人民生活							
城镇居民人均可支配收入	元	22297	24370	26515	28848	31300	133330
增长率	%	10.0	9.3	8.8	8.8	8.5	10.1
农村居民人均可支配收入	元	11876	13242	14407	15603	16851	71979
增长率	%	12.9	11.5	8.8	8.3	8.0	9.9

说明：从 2011 年起，固定资产投资起报点由 50 万元提高到 500 万元，全社会固定资产投资指标调整为固定资产投资

2017年衡阳市总户数和总人口一览表

表14

	单位	2017年	2016年	比上年±%
一、年末总户数	万户	205.32	205.58	-0.13
二、年末常住人口	万人	720.53	728.59	-1.11
#男性	万人	375.67	377.45	-0.47
女性	万人	344.86	351.14	-1.79
#城镇人口	万人	377.99	373.09	1.59
乡村人口	万人	342.54	356.5	-3.92
三、年平均人口	万人	724.56	731.17	-0.90
四、人口出生率	‰	12.76	12.75	0.01
五、人口死亡率	‰	6.36	5.9	0.46
六、人口自然增长率	‰	6.40	6.85	-0.45
七、常住人口分布密度	人/平方千米	470.96	476.2	-1.10
#市区	人/平方千米	1738.01	1707.62	1.78

2017年衡阳市农林牧渔业总产值一览表

表15 单位：万元

	总产值	农业	林业	牧业	渔业	服务业
总　计	7257663	3196001	503259	2834356	506464	217582
珠晖区	165160	90348	569	59580	11054	3609
雁峰区	49802	24120	813	19959	3521	1389
石鼓区	83672	36696	2510	37736	5852	877
蒸湘区	80855	40440	1274	30738	6697	1706
南岳区	57355	30265	4144	20706	1111	1130
衡阳县	1247553	495220	65321	544042	104272	38698
衡南县	1194406	547231	86572	419113	107334	34156
衡山县	482854	226818	66732	155455	20692	13159
衡东县	831357	308949	90184	360106	48287	23831
祁东县	1025702	548971	25946	333888	83902	32995
耒阳市	1150709	549423	61960	439021	56920	43385
常宁市	888238	297520	97235	414012	56822	22649

2017年衡阳市规模以上工业企业单位数及总产值一览表

表16

单位:%

	企业个数（个）	比上年±%
全市总计	1072	17.9
一、按轻重工业分		
轻工业		17.7
重工业		18.1
二、按经济类型分		
1. 国有经济	11	0.8
2. 集体经济	6	26.5
3. 股份合作制经济	1	-0.3
4. 股份制经济	982	17.4
5. 外商及港澳台经济	37	42.6
6. 其他经济类型	35	-26.7

2017年衡阳市固定资产投资完成额统计表

表17

单位：亿元

	2017年	比上年±%
全社会固定资产投资	2615.9	14.6
按产业分		
1. 第一产业	1774.9	47.6
2. 第二产业	990.5	11.4
#工业	934.8	14.9
3. 第三产业	1447.9	13.7
城镇投资和非农户投资	2442	14.6
一、按登记注册类型分		
1. 内资企业	2564.65	15.2
2. 港澳台商投资企业	18.39	-39.7
3. 外商投资企业	12.98	-32.1
4. 个体经营	19.83	232.4
二、按隶属关系分		
1. 中央	14.27	-23.2
2. 地方	2601.58	14.9
三、按构成分		
1. 建筑工程	1921.63	12
2. 安装工程	137.4	19.9
3. 设备、工具购置	419.4	30.8
4. 其他费用	137.42	4.8
四、按性质分		
1. 新建	1431.4	13.8
2. 扩建	449.75	82.8
3. 改建及技术改造	483.05	-16.2

2017年衡阳市社会消费品零售总额统计表

表 18　　　　单位：亿元

	2017年	比上年±%
总计	1248.38	10.7
分地区：		
城镇	1124.55	10.4
#城区	1024.70	11.2
乡村	123.83	13.2
在总计中：		
批零贸易业	1110.90	10.4
住宿餐饮业	137.48	12.7
在总计中：		
珠晖区	138.51	10.6
雁峰区	122.30	10.7
石鼓区	121.11	10.8
蒸湘区	118.89	10.9
南岳区	26.95	10.9
衡阳县	103.53	10.5
衡南县	111.10	10.7
衡山县	32.83	10.8
衡东县	99.08	10.7
祁东县	116.69	10.4
耒阳市	140.85	10.6
常宁市	98.91	10.9

2017年衡阳市财政收入与金融收入统计一览表

表 19-1　　财政收入　　单位：万元

	2017年	增长（%）	2016年	增长（%）
财政总收入	2520136	-9. 3	2779636	6. 0
税收收入	1803430	11. 9	1612051	-1. 4
地方财政收入	1624101	-19. 2	2046693	7. 5
#税收收入	907395	7. 8	879108	-4. 0
增值税	285764	48. 6	177836	44. 6
营业税	4172	-93. 9	119653	-25. 9
个人所得税	38047	24. 6	30540	-3. 6
资源税	7623	4. 5	7297	-40. 7
城市维护建设税	55486	14. 6	48435	2. 8
房产税	31880	14. 8	27767	0. 3
印花税	14381	16. 5	12344	13. 1
城镇土地使用税	58828	12. 3	52377	26. 5
土地增值税	118064	34. 6	87730	-3. 5
车船税	13937	16. 3	11977	17. 9
耕地占用税	42823	-46. 3	79748	-7. 7
契税	148652	-3. 2	153635	-27. 1
烟叶税	7006	-15. 5	8289	13. 7
#非税收入	716706	-38. 6	1167585	18. 3
上划中央收入	720736	16. 4	569464	0. 9
上划省级收入	175299	16. 0	163479	6. 3

表 19-2　　分县市区财政收入　　计量单位：亿元、%

	一般公共预算收入		地方收入	
	2017年	增长（%）	2017年	增长（%）
全　　市	252. 01	-9. 3	162. 41	-19. 2
珠　晖　区	12. 66	-17. 1	2. 68	-56. 1
雁　峰　区	17. 63	3. 3	2. 93	-10. 9
石　鼓　区	23. 84	7. 8	3. 09	-12. 7
蒸　湘　区	21. 51	1. 3	3. 77	-27. 6
南　岳　区	6. 79	0. 1	5. 57	-2. 4
衡　阳　县	14. 17	1. 7	9. 29	-1. 2
衡　南　县	15. 60	-11. 1	9. 80	-24. 7
衡　山　县	9. 29	-2. 6	6. 41	-8. 7
衡　东　县	12. 76	-3. 6	8. 69	-11. 6
祁　东　县	11. 48	3. 3	7. 68	1. 3
耒　阳　市	22. 17	-18. 4	14. 63	-28. 5
常　宁　市	14. 30	-15. 1	9. 54	-27. 4
高新开发区	18. 04	4. 1	5. 83	-8. 1
白沙工业园	19. 58	-33. 7	14. 32	-44. 2
松木经开区	7. 00	-22. 2	3. 41	-47. 3

说明：财政数据雁峰、石鼓、蒸湘不包括园区

表 19-3　　财政支出　　单位：万元

项　目	2017 年	2016 年	增减额	增减±%
公共财政支出合计	5279291	5394202	-114911	-2. 1
一般公共服务	474565	494180	-19615	-4. 0
国防	15088	10056	5032	50. 0
公共安全	288168	259174	28994	11. 2
教育	895726	876772	18954	2. 2
科学技术	35111	21438	13673	63. 8
文化体育与传媒	110012	79748	30264	37. 9
社会保障和就业	977959	806899	171060	21. 2
医疗卫生	589744	558931	30813	5. 5
节能环保	75093	102519	-27426	-26. 8
城乡社区事物	568351	750942	-182591	-24. 3
农林水事物	544697	524388	20309	3. 9
交通运输	176519	196490	-19971	-10. 2
资源勘探电力信息等事物	154047	258171	-104124	-40. 3
商业服务业等事物	46101	33930	12171	35. 9
金融监管支出	437	1627	-1190	-73. 1
国土资源气象等事物	73074	44643	28431	63. 7
住房保障支出	161611	263823	-102212	-38. 7
粮油物资管理事物	8435	9641	-1206	-12. 5
债务付息支出	80236	83834	-3598	-4. 3
其他支出	4317	16996	-12679	-74. 6

2017年衡阳市金融机构本外币存贷款余额一览表

表20 单位：亿元

	2017年	
	年末余额	比年初增减
一、各项存款	3589. 78	306. 35
（一）境内存款	3587. 95	306. 24
1. 住户存款	2321. 03	185. 14
（1）活期存款	736. 25	52. 03
（2）定期及其他存款	1584. 79	133. 11
2. 非金融企业存款	771. 84	96. 51
（1）活期存款	582. 32	123. 89
（2）定期及其他存款	189. 52	-27. 39
3. 广义政府存款	488. 53	25. 31
4. 非银行业金融机构存款	6. 54	-0. 71
二、各项贷款	1908. 55	234. 27
（一）境内贷款	1654. 98	232. 67
1. 住户贷款	685. 29	161. 56
（1）短期贷款	167. 95	47. 18
（2）中长期贷款	517. 34	114. 38
2. 非金融企业及机关贷款	969. 69	71. 11
（1）短期贷款	289. 79	-2. 18
（2）中长期贷款	566. 89	87. 89
（3）票据融资	113. 01	-14. 60
（二）境外贷款	0. 14	0. 05
（三）表外及其他贷款	253. 44	1. 55

2017年衡阳市保险业务情况一览表

表21　　单位：万元

	2017年	2016年
一、保费收入	864335.39	732090.55
（一）财险	256201.95	230762.42
其中：车险	164524.70	147123.00
企财险	3729.88	4380.88
家财险	1442.49	1130.83
农险	34582.61	29183.64
健康险	29072.98	21266.17
意外险	6040.91	9152.89
（二）寿险	608133.44	515935.72
其中：普通寿险	338755.41	278925.82
分红寿险	200624.62	156505.67
健康险	85779.48	66192.98
意外险	13273.14	10295.64
二、各项赔款和给付	323058.45	283558.72
（一）财险	148243.03	120229.55
其中：车险	87082.55	76154.39
农险	20894.61	15650.22
健康险	27137.50	14083.50
意外险	2945.33	6297.48
（二）寿险	174815.42	163317.84
其中：意外险	2330.63	1553.75
健康险	19334.41	9688.03
三、退保金	196071.61	136950.21
四、手续费及佣金支出	111355.61	82542.02
五、营业费用	139653.36	91403.55
六、应收保费	-32981.97	17278.18
七、全部从业人员	28762	25791
其中；营销人员	27499	23843
八、资产总额	1744343.20	1694160.08

2017年衡阳市价格指数一览表

表 22

计量单位:%

	2017年	2016年
	(以上年为100)	
居民消费价格总指数	101.4	102.5
#服务价格指数	103.1	102.5
消费品价格指数	100.5	102.6
1. 食品烟酒	98.7	105.1
#食品	95.4	107.0
#粮食	100.9	105.1
食用油	100.0	99.4
菜	87.9	119.1
猪肉	93.2	112.0
水产品	103.0	97.1
蛋类	89.2	102.7
干鲜瓜果类	95.5	99.0
烟酒	101.1	102.5
2. 衣着	102.3	100.9
3. 居住	101.2	100.7
4. 生活用品及服务	100.4	100.2
5. 交通和通信	101.8	98.6
6. 教育文化和娱乐	100.5	103.1
7. 医疗保健	114.5	107.2
8. 其他用品和服务	100.4	101.0
商品零售价格指数	100.6	101.6

2017年衡阳市各县市区主要经济指标在全省排位情况一览表

表23-1 **生产总值** 单位：亿元

市县	生产总值			
	绝对值	位次	速度（%）	位次
珠晖区	258. 90	54	8. 1	73
雁峰区	264. 09	53	8.0	82
石鼓区	176. 43	72	8.9	23
蒸湘区	234. 10	58	8. 1	73
南岳区	40. 69	119	8.8	26
衡阳县	354. 93	29	8.5	42
衡南县	349. 89	33	8. 2	62
衡山县	167. 22	75	8.6	39
衡东县	314. 46	39	8. 7	31
祁东县	296. 36	44	8.9	23
耒阳市	473. 15	17	8. 1	73
常宁市	352. 43	31	8. 7	31

说明：雁峰区、石鼓区、蒸湘区各项指标均包含园区

表23-2 **第一产业** 单位：亿元

市县	第一产业			
	绝对值	位次	速度（%）	位次
珠晖区	10. 19	95	3. 8	62
雁峰区	3. 15	119	3. 6	75
石鼓区	4. 72	115	3. 7	69
蒸湘区	5. 03	114	3. 5	82
南岳区	3. 80	117	3. 4	94
衡阳县	71. 08	6	3. 5	82
衡南县	73. 41	5	3. 6	75
衡山县	32. 10	50	3. 3	101
衡东县	45. 28	35	3. 5	82
祁东县	68. 40	8	3. 2	104
耒阳市	71. 00	7	3. 7	69
常宁市	53. 22	23	3. 4	94

说明：雁峰区、石鼓区、蒸湘区各项指标均包含园区

表 23-3 第二产业 单位：亿元

市县	第二产业			
	绝对值	位次	速度（%）	位次
珠晖区	132. 58	36	5. 0	102
雁峰区	170. 65	29	5. 2	101
石鼓区	44. 87	87	5. 8	91
蒸湘区	124. 23	38	4. 5	108
南岳区	3. 50	123	3. 6	113
衡阳县	126. 56	37	7. 4	29
衡南县	149. 27	32	6. 3	69
衡山县	46. 34	85	6. 6	55
衡东县	100. 68	52	7. 4	29
祁东县	99. 08	54	7. 5	25
耒阳市	163. 21	30	3. 2	116
常宁市	122. 59	42	3. 4	114

表 23-4 第三产业 单位：亿元

市县	第三产业			
	绝对值	位次	速度（%）	位次
珠晖区	116. 13	48	12. 3	28
雁峰区	90. 30	63	14. 1	3
石鼓区	126. 84	43	10. 2	91
蒸湘区	104. 84	57	13. 3	11
南岳区	33. 39	107	10. 0	97
衡阳县	157. 29	27	12. 2	36
衡南县	127. 21	42	13. 4	9
衡山县	88. 78	66	11. 8	49
衡东县	168. 49	23	11. 4	62
祁东县	128. 89	40	13. 5	7
耒阳市	238. 94	16	13. 3	11
常宁市	176. 62	21	7. 9	120

说明：雁峰区、石鼓区、蒸湘区各项指标均包含园区

表 23-5　　规模工业增加值　　单位：亿元

市县	规模工业增加值	
	速度（%）	位次
珠晖区	5.5	105
雁峰区	5. 2	107
石鼓区	7. 0	73
蒸湘区	4. 7	111
南岳区	4. 9	109
衡阳县	8. 7	23
衡南县	7.0	73
衡山县	8. 4	27
衡东县	8. 4	27
祁东县	8. 5	25
耒阳市	3. 2	113
常宁市	9. 0	20

说明：雁峰区、石鼓区、蒸湘区各项指标均包含园区

表 23-6　　固定资产投资　　单位：亿元

市县	固定资产投资			
	绝对值	位次	速度（%）	位次
珠晖区	204. 58	60	9. 2	112
雁峰区	196. 37	61	11. 1	103
石鼓区	211. 99	57	11. 0	104
蒸湘区	306. 39	30	10. 3	109
南岳区	36. 54	118	15. 0	51
衡阳县	298. 58	34	15. 1	50
衡南县	260. 00	39	18.4	19
衡山县	110. 55	91	18. 0	22
衡东县	179. 57	65	18.1	21
祁东县	184. 51	64	18.2	20
耒阳市	411. 93	16	15. 2	49
常宁市	214. 84	55	20. 0	6

说明：雁峰区、石鼓区、蒸湘区各项指标均包含园区

表 23-7　　社会消费品零售总额　　单位：亿元

市县	社会消费品零售总额			
	绝对值	位次	速度（%）	位次
珠晖区	138. 51	25	10. 6	71
雁峰区	122. 30	32	10. 7	56
石鼓区	121. 11	33	10. 8	44
蒸湘区	136. 53	26	10. 9	29
南岳区	26. 95	104	10. 9	29
衡阳县	103. 53	50	10. 5	83
衡南县	111. 10	39	10. 7	56
衡山县	32. 83	98	10. 8	44
衡东县	99. 08	52	10. 7	56
祁东县	116. 69	36	10. 4	91
耒阳市	140. 85	23	10. 6	71
常宁市	98. 91	54	10. 9	29

表 23-8　　农村居民人均可支配收入　　单位：元

市县	农村居民人均可支配收入			
	绝对值	位次	速度（%）	位次
珠晖区	19092	18	9. 2	65
雁峰区	19060	21	9. 2	65
石鼓区	19143	17	9. 6	53
蒸湘区	19076	20	9. 4	60
南岳区	19053	22	9. 3	63
衡阳县	16190	48	9. 5	57
衡南县	19023	23	8. 2	92
衡山县	19078	19	7. 9	104
衡东县	18314	29	7. 8	107
祁东县	13005	68	8. 5	83
耒阳市	18841	26	7. 9	104
常宁市	15418	50	9. 5	57

表 23-9　　城镇居民人均可支配收入　　单位：元

市县	城镇居民人均可支配收入			
	绝对值	位次	速度（%）	位次
珠晖区	33104	25	9.1	36
雁峰区	32066	31	9.3	27
石鼓区	33751	23	9.2	31
蒸湘区	32917	27	9.3	27
南岳区	36828	15	8.9	46
衡阳县	30674	40	8.3	85
衡南县	30207	44	8.5	70
衡山县	30537	43	8.4	77
衡东县	30596	42	8.4	77
祁东县	24556	81	8.2	93
耒阳市	31946	32	8.5	70
常宁市	29733	48	8.3	85